KB210138

통독용 NIV 영한성경

NIV English–Korean Bible

신약전서(新約全書)

New Testament

감수 **이상규**
번역/편찬 **서무익**

도서출판 산물

통독용

NIV 영한성경

신약전서(新約全書)

감수 **이상규**
번역/편찬 **서무익**

초판 1쇄 2022년 3월 31일
초판 2쇄 2025년 4월 18일

발행인 정철학
발행처 도서출판 산물
주소 경기도 남양주시 평내로 146, 2006-402
대표전화 031-559-9381
출판등록 제399-2019-000011호
이메일 eeloolee@naver.com
ISBN ISBN 979-11-968293-1-5

※ 잘못 만들어진 책은 구입한 곳에서 교환해드립니다.

프롤로그

Prologue

들어가는 글

모든 책에는 서두에 시작하는 글이 있기 마련입니다. 머리글이라 해도 좋고 들어가는 글이라 해도 좋을 이 서론 부분은 짧은 것이 제일입니다. 그런 의미에서 "왜 이 글을 쓰는가?" 하는 부분만 설명 드리고 넘어가도록 하겠습니다. 아울러 동시에 제기될 수 있는 질문, 왜 히브리어, 헬라어 원본 성경이 아닌 영어 성경을 번역하는가? 그리고 왜 다른 영어 번역본이 아닌 NIV 영어 성경을 번역하는 것인가? 하는 의문에 대한 답변을 포함해서, 왜 이 글을 쓰는지에 대해서 나름대로 전후 사정을 말씀 드리고자 합니다.

이 책을 쓰는 첫째 이유는, 단도직입으로 말씀 드려서 "우리가 지금껏 보아 온 개역, 그리고 개역한글 성경과 개역개정 성경이 참으로 읽기 어려운 성경이기 때문에 이 책을 쓰는 것이다" 이렇게 말씀드려야 할 것 같습니다. 다시 말하자면, 성경을 좀 더 쉽게 읽는 방법이 있더라는 것, 이 사실을 전해 드리기 위해 이 책을 씁니다. 이렇게도 말씀드릴 수 있습니다.

한글로 번역된 한글 역본 성경을 삼십 여년간 읽어 오면서 늘 의아하게 생각한 대목이–분명 우리 말, 우리 글로 된 책인데도 불구하고 읽기가 사뭇 어렵다는 사실입니다. 독서백편 의자현 (讀書百遍義自見)이란 말이 있듯이 웬만한 글은 백번까지 읽기도 전에 그 뜻이 저절로 떠올라 나타나야 하는데 어떻게 된 일인지 우리말 성경은 읽을수록 더 어려운가 하는 생각을 해 보신 분이 저 뿐 아니라 상당수 계셨으리라고 생각됩니다. 특히 이 책의 저자인 저의 경우에 로마서, 히브리서, 에베소서 등 교리(教理) 부분이 투철(透徹)한 바울 서신이 비교적 그러했고 그 가운데에서도 이사야, 예레미야, 다니엘, 에스겔, 계시록 등 선지서(先知書) 또는 예언서가 또한 읽기가 사뭇 어려웠습니다. 선지서, 예언서가 술술 읽히기 어려운건 상징적 비유가 많아서 그렇다 하더라도 로마서, 에베소서 같은 바울 서신의 경우에는 그리 길지도 않은 본문인데 (이사야는 66장, 로마서는 16장, 에베소서는 6장 분량입니다) 어떻게 된 영문인지 수십 번을 거듭 읽어도 그 뜻이 100% 명료하게 와 닿지 않는 그런-답답함을 느껴온 것이 저의 경우, 햇수로 여러 해가 되었습니다.

한글 역본 성경 읽기가 이렇게 어려운 이유는 첫째, 이 성경 번역본이 오래 전에 나온 옛날 역본(譯本)이기 때문에 그런 건 아닌가 하는 생각을 하게 되었습니다. 대한성서공회 발간의 개역한글 성경이 이 세상에 나온 것이 1961년의 일이고, 개역한글 성경을 개정한 개역개정 성경이 출간된 것이 1998년의 일입니다. 그러나 개역한글과 개역개정 성경의 텍스트라 할 수 있는 그 전 버전 역본인 개역(改譯)성경이 출간되어 나온 시점은 시간을 한참이나 거슬러 올라간 1938년도의 일이고 이 개역의 전신(前身)이라 할 수 있는 구역(舊譯) 성경이 발간된 시점은 신약의 경우 1900년, 구약은 1911년이니, 거의 100여년 전인 구한말(舊韓末) 시대에 초판이 나온 번역본인 셈입니다. 다시 말씀드리면, 현재 우리가 읽고 있는 성경은 100여년 전의 조선시대, 또는 구한말 시대에 살던 사람들이 그 당시에 통용되던 언어 (한글이 아닌 조선어)로 번역한 역본(譯本)이기 때문에 오늘날을 사는 우리에게는 쉽게 읽히지가 않는다.-우선은 그렇게 말씀드릴 수 있습니다. (이 부분, "오래 전 번역이라서 읽기 어렵다" 라는 가설적 명제에 대한 논증 또는 해설은 부록에 있는 '간추린 성경번역 역사' 편에서, 보다 더 자세히 풀어 설명드릴 예정입니다.)

한글 성경 읽기가 그리 수월하지 않은 또 하나의 이유는 현재 우리가 읽고 있는 개역한글 성경, 개역개정 성경에 여전히 몇몇 번역상의 오류가 남아 있기 때문이라고 생각합니다. 새삼 말할 필요도 없는 일이지만, 우리가 읽고 있는 성경은 역본입니다. 역본(譯本)이란 다른 언어로 번역된 판본(板本)이란 뜻입니다. 아시다시피, 원본 성경은 구약의 경우 히브리어 (일부는 아람어), 신약의 경우 옛날 헬라어 (코이네 그리스어)로 쓰였습니다. 오늘날 전 세계 여러 나라에 흩어져 살고 있는 그리스도인들이 성경 원본 언어인 히브리어나 코이네 헬라어 즉, AD 1세기 경에 로마 제국 내 그리고 헬라화된 지역에서 통용되던 그리스어를 해독하여 읽을 수가 없기 때문에, 15 세기의 성경의 자국어 번역 운동과 그리고 16세기의 종교개혁 시대 이래 오늘날에 이르기까지 우리 그리스도인 성도들은 자기 나라 말 즉, 자국 방언으로 쓰여지고 인쇄된 성경을 읽고 있습니다.

이렇게 원본 언어 성경을 다른 언어로 번역한 성경을 역본(譯本)이라 부릅니다. 그런 점에서 보면, 히브리어(또는 아람어)로 쓰여진 구약성경을 당시의 헬라어로 번역해 옮긴 BC 3세기경의 70인 역이나, 히에로니무스 (영어명 제롬)가 AD 406 년에 라틴어로 번역한 벌게이트 라틴어 성경 versio vulgata (Vulgate) 또는 불가타 성경, 그리고 1382년에 간행된 존 위클리프 (John Wycliffe) 의 영어 성경 (라틴어 성경을 영어로 번역한), 1611년 출판의 킹제임스 KJV (King James Version) 영어 성경 등이 모두 히브리어 및 헬라어 원본 성경을 다른 언어로 번역한 역본 성경인 셈입니다.

우리가 읽고 있는 개역한글 또는 개역개정 성경 역시 역본 성경입니다. 특히, 해방 후 지금까지 근 70여 년 동안 한국교회에서 사용해 온 개역 (改譯) 성경, 개역(改譯)한글 성경, 개역개정(改譯改訂) 성경 등은 1911년에 한국성서위원회에 의해 출간된 '셩경젼셔'를 각 시대 상황에 맞게 개정, 개역한 성경들인데 이 셩경젼셔는-1938년 발간의 개역(改譯) 성경과 구분하여 구역(舊譯) 성경이라고 합니다-히브리어나 헬라어 성경으로부터 직접 번역한 것이 아니고 KJV(King James Version; 1611년) 를 개역한 RV 성경 (Revised Version;1885년), 그리고 ASV 성경 (American Standard Version;1901년) 등의 영어 성경과 중국어 문리역 한문 성경을 저본 텍스트로 하여 번역한 중역(重譯) 역본인 것으로 알려지고 있습니다. 한글성경이 이렇게 하나의 역본인 이상, 그 본문 중에는-좋은 번역이 물론, 훨씬 더 많이 있겠지만-, 잘못된 번역이나 그리 썩 훌륭하지 못한 번역 등, 번역상의 오류 역시 부분적으로 존재하는 것이 사실입니다. 이런 번역 상 오류에는 옥에 티처럼 가벼이 넘어 갈 수 있는 사안이 있는가 하면, 자못 그 폐해가 심각하다고 아니할 수 없는 그런 중차대한 오역(誤譯)도 있다고 생각됩니다. 성경 전체적으로 이런 오역이 많이 있는 것은 아니지만 그래도 성경을 매끄럽게 통독해 읽어 나가기가 약간 껄끄러울 정도의 오역은 존재한다고-편역자(編譯者)인 저 자신은 이렇게 생각하고 있습니다. 그런 점에서 이런 좋지 못한 번역 즉, 편역자가 생각하는 대표적인 오역의 사례 몇 가지를 이 책의 말미에 따로 한 장(章) 을 만들어 올려 두었습니다. 나중에 이런 것도 있다 하는 의미에서 잠시 참조하시면 좋겠습니다.

이 책을 쓰는 두 번째 이유는-시중에 NIV 번역 성경 즉, NIV 를 한글로 직접 번역한 성경이 없기 때문입니다. 이 책은 NIV 영어 성경을 2022년 현재 대한민국에서 사용되고 있는 현대 언어로 번역해 소개해 드리고자 하는 의도하에 씌여지고 있는 글입니다. NIV는 New International Version 의 약자이고, '새 국제 역본' 정도로 불리어질 수 있겠습니다. 근자에 이르러 많은 교인들이 NIV 영어 성경을 소지하고 다니는 걸 보게 됩니다. 한글과 영어 성경 본문을 같은 페이지에 나란히 실은 한영(韓英)성경이 여러 출판사들에 의해서 출판되고 있고, 그 중에서도 가장 많은 출판 부수를 자랑하는 성경은 'NIV 영한 대조 성경' 또는 'NIV 영한 해설 성경' 입니다. NIV 가 되었든, KJV(King James Version)가 되었든 상관없이, 영어 성경 본문과 한글 성경 본문을 아울러 읽기를 원하는 성도들이 늘고 있는 현상은 영어가 우리의 일상생활에서 차지하고 있는 비중이 날로 더해 가고 있는 현 세태의 반영이라 할 수도 있겠고, 특히 젊은 세대의 교인들이 한영(韓英) 대조(對照) 성경으로 영어 공부와 성경 공부를 겸하기를 원하는 것은 퍽 자연스러운 현상이라 보여지기도 합니다. 이런 한영 성경 중에서도 압도적으로 많은 성경이 NIV를 영어 성경 본문으로 택하고 있는 것이 오늘날의 현실입니다. NIV 판본 또는 NIV 역본은 1978년에 발간된 이래 현재까지 전 세계에서 가장 많이 읽히고, 팔리고 있는 가장 대중적인 영어 성경이며 또한 읽기 쉬운 현대 영어로 되어 있는 것이 그 중요한 이유가 아닌가 생각됩니다.

그런데, 이 NIV 영한 성경을 읽다 보면 영어 본문과 한글 본문이 서로 잘 매치(Match)가 되지 않는다 하는 점을 쉬이 발견할 수가 있습니다. 그 이유는 NIV 영한 성경이 영어 본문으로는 NIV 영어 성경을 채택하고 있지만, 한글 성경 본문 부분은-이 NIV 영어 성경을 한글로 직접 번역한 내용이 아니라-대한성서공회에서 발간한 개역한글 성경(성경전서 개역한글판; 1961년 출간) 또는 개역개정 성경(성경전서 개역개정판; 1998년 출간)을 한글 본문으로 싣고 있기 때문에 그렇습니다. 이십 수년 전부터 NIV영어 본문과 한글 본문을 늘 비교해 가며 성경을 읽는 저 같은 경우에는 이렇듯 영어 본문과는 서로 동떨어진 내용을 담고 있는 한글 본문을 보며 의아하게 생각했던 적이 한 두 번이 아니었습니다. 왜 NIV 를 직접 번역하지 않고 개역개정 본문 또는 개역한글 본문을 싣고 있나? 한글 성경 본문과 NIV 영어 본문의 한글 해석이 서로 상이한 까닭에 오히려 성경 읽기가 더 어려운데 하는 생각을 자주 해 왔었습니다.

그런데 아무리 살펴봐도 NIV를 직접 번역한 성경책은 국내 출판 시장에서 찾아보기가 힘이 들었습니다. 그래서 여러번을 망설인 끝에, 이런 책이 국내에 아직 출판되지 않았다면, 그래서 아직 NIV 번역 성경이 국내에 없다면, 이를 번역하여 책으로 내 보는 것도 의미가 있겠다 하는 생각을 하게 되었습니다. 따라서 이 글을 쓰는 두 번째 이유는, '시중에 NIV 영어 성경을 번역한 한글 성경이 없기 때문' 이라고- 이렇게 말씀 드릴 수가 있습니다.

이 글을 쓰는 세 번째 이유는 '영어 성경을 읽으면, 성경이 훨씬 이해가 잘 된다'는 사실을 독자 여러분께 알려 드리고 싶어서입니다. 영어 성경을 읽으면, 성경이 훨씬 이해가 잘 된다고 주장하는 이유는 영어 성경이 한글 성경 보다 우수한 성경이기 때문에 그런 것이 아니고, 두 가지 언어로 책을 읽으면 글 내용에 대한 이해의 폭이 넓혀지기 때문에 그렇습니다. 이 점, 일본어나 중국어 등의 다른 언어로 된 성경을 읽어도 마찬가지 효과를 볼 수 있다고 생각됩니다. 영어를 모국어 또는 공용어로 사용하는 영어권 나라에서 30여년 가까이 해외 교민으로 살아오고 있는 저 같은 경우는 영어가 편하기 때문에 영어 성경을 읽는 경우이지만, 일본어나 중국어 그리고, 프랑스어나 독일어 스페인어 등 다른 언어에 능숙하신 분은 해당 언어 성경을 한글 성경과 함께 읽으면 역시 같은 효과 즉, 성경이 훨씬 이해가 더 잘되는 그런 체험을 하실 수 있다고 생각합니다.

제 경험으로는 두 가지 언어로 성경을 읽으면 말씀이 2배 정도 이해가 더 잘 되는 것이 아니고, 4배, 8배, 10배까지, 말씀에 대한 이해가 빨라지고, 결과적으로 성경 전체에 대한 이해의 폭이 깊어지는 게 아닌가 생각되고 있습니다. 영어로 성경을 읽은지 십여년 쯤이 지나서, 한글성경과 영어성경 본문을 대조해가며 성경 통독을 십여 차례 정도 하고 난 후 어느날, 갑자기 심안(心眼)이 확 밝아지는 걸 실감한 적이 있습니다. 성경 구절 중에 사도 바울이 '지금은 우리가 (구리)거울로 보는 것 같이 희미하나' 이런 표현을 하는 장면이 있습니다만, 한글 성경을 읽을 때 마다, 잔뜩 때 낀 거울로 보는 것처럼 뭔가 흐릿해서 늘 답답함을 느끼던 것이-영어 성경과 대조하여 성경을 읽어 온지 십 여 년이 지나고 난 다음, 어느 날 어느 순간에, 마치 비 오고 난 뒤 맑은 하늘을 바라보는 것처럼, 성경 말씀대로 얼굴과 얼굴을 맞대고 보는 것처럼, 찰나적으로, 말씀의 속뜻이 그렇게도 선명하게 비쳐 보이는 그런 은혜(恩惠)를 체험하게 된 것입니다.

"아! 이게 이런 뜻이었구나" 하고 스스로 연신 무릎을 치면서 성경을 읽어 나가다 보니 어찌나 은혜가 되던지요. 정말로, '말씀이 꿀 송이보다도 더 달구나' 하는 경험을 저 자신 여러 번 거듭하게 되었습니다. 그래서 제가 받은 이런 은혜를 어떻게든 주위 사람들에게 알려 드리고 싶고, 전달해 드리고 싶다는 그런 소박한 일념으로 이렇게 NIV 직역 성경을 책으로 펴내게 되었습니다. 부연해서 말씀 드리건대, 제가 영어를 잘 하기 때문에 이런 심도(深度)있는 성경 읽기가 가능해진 것이 아니라는 것과, 아울러 두 가지 또는 세 가지 언어로 같은 내용을 반복, 비교해 가며 글을 읽노라면 어느 시점부터는 가속도가 붙어서 글에 대한 이해가 가일층 빨라지고 깊어지게 되는 그런 자연 현상이 있기 때문에 이런 결과가 주어졌다 하는 점을 다시 한번 말씀드려 두고자 합니다.

모쪼록 이 책을 읽는 독자 성도 여러분들께서 이 책을 통해서 영어 성경 읽기에 취미를 가지게 되고, 그리하여 영어와 한글 본문을 반복해서 대조하며 읽어 감으로써 말씀이 이해가 더 잘되고, 그리하여 궁극적으로 성경 읽는 은혜가 날로 더해가는–그런 역사(役事)가 모두에게 있게 되면 다행이겠습니다.

다만 한 가지, 덧붙여드릴 말씀은 이 책은 어디까지나 NIV 영어성경을 '직역'한 번역본 일뿐, 원전의 의미를 추구한 내용이 아니라는 점입니다. 따라서 그야말로 NIV 영어성경의 각개 문장을 직역의 방법으로 번역했을 뿐이고 각각의 단어, 어휘, 문장이 헬라어, 히브리어 원문에는 어떻게 나와있는지 이의 근원을 탐구하는 시도는 없다는 점을 미리 첨언해 두고자 합니다. 이점, 각별히 유념해 주시면 감사하겠으며 우선 간단히 들어가는 글에 대신하여 소회를 말씀드렸습니다. 감사합니다.

2022년 3월 31일

서무익

호주 조셉 데이비스 선교회
JD 미디어 선교회

감수에 즈음하여

성경의 역사는 곧 사본(寫本)과 역본(譯本)의 역사이기도 합니다. 성경은 하나님의 말씀이지만 우리 인간의 언어로 씌여 있기 때문에 각기 상이한 언어 집단을 위해서는 사본과 역본이 필요했던 까닭입니다.

성경은 하나님의 말씀이지만, 하나님께서 직접 기록하신 것은 아닙니다. 하나님의 감동으로 성경 66권 각각의 글을 기록한 기자(記者)가 따로 있습니다. 이런 점에서 영국의 존 스토트는 이를 성경의 이중 저작성 (二重 著作性) 이라고 칭합니다. 하나님의 말씀이지만, 인간의 말로 옮겨 적은 글이기 때문입니다.

디모데 후서 3:16에서 사도 바울은, "모든 성경은 하나님의 감동으로 된 것으로 교훈과 책망과 바르게 함과 의로 교육하기에 유익하니" 라고 말하고 있습니다. 여기서 말하는 '모든 성경'이란 일차적으로는 신구약 성경 원본 66권을 의미한다고 할 수 있겠지만, "교훈과 책망과 바르게 함과 의로 교육하기에 유익하니"하는 말씀은 여러 민족의 다양한 언어로 번역된 역본 성경에도 같이 해당된다고 여겨집니다.

성경의 번역은 불가피한 요청입니다. 왜냐하면 인간의 언어는 각 부족이나 인종, 그리고 각각의 언어 집단이나 언어 공동체, 혹은 다양한 언어 그룹으로 나뉘어져 있으므로 천하 만민에게 하나님의 말씀이 전파되기 위해서는 각 족속과 민족의 방언으로 번역되어야 하기 때문입니다. 뿐만 아니라 인간의 언어는 시대의 변천과 함께 어의(語意)의 변화가 나타납니다. 이를 언어의 역사성 또는 가변성이라고 말합니다. 따라서 성경조차도 시대를 통하여 현실 언어와 세태를 반영한 개정 증보판이 부단히 나와야 하는 것입니다.

기독교 2,000년의 역사를 뒤돌아보면, 하나님께서는 전 세계 모든 나라 민족과 종족들이 자신의 언어로 성경을 읽을 수 있도록 번역되어 가는 모든 과정에 있어 친히 개입하시고, 간섭하시고, 역사해 오셨던 점을 알 수가 있습니다. 이 세상을 사랑하사 독생자를 주신 하나님께서는 믿는 자는 모두 구원을 얻기를 원하고 계시기 때문에 온 천하 만민으로 하여금 하나님의 말씀인 성경을 읽게 하는데 비상한 관심을 가지고 계신 것입니다. 웨스트민스터 신앙고백서 1장 8절에서는 성경 번역의 당위성에 관하여 이렇게 말합니다.

"히브리어(고대 하나님의 백성이 사용한 언어)로 기록된 구약성경과 그리스어(기록당시 많은 나라에 널리 알려져 있었다)로 기록된 신약성경은 하나님에 의해 직접적으로 영감되었을 뿐 아니라 그의 비상한 돌보심과 섭리로 모든 시대에 걸쳐 순수하게 보존되어 왔으므로 믿을만 하다. 따라서, 교회는 모든 신앙적 논쟁에 있어서 거기에 최종적으로 호소해야 한다. 그러나 성경에 대한 권리와 관심을 가지고 있으며, 하나님을 두려워하는 마음으로 그것을 읽고 연구하도록 명령받은 하나님의 모든 백성들이 이 원어들을 알지 못하므로, 하나님의 말씀이 모두 안에 충만히 거하여 그들이 받으실만한 방식으로 하나님을 예배하며 성경의 인내와 위로를 통하여 소망을 가지고 살도록, 성경은 그들이 속한 각 나라의 대중언어로 번역되어야 한다."

오늘날, 전 세계에 흩어져 살고 있는 그리스도인들이 각기 자기 나라 말과 글로 인쇄된 성경을 읽게 된 이면에는 에라스무스, 얀 후스, 존 위클리프, 윌리엄 틴데일, 마르틴 루터 등과 같은 선구자들의 희생과, 하나님의 말씀을 누구나 읽게 하기 위한 숭고한 노고가 있었습니다. 즉, 중세 시대에는 성경을 번역하는 일조차 금지된 시기가 있었으나 오늘 우리 시대에는, 적어도 종교의 자유가 주어진 국가의 경우, 누구나 다양한 번역본 성경을 자유로이 선택하여 읽을 수 있는 시대가 되었습니다.

현재 국내에서 출판되고 있는 한글 성경본도 개역한글판을 위시하여 공동번역, 개역개정판, 새 번역, 현대인의 성경 등 다양한 역본들이 출판, 유통되고 있으며 영어 성경의 경우에도 KJV (King James Version), NIV (New International Version), ESV (English Standard Version), ASV (American Standard Version) 등 다양한 역본들이 간행되고 있습니다.

영어 성경 역본 가운데에서 국내에 가장 널리 보급되어 있는 성경은 NIV 성경인데, 이 NIV 영어 성경은 개역한글 성경 그리고 개역개정 성경 본문과 함께 대조성경으로 출판되고 있는 경우가 많습니다. 다만, NIV 영어 성경은 1978년에 출판된 이래 전 세계에서 가장 많은 독자를 가지고 있는 영어 성경이며, 동시에 국내 발간 영한 대조 성경의 경우 압도적으로 많은 판본이 바로 이 NIV 성경인데도 불구하고, 지난 40여년 동안 한국에서는 이 NIV를 직접 번역한 성경은 따로 출판된 사례가 없었습니다. 그런데 이번에 오스트레일리아(호주)의 선교단체인 조셉 데이비스 기념 선교회 (Joseph Davies Memorial Mission)에서 이 NIV 영어 성경을 한글 직역판으로 펴내어 국내에 배포하게 된 것을 성경 독자의 한 사람으로 매우 다행스럽게 생각합니다.

성경 원전의 역간도 중요하지만 영어 성경의 역간도 우리들의 신앙생활에 큰 도움을 줄 수 있다고 생각합니다. 특히, 상이한 역본들을 상호 비교하면서 성경을 읽어 나갈 때 성경 원전의 의미를 파악하는 일에도 도움을 줄 것으로 확신합니다. 오랜 기간 동안 세심한 연구와 기도로 NIV 영어 성경의 한글역을 추진해 오신 조셉 데이비스 선교회의 서무익 선교사님의 노고에 대하여 깊은 감사를 드리며 서 선교사님의 거룩한 열정에 대하여 경의를 표합니다.

모쪼록 이 NIV 직역 성경 시리즈를 통하여, 국내의 성경 독자들께서 영어 공부는 물론, 성경 공부에 큰 도움이 되기를 기대하며 감수(監修)의 변(辯)을 대신합니다.

2022년 3월 31일

이 상규

백석대학교 석좌교수

왜 NIV를 번역하는가?

들어가는 글을 통하여 먼저, 현재의 한글 성경이 읽기 어려운 역본이기 때문에 NIV 영어 성경을 번역한 성경책을 펴내는 것이다라는 말씀을 드렸습니다. 이번 장에서는 NIV는 어떤 성경이며 왜 NIV를 번역하는지 그 이유 즉, 다른 영어 역본도 많이 있는데 하필 NIV를 번역한 책을 내는 것인지 하는 점을 설명드려 보겠습니다.

먼저 분명히 해 두고 넘어가고 싶은 부분은 NIV 성경이 가장 우수하기 때문에, 또는 가장 원문 성경에 가깝기 때문에 번역하는 것이 아니란 점입니다. 머리글에서도 말씀드렸다시피, 시중에 NIV 번역 성경이 없기 때문에, 그리고 NIV 영어 성경을 읽는 교인 독자들이 많기 때문에 NIV를 번역하는 것이지, NIV가 현존하고 있는 가장 탁월한 역본이기 때문에 번역하는 것도 아니고, 더구나 NIV가 원본 성경 즉 히브리어 원문이나 헬라어 본문에 가장 가까운 역본이라서 번역하는 것이 아니란 점을 먼저 밝혀 두고자 합니다.

NIV는 New International Version의 약자로서 '새 국제 역본' 쯤으로 번역될 수 있겠으며 오늘날 세계에서 가장 많이 팔리고 있는 베스트 셀러 영어 역본으로서 미국의 비블리카(Biblica-International Bible Society 국제 성서 공회가 전신)가 이 영어 역본에 대한 저작권을 보유하고 있습니다. NIV가 처음 출판된 것은 1978년이며 이후 1984년과 2011년에 개정, 업데이트되어 오늘에 이르고 있습니다.

NIV가 이 세상에 나오게 된 배경을 잠깐 살펴보면; NIV는 미국인들을 위해 쉬운 영어로 번역된 영어 성경을 출판키로 결정한 1956년의 작은 크리스천 모임으로부터 출발합니다. 1965년 미국 개혁교회 계열인 일리노이주 팔로스 하이츠 트리니티 크리스천 칼리지에서 첫 번역팀이 꾸려짐으로 NIV 역본 출판 사역이 시작되는데, 당시의 뉴욕 성서 공회(나중에 비블리카로 개명; The New York Bible Society; Biblica)에서 번역을 맡아 진행하였으며 신약은 1973년에, 그리고 신구약을 합본한 성경전서는 1978년에 각각 출판되었습니다. 요약하자면 NIV는 미국에서 사용되는 일상 영어로 번역된 영어 역본으로 1978년에 처음 출판되고 1984년과 2011년에 개정판이 나온 영어 성경입니다.

NIV 역본의 텍스트로 사용된 원문 사본은 위키피디아의 설명에 의하면 구약의 경우 맛소라 판 히브리어 역(Biblia Hebraica Stuttgartensia Masoretic Hebrew Text)을 위시하여 사해 사본(Dead Sea Scrolls), 사마리아판 모세오경(the Samaritan Pentateuch), 그리고 심마쿠스(Symmachus)의 헬라어 번역판과 테오도션(Theodotion)의 헬라어 번역판, 라틴어 불가타 역(the Latin Vulgate), 시리아의 페쉬타(the Syriac Peshitta), 아람어 탈굼(the Aramaic Targum) 등이고, 신약의 경우는 성서공회 연합회가 발간한 코이네 그리이스어 판(Koine Greek language editions of the United Bible Societies)과 네슬-알란드 판(Nestle-Aland)을 저본 텍스트로 사용하였다고 기록되어 있습니다.

신약성경 번역에 있어서 권위자로 꼽히는 다니엘 월러스 박사는 "영어를 구사하는 서구(西歐)에서도 성경은 다양한 버전을 읽는 것이 중요하다"라고 말을 합니다. 그리하여 월러스 박사는 영어 구사자들이 읽어야 할 성경으로 KJV(King James Version)와 NIV 두 가지 역본을 둘 다 추천합니다. KJV 에 대해서는 "이 버전은 우아하며, 운율이 있고, 아름다운 언어로 기술됐다"라고 설명하고 있으며, 이에 반해 NIV는 읽기 쉬운 버전으로서 추천하고 있습니다. "성경의 각 장이 말하는 담론과 내러티브를 한 문단씩 읽어가기에는 NIV가 가장 유용하다"라고 말하는 그는 "NIV는 읽기 쉽고, KJV는 우아하다"라는 말도 같이 하고 있습니다.

한편, 기독소매업협회(CBA)와 복음주의기독교출판협회(ECPA)에 따르면 영어 성경 가운데 가장 많이 판매되고 있는 세 가지 버전이 있는데 이는 NIV(New International Version)와 KJV(King James Version), 그리고 NKJV(New King James Version)이며, 이 세 가지 버전의 영어 성경이 항상 베스트셀러의 자리를 차지하고 있는 것으로 발표하고 있습니다. 또한 기독소매업 협회인 CBA는 성경별 판매고를 집계하는데, 이에 따르면 가장 많이 팔리는 영어 성경은 NIV, KJV, NKJV, ESV, NLT, HCSB, NASB, CEB, NIRV, Reina Valera 순이고, ECPA는 미국 내 기독 소매업체의 어른용 서적 판매고에서 성경 판매고만 추출하는 식으로 집계하며, 이에 따르면 가장 많이 판매되고 있는 영어 성경은 NIV, KJV, NKJV, NLT, ESV, Reina Valera, NASB, NIRV, The Message, CSB 순이라 합니다.

NIV가 전 세계에서 가장 많이 팔리고 있는 성경인 이유는 위에서도 언급한 대로 현대 영어가 갖고 있는 쉬운 문체에 있습니다. 즉, NIV 역본이 1978년에 발간된 이래 현재까지 전 세계에서 가장 많이 읽히고 있는 가장 대중적인 영어 성경으로 자리매김하고 있는 이유는 이 성경이 읽기 쉬운 현대 영어로 번역되어 있다는 것이 그 가장 중요한 이유라 하겠습니다.

그러면 당연히 연이어 생기는 질문은 "그러면 쉬운 성경이 과연 가장 좋은 성경이냐?" 하는 의문이 되겠습니다. 특히나 요즈음은 KJV 성경 유일주의라는 새로운 주장들이 국내외에서 기승을 부리며 성경 역본의 우열에 대한 담론의 필요를 제기하고 있는 현실입니다. 이런 점에서 KJV 와 비교한 NIV 의 위치를 KJV 유일주의에 대한 담론 내지는 비판과 함께 생각해 보는 순서가 필요할 듯하지만, 그러나 이런 주제에 관해서 심층적으로 논의하려면 책 한 권 정도의 분량의 추가적 설명이 필요하고, 또 이러한 주제는 이 책의 제작 방향과는 상당히 거리가 있는 다른 주제이기 때문에 여기에서는 KJV 유일주의자들이 주장하는 바가 다는 사실이 아니라는 점을 알려 드리기 위해 몇 가지 Key Point만 간략히 요약하여 권 말미에 부록 삼아 한 장(章)을 따로 예비하여 첨부해 둘 예정입니다.

번역상 원칙 일러두기

1. 직역의 원칙

'직역' 이란 단어를 책의 제목으로 삼고 있는 것과 같이, 번역 작업에 임하여서는 원문 영어인 NIV 본문을 가급적 본래의 영어 문장 구조에 맞추어 직역(直譯)에 가깝게 번역하려고 노력을 하였습니다. 그렇다고 해서 단순히 영어 단어를 한글 단어로 대치(代置)하거나, 치환(置換)하는 기계식 번역을 하지는 않았습니다. 도리어 기계식 단어 치환식의 고답적 번역 투의 문장이 나오는 것을 방지하기 위하여 최소한의 범위 내에서 우리말 어법, 표현대로 문장을 다듬기도 하고, 원래 영어 문장에 없는 단어를 추가(追加)하기도 하였습니다만, 어디까지나 의역(意譯) 수준에까지는 이르지 않도록 유의하였습니다.

2. 문체는 옛 문체 그대로

문체는 옛날 문체 그대로 " ---하니라.", " ---할지니"와 같은 옛말 투의 서술형 종결어미를 그대로 썼습니다. 가장 최근에 나온 대한성서공회 출판 버전인 새번역 성경은 이런 문어체 옛말 서술형 종결어미를 현대문으로 바꾸어 " --- 하였다.", " ---하였습니다."와 같은 단어로 바꾸어 사용하고 있습니다만, 지난 수 십 년간 " --- 하니라"와 같은 문체에 익숙해져 있는 세대들은 오히려 이런 옛스러운 장엄한 문어체로부터 '하나님의 말씀' 으로서의 성경의 권위를 느끼는 분이 더 많기 때문에 본 NIV 직역 번역에서는 이런 옛 문체를 버리지 않고 예전 그대로 그냥 사용하였습니다.

3. 추가 요소는 괄호안에 따로 묶고 (* ---) 처럼 별표를 표시하였습니다.

문맥을 보다 더 잘 이해하는 데에 보탬이 되는 경우에 한하여 NIV 영어 본문에는 나오지 않는 단어 어휘인데도 한글 어휘, 단어를 추가한 경우가 있습니다. 이렇게 편역자가 문장 가운데 추가한 단어 즉, 원문에는 없는 단어의 경우에는 이를 괄호 안에 표시하고 별표를 두어 (* ----) 와 같이 표시하여 독자 여러분의 이해를 도우려 하였습니다.

4. 영한사전(辭典)의 제1의(第1意) 사용 원칙에 대하여

영어 단어를 한글 단어로 치환하는 경우에는 사전의 해당 단어 부분 해설에서 제일 먼저 나오는 제1의(第1意) 를 가급적 먼저 고려한다는 일반적 원칙이 있었습니다만, 어디까지나 문맥을 우선으로 하여 해당 단어의 문장 속 문맥에 가장 잘 어울리는 한글 단어를 찾아 사용하려는 노력을 많이 하였습니다.

5. 주(主), 하나님, 그리스도 등 명칭에 관하여

God은 하나님으로; Lord는 문맥에 따라 주(主) 또는 주(主) 하나님으로 번역하였고; Christ는 그리스도로; Jesus Christ는 예수 그리스도로 번역하였습니다. 특히 Lord 의 경우 일률적으로 주(主) 라고만 번역하면 그 가리키는 대상이 하나님이신지, 아니면 예수 그리스도인지 모호한 경우가 더러 있어, 문맥상 그리스도임이 분명한 경우에는 주(主), 또는 그리스도로 표기하였습니다만, '주' 곧, Lord라는 주어가 그리스도신지, 하나님이신지가 불분명한 경우의 문장에 있는 Lord는 '주(主) 하나님' 으로 통일하여 번역하였습니다.

6. 인명과 지명은 기존 개역개정판의 표기를 차용하였습니다.

인명과 지명의 경우에는; 그 발음 표기가 영어권 나라에서 사용하는 현대식 영어의 표현과는 상당한 거리가 있음에도 불구하고 지난 수십 여년 간 우리의 눈과 귀에 익숙해 져 있는 관계로 기존의 개역개정 판의 표기 방식을 그냥 따랐습니다. 다만, 지명의 경우에는 괄호 속에 현대식 영어 발음을 표기하여 독자들의 이해를 도우려 시도하였습니다. 예컨대, 본문 중에서 우선 나오는 애굽은 애굽(이집트)로, 에베소는 에베소(에페소)로, 다메섹은 다메섹(다마스커스)로 표기하고 이후에 같은 단어가 나오면 괄호 없이 이집트, 에페소, 다마스커스로 표기하였습니다.

7. 장(章)과 절(節)의 구분

논리의 흐름을 막지 않고, 생각이 끊어지는 것을 방지하기 위해서, 기존의 장. 절 구분 대신 문맥에 따라 몇 개 구절을 합쳐 한 문단으로 만들었습니다.

8. 영문 성경 본문

영어 성경 본문으로 사용한 NIV 본문은 Biblica 의 1984년 개정본을 www.clcpeople.net 웹사이트에서 다운 받아 사용하였으며 Biblica 측의 저작권 사용 동의를 득하여 게재하였습니다.

9. 신약 전서 각 권의 순서를 일부 변경하여 편집하였습니다.

신약의 경우, 기존의 개역한글 판, 그리고 개역개정 판에서는 마태복음이 가장 먼저 나오고 그 다음으로 마가복음, 누가복음, 요한복음 그리고 사도행전 순서로 편집되어 있습니다만 본서 NIV 직역 대조 성경에서는 그 순서를 조금 바꾸어 요한 복음이 가장 먼저 자리 잡고 그 다음에 누가복음과 사도행전이 나오고, 그리고 그 다음으로 마가복음을 싣고, 그리고 끝으로 비로소 마태복음을 게재하는 순서로 편집하였습니다. 이는 성경을 처음 읽는 분들과 그리고 성경을 개개의 장(章), 절(節)로서가 아니라 전체를 한 묶음으로 책을 읽듯이 통독(通讀)하고자 하는 분들의 편의를 위하여 종래의 신약 각권의 배열 방식을 스토리 중심의 의식 흐름에 바꾸어 편집한 것으로서, 성경 본문이 독자의 의식 속에 스며듬에 있어서 하나의 일관된 스토리의 전개 순서로 자연스럽게 받아 들여지도록 의도된 것입니다. (이런 순서로 성경을 읽을 때에 비로소 성경 통독하기가 용이하여진다는 점은 편역자의 개인적 경험에 바탕을 두고 있습니다.) 예컨대, 누가 복음과 사도행전은 누가라는 기록자가 한 사람의 독자를 위하여 연이어 보낸 서신이므로 기존 성경처럼, 따로 떼어 내서 별개로 읽는 것보다는 한 묶음으로 하여 연이어 읽는 것이 가장 좋다고 생각되고 있으며, 마태 복음의 경우에도 예수의 족보 얘기가 가장 먼저 나오는 이유 등으로 해서 성경을 처음 접하는 사람에게는 다소 지루한 감을 줄 수도 있는 상황을 고려해서 요한복음 그리고 누가복음 사도행전을 통하여–육신으로 이 땅에 오신 하나님 아들 예수의 행적에 대한 충분한 지식을 쌓고 난 다음에, 예수의 그리스도 되심에 관한 보다 더 구체적인 사실 (예컨대 족보 등에 관한 정보 등)에 노출 될 수 있는 순서로 어디까지나 '독자의 의식의 흐름'과 '성경 지식의 체계적 순서적 습득'이라는 측면을 고려하였습니다. 다만, 마태 복음 이후의 신약 각 권의 순서는 기존의 개역한글 판 그리고 개역개정 판과 같이 로마서를 필두로 요한계시록에 이르기까지 기존의 편집 순서를 따랐습니다.

10. 영(靈), 혼(魂), 육(肉)을 구분하여 사용하였습니다.

기존의 개역한글 판 그리고 개역개정 판에서는 Spirit 그리고 Soul 이 한 단어 영혼(靈魂)으로 번역되어 있음에 반하여, 본서에서는 NIV 영어 본문에 나오는 단어 중 Spirit 은 영(靈), Soul 은 혼(魂), Flesh는 육(肉) 또는 육신(肉身)으로 구분하여 표기하였습니다.

목차

프롤로그

들어가는 글	4	
감수에 즈음하여	8	
왜 NIV를 번역하는가?	10	
번역상 원칙 일러두기	12	
요한복음	19	John
누가복음	87	Luke
사도행전	173	Acts
마가복음	257	Mark
마태복음	309	Matthew
로마서	391	Romans
고린도전서	429	1 Corinthians
고린도후서	467	2 Corinthians
갈라디아서	493	Galatians
에베소서	509	Ephesians
빌립보서	523	Phillippians
골로새서	535	Colossians
데살로니가전서	545	1 Thessalonians

데살로니가후서 555 2 Thessalonians
디모데전서 563 1 Timothy
디모데후서 575 2 Timothy
디도서 585 Titus
빌레몬서 593 Philemon
히브리서 597 Hebrews
야고보서 627 James
베드로전서 639 1 Peter
베드로후서 651 2 Peter
요한1서 659 1 John
요한2서 671 2 John
요한3서 675 3 John
유다서 679 Jude
요한계시록 685 Revelation

에필로그
간추린 한글 성경 번역 역사 726
성경 오역 사례 732

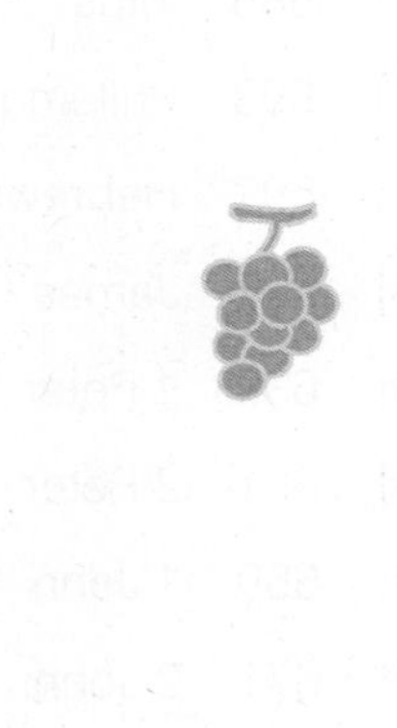

요한복음

John

John

요한복음

제1장

1 In the beginning was the Word, and the Word was with God, and the Word
was God. 2 He was with God in the beginning. 3 Through him all things were
made; without him nothing was made that has been made.

1 태초에 말씀이 계시었으니, 이 말씀이 하나님과 함께 계셨고, 이 말씀은 곧 하나님이셨더라. 2 그가
태초에 하나님과 함께 계셨으며 3 만물이 그를 통하여 만들어졌고; 그가 없이 만들어진 것이 하나도 없
었더라.

4 In him was life, and that life was the light of men. 5 The light shines in the
darkness, but the darkness has not understood it.

4 그의 속에 생명이 있었으니 이 생명은 사람들의 빛이라. 5 그 빛이 어두움 가운데를 비추었으나, 그러
나 어두움은 이를 깨닫지 못하더라.

6 There came a man who was sent from God; his name was John. 7 He came
as a witness to testify concerning that light, so that through him all men might
believe. 8 He himself was not the light; he came only as a witness to the light.

6 하나님께로부터 보내어진 한 사람이 있었으니; 그 이름은 요한이라. 7 그가 증인으로서 왔으니 이는
그 빛에 대하여 증언하기 위함이라. 8 그는 그 빛이 아니요; 다만, 그 빛에 대하여 증언하러 온 증인이었
을 뿐이더라.

9 The true light that gives light to every man was coming into the world. 10
He was in the world, and though the world was made through him, the world
did not recognize him. 11 He came to that which was his own, but his own did
not receive him. 12 Yet to all who received him, to those who believed in his
name, he gave the right to become children of God-- 13 children born not of
natural descent, nor of human decision or a husband's will, but born of God.

9 참된 빛, 곧 모든 사람에게 빛을 비추어 주는 빛이 이 세상에 오시니라. 10 그가 이 세상에 계셨으며,
이 세상이 그를 통하여 만들어졌으나, 세상은 그를 알지 못하였더라. 11 그가 본래 자기의 것인 곳으로
오셨으나, 자기에게 속한 이들이 그를 받아들이지 아니하였더라. 12 그러나 그를 영접(迎接)하는 자 곧,
그 이름을 믿는자들에게는 하나님의 자녀가 되는 권세를 그가 주셨으니– 13 이 자녀들은 육신(肉身)의
후손(後孫)됨으로 난 것이 아니요, 사람의 의사(意思)나 그 남편(男便)의 뜻에 의한 것도 아니요, 오직 하
나님께로부터 난 자들이더라.

14 The Word became flesh and made his dwelling among us. We have seen his
glory, the glory of the One and Only, who came from the Father, full of grace
and truth. 15 John testifies concerning him. He cries out, saying, "This was he
of whom I said, 'He who comes after me has surpassed me because he was
before me.'"16 From the fullness of his grace we have all received one blessing
after another.

14 '말씀'이 육신이 되어, 자신의 거(居)하는 처소(處所)를 우리 가운데에 두시니라. 우리가 그의 영광을 보았으니, 곧 오직 홀로 하나이신 그 분의 영광(榮光)이요, 하나님 아버지로부터 오신 분이시요, 은혜와 진리가 충만하더라. 15 요한이 그에 대하여 증언하며 소리 높여 외쳐 말하기를, "내가 전에 그에 관해 말하기를, '내보다 뒤에 오시는 이가 있는데 그가 나를 능가(凌駕)하는 것은 그가 나보다 먼저 계시는 까닭이라' 한 것이 이 사람을 가리킴이라" 하니라. 16 그의 은혜의 충만함으로부터 우리 모두가 복에 복을 더하여 받으니라.

17 For the law was given through Moses; grace and truth came through Jesus
Christ. 18 No one has ever seen God, but God the One and Only, who is at the
Father's side, has made him known.

17 율법(律法)은 모세를 통하여 주어진 것이요; 은혜와 진리는 예수 그리스도를 통하여 온 것이라. 18
아무도 하나님을 본 사람이 없으되, 이제 홀로 하나이시고 유일하신 하나님, 곧 하나님 아버지 옆에 계시던 그 분께서 자신을 나타내사, 스스로를 알리심이니라.

19 Now this was John's testimony when the Jews of Jerusalem sent priests and Levites to ask him who he was.

19 이것이 요한의 증언이라, 곧, 예루살렘에 있는 유대인들이, 제사장들과 레위인들을 요한에게 보내어 그가 누구인지 물을 때에 요한이 대답한 내용이니라.

20 He did not fail to confess, but confessed freely, "I am not the Christ." 21
They asked him, "Then who are you? Are you Elijah?" He said, "I am not."
"Are you the Prophet?" He answered, "No." 22 Finally they said, "Who are you?
Give us an answer to take back to those who sent us. What do you say about
yourself?" 23 John replied in the words of Isaiah the prophet, "I am the voice
of one calling in the desert, 'Make straight the way for the Lord.'"

20 요한이 스스로 고백하기를 마다하지 않고, 스스럼없이 말하되, "나는 그리스도가 아니라" 하니 21
그들이 묻되, "그러면 네가 누구냐? 네가 엘리야냐?" 하니, 그가 이르되, "나는 (*엘리야가) 아니니라."
하더라. "그럼 네가 바로 '그 선지자(先知者)'냐?" 하고 다시 물으니, 그가 대답하되, "그것도 아니라" 하
니, 22 마침내 그들이 다시 묻되, "그럼 너는 누구이뇨? 우리가 우리를 보낸 이들에게 가져갈 대답을 원
하노라. 너는 네 자신을 가리켜 무엇이라 하느냐?" 하거늘 23 요한이 이사야를 인용하여 말을 하기를,
"나는 광야(曠野)에서 외치는 자(者)의 소리라, '주(主)를 위해 그 길을 곧게 하라' 는 외침이니라." 하더라.

24 Now some Pharisees who had been sent 25 questioned him, "Why then do
you baptize if you are not the Christ, nor Elijah, nor the Prophet?" 26 "I baptize
with water," John replied, "but among you stands one you do not know. 27 He
is the one who comes after me, the thongs of whose sandals I am not worthy
to untie." 28 This all happened at Bethany on the other side of the Jordan,
where John was baptizing.

24 (*요한에게) 보냄을 받은 자들중에 바리새인 몇이 있었는데 그들이 25 물어 이르되, "네가 만일 그
리스도도 아니요 엘리야도 아니요 '그 선지자'도 아닐진대, 어찌 세례를 베푸느냐?" 하거늘, 26 요한이
대답하여 이르되, "나는 물로 세례를 베풀거니와, 그러나 너희 가운데 너희가 알지 못하는 한 사람이 섰
으니 27 곧 내 뒤에 오시는 그 분이시라, 나는 그 분의 신발끈을 풀 가치도 없는 사람이니라." 하고 말하
니라. 28 이 일은 모두 요단강 건너편, 베타니에서 일어난 일이니, 요한이 세례(洗禮)를 베풀던 곳이 거기였더라.

29 The next day John saw Jesus coming toward him and said, "Look, the Lamb
of God, who takes away the sin of the world! 30 This is the one I meant when

I said, 'A man who comes after me has surpassed me because he was before me.' **31** I myself did not know him, but the reason I came baptizing with water was that he might be revealed to Israel."

29 다음 날, 예수께서 자기를 향해 나아오는 것을 본 요한이 말하기를, "보라, 하나님의 어린 양(羊)이시요, 이 세상 죄(罪)를 가지고 가실 분이로다! **30** 내가 전에 말하기를 '내 뒤에 오는 분이 있는데 그가 나를 능가하는 것은 그가 나보다 먼저 계심이라' 한 것이 이 분을 의미한 것이라. **31** 내가 (*그전에는) 그를 알지 못하였으나, 이렇게 와서 물로 세례를 베푸는 것은 그가 이스라엘 중에 나타나게 하려 위함이로라." 하니라.

32 Then John gave this testimony: "I saw the Spirit come down from heaven as a dove and remain on him. **33** I would not have known him, except that the one who sent me to baptize with water told me, 'The man on whom you see the Spirit come down and remain is he who will baptize with the Holy Spirit.' **34** I have seen and I testify that this is the Son of God."

32 그리고 또 요한이 이런 증언을 하였으니 곧, "하늘로부터 성령이 비둘기같이 내려와서 그의 위에 머무는 것을 내가 보았노라. **33** 나를 보내사 물로 세례를 베풀라 하신 분이 나에게 말씀하시기를, '성령(聖靈)이 내려와 그 사람 위에 머무는 이가 곧, 성령으로 세례를 베푸실 이시니라.' 하는 말을 하지 아니하였더라면, 나도 그가 누구인지를 알지 못하였으리라. **34** (*그러나 이제) 그가 누구이신지를 보았으니 그가 하나님의 아들이심을 내가 이처럼 증언하는 것이로라." 하고 말하니라.

35 The next day John was there again with two of his disciples. **36** When he saw Jesus passing by, he said, "Look, the Lamb of God!"

35 그 이튿날에 요한이 자기 제자 두 사람과 함께 거기에 있더니 **36** 그 때에 예수께서 거기를 지나가시거늘, 요한이 그 모습을 보고 이르되, "보라, 하나님의 어린 양(羊)이시로다!" 하더라.

37 When the two disciples heard him say this, they followed Jesus. **38** Turning around, Jesus saw them following and asked, "What do you want?" They said, "Rabbi" (which means Teacher), "where are you staying?" **39** "Come," he replied, "and you will see." So they went and saw where he was staying, and spent that day with him. It was about the tenth hour.

37 그 두 제자가 요한의 이 말을 듣고 예수를 좇아 따라오니, **38** 예수께서 돌아서서 그들이 따라오는 것을 보시고 물어 이르시되, "너희가 무엇을 원하느냐?" 하시니, 그들이 말하기를, "랍비여" (이는 번역하자면 '선생'이라), "어디에 머물고 계시나이까?" 하거늘 **39** 대답하시되, "나를 따라오라." "그러면 너희가 볼 수 있으리라." 하시더라. 그들이 예수를 따라가서 그 머물고 계신 데를 보고, 그 날은 그와 함께 머무니라. 그 때가 열 시쯤 되었더라.

40 Andrew, Simon Peter's brother, was one of the two who heard what John had said and who had followed Jesus. **41** The first thing Andrew did was to find his brother Simon and tell him, "We have found the Messiah" (that is, the Christ). **42** And he brought him to Jesus. Jesus looked at him and said, "You are Simon son of John. You will be called Cephas" (which, when translated, is Peter).

40 안드레(앤드류)는 시몬(사이몬) 베드로의 형제라, 요한의 말을 듣고 예수를 따라간 두 사람 중의 하나였더라. **41** 안드레가 가장 먼저 한 일이 자기의 형제 시몬을 찾아 나선 것이었으니 시몬을 만나 말을 하되, "우리가 메시아를 발견하였노라" 하고 (메시아는 곧, 그리스도라) **42** 그리고는 그를 예수께로 데리고 오니라. 예수께서 그를 보시고 이르시되, "너는 요한의 아들 시몬이라. 네가 장차 게바라 불리우리라." 하시니라. (이는 번역하자면, '베드로' 더라.)

43 The next day Jesus decided to leave for Galilee. Finding Philip, he said
to him, "Follow me." 44 Philip, like Andrew and Peter, was from the town of
Bethsaida.

43 그 다음날 예수께서는 갈릴리를 향해 길을 떠나시기로 결정하시니라. 빌립을 만나시고는 그에게 이
르시되, "나를 따르라." 하시니 44 빌립은 안드레, 그리고 베드로와 같이 벳사이다 마을 사람이었더라.

45 Philip found Nathanael and told him, "We have found the one Moses
wrote about in the Law, and about whom the prophets also wrote--Jesus of
Nazareth, the son of Joseph." 46 "Nazareth! Can anything good come from
there?" Nathanael asked. "Come and see," said Philip.

45 빌립이 나다나엘을 찾아가서 말하기를, "우리가 이 사람을 발견하였으니, 곧 모세가 율법에 그에 관
해 기록하였고, 여러 선지자가 기록한 그 이라, 나사렛 사람 예수 곧, 요셉의 아들이니라." 하니, 46 나
다나엘이 "나사렛! 나사렛으로부터 무슨 선(善)한 것이 나올 수 있느뇨?" 하거늘, 빌립이 이르되 "와서
보라" 하니라.

47 When Jesus saw Nathanael approaching, he said of him, "Here is a
true Israelite, in whom there is nothing false." 48 "How do you know me?"
Nathanael asked. Jesus answered, "I saw you while you were still under the fig
tree before Philip called you." 49 Then Nathanael declared, "Rabbi, you are the
Son of God; you are the King of Israel."

47 그 때에 예수께서 나다나엘이 자기에게 오는 것을 보시고, 그를 가리켜 이르시되, "여기에 참된 이스
라엘 사람이 있도다. 그 속에 어그러진 것이 하나도 없도다." 하시니라. 48 나다나엘이 묻되, "어떻게 나
를 아시나이까?" 하니, 예수께서 대답하여 이르시되, "빌립이 너를 부르기 전에, 네가 무화과나무 아래
에 있을 때에 내가 너를 보았노라." 하시더라. 49 이에 나다나엘이 선언하듯 말을 하기를, "랍비여, 당신
은 하나님의 아들이시요; 이스라엘의 왕이로소이다." 하니라.

50 Jesus said, "You believe because I told you I saw you under the fig tree. You
shall see greater things than that." 51 He then added, "I tell you the truth, you
shall see heaven open, and the angels of God ascending and descending on
the Son of Man."

50 그러자 예수께서 이르시기를, "내가 너를 무화과나무 아래에서 보았다 하므로 믿느냐? 네가 이보다
더 큰 일을 보리라." 하시고, 51 덧붙여 말씀하시길, "내가 너희에게 진실을 말하노니, 하늘이 열리고 하
나님의 천사들이 인자(人子) 위에서 오르락 내리락 하는 것을 너희가 보리라." 하시더라.

제2장

1 On the third day a wedding took place at Cana in Galilee. Jesus' mother
was there, 2 and Jesus and his disciples had also been invited to the wedding.
3 When the wine was gone, Jesus' mother said to him, "They have no more
wine." 4 "Dear woman, why do you involve me?" Jesus replied, "My time has
not yet come." 5 His mother said to the servants, "Do whatever he tells you."

1 사흘째 되던 날, 갈릴리 가나(카나)에서 결혼식이 있었는데, 예수의 어머니도 거기 계시고 2 예수와
그 제자들도 초대를 받았더라. 3 잔치에 포도주가 떨어졌을 때에, 예수의 어머니가 예수에게 이르되,
"포도주가 다 떨어지고 없다." 하시니, 4 예수께서 대답하여 이르시되, "친애하는 여자여, 왜 나를 이 일
에 관여시키려 하시나이까?" 하시고, "내 때가 아직 이르지 아니하였나이다." 하시더라. 5 그의 어머니

가 하인들에게 이르되, "무슨 말이든지 그가 너희에게 이르는대로만 하라." 하니라.

6 Nearby stood six stone water jars, the kind used by the Jews for ceremonial washing, each holding from twenty to thirty gallons. 7 Jesus said to the servants, "Fill the jars with water"; so they filled them to the brim. 8 Then he told them, "Now draw some out and take it to the master of the banquet."

6 근처에, 돌로 된 물통 여섯 개가 있었으니, 유대인의 정결(淨潔) 의례(儀禮)에 사용되는 것으로 하나에 이십에서 삼십 갤런 쯤 물을 담을 수 있는 통이었더라. 7 예수께서 하인들에게 말씀하시기를, "항아리에 물을 채우라" 하시니, 물통 테두리까지 물을 가득 채우니라. 8 그러자, "이제 그 물을 떠서 연회장에게 갖다 주라." 말씀하시니라.

9 They did so, and the master of the banquet tasted the water that had been turned into wine. He did not realize where it had come from, though the servants who had drawn the water knew. Then he called the bridegroom aside
10 and said, "Everyone brings out the choice wine first and then the cheaper wine after the guests have had too much to drink; but you have saved the best till now."

9 하인들이 시킨대로 하니, 연회장이 그 물로 된 포도주를 맛보더라. 그가 이 물이 어디로부터 왔는지 알지 못하나, 그러나 그 물을 떠온 하인들은 알더라. 연회장이 신랑을 한쪽으로 불러내어 10 말하기를, "모든 사람들이 가장 좋은 포도주를 먼저 내고, 손님들이 포도주를 많이 마셔 취한 후에 싸구려를 내놓는 법이거늘; 그대는 제일 좋은 포도주를 지금까지 아껴 두었도다." 하니라.

11 This, the first of his miraculous signs, Jesus performed in Cana of Galilee. He thus revealed his glory, and his disciples put their faith in him. 12 After this he went down to Capernaum with his mother and brothers and his disciples. There they stayed for a few days.

11 이것은 그가 행하신 첫 표적이니, 예수께서 갈릴리 카나에서 행하신 것이더라. 이처럼 그가 그의 영광을 나타내시매, 제자들이 믿음을 그에게 두니라. 12 이런 일이 있은 후에, 예수께서는 그 어머니와 형제들과 제자들과 함께 카버나움으로 내려가사, 거기에서 며칠을 더 머무시더라.

13 When it was almost time for the Jewish Passover, Jesus went up to Jerusalem. 14 In the temple courts he found men selling cattle, sheep and doves, and others sitting at tables exchanging money. 15 So he made a whip out of cords, and drove all from the temple area, both sheep and cattle; he scattered the coins of the money changers and overturned their tables. 16 To those who sold doves he said, "Get these out of here! How dare you turn my Father's house into a market! "

13 유대인의 유월절(逾越節)이 거의 다가왔을 때에 예수께서 예루살렘으로 올라가시니라. 14 성전 안에서 소 떼와 양과, 비둘기들을 파는 사람들과, 또 돈 바꾸어 주는 사람들이 책상에 앉아 있는 것을 보시고는, 15 노끈으로 채찍을 만드시고 그것으로 양이나 소를 다 성전에서 내 쫓으시며; 또 돈 바꾸는 사람들의 동전을 흩어 버리시고 그 책상(冊床)을 뒤 엎어 버리시니라. 16 그 가운데 비둘기 파는 사람들에게 말씀하시되, "이것들을 여기서 치우라! 어찌 감히 내 아버지 집을 시장(市場)으로 만드느뇨!" 하시더라.

17 His disciples remembered that it is written: "Zeal for your house will consume me." 18 Then the Jews demanded of him, "What miraculous sign can you show us to prove your authority to do all this?" 19 Jesus answered them, "Destroy this temple, and I will raise it again in three days." 20 The Jews replied, "It has taken forty-six years to build this temple, and you are going to raise it in three days?" 21 But the temple he had spoken of was his body.

22 After he was raised from the dead, his disciples recalled what he had said.
Then they believed the Scripture and the words that Jesus had spoken.

17 제자들이 이에 기억하기를, 성경 말씀에 “하나님의 집을 사모하는 열심이 나를 삼키리라.” 씌여 있
는 것을 생각해 내니라. 18 이에 그 유대인들이 예수께 요구하기를 “그 무슨 기적의 징표를 우리에게 보
임으로 이 모든 일을 행할 권세를 당신이 가졌음을 입증하겠느뇨?” 하니, 19 예수께서 대답하여 이르시
되, “이 성전(聖殿)을 무너뜨리라, 내가 사흘 동안에 다시 일으켜 세우리라.” 하시니, 20 유대인들이 이
르되, “이 성전을 짓는데 사십육 년이 걸렸거늘, 네가 삼 일 동안에 다시 짓겠느냐?” 하더라. 21 그러나
예수께서 말한 성전(聖殿)은 그의 육신(肉身)을 가리킴이었더라. 22 예수께서 죽은 자들 가운데서 살아
나신 후에야 제자들이 이 말씀하시던 것을 기억해 내고는, 성경(聖經)과 그리고 예수께서 하신 말씀을
다 믿으니라.

23 Now while he was in Jerusalem at the Passover Feast, many people saw the
miraculous signs he was doing and believed in his name. 24 But Jesus would
not entrust himself to them, for he knew all men. 25 He did not need man's
testimony about man, for he knew what was in a man.

23 유월절 명절에 예수께서 예루살렘에 계심으로, 수 많은 사람들이 그의 행하시는 표적을 보고 그의
이름을 믿더라. 24 그러나 예수께서 자신을 그들에게 의탁(依託)하지는 아니하셨으니 이는 그가 모든
사람을 다 아심이요 25 사람에 대하여 사람들의 증언(證言)을 필요로 하지 않으셨으니, 사람의 속에 있
는 것을 다 아셨음이더라.

제3장

1 Now there was a man of the Pharisees named Nicodemus, a member of the
Jewish ruling council. 2 He came to Jesus at night and said, "Rabbi, we know
you are a teacher who has come from God. For no one could perform the
miraculous signs you are doing if God were not with him."

1 그 때에, 바리새인으로 니고데모라 하는 사람이 있었으니, 유대인을 다스리는 공회(公會) 회원이라. 2
그가 밤에 예수께로 건너와 말하기를, “랍비여, 당신이 하나님께로부터 오신 선생인 줄을 우리가 아나
이다. 하나님이 함께하시지 아니하면, 당신이 행하시는 이 표적(標蹟)을 행할 자가 아무도 없음이니이
다.” 하니라.

3 In reply Jesus declared, "I tell you the truth, no one can see the kingdom
of God unless he is born again." 4 "How can a man be born when he is old?"
Nicodemus asked. "Surely he cannot enter a second time into his mother's
womb to be born!" 5 Jesus answered, "I tell you the truth, no one can enter the
kingdom of God unless he is born of water and the Spirit.

3 이에 그 대답으로 예수께서 선언하듯 말씀하시기를, “내가 네게 진실을 말해 주리니, 사람이 거듭나지
않으면 하나님의 나라를 볼 자가 없느니라.” 하시니라. 4 “사람이 나이가 들면, 어떻게 (*다시) 날 수가
있사옵나이까?” 하며 니고데모가 묻기를, “어찌 사람이 그 어머니의 태(胎)에 두 번째로 들어가서, 다시
날 수가 있겠나이까?” 하니, 5 예수께서 대답하시되, “내가 네게 진실(眞實)을 말하노니, 사람이 물과 성
령(聖靈)으로 나지 아니하면 그 누구도 하나님의 나라에 들어갈 수가 없느니라.” 하시고

6 Flesh gives birth to flesh, but the Spirit gives birth to spirit. 7 You should

not be surprised at my saying, 'You must be born again.' **8** The wind blows
wherever it pleases. You hear its sound, but you cannot tell where it comes
from or where it is going. So it is with everyone born of the Spirit."

6 덧붙여 말씀하시기를, "육신은 육신을 낳을 뿐이나, 성령은 영(靈)을 낳느니라. **7** 내가 말하기를, '너
는 반드시 거듭나야만 하리라.' 하여도 놀라지 말라. **8** 바람은 제 가고 싶은대로 불어 가나니, 네가 그 소
리는 들어도 이 바람이 어디로부터 와서 어디로 가는지를 알지 못하느니라. 이처럼, 성령(聖靈)으로 난
사람도 다 그러하니라." 하시니라.

9 "How can this be?" Nicodemus asked. **10** "You are Israel's teacher," said Jesus,
"and do you not understand these things? **11** I tell you the truth, we speak of
what we know, and we testify to what we have seen, but still you people do
not accept our testimony. **12** I have spoken to you of earthly things and you do
not believe; how then will you believe if I speak of heavenly things?

9 "어떻게 이런 일이 가능하니이까?" 하고 니고데모가 또다시 물으니, **10** 예수께서 대답하시되, "너는
이스라엘의 선생이라, 이런 것들도 이해하지 못하느냐?" 하시고, **11** "내가 진실로 네게 이르노니, 우리
는 우리가 아는 것을 말하고, 우리가 본 것만을 증언하노라. 그러나 사람들이 우리의 증언을 받아들이지
아니하는도다. **12** 내가 땅의 일을 말하여도 너희가 믿지 아니하거든; 하물며 하늘의 일을 말하면 너희
가 어떻게 믿겠느냐?

13 No one has ever gone into heaven except the one who came from heaven--
the Son of Man. **14** Just as Moses lifted up the snake in the desert, so the Son
of Man must be lifted up, **15** that everyone who believes in him may have
eternal life. **16** For God so loved the world that he gave his one and only Son,
that whoever believes in him shall not perish but have eternal life.

13 하늘에서 내려온 자 곧, 인자(人子)를 제외하고는 하늘에 올라간 자가 없느니라. **14** 모세가 광야에
서 뱀을 들어 올린 것 같이, 인자도 장차 이처럼 들어 올려져야 하리니, **15** 이는 그를 믿는 자마다 영생
(永生)을 얻게하려는 까닭이니라. **16** 하나님이 세상을 이처럼 사랑하사 오직 하나뿐인 아들을 주셨으
니, 이는 누구든 그를 믿는 자마다 멸망치 않고 영생을 얻게하려 하심이라.

17 For God did not send his Son into the world to condemn the world, but to
save the world through him. **18** Whoever believes in him is not condemned,
but whoever does not believe stands condemned already because he has not
believed in the name of God's one and only Son.

17 하나님께서 이 세상을 심판하시려고 그 아들을 세상에 보내신 것이 아니요, 그를 통하여 세상을 구
원하려 하심이니라. **18** 누구든 그를 믿는 자는 심판을 받지 않을 것이요, 그러나 그를 믿지 아니하는 자
는 누구든지 이미 정죄(定罪) 받을 자리에 서 있는 것이니, 이는 하나님의 유일하시고, 오직 하나이신 아
들의 이름을 믿지 않은 이유니라.

19 This is the verdict: Light has come into the world, but men loved darkness
instead of light because their deeds were evil. **20** Everyone who does evil
hates the light, and will not come into the light for fear that his deeds will be
exposed. **21** But whoever lives by the truth comes into the light, so that it may
be seen plainly that what he has done has been done through God."

19 이것이 그 판결이니: 빛이 세상에 왔으되, 사람이 자기들의 행위가 악하므로, 빛 대신에 어둠을 사랑
한 것이라. **20** 악을 행하는 자는 모두 다 빛을 싫어하고, 빛을 향해 나아오지 아니하나니, 이는 자신의
행위가 드러날까 두려워함이니라. **21** 그러나 누구든 진리에 따라 사는 자는 빛으로 나아오나니, 이는
자신들이 행한 그 행위가 하나님을 통하여 이루어졌다는 사실을 분명히 나타나게 하기 위해서니라." 하
시니라.

22 After this, Jesus and his disciples went out into the Judean countryside, where he spent some time with them, and baptized. 23 Now John also was baptizing at Aenon near Salim, because there was plenty of water, and people were constantly coming to be baptized. 24 (This was before John was put in prison.)

22 그 후에, 예수께서 제자들과 함께 거기를 떠나 유대 땅으로 들어가사, 거기에서 한동안 제자들과 같이 시간을 보내시며, 세례를 베푸시니라. 23 요한도 살렘 가까운 애논에서 세례를 베푸니 거기에 물이 많았음이더라. 사람들이 끊임없이 세례를 받으러 나아오니라. 24 (이는 요한이 옥에 갇히기 전에 있었던 일이니라.)

25 An argument developed between some of John's disciples and a certain Jew over the matter of ceremonial washing. 26 They came to John and said to him, "Rabbi, that man who was with you on the other side of the Jordan--the one you testified about--well, he is baptizing, and everyone is going to him." 27 To this John replied, "A man can receive only what is given him from heaven."

25 요한의 제자들 가운데 몇몇 사람과 어떤 유대인 사이에 몸을 씻는 의식(儀式)과 관련하여 논쟁이 벌어지니라. 26 그들이 요한에게 와 이르되, "랍비여, 그 전에 선생님과 함께 요단 강 저편에 서 계시던 이–곧 선생님께서 그에 관해 증언하시던 이가 지금 세례를 베푸는데–사람들이 모두 다 그리로 몰려가나이다." 하니라. 27 요한이 이에 대답하여 이르되, "사람은 오직 하늘로부터 자기에게 주어진 것만 받을 수 있느니라."

28 "You yourselves can testify that I said, 'I am not the Christ but am sent ahead of him.' 29 The bride belongs to the bridegroom. The friend who attends the bridegroom waits and listens for him, and is full of joy when he hears the bridegroom's voice. That joy is mine, and it is now complete. 30 He must become greater; I must become less."

28 "내가 이전에 이미 말하였던 바, 곧, '나는 그리스도가 아니요, 단지 그의 앞에 보내심을 받은 자'라고 말했던 사실은 너희도 증언할 수 있으리라. 29 신부는 신랑에게 속하는 것이지만, 그러나 예식에 참석해 있는 신랑의 친구는 그 신랑의 (*도착을) 기다리며 그 소리 듣기를 원하나니, 마침내 신랑의 목소리를 들을 때에, 이를 크게 기뻐하는 법이니라. 이런 기쁨이 곧, 나의 몫이라, 이제 이 기쁨이 마침내 온전케 됨이로다. 30 그는 마땅히 커져야 하겠고, 나는 마땅히 작아져야 하리라."

31 "The one who comes from above is above all; the one who is from the earth belongs to the earth, and speaks as one from the earth. The one who comes from heaven is above all. 32 He testifies to what he has seen and heard, but no one accepts his testimony. 33 The man who has accepted it has certified that God is truthful.

31 "위로부터 오시는 이는 만물 위에 계시고; 땅에서 난 자는 땅에 속하므로, 땅에서 나온 자처럼 말을 하느니라. 하늘로부터 오시는 그 이가 만물 위에 서 계시는 분이시니라. 32 그가 자신이 친히 보고 들은 것을 증언하나 아무도 그의 증언을 받는 자가 없도다. 33 그러나 그의 이 증언을 받아들이는 자는 하나님이 참되시다는 것을 이미 증명하였음이니라.

34 For the one whom God has sent speaks the words of God, for God gives the Spirit without limit. 35 The Father loves the Son and has placed everything in his hands. 36 Whoever believes in the Son has eternal life, but whoever rejects the Son will not see life, for God's wrath remains on him."

34 하나님이 보내신 이는 하나님의 말씀을 전하나니, 이는 하나님이 그에게 성령을 한량없이 부어 주심이니라. 35 아버지께서 그 아들을 사랑하사, 세상 만물을 다 그의 손 안에 주셨으니 36 누구든 그 아들

을 믿는 자는 영생을 가졌고, 그 아들을 거역하는 자는 생명을 보지 못하나니, 하나님의 진노가 그 위에 머물러 있음이니라." 하더라.

제4장

1 The Pharisees heard that Jesus was gaining and baptizing more disciples
than John, 2 although in fact it was not Jesus who baptized, but his disciples.
3 When the Lord learned of this, he left Judea and went back once more to
Galilee. 4 Now he had to go through Samaria. 5 So he came to a town in
Samaria called Sychar, near the plot of ground Jacob had given to his son
Joseph. 6 Jacob's well was there, and Jesus, tired as he was from the journey,
sat down by the well. It was about the sixth hour.

1 예수께서 제자를 많이 얻고 또 요한보다 더 많이 세례를 베푸신다 하는 것을 바리새인들이 귀로 들었
더라. 2 그러나 실제로 세례를 베푼 것은 예수가 아니고 그 제자들이라. 3 예수께서 이를 들어 알게 되
셨을 때에, 유대 땅을 떠나 다시 갈릴리를 향해 길을 떠나시니라. 4 그 가시는 길에 사마리아 땅을 통과
할 수 밖에 없어 5 사마리아에 있는 수가(시차)라 하는 동네에 이르시니, 이 지역은 야곱이 그 아들 요셉
에게 준 땅이 가까운 곳이더라. 6 거기에 야곱의 우물이 있어, 여행으로 피곤해지신 예수께서 그 우물
가에 앉으셨는데, 때는 여섯 시쯤이 되었더라.

7 When a Samaritan woman came to draw water, Jesus said to her, "Will you
give me a drink?" 8 (His disciples had gone into the town to buy food.) 9 The
Samaritan woman said to him, "You are a Jew and I am a Samaritan woman.
How can you ask me for a drink?" (For Jews do not associate with Samaritans.)
10 Jesus answered her, "If you knew the gift of God and who it is that asks you
for a drink, you would have asked him and he would have given you living
water."

7 어떤 사마리아 여자 하나가 물을 길러 오매, 예수께서 말을 건네시길, "내게 마실 물을 좀 줄 수 있겠
느뇨?" 하시니 8 (그 때에 제자들은 먹을 것을 사러 마을에 들어가 있었더라.) 9 그 사마리아 여자가 이
르되, "당신은 유대인이요, 나는 사마리아 여인이라. 어찌 나에게 마실 물을 달라 하시나이까?" 하니,
(이는 유대인은 사마리아 사람과 서로 교제하지 아니하던 까닭이더라.) 10 예수께서 대답하여 이르시
되, "네가 만일 하나님의 선물(膳物)이 무엇인지 알고 또 지금 네게 마실 물을 청하는 이가 누구인 줄 알
았더라면, 너는 그에게 구하였을 것이요, 그는 네게 살아 있는 물, 곧 생수(生水)를 주었으리라." 하시니,

11 "Sir," the woman said, "you have nothing to draw with and the well is deep.
Where can you get this living water? 12 Are you greater than our father Jacob,
who gave us the well and drank from it himself, as did also his sons and his
flocks and herds?" 13 Jesus answered, "Everyone who drinks this water will
be thirsty again, 14 but whoever drinks the water I give him will never thirst.
Indeed, the water I give him will become in him a spring of water welling up
to eternal life."

11 "선생님이여," 하고 여자가 말하되, "이 깊은 우물에 물 길을 두레박도 없는데 어떻게 당신이 이 생수
를 길어 올릴 수 있겠나이까? 12 당신이 우리 조상 야곱보다 더 크나이까? 이 우물을 우리 조상 야곱이
우리에게 주었고, 또 그가 여기서 스스로 물을 마셨고, 그 아들들과 짐승, 가축들도 이 우물 물을 마시었
나이다." 하거늘 13 예수께서 대답하여 이르시되, "누구든지 이 물을 마시는 자마다 다시 목마르려니와,
14 그러나 누구든지 내가 주는 물을 마시는 자는 영원히 다시 목마르지 아니하리니, 참으로 내가 주는

물은, 그 마시는 자의 속에서 그의 영생을 위해 솟아나는 샘물이 되리라." 하시매

15 The woman said to him, "Sir, give me this water so that I won't get thirsty
and have to keep coming here to draw water." 16 He told her, "Go, call your
husband and come back." 17 "I have no husband," she replied. Jesus said to
her, "You are right when you say you have no husband. 18 The fact is, you
have had five husbands, and the man you now have is not your husband. What
you have just said is quite true."

15 여자가 이르기를, "선생님이여, 이런 물을 내게 주사, 내가 목마르지도 않고 또 여기 물 길러 오지도
않게 하옵소서." 하니, 16 예수께서 이르시되, "가서 네 남편을 불러 함께 다시 오라." 하니라. 17 이에
여자가 "나는 남편이 없나이다." 하고 대답을 하니, 예수께서 이르시되, "네게 남편이 없다 하는 그 말이
옳도다." 18 "실상은 너에게 남편 다섯이 있었으나, 지금 네게 있는 자는 네 남편이 아니니 네가 방금 한
말이 참되도다." 하시더라.

19 "Sir," the woman said, "I can see that you are a prophet. 20 Our fathers
worshiped on this mountain, but you Jews claim that the place where we
must worship is in Jerusalem." 21 Jesus declared, "Believe me, woman, a time
is coming when you will worship the Father neither on this mountain nor in
Jerusalem. 22 You Samaritans worship what you do not know; we worship
what we do know, for salvation is from the Jews. 23 Yet a time is coming and
has now come when the true worshipers will worship the Father in spirit and
truth, for they are the kind of worshipers the Father seeks. 24 God is spirit,
and his worshipers must worship in spirit and in truth."

19 "선생님이여," 하고 여자가 이르되, "이제 보니 당신이 선지자이시니이다. 20 우리 조상들은 이 산
에서 예배하였는데 그러나 당신들 유대인들은 말하기를, 우리가 마땅히 예배 드려야 할 곳이 예루살렘
에 있다 하더이다." 하니 21 예수께서 선포하시며 말씀하시되, "나를 믿으라, 여자여, 때가 오리니 너희
가 이 산도 아니고 또 예루살렘도 아닌 곳에서 아버지께 예배 드릴 때가 오리라. 22 너희 사마리아 사람
들은 너희가 알지 못하는 것을 예배하나; 우리는 우리가 아는 것을 예배하나니, 구원은 유대인으로부터
남이니라. 23 또한 그 때가 오리니 참된 예배자(禮拜者)들이 영(靈)과 진리(眞理)로써 아버지께 예배 드
릴 때가 이미 이르렀음이라, 바로 이런 사람들이 아버지께서 찾으시는 예배자들이니라. 24 하나님은 영
(靈)이시니 그 예배자는 마땅히 영(靈) 가운데에서, 그리고 진리 가운데에서 예배를 드릴지어다." 하시
더라.

25 The woman said, "I know that Messiah" (called Christ) "is coming. When he
comes, he will explain everything to us." 26 Then Jesus declared, "I who speak
to you am he."

25 여자가 이르되, "제가 아노니, 메시야 곧, 그리스도라 부르는 이가 오실 줄을 내가 아나이다. 그가 오
시면 그가 모든 것을 우리에게 설명해 주시리이다." 하매 26 이에 예수께서 말씀하시되, "지금 너와 말
하는 내가 바로 그이니라." 하시니라.

27 Just then his disciples returned and were surprised to find him talking with
a woman. But no one asked, "What do you want?" or "Why are you talking with
her?" 28 Then, leaving her water jar, the woman went back to the town and
said to the people, 29 "Come, see a man who told me everything I ever did.
Could this be the Christ?" 30 They came out of the town and made their way
toward him.

27 그 때에 제자들이 돌아와 예수께서 어떤 여자와 같이 말씀하시는 것을 보고 놀랍게 여기더라. 그러
나 그 중 아무도 예수께 무언가를 묻지를 않으니, 곧 "무엇을 원하시나이까?", 혹은 "어찌 이 여인과 더

불어 말씀하시나이까?" 하고 묻는 자가 없더라. 28 그 여인이 자기 물동이를 버려 두고 동네로 돌아가
서 사람들에게 이르되, 29 "와 보라, 지금껏 내가 행한 모든 일을 내게 말해 준 사람을 와서 보라. 이 분
이야말로 곧 그리스도가 아니냐?" 하니, 30 그들이 동네에서 나와 예수께로 나아오더라.

31 Meanwhile his disciples urged him, "Rabbi, eat something." 32 But he
said to them, "I have food to eat that you know nothing about." 33 Then his
disciples said to each other, "Could someone have brought him food?" 34 "My
food," said Jesus, "is to do the will of him who sent me and to finish his work.
35 Do you not say, 'Four months more and then the harvest'? I tell you, open
your eyes and look at the fields! They are ripe for harvest.

31 그 동안에 제자들이 예수께 청하여 이르되, "랍비여, 조금이라도 잡수소서." 하니, 32 그들에게 이
르시되, "내게는 다른 먹을 음식이 있으니 너희가 알지 못하는 것이로다." 하시니, 33 제자들이 서로 향
해 말하되, " 잡수실 것을 누가 벌써 갖다 드렸었나?" 하더라. 34 예수께서 말씀하시길, "나의 음식은 이
것이니 곧, 나를 보내신 이의 뜻을 행하며 그의 일을 마치는 그것이니라. 35 너희가 말하기를, '넉 달이
지나야 추수할 때가 이르겠다' 말하지 않느냐? 그러나 나는 너희에게 이르노니, '너희 눈을 들어 밭을 보
라! 벌써 익어 추수할 때가 되었도다' 하리라.

36 Even now the reaper draws his wages, even now he harvests the crop for
eternal life, so that the sower and the reaper may be glad together. 37 Thus
the saying 'One sows and another reaps' is true. 38 I sent you to reap what you
have not worked for. Others have done the hard work, and you have reaped
the benefits of their labor."

36 추수하는 자가 이미 자기의 급여(給與)를 받고, 이제 영생에 이르는 곡식을 수확하나니, 이를 통하
여, 씨 뿌린 자와 추수하는 자가 함께 즐거워 할 것이라. 37 그런즉 '한 사람이 심고 다른 사람이 거둔다'
하는 말이 참되도다. 38 너희가 몸소 일하지 아니한 것들을 거둬오라고 내가 너희를 보내었으니, 힘든
일은 다른 사람들이 한 것이요, 그들의 수고의 결실을 너희가 거둔 것이니라." 하시니라.

39 Many of the Samaritans from that town believed in him because of the
woman's testimony, "He told me everything I ever did." 40 So when the
Samaritans came to him, they urged him to stay with them, and he stayed two
days. 41 And because of his words many more became believers. 42 They said
to the woman, "We no longer believe just because of what you said; now we
have heard for ourselves, and we know that this man really is the Savior of the
world."

39 그 동네에 사는 많은 사마리아 사람들이 예수를 믿게 되었으니, 이는 그 여자가 "내가 행한 모든 것
을 내게 말하여 준 그 분이로라." 말한 증언(證言)으로 말미암아 그렇게 된 것이더라. 40 사마리아 사람
들이 예수께 와서 자기들과 함께 유(留)하시기를 간청하매 거기서 이틀을 더 머물게 되었는데, 41 예수
의 말씀으로 인해 더욱 많은 사람들이 믿는 자가 되었으니 42 그들이 그 여인에게 말하기를, "이제 우리
가 믿는 것은 더 이상 네 말로 인함이 아니니; 이는 우리가 스스로 들었고, 참으로 이 분이 이 세상의 구
주(救主)이신 것을 알게 되었기 때문이라." 하고 말을 하니라.

43 After the two days he left for Galilee. 44 (Now Jesus himself had pointed
out that a prophet has no honor in his own country.) 45 When he arrived in
Galilee, the Galileans welcomed him. They had seen all that he had done in
Jerusalem at the Passover Feast, for they also had been there.

43 그로부터 이틀이 지나, 예수께서는 갈릴리를 향해 길을 가시니라. 44 (그 때에 예수께서 친히 지적
(指摘)하시기를, 선지자가 자기 고향 마을에서는 존경을 받지 못한다 하시더라.) 45 갈릴리에 이르매,
갈릴리 사람들이 그를 영접하니라. 이는 그들도 유월절 명절에 예루살렘에 올라갔다가 거기서 예수께서

행하신 모든 일을 직접 눈으로 보았음이더라.

46 Once more he visited Cana in Galilee, where he had turned the water into
wine. And there was a certain royal official whose son lay sick at Capernaum.
47 When this man heard that Jesus had arrived in Galilee from Judea, he went
to him and begged him to come and heal his son, who was close to death. 48
"Unless you people see miraculous signs and wonders," Jesus told him, "you
will never believe." 49 The royal official said, "Sir, come down before my child
dies."

46 예수께서 다시 한번 갈릴리 카나를 방문 하셨으니, 이는 전에 물로 포도주를 만드신 곳이라. 거기에
왕궁의 어떤 높은 신하가 있었는데 그 아들이 병이 들어 카버나움에 누워 있었더라. 47 이 사람이 예수
께서 유대로부터 갈릴리로 오셨다는 것을 듣고, 예수께로 와서 간청(懇請)하되, 오셔서 자기 아들을 고
쳐 주시기를 구하니, 그 아들이 거의 죽게 되었음이더라. 48 예수께서 그에게 말씀하시되, "너희가 표
적들과 기이한 일들을 보지 못하면 도무지 믿지 아니하느니라." 하시는데, 49 그 때, 그 신하가 이르되,
"선생님이여, 내 아이가 죽기 전에 내려와 주소서." 하거늘

50 Jesus replied, "You may go. Your son will live." The man took Jesus at his
word and departed. 51 While he was still on the way, his servants met him with
the news that his boy was living. 52 When he inquired as to the time when his
son got better, they said to him, "The fever left him yesterday at the seventh
hour." 53 Then the father realized that this was the exact time at which Jesus
had said to him, "Your son will live." So he and all his household believed. 54
This was the second miraculous sign that Jesus performed, having come from
Judea to Galilee.

50 예수께서 대답하시되, "네 길을 떠나가라. 네 아들이 살아날 것이니라." 하시니 그 사람이 예수의 말
씀을 믿고 길을 떠나가니라. 51 그가 아직 길을 가던 중에 그 하인들을 만나매, 그 아들이 이미 병이 나
아 살아났다는 소식을 그들이 전하니라. 52 그 사람이 자기 아이의 낫기 시작한 때를 하인들에게 물은
즉, "어제 일곱 시에 열이 떠나갔나이다." 하는지라. 53 이에 그가 생각하기를 예수께서 "네 아들이 살
아나리라." 말씀하신 그 때가 그 정확한 시간임을 깨닫고, 자기와 그 온 집안이 다 믿게 되니라. 54 이것
은 예수께서 유대에서 갈릴리로 건너 오신 후에 행하신 두 번째 표적이니라.

제5장

1 Some time later, Jesus went up to Jerusalem for a feast of the Jews. 2 Now
there is in Jerusalem near the Sheep Gate a pool, which in Aramaic is called
Bethesda and which is surrounded by five covered colonnades. 3 Here a great
number of disabled people used to lie--the blind, the lame, the paralyzed.

1 한동안 시간이 지난 후에, 다시 유대인의 명절이 되어 예수께서는 예루살렘에 올라가시니라. 2 예루
살렘에 있는 양문(羊門) 이라 하는 문 옆에 연못이 하나 있는데, 아람 말로는 베데스다라 불리우며 다섯
개의 지붕 있는 주랑(柱廊)으로 둘러싸여 있었더라. 3 이 못가에 늘 수 많은 병자들이 누워 있었으니-
맹인, 다리 저는 사람, 수족이 마비된 자들이 많이 있었더라.

5 One who was there had been an invalid for thirty-eight years. 6 When Jesus
saw him lying there and learned that he had been in this condition for a long
time, he asked him, "Do you want to get well?" 7 "Sir," the invalid replied, "I

have no one to help me into the pool when the water is stirred. While I am trying to get in, someone else goes down ahead of me.

5 거기 있는 사람 중에, 서른여덟 해를 병자로 지낸 자가 있었더라. 6 예수께서 그가 누워 있는 것을 보
실 때에 그가 오랫동안 그 상태로 지내 온 것을 아시고, "네가 병 낫기를 원하느냐?" 하고 물으시니, 7
"선생님이여" 하고 병자가 대답하되, "물이 휘저어 움직일 때에 나를 도와 못에 넣어 주는 사람이 없어
내가 물로 들어가려 하는 동안에 다른 사람이 내 앞에서 먼저 내려가곤 하나이다." 하더라.

8 Then Jesus said to him, "Get up! Pick up your mat and walk." 9 At once the
man was cured; he picked up his mat and walked. The day on which this took
place was a Sabbath, 10 and so the Jews said to the man who had been healed,
"It is the Sabbath; the law forbids you to carry your mat." 11 But he replied,
"The man who made me well said to me, 'Pick up your mat and walk.'"

8 예수께서 그에게 말씀하시되, "일어나라! 네 자리를 들고 걸어 갈지어다." 하시니 9 그 사람이 그 즉시
병이 나아; 자기 돗자리를 들고 일어나 걸어가니라. 이 일이 일어난 날이 안식일(安息日)이라, 10 유대
인들이 그 병 나은 사람에게 말하기를, "오늘은 안식일이라; 네가 돗자리를 들고 가는 것이 법이 금하는
바니라." 하니 11 그 병자가 대답하되 "나를 낫게 하신 그 이가 '자리를 들고 걸으라' 말씀하셨느니라."
하더라.

12 So they asked him, "Who is this fellow who told you to pick it up and walk?"
13 The man who was healed had no idea who it was, for Jesus had slipped
away into the crowd that was there. 14 Later Jesus found him at the temple
and said to him, "See, you are well again. Stop sinning or something worse
may happen to you." 15 The man went away and told the Jews that it was Jesus
who had made him well. 16 So, because Jesus was doing these things on the
Sabbath, the Jews persecuted him.

12 그러자 그들이 병자에게 묻기를, "너에게 네 자리를 들고 걸어가라 한 사람이 누구냐?" 하는데 13
병고침을 받은 사람은 그가 누구인지를 알지 못하니, 이는 예수께서 이미 인파 속으로 몸을 피하셨던 까
닭이었더라. 14 나중에 예수께서 그를 성전에서 발견하시고 그에게 이르시되, "보라 네가 이제 병이 나
았도다. 혹 더 심한 것이 생기지 않게 다시는 죄를 범하지 말라." 하시니 15 그제야 그 사람이 유대인들
에게 가서, 자기를 고친 이는 예수라고 말을 하니라. 16 이렇게 안식일에 그런 일 행하심으로 인하여 (*
그 때로부터) 유대인들이 예수를 박해하게 되었더라.

17 Jesus said to them, "My Father is always at his work to this very day, and I,
too, am working." 18 For this reason the Jews tried all the harder to kill him;
not only was he breaking the Sabbath, but he was even calling God his own
Father, making himself equal with God.

17 예수께서 그들에게 이르시되, "내 아버지께서 오늘 이 날까지 항상 일하시니, 나도 지금 일하느니
라." 하시매 18 이런 이유로 유대인들이 더욱 더 예수를 죽이고자 하니; 이는 그가 안식일을 범할 뿐만
아니라 심지어 하나님을 친 아버지라 부름으로 자기를 하나님과 동등하게 만들었음이더라.

19 Jesus gave them this answer: "I tell you the truth, the Son can do nothing by
himself; he can do only what he sees his Father doing, because whatever the
Father does the Son also does. 20 For the Father loves the Son and shows him
all he does. Yes, to your amazement he will show him even greater things than
these. 21 For just as the Father raises the dead and gives them life, even so the
Son gives life to whom he is pleased to give it.

19 예수께서 또 이런 대답을 그들에게 해 주시니라. 이르시되, "내가 진실을 말하노니, 아들이 스스로는
아무 것도 할 수 없음이라; 오직 아버지께서 하시는 것 중 자기가 본 것만 행하나니, 이는 무슨 일이든지

아버지가 행하시는 그것을 아들이 행하는 까닭이니라. 20 아버지께서 아들을 사랑하사, 자기가 행하시
는 것을 다 아들에게 보이시느니라. 참말로, 이것이 진실이라, 그가 이것들보다 훨씬 더 큰일을 보이심
으로 너희를 놀랍게 하리라. 21 아버지께서 죽은 자들을 일으켜 살리사 생명을 주신 것 같이, 아들도 똑
같이, 자기가 죽음에서 살리기를 원하는 자들에게 생명을 주느니라.

22 Moreover, the Father judges no one, but has entrusted all judgment to the
Son, 23 that all may honor the Son just as they honor the Father. He who does
not honor the Son does not honor the Father, who sent him. 24 I tell you the
truth, whoever hears my word and believes him who sent me has eternal life
and will not be condemned; he has crossed over from death to life. 25 I tell
you the truth, a time is coming and has now come when the dead will hear the
voice of the Son of God and those who hear will live.

22 더욱이, 아버지께서는 아무도 심판하지를 않으시고, 모든 심판을 아들에게 맡기셨으니 23 이는 모
든 사람이 아버지를 공경(恭敬)하는 것 같이 아들도 같이 공경하게 하려 하심이니라. 아들을 공경하지
아니하는 자는 그 아버지도 공경하지 아니하는 것이니, 그 아들을 보내신 이가 곧 아버지시니라. 24 내
가 진실을 너희에게 말하노니, 누구든지 내 말을 듣고 나를 보내신 이를 믿으면, 그는 영원한 삶을 얻었
고 정죄받지 않으리니; 그가 죽음으로부터 생명으로 건너갔음이니라. 25 또 진실로 내가 너희에게 이
르노니, 죽은 자들이 하나님의 아들의 음성을 들을 때가 올 것이요, 그리고 이제 이미 왔나니, 이를 듣는
사람은 살리라.

26 For as the Father has life in himself, so he has granted the Son to have life
in himself. 27 And he has given him authority to judge because he is the Son
of Man. 28 Do not be amazed at this, for a time is coming when all who are in
their graves will hear his voice 29 and come out--those who have done good
will rise to live, and those who have done evil will rise to be condemned.

26 아버지께서 그 자신 속에 생명을 가지고 있는 것 같이, 그 아들에게도 자신 속에 생명을 가질 수 있
는 권한을 내려주셨고, 27 또 하나님이 그 아들에게 심판할 권세도 함께 주셨으니 이는 그가 사람의 아
들이 된 까닭이니라. 28 이를 놀랍게 여기지 말지어다. 무덤 속에 있는 자들이 모두 그의 음성을 듣고
나올 때가 있을 것이라. 29 –선한 일을 행하였던 자는 생명으로, 악한 일을 행하였던 자는 정죄 받을 부
활로 일어서 나오리라.

30 By myself I can do nothing; I judge only as I hear, and my judgment is
just, for I seek not to please myself but him who sent me." 31 If I testify about
myself, my testimony is not valid. 32 There is another who testifies in my
favor, and I know that his testimony about me is valid.

30 나 혼자서는 내가 아무것도 할 수 없노라; 나는 내가 들은 그대로 판단하나니, 고로 나의 심판은 정
의로우니라. 이는 내가 내 스스로의 기쁨을 추구하는 것이 아니요, 오직 나를 보내신 이를 기쁘게 하기
위해 (*모든 것을) 행하기 때문이니라. 31 내가 나를 위하여 증언하면 내 증언은 효력이 없으되, 32 나
를 위하여 증언하시는 이가 따로 있으니, 그가 나를 위하여 하시는 그 증언이 유효(有效)한 것이니라.

33 You have sent to John and he has testified to the truth. 34 Not that I accept
human testimony; but I mention it that you may be saved. 35 John was a lamp
that burned and gave light, and you chose for a time to enjoy his light. 36 I
have testimony weightier than that of John. For the very work that the Father
has given me to finish, and which I am doing, testifies that the Father has sent
me.

33 너희가 요한에게 사람을 보내었으니, 이에 요한은 진리에 대하여 증언하였느니라. 34 그러나 나는
사람의 증언을 받아들이지 않으리라; 오히려 나는 이렇게 말하리니, '너희가 구원을 받게 되리라'. 하리

라. 35 요한은 타 올라 빛을 비추는 등불이니, 그 빛 가운데 한동안 머물기를 너희가 택하였음이라, 36 그러나 내게는 요한의 증언보다 더욱 무거운 증언이 있으니 아버지께서 내게 주사, 끝마치게 하신 바로 그 일 즉, 지금 내가 하고 있는 이 일이 바로 내가 아버지로부터 보내심을 받은 것을 증거하느니라.

37 And the Father who sent me has himself testified concerning me. You have never heard his voice nor seen his form, 38 nor does his word dwell in you, for you do not believe the one he sent."

37 그리고 나를 보내신 아버지께서 친히 나에 관하여 증언하신 것도 있느니라. 그러나 너희가 하나님의 음성을 들어 본 일이 없고, 그의 형상을 본 적도 없고, 38 그의 말씀이 너희 속에 거하지도 않으니, 이런 까닭에 하나님이 보내신 이를 너희가 믿지 못하는 것이니라" 하시니라.

39 "You diligently study the Scriptures because you think that by them you possess eternal life. These are the Scriptures that testify about me, 40 yet you refuse to come to me to have life."

39 "너희가 성경으로 인하여 영생을 얻는 줄 생각하고 열심히 성경을 연구하나니, 이 성경이 곧, 내게 대하여 증언하는 것이라. 40 그러나 너희가 영생을 얻기 위하여 내게로 나아오는 것을 거부하는도다."

41 "I do not accept praise from men, 42 but I know you. I know that you do not have the love of God in your hearts. 43 I have come in my Father's name, and you do not accept me; but if someone else comes in his own name, you will accept him.

41 "나는 사람으로부터의 찬양을 원하지 아니하노라. 42 그러나 나는 너희를 아노니, 너희 마음 속에 하나님을 사랑하는 그 사랑이 없는 줄을 내가 아노라. 43 내가 내 아버지의 이름으로 왔으나, 너희가 나를 영접하지 아니하는도다; 그러나 만일 어떤 사람이 자기 자신의 이름으로 너희에게 나아오면, 너희가 그를 영접하리라.

44 How can you believe if you accept praise from one another, yet make no effort to obtain the praise that comes from the only God? 45 But do not think I will accuse you before the Father. Your accuser is Moses, on whom your hopes are set. 46 If you believed Moses, you would believe me, for he wrote about me. 47 But since you do not believe what he wrote, how are you going to believe what I say?"

44 너희가 서로 간에 스스로 찬양을 주고 받으면, 그리고 오직 홀로이신 하나님께부터 오는 찬양을 구하려는 노력은 하지 않는다면, 어찌 (*나를) 믿을 수 있겠느냐? 45 내가 너희를 아버지께 고발한다 생각하지 말라. 너희를 고발하는 이가 있으니 그는 모세라, 곧 너희 마음속에 희망을 두고 있는 그 사람, 모세니라. 46 너희가 만일 모세를 믿었더라면 또 나를 믿었으리니, 그가 내게 대하여 글로써 기록을 남겼음이라. 47 그러나 너희는 그가 직접 쓴 글도 믿지 아니하니, 어찌 내가 하는 말을 믿겠느냐?" 하시더라.

제6장

1 Some time after this, Jesus crossed to the far shore of the Sea of Galilee (that is, the Sea of Tiberias), 2 and a great crowd of people followed him because they saw the miraculous signs he had performed on the sick. 3 Then Jesus went up on a mountainside and sat down with his disciples. 4 The Jewish

Passover Feast was near.

1 이런 일이 있은 지 얼마 후에, 예수께서 갈릴리 바다를 건너, 맞은편 먼 해안가로 가시니 (이는, 티베리아 바닷가라) 2 수 많은 군중의 사람들이 그를 따르는데, 이는 그가 병든 자들에게 행하는 표적을 본 까닭이었더라. 3 예수께서 산으로 올라가시어 제자들과 함께 앉으시니라. 4 때는 유대인의 명절인 유월절이 가까와 오는 시기더라.

5 When Jesus looked up and saw a great crowd coming toward him, he said to Philip, "Where shall we buy bread for these people to eat?" 6 He asked this only to test him, for he already had in mind what he was going to do.

5 예수께서 눈을 들어 수많은 군중이 그를 향해 다가오는 것을 보시고, 빌립에게 말씀하시되, "이 사람들이 다 먹을 수 있는 떡을 우리가 어디서 살 수 있겠느냐?"하시더라. 6 예수께서 이렇게 말씀하심은 빌립을 시험코자 하심이니, 예수께서는 자신이 무엇을 어떻게 행하실지를 벌써 알고 계셨음이더라.

7 Philip answered him, "Eight months' wages would not buy enough bread for each one to have a bite!" 8 Another of his disciples, Andrew, Simon Peter's brother, spoke up, 9 "Here is a boy with five small barley loaves and two small fish, but how far will they go among so many?" 10 Jesus said, "Have the people sit down." There was plenty of grass in that place, and the men sat down, about five thousand of them.

7 빌립이 그에게 대답하되, "팔 개월 치 급여 전부로 떡을 사더라도 이 사람들이 각자 한 입씩 먹기에 부족할 듯 하나이다." 하더라. 8 제자 중 하나인 시몬 베드로의 형제 안드레가 말하되, 9 "여기 작은 보리떡 다섯 개와 작은 생선 두 마리를 가지고 온 소년이 있습니다만, 그러나 이 많은 사람에게 어떻게 소용이 있겠습니까?" 하니라. 10 이에 예수께서 이르시되, "이 사람들로 앉게 하라." 하시니 그 곳에 잔디가 많은지라, 사람들이 다 앉으니 그 수가 오천 명쯤 되니라.

11 Jesus then took the loaves, gave thanks, and distributed to those who were seated as much as they wanted. He did the same with the fish. 12 When they had all had enough to eat, he said to his disciples, "Gather the pieces that are left over. Let nothing be wasted." 13 So they gathered them and filled twelve baskets with the pieces of the five barley loaves left over by those who had eaten.

11 이에 예수께서 떡을 집으시고, 감사를 드린 후에 앉은 자들에게 나누어 주시는데 각자가 원하는만큼 나누어 주시고, 생선도 또 그와 같이 하시니라. 12 그들이 다 배부르게 먹은 후에 예수께서 제자들에게 말씀하시길, "남은 조각들을 모아서 아무 것도 버리는 일이 없게 하라." 하시므로 13 이에 제자들이 남은 것을 거두었더니 보리떡 다섯 개로 그 사람들이 다 먹고 남은 조각들로 열두 바구니가 가득 차더라.

14 After the people saw the miraculous sign that Jesus did, they began to say, "Surely this is the Prophet who is to come into the world." 15 Jesus, knowing that they intended to come and make him king by force, withdrew again to a mountain by himself.

14 이에 예수께서 행하신 이런 기이한 표적을 본 사람들이 말하기 시작하되, "이는 진실로 세상에 오실 바로 '그 선지자'라" 하더라. 15 예수께서 그들의 의도하는 바 곧, 자기를 붙들어 억지로 왕으로 삼으려는 줄을 아시고 다시 산으로 홀로 떠나가시니라.

16 When evening came, his disciples went down to the lake, 17 where they got into a boat and set off across the lake for Capernaum. By now it was dark, and Jesus had not yet joined them. 18 A strong wind was blowing and the waters grew rough. 19 When they had rowed three or three and a half miles, they saw

Jesus approaching the boat, walking on the water; and they were terrified. 20
But he said to them, "It is I; don't be afraid." 21 Then they were willing to take
him into the boat, and immediately the boat reached the shore where they
were heading.

16 저녁이 되매, 제자들이 호수에 내려가서 17 배를 타고 카버나움을 향해 호수를 건너가니라. 날은 이
미 어두웠고 예수는 아직 그들과 함께하지 아니하셨더라. 18 그 때에 홀연히 강한 바람이 불어 오니 물
결이 거칠어지기 시작하니라. 19 제자들이 노를 저어 삼 마일이나 삼 마일 반쯤 나갔을 때에 예수께서
배로 다가오시는 것을 보니, 물위를 걸어 오는지라, 제자들이 이를 보고 겁에 질려 하거늘, 20 예수께서
이르시되, "나니라; 두려워하지 말라." 하시더라. 21 제자들이 기꺼이 예수를 배에 모셔 들이는데, 배는
순식간에 그들이 가려 하던 그 반대편 해안에 도착하니라.

22 The next day the crowd that had stayed on the opposite shore of the lake
realized that only one boat had been there, and that Jesus had not entered it
with his disciples, but that they had gone away alone. 23 Then some boats
from Tiberias landed near the place where the people had eaten the bread
after the Lord had given thanks.

22 그 이튿날, 호수 반대편에 머물고 있던 그 무리의 사람들이, 거기에는 배가 오직 한 척 밖에 없었던
사실과, 그리고 예수께서는 그 제자들과 함께 배를 타지 않으셨던 사실을 생각해 내고 그 제자들만 호수
를 건너간 사실을 알아 차리게 되었더라. 23 그 때에 배 몇 척이 티베리아로부터 그 무리가 있던 곳으로
도착하니, 그 배들이 닿은 곳은 (*하루 전에) 주께서 감사를 드리고 나서, 사람들이 떡을 먹었던 그 장소
에 가깝더라.

24 Once the crowd realized that neither Jesus nor his disciples were there,
they got into the boats and went to Capernaum in search of Jesus. 25 When
they found him on the other side of the lake, they asked him, "Rabbi, when
did you get here?" 26 Jesus answered, "I tell you the truth, you are looking for
me, not because you saw miraculous signs but because you ate the loaves and
had your fill. 27 Do not work for food that spoils, but for food that endures to
eternal life, which the Son of Man will give you. On him God the Father has
placed his seal of approval."

24 이에 그 사람들이 거기 예수도 안 계시고 제자들도 없음을 깨닫고는, 배에 올라 예수를 찾으러 카버
나움을 향해 가니라. 25 그들이 호수 반대편에서 예수를 만나니, 이에 그들이 물어 이르되, "랍비여, 언
제 여기로 건너 오셨나이까?" 하더라. 26 예수께서 대답하시되, "내가 너희에게 진실을 말해 주리니, 너
희가 나를 찾는 것이 표적을 본 까닭이 아니요, 떡을 먹고 배부른 까닭이라. 27 썩을 양식을 위하여 일
하지 말고, 영생하도록 있는 양식을 위하여 일을 하라. 이 양식(糧食)은 인자(人子)가 너희에게 주는 것
이니, 이 인자 위에 아버지 하나님께서 그 인증(認證)의 인(印)을 두셨느니라." 하시더라.

28 Then they asked him, "What must we do to do the works God requires?" 29
Jesus answered, "The work of God is this: to believe in the one he has sent." 30
So they asked him, "What miraculous sign then will you give that we may see
it and believe you? What will you do? 31 Our forefathers ate the manna in the
desert; as it is written: 'He gave them bread from heaven to eat.' "

28 그러자, 그들이 묻기를, "하나님이 원하시는 일을 하려면 우리가 그 무엇을 행(行)하여야 하오리이
까?" 하니, 29 예수께서 대답하여 이르시되, "하나님의 일은 이것이니: 곧, 하나님께서 보내신 이를 믿
는 것이니라." 하시니라. 30 이에 그들이 또 묻되, "우리가 보고 당신을 믿도록, 그 어떤 표적(標蹟)을 우
리에게 주시겠나이까? 또, (*장차,) 무엇을 하실 것이니이까? 31 우리 조상들은 광야에서 만나를 먹었
으니 곧, 기록된 것과 같이: '그가 그들에게 하늘로부터 먹을 떡을 주셨다.' 하였나이다." 하니라.

32 Jesus said to them, "I tell you the truth, it is not Moses who has given you
the bread from heaven, but it is my Father who gives you the true bread from
heaven. 33 For the bread of God is he who comes down from heaven and gives
life to the world."

32 예수께서 이르시되, "내가 진실을 너희에게 이르노니, 하늘로부터 너희에게 떡을 준 이는 모세가 아
니요, 너희에게 하늘로부터 참 떡을 주시는 이는 내 아버지시니라. 33 하나님의 떡은 하늘에서부터 내
려와서 이 세상에 생명을 주는 바로 그 사람이니라.

34 "Sir," they said, "from now on give us this bread." 35 Then Jesus declared, "I
am the bread of life. He who comes to me will never go hungry, and he who
believes in me will never be thirsty. 36 But as I told you, you have seen me and
still you do not believe. 37 All that the Father gives me will come to me, and
whoever comes to me I will never drive away. 38 For I have come down from
heaven not to do my will but to do the will of him who sent me.

34 그들이 이르되, "선생님이시여, 지금부터는 이 떡을 우리에게 주소서." 하니, 35 예수께서 선언하시
듯 말씀하시되, "내가 생명의 떡이라. 내게 나아오는 자는 다시는 주리지 아니할 터이요, 나를 믿는 자
는 영원히 다시 목마르지 아니하리라. 36 그러나 내가 너희에게 이른 것처럼, 너희가 나를 보았으나, 그
러나 여전히 나를 믿지 아니하는도다. 37 아버지께서 내게 주시는 자는 모두 다 내게로 올 것이요, 내게
나아오는 자는 내가 결코 내쫓지 아니하리라. 38 내가 하늘에서 내려온 것은 나의 뜻을 행하려 함이 아
니요, 나를 보내신 이의 뜻을 행하려 함이니라.

39 And this is the will of him who sent me that I shall lose none of all that he
has given me, but raise them up at the last day. 40 For my Father's will is that
everyone who looks to the Son and believes in him shall have eternal life, and
I will raise him up at the last day."

39 그리고 나를 보내신 이의 뜻은, 그가 내게 주신 사람 중에 하나도 잃어버리지 아니하고 마지막 날에
그들을 모두 다시 일으켜 살리는 것이라. 40 내 아버지의 뜻은; 그 아들을 쳐다보고 그를 믿는 자마다
영생을 얻는 것이니 마지막 날에 내가 그를 다시 살리리라." 하시니라.

41 At this the Jews began to grumble about him because he said, "I am the
bread that came down from heaven." 42 They said, "Is this not Jesus, the son
of Joseph, whose father and mother we know? How can he now say, 'I came
down from heaven'?"

41 이 말을 듣고, 유대인들이 예수께 대하여 수군거리기 시작하니, 이는 그가 말하길, "나는 하늘에서부
터 내려온 떡이라." 하신 까닭이라. 42그들이 이르되, "이는 요셉의 아들 예수, 곧 그 아버지와 어머니도
우리가 아는 사람이 아니냐? 어떻게 자기가 '나는 하늘로부터 왔노라' 라고 말할 수 있느냐?" 하더라.

43 "Stop grumbling among yourselves," Jesus answered. 44 "No one can come
to me unless the Father who sent me draws him, and I will raise him up at
the last day. 45 It is written in the Prophets: 'They will all be taught by God.'
Everyone who listens to the Father and learns from him comes to me. 46 No
one has seen the Father except the one who is from God; only he has seen the
Father.

43 예수께서 대답하여 이르시되, "너희 가운데 그런 수군거림은 이제 멈추라." 44 "나를 (*이 세상에)
보내신 아버지께서 그를 이끌어 주지 아니하면 아무도 내게 올 수가 없나니, (*내게 나아오는) 그를 내가
마지막 날에 다시 살리리라. 45 선지자의 글에 기록되었으되: 그들이 다 하나님의 가르침을 받으리라'
하였거니와, 누구든 아버지께 듣고, 그로부터 배운 사람은 내게로 나아오느니라. 46 하나님께로부터 온
이를 제외하고는 누구도 아버지를 본 자가 없으니; 오직 그만 홀로 아버지를 보았느니라.

47 I tell you the truth, he who believes has everlasting life. 48 I am the bread
of life. 49 Your forefathers ate the manna in the desert, yet they died. 50 But
here is the bread that comes down from heaven, which a man may eat and not
die.

47 내가 너희에게 진실로 이르노니, 믿는 그는 (*이미) 영생(永生)을 가졌음이라, 48 내가 생명의 떡이
니라. 49 너희 조상들은 광야에서 만나를 먹었으나 그러나 그들이 다 진작에 죽었느니라. 50 그러나 여
기 하늘에서부터 내려온 떡이 있으니, 사람이 이 떡을 먹으면 죽지 아니하리라.

51 I am the living bread that came down from heaven. If anyone eats of this
bread, he will live forever. This bread is my flesh, which I will give for the life
of the world." 52 Then the Jews began to argue sharply among themselves,
"How can this man give us his flesh to eat?" 53 Jesus said to them, "I tell you
the truth, unless you eat the flesh of the Son of Man and drink his blood, you
have no life in you. 54 Whoever eats my flesh and drinks my blood has eternal
life, and I will raise him up at the last day. 55 For my flesh is real food and my
blood is real drink.

51 나는 하늘에서 내려온 '산 떡'이라. 누구든지 이 떡을 먹으면 그는 영원히 살리라. 이 떡은 나의 살,
곧 나의 육신이니, 이 세상의 생명을 위해 내가 바치노라." 하고 말씀하시니, 52 유대인들이 자기들 중
에서 서로 날카롭게 논쟁하며 이르되, "이 사람이 어찌 능히 자기 살을 우리에게 주어 먹게 하겠느냐?"
하더라. 53 예수께서 그들에게 이르시되, "내가 진실로 너희에게 이르노니, 너희가 인자의 살을 먹지 아
니하고 그의 피를 마시지 아니하면 너희 속에 생명이 없느니라. 54 누구든지 내 살을 먹고 내 피를 마시
는 자는 영생을 소유하였으니, 마지막 날에 내가 그를 다시 살리리라. 55 내 살은 참된 양식이요, 내 피
는 참된 음료로다.

56 Whoever eats my flesh and drinks my blood remains in me, and I in him.
57 Just as the living Father sent me and I live because of the Father, so the
one who feeds on me will live because of me. 58 This is the bread that came
down from heaven. Your forefathers ate manna and died, but he who feeds on
this bread will live forever." 59 He said this while teaching in the synagogue in
Capernaum.

56 누구든 내 살을 먹고 내 피를 마시는 자는 내 안에 거하고 나도 그의 안에 거하느니라. 57 살아 계신
아버지께서 나를 보내시고 또 내가 아버지로 말미암아 살게 하신 것 같이, 누구든지 나를 먹는 자는 나
로 인하여 살리라. 58 이것이 하늘로부터 내려온 떡이라, 너희 조상들은 만나를 먹고도 죽었으나, 이 떡
을 먹는 자는 영원히 살리라." 말씀하시니라. 59 이것은 예수께서 카버나움에 있는 유대인의 회당(會堂)
에서 가르치실 때에 하신 말씀이니라.

60 On hearing it, many of his disciples said, "This is a hard teaching. Who can
accept it?" 61 Aware that his disciples were grumbling about this, Jesus said
to them, "Does this offend you? 62 What if you see the Son of Man ascend to
where he was before!

60 이 말씀을 듣고, 제자 중 많은 사람들이 말하되, "이는 어려운 가르침이로다. 누가 이를 받아들일 수
있겠느냐?" 하니, 61 제자들이 이에 대하여 불평하며 수군거리는 것을 예수께서 들으시고 말씀하시되,
"이것이 너희를 불편하게 하느냐? 62 인자(人子)가 예전에 자신이 있던 곳으로 올라가는 것을 너희가
본다면 어떻게 하겠느냐!

63 The Spirit gives life; the flesh counts for nothing. The words I have spoken
to you are spirit and they are life. 64 Yet there are some of you who do not
believe." For Jesus had known from the beginning which of them did not
believe and who would betray him. 65 He went on to say, "This is why I told

you that no one can come to me unless the Father has enabled him."

63 성령이 생명을 주시나니; 육신은 아무것도 아니니라. 내가 너희에게 말한 것은 영(靈)이니 그것들이
곧 생명이니라. 64 그러나 너희 중에 여전히 아직 나를 믿지 않는 자들이 있도다." 하시니, 이는 예수께
서 애초부터 누가 자기를 믿지 않을 것과 또 누가 자기를 배반할 것을 다 알고 계시던 까닭이더라. 65
또 계속하여 말씀하시기를, "이러므로 내가 너희에게 말하기를, 내 아버지가 그에게 역사(役事)하지 않
으시면, 누구든 내게로 올 자가 없다 한 말이 바로 이런 이유 때문이니라." 하고 말씀하시니라.

66 From this time many of his disciples turned back and no longer followed
him. 67 "You do not want to leave too, do you?" Jesus asked the Twelve. 68
Simon Peter answered him, "Lord, to whom shall we go? You have the words of
eternal life. 69 We believe and know that you are the Holy One of God."

66 이 때로부터, 그 제자 중 많은 사람들이 등을 돌려 떠나가고 그를 다시 따르지 않으니라. 67 예수께
서 그 열 둘에게 물으시되, "너희는 떠나가지 않겠느냐?" 하시니, 68 시몬 베드로가 대답하여 이르되,
"주여, 우리가 누구에게로 가오리이까? 생명의 말씀을 당신이 가지고 계심이니이다. 69 주(主)께서 '하
나님의 거룩하신 이'신 줄을 우리가 믿사옵고 또, 우리가 이를 아나이다." 하더라.

70 Then Jesus replied, "Have I not chosen you, the Twelve? Yet one of you is a
devil!" 71 (He meant Judas, the son of Simon Iscariot, who, though one of the
Twelve, was later to betray him.)

70 그러자 예수께서 대답하시기를, "내가 너희 열 둘을 택한 것이 아니냐? 그러나 너희 중의 한 사람은
마귀니라!" 하시더라. 71 (예수께서는 가룟 시몬의 아들 유다 곧, 열 둘 중의 하나로서 나중에 그를 배반
할 유다를 가리켜 말씀하심이었더라.)

제7장

1 After this, Jesus went around in Galilee, purposely staying away from Judea
because the Jews there were waiting to take his life. 2 But when the Jewish
Feast of Tabernacles was near, 3 Jesus' brothers said to him, "You ought to
leave here and go to Judea, so that your disciples may see the miracles you do.
4 No one who wants to become a public figure acts in secret. Since you are
doing these things, show yourself to the world." 5 For even his own brothers
did not believe in him.

1 그 후에 예수께서는 갈릴리에 머무면서 그 주위를 주로 다니시고 유대에서는 가급적 멀리 떨어져 계
시려 하시니, 이는 유대에 있는 유대인들이 그의 생명을 뺏으려 함이더라. 2 그러나 유대인의 명절인 초
막절(草幕節)이 가까와 올 그 때에 3 예수의 동생들이 예수를 향하여 말을 하기를, "당신이 행하는 표적
을 제자들이 볼 수 있도록 여기를 떠나 유대로 가소서. 4 대중적인 인물이 되려고 하면서 비밀리에 행동
하는 자가 없고, 당신이 이런 일들을 행하니, 세상에 스스로를 나타내소서." 하니, 5 이는 그 형제들까지
도 예수를 믿지 아니하던 연고(緣故)더라.

6 Therefore Jesus told them, "The right time for me has not yet come; for
you any time is right. 7 The world cannot hate you, but it hates me because I
testify that what it does is evil. 8 You go to the Feast. I am not yet going up to
this Feast, because for me the right time has not yet come." 9 Having said this,
he stayed in Galilee.

6 그러자, 예수께서 그 동생들에게 말하시되, "나를 위해 마련된 시간이 아직 이르지 아니하였음이라;
그러나 너희를 위해서는 아무 때라도 상관이 없으리라. 7 세상이 너희들은 미워하지 아니하나, 그러나
나는 미워하니, 이는 내가 증거(證據)하기를 이 세상이 하는 일이 사악(邪惡)하다고 함이니라. 8 너희는
이 명절(名節)에 올라가라. 나는 이번에는 올라가지 아니하리니, 내게 있어 적당한 시간이 아직 오지 않
았음이니라." 9 이렇게 말씀하시고, 계속 갈릴리에 머물러 계시니라.

10 However, after his brothers had left for the Feast, he went also, not publicly,
but in secret. 11 Now at the Feast the Jews were watching for him and asking,
"Where is that man?" 12 Among the crowds there was widespread whispering
about him. Some said, "He is a good man." Others replied, "No, he deceives
the people." 13 But no one would say anything publicly about him for fear of
the Jews.

10 그러나, 동생들이 명절을 위해 올라간 다음에 예수께서도 역시 (*예루살렘에) 올라가시는데, 다만,
이를 드러내어 하시지 아니하고 은밀한 중에 길을 행하시더라. 11 그 때에 명절이 시작된지라, 유대인
들이 예수를 찾아다니며 "이 사람이 어디 있느냐?" 하니 12 이는 군중들 가운데에서 예수에 대하여 수
군거리는 소리가 널리 퍼진 까닭이라. 그 중 어떤 사람은 말하기를, "그가 좋은 사람이라." 하고, 다른 사
람은, "아니라, 그가 사람들을 미혹한다." 하는데, 13 그러나 그들이 유대인들을 두려워하므로 그에 관
하여는 대중(大衆)을 향하여 드러나게 말하는 자가 없더라.

14 Not until halfway through the Feast did Jesus go up to the temple courts
and begin to teach. 15 The Jews were amazed and asked, "How did this man
get such learning without having studied?" 16 Jesus answered, "My teaching
is not my own. It comes from him who sent me. 17 If anyone chooses to do
God's will, he will find out whether my teaching comes from God or whether
I speak on my own. 18 He who speaks on his own does so to gain honor for
himself, but he who works for the honor of the one who sent him is a man of
truth; there is nothing false about him.

14 명절의 중반이 채 지나지 못하여, 예수께서 성전 마당에 올라가사 가르치기를 시작하시니 15 유대
인들이 이를 놀랍게 여겨 묻되, "이 사람은 배운 사람이 아니거늘, 어떻게 이런 학식을 지녔는고?" 하더
라. 16 예수께서 대답하여 이르시되, "나의 가르침은 내 것이 아니요, 나를 보내신 이로부터 온 것이라.
17 누구든지 하나님의 뜻을 행하려 결심하는 자는, 이 가르침이 하나님께로부터 왔는지 아니면 내가 스
스로 말함인지 알리라. 18 자기 생각을 말하는 자는 자기 스스로의 영광만을 구하되, 자기를 보내신 이
의 영광을 구하려 일을 행하는 자는 진리의 사람이요; 그 속에 불의(不義)가 없느니라.

19 Has not Moses given you the law? Yet not one of you keeps the law. Why
are you trying to kill me?" 20 "You are demon-possessed," the crowd answered.
"Who is trying to kill you?"

19 모세가 너희에게 율법을 준 것이 아니냐? 그러나 너희 중에 율법을 지키는 자가 하나도 없도다. 어찌
하여 너희가 나를 죽이려 하느냐?" 하시니, 20 군중이 대답하되, "당신이 귀신이 들렸도다, 누가 당신을
죽이려 하느뇨?" 하더라,

21 Jesus said to them, "I did one miracle, and you are all astonished. 22 Yet,
because Moses gave you circumcision (though actually it did not come from
Moses, but from the patriarchs), you circumcise a child on the Sabbath. 23
Now if a child can be circumcised on the Sabbath so that the law of Moses
may not be broken, why are you angry with me for healing the whole man
on the Sabbath? 24 Stop judging by mere appearances, and make a right
judgment."

21 예수께서 대답하여 이르시되, "내가 한 표적(標蹟)을 행하면, 너희가 모두 이를 놀랍게 여기는도다.
22 모세가 너희에게 할례(割禮) 제도(制度)를 주었으매, 너희가 안식일에도 아기에게 할례를 행하느니
라. (그러나 할례는 모세에게서 난 것이 아니요 조상들에게서 난 것이라.) 23 모세의 율법이 범하여지는
일이 없도록, 안식일에 아기에게 할례를 줄 수 있다면, 내가 다 자란 사람을 안식일에 온전히 고치는 일
에 대해 너희가 그렇게 분노하는 이유가 무엇이뇨? 24 겉으로 드러난 것만 가지고 단순히 판단하지 말
고, 옳은 판단을 하라." 하시니라.

25 At that point some of the people of Jerusalem began to ask, "Isn't this the
man they are trying to kill? 26 Here he is, speaking publicly, and they are not
saying a word to him. Have the authorities really concluded that he is the
Christ? 27 But we know where this man is from; when the Christ comes, no
one will know where he is from."

25 그 때에, 예루살렘 사람 중 몇몇 사람이 말하되, "이 이가 그들이 죽이고자 하는 그 사람이 아니냐?
26 보라, 그가 여기 있고 또 대중 앞에서 드러나게 말하되, 그들이 한마디도 그에게 말하지 않고 있도
다. 참말로 당국자들이 이 사람을 그리스도라고 결론지은 것인가? 27 그러나 우리는 이 사람이 어디로
부터 온 자인 줄을 아노니; 그리스도가 정말 오실 때에는 그가 어디로부터 오시는지 아무도 아는 자가
없으리라." 하더라.

28 Then Jesus, still teaching in the temple courts, cried out, "Yes, you know
me, and you know where I am from. I am not here on my own, but he who
sent me is true. You do not know him, 29 but I know him because I am from
him and he sent me." 30 At this they tried to seize him, but no one laid a hand
on him, because his time had not yet come.

28 그러자 예수께서 여전히 성전 마당에서 가르치시며 큰 소리로 이르시기를, "그러하도다, 너희가 나
를 알고, 또 내가 어디서 온 것도 알거니와, 내가 여기에 온 것은 내 스스로 온 것이 아니니, 나를 보내신
이는 참되신 이시니라. 너희는 그를 알지 못하나, 29 그러나 나는 그를 아노니, 이는 내가 그에게서 났
고 그가 나를 보내셨음이라." 하시니라. 30 이에 그들이 예수를 붙잡고자 하나, 아무도 그에게 먼저 손
을 대는 자가 없으니, 그의 때가 아직 이르지 아니한 까닭이더라.

31 Still, many in the crowd put their faith in him. They said, "When the Christ
comes, will he do more miraculous signs than this man?" 32 The Pharisees
heard the crowd whispering such things about him. Then the chief priests and
the Pharisees sent temple guards to arrest him.

31 그러나 군중 가운데에서 허다한 사람들이 예수께 믿음을 두니라. 그들이 말하기를, "그리스도께서
오신다 하더라도, 이 사람보다 더 많은 이적(異蹟)을 행하겠느냐?" 하니 32 예수에 대하여 군중이 이런
말 하는 것을 바리새인들이 들은지라. 제사장들과 바리새인들이 예수를 잡으려고 성전 경비 병력을 보
내니라.

33 Jesus said, "I am with you for only a short time, and then I go to the one
who sent me. 34 You will look for me, but you will not find me; and where
I am, you cannot come." 35 The Jews said to one another, "Where does this
man intend to go that we cannot find him? Will he go where our people live
scattered among the Greeks, and teach the Greeks? 36 What did he mean
when he said, 'You will look for me, but you will not find me,' and 'where I
am, you cannot come'?"

33 예수께서 이르시되, "내가 너희와 함께 있는 것이 잠시 동안이라, 나는 나를 보내신 이에게로 돌아
가리라. 34 너희가 나를 찾을 것이나, 나를 만나지 못하리니; 나 있는 곳에는 너희가 올 수가 없음이라."
하시더라. 35 이에 유대인들이 서로를 돌아보며 묻기를, "이 사람이 어디로 가기에 우리가 그를 만나지

못하리라 하는고? 그리스인 중에 흩어져 사는 우리 민족들 있는 곳으로 가서 그리스인들을 가르칠 터인가? 36 그가 말하되, '나를 찾으려 해도 만나지 못할 터이요, 나 있는 곳에 오지도 못하리라' 한 이 말이 무슨 말이냐?" 하더라.

37 On the last and greatest day of the Feast, Jesus stood and said in a loud voice, "If anyone is thirsty, let him come to me and drink. 38 Whoever believes in me, as the Scripture has said, streams of living water will flow from within him." 39 By this he meant the Spirit, whom those who believed in him were later to receive. Up to that time the Spirit had not been given, since Jesus had not yet been glorified.

37 명절 끝 날, 곧 큰 날에, 예수께서 서서 큰 소리로 외쳐 이르시되, "누구든 목마르거든 내게로 와서 마시게 하라. 38 누구든 나를 믿는 자는, 성경이 말하는 것 같이 그 사람의 속에서부터 생수(生水)의 강이 흘러나오리라." 하시니 39 이는 성령을 가리켜 말씀하신 것이라, 이 성령은 그를 믿는 자들이 나중에 받게 될 것이더라. 그 때까지만 해도 아직 성령이 주어지지 아니하였으니 이는 때가 아직, 예수께서 영광스럽게 되기 전이었던 까닭이더라.

40 On hearing his words, some of the people said, "Surely this man is the Prophet." 41 Others said, "He is the Christ." 42 Still others asked, "How can the Christ come from Galilee? Does not the Scripture say that the Christ will come from David's family and from Bethlehem, the town where David lived?" 43 Thus the people were divided because of Jesus. 44 Some wanted to seize him, but no one laid a hand on him.

40 이 말을 듣고, 무리 중에서 어떤 사람은 "이 사람은 참으로 '그 선지자'라" 하고, 41 다른 사람들은 말하기를, "그는 그리스도라." 하기도 하나, 42 여전히 다른 사람들은 "그리스도가 어찌 갈릴리에서 나오겠느냐? 성경에 이르되, '그리스도는 다윗의 가계 (家系)로부터, 그리고 다윗이 살던 마을 베들레헴에서 나오리라' 한 것이 아니냐?"하고 말하니라. 43 그러므로 예수로 말미암아 그 군중이 둘로 나뉘어 지니라. 44 그 중에 몇몇은 그를 붙잡고자 하는 자들도 있었으나, 그러나 예수께 손 대는 자는 아무도 없더라.

45 Finally the temple guards went back to the chief priests and Pharisees, who asked them, "Why didn't you bring him in?" 46 "No one ever spoke the way this man does," the guards declared. 47 "You mean he has deceived you also?" the Pharisees retorted. 48 "Has any of the rulers or of the Pharisees believed in him? 49 No! But this mob that knows nothing of the law--there is a curse on them."

45 마침내 그 성전 경비대가 우두머리 제사장들과 바리새인들에게로 그저 돌아가니, 그들이 묻되, "어찌하여 그 예수라는 자를 잡아오지 아니하였느냐?" 하거늘, 46 경비대 사람들이 대답하기를, "그와 같이 말하는자는 우리가 여태껏 보지 못했나이다." 하니 47 "그가 너희들 역시 미혹케 만들었느냐?" 바리새인들이 이같이 말하며, 48 "당국자들 중 누구나 혹은 우리 바리새인 중에 이 예수를 믿는 자가 있느뇨? 49 안될 일이로다! 이 무리들은 율법을 알지 못하는 자들이라–저주가 그 위에 있으리라." 하고 말을 하더라.

50 Nicodemus, who had gone to Jesus earlier and who was one of their own number, asked, 51 "Does our law condemn anyone without first hearing him to find out what he is doing?" 52 They replied, "Are you from Galilee, too? Look into it, and you will find that a prophet does not come out of Galilee." 53 Then each went to his own home.

50 원래 그 숫자 가운데 속한 한 사람 곧, 전에 예수를 보러 갔던 니고데모가 말하기를, 51 "우리 율법

은 그 사람이 행한 바, 그것이 무엇인지를 판단하지도 않고 정죄(定罪)하느냐?" 하니, 52 그들이 대답하기를, "당신도 역시 갈릴리에서 왔느뇨? 선지자들의 예언을 자세히 들여다 보라, 갈릴리에서는 선지자가 나지 못하느니라." 하고 말하더라. 53 이에 모두가 다 흩어져 자기 집으로 돌아가니라.

제8장

1 But Jesus went to the Mount of Olives. 2 At dawn he appeared again in the temple courts, where all the people gathered around him, and he sat down to teach them. 3 The teachers of the law and the Pharisees brought in a woman caught in adultery. They made her stand before the group 4 and said to Jesus, "Teacher, this woman was caught in the act of adultery. 5 In the Law Moses commanded us to stone such women. Now what do you say?"

1 그러나 예수는 감람산(橄欖山:올리브산)으로 가시더라. 2 이른 아침에 예수께서 다시 성전 마당에 나타나시니 모든 사람들이 그 주위에 모여 드는지라, 이에 예수께서 자리에 앉아서 사람들을 가르치기를 시작하시는데 3 그 때에 율법선생들과 바리새인들이 간음 중에 붙들린 한 여인을 데리고 와서 무리 가운데에 세우고 4 예수께 물어 이르되, "선생이여! 이 여인이 간음(姦淫)을 행하던 중에 붙잡혔나이다. 5 율법에서 모세가 명하기를, 이런 여자는 돌로 치라 하였거니와 선생은 뭐라 말하겠나이까?" 하더라.

6 They were using this question as a trap, in order to have a basis for accusing him. 7 But Jesus bent down and started to write on the ground with his finger. When they kept on questioning him, he straightened up and said to them, "If any one of you is without sin, let him be the first to throw a stone at her." 8
Again he stooped down and wrote on the ground. 9 At this, those who heard began to go away one at a time, the older ones first, until only Jesus was left, with the woman still standing there.

6 그들이 이렇게 질문하는 것이 함정이라, 그를 고발할 거리를 얻고자 함이었더라. 7 그러나 예수께서는 몸을 굽혀 땅 바닥에 손가락으로 뭔가를 쓰고 계시더니 그들이 집요하게 계속 묻자, 이에 몸을 세워 일어나 그들에게 이르시기를, "너희 중에 죄 없는 자가 있거든 그로 먼저 돌을 던지게 하라." 하시고 8
다시 몸을 굽혀 뭔가를 땅에 쓰시니라. 9 이에 그 말을 들은 자들이 하나씩 거기를 떠나 물러 나는데, 나이 든 자들부터 하나씩 사라지더니, 나중에는 오직 예수만 거기 남게 되었더라. 그러나 여인은 그 가운데에 여전히 서 있으니라.

10 Jesus straightened up and asked her, "Woman, where are they? Has no one condemned you?" 11 "No one, sir," she said. "Then neither do I condemn you," Jesus declared. "Go now and leave your life of sin."

10 예수께서 몸을 세워 일어나시며 여인에게 물으시되, "여자여, 그들이 다 어디로 갔느뇨? 너를 정죄하던 이들이 어디 있느뇨?" 하시니, 11 여인이 대답하되, "주여, 아무도 없나이다." 하니, 예수께서 이르시되, "나도 너를 정죄하지 아니하노라." 선포하시고, "가라, 네 죄 많은 삶에서 떠날지어다." 하고 말씀하시니라.

12 When Jesus spoke again to the people, he said, "I am the light of the world. Whoever follows me will never walk in darkness, but will have the light of life." 13 The Pharisees challenged him, "Here you are, appearing as your own witness; your testimony is not valid."

12 예수께서 사람들에게 말씀하시되, "나는 이 세상의 빛이라. 누구든지 나를 따르는 자는 다시는 어둠

에 다니지 아니하고 그가 생명의 빛을 갖게 되리라." 하시니, **13** 바리새인들이 이에 그를 향해 도전적(挑戰的)으로 말을 하기를, "당신이 이 대목에서 스스로 증인이 됨이라; 스스로 자기에 대하여 하는 증언이 무슨 효력이 있겠느냐?" 하니라.

14 Jesus answered, "Even if I testify on my own behalf, my testimony is valid, for I know where I came from and where I am going. But you have no idea where I come from or where I am going. **15** You judge by human standards; I pass judgment on no one. **16** But if I do judge, my decisions are right, because I am not alone. I stand with the Father, who sent me. **17** In your own Law it is written that the testimony of two men is valid. **18** I am one who testifies for myself; my other witness is the Father, who sent me."

14 이에 예수께서 대답하여 이르시되, "비록 내가 나를 위하여 증언하여도 내 증언이 참된 것은, 나는 내가 어디서 왔는지, 그리고 어디로 가는 것을 알고 있음이라. 그러나 너희는 내가 어디서 오며, 또 내가 어디로 가는 지를 알지 못하느니라. **15** 너희는 사람의 기준을 따라 판단하나; 나는 아무에게도 판단을 내리지 아니하노라. **16** 그러나 만약 내가 판단한다 하여도 나의 결정은 항상 참되니, 이는 내가 혼자가 아닌 까닭이라. 나는 아버지와 함께 서 있으니, 곧 나를 보내신 이시니라. **17** 너희들의 율법에도 '두 사람의 증언은 유효하다' 기록되어 있는 것과 같이, **18** 내가 나를 위하여 증언하는 자가 되고; 나를 보내신 아버지가 또 나의 증인이 되시니, 곧 나를 보내신 분이 아버지시니라." 하시더라.

19 Then they asked him, "Where is your father?" **20** "You do not know me or my Father," Jesus replied. "If you knew me, you would know my Father also." He spoke these words while teaching in the temple area near the place where the offerings were put. Yet no one seized him, because his time had not yet come.

19 이에 그들이 묻되, "당신의 아버지는 지금 어디 계시뇨?" 하니, **20** 예수께서 대답하시되 "너희는 첫째, 나를 알지 못하고 또, 내 아버지도 알지 못하느니라. 만일 너희가 나를 알았더라면 내 아버지도 알았으리라." 하시니라. 그가 이같이 말씀하신 것은 성전에서 가르치시는 동안에 헌물(獻物) 바치는 곳 가까이에서 행하신 것이라. 그를 붙잡는 자가 그 때에는 없었으니, 이는 아직 그의 때가 이르지 아니함이었더라.

21 Once more Jesus said to them, "I am going away, and you will look for me, and you will die in your sin. Where I go, you cannot come." **22** This made the Jews ask, "Will he kill himself? Is that why he says, 'Where I go, you cannot come'?"

21 그리고 다시 한번, 예수께서 그들에게 이르시되, "이제 나는 떠나가겠고, 너희가 나를 찾을 것이나, 그러나 너희는 너희의 죄 가운데서 죽으리라. 내가 가는 곳에는 너희가 오지 못함이니라." 하시니, **22** 이에 유대인들이 묻기를, "그가 스스로 목숨을 끊으려는가? 그래서 말하기를, '내가 가는 곳에 너희는 오지 못한다' 하는 것인가?" 하고 반문을 하니라.

23 But he continued, "You are from below; I am from above. You are of this world; I am not of this world. **24** I told you that you would die in your sins; if you do not believe that I am the one I claim to be, you will indeed die in your sins."

23 예수께서 계속하여 말씀하시기를, "너희는 아래에서 났지만 나는 위에서 났고; 너희는 이 세상에 속하였으나 나는 이 세상에 속하지 아니하였느니라. **24** 내가 말하기를 너희가 너희 죄 가운데서 죽으리라 하였으니; 너희가 만일 내가 (스스로 주장하는) 그인 줄 믿지 아니하면, 너희가 진정, 너희 죄 가운데서 죽으리라." 하시니라.

25 "Who are you?" they asked. 26 "Just what I have been claiming all along,"
Jesus replied. "I have much to say in judgment of you. But he who sent me
is reliable, and what I have heard from him I tell the world." 27 They did not
understand that he was telling them about his Father.

25 이에 그들이 다시 묻기를, "당신은 어떤 분이시니이까?" 하거늘, 26 예수께서 이르시되 "나는 처음
부터 지금까지 일관(一貫)되게 너희에게 그러하다고 말하여 온 자니라. 내가 너희를 심판하여 말할 것이
많으니라. 그러나 나를 보내신 이는 신실하신지라, 나는 내가 그로부터 들은 것만 이 세상에 말하느니
라." 하시니, 27 이는 예수께서 하나님 아버지를 가리켜 말씀하신 줄을 그들이 미처 깨닫지를 못하더라.

28 So Jesus said, "When you have lifted up the Son of Man, then you will know
that I am the one I claim to be and that I do nothing on my own but speak
just what the Father has taught me. 29 The one who sent me is with me; he
has not left me alone, for I always do what pleases him." 30 Even as he spoke,
many put their faith in him.

28 그리고 또 예수께서 말씀하시되, "너희가 인자(人子)를 들어 올린 후에, 비로소 내가 그인 줄을 알리
니, 곧 내가 그라고 주장하는 그 이가 바로 나인것을 알겠고, 또 내가 내 스스로를 위해서 하는 것이 아
무 것도 없고, 오직 아버지께서 나에게 가르쳐 주신 것만을 내가 말하는줄을 너희가 알게 되리라. 29 나
를 보내신 이가 지금도 나와 함께하시고; 그가 나를 혼자 내버려 두시는 법이 없으니, 이는 내가 항상 그
를 기쁘시게 하는 일만을 행하는 까닭이니라." 하시니라. 30 예수께서 이런 말씀들을 하시는 동안에도
많은 사람들이 그들의 믿음을 예수께 두고 믿으니라.

31 To the Jews who had believed him, Jesus said, "If you hold to my teaching,
you are really my disciples. 32 Then you will know the truth, and the truth will
set you free." 33 They answered him, "We are Abraham's descendants and have
never been slaves of anyone. How can you say that we shall be set free?" 34
Jesus replied, "I tell you the truth, everyone who sins is a slave to sin. 35 Now a
slave has no permanent place in the family, but a son belongs to it forever. 36
So if the Son sets you free, you will be free indeed.

31 자기를 믿는 유대인들을 향해 말씀하시기는, "너희가 나의 가르침을 붙들고 살면 참으로 내 제자가
되리니, 32 너희가 진리를 알게 되겠고, 그 진리가 너희를 자유롭게 하리라." 하시니, 33 그들이 대답하
되, "우리는 아브라함의 자손이라 그 누구의 종이 된 적도 없거늘 어찌하여 우리가 자유롭게 되리라 말
하시나이까?" 하더라. 34 이에 예수께서 대답하시되, "내가 진실을 너희에게 이르노니, "죄를 범하는
자마다 죄의 종이라. 35 종은 그 가족 중에 영구한 자리를 갖지 못하는 것이로되, 아들은 영원히 그 집
에 속하느니라. 36 그러므로 '그 아들'이 너희를 자유롭게 만들면 너희가 비로소 참으로 자유로와지는
것이니라.

37 I know you are Abraham's descendants. Yet you are ready to kill me,
because you have no room for my word. 38 I am telling you what I have seen
in the Father's presence, and you do what you have heard from your father."
39 "Abraham is our father," they answered. "If you were Abraham's children,"
said Jesus, "then you would 40 do the things Abraham did. As it is, you are
determined to kill me, a man who has told you the truth that I heard from
God. Abraham did not do such things. 41 You are doing the things your own
father does." "We are not illegitimate children," they protested. "The only Father
we have is God himself."

37 너희가 아브라함의 자손인 줄은 나도 아노라. 그러나 너희 속에 내 말이 머물 공간이 없으므로 너희
가 이제 나를 죽이려 함이로다. 38 나는 내 아버지 앞에서 본 것을 너희에게 말하고, 너희는 너희 아비
에게서 들은 것을 행하느니라." 39 그러자 그들이 또 대답하여 이르되, "아브라함이 우리의 아버지시니

이다." 하니, 예수께서 이르시되, "너희가 아브라함의 자손이면 아브라함이 행한 일을 너희도 하였으리
라. 그러나 실상은, 40 너희가 나를 죽이기로 이미 마음을 굳혔으니 나는 곧 하나님께로부터 들은 바,
진리(眞理)를 너희에게 전한 사람이로다. 아브라함은 이런 일을 하지 않았느니라. 41 너희는 너희 아비
들이 하는 일들을 그대로 행하는도다." 하시니 그들이 이르되, "우리는 사생아(私生兒)가 아니요, 우리
의 아버지는 오직 하나님 한 분 뿐이시니이다." 하더라.

42 Jesus said to them, "If God were your Father, you would love me, for I came
from God and now am here. I have not come on my own; but he sent me. 43
Why is my language not clear to you? Because you are unable to hear what I
say.

42 예수께서 다시 이르시되, "만일 하나님이 너희 아버지였으면 너희가 나를 사랑하였으리니, 이는 내
가 하나님께로부터 나와 지금 여기 있음이라. 내가 내 스스로 여기 온 것이 아니요; 아버지께서 나를 보
내신 것이니라. 43 내 말이 왜 너희에게는 명쾌하게 전달되지 않는 줄 아느냐? 너희가 내 하는 말을 들
을 줄 모르는 까닭이니라.

44 You belong to your father, the devil, and you want to carry out your father's
desire. He was a murderer from the beginning, not holding to the truth, for
there is no truth in him. When he lies, he speaks his native language, for he is
a liar and the father of lies.

44 너희는 너희 아비에게 속하였으니, 곧 마귀(魔鬼)라, 너희 아비가 원하는 것을 너희가 행하고자 하느
니라. 그는 태초로부터 살인자요, 진리를 붙들고 있지 않으니, 그 속에 진리가 없느니라. 그가 거짓말을
할 때마다 그 자신의 타고난 언어를 말하는 것이니, 그는 거짓말쟁이요 거짓의 아비니라.

45 Yet because I tell the truth, you do not believe me! 46 Can any of you prove
me guilty of sin? If I am telling the truth, why don't you believe me? 47 He
who belongs to God hears what God says. The reason you do not hear is that
you do not belong to God."

45 내가 진실을 말하는데에도 너희가 나를 믿지 아니하는도다! 46 너희 중에 누가 나를 죄 있다고 증명
할 자가 있겠느냐? 내가 진리를 말하는 것이라면, 왜 나를 믿지 아니하느뇨? 47 하나님께 속한 사람은
하나님이 말씀하시는 것을 듣느니라. 너희가 내 말을 듣지 아니하는 것은 곧, 너희가 하나님께 속하지
아니한 연고(緣故)니라." 말씀하시니라.

48 The Jews answered him, "Aren't we right in saying that you are a Samaritan
and demon-possessed?" 49 "I am not possessed by a demon," said Jesus, "but I
honor my Father and you dishonor me. 50 I am not seeking glory for myself;
but there is one who seeks it, and he is the judge. 51 I tell you the truth, if
anyone keeps my word, he will never see death."

48 그러자 유대인들이 (*이에 다시) 대답하여 이르기를, "우리가 당신을 사마리아 사람이라 혹은 귀신
들린 자라 하는 말이 옳지 아니하니이까?" 하거늘, 49 예수께서 대답하시되 "내가 귀신 들린 것이 아니
라 오직 내 아버지를 공경함이거늘 너희가 나를 모욕함이로다. 50 내가 내 스스로의 영광을 구함이 아
니요; 그 영광을 찾으시는 이가 따로 계시니, 그가 곧 심판관(審判官)이시라. 51 진실로 너희에게 이르
노니 누구든 내 말을 지키면, 그는 영원히 죽음을 보지 아니하리라." 하시더라.

52 At this the Jews exclaimed, "Now we know that you are demon-possessed!
Abraham died and so did the prophets, yet you say that if anyone keeps your
word, he will never taste death. 53 Are you greater than our father Abraham?
He died, and so did the prophets. Who do you think you are?"

52 이에 그 유대인들이 소리쳐 말하되, "지금 우리가 알았도다. 당신이 귀신 들린 자가 분명하도다! 아

브라함도 죽고, 선지자들도 다 죽었거늘, 당신의 말은 '사람이 내 말을 지키면 영원히 죽음을 맛보지 아니하리라' 하니 53 당신이 우리 아버지 아브라함보다 더 위대한 사람이뇨? 그도 죽고, 선지자들도 죽었거늘 당신은 당신이 누구라고 생각하느뇨?" 하더라.

54 Jesus replied, "If I glorify myself, my glory means nothing. My Father, whom you claim as your God, is the one who glorifies me. 55 Though you do not know him, I know him. If I said I did not, I would be a liar like you, but I do know him and keep his word. 56 Your father Abraham rejoiced at the thought of seeing my day; he saw it and was glad."

54 예수께서 대답하시되, "내가 만일 내게 영광을 돌리면 그 영광이 아무 것도 아니라, 그러나 나를 영광스럽게 만드시는 분은 너희가 하나님이라 부르는 그 분, 곧 내 아버지이시니라. 55 너희는 그를 알지 못하나, 나는 그를 아노니, 만일 내가 그를 알지 못한다 말하면 너희같이 거짓말쟁이가 되리라. 그러나 내가 그를 알고, 또 나는 그의 말씀을 지키느니라. 56 너희 조상 아브라함이 나의 때를 볼 수 있다는 생각에 크게 기뻐하였으니, 그가 실제 이를 볼 때에 진실로 즐거워하였느니라." 말씀하시니라.

57 "You are not yet fifty years old," the Jews said to him, "and you have seen Abraham!" 58 "I tell you the truth," Jesus answered, "before Abraham was born, I am!" 59 At this, they picked up stones to stone him, but Jesus hid himself, slipping away from the temple grounds.

57 유대인들이 이르되, "당신이 아직 오십 세가 채 못되었는데 아브라함을 보았다는 것이냐!" 하고 반문(反問) 하는데, 58 예수께서 말씀하시기를 "내가 진실로 너희에게 이르노니, 아브라함이 태어나기 전부터 내가 있느니라!" 하시니 59 이에 그들이 돌을 들어 치려 하는지라, 예수께서는 몸을 감추어, 성전으로부터 빠져 나가시더라.

제9장

1 As he went along, he saw a man blind from birth. 2 His disciples asked him, "Rabbi, who sinned, this man or his parents, that he was born blind?"

1 예수께서 길을 가실 때에 한 맹인을 만나니 그 사람이 태어날 때부터 맹인 된 사람이라. 2 그 제자들이 물어 이르되, "랍비여, 이 사람이 맹인으로 난 것이 누가 죄를 범한 까닭이니이까? 자기니이까, 아니면 그의 부모니이까?" 하니

3 "Neither this man nor his parents sinned," said Jesus, "but this happened so that the work of God might be displayed in his life. 4 As long as it is day, we must do the work of him who sent me. Night is coming, when no one can work. 5 While I am in the world, I am the light of the world."

3 예수께서 대답하시기를, "이 사람이나 그 부모가 죄를 범한 것이 아니라, 이런 일이 일어난 것은 그 사람의 삶에 하나님의 일이 나타나게 하기 위함이니라. 4 지금은 때가 아직 낮이니, 나를 보내신 이의 일을 우리가 행하는 것이 마땅하니라. 그러나 밤이 오리니 곧 아무도 일을 할 수 없는 때라. 5 내가 이 세상에 있는 동안에는 내가 바로 세상의 빛이니라." 하시더라.

6 Having said this, he spit on the ground, made some mud with the saliva, and put it on the man's eyes. 7 "Go," he told him, "wash in the Pool of Siloam" (this word means Sent). So the man went and washed, and came home seeing.

6 이 말씀을 하시고는, 땅에 침을 뱉어 진흙 조금을 침과 섞어 만들어 그의 눈에 바르시고 7 그에게 이르시되, "가라, 실로암 못에 가서 씻으라." 하시니 (실로암은 번역하면 '보냄을 받았다'는 뜻이라) 이에 그가 가서 눈을 씻고 밝은 눈으로 보며 집으로 가더라.

8 His neighbors and those who had formerly seen him begging asked, "Isn't this the same man who used to sit and beg?" 9 Some claimed that he was. Others said, "No, he only looks like him." But he himself insisted, "I am the man." 10 "How then were your eyes opened?" they demanded.

8 그의 이웃 사람들과, 또 예전에 그가 구걸하던 것을 본 사람들이 물어 이르기를, "이는 늘 앉아서 구걸하던 바로 그 사람이 아니냐?" 하는데, 9 어떤 사람들은 그가 바로 그 사람이라 하고, 다른 사람들은 "아니라, 그저 그와 닮았도다." 하거늘 그 맹인 되었던 자가 강한 어조로 말하기를, "내가 바로 그라." 하니,
10 사람들이, "네 눈이 어떻게 하여 떠졌느냐?" 하고 설명을 요구하니라.

11 He replied, "The man they call Jesus made some mud and put it on my eyes. He told me to go to Siloam and wash. So I went and washed, and then I could see." 12 "Where is this man?" they asked him. "I don't know," he said.

11 이에 그가 대답하기를, "그들이 예수라 부르는 사람이 진흙을 만들어 내 눈에 바르고 나더러 실로암에 가서 씻으라 하기에 내가 가서 씻었더니 이렇게 보게 되었노라." 하니 12 그들이 물어 이르되, "그가 어디 있느냐?" 하는데, 그가 대답하기를, "나는 알지 못하노라." 하더라.

13 They brought to the Pharisees the man who had been blind. 14 Now the day on which Jesus had made the mud and opened the man's eyes was a Sabbath.
15 Therefore the Pharisees also asked him how he had received his sight. "He put mud on my eyes," the man replied, "and I washed, and now I see." 16 Some of the Pharisees said, "This man is not from God, for he does not keep the Sabbath." But others asked, "How can a sinner do such miraculous signs?" So they were divided. 17 Finally they turned again to the blind man, "What have you to say about him? It was your eyes he opened." The man replied, "He is a prophet."

13 그들이 이 사람 곧, 전에 맹인이었던 자를 바리새인들에게 데리고 가니라. 14 예수께서 진흙을 만들어 이 맹인의 눈을 뜨게 하신 날은 안식일(安息日)이라. 15 그러므로 바리새인들도 그가 어떻게 보게 되었는지를 궁금해하며 물으니, 그가 말하기를, "그 사람이 진흙을 내 눈에 바르매 내가 이를 씻고 이제 보게 되었나이다." 하니라. 16 바리새인 중에 몇몇 사람들이 말을 하기를, "이 사람이 하나님께로부터 온 자가 아니로다. 안식일을 지키지 않음이라" 하고, 또 다른 사람들은 말하기를, "죄인이 어떻게 이런 이적(異蹟)들을 행할 수 있느뇨?" 하며 그들이 스스로 두 파(派)로 나뉘이더라. 17 그리고 그 맹인되었던 자에게 다시 몸을 돌려 묻되, "너는 그에 대하여 무엇이라 말하겠느냐? 그가 눈 뜨게 만든 것이 다른 사람 아닌 바로 네 눈이니라." 하니, 그 사람이 대답하되, "그는 선지자시니이다." 하더라.

18 The Jews still did not believe that he had been blind and had received his sight until they sent for the man's parents. 19 "Is this your son?" they asked. "Is this the one you say was born blind? How is it that now he can see?" 20 "We know he is our son," the parents answered, "and we know he was born blind.
21 But how he can see now, or who opened his eyes, we don't know. Ask him. He is of age; he will speak for himself."

18 유대인들이 그가 실제 눈 멀었던 것과 또 그가 그 시력을 돌려 받게 된 것을 여전히 믿지 아니하여 그 맹인의 부모를 불러 물어보려고 사람을 보내니라. 19 (*이에 그 부모가 도착하자,) 그들이 묻기를, "이 사람이 네 아들이냐?" 하고, 또, "너희가 말하기를 이 아들이 나면서부터 맹인이었다고 하는 게 사실이냐? 그러면, 지금 그가 볼 수 있는건 대체 어찌된 일이뇨?" 하고 묻더라. 20 그 부모가 대답하여 이

르기를, "그가 우리 아들인 것을 우리가 알고 또, 그가 맹인으로 태어난 것을 우리가 아나이다. 21 그러
나 그가 어떻게 해서 지금은 보게 되었는지 또, 누가 그 눈을 뜨게 하였는지는 우리가 알지 못하나이다.
그에게 물어보소서. 그가 나이 들었으니, 스스로 자기 일을 말하리이다." 하니라.

22 His parents said this because they were afraid of the Jews, for already the
Jews had decided that anyone who acknowledged that Jesus was the Christ
would be put out of the synagogue. 23 That was why his parents said, "He is of
age; ask him." 24 A second time they summoned the man who had been blind.
"Give glory to God," they said. "We know this man is a sinner."

22 그 부모가 이렇게 말을 한 이유는 유대인들을 두려워하였음이니, 누구든지 예수를 그리스도로 인정
하는 자는 회당(會堂)으로부터 몰아내기로 결의한 사실을 이미 알고 있던 까닭이었더라. 23 그 부모가
이처럼, "그가 장성(長成)하였으니, 그에게 직접 물어보소서." 하고 말한 이유가 그 때문이라. 24 이에
그들이 그 맹인이었던 사람을 두 번째로 다시 불러 이르되, "너는 하나님께 영광을 돌리라, 이 사람이 죄
인인 줄을 우리가 아노라." 하니,

25 He replied, "Whether he is a sinner or not, I don't know. One thing I do
know. I was blind but now I see!" 26 Then they asked him, "What did he do to
you? How did he open your eyes?" 27 He answered, "I have told you already
and you did not listen. Why do you want to hear it again? Do you want to
become his disciples, too?" 28 Then they hurled insults at him and said, "You
are this fellow's disciple! We are disciples of Moses! 29 We know that God
spoke to Moses, but as for this fellow, we don't even know where he comes
from."

25 그가 대답하되, "그가 죄인인지 아닌지는 내가 알지 못하나이다. 다만 한 가지 내가 아는 것은, 내가
전에는 맹인이었으나 지금은 본다는 것이외다!" 하니, 26 그들이 이르되, "그가 네게 무엇을 하였느냐?
어떻게 네 눈을 뜨게 하였느냐?" 하고 또다시 물으매, 27 그가 대답하되 "내가 이미 말을 하였으나 당신
들이 듣지 아니하는 것을 어찌 또다시 듣자 하십니까? 당신들도 그의 제자가 되려 하시나이까?" 하매,
28 제사장들과 바리새인들이 한층 모욕적인 언사를 그에게 던지며 말하기를, "너는 이 작자의 제자가
되라! 우리는 모세의 제자로다! 29 하나님이 모세와 더불어 말씀하신 것은 우리가 알거니와, 이 친구에
관해서는 어디서부터 왔는지조차도 우리가 알지 못하노라." 하니,

30 The man answered, "Now that is remarkable! You don't know where he
comes from, yet he opened my eyes. 31 We know that God does not listen to
sinners. He listens to the godly man who does his will. 32 Nobody has ever
heard of opening the eyes of a man born blind. 33 If this man were not from
God, he could do nothing." 34 To this they replied, "You were steeped in sin at
birth; how dare you lecture us!" And they threw him out.

30 이에 그 사람이 대답하여 이르되, "그것 참 기이(奇異)한 일이로다! 이 사람이 어디서부터 왔는지를
당신들도 채 모르는 그가, 내 눈을 뜨게 하였도다! 31 우리가 알거니와, 하나님은 죄인의 말은 듣지 아
니하시고 오직 하나님의 뜻대로 행하는 경건한 자의 말을 들으실 뿐이요, 32 나면서부터 눈 먼 맹인의
눈을 뜨게 했다는 얘기를 들은 자가 없으니, 33 이 사람이 하나님께로부터 오신 분이 아니라면 그는 아
무것도 할 수 없었을 터라." 하니, 34 그들이 이에 대답하기를, "네가 태어 날 때부터 죄 가운데에 잠겨
있던 자로서; 감히 우리를 가르치려 하느뇨?" 하며, 그를 쫓아내버리니라.

35 Jesus heard that they had thrown him out, and when he found him, he said,
"Do you believe in the Son of Man?" 36 "Who is he, sir?" the man asked. "Tell
me so that I may believe in him." 37 Jesus said, "You have now seen him; in
fact, he is the one speaking with you." 38 Then the man said, "Lord, I believe,"
and he worshiped him. 39 Jesus said, "For judgment I have come into this

world, so that the blind will see and those who see will become blind."

35 그가 이처럼 그들로부터 쫓겨 났다 하는 말을 예수께서 들으신지라, 그 사람을 다시 만나셨을 때에
말씀하시기를, "네가 이제 '인자(人子)'를 믿느냐?" 하시니, 36 그가 묻기를, "선생님이여! 그가 누구시
니이까?" "누구인지 알려 주소서, 내가 그를 믿겠나이다." 하니라. 37 예수께서 이르시되, "네가 지금
그를 보았느니라; 실상은 너와 지금 말하고 있는 이가 바로 그니라." 하시니, 38 그 사람이 이르되, "주
여, 내가 믿나이다." 하고 예수를 경배하더라. 39 예수께서 말씀하시되, "내가 심판을 위하여 이 세상에
왔으니, 눈 먼 자들이 볼 것이요, 그 전에 보던 자들은 이제 눈 멀게 되리라." 하시더라.

40 Some Pharisees who were with him heard him say this and asked, "What?
Are we blind too?" 41 Jesus said, "If you were blind, you would not be guilty of
sin; but now that you claim you can see, your guilt remains."

40 그 때에 예수와 함께 있던 바리새인 몇이 이 말을 듣고 말하되, "무엇이라고? 그러면 우리도 맹인인
가?" 하니, 41 예수께서 이르시되, "너희가 맹인이었다면 죄가 없었으려니와, 이제 너희가 본다고 주장
하니 너희 죄가 그대로 있느니라." 하시니라.

제10장

1 "I tell you the truth, the man who does not enter the sheep pen by the gate,
but climbs in by some other way, is a thief and a robber. 2 The man who
enters by the gate is the shepherd of his sheep. 3 The watchman opens the
gate for him, and the sheep listen to his voice. He calls his own sheep by name
and leads them out.

1 "내가 진실로 너희에게 이르노니, 문(門)을 통하여 양 우리에 들어가지 아니하고 다른 데를 타고 넘어
가는 자는 도둑이요, 강도라. 2 양 우리에 달린 문으로 들어가는 자가 그 양들의 목자(牧者)니라. 3 문지
기가 그를 위하여 문을 열면 양(羊)들이 그의 음성을 듣나니, 그가 자기 양들을 각기 그 이름으로 부르고
그 양들을 인도하여 내는 것이니라.

4 When he has brought out all his own, he goes on ahead of them, and his
sheep follow him because they know his voice 5 But they will never follow a
stranger; in fact, they will run away from him because they do not recognize
a strangers' voice." 6 Jesus used this figure of speech, but they did not
understand what he was telling them.

4 그가 자기 양(羊)들을 다 꺼내어 놓은 후에 앞서서 길을 가면, 양들이 그의 음성을 아는 고로 그를 따
라오느니라. 5 그러나 양들은 결코 낯선 사람은 따르지 아니하느니; 오히려 낯선 사람으로부터는 도망
가는 것이 실상이라, 이는 그 낯선 사람의 목소리를 알아 듣지 못하는 까닭이니라." 6 예수께서 이같은
비유로 그들에게 말씀하셨으나 그러나 그들은 그가 무슨 말씀을 하시는지 알아 듣지를 못하더라.

7 Therefore Jesus said again, "I tell you the truth, I am the gate for the sheep. 8
All who ever came before me were thieves and robbers, but the sheep did not
listen to them. 9 I am the gate; whoever enters through me will be saved. He
will come in and go out, and find pasture. 10 The thief comes only to steal and
kill and destroy; I have come that they may have life, and have it to the full."

7 그러므로 예수께서 다시 말씀하시되, "내가 진실로 너희에게 말하노니, 나는 양(羊)을 위한 문(門)이
라. 8 나보다 먼저 왔던 자들은 다 도둑이요 강도니 양들이 그를 듣지 아니하였느니라. 9 내가 바로 그

문(門)이라; 누구든지 나를 통하여 들어오는 자는 구원을 얻으리라. 또 그들이 (*이를 통하여) 드나들며
푸른 초원(草原)을 발견하리라. 10 도둑이 오는 것은 오직, 훔치고 죽이고 멸망시키려 하는 것이거니와;
내가 온 것은 그들로 생명을 얻게하고 이 생명을 더욱 풍성하게, 그리고 온전하게 얻게하려 함이로라."
하시더라.

11 "I am the good shepherd. The good shepherd lays down his life for the
sheep. 12 The hired hand is not the shepherd who owns the sheep. So when
he sees the wolf coming, he abandons the sheep and runs away. Then the wolf
attacks the flock and scatters it. 13 The man runs away because he is a hired
hand and cares nothing for the sheep.

11 또 말씀하시기를, "나는 선한 목자(牧者)라. 선한 목자는 양들을 위하여 자기 목숨을 내놓고 버리거
니와 12 고용된 일꾼은 그 양을 소유한 목자가 아니니, 늑대가 다가오는 것을 보면 양들을 내버리고 도
망하느니라. 그러면 그 늑대가 양떼를 공격해서 흩어 버리는 것이니 13 그 사람이 도망하는 것은 그가
고용된 삯꾼일 뿐이요, 그 양들을 보살필 마음이 없기 때문이니라.

14 I am the good shepherd; I know my sheep and my sheep know me-- 15 just
as the Father knows me and I know the Father--and I lay down my life for the
sheep. 16 I have other sheep that are not of this sheep pen. I must bring them
also. They too will listen to my voice, and there shall be one flock and one
shepherd.

14 나는 선한 목자라; 나는 내 양을 알고 양도 나를 아는 것이- 15 마치, 아버지께서 나를 아시고 내가
아버지를 아는 것 같으니-나는 내 양들을 위하여 내 목숨을 내어놓느니라. 16 또 내게는 지금 이 우리
에 들어 있지 아니한 다른 양들이 있어 내가 마땅히 이들도 인도해 들여야 할 터인데, 장차는 그들 역시
내 목소리를 들을 것이요, 그리하여 그들이 같은 무리의 양떼가 되어 한 목자(牧者) 아래 있게 되리라.

17 The reason my Father loves me is that I lay down my life--only to take it up
again. 18 No one takes it from me, but I lay it down of my own accord. I have
authority to lay it down and authority to take it up again. This command I
received from my Father."

17 내 아버지께서 나를 사랑하시는 이유는 내가 내 목숨을 버리는 까닭이니-이는 또 그 목숨을 도로
찾기 위함이니라. 18 그 누구도 나의 목숨을 취할 자가 없으니, 내가 스스로 이 목숨을 내어놓는 것이니
라. 나는 이를 버릴 권세도 있고 또다시 얻을 권세도 있으니 이 명령을 나는 내 아버지에게서 받았노라."
하시니라.

19 At these words the Jews were again divided. 20 Many of them said, "He is
demon-possessed and raving mad. Why listen to him?" 21 But others said,
"These are not the sayings of a man possessed by a demon. Can a demon open
the eyes of the blind?"

19 이 말씀을 하시매, 유대인들이 다시 둘로 나뉘어지는데, 20 그 중에 다수는 말하되, "그가 귀신 들려
미친 사람인데 어찌하여 그 말을 듣느냐?" 하고, 21 어떤 사람은 말하되 "이 말은 귀신 들린 자의 말이
아니라! 귀신이 어찌 맹인의 눈을 뜨게 할 수 있겠느냐?" 하더라.

22 Then came the Feast of Dedication at Jerusalem. It was winter, 23 and Jesus
was in the temple area walking in Solomon's Colonnade. 24 The Jews gathered
around him, saying, "How long will you keep us in suspense? If you are the
Christ, tell us plainly."

22 그 때에 예루살렘에 수전절(修殿節; 혹은 봉헌절 奉獻節)이 이르니 때는 겨울이더라. 23 예수께서
성전 구역에 계시며 솔로몬 행각 안에서 거니시는데, 24 유대인들이 그의 주위를 에워싸고 말하여 이르

되, "언제까지 우리를 불안하게 내버려 두려 하시나이까? 당신이 그리스도이면, 우리에게 분명히 말씀 하소서." 하니

25 Jesus answered, "I did tell you, but you do not believe. The miracles I do in my Father's name speak for me, 26 but you do not believe because you are not my sheep. 27 My sheep listen to my voice; I know them, and they follow me. 28 I give them eternal life, and they shall never perish; no one can snatch them out of my hand. 29 My Father, who has given them to me, is greater than all; no one can snatch them out of my Father's hand. 30 I and the Father are one."

25 예수께서 대답하시되, "내가 너희에게 이미 말을 하였으나 너희가 믿지 아니하는도다. 내가 내 아버지의 이름으로 행하는 표적(標蹟)들이 나를 증거하는 것이어늘 26 그러나 너희는 내 양(羊)이 아닌고로 나를 믿지 아니하는 것이니라. 27 내 양은 내 음성을 듣는지라; 나는 그들을 알고, 그들은 나를 따르느니라. 28 내가 그들에게 영생을 주노니, 그들이 결단코 죽지 아니할 것이요; 그 누구도 내 손에서 그들을 빼앗아 낼 자가 없느니라. 29 그들을 내게 주신 내 아버지는 만물보다 크시니, 아무도 내 아버지 손에서 그들을 빼앗아 낼 수가 없느니라. 30 나와 아버지는 하나이니라." 하시니라.

31 Again the Jews picked up stones to stone him, 32 but Jesus said to them, "I have shown you many great miracles from the Father. For which of these do you stone me?" 33 "We are not stoning you for any of these," replied the Jews, "but for blasphemy, because you, a mere man, claim to be God."

31 이에 또다시 유대인들이 돌을 집어 예수를 돌로 치려 하거늘 32 예수께서 그들에게 말씀하시되, "내가 너희에게 수 많은 표적들을 아버지로부터 (*받아) 펼쳐 보였노라. 그 중에 어떤 것으로 인하여 나를 돌로 치려 하느냐?" 하시니, 33 유대인들이 대답하되, "우리가 그런 표적들로 말미암아 당신을 돌로 치려는 것이 아니라, 신성모독(神聖冒瀆)을 인함이니, 당신이 사람이 되어 하나님이라 주장하는 까닭이라." 하더라.

34 Jesus answered them, "Is it not written in your Law, 'I have said you are gods'? 35 If he called them 'gods,' to whom the word of God came--and the Scripture cannot be broken– 36 what about the one whom the Father set apart as his very own and sent into the world? Why then do you accuse me of blasphemy because I said, 'I am God's Son'?" 37 "Do not believe me unless I do what my Father does. 38 But if I do it, even though you do not believe me, believe the miracles that you may know and understand that the Father is in me, and I in the Father." 39 Again they tried to seize him, but he escaped their grasp.

34 예수께서 대답하여 이르시되, "너희 율법에, '너희들은 신(神)이라고 내가 말하였느니라' 하고 씌여 있지 않으냐? 35 저희들을 '신(神)들' 이라고 불렀을진대, 이 하나님의 말씀이 누구에게 주어진 말씀이겠느냐?–성경 말씀은 폐하여지지 아니하나니– 36 하물며 하나님 아버지께서 그 자신의 것으로 특별히 따로 세우사 이 세상에 내보내신 이는 과연 무엇이라고 일컬어져야 하겠느냐? 그럴진대 어찌하여 '나는 하나님의 아들이라' 말하였다고 해서, 나를 신성(神聖) 모독(冒瀆)이라 고발하는 것이냐? 37 만일 내가 내 아버지의 일을 행하는 것이 아니라면 나를 믿지 말라. 38 그러나 내가 하나님의 일을 행하는 것이라면, 비록 나는 못믿는다 할지라도 내가 행하는 표적을 믿으라. 그러면 너희가 그제야 이를 이해하리니, '아버지께서는 내 안에 계시고 나는 아버지 안에 있다는 것' 을 비로소 너희가 알게 되리라." 이 말씀을 하시매, 39 그들이 다시 예수를 붙들려 하나, 예수께서는 그 손아귀를 벗어나 떠나가시더라.

40 Then Jesus went back across the Jordan to the place where John had been baptizing in the early days. Here he stayed 41 and many people came to him. They said, "Though John never performed a miraculous sign, all that John said

about this man was true." 42 And in that place many believed in Jesus.

40 그리고 예수께서는 요단 강 건너편 곧, 예전에 요한이 초기에 세례를 베풀던 곳으로 가서 거기에 거
하시니 41 수많은 사람들이 그에게로 나아오니라. 그들이 말하기를, "요한은 비록 아무런 표적도 행하
지 아니하였으나, 요한이 이 사람을 가리켜 말한 것은 다 진실이라." 하더라 42 그리고 그 장소에서 또
한 많은 사람이 예수를 믿으니라.

제11장

1 Now a man named Lazarus was sick. He was from Bethany, the village of
Mary and her sister Martha. 2 This Mary, whose brother Lazarus now lay sick,
was the same one who poured perfume on the Lord and wiped his feet with
her hair. 3 So the sisters sent word to Jesus, "Lord, the one you love is sick." 4
When he heard this, Jesus said, "This sickness will not end in death. No, it is
for God's glory so that God's Son may be glorified through it."

1 나사로라고 이름하는 사람이 있었는데 그가 병이 들었더라. 그는 마리아와 그 자매 마르다가 있는 베
타니 마을에 사는 사람이요, 2 이 마리아는 향유(香油)를 주의 몸에 붓고 자기 머리털로 주(主)의 발을
닦던 사람이니 나사로는 그 오라비였더라. 3 이에 나사로의 누이들이 예수께 사람을 보내어 이르되, "주
여, 주(主)께서 사랑하시는 자(者)가 병이 들었나이다." 하니 4 예수께서 이 소식을 듣고는 이르시되, "이
병은 죽음으로 끝날 병이 아니라 오히려 하나님의 영광을 위한 것이니, 하나님의 아들이 이를 통하여 영
광을 받게 하려 함이니라." 하시더라.

5 Jesus loved Martha and her sister and Lazarus. 6 Yet when he heard that
Lazarus was sick, he stayed where he was two more days. 7 Then he said to his
disciples, "Let us go back to Judea." 8 "But Rabbi," they said, "a short while ago
the Jews tried to stone you, and yet you are going back there?"

5 예수께서 마르다와 그 동생, 그리고 그 오라비 나사로를 사랑하셨더라. 6 그러나 나사로가 병들어 아
프다는 것을 전해 들으시고도 그 계시던 곳에서 이틀을 더 머무시고 7 그 후에야 제자들에게 이르시되,
"유대로 돌아가자." 하시니 8 제자들이 이르되, "그러나 랍비시여, 그들이 선생님을 돌로 치려 한 것이
불과 얼마 전인데 이제 또다시 거기로 돌아가자 하시나이까?" 하더라.

9 Jesus answered, "Are there not twelve hours of daylight? A man who walks by
day will not stumble, for he sees by this world's light. 10 It is when he walks by
night that he stumbles, for he has no light." 11 After he had said this, he went
on to tell them, "Our friend Lazarus has fallen asleep; but I am going there to
wake him up."

9 이에 예수께서 대답하시기를, "낮에는 모두 열 두 시간이 있는 것이 아니냐? 낮에 길을 다니는 사람은
넘어지지 아니하나니, 이 세상의 빛을 보고 다님이요, 10 사람이 넘어지는 것은 밤이니, 빛이 없기 때문
이니라." 하시고, 11 또 그들에게 이르시되, "우리 친구 나사로가 잠들었도다; 그러나 내가 그를 깨우러
그리로 가려 하노라." 하시니,

12 His disciples replied, "Lord, if he sleeps, he will get better." 13 Jesus had
been speaking of his death, but his disciples thought he meant natural sleep.
14 So then he told them plainly, "Lazarus is dead, 15 and for your sake I am
glad I was not there, so that you may believe. But let us go to him." 16 Then
Thomas (called Didymus) said to the rest of the disciples, "Let us also go, that

we may die with him."

12 제자들이 이르되, "주여, 그가 잠이 들었다면 쉬이 낫겠나이다." 하더라. 13 예수께서는 그의 죽음을
가리켜 말씀하신 것이나 제자들은 그가 정말 잠을 자는 것으로 생각하는지라 14 그러므로 예수께서 이
를 풀어서 말씀하시되, "나사로가 죽었느니라, 15 그리고, 너희들을 위하여서는 내가 거기 있지 않았던
것이 오히려 내게 좋은 일이라, 이는 너희로 하여금 믿게 하려 함이니라. 그러니 이제 그에게로 가자."
말씀하시거늘, 16 그 때에 도마가 다른 제자들을 향해 말을 하기를, "우리도 함께 가자, 그러면 우리가
주와 함께 죽을 수 있으리라." 하니라. (도마는 다른 이름으로 디두모라고 불리던 자더라.)

17 On his arrival, Jesus found that Lazarus had already been in the tomb for
four days. 18 Bethany was less than two miles from Jerusalem, 19 and many
Jews had come to Martha and Mary to comfort them in the loss of their
brother.

17 예수께서 도착해 보시니 나사로가 죽어 무덤에 묻힌 지가 이미 나흘이더라. 18 베타니는 예루살렘
에서 이 마일이 채 되지 않는 가까운 거리라, 19 많은 유대인들이 오라비를 잃은 마르다와 마리아를 위
로하러 내려왔더라.

20 When Martha heard that Jesus was coming, she went out to meet him, but
Mary stayed at home. 21 "Lord," Martha said to Jesus, "if you had been here,
my brother would not have died. 22 But I know that even now God will give
you whatever you ask."

20 예수께서 오신다는 말을 듣고 마르다가 나가서 예수를 맞아들일 때에, 마리아는 집 안에 머물러 있
었더라. 21 "주여," 하며 마르다가 예수께 말하되, "주께서 여기에 계셨더라면 내 오라버니가 죽지 아니
하였겠나이다. 22 그러나 이제라도 주께서 무엇이든지 하나님께 구하시면 하나님께서 이를 당신께 내
려 주실 줄을 내가 아나이다." 하고 말하니라.

23 Jesus said to her, "Your brother will rise again." 24 Martha answered, "I
know he will rise again in the resurrection at the last day." 25 Jesus said to
her, "I am the resurrection and the life. He who believes in me will live, even
though he dies; 26 and whoever lives and believes in me will never die. Do you
believe this?"

23 이에 예수께서 그녀에게 이르시기를, " 네 오라비가 다시 살아나리라." 하시니, 24 마르다가 대답하
되, "마지막 날 부활 때에는 그가 다시 살아날 줄을 내가 아나이다." 하거늘, 25 예수께서 이르시되, "내
가 그 부활(復活)이요, 생명이니라. 누구든지 나를 믿는 자는 죽어도 다시 살겠고 26 무릇 누구든 살아
서 나를 믿는 자는 영원히 죽지 아니하리라. 이것을 네가 믿느냐?" 하시니라.

27 "Yes, Lord," she told him, "I believe that you are the Christ, the Son of God,
who was to come into the world." 28 And after she had said this, she went
back and called her sister Mary aside. "The Teacher is here," she said, "and is
asking for you." 29 When Mary heard this, she got up quickly and went to him.
30 Now Jesus had not yet entered the village, but was still at the place where
Martha had met him.

27 마르다가 말하되, "주여 그러하외다. 주는 그리스도시요, 하나님의 아들로서 이 세상에 오신 이신 줄
을 내가 믿나이다." 28 이 말을 하고 마르다는 집으로 돌아가 여동생 마리아를 불러, "선생님이 여기에
오셨다. 그리고 이제 너를 (*바깥에서) 부르신다." 하니, 29 마리아가 이 말을 듣자 마자 급히 일어나 예
수께로 향해 가니라. 30 그 때까지 예수께서는 아직 마을로 들어오시지 않고 마르다를 만나시던 곳에
그대로 계시었더라.

31 When the Jews who had been with Mary in the house, comforting her,

noticed how quickly she got up and went out, they followed her, supposing she was going to the tomb to mourn there. **32** When Mary reached the place where Jesus was and saw him, she fell at his feet and said, "Lord, if you had been here, my brother would not have died." **33** When Jesus saw her weeping, and the Jews who had come along with her also weeping, he was deeply moved in spirit and troubled. **34** "Where have you laid him?" he asked. "Come and see, Lord," they replied. **35** Jesus wept.

31 그 시간, 집에서 마리아를 위로하고 있던 유대인들은, 그녀가 그렇게 황급히 일어나 나가는 것을 보고서는 그녀를 따라 같이 집을 나서니, 이는 그녀가 다시 무덤에 곡(哭)하러 가는 줄로 알았음이라. **32** 그러나 마리아는 예수 계신 곳에 이르러 예수를 보고는 그 발 앞에 몸을 던져 엎드려 말하되, "주여, 주께서 만약 여기에 계셨더라면, 내 오라버니가 죽지 아니하였겠나이다." 하니라. **33** 마리아가 우는 것과 또 함께 온 유대인들이 같이 우는 것을 보실 때에 예수께서 그 심령(心靈)에 깊은 감동을 가지시고 이를 비통히 여기시며 **34** 이르시되, "그를 어디 두었느냐?" 하시니 그들이 이르되, "주여, 와서 보시옵소서." 하더라. **35** 예수께서도 함께 눈물을 흘리시더라.

36 Then the Jews said, "See how he loved him!" **37** But some of them said, "Could not he who opened the eyes of the blind man have kept this man from dying?" **38** Jesus, once more deeply moved, came to the tomb. It was a cave with a stone laid across the entrance.

36 이에 유대인들이 말하기를, "보라, 그를 얼마나 사랑하셨던가!" 하는데, **37** 그 중 다른 몇몇은 말을 하기를, "맹인의 눈을 뜨게 하는 사람이 이 사람은 죽지 않게 할 수 없었단 말이냐?" 하기도 하더라. **38** 이에 예수께서 다시 속으로 비통(悲痛)히 여기시며 무덤으로 가시니라. 그 무덤은 동굴인데 돌로 그 입구를 막아 놓았더라.

39 "Take away the stone," he said. "But, Lord," said Martha, the sister of the dead man, "by this time there is a bad odor, for he has been there four days." **40** Then Jesus said, "Did I not tell you that if you believed, you would see the glory of God?" **41** So they took away the stone. Then Jesus looked up and said, "Father, I thank you that you have heard me. **42** I knew that you always hear me, but I said this for the benefit of the people standing here, that they may believe that you sent me." **43** When he had said this, Jesus called in a loud voice, "Lazarus, come out!" **44** The dead man came out, his hands and feet wrapped with strips of linen, and a cloth around his face. Jesus said to them, "Take off the grave clothes and let him go."

39 예수께서 이르시되, "그 돌을 치우라", 하시니 죽은 사람의 누이 마르다가 말하되, "그러나 주여, 그가 죽은 지가 벌써 나흘이 되었으매, 안 좋은 냄새가 나나이다." 하니 **40** 예수께서 이르시되, "네가 네 마음에 믿으면 하나님의 영광을 보게 되리라고 내가 말하지 아니하였느냐?" 하시니라. **41** 그제야 그들이 돌을 옮겨 놓으니 예수께서 눈을 들어 하늘을 우러러 보시고 이르시되, "아버지여 내 말을 들어주신 것을 감사하나이다. **42** 나의 말을 항상 들으시는 줄을 내가 진즉 알고 있사오나 이 말을 다시 여쭙는 것은 여기에 서 있는 사람들을 위함이니 곧 아버지께서 나를 보내신 것을 그들로 믿게 하려 함이니이다." **43** 이 말씀을 하시고 큰 소리로 불러 이르시되, "나사로야, 나오너라!" 하시니 **44** 죽은 자가 걸어 나오는데 손발이 면포(綿布) 띠로 싸매어져 있고 그 얼굴도 천에 싸여 있더라. 예수께서 이르시되, 수의(壽衣)를 벗겨 내고, 걸어가게 하라." 하고 말씀하시니라.

45 Therefore many of the Jews who had come to visit Mary, and had seen what Jesus did, put their faith in him. **46** But some of them went to the Pharisees and told them what Jesus had done.

45 마리아를 방문하러 왔던 많은 유대인들이 예수께서 하신 일을 본지라, 그들의 믿음을 그에게 두니

라. 46 그러나 그 중에 몇몇은 바리새인들에게 가 예수께서 행하신 일들을 모두 고(告)해 바치니라.

47 Then the chief priests and the Pharisees called a meeting of the Sanhedrin. "What are we accomplishing?" they asked. "Here is this man performing many miraculous signs. 48 If we let him go on like this, everyone will believe in him, and then the Romans will come and take away both our place and our nation."

47 이에 우두머리 제사장들과 바리새인들이 산헤드린 공회(公會)를 소집하니라. 그들이 이르되 "우리가 무엇을 어떻게 하여야 하겠느냐? 여기 이 사람이 수 많은 표적을 행하니 48 만일 그를 이대로 두면 모든 사람이 그를 믿을 것이라, 그러면 로마인들이 와서 우리 땅과 우리의 이 나라를 함께 가져가 버리고 말리라." 하더라.

49 Then one of them, named Caiaphas, who was high priest that year, spoke
up, "You know nothing at all! 50 You do not realize that it is better for you
that one man die for the people than that the whole nation perish." 51 He did
not say this on his own, but as high priest that year he prophesied that Jesus
would die for the Jewish nation, 52 and not only for that nation but also for
the scattered children of God, to bring them together and make them one. 53
So from that day on they plotted to take his life.

49 그 때에, 그 중의 한 사람, 곧 그 해의 대제사장인 가야바가 입을 열어 말하되, "당신들이 아무 것도
알지를 못하는도다! 50 한 사람이 백성을 위하여 죽는 것이 온 민족이 망하게 되는 것보다 유익이라는
것을 깨닫지 못하느뇨?" 하더라. 51 그가 이렇게 말함은 자기 개인의 생각으로만 그렇게 한 것이 아니
라 그 해의 대제사장으로서, 예수께서 유대 민족 전체를 위하여 죽어야 할 것을 예언한 것이니 52 그 민
족만 위할 뿐 아니라 흩어져 살고 있는 모든 하나님의 자녀들을 모아 들여 하나된 민족으로 만들기 위함
이었더라. 53 그리하여 바로 이 날로부터 예수의 생명을 뺏으려고 그들이 모의(謀議)를 시작하니라.

54 Therefore Jesus no longer moved about publicly among the Jews. Instead
he withdrew to a region near the desert, to a village called Ephraim, where he
stayed with his disciples. 55 When it was almost time for the Jewish Passover,
many went up from the country to Jerusalem for their ceremonial cleansing
before the Passover. 56 They kept looking for Jesus, and as they stood in the
temple area they asked one another, "What do you think? Isn't he coming to
the Feast at all?" 57 But the chief priests and Pharisees had given orders that
if anyone found out where Jesus was, he should report it so that they might
arrest him.

54 그러므로 예수께서는 더 이상 유대인들 가운데에서 드러나게 다니지는 아니하시고 대신에 광야 가
까운 지역으로 물러가사, 에브라임이라는 동네로 가서 제자들과 함께 거기 머무르시더라. 55 이 때는
유대인의 유월절(逾越節) 절기가 거의 이르런 때라, 많은 사람들이 시골로부터 유월절 이전에 예루살렘
으로 올라가니, 이는 그들의 성결(聖潔)하게 하는 의식(儀式)을 치르기 위함이었더라. 56 그들이 예수를
찾아다니기를 마다하지 않으며 성전 근처에 모여 서서 서로 말하기를, "너희는 어떻게 생각하느뇨? 그
가 이 명절에 올라오지 않겠느냐?" 하더라. 57 그러나 우두머리 제사장들과 바리새인들은 이미 이런 명
령을 내렸으니 곧, 누구든지 예수가 있는 곳을 알거든 신고하여 그를 잡도록 하라는 영(令)이 내려져 있
었더라.

제12장

1 Six days before the Passover, Jesus arrived at Bethany, where Lazarus lived,
whom Jesus had raised from the dead. 2 Here a dinner was given in Jesus'
honor. Martha served, while Lazarus was among those reclining at the table
with him.

1 유월절 엿새 전에 예수께서 베타니에 이르시니 이 곳은 예수께서 죽은 자 가운데서 살리신 나사로가
살고 있는 곳이라. 2 거기에 예수를 위한 저녁 식사가 마련되니라. 이에 나사로가 예수와 함께 식탁에
기대어 앉아 있는 동안에 마르다가 시중을 드니라.

3 Then Mary took about a pint of pure nard, an expensive perfume; she
poured it on Jesus' feet and wiped his feet with her hair. And the house was
filled with the fragrance of the perfume. 4 But one of his disciples, Judas
Iscariot, who was later to betray him, objected, 5 "Why wasn't this perfume
sold and the money given to the poor? It was worth a year's wages." 6 He did
not say this because he cared about the poor but because he was a thief; as
keeper of the money bag, he used to help himself to what was put into it.

3 그 때 마리아가 값이 비싼 향유(香油) 곧, 순수한 나드 한 파인트를 가져와서; 이를 예수의 발에 붓고
자기 머리털로 그의 발을 닦으니 향유 향기가 온 집안에 가득해지는데, 4 제자 중 하나인 가룟 유다 (그
는 나중에 예수를 배신할 자라)는 이를 좋지 않게 여겨 말하되, 5 "어찌하여 이 향유를 팔아 그 돈을 가
난한 자들에게 나누어 주지 않느뇨?" 하니 6 이는 가난한 사람들을 생각해서 한 말이 아니요, 자기가 도
둑이라 한 말이니; 그는 돈 주머니를 맡은 자로서 무엇이든 거기에 들어오는 것을 항상 착복(着服)하곤
하였더라.

7 "Leave her alone," Jesus replied. "It was intended that she should save this
perfume for the day of my burial. 8 You will always have the poor among you,
but you will not always have me."

7 이에 예수께서 이르시되, "그녀를 내버려 두라. 그녀가 나의 장례(葬禮) 날을 위하여 이것을 간직해 온
것이라, 8 가난한 자들은 항상 너희 중에 있을 것이거니와 나는 너희와 항상 있지는 아니하리라." 하시
니라.

9 Meanwhile a large crowd of Jews found out that Jesus was there and came,
not only because of him but also to see Lazarus, whom he had raised from
the dead. 10 So the chief priests made plans to kill Lazarus as well, 11 for on
account of him many of the Jews were going over to Jesus and putting their
faith in him.

9 이런 와중에 유대인의 큰 무리가 예수께서 거기 계신 줄을 알고 몰려오니 이는 예수 뿐만 아니라 예수
께서 죽은 자 가운데서 살리신 나사로도 함께 보려 함이더라. 10 그런고로 우두머리 제사장들이 나사로
까지 같이 죽이려고 계획을 하는데, 11 이는 나사로 때문에 수 많은 유대인들이 예수께로 가 그 믿음을
그에게 두던 까닭이더라.

12 The next day the great crowd that had come for the Feast heard that Jesus
was on his way to Jerusalem. 13 They took palm branches and went out to
meet him, shouting, "Hosanna!" "Blessed is he who comes in the name of the
Lord!" "Blessed is the King of Israel!"

12 그 이튿날, 유월절 명절로 모인 큰 무리의 군중이 예수께서 예루살렘을 향해 오고 계신다는 소식을
들었더라. 13 이에 그들이 종려나무 가지를 들고 그를 맞으러 나가서 소리 높여 외치기를, "호산나! 주
의 이름으로 오시는 이가 복이 있도다!" "이스라엘의 왕으로 오신 이가 복이 있도다!" 하니라.

14 Jesus found a young donkey and sat upon it, as it is written, 15 "Do not be afraid, O Daughter of Zion; see, your king is coming, seated on a donkey's colt." 16 At first his disciples did not understand all this. Only after Jesus was glorified did they realize that these things had been written about him and that they had done these things to him.

14 예수께서 한 어린 나귀를 발견하시매 그 나귀를 타고 오시니 이는 기록된 바, 15 "오! 시온의 딸아, 두려워 말지어다. 보라, 너의 왕이 나귀의 새끼를 타고 오시느니라." 함과 같더라. 16 처음에 제자들은 이 모든 것의 의미를 알지를 못하였으나, 예수께서 영광을 얻으신 후에, 이러한 일과, 그리고 사람들이 예수께 이같이 행한 것들이 바로 그에 관하여 성경에 기록된 것임을 깨달아 알게 되니라.

17 Now the crowd that was with him when he called Lazarus from the tomb and raised him from the dead continued to spread the word. 18 Many people, because they had heard that he had given this miraculous sign, went out to meet him. 19 So the Pharisees said to one another, "See, this is getting us nowhere. Look how the whole world has gone after him!"

17 그 군중 속에, 예전에 나사로를 무덤에서 불러내어 죽은 자 가운데서 살리실 때에 함께 있던 사람들 무리가 있어 계속 이 소문을 퍼뜨리고 다닌지라, 18 이런 기적같은 징조(徵兆)를 전해 들은 수많은 사람들이 예수를 맞으러 나가니라. 19그러므로 바리새인들이 서로 말하기를, "볼지어다, 우리 하는 일이 소용이 없도다. 어떻게 온 세상이 그를 따르는지를 보라!" 하니라.

20 Now there were some Greeks among those who went up to worship at the Feast. 21 They came to Philip, who was from Bethsaida in Galilee, with a request. "Sir," they said, "we would like to see Jesus." 22 Philip went to tell Andrew; Andrew and Philip in turn told Jesus.

20 명절에 예배하러 올라온 무리 중에 그리스 사람 몇이 있었더라. 21 그들이 빌립에게 나아와 무언가를 청하는데, 이 빌립은 갈릴리 벳사이다 사람이니, 그들이 이르되, "선생이여, 우리가 예수를 만나 뵙기를 원하나이다." 하니 22 빌립이 안드레에게 가서 말하고; 안드레와 빌립이 차례대로 예수께 가서 말하니라.

23 Jesus replied, "The hour has come for the Son of Man to be glorified. 24 I tell you the truth, unless a kernel of wheat falls to the ground and dies, it remains only a single seed. But if it dies, it produces many seeds. 25 The man who loves his life will lose it, while the man who hates his life in this world will keep it for eternal life.

23 예수께서 말씀하시기를, "인자가 영광스럽게 될 시간이 이르렀도다. 24 내가 진실로 너희에게 이르노니, 한 알의 밀이 땅에 떨어져 죽지 아니하면, 씨앗 하나로 그냥 남아 있는 것이요, 그러나 그 씨가 죽으면, 이가 많은 열매를 맺느니라. 25 자기의 생명을 사랑하는 자는 잃어버릴 것이요, 이 세상에서 자기의 생명을 미워하는 자는 영원한 생명과 함께 지금의 생명도 간직하리라.

26 Whoever serves me must follow me; and where I am, my servant also will be. My Father will honor the one who serves me. 27 Now my heart is troubled, and what shall I say? 'Father, save me from this hour'? No, it was for this very reason I came to this hour. 28 Father, glorify your name!" Then a voice came from heaven, "I have glorified it, and will glorify it again." 29 The crowd that was there and heard it said it had thundered; others said an angel had spoken to him.

26 누구든 나를 섬기는 자는 나를 따라야 할지니; 내가 있는 곳에 나의 하인(下人)도 같이 있을 것이요, 나를 섬기는 그를 내 아버지께서 또 귀하게 여기시리라. 27 그러나 지금은 내 마음이 괴로우니 무슨 말

을 더 하리요? '아버지여, 이 때를 면(免)하게 나를 구원하여 주옵소서'라 하랴? 그게 아니로다. 내가 이 때를 맞추어 온 것이 바로 이를 (*완수하기) 위함이라." **28** 이렇게 말씀하시고, "아버지여, 이제 당신의 이름을 영광스럽게 하옵소서." 하시니 이에 하늘에서 목소리가 울려 나오는데, 이르기를, "내가 이미 영광스럽게 하였고 다시 이를 또 영광스럽게 하리라." 하시더라. **29** 그 때 그 곳에 있어 이 소리를 들은 사람 중 어떤 이들은 천둥이 울었다고 하고 또 다른 이들은 천사가 그에게 말하였다고도 하더라.

30 Jesus said, "This voice was for your benefit, not mine. **31** Now is the time
for judgment on this world; now the prince of this world will be driven out. **32**
But I, when I am lifted up from the earth, will draw all men to myself." **33** He
said this to show the kind of death he was going to die.

30 예수께서 또 이르시기를, "이 목소리가 난 것은 너희들의 유익을 위해서요, 나를 위한 것이 아니로
다. **31** 지금은 이 세상에 대한 심판의 때라; 이 세상의 임금이 쫓겨남을 당하리라. **32** 그러나 내가 땅에
서 들어 올려지는 그 시간에, 내가 내게 속한 나의 모든 사람을 내게로 이끌겠노라." 이렇게 말씀을 하시
니 **33** 이렇게 말씀하심은 자기가 어떤 모습의 죽음을 당할 것을 미리 보이심이더라.

34 The crowd spoke up, "We have heard from the Law that the Christ will remain forever, so how can you say, 'The Son of Man must be lifted up'? Who is this 'Son of Man'?"

34 이에 무리가 말하되, "율법에 그리스도는 영원히 계신다 하는 것을 우리가 들었거늘, 당신은 어찌하여 '인자(人子)가 마땅히 들려야 하리라' 하느뇨? 그리고 대체 이 인자(人子)는 누굴 가리키는 것이뇨?" 하더라.

35 Then Jesus told them, "You are going to have the light just a little while
longer. Walk while you have the light, before darkness overtakes you. The man
who walks in the dark does not know where he is going. **36** Put your trust in
the light while you have it, so that you may become sons of light." When he
had finished speaking, Jesus left and hid himself from them.

35 그러자 예수께서 그들에게 말씀하시기를, "너희가 이 빛을 잠시 더 가지고 있으리라. 그러니 이 빛을
너희가 가지고 있는 동안에 즉, 어둠이 너희를 덮치기 전에, 너희가 길을 걸으라. 어둠 속에서 길을 가는
자는 자기가 가는 곳을 알지 못하느니라. **36** 너희에게 아직 빛이 있을 동안에 그 빛을 믿을지니, 그리
하면 너희가 빛의 아들들이 되리라." 예수께서 이 말씀을 하시고 떠나가서 그들로부터 모습을 숨기시더
라.

37 Even after Jesus had done all these miraculous signs in their presence, they
still would not believe in him. **38** This was to fulfill the word of Isaiah the
prophet: "Lord, who has believed our message and to whom has the arm of
the Lord been revealed?" **39** For this reason they could not believe, because, as
Isaiah says elsewhere: **40** "He has blinded their eyes and deadened their hearts,
so they can neither see with their eyes, nor understand with their hearts, nor
turn-- and I would heal them."

37 예수께서 이런 모든 기적의 징조들을 그들 앞에서 행하신 후에도 그들이 여전히 그를 믿지 아니하니
38 이는 선지자 이사야가 말한 예언의 말씀을 이루려 하심이라. 곧, 성경에 이르되, "주여, 우리의 메시
지를 누가 믿었으며 주의 팔이 누구에게 나타나신 바 되었나이까?" 하는 말씀이더라. **39** 곧, 이런 것들
이 그들이 예수를 믿지 못하게 된 연고니, 이사야가 말한대로: **40** "그가 그들의 눈을 멀게 하시고 그들
의 마음을 완고하게 하신 것은 그들로 하여금 눈으로도 보지 못하고, 마음으로도 깨닫지 못하고, 그들이
(*그들의 악한 길에서) 돌아 섬으로 나의 치료함을 받지 못하게 하려 함이로라." 하신 말씀 때문이었더
라.

41 Isaiah said this because he saw Jesus' glory and spoke about him. **42** Yet at the same time many even among the leaders believed in him. But because of the Pharisees they would not confess their faith for fear they would be put out of the synagogue; **43** for they loved praise from men more than praise from God.

41 이사야가 이렇게 말한 것은 그가 예수의 영광을 직접 보았기 때문으로, 이사야는 자기가 직접 본 예수에 관해 말을 한 것이니라. **42** 그러나 한편, 그 때에도 예수를 믿는 자들이 전혀 없지는 않았으니 심지어 유대인들의 지도자 층 가운데에서도 믿는 사람들이 적지 않았더라. 다만, 그들이 바리새인들 때문에, 그리고 회당으로부터 축출을 당할까봐 두려워서 자기들의 믿음을 고백하지 못할 뿐이었으니 **43** 이는 그들이 사람들로부터 칭송을 하나님으로부터의 칭찬보다 더 사랑한 까닭이었더라.

44 Then Jesus cried out, "When a man believes in me, he does not believe in me only, but in the one who sent me. **45** When he looks at me, he sees the one who sent me. **46** I have come into the world as a light, so that no one who believes in me should stay in darkness.

44 그 때에 예수께서 외쳐 이르시되, "나를 믿는 자는 나만 믿는 것이 아니요, 나를 보내신 이를 같이 믿는 것이요, **45** 또 나를 바라보는 자는 나를 보내신 이를 함께 보는 것이니라. **46** 내가 이 세상에 빛으로 왔으니, 무릇 나를 믿는 자는 누구든 어둠에 거하지 않도록 하게 하려 함이로라.

47 As for the person who hears my words but does not keep them, I do not judge him. For I did not come to judge the world, but to save it. **48** There is a judge for the one who rejects me and does not accept my words; that very word which I spoke will condemn him at the last day. **49** For I did not speak of my own accord, but the Father who sent me commanded me what to say and how to say it. **50** I know that his command leads to eternal life. So whatever I say is just what the Father has told me to say."

47 내 말을 듣고도 이를 지키지 아니하는 사람들에 관해서는 나는 그들을 심판하려고 하지 않노라. 내가 이 세상을 심판하려 온 것이 아니요, 구원하려고 왔노라. **48** 나를 거부하고, 내 말을 받아들이지 아니하는 자들을 심판할 이가 따로 계시니; 곧 내가 말한 그 말들이 마지막 날에 그를 심판하리라. **49** 내가 이 말을 자발적으로 하는 것이 아니요, 나를 보내신 아버지께서 내가 무엇을 말할 것과 또 어떻게 말할 것을 명령하셨으니 **50** 바로 이 명령이 (*듣는 자로 하여금) 영생으로 인도해 들이는 줄을 내가 아노라. 그러므로 무엇이든 내가 말하는 것은 아버지께서 내게 그렇게 말하라고 말씀해 주신 것 뿐이니라." 하시더라.

제13장

1 It was just before the Passover Feast. Jesus knew that the time had come for him to leave this world and go to the Father. Having loved his own who were in the world, he now showed them the full extent of his love. **2** The evening meal was being served, and the devil had already prompted Judas Iscariot, son of Simon, to betray Jesus.

1 때는 유월절(逾越節) 명절(名節) 직전이라. 예수께서 자기가 이 세상을 떠나 아버지께로 돌아가실 때가 마침내 오신 줄을 아시니라. 그가, 이 세상에 있는 자기에 속한 사람들을 사랑하심으로, 그의 사랑을 그들에게 충만히 나타내 보이시더라. **2** (*그러나) 저녁 식사가 나누어 지는 자리에서 마귀는 벌써 시몬의 아들 가룟 유다의 마음 속에 예수를 배반하려는 생각을 집어 넣었더라.

3 Jesus knew that the Father had put all things under his power, and that he
had come from God and was returning to God; 4 so he got up from the meal,
took off his outer clothing, and wrapped a towel around his waist. 5 After that,
he poured water into a basin and began to wash his disciples' feet, drying
them with the towel that was wrapped around him. 6 He came to Simon Peter,
who said to him, "Lord, are you going to wash my feet?"

3 이에 예수께서는 하나님 아버지께서 이 세상 만물을 자기의 권세 아래 놓으신 것과, 또 자기가 하나님
께로부터 오셨다가 이제 하나님께로 돌아가실 것을 깨달아 아시고; 4 저녁 잡수시던 자리에서 일어나,
자기의 겉옷을 벗고 수건을 허리에 두르신 채로 5 대야에 물을 부어 제자들의 발 씻기를 시작하시어 몸
에 두르신 수건으로 발을 닦으시는데 6 차례대로 하여 시몬 베드로에게 이르시니, 베드로가 이르되, "주
여, 주께서 내 발을 씻으려 하시나이까?" 하니라.

7 Jesus replied, "You do not realize now what I am doing, but later you will
understand." 8 "No," said Peter, "you shall never wash my feet." Jesus answered,
"Unless I wash you, you have no part with me." 9 "Then, Lord," Simon Peter
replied, "not just my feet but my hands and my head as well!"

7 이에 예수께서 대답하여 이르시되, "이제 내가 하는 일을 너희가 지금은 깨닫지 못하나 나중에는 알게
되리라." 하시니 8 베드로가 이르되, "아니라, 주께서 내 발은 절대로 씻지 못하시리이다." 하고 말하니
라. 그러자 예수께서는 그 대답으로 말씀하시기를, "내가 너를 씻어 주지 아니하면 네가 나와 상관이 없
게 되느니라." 라 하시니, 9 시몬 베드로가 이르되 "그러면 주여, 내 발 뿐 아니라 손과 머리도 씻어 주옵
소서!" 하더라.

10 Jesus answered, "A person who has had a bath needs only to wash his feet;
his whole body is clean. And you are clean, though not every one of you." 11
For he knew who was going to betray him, and that was why he said not every
one was clean.

10 예수께서 이에 대답하여 이르시되, "이미 목욕한 자는 발만 씻으면 되는 것이니; 온 몸이 이미 깨끗
한 까닭이니라. 너희가 다 깨끗하나, 그러나 너희 모두 다는 아니니라." 하시니 11 이는 누가 자기를 배
신할지를 그가 미리 아심이라, 그런고로 모두가 다 깨끗한 것은 아니라 하시니라.

12 When he had finished washing their feet, he put on his clothes and
returned to his place. "Do you understand what I have done for you?" he asked
them. 13 "You call me 'Teacher' and 'Lord,' and rightly so, for that is what I
am. 14 Now that I, your Lord and Teacher, have washed your feet, you also
should wash one another's feet. 15 I have set you an example that you should
do as I have done for you. 16 I tell you the truth, no servant is greater than his
master, nor is a messenger greater than the one who sent him. 17 Now that
you know these things, you will be blessed if you do them.

12 그들의 발을 다 씻으신 후에 옷을 다시 입으시고 자기 자리에 도로 앉으시며 그들에게 물어 이르시
되, "내가 방금 너희를 위해 했던 행동을 이해하느냐?" 하시고, 13 이르시되 "너희가 나를 '선생(先生)'
이라 또는 '주(主)'라 하니 너희 말이 옳도다. 내가 진정 그러하도다. 14 지금 내가, 너희의 주(主)와 선생
이 되어 너희 발을 씻었으니 너희도 서로 발을 씻어 주는 것이 마땅하니라. 15 그런고로, 방금 내가 한
것 같이, 너희가 역시 마땅히 행하여야 할 본을 너희에게 보였노라. 16 내가 진실로 너희에게 이르노니,
주인보다 더 큰 종이 없고 보냄을 받은 자는 그를 보낸 자보다 크지 못한 법이니라. 17 이미 너희가 이것
을 알고 있으매, 알고 있는대로만 행하면 너희에게 복이 있으리라.

18 I am not referring to all of you; I know those I have chosen. But this is to
fulfill the scripture: 'He who shares my bread has lifted up his heel against
me.' 19 I am telling you now before it happens, so that when it does happen

you will believe that I am He. 20 I tell you the truth, whoever accepts anyone I send accepts me; and whoever accepts me accepts the one who sent me."

18 내가 너희 모두를 가리켜 말하는 것이 아니니; 나는 내가 택한 자들을 아노라. 그러나 이런 성경 말씀이 응하게끔 하려는 것이니: 곧, '나와 떡을 나누어 먹는 그 자(者)가 나를 대적(對敵)하여 발뒤꿈치를 들었도다' 하고 기록된 말씀이니라. 19 그 일이 일어나기 전에 지금 내가 미리 너희에게 일러 두는 것이니, 이는 실제로 그 일이 일어날 때에 내가 바로 '그'인 줄을 너희로 믿게 하려 함이로라. 20 내가 진실로 너희에게 이르노니, 누구든 내가 보낸 자를 영접하는 자는 나를 영접(迎接)하는 것이요, 누구든 나를 영접하는 자는 곧 나를 보내신 이를 영접하는 것이니라." 하시니라.

21 After he had said this, Jesus was troubled in spirit and testified, "I tell you the truth, one of you is going to betray me." 22 His disciples stared at one another, at a loss to know which of them he meant.

21 예수께서 이 말씀을 하시고 난 후에 그 심령이 괴로워지심에 다시 증언하여 이르시되, "내가 진실로 너희에게 이르노니, 너희 중 한 명이 나를 배신하리라." 하시니 22 제자들이 서로 쳐다보며 예수께서 말씀하시는 이가 누구인지 당혹(當惑)해 하니라.

23 One of them, the disciple whom Jesus loved, was reclining next to him. 24 Simon Peter motioned to this disciple and said, "Ask him which one he means." 25 Leaning back against Jesus, he asked him, "Lord, who is it?" 26 Jesus answered, "It is the one to whom I will give this piece of bread when I have dipped it in the dish." Then, dipping the piece of bread, he gave it to Judas Iscariot, son of Simon.

23 그들 중의 한 명인, 예수께서 사랑하시던 자가 예수의 옆에 기대어 누워 있었는데 24 시몬 베드로가 이 제자에게 몸짓으로 말을 하기를, "누구를 의미하시는지 물어보라."고 종용(慫慂)하거늘, 25 그가 예수의 몸에 기대어 앉아 예수께 묻기를, "주여, 그게 누구니이까?" 하니 26 예수께서 대답하시되, "내가 이 떡 한 조각을 그릇에 담갔다가 가져다 주는 그자가 그니라" 하시며, 곧 떡 한 조각을 그릇에 담구어 적셔 이를 가룟 시몬의 아들 유다에게 주시더라.

27 As soon as Judas took the bread, Satan entered into him. "What you are about to do, do quickly," Jesus told him, 28 but no one at the meal understood why Jesus said this to him. 29 Since Judas had charge of the money, some thought Jesus was telling him to buy what was needed for the Feast, or to give something to the poor. 30 As soon as Judas had taken the bread, he went out. And it was night.

27 유다가 그 떡을 받자마자 즉시 사탄이 그 속에 들어가니라. 이에 예수께서 그에게 이르시되, "네가 하려고 하는 그 일을 속히 행하라," 하시니 28 그 식사 자리에 앉은 자 가운데 아무도 왜 예수께서 이런 말씀을 그에게 하시는지 아는 이가 없었더라. 29 유다가 돈 문제를 책임 맡고 있었으므로, 어떤 제자는 예수께서 명절에 쓸 무슨 물건을 사라 하시는 것으로 생각하는 이도 있고, 또 다른 제자들은 가난한 자들에게 무엇을 주라 하신 줄로 생각하기도 하니라. 30 유다가 그 떡 조각을 받고 곧장 밖으로 나가니, 때는 벌써 밤이 되었더라.

31 When he was gone, Jesus said, "Now is the Son of Man glorified and God is glorified in him. 32 If God is glorified in him, God will glorify the Son in himself, and will glorify him at once. 33 "My children, I will be with you only a little longer. You will look for me, and just as I told the Jews, so I tell you now: Where I am going, you cannot come.

31 유다가 나간 후에, 예수께서 이르시되, "이제 인자가 영광을 받았고 하나님께서도 그의 안에서 (*인자로 말미암아) 영광을 받으셨도다. 32 하나님이 그로 말미암아 영광을 받으셨으면, 하나님도 그 아들

을 자기 안에서 영광스럽게 할 것인데 단번에, 그 즉시로 그를 영광스럽게 하실 것이라. **33** (*그러니,) 나의 자녀들아, 내가 이제 아주 잠시 동안만 더 너희와 함께 있겠노라. 너희가 나를 찾을 것이나, 내가 전에 유대인들에게 말한 것 같이 지금 너희에게 같은 것을 이르노니: 내 가는 그곳에는 너희가 함께 가지 못하리라.

34 A new command I give you: Love one another. As I have loved you, so you must love one another. **35** By this all men will know that you are my disciples, if you love one another."

34 (*그리고) 이제 너희에게 새 계명을 주노니: 너희가 서로 사랑하라! 내가 너희를 사랑한 것 같이, 너희도 서로 사랑하는 것이 마땅하니라. **35** 이를 행하여 너희가 서로 사랑하면, 이로써 온 천하 사람들이 너희가 내 제자인 줄을 알리라." 하시니라.

36 Simon Peter asked him, "Lord, where are you going?" Jesus replied, "Where I am going, you cannot follow now, but you will follow later." **37** Peter asked, "Lord, why can't I follow you now? I will lay down my life for you." **38** Then Jesus answered, "Will you really lay down your life for me? I tell you the truth, before the rooster crows, you will disown me three times!

36 시몬 베드로가 예수께 물어 이르되, "주여, 어디로 가시나이까?" 하니, 예수께서 대답하시되, "내가 가는 곳에 지금은 네가 따라올 수가 없으나 그러나 나중에는 너도 따라오리라." 하시매 **37** 베드로가 이르되, "주여, 어찌하여 지금은 내가 따라갈 수가 없나이까? 주를 위해서라면 내 목숨도 내려놓겠나이다." 하고 말하니, **38** 예수께서는 이르시기를, "네가 진실로 나를 위하여 네 목숨을 내어놓겠느냐? 내가 진실로 네게 이르노니, 닭 울기 전에 네가 세 번에 걸쳐 나를 부인(否認)하리라!" 하시더라.

제14장

1 "Do not let your hearts be troubled.Trust in God; trust also in me. **2** In my Father's house are many rooms; if it were not so, I would have told you. I am going there to prepare a place for you. **3** And if I go and prepare a place for you, I will come back and take you to be with me that you also may be where I am. **4** You know the way to the place where I am going."

1 그리고 이어서 말씀하시기를, "너희는 마음으로 근심하지 말라. 하나님을 믿고; 또 나를 믿으라. **2** 내 아버지 집에는 (*너희가 머물) 방(房)이 많으니라; 그렇지 않으면 내가 너희에게 먼저 말하였을 것이라. 내가 너희를 위하여 거처를 예비하러 가노라. **3** 너희를 위한 거처가 다 준비되면 너희를 데리러 내가 다시 오리니 너희가 내게 함께 함으로, 내가 있는 곳에 너희도 있게 하리라. **4** 내가 지금 가는 곳, 거기에 이르는 길을 너희가 아느니라." 하시매,

5 Thomas said to him, "Lord, we don't know where you are going, so how can we know the way?" **6** Jesus answered, "I am the way and the truth and the life. No one comes to the Father except through me. **7** If you really knew me, you would know my Father as well. From now on, you do know him and have seen him."

5 도마가 이르되, "주여, 주께서 어디로 가시는지 우리가 알지 못하거늘 그 길을 어찌 우리가 알겠사옵나이까?" 하니, **6** 예수께서 대답하시되, "내가 길이요, 진리요, 생명이라. 나를 통하지 아니하고서는 아버지께로 올 자가 없느니라. **7** 너희가 진정 나를 알았다면 내 아버지도 알았으리로다. 이제부터는 너희

가 그를 알고, 너희가 그를 보았느니라." 하시더라.

8 Philip said, "Lord, show us the Father and that will be enough for us." 9 Jesus answered: "Don't you know me, Philip, even after I have been among you such a long time? Anyone who has seen me has seen the Father. How can you say, 'Show us the Father'?

8 이에 빌립이 이르되, " 주여, 아버지를 우리에게 보여주소서 그러면 우리가 족하겠나이다." 하니, 9 예
수께서 이르시되 "빌립아, 내가 이렇게 너희와 함께 오랫동안 있었는데도 너는 나를 알지 못하느냐? 나를 본 자는 이미 아버지를 보았거늘, 어찌하여 '우리에게 아버지를 보여주소서' 하느냐?

10 Don't you believe that I am in the Father, and that the Father is in me? The words I say to you are not just my own. Rather, it is the Father, living in me, who is doing his work. 11 Believe me when I say that I am in the Father
and the Father is in me; or at least believe on the evidence of the miracles themselves.

10 내가 아버지 안에 있고, 아버지께서 내 안에 계신 것을 네가 믿지 아니하느냐? 내가 너희에게 이르는 말은 내 스스로 하는 것이 아니요, 내 안에 사시며 그의 일을 하시는 아버지께서 하시는 것이니라. 11 내
가 말하기를, '나는 아버지 안에 있고 아버지께서는 내 안에 계신다' 할 때는 나를 믿으라; 그러지 못하겠거든, (*내가 행한) 그 이적(異蹟)들의 증거로 말미암아 나를 믿으라.

12 I tell you the truth, anyone who has faith in me will do what I have been doing. He will do even greater things than these, because I am going to the
Father. 13 And I will do whatever you ask in my name, so that the Son may
bring glory to the Father. 14 You may ask me for anything in my name, and I will do it.

12 내가 진실로 너희에게 이르노니, 누구든지 나를 믿는 자는 내가 지금껏 해 온 일을 할 것이요, 그보다 더 큰 일도 하리니 이는 내가 아버지께로 가는 까닭이라. 13 너희가 내 이름으로 무엇을 구하든지 내
가 이를 행하리니 이는 그 아들이 아버지께 영광을 올려 드리려 함이니라. 14 너희가 내 이름으로 무엇이든지 구(求)하면, 내가 그것을 행하리라.

15 If you love me, you will obey what I command. 16 And I will ask the Father,
and he will give you another Counselor to be with you forever— 17 the Spirit
of truth. The world cannot accept him, because it neither sees him nor knows him. But you know him, for he lives with you and will be in you.

15 너희가 나를 사랑하면, 내가 너희에게 주는 계명을 지키리라. 16 그리고 내가 아버지께 구하겠으니,
그가 다른 상담역(相談役)을 너희에게 주사, 그로 하여금 영원토록 너희와 함께 있게 하실 것인데 17 그
가 곧, 진리의 성령(聖靈)이시니라. 이 세상은 그를 영접(迎接)해 받지 못하나니 이는 그를 보지도 못하고 알지도 못하는 까닭이라. 그러나 너희는 그를 아나니 이는 그가 너희와 함께 사심이요, 또 너희 속에 계실 것임이니라.

18 I will not leave you as orphans; I will come to you. 19 Before long, the world
will not see me anymore, but you will see me. Because I live, you also will live.
20 On that day you will realize that I am in my Father, and you are in me, and
I am in you. 21 Whoever has my commands and obeys them, he is the one who loves me. He who loves me will be loved by my Father, and I too will love him and show myself to him."

18 내가 너희를 고아와 같이 내버려두지 아니할 것이라; 내가 너희에게로 (*다시) 오리라. 19 머지 않아
이 세상은 다시 나를 보지 못할 것이나, 그러나 너희는 나를 보리라. 이는 내가 살겠고 너희 역시 살아

있겠음이라. 20 그 날에는 너희가 깨달아 알게 되리니 나는 아버지 안에 있고, 너희는 내 안에 있고, 또 나는 너희 안에 있는 것을 너희가 알리라. 21 누구든지 나의 계명을 지니고 이를 지키는 자는 나를 사랑하는 자라. 나를 사랑하는 자는 내 아버지께 사랑을 받을 것이요, 나도 그를 사랑하여 그에게 나를 나타내리라." 하시니라.

22 Then Judas (not Judas Iscariot) said, "But, Lord, why do you intend to show yourself to us and not to the world?" 23 Jesus replied, "If anyone loves me, he will obey my teaching. My Father will love him, and we will come to him and make our home with him. 24 He who does not love me will not obey my teaching. These words you hear are not my own; they belong to the Father who sent me.

22 그 때에 유다 (가룟 유다가 아닌 다른 유다)가 말하되, "하지만, 주여, 어찌하여 주께서는 우리에게만 자신을 나타내시고 세상에는 나타내지 않으려 하시나이까?" 하니, 23 예수께서 대답하여 이르시기를, "누구든 사람이 나를 사랑하면 나의 가르침을 지키리니 내 아버지께서 그를 사랑하실 것이요, 또 우리가 그에게로 가서 우리의 거처를 그와 함께하리라. 24 그러나 나를 사랑하지 아니하는 자는 내 가르침을 지키지 아니하리니, 너희가 듣는 이 말은 나만의 말이 아니요, 나를 보내신 아버지께 속한 것이니라.

25 All this I have spoken while still with you. 26 But the Counselor, the Holy Spirit, whom the Father will send in my name, will teach you all things and will remind you of everything I have said to you.

25 내가 너희와 함께 있는 동안 이 모든 것을 이미 너희에게 말하였느니라. 26 그러나 그 상담역 곧, 아버지께서 내 이름으로 보내실 성령(聖靈)께서 장차 너희에게 모든 것을 가르쳐 주실 것이요, 내가 너희에게 말한 모든 것들을 그가 너희에게 다시 생각나게 하리라.

27 Peace I leave with you; my peace I give you. I do not give to you as the world gives. Do not let your hearts be troubled and do not be afraid. 28 You heard me say, 'I am going away and I am coming back to you.' If you loved me, you would be glad that I am going to the Father, for the Father is greater than I. 29 I have told you now before it happens, so that when it does happen you will believe.

27 평안(平安)을 너희에게 남기노라; 곧 나의 평안을 너희에게 주노라. 내가 너희에게 주는 이 평안은 세상이 주는 것과 같지 아니하니 너희는 마음에 근심하지도 말고 두려워하지도 말라. 28 '내가 이제 멀리 갔다가, 다시 너희에게로 돌아오리라' 하는 말을 너희가 들었음이라. 너희가 만일 나를 사랑하였더라면 내가 아버지께로 가는 것을 기뻐하였으리니, 아버지는 나보다 위대하심이니라. 29 이제 그 일이 일어나기 전에, 내가 너희에게 이렇게 미리 말한 것은, 그 일이 실제 일어날 때에 너희가 믿을 수 있게 하려 함이니라.

30 I will not speak with you much longer, for the prince of this world is coming. He has no hold on me, 31 but the world must learn that I love the Father and that I do exactly what my Father has commanded me. Come now; let us leave.

30 내가 너희와 더불어 이야기할 수 있는 시간이 이제 얼마 남지 않았으니, 이 세상의 임금이 오고 있음이라. 그는 나를 붙들 수가 없으나 31 그러나 세상은 다음과 같은 것들을 알게 되리니; 곧, 내가 아버지를 사랑하는 것과, 또한 아버지께서 내게 명하신 그것을 내가 다 정확히 행하였음을 온 세상이 알게 되리라. 이제, 일어나라; 여기를 떠나가자." 하시더라.

제15장

1 "I am the true vine, and my Father is the gardener. 2 He cuts off every
branch in me that bears no fruit, while every branch that does bear fruit he
prunes so that it will be even more fruitful.

1 "나는 참된 포도나무요, 내 아버지는 농부시라. 2 내 속에 있으나 열매를 맺지 못하는 가지는 아버지
께서 그를 잘라내 버리실 것이요, 그러나 무릇 열매를 맺는 가지는 더욱 더 많은 열매를 맺게 하려고 가
지치기와 함께 이를 돌보시느니라.

3 You are already clean because of the word I have spoken to you. 4 Remain in
me, and I will remain in you. No branch can bear fruit by itself; it must remain
in the vine. Neither can you bear fruit unless you remain in me.

3 너희는 내가 너희에게 해 준 말로써 이미 깨끗하여졌으니 4 내 안에 거하라. 나도 너희 안에 거(居)하
리라. 가지가 스스로 열매를 맺을 수 없으니; 가지는 나무에 붙어 있어야 하느니라. 이와 같이 너희도 내
안에 있지 아니하면 열매를 맺지 못하느니라.

5 I am the vine; you are the branches. If a man remains in me and I in him,
he will bear much fruit; apart from me you can do nothing. 6 If anyone does
not remain in me, he is like a branch that is thrown away and withers; such
branches are picked up, thrown into the fire and burned. 7 If you remain
in me and my words remain in you, ask whatever you wish, and it will be
given you. 8 This is to my Father's glory, that you bear much fruit, showing
yourselves to be my disciples.

5 나는 포도나무요; 너희는 가지라. 사람이 내 안에 머물러 있고 내가 그 안에 거하면 그 사람은 열매를
많이 맺나니; 나를 떠나서는 너희가 아무 것도 할 수 없음이라. 6 누구든 내 안에 거하지 아니하면, 그는
내버려져 말라 가는 나뭇가지 같을 것이니; 사람들이 이런 가지들을 줏어 모아다가 불에 던져 살라 버리
는 것이니라. 7 너희가 내 안에 거하고, 내 말이 너희 안에 거하면, 무엇이든지 너희가 원하는 것을 구하
라, 그것이 너희에게 주어지리라. 8 너희가 열매를 많이 맺음으로 내 제자임을 나타내는 그것이 내 아버
지께 영광이 되느니라.

9 As the Father has loved me, so have I loved you. Now remain in my love. 10
If you obey my commands, you will remain in my love, just as I have obeyed
my Father's commands and remain in his love. 11 I have told you this so that
my joy may be in you and that your joy may be complete.

9 아버지께서 나를 사랑하신 것 같이 내가 너희를 사랑하였노라. 그러니 너희는 이제 나의 사랑 안에 거
(居)하라. 10 너희가 나의 계명을 지키면, 내 사랑 안에 거하는 것이니, 내가 아버지의 계명을 지킴으로
그의 사랑 안에 있는 것과 동일함이라. 11 내가 이렇게 너희에게 말하는 것은 내 기쁨이 너희 안에 있게
하려 함이요, 그럼으로써 너희 기쁨을 온전하게 만들려 함이니라.

12 My command is this: Love each other as I have loved you. 13 Greater love
has no one than this that he lay down his life for his friends. 14 You are my
friends if you do what I command. 15 I no longer call you servants, because a
servant does not know his master's business. Instead, I have called you friends,
for everything that I learned from my Father I have made known to you.

12 나의 계명(誡命)은 이것이니; 곧 '내가 너희를 사랑한 것 같이, 너희가 서로 사랑하라' 하는 것이라.
13 사람이 친구를 위하여 자기 목숨을 버리는 것보다 더 큰 사랑이 없나니 14 내가 명하는 것을 너희가
행하면 너희는 나의 친구라. 15 이제부터는 너희를 종이라 부르지 아니하리라. 종은 주인이 하는 일을
알지 못하는 까닭이니라. 대신에 내가 너희를 친구라 불렀노니, 내가 내 아버지께로부터 배운 모든 것을

다 너희에게 알게 하였음이니라.

16 You did not choose me, but I chose you and appointed you to go and bear fruit -- fruit that will last. Then the Father will give you whatever you ask in my name.

16 너희가 나를 선택한 것이 아니요, 내가 너희를 택하고 지명하였으니, 이는 너희로 가서 열매를 맺게 하려 함이요, 그 열매가 영원히 있게 하려 함이니라. 그러면 너희가 무엇이든 내 이름으로 구하는 것을 모두 다 아버지께서 주시리라.

17 This is my command: Love each other. 18 If the world hates you, keep in
mind that it hated me first. 19 If you belonged to the world, it would love you
as its own. As it is, you do not belong to the world, but I have chosen you out of the world. That is why the world hates you.

17 이것이 나의 계명이니: '너희는 서로 사랑하라'. 18 세상이 너희를 미워하면 너희보다 먼저 나를 미
워한 줄로 알라. 19 너희가 이 세상에 속하였다면 이 세상이 자기 것처럼 너희를 사랑했으리라. 그러나 너희는 이 세상에 속한 자가 아니니, 실상은 내가 너희를 이 세상으로부터 택하여 내었음이로다. 그리고 이것이 세상이 너희를 미워하는 이유니라.

20 Remember the words I spoke to you: 'No servant is greater than his master.' If they persecuted me, they will persecute you also. If they obeyed my
teaching, they will obey yours also. 21 They will treat you this way because of
my name, for they do not know the One who sent me.

20 내가 너희에게 하였던 말을 기억하라: '어떤 종이든 주인보다 더 큰 종이 없도다' 하는 말이니 사람들이 나를 박해하였은즉, 너희도 박해(迫害)할 것이니라. 만일 그들이 내 가르침을 따랐다면, 너희의 명
령도 따랐을 것이라. 21 그러나 사람들이 장차 너희를 이런 방식으로 취급할 것은, 나를 보내신 이를 알
지 못하는 까닭이니라.

22 If I had not come and spoken to them, they would not be guilty of sin.
Now, however, they have no excuse for their sin. 23 He who hates me hates
my Father as well.

22 내가 (*이 세상에) 와서 그들을 향해 말하지 아니하였더라면 그들이 죄가 없었으려니와, 그러나 이
제는 자기들의 죄에 대해 변명할 길이 없느니라. 23 나를 미워하는 자는 또 내 아버지를 미워함이니라.

24 If I had not done among them what no one else did, they would not be guilty of sin. But now they have seen these miracles, and yet they have hated
both me and my Father. 25 But this is to fulfill what is written in their Law:
'They hated me without reason.'

24 만일 내가 그들 중에서 그 모든 표적(標蹟) 곧, 이 세상 누구도 하지 못했던 일을 행하지 아니하였더라면 그들이 죄가 없었으려니와, 그러나 그들이 이 모든 표적들을 보았음에도 불구하고 여전히 나와 내
아버지를 미워하니 25 이는 그들의 율법에 기록된 바, '아무런 이유도 없이 나를 미워하였도다' 한 말을 응하게 하려 함이니라.

26 When the Counselor comes, whom I will send to you from the Father, the Spirit of truth who goes out from the Father, he will testify about me. 27 And
you also must testify, for you have been with me from the beginning.

26 내가 아버지께로부터 너희에게 보낼 상담역 곧, 아버지께로부터 나와서 (*이 세상으로) 나아가시는 진리의 성령이 오실 때에는 그가 나에 관하여 증언하실 것이라. 27 그러나 너희도 역시 (*나에 관해) 증언 하여야 할 것은, 너희가 처음부터 나와 함께 있었던 연고(緣故)니라." 하시니라.

제16장

1 "All this I have told you so that you will not go astray. 2 They will put you out of the synagogue; in fact, a time is coming when anyone who kills you will think he is offering a service to God. 3 They will do such things because they have not known the Father or me.

1 "내가 이 모든 것을 너희에게 일러 준 것은 너희로 실족하지 않게 하려 함이라. 2 또한, 그들이 장차 너희를 회당으로부터 몰아낼 것이니; 실상을 말하자면, 누군가가 너희를 죽음에 이르게 한다 할지라도 그는 이로써 하나님을 섬기는 일이 되리라 생각할 것이라, 3 그들이 이런 일까지 저지를 것은 아버지와 나를 알지 못한 까닭이니라.

4 I have told you this, so that when the time comes you will remember that I warned you. I did not tell you this at first because I was with you. 5 Now I am going to him who sent me, yet none of you asks me, 'Where are you going?' 6 Because I have said these things, you are filled with grief.

4 너희에게 이런 말을 하는 까닭은, 장차 그 때가 왔을 때에 내가 전에 이미 너희에게 경고한 바 있음을 너희로 기억하게 하려 함이니라. 그러나 내가 처음부터 이런 말을 하지를 않았던 이유는 그 때에는 내가 너희와 함께 거하고 있었던 까닭이니라. 5 이제 나는, 나를 이 땅에 보내셨던 그 분에게로 가거니와, 그러나 너희 중 아무도 내게 '어디로 가시나이까' 하고 묻는 자가 없으니 6 이는 내가 이런 말을 하는 까닭에 너희가 슬픔과 근심으로 가득차게 됨이니라.

7 But I tell you the truth: It is for your good that I am going away. Unless I go away, the Counselor will not come to you; but if I go, I will send him to you. 8 When he comes, he will convict the world of guilt in regard to sin and righteousness and judgment: 9 in regard to sin, because men do not believe in me; 10 in regard to righteousness, because I am going to the Father, where you can see me no longer; 11 and in regard to judgment, because the prince of this world now stands condemned.

7 그러나 내가 너희에게 진실을 말하노니: 내가 떠나가는 것이 실상(實狀)은 너희에게 유익(有益)이라. 내가 떠나가지 아니하면 그 상담역께서 너희에게 오시지 못할 것이요; 내가 가야, 비로소 내가 그를 너희에게로 보내리라. 8 그가 (*이 세상에 오시면) 이 세상을 유죄라고 선고하리니, 세상 죄(罪)에 대하여, 그리고 의(義)와, 그리고 또 심판(審判)에 대하여 그리하시리라. 9 죄에 관하여 말하자면 사람들이 나를 믿지 아니함이요 10 의에 관하여 말하자면 내가 아버지께로 가는 까닭이니, 너희가 다시 나를 보지 못함이요, 11 심판에 관해 말을 하자면, 이 세상 임금이 이제 정죄(定罪) 받을 자리에 섰음이니라.

12 I have much more to say to you, more than you can now bear. 13 But when he, the Spirit of truth, comes, he will guide you into all truth. He will not speak on his own; he will speak only what he hears, and he will tell you what is yet to come.

12 내가 너희에게 말해 줄 것이 아직도 많으나, 지금은 너희가 감당하지 못하리라. 13 그러나 진리의 성령, 그가 오시면 그가 너희를 모든 진리 가운데로 인도하시리니 그는 자기의 생각대로 말하시는 것이 아니라; 오직 그가 들었던 것을 말하며 또 지금 아직 오지 아니한 장래(將來)의 일을 너희에게 알리시리라.

14 He will bring glory to me by taking from what is mine and making it known to you. 15 All that belongs to the Father is mine. That is why I said the Spirit will take from what is mine and make it known to you. 16 In a little while you will see me no more, and then after a little while you will see me."

14 그가 내게 나의 영광을 가져다 주시리니 (*이 영광은) 원래 나의 것이라, 이제 이를 너희에게 알게 하

시리라. 15 무릇 아버지께 속하여 있는 것은 다 내 것이니라. 그러므로 내가 말하기를 성령께서, 본래 나의 것들인 것을 가지고 너희에게 알게 하시리라 하였음이니라. 16 이제 잠시 후면 너희가 나를 다시 보지 못하겠고, 그로부터 또 잠시 후면 너희가 나를 다시 보리라." 하시더라.

17 Some of his disciples said to one another, "What does he mean by saying, 'In a little while you will see me no more, and then after a little while you will see me,' and 'Because I am going to the Father'?" 18 They kept asking, "What does he mean by 'a little while'? We don't understand what he is saying."

17 이에 여러 제자들이 서로 말하기를, " '이제 잠시 후면 너희가 나를 다시 보지 못하겠고, 그로부터 또 잠시 후면 너희가 나를 다시 보리라' 하신 말씀이 무슨 뜻인고? 그리고 또 '내가 아버지께로 가는 까닭이라' 하신 것은 도대체 무슨 의미로 하신 말씀이냐?" 하고 서로 묻더라. 18 또한 제자들이 말하되, " '이제 잠시 후' 란 또 무슨 뜻이냐? 무슨 말씀을 하시는지 이해할 수가 없도다." 하더라.

19 Jesus saw that they wanted to ask him about this, so he said to them, "Are you asking one another what I meant when I said, 'In a little while you will see me no more, and then after a little while you will see me'? 20 I tell you the truth, you will weep and mourn while the world rejoices. You will grieve, but your grief will turn to joy.

19 제자들이 이런 것들을 궁금해하며 이에 관해 재차 물어보기를 원하는 것을 예수께서 먼저 아시고 이르시되, "내 말이 '이제 잠시 후면 너희가 나를 다시 보지 못하겠고, 그로부터 또 잠시 후면 너희가 나를 다시 보리라' 하므로 너희가 궁금해하는 것이냐? 20 내가 진실로 너희에게 이르노니, 이 세상이 기뻐하고 즐거워하는 동안에 너희는 슬피 울며 애통해 하리라. 너희가 근심하며 슬퍼하겠으나 그러나 너희의 이런 슬픔이 기쁨으로 바뀌게 되리라.

21 A woman giving birth to a child has pain because her time has come; but when her baby is born she forgets the anguish because of her joy that a child is born into the world. 22 So with you: Now is your time of grief, but I will see you again and you will rejoice, and no one will take away your joy.

21 아기를 출산하려는 여인은 그 출산의 때가 임박하면 고통을 겪는 것이나; 그러나 아기가 나오면 세상에 그 아기가 난 기쁨으로 인해 근심을 다 잊느니라. 22 이와 같이 지금은 너희의 슬픔의 시간이나, 내가 다시 너희를 만나보게 될 것이니 그 때에는 너희가 기뻐할 것이요, 너희의 그런 기쁨을 빼앗을 자가 없으리라.

23 In that day you will no longer ask me anything. I tell you the truth, my Father will give you whatever you ask in my name. 24 Until now you have not asked for anything in my name. Ask and you will receive, and your joy will be complete.

23 그 날에는 너희가 내게 아무 것도 다시 묻지 아니할 것이라. 내가 진실로 너희에게 이르노니 너희가 내 이름으로 구하는 것은 무엇이든지 아버지께서 너희에게 주시리라. 24 지금까지는 너희가 아무 것도 내 이름으로 구하지 아니하였으나 이제 구하라, 그리하면 너희가 받을 것이요, 너희 기쁨이 온전케 되리라.

25 Though I have been speaking figuratively, a time is coming when I will no longer use this kind of language but will tell you plainly about my Father. 26 In that day you will ask in my name. I am not saying that I will ask the Father on your behalf. 27 No, the Father himself loves you because you have loved me and have believed that I came from God. 28 I came from the Father and entered the world; now I am leaving the world and going back to the Father."

25 지금까지는 내가 비유(比喩)를 들어 말을 해 왔거니와, 이제 더 이상 이런 식으로 말하지 아니하고 내 아버지께 대한 모든 것을 너희에게 쉽게 풀어서 얘기할 때가 오리니 26 그 날에는 너희가 내 이름으로 직접 구할 것이요, 너희를 대신하여 내가 아버지께 무언가를 구하겠다 하는 말이 아니니라. 27 이는 너희가 이미 나를 사랑하였고 또 내가 하나님께로부터 온 사실을 믿은 까닭으로 아버지께서도 너희를 사랑하게 되신 까닭이니라. 28 내가 아버지에게서 나와 이 세상에 들어 왔으니; 이제 이 세상을 떠나 아버지께로 돌아가려 하는 것이로라." 하시니

29 Then Jesus' disciples said, "Now you are speaking clearly and without figures of speech. 30 Now we can see that you know all things and that you do not even need to have anyone ask you questions. This makes us believe that you came from God." 31 "You believe at last!" Jesus answered. 32 "But a time is coming, and has come, when you will be scattered, each to his own home. You will leave me all alone. Yet I am not alone, for my Father is with me. 33 I have told you these things, so that in me you may have peace. In this world you will have trouble. But take heart! I have overcome the world."

29 그제야 제자들이 이르되, "지금은 밝히 말씀하시고 비유 없이 얘기를 하시니 30 우리가 지금에야 당신께서 모든 것을 아시고, 또 사람이 그 뭔가를 물을 필요조차 없는 분이신줄을 깨달아 알겠나이다. 이로써 우리가 당신은 하나님께로부터 오신 것을 알고, 또 믿게 되었나이다." 하거늘, 31 "너희가 마침내 믿게 되었구나!" 대답하시고 32 이어 말씀하시되, "그러나, 보라! 시간이 이르리니, 너희가 다 나를 홀로 남겨 두고 뿔뿔이 흩어져 각기 고향 집으로 향해 갈 그 때가 왔도다. 그러나 나는 혼자 있는 것이 아니니, 아버지께서 나와 함께 계시느니라. 33 내가 이런 말을 너희에게 한 것은 너희로 내 안에서 평안을 누리게 하려 함이라. 이 세상에서는 너희가 환난(患難)을 당하나 그러나 담대하라! 내가 세상을 이기었노라." 하시더라.

제17장

1 After Jesus said this, he looked toward heaven and prayed: "Father, the time has come. Glorify your Son, that your Son may glorify you. 2 For you granted him authority over all people that he might give eternal life to all those you have given him. 3 Now this is eternal life: that they may know you, the only true God, and Jesus Christ, whom you have sent.

1 예수께서 이 말씀을 하시고 난 후에 눈을 들어 하늘을 우러러 보며 기도하시기를, "아버지여! 때가 이르렀사오니 아들을 영화롭게 하사, 이 아들이 또한 아버지를 영화(榮華)롭게 하게 하옵소서. 2 아버지께서 모든 사람들 위에 서는 권세(權勢)를 이 아들에게 주셨으니, 이로써 당신께서 그에게 주신 모든 사람들에게, 이 아들이 영생(永生)을 주도록 하셨음이니이다. 3 이것이 곧 영생이니; 영생은 곧 유일하신 참 하나님이신 당신과 그가 보내신 자 예수 그리스도를 아는 것이니이다.

4 I have brought you glory on earth by completing the work you gave me to do. 5 And now, Father, glorify me in your presence with the glory I had with you before the world began. 6 I have revealed you to those whom you gave me out of the world. They were yours; you gave them to me and they have obeyed your word.

4 아버지께서 제게 하라고 주신 일을 다 이루어 냄으로써 이 세상에서 아버지께 영광을 올려 드렸사오니 5 이제, 아버지여! 이 세상의 창조 전에 제가 아버지와 함께 가졌던 그 영광으로써 지금 저를 아버지 앞에서 다시 한번 더 영광스럽게 하여 주옵소서. 6 아버지께서 이 세상으로부터 빼어 내어, 제게 주신

그 사람들에게 제가 아버지의 이름을 드러내었었나이다. 그들은 원래 아버지의 것이었는데 제게 주셨으
며, 그들이 또한 아버지의 말씀에 순종(順從)하였음이니이다.

7 Now they know that everything you have given me comes from you. 8 For I
gave them the words you gave me and they accepted them. They knew with
certainty that I came from you, and they believed that you sent me.

7 실상(實狀), 아버지께서 제게 주신 모든 것이 다 아버지로께부터 나온 것인 줄을 이제 그들이 알게 되
었으매, 8 아버지께서 제게 주신 그 말씀들을 제가 그들에게 주었사오며 그들은 이것들을 (*마음으로)
받아들였나이다. 그런즉, 제가 아버지께로부터 나온 줄을 이제 그들이 확실히 알며, 또한 아버지께서 나
를 보내신 줄도 이제 아나이다.

9 I pray for them. I am not praying for the world, but for those you have given
me, for they are yours. 10 All I have is yours, and all you have is mine. And
glory has come to me through them. 11 I will remain in the world no longer,
but they are still in the world, and I am coming to you. Holy Father, protect
them by the power of your name--the name you gave me--so that they may
be one as we are one.

9 이제 제가 그들을 위하여 기도하옵는 것은 이 세상을 위해 기도하는 것이 아니요, 아버지께서 저에게
주신 이 사람들을 위하여 기도함이니, 저들은 아버지의 것이로소이다. 10 제가 가지고 있는 것은 모두
아버지의 것이요 아버지의 것은 다 제 것이온데, 영광은 그들을 통하여 제게로 왔음이니이다. 11 저는
이 세상에 더 있지 아니하오나 그들은 여전히 이 세상에 있사옵고, 저는 이제 아버지께로 가나니 거룩하
신 아버지여, 아버지 이름의 능력으로 곧, 제게 주신 이름의 능력으로 저들을 보호하여 주시옵고 그리함
으로 아버지와 제가 하나인 것 같이 저들도 하나가 되도록 하옵소서.

12 While I was with them, I protected them and kept them safe by that name
you gave me. None has been lost except the one doomed to destruction so
that Scripture would be fulfilled. 13 I am coming to you now, but I say these
things while I am still in the world, so that they may have the full measure of
my joy within them.

12 제가 그들과 함께 있는 동안, 제게 주신 아버지의 이름으로 그들을 보호하고 또 안전하게 지키었으
니, 그 중의 하나, 곧 성경을 응하도록 하기 위하여 멸망에 이르게 예정되어 있던 한 사람을 제외하고는
아무도 제가 잃은 자가 없나이다. 13 이제 제가 아버지께로 가려 하는데, 이 세상에 잠시 더 있는 동안
이런 말을 남기고 가려 하는 것은 그들 가운데에 저의 기쁨이 충만하게 되어 남아 있게 하기 위함이니이
다.

14 I have given them your word and the world has hated them, for they are
not of the world any more than I am of the world. 15 My prayer is not that you
take them out of the world but that you protect them from the evil one. 16
They are not of the world, even as I am not of it.

14 제가 아버지의 말씀을 그들에게 주었고, 이 세상은 그들을 미워하였사오니 이는 제가 이 세상에 속
하지 아니함 같이 그들도 이 세상에 속하지 아니하는 까닭이니이다. 15 다만, 제가 기도하며 비옵는 것
은 그들을 이 세상으로부터 데려가 주십사 하는 것이 아니요, 다만 악한 자로부터 보호해 주십사 하는
것이니, 16 제가 이 세상에 속하지 아니한 것 같이 그들도 이 세상의 것이 아니기 때문이니이다.

17 Sanctify them by the truth; your word is truth. 18 As you sent me into the
world, I have sent them into the world. 19 For them I sanctify myself, that they
too may be truly sanctified. 20 My prayer is not for them alone. I pray also for
those who will believe in me through their message, 21 that all of them may

be one, Father, just as you are in me and I am in you. May they also be in us so that the world may believe that you have sent me.

17 (*그러하오니) 그들을 진리로 거룩하게 하옵소서; 아버지의 말씀이 곧, 진리이니이다. 18 아버지께
서 저를 이 세상에 보내신 것 같이 저도 그들을 세상에 보내었고 19 또 그들을 위하여 제가 저를 거룩하
게 하는 것이니 이는 그들도 참으로 거룩해지게 만들기 위함이니이다. 20 저의 이 기도가 저들만 위하
는 것이 아니며, 장차 그들의 전하는 메시지를 통하여 저를 믿게 될 사람들도 포함하는 것이니, 21 아버
지여, 아버지께서 제 안에 계시고, 그리고 제가 아버지 안에 있는 것처럼 그들도 다 우리와 하나가 되게
하려 함이로소이다. 그들이 다 우리 안에서 하나가 되게 하사, 이 세상으로 하여금 아버지께서 저를 보
내신 것을 믿게 하여 주시옵소서.

22 I have given them the glory that you gave me, that they may be one as we
are one: 23 I in them and you in me. May they be brought to complete unity to let the world know that you sent me and have loved them even as you have loved me.

22 아버지께서 제게 주신 영광을 제가 그들에게 주었사오매, 이는 우리가 하나가 된 것 같이 그들도 하
나가 되게 하려 함이니이다. 23 곧 저는 그들 안에 있고 아버지께서는 제 안에 계시나이다. 원하옵건대, 그들이 모두 다 완전함에 이르게 됨으로, 아버지께서 저를 보내신 것과 또 저를 사랑하심 같이 그들도 아버지께서 사랑하신 것을 이 세상으로 알게 하옵소서.

24 Father, I want those you have given me to be with me where I am, and to see my glory, the glory you have given me because you loved me before the
creation of the world. 25 Righteous Father, though the world does not know
you, I know you, and they know that you have sent me. 26 I have made you
known to them, and will continue to make you known in order that the love you have for me may be in them and that I myself may be in them."

24 아버지여, 아버지께서 저에게 주신 그들도 제가 있는 곳에 나와 함께 있게 하여 주사, 아버지께서 저를 사랑하시므로 이 세상의 창조 이전에 제게 주신 저의 영광이 과연 어떠한 영광인지, 그 영광을 그들로 보게 하옵소서. 25 의로우신 아버지여, 비록 이 세상은 아버지를 알지 못하여도 저는 아버지를 아오
니, 그들이 아버지께서 저를 보내신 줄을 이제 알게 되었나이다. 26 제가 아버지의 이름을 그들에게 알
게 하였고 또 장차도 계속하여 아버지를 알 수 있게 하려 하오니 이는 저를 사랑하신 아버지의 사랑이 그들 가운데에 있고, 또 저도 그들 안에 있게 하려 함이니이다." 하며 기도하시더라.

제18장

1 When he had finished praying, Jesus left with his disciples and crossed the Kidron Valley. On the other side there was an olive grove, and he and
his disciples went into it. 2 Now Judas, who betrayed him, knew the place,
because Jesus had often met there with his disciples. 3 So Judas came to the
grove, guiding a detachment of soldiers and some officials from the chief priests and Pharisees. They were carrying torches, lanterns and weapons.

1 예수께서 이 기도를 마치시고, 그의 제자들과 함께 길을 떠나 키드론 계곡을 건너가시니라. 그 맞은편 에 크지 않은 감람나무 숲이 하나 있는데, 예수와 제자들은 그리로 들어가시니라. 2 그 곳은 예수께서
제자들과 함께 자주 모이시는 곳이라, 예수를 배신한 유다도 그 곳을 잘 알고 있음이더라. 3 이에 유다
가 한 떼의 군사들과, 또 우두머리 제사장들과 바리새인들 수하(手下) 장교 여러 명을 인도(引導)하여 그 감람나무 숲으로 오는데, 그들이 등불과 횃불 뿐 아니라 여러 종류의 무기(武器)들을 지니고 오더라.

4 Jesus, knowing all that was going to happen to him, went out and asked them, "Who is it you want?" 5 "Jesus of Nazareth," they replied. "I am he," Jesus said. (And Judas the traitor was standing there with them.) 6 When Jesus said, "I am he," they drew back and fell to the ground. 7 Again he asked them, "Who is it you want?" And they said, "Jesus of Nazareth."

4 예수께서 그 벌어질 일들 곧, 그가 당하실 일을 다 아시고, 이에 나아가 이르시되, "너희가 누구를 원하느냐?" 하시니 5 그들이 대답하되 "나사렛 예수라" 하거늘, 이르시되 "내가 그니라" 하시더라. (배신자 유다도 거기 그들과 함께 서 있더라.) 6 예수께서 말씀하시기를, "내가 그니라" 하실 때에 그들이 모두 물러가 땅에 쓰러지는데, 7 이에 예수께서 다시 물어 이르되, "너희가 누구를 원하느냐" 하시니 그들이 말하되 "나사렛 예수니라." 하더라.

8 "I told you that I am he," Jesus answered. "If you are looking for me, then let these men go." 9 This happened so that the words he had spoken would be fulfilled: "I have not lost one of those you gave me."

8 이에 예수께서 대답하시되 "너희에게 '내가 그니라' 대답하였노라.", "너희가 나를 찾는 것이면 이 사람들은 가게 하라." 하고 말씀하시니, 9 이는 예수께서 말씀하신 바, '아버지께서 내게 주신 자들 가운데 내가 하나도 잃지 아니하였사옵나이다' 하신 말씀을 응하게 하려 함이었더라.

10 Then Simon Peter, who had a sword, drew it and struck the high priest's servant, cutting off his right ear. (The servant's name was Malchus.) 11 Jesus commanded Peter, "Put your sword away! Shall I not drink the cup the Father has given me?"

10 그 때에 시몬 베드로가 칼을 지니고 있어, 그 칼을 빼어 대제사장의 하인을 쳐 그 오른쪽 귀를 베어버리니라. (그 하인의 이름은 말고 즉, 말쿠스라 하더라) 11 예수께서 베드로에게 명하시되, "네 칼을 치우라! 아버지께서 내게 주신 잔을 내가 마시지 아니하겠느냐?" 하시더라.

12 Then the detachment of soldiers with its commander and the Jewish officials arrested Jesus. They bound him 13 and brought him first to Annas, who was the father -in-law of Caiaphas, the high priest that year. 14 Caiaphas was the one who had advised the Jews that it would be good if one man died for the people.

12 이에 그 파견된 군사들과 그 지휘자와 또 유대인 장교들이 예수를 붙잡으니라. 그를 결박하여 13 먼저 안나스에게로 끌고가니 안나스는 그 해의 대제사장인 가야바의 장인이었더라. 14 이 가야바는 예전에 '한 사람이 전체 민족을 위해 죽는 것이 더 낫다' 고 유대인들에게 충고하던 그자(者)더라.

15 Simon Peter and another disciple were following Jesus. Because this disciple was known to the high priest, he went with Jesus into the high priest's courtyard, 16 but Peter had to wait outside at the door. The other disciple, who was known to the high priest, came back, spoke to the girl on duty there and brought Peter in.

15 시몬 베드로와 또 다른 제자 한 사람이 예수를 따라 왔었는데, 이 제자는 대제사장과 안면이 있는 사람이라, 그가 예수와 함께 대제사장의 관저 뜰에 들어가니라. 16 그러나 베드로는 문 밖에서 기다리고 있었더니, 대제사장을 아는 그 다른 제자가 돌아와서 그 장소를 지키는 젊은 여자에게 말함으로 베드로를 데리고 안으로 들어가니라.

17 "You are not one of his disciples, are you?" the girl at the door asked Peter. He replied, "I am not." 18 It was cold, and the servants and officials stood around a fire they had made to keep warm. Peter also was standing with them,

warming himself.

17 현관에 있던 그 젊은 여자가 베드로에게 묻되, “당신이 그 사람의 제자 중 하나가 아니냐?” 하거늘, 베드로가 말하되, “나는 아니라.” 하더라. 18 그 때에 날씨가 추운 고로 하인들과 장교들이 불을 피우고 불 가에 둘러 서 있는데, 베드로도 거기 함께 몸을 녹이고 섰더라.

19 Meanwhile, the high priest questioned Jesus about his disciples and his teaching. 20 "I have spoken openly to the world," Jesus replied. "I always taught in synagogues or at the temple, where all the Jews come together. I said nothing in secret. 21 Why question me? Ask those who heard me. Surely they know what I said."

19 한편, 대제사장이 (*직접) 예수에게 그의 제자들과, 그의 교훈에 관하여 묻기를 시작하는데, 20 예수께서는 대답하시기를, “내가 세상에 드러내 놓고 말하여 왔음이라, 내가 늘 회당(會堂)과 성전에서 가르쳤으니 이는 모든 유대인들이 함께 모이는 곳이라, 내가 아무것도 비밀리에 말한 것이 없거늘 21 어찌하여 내게 묻느냐? 내게 들었던 사람들에게 물어보라. 그들이 내가 말했던 바를 알리라.”하시니라.

22 When Jesus said this, one of the officials nearby struck him in the face. "Is this the way you answer the high priest?" he demanded. 23 "If I said something wrong," Jesus replied, "testify as to what is wrong. But if I spoke the truth, why did you strike me?" 24 Then Annas sent him, still bound, to Caiaphas the high priest.

22 예수께서 이 말씀을 하시매, 옆에 있던 장교 하나가 예수의 얼굴을 주먹으로 치며 이르되, “이게 네가 대제사장에게 대답하는 식이냐?” 하니 23 예수께서 말하시되 “내가 무슨 틀린 말을 하였으면 무엇이 잘못되었는지 말을 하라. 그러나 내가 진실을 말할진대, 네가 어찌 나를 치느냐?” 하시더라. 24 안나스가 예수를 결박한 채로 대제사장 가야바에게 보내니라.

25 As Simon Peter stood warming himself, he was asked, "You are not one of his disciples, are you?" He denied it, saying, "I am not." 26 One of the high priest's servants, a relative of the man whose ear Peter had cut off, challenged him, "Didn't I see you with him in the olive grove?" 27 Again Peter denied it, and at that moment a rooster began to crow.

25 시몬 베드로가 서서 불을 쬐고 있는 중에 사람들이 묻기를, “당신도 그 사람 제자 중 하나가 아니냐?” 하니, 이에 베드로가 다시 부인하여 “나는 아니라.” 하니 26 그 때에 대제사장의 하인 중 하나로서 베드로에게 귀를 잘린 사람의 친척이 거기 한 명 있었는데, 그가 이르되, “네가 그 사람과 함께 감람나무 숲에 있던 것을 내가 보았느니라.” 하매, 27 또다시 베드로가 막 이를 부인하려고 할 바로 그 때에 마침 새벽 닭이 울기 시작하더라.

28 Then the Jews led Jesus from Caiaphas to the palace of the Roman governor. By now it was early morning, and to avoid ceremonial uncleanness the Jews did not enter the palace; they wanted to be able to eat the Passover. 29 So Pilate came out to them and asked, "What charges are you bringing against this man?" 30 "If he were not a criminal," they replied, "we would not have handed him over to you."

28 유대인들이 예수를 가야바로부터 로마 총독의 궁정(宮庭)으로 끌고가니라. 이미 새벽이 되어, 유대인들은 의례적(儀禮的)으로 부정(不淨) 하게 되는 것을 면하기 위해 궁정으로 들어가지는 아니하니, 이는 (*부정을 타지 않고) 유월절 명절 음식을 먹기 원함이었더라. 29 이에 빌라도가 나와 그들에게 묻기를, “너희가 이 사람을 대적하여 고발(告發)하는 내용이 무엇이냐?” 하니 30 그들이 대답하여 이르되 “이 자가 범죄자(犯罪者)가 아니라면 우리가 이 자를 각하에게 넘기지 아니하였을 것이외다.” 하더라.

31 Pilate said, "Take him yourselves and judge him by your own law." **32** "But
we have no right to execute anyone," the Jews objected. This happened so that
the words Jesus had spoken indicating the kind of death he was going to die
would be fulfilled.

31 빌라도가 이르되, "그러면 너희가 그를 데려다가 너희 법대로 재판하라." 하니 유대인들이 이에 항
변하여 말하되, "우리에게는 누구를 사형(死刑)에 처할 권한이 없나이다." 하니 **32** 이는 예수께서 앞서
말한 바, 자신이 어떠한 죽음을 당해 돌아가실 것을 말씀하신 내용을 다 응하게 하려 함이었더라.

33 Pilate then went back inside the palace, summoned Jesus and asked him,
"Are you the king of the Jews?" **34** "Is that your own idea," Jesus asked, "or
did others talk to you about me?" **35** "Am I a Jew?" Pilate replied. "It was your
people and your chief priests who handed you over to me. What is it you have
done?"

33 그러자 빌라도가 다시 궁정 안으로 들어가서 예수를 (*자기에게로) 들어오게 하여 다시 물어 이르기
를, "네가 유대인의 왕이냐?" 하니 **34** 예수께서 대답하시되 "그게 네 생각이냐, 아니면 다른 사람들이
내게 대하여 네게 말해 준 것이냐?" 하시거늘 **35** 빌라도가 대답하되, "내가 유대인이더냐? 네 민족과
너의 우두머리 제사장들 곧, 너를 내게 넘겨준 사람들이 한 말이라. 도대체 네가 무슨 일을 저지른 것이
냐?" 하고 묻더라.

36 Jesus said, "My kingdom is not of this world. If it were, my servants would
fight to prevent my arrest by the Jews. But now my kingdom is from another
place." **37** "You are a king, then!" said Pilate. Jesus answered, "You are right in
saying I am a king. In fact, for this reason I was born, and for this I came into
the world, to testify to the truth. Everyone on the side of truth listens to me."
38 What is truth?" Pilate asked. With this he went out again to the Jews and
said, "I find no basis for a charge against him."

36 이에 예수께서 말씀하시기를, "나의 왕국은 이 세상에 있지 아니하니라. 만일 내 나라가 이 세상에
있었다면, 내 하인들이 싸워 유대인들이 나를 체포하는 것을 막았을 것이라. 그러나 지금은 나의 나라가
아직 다른 데에 있느니라." 하시더라. **37** 빌라도가 이르되, "(*그 말인즉슨) 네가 왕이란 말이 아니냐?"
하매, 예수께서 대답하시되 "네 말이 옳도다. 내가 왕이니라. 실상은 내가 이를 위하여 태어났으며 또 이
를 위하여 세상에 왔으니 곧 진리에 대하여 증언(證言)하려 함이라. 누구든 진리에 속한 자는 내 말을 따
르느니라." 하신대 **38** 빌라도가 이르되, "무엇이 진리이뇨?" 하고 물으며, 몸을 돌려 바깥으로 걸어 나
가 유대인들을 향해 말하기를, "나는 그를 고발할 아무 근거도 찾지 못하였노라." 하고

39 "But it is your custom for me to release to you one prisoner at the time
of the Passover. Do you want me to release 'the king of the Jews'?" **40** They
shouted back, "No, not him! Give us Barabbas!" Now Barabbas had taken part
in a rebellion.

39 또, "그러나 매년 유월절 명절이면 죄수 한 사람을 석방하여 주는 관습이 있으니 내가 이 '유대인의
왕'을 너희에게 풀어주기를 원하느냐?" 하고 말하니 **40** 그들이 소리 높여 외쳐 말하되 "아니라, 이 사람
이 아니고 우리에게 바라바를 내 주소서."라 하니라. 이 바라바는 반란(叛亂)에 참여한 자로 (*그 때 감
옥에) 갇혀 있었더라.

제19장

1 Then Pilate took Jesus and hadhim flogged. 2 The soldiers twisted together a crown of thorns and put it on his head. They clothed him in a purple robe 3 and went up to him again and again, saying, "Hail, king of the Jews!" And they struck him in the face.

1 이에 빌라도가 예수를 끌고가 채찍질을 받도록 명령을 내리니라. 2 병사들이 가시 덩굴을 꼬아 관(冠)을 엮어 그의 머리에 씌우고 또 그에게 자주색 옷을 입히고 3 예수의 몸 위를 거듭해 올라타며 말하되, "하일!, 유대인의 왕이시여!" 하며 그 얼굴을 치더라.

4 Once more Pilate came out and said to the Jews, "Look, I am bringing him out to you to let you know that I find no basis for a charge against him." 5 When Jesus came out wearing the crown of thorns and the purple robe, Pilate said to them, "Here is the man!"

4 다시 한번, 빌라도가 밖으로 나와 유대인들을 대하여 말을 하기를, "보라, 내가 이 사람을 데리고 나와 너희에게 내 줄 것이니 나는 그를 벌 줄 아무런 근거도 찾지 못함이니라." 하더라. 5 (*빌라도가 명한 대로) 예수께서 다시 끌려 나오시니 그가 가시로 만든 관을 쓰고 자주색 긴 옷을 입고 있는데, 빌라도가 그들에게 말하되 "보라, 이 사람이로다." 하더라.

6 As soon as the chief priests and their officials saw him, they shouted, "Crucify! Crucify!" But Pilate answered, "You take him and crucify him. As for me, I find no basis for a charge against him." 7 The Jews insisted, "We have a law, and according to that law he must die, because he claimed to be the Son of God."

6 우두머리 제사장들과 그들의 관리, 장교들이 예수를 보자마자 소리를 지르며 외쳐 이르되, "십자가 처형! 십자가 처형! 하는지라, 이에 빌라도가 이르되 "이 사람을 너희들이 데려가 십자가에 못 박으라. 나는 그에게서 죄 줄 근거를 찾지 못하였노라." 하더라. 7 이에 유대인들이 끈질기게 거듭 항변(抗辯)하기를, "우리에게 율법이 있으니 그 법에 따라 그가 당연히 죽어야 할 것은, 그가 자기를 하나님의 아들이라 주장함이니이다." 하니

8 When Pilate heard this, he was even more afraid, 9 and he went back inside the palace. "Where do you come from?" he asked Jesus, but Jesus gave him no answer. 10 "Do you refuse to speak to me?" Pilate said. "Don't you realize I have power either to free you or to crucify you?"

8 빌라도가 이 말을 듣고 더욱 두려운 마음이 들어, 9 다시 궁정 안으로 들어가서 예수께 물어 말하기를, "네가 어디로부터 온 사람이냐?" 하나, 예수께서는 대답을 아니하시는지라. 10 빌라도가 이르되, "내게 말하기를 거부하느뇨? 내가 너를 십자가에 못 박을 권한도 있고 자유롭게 풀려나게 할 권한도 있음을 네가 알지 못하느냐?" 하거늘,

11 Jesus answered, "You would have no power over me if it were not given to you from above. Therefore the one who handed me over to you is guilty of a greater sin." 12 From then on, Pilate tried to set Jesus free, but the Jews kept shouting, "If you let this man go, you are no friend of Caesar. Anyone who claims to be a king opposes Caesar."

11 예수께서 대답하여 말씀하시되, "만일 저 위에서 네게 주지 아니하셨더라면 네가 나를 어떻게 할 권세가 없었으리니, 그러므로 나를 네게 넘겨준 자들에게 더 큰 죄가 돌아가리라." 하시니라. 12 그 때로부터 빌라도가 다시 예수를 방면하려고 갖은 애를 썼으나 유대인들이 계속하여 소리 질러 이르기를, "이 사람을 풀려나게 하면 카이사르의 친구가 아니로소이다. 누구든 자기를 '왕'이라 지칭하는 자는 카

이사르를 반역(叛逆)하는 것이니이다." 하므로

13 When Pilate heard this, he brought Jesus out and sat down on the judge's seat at a place known as the Stone Pavement (which in Aramaic is Gabbatha). 14 It was the day of Preparation of Passover Week, about the sixth hour. "Here is your king," Pilate said to the Jews.

13 빌라도가 이 말을 듣고 다시 예수를 데리고 나와, 자기는 '돌로 덮은 보도(步道)' 라 부르는 (아람 말로는 가바다) 라는 곳에 있는 재판석에 착석하니라. 14 이 날은 유월절 주간(週間)의 준비일(準備日)이요, 때는 여섯시 쯤 되었더라. 빌라도가 유대인들에게 이르되, "보라 이가 너희의 왕이로다." 하니

15 But they shouted, "Take him away! Take him away! Crucify him!" "Shall I crucify your king?" Pilate asked. "We have no king but Caesar," the chief priests answered. 16 Finally Pilate handed him over to them to be crucified.

15 그들이 더욱 소리 질러 이르되, "그를 치워 버리소서! 그를 죽이소서! 그를 십자가에 못 박으소서!" 하는지라, 빌라도가 이르되 "내가 너희 왕을 십자가에 못 박으랴?" 하고 물으니 우두머리 제사장들이 대답하되 "우리에게 카이사르 외에 다른 왕은 없나이다." 하니 16 이에 마침내, 빌라도가 예수를 십자가에 못 박도록 그들에게 넘겨주니라.

17 So the soldiers took charge of Jesus. Carrying his own cross, he went out to the place of the Skull (which in Aramaic is called Golgotha). 18 Here they crucified him, and with him two others--one on each side and Jesus in the middle. 19 Pilate had a notice prepared and fastened to the cross. It read: JESUS OF NAZARETH, THE KING OF THE JEWS.

17 그리하여 병사들이 예수를 넘겨 받으니라. 병사들이 예수로 하여금 직접 자기 십자가를 메고 가게 하므로, 십자가를 지고 해골 (아람 말로는 골고다) 이라 하는 곳으로 가시니라. 18 그들이 거기서 예수를 십자가에 못 박히게 하는데, 같은 십자가형(十字架刑)을 받은 다른 두 사람이 있어 각각 예수의 양쪽에 있게 하니 예수는 그 가운데 계시더라. 19 빌라도가 명패(名牌)를 준비하여 십자가에 붙이게 하였는데 곧: '나사렛 예수 유대인의 왕'이라 그 위에 써 있더라.

20 Many of the Jews read this sign, for the place where Jesus was crucified was near the city, and the sign was written in Aramaic, Latin and Greek. 21 The chief priests of the Jews protested to Pilate, "Do not write 'The King of the Jews,' but that this man claimed to be king of the Jews." 22 Pilate answered, "What I have written, I have written."

20 많은 유대인들이 이 패를 보고 읽었으니, 예수께서 못 박히신 곳이 성(城)에서 가까운 이유요, 또 그 글이 아람어와 라틴어와 그리스 말로 나란히 적혀 있는 연고더라. 21 유대인의 우두머리 제사장들이 빌라도에게 항변하여 이르되 " '유대인의 왕'이라 쓰지 마소서. 이 자(者)가 자칭 유대인의 왕이라 주장함이니이다." 라 하나, 22 빌라도가 대답하여 이르되, "내가 써야 할 것을 내가 썼노라." 하더라.

23 When the soldiers crucified Jesus, they took his clothes, dividing them into four shares, one for each of them, with the undergarment remaining. This garment was seamless, woven in one piece from top to bottom. 24 "Let's not tear it," they said to one another. "Let's decide by lot who will get it." This happened that the scripture might be fulfilled which said, "They divided my garments among them and cast lots for my clothing." So this is what the soldiers did. 25 Near the cross of Jesus stood his mother, his mother's sister, Mary the wife of Clopas, and Mary Magdalene.

23 병사들이 예수를 십자가에 못 박을 때에, 그의 옷을 벗겨 취하고 이를 네 조각으로 나누어 각기 한

조각씩 가지는데, 속옷이 남게 되었더라. 이 속옷은 바느질 이음매가 없이 위에서부터 아래까지 통으로
짠 것이라. 24 그들이 서로 말하되, "이것은 찢지 말고, 제비 뽑아 한 사람이 갖게 하자." 하니 이는 곧,
성경에 기록된 바, "그들이 내 옷을 찢어 나누고 내 옷을 위해 제비를 뽑도다." 하는 말씀이 응하게 하려
함이더라. 25 예수가 매달린 십자가 곁에, 그 어머니와 예수의 이모(姨母)와, 글로바의 아내 마리아와
그리고 막달라 마리아가 서 있더라.

26 When Jesus saw his mother there, and the disciple whom he loved standing
nearby, he said to his mother, "Dear woman, here is your son," 27 and to the
disciple, "Here is your mother." From that time on, this disciple took her into
his home.

26 예수께서 자기의 어머니가 거기 서 계신 것을 보시고 또 그 옆에 자기가 사랑하시는 제자가 서 있는
것을 보시고는 자기 어머니께 말씀하시되, "여자여, 여기 당신의 아들이 있나이다." 하시고 27 또 그 제
자에게는 이르시기를 "보라, 이가 네 어머니시라." 하시니 그 때로부터 그 제자가 그 어머니를 자기 집
으로 모셔 가니라.

28 Later, knowing that all was now completed, and so that the Scripture would
be fulfilled, Jesus said, "I am thirsty." 29 A jar of wine vinegar was there, so
they soaked a sponge in it, put the sponge on a stalk of the hyssop plant, and
lifted it to Jesus' lips. 30 When he had received the drink, Jesus said, "It is
finished." With that, he bowed his head and gave up his spirit.

28 그 직후에, 모든 일이 이미 온전히 다 이루어진 것과, 또 그리함으로써 성경이 다 응(應)하게 되었음
을 예수께서 아시고, 말씀하시기를, "내가 목마르다." 하시니라. 29 거기 포도주 식초가 담긴 항아리가
있어, 그들이 그 식초를 스폰지에 적셔 우슬초 가지에 매어 예수의 입술까지 올리어 갖다 대어주니 30
예수께서 그 신 포도주를 받으신 후에 이르시되, "다 이루었다." 하시고 이로써 머리를 숙이시고 그 영
(靈)을 포기하사, 떠나가게 하시니라.

31 Now it was the day of Preparation, and the next day was to be a special
Sabbath. Because the Jews did not want the bodies left on the crosses during
the Sabbath, they asked Pilate to have the legs broken and the bodies taken
down.

31 이 날은 유월절의 준비날이니, 그 다음 날은 특별한 안식일이더라. 안식일 동안에 시체들이 십자가
에 남아 있는 것을 유대인들이 원치 아니하여 유대인들이 빌라도에게 그들의 다리를 꺾음으로 시체를
내려 치워 달라 요청을 하니라.

32 The soldiers therefore came and broke the legs of the first man who had
been crucified with Jesus, and then those of the other. 33 But when they came
to Jesus and found that he was already dead, they did not break his legs. 34
Instead, one of the soldiers pierced Jesus' side with a spear, bringing a sudden
flow of blood and water. 35 The man who saw it has given testimony, and his
testimony is true. He knows that he tells the truth, and he testifies so that you
also may believe.

32 이에 병사들이 예수와 함께 십자가에 못 박힌 그 첫째 사람과 또 다른 사람의 다리를 부수어 꺾으니
라. 33 그러나 예수께 이르러 보니 이미 돌아가신 후(後)라, 그 죽음을 알고는 그 다리를 꺾지 아니하니
라. 34 대신에, 그 병사 중 하나가 창으로 예수의 옆구리를 찌르니 순간적으로 피와 물이 왈칵 쏟아져
나오더라. 35 이 광경을 직접 눈으로 본 자가 이를 증언하매, 이 증언은 참되니라. 이에, 그가 자기의 말
하는 것이 참이요 진실인 것을 아는 고로, 너희가 이를 믿도록 이렇게 증언(證言)하는 것이니라.

36 These things happened so that the scripture would be fulfilled: "Not one of

his bones will be broken," 37 and, as another scripture says, "They will look on the one they have pierced."

36 이런 일들이 일어난 것은 모두 성경 말씀이 응(應)하게 하려 함이었으니 곧 : "그 뼈 한 조각도 부러지지 아니하리라" 하신 말씀이요, 37 또 다른 성경 말씀에 이르시기는, "그들이 그 창으로 찌른 이를 눈으로 보게 되리라." 하였음이니라.

38 Later, Joseph of Arimathea asked Pilate for the body of Jesus. Now Joseph was a disciple of Jesus, but secretly because he feared the Jews. With Pilate's permission, he came and took the body away.

38 나중에, 아리마대 사람 요셉이라는 사람이 빌라도에게 가서 예수의 시신(屍身)을 내 달라는 요청을 하니라. 이 요셉은 예수의 제자이었으나 유대인들이 두려워 그 사실을 숨기고 있던 사람이더라. 빌라도의 승인을 득하매 그가 와서 예수의 시체를 옮겨가니라.

39 He was accompanied by Nicodemus, the man who earlier had visited Jesus at night. Nicodemus brought a mixture of myrrh and aloes, about seventy-five pounds. 40 Taking Jesus' body, the two of them wrapped it, with the spices, in strips of linen. This was in accordance with Jewish burial customs.

39 니고데모가 요셉을 따라 함께 오니, 이 니고데모는 일찌기 예수를 밤에 방문했던 사람이라, 그가 몰약과 침향 섞은 것을 칠십 오 파운드 쯤 가지고 왔더라. 40 이에 그 두사람이 예수의 시신을 가져다가 아마포 띠로 향품과 함께 시신을 싸되, 유대인의 장례 관습대로 하더라.

41 At the place where Jesus was crucified, there was a garden, and in the garden a new tomb, in which no one had ever been laid. 42 Because it was the Jewish day of Preparation and since the tomb was nearby, they laid Jesus there.

41 예수께서 십자가에 못 박히신 곳 근처에 조그만 정원이 있고, 그 정원 안에 아직 사람을 장사(葬事)한 일이 없는 새 무덤이 있는데 42 이 날은 유대인의 준비일이요 또 이 무덤이 가까운 고로 그들이 예수를 거기 눕혀 두니라.

제20장

1 Early on the first day of the week, while it was still dark, Mary Magdalene went to the tomb and saw that the stone had been removed from the entrance.
2 So she came running to Simon Peter and the other disciple, the one Jesus loved, and said, "They have taken the Lord out of the tomb, and we don't know where they have put him!" 3 So Peter and the other disciple started for the tomb.

1 그 주(週)의 첫 날, 이른 아침, 아직 어두울 때에 막달라 마리아가 무덤에 가서 그 무덤 입구에 있던 큰 돌이 치워져 없어졌음을 발견하니라. 2 이에 막달라 마리아가 시몬 베드로와 또 다른 제자 곧, 예수께서 사랑하시던 그 제자에게 달려와 말하기를, "사람들이 주님을 무덤에서 다른 데로 옮겨 갔는데 그를 어디다 두었는지 알 수가 없나이다." 하거늘, 3 베드로와 그 다른 제자가 무덤을 향해 서둘러 길을 가더라.

4 Both were running, but the other disciple outran Peter and reached the tomb first. 5 He bent over and looked in at the strips of linen lying there but did not go in. 6 Then Simon Peter, who was behind him, arrived and went into the

tomb. He saw the strips of linen lying there, 7 as well as the burial cloth that had been around Jesus' head. The cloth was folded up by itself, separate from the linen.

4 그 둘이서 함께 뛰어 가는데, 그 다른 제자가 베드로를 앞질러 달려 가 먼저 무덤에 이르니라. 5 그가
몸을 구부려 아마포 천으로 만든 띠가 놓여 있음을 보았으나 무덤 안으로는 들어가지 않고 있었더니 6
뒤처져 달려 온 시몬 베드로가 도착해 무덤 속으로 들어가 보니 그 아마포 천은 거기 여전히 놓여 있고
7 또 예수의 머리를 쌌던 수의(壽衣)도 거기에 있는데 그 수의는 아마포 천 띠와 따로 떨어져 개켜져 있
더라.

8 Finally the other disciple, who had reached the tomb first, also went inside.
He saw and believed. 9 (They still did not understand from Scripture that Jesus
had to rise from the dead.) 10 Then the disciples went back to their homes,
11 but Mary stood outside the tomb crying. As she wept, she bent over to look
into the tomb 12 and saw two angels in white, seated where Jesus' body had
been, one at the head and the other at the foot.

8 그 때에야 무덤에 먼저 도착했던 그 다른 제자도 무덤에 들어가 보고 믿게 되니라. 9 (그러나 성경에
서 말하는 바, 예수께서 죽은 자 가운데서 다시 살아나야 하리라고 되어 있는 말씀은 그 때까지만 해도
그들이 아직 이해하지 못하고 있었더라.) 10 그리고 그 두 제자는 그들이 머물고 있던 집으로 돌아가니
라. 11 그러나 마리아는 무덤 밖에 서서 계속 울고 있더니 마리아가 여전히 울며 몸을 구부려 무덤 안을
들여다 보는 중에 12 흰 옷 입은 두 천사(天使)가 예수의 시신이 놓였던 자리에 앉아 있는 것을 보게 되
었는데 한 천사는 머리 편에, 그리고 다른 천사는 발치에 앉았더라.

13 They asked her, "Woman, why are you crying?" "They have taken my Lord
away," she said, "and I don't know where they have put him." 14 At this, she
turned around and saw Jesus standing there, but she did not realize that it was
Jesus.

13 천사들이 마리아에게 물어 이르기를, "여자여, 어찌하여 울고 있느뇨?" 하니, 마리아가 이르되 "사
람들이 내 주(主)를 어디론가 데려 갔는데 어디다 옮겨 두었는지를 내가 알지 못함이니이다." 14 이 말
을 하고 돌아서니 거기 예수께서 서 계시더라. 그러나 그가 예수이신줄은 마리아가 미처 깨닫지를 못하
니라.

15 "Woman," he said, "why are you crying? Who is it you are looking for?"
Thinking he was the gardener, she said, "Sir, if you have carried him away, tell
me where you have put him, and I will get him."

15 예수께서 이르시되, "여자여, 어찌하여 울고 있느뇨? 네가 누구를 찾고 있느뇨?" 하시니, 마리아는
그가 정원 지키는 사람인줄로만 알고 "선생이여, 당신이 내 주를 옮겼거든 그를 어디 모셔 두었는지 내
게 말을 하여 주소서. 내가 그에게로 가리이다." 하고 말을 하니라.

16 Jesus said to her, "Mary." She turned toward him and cried out in Aramaic,
"Rabboni!" (which means Teacher). 17 Jesus said, "Do not hold on to me, for I
have not yet returned to the Father. Go instead to my brothers and tell them,
'I am returning to my Father and your Father, to my God and your God.'" 18
Mary Magdalene went to the disciples with the news: "I have seen the Lord!"
And she told them that he had said these things to her.

16 그제야 예수께서 그녀를 불러, "마리아야" 하시거늘, 마리아가 예수를 돌아보고 울음을 터뜨리며 아
람 말로 "랍오니여!" 하니 (이는 선생님이라는 말이라.) 17 예수께서 이르시되, "나를 손으로 붙들지 말
라, 내가 아직 아버지께로 올라가지 아니하였느니라. 너는 내 형제들에게 가서 이르기를 '내가 나의 아
버지 곧 너희의 아버지, 그리고 나의 하나님 곧 너희 하나님께로 올라갈 것이라' 하라." 하시니 18 막달

라 마리아가 이 소식(消息)을 가지고 제자들에게로 가서 "내가 주(主)를 보았다!" 고 하고, 또 주께서 자기에게 이러이러하게 말씀을 하셨다고 얘기를 하니라.

19 On the evening of that first day of the week, when the disciples were together, with the doors locked for fear of the Jews, Jesus came and stood among them and said, "Peace be with you!" 20 After he said this, he showed them his hands and side. The disciples were overjoyed when they saw the Lord.

19 이 날 곧, 그 주(週)의 첫날 저녁에 제자들이 모여 있는데 그들이 유대인들을 두려워하여 그 모인 곳의 문들을 잠그고 있었더니, 그 때에 예수께서 오시어, 그들 가운데 서서 말씀을 하시기를, "평강이 너희에게 있을지어다!" 하시고, 20 이 말씀을 하시고 난 뒤에 자기의 손과 옆구리를 그들에게 보여주시니 제자들이 주(主)를 보고 크게 기뻐하고, 또 기쁨에 넘쳐하더라.

21 Again Jesus said, "Peace be with you! As the Father has sent me, I am sending you." 22 And with that he breathed on them and said, "Receive the Holy Spirit. 23 If you forgive anyone his sins, they are forgiven; if you do not forgive them, they are not forgiven."

21 예수께서 또다시 이르시기를, "평강(平康)이 너희에게 있을지어다! 아버지께서 나를 보내신 것 같이 이제 나도 너희를 보내노라." 22 하시며 그들을 향해 숨을 불어 내쉬며 다시 말하시되, "성령을 받으라.
23 너희가 누구의 죄든지 이를 용서하면 그들이 용서 받을 것이요; 누구의 죄든지 그를 용서하지 아니하면, 그들이 용서 받지 못하리라." 하시니라.

24 Now Thomas (called Didymus), one of the Twelve, was not with the disciples when Jesus came. 25 So the other disciples told him, "We have seen the Lord!" But he said to them, "Unless I see the nail marks in his hands and put my finger where the nails were, and put my hand into his side, I will not believe it."

24 열두 제자 중의 하나인 도마는 (디두모라 불리니) 예수께서 오셨을 때에 제자들과 함께 있지 아니했
던지라 25 다른 제자들이 그에게 말하기를, "우리가 주(主)를 보았노라!" 하나 도마는 그들을 향해 말하길, "그 손의 못 자국을 내 눈으로 보고 내 손가락을 그 못 자국에 넣어 보며, 내 손을 그 옆구리에 넣어 보지 않고는 내가 믿지 아니하겠노라." 하더라.

26 A week later his disciples were in the house again, and Thomas was with them. Though the doors were locked, Jesus came and stood among them and
said, "Peace be with you!" 27 Then he said to Thomas, "Put your finger here; see my hands. Reach out your hand and put it into my side. Stop doubting and believe."

26 일 주일(週日)이 지난 후에 제자들이 다시 집 안에 머물고 있을 때에, 그 때 도마도 그들과 함께 있었더니, 문들이 잠겨 있는 가운데 예수께서 오사 그들 중에 서서 이르시되, "평강이 너희에게 있을지어
다!" 하시고 27 그리고 도마를 향해 말씀하시기를, "네 손가락을 여기 넣어 보라. 또 나의 손을 보고, 네 손을 뻗어 내 옆구리에 넣어 보라. 그리고 의심을 거두고 믿으라." 하시니라.

28 Thomas said to him, "My Lord and my God!" 29 Then Jesus told him, "Because you have seen me, you have believed; blessed are those who have not seen and yet have believed."

28 이에 도마가 대답하여 말하되, "나의 주(主)시요 나의 하나님이시니이다!" 하니 29 예수께서 그에게
이르시되 "너는 나를 본 까닭에 믿는도다. 보지 아니하고 믿는 그 사람들이 복이 있도다." 하시니라.

30 Jesus did many other miraculous signs in the presence of his disciples, which are not recorded in this book. 31 But these are written that you may believe that Jesus is the Christ, the Son of God, and that by believing you may have life in his name.

30 예수께서 그의 제자들 앞에서 다른 많은 이적(異蹟)들도 행하시었으나 이 책에 그 전부가 다 기록된 것은 아니니라. 31 또, 이런 것들을 기록하는 이유는 오직 너희로 하여금 예수께서는 하나님의 아들이시란 것과, 그리고 그가 그리스도이시란 것을 믿게 하려는 것이요, 또 그 믿음을 통하여 그의 이름 안에서 생명을 얻게하려 함이니라.

제21장

1 Afterward Jesus appeared again to his disciples, by the Sea of Tiberias. It happened this way: 2 S imon Peter, Thomas (called Didymus), Nathanael from Cana in Galilee, the sons of Zebedee, and two other disciples were together.
3 "I'm going out to fish," Simon Peter told them, and they said, "We'll go with you." So they went out and got into the boat, but that night they caught nothing. 4 Early in the morning, Jesus stood on the shore, but the disciples did not realize that it was Jesus.

1 그 후에 예수께서 다시 한번 자신의 제자들에게 나타나셨으니, 티베리아 바닷가에서였더라. 이 일이 이렇게 이루어지니라: 2 시몬 베드로와, 디두모라고도 불리는 도마와, 갈릴리 가나 출신의 나다나엘과, 세베대의 아들들과 또 다른 제자 두명이 함께 있었더니 3 시몬 베드로가 문득, "나는 물고기 잡으러 가겠다" 하고 말을 하니 그들이 "우리도 함께 가겠다" 하고 나가서, 그들이 함께 배에 올라 탔으나 그 날 밤에는 아무 것도 잡지를 못하였더라. 4 아침 일찍, 예수께서 바닷가에 서 계시는데 제자들은 그가 예수이신 줄을 알지 못하였더라.

5 He called out to them, "Friends, haven't you any fish?" "No," they answered.
6 He said, "Throw your net on the right side of the boat and you will find some." When they did, they were unable to haul the net in because of the large number of fish.

5 예수께서 그들을 불러 이르시되, "친구들이여, 고기를 좀 잡았느뇨?" 하시니, 그들이 "아니라" 하되 6
예수께서 다시 말씀하시길, "그물을 배 오른편에 던지라. 그러면 그대들이 (*고기를) 찾을 수 있으리라." 하시매 그들이 이같이 하니, 수 많은 물고기가 잡히므로 그 엄청난 숫자 때문에 그물을 끌어 올리지도 못하게 되었더라.

7 Then the disciple whom Jesus loved said to Peter, "It is the Lord!" As soon as Simon Peter heard him say, "It is the Lord," he wrapped his outer garment around him (for he had taken it off) and jumped into the water. 8 The other disciples followed in the boat, towing the net full of fish, for they were not far from shore, about a hundred yards. 9 When they landed, they saw a fire of burning coals there with fish on it, and some bread.

7 그 때에 예수께서 사랑하시던 그 제자가 베드로에게 이르되, "주님이시다!" 하니, 시몬 베드로가 이 말을 듣자마자 급히 자기의 겉옷을 몸에 걸친 뒤에 (벗고 있었으므로), 물에 뛰어 드니라. 8 다른 제자들은 배에 머문 채로 베드로를 뒤따르는데 해안으로부터 거리가 얼마 되지 않으므로 물고기 든 그물을 끌고 오니라. 9 땅에 닿아 배에서 내려보니 거기 숯불이 타고 있고, 그 위에 생선이 있고 떡도 있더라.

10 Jesus said to them, "Bring some of the fish you have just caught." 11 Simon Peter climbed aboard and dragged the net ashore. It was full of large fish, 153, but even with so many the net was not torn.

10 예수께서 이르시되, "지금 너희가 막 잡은 생선을 좀 가져오라." 하시니 11 시몬 베드로가 배에 올라가 그물을 바닷가로 끌어 올리는데 그물 가득히 찬 큰 물고기가 백쉰세 마리라. 그러나 물고기가 이렇게 많음에도 불구하고 그물이 찢어지지 아니하였더라.

12 Jesus said to them, "Come and have breakfast." None of the disciples dared ask him, "Who are you?" They knew it was the Lord. 13 Jesus came, took the bread and gave it to them, and did the same with the fish. 14 This was now the third time Jesus appeared to his disciples after he was raised from the dead.

12 예수께서 그들에게 말하시되, "오라. 아침을 먹으라." 하시거늘, 제자들 중 누구도 "그대는 누구시뇨?" 하고 묻는 이가 없었으니 이는 주님이신 줄을 모르는 사람이 없었음이라. 13 예수께서 오셔서 떡을 가져다가 그들에게 나누어 주시고 또 생선도 그와 같이 하시더라. 14 이것은 예수께서 죽은 자 가운데서 살아나신 후에 세 번째로 제자들에게 나타나신 것이더라.

15 When they had finished eating, Jesus said to Simon Peter, "Simon son of John, do you truly love me more than these?" "Yes, Lord," he said, "you know that I love you." Jesus said, "Feed my lambs." 16 Again Jesus said, "Simon son of John, do you truly love me?" He answered, "Yes, Lord, you know that I love you." Jesus said, "Take care of my sheep." 17 The third time he said to him, "Simon son of John, do you love me?" Peter was hurt because Jesus asked him the third time, "Do you love me?" He said, "Lord, you know all things; you know that I love you." Jesus said, "Feed my sheep."

15 그들이 식사를 마친 후에 예수께서 시몬 베드로에게 이르시되, "요한의 아들 시몬아, 네가 이 사람들보다 더 나를 더 사랑하느냐?" 하시니 베드로가 이르되 "주여 그러하나이다. 내가 주를 사랑하는 줄, 주(主)께서 아시나이다" 하매, 다시 이르시되 "내 양(羊)을 먹이라" 하시고 16 또다시 이르시되, "요한의 아들 시몬아, 네가 진정 나를 사랑하느냐?" 하시니, 베드로가 이르되, "주여, 그러하나이다. 내가 주님을 사랑하는 줄 주께서 아시나이다." 하거늘, 또다시 이르시되 "내 양들을 돌보라" 하시고 17 다시 세 번째로 물어 이르시되, "요한의 아들 시몬아, 네가 나를 사랑하느냐?" 하시니, 주께서 세 번씩이나 "네가 나를 사랑하느냐?" 물으시므로 베드로가 마음이 아파, "주여, 주께서는 모든 것을 아시오매; 내가 주를 사랑하는 줄 주께서 아시나이다." 하니 예수께서 말씀하시기를, "나의 양을 먹이라." 하시니라.

18 "I tell you the truth, when you were younger you dressed yourself and went where you wanted; but when you are old you will stretch out your hands, and someone else will dress you and lead you where you do not want to go." 19 Jesus said this to indicate the kind of death by which Peter would glorify God. Then he said to him, "Follow me!" 20 Peter turned and saw that the disciple whom Jesus loved was following them. (This was the one who had leaned back against Jesus at the supper and had said, "Lord, who is going to betray you?")

18 "내가 진실로 네게 이르노니 네가 젊었을 때에는 네 마음대로 옷을 입고 네가 원하는 곳으로 다녔거니와; 네가 늙어서는 네가 네 팔을 벌리리니, 다른 사람이 네게 옷을 입히우고 네가 원치 않는 것으로 너를 데려가리라." 19 하시니, 이는 베드로가 어떠한 죽음으로 하나님께 영광을 돌릴 것을 가리켜 하신 말씀이더라. 이 말씀을 하시고 난 뒤, 베드로에게 다시 이르시되, "너는 나를 따르라!" 하시는데, 20 베드로가 돌이켜 보니, 예수께서 사랑하시던 그 제자가 예수와 자신을 따라오는지라, (그 제자는 예전에 저녁 먹을 때에 예수께 몸을 기대어 "주여, 누가 주를 배신하겠나이까?" 하고 묻던 자더라.)

21 When Peter saw him, he asked, "Lord, what about him?" 22 Jesus answered,

"If I want him to remain alive until I return, what is that to you? You must
follow me." **23** Because of this, the rumor spread among the brothers that this
disciple would not die. But Jesus did not say that he would not die; he only
said, "If I want him to remain alive until I return, what is that to you?"

21 베드로가 그를 보고 예수께 여쭙기를, "주여, 이 사람은 어떻겠습니까?" 하고 물으니, **22** 예수께서
대답하여 이르시되, "내가 다시 올 때까지 그를 살아 있게 하거나, 남아 있게 한다고 한들, 그게 네게 무
슨 상관이겠느냐? 너는 나를 따라야 할지니라." 하고 말씀하시더라. **23** 이 때문에 형제들 사이에 소문
이 나기를 '그 제자는 죽지 아니하겠다' 하니라. 그러나 예수께서는 '그가 죽지 않겠다' 하신 것이 아니
라 "내가 올 때까지 그를 살아 있게 한다 할지라도 그게 네게 무슨 상관이냐?" 하신 것이더라.

24 This is the disciple who testifies to these things and who wrote them down.
We know that his testimony is true. **25** Jesus did many other things as well. If
every one of them were written down, I suppose that even the whole world
would not have room for the books that would be written.

24 이런 일들을 증언하고 이 일들을 모두 기록한 제자가 이 사람이라. 우리는 그의 증언이 참된 줄 아노
라. **25** 예수께서 행하신 일이 이 외에도 많으니라. 만일 그 모든 일을 다 기록한다면 이 세상 전부라도
이 기록된 책을 두기에 부족할 줄을 아노라.

누가복음

Luke

누가복음

제1장

1 Many have undertaken to draw up an account of the things that have been fulfilled among us, 2 just as they were handed down to us by those who from the first were eyewitnesses and servants of the word. 3 Therefore, since I myself have carefully investigated everything from the beginning, it seemed good also to me to write an orderly account for you, most excellent Theophilus, 4 so that you may know the certainty of the things you have been taught.

1 실제 우리들 가운데서 일어나고 이루어진 일들에 관하여는 지금껏 적지 않은 사람들이 그 내용을 기록해 놓으려는 시도를 하여 왔으니, 2 이들은 처음부터 그 말씀의 일꾼이 되고 증인이 된 사람들에 의해 우리에게 전하여진 것들을 있는 그대로 쓰려고 했던 사람들이라. 3 저 역시 이 모든 일들을 그 시초에서부터 주의깊게 조사해 온 바가 있으므로, 이제 이런 내용을 순서대로 정리하여 데오빌로 각하에게 글로 써 보내는 것이 좋으리라고 생각하게 되었으니 4 이는 각하가 이미 가르침을 받은 그 일들이 다 분명한 사실(事實)임을 알게 하려 함이로라.

5 In the time of Herod king of Judea there was a priest named Zechariah, who belonged to the priestly division of Abijah; his wife Elizabeth was also a descendant of Aaron. 6 Both of them were upright in the sight of God, observing all the Lord's commandments and regulations blamelessly. 7 But they had no children, because Elizabeth was barren; and they were both well along in years.

5 유대 왕 헤롯의 시대에 사가랴라 하는 이름의 제사장이 있었으니 아비야 반열(班列)의 제사장 그룹에 속한 사람이요; 그의 아내 엘리사벳 역시 아론의 자손이니 6 이 두 사람이 하나님의 계명과 규례(規例)들을 빠짐없이 지키며, 하나님 보시기에 그 앞에 올바로 서 있는 사람들이었더라. 7 그러나 이들에게 자식이 없었으니 이는 엘리사벳이 잉태(孕胎)를 하지 못하는 까닭이요, 이들이 또한 나이가 많이 들었음이더라.

8 Once when Zechariah's division was on duty and he was serving as priest before God, 9 he was chosen by lot, according to the custom of the priesthood, to go into the temple of the Lord and burn incense. 10 And when the time for the burning of incense came, all the assembled worshipers were praying outside.

8 사가랴가 속해 있는 제사장 반열(班列)이 하나님 앞에 섬기는 직무를 담당할 때가 왔을 때에 9 사가랴가 제사장 직분의 관습에 따라 추첨으로 뽑히어 하나님의 성전에 들어가 향을 사르게 되었더니 10 그 분향하는 시간에 경배하는 사람들의 무리는 모두 다 성전 밖에서 기도하고 섰더라.

11 Then an angel of the Lord appeared to him, standing at the right side of the altar of incense. 12 When Zechariah saw him, he was startled and was gripped with fear.

11 그 때에 하나님의 천사가 사가랴에게 나타나 향(香) 사르는 제단 오른편에 서니, 12 사가랴가 그를
보고, 놀라 무서움에 사로잡히니라.

13 But the angel said to him: "Do not be afraid, Zechariah; your prayer has
been heard. Your wife Elizabeth will bear you a son, and you are to give him
the name John. 14 He will be a joy and delight to you, and many will rejoice
because of his birth, 15 for he will be great in the sight of the Lord. He is never
to take wine or other fermented drink, and he will be filled with the Holy Spirit
even from birth.

13 천사가 그에게 이르되: "사가랴여, 무서워하지 말라; 너의 기도가 들려진 바 되었느니라. 네 아내 엘
리사벳이 네게 아들을 낳아 주리니 너는 그 이름을 요한이라고 하라. 14 그가 너에게 기쁨과 즐거움이
될 것이요, 많은 사람들이 그의 출생을 함께 기뻐하리니 15 이는 그가 주(主) 하나님 앞에 큰 자가 될 것
임이니라. 그가 포도주나 다른 술을 마시지 아니할 것이며 태어나는 그 순간부터 성령으로 충만함을 받
게 되리라.

16 Many of the people of Israel will he bring back to the Lord their God. 17
And he will go on before the Lord, in the spirit and power of Elijah, to turn the
hearts of the fathers to their children and the disobedient to the wisdom of
the righteous--to make ready a people prepared for the Lord."

16 그가 많은 이스라엘 자손을 그들의 주(主) 하나님께로 돌아오게 하겠고 17 또 그가 엘리야의 심령과
능력으로 주 하나님 앞에 나아가리니, 아버지들의 마음을 자식들에게 돌리게 하며, 불순종하는 자들을
의인의 지혜로 돌아오게 함으로-그들을 주 하나님 앞에 준비된 백성이 되게 하리라.

18 Zechariah asked the angel, "How can I be sure of this? I am an old man and
my wife is well along in years." 19 The angel answered, "I am Gabriel. I stand
in the presence of God, and I have been sent to speak to you and to tell you
this good news. 20 And now you will be silent and not able to speak until the
day this happens, because you did not believe my words, which will come true
at their proper time."

18 이에 사가랴가 천사에게 물어 이르되, "제가 어떻게 이런 걸 받아들일 수 있겠나이까? 저는 늙은 사
람이요, 제 아내도 나이가 많으니이다." 하니 19 천사가 대답하여 이르되, "나는 가브리엘이라. 내가 하
나님 앞에 서 있는 자로서 이 좋은 소식을 네게 전하라고 보내심을 받았느니라. 20 이제 네가 벙어리가
되어 이 일이 모두 이루어질 때까지 말을 못하게 되리니, 이는 네가 내 말을 믿지 아니하였음이라. 정해
진 때가 이르면 이 모든 것이 다 이루어지리라." 하더라.

21 Meanwhile, the people were waiting for Zechariah and wondering why he
stayed so long in the temple. 22 When he came out, he could not speak to
them. They realized he had seen a vision in the temple, for he kept making
signs to them but remained unable to speak. 23 When his time of service was
completed, he returned home.

21 그러는 동안, 사람들은 바깥에서 사가랴를 기다리며 그가 그처럼 성전 안에서 오래 머물러 있는 이
유를 궁금해 하며 서 있었더니 22 사가랴가 성전에서 나왔을 때에 그가 말을 하지 못하는 것을 보게 된
지라, 이에 그가 성전 안에서 뭔가 환상(幻像)을 본 것을 알게 되었으니 이는 그가 몸짓으로만 의사를 표
시하며 말 못하는채로 있던 까닭이었더라. 23 그의 직무(職務)의 시간이 마치매, 사가랴는 집으로 돌아
가니라.

24 After this his wife Elizabeth became pregnant and for five months remained
in seclusion. 25 "The Lord has done this for me," she said. "In these days he
has shown his favor and taken away my disgrace among the people."

24 그 후에 그의 아내 엘리사벳이 임신하게 되어 다섯 달 동안을 호젓이 숨어 지내니라. 엘리사벳이 말
하기를 25 "주 하나님께서 나를 위해 이 일을 하심이로다. 오늘날 주께서 내게 호의를 보이사, 사람들
가운데에서 내 수치를 치워 주심이라." 하더라.

26 In the sixth month, God sent the angel Gabriel to Nazareth, a town in
Galilee, 27 to a virgin pledged to be married to a man named Joseph, a
descendant of David. The virgin's name was Mary.

26 (*엘리사벳이 임신하게 된지) 여섯 달이 되던 때에, 하나님께서 천사 가브리엘을 갈릴리에 있는 나
사렛이란 동네로 보내시고 27 다윗의 자손 요셉이라 하는 사람과 결혼을 약정(約定)한 한 처녀에게 이
르게 하시니 그 처녀의 이름은 마리아더라.

28 The angel went to her and said, "Greetings, you who are highly favored!
The Lord is with you." 29 Mary was greatly troubled at his words and wondered
what kind of greeting this might be. 30 But the angel said to her, "Do not be
afraid, Mary, you have found favor with God. 31 You will be with child and
give birth to a son, and you are to give him the name Jesus. 32 He will be
great and will be called the Son of the Most High. The Lord God will give him
the throne of his father David, 33 and he will reign over the house of Jacob
forever; his kingdom will never end."

28 천사가 그녀에게 이르러 말을 하기를, "문안하노라, 너 크게 은혜를 받은 자여! 주 하나님께서 너와
함께 계시도다." 하니 29 마리아가 그의 말에 크게 동요하여 이런 식의 인사가 무엇을 의미하는가 하고
의아하게 생각하는데 30 천사가 이르되, "무서워하지 말라, 마리아야, 네가 하나님께 은혜를 입었느니
라. 31 네가 잉태하게 되겠고 또 아들을 낳으리니 네가 그에게 예수라는 이름을 주게 되리라. 32 그가
지극히 큰 인물이 되고 또 지극히 높으신 이의 아들이라 칭함을 받을 것이요, 주 하나님께서 그 조상 다
윗의 보좌를 그에게 주시리니 33 그가 야곱의 집을 영원히 다스리겠고 그의 왕국이 무궁하여 끝나는 날
이 없으리라." 하더라.

34 "How will this be," Mary asked the angel, "since I am a virgin?" 35 The angel
answered, "The Holy Spirit will come upon you, and the power of the Most
High will overshadow you. So the holy one to be born will be called the Son
of God. 36 Even Elizabeth your relative is going to have a child in her old age,
and she who was said to be barren is in her sixth month. 37 For nothing is
impossible with God."

34 마리아가 천사에게 말하되, "어떻게 이런 일이 가능하리이까? 나는 처녀임이니이다." 하니 35 천사
가 대답하되, "성령(聖靈)이 네 위에 임하시고 지극히 높으신 이의 능력이 너를 덮으실 것이라, 그리하
여 한 거룩하신 이가 네게서 날 것인데, 그가 하나님의 아들이라 일컬어지리라. 36 네 친척인 엘리사벳
은 나이 든 사람이라, 그러나 이 사람도 곧 아기를 낳을 예정이니 본래 임신하지 못한다고 알려진 사람
이 이미 임신 육개월이 되었느니라. 37 하나님께는 불가능함이 없으시니라." 하니

38 "I am the Lord's servant," Mary answered. "May it be to me as you have
said." Then the angel left her. 39 At that time Mary got ready and hurried to a
town in the hill country of Judea, 40 where she entered Zechariah's home and
greeted Elizabeth. 41 When Elizabeth heard Mary's greeting, the baby leaped
in her womb, and Elizabeth was filled with the Holy Spirit.

38 이에 마리아가 이르되, "저는 주의 종이라, 말씀하신대로 제게 이루어지이다." 하매 천사가 떠나가
니라. 39 마리아가 급히 길 떠날 채비를 하고 서둘러 유대 산지(山地) 지방에 있는 한 시골 마을로 향하
는데 40 그 곳에 있는 사가랴의 집으로 가 엘리사벳에게 인사를 하니 41 마리아의 인사하는 목소리를
엘리사벳이 듣는 순간, 태중에서 아이가 뛰어오르며 엘리사벳이 성령의 충만함을 받으니라.

42 In a loud voice she exclaimed: "Blessed are you among women, and blessed
is the child you will bear! 43 But why am I so favored, that the mother of my
Lord should come to me? 44 As soon as the sound of your greeting reached my
ears, the baby in my womb leaped for joy. 45 Blessed is she who has believed
that what the Lord has said to her will be accomplished!"

42 엘리사벳이 큰 소리로 외쳐 이르되, "여자 중에 네가 복이 있으며 이제 네가 잉태할 그 아이에게도
복이 있도다. 43 내 주(主)의 어머니가 내게로 나아오니 어찌 이런 은혜를 내가 입게 되는고? 44 네 인
사하는 목소리가 내 귀에 들린 순간에 내 복중(腹中)에서 아이가 기쁨으로 뛰어 올랐느니라! 45 주께서
하신 말씀이 자기에게 그 말씀대로 이루어지리라고 믿은 그 여자에게 복이 있도다!" 하니라.

46 And Mary said: "My soul glorifies the Lord 47 and my spirit rejoices in God
my Savior, 48 for he has been mindful of the humble state of his servant. From
now on all generations will call me blessed, 49 for the Mighty One has done
great things for me-- holy is his name. 50 His mercy extends to those who fear
him, from generation to generation.

46 이에 마리아가 화답하여 이르되: "내 혼이 주 하나님을 찬양하며 47 내 영이 하나님 내 구주를 기뻐
하노니 48 이는 하나님께서 그 여종의 미천한 형편을 마음에 담아주심이라. 이제로부터 후로는 모든 세
대에서 나를 복이 있다 일컬으리니, 49 전능하신 이가 위대한 일을 내게 행하심이라–그 이름이 거룩하
시며 50 그의 긍휼하심이 그를 두려워하는 자에게 대대에 이르심이로다.

51 He has performed mighty deeds with his arm; he has scattered those who
are proud in their inmost thoughts. 52 He has brought down rulers from their
thrones but has lifted up the humble. 53 He has filled the hungry with good
things but has sent the rich away empty. 54 He has helped his servant Israel,
remembering to be merciful 55 to Abraham and his descendants forever,
even as he said to our fathers." 56 Mary stayed with Elizabeth for about three
months and then returned home.

51 하나님께서 그의 팔로 위대한 일을 행하셨으니; 마음의 생각이 교만한 자들을 흩으셨고 52 통치자
들을 그 보좌로부터 끌어내리시며 비천한 자를 높이셨고 53 배 고픈 자들에게 좋은 것으로 채우시며 부
자들을 빈 손으로 내보내셨도다. 54 그의 종 이스라엘을 도우사 아브라함과 그 후손에게 영원히 긍휼히
대하실 것을 잊지 않으셨으니, 55 우리 조상에게 말씀하신 그대로 행하심이로다." 하니라. 56 마리아가
엘리사벳과 석달 쯤 함께 지내다가 집으로 돌아가니라.

57 When it was time for Elizabeth to have her baby, she gave birth to a son. 58
Her neighbors and relatives heard that the Lord had shown her great mercy,
and they shared her joy.

57 엘리사벳이 출산할 시간이 되어 아들을 낳으매 58 이웃과 친족들이 주께서 그녀에게 큰 긍휼(矜恤)
을 보이셨다는 것을 전해 듣고는 그녀와 기쁨을 함께 나누더라.

59 On the eighth day they came to circumcise the child, and they were going
to name him after his father Zechariah, 60 but his mother spoke up and said,
"No! He is to be called John." 61 They said to her, "There is no one among your
relatives who has that name." 62 Then they made signs to his father, to find
out what he would like to name the child. 63 He asked for a writing tablet, and
to everyone's astonishment he wrote, "His name is John."

59 (*출산 후) 제 팔 일째에 친척들이 그 아이를 할례(割禮)하러 와서 아기의 이름을 그 아버지의 이름
을 따라 사가랴라 짓고자 하매, 60 그 어머니가 말하여 이르되, "아니라, 이 아이는 요한이라 불리울 것
이라." 하니, 61 그들이 이르되 "너의 친족 중에 이런 이름을 가진 이가 없노라." 하는데, 62 그들이 아

기의 아버지께 몸짓으로 아기 이름을 무엇이라 할지를 물으니 63 사가랴가 글 쓰는 칠판을 달라 하여
"그의 이름은 요한이라." 하고 쓰매 모두가 다 이를 놀라워하니라.

64 Immediately his mouth was opened and his tongue was loosed, and he
began to speak, praising God. 65 The neighbors were all filled with awe,
and throughout the hill country of Judea people were talking about all these
things. 66 Everyone who heard this wondered about it, asking, "What then is
this child going to be?" For the Lord's hand was with him.

64 그 즉시로 그의 입이 열리고 혀가 풀리며 사가랴가 말을 하기 시작하며 하나님을 찬송하기 시작하니
65 그 이웃들이 모두 경외감으로 가득차게 됨은 물론, 유대 산지 지역에 사는 모든 사람들이 이 벌어진
일에 대해 얘기를 듣게 되니라. 66 소문을 듣는 사람들이 다 의아해 하기를 마지 않는데, 서로 말하기
를, "이 아이가 장차 어찌 될꼬?" 하니, 이는 주의 손이 그 아이에게 함께하신 까닭이더라.

67 His father Zechariah was filled with the Holy Spirit and prophesied:
68 "Praise be to the Lord, the God of Israel, because he has come and has
redeemed his people. 69 He has raised up a horn of salvation for us in the
house of his servant David 70 (as he said through his holy prophets of long
ago), 71 salvation from our enemies and from the hand of all who hate us--

67 그 아버지 사가랴가 성령의 충만함을 받아 예언하여 이르되: 68 "찬송하리로다. 주 이스라엘의 하나
님이여, 그가 오사 자기의 백성을 속량(贖良)하심이로다. 69 우리를 위하여 그 종 다윗의 집에 한 구원
의 뿔을 세우셨으니 70 (이는 그의 거룩한 선지자의 입을 통하여 오래 전에 말씀하신 것이라), 71 우리
의 대적, 원수에게서와 또 우리를 미워하는 그 모든 자들의 손으로부터 우리를 구원하심이요,

72 to show mercy to our fathers and to remember his holy covenant, 73
the oath he swore to our father Abraham: 74 to rescue us from the hand of
our enemies, and to enable us to serve him without fear 75 in holiness and
righteousness before him all our days.

72 또 우리 조상들을 긍휼히 여기시며 그 거룩한 언약을 기억하심이니, 73 우리 조상 아브라함에게 하
신 맹세가 곧 그것이라: 74 우리를 원수의 손에서부터 건져내시고 우리로 하여금 두려움 없이 하나님을
섬기게 만드시되 75 우리가 사는 날 동안 그 앞에서 거룩함과 의로움 가운데에서 섬기게 하셨음이로다.

76 And you, my child, will be called a prophet of the Most High; for you will
go on before the Lord to prepare the way for him, 77 to give his people the
knowledge of salvation through the forgiveness of their sins, 78 because of the
tender mercy of our God, by which the rising sun will come to us from heaven
79 to shine on those living in darkness and in the shadow of death, to guide
our feet into the path of peace."

76 그리고 너, 나의 아이여, 너는 지극히 높으신 이의 선지자라 일컬음을 받을 것이라; 네가 주(主) 앞에
먼저 행하여 가서 그를 위해 길을 준비하게 될 것이요, 77 주의 백성으로 하여금 죄 용서함을 통한 구원
의 지식을 알도록 할 것이니 78 이는 우리 하나님의 애정과 긍휼하심으로 말미암은 것이라, 이로써 떠
오르는 해가 하늘로부터 우리에게 비추이며 79 어둠과 죽음의 그늘 속에서 사는 우리를 밝히사 우리의
발을 평강의 길로 인도하시리로다." 하니라.

80 And the child grew and became strong in spirit; and he lived in the desert
until he appeared publicly to Israel.

80 아이가 자라나매 그 영(靈) 안에서 강하여져 가며; 이스라엘에게 자신을 드러내어 나타낼 그 날까지
광야에서 살아가니라.

제2장

1 In those days Caesar Augustus issued a decree that a census should be taken of the entire Roman world. 2 (This was the first census that took place while Quirinius was governor of Syria.) 3 And everyone went to his own town to register.

1 그 때에 카이사르 아우구스투스가 로마 제국 전체에 걸쳐 (*인구 조사) 센서스를 실시토록 하는 법령을 발표하매, 2 (이는 그레뇨 곧, 퀴리니우스가 수리아의 총독으로 재직하고 있을 때에 행한 첫 인구 조사라.) 3 (*로마 세계에 살고 있는) 모든 사람들이 호적 등록을 하러 자기 고향으로 가더라.

4 So Joseph also went up from the town of Nazareth in Galilee to Judea, to Bethlehem the town of David, because he belonged to the house and line of David. 5 He went there to register with Mary, who was pledged to be married to him and was expecting a child.

4 요셉도 갈릴리 나사렛으로부터 유대 땅 베들레헴이라 하는 다윗의 동네로 길을 올라가니 이는 그가 다윗의 후손 가계에 속한 연고더라. 5 요셉이, 자기와 결혼을 약정한 마리아와 함께 호적을 등록하러 올라가는데 이 때에 마리아는 이미 태중(胎中)에 아기를 가지고 있었더라.

6 While they were there, the time came for the baby to be born, 7 and she gave birth to her firstborn, a son. She wrapped him in cloths and placed him in a manger, because there was no room for them in the inn.

6 그들이 거기 (*베들레헴에) 머물고 있는 동안에 아기가 나올 때가 된지라, 7 마리아가 아들 곧, 첫 아들을 낳으니라. 마리아가 아기를 옷으로 싸서 소 여물통에 뉘었으니 이는 여관에 머물 방이 없던 까닭이었더라.

8 And there were shepherds living out in the fields nearby, keeping watch over their flocks at night. 9 An angel of the Lord appeared to them, and the glory of the Lord shone around them, and they were terrified. 10 But the angel said to them, "Do not be afraid. I bring you good news of great joy that will be for all the people. 11 Today in the town of David a Savior has been born to you; he is Christ the Lord. 12 This will be a sign to you: You will find a baby wrapped in cloths and lying in a manger."

8 그 근방 멀지 않은 들판에 양치는 목자들이 있었는데 그들이 밤에 자신들의 양떼를 지키고 있던 중에
9 하나님의 천사가 나타난지라, 주 하나님의 영광이 그들 주위에 밝게 빛나매 그들이 두려움에 휩싸이니라. 10 그러나 그 천사가 이르되, "무서워하지 말라. 내가 너희에게 좋은 소식을 가져왔으니 모든 사람들에게 큰 기쁨이 될 소식이라. 11 오늘, 다윗의 동네에 너희를 위하여 구주(救主)가 나셨으니; 곧 그리스도 주(主)시니라. 12 너희를 위한 징조(徵兆)가 이것이니: 너희가 가서 옷에 싸여 여물통에 뉘어 있는 아기를 보리라." 하니라.

13 Suddenly a great company of the heavenly host appeared with the angel, praising God and saying, 14 "Glory to God in the highest, and on earth peace to men on whom his favor rests."

13 그리고 홀연히 수많은 하늘 나라 군대가, 천사와 함께 나타나 하나님을 찬송하며 말을 하기를, 14 "지극히 높은 곳에 계신 하나님께는 영광이, 그리고 땅에서는 하나님이 그 기뻐하심을 두신 사람들 위에 평화가 있을지어다." 하더라.

15 When the angels had left them and gone into heaven, the shepherds said to one another, "Let's go to Bethlehem and see this thing that has happened,

which the Lord has told us about." 16 So they hurried off and found Mary and Joseph, and the baby, who was lying in the manger. 17 When they had seen him, they spread the word concerning what had been told them about this child, 18 and all who heard it were amazed at what the shepherds said to them. 19 But Mary treasured up all these things and pondered them in her heart.

15 천사들이 그들을 떠나 하늘로 올라가니 목자들이 서로 말하기를, "우리가 이 이루어진 일을 보러 베들레헴으로 올라가 보자. 이는 주 하나님께서 우리에게 알게 해 주신 일임이라." 하고. 16 이에 그들이 그 길을 서둘러 (*베들레헴에 이르러) 마리아와 요셉과 아기를 찾아내매, 그 아기가 여물 통에 누워 있더라. 17 목자들이 아기를 보고는, (*천사가) 자기들에게 그 아기에 대하여 말해 주었던 것을 모두 그대로 되풀이해 들려 주니 18 듣는 자가 다 목자들이 자기들에게 말해 주는 것을 듣고는 놀라워하는데 19 마리아는 이 모든 말을 자기 마음에 재어 두며 마음 속으로 이를 되새기어 생각하니라.

20 The shepherds returned, glorifying and praising God for all the things they had heard and seen, which were just as they had been told. 21 On the eighth day, when it was time to circumcise him, he was named Jesus, the name the angel had given him before he had been conceived.

20 목자들은 그들이 듣고 본 모든 것 곧, 천사가 자기들에게 말하여 준 일들이 다 이루어짐으로 인하여 하나님을 찬양하며 하나님께 영광을 돌리며 돌아가니라. 21 태어난지 제 팔 일째가 되어 할례할 때가 되매 그 이름을 예수라 지으니, 이는 잉태하기 전에 천사가 준 그 이름이더라.

22 When the time of their purification according to the Law of Moses had been completed, Joseph and Mary took him to Jerusalem to present him to the Lord 23 (as it is written in the Law of the Lord, "Every firstborn male is to be consecrated to the Lord"), 24 and to offer a sacrifice in keeping with what is said in the Law of the Lord: "a pair of doves or two young pigeons."

22 모세의 율법에 의한 정결(淨潔) 예식(禮式)을 드릴 때가 가까와 오매, 요셉과 마리아가 아기를 주 하나님께 올려 드리려 아기를 데리고 예루살렘에 올라가니라. 23 (이는 주 하나님의 율법에 기록된 바, '첫 아이로 태어난 남자 아이는 다 주께 거룩한 자'로 구분된 까닭이더라) 24 그리고 또 주의 율법에 말씀하신 대로: 비둘기 한 쌍이나 혹은 어린 비둘기 두 마리를 희생 제물로 바쳐 제사하기 위함이었더라.

25 Now there was a man in Jerusalem called Simeon, who was righteous and devout. He was waiting for the consolation of Israel, and the Holy Spirit was upon him. 26 It had been revealed to him by the Holy Spirit that he would not die before he had seen the Lord's Christ.

25 그 때에, 예루살렘에 시므온이라 하는 사람이 있었으니 의롭고 믿음이 깊은 사람이라. 그가 그 때까지 이스라엘이 위로를 받을 때를 기다리고 있었더니, 성령이 항상 그 위에 머물러 계시더라. 26 그가, 주 하나님의 그리스도를 보기 전에는 죽지 아니할 것이라는 거룩한 성령의 가르침을 받고 있었더라.

27 Moved by the Spirit, he went into the temple courts. When the parents brought in the child Jesus to do for him what the custom of the Law required, 28 Simeon took him in his arms and praised God, saying: 29 "Sovereign Lord, as you have promised, you now dismiss your servant in peace. 30 For my eyes have seen your salvation, 31 which you have prepared in the sight of all people, 32 a light for revelation to the Gentiles and for glory to your people Israel."

27 성령께서 그를 감동하심에 따라 시므온이 성전 뜰로 들어서는데, 그 때에 예수의 부모가 아기 예수를 데리고 율법(律法)의 관례(慣例)를 행하고자 성전에 들어오는 것을 보게 되니라. 28 이에 시므온이

그의 팔에 아기를 받아 안고는 하나님을 찬송하여 이르기를: **29** 참 주권자(主權者) 되신 주 하나님, 이제 약속하신 대로 종을 평안히 놓아주심이니이다. **30** 내 눈이 직접 주의 구원을 보았사오니 **31** 이는 주께서 모든 사람이 볼 수 있도록 예비하신 것이라, **32** 이방인(異邦人)에게는 계시(啓示)의 빛이요, 주 하나님의 백성 이스라엘에게는 영광이니이다." 하니라.

33 The child's father and mother marveled at what was said about him.
34 Then Simeon blessed them and said to Mary, his mother: "This child is destined to cause the falling and rising of many in Israel, and to be a sign that will be spoken against, **35** so that the thoughts of many hearts will be revealed. And a sword will pierce your own soul too."

33 아이의 아버지 어머니가 시므온의 이 말을 듣고 이를 크게 경이롭게 생각하더라. **34** 시므온이 그들에게 축복하고 나서 그 어머니 마리아에게 다시 말을 하여 이르기를: "이 아이가 이스라엘 중에서 많은 사람을 무너지게도 하겠고 일으켜 세우기도 할 것이요, 또 사람들의 비방을 받는 대상이 되기 위하여 세움을 받았으니 **35** 이는 사람들의 마음의 생각이 드러나게 하려는 것이라. 그리고 칼이 네 영혼을 역시 깊숙히 찌르리라." 하니라.

36 There was also a prophetess, Anna, the daughter of Phanuel, of the tribe of Asher. She was very old; she had lived with her husband seven years after her marriage, **37** and then was a widow until she was eighty-four. She never left the temple but worshiped night and day, fasting and praying. **38** Coming up to them at that very moment, she gave thanks to God and spoke about the child to all who were looking forward to the redemption of Jerusalem.

36 또 거기에 여자 선지자가 있었으니, 아셀 지파, 바누엘의 딸 안나라 하는 선지자라. 그녀가 나이가 매우 많으니 결혼 후 일곱 해 동안 남편과 함께 살다가 **37** 팔십 사세가 될 때까지 과부로 지내고 있었더라. 이 여선지자 안나가 결코 성전을 떠나지 아니하고 주야로 금식하고 기도하며 하나님을 경배하고 섬기더니 **38** 마침 그 때에 요셉과 마리아에게 다가와서, 하나님께 감사하고 그 아이에 대하여 말을 하기 시작하는데, 예루살렘의 구속(救贖)을 고대하는 모든 사람에게 그 아이에 관한 말을 해 주니라.

39 When Joseph and Mary had done everything required by the Law of the Lord, they returned to Galilee to their own town of Nazareth. **40** And the child grew and became strong; he was filled with wisdom, and the grace of God was upon him.

39 요셉과 마리아가 주 하나님의 율법이 요구하는 모든 절차를 마치고 갈릴리로 돌아가 자기의 마을 나사렛에 이르니라. **40** 아기가 자라나며 점점 강하여지니; 지혜가 충만하며 하나님의 은혜가 그의 위에 있더라.

41 Every year his parents went to Jerusalem for the Feast of the Passover. **42** When he was twelve years old, they went up to the Feast, according to the custom. **43** After the Feast was over, while his parents were returning home, the boy Jesus stayed behind in Jerusalem, but they were unaware of it. **44** Thinking he was in their company, they traveled on for a day. Then they began looking for him among their relatives and friends. **45** When they did not find him, they went back to Jerusalem to look for him.

41 그의 부모가 해마다 유월절(逾越節) 명절(名節)을 지내기 위해 예루살렘으로 올라가곤 하는데 **42** 예수께서 열두 살 되었을 때에도 그들이 관습에 따라 유월절 절기에 예루살렘으로 올라가니라. **43** 절기의 날들이 다 지난 후에 그 부모가 집으로 돌아가는 길에 소년 예수는 뒤처져 홀로 예루살렘에 남았으나 그 부모는 이를 알지 못하였더라. **44** 그 부모는 아이 예수가 그저 동행 중에 있는 줄로만 생각하고 하룻동안 길을 간 후에 친척과 친구들 사이에서 아이를 찾아보니 **45** 그를 찾지 못한지라, 예루살렘으로 아

들을 찾으러 도로 올라가니라.

46 After three days they found him in the temple courts, sitting among the teachers, listening to them and asking them questions. 47 Everyone who heard him was amazed at his understanding and his answers.

46 사흘이 지나 아이를 성전 뜰에서 찾으매, 아이가 선생들 가운데에 앉아 그들에게 듣기도 하며 질문을 하기도 하니 47 그를 듣는 자가 다 그의 지혜와 그 대답들을 놀랍게 여기더라.

48 When his parents saw him, they were astonished. His mother said to him, "Son, why have you treated us like this? Your father and I have been anxiously searching for you." 49 "Why were you searching for me?" he asked. "Didn't you know I had to be in my Father's house?" 50 But they did not understand what he was saying to them.

48 그의 부모가 그가 거기 그렇게 하고 있는 것을 보고 놀람을 감추지 못하며 그 어머니가 말을 하기를, "아들아, 네가 어찌하여 우리에게 이런 일을 하였느냐? 네 아버지와 내가 무척 근심하며 너를 찾아다녔느니라." 하니, 49 예수께서 이르시되, "왜 저를 찾으셨나이까? 제가 제 아버지 집에 있어야 할 줄을 알지 못하셨나이까?" 하시더라. 50 그러나 그 부모는 그가 자신들에게 하는 말씀을 깨닫지 못하더라.

51 Then he went down to Nazareth with them and was obedient to them. But his mother treasured all these things in her heart. 52 And Jesus grew in wisdom and stature, and in favor with God and men.

51 그리고 예수께서 그 부모에게 순종하여 함께 나사렛으로 내려가시니 그 어머니는 이 모든 일들을 자신의 마음 속에 담아 두니라. 52 예수는 하나님과 사람에게 사랑을 받으며 그 지혜와 키가 자라 가니라.

제3장

1 In the fifteenth year of the reign of Tiberius Caesar --when Pontius Pilate was governor of Judea, Herod tetrarch of Galilee, his brother Philip tetrarch of Iturea and Traconitis, and Lysanias tetrarch of Abilene-- 2 during the high priesthood of Annas and Caiaphas, the word of God came to John son of Zechariah in the desert.

1 (*황제) 카이사르 티베리우스가 통치한 지 십오년 째가 되던 해-곧, 본디오 빌라도가 유대의 총독으로, 헤롯이 갈릴리의 분봉 왕으로, 그리고 그 동생 빌립은 이두래와 드라고닛 지방의 분봉 왕으로 있고, 루사니아가 아빌레네의 분봉 왕으로 있던 그 때, 그리고 2 안나스와 가야바가 대제사장으로 있던 그 무렵에, 광야(曠野)에서 하나님의 말씀이 사가랴의 아들 요한에게 임하였더라.

3 He went into all the country around the Jordan, preaching a baptism of repentance for the forgiveness of sins. 4 As is written in the book of the words of Isaiah the prophet: "A voice of one calling in the desert, 'Prepare the way for the Lord, make straight paths for him. 5 Every valley shall be filled in, every mountain and hill made low. The crooked roads shall become straight, the rough ways smooth. 6 And all mankind will see God's salvation.' "

3 요한이 요단 강 인근 모든 지역과 마을들을 다니며 죄 사함을 받게 하는 회개의 세례를 전파하고 다니니 4 곧, 선지자 이사야의 책에 기록되어 있는대로: "광야에서 외치는 한 사람의 목소리가 있어 '너희는

주의 길을 준비하라, 또 그를 위해 그 길을 곧게 하라. 5 모든 골짜기가 메워지고 모든 산과 언덕이 낮아
지리라. 굽은 길이 직선으로 펴지고 험한 길이 평탄하여질 것이니 6 모든 인류가 하나님의 구원하심을
보리라.' 함" 과 같더라.

7 John said to the crowds coming out to be baptized by him, "You brood of
vipers! Who warned you to flee from the coming wrath? 8 Produce fruit in
keeping with repentance. And do not begin to say to yourselves, 'We have
Abraham as our father.' For I tell you that out of these stones God can raise up
children for Abraham. 9 The ax is already at the root of the trees, and every
tree that does not produce good fruit will be cut down and thrown into the
fire."

7 요한이 그에게 세례를 받으러 나아오는 한 무리의 군중을 향하여 말하되, "너희, 독사의 자식들아! 누
가 너희에게 다가올 진노를 피하라고 경고하더냐? 8 그러므로 너희는 회개에 상응(相應)하는 열매를 맺
으라. 그리고 스스로 '우리가 아브라함을 우리 조상으로 가졌다' 말하지도 말라. 내가 너희에게 이르노
니 하나님이 이 돌들을 가지고서도 아브라함의 자손들이 되게 하실 수 있으리라. 9 도끼가 이미 나무 뿌
리에 놓였으니 좋은 열매를 맺지 못하는 나무마다 베여 냄을 당하여 불에 던지워 지리라." 하더라.

10 "What should we do then?" the crowd asked. 11 John answered, "The man
with two tunics should share with him who has none, and the one who
has food should do the same." 12 Tax collectors also came to be baptized.
"Teacher," they asked, "what should we do?" 13 "Don't collect any more than
you are required to," he told them. 14 Then some soldiers asked him, "And
what should we do?" He replied, "Don't extort money and don't accuse people
falsely--be content with your pay."

10 이에 그 무리에 있던 사람들이 물어 이르되, "그러면 우리가 무엇을 어떻게 하여야 하리이까?" 하매,
11 요한이 대답하여 이르되, "겉옷 두 벌 있는 자는 겉옷 가지지 못한 자와 나누어 가질 것이요, 먹을 음
식 가진 자도 그와 같이 행할 것이니라." 하니라. 12 세금 징수업자들도 역시 세례를 받고자 하여 나아
와서 물어 이르되, "선생이여, 우리는 무엇을 하여야 하리이까?" 하매 13 요한이 이르되, "네가 마땅히
거두어야 할 그 이상으로 세금을 걷지 말라." 하더라. 14 같은 때에 몇몇 병사들이 역시 그에게 묻기를,
"우리는 무엇을 하여야 하리이까?" 하매 그가 이르되, "돈을 뜯어 내지 말고, 사람을 거짓으로 고발하지
말고 너희가 받는 급료를 족한 줄로 알라." 하니라.

15 The people were waiting expectantly and were all wondering in their hearts
if John might possibly be the Christ. 16 John answered them all, "I baptize
you with water. But one more powerful than I will come, the thongs of whose
sandals I am not worthy to untie. He will baptize you with the Holy Spirit and
with fire. 17 His winnowing fork is in his hand to clear his threshing floor
and to gather the wheat into his barn, but he will burn up the chaff with
unquenchable fire."

15 사람들이 기대를 하며 기다리는 바와, 또 모두가 마음 속으로 궁금해 하는 것은 요한이 (*자기들이
기다리는) 그리스도신가 아닌가 하는 것이었으니, 16 이에 요한이 모든 사람에게 답을 하여 이르기를,
"나는 너희에게 물로써 세례를 주거니와, 나보다 훨씬 능력이 크신 분이 오시리니 나는 그의 신발끈을
풀 가치도 없는 사람이라, 그는 성령과 불로 너희에게 세례를 베푸실 것이요, 17 또 그가 타작하는 갈고
리를 이미 자기 손에 들었으매, 이로써 자기의 타작 마당을 깨끗하게 하시겠고, 곡식 알곡은 모아 곳간
에 들이고 그 겨 껍질은 꺼지지 않는 불에 태워 버리시리라." 하더라.

18 And with many other words John exhorted the people and preached the
good news to them. 19 But when John rebuked Herod the tetrarch because
of Herodias, his brother's wife, and all the other evil things he had done, 20

Herod added this to them all: He locked John up in prison.

18 그리고 또 요한이 다른 여러 가지 말로써 간곡히 타이르고 사람들에게 좋은 소식을 전하더라. 19 그
러나 요한이, 분봉 왕 헤롯에 대하여 그가 행한 일 곧, 그 동생의 아내 헤로디아와 그 외 헤롯이 행한 다
른 모든 악한 일들로 말미암아 그를 비난하고 꾸짖은 일로 인하여 20 헤롯이 그 행한 악(惡) 위에 또 다
른 악 하나를 더하여 요한을 옥에 가두어 버리니라.

21 When all the people were being baptized, Jesus was baptized too. And as
he was praying, heaven was opened 22 and the Holy Spirit descended on him
in bodily form like a dove. And a voice came from heaven: "You are my Son,
whom I love; with you I am well pleased."

21 (*요한으로부터) 모든 사람들이 세례를 받을 때에 예수도 같이 세례를 받으시더라. 그가 기도하실
때에 하늘이 열리며 22 거룩한 성령이 비둘기 같은 형체로 그의 위에 내려오시더니 하늘로부터 한 목소
리가 나와 이르되, "너는 내 아들이라, 내가 너를 사랑하노니 내가 너로 인하여 크게 기뻐하노라." 말씀
하시더라.

23 Now Jesus himself was about thirty years old when he began his ministry.
He was the son, so it was thought, of Joseph, 24 the son of Heli, the son of
Matthat, the son of Levi, the son of Melki, the son of Jannai, the son of Joseph,

23 예수께서 자기의 사역을 시작하셨을 때가 그의 나이 삼십 세쯤 되셨을 때라, 그가 사람들이 생각하
는 대로, 요셉의 아들이니 요셉은 헬리의 아들이요, 24 헬리는 맛닷의 아들이요 맛닷은 레위의 아들이
요, 레위는 멜기의 아들이요, 멜기는 얀나의 아들이요, 얀나는 요셉의 아들이요,

25 the son of Mattathias, the son of Amos, the son of Nahum, the son of Esli,
26 the son of Naggai, the son of Maath, the son of Mattathias, the son of
Semein, the son of Josech, the son of Joda,

25 요셉은 맛다디아의 아들이요, 맛다디아는 아모스의 아들이요, 아모스는 나훔의 아들이요, 나훔은 에
슬리의 아들이요, 에슬리는 낙개의 아들이요, 26 낙개는 마앗의 아들이요, 마앗은 맛다디아의 아들이
요, 맛다디아는 서머인의 아들이요, 서머인은 요섹의 아들이요, 요섹은 요다의 아들이요,

27 the son of Joanan, the son of Rhesa, the son of Zerubbabel, the son of
Shealtiel, 28 the son of Neri, the son of Melki, the son of Addi, the son of
Cosam, the son of Elmadam, the son of Er,

27 요다는 요아난의 아들이요, 요아난은 레사의 아들이요, 레사는 스룹바벨의 아들이요, 스룹바벨은 스
알디엘의 아들이요, 스알디엘은 네리의 아들이요, 28 네리는 멜기의 아들이요, 멜기는 앗디의 아들이
요, 앗디는 고삼의 아들이요, 고삼은 엘마담의 아들이요, 엘마담은 에르의 아들이요,

29 the son of Joshua, the son of Eliezer, the son of Jorim, the son of Matthat,
30 the son of Levi, the son of Simeon, the son of Judah, the son of Joseph, the
son of Jonam, the son of Eliakim, 31 the son of Melea, the son of Menna, the
son of Mattatha, the son of Nathan, the son of David,

29 에르는 예수의 아들이요, 예수는 엘리의 아들이요, 엘리는 요림의 아들이요, 요림은 맛닷의 아들이
요, 맛닷은 레위의 아들이요, 30 레위는 시므온의 아들이요, 시므온은 유다의 아들이요, 유다는 요셉의
아들이요, 요셉은 요남의 아들이요, 요남은 엘리아김의 아들이요, 31 엘리아김은 멜레아의 아들이요,
멜레아는 멘나의 아들이요, 멘나는 맛다다의 아들이요, 맛다다는 나단의 아들이요 나단은 다윗의 아들
이요,

32 the son of Jesse, the son of Obed, the son of Boaz, the son of Salmon, the
son of Nahshon, 33 the son of Amminadab, the son of Ram, the son of Hezron,

the son of Perez, the son of Judah, 34 the son of Jacob, the son of Isaac, the
son of Abraham, the son of Terah, the son of Nahor,

32 다윗은 이새의 아들이요, 이새는 오벳의 아들이요, 오벳은 보아스의 아들이요, 보아스는 살몬의 아
들이요, 살몬은 나손의 아들이요, 33 나손은 아미나답의 아들이요, 아미나답은 아니의 아들이요, 아니
는 헤스론의 아들이요, 헤스론은 베레스의 아들이요, 베레스는 유다의 아들이요, 34 유다는 야곱의 아
들이요 야곱은 이삭의 아들이요, 이삭은 아브라함의 아들이요, 아브라함은 데라의 아들이요, 데라는 나
홀의 아들이요,

35 the son of Serug, the son of Reu, the son of Peleg, the son of Eber, 36 the
son of Shelah, the son of Cainan, the son of Arphaxad, the son of Shem, the
son of Noah, the son of Lamech, 37 the son of Methuselah, the son of Enoch,
the son of Jared, the son of Mahalalel, 38 the son of Kenan, the son of Enosh,
the son of Seth, the son of Adam, the son of God.

35 나홀은 스룩의 아들이요, 스룩은 르우의 아들이요, 르우는 벨렉의 아들이요, 벨렉은 헤버의 아들이
요, 헤버는 살라의 아들이요, 36 살라는 가이난의 아들이요, 가이난은 아박삿의 아들이요, 아박삿은 셈
의 아들이요, 셈은 노아의 아들이요, 노아는 라멕의 아들이요, 37 라멕은 므두셀라의 아들이요, 므두셀
라는 에녹의 아들이요, 에녹은 야렛의 아들이요, 야렛은 마할랄렐의 아들이요, 마할랄렐은 가이난의 아
들이요, 38 가이난은 에노스의 아들이요, 에노스는 셋의 아들이요, 셋은 아담의 아들이니, 이 아담은 하
나님의 아들이었더라.

제4장

1 Jesus, full of the Holy Spirit, returned from the Jordan and was led by the
Spirit in the desert, 2 where for forty days he was tempted by the devil. He ate
nothing during those days, and at the end of them he was hungry.

1 예수께서 성령의 충만함을 받고 요단 강으로부터 돌아오신 후, 성령의 이끌림을 받고 광야로 가사 2
거기 광야에서 사십 일 동안을 마귀에게 시험을 받으시더라. 그 기간 동안에 아무 것도 먹지 못하시매
그 날들이 끝나갈 무렵에 시장하게 되셨더라.

3 The devil said to him, "If you are the Son of God, tell this stone to become
bread." 4 Jesus answered, "It is written: 'Man does not live on bread alone.' "

3 이에 마귀가 예수께 말하여 이르되, "네가 만일 하나님의 아들이라면 이 돌들에게 말하여 떡이 되게
하라." 하매 4 예수께서 대답하시되, "성경에 이렇게 씌어 있으니: 곧, '사람이 떡으로만 사는 것이 아니
니라' 하였느니라." 하시더라.

5 The devil led him up to a high place and showed him in an instant all the
kingdoms of the world. 6 And he said to him, "I will give you all their authority
and splendor, for it has been given to me, and I can give it to anyone I want
to. 7 So if you worship me, it will all be yours." 8 Jesus answered, "It is written:
'Worship the Lord your God and serve him only.'"

5 마귀가 또 예수를 높은 곳으로 데리고 올라가서 순식간에 이 세상에 있는 모든 나라들을 보여주며 6
예수께 이르되, "이 모든 나라들의 권세와 영광을 내가 네게 주리니, 이것은 내게 주어진 바 되었으므로
내가 원하는 그 누구에게도 내가 줄 수 있는 것이라, 7 네가 만일 내게 경배(敬拜)하면 이 모든 것이 다
네 것이 되리라." 하매 8 예수께서 대답하여 이르시되, "성경에 기록된 대로: '주 너의 하나님께 경배하

고 오직 그만 섬기라' 하였느니라." 하시더라.

9 The devil led him to Jerusalem and had him stand on the highest point of the
temple. "If you are the Son of God," he said, "throw yourself down from here.
10 For it is written: 'He will command his angels concerning you to guard you
carefully; 11 they will lift you up in their hands, so that you will not strike your
foot against a stone.'" 12 Jesus answered, "It says: 'Do not put the Lord your
God to the test.'" 13 When the devil had finished all this tempting, he left him
until an opportune time.

9 그러자 마귀가 이번에는 예수를 데리고 예루살렘으로 가 그를 성전 꼭대기 가장 높은 곳에 세우고 이
르되, "네가 하나님의 아들이라면 네 몸을 던져 뛰어내려 보라. 10 기록되어 있기를, '하나님이 너를 위
하여 그 천사들에게 명하사 너를 지키게 하시리니 11 그들이 손으로 너를 들어 올려 네 발이 돌에 부딪
히지도 않게 하시리라.' 하였느니라" 하매, 12 예수께서 대답하여 이르시되, "말씀에 이르시길, '주(主)
너의 하나님을 시험하지 말라' 하였느니라." 하시매 13 마귀가 그 모든 유혹을 다 행한 후에 다시 적당
한 때가 올 때까지 잠시동안 그를 떠나가더라.

14 Jesus returned to Galilee in the power of the Spirit, and news about him
spread through the whole countryside. 15 He taught in their synagogues, and
everyone praised him.

14 예수께서 성령의 능력이 충만하신 가운데 갈릴리로 돌아가시니 그에 관한 소문이 그 지역 전체에 퍼
진지라. 15 그가 유대인들의 회당에서 사람들을 가르치시매 모든 사람들이 그를 칭송하더라.

16 He went to Nazareth, where he had been brought up, and on the Sabbath
day he went into the synagogue, as was his custom. And he stood up to read.
17 The scroll of the prophet Isaiah was handed to him. Unrolling it, he found
the place where it is written: 18 "The Spirit of the Lord is on me, because he
has anointed me to preach good news to the poor. He has sent me to proclaim
freedom for the prisoners and recovery of sight for the blind, to release the
oppressed, 19 to proclaim the year of the Lord's favor."

16 예수께서 나사렛으로 가셨으니 이는 예수께서 자라나신 곳이라, 안식일에 회당에 들어가시니 이는
그의 오랜 습관이시더라. 17 선지자 이사야의 글이 그에게 주어지거늘 두루마리를 펴서 이렇게 기록된
데를 찾으시니 기록되었으되: 18 "주의 성령이 내게 임하셨으니 이는 가난한 자에게 복음을 전하게 하
시려고 내게 기름을 부으신 까닭이라. 그가 나를 보내셨으니 이는 죄수 된 자들에게는 자유를, 눈 먼 자
들에게는 보게 하는 시력의 회복을, 그리고 억압받는 자들에게는 해방을 선포하게 하려 함이요, 19 또
주의 은혜의 해를 선언하게 하려 하심이라." 고 씌어진 곳을 찾아 읽으시더라.

20 Then he rolled up the scroll, gave it back to the attendant and sat down.
The eyes of everyone in the synagogue were fastened on him, 21 and he began
by saying to them, "Today this scripture is fulfilled in your hearing." 22 All
spoke well of him and were amazed at the gracious words that came from his
lips. "Isn't this Joseph's son?" they asked.

20 그리고는 두루마리를 도로 말아 회당 관리하는 사람에게 건네고 자리에 앉으시니 회당에 있던 모든
자들의 눈이 예수께로 향하니라. 21 이에 예수께서 그들에게 말씀하시되, "오늘, 이 성경이 너희 귀에
들린대로 모두 응하게 되었느니라." 하시니 22 듣는 사람들이 다 그를 칭송하며 그 입으로 말하신 바,
은혜로운 말씀들을 놀랍게 여기는데, 한편으로는 그들이 또한 말하기를, "이 사람이 요셉의 아들이 아
니냐?" 하더라.

23 Jesus said to them, "Surely you will quote this proverb to me: 'Physician,
heal yourself! Do here in your hometown what we have heard that you did in

Capernaum.' 24 I tell you the truth," he continued, "no prophet is accepted in his hometown."

23 예수께서 그들에게 다시 이르시되, "너희가 반드시 이런 속담을 내게 인용해 말을 할 것이라: 곧, '의사(醫師)야, 네 자신을 먼저 치료하라! 카버나움에서 당신이 행하였다고 우리가 귀로 들은 일을 여기 당신의 고향에서 행하여 보라.' 하리라. 24 내가 진실로 너희에게 이르노니 선지자가 고향에서는 환영을 받지 못하느니라."

25 "I assure you that there were many widows in Israel in Elijah's time, when the sky was shut for three and a half years and there was a severe famine throughout the land. 26 Yet Elijah was not sent to any of them, but to a widow in Zarephath in the region of Sidon. 27 And there were many in Israel with leprosy in the time of Elisha the prophet, yet not one of them was cleansed--only Naaman the Syrian."

25 "내가 너희에게 한가지 확실히 말할 수 있는 것은 엘리야 시대에 이스라엘에 과부가 많았다는 것이니 곧, 하늘이 삼년 육 개월간 닫히고 그 온 땅에 큰 흉년이 들었을 때라. 26 엘리야가 그 중 아무에게도 보내심을 받지 않고 오직 시돈 땅에 있는 사렙다의 한 과부에게 보내심을 받았으며 27 또 선지자 엘리사 시절에 수 많은 나병 환자들이 이스라엘에 있었으되 그 중의 한 사람도 깨끗함을 얻지 못하고 병 고침을 받은 자는 오직 시리아 사람 나아만 한 사람 뿐이었느니라." 하시더라.

28 All the people in the synagogue were furious when they heard this. 29 They got up, drove him out of the town, and took him to the brow of the hill on which the town was built, in order to throw him down the cliff. 30 But he walked right through the crowd and went on his way.

28 이에 회당에 있는 자들이 이 말씀을 들을 때에 다 크게 분을 내고 29 자리에서 일어나 예수를 동리 밖으로 쫓아내고자 하는데, 그 마을이 서 있는 언덕의 벼랑가로 그를 끌고가려 하니 이는 그를 그 절벽 위에서 밀쳐 버리고자 함이라. 30 그러나 예수께서는 그 군중 한 가운데를 지나서, 자기 길을 계속 행하여 가시더라.

31 Then he went down to Capernaum, a town in Galilee, and on the Sabbath began to teach the people. 32 They were amazed at his teaching, because his message had authority.

31 그 후에 예수께서 갈릴리의 카버나움 지역에 내려가사, 안식일에 사람들을 가르치기를 시작하시는데 32 그들이 그의 가르치심에 놀라니 이는 그 말씀에 권위가 있던 까닭이더라.

33 In the synagogue there was a man possessed by a demon, an evil spirit. He cried out at the top of his voice, 34 "Ha! What do you want with us, Jesus of Nazareth? Have you come to destroy us? I know who you are--the Holy One of God!" 35 "Be quiet!" Jesus said sternly. "Come out of him!" Then the demon threw the man down before them all and came out without injuring him. 36 All the people were amazed and said to each other, "What is this teaching? With authority and power he gives orders to evil spirits and they come out!" 37 And the news about him spread throughout the surrounding area.

33 그 회당에 귀신 들린 사람 하나가 있었는데, 그가 자신이 낼 수 있는 최대한의 목소리로 소리를 지르며 말하되, 34 "하!, 나사렛 예수여, 우리를 어떻게 하려 하시나이까? 우리를 멸하려고 오셨나이까? 나는 당신이 누구인 줄 아노니, 하나님의 거룩한 자이시니이다!" 하매, 35 예수께서 엄히 이르시되, "조용히 하라! 그리고 그 사람으로부터 나오라!" 하시니 그 때에 그 귀신이 그 사람을 무리 앞에서 넘어뜨리며 나오는데, 그 귀신 들린 사람을 상하게 하지는 못하더라. 36 모인 사람들이 다 크게 놀라 서로 말하기를, "이게 무슨 가르침인고? 그가 권위와 능력으로 명령을 내리매 귀신이 다 쫓겨 나가는도다!" 하더라.

37 이에 예수께 관한 소문이 그 인근에 있는 사방 온 마을로 퍼져 나가니라.

38 Jesus left the synagogue and went to the home of Simon. Now Simon's mother-in- law was suffering from a high fever, and they asked Jesus to help her. 39 So he bent over her and rebuked the fever, and it left her. She got up at once and began to wait on them.

38 예수께서 회당을 떠나 시몬의 집으로 가시니라. 그 때에, 시몬의 장모가 높은 열에 시달리고 있어 그들이 예수께 도와 줄 것을 간청하니 39 예수께서 그녀에게 몸을 구부리고 그 열병을 꾸짖으시매 금방 열이 떠나가니라. 그녀가 그 즉시 일어나 그들을 대접하기 시작하더라.

40 When the sun was setting, the people brought to Jesus all who had various kinds of sickness, and laying his hands on each one, he healed them. 41 Moreover, demons came out of many people, shouting, "You are the Son of God!" But he rebuked them and would not allow them to speak, because they knew he was the Christ.

40 해 질 무렵에 사람들이 온갖 병자들을 예수께 데리고 나오는데, 예수께서는 병자 한 사람 한 사람 위에 각기 손을 얹어 그들을 고치시니라. 41 특히, 많은 사람들로부터 귀신이 떠나가는데, 귀신들이 나가며 소리 지르기를, "당신은 하나님의 아들이니이다!" 하매, 예수께서 그들을 꾸짖으시며 그런 말하는 것을 허락치 아니하시니 이는 그 귀신들이 예수가 그리스도이신 줄을 아는 까닭이었더라.

42 At daybreak Jesus went out to a solitary place. The people were looking for him and when they came to where he was, they tried to keep him from leaving them. 43 But he said, "I must preach the good news of the kingdom of God to the other towns also, because that is why I was sent." 44 And he kept on preaching in the synagogues of Judea.

42 동틀 무렵에 예수께서는 한적한 곳으로 가시니라. 사람들이 예수를 찾으러 다니다가 그가 계신 곳을 찾아 거기로 오매, 예수께서 다시는 자기들을 떠나지 못하게 하려 애를 쓰더라. 43 그러나 예수께서는 말씀하시되, "내가 다른 도시와 마을에도 하나님 나라의 좋은 소식을 전해야 하리니 내가 보냄을 받아 온 것이 이를 위함이니라." 하시니라. 44 그리고 유대에 있는 여러 회당에서 계속 말씀을 전하며 다니시더라.

제5장

1 One day as Jesus was standing by the Lake of Gennesaret, with the people crowding around him and listening to the word of God, 2 he saw at the water's edge two boats, left there by the fishermen, who were washing their nets.

1 어느날, 예수께서는 게네사렛 호숫가에 서 계시고, 사람들은 그 주위에 무리를 이루어 하나님의 말씀을 듣고 있는데 2 그 물가에 배 두 척이 있는 것을 예수께서 보게 되시니, 그 어부들은 군중과 따로 떨어져 자기들의 그물을 씻고 있었더라.

3 He got into one of the boats, the one belonging to Simon, and asked him to put out a little from shore. Then he sat down and taught the people from the boat. 4 When he had finished speaking, he said to Simon, "Put out into deep water, and let down the nets for a catch."

3 예수께서 그 중 한 배에 오르시니 그 배는 시몬의 배라, 예수께서 시몬에게 청하여 물가로부터 배를

조금 떨어지게 하시고 배에 앉으사 사람들을 가르치시더라. 4 말씀하시기를 마치고 시몬에게 이르시되,
"깊은 물로 가서 거기 그물을 내려 고기를 잡으라." 하시니라.

5 Simon answered, "Master, we've worked hard all night and haven't caught
anything. But because you say so, I will let down the nets." 6 When they had
done so, they caught such a large number of fish that their nets began to
break. 7 So they signaled their partners in the other boat to come and help
them, and they came and filled both boats so full that they began to sink.

5 이에 시몬이 대답하여 이르되, "선생이시여, 우리가 밤새도록 열심히 작업하였으나 아무 것도 잡지를
못하였나이다. 그러나 당신께서 그렇게 말씀하시니, 제가 그물을 다시 한번 내려 보겠나이다." 하고 6
말씀하신대로 그물을 내리니, 엄청난 수의 고기가 잡혀 그물이 찢어지려 하는지라 7 이에 다른 배에 있
던 친구들에게 손짓을 하며 와서 도와 달라 하니 그들이 건너와 고기들을 두 배에 가득 채우는데 고기가
너무 많아 배가 가라앉으려 하더라.

8 When Simon Peter saw this, he fell at Jesus' knees and said, "Go away from
me, Lord; I am a sinful man!" 9 For he and all his companions were astonished
at the catch of fish they had taken, 10 and so were James and John, the sons
of Zebedee, Simon's partners. Then Jesus said to Simon, "Don't be afraid; from
now on you will catch men." 11 So they pulled their boats up on shore, left
everything and followed him.

8 시몬 베드로가 이를 보고 예수의 발 앞에 엎드려 말하기를, "주여 나를 떠나가소서; 나는 죄인이로소
이다!" 하니 9 이는 자기와 그 동료들이 잡은 고기로 인하여 심히 놀란 까닭이더라. 10 같이 있던 세베
대의 아들들 곧, 시몬의 동업자인 야고보와 요한도 마찬가지로 놀라워하는데, 이에 예수께서 시몬에게
이르시되, "무서워하지 말라; 이제로부터는 네가 사람을 낚게 되리라." 하시니 11 그들이 배들을 육지에
끌어 올려 놓고는 모든 것을 거기 그냥 버려 두고, 그 즉시로 예수를 따르니라.

12 While Jesus was in one of the towns, a man came along who was covered
with leprosy. When he saw Jesus, he fell with his face to the ground and
begged him, "Lord, if you are willing, you can make me clean." 13 Jesus
reached out his hand and touched the man. "I am willing," he said. "Be clean!"
And immediately the leprosy left him.

12 예수께서 어떤 마을에 가 계실 때에 온 몸에 나병 들린 사람 하나가 예수께 나아오니라. 그 사람이
예수를 보고, 그 앞에 엎드려 얼굴을 땅에 대고 간구하여 이르되, "주여, 주께서 원하시면 저를 깨끗케
하실 수 있나이다." 하니 13 예수께서 자기 손을 내밀어 그를 만지시며 이르시되, "내가 원하노라." 하
시며, "깨끗하여지라!" 하고 말씀하시니, 그 즉시 나병이 그에게서 떠나가니라.

14 Then Jesus ordered him, "Don't tell anyone, but go, show yourself to the
priest and offer the sacrifices that Moses commanded for your cleansing, as
a testimony to them." 15 Yet the news about him spread all the more, so that
crowds of people came to hear him and to be healed of their sicknesses. 16
But Jesus often withdrew to lonely places and prayed.

14 예수께서 그에게 명하시되, "이것을 아무에게도 말하지 말고, 가서 제사장에게 네 몸을 보이고 또 너
의 정결케 됨에 대해 모세가 명한 예물을 바침으로 그들에게 이를 증거하도록 하라." 말씀하시니라. 15
그러나 예수에 관한 소문이 더욱 더 퍼져 나가니, 수많은 무리의 사람들이 예수의 말씀을 듣고, 또 병 고
침을 얻고자 하여 모여들 오더라. 16 그러나 예수는 흔히 사람들을 피해 한적한 곳으로 물러가사 거기
에서 기도를 하시니라.

17 One day as he was teaching, Pharisees and teachers of the law, who had

come from every village of Galilee and from Judea and Jerusalem, were sitting
there. And the power of the Lord was present for him to heal the sick. 18 Some
men came carrying a paralytic on a mat and tried to take him into the house
to lay him before Jesus. 19 When they could not find a way to do this because
of the crowd, they went up on the roof and lowered him on his mat through
the tiles into the middle of the crowd, right in front of Jesus.

17 하루는 예수께서 가르침을 베풀고 계신 그 곳에, 갈릴리의 여러 마을과, 유대와, 그리고 예루살렘으
로부터 온 바리새인들과 율법 교사들이 거기 함께 앉아 있고 그리고 예수께서는 거기서 병자들을 고치
시는데, 주 하나님의 능력이 예수와 함께 계시더라. 18 그 때에 어떤 사람들이 한 중풍병자를 매트 위에
뉘여 들고 와서 집안에 계신 예수 앞에 들여 놓고자 하나 19 군중이 모여 있어 병자를 들고 들어갈 길을
찾지 못한지라, 이에 지붕에 올라가 기와를 벗기고 병자를 매트째 무리 한 가운데로 예수 앞에 달아 내
리니라.

20 When Jesus saw their faith, he said, "Friend, your sins are forgiven." 21 The
Pharisees and the teachers of the law began thinking to themselves, "Who is
this fellow who speaks blasphemy? Who can forgive sins but God alone?"

20 예수께서 그들의 믿음을 보시고 이르시되 "친구여, 네 죄가 용서함을 받았느니라." 하시니 21 바리
새인들과 율법 교사들이 마음 속으로 생각하기를, "이 신성모독 하는 친구가 도대체 누구냐? 하나님 한
분 외에 누가 감히 죄를 용서해 주시겠느냐?" 하더라.

22 Jesus knew what they were thinking and asked, "Why are you thinking these
things in your hearts? 23 Which is easier: to say, 'Your sins are forgiven,' or
to say, 'Get up and walk'? 24 But that you may know that the Son of Man has
authority on earth to forgive sins...." He said to the paralyzed man, "I tell you,
get up, take your mat and go home." 25 Immediately he stood up in front
of them, took what he had been lying on and went home praising God. 26
Everyone was amazed and gave praise to God. They were filled with awe and
said, "We have seen remarkable things today."

22 이에 예수께서 그들이 마음 속으로 무엇을 생각하고 있는 줄을 아시고 물어 이르시되, "어찌하여 너
희가 마음 속으로 그런 생각을 하느냐? 23 '네 죄가 용서함을 받았다' 하는 말과 '일어나 걸어가라' 하
는 말 중에 어느 것이 더 하기 쉽겠느냐? 24 그러나 인자(人子)가 이 땅에서 죄를 사하는 권세가 있는 줄
을 너희로 알게 하려 함이니라...." 하시고 중풍병자에게 대하여 말씀하시기를, "내가 네게 이르노니, 일
어나 네 매트를 들고 집으로 돌아가라." 하시매 25 그 즉시 그 사람이 그들 앞에서 일어나 그가 누워 왔
던 매트를 가지고 하나님을 찬양하며 가니라. 26 거기에 있던 모든 사람들이 놀라워하며 하나님께 영광
을 돌리니라. 그들이 또한 경외심으로 가득차 서로 말을 하기를, "오늘, 우리가 실로 놀라운 일을 보았도
다!" 하더라.

27 After this, Jesus went out and saw a tax collector by the name of Levi
sitting at his tax booth. "Follow me," Jesus said to him, 28 and Levi got up,
left everything and followed him. 29 Then Levi held a great banquet for Jesus
at his house, and a large crowd of tax collectors and others were eating with
them.

27 그 후에 예수께서 거리로 나가시매, 레위라는 이름을 가진 세금 징수업자가 그 세금 걷는 자리에 앉
아 있는 것을 보시고는 그에게 이르시되, "나를 따라오라" 하시니 28 레위가 자리에서 일어나 모든 것
을 내버리고 예수를 따라가니라. 29 레위가 자기 집에서 예수를 위하여 큰 잔치를 여니, 세금 징수업자
들 여럿과 또 다른 사람들도 그들과 함께 앉아 먹더라.

30 But the Pharisees and the teachers of the law who belonged to their sect

complained to his disciples, "Why do you eat and drink with tax collectors
and 'sinners'?" 31 Jesus answered them, "It is not the healthy who need a
doctor, but the sick. 32 I have not come to call the righteous, but sinners to
repentance."

30 그러나 바리새인들과 그들의 종파에 속한 율법 교사들은 예수의 제자들을 비방하여 이르되, "너희
가 어찌하여 세리(稅吏)와 '죄인들' 과 함께 앉아 먹고 마시느뇨?" 하니 31 예수께서 그들에게 대답하시
기를, "의사를 필요로 하는 자는 건강한 사람이 아니요, 병든 사람이라. 32 내가 의인을 부르러 온 것이
아니라, 죄인을 불러 회개시키려 왔노라." 말씀하시더라.

33 They said to him, "John's disciples often fast and pray, and so do the
disciples of the Pharisees, but yours go on eating and drinking." 34 Jesus
answered, "Can you make the guests of the bridegroom fast while he is with
them? 35 But the time will come when the bridegroom will be taken from
them; in those days they will fast."

33 바리새인들과 율법 교사들이 또 예수께 말하되, "요한의 제자들은 자주 금식하며 기도하고, 우리 바
리새인 제자들도 그러하지만, 당신의 제자들은 그저 먹고 마시기를 계속함이니이다." 하니, 34 예수께
서 말씀하시기를, "혼인하는 집에서 신랑 측 손님들이 신랑과 함께 있을 때에, 그들로 금식하게 할 수가
있느뇨? 35 그러나 그들이 자기의 신랑을 빼앗기게 될 날이 오리니; 그 날에는 그들도 금식할 것이니
라." 하시더라.

36 He told them this parable: "No one tears a patch from a new garment and
sews it on an old one. If he does, he will have torn the new garment, and the
patch from the new will not match the old. 37 And no one pours new wine
into old wineskins. If he does, the new wine will burst the skins, the wine will
run out and the wineskins will be ruined. 38 No, new wine must be poured
into new wineskins. 39 And no one after drinking old wine wants the new, for
he says, 'The old is better.'"

36 그러며 예수께서 이런 비유를 들어 말씀하시니 곧, "누구든지 자기 새 옷을 찢어 그것으로 헌 옷을
꿰매는 자가 없으니, 그렇게 하면 새 옷을 찢어 못쓰게 할 뿐이요, 새 옷에서 찢은 조각이 낡은 옷에 어
울리지도 아니하느니라. 37 또 아무도 새 포도주를 낡은 가죽 부대에 넣는 사람이 없으니, 그렇게 하면
새 포도주가 부대를 터뜨려 포도주도 쏟아지고 그 포도주 부대도 못쓰게 되는 법이니라. 38 그런즉, 새
포도주는 반드시 새 포도 부대에 부어 담아야 하느니라. 39 그리고 오래된 포도주를 마시고 난 후에 새
포도주를 달라 하는 사람이 없으니 이는 그가 말하기를 (*포도주는) '오래된 것이 좋다' 하는 까닭이니
라." 하시더라.

제6장

1 One Sabbath Jesus was going through the grainfields, and his disciples began
to pick some heads of grain, rub them in their hands and eat the kernels.
2 Some of the Pharisees asked, "Why are you doing what is unlawful on the
Sabbath?" 3 Jesus answered them, "Have you never read what David did when
he and his companions were hungry? 4 He entered the house of God, and
taking the consecrated bread, he ate what is lawful only for priests to eat. And
he also gave some to his companions." 5 Then Jesus said to them, "The Son of
Man is Lord of the Sabbath."

1 어느 안식일에 예수께서 밀밭 가운데를 걸어 길을 가시던 중에, 그 제자들이 이삭 몇 개를 잘라 손으
로 비비어 알곡을 입으로 가져가매 2 몇몇 바리새인들이 이를 본지라, 그들이 이르되, "어찌하여 당신들
이 안식일에 금지된 일을 하느뇨?" 하니, 3 예수께서 대답하여 이르시되, "다윗이 자기와 또 그와 함께
한 부하들이 배고파 주릴 때에 했던 일을 너희가 읽어 보지 못하였느냐? 4 그가 하나님의 전(殿)에 들어
가서 거룩히 구별된 떡을 집어 오직 제사장만이 먹을 수 있는 것을 먹고, 또 함께 있던 자기 부하들에게
도 나누어 주었느니라." 하시고 5 이르시되, "인자(人子)는 안식일(安息日)의 주(主)이니라." 하시더라.

6 On another Sabbath he went into the synagogue and was teaching, and
a man was there whose right hand was shriveled. 7 The Pharisees and the
teachers of the law were looking for a reason to accuse Jesus, so they watched
him closely to see if he would heal on the Sabbath. 8 But Jesus knew what they
were thinking and said to the man with the shriveled hand, "Get up and stand
in front of everyone." So he got up and stood there.

6 또 다른 안식일에 예수께서 회당에 들어가 말씀을 가르치시는데, 거기에 오른손 쪼그라 붙은 사람이
있었더라. 7 바리새인들과 율법 교사들이 예수를 고발할 증거를 찾고 있었으니 예수가 또 안식일에 병
고치시는 일을 할지 어떨지를 그들이 주의깊게 관찰하고 있었더라. 8 예수께서 그들이 무슨 생각을 하
고 있는지를 다 아시고 그 손 말라 붙은 사람에게 이르시되, "일어나 이 사람들 한 가운데에 서라." 하시
니 그가 일어나 거기 서니라.

9 Then Jesus said to them, "I ask you, which is lawful on the Sabbath: to do
good or to do evil, to save life or to destroy it?" 10 He looked around at them
all, and then said to the man, "Stretch out your hand." He did so, and his hand
was completely restored. 11 But they were furious and began to discuss with
one another what they might do to Jesus.

9 이에 예수께서 그들 모두를 향해 물으시기를, "내가 너희에게 묻노니, 어느 것이 안식일에 법으로 허
용되는 것이냐? 선을 행하는 것과 악을 행하는 것, 그리고 생명을 구하는 것과 죽이는 것, 어느 것이 옳
으냐?" 하시며 10 그들 무리를 둘러보시고 그 사람에게 말씀하시기를, "네 손을 내 뻗으라." 하시니 그
가 그리하매 그 손이 온전히 새 손으로 복구가 되니라. 11 그러나 그들 바리새인들과 율법 교사들은 이
에 맹렬히 분을 내어 이 예수를 어떻게 처치할꼬 하며 그 때로부터 예수 죽이기를 의논하기 시작하니라.

12 One of those days Jesus went out to a mountainside to pray, and spent the
night praying to God. 13 When morning came, he called his disciples to him
and chose twelve of them, whom he also designated apostles: 14 Simon (whom
he named Peter), his brother Andrew, James, John, Philip, Bartholomew, 15
Matthew, Thomas, James son of Alphaeus, Simon who was called the Zealot,
16 Judas son of James, and Judas Iscariot, who became a traitor.

12 어느 하루는 예수께서 기도하러 산으로 가셨는데, 거기서 하루 온 밤을 지새며 하나님께 기도를 드
리시더라. 13 아침이 되어 날이 밝으매, 그 제자들을 부르사 그 중에서 열둘을 택하시고 이들을 사도(使
徒)로 지명하시니: 14 시몬, 곧 예수께서 베드로라고 이름을 주신 시몬과 그의 형제 안드레와, 그리고
야고보와 요한과 빌립과 바돌로매와 15 마태와 도마와 알패오의 아들 야고보와 셀롯이라고 불리던 시
몬과 16 그리고 또, 야고보의 아들 유다와, 그리고 가룟 유다니, 이 가룟 유다는 나중에 예수를 배신할
자더라.

17 He went down with them and stood on a level place. A large crowd of his
disciples was there and a great number of people from all over Judea, from
Jerusalem, and from the coast of Tyre and Sidon, 18 who had come to hear
him and to be healed of their diseases. Those troubled by evil spirits were
cured, 19 and the people all tried to touch him, because power was coming
from him and healing them all.

17 예수께서 그들과 함께 산에서 내려가사 평지에 서시니 다른 제자들의 큰 무리가 거기에 와 있는데, 이들은 유대의 모든 지방과 예루살렘과 그리고 또 티레(두로)와 시돈의 해안가로부터 온 사람들이더라. 18 그들은 예수의 가르침도 듣고, 또 그들의 병 고침을 얻기 위해서 온 자들이라, 그 중에 악한 영에 의해 괴로움을 받던 사람들이 빠짐없이 나음을 얻으매 19 사람들이 예수를 손으로 만져 보려 애를 쓰니 이는 능력이 그로부터 나와 모든 사람을 치료하던 까닭이더라.

20 Looking at his disciples, he said: "Blessed are you who are poor, for yours is the kingdom of God. 21 Blessed are you who hunger now, for you will be satisfied. Blessed are you who weep now, for you will laugh. 22 Blessed are you when men hate you, when they exclude you and insult you and reject your name as evil, because of the Son of Man. 23 Rejoice in that day and leap for joy, because great is your reward in heaven. For that is how their fathers treated the prophets. 24 But woe to you who are rich, for you have already received your comfort.

20 예수께서 그 제자들을 바라보시며 말씀하시기를: "너희 가난한 자는 복이 있나니 하나님의 나라가 너희 것임이요, 21 지금 배고파 주린 자는 복이 있나니 너희가 충만함을 얻을 것임이요, 지금 우는 자는 복이 있나니 너희가 웃을 것임이요, 22 사람들이 너희를 미워할 때에는 너희에게 복이 있나니, 특히 인자(人子)로 말미암아 사람들이 너희 이름을 악하다 하며 거부하고, 또 너희를 모욕하며 자기들 틈에서 빼어버릴 때에 너희에게 복이 있도다. 23 그 날에 너희가 즐거워하고 기뻐하며 뛰놀라, 이는 하늘에서 너희 받을 상(賞)이 큼이라. 이것이 그들의 조상이 선지자들을 대접했던 그 방식이니라. 24 그러나 너희 부유한 자는 화(禍) 있을진저. 너희가 너희의 위로를 이미 받았음이로다.

25 Woe to you who are well fed now, for you will go hungry. Woe to you who laugh now, for you will mourn and weep. 26 Woe to you when all men speak well of you, for that is how their fathers treated the false prophets. 27 But I tell you who hear me: Love your enemies, do good to those who hate you, 28 bless those who curse you, pray for those who mistreat you.

25 화 있을진저, 너희 지금 잘 먹고 지내는 자들이여, 너희가 이제 배 주리리로다. 화 있을진저, 너희 지금 웃는 자여, 너희가 애통해하며 슬피 울리로다. 26 사람들이 모두 너희를 칭찬하면, 그 때에는 너희에게 화 있을진저, 그들의 조상들이 거짓 선지자들을 이같이 대접하였느니라. 27 그러나 지금 내 말을 듣는 너희에게는 내가 이르노니: 너희는 너희 원수를 사랑하며 너희를 미워하는 자에게 선하게 대하고, 28 너희를 저주하는 자를 축복하며, 너희를 모욕하는 자를 위해 기도하라.

29 If someone strikes you on one cheek, turn to him the other also. If someone takes your cloak, do not stop him from taking your tunic. 30 Give to everyone who asks you, and if anyone takes what belongs to you, do not demand it back. 31 Do to others as you would have them do to you.

29 만일 누가 너의 한쪽 뺨을 치거든, 그에게 네 다른 쪽 뺨도 돌려 대어주고 누가 네 겉옷을 빼앗아가면 네 속옷도 가져가는 것을 금하지 말라. 30 누구든 무언가를 네게 구하면 그에게 주고, 돌려 달라 하지 말라. 31 곧, 다른 사람이 너희에게 해 주었으면 하는 일을 너희가 남에게 행하여 주라.

32 If you love those who love you, what credit is that to you? Even 'sinners' love those who love them. 33 And if you do good to those who are good to you, what credit is that to you? Even 'sinners' do that. 34 And if you lend to those from whom you expect repayment, what credit is that to you? Even 'sinners' lend to 'sinners,' expecting to be repaid in full.

32 너희가 만일 너희를 사랑하는 자만을 사랑하면 무슨 칭찬을 받겠느냐? '죄인들'도 자신을 사랑하는 자를 사랑하느니라. 33 또 너희가 만일 너희를 선대(善待)하는 자들에게만 선(善)하게 대하면, 너희가

칭찬 받을 것이 무엇이냐? '죄인들'도 그렇게 하느니라. 34 너희가 도로 돌려 받기를 기대하고 그에게 꾸어 주면 네가 칭찬 받을 것이 무엇이냐? '죄인들'도 '죄인들'에게 꾸어 주나니, 빌려 준 것을 온전히 돌려 받고자 기대하므로 그렇게 하느니라.

35 But love your enemies, do good to them, and lend to them without
expecting to get anything back. Then your reward will be great, and you will
be sons of the Most High, because he is kind to the ungrateful and wicked. 36
Be merciful, just as your Father is merciful.

35 그러나 너희는 너희의 원수를 사랑하고, 그를 선대(善待)하며, 아무 것도 돌려 받기를 기대하지 말고
꾸어 주라. 그리하면 너희가 받을 상(賞)이 클 것이요, 또 너희가 지극히 높으신 이의 아들이 되리니, 그
는 은혜를 모르는 자와 사악한 자에게도 자비를 베푸시는 분이시니라. 36 너희 아버지께서 자비로우신
것 같이 너희도 자비로운 자가 되라.

37 Do not judge, and you will not be judged. Do not condemn, and you will
not be condemned. Forgive, and you will be forgiven. 38 Give, and it will be
given to you. A good measure, pressed down, shaken together and running
over, will be poured into your lap. For with the measure you use, it will be
measured to you.

37 판단하지 말라, 그리하면 너희가 판단 받지 않을 것이요, 정죄하지 말라, 그리하면 너희가 정죄를 받
지 않을 것이니라. 용서하라, 그리하면 너희가 용서를 받을 것이요, 38 주라, 그리하면 너희가 받을 것
이니 곧 후히 되어 누르고 흔들어 넘치도록 너희 옷자락에 부어 주시리라. 너희가 세고, 헤아리는 그 셈
과 헤아림으로 너희가 세어지는 바가 되고 또 헤아림을 받을 것이니라." 하시니라.

39 He also told them this parable: "Can a blind man lead a blind man? Will
they not both fall into a pit? 40 A student is not above his teacher, but
everyone who is fully trained will be like his teacher. 41 Why do you look at
the speck of sawdust in your brother's eye and pay no attention to the plank
in your own eye? 42 How can you say to your brother, 'Brother, let me take
the speck out of your eye,' when you yourself fail to see the plank in your own
eye? You hypocrite, first take the plank out of your eye, and then you will see
clearly to remove the speck from your brother's eye.

39 또 예수께서 이런 비유로 말씀하시니라: "맹인이 맹인을 인도할 수 있겠느냐? 두 사람이 다 구덩이
에 빠지지 아니하겠느냐? 40 제자가 그 선생보다 위에 있지를 못하니, 누구든지 온전히 훈련을 받아야
지만 그 선생과 같아 지는 법이라. 41 네가 네 형제의 눈 속에 있는 톱밥 티는 보면서 네 눈 속에 있는 대
들보는 알아 채지 못하느냐? 42 네 눈 속에 있는 대들보도 보지 못하면서 어찌 네 형제에게 말하기를,
'형제여 나로 하여금 네 눈에 있는 티를 빼게 하라' 할 수 있겠느냐? 너, 이 위선자야, 먼저 네 눈 속에서
대들보를 빼어 내라. 그 후에야 네가 밝히 보고 형제의 눈 속에 있는 티를 뺄 수 있으리라.

43 No good tree bears bad fruit, nor does a bad tree bear good fruit. 44 Each
tree is recognized by its own fruit. People do not pick figs from thornbushes,
or grapes from briers. 45 The good man brings good things out of the good
stored up in his heart, and the evil man brings evil things out of the evil stored
up in his heart. For out of the overflow of his heart his mouth speaks.

43 좋은 나무는 나쁜 열매를 맺을 수가 없고 나쁜 나무가 좋은 열매를 맺을 수 없느니라. 44 나무는 그
자신이 맺는 열매로 알 수 있는 법이니, 가시나무에서 무화과를 딸 수 없고, 찔레나무에서 포도를 따지
못하느니라. 45 선한 사람은 자기 마음에 쌓여있는 선(善)에서 선(善)을 불러내고, 악한 자는 그 마음에
쌓인 악(惡)에서 악(惡)을 내나니 이는 자기 마음에 가득차 넘치는 것을 입으로 말함이니라.

46 Why do you call me, 'Lord, Lord,' and do not do what I say? 47 I will show you what he is like who comes to me and hears my words and puts them into practice. 48 He is like a man building a house, who dug down deep and laid the foundation on rock. When a flood came, the torrent struck that house but could not shake it, because it was well built. 49 But the one who hears my words and does not put them into practice is like a man who built a house on the ground without a foundation. The moment the torrent struck that house, it collapsed and its destruction was complete."

46 너희가 나를 '주여, 주여' 부르면서 어찌 내가 말하는 것은 행하지 아니하느냐? 47 내게 나아와 내 말을 듣고 행하는 자가 어떠한 사람인지 내가 말해주리라. 48 그는 집을 짓되 그 땅을 깊이 파고 기초를 바위 위에 놓는 사람과 같으니 홍수가 나서 탁류가 그 집을 부딪치나 집이 흔들리지도 않는 것은 그가 집을 이같이 잘 지었기 때문이라. 49 그러나 내 말을 듣고 이를 행하지 아니하는 자는 기초 없이 맨 땅 위에 집을 짓는 사람과 같으니, 급류가 부딪치면 그 집이 금방 무너져 완전히 파괴되는 사람과 같으니라." 하시더라.

제7장

1 When Jesus had finished saying all this in the hearing of the people, he entered Capernaum. 2 There a centurion's servant, whom his master valued highly, was sick and about to die. 3 The centurion heard of Jesus and sent some elders of the Jews to him, asking him to come and heal his servant.

1 예수께서 이 모든 말씀들을 사람들에게 하신 후에 카버나움으로 들어가시니라. 2 거기에 어떤 백부장의 종 하나가 병이 들어 거의 죽게 되었는데, 그 종은 백부장이 아주 높게 평가하는 자라. 3 이에 그 백부장이 예수에 관해 듣고, 유대인 장로 몇 사람을 예수께 보내어 요청하기를, 오셔서 자기의 노예 하인을 고쳐 주시기를 소원하더라.

4 When they came to Jesus, they pleaded earnestly with him, "This man deserves to have you do this, 5 because he loves our nation and has built our synagogue." 6 Jesus went with them. He was not far from the house when the centurion sent friends to say to him: "Lord, don't trouble yourself, for I do not deserve to have you come under my roof. 7 That is why I did not even consider myself worthy to come to you. But say the word, and my servant will be healed. 8 For I myself am a man under authority, with soldiers under me. I tell this one, 'Go,' and he goes; and that one, 'Come,' and he comes. I say to my servant, 'Do this,' and he does it."

4 백부장이 보낸 사람들이 예수께 이르러 그를 위해 간구하며 말을 하기를, "이 사람은 당신께서 그런 일을 해 주실 충분한 자격이 있는 사람이니 5 그가 우리 민족을 사랑하고 또 우리 회당을 지어 주기도 하였나이다." 하매 6 예수께서 그들과 함께 그 집으로 가시니라. 예수께서 그 백부장의 집에서 멀지 않은 곳까지 이르렀을 때에 그 백부장이 자기 친구들을 예수께 보내어 이르되: "주여, 수고롭게 행하지 마옵소서. 주(主)께서 내 집 지붕 아래 오시는 것을 제가 감당치를 못하겠나이다. 7 제가 주께 직접 찾아 뵙지 못한 것도 이런 이유니이다. 그저 말씀으로만 하옵소서. 그러면 제 하인이 낫겠나이다. 8 저 역시 누군가의 권위 아래 있는 사람이요, 또 제 밑에도 군사들이 있어 누구더러 '가라' 하면 그가 가고 또 누구더러 '오라' 하면 오고, 또 제가 제 하인더러 '이것을 하라' 하면 그가 그것을 그대로 하나이다." 하니라.

9 When Jesus heard this, he was amazed at him, and turning to the crowd
following him, he said, "I tell you, I have not found such great faith even in
Israel." 10 Then the men who had been sent returned to the house and found
the servant well.

9 예수께서 이 말을 들으시자 그에 대해 놀라움을 감추지 못하시며 몸을 돌이켜 따르는 무리에게 이르
시되, "내가 너희에게 이르노니 이런 믿음은 이스라엘 중에서도 찾아보지 못하였노라." 하시더라. 10 이
에 그 심부름 왔던 자들이 집으로 돌아가 보매 그 종이 이미 병이 나아 있음을 발견하니라.

11 Soon afterward, Jesus went to a town called Nain, and his disciples and a
large crowd went along with him. 12 As he approached the town gate, a dead
person was being carried out--the only son of his mother, and she was a
widow. And a large crowd from the town was with her. 13 When the Lord saw
her, his heart went out to her and he said, "Don't cry." 14 Then he went up
and touched the coffin, and those carrying it stood still. He said, "Young man,
I say to you, get up!" 15 The dead man sat up and began to talk, and Jesus gave
him back to his mother.

11 바로 그 직후에 예수께서 나인이란 도성으로 가시니, 제자들과 또 많은 무리의 사람들이 예수를 따
라가니라. 12 예수께서 그 도시의 성문에 이르실 즈음에 어떤 죽은 사람이 사람들에게 떠메어져 나오
는데, 죽은 이는 그 어머니의 외아들이요, 그 어머니는 과부더라. 그 성에 사는 많은 사람들이 그 과부와
함께 나오는데, 13 주께서 그 과부를 보실 때에 마음이 그녀에게로 향하시매, "울지 말라" 말하시고 14
올라가서 관에 손을 대시니 관 멘 자들은 그냥 가만히 서 있으니라. 예수께서 이르시되, "젊은이여, 내가
네게 이르노니, 일어나라." 하시니 15 죽었던 자가 일어나 앉아 말을 하거늘 예수께서 그를 그 어머니에
게 내 주시니라.

16 They were all filled with awe and praised God. "A great prophet has
appeared among us," they said. "God has come to help his people." 17 This
news about Jesus spread throughout Judea and the surrounding country.

16 이에 모든 사람이 크게 두려워하며 하나님을 찬양하며 이르되, "위대한 선지자가 우리 중에 나타나
셨도다." 하고 또, "하나님께서 자기의 백성을 도우시러 직접 오심이로다." 하더라. 17 예수께 대한 이
소문이 온 유대와 인근 각처에 두루 퍼져 나가니라.

18 John's disciples told him about all these things. Calling two of them, 19 he
sent them to the Lord to ask, "Are you the one who was to come, or should we
expect someone else?" 20 When the men came to Jesus, they said, "John the
Baptist sent us to you to ask, 'Are you the one who was to come, or should
we expect someone else?'" 21 At that very time Jesus cured many who had
diseases, sicknesses and evil spirits, and gave sight to many who were blind.

18 요한의 제자들이 이 모든 일을 그에게 다 고하여 알리매 요한이 그 제자 중 둘을 불러 19 주 예수께
보내며 다음과 같이 묻게 하니 곧, "오실 그 이가 당신이오니이까? 아니면 우리가 다른 이를 기다려야
하리이까?" 하고 물어보게 하더라. 20 이에 요한의 제자들이 예수께 나아와 이르기를, "세례 요한이 우
리에게 이르되 당신께 여쭈어 보기를 '오시리라고 되어있는 그 이가 당신이니이까, 아니면 우리가 다른
이를 더 기다려야 하나이까' 물어보라 하더이다." 하니 21 그 때에 예수께서는 허다한 병 걸린 자들과
아프고 귀신 들린 자들을 고치시며 또 많은 맹인들의 눈을 뜨게 하여 그들로 보게 하고 계셨더라.

22 So he replied to the messengers, "Go back and report to John what you
have seen and heard: The blind receive sight, the lame walk, those who have
leprosy are cured, the deaf hear, the dead are raised, and the good news
is preached to the poor. 23 Blessed is the man who does not fall away on

account of me."

22 이에 예수께서 요한이 보낸 자들에게 이르시되, "너희가 여기에서 보고 들은 것을 요한에게 돌아가서 알리되: 맹인이 자기의 보는 눈을 다시 받으며, 다리 저는 사람이 온전히 걸으며, 나병환자가 깨끗함을 받으며, 귀먹은 사람이 들으며, 죽은 자가 살아나며, 좋은 소식이 가난한 자들에게 전파된다 하라. 23 누구든지 나로 말미암아 실족하지 아니하는 그 자는 복이 있도다." 하시니라.

24 After John's messengers left, Jesus began to speak to the crowd about John: "What did you go out into the desert to see? A reed swayed by the wind? 25 If not, what did you go out to see? A man dressed in fine clothes? No, those who wear expensive clothes and indulge in luxury are in palaces. 26 But what did you go out to see? A prophet? Yes, I tell you, and more than a prophet. 27 This is the one about whom it is written: 'I will send my messenger ahead of you, who will prepare your way before you.'

24 요한이 보낸 사람들이 떠난 후에 예수께서 요한에 관하여 주위 사람들에게 말씀하시기를, "너희가 무엇을 보려고 광야에 나갔었더냐? 바람에 흔들리는 갈대냐? 25 그게 아니라면, 너희가 무엇을 보려고 나갔더냐? 좋은 옷 입은 사람이냐? 아니라, 좋은 옷을 입고 사치하게 흥청망청 지내는 자는 궁중에 있느니라. 26 그러면 너희가 무엇을 보려고 나갔더냐? 선지자냐? 그 말이 옳도다! 내가 말하노니 그는 선지자 이상이라. 27 이 요한은 성경에 기록된 바로 그 사람이니 '내가 내 사자(使者)를 네 앞에 보내나니, 그가 네 앞에서 네 길을 준비하리라' 한 것이 곧 이 사람에 대한 말씀이니라.

28 I tell you, among those born of women there is no one greater than John; yet the one who is least in the kingdom of God is greater than he." 29 (All the people, even the tax collectors, when they heard Jesus' words, acknowledged that God's way was right, because they had been baptized by John. 30 But the Pharisees and experts in the law rejected God's purpose for themselves, because they had not been baptized by John.)

28 내가 너희에게 이르노니, 여자로부터 태어난 자 중에 요한보다 더 위대한 자가 없도다; 그러나 하나님의 나라에서는 지극히 작은 자라도 그보다는 큰 법이니라." 하시더라. 29 (*거기에 있던) 모든 사람들이–세금 징수업자들을 포함하여–예수의 이 말씀을 들을 때에 '하나님의 길'이 참으로 의로우시다는 것을 인정하니 이는 그들이 요한으로부터 세례를 받은 사람들인 까닭이더라. 30 그러나 바리새인들과 율법교사들은 그들 자신을 위한 하나님의 목적하신 바 그 뜻을 끝내 거부하고 이를 받아들이지 아니하였으니 이는 그들이 요한의 세례를 받지 않은 까닭이더라.

31 "To what, then, can I compare the people of this generation? What are they like? 32 They are like children sitting in the marketplace and calling out to each other: 'We played the flute for you, and you did not dance; we sang a dirge, and you did not cry.'

31 예수께서 또 이르시되 "이 세대(世代)의 사람들을 내가 무엇으로 비유할 수 있을꼬? 이들이 그 무엇과 같다고 얘기할꼬? 32 이 세대(世代) 사람들이 장터에 앉은 아이들 같으니, 이 아이들이 서로를 부르며 말하기를: '우리가 너희를 위해 피리를 불어도 너희가 춤추지 않고; 우리가 슬픈 장송곡을 불러도 너희가 울지 아니하였다' 말하는 그 아이들과 같다 하리라.

33 For John the Baptist came neither eating bread nor drinking wine, and you say, 'He has a demon.' 34 The Son of Man came eating and drinking, and you say, 'Here is a glutton and a drunkard, a friend of tax collectors and "sinners."' 35 But wisdom is proved right by all her children."

33 세례 요한은 (*세상에 와서) 떡도 먹지 아니하고 포도주도 마시지 아니하매 너희가 하는 말이 '그가

귀신이 들렸다' 하더니 34 이제 인자(人子)는 와서 먹고 마시매, 너희 하는 말이, '보라, 여기 대식가요
주정뱅이요, 세리와 '죄인'의 친구가 여기 있도다' 하는도다. 35 그러나 지혜는 자기가 낳은 자녀로 말
미암아 옳은 것이 증명되는 법이니라." 하고 말씀하시니라.

36 Now one of the Pharisees invited Jesus to have dinner with him, so he went
to the Pharisee's house and reclined at the table. 37 When a woman who had
lived a sinful life in that town learned that Jesus was eating at the Pharisee's
house, she brought an alabaster jar of perfume, 38 and as she stood behind
him at his feet weeping, she began to wet his feet with her tears. Then she
wiped them with her hair, kissed them and poured perfume on them.

36 한 바리새인이 예수를 저녁 식사에 초청하매 예수께서 그 바리새인의 집으로 가셔서 그와 함께 식탁
에 기대 앉으시니라. 37 마침 그 마을에 죄 많은 인생을 살아온 한 여인이 있어, 이 여인이 예수께서 그
바리새인의 집에 오신다는 이야기를 듣고는 설화석고로 만든 향유 병 하나를 들고 와서 38 예수의 뒤에
서서 울며 섰더니 예수의 발을 자기의 눈물로 적시매, 자기 머리칼로 그 눈물을 닦고 그 발에 입맞추며
향유를 발 위에 쏟아 부으니라.

39 When the Pharisee who had invited him saw this, he said to himself, "If
this man were a prophet, he would know who is touching him and what kind
of woman she is--that she is a sinner." 40 Jesus answered him, "Simon, I have
something to tell you." "Tell me, teacher," he said.

39 예수를 청한 바리새인이 이 광경을 보며 속으로 가만히 말하기를, "만일 이 사람이 선지자라면 지금
자기를 만지는 이 여자가 누구인지, 그리고 어떠한 여자인지 곧, 죄인인 줄을 알리라." 하고 있는데 40
그 때에 예수께서 그에게 물어 이르시기를, "시몬아, 내가 네게 말해 줄 것이 있노라." 하시니, 그가 이르
되 "선생님, 말씀하소서." 하니

41 "Two men owed money to a certain moneylender. One owed him five
hundred denarii, and the other fifty. 42 Neither of them had the money to pay
him back, so he canceled the debts of both. Now which of them will love him
more?"

41 예수께서 이르시되, "어떤 대부업자에게 빚 진 사람이 둘이 있어, 한 명은 오백 데나리온을 빚졌고
다른 한 명은 오십 데나리온을 빚졌는데 42 둘 다 이 빚 갚을 돈이 없는지라, 그 대부업자가 둘 모두의
빚을 탕감해 주었느니라. 네 생각에는 이 두 사람 중에 누가 더 이 대부업자를 사랑하겠느냐?" 하고 물
으시니

43 Simon replied, "I suppose the one who had the bigger debt canceled." "You
have judged correctly," Jesus said. 44 Then he turned toward the woman and
said to Simon, "Do you see this woman? I came into your house. You did not
give me any water for my feet, but she wet my feet with her tears and wiped
them with her hair. 45 You did not give me a kiss, but this woman, from the
time I entered, has not stopped kissing my feet. 46 You did not put oil on my
head, but she has poured perfume on my feet.

43 시몬이 대답하여 이르되, "제 생각에는 많은 금액을 빚졌다가 탕감 받은 자니이다." 하니, 예수께서
이르시되 "네가 옳게 판단하였도다." 하시고 44 그 여자를 향해 돌아보시며 다시금 시몬에게 이르시되,
"네가 이 여자를 보느냐? 내가 너의 집에 들어올 때에 너는 내게 발 씻을 물도 주지 아니하였으되, 이 여
자는 눈물로 내 발을 적시고 그 머리털로 닦았느니라. 45 너는 내게 입 맞추지도 아니하였으되 그러나
이 여자는 내가 들어오면서부터 지금껏 내 발에 입맞추기를 그치지 아니하고 46 너는 내 머리에 기름도
붓지 아니하였으되 이 여인은 향유를 내 발에 쏟아 부었느니라.

47 Therefore, I tell you, her many sins have been forgiven--for she loved
much. But he who has been forgiven little loves little." **48** Then Jesus said
to her, "Your sins are forgiven." **49** The other guests began to say among
themselves, "Who is this who even forgives sins?" **50** Jesus said to the woman,
"Your faith has saved you; go in peace."

47 그런즉, 내가 네게 이르노니, 이 여자의 많은 죄가 사하여졌으매–그만큼 더많이 사랑하는 것이니
라. 용서 받은 것이 적은 자는 그 사랑하는 것도 적은 법이니라." 하시고, **48** 이에 여자에게 이르시되,
"네 죄가 용서하심을 받았느니라." 하고 말씀하시니 **49** 이에 식탁에 있던 다른 손님들이 서로 수군거리
며 말하기를, "이 사람이 누구관대 남의 죄를 용서한다 하는고?" 하는데, **50** 예수께서 그 여자에게 다시
이르시되, "네 믿음이 너를 구원하였노라; 평안히 가라." 하시더라.

제8장

1 After this, Jesus traveled about from one town and village to another,
proclaiming the good news of the kingdom of God. The Twelve were with him,
2 and also some women who had been cured of evil spirits and diseases: Mary
(called Magdalene) from whom seven demons had come out; **3** Joanna the wife
of Cuza, the manager of Herod's household; Susanna; and many others. These
women were helping to support them out of their own means.

1 그 후에 예수께서 여러 마을과 도시를 차례대로 두루 다니시며 하나님 나라에 대한 복음(福音)을 선포
하시는데, 열두 제자가 늘 예수와 함께하였고 **2** 또 몇몇 여인들도 예수와 함께하였으니 이들은 (*예수
로부터) 악한 귀신을 쫓아내심과 병 고침을 받은 여인들이었더라; 그 중에 막달라 마리아는 자신의 몸에
서 일곱 귀신이 쫓겨 나감을 받은 여인이었으며; **3** 요안나는 구사의 아내로서, 구사는 헤롯 집안의 관리
인이었으며 또 그외에도 수산나와 다른 여자 여러 명이 함께 있었더라. 이 여인들이 각기 자기들의 소유
를 사용하여 예수와 제자들을 도우고 섬기더라.

4 While a large crowd was gathering and people were coming to Jesus from
town after town, he told this parable: **5** "A farmer went out to sow his seed. As
he was scattering the seed, some fell along the path; it was trampled on, and
the birds of the air ate it up. **6** Some fell on rock, and when it came up, the
plants withered because they had no moisture. **7** Other seed fell among thorns,
which grew up with it and choked the plants. **8** Still other seed fell on good
soil. It came up and yielded a crop, a hundred times more than was sown."
When he said this, he called out, "He who has ears to hear, let him hear."

4 그 때에 큰 무리의 사람들이 군중을 이루어 이 마을 저 마을로부터 나아와 예수께로 몰려오거늘, 예수
께서 이런 비유를 들어 그들에게 말씀하시니 곧 이르시기를: **5** "농부가 밭에 나가 씨를 뿌리는데 그 씨
를 뿌릴 때에, 어떤 씨앗들은 길 위에 떨어지니 사람들에게 짓밟혀 버리거나 새들이 와서 쪼아 먹어 버
렸고, **6** 어떤 씨앗들은 바위 위에 떨어지매 싹이 올라오다가 물기가 없으므로 곧 시들어 버렸고, **7** 어떤
씨앗들은 가시덤불 속에 떨어지매 가시와 함께 자라게 되므로 질식하게 되고, **8** 어떤 씨앗은 좋은 땅 위
에 떨어지매 무럭무럭 잘 자라나서 큰 결실을 맺게 되니 곧, 그 심겨진 씨앗보다 백배나 더 많게 수확하
게 되었느니라." 예수께서 이렇게 말씀을 하시고는 다시 큰 소리로 이르시되, "들을 귀 가진 자는 들을
지어다." 하시더라.

9 His disciples asked him what this parable meant. **10** He said, "The knowledge
of the secrets of the kingdom of God has been given to you, but to others I

speak in parables, so that, 'though seeing, they may not see; though hearing, they may not understand.'

9 제자들이 예수께 이 비유가 무엇을 의미하는지를 물으니 10 예수께서 이르시되 "하나님 나라의 비밀을 아는 지식이 너희에게는 주어졌으나, 그러나 다른 사람에게는 내가 이를 비유로 말을 하나니 이는 '그들이 보아도 보지 못하고; 들어도 깨닫지 못하게 하려 함'이라.

11 This is the meaning of the parable: The seed is the word of God. 12 Those along the path are the ones who hear, and then the devil comes and takes away the word from their hearts, so that they may not believe and be saved.
13 Those on the rock are the ones who receive the word with joy when they hear it, but they have no root. They believe for a while, but in the time of testing they fall away. 14 The seed that fell among thorns stands for those who hear, but as they go on their way they are choked by life's worries, riches and pleasures, and they do not mature. 15 But the seed on good soil stands for those with a noble and good heart, who hear the word, retain it, and by persevering produce a crop.

11 이 비유의 뜻은 이러하니라: 씨앗은 하나님의 말씀이니 12 길 위에 떨어진 씨앗이라 함은; 말씀을 들었으나 마귀가 와서 그들의 마음으로부터 그 말씀을 빼앗아가 버려, 그들이 믿지도 못하고 구원을 얻지도 못하게 되는 자들이요, 13 바위 위에 떨어진 씨앗이라 함은; 말씀을 들을 때에는 이를 기쁨으로 받으나 그러나 뿌리가 없는 자들로서 그들이 잠깐은 믿으나, 시험의 때가 오면 곧 떨어져 나갈 자들이요, 14
가시떨기에 떨어진 씨앗이라 함은; 말씀은 들었으나, 살아가는 동안 이 세상 사는 것의 염려와 부와 향락으로 말미암아 질식케 되므로 그 열매가 익지 못하여 마침내 결실하지 못하는 자요, 15 좋은 땅에 떨어진 씨앗이라 함은; 귀하고 선한 마음을 가진 자로서 말씀을 듣고 이를 마음에 간직하며, 인내함으로 이를 지키어 결실을 맺는 자니라.

16 No one lights a lamp and hides it in a jar or puts it under a bed. Instead, he puts it on a stand, so that those who come in can see the light. 17 For there is nothing hidden that will not be disclosed, and nothing concealed that will not be known or brought out into the open. 18 Therefore consider carefully how you listen. Whoever has will be given more; whoever does not have, even what he thinks he has will be taken from him."

16 누구든 등불을 켜서 그릇으로 덮어 놓거나 침상 아래에 두는 자가 없으니 등불을 등잔대 위에 올려 놓는 것은 들어오는 자가 그 빛을 보게 하려 함이니라. 17 (*이와 같이) 지금 감추어져 있는 것으로서 장차 드러나지 아니할 것이 없고, 지금 비밀로 덮여 있는 것이 장차 널리 알려지거나 혹은 열린 데로 나오지 않을 것이 없느니라. 18 그러므로 너희는 (*이 말씀들을) 어떻게 듣고 받아들일까를 특히 유의(有意)하라. 누구든지, 이미 가지고 있는 자는 더 많은 것을 받을 것이요, 가지지 못한 자는, 이미 자기가 가지고 있는 줄로 생각하고 있는 것까지도 빼앗기고 말리라." 하시니라.

19 Now Jesus' mother and brothers came to see him, but they were not able to get near him because of the crowd. 20 Someone told him, "Your mother and brothers are standing outside, wanting to see you." 21 He replied, "My mother and brothers are those who hear God's word and put it into practice."

19 그 시간에 예수의 어머니와 그 동생들이 예수를 보러 왔으나, 군중의 무리로 인하여 그에게 가까이 다가오지를 못하고 바깥에 그저 서 있거늘 20 어떤 사람이 예수께 이르되, "당신의 어머니와 동생들이 당신을 보러 바깥에 와 있나이다." 하니 21 예수께서 대답하여 이르시되, "내 어머니와 동생들은 하나님의 말씀을 듣고 이를 실행에 옮기는 바로 그 사람들이니라." 하시더라.

22 One day Jesus said to his disciples, "Let's go over to the other side of the

lake." So they got into a boat and set out. 23 As they sailed, he fell asleep. A squall came down on the lake, so that the boat was being swamped, and they were in great danger.

22 하루는 제자들에게 말씀을 하시되, "우리가 이 호수 맞은편으로 건너가자." 하시니, 그들이 배에 올라 건너편으로 출발하니라. 23 그들이 배를 타고 나아가는 동안 예수께서는 잠이 드시니라. 그 때에 마침 한 줄기 돌풍이 호수로 내리치매 배가 물에 잠기며 그들이 큰 위험에 빠지게 되었는데,

24 The disciples went and woke him, saying, "Master, Master, we're going to drown!" He got up and rebuked the wind and the raging waters; the storm subsided, and all was calm. 25 "Where is your faith?" he asked his disciples. In fear and amazement they asked one another, "Who is this? He commands even the winds and the water, and they obey him."

24 제자들이 예수를 깨우며, "주여, 주여, 우리가 물에 빠져 죽겠나이다!" 하고 소리를 치니, 예수께서 일어나 바람과 거친 물결을 꾸짖으시거늘, 이에 그 폭풍이 가라앉아 잔잔해지니라. 25 예수께서 제자들에게 이르시기를, "너희 믿음은 어디 두었느냐?" 하시니 그들이 두려움 가운데에서도 이를 놀랍게 여겨 서로 말하기를, "이가 과연 누구시길래, 바람과 물에게 명령하고 또 그들이 순종하는고?" 하더라.

26 They sailed to the region of the Gerasenes, which is across the lake from Galilee. 27 When Jesus stepped ashore, he was met by a demon-possessed man from the town. For a long time this man had not worn clothes or lived in a house, but had lived in the tombs. 28 When he saw Jesus, he cried out and fell at his feet, shouting at the top of his voice, "What do you want with me, Jesus, Son of the Most High God? I beg you, don't torture me!" 29 For Jesus had commanded the evil spirit to come out of the man. Many times it had seized him, and though he was chained hand and foot and kept under guard, he had broken his chains and had been driven by the demon into solitary places.

26 그들이 배를 타고 거라사 사람들이 사는 땅에 닿으니 이는 갈릴리 호수 맞은편에 있는 지역이라. 27 예수께서 땅에 내리시어 그 지역 마을에 사는 어떤 귀신 들린 자 하나를 만나시니라. 이 사람이 오랜 시간 동안 벌거벗은 채 지내는데 집에 거하지를 못하여 무덤 사이에서 살더라. 28 이 귀신 들린 자가 예수를 보자마자 예수의 발앞에 엎드리어 울부짖는데, 자기가 낼 수 있는 최대한 큰 목소리로 부르짖으며 이르기를, "내게 무슨 일을 하러 오셨나이까? 지극히 높으신 하나님의 아들 예수여, 간청하오니 나를 괴롭게 하지 마옵소서!" 하니 29 이는 예수께서 벌써 그 악한 영을 대하여 그 사람으로부터 나오라 명하셨음이더라. 귀신이 그 사람을 붙들어 잡은 것이 벌써 여러 번이라, 그 손발을 쇠사슬로 매어 사람들이 지켰으나 매번 그 매인 사슬을 끊고 귀신에게 끌려 나가 한적한 곳으로 가곤 하더라.

30 Jesus asked him, "What is your name?" "Legion," he replied, because many demons had gone into him. 31 And they begged him repeatedly not to order them to go into the Abyss. 32 A large herd of pigs was feeding there on the hillside. The demons begged Jesus to let them go into them, and he gave them permission.

30 이에 예수께서 그에게 물으시되, "네 이름이 무엇이냐?" 하시니, 그가 이르되, "군단(軍團)" 이라 대답하니, 이는 그 사람에게 여러 귀신이 함께 들어가 앉은 연고더라. 31 귀신들이 예수께 거듭 청하기를 자신들을 저 심연(深淵)으로 들어가라 명하지는 마옵소서 하고 간구하기 시작하는데, 32 마침 그 근처 언덕에 수 많은 돼지 떼가 먹이를 먹고 있는지라, 귀신들이 예수께, 차라리 자신들을 그 돼지 떼에 들어가도록 허락하시기를 구하매 예수께서 이를 허락하시더라.

33 When the demons came out of the man, they went into the pigs, and the herd rushed down the steep bank into the lake and was drowned. 34 When

those tending the pigs saw what h ad happened, they ran off and reported
this in the town and countryside, **35** and the people went out to see what had
happened. When they came to Jesus, they found the man from whom the
demons had gone out, sitting at Jesus' feet, dressed and in his right mind; and
they were afraid.

33 귀신들이 그 사람으로부터 나와 돼지 떼에게로 들어가니 그 떼가 가파른 언덕 비탈을 내려 달려 모
두 호수에 빠져 죽고 마니라. **34** 돼지 치던 자들이 그 일어난 일을 보고 겁을 내어 죄다 도망하여 성내
와 마을에 이 일을 고하니 **35** 사람들이 무슨 일이 생겼는지를 보러 몰려 나오더라. 사람들이 예수께로
나아와서, 그 귀신 나간 사람을 쳐다보는데, 그가 옷을 입고 제 정신으로 돌아와 예수의 발치에 앉아 있
는 것을 보고는, 다 이 일을 크게 두려워하니라.

36 Those who had seen it told the people how the demon-possessed man had
been cured. **37** Then all the people of the region of the Gerasenes asked Jesus
to leave them, because they were overcome with fear. So he got into the boat
and left. **38** The man from whom the demons had gone out begged to go with
him, but Jesus sent him away, saying, **39** "Return home and tell how much God
has done for you." So the man went away and told all over town how much
Jesus had done for him.

36 이 모든 상황을 목격한 자들이 그 귀신 들린 자가 어떻게 치유되게 되었는지 자초지종을 사람들에게
말로 전하는데 **37** 그 곳, 거라사인의 땅 근방에 사는 모든 백성이 예수께 자기들을 떠나가 주시기를 구
하니 이는 그들이 큰 두려움에 사로잡힌 까닭이더라. 이에 예수께서는 배에 올라 떠나가시니라. **38** 귀
신 들렸다가 나은 그 사람이 예수와 제자들과 함께 동행하여 가기를 간청하였으나 예수께서 그를 돌려
보내시며 말씀하시기를, **39** "너는 집으로 돌아가 하나님께서 오늘, 어떤 큰 일을 네게 행하셨는지를 사
람들에게 얘기하여 주라." 하시니, 그가 가서 예수께서 자기에게 어떻게 큰 일을 행하셨는지를 온 성내
에 얘기를 하더라.

40 Now when Jesus returned, a crowd welcomed him, for they were all
expecting him. **41** Then a man named Jairus, a ruler of the synagogue, came
and fell at Jesus' feet, pleading with him to come to his house **42** because his
only daughter, a girl of about twelve, was dying. As Jesus was on his way, the
crowds almost crushed him.

40 예수께서 돌아오시매 한 무리의 사람들이 예수를 환영하니, 그들이 다 예수께서 오시기를 기대하며
기다리고 있었더라. **41** 그 때에 야이로라 하는 사람이 예수의 발 아래에 와 엎드리는데, 그는 유대인 회
당(會堂)의 지도자라, 그가 예수께 자기 집에 건너와 주시기를 간구하니 **42** 이는 자신의 열두 살 된 외
동딸이 죽어 가고 있던 까닭이더라. 예수께서 (*야이로와 함께) 길을 가시는 동안 사람들이 너무 많아,
그를 떠다 밀다시피 하더라.

43 And a woman was there who had been subject to bleeding for twelve years,
but no one could heal her. **44** She came up behind him and touched the
edge of his cloak, and immediately her bleeding stopped. **45** "Who touched
me?" Jesus asked. When they all denied it, Peter said, "Master, the people are
crowding and pressing against you." **46** But Jesus said, "Someone touched me; I
know that power has gone out from me." **47** Then the woman, seeing that she
could not go unnoticed, came trembling and fell at his feet. In the presence
of all the people, she told why she had touched him and how she had been
instantly healed. **48** Then he said to her, "Daughter, your faith has healed you.
Go in peace."

43 그 때에, 무려 십 이년 간을 혈루증(血瘻症)으로 앓아 오던 여인 하나가 (*군중 가운데에) 있었는데

그동안 아무도 이 여인을 고쳐 주지 못하였더라. 44 그 여인이 예수의 뒤로 다가와서 그의 겉옷 가에 손
을 대매, 그 즉시로 자기의 피 흐름이 멈춘지라. 45 예수께서 이르시되 "누가 나를 건드렸느냐?" 하시
니, 모두가 다 자기는 아니라 하는데, 베드로가 이르되, "주여, 사람들이 이렇게 많아 주를 밀치고 있음
이니이다." 하더라. 46 그러자 예수께서 말씀하시기를, "누군가 내게 손을 댄 자가 있도다. 내게서 능력
이 나간 줄을 내가 아노라." 하신대, 47 그 여인이 생각하기를, 이 사실을 드러내지 않고는 그저 지나 갈
수가 없음을 깨닫고, 몸을 떨며 예수 앞에 엎드리니라. 이에 그 여인이 군중들 앞에서 자기가 왜 예수께
손을 대었는지와 그리고 자기의 병이 어떻게 즉각 낫게 되었는지를 다 고하니 48 예수께서 이르시되,
"딸아, 네 믿음이 너를 구원하였느니라. 네 길을 평안히 가라." 말씀하시더라.

49 While Jesus was still speaking, someone came from the house of Jairus, the
synagogue ruler. "Your daughter is dead," he said. "Don't bother the teacher
any more." 50 Hearing this, Jesus said to Jairus, "Don't be afraid; just believe,
and she will be healed." 51 When he arrived at the house of Jairus, he did not
let anyone go in with him except Peter, John and James, and the child's father
and mother.

49 예수께서 아직 이 말씀을 하고 계실 때에 야이로 곧, 그 회당장의 집에서 어떤 사람이 와서 말하기
를, "당신의 딸이 죽었나이다. 선생님을 더 괴롭게 하지 마소서." 하거늘 50 예수께서 이 말을 들으시고
이르시되, "두려워 말라; 그저 믿기만 하라, 네 딸이 나으리라." 하시더라. 51 예수께서 야이로의 집에
도착하시매, 베드로와 요한과 야고보와 아이의 부모 외에는 자기와 함께 그 집에 들어오지를 못하게 하
시니라.

52 Meanwhile, all the people were wailing and mourning for her. "Stop
wailing," Jesus said. "She is not dead but asleep." 53 They laughed at him,
knowing that she was dead. 54 But he took her by the hand and said, "My
child, get up!" 55 Her spirit returned, and at once she stood up. Then Jesus
told them to give her something to eat. 56 Her parents were astonished, but he
ordered them not to tell anyone what had happened.

52 그 집에 모여 있던 사람들이 여전히 통곡하며 그 딸 아이를 위해 슬피 울고 있는데, 예수께서 말씀하
시기를, "울음을 멈추라.그 애가 죽은게 아니고 잠이 들었노라." 하시니 53 사람들이 그 아이가 이미 죽
은 것을 아는 고로, 예수를 비웃더라. 54 그러나 예수께서 아이의 손을 잡고, "내 아이야, 일어나라." 하
시니 55 그 아이의 영(靈)이 돌아오며 아이가 금방 일어나니라. 예수께서 그들에게 말씀하시되 아이에
게 먹을 것을 좀 주라 하시매 56 그 부모가 크게 놀라는지라, 그러나 예수께서는 그 부모를 경고하사 아
무에게도 어떻게 이런 일이 일어났는지를 말하지 못하게 하시니라.

제9장

1 When Jesus had called the Twelve together, he gave them power and
authority to drive out all demons and to cure diseases, 2 and he sent them
out to preach the kingdom of God and to heal the sick. 3 He told them: "Take
nothing for the journey--no staff, no bag, no bread, no money, no extra tunic.
4 Whatever house you enter, stay there until you leave that town. 5 If people
do not welcome you, shake the dust off your feet when you leave their town,
as a testimony against them." 6 So they set out and went from village to village,
preaching the gospel and healing people everywhere.

1 예수께서 그 (*제자 중) 열 둘을 함께 불러 모으시고 그들에게 모든 귀신을 쫓아내고 병 고치는 능력과

권세를 주시며 2 하나님의 나라를 전파하고 병든 사람을 고치라 하시고 그들을 내보내시더라. 3 제자들을 내보내실 때에 그들에게 이르시되: "여행길에 아무 것도 지니고 가지 말지니—지팡이나 배낭이나 떡이나 돈이나 두 벌 옷을 가지고 가지 말라. 4 그리고 어느 집에 들어가든지 그 마을을 떠날 때까지는 그 집에 머물라. 5 사람들이 너희를 환영하지 않거든 그 마을을 떠날 때에 너희 발에서 먼지를 떨어 버리라. 이것이 그들에게 증거가 되리라." 하시니라. 6 이에 제자들이 길을 떠나 이 마을에서 저 마을로 두루 다니며 복음을 전하고 어디서든 사람들의 병을 고치더라.

7 Now Herod the tetrarch heard about all that was going on. And he was perplexed, because some were saying that John had been raised from the dead, 8 others that Elijah had appeared, and still others that one of the prophets of long ago had come back to life. 9 But Herod said, "I beheaded John. Who, then, is this I hear such things about?" And he tried to see him.

7 그 때에 분봉 왕 헤롯이 (*예수로 인하여 일어난) 모든 일을 듣게 되었더라. 그가 이 소문을 들을 때에 심히 당혹해 하였으니 그 이유는 사람들이 말하길, 세례 요한이 죽음으로부터 도로 살아났다 말을 하던 때문이라. 8 어떤 사람은 엘리야가 나타났다고 하며, 또 어떤 사람은 옛 선지자 가운데 한 사람이 다시 살아났다고도 하는데, 9 그러나 헤롯은 이르기를, "요한은 내가 목을 베었거늘 이제 내가 듣게 되는 이 사람은 누군고?" 하며 예수를 한번 만나보고자 하더라.

10 When the apostles returned, they reported to Jesus what they had done. Then he took them with him and they withdrew by themselves to a town called Bethsaida, 11 but the crowds learned about it and followed him. He welcomed them and spoke to them about the kingdom of God, and healed those who needed healing.

10 사도들이 여행에서 돌아와 자기들이 행하였던 모든 것을 예수께 고하니라. 예수께서 그들을 데리고 벳사이다라고 부르는 마을로 물러가시는데 사도들만 데리고 가시더라. 11 그러나 사람들이 이 사실을 알고는 그들을 따라오니, 예수께서 그들을 기꺼이 받아들이시고 그들에게 하나님 나라의 일을 말해 주시며 또 치료가 필요한 자들에게는 그 병을 고쳐 주시더라.

12 Late in the afternoon the Twelve came to him and said, "Send the crowd away so they can go to the surrounding villages and countryside and find food and lodging, because we are in a remote place here." 13 He replied, "You give them something to eat." They answered, "We have only five loaves of bread and two fish--unless we go and buy food for all this crowd."

12 날이 저물어 가매, 열두 사도가 예수께 나아와 여쭙기를, "이 사람들을 보내어 근처 마을과 촌으로 가서 머물게 하고 거기에서 먹을 것을 구하게 하소서, 우리가 있는 여기는 아주 외딴 곳이니이다." 하니,
13 예수께서 이르시되 "너희가 그들에게 뭔가 먹을 것을 주라" 하시니 사도들이 말하기를, "우리가 떡 다섯 개와 생선 두 마리 밖에 가진 것이 없으니—어떻게 이 사람들 모두를 위하여 가서 먹을 것을 사 오리이까?" 하더라.

14 (About five thousand men were there.) But he said to his disciples, "Have them sit down in groups of about fifty each." 15 The disciples did so, and everybody sat down. 16 Taking the five loaves and the two fish and looking up to heaven, he gave thanks and broke them. Then he gave them to the disciples to set before the people. 17 They all ate and were satisfied, and the disciples picked up twelve basketfuls of broken pieces that were left over.

14 (거기에 모인 사람들이 대략 남자만 오천 명쯤 되더라.) 예수께서 제자들에게 이르시되, "사람들을 무리를 지어 오십 명씩 따로 앉히라." 하시니 15 제자들이 그렇게 하여 사람들을 다 앉게 하니라. 16 예수께서 떡 다섯 개와 물고기 두 마리를 가지고 하늘을 우러러 올려다 보시며 감사를 드리고 나신 후에,

떡과 생선을 쪼개어 제자들에게 주시니라. 17 사람들이 다 배 부르게 먹고 난 후에, 제자들이 먹고 남은 부스러기를 열두 바구니 가득 거두니라.

18 Once when Jesus was praying in private and his disciples were with him, he asked them, "Who do the crowds say I am?" 19 They replied, "Some say John the Baptist; others say Elijah; and still others, that one of the prophets of long ago has come back to life."

18 한번은 제자들과 함께 계시던 중에 예수께서 따로 떨어져 혼자 기도하시더니 제자들에게 물으시기를, "이 무리의 사람들이 나를 누구라고 하느냐?" 하시니 19 제자들이 대답하여 이르되, "어떤 사람들은 세례 요한이라 하고; 또 다른 사람들은 엘리야라 하기도 하고, 또 더러는 옛날의 선지자 중의 한 사람이 살아났다고도 하나이다." 하더라.

20 "But what about you?" he asked. "Who do you say I am?" Peter answered, "The Christ of God." 21 Jesus strictly warned them not to tell this to anyone. 22
And he said, "The Son of Man must suffer many things and be rejected by the elders, chief priests and teachers of the law, and he must be killed and on the third day be raised to life." 23 Then he said to them all: "If anyone would come after me, he must deny himself and take up his cross daily and follow me.

20 이에 예수께서 다시 이르시되, "너희는 어떠하냐?", "너희는 나를 누구라 하느냐?" 하시니, 베드로가 대답하되 "하나님의 그리스도시니이다." 하니 21 예수께서 그들을 엄히 경고하사 그 누구에게도 이 것을 말하지 말라 명하시고 22 다시 말씀하시기를, "인자(人子)가 반드시 많은 고난을 겪고 장로들과 우두머리 제사장들과 율법 교사들에게 거부 당한 바 되어 죽임을 당하고, 그리하여 삼 일째에 다시 살아나야 하리라." 하시며, 23 그들 모두에게 이르시되 "만일 누구든지 나를 따라오려거든 그는 자신을 부인하고 매일 자기의 십자가를 지고 나를 따라야 할 것이라." 하시고 또,

24 "For whoever wants to save his life will lose it, but whoever loses his life for me will save it. 25 What good is it for a man to gain the whole world, and yet lose or forfeit his very self? 26 If anyone is ashamed of me and my words, the Son of Man will be ashamed of him when he comes in his glory and in the glory of the Father and of the holy angels. 27 I tell you the truth, some who are standing here will not taste death before they see the kingdom of God."

24 "누구든지 제 목숨을 보존하고자 하면 이를 잃을 것이요, 누구든지 나를 위하여 자기의 목숨을 잃는 자는 그 생명을 구원하리라. 25 사람이 만일 온 천하를 얻고도 자기 자신을 잃거나 (*그 생명을) 빼앗기면 무엇이 유익하리요? 26 누구든지, 나와 나의 말을 부끄러워하면 인자도 그를 수치스러워하리니, 인자가 자기의 영광과 아버지의 영광과 또 거룩한 천사들의 영광으로 올 때에 그리하리라. 27 내가 진실로 너희에게 말하노니, 여기 서 있는 사람들 중에, 그들이 죽기 전에 하나님의 나라를 볼 자들도 있느니라." 하시니라.

28 About eight days after Jesus said this, he took Peter, John and James with him and went up onto a mountain to pray. 29 As he was praying, the appearance of his face changed, and his clothes became as bright as a flash of lightning. 30 Two men, Moses and Elijah, 31 appeared in glorious splendor, talking with Jesus. They spoke about his departure, which he was about to bring to fulfillment at Jerusalem. 32 Peter and his companions were very sleepy, but when they became fully awake, they saw his glory and the two men standing with him. 33 As the men were leaving Jesus, Peter said to him, "Master, it is good for us to be here. Let us put up three shelters-- one for you, one for Moses and one for Elijah." (He did not know what he was saying.)

28 이 말씀을 하신지 팔 일쯤이 지난 후에, 예수께서는 베드로와 요한과 야고보를 데리고 기도하시러
산에 올라가시니라. 29 예수께서 기도하실 때에 그 얼굴 모습이 변하며, 그 입으신 옷이 빛의 섬광처럼
밝아지니라. 30 모세와 엘리야 두 사람이 31 장엄한 영광 중에 나타나 예수와 함께 이야기를 하는데, 그
의 떠나가심 곧, 성경 말씀을 응하게 하기 위하여 예수께서 예루살렘으로 가실 것에 대하여 말씀을 나
누니라. 32 베드로와 또 그와 함께 있는 동료들이 몹시 졸리워하더니, 정신을 차려 깨어나 보매, 예수의
영광과 함께 다른 두 사람이 예수와 같이 서 있는 것을 보게 되니라. 33 그 두 사람이 예수를 떠나가려
할 즈음에 베드로가 예수께 말을 하기를, "주여, 우리가 여기 있는 것이 좋사오니 우리가 초막(草幕) 셋
을 짓되 하나는 주를 위하여, 그리고 다른 둘은 모세와 엘리야를 위하여 짓도록 하옵소서." 하는데, 자기
가 무슨 말을 하는지 알지도 못하고 하는 말이더라.

34 While he was speaking, a cloud appeared and enveloped them, and they
were afraid as they entered the cloud. 35 A voice came from the cloud, saying,
"This is my Son, whom I have chosen; listen to him." 36 When the voice had
spoken, they found that Jesus was alone. The disciples kept this to themselves,
and told no one at that time what they had seen.

34 베드로가 아직 이 말을 하고 있는 동안에 한 구름이 나타나 그들을 감싸는지라, 그들이 구름 속으로
들어갈 때에 크게 두려워들 하는데, 35 구름 속으로부터 한 목소리가 울려 나오며 이르기를, "이는 내
아들이요, 내가 택한 자니, 너희는 그의 말을 들으라." 하시더라. 36 그 목소리가 말하는 것이 그칠 때
에, 제자들이 다시 보니 예수만 홀로 계시는지라. 제자들이 이 모든 것을 자기들의 가슴에만 담아 두고
자기들이 본 것을 그 당시에는 아무에게도 얘기하지 않으니라.

37 The next day, when they came down from the mountain, a large crowd
met him. 38 A man in the crowd called out, "Teacher, I beg you to look at my
son, for he is my only child. 39 A spirit seizes him and he suddenly screams;
it throws him into convulsions so that he foams at the mouth. It scarcely ever
leaves him and is destroying him. 40 I begged your disciples to drive it out, but
they could not."

37 그 다음날, 예수와 제자들이 산에서 내려오매 큰 무리의 군중이 예수를 맞이하는 가운데, 38 무리
중의 한 사람이 큰 소리로 외쳐 이르되, "선생님이여, 청컨대 제 아들을 돌보아 주옵소서, 그가 제 외아
들이니이다. 39 귀신이 그를 붙잡아, 갑자기 고함을 지르게 하고; 또 경련을 일으키고 입가에 거품을 흘
리게도 하는데, 아들을 잘 떠나지도 않고 그 몸을 몹시 상하게 만드나이다. 40 당신의 제자들에게 이 귀
신 내쫓아 주기를 제가 간청하였으나 그들이 능히 성공하지를 못하였나이다." 하더라.

41 "O unbelieving and perverse generation," Jesus replied, "how long shall I
stay with you and put up with you? Bring your son here." 42 Even while the
boy was coming, the demon threw him to the ground in a convulsion. But
Jesus rebuked the evil spirit, healed the boy and gave him back to his father.

41 이에 예수께서 대답하여 이르시되, "오! 이 믿음없고 비뚤어진 세대여, 내가 얼마나 더 오래 너희와
함께 머무르며 또 얼마나 너희를 더 참아야 하겠느냐? 네 아들을 이리로 데려오라." 하시니 42 그 아이
가 오는데, 귀신이 그를 땅에다 거꾸러뜨리고 경련을 일으키게 하는지라. 예수께서 그 악한 영을 꾸짖으
시고 아이를 낫게 하사 그 아버지에게 도로 주시더라.

43 And they were all amazed at the greatness of God. While everyone was
marveling at all that Jesus did, he said to his disciples, 44 "Listen carefully to
what I am about to tell you: The Son of Man is going to be betrayed into the
hands of men." 45 But they did not understand what this meant. It was hidden
from them, so that they did not grasp it, and they were afraid to ask him about
it.

43 이에 사람들이 다 하나님의 위대하심을 인하여 놀라움을 금치 못하니라. 사람들이 모두 예수께서 행
하신 이적들로 말미암아 놀라워하고 있는 가운데, 예수께서 제자들에게 이르시기를 44 "지금부터 내가
하는 말을 귀담아 들으라: 인자가 배신을 당하여 사람들의 손에 넘기워지리라." 하고 말씀을 하시나 45
그러나 제자들은 이런 말씀이 무엇을 의미하는지 전혀 이해를 하지 못하니 이는 그 내용이 아직은 그들
에게 감추어져 있던 연고더라. 제자들이 스스로 이를 납득하지 못하므로 이에 관해 묻는 것조차도 두려
워하니라.

46 An argument started among the disciples as to which of them would be
the greatest. 47 Jesus, knowing their thoughts, took a little child and had him
stand beside him. 48 Then he said to them, "Whoever welcomes this little child
in my name welcomes me; and whoever welcomes me welcomes the one who
sent me. For he who is least among you all--he is the greatest."

46 제자들 가운데, 누가 가장 크냐 하는 다툼이 일어나니라. 47 예수께서 그들의 생각을 아시고는, 어
린아이 하나를 데려다가 자기 곁에 서게 하시고 48 그들에게 이르시기를, "누구든지 내 이름으로 이런
어린아이 하나를 영접하면 곧 나를 영접함이요; 또 누구든지 나를 영접하면 곧 나를 보내신 이를 영접함
이라. 너희 모든 사람 중에 가장 작은 그가– (*사실은) 가장 큰 자니라." 하고 말씀하시니라.

49 "Master," said John, "we saw a man driving out demons in your name and
we tried to stop him, because he is not one of us." 50 "Do not stop him," Jesus
said, "for whoever is not against you is for you."

49 이 때에, "주여!" 하며 요한이 말을 하되, "어떤 사람이 주의 이름으로 귀신을 내쫓는 것을 우리가 보
았는데, 우리 중 한 명이 아니므로 이런 일을 하지 못하도록 우리가 그를 막았나이다." 하니 50 예수께
서 말씀하시되, "그런 사람을 금하지 말라, 너희를 반대하지 않는 자는 너희를 위하는 자니라." 하시더
라.

51 As the time approached for him to be taken up to heaven, Jesus resolutely
set out for Jerusalem. 52 And he sent messengers on ahead, who went into a
Samaritan village to get things ready for him; 53 but the people there did not
welcome him, because he was heading for Jerusalem. 54 When the disciples
James and John saw this, they asked, "Lord, do you want us to call fire down
from heaven to destroy them?" 55 But Jesus turned and rebuked them, 56 and
they went to another village.

51 예수께서 하늘로 올리워 가실 시간이 다가오매 (*마음에 결심을 하시고) 결연히 예루살렘으로 출발
해 가시니라. 52 이에 몇 사람을 앞서 보내사, 사마리아 마을로 먼저 들어가서 몇 가지 일을 준비하게
하는데 53 사마리아 마을 사람들이 예수를 환영하지를 않으니 이는 예수께서 예루살렘을 향해 길을 가
는 까닭이더라. 54 제자 중 야고보와 요한이 이를 보고 예수께 여쭈어 이르되, "주여, 우리가 하늘로부
터 불이 내려오라 명하여 저들을 다 멸해버리기를 원하시나이까?" 하니 55 예수께서 돌아보시며 그들
을 엄히 꾸짖으시고 56 길을 돌려 다른 마을로 가시더라.

57 As they were walking along the road, a man said to him, "I will follow you
wherever you go." 58 Jesus replied, "Foxes have holes and birds of the air have
nests, but the Son of Man has no place to lay his head." 59 He said to another
man, "Follow me." But the man replied, "Lord, first let me go and bury my
father."

57 길을 가는 도중에 어떤 사람이 예수께 말하기를, "당신께서 어디로 가시든지 내가 당신을 따르리이
다." 하매, 58 예수께서 이르시되, "여우는 굴이 있고 공중의 새도 자기 둥지가 있지마는 인자는 자기 머
리 둘 곳이 없도다." 하시고 59 다른 사람을 향해, "너는 나를 따르라." 하시는데 그 사람이 이르되, "주
여, 나로 먼저 가서 내 아버지를 장사 지내고 오게 하옵소서." 하더라.

60 Jesus said to him, "Let the dead bury their own dead, but you go and
proclaim the kingdom of God." 61 Still another said, "I will follow you, Lord;
but first let me go back and say good-by to my family." 62 Jesus replied, "No
one who puts his hand to the plow and looks back is fit for service in the
kingdom of God."

60 이에 예수께서 그 사람을 대하여 이르시기를, "죽은 자들로 하여금 자기들의 죽은 자들을 묻게 하고
너는 가서 하나님의 나라를 전파하라." 하시더라. 61 또 다른 사람이 이르되, "주여 나도 주를 따르겠나
이다. 하지만 제가 먼저 돌아가서 가족들과 작별을 하고 오게 허락하여 주소서." 하니 62 예수께서 이르
시되 "손에 쟁기를 잡고 뒤를 돌아보는 자는 하나님의 나라 섬기는 일에 합당치 아니하니라." 하시니라.

제10장

1 After this the Lord appointed seventy-two others and sent them two by two
ahead of him to every town and place where he was about to go. 2 He told
them, "The harvest is plentiful, but the workers are few. Ask the Lord of the
harvest, therefore, to send out workers into his harvest field.

1 그 후에 주께서 다른 제자 칠십 명을 지명하시고 그들을 둘씩 짝을 지어 자신이 가려 하시던 여러 마
을과 지역으로 내보내시니라. 2 그들을 보내며 이르시되, "추수할 것들이 많으나 일꾼이 몇 없으니, 그
추수하는 주인에게 청하여 '그의 추수할 밭에 일꾼들을 보내 주소서' 라고 하라.

3 Go! I am sending you out like lambs among wolves. 4 Do not take a purse
or bag or sandals; and do not greet anyone on the road. 5 When you enter a
house, first say, 'Peace to this house.' 6 If a man of peace is there, your peace
will rest on him; if not, it will return to you.

3 갈지어다! 내가 너희를 보냄이 어린 양을 늑대 가운데로 보냄과 같도다. 4 너희가 지갑이나 배낭이나
신발을 지니지 말고, 길에서 누구를 만나더라도 인사하지 말라. 5 집에 들어갈 때에는 먼저 '이 집이 평
안할지어다' 라고 말하라. 6 만일 평안을 받을 사람이 거기 있으면 너희의 평안이 그에게 머물 것이요;
그렇지 않으면 그 평안이 너희에게로 돌아오리라.

7 Stay in that house, eating and drinking whatever they give you, for the
worker deserves his wages. Do not move around from house to house. 8 When
you enter a town and are welcomed, eat what is set before you. 9 Heal the
sick who are there and tell them, 'The kingdom of God is near you.' 10 But
when you enter a town and are not welcomed, go into its streets and say, 11
'Even the dust of your town that sticks to our feet we wipe off against you.
Yet be sure of this: The kingdom of God is near.' 12 I tell you, it will be more
bearable on that day for Sodom than for that town.

7 (*네가 평안을 빈) 그 집에 머물도록 하고, 무엇이든지 그들이 네게 내어놓는 것을 먹을지니, 일꾼이
자기 삯을 받는 것이 당연하니라. (*네가 머무는 곳을) 이 집, 저 집으로 옮겨 다니지 말라. 8 어느 마을
에 들어갔는데 너희가 영접을 받거든 너희 앞에 차려 주는 것을 먹고 9 거기 있는 병자들을 고치고 그리
고 그들에게 말하기를 '하나님의 나라가 너희에게 가까이 이르렀다' 하라 10 그러나 너희가 어느 마을
에 들어갔는데 너희를 영접하지 아니하거든 그 거리로 나와서 말하되 11 '우리 발에 붙은 너희 마을의
먼지까지도 너희에게 떨어버리노라. 그러나 이것을 명심할지니, 하나님의 나라가 가까이 와 있느니라.'
라고 하라. 12 내가 너희에게 말하노니, 그 날에 소돔이 그 동네보다 견디기 쉬우리라.

13 Woe to you, Korazin! Woe to you, Bethsaida! For if the miracles that
were performed in you had been performed in Tyre and Sidon, they would
have repented long ago, sitting in sackcloth and ashes. 14 But it will be
more bearable for Tyre and Sidon at the judgment than for you. 15 And you,
Capernaum, will you be lifted up to the skies? No, you will go down to the
depths. 16 "He who listens to you listens to me; he who rejects you rejects me;
but he who rejects me rejects him who sent me."

13 코라신이여, 네게 화(禍) 있을진저! 벳사이다야, 네게 화 있으라! 너희 가운데에서 행하여진 모든 이
적(異蹟)들이 티레(두로)와 시돈에서 행하여졌더라면 그들이 굵은 베옷을 입고 벌써 재 가운데 앉아 회
개하였으리라. 14 심판 때에 티레와 시돈이 너희보다 견디기 쉬우리라. 15 그리고 너, 카버나움아 네가
하늘에까지 올리워 가겠느냐? 아니라, 네가 저 깊은 곳에까지 내려가리라. 16 너희 말을 듣는 자는 내
말을 듣는 것이요; 너희를 거부하는 자는 나를 거부하는 것이라, 그러나 나를 거부하는 그 자는 실상은
나를 보내신 이를 거부하는 것이니라." 하시니라.

17 The seventy-two returned with joy and said, "Lord, even the demons submit
to us in your name." 18 He replied, "I saw Satan fall like lightning from heaven.
19 I have given you authority to trample on snakes and scorpions and to
overcome all the power of the enemy; nothing will harm you. 20 However,
do not rejoice that the spirits submit to you, but rejoice that your names are
written in heaven."

17 그 칠십 이명이 기쁨으로 함께 돌아와 이르되, "주여, 귀신들도 주의 이름 안에서 우리에게 항복을
하더이다." 하매 18 예수께서 이르시되, "사탄이 하늘로부터 번개 같이 떨어지는 것을 내가 보았노라.
19 내가 너희에게 뱀과 전갈을 밟으며 또 너희 대적을 이겨 낼 권세를 주었으니; 아무 것도 너희를 해치
지 못하리라. 20 그러나 귀신들이 너희에게 항복하는 것으로 인하여 기뻐하지 말고, 너희 이름이 하늘
에 기록된 것으로 인하여 기뻐하라." 하시니라.

21 At that time Jesus, full of joy through the Holy Spirit, said, "I praise you,
Father, Lord of heaven and earth, because you have hidden these things from
the wise and learned, and revealed them to little children. Yes, Father, for
this was your good pleasure. 22 All things have been committed to me by my
Father. No one knows who the Son is except the Father, and no one knows
who the Father is except the Son and those to whom the Son chooses to reveal
him." 23 Then he turned to his disciples and said privately, "Blessed are the
eyes that see what you see. 24 For I tell you that many prophets and kings
wanted to see what you see but did not see it, and to hear what you hear but
did not hear it."

21 그 때에 예수께서, 성령을 통하여 기쁨에 가득차서 말씀을 하시기를, "제가 하늘과 땅의 주(主)가 되
신 아버지를 찬양하나이다, 이는 아버지께서 이런 것들을 지혜와 학식있는 자들에게는 숨기시고 어린
아이들에게 나타내시는 까닭이니이다. 진실로 그러하옵나니, 이렇게 된 것이 아버지의 기쁜 뜻을 위함
이니이다. 22 이제 이 세상 모든 것이 아버지에 의해 제게 주어진 바가 되었으니 아버지 외에는 아들이
누구인지 아는 자가 없고, 이 아들과, 또 이 아들이 이것을 드러내어 알리기로 선택한 자들 외에는 아버
지를 아는 자가 없나이다." 하시더라. 23 그리고는 제자들을 돌아보시며 은밀히 이르시되 "지금 너희가
보는 것을 보는 너희 눈이 복이 있도다. 24 내가 너희에게 말하노니, 수많은 선지자와 왕들이 지금 너희
가 보는 바를 보고자 원하였으나 보지 못하였고, 지금 너희가 듣는 바를 듣고자 하였으되 듣지 못하였느
니라." 하시더라.

25 On one occasion an expert in the law stood up to test Jesus. "Teacher," he
asked, "what must I do to inherit eternal life?" 26 "What is written in the Law?"

he replied. "How do you read it?" **27** He answered: " 'Love the Lord your God
with all your heart and with all your soul and with all your strength and with
all your mind'; and, 'Love your neighbor as yourself.'" **28** "You have answered
correctly," Jesus replied. "Do this and you will live." **29** But he wanted to justify
himself, so he asked Jesus, "And who is my neighbor?"

25 하루는 어떤 율법교사 하나가 일어나 예수를 시험하고자 하여 이르기를, "선생이여, 제가 영생을 얻
기 위하여는 그 어떤 것을 마땅히 행해야 하겠나이까?" 하거늘, **26** 예수께서 이르시되 "율법에는 무엇
이라 적혀 있느뇨?" 하시고, "네가 그것을 어떻게 읽느냐?" 하시니, **27** 그가 대답하여 이르되, "'네 마음
을 다하며 네 혼(魂)을 다하며 네 힘을 다하며 네 뜻을 다하여 너의 주, 너의 하나님을 사랑하라' 하였고
또, '네 이웃을 네 자신 같이 사랑하라' 하였나이다." 하매, **28** 예수께서 이르시되, "네가 옳게 대답하였
도다. 이를 행하라, 그리하면 네가 살리라." 하시매 **29** 그 사람이 자기를 더욱 정당화하려고 예수께 다
시 묻기를, "그럼 내 이웃이 누구니이까?" 하고 다시 묻는지라,

30 In reply Jesus said: "A man was going down from Jerusalem to Jericho, when
he fell into the hands of robbers. They stripped him of his clothes, beat him
and went away, leaving him half dead. **31** A priest happened to be going down
the same road, and when he saw the man, he passed by on the other side. **32**
So too, a Levite, when he came to the place and saw him, passed by on the
other side. **33** But a Samaritan, as he traveled, came where the man was; and
when he saw him, he took pity on him. **34** He went to him and bandaged his
wounds, pouring on oil and wine. Then he put the man on his own donkey,
took him to an inn and took care of him.

30 이 질문에 대한 대답으로 예수께서 말씀하시기를, "어떤 사람이 예루살렘에서 제리코(여리고)로 내
려가는 길에 강도들의 손에 붙들린지라. 강도들이 그의 옷을 벗기고 심하게 때리고 거의 다 죽게 된 사
람을 내버리고 갔느니라. **31** 그 때 마침 한 제사장이 그 길로 내려가다가 이 사람을 보고 피하여 다른
쪽 길로 지나가고 **32** 또 이와 같이 어떤 레위인도 그 곳을 지나가다가 그를 보고는 이를 피하여 지나갔
느니라. **33** 그러나 어떤 사마리아 사람은 여행하던 중에 거기 이르러 그를 보고 불쌍히 여겨 **34** 그에게
다가가 붕대로 그 상처를 싸매주고 기름과 포도주를 그 상처에 붓고, 그 사람을 자기 나귀에 태워 여관
으로 데리고 가서 그를 돌보아 주었느니라.

35 The next day he took out two silver coins and gave them to the innkeeper.
'Look after him,' he said, 'and when I return, I will reimburse you for any
extra expense you may have.' **36** Which of these three do you think was a
neighbor to the man who fell into the hands of robbers?" **37** The expert in
the law replied, "The one who had mercy on him." Jesus told him, "Go and do
likewise."

35 그 이튿날이 되자, 그 사마리아 사람이 은화 두 닢을 꺼내 여관 주인에게 주며 이르기를, '그를 좀 돌
봐 주시오.' 하고, '만일 돈이 더 들면 내가 돌아와서 그를 다 변상하리이다.' 하였느니라. **36** 네 생각에
는 이 세 사람 중에 누가 강도 만난 자의 이웃이 되겠느냐?" 하고 물으시니, **37** 그 율법 교사가 이르되
"그에게 자비를 베푼 자이니이다." 하니, 예수께서 이르시되 "가서 너도 이와 같이 하라." 말씀하시니라.

38 As Jesus and his disciples were on their way, he came to a village where
a woman named Martha opened her home to him. **39** She had a sister called
Mary, who sat at the Lord's feet listening to what he said. **40** But Martha was
distracted by all the preparations that had to be made. She came to him
and asked, "Lord, don't you care that my sister has left me to do the work by
myself? Tell her to help me!" **41** "Martha, Martha," the Lord answered, "you are
worried and upset about many things, **42** but only one thing is needed. Mary
has chosen what is better, and it will not be taken away from her."

38 예수와 제자들이 길을 갈 때에 어느 한 마을에 도착하시니 마르다라 하는 여자가 살고 있는 마을이
라, 그녀가 예수를 자기 집에서 영접하더라. 39 그녀에게 마리아라 하는 동생이 있었는데 이 마리아는
주의 발치에 앉아 그의 말씀을 듣고 있었더라. 40 마르다는 손님 대접 준비에 해야 할 일이 많은 고로
마음이 분주한지라, 예수께 나아와 이르되, "주여, 제 동생이 저를 내버려 두고 저만 혼자 일하게 함을
개의치 않으시나이까? 저를 좀 도와주라 이르소서!" 하니 41 주께서 대답하여 이르시되 "마르다야 마르
다야, 네가 너무 많은 일로 염려하고 근심하는도다. 42 그러나 오직 한 가지만이 필요한 일이라. 마리아
는 그 중 좋은 쪽을 택하였으니 이를 빼앗기지 아니하리라." 하시더라.

제11장

1 One day Jesus was praying in a certain place. When he finished, one of his
disciples said to him, "Lord, teach us to pray, just as John taught his disciples."
2 He said to them, "When you pray, say: " 'Father, hallowed be your name,
your kingdom come. 3 Give us each day our daily bread. 4 Forgive us our
sins, for we also forgive everyone who sins against us. And lead us not into
temptation. ' "

1 하루는 예수께서 어떤 장소에서 기도를 하고 계시는데, 기도를 마치고 나자, 제자 중 한 사람이 예수
께 여쭙기를, "주여, 요한이 자기 제자들에게 기도를 가르쳐 준 것 같이 우리에게도 기도하는 법을 가르
쳐 주소서." 하니, 2 예수께서 이르시기를, "너희는 기도할 때에 이렇게 말하라: '아버지여, 아버지의 이
름이 거룩히 여김을 받으시오며, 하나님의 나라가 임하게 하옵소서. 3 매일, 그 날 먹을 떡을 우리에게
주시옵고 4 우리가 우리에게 죄 지은 모든 사람을 용서하겠사오니 우리의 죄(罪)도 사(赦)하여 주시옵소
서. 그리고 우리를 시험에 들게 하지 마시옵소서.' 이렇게 기도하라" 하시더라.

5 Then he said to them, "Suppose one of you has a friend, and he goes to
him at midnight and says, 'Friend, lend me three loaves of bread, 6 because
a friend of mine on a journey has come to me, and I have nothing to set
before him.' 7 Then the one inside answers, 'Don't bother me. The door is
already locked, and my children are with me in bed. I can't get up and give
you anything.' 8 I tell you, though he will not get up and give him the bread
because he is his friend, yet because of the man's boldness he will get up and
give him as much as he needs.

5 그리고 다시 그들에게 이르시되, "너희 중에 누가 자기 친구가 근처에 사는데, 그가 한 밤중에 다른 친
구 하나에게 가서 말하기를, '친구여, 내게 떡 세덩이만 빌려 주게나. 6 내 친구 하나가 여행 길에 나를
찾아 왔는데 내가 그 앞에 차려 놓아 그를 대접할 것이 없노라.' 이렇게 말했다고 하자. 7 그러면 그 집안
에 있는 자가 대답하되, '나를 귀찮게 하지 말라. 이미 문들이 다 잠겼고, 내 아이들도 벌써 나와 함께 침
대에 누웠으니 내가 일어나 네게 무엇을 내 줄 수가 없노라.' 하지 않겠느냐? 8 내가 너희에게 말하노니
비록 그가, 단순히 친구라고 해서는 일어나 떡을 내어주지 않더라도, 이 청하는 친구의 그 담대함 곧, 그
감히 청함을 인하여는 (*어쩔 수 없이) 그 친구가 요구하는대로 내어주리라.

9 So I say to you: Ask and it will be given to you; seek and you will find; knock
and the door will be opened to you. 10 For everyone who asks receives; he
who seeks finds; and to him who knocks, the door will be opened. 11 Which
of you fathers, if your son asks for a fish, will give him a snake instead? 12 Or
if he asks for an egg, will give him a scorpion? 13 If you then, though you are
evil, know how to give good gifts to your children, how much more will your

Father in heaven give the Holy Spirit to those who ask him!"

9 그러므로 내가 너희에게 이르노니: 구하라, 그러면 그것이 너희에게 주어질 것이요; 찾으라, 그러면 너희가 찾을 것이요; 문을 두드리라, 그러면 너희에게 그 문이 열릴 것이니 10 구하는 이마다 모두 받을 것이요, 찾는 이는 찾아낼 것이요, 두드리는 이에게 그 문이 열릴 것이니라. 11 너희 중에 아버지 된 자로서 누가 아들이 생선을 달라 하는데 생선 대신에 뱀을 주며 12 계란을 달라 하는데 전갈을 줄 사람이 있겠느냐? 13 이렇게 너희가 악한 사람이라도 그 자녀에게는 좋은 것으로 줄 줄 알거든, 하물며 하늘에 계신 너희 아버지께서 그를 구하는 자에게 성령(聖靈)을 주시지 아니하겠느냐?" 하시니라.

14 Jesus was driving out a demon that was mute. When the demon left, the man who had been mute spoke, and the crowd was amazed. 15 But some of them said, "By Beelzebub, the prince of demons, he is driving out demons." 16 Others tested him by asking for a sign from heaven.

14 예수께서 어떤 귀신 하나를 몰아내고 계시는데 그 귀신은 말을 못하게 하는 귀신이더라. 그 귀신이 쫓겨 나가매, 말 못하던 사람이 말하기를 시작하는지라 거기 모인 무리들이 다 놀랍게 여기더라. 15 그러나 그 사람들 중에 더러는 말을 하기를, "그가 귀신을 쫓아내는 것이 귀신들의 왕 바알세불(비알제붑)의 힘을 의지하여 하는 것이로다," 하고, 16 또 다른 사람들은 하늘로부터 나오는 이적(異蹟)을 요구하며, 예수를 더 시험하고자 하더라.

17 Jesus knew their thoughts and said to them: "Any kingdom divided against itself will be ruined, and a house divided against itself will fall. 18 If Satan is divided against himself, how can his kingdom stand? I say this because you claim that I drive out demons by Beelzebub. 19 Now if I drive out demons by Beelzebub, by whom do your followers drive them out? So then, they will be your judges. 20 But if I drive out demons by the finger of God, then the kingdom of God has come to you.

17 예수께서 그들의 생각을 아시고 그들에게 이르시되: "어떤 나라든지 둘로 쪼개져 싸우는 나라는 망하는 법이요, 둘로 나뉘어져 다투는 집은 무너지는 법이니라. 18 사탄이 둘로 나뉘어져 서로 싸우면 그의 나라가 어찌 서 있겠느냐? 너희 말이 내가 바알세불의 힘으로 귀신을 쫓아낸다 하므로 내가 하는 말이니라. 19 만일 내가 바알세불의 힘으로 귀신을 몰아내는 것이라면 너희 추종자들은 누구를 힘입어 귀신을 쫓아내느냐? 그러므로 그들이 너희 재판관이 되리라. 20 그러나 내가 만일 하나님의 손을 힘입어 귀신을 쫓아내는 것이라면 하나님의 나라가 이미 너희에게 임하였느니라.

21 When a strong man, fully armed, guards his own house, his possessions are safe. 22 But when someone stronger attacks and overpowers him, he takes away the armor in which the man trusted and divides up the spoils.

21 어떤 힘센 자가 있어, 그가 온전히 무장을 하고 자기 집을 지킬 때에는 자기의 소유가 안전하게 있을 것이 아니냐? 22 그러나 그보다 더 강한 자가 쳐들어와서 그를 공격하여 굴복시킬 때에는 이 사람이 그 원래 힘센 자의 믿던 무장(武裝)도 빼앗고 그 소유물을 약탈해 나눌 것이라.

23 He who is not with me is against me, and he who does not gather with me, scatters. 24 When an evil spirit comes out of a man, it goes through arid places seeking rest and does not find it. Then it says, 'I will return to the house I left.' 25 When it arrives, it finds the house swept clean and put in order. 26 Then it goes and takes seven other spirits more wicked than itself, and they go in and live there. And the final condition of that man is worse than the first."

23 나와 함께하지 아니하는 자는 나를 반대하는 사람이요, 나와 함께 모으지 아니하는 사람은 흐뜨려뜨리는 자니라. 24 어떤 악한 영이 사람으로부터 나와 물 없는 마른 장소를 찾아다니며 쉬기를 구하였으

나 그런 곳을 찾지 못하매 그 귀신이 말하기를, "내가 떠나온 그 집으로 도로 돌아가리라." 하고 **25** 이에
그 나온 집에 도착해 보니 그 집이 깨끗이 정리가 되고 청소가 되어 있는지라, **26** 이에 이 귀신이 가서
저보다 더 악한 귀신 일곱을 데리고 들어가 그 사람 안에 거하니 이 사람의 나중 형편이 그 이전보다 훨
씬 더 나쁘게 되었느니라." 하고 말씀하시니라.

27 As Jesus was saying these things, a woman in the crowd called out, "Blessed
is the mother who gave you birth and nursed you." **28** He replied, "Blessed
rather are those who hear the word of God and obey it."

27 예수께서 이렇게 말씀하고 계실 때에 무리 중에 있던 한 여자가 소리쳐 이르되, "당신을 낳아 기른
어머니가 복이 있나이다." 하니 **28** 예수께서 이르시되, "하나님의 말씀을 듣고 이를 순종하는 자가 더
복 있는 자니라." 하시니라.

29 As the crowds increased, Jesus said, "This is a wicked generation. It asks
for a miraculous sign, but none will be given it except the sign of Jonah. **30**
For as Jonah was a sign to the Ninevites, so also will the Son of Man be to this
generation. **31** The Queen of the South will rise at the judgment with the men
of this generation and condemn them; for she came from the ends of the earth
to listen to Solomon's wisdom, and now one greater than Solomon is here. **32**
The men of Nineveh will stand up at the judgment with this generation and
condemn it; for they repented at the preaching of Jonah, and now one greater
than Jonah is here.

29 모인 군중의 무리가 점점 더 불어 나는데 예수께서는 계속하여 말씀하시기를, "이 세대가 악(惡)한
세대라. 이 세대가 내게 이적(異蹟)을 요구하거니와, 그러나 요나의 이적(異蹟) 밖에는 내가 보일 것이
없도다. **30** 요나가 니느웨 사람들에게 징조가 된 것 같이 인자도 이 세대(世代)에 그러하리라. **31** 심판
때에 남쪽의 여왕이 일어나 이 세대 사람을 정죄하리니; 이는 그녀가 솔로몬의 지혜의 말을 들으려고 땅
끝에서부터 왔음이거니와, 솔로몬보다 더 큰 이가 여기 있음이니라. **32** 또, 심판 때에 니느웨 사람들이
일어나 이 세대 사람을 정죄하리니 이는 그들이 요나의 전도를 받고 회개하였음이거니와 요나보다 더
큰 이가 여기 있느니라.

33 No one lights a lamp and puts it in a place where it will be hidden, or
under a bowl. Instead he puts it on its stand, so that those who come in may
see the light. **34** Your eye is the lamp of your body. When your eyes are good,
your whole body also is full of light. But when they are bad, your body also is
full of darkness. **35** See to it, then, that the light within you is not darkness. **36**
Therefore, if your whole body is full of light, and no part of it dark, it will be
completely lighted, as when the light of a lamp shines on you."

33 등불을 켜서 보이지 않을 곳에 감추어 두는 사람이 없고 또 등불을 그릇으로 덮어 놓는 사람도 없나
니, 사람이 등불을 켜서 받침대 위에 놓아 두는 것은 들어오는 사람이 빛을 보게 하기 위함이니라. **34**
네 눈은 네 몸의 등불이라, 네 눈이 성하면 네 온 몸도 빛으로 가득할 것이나 그러나 네 눈이 나쁘면 네
몸도 어두움으로 가득하게 되는 것이니라. **35** 너희는 너희 안에 있는 빛이 어둠이 아닌지 살펴 보라.
36 그러므로 네 온 몸이 빛으로 가득 차 있고 어두운 부분이 없으면 마치 등불의 빛이 네 위에 비침 같
이 네가 온전히 빛 비추임을 받고 있는 것이니라." 하시더라.

37 When Jesus had finished speaking, a Pharisee invited him to eat with him;
so he went in and reclined at the table. **38** But the Pharisee, noticing that
Jesus did not first wash before the meal, was surprised. **39** Then the Lord said
to him, "Now then, you Pharisees clean the outside of the cup and dish, but
inside you are full of greed and wickedness. **40** You foolish people! Did not the
one who made the outside make the inside also? **41** But give what is inside the

dish to the poor, and everything will be clean for you.

37 예수께서 이렇게 말씀을 마치고 나신 후에, 어떤 한 바리새인이 예수를 식사 자리에 초대를 함으로 이에 예수께서 그의 집에 들어가 식탁에 앉으시니라. 38 예수께서 먼저 손을 씻지 아니하는 것을 보고 그 바리새인이 놀라워하니, 39 예수께서 그 사람에게 이르시되, "그 때나 지금이나 너희 바리새인은 잔과 그릇의 겉은 깨끗이 하나 너희 속에는 탐욕과 사악함으로 가득 차 있도다. 40 어리석은 사람들아! 겉을 만드신 이가 그 속도 만드신 것이 아니겠느냐? 41 너희 그릇 안에 담겨 있는 것을 가난한 사람들에게 나누어 주라. 그리하면 그 모든 것이 너희를 위해 깨끗하여지리라.

42 Woe to you Pharisees, because you give God a tenth of your mint, rue and all other kinds of garden herbs, but you neglect justice and the love of God. You should have practiced the latter without leaving the former undone.
43 Woe to you Pharisees, because you love the most important seats in the synagogues and greetings in the marketplaces. 44 Woe to you, because you are like unmarked graves, which men walk over without knowing it."

42 화(禍) 있을진저 너희 바리새인이여, 너희가 하나님께 박하와 루타와 모든 종류의 향료에 대해서는 십일조를 바치지만, 너희가 공의(公義)를 경시하고 하나님께 대한 사랑은 돌보지 않는도다. 그러나 너희가 그 먼저 것도 버리지 말고, 그 나중 것도 이를 행해야 할지니라. 43 화(禍) 있을진저 너희 바리새인이여, 너희가 회당 안에 있는 가장 높은 자리를 사랑하고, 시장에서 인사 받는 것을 기뻐하는도다. 44 화(禍) 있을진저 너희들이여, 너희는 표시 없는 무덤 같아서 그 위를 밟는 사람이 알지도 못하는 것과 같으니라.

45 One of the experts in the law answered him, "Teacher, when you say these things, you insult us also." 46 Jesus replied, "And you experts in the law, woe to you, because you load people down with burdens they can hardly carry, and you yourselves will not lift one finger to help them.

45 한 율법교사가 예수께 대답하여 이르되 "선생님이여, 이렇게까지 말씀하심은 우리까지 모욕하심이니이다." 하니 46 예수께서 이르시되, "그리고 너희 율법 교사들아, 너희에게도 화(禍) 있을진저, 너희가 사람들에게 차마 지기도 어려운 짐을 잔뜩 얹어 두고 정작 너희는 그들을 돕기 위해 손가락 하나도 움직이지 않는도다.

47 Woe to you, because you build tombs for the prophets, and it was your forefathers who killed them. 48 So you testify that you approve of what your forefathers did; they killed the prophets, and you build their tombs. 49 Because of this, God in his wisdom said, 'I will send them prophets and apostles, some of whom they will kill and others they will persecute.' 50 Therefore this generation will be held responsible for the blood of all the prophets that has been shed since the beginning of the world, 51 from the blood of Abel to the blood of Zechariah, who was killed between the altar and the sanctuary. Yes, I tell you, this generation will be held responsible for it all.

47 화 있을진저 너희들이여, 너희가 선지자들을 위하여 묘지를 조성하나, 그 선지자들을 죽인 자가 다름 아닌 너희 조상들이로다. 48 이로써 너희가 너희 조상이 한 일을 옳다고 증언하는 것이라, 그 선지자들을 죽인 것이 너희 조상들인데, 너희는 그들의 무덤을 짓는도다. 49 그런즉, 하나님께서 당신의 지혜 가운데에서 미리 이같이 말씀하시기를, '내가 선지자와 사도들을 저들에게 보내리니 저들이, 그들 얼마는 죽여 버리고 다른 얼마는 또 심히 박해할 것이라' 하셨느니라. 50 그런고로, 이 세상의 시작 이후로 피 흘린 모든 선지자들의 피에 대해 이 세대가 책임을 지게 될 것인즉 51 곧 아벨의 피로부터 사가랴의 피까지 그리 할 것이니, 이 사가랴는 제단과 성전 사이에서 죽임을 당한 자니라. 그러하도다. 내가 너희에게 말하노니, 정녕코 이 세대가 이 모든 것에 대해 책임을 지게 되리라.

52 Woe to you experts in the law, because you have taken away the key to knowledge. You yourselves have not entered, and you have hindered those who were entering." 53 When Jesus left there, the Pharisees and the teachers of the law began to oppose him fiercely and to besiege him with questions, 54 waiting to catch him in something he might say.

52 화 있을진저 너희 율법교사들이여, 너희가 지식(知識)에 이르는 열쇠를 치우고 가져가 버렸도다. 그럼으로써 너희도 거기로 들어가지 않고, 또 거기에 들어가고자 하는 자들도 너희가 막았음이니라." 하시더라. 53 예수께서 거기를 떠나가시려 하매, 바리새인들과 율법 교사들이 예수를 격렬히 반박하기 시작하니 예수를 여러가지 질문으로 공격하며, 54 예수께서 말씀하시는 것 중 아무 것이든 책잡고자 하여 이를 노리고들 있더라.

제12장

1 Meanwhile, when a crowd of many thousands had gathered, so that they were trampling on one another, Jesus began to speak first to his disciples, saying: "Be on your guard against the yeast of the Pharisees, which is hypocrisy. 2 There is nothing concealed that will not be disclosed, or hidden that will not be made known. 3 What you have said in the dark will be heard in the daylight, and what you have whispered in the ear in the inner rooms will be proclaimed from the roofs.

1 그러는 동안에 수 천 명에 이르는 군중이 모여 서로 밟힐 만큼 되었더니 예수께서 자기의 제자들에게 먼저 말씀하여 이르시기를: "바리새인들의 누룩을 조심하라, 곧 그들의 위선(僞善)을 말함이니라. 2 감추어져 있는 것으로서 장차 드러나지 않을 것이 없고, 지금 숨겨져 있는 것으로서 장차 알려지지 않을 것이 없나니 3 너희가 어두운 데서 말한 모든 것이 한낮의 햇빛 아래에서 들리고, 너희가 골방에서 귓속말로 말한 것이 지붕 위에서 선포되는 법이니라.

4 I tell you, my friends, do not be afraid of those who kill the body and after that can do no more. 5 But I will show you whom you should fear: Fear him who, after the killing of the body, has power to throw you into hell. Yes, I tell you, fear him. 6 Are not five sparrows sold for two pennies ? Yet not one of them is forgotten by God.

4 나의 친구들이여, 내가 이제 나의 친구된 너희들에게 말하노니, 몸을 죽이고 그 후에는 아무 것도 더 하지 못하는 자들을 두려워하지 말라. 5 너희가 마땅히 두려워해야 할 자를 내가 보이리니: 곧 몸을 죽인 후에 또 너를 지옥에 던져 넣을 힘을 가진 그를 두려워하라. 그러하도다. 내가 참으로 이르노니 그를 두려워하라. 6 참새 다섯 마리가 고작 이 페니에 팔리는 것이 아니냐? 그러나 그 중 하나라도 하나님께 잊혀지는 것이 없도다.

7 Indeed, the very hairs of your head are all numbered. Don't be afraid; you are worth more than many sparrows. 8 I tell you, whoever acknowledges me before men, the Son of Man will also acknowledge him before the angels of God. 9 But he who disowns me before men will be disowned before the angels of God. 10 And everyone who speaks a word against the Son of Man will be forgiven, but anyone who blasphemes against the Holy Spirit will not be forgiven.

7 참으로, 너희는 너희의 머리털까지도 다 세신 바 되었으니, 그러므로 두려워하지 말라; 너희는 많은 참새보다 더 귀하니라. 8 내가 또 너희에게 말하노니, 누구든지 사람들 앞에서 나를 시인하면 인자도 하

나님의 천사들 앞에서 그를 시인할 것이요, 9 그러나 사람들 앞에서 나를 부인하는 자는 하나님의 천사들 앞에서 자기도 부인을 당하리라. 10 누구든지 인자를 거역하는 말을 하면 그 죄는 용서하심을 받으려니와 거룩한 성령을 모독하는 자는 사하심을 받지 못하리라.

11 When you are brought before synagogues, rulers and authorities, do not worry about how you will defend yourselves or what you will say, 12 for the Holy Spirit will teach you at that time what you should say."

11 너희가 회당이나 위정자나 다른 권세 있는 자 앞에 끌려가게 될 때에, 무엇을 말할까, 어떻게 네 자신을 변명할까 염려하지 말라. 12 그 때에 네가 마땅히 해야 할 말을 거룩한 성령이 그 시각에 너희에게 가르쳐 주시리라." 하시니라.

13 Someone in the crowd said to him, "Teacher, tell my brother to divide the inheritance with me." 14 Jesus replied, "Man, who appointed me a judge or an arbiter between you?" 15 Then he said to them, "Watch out! Be on your guard against all kinds of greed; a man's life does not consist in the abundance of his possessions."

13 그 무리 중에 한 사람이 예수께 이르기를 "선생님이여, 내 형에게 일러 유산을 내게 나누어 주도록 말해주소서." 하니 14 예수께서 이르시되, "이 사람아, 누가 나를 너희의 재판장이나 중재인으로 세웠느냐?" 하시고 15 또다시 그들에게 이르시되 "너희는 조심할지어다! 모든 류의 탐욕을 물리치도록 유념할지니; 사람의 생명이 그 소유의 풍부한 데 놓여 있지 않으니라." 하시더라.

16 And he told them this parable: "The ground of a certain rich man produced a good crop. 17 He thought to himself, 'What shall I do? I have no place to store my crops.' 18 Then he said, 'This is what I'll do. I will tear down my barns and build bigger ones, and there I will store all my grain and my goods.
19 And I'll say to myself, "You have plenty of good things laid up for many years. Take life easy; eat, drink and be merry." 20 But God said to him, 'You fool! This very night your life will be demanded from you. Then who will get what you have prepared for yourself?' 21 This is how it will be with anyone who stores up things for himself but is not rich toward God."

16 또 이런 비유를 그들에게 말해 주시니: "한 부자가 있는데 어느 해 그 밭에 소출이 풍성한지라, 17 그가 속으로 혼자 생각하기를, '내가 어떻게 할꼬? 내 곡식을 쌓아 둘 곳이 없도다!' 하고 18 그리고 말하기를 '알았도다. 이것이 내가 할 일이라. 내 지금 곳간을 헐어 내고 더 큰 창고를 지어 거기에 내 모든 곡식과 물건들을 쌓아 두리라. 19 내가 내 자신에게 이르되, 네가 앞으로 여러 해 동안 사용할 좋은 것들을 많이 쌓아 두었으니 이제 편하게 살며, 먹고 마시고 즐거워하자' 하였느니라. 20 그러나 하나님께서 그에게 이르시되 '너 어리석은 자여! 바로 오늘 밤에 네 생명이 너로부터 도로 청구되리라. 그러면, 네가 너를 위하여 준비한 그 모든 것을 누가 가져가겠느냐?' 하셨으니 21 자기를 위하여 재물을 쌓아 두고 하나님께 대하여는 부요(富饒)하지 못한 자가 바로 이와 같은 자니라." 하시더라.

22 Then Jesus said to his disciples: "Therefore I tell you, do not worry about your life, what you will eat; or about your body, what you will wear. 23 Life is more than food, and the body more than clothes. 24 Consider the ravens: They do not sow or reap, they have no storeroom or barn; yet God feeds them. And how much more valuable you are than birds! 25 Who of you by worrying can add a single hour to his life ?

22 그리고 또 제자들에게 말씀하시기를: "그러므로 내가 너희에게 이르노니 너희 목숨을 위하여 무엇을 먹을까, 또 너희 몸을 위하여 무엇을 입을까 염려하지 말라. 23 목숨이 음식보다 더 소중하고 몸이 의복보다 더 소중하니라. 24 까마귀를 생각하여 보라. 그 새들이 씨앗을 뿌리지도 아니하고 수확을 해

거두지도 아니하며, 곳간도 없고 창고도 없으되 하나님께서 그들을 먹이시나니 너희는 새보다 얼마나 더 귀한 존재들이냐! 25 너희 중에 누가 염려함을 통하여 자기 수명에 한 시간이라도 더할 수 있겠느냐?

26 Since you cannot do this very little thing, why do you worry about the rest?
27 Consider how the lilies grow. They do not labor or spin. Yet I tell you, not even Solomon in all his splendor was dressed like one of these.

26 그런즉 네가 이런 작은 일 하나도 행하지 못하면서 왜 다른 일들까지 염려하느냐? 27 백합이 어떻게 자라는지 생각해 보라. 그것이 수고로이 일을 하는 것도 아니요, 베를 짜지도 아니하느니라. 그러나 내가 너희에게 말하노니 솔로몬이 그 모든 영광을 가지고도 이 꽃 중 하나와 같은 옷은 입어보지 못하였느니라.

28 If that is how God clothes the grass of the field, which is here today, and tomorrow is thrown into the fire, how much more will he clothe you, O you of little faith! 29 And do not set your heart on what you will eat or drink; do not worry about it. 30 For the pagan world runs after all such things, and your Father knows that you need them. 31 But seek his kingdom, and these things will be given to you as well.

28 오늘 여기 있다가 내일은 불길 속에 던져지는 들풀도 하나님이 이렇게 옷 입히시는 것이어늘 하물며 너희에 대해서는 얼마나 더 잘 하시겠느냐? 오, 이 믿음없는 자들아! 29 그러므로 너희는 너희 마음을, 무엇을 먹고 마실까 하는데 두지 말며; 그에 관해 염려하지도 말라. 30 이 모든 것은 이방 세상이 좇아 다니는 것들이라, 너희 아버지께서는 너희가 이런 것들을 필요로 함을 먼저 알고 계시느니라. 31 다만 너희는 그의 나라를 먼저 찾으라, 그리하면 이런 것들은 모두 너희에게 함께 주어지는 바가 되리라.

32 Do not be afraid, little flock, for your Father has been pleased to give you the kingdom. 33 Sell your possessions and give to the poor. Provide purses for yourselves that will not wear out, a treasure in heaven that will not be exhausted, where no thief comes near and no moth destroys. 34 For where your treasure is, there your heart will be also.

32 두려워 말라, 너희 적은 수의 무리여, 너희 아버지께서 그 나라를 너희에게 주시기를 기뻐하셨느니라. 33 (*그런즉) 너희는 너희 소유를 팔아 가난한 자에게 주라. 그리함으로 스스로 낡아지지 않는 지갑을 갖도록 할지니, 곧 하늘에 쌓아둔 보물이요 닳아 없어지지 아니하는 것이라. 거기는 도둑이 가까이 오는 일이 없고 좀도 먹는 일이 없느니라. 34 너희 보물 있는 그 곳에 너희 마음이 있느니라.

35 Be dressed ready for service and keep your lamps burning, 36 like men waiting for their master to return from a wedding banquet, so that when he comes and knocks they can immediately open the door for him. 37 It will be good for those servants whose master finds them watching when he comes. I tell you the truth, he will dress himself to serve, will have them recline at the table and will come and wait on them.

35 항상 옷을 갖추어 입고 섬기는 삶을 살 수 있도록 준비하고 있으라. 그리고 네 등불을 밝히고 36 마치 주인이 혼인 잔치에서 돌아와 문을 두드리면 그 즉시 열어 주려고 기다리고 서 있는 하인과 같이 하라. 37 그 주인이 집에 돌아와 자기 하인들이 이와 같이 깨어 있는 것을 보게 되면 그 종에게는 좋은 일이 있을 것이라. 내가 진실로 너희에게 이르노니, 그 주인이 스스로 섬길 때 입는 옷을 입고, 그 종들을 식탁 자리에 앉힌 다음, 자기가 친히 앞에 나와 그 하인들을 시중들리라.

38 It will be good for those servants whose master finds them ready, even if he comes in the second or third watch of the night. 39 But understand this: If the owner of the house had known at what hour the thief was coming, he would not have let his house be broken into. 40 You also must be ready, because the

Son of Man will come at an hour when you do not expect him."

38 이와 같이, 그 주인이 밤 두시나 세시에 와도 그 하인들이 그같이 준비되어 있는 것을 보게 될 그 종들은 복이 있으리로다. **39** 그러나 이것을 알지니: 집 주인이 만일 몇 시에 도둑이 들어올 줄을 안다면, 그가 자기 집이 뚫리게 내버려두지 아니할 것이라. **40** 그러므로 너희도 마땅히 준비되어 있으라. 너희가 그를 기대하지도 않던 그 시간에 인자(人子)가 오리라." 하시니라.

41 Peter asked, "Lord, are you telling this parable to us, or to everyone?" **42**
The Lord answered, "Who then is the faithful and wise manager, whom the master puts in charge of his servants to give them their food allowance at the proper time? **43** It will be good for that servant whom the master finds doing so when he returns.

41 베드로가 묻기를, "주여, 이 비유를 우리에게 말씀하심이니이까, 아니면 모든 사람에게 하심이니이까?" 하매, **42** 주께서 대답하여 이르시되, "누가 신실하고 지혜로운 관리인이 되어, 그 주인이 그에게 자기 집 종들을 다 맡기며 또 정해진 시간에 그 종들에게 양식을 나누어 주겠느냐? **43** 주인이 집에 돌아와, 그렇게 하고 있는 것을 보게 되는 그 하인이 복이 있으리로다.

44 I tell you the truth, he will put him in charge of all his possessions. **45**
But suppose the servant says to himself, 'My master is taking a long time in coming,' and he then begins to beat the menservants and maidservants and to eat and drink and get drunk. **46** The master of that servant will come on a day when he does not expect him and at an hour he is not aware of. He will cut him to pieces and assign him a place with the unbelievers.

44 내가 진실로 너희에게 이르노니 주인이 그 하인에게 자기의 모든 소유를 맡기리라. **45** 그러나 만일, 그 하인이 혼자 마음에 생각하기를 '주인이 오려면 시간이 한참 걸리리라' 하고, 다른 남자 종과 여자 종을 때리기 시작하며, 종들을 부려 먹고 마시고 취해 있으면 **46** 그 하인이 기대하지 않던 어느 날, 그리고 그 하인이 알지 못하는 시각에 주인이 이르리니, 주인이 그 하인을 크게 벌하고 그를 불신자들이 거(居)하는 자리로 내치리라.

47 That servant who knows his master's will and does not get ready or does not do what his master wants will be beaten with many blows. **48** But the one who does not know and does things deserving punishment will be beaten with few blows. From everyone who has been given much, much will be demanded; and from the one who has been entrusted with much, much more will be asked.

47 자기 주인의 뜻을 알고도 이를 준비하지 아니한 하인과, 또 주인이 원하는 바를 행치 아니한 하인은 많은 매를 맞을 것이요, **48** 그러나 알지 못하고 벌 받을 일을 한 종은 조금만 맞으리라. 무릇 많이 받은 자에게는 많은 것이 요구될 것이니; 이와 같이 많은 것이 맡겨 진 자에게 많은 것들이 요구되는 법이니라.

49 I have come to bring fire on the earth, and how I wish it were already kindled! **50** But I have a baptism to undergo, and how distressed I am until it is completed!

49 내가 이 땅에 불을 가지고 왔으니 이 불이 이미 이 (*지구(地球) 온 땅) 위에 옮겨 붙었으면 얼마나 좋겠느냐? **50** 그러나 내게는 내가 거쳐야 할 세례가 있으니 그것이 다 이루어지기까지 나의 괴로움이 어떠하겠느냐!

51 Do you think I came to bring peace on earth? No, I tell you, but division. **52**
From now on there will be five in one family divided against each other, three

against two and two against three. 53 They will be divided, father against son
and son against father, mother against daughter and daughter against mother,
mother-in-law against daughter-in-law and daughter-in-law against mother-
in-law."

51 내가 이 세상에 평화를 주려고 온 줄로 생각하느냐? 아니라, 내가 너희에게 이르노니, 내가 분열(分
裂)을 가져왔느니라. 52 지금 이후로부터 한 식구 다섯 사람이 서로 나뉘어져 셋이 둘과 나뉘며, 둘이
셋과 갈리워지리라. 53 아버지가 아들과, 그리고 아들이 아버지와 갈리고, 어머니와 딸과, 딸이 어머니
와 갈리며, 시어머니가 며느리와, 며느리가 시어머니와 나뉘어지리라." 하시니라.

54 He said to the crowd: "When you see a cloud rising in the west, immediately
you say, 'It's going to rain,' and it does. 55 And when the south wind blows,
you say, 'It's going to be hot,' and it is. 56 Hypocrites! You know how to
interpret the appearance of the earth and the sky. How is it that you don't
know how to interpret this present time? 57 Why don't you judge for yourselves
what is right?

54 또 이것은 예수께서 같은 무리의 사람들에게 하신 말씀이라: "너희가 구름이 서쪽에서 올라오는 것
을 보면 말하기를 '비가 내릴 것이라' 하매, 곧 그리되고 55 남풍이 부는 것을 보면 말하기를, '날이 더
우리라' 하나니 과연 그렇게 되느니라. 56 이 위선자(僞善者)들아, 너희가 하늘과 땅의 현상은 해석하면
서, 어찌 이 시대는 분간할 줄 모르느냐? 57 그리고 무엇이 옳은 일인지를 왜 스스로 판단하지 아니하느
냐?

58 As you are going with your adversary to the magistrate, try hard to be
reconciled to him on the way, or he may drag you off to the judge, and the
judge turn you over to the officer, and the officer throw you into prison. 59 I
tell you, you will not get out until you have paid the last penny. "

58 네가 너의 대적과 함께 법정에 나아 갈 때에 그와 길 위에서라도 화해하기를 힘쓰라, 그리하지 아니
하면 그가 너를 재판장에게로 끌고가고 재판장은 너를 관리에게 내어주어 그 관리가 너를 감옥에 던져
넣을까 하노라. 59 내가 네게 이르노니 네가 그 마지막 페니 한 푼까지 다 갚을 때까지 거기서 나오지
못하리라." 하시니라.

제13장

1 Now there were some present at that time who told Jesus about the Galileans
whose blood Pilate had mixed with their sacrifices. 2 Jesus answered, "Do
you think that these Galileans were worse sinners than all the other Galileans
because they suffered this way? 3 I tell you, no! But unless you repent, you too
will all perish.

1 그 때 그 자리에 와 있던 몇몇 사람이 예수께 갈릴리 사람에 대하여 얘기를 하기 시작하는데 곧, 그 사
람들의 피를 빌라도가 자기들의 (*신에 대한) 제사 제물에 섞어 넣은 일에 대해 고하매, 2 예수께서 이
에 대답하여 이르시되, "이 갈릴리 사람들이 이같은 고난을 겪었다고 해서 다른 모든 갈릴리 사람들보
다 더 악한 죄인이라 생각하느냐? 3 내가 너희에게 이르노니, 결코 그렇지가 아니하니라. 너희 역시 회
개(悔改)하지 아니하면 다 이와 같이 망하리라.

4 Or those eighteen who died when the tower in Siloam fell on them--do you
think they were more guilty than all the others living in Jerusalem? 5 I tell you,

no! But unless you repent, you too will all perish."

4 또 실로암에서 탑이 무너졌을 때에 치어 죽은 열여덟 사람이–예루살렘에 살던 다른 모든 사람보다
죄가 더 있어서 그리된 줄 아느냐? 5 내가 말하노니 그런게 아니라! 너희가 만일 회개하지 아니하면 너
희 역시 다 이와 같이 망하리라." 하시니라.

6 Then he told this parable: "A man had a fig tree, planted in his vineyard, and
he went to look for fruit on it, but did not find any. 7 So he said to the man
who took care of the vineyard, 'For three years now I've been coming to look
for fruit on this fig tree and haven't found any. Cut it down! Why should it use
up the soil?' 8 'Sir,' the man replied, 'leave it alone for one more year, and I'll
dig around it and fertilize it. 9 If it bears fruit next year, fine! If not, then cut it
down.' "

6 그리고 이런 비유를 들어 말씀하시되: "어떤 사람이 자기 포도밭에 무화과나무를 심었는데 (*어느 해,
포도밭에) 가서 그 나무가 열매를 맺었나 하고 찾아보니 하나도 없는지라 7 이에 그 포도밭 관리인에게
이르기를, '내가 이 무화과나무를 둘러보러 와서 열매를 찾아 본지가 벌써 삼년 째인데, 한번도 열매 맺
는 것을 보지를 못했으니, 이것을 베어 내버리라! 어찌 땅만 버리게 하겠느냐?' 하니, 8 그 포도밭 지기
가 대답하여 이르되 '주인이시여, 올 한해만 더 그대로 두게 하소서, 내가 그 주위를 두루 파고 거름을
주리니 9 그 다음 해에 그것이 열매를 맺으면 좋을 것이라! 그렇지 않으면 그 때, 베어 내버리소서' 하였
느니라." 하시니라.

10 On a Sabbath Jesus was teaching in one of the synagogues, 11 and a woman
was there who had been crippled by a spirit for eighteen years. She was bent
over and could not straighten up at all. 12 When Jesus saw her, he called
her forward and said to her, "Woman, you are set free from your infirmity."
13 Then he put his hands on her, and immediately she straightened up and
praised God. 14 Indignant because Jesus had healed on the Sabbath, the
synagogue ruler said to the people, "There are six days for work. So come and
be healed on those days, not on the Sabbath."

10 어느 안식일에 예수께서 한 유대인의 회당에서 가르치고 계셨는데, 11 거기에 (*악한) 영이 깃들어
열여덟 해 동안이나 불구로 지내던 여인이 있었으니, 그녀가 몸이 굽어 곧바로 펴지를 못하는 사람이 되
어 있었더라. 12 예수께서 그 여인을 보시고 가까이 불러 말씀하시기를, "여자여, 이제 네가 너의 병으
로부터 놓임을 받았노라." 하시고, 13 손을 그녀 위에 놓으시니 그 즉시로 그 여자가 몸을 곧게 펴며 하
나님을 찬양하기 시작하니라. 14 예수께서 안식일에 병 고치시는 것을 보고는 그 회당장이 분개하여 사
람들에게 이르기를, "일할 날이 엿새가 있으니 그 엿새 동안에 와서 병 고침을 받고, 안식일에는 안될 일
이라!" 하거늘

15 The Lord answered him, "You hypocrites! Doesn't each of you on the
Sabbath untie his ox or donkey from the stall and lead it out to give it water?
16 Then should not this woman, a daughter of Abraham, whom Satan has
kept bound for eighteen long years, be set free on the Sabbath day from what
bound her?" 17 When he said this, all his opponents were humiliated, but the
people were delighted with all the wonderful things he was doing.

15 주께서 대답하여 이르시되, "이 위선자들아! 너희가 안식일에 각기 자기의 소나 나귀를 외양간에서
풀어내어 끌고가서 물을 먹이지 아니하느냐? 16 그러면, 무려 열여덟 해 동안을 사탄에게 매여 지낸 이
아브라함의 딸을 안식일에라도 그 매인 것으로부터 풀어내는 것이 마땅하지 않겠느냐?" 17 이같이 말
씀하시니 그 반대하던 자들은 모욕감을 느끼되, 그러나 거기 모인 사람들은 그가 하시는 그 모든 경이로
운 일들로 인하여 기뻐들하더라.

18 Then Jesus asked, "What is the kingdom of God like? What shall I compare
it to? 19 It is like a mustard seed, which a man took and planted in his garden.
It grew and became a tree, and the birds of the air perched in its branches."
20 Again he asked, "What shall I compare the kingdom of God to? 21 It is
like yeast that a woman took and mixed into a large amount of flour until it
worked all through the dough."

18 이에 예수께서 그들에게 이르시기를, "하나님의 나라가 무엇과 같다고 할꼬? 내가 무엇으로 이를 비
교할 수 있을까? 19 천국은, 사람이 자기 채소밭에 갖다 심은 겨자씨 한 알 같으니, 그 씨앗이 자라나서
큰 나무가 되어, 공중의 새들이 그 가지 위에 앉는 것 같으니라. 20 또 이르시되 "내가 하나님의 나라를
무엇으로 비교할꼬? 21 천국은 마치 어떤 여자가 가져다 밀가루 반죽 속에 넣어 전부 부풀게 한 누룩과
같으니라." 하시더라.

22 Then Jesus went through the towns and villages, teaching as he made his
way to Jerusalem. 23 Someone asked him, "Lord, are only a few people going
to be saved?" 24 He said to them, "Make every effort to enter through the
narrow door, because many, I tell you, will try to enter and will not be able to.

22 그리고 예수께서는 여러 고을과 마을로 다니시며 예루살렘을 향해 올라가는 길에서 계속하여 사람
들을 가르치시더라. 23 어떤 사람이 예수께 묻기를, "주여, 구원을 받을 이가 오직 몇 사람 밖에 없겠나
이까?" 하니, 24 예수께서 대답하여 이르시되, "좁은 문으로 들어가기를 힘쓰라. 내가 너희에게 이르노
니, 많은 사람들이 거기로 들어가려고 애를 써도 능히 그리하지 못하는 자가 많으니라.

25 Once the owner of the house gets up and closes the door, you will stand
outside knocking and pleading, 'Sir, open the door for us.' But he will answer,
'I don't know you or where you come from.' 26 Then you will say, 'We ate and
drank with you, and you taught in our streets.' 27 But he will reply, 'I don't
know you or where you come from. Away from me, all you evildoers!'

25 집 주인이 일어나 일단 문을 닫은 후에는 너희가 밖에 서서 문을 두드리며 간청하기를, '선생이여,
우리에게 문을 열어 주소서.' 하고 간청하여도 그가 대답하기를, '나는 너희를 모르니, 너희가 어디에서
왔는지도 알지 못하노라.' 하리니 26 그 때에 너희가 말하되, '우리가 당신과 함께 앉아 먹고 마시고, 당
신께서는 우리 거리에서 (*우리를) 가르치셨나이다.' 하리라. 27 그러나 그가 이같이 대답할 것이니 '나
는 너희를 알지 못하고 또 너희가 어디에서 왔는지도 알지 못하노라. 내게서 떠나가라! 이 사악한 일 행
(行)하는 자들아' 하리라.

28 There will be weeping there, and gnashing of teeth, when you see Abraham,
Isaac and Jacob and all the prophets in the kingdom of God, but you
yourselves thrown out. 29 People will come from east and west and north and
south, and will take their places at the feast in the kingdom of God. 30 Indeed
there are those who are last who will be first, and first who will be last."

28 거기서 너희가 슬피 울며 이를 가는 일이 있으리니, 아브라함과 이삭과 야곱과 모든 선지자는 하나
님 나라에 있는데 그러나 너희는 바깥에 쫓겨나게 된 것을 너희 눈으로 보게 될 때에 그리하리라. 29 사
람들이 동서남북 천지 사방으로부터 와서 하나님의 나라 잔치의 자기 자리에 앉으리니, 30 참으로, 맨
끝자리에 있던 자로서 그 처음이 될 사람도 있고, 그 처음이었다가 맨 끝자리로 갈 사람도 있느니라." 하
시더라.

31 At that time some Pharisees came to Jesus and said to him, "Leave this
place and go somewhere else. Herod wants to kill you." 32 He replied, "Go tell
that fox, 'I will drive out demons and heal people today and tomorrow, and on
the third day I will reach my goal.' 33 In any case, I must keep going today and

tomorrow and the next day--for surely no prophet can die outside Jerusalem!

31 그 때에 어떤 바리새인들이 예수께 나아와 말하기를, "여기를 떠나 다른 데로 가소서. 헤롯이 당신을
죽이고자 하나이다." 하매, 32 예수께서 이르시되, "너희는 가서 저 여우에게 말하라, '내가 오늘과 내일
동안은 귀신을 쫓아내며 병을 고칠 것이요, 삼 일째에는 내가 나의 목표하는 바를 이루리라.' 하라. 33
어떤 경우든, 오늘과 내일과 그리고 그 다음날은 내가 마땅히 이 일을 계속하여야 하리니, 선지자가 예
루살렘 밖에서 죽는 법이 없느니라." 하시고,

34 "O Jerusalem, Jerusalem, you who kill the prophets and stone those sent
to you, how often I have longed to gather your children together, as a hen
gathers her chicks under her wings, but you were not willing! 35 Look, your
house is left to you desolate. I tell you, you will not see me again until you say,
'Blessed is he who comes in the name of the Lord.' "

34 "오! 예루살렘아, 예루살렘아, 너, 선지자들을 죽이고 네게 보내어 진 자들을 돌로 쳐 죽이는 자여,
내가 너희 자녀를 불러 모으기를 얼마나 오래 바라 왔던고? 마치 암탉이 제 병아리를 날개 아래에 모음
같이 내가 너희를 모으려 하였으나 그러나 너희가 이를 원치 아니하였도다! 35 보라, 너희 집이 황폐하
여져 내버려지게 될 것이요, 너희가 나를 다시는 보지 못하리니, 너희가 말하기를, '주의 이름으로 오시
는 이가 복이 있도다' 라고 할 때까지는 나를 다시 보지 못하리라." 하시더라.

제14장

1 One Sabbath, when Jesus went to eat in the house of a prominent Pharisee,
he was being carefully watched. 2 There in front of him was a man suffering
from dropsy.

1 어느 안식일(安息日) 날에 예수께서 한 바리새인 지도자의 집에 식사를 하러 들어가셨는데, 예수께서
는 (*사람들로부터) 면밀히 주시를 받고 계셨더라. 2 거기 예수께서 계시는 자리 앞에 종기로 고통받는
한 사람이 있었더라.

3 Jesus asked the Pharisees and experts in the law, "Is it lawful to heal on the
Sabbath or not?" 4 But they remained silent. So taking hold of the man, he
healed him and sent him away. 5 Then he asked them, "If one of you has a son
or an ox that falls into a well on the Sabbath day, will you not immediately
pull him out?" 6 And they had nothing to say.

3 예수께서 바리새인들과 율법교사들에게 물으시기를, "안식일에 병 고쳐 주는 것이 율법에 합당하냐
어떠하냐?" 하시는데, 4 그들이 말없이 잠잠히들 있거늘 예수께서 그 사람을 손으로 잡으사 그의 병을
낫게 하시고 그를 보내고 나신 후에 5 그들에게 다시 물어 이르시되, "너희 중에 누가 자기 아들이나 소
가 우물에 빠진 사람이 있으면 그가 안식일에라도 곧 이를 끌어내지 아니하겠느냐?" 하시니 6 그들이
이에 대하여 한 마디 말도 대답하지를 못하더라.

7 When he noticed how the guests picked the places of honor at the table, he
told them this parable: 8 "When someone invites you to a wedding feast, do
not take the place of honor, for a person more distinguished than you may
have been invited. 9 If so, the host who invited both of you will come and say
to you, 'Give this man your seat.' Then, humiliated, you will have to take the
least important place.

7 식사 자리에 초청 받은 손님들이 저마다 어떻게 좀 더 좋은 자리에 앉을까 하여 자리 고르는 것을 보
시고, 예수께서 이런 비유로 말씀을 하시되 8 "누가 너를 결혼 잔치에 초대할 때에는 높은 자리에 앉지
말지니, 혹 너보다 더 귀한 사람이 초대를 받고 올 경우에 9 그 결혼 잔치를 주관하는 주인이 네게 와서
말하기를, '이 사람에게 네 자리를 내주라.' 하면, 그 때에 너는 수치스러움을 당하고 저 끝자리로 가 앉
게 되는 것이라.

10 But when you are invited, take the lowest place, so that when your host
comes, he will say to you, 'Friend, move up to a better place.' Then you will
behonored in the presence of all your fellow guests. 11 For everyone who
exalts himself will be humbled, and he who humbles himself will be exalted."

10 그러므로, 초대를 받았을 때에는 오히려 가장 낮은 자리에 가 앉으라. 그러면 너를 초대한 주인이 네
게 건너와서 말하기를, '친구여, 좀 더 좋은 자리로 올라 앉으라' 하리니 그 때에 다른 모든 손님들 앞에
서 네가 영예롭게 되리라. 11 누구든지 자기 자신을 높이는 자는 낮아지고, 자기를 낮추는 자는 높아지
리라." 하시더라.

12 Then Jesus said to his host, "When you give a luncheon or dinner, do not
invite your friends, your brothers or relatives, or your rich neighbors; if you
do, they may invite you back and so you will be repaid. 13 But when you give a
banquet, invite the poor, the crippled, the lame, the blind, 14 and you will be
blessed. Although they cannot repay you, you will be repaid at the resurrection
of the righteous."

12 그리고는 자기를 초대한 그 사람에게 예수께서 이르시되, "네가 사람들에게 점심이나 저녁이나 베
풀고자 하거든 네 친구들이나, 형제나 친척이나 또는 부유한 이웃은 청하지 말라. 그 사람들이 나중에
너를 도로 청하여 네게 갚음이 되게 하리라. 13 네가 잔치를 베풀거든 가난한 자들과 불구자들과 지체
가 부자유한 자들과 맹인들을 청(請)하라. 14 그리하면 네가 복을 받을 것이니, 그들이 네게 도로 갚을
것이 없으므로 의인들이 부활할 때에 네가 그 보상을 받게 되리라." 하시더라.

15 When one of those at the table with him heard this, he said to Jesus,
"Blessed is the man who will eat at the feast in the kingdom of God." 16 Jesus
replied: "A certain man was preparing a great banquet and invited many
guests. 17 At the time of the banquet he sent his servant to tell those who had
been invited, 'Come, for everything is now ready.' 18 But they all alike began
to make excuses. The first said, 'I have just bought a field, and I must go and
see it. Please excuse me.' 19 Another said, 'I have just bought five yoke of
oxen, and I'm on my way to try them out. Please excuse me.' 20 Still another
said, 'I just got married, so I can't come.'

15 그 때에 그 식탁에 같이 앉아 있던 사람 중 하나가 이 말을 듣고는 예수께 이르되, "하나님의 나라의
잔치에서 먹게 될 사람이 복되도다." 하니 16 예수께서 이르시되: "어떤 사람이 큰 잔치를 준비하고 손
님들을 많이 초대하였느니라. 17 잔치 날이 되어 초대하였던 사람들에게 그가 하인을 보내어 '이제, 오
소서. 모든 것이 준비되었나이다.' 하는 말을 전하게 하는데 18 그 초대받은 사람들이 모두 사양을 하기
시작하여, 한 사람은 이르되 '내가 얼마 전에 밭을 샀는데 아무래도 나가 보아야 하겠으니 나를 용서하
라' 하고 19 또 다른 사람은 이르되 '내가 방금 소 다섯 겨리를 샀는데 이 소를 시험하러 가야 하니 양해
해 달라 하고, 20 또 한 사람은 이르되, '내가 이제 막 결혼하게 되었으니 가지 못하노라' 하는지라

21 The servant came back and reported this to his master. Then the owner
of the house became angry and ordered his servant, 'Go out quickly into the
streets and alleys of the town and bring in the poor, the crippled, the blind
and the lame.' 22 " 'Sir,' the servant said, 'what you ordered has been done,
but there is still room.' 23 Then the master told his servant, 'Go out to the

roads and country lanes and make them come in, so that my house will be
full. 24 I tell you, not one of those men who were invited will get a taste of my
banquet.' "

21 그 하인이 돌아와 주인에게 이를 고하니 그 집 주인이 노하여 그 하인에게 이르되 '빨리 시내의 거리
와 골목으로 나가서 가난한 자들과 불구자들과 맹인들과 다리 저는 자들을 다 데려오라' 하니라. 22 이
에 그 하인이 이르되 '주여, 주께서 명하신 대로 다 하였으나 아직도 자리가 남아 있나이다.' 하매 23 그
주인이 하인에게 이르되 '큰 길과 변두리 시골 길에까지 가서 사람들을 오게 하여 내 집을 (*손님들로)
가득차게 하라. 24 내가 말하노니 그 전에 초대받았던 사람들은 하나도 내 잔치 음식을 맛보지 못하리
라.' 하였느니라." 하시더라.

25 Large crowds were traveling with Jesus, and turning to them he said: 26 "If
anyone comes to me and does not hate his father and mother, his wife and
children, his brothers and sisters--yes, even his own life--he cannot be my
disciple. 27 And anyone who does not carry his cross and follow me cannot be
my disciple."

25 큰 군중이 무리를 지어 예수를 따라 함께 길을 가는데, 예수께서 그들에게 몸을 돌이키시며 말씀하
시되: 26 "누구든지 내게 나아오고자 하는 사람이 자기 부모와 처자와 자기 형제 자매와 더욱이 자기 목
숨까지를 미워하지 아니하면 능히 내 제자가 되지를 못하고, 27 또 누구든지 자기 십자가를 지고 나를
따르지 않는 자도 능히 내 제자가 되지 못하리라." 하시고,

28 "Suppose one of you wants to build a tower. Will he not first sit down
and estimate the cost to see if he has enough money to complete it? 29 For
if he lays the foundation and is not able to finish it, everyone who sees it
will ridicule him, 30 saying, 'This fellow began to build and was not able to
finish.' 31 Or suppose a king is about to go to war against another king. Will
he not first sit down and consider whether he is able with ten thousand men
to oppose the one coming against him with twenty thousand? 32 If he is not
able, he will send a delegation while the other is still a long way off and will
ask for terms of peace. 33 In the same way, any of you who does not give up
everything he has cannot be my disciple.

28 또 이르시되, "너희 중 누가 망대(望臺)를 세우길 원한다고 하자. 그가 제일 먼저 자리에 앉아 자기가
그 망대를 완성하기에 충분한 돈을 가지고 있는지 어떤지 그 비용부터 계산해 보지 아니하겠느냐? 29
만약에 그가 기초만 놓고 그 망대를 완성하지 못한다면 그것을 보는 자가 다 그를 비웃어 30 말을 하기
를, '이 사람이 공사를 시작하고는 끝마치지도 못하였구나' 하지 않겠느냐? 31 또 어떤 왕이 있어 다른
왕과 전쟁을 하러 나간다 하자. 그가 먼저 자리에 앉아서 자기가 가진 일만 명 군사로써 저 이만 명을 거
느리고 오는 자를 어떻게 대항할 수 있을까를 먼저 생각해 보지 않겠느냐? 32 만일 그렇게 하지 못할 것
같으면 그 다른 왕이 아직 먼 길에 있을 때에 급히 사신을 보내어 화친의 조건을 물어볼 일이 아니겠느
냐? 33 이와 같이 너희 중 누구라도 먼저 자기가 가지고 있는 모든 것을 먼저 포기하지 않으면, 나의 제
자가 되지 못하리라.

34 Salt is good, but if it loses its saltiness, how can it be made salty again? 35
It is fit neither for the soil nor for the manure pile; it is thrown out. 'He who
has ears to hear, let him hear.' "

34 소금은 좋은 것이라, 그러나 소금이 자신의 짠 성질을 잃어버리면 그것이 어떻게 음식을 짜게 하리
오? 35 흙으로도 사용하지 못하고 거름으로도 쓸 데가 없어 그저 갖다 내버리는 바가 되리라; '들을 귀
가진 자는 들을지어다." 하시더라.

제15장

1 Now the tax collectors and "sinners" were all gathering around to hear him.
2 But the Pharisees and the teachers of the law muttered, "This man welcomes
sinners and eats with them." 3 Then Jesus told them this parable: 4 "Suppose
one of you has a hundred sheep and loses one of them. Does he not leave the
ninety-nine in the open country and go after the lost sheep until he finds it?
5 And when he finds it, he joyfully puts it on his shoulders 6 and goes home.
Then he calls his friends and neighbors together and says, 'Rejoice with me;
I have found my lost sheep.' 7 I tell you that in the same way there will be
more rejoicing in heaven over one sinner who repents than over ninety-nine
righteous persons who do not need to repent.

1 그 때에 세금 징수업자들과 '죄인들'이 모두 예수의 말씀을 들으러 그의 주위로 모여 드니라. 2 바리
새인들과 율법 교사들이 이를 보고는 자기들끼리 수군거리며, "이 사람이 죄인들을 환영하고 심지어 그
들과 함께 앉아 밥을 먹는도다." 하는지라, 3 이에 예수께서 그들에게 이런 비유를 들어 이르시되: 4 너
희 중에 누가 양 백 마리가 있는데 그 중의 하나를 잃어버렸다 하자. 그가 아흔아홉 마리 양을 들판에 놔
두고 그 잃은 양 한 마리를 찾을 때까지 찾아다니지 않겠느냐? 5 그리하여 그가 그 잃어버린 양을 찾아
내면, 즐겁게 그 양을 어깨에 메고 6 집에 돌아와서 그 친구들과 이웃을 불러 모으고 말하기를, '나와 함
께 즐거워하자. 내가 잃어버렸던 양을 찾았노라' 하지 않겠느냐? 7 내가 너희에게 이르노니 이와 같이
하늘에서는 죄인 한 사람의 회개함으로 말미암는 즐거움이, 회개할 것 없는 의인 아흔아홉으로 인한 것
보다 더욱 더 큰 법이니라.

8 Or suppose a woman has ten silver coins and loses one. Does she not light a
lamp, sweep the house and search carefully until she finds it? 9 And when she
finds it, she calls her friends and neighbors together and says, 'Rejoice with
me; I have found my lost coin.' 10 In the same way, I tell you, there is rejoicing
in the presence of the angels of God over one sinner who repents."

8 또, 은화 열개를 가지고 있던 어떤 여자가 있었는데, 그 중 하나를 잃어버렸다 하자. 그가 등불을 밝히
고, 집을 쓸어 내며 그 은화를 찾을때까지 온 집안을 샅샅이 뒤지지 아니하겠느냐? 9 그리고 마침내 그
것을 찾아내면 친구들과 이웃을 불러 모으고 '자, 나와 함께 즐기자. 내가 내 잃었던 은화를 찾았노라'
하지 않겠느냐? 10 마찬가지로, 내가 너희에게 이르노니, 회개하는 죄인 한 사람으로 말미암아서도 하
나님의 천사들 가운데 큰 기쁨이 있게 되느니라." 하시니라.

11 Jesus continued: "There was a man who had two sons. 12 The younger one
said to his father, 'Father, give me my share of the estate.' So he divided his
property between them. 13 Not long after that, the younger son got together
all he had, set off for a distant country and there squandered his wealth in
wild living. 14 After he had spent everything, there was a severe famine in that
whole country, and he began to be in need.

11 그리고 또 계속하여 말씀하시기를: "어떤 사람에게 두 아들이 있는데 12 그 둘째가 아버지에게 말하
기를, 아버지여 재산 중 저의 지분을 제게 나누어 주소서.' 하는지라, 이에 아버지가 그 재산을 그 둘 사
이에 나누어 주었더니, 13 그 후에 얼마 되지 않아 그 둘째 아들이 자기 소유를 다 모아 가지고 멀리 떨
어진 다른 나라에 가서, 거기서 무절제하게 살며 그 재산을 다 낭비하고 말았느니라. 14 그 둘째 아들이
자기가 가진 것을 모두 다 낭비해 버린 후에 온 나라에 큰 흉년이 드니 그가 아주 궁핍해지기 시작하더
니

15 So he went and hired himself out to a citizen of that country, who sent him
to his fields to feed pigs. 16 He longed to fill his stomach with the pods that
the pigs were eating, but no one gave him anything. 17 When he came to his

senses, he said, 'How many of my father's hired men have food to spare, and
here I am starving to death! **18** I will set out and go back to my father and
say to him: Father, I have sinned against heaven and against you. **19** I am no
longer worthy to be called your son; make me like one of your hired men.'

15 이에 그가 가서 그 나라 백성 중 한 사람에게 고용살이를 하게 되었는데, 그 주인이 그를 들판으로
보내어 돼지를 치게 하였느니라. **16** 그가 배가 너무 고파 돼지가 먹는 콩깍지로 주린 배를 채우고자 하
였으나 그마저도 주는 사람이 없는지라 **17** 이에 그 지경에까지 이른 후에 비로소 생각하기를, '내 아버
지에게 고용된 그 많은 사람들은 다 먹을 것이 풍성하거늘, 나는 여기서 굶어 죽는구나! **18** 내가 이제 이
렇게 하리라. 내가 길을 떠나 아버지께로 돌아가서, 이르기를: '아버지여, 내가 하늘과 아버지께 대하여
죄를 지었사오니 **19** 이제 지금부터는 아버지의 아들이라 불리울 자격도 없나이다. 부디 저를 아버지의
일꾼 중 하나로 삼아 주소서.' 하리라 하고

20 So he got up and went to his father. But while he was still a long way off,
his father saw him and was filled with compassion for him; he ran to his son,
threw his arms around him and kissed him. **21** The son said to him, 'Father,
I have sinned against heaven and against you. I am no longer worthy to be
called your son.' **22** But the father said to his servants, 'Quick! Bring the best
robe and put it on him. Put a ring on his finger and sandals on his feet. **23**
Bring the fattened calf and kill it. Let's have a feast and celebrate. **24** For this
son of mine was dead and is alive again; he was lost and is found.' So they
began to celebrate.

20 이에 그가 자리에서 일어나 아버지께로 돌아가니라. 그 아들이 아직도 저만치 먼 거리에 길 위에 있
는데, 그 아버지가 그를 보고 연민의 정이 가득하여 아들에게로 달려가 팔로 목을 두르고 입을 맞추기
시작하니라. **21** 이에 그 아들이 이르되 '아버지여, 제가 하늘과 아버지께 죄를 지었사오니 더 이상 아버
지의 아들이라 불리울 자격이 없나이다.' 라고 말을 하기 시작하는데 **22** 그러나 그 아버지는 하인들에
게 이르되 '서두르라, 어서 제일 좋은 옷을 내어다가 그에게 입히고 손에 반지를 끼우고 발에 신을 신기
라. **23** 그리고 살진 송아지를 끌어다가 잡으라 우리가 먹고 즐기자꾸나. **24** 이 내 아들은 죽었다가 다
시 살아났으며 내가 잃었다가 다시 얻었노라.' 하고 그들이 이를 축하하며 즐거워하였느니라.

25 Meanwhile, the older son was in the field. When he came near the house,
he heard music and dancing. **26** So he called one of the servants and asked
him what was going on. **27** 'Your brother has come,' he replied, 'and your
father has killed the fattened calf because he has him back safe and sound.'

25 그 때 큰아들은 밭에 나가 있었는데, 집에 돌아와 가까이 이르러 보니 음악 소리와 춤추는 소리가 들
리는지라. **26** 하인 하나를 불러 무슨 일이 있었는지를 물어보매, **27** 그 하인이 대답하기를, '당신의 동
생이 돌아왔고, 당신의 아버지가 살진 송아지를 잡았으니, 이는 아들이 안전하고 건강하게 돌아온 까닭
이니이다.' 하니라.

28 The older brother became angry and refused to go in. So his father went
out and pleaded with him. **29** But he answered his father, 'Look! All these
years I've been slaving for you and never disobeyed your orders. Yet you never
gave me even a young goat so I could celebrate with my friends. **30** But when
this son of yours who has squandered your property with prostitutes comes
home, you kill the fattened calf for him!' **31** 'My son,' the father said, 'you are
always with me, and everything I have is yours. **32** But we had to celebrate and
be glad, because this brother of yours was dead and is alive again; he was lost
and is found.' "

28 이에 그 형 된 사람이 심히 성을 내며 집에 들어서기를 거부하니 그 아버지가 나와서 그를 달래기 시

작하니라. 29 그러나 그 큰 아들이 아버지께 대답하여 말을 하기를, '보소서!, 내가 이 여러 해 동안 아
버지를 섬기며 아버지의 명을 어기어 본 적이 없는데, 아버지가 한 번이라도 제게 염소 새끼라도 한 마
리 주어 제 친구들과 더불어 먹고 즐기게 하신 일이 없었나이다. 30 그런데 아버지의 재산을 창녀들과
함께 삼켜 버린 이 아들이 돌아오매 아버지께서는 그를 위해 이 살진 송아지를 잡으셨나이다!' 하니, 31
그 아버지가 이르되, '내 아들아, 너는 항상 나와 함께 있으니 내 것이 다 네 것이로되 32 이 네 동생은
죽었다가 살아났으며 내가 잃었다가 얻었기로 우리가 이를 축하하고 즐거워하는 것이 마땅하니라.' 하
였느니라." 하시더라.

제16장

1 Jesus told his disciples: "There was a rich man whose manager was accused
of wasting his possessions. 2 So he called him in and asked him, 'What is this I
hear about you? Give an account of your management, because you cannot be
manager any longer.'

1 예수께서 제자들에게 또 이런 말씀을 하시니라: "어떤 한 부자가 있었는데 그 부자의 청지기가 자신의
재물을 낭비하며 산다는 고발이 들어왔느니라. 2 이에 그 부자가 청지기를 불러 묻기를, '네게 대하여
듣게 되는 이 말이 다 어찌된 일이냐? 지금 맡고 있는 그 관리 업무를 모두 결산하라, 네가 이 청지기 직
무를 더는 계속하지 못하리라.' 하고 말하였느니라.

3 The manager said to himself, 'What shall I do now? My master is taking away
my job. I'm not strong enough to dig, and I'm ashamed to beg-- 4 I know what
I'll do so that, when I lose my job here, people will welcome me into their
houses.' 5 So he called in each one of his master's debtors. He asked the first,
'How much do you owe my master?' 6 'Eight hundred gallons of olive oil,' he
replied. The manager told him, 'Take your bill, sit down quickly, and make it
four hundred.' 7 Then he asked the second, 'And how much do you owe?' 'A
thousand bushels of wheat,' he replied. He told him, 'Take your bill and make
it eight hundred.'

3 그 청지기가 혼자 속으로 말하되, '이제 내가 무얼 해 먹고 살꼬? 주인이 내 직분을 거두어 감이로다.
땅을 파 먹고 살자니 힘이 없고 구걸을 해 먹고 살자니 수치스럽구나. 4 이제 내가 무엇을 어떻게 해야
할지를 알았도다. 이렇게 하면 내 자리가 없어진 뒤에도 사람들이 나를 자기들 집으로 환영해 맞아들이
리라.' 하고 5 그가 자기 주인에게 빚 갚을 것이 있는 채무자들을 모두 불러다가 이렇게 하니라. 그 가장
먼저 온 자에게 그 청지기가 이르되, '네가 내 주인에게 갚아야 할 것이 모두 얼마이냐?' 하니, 6 그가 말
하되 '올리브 기름 팔백 갤런이니이다' 하니 그가 이르되 '여기 네 차용증서를 가지고 빨리 앉아 사백 갤
런이라고 쓰라' 하고 7 또 두 번째 사람에게 이르되 '너는 얼마나 빚졌느냐?' 하니, 그가 이르되 밀 천 부
쉘이니이다' 하니, 이르되 여기 네 증서를 가지고 팔백이라 고치라' 하였느니라.

8 The master commended the dishonest manager because he had acted
shrewdly. For the people of this world are more shrewd in dealing with their
own kind than are the people of the light. 9 I tell you, use worldly wealth to
gain friends for yourselves, so that when it is gone, you will be welcomed into
eternal dwellings. 10 Whoever can be trusted with very little can also be trusted
with much, and whoever is dishonest with very little will also be dishonest
with much.

8 그 주인이 이 정직하지 못한 청지기가 이처럼 약삭 빠르게 행한 일을 전해 듣고는 (*오히려) 그를 칭찬

한지라, 이 세상 사람들이 이런 식으로, 자기들 일 행함에는 빛의 아들들보다 훨씬 더 약삭 빠르게 행함
이니라. 9 내가 너희에게 말하노니, (*이렇게) 너희는 이 세상 재물을 가지거든 이로써 차라리 친구를 사
귀는데에 쓰라, 그리하면 그 재물이 다 쓰여 없어졌을 때에 너희가 영원히 거할 처소로 영접 받아 갈 수
가 있으리라. 10 작은 일에 (*신실함으로) 신뢰 받는 자는 지극히 큰 것에도 신뢰함을 받을 것이요, 작은
것에 정직하지 못한 자는 큰 것에도 부정직한 법이니라.

11 So if you have not been trustworthy in handling worldly wealth, who will
trust you with true riches? 12 And if you have not been trustworthy with
someone else's property, who will give you property of your own? 13 No
servant can serve two masters. Either he will hate the one and love the other,
or he will be devoted to the one and despise the other. You cannot serve both
God and Money."

11 너희가 이런 세상의 재물을 관리하는데 있어서도 신뢰함을 받지 못한다면 어떻게 참된 부요함을 맡
을 수 있겠느냐? 12 그리고 또, 너희가 남의 재산을 맡아 관리하는 데에서부터 신뢰를 받지 못한다면 어
찌 너희 자신의 재산을 받을 수 있겠느냐? 13 한 하인이 두 주인을 같이 섬기지 못하는 법이니 그 중 하
나는 미워하고 다른 이는 사랑함이요, 혹 어느 하나에는 헌신하지만 다른 이는 이를 무시함이라. 너희가
하나님과 돈을 둘 다 같이 섬길 수가 없느니라.

14 The Pharisees, who loved money, heard all this and were sneering at
Jesus. 15 He said to them, "You are the ones who justify yourselves in the
eyes of men, but God knows your hearts. What is highly valued among men is
detestable in God's sight.

14 바리새인들이, -그들은 돈을 사랑하는 사람들이라- 이 말씀을 듣고는 예수를 비웃거늘 15 예수께
서 그들에게 이르시되, "너희는 사람들 눈 앞에서 스스로 자기를 옳다 정당화하는 사람들이라, 그러나
하나님께서 너희 마음을 아시느니라. 사람 가운데에서 높이 평가 받는 것이 하나님 보시기에는 가증스
러운 일이니라.

16 The Law and the Prophets were proclaimed until John. Since that time, the
good news of the kingdom of God is being preached, and everyone is forcing
his way into it. 17 It is easier for heaven and earth to disappear than for the
least stroke of a pen to drop out of the Law. 18 Anyone who divorces his wife
and marries another woman commits adultery, and the man who marries a
divorced woman commits adultery.

16 율법과 선지자에 의한 예언 선포는 요한까지라. 그 시간 이후로부터는 하나님 나라의 복음이 전파되
는 것이니, 모든 사람들이 저마다 하나님의 나라에 들어가기 위해 힘써 길을 닦아 나아가느니라. 17 그
러나 율법의 점 하나가 없어지는 것보다는 하늘과 땅이 모두 없어지는 것이 오히려 더 쉬우리라. 18 누
구든 자기 아내를 버리고 다른 여자에게 장가 드는 자는 간음을 행함이요, 이혼한 여자와 결혼하는 것도
간음함이니라.

19 There was a rich man who was dressed in purple and fine linen and lived in
luxury every day. 20 At his gate was laid a beggar named Lazarus, covered with
sores 21 and longing to eat what fell from the rich man's table. Even the dogs
came and licked his sores.

19 어떤 한 부자가 있었는데 그가 보라색 옷과 고운 면포(綿布)로 된 옷을 입고 매일 사치하는 가운데에
서 살았느니라. 20 그 부자의 집 현관에 나사로라는 이름을 가진 한 거지가 있었으니 온 몸이 종기로 뒤
덮인 채로 21 그 부자의 식탁으로부터 떨어지는 것을 먹으려고 종일 바라고 앉았는데, 개들이 와서 그
상처를 핥곤 하였느니라.

22 The time came when the beggar died and the angels carried him to
Abraham's side. The rich man also died and was buried. 23 In hell, where he
was in torment, he looked up and saw Abraham far away, with Lazarus by
his side. 24 So he called to him, 'Father Abraham, have pity on me and send
Lazarus to dip the tip of his finger in water and cool my tongue, because I am
in agony in this fire.'

22 때가 되어 그 거지가 죽게 되매, 천사들이 나사로를 아브라함의 품에 옮겨가고 그 부자도 죽어 매장
되었느니라. 23 그 부자가 지옥에서 고통 가운데 있으며 눈을 들어 멀리 아브라함을 바라보매 나사로
가 그 품에 있는 것을 보게 된지라, 24 그가 아브라함에게 소리쳐 이르기를, '아버지 아브라함이여 나를
불쌍히 여기사 나사로를 제게 보내어 그 손가락 끝에 물을 찍어 내 혀를 식혀 주게 하소서, 내가 이 불로
인하여 괴로움 가운데 있나이다.' 하였느니라.

25 But Abraham replied, 'Son, remember that in your lifetime you received
your good things, while Lazarus received bad things, but now he is comforted
here and you are in agony. 26 And besides all this, between us and you a great
chasm has been fixed, so that those who want to go from here to you cannot,
nor can anyone cross over from there to us.'

25 이에 아브라함이 대답하기를, '아들아, 네가 이것을 기억하라, 너는 살아 평생 좋은 것을 받았고 나
사로는 고난을 받았으니 이제 나사로는 여기에서 위로를 받고, 너는 괴로움을 받느니라. 26 그 외에도,
너희와 우리 사이에는 깊게 갈라진 큰 골짜기가 가로 놓여 있어 여기서 너희에게 건너가고자 하는 사람
도 갈 수 없고 거기서 우리에게 건너올 수도 없느니라.' 하매,

27 He answered, 'Then I beg you, father, send Lazarus to my father's house,
28 for I have five brothers. Let him warn them, so that they will not also come
to this place of torment.' 29 Abraham replied, 'They have Moses and the
Prophets; let them listen to them.' 30 'No, father Abraham,' he said, 'but if
someone from the dead goes to them, they will repent.' 31 He said to him, 'If
they do not listen to Moses and the Prophets, they will not be convinced even
if someone rises from the dead.' "

27 그 부자가 대답하되, '그러면 아버지여 제가 다시 간구하노니 나사로를 제 아버지의 집에 보내 주소
서. 28 제 형제 다섯이 있으니 나사로더러 그들에게 경고를 하게 하여 이 고통 받는 곳으로 오지 않도록
하소서.' 하니, 29 아브라함이 이르되, '그들에게 모세와 선지자들이 있으니; 그 사람들은 이들로부터
듣게 할지니라.' 하니 30 다시 그 부자가 이르되, '아버지 아브라함이여, 그렇지 아니하니이다. 만일 죽
은 자 가운데에서 누가 그들에게 가면 (*그들이 혹시) 회개하리이다.' 하매 31아브라함이 이르되 '그들
이 모세와 선지자들의 말을 믿지 아니하면, 비록 죽은 자 가운데서 살아난 사람이 있더라도 그들이 이를
믿지 아니하리라' 하였느니라." 예수께서 이런 말씀을 하시니라.

제17장

1 Jesus said to his disciples: "Things that cause people to sin are bound to
come, but woe to that person through whom they come. 2 It would be better
for him to be thrown into the sea with a millstone tied around his neck than
for him to cause one of these little ones to sin. 3 So watch yourselves. If your
brother sins, rebuke him, and if he repents, forgive him.

1 예수께서 또 제자들에게 말씀하시되: "사람으로 하여금 죄를 짓게 만드는 것은 언제든 항상 있는 것이

나, 그러나 자기 자신을 통하여 사람들이 죄를 짓게 만드는 그 사람에게는 화(禍)가 있으리라. 2 곧, 이
런 어린 자들 가운데 하나를 죄를 짓게 만드는 그 사람은 스스로 자기 목에 돌을 매어 바다에 몸을 던져
버리는 편이 나으리라. 3 그러므로, 너희는 스스로 조심하라. 만일 네 형제가 죄를 짓거든 그를 꾸짖고,
그가 회개하거든 그를 용서하라.

4 If he sins against you seven times in a day, and seven times comes back to
you and says, 'I repent,' forgive him." 5 The apostles said to the Lord, "Increase
our faith!" 6 He replied, "If you have faith as small as a mustard seed, you can
say to this mulberry tree, 'Be uprooted and planted in the sea,' and it will obey
you.

4 만일 그가 하루에 일곱 번 네게 죄를 짓고, 또 일곱 번 네게 돌아와 말하기를, '내가 회개하노라' 하거
든 너는 그를 용서하라." 하시니 5 사도들이 주 예수께 말하기를, "우리의 믿음을 더하소서!" 하거늘 6
주께서 대답해 이르시되, "너희에게 겨자 씨처럼 작은 그런 믿음이 있다면, 이 뽕나무에게 명하여 '네가
뿌리가 뽑혀 바다에 심기우라' 하였을 것이요, 그것이 너희에게 순종하였으리라.

7 Suppose one of you had a servant plowing or looking after the sheep. Would
he say to the servant when he comes in from the field, 'Come along now and
sit down to eat'? 8 Would he not rather say, 'Prepare my supper, get yourself
ready and wait on me while I eat and drink; after that you may eat and drink'?
9 Would he thank the servant because he did what he was told to do? 10 So
you also, when you have done everything you were told to do, should say, 'We
are unworthy servants; we have only done our duty.' "

7 너희 중 누구에게 종이 있어 그 사람의 밭을 갈거나 양을 치거나 한다고 하자. 그 종이 밭에서 돌아오
면 그 사람이 그 종에게 말하기를 '어서 와 앉으라. 함께 식사하자꾸나' 이렇게 말할리가 있겠느냐? 8 오
히려 그에게 이르기를, '너는 내 식사를 준비하고, 네 몸을 단정히 한 후에 내가 먹고 마시는 동안 나를
끝까지 시중든 연후에 비로소 네가 네 식사를 할 수 있으리라' 이렇게 말하지 않겠느냐? 9 그리고 또 그
종이 자기 주인이 시킨대로 다 행하였다고 해서 그가 자기 종에게 고맙다고 인사 말을 하겠느냐? 10 이
와 같이 너희도, 너희가 행하도록 명을 받은 것을 다 이루고 난 후에는 말하기를, '우리는 무익(無益)한
종이라, 우리가 마땅히 하여야 할 일을 한 것뿐이니이다.' 말할지니라." 하시니라.

11 Now on his way to Jerusalem, Jesus traveled along the border between
Samaria and Galilee. 12 As he was going into a village, ten men who had
leprosy met him. They stood at a distance 13 and called out in a loud voice,
"Jesus, Master, have pity on us!" 14 When he saw them, he said, "Go, show
yourselves to the priests." And as they went, they were cleansed. 15 One of
them, when he saw he was healed, came back, praising God in a loud voice.
16 He threw himself at Jesus' feet and thanked him--and he was a Samaritan.

11 그 때에 예수께서 예루살렘으로 길을 가시는 중에 사마리아와 갈릴리의 경계에 있는 어떤 지역을 지
나가시는데, 12 그 중 한 마을로 들어가시니 거기 나병환자 열 명이 있어 예수를 만나게 되니라. 그 나
병 환자들이 멀찍이 거리를 두고 서서 13 큰 소리로 외쳐 이르되, "예수, 선생님이여, 우리를 불쌍히 여
기소서!" 하거늘 14 예수께서 그들을 보시고 이르시되, "가서, 제사장들에게 너희 몸을 보이라." 하시니
라. 이에 그들이 길을 가다가 다 깨끗함을 받은지라, 15 그 중의 한 사람이 자기의 병 나은 것을 보고 큰
소리로 하나님께 영광을 돌리며 가던 길을 돌아와 16 예수의 발 아래에 자기 몸을 던지며 예수께 감사
하니 그가 사마리아 사람이더라.

17 Jesus asked, "Were not all ten cleansed? Where are the other nine? 18 Was
no one found to return and give praise to God except this foreigner?" 19 Then
he said to him, "Rise and go; your faith has made you well."

17 이에 예수께서 물으시기를, "모두 열 사람이 다 깨끗함을 받은 것이 아니냐? 나머지 아홉은 어디 있
느냐? 18 이 이방인 외에는 하나님께 영광을 돌리러 돌아온 사람이 하나도 없느냐?" 하시고 19 그에게
다시 이르시되, "일어나서 네 길을 가라; 너의 믿음이 너를 낫게 하였느니라." 하시더라.

20 Once, having been asked by the Pharisees when the kingdom of God would
come, Jesus replied, "The kingdom of God does not come with your careful
observation, 21 nor will people say, 'Here it is,' or 'There it is,' because the
kingdom of God is within you."

20 한 번은 예수께서, 바리새인들로부터 하나님의 나라가 어느 때에 오는지에 대해 질문을 받으시고는
이에 답하여 이르시되, "하나님의 나라는 너희가 주의 깊게 살펴 본다고 해서 오는 것이 아니요, 21 또
사람들이 '여기에 있다', '저기에 있다'고도 말을 하지 못하리니, 하나님의 나라는 너희 속에 있느니라."
하시니라.

22 Then he said to his disciples, "The time is coming when you will long to see
one of the days of the Son of Man, but you will not see it. 23 Men will tell you,
'There he is!' or 'Here he is!' Do not go running off after them. 24 For the Son
of Man in his day will be like the lightning, which flashes and lights up the sky
from one end to the other.

22 그리고는 제자들에게 말씀하시기를, "때가 이르리니 곧 너희가 인자의 날 하루를 보고자 원하나 그
를 보지 못할 날이 있으리라. 23 사람들이 너희에게 말하되 '보라, 그가 저기 있다' 혹은 '보라, 여기에
있다' 라고 말들을 하리라. 그러나 너희는 그들 말을 좇지 말고, 그리고 그들 말대로 여기 저기를 찾아다
니지도 말라. 24 인자가 그의 날에 나타 남이 마치 번개가 치는 것 같으리니, 번개가 한 쪽 끝에서 번쩍
이는 순간, 하늘 아래 저쪽 끝까지 밝게 비추임 같이 인자의 나타남도 그러하리라.

25 But first he must suffer many things and be rejected by this generation. 26
Just as it was in the days of Noah, so also will it be in the days of the Son of
Man. 27 People were eating, drinking, marrying and being given in marriage
up to the day Noah entered the ark. Then the flood came and destroyed them
all. 28 It was the same in the days of Lot. People were eating and drinking,
buying and selling, planting and building. 29 But the day Lot left Sodom, fire
and sulfur rained down from heaven and destroyed them all. 30 It will be just
like this on the day the Son of Man is revealed.

25 그러나 그가 많은 고난을 받고, 또 이 세대로부터 거부를 받는 일이 반드시 먼저 있어야 하리니 26
노아의 날들 동안에 그러했던 것처럼, 인자의 날들 동안에도 같은 일들이 벌어지리라. 27 노아가 방주
에 들어가던 그 날까지, 사람들이 먹고 마시고 장가들고 시집가는 일을 계속하였으니 그들이 이렇게 지
내던 중에 홍수가 나서 다 멸망케 된 것이니라. 28 또 (*인자의 날은) 롯의 날들과도 같으리니 (*그 때에
도) 사람들이 먹고 마시고, 사고 팔며, 뭔가를 땅에 심고 집을 짓고 하더니 29 롯이 소돔으로부터 나가
던 날에 하늘로부터 불과 유황이 비오듯 하여 그들을 모두 멸망시켰느니라. 30 인자가 나타나는 날에도
이 모든 것이 이와 같으리라.

31 On that day no one who is on the roof of his house, with his goods inside,
should go down to get them. Likewise, no one in the field should go back for
anything. 32 Remember Lot's wife! 33 Whoever tries to keep his life will lose
it, and whoever loses his life will preserve it.

31 그 날에 만일 사람이 지붕 위에 있고 자기의 세간이 집 안에 있으면 그는 그 세간을 가지러 내려가지
말지니, 이와 같이 밭에 나와 있는 자도 뭔가를 가지러 집으로 돌아가지를 말지니라. 32 롯의 아내를 기
억하라! 33 누구든 자기 목숨을 지키고자 하는 자는 잃을 것이요, 누구든 자기 목숨을 버리는 자는 (*그
생명을) 얻으리라.

34 I tell you, on that night two people will be in one bed; one will be taken and the other left. 35 Two women will be grinding grain together; one will be taken and the other left." 36 (BLANK) 37 "Where, Lord?" they asked. He replied, "Where there is a dead body, there the vultures will gather."

34 내가 너희에게 이르노니 그 밤에 두 사람이 한 침대에 누워 있을 때에; 하나는 데려감을 얻고 하나는 버려 둠을 당할 것이요, 35 두 여자가 함께 곡식을 갈고 있으면; 하나는 데려감을 얻고 하나는 버려 둠을 당할 것이라." 하시매, 36 (없음) 37 제자들이 묻기를, "주여 어디로 말이니이까?" 하니, 주께서 대답하시기를, "시체가 있는 곳에 독수리가 모여 드는 법이니라." 하시니라.

제18장

1 Then Jesus told his disciples a parable to show them that they should always pray and not give up. 2 He said: "In a certain town there was a judge who neither feared God nor cared about men. 3 And there was a widow in that town who kept coming to him with the plea, 'Grant me justice against my adversary.'

1 그리고 예수께서 자신의 제자들에게 이런 비유를 들어 말씀하시니 이는 그들이 항상 기도하고 낙심하지 말아야 할 것을 보이시려 하심이더라. 2 예수께서 이르시되, "어떤 도시에 한 판사(判事)가 있는데 그가 하나님을 두려워하지도 않고 또 사람들의 평판에도 신경 쓰지 않는 사람이라, 3 그 도시에 한 과부(寡婦)가 있어 이 과부가 줄기차게 이 판사에게로 와서 말하기를, '내 대적에게 심판을 내려 내게 정의를 찾게 해 주소서.' 하고 사정을 하곤 하였느니라.

4 For some time he refused. But finally he said to himself, 'Even though I don't fear God or care about men, 5 yet because this widow keeps bothering me, I will see that she gets justice, so that she won't eventually wear me out with her coming!' "

4 그러나 오랜 동안을 이 판사가 그녀를 무시하고 거절해 오던 중에 마침내 이 판사가 속으로 생각하기를, '내가 하나님을 두려워하지도 않고, 사람도 무시하는 사람이지만, 5 이 과부가 이처럼 나를 계속 귀찮게 하니, 이 과부에게 정의(正義)를 찾아 주어 내게 그만 오게 함으로 나를 그만 괴롭히게 하리라' 하였느니라."

6 And the Lord said, "Listen to what the unjust judge says. 7 And will not God bring about justice for his chosen ones, who cry out to him day and night? Will he keep putting them off? 8 I tell you, he will see that they get justice, and quickly. However, when the Son of Man comes, will he find faith on the earth?"

6 이에 주께서 다시금 이르시되, "이 불의한 판사가 말한 것을 들어 보라. 7 하물며, 하나님께서 그 밤낮으로 자기에게 부르짖는 택하신 자들에게 정의를 베풀어 주시지 아니하겠느냐? 그들을 그처럼 오래 참고 기다리게 하시겠느냐? 8 내가 너희에게 이르노니, 그가 그들 곧, 그 택하신 자들에게 속히 그 정의를 찾아 돌려주시리라. 그러나 인자가 (*다시) 올 때에, 이 세상에서 믿음을 보겠느냐?" 하시더라.

9 To some who were confident of their own righteousness and looked down

on everybody else, Jesus told this parable: 10 "Two men went up to the temple
to pray, one a Pharisee and the other a tax collector. 11 The Pharisee stood
up and prayed about himself: 'God, I thank you that I am not like other men-
-robbers, evildoers, adulterers--or even like this tax collector. 12 I fast twice a
week and give a tenth of all I get.' 13 But the tax collector stood at a distance.
He would not even look up to heaven, but beat his breast and said, 'God, have
mercy on me, a sinner.' 14 I tell you that this man, rather than the other, went
home justified before God. For everyone who exalts himself will be humbled,
and he who humbles himself will be exalted."

9 그리고 그들 자신의 의로움에 대해 확신하는 자들 곧, 자기를 의롭다고 믿고 다른 사람을 멸시하는 자
들에 대하여 이런 비유를 들어 말씀하시니 곧, 10 "두 사람이 기도하러 성전에 올라가니 하나는 바리새
인이요, 하나는 세금 징수업자라. 11 바리새인은 일어서서 자신에 관하여 기도하여 이르되: 하나님이
여, 제가 다른 사람들과 같지 아니함을 감사하옵나니 곧, 도둑이나, 악한 일 행하는 자나, 간음하는 자들
과 같지 아니하고 또, 이 세금 걷는 자들과도 같지 아니함을 감사하나이다. 12 저는 일주일에 두 번 금식
하고 또 제가 가진 모든 것의 십일조를 바치나이다.' 하되, 13 그 세금 징수업자는 멀리 따로 서서 감히
눈을 들어 하늘을 쳐다보지도 못하고 제 가슴을 치며 이르되, '하나님, 저를 불쌍히 여기소서, 제가 죄인
이니이다' 하였느니라. 14 내가 너희에게 이르노니 하나님 앞에서 의롭다 여기심을 받고 집으로 돌아간
자는 저 바리새인이 아니고 이 사람 세금 징수업자라. 무릇 누구든 자기를 높이는 자는 낮아지고 자기를
낮추는 자는 높아지리라." 하시니라.

15 People were also bringing babies to Jesus to have him touch them. When
the disciples saw this, they rebuked them. 16 But Jesus called the children to
him and said, "Let the little children come to me, and do not hinder them, for
the kingdom of God belongs to such as these. 17 I tell you the truth, anyone
who will not receive the kingdom of God like a little child will never enter it."

15 사람들이 어린 아기들을 데리고 예수께로 나아오니, 이는 예수께서 그 어린이들을 만져 주시기를 바
람이라. 제자들이 이것을 보고 그들을 나무라거늘 16 예수께서 그 어린아이들을 자기에게로 부르시며
말씀하시기를, "그 어린아이들을 내게 오게 하고 그들을 막지 말라. 하나님의 나라가 이런 자들에게 속
한 것이니라. 17 내가 진실로 너희에게 이르노니, 누구든 하나님의 나라를 이런 어린아이들처럼 받아들
이지 못하는 자는 결단코 그리로 들어가지를 못하리라." 하시니라.

18 A certain ruler asked him, "Good teacher, what must I do to inherit eternal
life?" 19 "Why do you call me good?" Jesus answered. "No one is good--except
God alone. 20 You know the commandments: 'Do not commit adultery, do
not murder, do not steal, do not give false testimony, honor your father and
mother.'" 21 "All these I have kept since I was a boy," he said. 22 When Jesus
heard this, he said to him, "You still lack one thing. Sell everything you have
and give to the poor, and you will have treasure in heaven. Then come, follow
me."

18 어느 높은 관리 하나가 예수께 물어 이르되, "선하신 선생님이여, 제가 영생을 얻기 위하여 무엇을
하여야 하리이까?" 하매, 19 예수께서 이르시되 "네가 어찌하여 나를 선하다 하느냐? 하나님 한 분 외
에는 선한 이가 없느니라. 20 네가 계명들을 아나니; 간음하지 말며, 살인하지 말며, 도둑질하지 말며,
거짓 증언 하지 말며, 네 부모를 공경하라 하였느니라." 하시니, 21 그 관리가 말하기를, "이 모든 것은
제가 어릴 때부터 지금까지 다 지켜 왔나이다" 하는지라. 22 예수께서 이 말을 들으시고 다시 이르시되,
"네게 아직 한 가지 부족한 것이 있으니 네게 있는 것을 다 팔아 가난한 자들에게 나누어 주라. 그럼으로
써 네가 하늘에 보물을 쌓아 놓게 되리라. 그리고 와서 너는 나를 따르라." 하시더라.

23 When he heard this, he became very sad, because he was a man of great

wealth. 24 Jesus looked at him and said, "How hard it is for the rich to enter
the kingdom of God! 25 Indeed, it is easier for a camel to go through the
eye of a needle than for a rich man to enter the kingdom of God." 26 Those
who heard this asked, "Who then can be saved?" 27 Jesus replied, "What is
impossible with men is possible with God."

23 그 사람이 이 말을 듣고는 매우 슬퍼해 하니, 그가 큰 부자이던 까닭이더라. 24 예수께서 그를 바라
보시며 말씀하시기를, "부자가 하나님의 나라에 들어가기가 얼마나 어려운고! 25 차라리 낙타가 바늘
귀로 들어가는 것이 부자가 하나님의 나라에 들어가는 것보다 더 쉬우리라." 하시니 26 이 말을 들은 사
람들이 물어 이르되, "그러면, 누가 구원을 얻을 수 있겠나이까?" 하니 27 예수께서 대답하여 이르시되,
"사람에게는 불가능한 것이라도 하나님은 하실 수 있느니라." 하시더라.

28 Peter said to him, "We have left all we had to follow you!" 29 "I tell you the
truth," Jesus said to them, "No one who has left home or wife or brothers or
parents or children for the sake of the kingdom of God 30 will fail to receive
many times as much in this age and, in the age to come, eternal life."

28 그 때에, 베드로가 예수께 이르기를, "보소서, 우리가 주를 따르기 위해 우리가 가지고 있던 것들을
모두 다 내버렸나이다!" 하니 29 예수께서 제자들에게 이르시되, "내가 진실로 너희에게 이르노니, 하
나님의 나라를 위하여 집이나 아내나 형제나 부모나 자녀를 버린 자로서 30 이 세대에 여러 배를 받고,
또 이제 오는 세대에 영생을 받지 못할 자가 없느니라." 하시더라.

31 Jesus took the Twelve aside and told them, "We are going up to Jerusalem,
and everything that is written by the prophets about the Son of Man will be
fulfilled. 32 He will be handed over to the Gentiles. They will mock him, insult
him, spit on him, flog him and kill him. 33 On the third day he will rise again."
34 The disciples did not understand any of this. Its meaning was hidden from
them, and they did not know what he was talking about.

31 예수께서 그 열두 사도를 한 쪽 옆으로 데리고 가사 그들에게만 말씀하여 이르시기를, "우리가 이제
곧 예루살렘으로 올라갈 터인데, 이로써 인자에 관하여 선지자들을 통해 기록된 그 모든 것들이 다 응하
게 되리라. 32 인자가 이방인들에게 넘겨지리니, 그가 희롱을 당하고 모욕을 받으며 침 뱉음을 당할 것
이요, 그들이 인자를 채찍질하여 죽이리라. 33 그러나 그가 삼 일 만에 다시 살아나리라." 하시되 34 제
자들이 이것을 하나도 이해하지를 못하니, 이는 그 말의 의미가 당시에는 그들에게 감추어져 있던 까닭
이라, 그들이 예수께서 무슨 말씀을 하시는지 전혀 알아 듣지를 못하더라.

35 As Jesus approached Jericho, a blind man was sitting by the roadside
begging. 36 When he heard the crowd going by, he asked what was happening.
37 They told him, "Jesus of Nazareth is passing by." 38 He called out, "Jesus,
Son of David, have mercy on me!" 39 Those who led the way rebuked him and
told him to be quiet, but he shouted all the more, "Son of David, have mercy
on me!"

35 예수께서 제리코(여리고)를 향해 가까이 가시는 중에 앞 못보는 맹인 하나가 길가에 앉아 구걸을 하
고 있었는데, 36 한 무리의 군중이 지나감을 그가 듣고 무슨 일이냐고 물으니 37 사람들이 그에게 이르
기를, "나사렛 예수께서 지나가신다." 하니 38 그가 큰 소리로 외쳐 이르되, "다윗의 자손 예수여! 나를
불쌍히 여기소서! 하거늘 39 그 앞에 서서 가던 자들이 그를 꾸짖어 조용히 하라 하는데, 그가 더욱 크
게 소리를 지르며 이르기를, "다윗의 자손이여, 나를 불쌍히 여기소서!" 하는지라.

40 Jesus stopped and ordered the man to be brought to him. When he came
near, Jesus asked him, 41 "What do you want me to do for you?" "Lord, I want
to see," he replied. 42 Jesus said to him, "Receive your sight; your faith has

healed you." 43 Immediately he received his sight and followed Jesus, praising God. When all the people saw it, they also praised God.

40 이에 예수께서 걸음을 멈추시고 그를 데려오라 명하시니라. 그가 가까이 오매 예수께서 그에게 물어 이르시되 41 "내가 네게 무엇을 하여 주기를 원하느냐?" 하니, 그가 이르되 "주여, 제가 보기를 원하나이다." 하는지라 42 예수께서 그에게 이르시되 "네 보는 것 곧, 너의 시력(視力)을 받으라. 네 믿음이 너를 낫게 하였느니라." 하시니라. 43 그 즉시로 그가 보게 되어 하나님을 찬양하며 예수를 따르니라. 온 백성이 이를 보고 다 같이 하나님을 찬양하니라.

제19장

1 Jesus entered Jericho and was passing through. 2 A man was there by the name of Zacchaeus; he was a chief tax collector and was wealthy. 3 He wanted to see who Jesus was, but being a short man he could not, because of the crowd. 4 So he ran ahead and climbed a sycamore-fig tree to see him, since Jesus was coming that way.

1 예수께서 제리코(여리고)로 들어가 성내로 길을 지나가시니라. 2 삭개오라 이름하는 자가 거기 있었는데 그는 우두머리 세금 징수업자요, 또 부유한 사람이었더라. 3 예수가 어떠한 사람인가 한번 보기를 그가 원하였으나, 키가 작고 또 군중들로 말미암아 볼 수가 없어 4 앞으로 달려가 무화과나무에 기어 올라가니 예수께서 그리로 지나가심이더라.

5 When Jesus reached the spot, he looked up and said to him, "Zacchaeus, come down immediately. I must stay at your house today." 6 So he came down at once and welcomed him gladly. 7 All the people saw this and began to mutter, "He has gone to be the guest of a 'sinner.' "

5 예수께서 그 무화과나무 있는 곳에 이르사, 위를 쳐다보시고 그에게 이르시되 "삭개오야 어서 내려오라. 내가 오늘 네 집에 머물러야 하겠다." 하시니, 6 그가 급히 나무에서 내려와 예수를 기쁘게 영접하니라. 7 사람들이 이를 보고 수군거리며 이르되, "저가 '죄인'의 집으로 들어갔도다." 하더라.

8 But Zacchaeus stood up and said to the Lord, "Look, Lord! Here and now I give half of my possessions to the poor, and if I have cheated anybody out of anything, I will pay back four times the amount." 9 Jesus said to him, "Today salvation has come to this house, because this man, too, is a son of Abraham. 10 For the Son of Man came to seek and to save what was lost."

8 그러나 삭개오는 서서 주께 대하여 말하기를, "주여, 보시옵소서. 제가 소유하고 있는 재산의 반을 가난한 자들에게 주겠사오며 만일 제가 그 누구의 것이라도 혹 속여 빼앗은 일이 있다면 이를 네 갑절로 갚겠나이다." 하니 9 예수께서 이르시되, "오늘, 구원이 이 집에 이르렀으니 이 사람도 아브라함의 자손이로다. 10 인자가 온 것은, 잃어버린 사람을 찾아 구원하려 함이니라." 하시더라.

11 While they were listening to this, he went on to tell them a parable, because he was near Jerusalem and the people thought that the kingdom of God was going to appear at once. 12 He said: "A man of noble birth went to a distant country to have himself appointed king and then to return. 13 So he called ten of his servants and gave them ten minas. 'Put this money to work,' he said, 'until I come back.'

11 그들이 아직 이 말씀을 듣고 있을 때에 예수께서 다시 이런 비유를 드시며 말씀을 계속하시니, 이는

자신이 예루살렘에 이미 가까이 이르렀고 또 이로 말미암아 사람들이 생각하기를 하나님의 나라가 당
장에라도 나타날 줄로 생각하고 있던 까닭이라. 12 이르시되, "귀족으로 태어난 어떤 한 사람이 있었는
데 그가 먼 나라로 가서 자기의 왕위를 받아 돌아오려고 길을 떠나게 되었느니라. 13 그가 (*출발에 앞
서) 자기의 하인 열 사람을 불러 열 미나씩를 주며 이르되, '내가 돌아올 때까지 이 돈을 각자 재주껏 불
리라' 하고 길을 떠나가니라.

14 But his subjects hated him and sent a delegation after him to say, 'We don't
want this man to be our king.' 15 He was made king, however, and returned
home. Then he sent for the servants to whom he had given the money, in
order to find out what they had gained with it. 16 The first one came and said,
'Sir, your mina has earned ten more.'

14 그런데 그의 (*다스림을 받을) 백성들이 그를 좋아하지 아니하여 사신(使臣)을 다른 길로 보내어 이
르기를, '우리는 이 자가 우리의 왕 되는 것을 원치 아니하나이다.' 말하게 하였느니라. 15 그러나 그 귀
인이 마침내 왕(王)이 되어 고향으로 돌아왔느니라. 이에 그가 자기가 길을 떠날 때 돈을 주고 간 하인들
을 불러 각자 그것을 어떻게 운용하였는지를 알아보기 시작하는데, 16 첫째 하인이 나아와 이르되, '주
인이시여, 당신의 열 미나가 또 다른 열 미나를 벌어 들였나이다.' 하니

17 'Well done, my good servant!' his master replied. 'Because you have been
trustworthy in a very small matter, take charge of ten cities.' 18 The second
came and said, 'Sir, your mina has earned five more.' 19 His master answered,
'You take charge of five cities.'

17 그 (*왕이 되어 돌아온) 귀인(貴人)이 이르되, '잘하였도다! 너는 착한 종이라, 네가 이 지극히 작은
일에 신실함을 보였으니 이제 열 개의 도시를 다스리는 권세를 받으라' 하고 18 그 둘째 하인이 와서 이
르기를, '주인이시여, 당신의 미나로써 제가 다섯 미나를 더 벌어 들였나이다.' 하매, 19 그 귀인이 또 이
르되, '너는 다섯 도시를 다스리라' 하였느니라.

20 Then another servant came and said, 'Sir, here is your mina; I have kept it
laid away in a piece of cloth. 21 I was afraid of you, because you are a hard
man. You take out what you did not put in and reap what you did not sow.' 22
His master replied, 'I will judge you by your own words, you wicked servant!
You knew, did you, that I am a hard man, taking out what I did not put in, and
reaping what I did not sow? 23 Why then didn't you put my money on deposit,
so that when I came back, I could have collected it with interest?' 24 Then he
said to those standing by, 'Take his mina away from him and give it to the one
who has ten minas.' 25 " 'Sir,' they said, 'he already has ten!'

20 그 때에 또 다른 하인은 들어와서 말하기를, '주인이시여, 당신의 미나가 여기 있나이다. 제가 그것
을 수건으로 잘 싸 두었었나이다. 21 주인께서는 엄격한 분이시라, 제가 그런 주인을 두려워하였음이니
당신은 당신께서 놓아 두지 않은 것도 취해 가져가며 심지도 않은 것을 추수해 거두시는 분인 까닭이니
이다.' 하매, 22 그 주인인 귀인(貴人)이 이르되, '너, 이 사악한 종아, 내가 네 말을 들어 너를 심판하리
라, 네가 나를, 두지 않은 것을 취하며, 심지도 않은 것을 거두는 엄한 사람인 줄 알았다면 23 어찌하여
내 돈을 예금해 놓지 않았느냐? 그러면 내가 와서 그 돈을 이자와 함께 찾을 수 있었으리라.' 하고 24 그
곁에 모시고 서 있는 자들에게 이르기를, '이 자로부터 그 한 미나를 빼앗아 열 미나 가지고 있는 자에게
주라.' 명하니 25 그들이 이르되, '주여, 그가 이미 열 미나를 가지고 있나이다.' 하더라.

26 He replied, 'I tell you that to everyone who has, more will be given, but
as for the one who has nothing, even what he has will be taken away. 27 But
those enemies of mine who did not want me to be king over them--bring them
here and kill them in front of me.' "

26 이에 그 귀인이 이르되, '내가 너희에게 말하노니 무릇 가지고 있는 자는 더 많은 것을 받겠고, 아무
것도 가지고 있지 못한 자는 그 있는 것도 빼앗기리라. 27 그리고 내가 그들 위에 왕 됨을 원치 않던—나
의 원수들을 이리로 끌어다가—내 앞에서 다 죽여 버릴지니라.' 하였느니라." 하시더라.

28 After Jesus had said this, he went on ahead, going up to Jerusalem. 29 As
he approached Bethphage and Bethany at the hill called the Mount of Olives,
he sent two of his disciples, saying to them, 30 "Go to the village ahead of
you, and as you enter it, you will find a colt tied there, which no one has ever
ridden. Untie it and bring it here.

28 예수께서 이런 말씀을 하시고 난 후에, 예루살렘을 향해 길을 앞서 가시니라. 29 감람산이라 불리는
산기슭에 있는 벳바게와 베타니에 가까이 도착하셨을 때에 제자 둘을 앞서 보내시며 말씀하시기를, 30
"너희 앞에 있는 마을로 들어가라, 그리하면 아직 아무도 타 보지 않은 나귀 새끼가 매여 있는 것을 발견
하게 되리니 그것을 풀어 이리 끌고 오라.

31 If anyone asks you, 'Why are you untying it?' tell him, 'The Lord needs it.'"
32 Those who were sent ahead went and found it just as he had told them. 33
As they were untying the colt, its owners asked them, "Why are you untying
the colt?" 34 They replied, "The Lord needs it." 35 They brought it to Jesus,
threw their cloaks on the colt and put Jesus on it. 36 As he went along, people
spread their cloaks on the road.

31 만일 누가 묻기를, '그 나귀를 왜 풀어내느냐?' 하고 말하거든, '주께서 필요로 하신다' 라고 하라."
하시니 32 이에 그 심부름 보냄을 받은 자들이 가서 보매, 예수께서 말씀하신 대로 나귀를 보게 된지라.
33 이에 제자들이 나귀 새끼를 매여 있던 데서 풀어내는데 그 주인이 이르되, "왜 나귀 새끼를 풀어내느
냐?" 하니 34 제자들이 대답하되, "주께서 필요로 하시니라." 하고 35 이를 예수께로 끌고 와 자기들의
겉옷을 나귀 새끼 위에 올려 놓고 예수를 타시게 하니라. 36 길을 가실 때에 사람들이 자기들의 겉옷을
벗어 길 위에다 펼쳐 놓더라.

37 When he came near the place where the road goes down the Mount of
Olives, the whole crowd of disciples began joyfully to praise God in loud
voices for all the miracles they had seen: 38 "Blessed is the king who comes in
the name of the Lord!" "Peace in heaven and glory in the highest!"

37 예수께서 감람산의 내리막 길이 시작되는 기슭에까지 가까이 오신 그 때에 제자들의 온 무리가, 자
기들이 본 그 모든 기적들로 말미암아 크게 기뻐하며 큰 목소리로 하나님을 찬양하기 시작하니 곧, 이르
되: 38 "찬송하리로다 주 하나님의 이름으로 오시는 왕이시여" "하늘에는 평화요, 지극히 높은 곳에는
영광이로다" 하더라.

39 Some of the Pharisees in the crowd said to Jesus, "Teacher, rebuke your
disciples!" 40 "I tell you," he replied, "if they keep quiet, the stones will cry out."
41 As he approached Jerusalem and saw the city, he wept over it 42 and said,
"If you, even you, had only known on this day what would bring you peace
--but now it is hidden from your eyes.

39 군중 가운데 있던 바리새인 몇이 이에 예수께 이르기를, "선생이시여, 당신의 제자들을 좀 꾸짖으소
서!" 하는데, 40 예수께서는 대답하여 이르시되, "내가 너희에게 말하노니, 만일 이 사람들이 잠잠하면
돌들이 소리를 지르리라." 하시더라. 41 예수께서 마침내 예루살렘에 가까이 다가오시매, 성을 보시고
그 도시를 위하여 울음을 우시며 42 이르시되, "오늘 네가, 그 무엇이 네게 평화를 가져오는 줄 알았더
라면 심히 좋았으려니와, 그러나 지금은 그 일이 네 눈에는 숨겨져 있도다.

43 The days will come upon you when your enemies will build an embankment

against you and encircle you and hem you in on every side. 44 They will
dash you to the ground, you and the children within your walls. They will not
leave one stone on another, because you did not recognize the time of God's
coming to you."

43 그 날이 곧 이르리니 곧, 너의 대적들이 토성으로 둑을 쌓아 너를 사면으로 완전히 두르고 포위할 날
이라. 44 그 날에 너의 대적들이 너를 땅에다 쓰러뜨리고, 또 너와 네 자식들을 땅에 메어치리라. 그들
이 돌 하나도 돌 위에 남기지 아니하리니 이는 하나님께서 네게 오시는 날을 네가 깨닫지 못한 까닭이니
라." 하시더라.

45 Then he entered the temple area and began driving out those who were
selling. 46 "It is written," he said to them, " 'My house will be a house of
prayer'; but you have made it 'a den of robbers.' "

45 그리고 예수께서 성전 구역에 들어가사, 거기서 물건 파는 자들을 내쫓기 시작하시며 46 그들에게
말씀하시기를, "기록되었으되, '내 집이 기도하는 자들의 집이 되리라' 하였거늘 너희가 이 집을 강도의
소굴로 만들어 버렸도다.'" 하시더라.

47 Every day he was teaching at the temple. But the chief priests, the teachers
of the law and the leaders among the people were trying to kill him. 48 Yet
they could not find any way to do it, because all the people hung on his words.

47 그리고 매일, 예수께서 성전에서 사람들을 가르치시니라. 그러나 우두머리 제사장들과 율법 교사들
과 백성의 지도자들은 어찌하든 그를 죽이려고 도모를 하는데, 48 그러나 그들이 예수 죽일 방도를 찾
지를 못하니 이는 백성이 다 그의 말씀에 귀 기울여 듣고 있던 까닭이더라.

제20장

1 One day as he was teaching the people in the temple courts and preaching
the gospel, the chief priests and the teachers of the law, together with the
elders, came up to him. 2 "Tell us by what authority you are doing these
things," they said. "Who gave you this authority?" 3 He replied, "I will also ask
you a question. Tell me, 4 John's baptism--was it from heaven, or from men?"

1 하루는 예수께서 성전 뜰에서 사람들을 가르치시며 복음을 전하고 계시는데 우두머리 제사장들과 율
법교사들이 장로들과 함께 예수께 가까이 다가와 묻기를, 2 "네가 무슨 권위(權威)로 이런 일을 행하느
냐?" 하고, 또 "누가 이런 권위를 네게 주었느냐?" 묻더라. 3 예수께서 이에 대답하여 이르시되, "나도
너희에게 한 가지를 물어보리라. 내게 말하라, 4 요한의 세례가 하늘로부터 나온 것이냐, 아니면 사람으
로부터 나온 것이냐?" 하시니

5 They discussed it among themselves and said, "If we say, 'From heaven,' he
will ask, 'Why didn't you believe him?' 6 But if we say, 'From men,' all the
people will stone us, because they are persuaded that John was a prophet." 7
So they answered, "We don't know where it was from." 8 Jesus said, "Neither
will I tell you by what authority I am doing these things."

5 그들이 자기들끼리 서로 상의하며 말하기를, "우리가 만일 '하늘로부터라' 하면 '왜 그를 믿지 아니하
였느냐?' 할 것이요, 6 만일 '사람으로부터라' 하면 백성이 다 우리에게 돌을 던질 것이라, 이는 사람들
이 요한을 선지자로 알고 있음이라" 하고, 이에 7 그들이 대답하여 이르되, "요한의 세례가 어디로부터

온 것인지를 우리는 알지 못하노라" 하니 8 예수께서 이르시되, "나도 내가 무슨 권위로 이런 일을 하는
지 너희에게 말하지 않겠노라." 하시니라.

9 He went on to tell the people this parable: "A man planted a vineyard, rented
it to some farmers and went away for a long time. 10 At harvest time he sent a
servant to the tenants so they would give him some of the fruit of the vineyard.
But the tenants beat him and sent him away empty-handed. 11 He sent
another servant, but that one also they beat and treated shamefully and sent
away empty-handed. 12 He sent still a third, and they wounded him and threw
him out.

9 그러면서 이런 비유로써 사람들에게 말씀을 하기 시작하시기를: "어떤 사람이 포도를 심어 포도밭을
만들고 이를 농부 몇 사람에게 세를 주고 멀리 다른 데로 떠나가 오래 살았느니라. 10 (*어느 해) 추수
때가 되어 포도밭 소출 중에서 얼마를 받아 오라고 하인을 농부들에게 보내는데, 그 임차인 농부들이 그
하인을 때리고 빈손으로 돌려보낸지라, 11 포도밭 주인이 다시 다른 하인을 보내니 그도 때리고 모욕을
주고 또 빈손으로 보내고, 12 그 주인이 세 번째로 또 다른 하인을 보내니 이 하인도 그들이 몹시 몸을
상하게 하고 쫓아 내버린지라.

13 Then the owner of the vineyard said, 'What shall I do? I will send my son,
whom I love; perhaps they will respect him.' 14 "But when the tenants saw
him, they talked the matter over. 'This is the heir,' they said. 'Let's kill him,
and the inheritance will be ours.' 15 So they threw him out of the vineyard and
killed him. What then will the owner of the vineyard do to them? 16 He will
come and kill those tenants and give the vineyard to others." When the people
heard this, they said, "May this never be!"

13 이에 그 포도밭 주인이 이르되, '어찌할꼬? 이번에는 내가 나의 사랑하는 아들을 보내보리라; 그들
이 내 아들은 존경하리니' 하고 그 아들을 보내니라. 14 그 포도밭 임차인들이 이 아들이 온 것을 보고
는 자기들끼리 서로 의논하여 이르되, "이는 그 상속자이니 우리가 그를 죽여 버리자, 그러면 그 유산이
우리의 것이 되리라.' 하고 15 그들이 그 아들을 포도원 밖으로 내몰고 거기서 그를 죽여 버렸느니라.
그런즉 이 포도밭 주인이 이 사람들을 어떻게 해야 하겠느냐? 16 그 주인이 와서 그 임차인들을 다 죽여
버리고 포도밭은 다른 사람들에게 세를 줄 것이 아니겠느냐?" 하시니, 그들이 이 말씀을 듣고 말하기를,
"그런 일은 절대로 있어서는 아니 될 일이니이다." 하고 대답을 하더라.

17 Jesus looked directly at them and asked, "Then what is the meaning of that
which is written: 'The stone the builders rejected has become the capstone '?
18 Everyone who falls on that stone will be broken to pieces, but he on whom
it falls will be crushed."

17 이에 예수께서 그들을 똑바로 쳐다보시며 이르시되, "그러면 이렇게 기록된 말씀의 의미는 무엇이
냐? 곧, '건축자들이 버린 돌이 모퉁이의 머릿돌이 되었도다' 하는 말이 무슨 뜻으로 한 말이겠느냐? 18
누구든지 이 돌 위에 떨어지는 자는 산산 조각이 나 버리겠고, 이 돌이 자기 위에 떨어지는 그 사람은 부
서지고 말리라." 하시니라.

19 The teachers of the law and the chief priests looked for a way to arrest him
immediately, because they knew he had spoken this parable against them. But
they were afraid of the people. 20 Keeping a close watch on him, they sent
spies, who pretended to be honest. They hoped to catch Jesus in something
he said so that they might hand him over to the power and authority of the
governor.

19 이에 그 자리에 있던 율법 교사들과 우두머리 제사장들이 어떡하든 예수를 즉각 체포할 방도를 모색

하기 시작하니, 이는 예수의 이 비유가 자기들을 가리켜 말씀하심인 줄을 알아 차렸기 때문이라. 그러나 그들이 (*여전히) 백성들을 두려워하더라. 20 이에 그들이 기회를 면밀히 엿보다가 정탐꾼 몇을 예수께 보내니, 그들이 자못 정직한 사람들인 척을 하며 예수께 다가오니라. 그들이 예수의 말씀 가운데 무언가를 꼬투리로 잡아 (*로마) 총독의 다스리는 권세 아래로 넘기려고 꾀하니라.

21 So the spies questioned him: "Teacher, we know that you speak and teach what is right, and that you do not show partiality but teach the way of God in accordance with the truth. 22 Is it right for us to pay taxes to Caesar or not?"

21 이에 그 정탐꾼들이 예수께 나아와 질문을 하기를, "선생님이여, 우리가 아노니, 당신은 올바른 것들만 말씀하시고 가르치시며 또 사람을 누구든 차별하지 아니하시고 오직 진리로써 하나님의 도(道)를 가르치시나이다. 22 그런데 우리가 카이사르 (*황제)에게 세를 바치는 것이 옳으니이까, 그렇지 않으니이까?" 하니라.

23 He saw through their duplicity and said to them, 24 "Show me a denarius. Whose portrait and inscription are on it?" 25 "Caesar's," they replied. He said to them, "Then give to Caesar what is Caesar's, and to God what is God's."
26 They were unable to trap him in what he had said there in public. And astonished by his answer, they became silent.

23 예수께서 그들의 말 이면에 숨어 있는 의도를 간파하시고 이르시기를, 24 "내게 데나리온 하나를 보여 보라. 누구의 초상과 문자가 여기 새겨져 있느냐?" 하니 25 그들이 대답하되, "카이사르의 것이니이다." 하거늘, 예수께서 이르시되, "그런즉 카이사르에게는 카이사르의 것을 바치고, 하나님의 것은 하나님께 바치라." 하고 말씀을 하시니 26 그들이 이렇게 예수께서 대중 앞에서 하신 말씀들 가운데 아무 것도 책잡지를 못하고 다만, 그의 대답을 놀랍게 여기며 잠잠해지고 말더라.

27 Some of the Sadducees, who say there is no resurrection, came to Jesus with a question. 28 "Teacher," they said, "Moses wrote for us that if a man's brother dies and leaves a wife but no children, the man must marry the widow and have children for his brother.

27 한편, 사두개인들은 평소에 부활이 없다고 주장하는 자들이라, 그들 중 몇 사람이 역시 예수께 나아와 질문을 하는데 이르기를, 28 "선생님이여, 모세가 우리에게 기록으로 써서 남기기를, '만일 어떤 사람에게 형이 있는데 형이 그 아내를 두고 자식이 없이 죽으면, 동생이 그 과부 형수와 결혼하여 형을 위하여 자식을 가질지니라' 하였나이다.

29 Now there were seven brothers. The first one married a woman and died childless. 30 The second 31 and then the third married her, and in the same way the seven died, leaving no children. 32 Finally, the woman died too. 33 Now then, at the resurrection whose wife will she be, since the seven were married to her?"

29 어떤 칠 형제가 있었는데 그 맏이가 어떤 여자와 결혼하였다가 자식 없이 죽고 30 이에 그 둘째와 셋째가 그 형수와 결혼을 하고, 31 또 이와 같이 그 일곱 형제가 다 그와 결혼하였으나 자식이 없이 죽고 32 그 후에 그 여자도 죽었나이다. 33 그러면 일곱 사람이 다 한 여자와 결혼을 하였으니, 부활 때에는 이 여자가 그 중 누구의 아내가 되어야 하리이까?" 하니라.

34 Jesus replied, "The people of this age marry and are given in marriage. 35 But those who are considered worthy of taking part in that age and in the resurrection from the dead will neither marry nor be given in marriage, 36 and they can no longer die; for they are like the angels. They are God's children, since they are children of the resurrection.

34 예수께서 이에 대답하여 이르시되, "이 세대의 사람들은 결혼도 하고 또 혼인을 해 받기도 하지만
35 (*다가오는) 저 세대와 그리고 또 죽은 자들 가운데서 부활에 참여함을 얻기에 합당히 여김을 받은
자들의 경우에는, 결혼을 하지도 않고 혼인을 당하는 일도 없고 36 더 이상 죽지도 아니하나니; 그들이
천사와 같은 까닭이라. 그들은 부활의 자녀인 고로 곧, 하나님의 자녀가 되느니라.

37 But in the account of the bush, even Moses showed that the dead rise, for
he calls the Lord 'the God of Abraham, and the God of Isaac, and the God of
Jacob.' 38 He is not the God of the dead, but of the living, for to him all are
alive." 39 Some of the teachers of the law responded, "Well said, teacher!" 40
And no one dared to ask him any more questions.

37 그러나 성경 가운데 모세와 관목 수풀 사건을 기록한 대목에서 알 수 있듯이 모세도 죽은 자의 부활
을 지적하고 있으니, 그가 주 하나님을 '아브라함의 하나님, 이삭의 하나님, 야곱의 하나님이라 불렀느
니라. 38 하나님께서는 죽은 사람의 하나님이 아니시요, 살아 있는 사람의 하나님이시니 하나님께 대하
여는 우리 모두가 살아 있느니라." 이렇게 말씀하시니 39 율법 교사 중 몇몇이 이에 응하여 말하기를,
"선생님이여, 훌륭하게 답변하셨나이다." 하니라. 40 이에 아무도 다시 예수께 무엇을 묻고자 하는 자
가 없더라.

41 Then Jesus said to them, "How is it that they say the Christ is the Son of
David? 42 David himself declares in the Book of Psalms: 'The Lord said to my
Lord: "Sit at my right hand 43 until I make your enemies a footstool for your
feet"' 44 David calls him 'Lord.' How then can he be his son?"

41 그러자 예수께서 그들에게 이르시되, "사람들이 그리스도를 다윗의 자손이라 부르는 것은 어찌된
일이냐? 42 시편에서 다윗이 친히 선포하기를: '주께서 내 주께 이르시되: 43 "너는 나의 우편에 앉으
라; 내가 너의 대적을 네 발 받침대로 만들 때까지 너는 내 우편에 앉았으라"' 하셨으니 44 그런즉 다윗
이 그리스도를 주(主)라 불렀을진대, 그리스도가 어찌 그의 자손이 되겠느냐?" 하시니라.

45 While all the people were listening, Jesus said to his disciples, 46 "Beware
of the teachers of the law. They like to walk around in flowing robes and love
to be greeted in the marketplaces and have the most important seats in the
synagogues and the places of honor at banquets. 47 They devour widows'
houses and for a show make lengthy prayers. Such men will be punished most
severely."

45 그리고 또, 모든 사람들이 듣고 있는 가운데 예수께서 그 제자들에게 말씀하시되, 46 "너희는 율법
교사들을 조심하라. 그들은 길게 늘어 뜨린 옷을 입고 다니는 것을 좋아하며, 또 시장에서 사람들로부터
인사 받는 것과 그리고 회당에서 높은 자리에 앉는 것을 사랑하며, 잔치 자리에서 윗 자리에 앉는 것을
사랑하느니라. 47 그러나 그들은 과부의 집을 털어 먹으며, 남에게 보이기 위해 기도를 더욱 길게 하는
자들이라. 이런 자들이 나중에 특히 더 혹독한 심판을 받으리라." 하시더라.

제21장

1 As he looked up, Jesus saw the rich putting their gifts into the temple
treasury. 2 He also saw a poor widow put in two very small copper coins. 3
"I tell you the truth," he said, "this poor widow has put in more than all the
others. 4 All these people gave their gifts out of their wealth; but she out of
her poverty put in all she had to live on."

1 예수께서 둘러보시는 가운데, 몇몇 부유한 사람들이 성전 헌물함에 헌금 넣는 것을 보게 되셨는데 2
어떤 가난한 과부가 작은 동전 두 개를 헌물함에 넣어 드리는 것을 같이 보시게 되었더라. 3 이에 예수
께서 말씀하시기를, "내가 진실로 너희에게 이르노니, 이 가난한 과부가 다른 모든 사람들보다 더 많은
헌금을 넣었도다. 4 이 사람들은 자신들의 부요함 가운데에서 일부를 드린 것이나, 저 과부는 자신의 가
난함 중에서 자기의 생계를 위하여 지니고 있던 모든 것을 바친 것이니라." 하시니라.

5 Some of his disciples were remarking about how the temple was adorned
with beautiful stones and with gifts dedicated to God. But Jesus said, 6 "As
for what you see here, the time will come when not one stone will be left on
another; every one of them will be thrown down." 7 "Teacher," they asked,
"when will these things happen? And what will be the sign that they are about
to take place?"

5 제자들 중 몇몇이 성전을 언급하면서 이 성전이 얼마나 아름다운 보석들과, 그리고 하나님께 바쳐진
헌물로써 아름답게 장식되었는지 말을 주고 받는데, 예수께서 이 말을 들으시고 이르시기를, 6 "너희
가 지금 보고 있는 이것들에 관해 말을 하자면; 이 건물의 돌 하나도 돌 위에 남아 있지 않을 날이 곧 있
으리니, 이 모든 것이 다 무너져 내릴 날이 조만간 닥쳐오리라." 하시더라. 7 이에 제자들이 예수께 물어
이르기를, "선생님이여, 어느 때에 이런 일이 있겠사옵나이까? 그리고 이런 일이 일어나려 하는 것을 알
수 있는 징조로는 무엇이 있겠나이까?" 하니라.

8 He replied: "Watch out that you are not deceived. For many will come in
my name, claiming, 'I am he,' and, 'The time is near.' Do not follow them. 9
When you hear of wars and revolutions, do not be frightened. These things
must happen first, but the end will not come right away."

8 이에 예수께서 대답하여 이르시되, "너희가 미혹되지 않도록 주의하라. 많은 사람이 내 이름으로 와서
주장하기를, '내가 그로라' 하고 또, '때가 가까이 왔노라' 하리라, 그러나 너희는 그들을 따르지 말라. 9
또, 전쟁과 혁명이 일어난 소문을 들을 때에도 이를 두려워하지 말라. 이런 일들이 반드시 먼저 일어나
야만 하는 것이나 그러나 그 마지막이 곧바로 닥쳐 오지는 않으리라." 하시더라.

10 Then he said to them: "Nation will rise against nation, and kingdom against
kingdom. 11 There will be great earthquakes, famines and pestilences in
various places, and fearful events and great signs from heaven. 12 But before
all this, they will lay hands on you and persecute you. They will deliver you to
synagogues and prisons, and you will be brought before kings and governors,
and all on account of my name. 13 This will result in your being witnesses to
them.

10 그리고 또 이르시되, "민족이 민족을 대적하여 일어나겠고, 나라가 나라를 치러 일어나리라. 11 온
땅에 큰 지진이 있을 것이요, 기근과 역병이 도처에 있겠고 그리고 또 하늘로부터 오는 두렵고 무서운
사건들과 다른 커다란 징조들이 있으리라. 12 그러나, 이 모든 일이 일어나기 전에 그들이 먼저 너희들
에게 손을 뻗쳐 박해하는 일이 있으리니, 그들이 너희를, 나의 이름으로 말미암아 회당과 감옥에 넘겨
줌으로 너희가 왕들과 총독들 앞에 끌려 나가는 일이 있으리라. 13 이 일이 결국은 너희가 나의 증인으
로 서게 되는 결과가 되리라.

14 But make up your mind not to worry beforehand how you will defend
yourselves. 15 For I will give you words and wisdom that none of your
adversaries will be able to resist or contradict. 16 You will be betrayed even
by parents, brothers, relatives and friends, and they will put some of you to
death. 17 All men will hate you because of me. 18 But not a hair of your head
will perish. 19 By standing firm you will gain life.

14 그러나 너희는 어떻게 너희 스스로를 변명할까 미리 앞질러 염려하지 말라. 15 내가 너희에게 너희
의 모든 대적으로 하여금 너희를 대항하지도 못하고 또 반박할 수도 없게 할 언변과 지혜를 주리라. 16
너희가 너희 부모와 형제와 친척과 친구들로부터 배신을 당할 것이요, 심지어 그들이 너희 중 몇몇을 죽
음에 이르게도 하리라. 17 곧, 이 세상 모든 사람들이 다 나로 인하여 너희를 미워하리라. 18 그러나 너
희의 머리털 하나도 다치지 아니하리니 19 너희는 스스로 굳게 섬으로 생명을 얻게 되리라.

20 When you see Jerusalem being surrounded by armies, you will know that its
desolation is near. 21 Then let those who are in Judea flee to the mountains,
let those in the city get out, and let those in the country not enter the city.

20 예루살렘이 군대에게 포위 당하는 것을 보거든 그 멸망이 가까운 줄로 알라. 21 그 때에 유대 지역
에 살고 있는 자들은 산지(山地)로 도망할 것이요, 성내(城內)에 있는 자들은 성 밖으로 나갈 것이며, 시
골에 있는 자들은 성내로 들어가지를 말지어다.

22 For this is the time of punishment in fulfillment of all that has been written.
23 How dreadful it will be in those days for pregnant women and nursing
mothers! There will be great distress in the land and wrath against this people.
24 They will fall by the sword and will be taken as prisoners to all the nations.
Jerusalem will be trampled on by the Gentiles until the times of the Gentiles
are fulfilled.

22 이 날들은 이 때까지 기록된 그 모든 것들이 이루어질 징벌의 시간이라. 23 그 날들이 임신한 여인
들과 아기 기르는 여인들에게는 얼마나 무서운 날이 될 것인지를 너희가 아느냐? 온 땅에 큰 환난이 있
을 것이요, 이 땅에 사는 모든 사람들의 머리 위에 하나님의 진노가 쏟아지리라. 24 그들이 칼날 아래에
쓰러지며 온 땅의 모든 나라들에 죄수가 되어 끌려가겠고 예루살렘은 이방인들에게 짓밟히는 바 되리
니, '이방인의 때'가 다 차고 이루어질 때까지 그리하리라.

25 There will be signs in the sun, moon and stars. On the earth, nations will
be in anguish and perplexity at the roaring and tossing of the sea. 26 Men
will faint from terror, apprehensive of what is coming on the world, for the
heavenly bodies will be shaken.

25 하늘의 해와 달과 별들에 징조가 보이겠고, 온 지구에 있는 바다가 뒤집어지고 울부짖음으로 인하여
모든 민족들이 당혹(當惑)과 비통(悲痛)에 처하리라. 26 사람들이 이 세상에 다가오는 것들을 알아 차리
고는 두려움에 기절하고 실신하리니 이는 하늘에 있는 것들이 흔들리겠음이라.

27 At that time they will see the Son of Man coming in a cloud with power
and great glory. 28 When these things begin to take place, stand up and lift up
your heads, because your redemption is drawing near."

27 그 때에 사람들이 인자(人子)가 구름을 타고 능력과 큰 영광으로 오는 것을 보게 되리라. 28 이런 일
들이 일어나기 시작하는 것을 보거든, 너희는 일어나 너희 머리를 들지니, 이는 너희의 구속(救贖), 곧,
속량(贖良)이 가까이 온 까닭이니라" 하시더라.

29 He told them this parable: "Look at the fig tree and all the trees. 30 When
they sprout leaves, you can see for yourselves and know that summer is near.
31 Even so, when you see these things happening, you know that the kingdom
of God is near. 32 I tell you the truth, this generation will certainly not pass
away until all these things have happened. 33 Heaven and earth will pass
away, but my words will never pass away.

29 또 이런 비유로 이르시되: "무화과나무와 다른 모든 나무를 살펴보라. 30 그 가지에 싹이 트고 새순
이 나면 너희가 이를 보고 여름이 가까운 줄을 알게 되나니 31 이와 같이 내가 앞에서 말한 이런 일들이

일어나는 것을 보거든 하나님의 나라가 가까이 온 줄로 알라. 32 내가 진실로 너희에게 말하노니 이 세
대가 지나가기 전에 이 모든 일이 다 이루어지리라. 33 하늘과 땅은 사라질지언정, 내 말은 그냥 지나가
지 아니하리라.

34 Be careful, or your hearts will be weighed down with dissipation,
drunkenness and the anxieties of life, and that day will close on you
unexpectedly like a trap. 35 For it will come upon all those who live on the
face of the whole earth. 36 Be always on the watch, and pray that you may be
able to escape all that is about to happen, and that you may be able to stand
before the Son of Man."

34 그러므로 너희는 늘 삼가하고 항상 조심하라, 그렇지 않으면 방탕함과 술 취함과 생활의 염려로 마
음이 무거워져서 너희가 예기치 못한 가운데 그 날이 덫과 같이 너희에게 임하리라. 35 이 날은 온 지구
의 표면에 거하는 모든 사람들에게 같이 임할 것이라. 36 그러므로 너희는 이런 모든 일들로부터 안전
하게 비껴 서 있으며 또, 인자 앞에서 (*굳건히) 서 있을 수 있도록 항상 기도함으로 깨어 있으라." 하시
더라.

37 Each day Jesus was teaching at the temple, and each evening he went out
to spend the night on the hill called the Mount of Olives, 38 and all the people
came early in the morning to hear him at the temple.

37 날이면 날마다, 예수께서 낮 시간에는 성전에서 사람들을 가르치시고 밤에는 성을 나가 감람산이라
부르는 산에서 밤을 지내시니 38 모든 백성이 예수의 말씀을 들으려고 매일 이른 아침에 성전에 나아오
더라.

제22장

1 Now the Feast of Unleavened Bread, called the Passover, was approaching, 2
and the chief priests and the teachers of the law were looking for some way to
get rid of Jesus, for they were afraid of the people.

1 유월절(逾越節: Passover)이라고도 불리는 무교절 (無酵節) 절기가 가까와 오는데 2 여전히 대제사
장들과 율법 교사들이 예수를 제거할 방도를 찾고 있었으니, 이는 그들이 백성을 두려워하던 까닭이더
라.

3 Then Satan entered Judas, called Iscariot, one of the Twelve. 4 And Judas
went to the chief priests and the officers of the temple guard and discussed
with them how he might betray Jesus. 5 They were delighted and agreed to
give him money. 6 He consented, and watched for an opportunity to hand
Jesus over to them when no crowd was present.

3 그 때에 열두 제자 중의 하나인 가롯인이라 부르는 유다에게 사탄이 들어가니라. 4 이에 유다가 우두
머리 제사장들과 성전 경비대 장교들에게 가서 자기가 어떻게 예수를 배반하여 그들에게 넘겨줄지 논
의를 해 오니라. 5 그들이 유다의 이 제안을 크게 기뻐하며 그에게 돈을 주기로 약속하매 6 유다가 이에
동의하고 군중이 곁에 없는 틈을 타, 예수를 넘겨줄 수 있도록 기회를 엿보기 시작하더라.

7 Then came the day of Unleavened Bread on which the Passover lamb had to
be sacrificed. 8 Jesus sent Peter and John, saying, "Go and make preparations
for us to eat the Passover." 9 "Where do you want us to prepare for it?" they

asked.

7 유월절 양을 잡아 준비할 무교절 날이 이른지라. 8 예수께서 베드로와 요한을 앞서 보내며 이르시되, "가서 우리가 유월절 식사를 할 수 있도록 준비하라." 하시니, 9 베드로와 요한이 묻기를, "우리가 어디에서 그 준비를 하기 원하시나이까?" 하더라.

10 He replied, "As you enter the city, a man carrying a jar of water will meet you. Follow him to the house that he enters, 11 and say to the owner of the house, 'The Teacher asks: Where is the guest room, where I may eat the Passover with my disciples?' 12 He will show you a large upper room, all furnished. Make preparations there." 13 They left and found things just as Jesus had told them. So they prepared the Passover.

10 예수께서 대답하여 이르시기를, "너희가 성내로 들어가면 물 한 동이를 지고 가는 사람을 만나리니 그가 들어가는 집으로 따라 들어가라. 11 그리고 그 집 주인에게 이르기를, '선생님이 묻노니; 내가 나의 제자들과 유월절 식사를 할 객실 방이 어디 있느냐?' 하라. 12 그리하면 그가 모든 것이 구비된 큰 이층 방을 보여주리니 거기서 너희가 준비토록 하라." 하시니라. 13 그들이 나가 모든 것을 예수께서 말씀하신 그대로 발견하매 거기서 유월절을 준비하기 시작하더라.

14 When the hour came, Jesus and his apostles reclined at the table. 15 And he said to them, "I have eagerly desired to eat this Passover with you before I suffer. 16 For I tell you, I will not eat it again until it finds fulfillment in the kingdom of God."

14 (*유월절 식사를 할) 시간이 되어 예수와 사도들이 식탁에 함께 앉았더라. 15 이에 예수께서 사도들에게 이르시기를, "내가 고난을 받기 전에, 너희와 함께 이 유월절 식사를 함께 먹을 수 있기를 무척이나 바랐었노라. 16 이제 내가 너희에게 이르노니 이 유월절이 하나님의 나라에서 다 응하게 될 때까지는 내가 이 유월절 식사를 다시 또 먹는 일이 없으리라." 하시고

17 After taking the cup, he gave thanks and said, "Take this and divide it among you. 18 For I tell you I will not drink again of the fruit of the vine until the kingdom of God comes." 19 And he took bread, gave thanks and broke it, and gave it to them, saying, "This is my body given for you; do this in remembrance of me." 20 In the same way, after the supper he took the cup, saying, "This cup is the new covenant in my blood, which is poured out for you.

17 잔을 집으신 후, 감사 기도를 드리신 후에 말씀하시기를, "이것을 받아 너희 가운데에서 나누어 마시라. 18 내가 너희에게 이르노니, 하나님의 나라가 임할 때까지는 내가 포도나무 열매로 만든 음료를 다시 마시지 아니하리라." 하시고 19 또 떡을 집으사 감사 기도를 하시고 난 후에 그 떡을 쪼개어 사도들에게 주시며 이르시되, "이것은 너희를 위하여 주는 내 몸이라, 너희가 나를 기념하기 위하여 이것도 이와 같이 행하라." 하시더라. 20 마찬가지로, 식사를 마치신 후에 잔을 들어 말씀하시기를, "이 잔은 나의 피 곧, 내가 너희를 위하여 붓는 나의 피로써 세우는 새 언약이니라.

21 But the hand of him who is going to betray me is with mine on the table. 22 The Son of Man will go as it has been decreed, but woe to that man who betrays him." 23 They began to question among themselves which of them it might be who would do this.

21 그러나 나를 배신할 그 자의 손이 지금 내 손과 함께 이 식탁 위에 있도다. 22 인자는 그 모든 것이 이미 선포된대로 가는 것이거니와 그를 배신하는 그 사람에게는 화가 있으리로다." 하시니 23 제자들이 자기들끼리 서로 묻기를 이런 일을 행할 자가 자기들 중 누구일꼬 하더라.

24 Also a dispute arose among them as to which of them was considered to
be greatest. 25 Jesus said to them, "The kings of the Gentiles lord it over them;
and those who exercise authority over them call themselves Benefactors. 26
But you are not to be like that. Instead, the greatest among you should be like
the youngest, and the one who rules like the one who serves.

24 또 그 제자들 사이에 누가 가장 높으냐 하는 다툼이 일어나니라. 25 이에 예수께서 그들을 향해 이
르시되 "이방인의 왕들은 백성들을 다스리며 군림하는 것이지만; 그런 권세를 행사하는 그가 또한 자기
스스로를 가리켜 은혜 베푸는 자로 칭하느니라. 26 그러나 너희는 그렇게 하지 말지니 대신에, 너희 중
가장 높은 자는 가장 어린 자와 같아야 하겠고 또 누구를 다스리는 자는 섬기는 자와 같아야 할지니라.

27 For who is greater, the one who is at the table or the one who serves? Is
it not the one who is at the table? But I am among you as one who serves. 28
You are those who have stood by me in my trials. 29 And I confer on you a
kingdom, just as my Father conferred one on me, 30 so that you may eat and
drink at my table in my kingdom and sit on thrones, judging the twelve tribes
of Israel.

27 식탁에 앉아 먹는 자가 높으냐, 아니면 서서 그를 섬기는 자가 높으냐? 식탁에 앉아 시중을 기다리
는 사람이 더 높은 것이 아니냐? 그러나 나는 섬기는 자로서 너희 가운데에 있노라. 28 너희는 나의 모
든 시험 기간 중에 항상 나와 함께 섰던 자들이라. 29 내 아버지께서 나라를 내게 맡기신 것 같이 나도
너희에게 한 나라를 맡기노니 30 이는 너희가 내 나라에 있는 나의 식탁에서 함께 먹고 마시며, 보좌에
앉아 이스라엘 열두 지파를 다스리게 하려 함이니라.

31 Simon, Simon, Satan has asked to sift you as wheat. 32 But I have prayed
for you, Simon, that your faith may not fail. And when you have turned back,
strengthen your brothers." 33 But he replied, "Lord, I am ready to go with you
to prison and to death." 34 Jesus answered, "I tell you, Peter, before the rooster
crows today, you will deny three times that you know me."

31 시몬아, 시몬아, 보라! 사탄이 너를 밀 이삭 털듯이 하기를 요구하였으나 32 그러나 내가 너를 위하
여 네 믿음이 떨어지지 않기를 기도하였으니 네가 (*회개하고) 돌아온 이후에는 너의 형제를 더욱 굳건
하게 세울지니라." 하시매, 33 베드로가 말하되 "주여, 내가 주와 함께 감옥에도 같이 가고 주와 함께 죽
을 준비도 되어 있나이다." 하거늘 34 예수께서 대답하여 이르시기를, "베드로야, 내가 네게 말하노니
오늘 닭 울기 전에 네가 세 번이나 나를 모른다고 부인하리라." 하시니라.

35 Then Jesus asked them, "When I sent you without purse, bag or sandals, did
you lack anything?" "Nothing," they answered. 36 He said to them, "But now
if you have a purse, take it, and also a bag; and if you don't have a sword,
sell your cloak and buy one. 37 It is written: 'And he was numbered with the
transgressors' ; and I tell you that this must be fulfilled in me. Yes, what is
written about me is reaching its fulfillment." 38 The disciples said, "See, Lord,
here are two swords." "That is enough," he replied.

35 그리고 그들에게 물어 이르시되 "내가 너희를 여행 보낼 때에 지갑도 가지지 말고 배낭과 신발도 없
이 하라 하였거늘 그 여행 길에 무언가 부족한 것이 있더냐?" 하시니, 그들이, "부족함이 없었나이다."
하거늘, 36 다시 이르시되, 이제 지갑 가진 자는 지니고 다니고, 배낭도 있으면 그리하고, 검(劍) 없는
자는 겉옷을 팔아 하나 살지어다. 37 기록된 바, '그가 범죄자의 하나로 취급을 받았도다' 한 말이 내게
이루어져야 하리라." 하시니 38 제자들이 이르기를, "주여, 보소서! 여기 우리에게 검 둘이 있나이다."
하니 예수께서 대답하시되 "그것이면 충분하다." 하시니라.

39 Jesus went out as usual to the Mount of Olives, and his disciples followed

him. 40 On reaching the place, he said to them, "Pray that you will not fall into
temptation." 41 He withdrew about a stone's throw beyond them, knelt down
and prayed, 42 "Father, if you are willing, take this cup from me; yet not my
will, but yours be done."

39 예수께서 늘 하시던대로 감람산으로 가시매 제자들이 그를 따라가더라. 40 그 곳에 이르러 예수께
서 제자들에게 이르시되, "너희가 유혹에 빠지지 않도록 기도하고 있으라." 하시고 41 그들을 떠나 돌
던질 거리만큼 조금 떨어져서 무릎을 꿇고 기도를 하시는데, 42 이르시기를, "아버지여, 아버지께서 원
하시거든 이 잔(盞)을 내게서 치워 주시옵소서. 그러나 제 원대로 하지는 마시옵고, 다만 아버지의 뜻이
이루어지이다." 하시니라.

43 An angel from heaven appeared to him and strengthened him. 44 And
being in anguish, he prayed more earnestly, and his sweat was like drops
of blood falling to the ground. 45 When he rose from prayer and went back
to the disciples, he found them asleep, exhausted from sorrow. 46 "Why are
you sleeping?" he asked them. "Get up and pray so that you will not fall into
temptation."

43 그러는 중에 하늘로부터 천사 하나가 나타나 예수께 힘을 부어 주시더라. 44 예수께서 비통에 잠
겨 더욱 간절히 힘써 기도하시는데 땀이 핏방울 같이 되어 땅에 떨어지더라. 45 기도 후에 일어나 제자
들에게 와서 보니, 제자들은 슬픔으로 인하여 지쳐 잠이 들어 있으니라. 46 이에 예수께서 이르시기를,
"왜 자고 있느냐? 시험에 들지 않도록 어서 일어나 기도하라" 하시더라.

47 While he was still speaking a crowd came up, and the man who was called
Judas, one of the Twelve, was leading them. He approached Jesus to kiss him,
48 but Jesus asked him, "Judas, are you betraying the Son of Man with a kiss?"

47 그 때, 아직 이 말씀을 하고 계시는 동안에, 한 무리의 사람들이 거기로 올라오는데, 그 열둘 중의 하
나인 유다라 하는 자가 그들을 이끌고 오더라. 유다가 예수께 입을 맞추려고 가까이 다가오니, 48 예수
께서 이르시되 "유다야, 네가 입맞춤으로 인자를 배신하는 것이냐?" 말씀하시더라.

49 When Jesus' followers saw what was going to happen, they said, "Lord,
should we strike with our swords?" 50 And one of them struck the servant of
the high priest, cutting off his right ear. 51 But Jesus answered, "No more of
this!" And he touched the man's ear and healed him.

49 예수를 따르던 자들이 이에 무슨 일이 일어나려 하는지를 알아 차리고, "주여, 우리가 칼로 그들을
치리이까?" 하며, 50 그 중 한 사람이 대제사장의 종을 칼로 쳐 그 오른쪽 귀를 베어 버리니라. 51 그러
나 예수께서는 일러 이르시기를, "더 이상은 하지 말라." 하시고, 그 사람의 귀를 만져 낫게 하시니라.

52 Then Jesus said to the chief priests, the officers of the temple guard, and
the elders, who had come for him, "Am I leading a rebellion, that you have
come with swords and clubs? 53 Every day I was with you in the temple courts,
and you did not lay a hand on me. But this is your hour--when darkness
reigns."

52 그 때에 예수께서 자기를 잡으러 온 우두머리 제사장들과 성전 경비대의 장교들과 장로들에게 말씀
하여 이르시되, "너희가 검과 몽둥이를 들고 나왔으니 내가 반역(叛逆)을 이끌었느냐? 53 내가 매일 너
희와 함께 성전 마당에 있었으나 너희가 내게 손을 대지도 아니하였도다. 그러나 지금은 너희의 시간이
라-곧, 어둠이 지배할 때로다." 하시니라.

54 Then seizing him, they led him away and took him into the house of the
high priest. Peter followed at a distance. 55 But when they had kindled a fire

in the middle of the courtyard and had sat down together, Peter sat down with them. **56** A servant girl saw him seated there in the firelight. She looked closely at him and said, "This man was with him." **57** But he denied it. "Woman, I don't know him," he said.

54 이에 그들이 예수를 붙잡아 대제사장의 집으로 끌고가니, 베드로는 멀찍이 떨어져서 그들을 따라가니라. **55** 사람들이 마당 가운데 모닥불을 피우고 함께 둘러 앉았을 때에 베드로도 그 가운데 슬쩍 끼어 앉았는데, **56** 한 여자 하인이 베드로가 거기 불 옆에 앉은 것을 보고는 가까이 가서 유심히 살펴 본 후에 말하기를, "이 사람도 그와 함께 있었느니라." 하고 말을 하니 **57** 베드로가 이를 부인하며 이르되, "여자여, 나는 그를 알지 못하노라." 하더라.

58 A little later someone else saw him and said, "You also are one of them." "Man, I am not!" Peter replied. **59** About an hour later another asserted, "Certainly this fellow was with him, for he is a Galilean." **60** Peter replied, "Man, I don't know what you're talking about!" Just as he was speaking, the rooster crowed. **61** The Lord turned and looked straight at Peter. Then Peter remembered the word the Lord had spoken to him: "Before the rooster crows today, you will disown me three times." **62** And he went outside and wept bitterly.

58 잠시 후에 또 다른 사람이 베드로를 쳐다보며 "당신도 그 무리 중 한 사람이라" 하니, 베드로가 이르기를, "이 사람아, 나는 아니라." 하니라. **59** 한 시간쯤 있다가 또 다른 사람 하나가 장담하여 이르기를, "이 작자가 그와 함께 있었으니 그가 갈릴리 사람이라." 하거늘 **60** 베드로가 이르되 "이 사람아, 나는 네가 무슨 말을 하는지 알지 못하노라." 하는데 아직 이 말을 하고 있는 동안에 아침 닭이 곧 울더라. **61** 주(主)께서 자신에게 몸을 돌려 베드로를 똑바로 쳐다보시는데, 베드로는 주(主)께서 그전에 하신 말씀 곧, "오늘 닭 울기 전에 네가 세 번 나를 부인하리라" 하셨던 것이 생각이 나서 **62** 바깥으로 나가 거기서 심히 비통하게 울음을 울더라.

63 The men who were guarding Jesus began mocking and beating him. **64** They blindfolded him and demanded, "Prophesy! Who hit you?" **65** And they said many other insulting things to him.

63 예수를 경비하고 있던 사람들이 그를 희롱하고 때리기를 시작하니 **64** 예수의 눈을 가리고 묻기를 "예언해 보라! 누가 너를 때렸느냐?" 요구하기도 하고 **65** 그리고 또 다른 여러가지 모욕적인 언사로 예수를 욕보이더라.

66 At daybreak the council of the elders of the people, both the chief priests and teachers of the law, met together, and Jesus was led before them. **67** "If you are the Christ, " they said, "tell us." Jesus answered, "If I tell you, you will not believe me, **68** and if I asked you, you would not answer. **69** But from now on, the Son of Man will be seated at the right hand of the mighty God." **70** They all asked, "Are you then the Son of God?" He replied, "You are right in saying I am." **71** Then they said, "Why do we need any more testimony? We have heard it from his own lips."

66 날이 밝으매 백성의 장로들의 회집(會集) 곧, 우두머리 제사장들과 율법 교사들이 함께하는 공회(公會)가 열리니, 예수께서 그들 앞에 끌려 나오니라. **67** 그들이 이르기를, "네가 만일 그리스도이거든 우리에게 말하라." 하매 대답하시기를, "내가 말할지라도 너희가 믿지 아니할 것이요, **68** 내가 물었어도 너희가 대답하지 아니하였을 것이라. **69** 그러나 이제로부터는 인자가 전능하신 하나님의 우편에 앉게 되리라." 하시니 **70** 그들 모두가 다 함께 묻되, "그러면 네가 하나님의 아들이냐?" 하니 예수께서 대답하시기를, "내가 곧 그이라, 너희가 옳게 말하였느니라." 하시더라. **71** 이에 그들이 말하기를, "어찌 더 이상의 증거가 필요하리요? 그가 자기 입으로 직접 하는 말을 우리가 들었도다." 하더라.

제23장

1 Then the whole assembly rose and led him off to Pilate. 2 And they began
to accuse him, saying, "We have found this man subverting our nation. He
opposes payment of taxes to Caesar and claims to be Christ, a king."

1 공회에 모여 있던 모든 사람이 다 자리에서 일어나 예수를 끌고 빌라도 앞으로 나아가니라. 2 그리고
(*빌라도 앞에서) 예수를 고발하여 이르기를, "이 사람이 우리 민족과 나라를 뒤집어 엎으려 하고 또 카이사르에게 세금 바치는 것도 반대하고 자기 스스로를 가리켜 그리스도, 곧 왕이라 자칭하는 것을 우리가 붙잡아 왔나이다." 하더라.

3 So Pilate asked Jesus, "Are you the king of the Jews?" "Yes, it is as you say,"
Jesus replied. Then Pilate announced to the chief priests and the crowd, "I find
no basis for a charge against this man."

3 이에 빌라도가 예수께 물어 이르되, "네가 유대인의 왕이냐?" 하매 예수께서 대답하시기를, "네 말처럼 그러하도다" 하시니 4 빌라도가 이에 우두머리 제사장들과 군중에게 대하여 선포하여 말하기를, "이
사람을 고발할 그 무슨 근거도 내가 찾아 볼 수가 없도다." 하니라.

5 But they insisted, "He stirs up the people all over Judea by his teaching. He
started in Galilee and has come all the way here." 6 On hearing this, Pilate
asked if the man was a Galilean. 7 When he learned that Jesus was under
Herod's jurisdiction, he sent him to Herod, who was also in Jerusalem at that
time.

5 그러나 온 무리가 더욱 강하게 주장하여 이르되, "그가 자기의 가르침으로 유대 온 지역에 있는 백성들을 요동하게 하니, 갈릴리에서부터 시작하여 여기까지 이런 식으로 백성들을 소란케 하며 왔나이다."
하니 6 빌라도가 이 말을 듣고는 그가 갈릴리 사람인지를 다시 묻고 이를 확인하더라. 7 예수가 분봉왕(分封王) 헤롯의 다스리는 지역 출신인 줄을 빌라도가 확인하고는 예수를 헤롯에게 보내니 그 때에 마침 헤롯이 예루살렘에 머물고 있었더라.

8 When Herod saw Jesus, he was greatly pleased, because for a long time he
had been wanting to see him. From what he had heard about him, he hoped
to see him perform some miracle. 9 He plied him with many questions, but
Jesus gave him no answer. 10 The chief priests and the teachers of the law
were standing there, vehemently accusing him.

8 헤롯이 예수를 보고 매우 기뻐하니 이는 그가 예수를 한번 만나보기를 오랫동안 바라 왔던 까닭이라. 헤롯이 예수의 소문을 많이 들었던 고로, 그가 또 다른 기적을 자기 앞에서 행하는 것을 보고 싶어하니
라. 9 이에 헤롯이 여러가지 질문으로 집요하게 예수께 물으나 그러나 예수께서는 아무 대답도 아니하
시니라. 10 우두머리 제사장들과 율법 교사들이 거기에 나란히 서서 예수를 격렬히 비난하고 또 그를 고발하더라.

11 Then Herod and his soldiers ridiculed and mocked him. Dressing him in
an elegant robe, they sent him back to Pilate. 12 That day Herod and Pilate
became friends--before this they had been enemies.

11 헤롯이 자기 병사들과 함께 예수를 여러가지로 놀리고 조롱한 후에 화려한 옷 한 벌을 입혀 빌라도
에게 돌려보내니 12 헤롯과 빌라도가 이전에는 서로 적대 관계이었으나 이 일로 인하여 그 날에 서로 친구가 되니라.

13 Pilate called together the chief priests, the rulers and the people, 14 and
said to them, "You brought me this man as one who was inciting the people to

rebellion. I have examined him in your presence and have found no basis for
your charges against him. 15 Neither has Herod, for he sent him back to us; as
you can see, he has done nothing to deserve death. 16 Therefore, I will punish
him and then release him." 17 (BLANK)

13 빌라도가 우두머리 제사장들과 백성을 다스리는 관리들과 또 다른 사람들을 불러 모으고는 14 그들
에게 이르기를, "너희가 이 사람을 내게 데려 와 말하기를 그가 백성을 선동하고 반란을 조장한다 하였
도다. 그러나 내가 너희들이 보는 앞에서 그를 직접 심문해 보았지만 그를 고발할 아무 근거도 발견하지
를 못하였노라. 15 그리고 헤롯 왕조차도 그를 우리에게 도로 돌려보냈으니; 너희들이 보는 바와 같이
그가 사형을 받을만한 하등의 일을 저지른 것이 없도다. 16 그러므로, 나는 그를 징계한 후에 곧 바로 석
방하려 하노라." 하니라. 17 (없음)

18 With one voice they cried out, "Away with this man! Release Barabbas to
us!" 19 (Barabbas had been thrown into prison for an insurrection in the city,
and for murder.)

18 그러자 그들이 일제히 한 목소리를 내며 아우성을 치기를, "이 사람을 없애 버리고, 바라바를 우리에
게 놓아주소서!" 하니 19 (이 바라바는 성중에서 일어난 반란과 살인죄로 그 때 감옥에 갇혀 있던 자더
라.)

20 Wanting to release Jesus, Pilate appealed to them again. 21 But they kept
shouting, "Crucify him! Crucify him!" 22 For the third time he spoke to them:
"Why? What crime has this man committed? I have found in him no grounds
for the death penalty. Therefore I will have him punished and then release
him."

20 그러나 빌라도는 예수를 석방해 주기를 원하므로 다시 그들을 설득하려 시도를 하나 21 그들이 계
속 소리를 지르며 외쳐 이르기를, "그를 십자가에 못 박으소서, 십자가에 못 박히게 하소서!" 하는지라
22 빌라도가 세 번째로 다시 말을 하기를, "어찌하여 그러느냐? 도대체 이 사람이 무슨 범죄를 저질렀
다는 것이냐? 그에게 사형 선고를 내릴만한 아무 근거도 나는 찾지 못하였노라. 그러므로 그가 징벌을
받은 다음에는 내가 그를 석방하리라." 하더라.

23 But with loud shouts they insistently demanded that he be crucified, and
their shouts prevailed. 24 So Pilate decided to grant their demand. 25 He
released the man who had been thrown into prison for insurrection and
murder, the one they asked for, and surrendered Jesus to their will.

23 그러나 그들이 재차 큰 소리로 외치며 끈질기게 그를 십자가에 못 박게 하기를 요구하니 마침내 그
들의 외치는 소리가 (*대세를) 압도하게 된지라. 24 이에 빌라도가 그들의 요구를 승락하기로 결심하니
라. 25 그리하여 그들이 요구하는 그 사람 곧, 반란과 살인으로 감옥에 갇혀 있던 자를 풀어주는 대신에
예수는 그들의 뜻대로 처분하도록 넘겨주니라.

26 As they led him away, they seized Simon from Cyrene, who was on his way
in from the country, and put the cross on him and made him carry it behind
Jesus. 27 A large number of people followed him, including women who
mourned and wailed for him. 28 Jesus turned and said to them, "Daughters of
Jerusalem, do not weep for me; weep for yourselves and for your children.

26 그들이 예수를 (*처형장으로) 끌고 갈 때에 시몬이라는 키레네 사람을 붙들어 그로 하여금 십자가를
지게 하고 예수를 뒤따르게 하니 이 시몬은 시골 지역에서 예루살렘으로 일을 보러 온 자더라. 27 수 많
은 무리의 사람들이 예수를 따라 길을 걸어가는데 그 가운데 예수를 위하여 통곡하며 슬피 울며 따라가
는 여인들이 많이 있더라. 28 예수께서 몸을 돌이켜 그들을 향하여 이르시되, "예루살렘의 딸들아, 나를
위하여 울지 말고; 너희와 너희 자녀를 위하여 울라.

29 For the time will come when you will say, 'Blessed are the barren women,
the wombs that never bore and the breasts that never nursed!' 30 Then they
will say to the mountains, "Fall on us!" and to the hills, "Cover us!" 31 For if
men do these things when the tree is green, what will happen when it is dry?"
32 Two other men, both criminals, were also led out with him to be executed.

29 너희들이 이르기를, '임신하지 못하는 여인이 복이 있으며,아기를 낳지 못한 자궁과 젖 먹여 보지 않
은 가슴이 복이 있도다!' 말할 날이 곧 찾아 오리니 30 그 때에 사람들이 산을 향해 말하기를, "너희는
우리 위에 무너지라" 하겠고, 언덕들을 향해서는 "우리를 덮으라" 하리라. 31 나무들이 여전히 푸른 동
안에 이런 일들이 있다면 나무들이 다 말라 버린 뒤에는 무슨 일이 벌어지겠느냐?" 하고 말씀을 하시니
라. 32 범죄자인 다른 두 사람이 역시 같은 처형을 받기 위해 예수와 함께 끌려가더라.

33 When they came to the place called the Skull, there they crucified him,
along with the criminals--one on his right, the other on his left. 34 Jesus said,
"Father, forgive them, for they do not know what they are doing." And they
divided up his clothes by casting lots.

33 그들이 '해골'이라 불리우는 장소에 도착하매 그들이 거기에서 예수를 십자가에 못 박기 시작하는
데, 다른 두 범죄자 중 한 사람은 예수의 오른편에, 다른 한 사람은 그 왼편 십자가에 붙들어 매더라. 34
예수께서 말씀하시기를, "아버지여, 저들을 용서하여 주옵소서. 저들은 자기들이 무슨 일을 하는 지를
알지도 못함이니이다." 하시더라. 그리고 그들이 예수의 옷을 제비를 뽑아 나누더라.

35 The people stood watching, and the rulers even sneered at him. They said,
"He saved others; let him save himself if he is the Christ of God, the Chosen
One." 36 The soldiers also came up and mocked him. They offered him wine
vinegar 37 and said, "If you are the king of the Jews, save yourself." 38 There
was a written notice above him, which read: THIS IS THE KING OF THE JEWS.

35 사람들이 모여 서서 이 모든 광경을 구경을 하고 있는 가운데 백성의 지도자들은 여전히 예수를 비
웃으며 말을 하기를, "그가 다른 모든 사람들을 구원하였으니; 만일 그가 진정 그리스도요, 선택 받은 자
이거든 이번에는 자기 자신을 구원해 보라고 하자." 하며 예수를 조롱하더라. 36 같이 올라온 병사(兵
士)들도 역시 예수를 조롱하며 그에게 이미 식초가 되어 시어진 포도주를 주며 37 이르되, "네가 만일
유대인의 왕이라면 너를 구원해 보라." 하니라. 38 예수의 십자가 위에 글씨로 쓴 명패가 있으니: '이는
유대인의 왕이라' 씌여 있더라.

39 One of the criminals who hung there hurled insults at him: "Aren't you the
Christ? Save yourself and us!" 40 But the other criminal rebuked him. "Don't
you fear God," he said, "since you are under the same sentence? 41 We are
punished justly, for we are getting what our deeds deserve. But this man has
done nothing wrong." 42 Then he said, "Jesus, remember me when you come
into your kingdom." 43 Jesus answered him, "I tell you the truth, today you will
be with me in paradise."

39 거기 십자가에 같이 매달린 범죄자 중 하나가 예수께 모욕적 언사를 던지며 이르기를 "당신이 그리
스도가 아니냐? 당신과 우리를 함께 구원해 보라." 하니 40 다른 하나가 그를 꾸짖어 이르되, "네가 하
나님을 두려워하지 않느냐? 그리고 또 네가 같은 판결을 받은게 아니냐? 41 우리는 우리가 행한 일이
있으니 그에 마땅한 형벌을 받는 것이지만, 이 분은 아무런 잘못도 행한 것이 없느니라." 하고 42 다시
이르되, "예수여, 당신께서 당신의 나라에 오실 때에 나를 기억해 주소서." 하니라. 43 예수께서 그에게
대답해 이르시되, "내가 진실로 네게 이르노니 오늘, 네가 나와 함께 낙원(樂園)에 있으리라." 하시더라.

44 It was now about the sixth hour, and darkness came over the whole land
until the ninth hour, 45 for the sun stopped shining. And the curtain of the

temple was torn in two. 46 Jesus called out with a loud voice, "Father, into your hands I commit my spirit." When he had said this, he breathed his last.

44 그 때가 여섯시쯤 되었는데, 어둠이 온 땅에 덮여 아홉시까지 캄캄해지니 45 이는 해가 빛을 멈추었던 까닭이더라. 그리고는 성전에 있던 휘장이 둘로 찢어지니라. 46 예수께서 큰 목소리로 부르짖으시며 "아버지여, 아버지의 손에 내 영(靈)을 맡기나이다." 하는 이 말씀을 하신 후에 그 마지막 숨을 내 쉬시더라.

47 The centurion, seeing what had happened, praised God and said, "Surely this was a righteous man." 48 When all the people who had gathered to witness this sight saw what took place, they beat their breasts and went away. 49 But all those who knew him, including the women who had followed him from Galilee, stood at a distance, watching these things.

47 그 모든 벌어진 일을 다 지켜본 백부장(百夫長)이 하나님을 찬양하며 말하기를, "정녕코 이 사람은 의로운 분이셨도다." 하더라. 48 이 모든 광경을 증인으로 지켜보러 왔던 무리의 사람들이 다 자기 가슴을 치며 집으로 돌아가니라. 49 그러나 예수를 알고 지내던 사람들은, 갈릴리로부터 따라온 여인들을 포함하여, 멀리 떨어져서 이 모든 것을 지켜보고 서 있었더라.

50 Now there was a man named Joseph, a member of the Council, a good and upright man, 51 who had not consented to their decision and action. He came from the Judean town of Arimathea and he was waiting for the kingdom of God. 52 Going to Pilate, he asked for Jesus' body. 53 Then he took it down, wrapped it in linen cloth and placed it in a tomb cut in the rock, one in which no one had yet been laid.

50 요셉이라는 이름을 가진 사람이 있었으니 그는 공회 의원 중 하나요, 선하고 강직한 인물이라. 51 (*공회의) 그러한 결정과 행동에 동의하지 않던 사람이니 유대 지역 아리마대 출신으로서 하나님의 나라가 임하심을 기다리고 있던 사람이더라. 52 그가 빌라도에게 가서 예수의 시신을 내어 달라 요구를 하니라. 53 이에 (*빌라도가 승낙을 하매) 요셉이 예수의 시신을 (*십자가에서) 모셔 내려 면포로 싸고 이를 바위에 파 내어 만든 무덤에 넣어 두니, 이는 아직 사람을 매장하지 않은 새 무덤이더라.

54 It was Preparation Day, and the Sabbath was about to begin. 55 The women who had come with Jesus from Galilee followed Joseph and saw the tomb and how his body was laid in it. 56 Then they went home and prepared spices and perfumes. But they rested on the Sabbath in obedience to the commandment.

54 이 날은 준비일이요 안식일이 거의 시작할 즈음이 되었더라. 55 예수를 따라 갈릴리에서부터 함께 온 여자들이 요셉의 뒤를 따라 와 그 무덤과 또 그의 시신을 어떻게 안치(安置)하는지를 다 지켜보고 있었더라. 56 이에 그들이 집에 돌아가 (*예수를 위해) 향품과 향유를 준비하더라. 그러나 계명을 따라 그들이 안식일에는 (*아무것도 하지 않고) 쉬니라.

제24장

1 On the first day of the week, very early in the morning, the women took the spices they had prepared and went to the tomb. 2 They found the stone rolled away from the tomb, 3 but when they entered, they did not find the body of the Lord Jesus. 4 While they were wondering about this, suddenly two men in clothes that gleamed like lightning stood beside them. 5 In their fright the

women bowed down with their faces to the ground, but the men said to them,
"Why do you look for the living among the dead?

1 그 주(週)의 첫날, 이른 새벽에 그 여자들이 자기들이 준비한 향품을 가지고 무덤으로 가니라. 2 (*무
덤을 막고 있던) 돌이 무덤으로부터 굴려 옮겨진 것을 보고 3 무덤에 들어가 보니 주 예수의 시신(屍身)
이 보이지를 않는지라 4 이 일이 어찌된 일인가 하고 궁금해 하고 있는 중에 홀연히 섬광처럼 빛나는 찬
란한 옷을 입은 두 사람이 자기들 곁에 섰더라. 5 여자들이 두려움에 휩싸여 얼굴을 땅에 대고 엎드리
니, 그 천사들이 말을 하기를, "너희가 어찌하여 살아 있는 자를 죽은 자 가운데서 찾느냐?

6 He is not here; he has risen! Remember how he told you, while he was still
with you in Galilee: 7 'The Son of Man must be delivered into the hands of
sinful men, be crucified and on the third day be raised again.' " 8 Then they
remembered his words. 9 When they came back from the tomb, they told all
these things to the Eleven and to all the others.

6 그가 여기 계시지 않으니; 그가 다시 살아나셨느니라! 너희들과 함께 갈릴리에 머물고 계셨을 때에 너
희에게 어떻게 말씀하셨는지를 기억해 보라: 7 이르시기를, '인자가 마땅히, 죄많은 인간의 손에 넘겨져
십자가에 못 박히고 그리고 삼 일째에 다시 살아나야 하리라' 하셨느니라" 한대, 8 그들이 예수의 이 말
씀을 기억해 내더라. 9 이에 그 여인들이 무덤으로부터 돌아와 이 모든 일을 열한 사도를 비롯하여 다른
사람들에게 고하니라.

10 It was Mary Magdalene, Joanna, Mary the mother of James, and the others
with them who told this to the apostles. 11 But they did not believe the
women, because their words seemed to them like nonsense. 12 Peter, however,
got up and ran to the tomb. Bending over, he saw the strips of linen lying by
themselves, and he went away, wondering to himself what had happened.

10 이들은 막달라 마리아와, 요안나와 그리고 야고보의 모친 마리아와 또 그들과 함께 있던 다른 여자
들이니 사도들에게 이 사실을 알린 자들이 이 여인들이었더라. 11 그러나 사도들과 같이 있던 다른 사
람들은 이 여인들의 말을 믿지를 아니하니 이는 그들의 말이 사리(事理)에 합당하게 들리지 않던 까닭이
라. 12 그러나 베드로는 (*이 말을 듣고는) 곧 자리에서 일어나 무덤으로 달려가니라. 베드로가 몸을 구
부려 들여다 본 즉, (*시신은 없고) 면포 수의만 놓여 있는 것을 보고는 (*도대체) 무슨 일이 일어났는지
를 의아해 하며 길을 도로 가니라.

13 Now that same day two of them were going to a village called Emmaus,
about seven miles from Jerusalem. 14 They were talking with each other
about everything that had happened. 15 As they talked and discussed these
things with each other, Jesus himself came up and walked along with them;
16 but they were kept from recognizing him. 17 He asked them, "What are you
discussing together as you walk along?" They stood still, their faces downcast.

13 (*이런 일이 있은) 바로 그 날, 제자들 중 두 사람이 엠마오라 하는 마을로 길을 가는데 이 마을은 예
루살렘에서 칠 마일쯤 떨어진 곳이더라. 14 그 둘이 길을 가며 요 며칠 사이에 일어났던 여러가지 일들
에 관해 얘기하며 함께 길을 가니라. 15 서로 이 일들에 관해 의견을 주고 받으며 걸어가는 도중에 예수
께서 그들에게 다가오시어 그들과 길을 함께 걸으나 16 그들은 시종 그가 누구신 줄을 알아보지를 못하
더라. 17 이에 예수께서 그들에게 물으시되, "길을 가며 당신들이 토론하는 내용이 무엇이뇨?" 하니 그
들이 걸음을 멈추고 얼굴을 떨구고 섰더라.

18 One of them, named Cleopas, asked him, "Are you only a visitor to
Jerusalem and do not know the things that have happened there in these
days?" 19 "What things?" he asked. 20 "About Jesus of Nazareth," they replied.
"He was a prophet, powerful in word and deed before God and all the people.

The chief priests and our rulers handed him over to be sentenced to death, and they crucified him; **21** but we had hoped that he was the one who was going to redeem Israel. And what is more, it is the third day since all this took place.

18 그 중 한 사람인 글로바가 예수께 이르되, "요 며칠 동안 이 예루살렘에서 일어났던 일을 당신이 하나도 모르느뇨? 그런 사람은 아마도 온 예루살렘에서 당신이 유일한 사람이리라!" 하매 **19** 예수께서 이르시되 "무슨 일 말이오?" 하고 도로 물으시니 "나사렛 예수에 관한 일이라", 하고 그들이 설명을 하기를, "그는 선지자시니 하나님과 모든 백성 앞에서 말과 그 행함에 능력이 충만하신 분이시라, **20** 우리의 우두머리 제사장들과 통치자들이 그를 사형 판결을 받게 (*총독에게) 넘겨주고 십자가에 못 박아 죽였으나; **21** 그러나 우리는 그가 우리 이스라엘을 구속할 이신 줄을 알고 이를 기대하였음이라. 이 모든 일들이 일어난 것이 이제 불과 사흘 밖에 되지 않았음이니이다.

22 In addition, some of our women amazed us. They went to the tomb early this morning **23** but didn't find his body. They came and told us that they had seen a vision of angels, who said he was alive. **24** Then some of our companions went to the tomb and found it just as the women had said, but him they did not see."

22 그 뿐 아니라 우리 중 몇몇 여인들이 우리를 놀라게 만들었으니 곧, 이들이 새벽에 그의 무덤에 갔다가 **23** 그의 시신을 찾지를 못한 사실이라. 이 여인들이 돌아와 우리에게 이르기를, 자기들이 천사를 보았고 그 천사가 '그가 도로 살아났다' 말하였다 하는지라. **24** 역시 우리 동료 중 몇 사람이 무덤에 가 보았는데 모든 것이 그 여인들이 말한 그대로이고 그 분의 시신은 찾지를 못하였나이다." 하니라.

25 He said to them, "How foolish you are, and how slow of heart to believe all that the prophets have spoken! **26** Did not the Christ have to suffer these things and then enter his glory?" **27** And beginning with Moses and all the Prophets, he explained to them what was said in all the Scriptures concerning himself.

25 그러자 예수께서 그들에게 말씀하시기를, "오! 이 얼마나 어리석은 너희들인고! 그리고 선지자들이 말한 모든 것들을 어찌 그리 마음으로 믿지를 못하는고! **26** 그리스도가 그 영광에 들어가기 위해서는 먼저 반드시 이런 고난을 겪어야 할 것이 아니냐?" 하시고 **27** 이에 모세와 다른 모든 선지자들의 기록으로부터 시작하여 성경에 씌여 진 바 자기에 관한 것들을 모두 자세히 풀어 설명을 해 주시니라.

28 As they approached the village to which they were going, Jesus acted as if he were going farther. **29** But they urged him strongly, "Stay with us, for it is nearly evening; the day is almost over." So he went in to stay with them. **30** When he was at the table with them, he took bread, gave thanks, broke it and began to give it to them.

28 그들이 가고자 하는 엠마오 마을에 거의 가까이 이르러 가매 예수는 (*거기를 지나) 길을 더 가려 하는 것 같이 행동하시니 **29** 그들이 그를 강권하여 이르되, "우리와 함께 이 밤을 머물기를 허락하옵소서. 때가 이미 저녁이고; 날이 이미 저물었나이다." 하니 이에 그들과 함께 머물러 들어가시니라. **30** 예수께서 그들과 함께 식탁에 앉으사, 떡을 집으시고 먼저 감사를 드리신 다음, 그 떡을 쪼개 그들에게 나누어 주시니라.

31 Then their eyes were opened and they recognized him, and he disappeared from their sight. **32** They asked each other, "Were not our hearts burning within us while he talked with us on the road and opened the Scriptures to us?"

31 바로 그 때에, 그들의 눈이 밝아지며 그가 예수이신줄을 그들이 비로소 알아보는데, 예수께서는 이

미 그들의 시야로부터 사라지고 안 계시는지라. 32 그들이 서로 말을 하기를, "그가 길 위에서 우리와
더불어 말씀하시고 우리에게 성경 말씀을 열어 주실 때에 우리 마음이 우리 속에서 뜨겁게 불타 오르지
아니하더냐?" 하더라.

33 They got up and returned at once to Jerusalem. There they found the
Eleven and those with them, assembled together 34 and saying, "It is true! The
Lord has risen and has appeared to Simon." 35 Then the two told what had
happened on the way, and how Jesus was recognized by them when he broke
the bread.

33 이에 그들이 자리에서 일어나 그 즉시로 예루살렘으로 길을 돌아가니라. 그들이 도착해 보니 열한
사도와 또 그들과 함께한 사람들이 다 한 자리에 모여 있는데 34 그들이 말하기를 "그게 사실이라! 주께
서 다시 살아나시고 또 시몬에게 나타나셨도다." 하니 35 이에 그 두 사람도 자기들의 여행 길에 있었던
일과 또 예수께서 떡을 쪼개 나누어 주실 때에 그들이 어떻게 예수를 알아보게 되었는지를 이야기하니
라.

36 While they were still talking about this, Jesus himself stood among them
and said to them, "Peace be with you." 37 They were startled and frightened,
thinking they saw a ghost. 38 He said to them, "Why are you troubled, and why
do doubts rise in your minds? 39 Look at my hands and my feet. It is I myself!
Touch me and see; a ghost does not have flesh and bones, as you see I have."

36 그들이 이런 것들을 함께 이야기하고 있는 바로 그 순간에, 예수께서 친히 그들 가운데 서 계시며,
그들을 향해 말씀하시기를, "평강이 너희에게 있을지어다!" 하시니 37 그들이 다 놀라고 무서워하며 자
기들이 지금 귀신을 보는 것인가 어떤가 하고 생각을 하더라. 38 예수께서 이르시되, "너희가 어찌하여
두려워하며, 어찌 마음에 의심을 품느냐? 39 내 손과 발을 보라! 진실로 내가 곧 그이니라. 나를 만져 보
라. 귀신은 살과 뼈가 없으되 너희 보는 바와 같이 나는 있느니라." 하시더라.

40 When he had said this, he showed them his hands and feet. 41 And while
they still did not believe it because of joy and amazement, he asked them, "Do
you have anything here to eat?" 42 They gave him a piece of broiled fish, 43
and he took it and ate it in their presence.

40 이 말씀을 하시며, 자신의 손과 발을 그들에게 보여주시더라. 41 그러나 그들이 그 때까지도 선듯
이를 믿지를 못하고 있었으니, 이는 그들이 너무도 기쁘고, 또 한편으로는 놀라움 가운데 있던 까닭이더
라. 이에 예수께서 말씀하시기를, "여기 무슨 먹을 것이 있느냐?" 하시니 42 그들이 그제야 구운 생선
한 토막을 드리거늘 43 예수께서 이를 받으시고 그들이 보는 앞에서 그 생선을 잡수시더라.

44 He said to them, "This is what I told you while I was still with you:
Everything must be fulfilled that is written about me in the Law of Moses,
the Prophets and the Psalms." 45 Then he opened their minds so they could
understand the Scriptures. 46 He told them, "This is what is written: The Christ
will suffer and rise from the dead on the third day, 47 and repentance and
forgiveness of sins will be preached in his name to all nations, beginning at
Jerusalem. 48 You are witnesses of these things. 49 I am going to send you
what my Father has promised; but stay in the city until you have been clothed
with power from on high."

44 그리고 그들에게 말씀하시기를, "내가 너희와 함께 있을 때에 너희에게 말한 것이 곧 이것이라; 나에
게 관련하여 모세의 율법과 또 모든 선지자들의 글에 씌여 있는 것들과 그리고 또 시편(詩篇)에 나를 가
리켜 기록된 그 모든 것들이 다 이루어져야 하리라." 하시고 45 또 연이어 그들의 마음을 열어 성경 말
씀을 깨닫게 하시고 46 또 한편 이르시기를, "이것이 성경에 기록된 내용이니; 곧, 그리스도가 먼저 고

난을 받고 사흘만에 죽은 자 가운데서 살아날 것과 47 또 그의 이름으로 죄 사함을 받게 하는 회개가 예
루살렘에서 시작하여 모든 족속에게 전파될 것이라 하는 것들이라. 48 그리고 너희는 이 모든 일의 증
인이니라. 49 내가 내 아버지께서 약속하신 것을 이제 너희에게 보내리니 너희는 위로부터 내려오는 능
력으로 입혀질 때까지 이 성내에 머물러 있으라." 하시더라.

50 When he had led them out to the vicinity of Bethany, he lifted up his hands
and blessed them. 51 While he was blessing them, he left them and was taken
up into heaven. 52 Then they worshiped him and returned to Jerusalem with
great joy. 53 And they stayed continually at the temple, praising God.

50 그리고 그들을 데리고 베타니 지경(地境)까지 나가시더니 거기에서 손을 들어 그들을 축복하시고
51 그리고 그들을 축복하시는 그 동안에 예수께서는 그들을 떠나 하늘로 올리워 가시더라. 52 이에 그
들이 그를 경배하며 떠나 보내고 모두가 큰 기쁨을 품고 예루살렘에 돌아가서 53 늘 성전에 머물러 있
으며 끊임없이 하나님을 찬양하더라.

사도행전

Acts
사도행전

제1장

1 In my former book, Theophilus, I wrote about all that Jesus began to do and
to teach 2 until the day he was taken up to heaven, after giving instructions
through the Holy Spirit to the apostles he had chosen.

1 데오빌로여, 나의 먼저번 쓴 책에서는 예수께서 행하시고 가르치기 시작하신 그 모든 것들에 관해 제
가 글을 썼었으니 2 곧, 예수께서 직접 택하신 자기의 사도들에게 성령을 통하여 교훈과 지시를 주시고
그 후에 그가 하늘로 올라가실 때까지의 일들을 모두 기록하였었나이다.

3 After his suffering, he showed himself to these men and gave many
convincing proofs that he was alive. He appeared to them over a period of
forty days and spoke about the kingdom of God. 4 On one occasion, while he
was eating with them, he gave them this command: "Do not leave Jerusalem,
but wait for the gift my Father promised, which you have heard me speak
about. 5 For John baptized with water, but in a few days you will be baptized
with the Holy Spirit."

3 그가 그런 고난을 받으신 후에 자신을 이 사람들에게 직접 나타 내보이시고 또 자기가 살아 있음을 확
증할 많은 증거들을 동시에 보여주셨으니, 그가 사십 일이 넘는 동안을 제자들에게 보이시며 하나님의
나라에 관해 말씀을 해 주셨나이다. 4 어느 한 날에는 제자들과 함께 식사를 하며 이런 지시를 내리기도
하셨으니 곧 말씀하시길: "예루살렘을 떠나지 말고, 아버지께서 약속하신 선물을 기다리라. 이것에 관
해서는 내가 예전에 너희에게 이미 말한 적이 있느니라. 5 요한은 물로 세례를 베풀었거니와, 너희는 며
칠 안에 성령으로 세례를 받으리라." 하시기도 하였나이다.

6 So when they met together, they asked him, "Lord, are you at this time
going to restore the kingdom to Israel?" 7 He said to them: "It is not for you
to know the times or dates the Father has set by his own authority. 8 But you
will receive power when the Holy Spirit comes on you; and you will be my
witnesses in Jerusalem, and in all Judea and Samaria, and to the ends of the
earth."

6 그들이 함께 모여 있을 때에 제자들이 예수께 여쭈어 보기를, "주여, 주께서 이스라엘 나라를 다시 회
복하려 하시는 시간이 이 때니이까?" 하매 7 예수께서는 대답하시기를, "날짜와 시간은 아버지께서 오
직 아버지 당신의 권세로 정하신 것이니 너희가 알게 되어 있지 않으니라. 8 그러나 성령이 너희에게 임
하여 오실 때에는 너희가 능력을 받으리니; 이로써 너희가 예루살렘과 온 유대 땅과 사마리아와 그리고
땅 끝에까지 이르러 나의 증인이 되리라." 말씀하시기도 하였음이라.

9 After he said this, he was taken up before their very eyes, and a cloud hid
him from their sight. 10 They were looking intently up into the sky as he was
going, when suddenly two men dressed in white stood beside them. 11 "Men
of Galilee," they said, "why do you stand here looking into the sky? This same
Jesus, who has been taken from you into heaven, will come back in the same
way you have seen him go into heaven."

9 이 말씀을 마치시고 그들의 눈 앞에서 예수께서 하늘로 올려져 가시니 구름이 그를 가리어 보이지 않
게 되더라. 10 예수께서 하늘로 올라가시는 동안 제자들이 유심히 하늘을 쳐다보고 서 있는데 그 때, 홀
연히 흰 옷 입은 두 사람이 그들 곁에 서서 11 말하기를, "갈릴리 사람들아, 왜 여기 서서 하늘을 쳐다보
고 있느냐? 너희를 떠나 하늘로 올리워져 가신 이 예수께서는 하늘로 가심을 너희가 본 그 모습 그대로
다시 오시리라." 하니라.

12 Then they returned to Jerusalem from the hill called the Mount of Olives,
a Sabbath day's walk from the city. 13 When they arrived, they went upstairs
to the room where they were staying. Those present were Peter, John, James
and Andrew; Philip and Thomas, Bartholomew and Matthew; James son of
Alphaeus and Simon the Zealot, and Judas son of James. 14 They all joined
together constantly in prayer, along with the women and Mary the mother of
Jesus, and with his brothers.

12 이에, 제자들이 감람산이라 부르는 언덕으로부터 예루살렘으로 돌아오는데, 이 곳은 시내에서부터
안식일에 가기 알맞은 거리더라. 13 그들이 예루살렘 시내에 도착하여 그들이 머물고 있던 방으로 올라
가니, 그 때 거기에 있던 사람은 베드로와 요한과 야고보와 그리고 안드레와 빌립, 도마와 바돌로매, 마
태와 그리고 알패오의 아들 야고보, 셀롯인 시몬, 야고보의 아들 유다 등이었더라. 14 그들이 모두 모여
늘 함께 기도하며 또 같이 거하는 가운데, 몇몇 다른 여자들과, 예수의 어머니 마리아와 또 예수의 동생
들도 거기 그 제자들과 함께 거기 머물러 있었더라.

15 In those days Peter stood up among the believers (a group numbering about
a hundred and twenty) 16 and said, "Brothers, the Scripture had to be fulfilled
which the Holy Spirit spoke long ago through the mouth of David concerning
Judas, who served as guide for those who arrested Jesus-- 17 he was one of
our number and shared in this ministry." 18 (With the reward he got for his
wickedness, Judas bought a field; there he fell headlong, his body burst open
and all his intestines spilled out. 19 Everyone in Jerusalem heard about this, so
they called that field in their language Akeldama, that is, Field of Blood.)

15 그 때에 베드로가 그 믿는 사람들의 무리 가운데에서 일어서서 (모인 무리의 수가 백이십 명쯤 되니
라) 말을 하기 시작하는데, 이르기를 16 "형제들아, 성령이 오래 전에 다윗의 입을 통하여 유다를 가리
켜 말씀하신 성경이 다 응하게 되었으니, 그가 예수를 체포되게 하는데 안내 역할을 맡았음이라. 17 그
가 원래 우리 숫자 가운데 한 사람으로, 우리와 함께 이 직분의 한 부분을 나누어 맡고 있었느니라." 18
(유다가 자기의 사악한 행위로써 받은 삯을 가지고 밭을 샀는데, 거기에서 그가 머리부터 거꾸로 떨어져
몸이 터져 죽으매 그 내장이 다 쏟아져 나온지라, 19 예루살렘에 사는 모든 사람들이 이 일을 전해 듣고
는 그 밭을 아겔다마 곧, 피의 밭이라고 부르더라.)

20 "For," said Peter, "it is written in the book of Psalms, 'May his place be
deserted; let there be no one to dwell in it,' and, " 'May another take his place
of leadership.' 21 Therefore it is necessary to choose one of the men who
have been with us the whole time the Lord Jesus went in and out among us,
22 beginning from John's baptism to the time when Jesus was taken up from
us. For one of these must become a witness with us of his resurrection." 23 So
they proposed two men: Joseph called Barsabbas (also known as Justus) and
Matthias.

20 "그러므로, 시편에 기록되어 있기를, '그의 거처를 황폐하게 하시며; 그 가운데 거하는 자가 아무도
없게 하소서' 하였고, 또 일렀으되 '그의 지도자 직분을 다른 사람이 이어 받게 하소서' 라 하였도다. 21
그러므로, 우리가 우리 가운데에서 한 사람을 택하여 세우는 것이 필요한데, 다만 이 사람은 예수께서
우리와 함께 출입하며 지내신 모든 기간 동안을 우리와 함께하던 인물이어야 할지니 곧, 22 요한의 세

례로부터 시작하여 예수께서 하늘로 올려워져 가신 날까지로다. 이 사람들 중에 한 사람을 우리와 더불어 예수의 부활을 증언할 증인으로 세우는 것이 마땅한 일이 되리라." 하거늘 **23** 이에 그들이 두 사람을 추천하니: 한 명은 바사바라고도 하는 (또 유스도라고도 하는) 요셉이요, 다른 한 명은 맛디아더라.

24 Then they prayed, "Lord, you know everyone's heart. Show us which of these two you have chosen **25** to take over this apostolic ministry, which Judas left to go where he belongs." **26** Then they cast lots, and the lot fell to Matthias; so he was added to the eleven apostles.

24 이에 그들이 기도하기를, "주여, 주께서는 모든 사람의 마음을 아시오니, 두 사람 중에 누구를 주께서 택하셨는지, 그리고 **25** 누구를 통하여 이 사도의 직분을 이어 받게 하실지를 보여주시옵소서. 유다는 이를 버리고 제가 속한 곳으로 떠나 갔나이다." 이렇게 기도하고 **26** 제비를 뽑으니 맛디아에게 제비가 떨어진지라; 이렇게 하여 그가 열한 명의 사도(使徒)의 수에 더해지니라.

제2장

1 When the day of Pentecost came, they were all together in one place. **2**
Suddenly a sound like the blowing of a violent wind came from heaven and filled the whole house where they were sitting. **3** They saw what seemed to be
tongues of fire that separated and came to rest on each of them. **4** All of them
were filled with the Holy Spirit and began to speak in other tongues as the Spirit enabled them.

1 오순절(五旬節) 날이 되어 제자들이 다같이 한 곳에 모여 있는데 **2** 갑자기 세찬 바람이 부는 것 같은 소리가 하늘로부터 울려 나와 그들이 앉은 집에 가득하게 되더라. **3** 그들이 보매, 마치 불길의 혀처럼 생긴 것이 갈라져 자신들 머리 위에 임하여 앉는 것을 보게 되었는데 **4** 그 순간 그들 모두가 성령으로 충만하게 채워짐을 받고, 또 성령(聖靈)이 그렇게 하심을 따라 각자 다른 언어들로 말하기를 시작하더라.

5 Now there were staying in Jerusalem God-fearing Jews from every nation
under heaven. **6** When they heard this sound, a crowd came together in
bewilderment, because each one heard them speaking in his own language. **7**
Utterly amazed, they asked: "Are not all these men who are speaking Galileans?
8 Then how is it that each of us hears them in his own native language?

5 그 무렵에 하나님을 경외하는 많은 유대인들이 천하 각국으로부터 예루살렘에 다니러 와 머물고 있었는데, **6** 이 같은 소리가 나는 것을 듣고 그 유대인들의 무리가 다 크게 당황하게 되니, 이는 제자들이 다 각기 자기들의 방언(方言)으로 말하는 것을 듣게 된 까닭이라. **7** 이에 놀란 그들이 서로 물으며 이르되: "이 말하는 사람들이 다 갈릴리 사람이 아니냐? **8** 그런데, 우리가 각자 자기가 태어난 지역의 언어로 말을 듣게 되는 이 일은 도대체 어떻게 된 영문이냐?

9 Parthians, Medes and Elamites; residents of Mesopotamia, Judea and
Cappadocia, Pontus and Asia, **10** Phrygia and Pamphylia, Egypt and the
parts of Libya near Cyrene; visitors from Rome **11** (both Jews and converts to
Judaism); Cretans and Arabs--we hear them declaring the wonders of God in
our own tongues!" **12** Amazed and perplexed, they asked one another, "What
does this mean?" **13** Some, however, made fun of them and said, "They have
had too much wine."

9 보라! 우리는 파르티아인, 메대인, 그리고 엘람인이요, 또 메소포타미아, 유대와 가파도기아, 폰투스 와 아시아, 10 그리고 프리기아와 팜필리아, 이집트와 키레네에 가까운 리비야 여러 지방에 사는 사람 들이요, 또, 로마로부터 방문해 온 자들 11 (곧, 유대인과 유대교 개종자들)이요, 그리고 크레테인과 아 라비아인들이라. 우리가 다 우리 각자의 언어로 그들이 하나님의 경이로운 일 선포함을 듣게 되는도 다!" 하고 12 이에 크게 놀라고 당황하며 서로 묻기를, "이게 도대체 무엇을 의미하는고?" 하더라. 13 심지어 어떤 이들은 제자들을 조롱하여 이르되, "그들이 술을 너무 많이 마셨도다." 하는 자도 있더라.

14 Then Peter stood up with the Eleven, raised his voice and addressed the crowd: "Fellow Jews and all of you who live in Jerusalem, let me explain this to you; listen carefully to what I say. 15 These men are not drunk, as you suppose. It's only nine in the morning!

14 그러자, 베드로가 열한 사도와 함께 서서 목소리를 높여 군중을 향해 말하기를 시작하며 이르기를, "친애하는 유대인 형제들아, 그리고 예루살렘에 사는 모든 사람들아, 내가 이 일을 너희에게 설명하도 록 이제 허락하라; 그리고 내 하는 말을 주의해서 잘 들으라. 15 너희 생각과 달리 이 사람들이 술이 취 한 것이 아니니 지금 시간이 아침 아홉시 밖에 되지 않았느니라.

16 No, this is what was spoken by the prophet Joel: 17 'In the last days, God says, I will pour out my Spirit on all people. Your sons and daughters will prophesy, your young men will see visions, your old men will dream dreams.

16 그게 아니라, 이는 선지자 요엘을 통하여 말씀하신 것이니: 17 일렀으되 '하나님이 말씀하시기를, 말세(末世)에, 내가 내 영을 모든 사람에게 부어 주리니 너희의 자녀들은 예언할 것이요, 너희의 젊은이 들은 환상(幻像)을 보고 너희의 늙은이들은 꿈을 꾸리라.

18 Even on my servants, both men and women, I will pour out my Spirit in those days, and they will prophesy. 19 I will show wonders in the heaven above and signs on the earth below, blood and fire and billows of smoke. 20 The sun will be turned to darkness and the moon to blood before the coming of the great and glorious day of the Lord. 21 And everyone who calls on the name of the Lord will be saved.'

18 내가 나의 종들에게도 내 영(靈)을 같이 부어 줄 것이니, 그가 여자든 남자든 그리할 것이요, 그들도 또한 예언할 것이라. 19 또 내가 위로 하늘에서는 기이(奇異)한 일들을 보일 것이요, 아래로 땅에서는 징조(徵兆)를 베풀리니, 곧 피와 불과 연기의 소용돌이로다. 20 그리하여 주 하나님의 위대하시고 영광 스러운 그 날이 이르기 전에 태양은 암흑으로 변하고 달은 변하여 피가 되리라. 21 누구든지 주의 이름 을 부르는 자는 구원을 받으리라.' 하신 말씀 구절이 곧 그것이니라.

22 Men of Israel, listen to this: Jesus of Nazareth was a man accredited by God to you by miracles, wonders and signs, which God did among you through him, as you yourselves know. 23 This man was handed over to you by God's set purpose and foreknowledge; and you, with the help of wicked men, put him to death by nailing him to the cross. 24 But God raised him from the dead, freeing him from the agony of death, because it was impossible for death to keep its hold on him.

22 이스라엘 사람들아, 또 이 말을 들으라: 나사렛 예수는 너희에게 기적(奇績)과, 경이로운 일들과 또 여러 징조들을 통하여 하나님으로부터 인증(認證)을 받은 분이시니, 이런 기적과 징조들은 너희가 알다 시피 하나님께서 그를 통해 너희 가운데에서 행하신 일들이라. 23 이 분이 너희에게 넘기워지게 된 것 이 하나님의 미리 정하신 뜻과 그의 앞날에 대한 예지(豫知)에 의한 것인데, 그러나 너희가 저 사악한 자 들의 힘을 빌려 그를 끝내 십자가에 못 박아 죽였도다. 24 그러나 하나님께서는 이 예수를 사망의 고통 으로부터 자유하게 하고 죽음으로부터 도로 일으켜 살리셨으니 이는 사망이 그를 붙들고 있을 수 없던

까닭이니라.

25 David said about him: 'I saw the Lord always before me. Because he is
at my right hand, I will not be shaken. 26 Therefore my heart is glad and
my tongue rejoices; my body also will live in hope, 27 because you will not
abandon me to the grave, nor will you let your Holy One see decay. 28 You
have made known to me the paths of life; you will fill me with joy in your
presence.' 29 Brothers, I can tell you confidently that the patriarch David died
and was buried, and his tomb is here to this day.

25 다윗도 그에 관해 말을 하기를: '내가 항상 내 앞에 계신 주를 뵈었음이라. 그가 내 오른 편에 계시므
로 내가 흔들리지를 아니하겠고 26 그러므로 내 마음이 기뻐하고 내 혀도 즐거워하며, 나의 육신이 희
망 가운데에서 살리니, 27 이는 주께서 나를 무덤 속에 내버려 두지 아니하며, 또 주의 거룩하신 이가
무덤에서 썩는 것을 보지 못하게 하신 까닭이니이다. 28 주께서 생명에 이르는 길을 내게 알게 하셨사
오니, 주께서 나를, 주 앞에서 항상 기쁨으로 충만하게 채우실 것이로다.' 하였느니라. 29 형제들아, 내
가 우리 조상 다윗에 대하여 한 가지 담대하게 말할 수 있는 사실은 그가 이미 죽어 장사지낸 바 되어,
그 무덤이 오늘날 우리 가운데에 있다 하는 것이라.

30 But he was a prophet and knew that God had promised him on oath that he
would place one of his descendants on his throne. 31 Seeing what was ahead,
he spoke of the resurrection of the Christ, that he was not abandoned to the
grave, nor did his body see decay. 32 God has raised this Jesus to life, and we
are all witnesses of the fact.

30 그러나 다윗은 그 자신도 스스로 선지자(先知者) 중 하나라, 하나님이 그에게 약속하시기를 자기의
자손 중에서 한 사람을 그 보좌 위에 앉게 하실 것을 미리 알았었도다. 31 곧, 그가 앞날에 일어날 일을
미리 본 고로 그리스도의 부활을 앞서서 언급한 바가 있으니, '그가 무덤에 버려 둠이 되지 않고 또 그의
육신이 썩음을 당하지도 아니하리라' 말한 것이 이런 까닭이로다. 32 (*그리하여 결국은) 하나님께서 이
예수를 다시 살아나게 하셨으니, 이 일에는 (*너희와) 우리가 모두 다 증인이 되었음이로다.

33 Exalted to the right hand of God, he has received from the Father the
promised Holy Spirit and has poured out what you now see and hear. 34 For
David did not ascend to heaven, and yet he said, " 'The Lord said to my Lord:
"Sit at my right hand 35 until I make your enemies a footstool for your feet.' 36
"Therefore let all Israel be assured of this: God has made this Jesus, whom you
crucified, both Lord and Christ."

33 그가 하나님의 오른편에 앉기까지 높아지시고, 또 하나님께로부터 약속하신 성령을 받으셨으니 지
금 너희가 보고 들은 것처럼, 그가 바로 이 성령을 우리에게 부어 주신 것이니라. 34 한편, 다윗은 하늘
에 올라가지는 못하였으나 그러나 그가 이와 같은 말을 한 적이 있으니 곧, '주 하나님께서 내 주(主)에
게 말씀하시되 35 내가 네 원수로 하여금 네 발 받침이 되게 하기까지 너는 내 오른 편에 앉아 있으라
하셨도다' 하는 말이라. 36 그런즉 이스라엘 사람이라면 누구나 이 점을 확실히 알고 있어야 할지니:
곧, 너희가 십자가에 못 박은 이 예수를 하나님이 살리사, 주(主)와 그리스도가 되게 하셨다 하는 것이니
라." 하더라.

37 When the people heard this, they were cut to the heart and said to Peter
and the other apostles, "Brothers, what shall we do?" 38 Peter replied, "Repent
and be baptized, every one of you, in the name of Jesus Christ for the
forgiveness of your sins. And you will receive the gift of the Holy Spirit. 39 The
promise is for you and your children and for all who are far off--for all whom
the Lord our God will call." 40 With many other words he warned them; and he
pleaded with them, "Save yourselves from this corrupt generation." 41 Those

who accepted his message were baptized, and about three thousand were added to their number that day.

37 거기 모여 있던 무리의 사람들이 베드로의 이 설교를 들을 때에 그 마음이 칼로 베이는듯 하여 베드로와 다른 사도들에게 말하기를, "형제들아 그러면 우리가 무엇을 어떻게 하여야 할꼬?" 하니 38 베드로가 이르되 "회개하고 세례를 받을지니 너희 한 사람 한 사람 모두가 각각 예수 그리스도의 이름으로 죄 사함을 받기 위하여 세례를 받으라. 그리하면 너희가 성령의 선물을 받으리니 39 이 약속은 너희와 너희 자녀와 그리고 또 먼 나라에 있는 모든 사람들 곧, 우리 주 하나님께서 장차 부르실 자들까지 모두를 포함하여 하신 말씀이니라." 하니라. 40 그 외에도 베드로가 여러 다른 말로 그들에게 경고도 하고 권하기도 하며 또 이런 말도 하였으니 곧, "너희는 이 패역(悖逆)한 세대로부터 너희 자신을 구원하라." 하는 말이라. 41 베드로의 이 메시지를 받은 사람들이 다 함께 세례를 받으니, 그 날 하루에 삼천이나 되는 사람이 (*제자들의) 수에 더하게 되더라.

42 They devoted themselves to the apostles' teaching and to the fellowship, to the breaking of bread and to prayer. 43 Everyone was filled with awe, and many wonders and miraculous signs were done by the apostles.

42 그리하여 그들이 사도들의 가르침과 그 교제(交際) 가운데에서 서로 함께 떡을 나누는 일과 기도하는 일에 자신들을 온전히 헌신하니 43 모든 사람이 다 경외심(敬畏心)으로 가득 차 지내는 가운데 사도들에 의한 기적과 또 경이로운 징조들이 그들 가운데 많이 나타나니라.

44 All the believers were together and had everything in common. 45 Selling their possessions and goods, they gave to anyone as he had need. 46 Every day they continued to meet together in the temple courts. They broke bread in their homes and ate together with glad and sincere hearts, 47 praising God and enjoying the favor of all the people. And the Lord added to their number daily those who were being saved.

44 믿는 사람들이 다 함께 모여 지내며 모든 것을 나누어 쓰는데, 45 각자의 소유와 재물을 팔아 누구든 이를 필요한 사람에게 나누어 주며 46 매일, 성전 뜰에서 함께 모이기를 계속하니라. 또 그들이 기쁨과 신실한 마음으로 서로 양식을 나누어 먹고, 집에서 같이 식사를 하며 47 하나님을 찬양하며 또 온 백성들부터 즐거이 호의와 칭송를 받으니, 주(主) 하나님께서 구원 받는 사람의 수를 날마다 더하게 하시더라.

제3장

1 One day Peter and John were going up to the temple at the time of prayer-- at three in the afternoon. 2 Now a man crippled from birth was being carried to the temple gate called Beautiful, where he was put every day to beg from those going into the temple courts. 3 When he saw Peter and John about to enter, he asked them for money. 4 Peter looked straight at him, as did John. Then Peter said, "Look at us!" 5 So the man gave them his attention, expecting to get something from them.

1 하루는 베드로와 요한이 기도 시간이 되어 성전에 올라가는데 시간은 오후 세시쯤이 되었더라. 2 태어나면서부터 지체가 불구인 사람이 있었는데, 그가 마침 '아름다운 문'이라 불리는 성전 문으로 떠메어져 오니 이는 매일 성전 마당에 들어오는 사람들에게 구걸하기 위해 그가 앉는 자리가 거기라. 3 베드로와 요한이 성전에 들어가려는 것을 보고 그가 그들에게 돈을 요구하거늘 4 베드로가 그를 똑바로 쳐다

보매 요한도 그리하더라. 베드로가 그에게 이르되, "우리를 쳐다보라." 하니 5 그 사람이 그들에게서 뭔
가를 얻을 수 있을까 하고 베드로와 요한을 주목해 바라보니라.

6 Then Peter said, "Silver or gold I do not have, but what I have I give you. In
the name of Jesus Christ of Nazareth, walk." 7 Taking him by the right hand,
he helped him up, and instantly the man's feet and ankles became strong. 8
He jumped to his feet and began to walk. Then he went with them into the
temple courts, walking and jumping, and praising God.

6 이에 베드로가 말하기를, "내가 은과 금은 가지고 있지 않으나, 나에게 있는 이것을 네게 주노니 나사
렛 예수 그리스도의 이름으로 일어나 걸으라." 하고 7 그의 오른손을 붙잡아 일으키니 그 즉시로 그 사
람의 발과 발목이 힘을 얻고 8 그가 자기 발로 뛰어 일어나서 걷기를 시작하니라. 이에 그 사람이 베드
로와 요한과 함께 성전 마당으로 들어서는데 걷기도 하고 껑충껑충 뛰기도 하며 연방 하나님을 찬양하
니라.

9 When all the people saw him walking and praising God, 10 they recognized
him as the same man who used to sit begging at the temple gate called
Beautiful, and they were filled with wonder and amazement at what had
happened to him. 11 While the beggar held on to Peter and John, all the
people were astonished and came running to them in the place called
Solomon's Colonnade.

9 거기 있던 모든 사람들이 그가 걷는 것과 또 하나님을 찬송함을 보고 10 그 사람이 원래 '아름다운 문'
이라는 성전 문에 앉아 구걸하던 사람인 줄을 알아보매, 그들이 다 그에게 일어난 일로 인하여 크게 놀
라와 하며 또 경이롭게 여기더라. 11 그 병 나은 사람이 베드로와 요한을 붙잡고 서 있는 동안에 사람들
이 놀라서 달려오는데 그 때 그들이 서 있던 곳은 솔로몬 행각(行閣)이라 불리는 장소였더라.

12 When Peter saw this, he said to them: "Men of Israel, why does this surprise
you? Why do you stare at us as if by our own power or godliness we had made
this man walk? 13 The God of Abraham, Isaac and Jacob, the God of our
fathers, has glorified his servant Jesus. You handed him over to be killed, and
you disowned him before Pilate, though he had decided to let him go. 14 You
disowned the Holy and Righteous One and asked that a murderer be released
to you. 15 You killed the author of life, but God raised him from the dead. We
are witnesses of this.

12 베드로가 이를 보고 그 사람들을 향해 말하기 시작하며 이르기를: "이스라엘 사람들아, 어찌하여 이
일을 놀라워하느냐? 왜 마치 우리가 우리의 능력이나 경건함으로 이 사람을 걷게 한 것처럼 우리를 쳐
다보느뇨? 13 아브라함의 하나님, 이삭과 야곱의 하나님, 곧 우리 조상의 하나님께서 자기의 종 예수를
영화롭게 하셨으나 그러나 너희가 그를 죽음에 이르게 넘겨주었으니, 빌라도가 그를 풀어주려고 결정을
하였음에도 불구하고 14 너희가 '거룩하시고 의로우신 이'를 거부하고 도리어 살인자를 풀려나게 해달
라고 요구하였음이니 15 곧, 너희가 생명의 근원되신 이를 죽였도다. 그러나 하나님께서 그를 죽음으로
부터 도로 일으켜 살리셨으니 우리 모두가 이 일에 다 증인이니라.

16 By faith in the name of Jesus, this man whom you see and know was made
strong. It is Jesus' name and the faith that comes through him that has given
this complete healing to him, as you can all see. 17 "Now, brothers, I know
that you acted in ignorance, as did your leaders. 18 But this is how God
fulfilled what he had foretold through all the prophets, saying that his Christ
would suffer.

16 예수의 이름을 믿는 그 믿음으로 너희가 지금 보고 아는 이 사람이 낫게 되었으니 너희가 보다시피
이 사람에게 이런 온전한 치유가 주어진 것은 예수라는 이름과, 또 예수 그 분을 통하여 오는 믿음으로

말미암아 생겨난 일이라. 17 그러므로, 형제들아! 너희와 또 너희의 지도자들이 그 때에 알지 못하여 그
리한 것을 우리가 아노라. 18 이 일이 이렇게 된 것은 '그리스도가 그런 고난을 겪으리라' 하고 하나님께
서 모든 선지자들을 통하여 미리 말씀하신 것을 하나님께서 이제 응하게 하신 까닭이니라.

19 Repent, then, and turn to God, so that your sins may be wiped out, that
times of refreshing may come from the Lord, 20 and that he may send the
Christ, who has been appointed for you--even Jesus. 21 He must remain in
heaven until the time comes for God to restore everything, as he promised
long ago through his holy prophets.

19 그러므로, 너희가 회개하고 하나님께로 돌아오라. 그리하면 너희의 죄가 다 씻겨 나가고, 또 너희가
새롭게 되는 시간이 주(主)로부터 너희에게 주어질 것이요, 20 또 하나님께서 그리스도를 보내 주시리
니, 이는 너희를 위해 지명을 받으신 예수시니라. 21 다만, 하나님께서 만물을 회복하실 그 시간, 곧 그
의 선지자들을 통하여 하나님께서 오래 전에 미리 약속하신 그 때가 이를 때까지는 그가 하늘에 (*계속)
머물러 계셔야만 하리라.

22 For Moses said, 'The Lord your God will raise up for you a prophet like me
from among your own people; you must listen to everything he tells you. 23
Anyone who does not listen to him will be completely cut off from among his
people.' 24 "Indeed, all the prophets from Samuel on, as many as have spoken,
have foretold these days.

22 이는 모세도 말을 하기를, '너의 주, 너의 하나님이 너희를 위해 너희 백성 가운데에서 나와 같은 선
지자 하나를 일으켜 세우리니; 너희는 그가 너희에게 말하는 모든 것을 듣고 지키라. 23 누구든지 그의
말을 듣지 아니하는 자는 그 백성 중에서 온전히 끊어지리라' 하였음이니라. 24 참으로, 사무엘 때로부
터 시작하여 모든 선지자들이 빠짐없이 예언해 온 때가 바로 이 때라.

25 And you are heirs of the prophets and of the covenant God made with your
fathers. He said to Abraham, 'Through your offspring all peoples on earth will
be blessed.' 26 When God raised up his servant, he sent him first to you to
bless you by turning each of you from your wicked ways."

25 너희는 선지자들의 후손이요, 또 하나님께서 너희 조상과 맺으신 언약의 자손이니라. 하나님께서 아
브라함에게 말씀하시기를, '네 후손을 통하여 이 지구 온 땅의 모든 족속이 복을 받을 것이라' 하셨고,
26 하나님께서 마침내 그 종을 세워 일으켰을 때에 그가 먼저 이 예수를 너희에게 보내셨으니 이는 너
희로 하여금 각각 그 악한 길로부터 돌이켜 복을 받게 하려 하심이니라." 하니라.

제4장

1 The priests and the captain of the temple guard and the Sadducees came up
to Peter and John while they were speaking to the people. 2 They were greatly
disturbed because the apostles were teaching the people and proclaiming in
Jesus the resurrection of the dead. 3 They seized Peter and John, and because
it was evening, they put them in jail until the next day. 4 But many who heard
the message believed, and the number of men grew to about five thousand.

1 베드로와 요한이 사람들에게 아직 말을 하고 있는 동안에 제사장들과 성전 경비대의 우두머리와 그리
고 사두개인들이 두 사도에게 가까이 다가오니라. 2 사도들이 백성들에게 예수와, 그리고 또 그 죽음으

로부터의 부활을 선포하고 가르치는 것을 그들이 끔찍히 싫어하는 고로, 3 이에 사도들을 체포하여 끌
고가는데 그러나 이미 밤이 되었으므로 그 다음 날까지 그들을 감옥에 넣어 두니라. 4 그러나 이 날, (*
베드로의 설교) 메시지를 들은 사람들 중 많은 사람이 믿음에 이르게 되었으니 그 중 남자들의 수만 합
쳐 오천이나 되더라.

5 The next day the rulers, elders and teachers of the law met in Jerusalem. 6
Annas the high priest was there, and so were Caiaphas, John, Alexander and
the other men of the high priest's family. 7 They had Peter and John brought
before them and began to question them: "By what power or what name did
you do this?"

5 그 다음날, 백성의 지도자들과 장로들과 그리고 율법 교사들이 함께 예루살렘에서 회의로 모이는데 6
대제사장 안나스를 비롯하여 가야바와 요한과 또 알렉산더와 그리고 대제사장의 온 문중 사람이 다 거
기 참여해 있더라. 7 그들이 베드로와 요한을 그들 앞으로 데려오게 하고 질문을 하기 시작하며 무엇보
다도 먼저 묻기를, "너희가 무슨 권세와 무슨 이름으로 이런 일을 행하느냐?" 하더라.

8 Then Peter, filled with the Holy Spirit, said to them: "Rulers and elders of the
people! 9 If we are being called to account today for an act of kindness shown
to a cripple and are asked how he was healed, 10 then know this, you and all
the people of Israel: It is by the name of Jesus Christ of Nazareth, whom you
crucified but whom God raised from the dead, that this man stands before
you healed. 11 He is " 'the stone you builders rejected, which has become the
capstone.' 12 Salvation is found in no one else, for there is no other name
under heaven given to men by which we must be saved."

8 이에 베드로가 성령으로 충만함을 받아 그들을 향해 이르되, "우리 백성의 장로들과 지도자들이여, 9
오늘, 우리가 이 자리에 이렇게 불려 나온 이유가, 불구자인 그 사람에게 우리가 보인 호의와 또 그가 어
떻게 불구의 몸이 나음을 얻었는지에 답을 하기 위해 나온 것이라면, 10 그렇다면 당신들과 또 온 이스
라엘 백성들은 먼저 이 점을 아셔야 할지니: 불구자이던 이 사람이 오늘, 이렇게 나은 몸으로 당신들 앞
에 서게 된 것은 바로 나사렛 예수 그리스도 그 이름으로 이루어진 일이라 하는 것이라. 그는 당신들이
십자가에서 못 박아 죽였으나 하나님께서 도로 살리신 이시니 11 소위, '너희 건축자들이 버린 돌로서
모퉁이의 머릿돌'이 된 사람이라. 12 사람 가운데에서는 구원을 찾을 수가 없나니, 하늘 아래에 우리가
구원을 얻을만한 다른 이름을 주신 적이 없음이로다." 하니라.

13 When they saw the courage of Peter and John and realized that they were
unschooled, ordinary men, they were astonished and they took note that these
men had been with Jesus. 14 But since they could see the man who had been
healed standing there with them, there was nothing they could say.

13 그들이 베드로와 요한의 용기있게 말함을 보고, 또 그들이 본래 학문을 배우지 않은 평범한 사람들
인 줄을 알게 되고 나서 이 같은 사실을 매우 놀라워하는데, 마침내는 이 사람들이 예수와 행동을 함께
하던 자임을 알아 차리게 되더라. 14 그러나 그 병 나은 사람이 그들과 함께 서 있는 것을 자기들 눈으로
봄으로 뭐라 더 할 말이 없는지라.

15 So they ordered them to withdraw from the Sanhedrin and then conferred
together. 16 "What are we going to do with these men?" they asked. "Everybody
living in Jerusalem knows they have done an outstanding miracle, and we
cannot deny it. 17 But to stop this thing from spreading any further among the
people, we must warn these men to speak no longer to anyone in this name."

15 이에 사도들을 공회로부터 잠시 물러 나 있으라고 명하고 자기들끼리 회의에 들어가 16 서로 말하
기를, "이 사람들을 어찌하여야 옳겠느냐? 예루살렘에 사는 모든 사람들이 이들이 행한 이 엄청난 기적

을 이미 알고 있으니 우리가 이를 부인할 수가 없도다. 17 그러나 이런 일이 사람들 가운데 더 이상 퍼지
지 못하게 우리가 이들을 경고하여 다시는 이 이름으로 누구에게든 말하지 못하게끔 해야 하리라." 하
더라.

18 Then they called them in again and commanded them not to speak or teach
at all in the name of Jesus. 19 But Peter and John replied, "Judge for yourselves
whether it is right in God's sight to obey you rather than God. 20 For we
cannot help speaking about what we have seen and heard." 21 After further
threats they let them go. They could not decide how to punish them, because
all the people were praising God for what had happened. 22 For the man who
was miraculously healed was over forty years old.

18 이에 사도(使徒)들을 다시 불러 들여 명하기를 예수의 이름을 말하지도 말고 그 이름으로 도무지 가
르치지도 말라 하니 19 베드로와 요한이 이에 응답하여 이르되, "하나님의 말씀을 젖혀 두고 당신들의
말을 듣는 것이 하나님 보시기에 과연 옳은 일인지를 먼저 판단해 보소서. 20 우리는 우리가 보고 들은
것을 이야기하지 않을 수가 없나이다." 하니라. 21 그제야 그들이 마지 못해 사도들을 가게 하되, 여러
번 협박을 한 후에 비로소 풀어주니라. 그들이 사도들을 어떻게 처벌해야 할지 그 방법을 찾지 못하였으
니 이는 백성들이 모두 그 일어난 일에 대해 하나같이 하나님을 찬양하고 있었기 때문이었더라. 22 이
표적(表蹟)으로 병이 나은 사람은 그 때 나이 사십이 조금 지났더라.

23 On their release, Peter and John went back to their own people and
reported all that the chief priests and elders had said to them. 24 When they
heard this, they raised their voices together in prayer to God. "Sovereign Lord,"
they said, "you made the heaven and the earth and the sea, and everything in
them. 25 You spoke by the Holy Spirit through the mouth of your servant, our
father David: "'Why do the nations rage and the peoples plot in vain? 26 The
kings of the earth take their stand and the rulers gather together against the
Lord and against his Anointed One.'

23 베드로와 요한이 풀려나매 이 둘이 자기 사람들에게로 가서 우두머리 제사장들과 장로들이 자기들
에게 했던 말을 다 전하니 24 그들이 이 말을 듣고는 다 같이 목소리를 높여 (*이렇게) 하나님께 기도를
드리니라. "전능의 주 하나님, 하나님께서 이 하늘과 이 땅과 이 바다를 만드셨고, 또 그 가운데 있는 모
든 만물을 지으셨나이다. 25 주 하나님께서 당신의 종, 우리 조상 다윗의 입을 통하여 성령으로써 말씀
하시기를 '어찌하여 뭇 나라들이 분노하며 민족들이 헛된 일을 꾸미는고? 26 이 세상의 왕들이 자기 자
리를 잡아 나서며 이 땅의 지배자들이 함께 모여 주(主) 하나님을 대적(對敵)하고 또 그의 기름 부으신
이를 대적함이로다.' 하셨나이다.

27 Indeed Herod and Pontius Pilate met together with the Gentiles and the
people of Israel in this city to conspire against your holy servant Jesus, whom
you anointed. 28 They did what your power and will had decided beforehand
should happen.

27 참으로 헤롯과 본디오 빌라도가, 이 도시에 있는 이스라엘 백성과 그리고 또 다른 이방인들과 합세
하여 당신의 기름 부으신 거룩한 종 예수를 대적하는 음모를 꾸몄사오나, 28 그러나 이는 하나님께서
오래 전에 당신의 능력과 뜻으로서 미리 정하신 일을 비로소 그들이 행함이니이다.

29 Now, Lord, consider their threats and enable your servants to speak your
word with great boldness. 30 Stretch out your hand to heal and perform
miraculous signs and wonders through the name of your holy servant Jesus."
31 After they prayed, the place where they were meeting was shaken. And they
were all filled with the Holy Spirit and spoke the word of God boldly.

29 그러하오니 이제 주 하나님이시여, 지금도 저들의 위협함을 굽어 살피시옵고, 당신의 종들로 하여금
당신의 말씀을 담대히 전할 수 있게 하여 하옵소서. 30 또 하나님의 손을 내미사, 당신의 거룩한 종 예
수의 이름으로 경이로운 이적과 기적의 징조가 행해지게 하시고 그리고 (*병든 자가) 치유받는 일이 있
게 하시옵소서." 하고 기도하니라. 31 그들이 이와 같이 기도하기를 마치매, 그 모이고 있던 장소가 진
동을 하기 시작하더니 그들 무리가 다 성령으로 충만함을 받아 담대히 하나님의 말씀을 선포하기를 시
작하니라.

32 All the believers were one in heart and mind. No one claimed that any of
his possessions was his own, but they shared everything they had. 33 With
great power the apostles continued to testify to the resurrection of the Lord
Jesus, and much grace was upon them all. 34 There were no needy persons
among them. For from time to time those who owned lands or houses sold
them, brought the money from the sales 35 and put it at the apostles' feet, and
it was distributed to anyone as he had need.

32 믿는 사람 모두가 다 한 마음과 한 뜻이 되어 자기의 소유를 자기 것이라 주장하는 자가 없고 각자가
가진 모든 것을 서로 나누어 쓰더라. 33 사도들이 큰 능력을 받아 주 예수의 부활을 증거하기를 계속하
매 그들 위에 큰 은혜가 머무니라. 34 또한 그들 가운데 궁핍한 자가 하나도 없으니 이는 땅이나 집 있
는 자들이 그것을 팔아 그 돈을 가져다가 35 사도들의 발 앞에 두면 누구든 돈이 필요한 사람에게 그 필
요에 따라 나누어 주던 까닭이더라.

36 Joseph, a Levite from Cyprus, whom the apostles called Barnabas (which
means Son of Encouragement), 37 sold a field he owned and brought the
money and put it at the apostles' feet.

36 키프로스에서 온 레위 족속 요셉이라 하는 사람이 있으니 사도들이 이 사람을 부르기를 바나바라 하
니라. (그 뜻은 위로의 아들 혹은 권면의 아들이라) 37 그가 자기의 밭을 팔고 그 밭 판 돈을 가지고 와서
사도들의 발치에 두더라.

제5장

1 Now a man named Ananias, together with his wife Sapphira, also sold a
piece of property. 2 With his wife's full knowledge he kept back part of the
money for himself, but brought the rest and put it at the apostles' feet. 3 Then
Peter said, "Ananias, how is it that Satan has so filled your heart that you
have lied to the Holy Spirit and have kept for yourself some of the money you
received for the land?

1 그 때에 (*그 무리 가운데) 아나니아라 하는 사람이 있었으니 그가, 자기의 아내 삽비라와 함께 역시
자기의 재산 얼마를 떼어 파는데 2 아나니아의 아내가 모든 내용을 알고 있는 가운데, 그 부부가 그 땅
판 돈에서 얼마를 빼돌려 놓고 난 후 그 나머지를 사도들의 발 앞에 가져오니라. 3 이에 베드로가 이르
기를, "아나니아야, 어찌 네 마음에 사탄이 가득하여 네가 성령께 거짓말을 하고 네 땅 판 돈 얼마를 감
추었느냐?

4 Didn't it belong to you before it was sold? And after it was sold, wasn't the
money at your disposal? What made you think of doing such a thing? You
have not lied to men but to God." 5 When Ananias heard this, he fell down and
died. And great fear seized all who heard what had happened.

4 그 땅이 팔리기 전에는 그 땅이 네게 속한 네 땅이 아니었으며, 또 그 땅이 팔린 뒤에는 그 땅 판 돈이
네가 네 마음대로 처분할 수 있는 네 돈이 아니었더냐? 네가 무슨 생각으로 이런 일을 저질렀느냐? 네가
사람에게 거짓말한 것이 아니요, 하나님을 속였음이로다." 하니 **5** 아나니아가 이 말을 듣고는 곧 엎드러
져 죽는데, 이 일을 전해 듣는 자마다 모두 큰 두려움에 사로잡히게 되더라.

6 Then the young men came forward, wrapped up his body, and carried him
out and buried him. **7** About three hours later his wife came in, not knowing
what had happened. **8** Peter asked her, "Tell me, is this the price you and
Ananias got for the land?" "Yes," she said, "that is the price."

6 이에 젊은 사람들이 나와서 그 시체를 싸 매고 밖으로 메고 나가 땅에 파 묻으니라. **7** 세 시간쯤이 지
나서 그 아내가 들어오는데, 무슨 일이 일어났는지 알지를 못하고 들어오니 **8** 베드로가 그녀에게 묻기
를, "내게 말하라. 이것이 너와 아나니아가 땅을 팔고 받은 돈이냐?" 하니, 그녀가 이르되, "예. 그러하나
이다. 그게 그 땅 값이니이다." 하니라.

9 Peter said to her, "How could you agree to test the Spirit of the Lord? Look!
The feet of the men who buried your husband are at the door, and they will
carry you out also." **10** At that moment she fell down at his feet and died. Then
the young men came in and, finding her dead, carried her out and buried her
beside her husband. **11** Great fear seized the whole church and all who heard
about these events.

9 이에 베드로가 이르되, "너희가 어찌하여 주(主)의 영(靈)을 시험하려고 공모(共謀)를 하였느냐? 보라!
네 남편을 파 묻고 오는 사람들의 발이 문 앞에 이르렀으니 그들이 또 너를 메어 내가리라." 하니 **10** 바
로 그 순간에 그 아내가 베드로의 발 앞에 엎드러져 죽으니라. 그 젊은 사람들이 들어와 그녀가 죽은 것
을 보고 이 역시 메어다가 그 남편 곁에 함께 파 묻으니 **11** 온 교회와 또 이 일을 전해 들은 사람들이 다
큰 두려움에 휩싸이게 되니라.

12 The apostles performed many miraculous signs and wonders among the
people. And all the believers used to meet together in Solomon's Colonnade.
13 No one else dared join them, even though they were highly regarded by the
people.

12 사도들이 수 많은 기적의 징조들과 이적(異蹟)들을 사람들 중에서 행하는 가운데, 믿는 사람들은 모
두 솔로몬 행각(行閣)이라 하는 곳에서 늘 자주 모이곤 하더라. **13** 그들이 백성들 가운데에서 이같이 높
이 여김을 받으나 그러나 선뜻 그들에게 합류하는 사람은 적더라.

14 Nevertheless, more and more men and women believed in the Lord and
were added to their number. **15** As a result, people brought the sick into the
streets and laid them on beds and mats so that at least Peter's shadow might
fall on some of them as he passed by. **16** Crowds gathered also from the towns
around Jerusalem, bringing their sick and those tormented by evil spirits, and
all of them were healed.

14 그럼에도 불구하고, 점점 더 많은 사람들이 남녀를 불문하고 주를 믿으니 믿는 무리의 수가 날로 늘
어 가니라. **15** 많은 사람들이 병자(病者)들을 거리로 데리고 나와 침상이나 매트 위에 뉘어 두고 베드로
가 길을 지나가는 중에 혹시 그 그림자라도 자기 병자 위에 비칠까 하더라. **16** 예루살렘 부근의 도시들
로부터도 큰 무리의 사람들이 각자 그들의 (*가족 친지인) 병자들과, 사악한 영이 깃들어 고통받는 사람
들을 데리고 몰려오매, 그 모두가 다 빠짐없이 치유가 되니라.

17 Then the high priest and all his associates, who were members of the party
of the Sadducees, were filled with jealousy. **18** They arrested the apostles

and put them in the public jail. **19** But during the night an angel of the Lord
opened the doors of the jail and brought them out. **20** "Go, stand in the temple
courts," he said, "and tell the people the full message of this new life." **21** At
daybreak they entered the temple courts, as they had been told, and began to
teach the people. When the high priest and his associates arrived, they called
together the Sanhedrin--the full assembly of the elders of Israel--and sent to
the jail for the apostles.

17 이에 대제사장과 그의 모든 수하들 곧 사두개인의 당원들을 포함한 사람들이 그 마음에 시기(猜忌)
가 가득차게 되어 **18** 사도들을 붙잡아다가 감옥에 가두어 넣으니라. **19** 그러나 그 밤에 주의 사자가 감
옥 문을 열고 사도들을 밖으로 이끌어내며 말을 하기를, **20** "너희는 가서 성전 마당에 서서 이 새 생명
의 메시지를 온전히 모든 사람들에게 전파하라." 하니 **21** 사도들이 새벽 동틀 무렵에 성전 마당에 들어
가서 천사에게 들은대로 사람들을 가르치기를 시작하니라. 대제사장과 그의 수하 사람들이 와서 공회를
소집하니 이는 이스라엘 장로들의 총회라–그들이 사도들을 감옥으로부터 데려오라고 사람을 보내니
라.

22 But on arriving at the jail, the officers did not find them there. So they
went back and reported, **23** "We found the jail securely locked, with the guards
standing at the doors; but when we opened them, we found no one inside." **24**
On hearing this report, the captain of the temple guard and the chief priests
were puzzled, wondering what would come of this.

22 (*명을 받은) 관리들이 감옥에 도착해 보니 거기 사도들이 있지를 않은지라, 하릴 없이 그대로 돌아
가 있는대로 보고를 하는데, **23** 이르되 "우리가 가 보니 감옥은 튼튼하게 잠기어 있고 경비는 문가에 자
리를 지키고 있는데; 감옥 문을 열고 들어가 본즉, 그 안에는 사람이 아무도 없더이다." 하니라. **24** 이
보고를 들은 경비대 상관들과 우두머리 제사장들이 다 심히 당혹해 하며 이 일이 도대체 어떻게 되어 가
는 일인지를 하나같이 의아해 하고 있던 중에

25 Then someone came and said, "Look! The men you put in jail are standing
in the temple courts teaching the people." **26** At that, the captain went with his
officers and brought the apostles. They did not use force, because they feared
that the people would stone them.

25 어떤 사람이 와서 말을 하기를, "보소서! 당신들이 감옥에 가두었던 그 사람들이 지금 성전 마당에
서서 백성들을 가르치고 있나이다." 하거늘 **26** 이 말을 들은 성전 경비대장이 그 부하 장교들과 같이 가
사도들을 붙잡아 오니라. 그러나 그들이 강제력을 동원하여 억지로 하지는 못하였으니 이는 백성들이
자기들을 돌로 칠까 두려워하던 까닭이었더라.

27 Having brought the apostles, they made them appear before the Sanhedrin
to be questioned by the high priest. **28** "We gave you strict orders not to teach
in this name," he said. "Yet you have filled Jerusalem with your teaching and
are determined to make us guilty of this man's blood." **29** Peter and the other
apostles replied: "We must obey God rather than men!

27 그들이 사도들을 끌어다가 산헤드린 공회 앞에 세우니 대제사장이 심문하여 **28** 이르되, "우리가 너
희들에게 이 이름으로 사람들을 가르치지 말라고 그처럼 엄히 명하였거늘, 너희가 온 예루살렘을 너희
가르침으로 가득하게 하니 이는 이 사람의 피 흘림에 대해 우리를 죄인으로 만들려 함이로다." 하니, **29**
베드로와 다른 사도들이 대답하여 이르되: "우리가 마땅히 사람보다 하나님께 순종하여야 하리라.

30 The God of our fathers raised Jesus from the dead--whom you had killed
by hanging him on a tree. **31** God exalted him to his own right hand as Prince
and Savior that he might give repentance and forgiveness of sins to Israel.

32 We are witnesses of these things, and so is the Holy Spirit, whom God has
given to those who obey him."

30 우리 조상의 하나님께서 이 예수를 죽은 자 가운데에서 도로 살리셨으니 이는 당신들이 나무에 매달
아 죽인 바로 그 사람이요, 31 하나님께서 그를 높이사 하나님 당신의 오른편에 두시고 그를 왕으로, 그
리고 구세주로 그 자리에 앉게 하셨으니, 이는 하나님께서 이스라엘에게 회개함과 죄 사함을 주시려고
그렇게 도모하신 것이오이다. 32 우리가 다 이 일에 증인들이요 또 성령도 그러하니, 이 성령은 하나님
께서 그 순종하는 사람에게 내려 주신 것이니이다." 하더라.

33 When they heard this, they were furious and wanted to put them to death.
34 But a Pharisee named Gamaliel, a teacher of the law, who was honored
by all the people, stood up in the Sanhedrin and ordered that the men be put
outside for a little while. 35 Then he addressed them: "Men of Israel, consider
carefully what you intend to do to these men.

33 그들이 사도들의 이 말을 들을 때에 크게 분노하여 사도들을 다 죽여 없애 버리려고 하는데, 34 그
러나 가말리엘이라 하는 바리새인 율법교사가 있어–그는 모든 백성에게 존경을 받는 자라–그가 공회
중에 자기 자리에서 일어나 사도들을 잠깐 밖에 나가 있도록 지시한 후에 35 그들 무리에 대하여 일러
말하기를, "이스라엘 사람들아, 이 사람들에 대하여 너희가 지금 하려고 하는 일에 대해 조금 더 깊이 생
각해 보라.

36 Some time ago Theudas appeared, claiming to be somebody, and about
four hundred men rallied to him. He was killed, all his followers were
dispersed, and it all came to nothing. 37 After him, Judas the Galilean
appeared in the days of the census and led a band of people in revolt. He too
was killed, and all his followers were scattered.

36 얼마 전에 드다라는 인물이 나타나 스스로 대단한 인물인 것처럼 주장하매 사백 명이나 되는 사람들
이 그를 따르더니 그러나 그가 죽임을 당한 후(後)에 그를 따르던 모든 이들이 다 흩어져 없어져 버리고
아무 결과도 낳지를 못하였고, 37 또 그 후에 이스라엘에 인구 조사를 할 적에 갈릴리 사람 유다가 나타
나 혁명을 한다고 사람들 무리를 이끌었으나 그 역시 죽임을 당하매 그 추종자들이 모두 흩어져 없어졌
느니라.

38 Therefore, in the present case I advise you: Leave these men alone! Let
them go! For if their purpose or activity is of human origin, it will fail. 39 But
if it is from God, you will not be able to stop these men; you will only find
yourselves fighting against God." 40 His speech persuaded them. They called
the apostles in and had them flogged. Then they ordered them not to speak
in the name of Jesus, and let them go. 41 The apostles left the Sanhedrin,
rejoicing because they had been counted worthy of suffering disgrace for the
Name. 42 Day after day, in the temple courts and from house to house, they
never stopped teaching and proclaiming the good news that Jesus is the Christ.

38 그러므로 이제 이 사건에 대해 내가 당신들에게 충고하고자 하는 바는: 이 사람들을 그냥 내버려 두
고 그냥 가게 하라! 하는 것이라. 그들의 이런 행위의 목표하는 바가 사람에게 근원을 둔 것이라면 그저
실패하고 말 것이요, 39 만일 이것이 하나님께로부터 난 것이라면 너희가 그들을 멈추지도 못할 것이
요; 당신들이 하나님을 대적하는 결과가 될 뿐이리라." 말하니 40 가말리엘의 이 말이 그들을 설복한지
라. 그들이 사도들을 불러들여 채찍질한 후에 다시는 예수의 이름으로 사람들에게 말을 하지 말라 엄하
게 명하고 사도들을 풀어주니라. 41 사도들이 공회를 떠나며 매우 기뻐들하니 이는 자신들이 그 이름을
위하여 능욕을 받는 일에 합당한 자로 여김을 받은 때문이었더라. 42 그들이 날이면 날마다 성전 마당
에서, 그리고 집집이 다니면서, 예수는 그리스도라고 복음을 선포하는 것과 그리고 사람들을 가르치기
를 멈추지 아니하더라.

제6장

1 In those days when the number of disciples was increasing, the Grecian Jews among them complained against the Hebraic Jews because their widows were being overlooked in the daily distribution of food. 2 So the Twelve gathered all the disciples together and said, "It would not be right for us to neglect the ministry of the word of God in order to wait on tables.

1 그 시절에 제자들의 숫자가 크게 증가하였는데, 그들 가운데에 있던 그리스계 유대인들이 히브리계 유대인들에 대해 불평을 말하니 이는 자기들 편에 있는 과부들이 음식 배분 받는 일에 소홀히 취급을 당하던 때문이라. 2 이에 열두 사도가 모든 제자들을 불러 모아 놓고 이르기를 "우리가, 식탁에서 시중들기 위해 하나님 말씀 전하는 사역을 등한히 하는 것이 도리에 옳지 아니하니라.

3 Brothers, choose seven men from among you who are known to be full of the Spirit and wisdom. We will turn this responsibility over to them 4 and will give our attention to prayer and the ministry of the word."

3 그러니, 형제들아. 너희 가운데서 성령과 지혜가 충만하여 칭찬 받는 사람 일곱 사람을 택하라. 우리가 이 책무를 그들에게 돌리고 4 우리는 오직 기도하는 일과 말씀 전하는 사역에만 우리의 주의를 쏟으리라." 하니

5 This proposal pleased the whole group. They chose Stephen, a man full of faith and of the Holy Spirit; also Philip, Procorus, Nicanor, Timon, Parmenas, and Nicolas from Antioch, a convert to Judaism. 6 They presented these men to the apostles, who prayed and laid their hands on them. 7 So the word of God spread. The number of disciples in Jerusalem increased rapidly, and a large number of priests became obedient to the faith.

5 이 제안이 그 무리의 사람들을 다 기쁘게 한지라. 그들이 스데반을 먼저 뽑았으니 그는 믿음과 성령이 충만한 사람이요; 또 빌립과 브로고로와 니가노르와 디몬과 바메나와 안티옥 출신 니골라를 택하였으니 이 니골라는 유대교로 개종한 사람이었더라. 6 무리가 이 사람들을 택하여 사도들 앞에 세우매 사도들이 기도하고 그들에게 손을 얹어 안수(按手)하니라. 7 이렇게 하여 하나님의 말씀이 순탄히 퍼져 나가니라. 예루살렘에 있는 제자의 수가 급격히 증가하고 제사장들 중에서도 많은 사람들이 이 믿음의 길에 순종하게 되더라.

8 Now Stephen, a man full of God's grace and power, did great wonders and miraculous signs among the people. 9 Opposition arose, however, from members of the Synagogue of the Freedmen (as it was called)--Jews of Cyrene and Alexandria as well as the provinces of Cilicia and Asia. These men began to argue with Stephen, 10 but they could not stand up against his wisdom or the Spirit by whom he spoke.

8 그 때에, 하나님의 은혜와 권능이 충만한 사람, 스데반이 사람들 가운데에서 큰 이적과 기적의 징조들을 행하니라. 9 그러나 그를 반대하는 사람들이 또 동시에 일어나니 이른 바 자유민들이라고 불리는 회당 구성원들이 그 사람들이라, 이들은 구레네 (곧, 키레네)와 알렉산드리아로부터 온 유대인들과 그리고 킬리키아와 아시아에서 온 유대인들이더라. 이 사람들이 스데반과 논쟁을 시작하는데 10 스데반의 지혜와 스데반을 도와 말하게 하는 성령의 능력을 그들이 도무지 당해 내지를 못하겠는지라.

11 Then they secretly persuaded some men to say, "We have heard Stephen speak words of blasphemy against Moses and against God." 12 So they stirred up the people and the elders and the teachers of the law. They seized Stephen and brought him before the Sanhedrin. 13 They produced false witnesses, who testified, "This fellow never stops speaking against this holy place and against

the law. 14 For we have heard him say that this Jesus of Nazareth will destroy
this place and change the customs Moses handed down to us." 15 All who were
sitting in the Sanhedrin looked intently at Stephen, and they saw that his face
was like the face of an angel.

11 이에 그들이 비밀리에 몇 사람을 매수하여 다음과 같이 말하게 하니 곧, "이 사람 스데반이 모세와
하나님께 대하여 신성모독의 말을 하는 것을 우리가 분명히 들었나이다" 하고 말하게 하니라. 12 이렇
게 사람들을 충동질하기 시작하매, 장로들과 율법교사들도 이에 그만 같이 넘어가니라. 그리하여 그들
이 스데반을 붙잡아 와서 공회 앞에 세우고는 13 거짓 증인들을 내세우니 이들이 증언하기를, "이 사람
이 거룩한 장소와 율법을 거슬러 말하는 것을 그치지 아니하고 14 또 말하기를, '나사렛 예수가 이 성전
을 허물고 모세가 우리에게 가르쳐 준 규례들을 모두 다 바꾸리라'고 하는 것을 우리가 분명히 들었나이
다." 하거늘 15 거기 공회 중에 앉은 사람들이 모두 스데반을 주목하여 쳐다보니 그 얼굴이 천사의 얼굴
과 같더라.

제7장

1 Then the high priest asked him, "Arethese charges true?" 2 To this he replied:
"Brothers and fathers, listen to me! The God of glory appeared to our father
Abraham while he was still in Mesopotamia, before he lived in Haran. 3 'Leave
your country and your people,' God said, 'and go to the land I will show you.'
4 "So he left the land of the Chaldeans and settled in Haran. After the death of
his father, God sent him to this land where you are now living.

1 대제사장이 스데반에게 물어 이르되 "너에 대해 하는 이 고발이 사실이냐?" 하니 2 스데반이 대답하
여 이르되, "여러분 부형(父兄)들이여, 제 말을 들으소서! 우리 조상 아브라함이 하란에 살기 전, 아직 메
소포타미아에 있을 때에 영광의 하나님께서 그에게 나타나 3 이르시기를, '너는 네 고향 마을과 너의 친
척들을 떠나 내가 네게 보여줄 그 땅으로 가라' 명하셨나이다. 4 이에 아브라함이 칼데아 땅을 떠나 하
란에 정착하게 되었고 그 아버지가 죽고 난 후에 하나님께서 이 아브라함을 지금 당신들이 살고 있는 이
땅으로 보내셨나이다.

5 He gave him no inheritance here, not even a foot of ground. But God
promised him that he and his descendants after him would possess the land,
even though at that time Abraham had no child. 6 God spoke to him in this
way: 'Your descendants will be strangers in a country not their own, and
they will be enslaved and mistreated four hundred years. 7 But I will punish
the nation they serve as slaves,' God said, 'and afterward they will come out
of that country and worship me in this place.' 8 Then he gave Abraham the
covenant of circumcision. And Abraham became the father of Isaac and
circumcised him eight days after his birth. Later Isaac became the father of
Jacob, and Jacob became the father of the twelve patriarchs.

5 그러나 하나님께서 아브라함에게 여기 이 땅에서는 유산이 될 기업을 주지를 아니하셨으니 곧 한 뼘
땅도 주시지를 아니하셨는데 그러나 아브라함에게 약속하시기를, 그와 그의 후손들이 대를 이어 이 땅
을 소유하게 될 것을 말씀하셨으니 그 때에 아직 아브라함에게 자식이 하나도 없을 때에 하나님께서 이
런 약속을 그에게 주셨음이니이다. 6 하나님께서 또 이와 같이 말씀하셨으니 곧: '너의 후손들이 자기
땅이 아닌 나라에서 나그네가 되겠고, 그들이 사백 년 동안 고난을 받으며 종살이를 하리라. 7 그러나
내가 그 후에 네 후손들이 섬기는 그 나라를 망하게 하리니, 그제야 그들이 그 나라로부터 나와 이 땅에
서 나를 경배(敬拜)하리라.' 하고 말씀하셨나이다. 8 하나님께서 아브라함에게 할례(割禮)의 언약(言約)

을 주셨으매, 그가 이삭을 낳고 여드레 만에 이삭에게 할례를 행하였으니 그 후에 이삭이 야곱을 낳고,
이 야곱이 우리 이스라엘 열 두 지파(支派) 조상의 아버지가 되었나이다.

9 Because the patriarchs were jealous of Joseph, they sold him as a slave into
Egypt. But God was with him 10 and rescued him from all his troubles. He
gave Joseph wisdom and enabled him to gain the goodwill of Pharaoh king of
Egypt; so he made him ruler over Egypt and all his palace.

9 우리 조상들이 요셉을 시기하여 그를 노예로 이집트에 팔았으나 하나님께서 그와 함께 계심으로 10
그 모든 환난으로부터 그를 건져내사 그에게 지혜를 주시고 또 이집트의 왕 파라오의 호의를 얻게하사;
그를 이집트 온 땅과 파라오의 궁전을 두루 다스리는 통치자로 삼으셨나이다.

11 Then a famine struck all Egypt and Canaan, bringing great suffering, and
our fathers could not find food. 12 When Jacob heard that there was grain in
Egypt, he sent our fathers on their first visit. 13 On their second visit, Joseph
told his brothers who he was, and Pharaoh learned about Joseph's family.

11 그 때에 이집트 땅과 가나안 땅에 기근이 들어 큰 환난을 당하니 우리 조상들이 양식이 없는지라 12
야곱이 이집트에는 곡식이 있다는 말을 듣고 우리 조상들을 우선 일차로 먼저 보내고 13 또 재차 보내
니 이 두 번째 이집트 방문 길에 요셉이 그 형들에게 자기의 정체를 밝히고 또 파라오가 요셉의 가족에
대해 알게 되었나이다.

14 After this, Joseph sent for his father Jacob and his whole family, seventy-
five in all. 15 Then Jacob went down to Egypt, where he and our fathers died.
16 Their bodies were brought back to Shechem and placed in the tomb that
Abraham had bought from the sons of Hamor at Shechem for a certain sum of
money.

14 이런 일이 있은 후에 요셉이 그의 아버지 야곱과 그 일족 모두를 모셔 오려고 사람을 시켜 보내는데
그 친족의 총 수가 일흔 다섯 명이라. 15 이에 야곱이 그 일족 모두와 함께 이집트로 내려 갔으니 자기
와 우리 조상들은 다 거기에서 죽고 16 그 시신들은 이 곳 세겜으로 옮겨져 아브라함이 돈을 주고 산 무
덤 곧, 세겜에 있는 하몰의 자손들에게서 값을 주고 산 무덤에 묻히게 되었나이다.

17 As the time drew near for God to fulfill his promise to Abraham, the
number of our people in Egypt greatly increased. 18 Then another king, who
knew nothing about Joseph, became ruler of Egypt. 19 He dealt treacherously
with our people and oppressed our forefathers by forcing them to throw
out their newborn babies so that they would die. 20 At that time Moses was
born, and he was no ordinary child. For three months he was cared for in his
father's house. 21 When he was placed outside, Pharaoh's daughter took him
and brought him up as her own son. 22 Moses was educated in all the wisdom
of the Egyptians and was powerful in speech and action.

17 하나님께서 아브라함에게 하신 약속을 응하게 하실 때가 가까와 오매 이집트에 있는 우리 이스라엘
백성의 수가 크게 늘어 났었는데 18 그 때에 이집트에 요셉을 알지 못하는 새 왕이 서서 19 그가 우리
백성을 신의(信義)없게 혹독히 다루고, 또 우리 조상들을 강제하여 그 새로 난 아기들을 다 죽이라고 명
령을 내렸었나이다. 20 그 때에 모세가 태어 났는데 그가 보통 아기가 아니라, 석달 동안을 그 아버지
집에서 길리워 지다가 21 그 후에 그가 밖에 버려진 바가 되었고 또 파라오의 딸이 이 모세를 데려다가
자기 아들로 기르게 되었으니 22 모세가 이집트 사람의 모든 지혜로써 교육을 받아 그 말하는 것이나
행하는 것에 다 능력이 뛰어나게 되었었나이다.

23 When Moses was forty years old, he decided to visit his fellow Israelites.

24 He saw one of them being mistreated by an Egyptian, so he went to his
defense and avenged him by killing the Egyptian. 25 Moses thought that his
own people would realize that God was using him to rescue them, but they did
not.

23 모세의 나이 사십이 되었을 때에 그가 자기의 동족(同族)을 찾아 볼 마음을 먹고 있던 중에 24 이스
라엘 사람 중 하나가 이집트 사람에게 심히 부당한 취급을 받는 걸 보게 되자, 그 이스라엘 사람을 보호
해 주러 갔다가 그만 그 이집트 사람을 죽여 그를 복수해 준 일이 있었나이다. 25 모세는 자기 생각에
하나님께서 모세 자신을 사용하시어 그들 이스라엘 백성을 구원하려 하시는 것이라고 그 동족 형제가
생각해 주기를 바랐으나 실상은 그렇지를 못하였나이다.

26 The next day Moses came upon two Israelites who were fighting. He tried
to reconcile them by saying, 'Men, you are brothers; why do you want to hurt
each other?' 27 But the man who was mistreating the other pushed Moses
aside and said, 'Who made you ruler and judge over us? 28 Do you want to kill
me as you killed the Egyptian yesterday?' 29 When Moses heard this, he fled to
Midian, where he settled as a foreigner and had two sons.

26 그 다음 날, 이스라엘 사람 둘이 서로 싸우고 있는 곳에 모세가 이르게 되었는데, 모세가 그 둘을 화
해시키려고 말을 하기를, '너희가 형제로서 어찌 서로를 해치려 하느냐?' 하니, 27 그 중, 다른 사람을
윽박지르던 그 사람이 모세를 손으로 밀쳐내며 이르되, '누가 당신을 우리 재판관과 통치자로 세웠느
뇨? 28 당신이 어제 그 이집트 사람을 쳐 죽인 것처럼 나도 쳐 죽이겠느뇨?' 하니, 29 모세가 이 말을
듣고는 곧 미디안 땅으로 도주하여 거기서 외지인(外地人)으로 눌러 살며 아들 둘을 낳고 살았음이니이
다.

30 After forty years had passed, an angel appeared to Moses in the flames of
a burning bush in the desert near Mount Sinai. 31 When he saw this, he was
amazed at the sight. As he went over to look more closely, he heard the Lord's
voice: 32 'I am the God of your fathers, the God of Abraham, Isaac and Jacob.'
Moses trembled with fear and did not dare to look.

30 그로부터 사십 년이 지난 후에 한 천사가 시내산 근처 광야에서 불타는 관목 덤불 가운데서부터 모
세에게 나타나는데, 31 모세가 그 광경을 보고는 크게 놀랍게 여겨 더 가까이에서 살펴보려고 다가가다
가 하나님의 목소리를 듣게 되었으니: 곧, 32 '나는 네 조상의 하나님 곧, 아브라함의 하나님, 이삭과 야
곱의 하나님이니라' 하시는 말이라, 모세가 무서워 몸을 떨며 감히 바라보지를 못하였음이니이다.

33 Then the Lord said to him, 'Take off your sandals; the place where you are
standing is holy ground. 34 I have indeed seen the oppression of my people
in Egypt. I have heard their groaning and have come down to set them free.
Now come, I will send you back to Egypt.' 35 This is the same Moses whom
they had rejected with the words, 'Who made you ruler and judge?' He was
sent to be their ruler and deliverer by God himself, through the angel who
appeared to him in the bush. 36 He led them out of Egypt and did wonders
and miraculous signs in Egypt, at the Red Sea and for forty years in the desert.

33 그 때에 주 하나님께서 모세에게 이르시되, '네 발에 신은 신발을 벗으라; 네가 서 있는 곳이 거룩한
땅이니라. 34 내가 참으로 내 백성이 이집트에서 압제를 받는 것을 보았고 또 그들의 신음 소리를 들었
으므로 이제 그들을 해방시키기 위하여 내려 왔음이니라. 너는 내게 가까이 오라. 내가 너를 이집트로
돌려보내리라.' 이렇게 말씀하셨나이다. 35 이 사람이 바로 그들이 '누가 너를 우리의 재판관과 통치자
로 세웠느냐?' 하고 말을 듣던 그 같은 사람 모세라. 그가, 관목 덤불 가운데 나타난 천사를 통하여, 그리
고 하나님 자신에 의하여 이스라엘 백성의 구원자요 통치자로 보냄을 받게 되었으니 36 이 모세가 이집
트로부터 우리 백성들을 인도하여 나왔으며, 또 이집트와 홍해와 광야에서 사십 년간을 기적과 표적을

행하였던 바로 그 사람이니이다.

37 This is that Moses who told the Israelites, 'God will send you a prophet like me from your own people.' 38 He was in the assembly in the desert, with the angel who spoke to him on Mount Sinai, and with our fathers; and he received living words to pass on to us. 39 But our fathers refused to obey him. Instead, they rejected him and in their hearts turned back to Egypt. 40 They told Aaron, 'Make us gods who will go before us. As for this fellow Moses who led us out of Egypt--we don't know what has happened to him!' 41 That was the time they made an idol in the form of a calf. They brought sacrifices to it and held a celebration in honor of what their hands had made.

37 이스라엘 자손에 대하여 다음과 같은 말을 한 사람이 바로 이 모세라 곧, 모세가 백성에게 이르기를, '하나님께서 너희 백성 가운데에서 한 사람을 택하사 나와 같은 선지자로 너희에게 보내리라' 하였으니 38 그가 광야에서 이스라엘의 총회에 거하였었고, 자기에게 말을 전하던 천사와 함께 시내산에서 머물러 있었으며 또 우리의 조상들과 함께 살았으니 하나님의 살아있는 말씀을 받아 우리에게 전해주던 자가 바로 이 사람, 모세였나이다. 39 그러나 우리 조상들이 이 모세에게 복종하기를 거부하고 그를 내치고 거절하며 그 마음 속으로 이집트로 도로 돌아가고자 하여 40 아론더러 이르되 '너는 우리 앞에서 행하여 갈 신(神)을 만들어 내라. 우리를 이집트 땅으로부터 이끌어낸 이 모세라는 친구가 어떻게 되었는지를 우리가 알지 못하노라!' 하였으니 41 그들이 송아지 모양으로 우상을 만든 때가 바로 이 때라, 그들이 희생 제물을 이 송아지 우상 앞에 가져다 놓고 또 자기 손으로 만든 것을 높이고 기리는 잔치를 벌이기까지 하였나이다.

42 But God turned away and gave them over to the worship of the heavenly bodies. This agrees with what is written in the book of the prophets: 'Did you bring me sacrifices and offerings forty years in the desert, O house of Israel?
43 You have lifted up the shrine of Molech and the star of your god Rephan, the idols you made to worship. Therefore I will send you into exile beyond Babylon.'

42 그러나 실상은 하나님이 그들로부터 돌아서시사, 그들을 하늘의 다른 실체들 섬기는 일에 내 주어 버리신 것이라, 이는 곧, 선지자들의 글에 씌어 있는 바와 일치하는 것이니 기록된 바 '오!, 이스라엘의 집이여, 너희가 사십 년 동안 광야에서 내게 희생 제물을 바치며 헌물을 드린 적이 있느냐? 43 너희가 몰록의 신전을 세우고 너희의 신(神) 레판의 별을 받들었도다. 그러므로 내가 너희를 바벨론을 넘어 먼 지경에까지 쫓겨나도록 하리라' 하였음이 곧 그것이니이다.

44 Our forefathers had the tabernacle of the Testimony with them in the desert. It had been made as God directed Moses, according to the pattern he had seen. 45 Having received the tabernacle, our fathers under Joshua brought it with them when they took the land from the nations God drove out before them. It remained in the land until the time of David, 46 who enjoyed God's favor and asked that he might provide a dwelling place for the God of Jacob.

44 우리의 조상들이 광야에서 증거의 장막을 가지고 있었으니 이는 하나님께서 모세에게 지시하신 그 모습 그대로 만들어 진 것이요, 하나님께서 모세에게 보이신 그 양식대로 지어진 것이니이다. 45 이 장막을 우리의 조상들이 받아 여호수아의 지휘 아래 그것을 항상 가지고 다녔으니 곧, 하나님께서 그들 앞에서 쫓아내신 이방 족속의 땅을 그들이 취할 때에도 그리하였고, 다윗의 시대에 이르기까지 그것이 이 땅에 있었나이다. 46 다윗이 하나님 앞에서 은혜를 받아, 야곱의 하나님의 거할 처소를 준비하게 하여 달라고 하나님께 청하였으나

47 But it was Solomon who built the house for him. 48 However, the Most

High does not live in houses made by men. As the prophet says: **49** 'Heaven
is my throne, and the earth is my footstool. What kind of house will you build
for me? says the Lord. Or where will my resting place be? **50** Has not my hand
made all these things?'

47 정작 하나님을 위하여 전(殿)을 만들어 바친 이는 솔로몬이라. **48** 그러나 저 지극히 높으신 하나님
께서는 사람의 손으로 지은 곳에 계시지를 아니하나니 선지자가 말한 대로: **49** '하늘은 나의 보좌요, 땅
은 나의 발 받침이니 너희가 나를 위해 무슨 집을 짓겠으며 내가 안식할 처소가 어디 있겠느냐? **50** 이
모든 만물을 다 내가 내 손으로 지은 것이 아니냐?' 하신 말씀이 곧 그것이니이다.

51 You stiff-necked people, with uncircumcised hearts and ears! You are just
like your fathers: You always resist the Holy Spirit! **52** Was there ever a prophet
your fathers did not persecute? They even killed those who predicted the
coming of the Righteous One. And now you have betrayed and murdered him-
- **53** you who have received the law that was put into effect through angels but
have not obeyed it."

51 당신들은 목이 곧은 백성들이라! 할례받지 못한 마음과 할례받지 못한 귀를 지닌 사람들이니이다.
당신들이 당신들의 조상과 꼭 같아서 항상 끊임없이 성령을 거스르니 **52** 당신의 조상들이 박해하고 핍
박하지 않은 선지자가 그 누가 있었나이까? 그들이 말한대로 '그 의로우신 이가 이제 오시리라'고 예언
한 그 선지자도 당신들의 조상이 죽였음이니이다. 그리고 이제 당신들이 또 한 사람, 그를 배신하여 그
를 살해하였으니- **53** 당신들은 천사들을 통해 우리가 받은 그 율법, 우리 가운데 실제 주어진 그 율법
을 받았으되; 이것조차도 당신들이 불복종함이니이다." 하고 말을 하니

54 When they heard this, they were furious and gnashed their teeth at him.
55 But Stephen, full of the Holy Spirit, looked up to heaven and saw the glory
of God, and Jesus standing at the right hand of God. **56** "Look," he said, "I see
heaven open and the Son of Man standing at the right hand of God." **57** At this
they covered their ears and, yelling at the top of their voices, they all rushed
at him, **58** dragged him out of the city and began to stone him. Meanwhile, the
witnesses laid their clothes at the feet of a young man named Saul.

54 그들이 스데반의 이 말을 듣고는 심히 분노하여 스데반을 향해 이빨을 갈더라. **55** 그러나 스데반은
성령으로 충만하여 하늘을 우러러 보며 하나님의 영광을 보고, 또 예수께서 하나님 오른편에 서 계신 것
을 보며 **56** 말하기를, "보라! 하늘이 열리고 인자(人子)가 하나님 오른편에 서신 것을 내가 보노라." 하
는데 **57** 이에 그들이 일제히 자기들의 귀를 막고, 큰 목소리로 비명들을 지르며 스데반에게 달려들어
58그를 성 밖으로 끌어내어 돌로 치기를 시작하니라. 이러는 동안 그들이 자기들의 옷을 벗어 사울이라
하는 젊은 남자의 발 앞에 놓아 두더라.

59 While they were stoning him, Stephen prayed, "Lord Jesus, receive my
spirit." **60** Then he fell on his knees and cried out, "Lord, do not hold this sin
against them." When he had said this, he fell asleep.

59 그들이 돌로 스데반을 치니 스데반이 기도하여 이르되 "주 예수여, 내 영(靈)을 받으소서." 하고 **60**
또 무릎을 꿇고 크게 외쳐 이르기를 "주여, 이 죄를 그들에게 돌리지 마옵소서." 하고 난 후에 잠이 드니
라.

제8장

1 And Saul was there, giving approval to his death.On that day a great
persecution broke out against the church at Jerusalem, and all except the
apostles were scattered throughout Judea and Samaria. 2 Godly men buried
Stephen and mourned deeply for him. 3 But Saul began to destroy the church.
Going from house to house, he dragged off men and women and put them in
prison.

1 그 때, 사울이 그 자리에 있었는데 사울은 스데반이 그 같은 죽음 당함을 아주 당연하게 생각을 하더
라. 바로 그 날 예루살렘 교회에 큰 박해가 일어나서 사도들을 제외하고는 성도들이 모두 다 유대와 사
마리아 전역으로 흩어져 가니라. 2 하나님을 경외하는 사람들이 스데반을 장사지내고 그를 위하여 크게
울더라. 3 사울이 교회를 멸하기를 시작하는데 그가 집집이 찾아다니며 믿는 성도들을 남녀 상관없이
끌어내어 감옥에 가두니라.

4 Those who had been scattered preached the word wherever they went. 5
Philip went down to a city in Samaria and proclaimed the Christ there. 6
When the crowds heard Philip and saw the miraculous signs he did, they all
paid close attention to what he said.

4 (*이 사건으로) 흩어져 간 사람들이 어느 곳이든 자기들이 이르런 곳에서 말씀을 전파하기 시작하는
데, 5 빌립은 사마리아에 있는 어느 도시에 내려가 거기서 그리스도를 백성에게 전파하니 6 사람들이
빌립의 말을 듣고 또 그가 행하는 표적들도 보고 빌립이 하는 말에 다 비상한 관심을 가지기 시작하더
라.

7 With shrieks, evil spirits came out of many, and many paralytics and cripples
were healed. 8 So there was great joy in that city.

7 악한 영들이 비명 소리를 지르며 여러 사람들로부터 쫓겨 나오고 또 수 많은 사지 마비 환자들과 불구
자들이 나음을 얻으니 8 그 도시 전체에 큰 기쁨이 있게 되더라.

9 Now for some time a man named Simon had practiced sorcery in the city
and amazed all the people of Samaria. He boasted that he was someone
great, 10 and all the people, both high and low, gave him their attention and
exclaimed, "This man is the divine power known as the Great Power." 11 They
followed him because he had amazed them for a long time with his magic. 12
But when they believed Philip as he preached the good news of the kingdom
of God and the name of Jesus Christ, they were baptized, both men and
women. 13 Simon himself believed and was baptized. And he followed Philip
everywhere, astonished by the great signs and miracles he saw.

9 그 성에 시몬이라 하는 사람이 있었는데 그가 예전부터 마술을 행하여 사마리아 백성을 놀라게 하며
자칭 '큰 자라' 하고, 10 낮은 사람부터 높은 사람까지 다 그를 따르며 이르되 "이 사람은 '위대한 능력'
이라 해야 할 신성한 능력의 사람이로다." 하면서 11 그를 따르니 이는 그가 오랜 기간 동안을 자기의
마술로 사람들을 경탄케 만들어 온 까닭이더라. 12 그러나 빌립이 전하는 하나님 나라의 복음과 예수
그리스도의 이름을 사람들이 믿고, 또 남자나 여자나 다 세례를 받으니 13 시몬도 이를 따라 그들과 함
께 세례를 받고, 그리고 빌립이 가는 곳이면 어디든 그를 따라 다니며 자기가 보게 되는 그 큰 기적과 기
이한 징조들로 인해 심히 놀라워하니라.

14 When the apostles in Jerusalem heard that Samaria had accepted the word
of God, they sent Peter and John to them. 15 When they arrived, they prayed
for them that they might receive the Holy Spirit, 16 because the Holy Spirit
had not yet come upon any of them; they had simply been baptized into the

name of the Lord Jesus.

14 예루살렘에 있는 사도들이 이렇게 사마리아가 하나님의 말씀을 받았다 하는 사실을 전해 듣고는 베드로와 요한을 그들에게로 보내니라. 15 베드로와 요한이 (*사마리아에) 도착하여 그들도 성령을 받을 수 있도록 기도를 하는데, 16 이는 그들 중 아무에게도 아직 성령이 내린 일이 없고; 그저 주 예수의 이름으로 세례만 받았을 뿐인 연고더라.

17 Then Peter and John placed their hands on them, and they received the Holy Spirit. 18 When Simon saw that the Spirit was given at the laying on of the apostles' hands, he offered them money 19 and said, "Give me also this ability so that everyone on whom I lay my hands may receive the Holy Spirit." 20 Peter answered: "May your money perish with you, because you thought you could buy the gift of God with money!

17 이에 베드로와 요한이 자기들의 손을 얹어 그들에게 안수하니, 그들 역시 성령을 받게 되는지라 18 사도들이 안수하는 즉시 성령이 주어지는 광경을 시몬이 보고, 사도들을 향하여 돈을 주겠다는 제안을 하며 이르기를, 19 "이런 능력을 제게도 주어 제가 제 손을 얹는 누구든 성령을 받게끔 하여 주소서." 하니, 20 베드로가 대답하여 이르되, "네 돈이 너와 함께 망할지어다. 네가 하나님의 선물을 돈으로 살 수 있다고 생각한 때문이라.

21 You have no part or share in this ministry, because your heart is not right before God. 22 Repent of this wickedness and pray to the Lord. Perhaps he will forgive you for having such a thought in your heart. 23 For I see that you are full of bitterness and captive to sin."

21 네 마음이 하나님 앞에서 올바르지 못하니 네가 이 사역에는 참여할 것도 없고 얻을 것도 없느니라. 22 그러므로 너의 이 사악함을 회개하고 주께 기도하라. 혹시 주께서 네 마음의 그런 생각을 용서해 주실 수도 있으리라. 23 그러나 내가 보니 네 마음 속에는 신랄함이 가득하며 네가 죄에 매인 바가 되었도다." 하니라.

24 Then Simon answered, "Pray to the Lord for me so that nothing you have said may happen to me." 25 When they had testified and proclaimed the word of the Lord, Peter and John returned to Jerusalem, preaching the gospel in many Samaritan villages.

24 그러자, 시몬이 대답하여 말하기를, "저를 위하여 주께 기도하시어, 당신이 말씀한 것이 하나도 제게 일어나지 않도록 해 주소서." 하더라. 25 베드로와 요한이 (*이와 같이 사마리아에서) 주 하나님의 말씀을 증거하고 또 이를 선포한 후에 예루살렘으로 돌아가는데 (*도중에 있는) 사마리아 여러 다른 마을에서도 복음을 전하며 길을 가니라.

26 Now an angel of the Lord said to Philip, "Go south to the road--the desert road-- that goes down from Jerusalem to Gaza." 27 So he started out, and on his way he met an Ethiopian eunuch, an important official in charge of all the treasury of Candace, queen of the Ethiopians. This man had gone to Jerusalem to worship, 28 and on his way home was sitting in his chariot reading the book of Isaiah the prophet.

26 그 때에 주 하나님의 천사가 빌립에게 나타나 말하기를, "너는 남쪽으로 사막 길을 행하여 가라. 곧, 예루살렘으로부터 가자로 내려가는 길을 이름이니라." 하매, 27 빌립이 곧 길을 출발해 가니라. 빌립이 길을 가다가 이디오피아 환관(宦官)을 만나니 이 사람은 이디오피아의 여왕 간다게의 모든 재정을 맡아 책임지고 있는 중요한 관리(官吏)라. 그가 하나님을 경배하러 예루살렘으로 왔다가 28 자기 나라로 돌아가는 길인데, 자기 마차에 올라 앉아 선지자 이사야의 책을 읽고 있었더라.

29 The Spirit told Philip, "Go to that chariot and stay near it." **30** Then Philip
ran up to the chariot and heard the man reading Isaiah the prophet. "Do
you understand what you are reading?" Philip asked. **31** "How can I," he said,
"unless someone explains it to me?" So he invited Philip to come up and sit
with him. **32** The eunuch was reading this passage of Scripture: "He was led
like a sheep to the slaughter, and as a lamb before the shearer is silent, so
he did not open his mouth. **33** In his humiliation he was deprived of justice.
Who can speak of his descendants? For his life was taken from the earth." **34**
The eunuch asked Philip, "Tell me, please, who is the prophet talking about,
himself or someone else?"

29 성령이 빌립에게 말씀하시기를, "저 마차에 다가가서 그의 곁에 자리하라." 하시매, **30** 빌립이 그
마차를 향해 나아가다가 그 사람이 선지자 이사야의 글을 읽고 있는 것을 들은지라, 빌립이 이르되, "당
신이 지금 읽는 내용을 다 이해하느뇨?" 하고 물으니, **31** 그가 대답하기를, 나에게 설명을 해 주는 이
가 없으니 내가 어떻게 이를 다 이해하겠느뇨?" 하며 빌립에게 마차 위로 올라와 같이 앉기를 청하니라.
32 읽고 있던 성경 구절은 이것이니: "그가 도살(屠殺) 당하기 위해 끌려가는 양(羊)과 같이, 그리고 털
깎는 자 앞에 선 어린 양같이 그의 입을 열지 아니하였도다. **33** 그가 그런 치욕 가운데에서 불의한 대접
을 받았으니, 누가 그의 후손들을 언급할 수 있었겠느뇨? 그의 생명이 이 땅으로부터 앗아감을 당하였
도다." 하는 부분이더라. **34** 이에 그 환관이 빌립에게 물어 이르되, "청컨대 내게 말해 주시오. 선지자가
말하고 있는 이 사람이 누구인지요? 혹시 선지자가 자기 자신을 가리켜 말하고 있는건지요? 하니,

35 Then Philip began with that very passage of Scripture and told him the
good news about Jesus. **36** As they traveled along the road, they came to some
water and the eunuch said, "Look, here is water. Why shouldn't I be baptized?"
37 Philip said, "If you believe with all your heart, you may." And he replied, "I
believe that Jesus Christ is the Son of God."

35 이에 빌립이 바로 그 구절로부터 시작하여 예수에 관한 모든 좋은 소식 곧, 복음을 전하기 시작하니
라. **36** 그 둘이 이같이 함께 길을 행하는 도중에 물가에 이르게 되니, 그 환관이 말하기를, "보시오. 여
기에 물이 있으니 내가 세례를 받지 못할 까닭이 무엇이오?" 하거늘 **37** 빌립이 이르되, "당신이 진정 마
음을 다하여 믿으면 그리 할 수 있으리라." 하니 이에 그 환관이 대답하기를, "예수 그리스도가 하나님
의 아들이신 것을 제가 믿나이다." 하니라.

38 And he gave orders to stop the chariot. Then both Philip and the eunuch
went down into the water and Philip baptized him. **39** When they came up out
of the water, the Spirit of the Lord suddenly took Philip away, and the eunuch
did not see him again, but went on his way rejoicing. **40** Philip, however,
appeared at Azotus and traveled about, preaching the gospel in all the towns
until he reached Caesarea.

38 그리고 그 환관이 하인들에게 마차를 멈추라고 명하고 이에 환관과 빌립이 물가로 내려가서 빌립이
그 물에서 환관에게 세례를 주니라. **39** 둘이 물에서 올라올 때에 주의 성령이 나타나 홀연히 빌립을 데
리고 가니, 그 환관이 빌립을 다시 보지 못하게 되었으나 그러나 그가 자기 길을 기쁘게 행하여 돌아가
더라. **40** 빌립은 아조투스에 나타나 도중에 있는 모든 도시들에 복음을 전하며 카이사랴에 이르기까지
길을 가니라.

제9장

1 Meanwhile, Saul was still breathing out murderous threats against the
Lord's disciples. He went to the high priest **2** and asked him for letters to the

synagogues in Damascus, so that if he found any there who belonged to the
Way, whether men or women, he might take them as prisoners to Jerusalem.

1 한편, 사울은 주의 제자들에 대하여 여전히 살기가 등등하여 그들을 다 죽여 버리겠다는 위협을 그치
지 않을 뿐 아니라 자기가 직접 대제사장에게 가서 2 다마스커스에 있는 여러 회당에 보낼 공문을 달라
요청을 하니, 이는, 누구든지 그 도(道)를 따르고 그에 속해 있는 사람은 남녀를 불문하고 죄수로 결박하
여 예루살렘으로 끌고 오려 함이더라.

3 As he neared Damascus on his journey, suddenly a light from heaven flashed
around him. 4 He fell to the ground and heard a voice say to him, "Saul, Saul,
why do you persecute me?" 5 "Who are you, Lord?" Saul asked. 6 "I am Jesus,
whom you are persecuting," he replied. "Now get up and go into the city, and
you will be told what you must do." 7 The men traveling with Saul stood there
speechless; they heard the sound but did not see anyone.

3 사울이 다마스커스를 향해 가는 여행 길에서 거의 목적지인 다마스커스에 가까이 이르렀을 때에 홀연
히 한 줄기 빛이 하늘로부터 내려와 사울의 주위를 비추니라. 4 사울이 땅에 엎드러져 자기를 향해 말하
는 한 목소리를 듣게 되었으니, 그 목소리가 말을 하기를 "사울아, 사울아, 네가 어찌하여 나를 박해하느
냐?" 하니라. 5 사울이 물어 이르되, "주여, 뉘시오니이까?" 하매, 그 목소리가 대답하기를, "나는 네가
핍박하는 예수라." 하시고, 6 "너는 이제 일어나 시내로 들어가라. 네가 앞으로 마땅히 행해야 할 일을
누군가 네게 이를 자가 있으리라." 하시더라. 7 그러나 사울과 동행해서 가던 일행들은 그냥 말 없이 길
에 서 있으니; 그들은 아무도 보지를 못하고 그냥 소리만 들을 뿐이더라.

8 Saul got up from the ground, but when he opened his eyes he could see
nothing. So they led him by the hand into Damascus. 9 For three days he was
blind, and did not eat or drink anything.

8 사울이 땅에서 일어나 그 눈을 떴으나 아무 것도 보지를 못하니 사울과 동행하던 사람들이 사울의 손
을 잡고 끌어 다마스커스로 들어가니라. 9 사울이 사흘 동안을 눈이 먼채로 아무 것도 먹지도 아니하고
마시지도 아니하더라.

10 In Damascus there was a disciple named Ananias. The Lord called to him in
a vision, "Ananias!" "Yes, Lord," he answered. 11 The Lord told him, "Go to the
house of Judas on Straight Street and ask for a man from Tarsus named Saul,
for he is praying. 12 In a vision he has seen a man named Ananias come and
place his hands on him to restore his sight." 13 "Lord," Ananias answered, "I
have heard many reports about this man and all the harm he has done to your
saints in Jerusalem. 14 And he has come here with authority from the chief
priests to arrest all who call on your name." 15 But the Lord said to Ananias,
"Go! This man is my chosen instrument to carry my name before the Gentiles
and their kings and before the people of Israel.

10 그 때에 다마스커스에 아나니아라 하는 제자가 있었는데 주께서 환상 중에 나타나, "아나니아야" 하
고 부르시거늘, 그가 "예, 주여" 하고 대답하니 11 주께서 아나니아에게 이르시기를, "너는 곧은 거리에
있는 유다의 집을 찾아가 타르수스 사람 사울을 찾으라. 그가 지금 기도하고 있는 중이니라. 12 그가 환
상 중에 보기를, 아나니아라 하는 사람이 들어와서 그 손을 자기에게 얹어 안수함으로 자기가 시력을 되
찾고 보게 되는 광경을 보았느니라." 하시니라. 13 아나니아가 주께 대답하여 이르되, "주여, 이 사람에
대해서는 제가 여러가지 풍문을 들었사온대, 그가 예루살렘에서 주의 성도들에게 행한 그 모든 악한 일
을 제가 들었사옵고, 14 또한 이제 그가 주의 이름을 부르는 모든 사람을 체포할 권세를 대제사장에게
받아서 여기 다마스커스로 왔다 하는 것을 제가 또 들은 바가 있나이다." 하니, 15 주께서 아나니아에게
이르시되, "그래도 너는 가라! 이 사람은 이방 나라와 또 그들의 왕들과, 그리고 모든 이스라엘 사람 앞
에서 내 이름을 알리기 위하여 내가 선택한 사람이니라.

16 I will show him how much he must suffer for my name." 17 Then Ananias
went to the house and entered it. Placing his hands on Saul, he said, "Brother
Saul, the Lord--Jesus, who appeared to you on the road as you were coming
here--has sent me so that you may see again and be filled with the Holy
Spirit."

16 그가 내 이름을 위하여 얼마나 많은 고난을 겪어야 할지를 이제 내가 그에게 보이리라." 하시니라.
17 그제야 아나니아가 길을 떠나 유다의 집에 도착하니라. 아나니아가 집에 들어서는 대로 사울에게 다
가가 그에게 안수하며 이르기를 "형제 사울아, 우리의 주 예수 그리스도 곧, 길 위에서 너에게 나타나셨
던 그 분께서 나를 보내셨으니 이는 너의 눈을 뜨게 하고 또 너를 성령으로 충만하게 만들기 위함이니
라." 하매,

18 Immediately, something like scales fell from Saul's eyes, and he could see
again. He got up and was baptized, 19 and after taking some food, he regained
his strength. 20 Saul spent several days with the disciples in Damascus. At
once he began to preach in the synagogues that Jesus is the Son of God.

18 그 즉시로 사울의 눈에서 비늘 같은 것이 떨어져 나오며 그가 다시 보게 된지라, 그가 일어나 세례를
받고, 19 그리고 음식을 조금 먹은 후에 다시 기력을 회복하니라. 사울이 제자들과 함께 다마스커스에
서 며칠을 더 보낸 후에 20 곧바로 회당에서 가르치기를 시작하는데 예수가 하나님의 아들이심을 전파
하기 시작하더라.

21 All those who heard him were astonished and asked, "Isn't he the man who
raised havoc in Jerusalem among those who call on this name? And hasn't he
come here to take them as prisoners to the chief priests?" 22 Yet Saul grew
more and more powerful and baffled the Jews living in Damascus by proving
that Jesus is the Christ.

21 사울의 (*전도의) 말을 듣는 모든 사람이 다 놀라워하며 서로를 향해 묻기를, "이 사람이 예루살렘에
서 그 이름을 부르는 자들 가운데 그처럼 큰 혼란을 일으킨 바로 그 자가 아니냐? 그리고 이 사람들을 죄
수로 붙잡아 대제사장에게로 끌고가려고 여기에 온 그 사람이 아니냐?" 하니라. 22 그러나 사울은 (*시
간이 갈수록) 더욱 더 힘차게 예수가 그리스도 되심을 증거하니 다마스커스에 사는 모든 유대인들이 심
히 당혹해 하더라.

23 After many days had gone by, the Jews conspired to kill him, 24 but Saul
learned of their plan. Day and night they kept close watch on the city gates in
order to kill him. 25 But his followers took him by night and lowered him in a
basket through an opening in the wall.

23 여러 날이 지나, (*다마스커스의) 유대인들이 사울을 죽이려고 함께 모여 모의를 하는데, 24 사울이
그 계획을 미리 알게 되었더라. 그들이 사울을 잡으려고 밤낮으로 그 도시의 성문을 감시를 하니, 25 사
울의 추종자들이 밤에 사울을 바구니에 담아 성벽으로부터 달아 내려 탈출을 시키니라.

26 When he came to Jerusalem, he tried to join the disciples, but they were all
afraid of him, not believing that he really was a disciple. 27 But Barnabas took
him and brought him to the apostles. He told them how Saul on his journey
had seen the Lord and that the Lord had spoken to him, and how in Damascus
he had preached fearlessly in the name of Jesus.

26 사울이 예루살렘에 도착하여 제자들을 접촉하려고 시도(試圖)를 하나, 제자들이 다 사울을 두려워
하니 이는 그가 진정으로 제자가 된 것을 믿지 못하던 연고더라. 27 이에 바나바가 사울을 데리고 사도
들에게 가서 그가 어떻게 다마스커스 여행 길에서 주를 만나보게 되었는지를 말하고, 또 주께서 사울에
게 어떻게 말씀하셨는지와 그리고 또 사울이 다마스커스에서 얼마나 담대하게 주의 이름을 선포하였는

지 등을 낱낱이 다 고하니라.

28 So Saul stayed with them and moved about freely in Jerusalem, speaking
boldly in the name of the Lord. 29 He talked and debated with the Grecian
Jews, but they tried to kill him. 30 When the brothers learned of this, they
took him down to Caesarea and sent him off to Tarsus. 31 Then the church
throughout Judea, Galilee and Samaria enjoyed a time of peace. It was
strengthened; and encouraged by the Holy Spirit, it grew in numbers, living in
the fear of the Lord.

28 그제야 사울이 사도들과 함께 머물며 또 예루살렘을 자유롭게 다니게 되니 사울이 주의 이름을 담대
하게 전하고 다니니라. 29 사울이 그리스계 유대인들과 이야기하며 논쟁을 하게 되었는데, 그들이 사울
을 죽이려고 달려드는지라, 30 형제들이 이런 사실을 알고는 사울을 카이사랴로 데려가서 거기서 다시
그를 타르수스로 보내니라. 31 그리하여 유대 전역과 갈릴리와 사마리아 온 지방을 통틀어 교회가 평안
한 시간을 보내며 든든히 서 가기 시작하니, 성령으로부터의 권면하심을 받아 (*믿는 무리의) 수가 날로
더해가는 가운데, 모두가 주를 경외하는 마음으로 살아가더라.

32 As Peter traveled about the country, he went to visit the saints in Lydda. 33
There he found a man named Aeneas, a paralytic who had been bedridden for
eight years. 34 "Aeneas," Peter said to him, "Jesus Christ heals you. Get up and
take care of your mat." Immediately Aeneas got up. 35 All those who lived in
Lydda and Sharon saw him and turned to the Lord.

32 베드로가 여러 지방을 여행하고 다니던 중에 릿다에 사는 성도들을 방문하려고 그 곳을 들렀었는데
33 거기에서 애니아라 하는 사람을 만나니라. 이 애니아가 중풍병으로 몸이 마비되어 침상 위에 누워
지낸지가 팔년 째라. 34 베드로가 이 애니아를 향해 말하기를, "애니아야, 예수 그리스도께서 너를 낫게
하시느니라. 일어나 네 자리를 정리토록 하라." 하니 그 즉시로 애니아가 자리를 털고 일어나니라. 35
이 소문이 퍼져 릿다 뿐 아니라 인근에 있는 샤론 사람들까지 다 릿다에 와서 병 나은 사람을 보고 주께
로 돌아오는 일이 생기니라.

36 In Joppa there was a disciple named Tabitha (which, when translated, is
Dorcas), who was always doing good and helping the poor. 37 About that time
she became sick and died, and her body was washed and placed in an upstairs
room. 38 Lydda was near Joppa; so when the disciples heard that Peter was
in Lydda, they sent two men to him and urged him, "Please come at once!" 39
Peter went with them, and when he arrived he was taken upstairs to the room.
All the widows stood around him, crying and showing him the robes and other
clothing that Dorcas had made while she was still with them. 40 Peter sent
them all out of the room; then he got down on his knees and prayed. Turning
toward the dead woman, he said, "Tabitha, get up." She opened her eyes, and
seeing Peter she sat up.

36 욥바(좁파)에 다비다라 하는 제자가 있었는데, (그 이름을 번역하면 도르가라) 언제든 선을 행하며
또 늘 가난한 이들을 돕던 사람이더라. 37 그 무렵에 다비다가 병이 들어 죽으매 사람들이 그녀의 시신
을 씻어 그를 이층방에 놓아 두었더라. 38 릿다는 욥바에서 가까운 지역이라; 베드로가 릿다에 머물고
있는 것을 제자들이 알고는 두 사람을 급히 베드로에게 보내니 이 사람들이 베드로를 찾아 와 재촉하여
말을 하기를, "지체하지 말고 속히 좀 함께 내려가사이다." 하니 39 베드로가 그들과 함께 (*욥바로) 가
니라. 그들이 (*다비다의 집에) 도착하니 그들이 베드로를 시신이 있는 이층방으로 안내하더라. 여러 과
부들이 베드로를 둘러싸고 서서 울며, 다비다가 자기들과 함께 있던 동안 자기 손으로 만든 옷들을 베드
로에게 보여주는데 40 베드로가 사람들을 다 방에서 내보내고 난 후에 무릎을 꿇고 기도하고 나서 시신
을 향해 말하되, "다비다야, 일어나라." 하니 그녀가 눈을 뜨고 베드로를 쳐다보며 일어나 앉으니라.

41 He took her by the hand and helped her to her feet. Then he called the believers and the widows and presented her to them alive. 42 This became known all over Joppa, and many people believed in the Lord. 43 Peter stayed in Joppa for some time with a tanner named Simon.

41 베드로가 다비다의 손을 잡고 일으켜 세워 성도들과 과부들에게 그녀가 살아 있음을 보여주니 42 온 욥바 사람에게 이 일이 알려져 수많은 사람들이 주를 믿게 되니라. 43 베드로가 욥바에 한 동안 체류하며 그 중에 시몬이라 이름하는 가죽 가공업자 집에 머물게 되었더라.

제10장

1 At Caesarea there was a man named Cornelius, a centurion in what was known as the Italian Regiment. 2 He and all his family were devout and God-fearing; he gave generously to those in need and prayed to God regularly.

1 카이사랴에 고넬료(코르넬리우스)라 하는 사람이 있었으니 이탈리아 군단으로 이름이 알려진 부대의 백부장(백인대장)이라. 2 그와 그의 식구 모두가 믿음이 독실하고 하나님을 경외하는 사람들로서 특히 그가 가난한 사람들을 많이 도와주며 항상 하나님께 기도하는 사람이었더라.

3 One day at about three in the afternoon he had a vision. He distinctly saw an angel of God, who came to him and said, "Cornelius!" 4 Cornelius stared at him in fear. "What is it, Lord?" he asked. 5 The angel answered, "Your prayers and gifts to the poor have come up as a memorial offering before God. Now send men to Joppa to bring back a man named Simon who is called Peter. 6
He is staying with Simon the tanner, whose house is by the sea."

3 하루는 오후 세시쯤이 되어 고넬료가 환상을 보게 되었는데 그가 하나님의 천사를 쳐다보는 가운데, 그 천사가 말하기를, "고넬료야!" 하니 4 그가 그 천사를 두려움 가운데에서 바라다 보며 "주여, 무슨 일이시니이까?" 하니 이에 천사가 대답하기를, "너의 기도와 그리고 가난한 사람을 도운 너의 선행들이 하나님 앞에 기억할만한 헌물로 올려 지게 되었느니라. 5 그런즉, 이제 사람을 욥바에 보내어 베드로라 부르는 시몬을 찾아서 그를 청하여 모셔 오라. 6 그가 지금 바닷가에 있는 가죽 가공업자 시몬의 집에 머물고 있느니라." 하시니라.

7 When the angel who spoke to him had gone, Cornelius called two of his servants and a devout soldier who was one of his attendants. 8 He told them everything that had happened and sent them to Joppa. 9 About noon the following day as they were on their journey and approaching the city, Peter went up on the roof to pray. 10 He became hungry and wanted something to eat, and while the meal was being prepared, he fell into a trance.

7 이 말을 마치고 천사가 떠나간 후에 고넬료가 하인 두 사람을 부르고 또 믿음이 독실한 부하 병사 한 사람을 불러 8 자기에게 일어난 일들을 다 말해 주고 그들을 욥바로 보내니라. 9 그 다음 날 정오 쯤이 되어 이들이 막 욥바에 도착할 무렵이 되었을 때에 베드로가 기도하러 지붕에를 올라가는 중에 10 시장함을 느낀지라, 이에 자기의 식사를 준비 중에 있을 때에 문득 황홀경에 빠져들게 되니라.

11 He saw heaven opened and something like a large sheet being let down to earth by its four corners. 12 It contained all kinds of four-footed animals, as well as reptiles of the earth and birds of the air. 13 Then a voice told him, "Get up, Peter. Kill and eat." 14 "Surely not, Lord!" Peter replied. "I have never eaten

anything impure or unclean." 15 The voice spoke to him a second time, "Do not call anything impure that God has made clean." 16 This happened three times, and immediately the sheet was taken back to heaven.

11 (*황홀경 가운데에서) 베드로가 보기를, 하늘이 열리고 큰 보자기 같은 천이 네 귀가 매인채 땅으로 내려오는데 12 그 속에는 이 지구 땅에 사는 모든 네 발 가진 동물들과 또 각종 파충류들과 그리고 공중의 새가 모두 들어 있었더라. 13 그리고 한 목소리가 있어 베드로에게 이르기를, "베드로야, 일어나서 이것들을 잡아먹으라." 하거늘 14 베드로가 대답하기를, "주여, 절대로 그럴 수 없나이다. 제가 지금껏 부정한 것, 그리고 정결치 않은 것을 먹은 일이 없나이다." 하니 15 그 목소리가 두 번째로 다시 베드로에게 말하기를, "하나님께서 깨끗하게 하신 것을 네가 부정하다 일컫지 말라." 하니라. 16 이와 같은 일이 세 번을 거듭하여 일어난 후에 그 보자기 같은 천이 하늘로 도로 끌려 올라가더라.

17 While Peter was wondering about the meaning of the vision, the men sent by Cornelius found out where Simon's house was and stopped at the gate. 18
They called out, asking if Simon who was known as Peter was staying there. 19
While Peter was still thinking about the vision, the Spirit said to him, "Simon, three men are looking for you. 20 So get up and go downstairs. Do not hesitate to go with them, for I have sent them."

17 베드로가 자기가 본 바 이 환상이 무슨 의미인지 그 가진 뜻을 골돌히 생각하고 있던 바로 그 때에 고넬료가 보낸 사람들이 시몬의 집을 찾아 와 문간에 섰더라. 18 그들이 집안에 있는 사람을 불러 거기 베드로라 하는 시몬이 유하고 있는지를 묻는데 19 그 때까지도 베드로는 여전히 그 환상에 관해 생각을 하고 있었더라. 그 때에 성령께서 베드로에게 말씀하시기를, "시몬아, 바깥에 서 있는 세 사람이 너를 찾느니라. 20 너는 일어나 아래층으로 내려가서 그들과 함께 길 떠나가기를 주저하지 말라. 내가 그들을 보내었느니라." 하시니라.

21 Peter went down and said to the men, "I'm the one you're looking for. Why have you come?" 22 The men replied, "We have come from Cornelius the centurion. He is a righteous and God-fearing man, who is respected by all the Jewish people. A holy angel told him to have you come to his house so that he could hear what you have to say." 23 Then Peter invited the men into the house to be his guests. The next day Peter started out with them, and some of the brothers from Joppa went along.

21 이에 베드로가 밑으로 내려가 그 사람들에게 말하기를, "당신들이 찾는 사람이 곧 내니라. 그런데 무슨 일로 나를 찾느뇨?" 하니, 22 그 사람들이 대답하여 이르되, "우리는 백부장 고넬료가 보낸 사람들이온데, 그는 의인이요 하나님을 경외하는 사람일 뿐 아니라 모든 유대인들로부터 존경을 받는 사람이니이다. 어느 날, 거룩한 천사가 그에게 나타나 말을 하기를, 당신을 자기 집에 모셔다가 당신이 하는 말을 듣도록 하라 명하셨나이다." 하니라. 23 이에 베드로가 그들을 자기 손님으로서 집 안으로 맞아들이고 그 다음 날, 그 사람들과 함께 길을 떠나니 욥바에 있던 형제 중 몇이 베드로와 길을 동행하니라.

24 The following day he arrived in Caesarea. Cornelius was expecting them and had called together his relatives and close friends. 25 As Peter entered the house, Cornelius met him and fell at his feet in reverence. 26 But Peter made him get up. "Stand up," he said, "I am only a man myself."

24 그 이튿날 베드로가 카이사랴에 도착을 하니 고넬료가 자기 친척들과 그리고 자기와 가까운 친구들을 모두 불러 모아 놓고 베드로 일행을 기다리고 있더라. 25 베드로가 집에 들어서매 고넬료가 그를 맞아들이며 베드로의 발 앞에 자기 몸을 엎드리어 경배를 하니 26 베드로가 그를 일으켜 세우며 말하기를, "일어나시오. 나도 똑같은 사람일 뿐이라."하니라.

27 Talking with him, Peter went inside and found a large gathering of people.

28 He said to them: "You are well aware that it is against our law for a Jew to
associate with a Gentile or visit him. But God has shown me that I should not
call any man impure or unclean. 29 So when I was sent for, I came without
raising any objection. May I ask why you sent for me?"

27 베드로가 고넬료와 더불어 이야기하며 집안에 들어서 보니, 거기 많은 사람들이 모여 있는걸 보게
된지라. 28 베드로가 그들을 향해 이르되 "그대들이 알고 있는 바와 같이, 유대인으로서 이방인과 사귀
거나 그를 방문하는 것이 우리 유대인의 법에 어긋나는 것이라, 그러나 하나님께서 내게 나타나 말씀하
시기를, '어떤 사람이든 네가 불순하다거나 부정하다 부르지 말라' 하셨기로 29 이에 내가 청함을 받았
을 때에 거절하지 아니하고 이렇게 왔노라. 이제 무슨 일로 나를 오라 하였는지 내가 물어볼 수 있겠느
뇨?"하니,

30 Cornelius answered: "Four days ago I was in my house praying at this hour,
at three in the afternoon. Suddenly a man in shining clothes stood before me
31 and said, 'Cornelius, God has heard your prayer and remembered your
gifts to the poor. 32 Send to Joppa for Simon who is called Peter. He is a
guest in the home of Simon the tanner, who lives by the sea.' 33 So I sent for
you immediately, and it was good of you to come. Now we are all here in the
presence of God to listen to everything the Lord has commanded you to tell
us."

30 고넬료가 대답하여 이르되: "제가 나흘 전 이 시간 쯤에, 집에서 혼자 기도를 하고 있는데 시간이 오
후 세시 쯤이 되었었나이다. 그 때, 홀연히 어떤 찬란히 빛나는 흰 옷 입은 사람이 제 앞에 서서 31 말하
기를, "고넬료야, 하나님께서 네 기도를 들으셨고 또 네가 가난한 사람들을 도운 것을 기억하셨느니라.
32 너는 욥바에 사람을 보내어 베드로라 하는 시몬을 찾아 청하라. 그가 지금 바닷가에 사는 가죽 가공
업자 시몬의 집에 머물고 있느니라" 말씀하시기로 33 제가 당신을 모셔 오려 급히 사람을 보내었고, 이
제 이같이 오셨으니 참 잘 하셨나이다. 이제 우리가 여기 하나님 앞에 다 모여 주께서 당신에게 말하라
하신 그 모든 것들을 우리가 귀담아 들을 준비가 되었나이다." 하니라.

34 Then Peter began to speak: "I now realize how true it is that God does
not show favoritism 35 but accepts men from every nation who fear him and
do what is right. 36 You know the message God sent to the people of Israel,
telling the good news of peace through Jesus Christ, who is Lord of all. 37 You
know what has happened throughout Judea, beginning in Galilee after the
baptism that John preached-- 38 how God anointed Jesus of Nazareth with the
Holy Spirit and power, and how he went around doing good and healing all
who were under the power of the devil, because God was with him.

34 그러자 베드로가 입을 열어 말하되: "이제서야 내가 깨달았노니, 하나님께서는 참으로 사람을 그 외
모(外貌)로 차별하지 아니하시고 35 모든 나라, 모든 족속으로부터 하나님을 경외하며 의로운 일을 행
하는 사람은 모두 다 이를 받아들이시는 줄을 내가 알게 되었도다. 36 하나님께서 이스라엘 백성에게
보내 주신 메시지의 말씀 곧, 예수 그리스도를 통하여 말씀하신 평화의 복음을 너희가 알고 있거니와,
이 예수 그리스도가 곧 만유의 하나님이시니라. 37 그리고 또 너희가 알고 있는 바와 같이 요한이 전파
한 세례 이후에 갈릴리로부터 시작하여 유대 온 땅에 걸쳐 일어났던 일들– 38 곧, 하나님께서 어떻게
나사렛 예수를 성령과 능력으로 기름 부으셨는지, 그리고 그가 어떻게 선한 일들을 행하며, 또 귀신 들
린 자들을 낫게 하셨는지를 너희가 이미 들어서 아나니, 이 모든 것들은 바로 하나님께서 이 예수와 함
께하셨던 까닭에 생겨나게 된 일들이니라.

39 We are witnesses of everything he did in the country of the Jews and in
Jerusalem. They killed him by hanging him on a tree, 40 but God raised him
from the dead on the third day and caused him to be seen. 41 He was not seen

by all the people, but by witnesses whom God had already chosen--by us who
ate and drank with him after he rose from the dead. 42 He commanded us to
preach to the people and to testify that he is the one whom God appointed
as judge of the living and the dead. 43 All the prophets testify about him that
everyone who believes in him receives forgiveness of sins through his name."

39 우리는 이 나사렛 예수가 예루살렘과 또 유대 온 땅에서 행한 그 모든 일들의 증인들이라. 저들이 예
수를 나무에 매달아 죽였으나, 40 그러나 하나님께서 제 삼일 째에 그를 죽음으로부터 일으켜 세우사
우리에게 보이게 하셨느니라. 41 그러나 그가 (*부활하신 후에) 모든 사람들에게 다 보이신 것이 아니
요, 오직 하나님께서 직접 택하신 증인들 곧, 그가 살아나신 연후에 그와 함께 먹고 마신 우리에게 보이
신 것이니 42 이 예수가 우리에게 명하사 사람들에게 전도하게 하셨고 또 하나님께서 장차, 산 자와 죽
은 자 모두를 심판하실 심판관으로 세우신 이가 바로 자기이심을 증거하게 하셨느니라. 43 (*예전부터
있어 온) 모든 선지자들이 하나같이 다 증언해 온 이가 바로 이 예수이시니 곧 그를 믿는 자는 누구든 그
의 이름을 힘입어 죄 사함을 받게 되는 그 말씀 대목이니라." 하니라.

44 While Peter was still speaking these words, the Holy Spirit came on all who
heard the message. 45 The circumcised believers who had come with Peter
were astonished that the gift of the Holy Spirit had been poured out even on
the Gentiles. 46 For they heard them speaking in tongues and praising God.
47 Then Peter said, "Can anyone keep these people from being baptized with
water? They have received the Holy Spirit just as we have." 48 So he ordered
that they be baptized in the name of Jesus Christ. Then they asked Peter to
stay with them for a few days.

44 베드로가 이렇게 말을 하고 있는 그 순간에 그 메시지를 듣고 있던 모든 사람들 위에 성령이 임하시
니라. 45 그러자 베드로와 함께 온 할례 받은 성도들이 이런 성령의 선물이 이방인들 위에도 부어짐에
대해 크게 놀라워하니 46 이는 이 이방인들이 방언을 말하며 하나님을 찬양하는 것을 자기들 귀로 들은
때문이라. 47 이에 베드로가 이르되, "이 사람들이 우리와 같이 성령을 받았으니 또 이들이 물로 세례를
받는 것을 누가 막으리오?" 하고 48 이에 그들 또한 세례를 받을 수 있도록 명하더라. 그들이 베드로에
게 자기들과 함께 며칠 더 머물다 가도록 간청을 하더라.

제11장

1 The apostles and the brothers throughout Judea heard that the Gentiles also
had received the word of God. 2 So when Peter went up to Jerusalem, the
circumcised believers criticized him 3 and said, "You went into the house of
uncircumcised men and ate with them."

1 유대에 있는 사도들과 형제들이 이방인들도 하나님의 말씀을 받았다 하는 소식을 들은지라, 2 베드로
가 예루살렘에 올라갔을 때에 할례 받은 성도들이 베드로를 비난하여 3 이르되, "네가 할례 받지 아니한
사람의 집에 들어가 그들과 함께 식사를 하였도다." 하니

4 Peter began and explained everything to them precisely as it had happened:
5 "I was in the city of Joppa praying, and in a trance I saw a vision. I saw
something like a large sheet being let down from heaven by its four corners,
and it came down to where I was. 6 I looked into it and saw four-footed
animals of the earth, wild beasts, reptiles, and birds of the air. 7 Then I heard
a voice telling me, 'Get up, Peter. Kill and eat.' 8 I replied, 'Surely not, Lord!

Nothing impure or unclean has ever entered my mouth.' 9 The voice spoke
from heaven a second time, 'Do not call anything impure that God has made
clean.'

4 베드로가 그들에게 실제 일어났던 일을 있는 그대로 설명하기를 시작하니라. 5 베드로가 말을 하기
를, "내가 욥바 시내에 머물고 있을 때에 기도를 하는 중에 황홀경 가운데에서 어떤 환상을 보게 되었는
데, 커다란 보자기 같은 천이 하늘로부터 네 귀가 매인채로 내려와서는 내가 앉아 있는 바로 그 위에까
지 드리워지는 것을 내가 보았고, 6 내가 그 안을 들여다 보니 이 온 땅에 있는 네 발 가진 짐승들과 들
짐승들과 기어 다니는 것들과 공중의 새들이 다 함께 보이는지라. 7 그 때에 내가 한 목소리를 들었는데
그 목소리가 내게 말하기를, '베드로야, 일어나 잡아먹으라' 하시거늘, 8 내가 이르기를 '주님 그럴 수 없
나이다. 무엇이든 부정한 것이나 정결치 못한 것이 내 입에 들어간 일이 없나이다.' 하니 9 그 하늘로부
터 울려 나오던 목소리가 내게 다시 이르되, '하나님이 깨끗하게 하신 것을 네가 정결치 못하다고 하지
말라' 하였느니라.

10 This happened three times, and then it was all pulled up to heaven again.
11 Right then three men who had been sent to me from Caesarea stopped at
the house where I was staying. 12 The Spirit told me to have no hesitation
about going with them. These six brothers also went with me, and we entered
the man's house.

10 이런 일이 세 번을 거듭해서 일어난 후에 그 보자기 같은 천이 하늘로 도로 당겨져 올라가는데, 11
바로 그 때에 카이사랴로부터 보냄을 받은 세 사람이 내가 머물고 있던 집으로 나를 찾아 와 섰고 12 그
리고 성령께서 내게 말씀하시기를, 주저하지 말고 그들과 함께 가라 하시기로 내가 여기 이 형제 여섯과
함께 길을 가 그 사람의 집에 들어갔었느니라.

13 He told us how he had seen an angel appear in his house and say, 'Send to
Joppa for Simon who is called Peter. 14 He will bring you a message through
which you and all your household will be saved.' 15 As I began to speak, the
Holy Spirit came on them as he had come on us at the beginning. 16 Then I
remembered what the Lord had said: 'John baptized with water, but you will
be baptized with the Holy Spirit.'

13 (*나를 오라 청한) 그 사람이, 자기 집에서 그가 어떻게 천사를 보게 되었는지를 설명을 하기를, 천사
가 이르되 '욥바에 사람을 보내어 베드로라 하는 시몬을 찾으라. 14 그가 네게, 너와 네 온 집이 구원 받
을 메시지를 가져오리라' 하였다 하니라. 15 이에 내가 말하기를 시작하는데 처음에 성령이 우리에게
임하신 그 때와 같이, 성령께서 그들 위에 내리시는지라, 16 그 때에 내가 주께서 하신 말씀에 '요한은
물로 세례를 베풀었으나 너희는 성령으로 세례를 받으리라' 하신 말씀이 있는 것을 기억하게 되었노라.

17 So if God gave them the same gift as he gave us, who believed in the Lord
Jesus Christ, who was I to think that I could oppose God?" 18 When they heard
this, they had no further objections and praised God, saying, "So then, God
has granted even the Gentiles repentance unto life."

17 그런즉, 만일 하나님께서 우리, 곧, 주 예수 그리스도 안에서 믿는 우리에게 주신 것과 꼭같은 선물
을 그들에게도 주신 것이라면, 내가 누구관대, 감히 하나님을 대적할 생각을 품겠느냐?" 하니, 18 그들
이 베드로의 이 말을 들을 때에 더 이상의 반대나 의심도 없이 다만 하나님을 찬양하며 이르되, "그러하
다면, 하나님께서 이방인에게도 생명을 얻는 회개를 허락해 주심이로다." 말을 하니라.

19 Now those who had been scattered by the persecution in connection with
Stephen traveled as far as Phoenicia, Cyprus and Antioch, telling the message
only to Jews. 20 Some of them, however, men from Cyprus and Cyrene, went
to Antioch and began to speak to Greeks also, telling them the good news

about the Lord Jesus. 21 The Lord's hand was with them, and a great number of people believed and turned to the Lord.

19 그 때에 스데반과 관련된 박해로 인하여 흩어졌던 자들이 페니키아와, 키프로스, 그리고 안티옥에까지 이르러 말씀을 전하는데 오직 유대인들을 대상으로만 말씀을 전하더라. 20 그러나 그 중에 몇몇 사람 곧, 키프로스와 키레네에서 온 몇 사람은 안티옥에까지 가서 거기서 그리스 사람들에게도 전도하기를 시작하매 그들 그리스 사람들에게 주 예수에 관한 복음을 전하니라. 21 이에 주의 손이 그들과 함께 하니, 수많은 사람들이 믿고 주께로 돌아오는 일이 생겨나니라.

22 News of this reached the ears of the church at Jerusalem, and they sent Barnabas to Antioch. 23 When he arrived and saw the evidence of the grace of God, he was glad and encouraged them all to remain true to the Lord with all their hearts. 24 He was a good man, full of the Holy Spirit and faith, and a great number of people were brought to the Lord.

22 이런 소식이 예루살렘 교회의 귀에까지 들린지라, 그들이 바나바를 안티옥으로 보내더라. 23 바나바가 안티옥에 이르러 하나님의 은혜의 증거들을 보고 크게 기뻐하며 모든 사람에게 권면하기를, 마음을 다하여 주와 함께 진실되게 머물러 있으라 권하니 24 이 바나바는 선한 사람이요 성령과 믿음이 충만한 사람이라, 이에 큰 무리가 주께로 돌아오더라.

25 Then Barnabas went to Tarsus to look for Saul, 26 and when he found him, he brought him to Antioch. So for a whole year Barnabas and Saul met with the church and taught great numbers of people. The disciples were called Christians first at Antioch.

25 바나바가 사울을 찾으러 타르수스를 가서 26 거기에서 사울을 만나매 그를 안티옥으로 데리고 오니 이에 바나바와 사울 둘이서 안티옥에서 꼬박 일년을 교회와 함께 거하며 수 많은 사람들을 가르치니라. 그 때에 안티옥에서 제자들이 처음으로 그리스도인이라고 불리워지게 되었더라.

27 During this time some prophets came down from Jerusalem to Antioch. 28 One of them, named Agabus, stood up and through the Spirit predicted that a severe famine would spread over the entire Roman world. (This happened during the reign of Claudius.) 29 The disciples, each according to his ability, decided to provide help for the brothers living in Judea. 30 This they did, sending their gift to the elders by Barnabas and Saul.

27 이 무렵에 선지자 몇 사람이 예루살렘에서 안티옥으로 내려 왔는데, 28 그 중의 한 사람인 아가보라 하는 사람이 자리에서 일어나 성령에 힘입어 예언하기를, 로마제국 전역에 걸쳐 심각한 기근이 있을 것이라 말하니 (이 일이 실제로 클라우디우스 황제 치하에서 일어나니라.) 29 제자들이 각각 자기들의 능력이 닿는대로 유대에 사는 형제들에게 부조(扶助)를 보내기로 작정하고 30 이를 행할 때에, 바나바와 사울을 통하여 (*예루살렘 교회의) 장로들에게 부조금을 보내니라.

제12장

1 It was about this time that King Herod arrested some who belonged to the church, intending to persecute them. 2 He had James, the brother of John, put to death with the sword. 3 When he saw that this pleased the Jews, he proceeded to seize Peter also. This happened during the Feast of Unleavened

Bread. 4 After arresting him, he put him in prison, handing him over to be guarded by four squads of four soldiers each. Herod intended to bring him out for public trial after the Passover. 5 So Peter was kept in prison, but the church was earnestly praying to God for him.

1 (*분봉왕) 헤롯이 교회에 속한 이들 중 몇몇을 붙잡아들여 박해하려고 하던 때가 바로 이 무렵이더라. 2 헤롯이 요한의 형제 야고보를 잡아 칼로 베어 죽였었는데 3 이런 자기의 조치가 유대인들을 기쁘게 하는 것을 본지라, 이에 헤롯이 베드로도 같이 체포하니라. 그러나 이 일이 일어난 것이 (*유월절 기간 중 누룩 없는 떡을 먹는 날 곧,) 무교절(無酵節) 날이라. 4 헤롯이 베드로를 체포하여 우선 옥에 가두어 놓고 병사 네 명을 한 분대로 하여, 총 네 분대로 하여금 베드로를 감시하게 하니 이는 유월절(逾越節) 절기가 지난 후에 죄수를 대중 앞에 내놓기 위함이었더라. 5 이렇게 베드로가 옥에 갇히매 교회는 그를 위하여 하나님께 간절히 기도를 하더라.

6 The night before Herod was to bring him to trial, Peter was sleeping between two soldiers, bound with two chains, and sentries stood guard at the entrance.
7 Suddenly an angel of the Lord appeared and a light shone in the cell. He struck Peter on the side and woke him up. "Quick, get up!" he said, and the chains fell off Peter's wrists.

6 헤롯이 베드로를 재판 자리에 잡아내려고 하던 바로 그 전날 밤에, 베드로가 두 명의 병사 틈에서 양쪽 쇠사슬에 매인 채로 잠을 자는데 경비병들이 그 입구를 지키고 있었더라. 7 그 때에 홀연히 주의 천사가 나타나니 밝은 빛이 감방 안을 환하게 비추니라. 천사가 베드로의 옆구리를 쳐 그를 깨우며 "빨리, 일어나라!" 하고 말을 하는 순간에 쇠사슬이 베드로의 손에서 떨어져 나가니라.

8 Then the angel said to him, "Put on your clothes and sandals." And Peter did so. "Wrap your cloak around you and follow me," the angel told him. 9 Peter followed him out of the prison, but he had no idea that what the angel was doing was really happening; he thought he was seeing a vision. 10 They passed the first and second guards and came to the iron gate leading to the city. It opened for them by itself, and they went through it. When they had walked the length of one street, suddenly the angel left him.

8 그 천사가 말하기를, "네 신발을 신고 옷을 입으라." 하매 베드로가 그대로 하니 다시, 천사가 이르되 "네 겉옷을 입고 나를 따라오라" 하더라. 9 베드로가 천사를 따라 감옥 밖으로 나오는데, 지금 천사가 무얼 하고 있는지, 그리고 진짜 자신에게 이 일들이 일어나고 있는 건지-영문을 모르는채, 그저 자기가 무슨 환상을 보고 있으려니 하고만 생각을 하더라. 10 베드로와 천사가 첫째와 둘째 경비병을 지나 시내로 통하는 철문에 이르니 문이 저절로 열리는지라 이에 둘이 다 바깥으로 나오니라. 베드로와 천사가 거리 하나를 거의 다 끝까지 걸어 온 그 때에 그 천사가 홀연히 떠나가니라.

11 Then Peter came to himself and said, "Now I know without a doubt that the Lord sent his angel and rescued me from Herod's clutches and from everything the Jewish people were anticipating." 12 When this had dawned on him, he went to the house of Mary the mother of John, also called Mark, where many people had gathered and were praying.

11 그제서야 베드로가 정신이 들어 혼자 이르기를, "내가 이제야 참으로 의심없이 주께서 그의 천사를 보내시어, 헤롯의 손아귀로부터와, 그리고 유대 사람들이 기대하던 그 모든 것으로부터 나를 벗어나게 하여 주신 줄을 알겠노라." 하더라. 12 베드로가 이를 깨닫자마자 즉시, 마가라 하는 요한의 어머니 마리아의 집으로 향해 걸음을 재촉하여 가니, 이는 많은 사람들이 모여 기도하고 있던 곳이 거기였던 까닭이더라.

13 Peter knocked at the outer entrance, and a servant girl named Rhoda

came to answer the door. **14** When she recognized Peter's voice, she was so
overjoyed she ran back without opening it and exclaimed, "Peter is at the
door!" **15** "You're out of your mind," they told her. When she kept insisting that
it was so, they said, "It must be his angel."

13 베드로가 바깥 현관 문을 두드리는데, 로데라 하는 여자 하인 아이가 대문간으로 나왔다가 **14** 베드
로의 음성을 알아 듣고는 너무 기쁜 나머지, 문 여는 것도 잊어버리고 안으로 달려 가며 "베드로가 문에
와 있어요!" 라고 소리를 지르니, **15** 그 모여 있던 사람들이 다 말하기를 "네가 정신이 나갔구나." 하니
라. 그 여자 아이가 정색을 하며 정말이라 하고 또 계속하여 같은 말을 하니, 그 사람들이 "그러면 그의
천사인가 보다."라 하더라.

16 But Peter kept on knocking, and when they opened the door and saw him,
they were astonished. **17** Peter motioned with his hand for them to be quiet
and described how the Lord had brought him out of prison. "Tell James and
the brothers about this," he said, and then he left for another place.

16 그러나 베드로가 계속하여 문을 두드리거늘 마침내 그들이 문을 여는데, 문을 열고 보니 정말 베드
로라, 그들이 그를 보고 크게 놀라니라. **17** 베드로가 손짓으로 그들을 조용하게 하고 주께서 어떻게 자
기를 옥에서 인도하여 나오게 하셨는지 자초지종을 알리고 나서, 베드로가 말하기를, "이 일을 야고보
(제임스)와 다른 형제들에게도 알려 주라." 하고는 그들이 이에 다른 장소로 옮겨가더라.

18 In the morning, there was no small commotion among the soldiers as to
what had become of Peter. **19** After Herod had a thorough search made for
him and did not find him, he cross-examined the guards and ordered that
they be executed. Then Herod went from Judea to Caesarea and stayed there a
while.

18 아침이 되어, 베드로에게 일어난 일로 병사들 사이에서는 큰 소동이 벌어지니라. **19** 헤롯이 친히 그
모든 것을 철저하게 조사를 하였으나 끝내 베드로를 찾아내지 못한지라, 이에 그 경비병들을 다시 대질
신문하고 난 후, 그들을 모두 죽여 버리라고 명령을 하더라. 그 후에 헤롯이 유대를 떠나 카이사랴로 내
려가서 잠시동안 거기서 머무니라.

20 He had been quarreling with the people of Tyre and Sidon; they now
joined together and sought an audience with him. Having secured the support
of Blastus, a trusted personal servant of the king, they asked for peace,
because they depended on the king's country for their food supply. **21** On the
appointed day Herod, wearing his royal robes, sat on his throne and delivered
a public address to the people. **22** They shouted, "This is the voice of a god,
not of a man." **23** Immediately, because Herod did not give praise to God, an
angel of the Lord struck him down, and he was eaten by worms and died.

20 헤롯이 티레(두로)와 시돈 사람들과 분쟁을 해 온지가 제법 오래 되었었는데; 그들이 이제 한 자리에
모여 왕의 연설을 들으려 하니, 이는 헤롯이 신뢰하는 왕의 개인 비서 블라스투스의 지원을 받아 그런
화해의 자리를 마련한 것이라, 티레와 시돈 사람들이 헤롯 왕의 영토에서 나는 식량 공급에 의존하고 있
었으므로 이런 자리를 마련하였음이더라. **21** 그 정해진 날에 헤롯이 왕의 공식 복장을 입고 그 보좌에
앉아 백성들에게 대중 연설을 행하는데, **22** 백성들이 소리쳐 이르기를, "이는 신의 목소리요, 사람의 음
성이 아니라!" 하거늘 **23** 헤롯이 그 찬양을 하나님께로 돌리지 아니한 고로, 그 즉시 주 하나님의 사자
가 헤롯을 치매, 헤롯이 벌레에게 먹혀 죽으니라.

24 But the word of God continued to increase and spread. **25** When Barnabas
and Saul had finished their mission, they returned from Jerusalem, taking with
them John, also called Mark.

24 그러나 하나님의 말씀은 계속하여 힘을 얻어, 점점 더 퍼져 나가니라. 25 바나바와 사울이 그 부조하는 임무를 마치고 마가(마크)라 하는 요한을 데리고 예루살렘으로부터 (*안티옥으로) 돌아오니라.

제13장

1 In the church at Antioch there were prophets and teachers: Barnabas, Simeon called Niger, Lucius of Cyrene, Manaen (who had been brought up with Herod the tetrarch) and Saul. 2 While they were worshiping the Lord and fasting, the Holy Spirit said, "Set apart for me Barnabas and Saul for the work to which I have called them." 3 So after they had fasted and prayed, they placed their hands on them and sent them off.

1 안티옥 교회에 선지자들과 교사들이 있었으니: 곧, 바나바와, 니게르라 하는 시므온과 그리고 키레네 사람 루기오와, (어릴 때에 분봉 왕 헤롯과 함께 자란) 마나엔과 그리고 또 사울이 그들이더라. 2 그들이 다같이 주께 경배하고 금식하는 동안에 성령이 이르시기를, "너희는 바나바와 사울 두 사람을 따로 세우라. 내가 그들을 불러 따로 맡길 일을 위함이니라." 하시더라. 3 이에 그들이 금식하고 또 기도한 후에 자기들의 손을 두 사람에게 얹어 안수하고 그들을 떠나 보내니라.

4 The two of them, sent on their way by the Holy Spirit, went down to Seleucia and sailed from there to Cyprus. 5 When they arrived at Salamis, they proclaimed the word of God in the Jewish synagogues. John was with them as their helper. 6 They traveled through the whole island until they came to Paphos. There they met a Jewish sorcerer and false prophet named Bar-Jesus, 7 who was an attendant of the proconsul, Sergius Paulus. The proconsul, an intelligent man, sent for Barnabas and Saul because he wanted to hear the word of God.

4 바나바와 사울 두 사람이 성령의 인도하심에 따라 길을 떠나, 셀루시아로 먼저 내려 갔다가 거기에서 배를 타고 키프로스 섬으로 건너가니라. 5 그 둘이 살라미에 도착하여 거기에 있는 유대인의 회당에서 하나님의 말씀을 전하는데 (*마가 즉, 마크라고도 부르는) 요한이 두 사람을 따라 다니며 일을 돕더라. 6 그들이 키프로스 섬 전체를 관통하는 길로 여행하여 파포스에 이르니 거기에서 그들이 유대인 마술사요 거짓 선지자인 바예수라 하는 사람을 만나게 되니라. 7 이 바예수란 사람은 키프로스 섬의 총독인 서기오 바울의 보좌진 중 한 사람이었더라. 총독은 지적인 사람이라, 하나님의 말씀을 듣고자 하여 사람을 보내어 바울과 바나바를 초대하니라.

8 But Elymas the sorcerer (for that is what his name means) opposed them and tried to turn the proconsul from the faith. 9 Then Saul, who was also called Paul, filled with the Holy Spirit, looked straight at Elymas and said, 10 "You are a child of the devil and an enemy of everything that is right! You are full of all kinds of deceit and trickery. Will you never stop perverting the right ways of the Lord?

8 그러나 그 마술사 엘리마는 (이것이 그 사람의 이름의 의미라) 바나바와 바울을 적대시하여 총독으로 하여금 어떡하든 그 믿음으로부터 돌아서게 만들려고 애를 쓰니 9 그 때에 바울이라고도 불리우는 사울이 성령으로 충만함을 받아 그 엘리마를 정면으로 똑바로 주시하며 말을 하기를, 10 "너는 마귀의 자식이요, 모든 의로운 것들의 대적이라! 네가 온갖 거짓과 사기 협잡으로 가득차 있으니, 이제 주(主) 하나님의 의로운 길을 왜곡하기를 멈추지 못하겠느냐?

11 Now the hand of the Lord is against you. You are going to be blind, and for a time you will be unable to see the light of the sun." Immediately mist and darkness came over him, and he groped about, seeking someone to lead him by the hand. 12 When the proconsul saw what had happened, he believed, for he was amazed at the teaching about the Lord.

11 지금 주의 손이 너를 향해 있으니 네가 즉시 눈이 멀겠고, 네가 한참을 해의 빛을 보지 못하리라." 하니 그 즉시 안개와 어둠이 그를 덮어 버리는지라, 그가 엎드려 연신 더듬으며 자기 손을 잡고 인도해 줄 사람을 찾기 시작하더라. 12 이 모든 일을 지켜본 총독이 (*주를)믿게 되니, 이는 그가 하나님에 관한 가르침에 감복(感服)하게 된 까닭이더라.

13 From Paphos, Paul and his companions sailed to Perga in Pamphylia, where John left them to return to Jerusalem. 14 From Perga they went on to Pisidian Antioch. On the Sabbath they entered the synagogue and sat down. 15 After the reading from the Law and the Prophets, the synagogue rulers sent word to them, saying, "Brothers, if you have a message of encouragement for the people, please speak."

13 바울과 그 일행이 파포스로부터 배를 타고 팜필리아에 있는 버가(페르가)로 건너가니, 거기서 요한은 일행을 떠나 예루살렘으로 돌아가고 14 바나바와 바울은 페르가에서 출발하여 비시디아 안티옥으로 가니라. 안식일이 되매 바나바와 바울이 거기 있는 유대인의 회당에 들어가 자리를 잡고 앉으니라. 15 그 회당의 회당장(會堂長)이 율법과 선지자의 글을 읽은 후에, 바나바와 바울을 향해 이르기를, "형제들아, 너희에게 백성들을 권면할 무슨 메시지가 있거든 부탁컨대 우리에게 들려 달라." 하니

16 Standing up, Paul motioned with his hand and said: "Men of Israel and you Gentiles who worship God, listen to me! 17 The God of the people of Israel chose our fathers; he made the people prosper during their stay in Egypt, with mighty power he led them out of that country, 18 he endured their conduct for about forty years in the desert, 19 he overthrew seven nations in Canaan and gave their land to his people as their inheritance. 20 All this took about 450 years. "After this, God gave them judges until the time of Samuel the prophet.

16 바울이 자리에서 일어나 손짓으로 의사를 표시한 후에 말하기를 시작하는데, 이르기를: "이스라엘 사람들아, 그리고 하나님을 경외하는 이방 사람들아, 내 말을 들으라. 17 우리 이스라엘 백성의 하나님께서 우리 조상들을 택하사, 그 백성들이 이집트에 머무는 동안 그들로 크게 번성하게 하시고, 그들을 자신의 큰 권능으로 그 나라로부터 인도하여 내신 후에 18 광야에서 약 사십 년간을 그들의 소행을 참으시고 19 가나안에 있던 일곱 족속을 멸하사 그 땅을 우리 조상들의 유업(遺業)으로 주셨느니라. 20 이 일이 이렇게 되기까지 대략 사백 오십 년이 걸렸음이라. 그 후에 하나님께서 그들에게 재판관들을 주셨으니 곧 선지자 사무엘의 때까지 그리하셨느니라.

21 Then the people asked for a king, and he gave them Saul son of Kish, of the tribe of Benjamin, who ruled forty years. 22 After removing Saul, he made David their king. He testified concerning him: 'I have found David son of Jesse a man after my own heart; he will do everything I want him to do.'

21 그 때에 백성들이 왕을 요구하거늘 하나님께서 먼저 베냐민 지파 기스의 아들 사울을 사십 년간 주셨으니 그가 이스라엘을 사십 년간 통치하였느니라. 22 하나님께서 이 사울을 제거하신 후에 다윗을 왕으로 세우셨는데 이 다윗에 대해서는 하나님께서 직접 증언하시기를: '내가 이새의 아들 다윗을 찾아내었으니 이는 내 마음을 따르는 사람이라; 내가 내 마음으로 원하여 그에게 시키는 그 모든 일을 그가 행하리라.' 하셨느니라.

23 From this man's descendants God has brought to Israel the Savior Jesus, as

he promised. **24** Before the coming of Jesus, John preached repentance and
baptism to all the people of Israel. **25** As John was completing his work, he
said: 'Who do you think I am? I am not that one. No, but he is coming after
me, whose sandals I am not worthy to untie.'

23 이 다윗의 후손 가운데에서 하나님께서 구세주 예수를 이스라엘에게 보내셨으니 이는 하나님께서
그 전에 약속하신 일이라. **24** 그러나 예수께서 오시기 전에 먼저 요한이 와서, 이스라엘의 모든 백성들
에게 회개와 세례를 전파한 바가 있느니라. **25** 요한이 자신의 임무를 다 마쳐 가려할 즈음에 스스로 말
을 하기를: '너희는 나를 누구라 하느냐? 나는 "그 오실 이"가 아니니라. 그는 나의 뒤에 오실 분이시니
나는 그의 신발 끈도 풀 자격이 없느니라.' 하였느니라.

26 "Brothers, children of Abraham, and you God-fearing Gentiles, it is to us
that this message of salvation has been sent. **27** The people of Jerusalem and
their rulers did not recognize Jesus, yet in condemning him they fulfilled the
words of the prophets that are read every Sabbath.

26 형제들아, 그리고 아브라함의 자손들아, 그리고 너희 하나님을 경외하는 이방인들아, 이 구원의 메
시지가 전하여진 것이 다른 사람들을 위한 것이 아니라 바로 우리들을 위하여 그리된 것이니 곧, 우리들
에게 전하여진 것이니라. **27** 그러나 예루살렘에 있는 우리 백성들과 그들의 통치자들이 이 예수를 알아
보지 못하고, 오히려 그를 정죄함으로 선지자들의 글을 다 응하게 만들었으니, 이것이 바로 우리가 매번
안식일마다 (*회당에서) 읽는 그 글이니라.

28 Though they found no proper ground for a death sentence, they asked
Pilate to have him executed. **29** When they had carried out all that was
written about him, they took him down from the tree and laid him in a tomb.
30 But God raised him from the dead, **31** and for many days he was seen by
those who had traveled with him from Galilee to Jerusalem. They are now his
witnesses to our people.

28 그들이 사형 선고를 내릴만한 합당한 근거를 하나도 발견하지를 못하였으나 빌라도에게 그를 사형
시켜 달라 요구를 하였으니, **29** 이로써 성경에 그를 가리켜 기록한 말씀을 다 응하게 한 것이라. 그 후
에 그를 나무에서 내려다가 무덤에 두었으나, **30** 그러나 하나님께서 그를 죽음으로부터 살려 내셨으니,
31 이 예수가 다시 살아나사, 갈릴리로부터 예루살렘까지, 자기와 함께 길을 행하여 온 그 무리의 사람
들에게 여러 날 동안을 나타나 보이셨고, 이를 본 그 사람들이 지금 우리 백성에 대한 그의 증인이 되어
있느니라.

32 We tell you the good news: What God promised our fathers **33** he has
fulfilled for us, their children, by raising up Jesus. As it is written in the second
Psalm: " 'You are my Son; today I have become your Father.' **34** The fact that
God raised him from the dead, never to decay, is stated in these words: " 'I
will give you the holy and sure blessings promised to David.' **35** So it is stated
elsewhere: " 'You will not let your Holy One see decay.'

32 우리가 지금 너희에게 전하는 것이 바로 이 좋은 소식이니: 하나님께서 우리 조상에게 약속하신 그
것을 **33** 이제 예수를 죽음에서부터 일으켜 세우심으로써 우리와, 그리고 우리 자녀들에게 이를 다 응하
게 하신 것이라. 시편 둘째 편에 기록되어 있기를: "너는 나의 아들이니; 오늘 내가 너희 아버지가 되었
느니라." 하신 말씀이 바로 그것이니라. **34** 하나님께서 그를 죽음으로부터 일으켜 세우사 결코 썩지 않
게 하신 사실이 이 말씀 가운데 이미 나와 있으니: 곧, "내가 다윗에게 약속한 거룩하고 확실한 축복을
너희에게 줄 것이요." 라고 하신 말씀이 그것이요, **35** 또, 다른 곳에서 말씀하신, "주께서 당신의 거룩한
자로 하여금 썩지 않게 하시리이다." 하신 대목이 또한 그것이니라.

36 For when David had served God's purpose in his own generation, he fell asleep; he was buried with his fathers and his body decayed. 37 But the one whom God raised from the dead did not see decay. 38 "Therefore, my brothers, I want you to know that through Jesus the forgiveness of sins is proclaimed to you. 39 Through him everyone who believes is justified from everything you could not be justified from by the law of Moses.

36 다윗은 자기 세대에 하나님의 뜻하신 바, 그 의중(意中)을 늘 섬기며 살았으나 결국은 죽어 잠이 들었고; 자기 조상들과 함께 매장되어 그 육신이 썩음을 당하였으되, 37 하나님께서 죽음으로부터 도로 살리신 그 분은 썩음을 당하지 아니하였느니라. 38 그러므로 나의 형제들아, 나는 너희 모두가 이같은 사실을 빠짐없이 알게 되기를 원하노니 곧, 이 사람 예수를 통하여 너희에게 '죄(罪) 사(赦)함'이 선포되었다는 그 사실이라. 39 누구든지 그를 믿는 사람은 그를 통하여 의롭다 하심을 받는 것이니, 모세의 율법으로는 그렇게 되기가 불가능한 그 모든 것으로부터, 이제 너희가 의롭다 하심을 받은 것이니라.

40 Take care that what the prophets have said does not happen to you: 41 'Look, you scoffers, wonder and perish, for I am going to do something in your days that you would never believe, even if someone told you.' "

40 그런즉 너희는 선지자들을 통하여 말씀하신 그런 일들이 너희에게 생겨나지 않도록 특히 삼가하라: 41 (*선지자들의 글에) 이르기를, '보라, 너희 비웃는 자들아, 너희는 놀라고 또 망하라. 내가 너희의 날들 동안, 몇 가지 일을 너희에게 행하리니, 누군가가 너희에게 말을 하여도 너희가 도무지 믿지 못할 일이니라.' 하였느니라." 하더라.

42 As Paul and Barnabas were leaving the synagogue, the people invited them to speak further about these things on the next Sabbath. 43 When the congregation was dismissed, many of the Jews and devout converts to Judaism followed Paul and Barnabas, who talked with them and urged them to continue in the grace of God.

42 (*이 말을 마치고) 바울과 바나바가 회당을 떠나려 하니 사람들이 청하기를, 다음 안식일에도 와서 이 이야기를 더 들려 달라 하니라. 43 회당(會堂)에 모였던 회중들이 흩어져 돌아간 다음에도 수 많은 유대인들과 또 유대교로 개종한 독실한 신자들이 바울과 바나바를 따르는데, 이에 두 사람이 그들과 계속 대화를 나누며 또 그들에게 하나님의 은혜 가운데 머물러 있으라고 권면을 하더라.

44 On the next Sabbath almost the whole city gathered to hear the word of the Lord. 45 When the Jews saw the crowds, they were filled with jealousy and talked abusively against what Paul was saying. 46 Then Paul and Barnabas answered them boldly: "We had to speak the word of God to you first. Since you reject it and do not consider yourselves worthy of eternal life, we now turn to the Gentiles.

44 그 다음 안식일이 되자, 그 도시의 거의 모든 주민이 다 하나님의 말씀을 듣고자 모이니라. 45 유대인들이 그 군중의 무리를 보고 질투심에 사로잡히어 바울이 말한 것들을 비방하는 말들을 쏟아내니라. 46 이에 바울과 바나바가 그들에게 대하여 담대히 말하며 이르기를, "우리가 마땅히 하나님의 말씀을 먼저 너희에게 전해야 할 것이로되, 너희가 이 말씀 받기를 거부하고, 스스로 영생을 얻기에 합당하지 않은 자로 간주하기로 이에 우리가 이방인들을 향해 가는 것이로라.

47 For this is what the Lord has commanded us: " 'I have made you a light for the Gentiles, that you may bring salvation to the ends of the earth.' " 48 When the Gentiles heard this, they were glad and honored the word of the Lord; and all who were appointed for eternal life believed. 49 The word of the Lord spread through the whole region.

47 곧, 이것이 우리 주께서 우리에게 명하신 바니: '내가 너를 이방의 빛으로 삼았으니, 이는 너희가 땅

끝까지 나의 구원을 가지고 가기 위함이니라.' 하는 말씀이니라" 하거늘, **48** 여러 이방인들이 이 말씀을
들을 때에 크게 기뻐하며 또 하나님께 영광을 돌리니; 영생을 얻기로 지명된 자들은 모두 다 믿더라. **49**
그리하여 주의 말씀이 그 지역 전체에 두루 퍼져 나가니라.

50 But the Jews incited the God-fearing women of high standing and the
leading men of the city. They stirred up persecution against Paul and
Barnabas, and expelled them from their region. **51** So they shook the dust
from their feet in protest against them and went to Iconium. **52** And the
disciples were filled with joy and with the Holy Spirit.

50 그러나 유대인들은 그 도시의 유력자 집안들 중 하나님을 경외하는 부인들과 또 그 도시의 지도층
인사들을 자극하고 바울과 바나바에 대한 박해를 시작하여 마침내 그 둘을 그 지역 밖으로 쫓아내 버리
는데 성공하니라. **51** 이에 바울과 바나바 두 사람이 그들을 향한 항의의 표시로 자기들 발의 먼지를 떨
어 버리고는 발길을 이코니움으로 향해 가는데, **52** 기쁨과 성령으로 충만하여 길을 가더라.

제14장

1 At Iconium Paul and Barnabas went as usual into the Jewish synagogue.
There they spoke so effectively that a great number of Jews and Gentiles
believed. **2** But the Jews who refused to believe stirred up the Gentiles and
poisoned their minds against the brothers. **3** So Paul and Barnabas spent
considerable time there, speaking boldly for the Lord, who confirmed the
message of his grace by enabling them to do miraculous signs and wonders.

1 이코니움에 도착하여 바울과 바나바는 평소와 같이 유대인의 회당에 들어가니라. 거기에서 두 사람이
아주 설득력 있게 말을 하니 많은 수의 유대인과 이방인들이 믿고 돌아오니라. **2** 그러나 믿음을 거부하
는 유대인들이 거기 있는 이방인들의 마음을 선동하여, 그 형제들에게 대적하도록 마음에 독을 불어넣
으니라. **3** (*그럼에도 불구하고) 바울과 바나바가 거기에서 상당한 기간을 머물며 주께 대해 담대하게
말씀을 전파하는데, 주께서 그 두 사람에게 기적과 표적을 행하게 하심으로 그 은혜의 메시지를 더욱 굳
게 확증하시더라.

4 The people of the city were divided; some sided with the Jews, others with
the apostles. **5** There was a plot afoot among the Gentiles and Jews, together
with their leaders, to mistreat them and stone them. **6** But they found out
about it and fled to the Lycaonian cities of Lystra and Derbe and to the
surrounding country, **7** where they continued to preach the good news.

4 그 도시의 모든 사람들이 두 편으로 나누어지니; 어떤 이들은 유대인 편에 서고, 다른 사람들은 사도
들의 편에 서니라. **5** (*그 때에 그 도시의) 이방인들과 유대인들, 그리고 그 지도자들 사이에서 이들 사
도들을 능욕하고 돌로 쳐 죽이자는 음모가 꾸며지고 있었더라. **6** 두 사도가 어떻게 이를 미리 알고 리카
오니아 지역의 두 도시 리스트라와 더베, 그리고 그 근방 지역으로 피신하여 **7** 거기에서 계속하여 말씀
을 전파하니라.

8 In Lystra there sat a man crippled in his feet, who was lame from birth
and had never walked. **9** He listened to Paul as he was speaking. Paul looked
directly at him, saw that he had faith to be healed **10** and called out, "Stand up
on your feet!" At that, the man jumped up and began to walk.

8 리스트라에 태어나면서부터 불구가 되어 발걸음을 떼지 못하는 한 사람이 있었는데 그가 회중 가운

데 앉아 있었더라. 9 그 사람이 바울의 설교를 유심히 듣고 있는 중에 바울이 그를 쳐다보니 믿음이 있
어 보이는지라 10 이에 바울이 큰 소리로 그 사람을 향해 외치기를, "지금, 네 발로 일어서라!" 하니 이
에 그 사람이 튕기듯 벌떡 일어나 걸음을 걸으니라.

11 When the crowd saw what Paul had done, they shouted in the Lycaonian
language, "The gods have come down to us in human form!" 12 Barnabas they
called Zeus, and Paul they called Hermes because he was the chief speaker. 13
The priest of Zeus, whose temple was just outside the city, brought bulls and
wreaths to the city gates because he and the crowd wanted to offer sacrifices
to them.

11 이 광경을 눈으로 본 무리 가운데 있던 사람들이 리카오니아 지역 말로 소리쳐 이르기를, "신들께서
사람의 형상을 하고 우리 가운데 내려오셨다!" 하며 12 두 사람을 일컬어 부르기를, 바나바는 제우스라
하고 바울은 헤르메스라 하니 이는 바울이 대표로 연설을 하였기 때문이더라. 13 이에 그 도시(都市)의
외곽에 자리하고 있는 제우스 신당의 제사장이 황소와 화환들을 가지고 나오니, 이는 두 사람에게 희생
제물을 바치기 위함이었더라.

14 But when the apostles Barnabas and Paul heard of this, they tore their
clothes and rushed out into the crowd, shouting: 15 "Men, why are you doing
this? We too are only men, human like you. We are bringing you good news,
telling you to turn from these worthless things to the living God, who made
heaven and earth and sea and everything in them. 16 In the past, he let all
nations go their own way. 17 Yet he has not left himself without testimony:
He has shown kindness by giving you rain from heaven and crops in their
seasons; he provides you with plenty of food and fills your hearts with joy." 18
Even with these words, they had difficulty keeping the crowd from sacrificing
to them.

14 이에 바나바와 바울 두 사도가 자신들의 겉옷을 찢고 군중 가운데로 달려 들어가며 소리 높여 말하
기를: 15 "사람들아, 어찌 이런 일을 행하느뇨? 우리가 그저 보통 사람들일 뿐이요, 당신들과 마찬가지
인 사람들이로라. 우리가 이 복음을 당신들에게 전하기 위해 온 것은, 곧, 이런 헛된 일들을 버리고 살
아 계신 하나님께 돌아오라 하는 것이라, 하나님은 이 하늘과 땅과 바다와 그리고 그 가운데 있는 만물
을 지으신 분이시니라. 16 과거에는 하나님께서 모든 민족들로 하여금 각자 자기의 길로 행하게 하셨으
나, 17 그러나 자신에 대한 일말의 증언조차도 없이 그냥 (*사람들로부터) 떠나 계시기만 한 것은 아니
었으니, 하늘로부터 온 땅에 비를 내리사 계절에 따라 너희들의 곡식이 여물게 하심으로써 (*자신을 드
러내 오셨고) 또 너희들에게 풍성한 먹을 거리를 제공하사 너희의 마음에 흡족함을 주시기도 하였음이
라." 하니라. 18 두 사도가 이런 말을 하였음에도 불구하고 그 군중들이 자신들을 경배와 제사의 대상으
로 삼는 것을 막는 데에는 여전히 적지 않은 어려움을 겪으니라.

19 Then some Jews came from Antioch and Iconium and won the crowd over.
They stoned Paul and dragged him outside the city, thinking he was dead. 20
But after the disciples had gathered around him, he got up and went back into
the city. The next day he and Barnabas left for Derbe.

19 그 때에, 적지 않은 수의 유대인들이 안티옥과 이코니움으로부터 내려와서 무리를 충동하기 시작하
는데, 결국은 그들의 말이 좌중을 압도하게 되니라. 이에 그 무리의 사람들이 바울을 돌로 치고, 바울이
돌에 맞아 죽은 줄로 알게 된 그제서야 그를 도시 밖으로 끌어내 버리더라. 20 그러나 제자들이 바울의
주위에 모여드니 그 때에 바울이 자리에서 일어나 도로 그 도시를 향해 들어가니라. 그리고 그 다음 날,
비로소 바나바와 바울은 더베를 향해 길을 떠나가니라.

21 They preached the good news in that city and won a large number of

disciples. Then they returned to Lystra, Iconium and Antioch, 22 strengthening
the disciples and encouraging them to remain true to the faith. "We must go
through many hardships to enter the kingdom of God," they said. 23 Paul and
Barnabas appointed elders for them in each church and, with prayer and
fasting, committed them to the Lord, in whom they had put their trust.

21 더베에서 두 사도가 복음을 전하는데, 거기에서도 또 많은 수의 제자들을 얻게 되니라. 그리고 나서
는 도로 리스트라와 이코니움, 그리고 안티옥으로 돌아가서 22 제자들을 권면함과 동시에, 믿음 가운데
에서 진실되게 그리고 굳건하게 서 있으라고 권하고 또 이로써 그들의 믿음을 더욱 강건하게 하니라. 그
때에 두 사도가 제자들에게 이르기를, "우리가 하늘 나라에 들어가기 위해서는 수 많은 고난을 통과해
야만 하리라." 하는 말을 하니라. 23 그리고 여러 교회에 각기 장로들을 택하여 세우고, 그들을 위해 금
식하며 기도하고, 자기들이 마음을 다하여 섬기는 주께 온전히 그들을 맡겨 올려 드리니라.

24 After going through Pisidia, they came into Pamphylia, 25 and when they
had preached the word in Perga, they went down to Attalia. 26 From Attalia
they sailed back to Antioch, where they had been committed to the grace of
God for the work they had now completed. 27 On arriving there, they gathered
the church together and reported all that God had done through them and
how he had opened the door of faith to the Gentiles. 28 And they stayed there
a long time with the disciples.

24 그리고는 피시디아를 지나, 팜필리아 지역으로 들어가니라. 25 페르가에 도착하여 거기에서도 말씀
을 전한 다음, 아탈리아로 내려가니라. 26 아탈리아에서 배를 타고 안티옥에 다시 이르니 이 안티옥은
전에 두 사도가 (*개척한 곳으로) 그 동안은 온전히 주님의 손길에만 그 교회 사역의 완성을 의탁해 둔
곳이더라. 27 두 사도가 안티옥에 도착하여 교회를 소집하고 그 동안 하나님께서 어떻게 자기들을 통하
여 이방인들의 믿음의 문을 열게 하셨나 하는 것과 또 하나님께서 그 과정에 직접 역사하신 그 모든 것
들을 전하여 알린 후에 28 상당한 기간을 제자들과 함께 안티옥에서 거하게 되니라.

제15장

1 Some men came down from Judea to Antioch and were teaching the
brothers: "Unless you are circumcised, according to the custom taught by
Moses, you cannot be saved." 2 This brought Paul and Barnabas into sharp
dispute and debate with them. So Paul and Barnabas were appointed, along
with some other believers, to go up to Jerusalem to see the apostles and
elders about this question. 3 The church sent them on their way, and as they
traveled through Phoenicia and Samaria, they told how the Gentiles had been
converted. This news made all the brothers very glad.

1 유대로부터 안티옥에 내려온 유대인 몇 사람이 (*안티옥에 있는) 형제들을 가르치기를, "너희가 모세
의 가르침에 의한 관습대로 할례를 받지 아니하면 구원을 받지 못하느니라." 한 일이 생기니라. 2 이로
인하여 바울과 바나바와 그리고 그들 사이에 날카로운 논쟁과 격론이 일어나니 교회에서는 바울과 바나
바를 비롯한 교인 몇 사람을 지명하여 예루살렘에 보내어 사도들과 장로들을 만나 이 문제에 관한 그들
의 의견를 구하고 오도록 결정을 보니라. 3 이에 교회가 그들을 떠나 보내매 그들이 페니키아와 사마리
아를 통과해 길을 가며, (*도중의 전도 사역의 결과로서) 어떻게 이방인들이 회심하고 (*주께로 돌아왔
는지를) 교회에 (*서신을 통해) 보고를 하니, 이런 소식이 (*안티옥) 교회에 있는 형제들을 크게 기쁘게

하니라.

4 When they came to Jerusalem, they were welcomed by the church and the
apostles and elders, to whom they reported everything God had done through
them. 5 Then some of the believers who belonged to the party of the Pharisees
stood up and said, "The Gentiles must be circumcised and required to obey the
law of Moses."

4 그들이 예루살렘에 도착하여 교회와 사도들과 그리고 장로들에게 따뜻한 영접을 받으며, 지금껏 하
나님께서 자기들을 통하여 행하신 모든 일들을 그들에게 고하더라. 5 그 때에 그 믿는 자 가운데에 있던
바리새파에 속한 사람 몇몇이 자리에서 일어나 말하기를, "이방인들도 할례를 받고 모세의 율법을 지키
는 것이 마땅하리라." 하니

6 The apostles and elders met to consider this question. 7 After much
discussion, Peter got up and addressed them: "Brothers, you know that some
time ago God made a choice among you that the Gentiles might hear from
my lips the message of the gospel and believe. 8 God, who knows the heart,
showed that he accepted them by giving the Holy Spirit to them, just as he did
to us. 9 He made no distinction between us and them, for he purified their
hearts by faith.

6 사도들과 장로들이 이 일을 논의하기 위해 회의를 가지니라. 7 많은 토론이 있은 후에 베드로가 일어
서서 좌중에게 말하기를 시작하며 이르기를: "형제들아, 너희도 알다시피 하나님께서 선택하시기를, 이
방인들도 하나님의 입으로부터 나오는 복음의 메시지를 듣고 믿게 하시기로 결정하신 것이 불과 얼마
전의 일이라. 8 모든 사람의 마음을 아시는 하나님께서 예전에 우리에게 주신 것과 꼭 마찬가지로 이방
인에게도 성령을 주셨으니, 이를 통하여 하나님께서 그들 이방인들도 받아들이셨음을 우리에게 분명히
나타내 보이셨느니라. 9 이와 같이 하나님께서 우리와 그들 사이에 아무런 차별을 두지 아니하신 것은
그들의 마음 역시 하나님께서 믿음으로 정결케 하신 까닭이라.

10 Now then, why do you try to test God by putting on the necks of the
disciples a yoke that neither we nor our fathers have been able to bear? 11 No!
We believe it is through the grace of our Lord Jesus that we are saved, just as
they are." 12 The whole assembly became silent as they listened to Barnabas
and Paul telling about the miraculous signs and wonders God had done among
the Gentiles through them.

10 그런데 지금 너희가 어찌하여, 우리와 우리의 조상들도 능히 감당하지 못하던 이 멍에를 그 사람들
의 목에 맴으로 하나님을 감히 시험하려 드는 것이냐? 11 안될 일이로라! 우리가 구원 받은 것이 우리
주 그리스도의 은혜로 말미암은 것인 줄을 우리가 아노니, 이는 그들에게 있어서도 꼭 마찬가지니라."
하니라. 12 그 후에, 좌중이 모두 잠잠히 경청하는 가운데, 바나바와 바울이 보고하기를 어떻게 하나님
께서 자기들을 통하여 이방인들에게도 기적과 이적의 징조들을 보여주셨는지를 설명하니라.

13 When they finished, James spoke up: "Brothers, listen to me. 14 Simon
has described to us how God at first showed his concern by taking from the
Gentiles a people for himself. 15 The words of the prophets are in agreement
with this, as it is written: 16 'After this I will return and rebuild David's fallen
tent. Its ruins I will rebuild, and I will restore it, 17 that the remnant of men
may seek the Lord, and all the Gentiles who bear my name, says the Lord, who
does these things 18 that have been known for ages.'

13 두 사람이 말을 마치매, 야고보가 입을 열어 이르되 "형제들아 내 말을 들으라.14 하나님께서 어떻
게 이와 같이 처음으로 이방인을 향해 관심을 보이시고 또 하나님 자신을 위하여 이방인 중에서도 사람

들을 택하셨는지는 방금 시몬이 우리에게 상황을 설명해 준 대로라. 15 선지자들의 말씀이 이와 일치하
노니, 기록되기를, 16 '그 후에 내가 돌아와서 다윗의 무너진 장막을 다시 만들어 세우며 그 폐허를 다시
건축하겠고, 또 내가 그를 다시 회복하리니 17 그 사람들 가운데 남아 있던 자들이 여호와 하나님을 다
시 찾을 것이며 또한 이방인들 중 나의 이름을 지고 가는 자들도 나를 찾으리라. 이는 여호와 하나님 곧,
나의 말이니 바로 이런 일들을 행하시는 이의 말씀이요, 18 이 일들은 예전부터 세대에 세대를 이어 알
려져 온 바로 그것들이니라.' 하셨느니라.

19 It is my judgment, therefore, that we should not make it difficult for the
Gentiles who are turning to God. 20 Instead we should write to them, telling
them to abstain from food polluted by idols, from sexual immorality, from the
meat of strangled animals and from blood. 21 For Moses has been preached
in every city from the earliest times and is read in the synagogues on every
Sabbath." 22 Then the apostles and elders, with the whole church, decided
to choose some of their own men and send them to Antioch with Paul and
Barnabas. They chose Judas (called Barsabbas) and Silas, two men who were
leaders among the brothers.

19 그러므로 내가 판단하기로는 우리가 이런 하나님께로 돌아온 이방인들을 힘들게 할게 아니라 20 대
신에 그들에게 편지로써 알리기를, 우상에 의하여 부정하게 된 음식과 성적 음란을 멀리하고, 또 질식해
죽거나 목매어 죽인 짐승의 고기와 짐승의 피를 먹는 일들을 삼가하라고 말하는 것이 마땅하리라. 21
이는 모세의 가르침이니, 예로부터 모든 도시에 있는 회당에서 전하여지는 것이요, 안식일마다 회당에
서 읽히는 내용이니라." 하더라. 22 이에 사도들과 장로들과 그리고 온 교회가 자기들 가운데에서 몇 사
람을 택하여 바울과 바나바와 함께 안티옥으로 보내기로 결정하고, 바사바라고도 부르는 유다와 실라를
선택하니, 이 둘은 그 형제들 가운데에서도 지도적인 위치에 있던 사람들이었더라.

23 With them they sent the following letter: The apostles and elders, your
brothers, To the Gentile believers in Antioch, Syria and Cilicia: Greetings. 24
We have heard that some went out from us without our authorization and
disturbed you, troubling your minds by what they said. 25 So we all agreed
to choose some men and send them to you with our dear friends Barnabas
and Paul-- 26 men who have risked their lives for the name of our Lord Jesus
Christ.

23 유다와 실라 편에 함께 부친 (*사도들의) 편지 내용이 이와 같으니라: '그대들의 형제된 우리 사도들
과 장로들은 안티옥과 시리아와 그리고 킬리키아에 있는 이방인 성도들에게 (*편지하노니): 형제들아,
문안을 전하노라. 24 우리가 듣기로, 우리의 허락도 없이 우리로부터 너희에게로 나간 몇 사람이 너희
에게 이르러 자기들의 말로써 너희의 마음을 괴롭게 하고, 또 너희를 혼란스럽게 하였다 하니 25-26
이에 우리 모두가 이의 없이 결정하기를, 우리 중 몇 사람을 택하여 우리의 친애하는 친구 바나바와 바
울 곧, 우리 주 예수 그리스도를 위하여 자기들의 목숨을 아끼지 않은 이 두 사람과 함께 너희에게 보내
기로 결정하였노라.

27 Therefore we are sending Judas and Silas to confirm by word of mouth what
we are writing. 28 It seemed good to the Holy Spirit and to us not to burden
you with anything beyond the following requirements: 29 You are to abstain
from food sacrificed to idols, from blood, from the meat of strangled animals
and from sexual immorality. You will do well to avoid these things. Farewell.
30 The men were sent off and went down to Antioch, where they gathered the
church together and delivered the letter. 31 The people read it and were glad
for its encouraging message.

27 그러므로 우리가 유다와 실라를 함께 보내는 것은 편지로 쓴 것을 말로써 다시 확증하려 함이니 28

결론은; 다음과 같은 요건들을 제외하고는 너희에게 아무 짐도 지우지 않는 것이 우리에게와 또 성령에
게 옳은 일이 될 줄로 생각함이라. 29 그런즉, 우상(偶像)에게 바쳐진 제물과, 짐승의 피를 먹는 것과,
또 목매어 죽인 짐승의 고기를 먹는 것을 삼가하고 그리고 음행을 멀리할지니라. 너희가 이와 같은 것들
만 삼가하면 모든 것을 다 잘하는 것이 되리라. 너희의 평안을 비노라.' 하였더라. 30 이에 그들이 (*예
루살렘을) 출발하여 안티옥으로 내려가 거기에서 교회를 소집한 다음, 그 편지를 읽고 말을 전하니 31
온 무리가 그 편지를 읽고 그 권면의 메시지로 말미암아 다 함께 기뻐하니라.

32 Judas and Silas, who themselves were prophets, said much to encourage
and strengthen the brothers. 33 After spending some time there, they were
sent off by the brothers with the blessing of peace to return to those who had
sent them. 34 (BLANK) 35 But Paul and Barnabas remained in Antioch, where
they and many others taught and preached the word of the Lord.

32 유다와 실라는 자기들도 선지자들이라, 거기의 형제들을 여러 말로써 권면하고 또 용기를 북돋워주
더라. 33 그리고 한동안 거기에서 형제들과 함께 머물다가 (*안티옥 사람들의) 평안의 인사를 받으며 자
기들을 파송한 사람들에게 돌아가려 길을 떠나니라. 34 (없음) 35 그러나 바울과 바나바는 안티옥에 남
아 다른 사람들과 함께 더불어 거기에서 계속 주 하나님의 말씀을 가르치고 전하니라.

36 Some time later Paul said to Barnabas, "Let us go back and visit the brothers
in all the towns where we preached the word of the Lord and see how they
are doing." 37 Barnabas wanted to take John, also called Mark, with them, 38
but Paul did not think it wise to take him, because he had deserted them in
Pamphylia and had not continued with them in the work.

36 얼마 후에 바울이 바나바에게 말을 하기를, "우리가 주의 말씀을 전하였던 여러 도시들의 각 교회를
돌아보며 형제들을 방문하고 그들이 어떻게 지내는지를 살펴보러 돌아가 보자." 하매, 37 바나바는 마
가(마크)라고 부르는 요한을 데려가고 싶어하나, 38 바울은 그를 데려가는 것이 현명치 못한 일이라 생
각하는지라, 이에 (*둘이 말다툼을 하고) 바울이 바나바와 요한 둘은 팜필리아에 계속 있게 하고, 더 이
상 자신의 사역에 둘과 함께 동역하기를 거부하니라.

39 They had such a sharp disagreement that they parted company. Barnabas
took Mark and sailed for Cyprus, 40 but Paul chose Silas and left, commended
by the brothers to the grace of the Lord. 41 He went through Syria and Cilicia,
strengthening the churches.

39 이에 바나바와 바울이 (*이 문제로) 서로 대단히 날카롭게 대립하여 마침내 서로 갈라서게 되니라.
그리하여 바나바는 마가를 데리고 키프로스로 가고, 40 바울은 실라를 선택하여 각자 길을 떠나가는데,
(*안티옥의 형제들로부터) 주의 은혜 안에서 좋은 권면의 말을 많이 들으며 길을 가더라. 41 바울이 시
리아와 킬리키아 지역을 두루 다니며 교회들을 견고하게 하고 다니니라.

제16장

1 He came to Derbe and then to Lystra, where a disciple named Timothy lived,
whose mother was a Jewess and a believer, but whose father was a Greek. 2
The brothers at Lystra and Iconium spoke well of him. 3 Paul wanted to take
him along on the journey, so he circumcised him because of the Jews who
lived in that area, for they all knew that his father was a Greek.

1 바울이 더베를 거쳐 리스트라로 오니 거기는 디모데라고 하는 제자가 살고 있는 곳이라, 이 디모데의
모친은 유대인으로 믿는 사람이요, 그 아버지는 그리스 사람이었더라. 2 디모데는 리스트라와 이코니움

에 있는 형제들에게서 좋은 평을 받고 있는 사람으로서 3 바울이 자기의 여행 길에 디모데를 데리고 가
고 싶어하므로 그에게 할례(割禮)를 행하니라. 이는 그 지역에 사는 유대인들을 위하여 그리함이니 그
지역 유대인들이 디모데의 부친이 그리스 사람인 줄을 알기 때문이더라.

4 As they traveled from town to town, they delivered the decisions reached by
the apostles and elders in Jerusalem for the people to obey. 5 So the churches
were strengthened in the faith and grew daily in numbers.

4 바울과 디모데가 이 도시에서 저 도시로 여행을 하며 예루살렘에 있는 사도들과 장로들의 결의 내용
곧, 사람들이 준수해야 할 사항들을 전하고 다니니라. 5 이렇게 하여 교회들이 믿음 안에서 든든히 서
가고 믿는 사람의 수가 날로 더해 가니라.

6 Paul and his companions traveled throughout the region of Phrygia and
Galatia, having been kept by the Holy Spirit from preaching the word in the
province of Asia. 7 When they came to the border of Mysia, they tried to enter
Bithynia, but the Spirit of Jesus would not allow them to.

6 바울과 그 일행이 프리기아와 갈라티아 지역을 두루 여행하고 다닐 적에 성령께서 그들을 아시아 지
역에서는 말씀을 전하지 못하게 계속하여 막으시니라. 7 그들이 미시아 경계에 이르러 비티니아 지역으
로 들어가려 하였으나 예수의 성령께서 이를 허락하지 아니 하시더라.

8 So they passed by Mysia and went down to Troas. 9 During the night Paul
had a vision of a man of Macedonia standing and begging him, "Come over
to Macedonia and help us." 10 After Paul had seen the vision, we got ready at
once to leave for Macedonia, concluding that God had called us to preach the
gospel to them.

8 그리하여 그들이 미시아를 스쳐 지나가 트로아로 내려갔는데 9 그 밤에 바울이 어떤 환상을 보게 되
니라. 환상 속에서 한 마케도니아 사람이 서서 "여기 이 마케도니아로 건너와서 우리를 도우소서." 하고
간구하는지라, 10 바울이 이 환상을 보고 난 후, 우리 모두는 거기 사람들에게 복음을 전하라고 하나님
께서 우리를 거기로 부르신다는 것으로 이를 이해하고, 이에 즉각 마케도니아로 떠날 준비를 갖추었느
니라.

11 From Troas we put out to sea and sailed straight for Samothrace, and the
next day on to Neapolis. 12 From there we traveled to Philippi, a Roman
colony and the leading city of that district of Macedonia. And we stayed there
several days.

11 트로아에서 배를 타고 떠나 곧장 사모트라케로 가서, 그 다음날에는 네아폴리에 도착하고, 12 거기
서 다시 여행을 계속하여 필립피에 이르렀으니 필립피는 로마의 식민 도시로서 마케도니아 지방에서는
가장 큰 도시라. 우리가 거기에서 여러 날을 머무니라.

13 On the Sabbath we went outside the city gate to the river, where we
expected to find a place of prayer. We sat down and began to speak to the
women who had gathered there. 14 One of those listening was a woman
named Lydia, a dealer in purple cloth from the city of Thyatira, who was a
worshiper of God. The Lord opened her heart to respond to Paul's message. 15
When she and the members of her household were baptized, she invited us to
her home. "If you consider me a believer in the Lord," she said, "come and stay
at my house." And she persuaded us.

13 안식일이 되어 우리가 도시의 성문 밖으로 나가 기도할 처소를 찾아 강가에 이르게 되었는데 마침
거기에 있던 여인들에게 말씀을 전할 수 있게 되니라. 14 (*우리의 얘기를) 듣던 사람 중에 리디아라는
여인이 있었으니 그녀는 티아티라 시(市)에서부터 온 자주색 옷감 장사하는 자로서 하나님을 섬기고 경

배하는 사람이라, 주께서 그 마음을 열어 바울의 전도의 메시지를 받아들이게 하시니라. 15 이에 리디
아와 그 집 식구가 모두 세례를 받은 후에, 리디아가 우리를 자신의 집으로 초대를 하며 말을 하기를,
"만일 나를 주(主)안에서 믿는 사람으로 여기거든, 부디 오셔서 저희 집에서 머무르소서." 하며 우리를
설득하니라.

16 Once when we were going to the place of prayer, we were met by a slave
girl who had a spirit by which she predicted the future. She earned a great
deal of money for her owners by fortune-telling. 17 This girl followed Paul and
the rest of us, shouting, "These men are servants of the Most High God, who
are telling you the way to be saved." 18 She kept this up for many days. Finally
Paul became so troubled that he turned around and said to the spirit, "In the
name of Jesus Christ I command you to come out of her!" At that moment the
spirit left her.

16 하루는 우리가 기도하는 처소로 가는 중에 한 여자 노예 아이를 만나게 되었는데 그녀에게 영(靈)이
깃들어 있어 그 여자 아이가 앞날을 능히 점칠 수가 있었더라. 그녀가 그 점치는 것으로 하여 그 주인들
에게 큰 돈을 벌어다 주는데 17 이 여자 노예 아이가 바울과 우리 모두를 따라 다니며 소리쳐 외치기를,
"이 사람들은 지극히 높으신 하나님의 종들이라, 당신들에게 구원 받는 도(道)를 얘기해 줄 사람들이로
다." 하니라. 18 이 여자 아이가 매일을 이와 같이 하며 (*우리를 따라) 다니는지라, 바울이 이를 심히 불
편해 하여 마침내 그 여자 아이를 향해 돌아서서 말하기를, "예수 그리스도 이름으로 내가 네게 명하노
니 그 아이에게서부터 나오라!" 하니 그 즉시로 그 영이 그 여자 아이를 떠나가니라.

19 When the owners of the slave girl realized that their hope of making money
was gone, they seized Paul and Silas and dragged them into the marketplace
to face the authorities. 20 They brought them before the magistrates and
said, "These men are Jews, and are throwing our city into an uproar 21 by
advocating customs unlawful for us Romans to accept or practice."

19 그 여자 종의 주인들이 자기들의 돈 벌 소망이 모두 사라져 버린 것을 보고는 바울과 실라를 붙잡아
시장 안으로 끌고가니, 이는 그 도시의 치안 당국 앞에 그 둘을 세우고자 함이더라. 20 이에 그들이 바
울과 실라를 치안 판사 앞에 끌고가 고발을 하기를, "이 사람들은 유대인들이라, 우리의 도시를 소요 가
운데에 던져 넣는 자들이니, 21 우리 로마인들이 받아들일 수도 없고, 행할 수도 없는 법에 어긋나는 풍
속을 전함으로 그리하는도다." 하더라.

22 The crowd joined in the attack against Paul and Silas, and the magistrates
ordered them to be stripped and beaten. 23 After they had been severely
flogged, they were thrown into prison, and the jailer was commanded to guard
them carefully. 24 Upon receiving such orders, he put them in the inner cell
and fastened their feet in the stocks.

22 모여 있던 군중의 무리도 바울과 실라에 대한 공격에 동참하매, 이에 치안 판사가 그들의 옷을 벗기
고 채찍질을 하도록 명령을 내리니라. 23 바울과 실라가 심한 매질을 당한 후에 감옥에 던지워 질 때에,
치안 판사가 간수에게 이르기를 특히 유념해서 이 죄수들을 잘 지키라고 명을 내리니 24 그 명령을 받
은 간수가 바울과 실라 둘을 감옥의 안쪽 깊은 방에 가두고 그 발에는 족쇄를 채우더라.

25 About midnight Paul and Silas were praying and singing hymns to God,
and the other prisoners were listening to them. 26 Suddenly there was such a
violent earthquake that the foundations of the prison were shaken. At once all
theprison doors flew open, and everybody's chains came loose. 27 The jailer
woke up, and when he saw the prison doors open, he drew his sword and was
about to kill himself because he thought the prisoners had escaped. 28 But
Paul shouted, "Don't harm yourself! We are all here!"

25 자정 쯤이 되어 바울과 실라가 기도하며 하나님을 찬송하기 시작하는데, 다른 죄수들도 모두 이를
유심히 듣고 있었더니 26 그 때, 갑자기 격렬한 지진이 일어나며 감옥의 기초를 모두 흔들매 그 즉시 감
옥의 모든 문들이 급작스럽게 열리고 모든 사람이 차고 있던 쇠사슬도 풀려 버리니라. 27 간수가 자다
일어나서 감옥 문들이 모두 열린 것을 보고는 죄수들이 다 도망한 줄로 생각하고 칼을 빼어 스스로 목숨
을 끊으려 하는데, 28 바울이 크게 소리를 지르며 말하기를, "네 몸을 상하게 하지 말라. 우리가 다 여기
있노라!" 하니라.

29 The jailer called for lights, rushed in and fell trembling before Paul and
Silas. 30 He then brought them out and asked, "Sirs, what must I do to be
saved?" 31 They replied, "Believe in the Lord Jesus, and you will be saved--you
and your household." 32 Then they spoke the word of the Lord to him and to
all the others in his house.

29 간수가 등불을 달라고 하여 급히 감옥 안으로 들어와서 바울과 실라 앞에 엎드려 몸을 떨고 있더니
30 이윽고 그 두사람을 바깥으로 데리고 나와 묻기를, "선생들이여, 제가 무엇을 하여야 구원을 얻으리
이까?" 하거늘 31 바울이 대답하여 이르되, "주 예수를 믿으라, 그리하면 네가 구원을 얻겠고, 너와 네
온 집이 구원을 받으리라." 하니라. 32 그리고 이어, 그 두 사람이 주의 말씀을 그 사람과 그 집에 있는
모든 사람에게 전하니라.

33 At that hour of the night the jailer took them and washed their wounds;
then immediately he and all his family were baptized. 34 The jailer brought
them into his house and set a meal before them; he was filled with joy because
he had come to believe in God--he and his whole family.

33 그 밤 시간에 간수가 그들을 데려다가 그 상처를 씻기고; 자기와 그 온 가족이 다 세례를 받더라. 34
또 그들을 자기의 집으로 데리고 가서 그 앞에 음식을 차리는데; 그가 큰 기쁨으로 가득차 있으니 이는
자기가 하나님을 믿고 또 자기와 자기 온 집안이 믿게 된 연고(緣故)이더라.

35 When it was daylight, the magistrates sent their officers to the jailer with
the order: "Release those men." 36 The jailer told Paul, "The magistrates have
ordered that you and Silas be released. Now you can leave. Go in peace."
37 But Paul said to the officers: "They beat us publicly without a trial, even
though we are Roman citizens, and threw us into prison. And now do they
want to get rid of us quietly? No! Let them come themselves and escort us out."

35 날이 새어 아침이 되매 치안판사가 간수에게 관리들을 보내어 명하기를, "그 사람들을 석방하라."
하더라. 36 이에 그 간수가 바울에게 이르기를, "치안판사가 당신과 당신의 동행되신 분을 석방하라고
명령하였으니 이제 떠나실 수가 있나이다. 평안히 가소서." 라고 하는데, 37 바울이 그 관리들을 향해
이르되, "로마 시민인 우리를 재판도 없이 공중 앞에서 매를 때리고 우리를 감옥에 쳐 넣었다가 이제, 우
리를 그냥 조용히 보내려 하느냐? 아니라! 그 치안판사로 하여금 그들이 직접 와서 우리를 안내해 내라
하라." 하고 말을 하니라.

38 The officers reported this to the magistrates, and when they heard that Paul
and Silas were Roman citizens, they were alarmed. 39 They came to appease
them and escorted them from the prison, requesting them to leave the city. 40
After Paul and Silas came out of the prison, they went to Lydia's house, where
they met with the brothers and encouraged them. Then they left.

38 그 관리들이 이를 치안판사에게 보고 하니, 그들이 바울과 실라가 로마 시민이라는 말을 듣고 크게
놀라더라. 39 이에 그들이 와서 바울과 실라를 달래어 감옥에서 데리고 나와 그 도시를 떠나가 줄 것을
요청을 하더라. 40 이에 두 사람이 감옥에서 나와 리디아의 집으로 가서 거기에서 형제들을 만나 그들
을 위안하고 권면하고 나서 그리고 그들이 길을 떠나니라.

제17장

1 When they had passed through Amphipolis and Apollonia, they came to
Thessalonica, where there was a Jewish synagogue. 2 As his custom was, Paul
went into the synagogue, and on three Sabbath days he reasoned with them
from the Scriptures, 3 explaining and proving that the Christ had to suffer
and rise from the dead. "This Jesus I am proclaiming to you is the Christ, " he
said.4 Some of the Jews were persuaded and joined Paul and Silas, as did a
large number of God-fearing Greeks and not a few prominent women.

1 바울과 실라 일행이 암피폴리와 아폴로니아를 지나 테살로니카에 이르니 거기 유대인의 회당이 있더
라. 2 바울이 자기의 습관대로 회당에 들어가서 세 안식일을 연속하여 그들과 더불어 성경 말씀을 가지
고 강론(講論)하며 3 그 뜻을 풀어 설명하기를, 그리스도가 고난을 받고 죽은 자로부터 다시 살아나야
할 것을 전하고, 또 "내가 너희에게 선언하는 이 예수가 그리스도라." 하더라. 4 바울의 이 말에 하나님
을 경외하는 많은 그리스 사람들과 그리고 또 적지 않은 수의 영향력 있는 귀부인들도 믿게 될 뿐 아니
라 아울러 그 중의 몇몇 유대인들도 믿고 바울과 실라를 따르니라.

5 But the Jews were jealous; so they rounded up some bad characters from
the marketplace, formed a mob and started a riot in the city. They rushed to
Jason's house in search of Paul and Silas in order to bring them out to the
crowd. 6 But when they did not find them, they dragged Jason and some other
brothers before the city officials, shouting: "These men who have caused
trouble all over the world have now come here, 7 and Jason has welcomed
them into his house. They are all defying Caesar's decrees, saying that there is
another king, one called Jesus."

5 그러나 유대인들은 시기심으로 가득하여; 시장터로부터 불량배들을 끌어 모아 떼를 지어 시내에서 폭
동을 일으키고 바울과 실라를 붙잡아내어 군중 가운데로 끌어내려고 야손(제이슨)의 집을 덮치니라. 6
그러나 그 집에서 두 사람을 발견하지를 못하매 대신 야손과 다른 몇몇 형제들을 끌어내어 그 도시의 관
리들 앞에 데려 와서 소리치며 말들을 하기를, "이 사람들이 온 세상을 소란스럽게 하던 자들로서, 이 도
시에 스며 들어왔는데 7 야손이 그들을 자기 집에 영접해 들였음이라, 그들이 카이사르의 명(命)을 거역
(拒逆)하고, 다른 왕이 있다고 하니 그들이 부르기를 예수라 하는 자니라." 하더라.

8 When they heard this, the crowd and the city officials were thrown into
turmoil. 9 Then they made Jason and the others post bond and let them go.

8 이런 말을 듣고는 온 군중의 무리와 그 도시의 관리들이 다 혼란(混亂)에 빠지게 되었는데, 9 야손과
그 나머지 사람들에게는 보석금을 내게 한 후에 풀어주니라.

10 As soon as it was night, the brothers sent Paul and Silas away to Berea. On
arriving there, they went to the Jewish synagogue.11 Now the Bereans were of
more noble character than the Thessalonians, for they received the message
with great eagerness and examined the Scriptures every day to see if what Paul
said was true. 12 Many of the Jews believed, as did also a number of prominent
Greek women and many Greek men.

10 밤이 되자마자 즉시 거기의 형제들이 바울과 실라를 베레아로 보낸 고로, 그 둘이 베레아에 있는 유
대인의 회당으로 들어가니라. 11 베레아 사람들은 테살로니카 사람들보다 성품이 온화하여 바울의 전
하는 메시지를 잘 받아들이고, 날이면 날마다 성경 말씀을 찾아보고 과연 바울이 말한 것들이 사실인지
그 여부를 스스로 살펴보니라. 12 그리하여 그 중의 많은 유대인들이 믿게 되고 또 수 많은 지도적인 위
치에 있는 그리스 사람들과 부인들도 믿게 되니라.

13 When the Jews in Thessalonica learned that Paul was preaching the word

of God at Berea, they went there too, agitating the crowds and stirring them
up. 14 The brothers immediately sent Paul to the coast, but Silas and Timothy
stayed at Berea. 15 The men who escorted Paul brought him to Athens and
then left with instructions for Silas and Timothy to join him as soon as
possible.

13 그러나 테살로니카의 유대인들이, 바울이 하나님의 말씀을 베레아에서도 전한다는 사실을 알고는,
거기로 떼를 지어 몰려와 무리를 선동하여 동요케 만드니, 14 형제들이 즉시 바울을 내보내어 바닷가로
가게 하는데 실라와 디모데는 계속 베레아에 머물러 있게 되니라. 15 바울을 호위하여 가던 사람들이
바울을 데리고 아테네까지 이르니라. 바울이 이르기를, 실라와 디모데를 최대한 빨리 자기를 보러 아테
네로 오게 하라 하므로 이런 바울의 지시를 받고 그들이 베레아로 도로 길을 떠나니라.

16 While Paul was waiting for them in Athens, he was greatly distressed to see
that the city was full of idols. 17 So he reasoned in the synagogue with the
Jews and the God-fearing Greeks, as well as in the marketplace day by day
with those who happened to be there.

16 바울이 아테네에서 실라와 디모데를 기다리던 중에 거기 그 도시에 우상들이 가득한 것을 보고 크게
충격을 받으니라. 17 바울이 회당에서는 유대인들과 또 하나님을 경외하는 그리스 사람들과 더불어 토
론을 하고, 시장 가운데에서는 거기 와 있는 사람들과 어울려 거의 날마다 토론을 하더라.

18 A group of Epicurean and Stoic philosophers began to dispute with him.
Some of them asked, "What is this babbler trying to say?" Others remarked,
"He seems to be advocating foreign gods." They said this because Paul was
preaching the good news about Jesus and the resurrection. 19 Then they took
him and brought him to a meeting of the Areopagus, where they said to him,
"May we know what this new teaching is that you are presenting? 20 You
are bringing some strange ideas to our ears, and we want to know what they
mean."

18 그 가운데 에피쿠로스 학파와 스토아 학파 그룹에 속한 철학자 몇몇이 있어 이들이 바울과 논쟁을
벌이는데, 그 중 어떤 이들은 말하기를, "이 잘도 지껄이는 자가 이번에는 또 무슨 말을 하려 하는고?"
하고, 다른 사람들은 말하기를, "그가 다른 이방 신들을 소개하려 하는도다." 하니, 이는 바울이 예수와
그의 부활에 관한 복음을 전하던 까닭이더라. 19 이에 그들이 바울을 아레오파쿠스의 회의장에 데리고
가서, 거기에서 바울에게 말해 주기를 청하며 이르기를, "당신이 전하고자 하는 이 새로운 가르침에 대
해 우리가 좀 더 자세히 알 수 있겠느뇨? 20 우리의 귀에 이상하게 들리는 관념들을 당신이 우리에게 가
져 오니, 그것들이 대체 뭘 의미하는지 우리가 알기 원하노라." 하더라.

21 (All the Athenians and the foreigners who lived there spent their time
doing nothing but talking about and listening to the latest ideas.) 22 Paul
then stood up in the meeting of the Areopagus and said: "Men of Athens! I
see that in every way you are very religious. 23 For as I walked around and
looked carefully at your objects of worship, I even found an altar with this
inscription:TO AN UNKNOWN GOD.

21 (모든 아테네 사람들과 또 아테네에 거주하는 거의 모든 외국인들은 그들의 시간을 오직, 무엇인가
가장 최신의 사상(思想)과 사조(思潮)를 배우는 것에만 바치고 그 외에는 아무 것도 하질 않는 사람들이
라.) 22 이에 바울이 아레오파쿠스 회의장 가운데에 서서 설교를 시작하며 이르되, "아테네 사람들아!
내가 보기에 당신들은 유난히 종교심이 많은 사람들이로다. 23 내가 시내를 두루 걸으며 당신들이 경배
하는 것들을 유심히 살펴보니, 그 가운데 심지어 이런 문구가 새겨진 제단도 있음이라: 곧, "알지 못하는
신에게" 라 하는 문구로다. 그런즉, 이제 내가 이 **'당신들이 알지 못하는 그 신'** 에 대해 말을 해 주리라.

24 The God who made the world and everything in it is the Lord of heaven and earth and does not live in temples built by hands. **25** And he is not served by human hands, as if he needed anything, because he himself gives all men life and breath and everything else.

24 이 세상을 창조하시고 그 가운데 있는 만물을 만드신 하나님은 하늘과 땅의 주 하나님이시니, 이 하나님께서는 사람의 손으로 지은 전(殿)에 계시지 아니하시느니라. **25** 또 하나님은, 그 무엇이 부족한 것처럼, 사람의 손에 의해 섬김을 받지도 아니하시나니, 이는 스스로 이 세상 모든 사람들에게 생명을 주시고 다른 만물에도 그 호흡을 부여해 주시는 분이심이라.

26 From one man he made every nation of men, that they should inhabit the whole earth; and he determined the times set for them and the exact places where they should live. **27** God did this so that men would seek him and perhaps reach out for him and find him, though he is not far from each one of us. **28** 'For in him we live and move and have our being.' As some of your own poets have said, 'We are his offspring.' **29** "Therefore since we are God's offspring, we should not think that the divine being is like gold or silver or stone--an image made by man's design and skill.

26 (*아담) 한 사람으로부터 시작하여 인류의 모든 족속을 만드시고 이들로 이 지구 온 땅에 거하게 만드셨으니; 이 하나님께서 그들이 살아가야 할 장소 뿐 아니라 그 살아 있을 시간도 정하셨느니라. **27** 하나님께서 이렇게 하신 이유는 사람들로 하여금 하나님을 찾고, 그리하여 하나님께 이르도록 만들며, 또 비록 그가 그리 멀리 계시지는 않지만, 사람들이 하나님을 찾아 낼 수 있도록 하기 위함이니 **28** 우리는 오직 그의 안에서만 살고 활동하며 또 우리의 존재를 갖느니라. 너희 가운데 있는 시인(詩人)들도 이와 같은 말을 하였으니 곧, '우리는 그의 소생(所生)들이라' 한 말이 그것이로다. **29** 그러므로, 이처럼 우리가 하나님의 소생인고로, 저 거룩하신 하나님의 존재가 금이나, 은이나, 돌이 될 수가 없으며—또, 사람이 고안하고 자기의 손 기술로 만든 형상이 될 수도 없느니라.

30 In the past God overlooked such ignorance, but now he commands all people everywhere to repent. **31** For he has set a day when he will judge the world with justice by the man he has appointed. He has given proof of this to all men by raising him from the dead."

30 예전에는 하나님이 이런 인간의 무지함을 너그롭게 보아 넘기셨으나, 이제는 같은 하나님께서 이 세상 모든 사람들을 향하여 '회개하라' 명하고 계시느니라. **31** 그가 이 모든 세상을 공의(公義)로써 심판하실 날을 한 날 정하셨으니, 이 공의는 그가 지명하신 그 한 사람에 의해 이루어질 공의니라. 이에 대한 증거로써 하나님께서 모든 사람에게 주신 것이 곧, 그를 죽은 자로부터 다시 살려 내신 것이니라." 하고 말을 하니라.

32 When they heard about the resurrection of the dead, some of them sneered, but others said, "We want to hear you again on this subject." **33** At that, Paul left the Council. **34** A few men became followers of Paul and believed. Among them was Dionysius, a member of the Areopagus, also a woman named Damaris, and a number of others.

32 죽은 자의 부활이란 얘기를 듣고 어떤 사람은 비웃기도 하고 또 다른 사람은 "이 주제에 대해서는 다른 날에 다시 말을 들었으면 좋겠다."라고 말하는 이도 있는데 그런 가운데 **33** 바울이 그 회의장을 떠나니라. **34** 그러나 그 중 몇 사람은 믿고 바울의 추종자가 되니, 그 가운데에 아레오파쿠스의 멤버인 디오누시오가 있고 또, 다마리스라 하는 여인과 그 외 몇 사람이 더 있었더라.

제18장

1 After this, Paul left Athens and went to Corinth. 2 There he met a Jew named
Aquila, a native of Pontus, who had recently come from Italy with his wife
Priscilla, because Claudius had ordered all the Jews to leave Rome. Paul went
to see them, 3 and because he was a tentmaker as they were, he stayed and
worked with them.

1 그 후에 바울이 아테네를 떠나 코린트로 가니라. 2 거기 코린트에서 폰투스 출신의 아굴라(아퀼라)라
하는 유대인을 만났는데 그는 자기 아내 브리스길라(프리실라)와 함께 최근에 이탈리아로부터 온 사람
으로 당시에 클라우디우스 황제가 모든 유대인들로 하여금 로마를 떠나라는 명을 내린 때문에 코린트로
온 사람이더라. 3 이 사람이 바울 일행과 같이 천막 제조를 생업으로 하였으므로 바울이 이 사람을 보러
가서 그와 함께 지내며 함께 일을 하게 되니라.

4 Every Sabbath he reasoned in the synagogue, trying to persuade Jews and
Greeks. 5 When Silas and Timothy came from Macedonia, Paul devoted himself
exclusively to preaching, testifying to the Jews that Jesus was the Christ.

4 매번 안식일마다 바울은 유대인의 회당에서 강론하고 유대인과 그리스인들을 설득하려 애를 쓰니라.
5 실라와 디모데가 마케도니아로부터 오매, 바울은 온전히 설교와 전도에만 전념하며 예수는 그리스도
이신 사실을 유대인들에게 힘써 증거하더라.

6 But when the Jews opposed Paul and became abusive, he shook out his
clothes in protest and said to them, "Your blood be on your own heads! I am
clear of my responsibility. From now on I will go to the Gentiles." 7 Then
Paul left the synagogue and went next door to the house of Titius Justus, a
worshiper of God. 8 Crispus, the synagogue ruler, and his entire household
believed in the Lord; and many of the Corinthians who heard him believed and
were baptized.

6 그러나 유대인들은 바울을 대적하여 오히려 그를 향하여 독설을 퍼부으니 바울이 그에 대한 항의의
표시로 자기의 옷을 털어 내며 그들을 향해 이르기를, "너희 피가 너희 머리로 돌아갈지어다! 나는 내 책
임을 다하였으니 이제로부터는 이방인들에게로 향해 가리라." 하니라. 7 이에 바울이 회당을 떠나 그 옆
에 있는 디도 유스도(티티우스 유스투스)라 하는 사람의 집에 들어가니 이 디도는 하나님을 경배하는 사
람이더라. 8 또 회당의 지도자 그리스보(크리스푸스)와 그의 온 집안 사람이 주를 믿게 되고, 그외에도
수많은 코린트 사람들이 바울의 말을 듣고 믿고 세례를 받으니라.

9 One night the Lord spoke to Paul in a vision: "Do not be afraid; keep on
speaking, do not be silent. 10 For I am with you, and no one is going to attack
and harm you, because I have many people in this city." 11 So Paul stayed for
a year and a half, teaching them the word of God.

9 어느 날 밤에 주께서 환상 가운데 나타나 바울에게 말씀하시기를: "너는 두려워하지 말라; 침묵하지
말고 말하기를 계속하라. 10 내가 너와 함께 있으매 그 누구도 너를 공격하여 해를 끼칠 자가 없으리니
이 도시 내에 나의 백성이 많은 까닭이니라." 하시더라. 11 그리하여 바울이 일 년 육 개월 동안을 (*코
린트에) 머물며 그들에게 하나님의 말씀을 가르치게 되니라.

12 While Gallio was proconsul of Achaia, the Jews made a united attack on
Paul and brought him into court. 13 "This man," they charged, "is persuading
the people to worship God in ways contrary to the law." 14 Just as Paul was
about to speak, Gallio said to the Jews, "If you Jews were making a complaint
about some misdemeanor or serious crime, it would be reasonable for me
to listen to you. 15 But since it involves questions about words and names

and your own law-- settle the matter yourselves. I will not be a judge of such
things." 16 So he had them ejected from the court. 17 Then they all turned on
Sosthenes the synagogue ruler and beat him in front of the court. But Gallio
showed no concern whatever.

12 갈리오가 아카이아 지방의 총독으로 있는 동안에 그 지역의 유대인들이 연합하여 바울을 공격하고
또 그를 법정으로 데리고 가니라. 13 유대인들이 바울을 고발하기를, "이 사람이 하나님을 경외하는데
있어 율법에 어긋나는 길로 사람들을 이끌고 현혹케 하나이다." 하더라. 14 이에 바울이 막 뭔가 말을
하고자 할 그 때에 갈리오가 그들 유대인들에게 이르기를, "만일 너희들이 무슨 나쁜 행실이나 중대한
범죄 사실에 대해 고발을 하는 것이라면 내가 그 고발 내용을 듣는 것이 당연한 일이리라. 15 하지만 만
일 이것이 너희 유대인들만의 율법이나, 그 무슨 경전 내용이나 그 무슨 이름에 관한 것이라면–이 문제
는 너희 유대인들끼리 해결하라. 나는 이런 문제에 대해서는 너희의 심판관이 되지 아니하리라." 하고
16 이에 그들 모두를 한꺼번에 법정으로부터 몰아내 버리니라. 17 그러자 그들이 이번에는 회당장 소
스데네를 향하여 돌아서서 그를 법정 앞에서 때리기 시작하거늘 갈리오 총독은 이를 알고도 일절 관여
치를 아니하더라.

18 Paul stayed on in Corinth for some time. Then he left the brothers and
sailed for Syria, accompanied by Priscilla and Aquila. Before he sailed, he had
his hair cut off at Cenchrea because of a vow he had taken. 19 They arrived
at Ephesus, where Paul left Priscilla and Aquila. He himself went into the
synagogue and reasoned with the Jews.

18 그리하여 바울이 한 동안을 코린트에 머물게 되니라. 그 후에 바울이 코린트의 형제들과 작별하고
배를 타고 시리아를 향해 가는데 브리스길라와 아굴라가 바울을 동행하니라. 바울이 배를 타기 전에, 켄
크레아에서 자기 머리를 깎았으니 이는 바울이 예전에 무언가 하나님께 서원(誓願)한 내용이 있는 까닭
이더라. 19 바울과 그 일행이 에페소에 도착하매 브리스길라와 아굴라는 거기 남겨 두고 바울만 거기
회당에 들어가서 유대인들과 서로 토론하기를 시작하니라.

20 When they asked him to spend more time with them, he declined. 21 But as
he left, he promised, "I will come back if it is God's will." Then he set sail from
Ephesus. 22 When he landed at Caesarea, he went up and greeted the church
and then went down to Antioch. 23 After spending some time in Antioch, Paul
set out from there and traveled from place to place throughout the region of
Galatia and Phrygia, strengthening all the disciples.

20 (*그 회당에 있던) 사람들이 바울더러 자기들과 며칠 시간을 함께 더 보내기를 청하였으나 바울은
이를 거절하고 떠나가는데, 21 그러나 길을 떠나기에 앞서 약속을 하기를, "만일 하나님의 뜻이라면 내
가 다시 돌아오리라." 하고 에페소에서 배를 타고 떠나니라. 22 바울이 카이사랴에서 배를 내려 거기 있
는 교회를 문안하고 다시 안티옥을 향해 길을 떠나니라. 23 그리하여 안티옥에서 또 얼마 동안을 지난
후에 다시 바울이 거기를 출발하여 갈라티아와 프리키아 지방을 두루 이 곳 저 곳을 여행해 다니며 그
제자들의 믿음을 더욱 굳건히 하니라.

24 Meanwhile a Jew named Apollos, a native of Alexandria, came to Ephesus.
He was a learned man, with a thorough knowledge of the Scriptures. 25 He
had been instructed in the way of the Lord, and he spoke with great fervor and
taught about Jesus accurately, though he knew only the baptism of John.

24 알렉산드리아에서 태어나서 자란 아볼로(아폴로스)라 하는 유대인이 있었는데 이 사람이 에페소를
찾아 오니 그는 학식있는 사람이요, 성경에 통달해 있는 사람이라. 25 그가 일찍이 주의 가르침 가운데
에서 교훈을 받아 예수에 대해 상당히 정확한 내용을 가지고 전도를 하며 열심을 가지고 말을 하는데,
그러나 (*그 때까지는) 오직 요한의 세례만 알고 있었더라.

26 He began to speak boldly in the synagogue. When Priscilla and Aquila heard him, they invited him to their home and explained to him the way of God more adequately. 27 When Apollos wanted to go to Achaia, the brothers encouraged him and wrote to the disciples there to welcome him. On arriving, he was a great help to those who by grace had believed. 28 For he vigorously refuted the Jews in public debate, proving from the Scriptures that Jesus was the Christ.

26 (*어느 날,) 아볼로가 유대인의 회당에서 담대하게 말을 하기 시작하매, 마침 그 때에 브리스길라와 아굴라가 그 말을 듣게 된지라, 이에 그 둘이 자기들의 집으로 아볼로를 초대하여 그에게 하나님의 길에 대해 좀 더 상세하게 설명을 해 주니라. 27 이에 아볼로가 아카이아 지방으로 (*전도하러) 가고 싶어하니, (*에페소에 있던) 형제들이 그 용기를 더욱 북돋아 주고, 이에 아카이아 지방에 있는 제자들에게 편지를 써서 아볼로를 따뜻이 영접하여 주도록 부탁하니라. 아볼로가 아카이아 지방에 도착하매, 주의 은혜로 말미암아 믿음을 가진 자들에게 커다란 도움이 되니 28 이는 대중 앞에서 행한 토론에서 그가 유대인들을 (*효과적으로) 논박하며, 원기 왕성하게 예수가 그리스도 되심을 성경 말씀을 들어 증명하던 까닭이더라.

제19장

1 While Apollos was at Corinth, Paul took the road through the interior and arrived at Ephesus. There he found some disciples 2 and asked them, "Did you receive the Holy Spirit when you believed?" They answered, "No, we have not even heard that there is a Holy Spirit." 3 So Paul asked, "Then what baptism did you receive?" "John's baptism," they replied.

1 아볼로가 코린트에 머물고 있는 동안에 바울이 내륙 지방으로 난 길을 통하여 에페소에 도착하니라. 거기 에페소에서 바울이 몇몇 제자들을 발견하게 되었으니 2 바울이 그 제자들에게 물어 이르기를, "너희들이 믿게 되었을 때에 성령을 받았느뇨?" 하니, 그들이 대답하기를, "아니오이다, 우리는 성령이 계시다는 것을 듣지도 못하였나이다." 하는지라 3 바울이 다시 묻기를, "그러면 너희가 무슨 세례를 받았느냐?" 하매, 그들이 말하기를, "요한의 세례를 받았나이다." 대답하니라.

4 Paul said, "John's baptism was a baptism of repentance. He told the people to believe in the one coming after him, that is, in Jesus." 5 On hearing this, they were baptized into the name of the Lord Jesus. 6 When Paul placed his hands on them, the Holy Spirit came on them, and they spoke in tongues and prophesied. 7 There were about twelve men in all.

4 바울이 이르기를, "요한의 세례는 죄를 회개하는 세례라. 요한이 말하기를; '자기 뒤에 오시는 다른 한 사람을 믿으라' 하였으니 그가 곧 예수이시니라." 하니라. 5 이 말을 듣고 그들 모두가 다시 예수 그리스도의 이름으로 세례를 받으니라. 6 바울이 그들 위에 자기 손을 얹어 안수할 때에 성령이 그들 위에 내리시는지라, 그들이 방언도 하고 예언도 하니라. 7 그들이 모두 합쳐 열 두명이나 되더라.

8 Paul entered the synagogue and spoke boldly there for three months, arguing persuasively about the kingdom of God. 9 But some of them became obstinate; they refused to believe and publicly maligned the Way. So Paul left them. He took the disciples with him and had discussions daily in the lecture hall of Tyrannus.

8 바울이 거기 있는 회당에 들어가 석 달 동안을 담대히 하나님 나라에 관하여 강론도 하고 논쟁도 하며

사람들을 권면하니라. **9** 그러나 몇몇 사람들은 한층 마음이 완고하게 되어; 믿기를 거부하고 오히려 그
도를 공공연하게 적대시하고 비방하니라. 이에 바울이 그들을 떠나 제자들을 데리고 티라누스(두란노)
에 있는 한 강의실에서 (*따로 모여) 날마다 제자들과 토론하는 자리를 가지더라.

10 This went on for two years, so that all the Jews and Greeks who lived in the
province of Asia heard the word of the Lord. **11** God did extraordinary miracles
through Paul, **12** so that even handkerchiefs and aprons that had touched him
were taken to the sick, and their illnesses were cured and the evil spirits left
them.

10 바울이 꼬박 이 년 동안을 에페소에서 이렇게 하니 아시아 지방에 사는 거의 모든 유대인과 그리스
사람들이 주의 말씀을 듣게 되니라. **11** 하나님께서 바울을 통하여 경이로운 기적을 행하시는데, **12** 바
울의 몸에 닿았던 손수건이나 앞치마를 가져다가 병자의 몸에 얹으면 그 병이 낫게 되고 악령이 떠나가
게 되더라.

13 Some Jews who went around driving out evil spirits tried to invoke the name
of the Lord Jesus over those who were demon-possessed. They would say,
"In the name of Jesus, whom Paul preaches, I command you to come out." **14**
Seven sons of Sceva, a Jewish chief priest, were doing this. **15** One day the evil
spirit answered them, "Jesus I know, and I know about Paul, but who are you?"
16 Then the man who had the evil spirit jumped on them and overpowered
them all. He gave them such a beating that they ran out of the house naked
and bleeding.

13 귀신을 쫓아내며 다니는 어떤 유대인들이 귀신 들린 자들을 향해 주 예수 그리스도의 이름을 들먹이
기도 하는데, 그들이 (*간혹) 말을 하기를, "바울이 전파하는 예수의 이름으로 내가 명하노니, 너는 거기
서 나오라." 하기도 하니라. **14** 유대인 우두머리 제사장 중의 하나인 스게와(스케바)의 일곱 아들도 이
와 같은 일을 하더니, **15** 하루는 그 악한 영이 대답하여 이르기를, "예수도 내가 알고 바울도 내가 알거
니와, 너희는 누구냐?" 하며 **16** 그 악한 귀신 들린 사람이 그 사람들 위에 뛰어 올라 눌러 놓고 때리기
시작하니 그들이 벌거벗은 채 피를 흘리며 집에서 나와 도망치는 일도 있었더라.

17 When this became known to the Jews and Greeks living in Ephesus, they
were all seized with fear, and the name of the Lord Jesus was held in high
honor. **18** Many of those who believed now came and openly confessed their
evil deeds. **19** A number who had practiced sorcery brought their scrolls
together and burned them publicly. When they calculated the value of the
scrolls, the total came to fifty thousand drachmas. **20** In this way the word of
the Lord spread widely and grew in power.

17 이 일이 에페소에 사는 유대인들과 그리스 사람들에게 알려지매 그들이 모두 다 두려워하며 주 예수
의 이름이 그들 가운데에서 크게 영예롭게 되니라. **18** 또 수 많은 믿는 사람들이 나아와서 자신들이 지
은 악한 행위를 각기 자백하는 일도 있으니라. **19** 마술 행위를 하던 사람들이 자기들의 (*주문이 담긴)
두루마리 책을 모아 가지고 와서 대중 앞에서 이를 불 태우는데 그 두루마치 책의 가치를 다 계산해 보
니 총액이 오만 드라크마나 되니라. **20** 이와 같이 주의 말씀이 널리 퍼져 가며 능력 가운데에서 자라 가
니라.

21 After all this had happened, Paul decided to go to Jerusalem, passing
through Macedonia and Achaia. "After I have been there," he said, "I must visit
Rome also." **22** He sent two of his helpers, Timothy and Erastus, to Macedonia,
while he stayed in the province of Asia a little longer.

21 이와 같은 일들이 있은 후에 바울이 예루살렘으로 가기를 작정하매, 마케도니아와 아카이아 지방을

거쳐 가기로 결정을 하니라. 바울이 이르기를, "내가 예루살렘을 다녀온 이후에는 로마도 방문하여야 하리라." 하니라. 22 그리고 자기의 조력자 두 사람 곧, 디모데(티모씨)와 에라스도(에라스투스) 둘을 마케도니아로 먼저 보내고 자기는 아시아에 얼마 동안 더 머물러 있으니라.

23 About that time there arose a great disturbance about the Way. 24 A
silversmith named Demetrius, who made silver shrines of Artemis, brought in no little business for the craftsmen. 25 He called them together, along with
the workmen in related trades, and said: "Men, you know we receive a good income from this business. 26 And you see and hear how this fellow Paul has
convinced and led astray large numbers of people here in Ephesus and in practically the whole province of Asia. He says that man-made gods are no gods at all.

23 그 무렵에 이 도(道)로 말미암아 커다란 소동이 일어나니라. 24 데메드리오 (데미트리우스)라 하는
은 세공업자가 있었는데 그는 아르테미스 여신의 신전 모형을 만들어 파는 사람이라, 그 일이 그를 비롯한 여러 장인들에게 적지 않은 일거리를 가져다 주더니 25 (*하루는) 그가 그 장인들을 불러 모으고 또
연관 업종에 종사하는 여러 직공들을 함께 모아 놓고 말을 하기를, "우리가 이 사업으로부터 훌륭한 수입을 거두어 온 것은 여러분들도 잘 알고 있는 바라. 26 그런데 이제 당신들이 보고 듣다시피 바울이라
하는 자가 나타나서, 여기 이 에페소 뿐 아니라 아시아 지방 전역에서 수 많은 사람들을 미혹케 하더니 이제 그가 말하기를, 사람 손으로 만든 신(神)은 신(神)도 아니라고 하는지라.

27 There is danger not only that our trade will lose its good name, but also that the temple of the great goddess Artemis will be discredited, and the goddess herself, who is worshiped throughout the province of Asia and the world, will be robbed of her divine majesty." 28 When they heard this, they
were furious and began shouting: "Great is Artemis of the Ephesians!" 29 Soon
the whole city was in an uproar. The people seized Gaius and Aristarchus, Paul's traveling companions from Macedonia, and rushed as one man into the theater.

27 우리의 이 사업이 그 훌륭한 이름을 잃을 위험이 있을 뿐 아니라, 위대한 여신 아르테미스의 신전과 여신의 위신도 땅에 떨어질 판이라, 이 아시아 지역 뿐 아니라 온 세상으로부터 경배받던 우리의 여신이 그 신성한 위엄을 도둑질 당하고 있음이로다." 하니, 28 그 사람들이 이 말을 듣고는 분에 가득차 외쳐
대기를, "위대하도다! 에페소 사람의 아르테미스여!" 하더라. 29 이에 금방 온 시내가 요란하여지니라.
사람들이 가이오와 아리스다고를 붙잡으니 이들은 바울과 함께 마케도니아로부터 함께 온 사람들이라, 그들이 (*이 두 사람을 끌고) 일제히 극장 안으로 몰려 들어가더라.

30 Paul wanted to appear before the crowd, but the disciples would not let
him. 31 Even some of the officials of the province, friends of Paul, sent him a
message begging him not to venture into the theater. 32 The assembly was in
confusion: Some were shouting one thing, some another. Most of the people did not even know why they were there.

30 바울이 그 군중 앞에 서고자 하였으나 제자들이 이를 뜯어 말리니라. 31 더구나 바울의 친구들인 그
지역의 관리들도 바울더러 극장 안으로는 발걸음을 들여 놓지 말라고 간청하는 메시지를 보내니라. 32
(*극장 안에 모인) 군중들이 극심한 혼란 가운데 휩싸여 있는 중에: 어떤 사람들은 이런 말을 외치고, 또 다른 사람들은 다른 일을 떠드는데 대부분 사람들은 자신이 왜 거기에 와 있는지조차 알지를 못하더라.

33 The Jews pushed Alexander to the front, and some of the crowd shouted instructions to him. He motioned for silence in order to make a defense before
the people. 34 But when they realized he was a Jew, they all shouted in unison
for about two hours: "Great is Artemis of the Ephesians!" 35 The city clerk

quieted the crowd and said: "Men of Ephesus, doesn't all the world know that the city of Ephesus is the guardian of the temple of the great Artemis and of her image, which fell from heaven?

33 유대인들이 무리 가운데서 알렉산더를 군중 앞으로 밀어내니, 무리 중의 몇 사람이 알렉산더를 향해
무언가를 외쳐 말하니라. 알렉산더가 군중을 향해 손짓으로 조용히 하라 하고 사람들 앞에서 뭔가 변명
의 말을 하려 하는데, **34** 군중이 알렉산더가 유대인인 줄을 알고 다 한 목소리로 소리 높여 두 시간 동
안이나 거듭해 외치기를, "위대하도다! 에페소 사람의 아르테미스여!" 하기를 계속하니라. **35** (*그 때
에) 그 도시의 시 공무원이 군중을 진정시키려 말을 하기 시작하며 이르기를, "에페소 사람들이여! 우리
에페소 사람들이 저 위대한 아르테미스 여신! 곧, 하늘로부터 내려온 우리 여신과 그 동상, 그리고 이 여
신을 모신 신전의 수호자인 것은 온 천하 사람이 다 아는 사실이 아니겠느냐?

36 Therefore, since these facts are undeniable, you ought to be quiet and not
do anything rash. **37** You have brought these men here, though they have
neither robbed temples nor blasphemed our goddess. **38** If, then, Demetrius
and his fellow craftsmen have a grievance against anybody, the courts are
open and there are proconsuls. They can press charges. **39** If there is anything
further you want to bring up, it must be settled in a legal assembly.

36 이와 같은 사실은 누구도 부정할 수가 없으니, 여러분들은 평온을 지키고 무엇이든 성급히 경솔한
일을 하지 말아야 할 것이라. **37** 이 사람들이 우리 신전의 물건을 도둑질한 것도 아니고 우리의 여신을
모욕한 일도 없음에도 불구하고 당신들이 무작정 이 사람들을 여기로 붙들어 왔도다. **38** 만일 데메드
리오와 그 동료 직공들이 누구를 향하여 뭔가 고발할 거리가 있으면 법정도 열려 있고 또 총독도 있으니
그들이 (*정식으로) 고발을 제출하여야 할 것이라. **39** 이 외에 더 제시할 무언가 다른 것이 있더라도 이
역시 반드시 법정에서 다루어져야 할 일이니라.

40 As it is, we are in danger of being charged with rioting because of today's
events. In that case we would not be able to account for this commotion, since
there is no reason for it." **41** After he had said this, he dismissed the assembly.

40 사실을 말하자면, 오늘 이 사건에 대해서는 오히려 우리가 폭동을 유발한 데 대해 고발 당할 우려가
있음이라. 이 소란과 소동이 벌어진 배경에 아무 이유도 없는 고로 이 소동에 대해서는 우리가 뭔가 변
명할 거리도 없음이로다." **41** 이렇게 말을 함으로써 군중을 흩어지게 하니라.

제20장

1 When the uproar had ended, Paul sent for the disciples and, after
encouraging them, said good-by and set out for Macedonia. **2** He traveled
through that area, speaking many words of encouragement to the people, and
finally arrived in Greece, **3** where he stayed three months. Because the Jews
made a plot against him just as he was about to sail for Syria, he decided to
go back through Macedonia. **4** He was accompanied by Sopater son of Pyrrhus
from Berea, Aristarchus and Secundus from Thessalonica, Gaius from Derbe,
Timothy also, and Tychicus and Trophimus from the province of Asia.

1 이에 큰 소란이 이와 같이 끝이 나매, 바울이 제자들을 불러 모아 놓고 그들을 다시 권면한 후에 작별
인사를 하고 마케도니아를 향해 출발하니라. **2** 그 지역을 여행해 지나가며 사람들에게 여러 가지로 용
기를 붇돋아 주는 말을 하며 마침내 그리스에 도착하여 **3** 거기에서 석 달 동안을 머무니라. 바울이 그리

스로부터 배를 타고 시리아로 가려할 때에 거기의 유대인들이 바울을 해치려는 음모를 꾸미고 있으므로
마케도니아를 경유하여 돌아가기로 결정을 하니라. 4 바울과 동행하여 함께 길을 가는 자는 베레아에서
온 부로의 아들 소바더와, 테살로니카 사람 아리스다고 및 세군도와, 더베 사람 가이오와 그리고 디모데
와, 아시아 지역에서 온 두기고와 드로비모 등이더라.

5 These men went on ahead and waited for us at Troas. 6 But we sailed from
Philippi after the Feast of Unleavened Bread, and five days later joined the
others at Troas, where we stayed seven days.

5 이 사람들은 우리보다 앞서 가서 트로아에서 우리를 기다리게 되었는데 6 우리는 무교절 절기를 지난
후에 필립피에서 배를 타고 항해하여 닷새 후에 트로아에서 먼저 가 있던 그들과 합류하고 거기 트로아
에서 칠 일간을 더 머무니라.

7 On the first day of the week we came together to break bread. Paul spoke
to the people and, because he intended toleave the next day, kept on talking
until midnight. 8 There were many lamps in the upstairs room where we were
meeting. 9 Seated in a window was a young man named Eutychus, who was
sinking into a deep sleep as Paul talked on and on. When he was sound asleep,
he fell to the ground from the third story and was picked up dead.

7 그 주의 첫날에 우리가 함께 식사를 하러 모였을 때에 바울이 사람들에게 말하기를 시작하였는데, 그
가 그 다음 날에는 길을 떠나기로 생각을 하고 있었으므로 자정 무렵까지 계속하여 이야기를 하게 되니
라. 8 우리가 모임을 갖고 있던 그 이층 방에 등불을 많이 켜 두었고 9 유두고라 하는 청년이 창문에 걸
터 앉아 있다가 바울이 쉬지 않고 계속하여 말을 하므로 그가 그만 깊은 잠에 빠져들고 말았느니라. 그
가 완전히 잠이 드는 바람에 그만 삼층 지붕으로부터 땅에 떨어지고 말았는데 일으켜 보니 그가 벌써 죽
어 있으니라.

10 Paul went down, threw himself on the young man and put his arms around
him. "Don't be alarmed," he said. "He's alive!" 11 Then he went upstairs again
and broke bread and ate. After talking until daylight, he left. 12 The people
took the young man home alive and were greatly comforted.

10 이에 바울이 내려가서 자기 몸을 죽은 청년 위에 누이고 자기 팔로 그 청년을 둘러 안고 이르기를,
"놀라지 말라. 그가 살아 있도다." 하니라. 11 그리고는 바울이 도로 이층으로 올라가 먹고 마시기를 계
속하며 새벽까지 이야기를 하다가 길을 떠나니라. 12 사람들이 그 도로 살아난 청년을 집에 데리고 가
며 큰 위안을 받으니라.

13 We went on ahead to the ship and sailed for Assos, where we were going
to take Paul aboard. He had made this arrangement because he was going
there on foot. 14 When he met us at Assos, we took him aboard and went on
to Mitylene. 15 The next day we set sail from there and arrived off Kios. The
day after that we crossed over to Samos, and on the following day arrived at
Miletus. 16 Paul had decided to sail past Ephesus to avoid spending time in the
province of Asia, for he was in a hurry to reach Jerusalem, if possible, by the
day of Pentecost.

13 그리고 우리는 바울보다 먼저 배로 가서 앗소스를 향하여 바다를 항해해 갔는데 거기 앗소스에서 바
울을 배에 태울 계획이었더라. 실상은 바울이 이와 같은 일정을 마련하였던 것이니, 이는 그가 우리보다
먼저 도보로 길을 떠난 까닭이었더라. 14 바울이 앗소스에서 우리를 만나매 우리가 그를 배에 태우고
미티렌을 목표로 항해를 하고 15 그 다음 날에는 다시 미티렌을 출발하여 키오스에 도착하니라. 그 이
튿날에는 사모스를 지나치고, 다시 그 다음 날에는 밀레투스(*밀레네)에 이르니라. 16 바울이 이번에는
에페소를 그냥 지나치고 아시아 지역에서 잠시나마 시간이 지체되는 것을 피하고자 작정하였으니 이는

할 수만 있다면 오순절 전에 예루살렘에 도착하기 위함이었더라.

17 From Miletus, Paul sent to Ephesus for the elders of the church. 18 When
they arrived, he said to them: "You know how I lived the whole time I was
with you, from the first day I came into the province of Asia. 19 I served the
Lord with great humility and with tears, although I was severely tested by the
plots of the Jews. 20 You know that I have not hesitated to preach anything
that would be helpful to you but have taught you publicly and from house to
house. 21 I have declared to both Jews and Greeks that they must turn to God
in repentance and have faith in our Lord Jesus.

17 바울이 밀레투스로부터 에페소에 사람을 보내어 에페소 교회의 장로들을 자기에게로 다니러 오라
지시하니라. 18 그리하여 장로들이 오매, 바울이 그들에게 이르기를, "예전에 내가 아시아 지방에 들어
온 첫날부터 지금까지 그 모든 기간을 너희와 함께 있는 동안, 내가 너희 가운데에서 어떻게 살며, 또 어
떻게 처신했는지는 너희가 잘 아는 바라. 19 내가 모든 겸손과 눈물로써 주를 섬겼으니, 유대인들의 간
계로 인하여 극심히 시험을 받는 가운데에서 그리하였느니라. 20 너희가 알다시피, 내가 너희에게 도움
이 된다면 그 무엇이든 이를 전도하고 가르치는 것에 주저하여 본 적이 없고, 너희를 대중 앞에서 가르
치되 집집이 찾아다니며 그리하였느니라. 21 더구나 유대인과 그리스 사람을 구분하지 않고 내가 두루
담대히 선포하기를, 우리 주 예수에 대한 믿음을 가지고 회개함으로써 하나님께로 돌아오라고 확신을
가지고 너희에게 말씀을 전하였느니라.

22 And now, compelled by the Spirit, I am going to Jerusalem, not knowing
what will happen to me there. 23 I only know that in every city the Holy Spirit
warns me that prison and hardships are facing me. 24 However, I consider
my life worth nothing to me, if only I may finish the race and complete the
task the Lord Jesus has given me --the task of testifying to the gospel of God's
grace.

22 이제, 내가 성령의 강권하심을 따라 예루살렘으로 올라가는데, 거기서 내가 무슨 일을 당할른지 알
지를 못하노라. 23 오직 내가 아는 것은 지금껏 여러 도시들에서 성령이 내게 여러 번 경고하신 것처럼,
내가 감옥에 갇히고 심한 고난을 받을 것이라 하는 것이라. 24 그러나 내게 목숨은 소중하지가 않으니
내가 만일 나에게 주어진 이 경주를 끝까지 잘 마치고, 주 예수께서 내게 주신 이 사명 곧, 하나님의 은
혜의 복음을 증거하는 일을 완수할 수만 있다면 나는 나의 목숨은 그 앞에 조금도 귀하게 여기지 아니하
노라.

25 Now I know that none of you among whom I have gone about preaching
the kingdom will ever see me again. 26 Therefore, I declare to you today that
I am innocent of the blood of all men. 27 For I have not hesitated to proclaim
to you the whole will of God. 28 Keep watch over yourselves and all the flock
of which the Holy Spirit has made you overseers. Be shepherds of the church
of God, which he bought with his own blood.

25 내가 여러분 사이를 왕래하며 하나님의 나라를 전파한 사람들 중 그 누구도 이제 내 얼굴을 다시는
보지 못할 것을 내가 아노니 26 그러므로 오늘 이 자리에서 내가 너희에게 선언하거니와, 그 모든 사람
의 피에 대하여는 내가 결백하니 27 이는 내가 하나님의 온전한 뜻을 빠짐없이 모두 여러분에게 전하기
를 한번도 망설이지 아니하였음이니라. 28 그러니 이제 너희는 너희 자신을 돌볼 뿐 아니라, 거룩한 성
령께서 너희에게 감독(監督) 직(職)을 맡기신 양 떼를 보살피고 돌보라. 곧, 너희는 하나님의 교회의 목
자(牧者)가 될지니, 이 교회는 주 하나님께서 자신의 피로써 사신 것이니라.

29 I know that after I leave, savage wolves will come in among you and will
not spare the flock. 30 Even from your own number men will arise and distort
the truth in order to draw away disciples after them. 31 So be on your guard!

Remember that for three years I never stopped warning each of you night and day with tears.

29 이제 내가 떠나고 나면, 저 야만적이고 사나운 늑대가 너희들 사이에 들어올 것인데 그가 이 양 떼를 가만 두지 않을 것을 내가 아노라. 30 그 뿐 아니라, 너희들 가운데에서도 몇몇 사람들이 일어나서 제자들로 하여금 자신들을 따르게 하려고 진리를 왜곡하는 사람들도 생겨날 것이라. 31 그러므로 너희는 너희 스스로의 파수꾼이 되라! 내가 만 삼 년간을 쉬지 않고 밤낮으로 눈물로써 너희 각 사람을 훈계하고 경고하던 것을 기억하라.

32 Now I commit you to God and to the word of his grace, which can build
you up and give you an inheritance among all those who are sanctified. 33 I
have not coveted anyone's silver or gold or clothing. 34 You yourselves know
that these hands of mine have supplied my own needs and the needs of my
companions. 35 In everything I did, I showed you that by this kind of hard
work we must help the weak, remembering the words the Lord Jesus himself
said: 'It is more blessed to give than to receive.'

32 이제 내가 너희를 하나님께와 그의 은혜의 말씀에 온전히 맡겨 드리고자 하니, 이 말씀이 너희를 세
우고, 거룩하게 하심을 입은 모든 사람들 가운데에서 너희의 유업을 주시리라. 33 내가 그 누구의 은이
나 금이나 옷을 탐하지 아니하였고 34 너희가 아는 바와 같이 내가 내 손으로 수고함으로 나와 내 동행
들이 필요로 하는 것을 충당하였노라. 35 이와 같이 내가 행한 그 모든 일 가운데에서 너희에게 이렇게
본을 보인 것은 이런 힘든 일들을 통하여 우리가 마땅히 연약한 자들을 도와야 한다는 것을 가르친 것이
라, 주 예수 당신께서 하신 말씀 곧, '받는 것보다 주는 것이 더 복이 있느니라' 하신 말씀을 기억하라."
하니라.

36 When he had said this, he knelt down with all of them and prayed. 37
They all wept as they embraced him and kissed him. 38 What grieved them
most was his statement that they would never see his face again. Then they
accompanied him to the ship.

36 바울이 이와 같이 말하기를 마치고, 그 사람들과 다 함께 무릎을 꿇고 기도를 올리니라. 37 그들이
다 슬피 울며 바울을 끌어 안고 입을 맞추는데 38그들이 가장 슬퍼한 것은 바울의 말 중에 다시는 자기
의 얼굴을 보지 못하리라는 대목이라. 이에 그들이 바울을 배에까지 전송하더라.

제21장

1 After we had torn ourselves away from them, we put out to sea and sailed
straight to Cos. The next day we went to Rhodes and from there to Patara. 2
We found a ship crossing over to Phoenicia, went on board and set sail. 3 After
sighting Cyprus and passing to the south of it, we sailed on to Syria. We landed
at Tyre, where our ship was to unload its cargo.

1 우리가 그들과 작별을 하고 배를 타고 바다로 나가 곧장 코스(고스)로 가니라. 그 이튿날은 로데스(로
도)에 이르고 다시 거기서부터 파타라(바다라)로 갔는데 2 거기 파타라에서 페니키아로 건너가는 배를
만나매 우리가 배를 바꿔 타고 항해를 시작하였느니라. 3 키프로스 섬을 바라보며 그 섬의 남쪽을 가로
질러 시리아를 향해 항해를 계속하여 이윽고 티레(두로)에 상륙을 하였으니 이는 거기에서 화물을 배에
싣기 위함이었느니라.

4 Finding the disciples there, we stayed with them seven days. Through the

Spirit they urged Paul not to go on to Jerusalem. 5 But when our time was
up, we left and continued on our way. All the disciples and their wives and
children accompanied us out of the city, and there on the beach we knelt to
pray. 6 After saying good-by to each other, we went aboard the ship, and they
returned home.

4 거기 티레에 있는 제자들을 찾아 우리가 칠 일간을 머물게 되었는데, 그 제자들이 성령의 감동케 하심
을 받아 바울을 향하여 예루살렘으로 올라가지 말라고 간청을 하니라. 5 그러나 시간이 되어 그들과 작
별하고 우리는 우리 길을 계속 행하여 가니라. 그들 제자들 뿐 아니라 그 아내들과 어린아이들까지 모두
우리를 동행하여 도시 바깥까지 나온 후에 바닷가에서 우리가 다 함께 무릎을 꿇고 기도를 드렸느니라.
6 그리고 서로 마지막 작별 인사를 나눈 후에 우리는 다시 배에 오르고 그들은 집으로 돌아가니라.

7 We continued our voyage from Tyre and landed at Ptolemais, where we
greeted the brothers and stayed with them for a day. 8 Leaving the next day,
we reached Caesarea and stayed at the house of Philip the evangelist, one of
the Seven. 9 He had four unmarried daughters who prophesied.

7 티레(두로)에서부터 우리가 항해를 계속하여 톨레마이(돌레마이)에 이르러 거기에 있는 형제들과 만
나 인사를 나누고 그들과 함께 하루를 같이 머물다가 8 그 이튿날 다시 떠나 카이사랴에 도착해서는 일
곱 집사 중 하나요, 복음 전도자인 빌립의 집에서 우리가 머물게 되었느니라. 9 빌립에게 딸 넷이 있었
으니 다 처녀로 예언하는 자더라.

10 After we had been there a number of days, a prophet named Agabus came
down from Judea. 11 Coming over to us, he took Paul's belt, tied his own
hands and feet with it and said, "The Holy Spirit says, 'In this way the Jews
of Jerusalem will bind the owner of this belt and will hand him over to the
Gentiles.' " 12 When we heard this, we and the people there pleaded with Paul
not to go up to Jerusalem.

10 우리가 카이사랴의 빌립 집에서 여러 날을 지난 후에 아가보라 하는 한 선지자가 유대로부터 내려
왔는데 11 그가 우리에게 건너와서 한 행동을 해 보이니 바울의 허리띠를 가져다가 그것으로 자기의 손
발을 묶고 말을 하기를, "성령이 말씀하시기를, '예루살렘에 있는 유대인들이 이 허리띠 임자를 이와 같
이 묶어 이방인들에게 넘겨주리라' 하셨느니라." 하더라. 12 우리가 이 말을 듣고는 그 곳 사람들과 함
께 바울에게 부디 예루살렘으로 올라가지 말라 다시 권하는데,

13 Then Paul answered, "Why are you weeping and breaking my heart? I am
ready not only to be bound, but also to die in Jerusalem for the name of the
Lord Jesus." 14 When he would not be dissuaded, we gave up and said, "The
Lord's will be done." 15 After this, we got ready and went up to Jerusalem. 16
Some of the disciples from Caesarea accompanied us and brought us to the
home of Mnason, where we were to stay. He was a man from Cyprus and one
of the early disciples.

13그러나 바울은 이르기를, "너희들이 왜 울어 내 마음을 슬프게 하느뇨? 나는 주 예수의 이름을 위하
여 사슬에 묶이는 정도가 아니라 예루살렘에서 목숨을 잃을 준비도 되어 있노라." 하니라. 14 바울이 우
리 일행의 말을 들을 기미가 없으므로 이에 설득하기를 포기하고 대신에 "주의 뜻대로 될지어다." 말하
고 마니라. 15 이런 일이 있은 후에 우리가 여장을 꾸려 예루살렘으로 길을 떠나니라. 16 카이사랴의
몇몇 제자들이 우리와 동행하여 우리를 나손의 집에까지 데려가매 우리가 나손의 집에서 머무니라. 이
사람 나손은 키프로스 사람으로 초창기에 제자가 된 사람이더라.

17 When we arrived at Jerusalem, the brothers received us warmly. 18 The next
day Paul and the rest of us went to see James, and all the elders were present.

19 Paul greeted them and reported in detail what God had done among the
Gentiles through his ministry. 20 When they heard this, they praised God.
Then they said to Paul: "You see, brother, how many thousands of Jews have
believed, and all of them are zealous for the law.

17 예루살렘에 도착하니 형제들이 우리를 따뜻하게 맞이해 주니라. 18 그 다음 날, 바울과 우리 일행이
야고보를 보러 가는데, 거기 모든 장로들이 이미 다 함께 모여 있더라. 19 바울이 먼저 인사하고 하나님
께서 자신의 사역을 통하여 이방인들 가운데에서 행하신 그 모든 것을 형제들 앞에서 세밀하게 보고를
하니 20 그들이 이를 듣고 다 하나님을 찬양하니라. 이에 그들이 바울을 향해 말을 하기를: "형제여, 그
대도 알다시피, 우리 유대인 중에도 믿는 자가 여러 수 천 명이나 있는지라, 문제는 그들 모두가 (*또 한
편으로는) 다 율법에 대하여 지극한 열성을 가지고 있는 사람들이라.

21 They have been informed that you teach all the Jews who live among the
Gentiles to turn away from Moses, telling them not to circumcise their children
or live according to our customs. 22 What shall we do? They will certainly hear
that you have come, 23 so do what we tell you. There are four men with us
who have made a vow. 24 Take these men, join in their purification rites and
pay their expenses, so that they can have their heads shaved. Then everybody
will know there is no truth in these reports about you, but that you yourself
are living in obedience to the law.

21 그대가 이방인 가운데서 사는 모든 유대인들을 가르치기를; 모세로부터 돌아서고, 자녀들에게 할례
를 행하지도 말며, 또 우리의 관습에 따라 살지도 말라고 한 것을 그들이 이미 다 전해 듣고 있도다. 22
그런즉 이제 우리가 어떻게 해야 하리오? 그들이 필연, 그대가 여기 온 것을 들어서 알게 되리니, 23 그
런고로, 그대는 지금 우리가 이르는 대로 행하라. 우리에게 네 사람이 있으니 그들이 각기 다 서원(誓願)
한 사람들이라. 24 이들을 데리고 그들의 정결 의식에 함께 참여하여 그들이 치러야 할 비용을 그대가
대신 내 주고, 또 그들로 하여금 그들의 머리를 밀게 하라. 그러면 모든 사람들이 이를 보고 깨닫기를,
그대에 관한 그 보고들이 사실이 아님을 알게 될 것이요, 오히려 그대가 율법에 순종하며 사는 사람인
줄을 알게 되리라.

25 As for the Gentile believers, we have written to them our decision that they
should abstain from food sacrificed to idols, from blood, from the meat of
strangled animals and from sexual immorality." 26 The next day Paul took the
men and purified himself along with them. Then he went to the temple to give
notice of the date when the days of purification would end and the offering
would be made for each of them.

25 믿는 이방인들에게는 우리가 이미 편지를 써서 우리의 결정을 알렸으니 곧, 우상에게 희생제물로 바
쳐진 제물을 먹지 말고, 피와 목매어 죽인 짐승의 고기와 그리고 성적 음란을 멀리 하라고 글로써 일렀
느니라." 하더라. 26 그리하여 그 다음 날, 바울이 이 서원한 네 사람을 데리고 그들과 함께 자신도 스스
로 정결케 하고, 그들의 정결 의식이 끝날 기간과 또 그들 각자를 위한 희생 제물을 드릴 날자를 신고하
러 성전으로 가게 되었느니라.

27 When the seven days were nearly over, some Jews from the province of
Asia saw Paul at the temple. They stirred up the whole crowd and seized him,
28 shouting, "Men of Israel, help us! This is the man who teaches all men
everywhere against our people and our law and this place. And besides, he has
brought Greeks into the temple area and defiled this holy place." 29 (They had
previously seen Trophimus the Ephesian in the city with Paul and assumed
that Paul had brought him into the temple area.)

27 (*정결 의식을 행하는) 칠 일의 시간이 거의 끝나 갈 무렵에, 아시아 지방에서부터 온 유대인 몇몇이

성전에서 바울을 보게 되니라. 바울을 본 그 순간에 그 사람들이 한편으로는 바울을 붙들어 잡으며, 또
한편으로는 거기 있던 무리를 충동질하며 28 소리를 지르기를, "이스라엘 사람들아, 우리를 도우라! 이
사람은 천하 각지에서 우리 백성과, 우리의 율법과 그리고 이 장소를 대적하기를 가르치는 자(者)라. 지
금 이 자가 (*이방인인) 그리스 사람을 데리고 성전 구역에 들어와서 이 거룩한 장소를 더럽히는도다!"
하는지라. 29 (이는 그들이 그 이전에 에페소 사람 드로비모가 바울과 함께 시내에 있었음을 본 고로 지
금 바울이 바로 이 드로비모를 성전에 데리고 들어온 줄로 생각함이더라.)

30 The whole city was aroused, and the people came running from all
directions. Seizing Paul, they dragged him from the temple, and immediately
the gates were shut. 31 While they were trying to kill him, news reached the
commander of the Roman troops that the whole city of Jerusalem was in an
uproar. 32 He at once took some officers and soldiers and ran down to the
crowd. When the rioters saw the commander and his soldiers, they stopped
beating Paul.

30 이에 온 시내가 다 들고 일어나니, 사람들이 사방에서부터 달려 들어오니라. 그들이 바울을 붙잡아
성전 밖으로 끌고 나가는데 그 즉시 (*성전) 문들이 닫히니라. 31 군중들이 바울을 쳐 죽이려 할 바로 그
때에 온 예루살렘이 큰 소란에 휩싸이게 되었다는 소식이 (*예루살렘에 주둔하고 있던) 로마 군대의 사
령관에게 도달하매 32 이에 그가 자기 휘하의 장교들과 병사들을 거느리고 무리 가운데로 급히 달려 내
려가니 그 무리의 사람들이 주둔군의 최고 지휘관과 병사들이 함께 달려오는 것을 보고는 그제야 바울
을 때리던 것을 멈추니라.

33 The commander came up and arrested him and ordered him to be bound
with two chains. Then he asked who he was and what he had done. 34 Some
in the crowd shouted one thing and some another, and since the commander
could not get at the truth because of the uproar, he ordered that Paul be taken
into the barracks. 35 When Paul reached the steps, the violence of the mob
was so great he had to be carried by the soldiers. 36 The crowd that followed
kept shouting, "Away with him!"

33 사령관이 다가와서 바울을 체포하여 두 쇠사슬로 우선 그를 포박하라고 명을 내린 후에 그가 도대
체 누구이며 무슨 짓을 행하였는지를 묻기를 시작하는데 34 그 군중의 무리 중 몇몇 사람은 이런 일을
얘기하고 또 다른 사람들은 전혀 다른 말을 함으로, 그 소란함으로 인하여 사령관이 어떤 것이 진실인
지 종잡을 수가 없는지라, 이에 바울을 군대의 영내(營內)로 데려가도록 명을 내리더라. 35 바울이 층계
참에 이르렀을 때에 그 무리의 폭력의 정도가 극심한 고로 할 수 없이 병사들이 바울을 떠메고 지나가야
할 정도가 되니라. 36 그러나 그 군중은 여전히, "그를 없애 버리자!" 하고 소리치며 바울을 따라오니라.

37 As the soldiers were about to take Paul into the barracks, he asked the
commander, "May I say something to you?" 38 "Do you speak Greek?" he
replied. "Aren't you the Egyptian who started a revolt and led four thousand
terrorists out into the desert some time ago?"

37 병사들이 바울을 데리고 막 영내로 들어가려할 즈음에 바울이 그 사령관에게 이르기를, "내가 당신
에게 뭔가 말을 해도 좋겠느뇨?" 하니 38 그가 대답하기를, "네가 그리스 말을 아느냐?" 하고, 또 이르
기를, "혹시 그러면 네가 얼마 전에 폭도 사 천명을 이끌고 폭동을 일으켜 사막으로 들어갔던 바로 그 이
집트 사람이 아니냐? 하고 물으니라.

39 Paul answered, "I am a Jew, from Tarsus in Cilicia, a citizen of no ordinary
city. Please let me speak to the people." 40 Having received the commander's
permission, Paul stood on the steps and motioned to the crowd. When they
were all silent, he said to them in Aramaic :

39 바울이 이에 대답하여 이르기를, "나는 유대인이라, 킬리키아 지방 타르수스 출신이니 결코 평범하
지 않은 도시의 시민이로소이다. 청하건대 이 백성에게 내가 말하기를 허락해 주사이다." 하매 40 사령
관이 승낙을 하니 이에 바울이 층계 위에 서서 백성에게 손짓으로 조용히 하기를 청하더라. 군중이 잠잠
해 진 연후에 바울이 비로소 아람 말로 말하기를 시작하니라:

제22장

1 "Brothers and fathers, listen now to my defense." 2 When they heard him
speak to them in Aramaic, they became very quiet. 3 Then Paul said: "I am
a Jew, born in Tarsus of Cilicia, but brought up in this city. Under Gamaliel
I was thoroughly trained in the law of our fathers and was just as zealous for
God as any of you are today.

1 바울이, "형제들, 그리고 부형들이여, 이제 나의 변명하는 말을 들으소서." 하니 2 이에 그가 아람 말
로 말하는 것을 듣고는 군중들이 조용해 진지라, 이에 바울이 말하기를 계속하는데: "나는 유대인으로
킬리키아 타루수스에서 출생하였고, 자라나기는 이 도시 예루살렘에서 한 사람이라, 내가 가말리엘 아
래에서 우리 선조의 율법을 공부하였으니 율법에 관한 열심으로 말하자면 오늘 그대들만큼이나 내가 뜨
거운 열성을 가지고 있는 사람이니이다.

4 I persecuted the followers of this Way to their death, arresting both men
and women and throwing them into prison, 5 as also the high priest and all
the Council can testify. I even obtained letters from them to their brothers in
Damascus, and went there to bring these people as prisoners to Jerusalem to
be punished.

4 내가 이 (*예수 믿는) 도(道)를 박해하여 그 따르는 사람들을 죽이기까지 하였고 남녀를 불문하고 그
들을 체포하여 옥에 던져 넣었으니 이런 사실은 우두머리 제사장들과 모든 공회원(公會員)들이 증언도
할 수 있을 것이라. 5 그 뿐 아니라 또 내가 대제사장으로부터 다마스커스에 있는 형제들에게 부치는 편
지를 받아 지참하고 다마스커스로 갔으니 이는 내가 직접 이 사람들을 죄수로서 예루살렘으로 끌고 와
징벌할 목적이었나이다.

6 About noon as I came near Damascus, suddenly a bright light from heaven
flashed around me. 7 I fell to the ground and heard a voice say to me, 'Saul!
Saul! Why do you persecute me?' 8 " 'Who are you, Lord?' I asked. " 'I am Jesus
of Nazareth, whom you are persecuting,' he replied. 9 My companions saw the
light, but they did not understand the voice of him who was speaking to me.

6 내가 다마스커스를 향해 길을 가는 중에 정오 때가 되어 거의 목적지에 다다랐을 때에, 홀연히 한 밝
은 빛이 하늘로부터 내려와 나를 감싸는데 7 내가 땅에 엎드러져 내게 말하는 한 목소리를 듣게 되었으
니, 그 목소리가 이르기를, "사울아! 사울아! 왜 네가 나를 박해하느냐?" 하기로 8 내가 "주여, 누구시나
이까?" 하니, 그 목소리가 답하기를, "나는 나사렛 예수라, 네가 박해하는 그 사람이니라." 하거늘, 9 그
때, 나와 함께 있던 일행들은 빛은 보았으나 나와 얘기하던 그 목소리는 듣지를 못하더이다.

10 "'What shall I do, Lord?' I asked. " 'Get up,' the Lord said, 'and go into
Damascus. There you will be told all that you have been assigned to do.' 11 My
companions led me by the hand into Damascus, because the brilliance of the
light had blinded me.

10 내가 말하기를, "주여, 내가 무엇을 어떻게 해야 하리이까?" 하니, 주께서 이르시되 "일어나서 다마

스커스로 가라. 네가 앞으로 행하기로 예전부터 미리 예정되어 있던 일이 무엇인지, 거기서 네가 말을
듣게 되리라." 하매, 11 그 때에 나는 내게 비친 밝은 빛으로 인해 눈이 멀었던 고로, 누군가가 내 손을
잡고 나를 다마스커스로 인도해 갔었나이다.

12 A man named Ananias came to see me. He was a devout observer of the
law and highly respected by all the Jews living there. 13 He stood beside me
and said, 'Brother Saul, receive your sight!' And at that very moment I was
able to see him. 14 Then he said: 'The God of our fathers has chosen you to
know his will and to see the Righteous One and to hear words from his mouth.
15 You will be his witness to all men of what you have seen and heard. 16 And
now what are you waiting for? Get up, be baptized and wash your sins away,
calling on his name.'

12 아니니아라 하는 사람이 나를 보러 건너 왔으니, 이 사람은 율법에 따라 사는 경건한 자로 거기 다마
스커스에 사는 모든 유대인들로부터 칭찬을 듣는 사람이라. 13 그가 내게로 나아와 내 곁에 서서 말하
기를, "형제 사울아, 네 시력을 도로 받으라." 하거늘 내가 그 즉시 그를 도로 볼 수가 있었나이다. 14 그
가 또 내게 이르기를, "우리 조상들의 하나님이 너를 택하여 너로 하여금 자신의 뜻을 알게 하시며, 또
그 의로우신 한 분을 네가 볼 수 있도록 하시고, 또한 그 입에서 나오는 음성을 듣게 하셨으니 15 너는
네가 지금 보고 들은 것을 모든 사람 앞에서 증거하는 그의 증인이 되리라. 16 이제 무엇을 또 주저하느
냐? 일어나 주의 이름을 부름으로 세례(洗禮)를 받고 너의 죄를 씻어 내라." 하였나이다.

17 When I returned to Jerusalem and was praying at the temple, I fell into a
trance 18 and saw the Lord speaking. 'Quick!' he said to me. 'Leave Jerusalem
immediately, because they will not accept your testimony about me.' 19 "
'Lord,' I replied, 'these men know that I went from one synagogue to another
to imprison and beat those who believe in you. 20 And when the blood of your
martyr Stephen was shed, I stood there giving my approval and guarding the
clothes of those who were killing him.' 21 "Then the Lord said to me, 'Go; I
will send you far away to the Gentiles.' "

17 후에 내가 예루살렘으로 돌아와서 어느 날 성전에서 기도를 할 때에 갑자기 황홀경에 빠지게 되었
는데, 18 그 가운데에서 주께서 내게 말씀하시는 것을 보게 되매 주께서 말씀하시기를, '너는 서두르라.
네가 즉각 예루살렘을 떠날지니, 이 사람들은 네가 전하는 나에 관한 증언을 받아들이지를 아니하리라.'
하시거늘 19 내가 대답하되, '주여, 이 사람들은 다 아노니, 제가 이 회당에서 저 회당으로 찾아다니며
당신을 믿는 자들을 매질하고 또 옥에 가둔 사실들을 잘 알고 있나이다. 20 그리고 또 저 순교자 스데반
의 피가 뿌려 질 때에도 제가 그 조치에 찬동하여 그 곁에 서 있었고 심지어 그 사람들이 스데반을 쳐 죽
일 때에는 제가 그들의 옷을 지키기도 하였나이다.' 하니, 21 그 때에 주께서 내게 이르시되 '가라; 내가
너를 저 먼 곳, 이방인에게로 보내리라.' 하셨나이다." 하고 말을 하는데,

22 The crowd listened to Paul until he said this. Then they raised their voices
and shouted, "Rid the earth of him! He's not fit to live!" 23 As they were
shouting and throwing off their cloaks and flinging dust into the air, 24 the
commander ordered Paul to be taken into the barracks. He directed that he
be flogged and questioned in order to find out why the people were shouting
at him like this. 25 As they stretched him out to flog him, Paul said to the
centurion standing there, "Is it legal for you to flog a Roman citizen who hasn't
even been found guilty?"

22 바울이 여기까지 말하는 동안 군중들이 바울의 말을 잠자코 듣고 있더니 이 대목에서 갑자기 군중
이 (*폭발하여) 그들의 목소리를 높여 외치기를 시작하며, '이 작자를 이 세상에서 없애 버리자! 이는 살
려 둘 가치가 없는 자로다!" 하고 고함을 지르기 시작하니라. 23 그 군중의 무리가 한편으론 소리치며
또 한편으론 자기들의 겉옷을 벗어 던지고, 또 땅 바닥의 흙을 집어 공중에 날리며 소동을 벌이니 24 그

사령관이 바울을 도로 영내로 끌고가라고 명을 내리니라. 그가 또 명을 내리기를 바울을 묶어 채찍질을 하라 하니 이는 도대체 사람들이 왜 이와 같이 그에게 소리를 지르고 악다구니를 행하는지 그 연유를 알고자 심문하기 위함이었더라. 25 병사들이 바울을 채찍질하기 위하여 팔을 벌려 세우려 하는데, 바울이 거기 섰던 백부장을 향해 말하기를, "당신들이 로마 시민을 유죄 판결도 나기 전에 채찍질하는 것이 법에 합당한 처사이뇨?" 하더라.

26 When the centurion heard this, he went to the commander and reported it. "What are you going to do?" he asked. "This man is a Roman citizen." 27 The commander went to Paul and asked, "Tell me, are you a Roman citizen?" "Yes, I am," he answered. 28 Then the commander said, "I had to pay a big price for my citizenship." "But I was born a citizen," Paul replied. 29 Those who were about to question him withdrew immediately. The commander himself was alarmed when he realized that he had put Paul, a Roman citizen, in chains. 30 The next day, since the commander wanted to find out exactly why Paul was being accused by the Jews, he released him and ordered the chief priests and all the Sanhedrin to assemble. Then he brought Paul and had him stand before them.

26 백부장이 이 말을 듣고서는 그 최고 지휘관 곧 사령관에게 가서 보고를 하기를, "어찌하려 하시나이까? 이 사람이 로마 시민임이니이다." 하더라. 27 그 사령관이 바울에게로 가서 묻기를, "내게 말하라. 네가 로마 시민이냐?" 하니 바울이 대답하기를 "그러하도다. 내가 로마 시민이로라." 하니라. 28 그 사령관이 말하기를, "나는 이 시민권을 얻기 위해 돈을 엄청 많이 들였었노라." 하니, 바울이 이르되 "나는 태어나면서부터 로마 시민이로라" 하니라. 29 이에 바울을 심문하려던 자들이 곧 그에게서 물러가고 사령관 역시 자기들이 로마 시민인 바울을 쇠사슬로 결박한 사실로 인해 심히 당혹해 하더라. 30 그 다음날 바울이 어찌하여 유대인들로부터 그처럼 고발을 당하는지를 그 사령관이 밝혀 내고자 하여 바울의 포박을 풀어주는 한편, 우두머리 제사장들과 모든 산헤드린 공회원들을 소집하라는 명을 내리고 바울을 데리고 나와 그 공회 앞에 서게 하니라.

제23장

1 Paul looked straight at the Sanhedrin and said, "My brothers, I have fulfilled my duty to God in all good conscience to this day." 2 At this the high priest Ananias ordered those standing near Paul to strike him on the mouth.

1 바울이 공회원들 앞에 서서 그들을 똑바로 주시하며 말을 하기를, "나의 형제들이여, 오늘날에 이르기까지 나는 나의 모든 선한 양심을 따라 하나님께 대한 의무를 다 해온 사람이로라." 하고 말을 시작하니,
2 이 말을 들은 대제사장 아나니아가 바울 곁에 서 있던 사람들에게 이르되 그의 입을 때리라 명령을 내리더라.

3 Then Paul said to him, "God will strike you, you whitewashed wall! You sit there to judge me according to the law, yet you yourself violate the law by commanding that I be struck!" 4 Those who were standing near Paul said, "You dare to insult God's high priest?" 5 Paul replied, "Brothers, I did not realize that he was the high priest; for it is written: 'Do not speak evil about the ruler of your people.' "

3 이에 바울이 그를 향해 이르되 "하나님께서 너를 치시리라, 너 하얗게 회칠한 담이여! 네가 거기 앉아 율법대로 나를 심판한다고 하지만, 나를 치라고 명하는 바로 그것으로 네가 먼저 율법을 범함이로다."

하니, 4 바울 곁에 서 있던 사람들이 말하기를, "네가 감히 하나님의 대제사장을 모욕하느냐?" 하니라.
5 이에 바울이 이르되 "형제들아, 나는 그가 대제사장인 줄 알지를 못하였노라. 성경에 기록되기를, '네
백성의 지도자에 대해 악한 말을 하지 말라'고 하였느니라." 하더라.

6 Then Paul, knowing that some of them were Sadducees and the others
Pharisees, called out in the Sanhedrin, "My brothers, I am a Pharisee, the son
of a Pharisee. I stand on trial because of my hope in the resurrection of the
dead." 7 When he said this, a dispute broke out between the Pharisees and the
Sadducees, and the assembly was divided. 8 (The Sadducees say that there is
no resurrection, and that there are neither angels nor spirits, but the Pharisees
acknowledge them all.)

6 그제서야 바울이, 그 공회원들 가운데 얼마의 사람은 사두개인이요 다른 이들은 바리새인인 줄을 알
고 이에 공회 전체를 향하여 큰 소리로 이르기를, "나의 형제 여러분! 나는 바리새인의 아들이요, 또 나
자신도 바리새인이라. 내가 이 자리에 서서 심문을 받는 이유가 죽은 자의 부활에 대한 나의 소망(所望)
때문이니이다!" 하고 7 말을 시작하니, 거기 있던 바리새인들과 사두개인들 사이에 분쟁이 일어나 그 무
리가 그만 둘로 나누어지고 마니라. 8 (이는 사두개인은 말하기를 부활도 없고, 천사도 없고, 영(靈)도
없다 하는 반면에, 바리새인들은 이 모든 것들의 존재를 다 인정하는 까닭이었더라.)

9 There was a great uproar, and some of the teachers of the law who were
Pharisees stood up and argued vigorously. "We find nothing wrong with this
man," they said. "What if a spirit or an angel has spoken to him?" 10 The
dispute became so violent that the commander was afraid Paul would be torn
to pieces by them. He ordered the troops to go down and take him away from
them by force and bring him into the barracks. 11 The following night the Lord
stood near Paul and said, "Take courage! As you have testified about me in
Jerusalem, so you must also testify in Rome."

9 그리하여 그들 가운데 큰 소란이 일어나니, 바리새인 율법교사 몇 사람이 일어서서 격렬하게 주장하
기를, "이 사람이 무슨 잘못을 저질렀는지 우리는 아무 것도 찾지 못하겠노라." 말하고, 또 "만일 어떤
영(靈)이나 천사(天使)가 (*이 모든 것을) 그에게 말하여 주었더라면 어찌하리오?" 하더라. 10 그들 사이
의 분쟁이 점점 폭력적이 되어 가매 그 주둔군 사령관이 생각하기를 그들에 의해 바울의 몸이 찢기지 않
을까 염려하므로 이에 병사들에게 명하여 바울을 데리고 나와 군영 내로 옮기라고 명령을 내리니라. 11
그 날 밤에 주께서 바울 곁에 서서 이르시기를 "너는 용기를 내라! 이제 네가 나에 관해 예루살렘에서 증
언한 것처럼 로마에서도 마땅히 이와 같이 증언하여야 하리라." 하시니라.

12 The next morning the Jews formed a conspiracy and bound themselves with
an oath not to eat or drink until they had killed Paul. 13 More than forty men
were involved in this plot. 14 They went to the chief priests and elders and
said, "We have taken a solemn oath not to eat anything until we have killed
Paul.

12 그 다음 날 아침이 되자 유대인들이 모여 결속하고 서로 맹세를 함으로 한 가지 음모를 꾸미는데 이
는 그들이 바울을 죽이기 전에는 먹지도 않고 마시지도 않겠다 하는 것이라. 13 이 계획에 동참한 자는
모두 사십 명이 넘었더라. 14 이들이 우두머리 제사장들과 장로들에게 가서 말을 하기를, "우리가 이 바
울이란 자를 잡아 죽이기 전에는 먹지도 아니하고 마시지도 않기로 엄숙히 맹세하였나이다.

15 Now then, you and the Sanhedrin petition the commander to bring him
before you on the pretext of wanting more accurate information about
hiscase. We are ready to kill him before he gets here." 16 But when the son
of Paul's sister heard of this plot, he went into the barracks and told Paul. 17
Then Paul called one of the centurions and said, "Take this young man to the

commander; he has something to tell him."

15 그런즉, 이제 당신들과 산헤드린 공회는 로마 주둔군 사령관에게 청원하기를, 본 사건에 관하여 더
욱 자세히 물어볼 것이 있다고 핑계하고 그를 한번 더 당신들 앞에 데려오라 요청을 하소서. 우리는 그
자가 여기 이르기 이전에 (*도중에서) 죽여 버릴 준비가 벌써 다 되었나이다." 하니라. 16 그러나 바울
의 조카 곧, 그 누나의 아들이 이 계획을 듣고는 곧장 영내로 가서 바울에게 이같은 사실을 다 고(誥)하
여 알리니라. 17 바울이 이에 한 백부장(百夫長)을 불러 말을 하기를, "이 청년을 군 사령관에게로 인도
하라; 이 청년이 사령관께 뭔가 보고할 것을 가지고 왔노라." 하더라.

18 So he took him to the commander. The centurion said, "Paul, the prisoner,
sent for me and asked me to bring this young man to you because he has
something to tell you." 19 The commander took the young man by the hand,
drew him aside and asked, "What is it you want to tell me?"

18 이에 그 백부장이 바울의 조카를 데리고 사령관에게로 나아가 고하기를, "그 죄수 바울이 나를 불러
이 청년을 사령관께 데려가 달라고 하였으니 이 청년이 무언가 사령관께 고할 말이 있다 하나이다." 하
더라. 19 이에 사령관이 그 청년의 손을 잡고 한 쪽으로 데려가서 "네가 내게 고하고자 하는 말이 무엇
이냐?" 하고 물으니

20 He said: "The Jews have agreed to ask you to bring Paul before the
Sanhedrin tomorrow on the pretext of wanting more accurate information
about him. 21 Don't give in to them, because more than forty of them are
waiting in ambush for him. They have taken an oath not to eat or drink until
they have killed him. They are ready now, waiting for your consent to their
request."

20 그 청년이 대답하기를, "유대인들이 공모하기를, 이 바울에 대하여 더 자세한 것을 묻기 위함이라 핑
계하고 내일 그를 데리고 산헤드린 공회로 내려오기를 당신께 청원하자 함께 모의하였나이다. 21 그러
니 사령관께서는 바울을 그들에게 내 주지를 마옵소서. 사십 명이 넘는 인원이 그를 길 도중에서 잡아
죽이고자 매복하고 있나이다. 그들이 맹세를 하기를, 바울을 죽이기 전에는 먹지도 않고 마시지도 않기
로 하였고, 이제 그 모든 준비를 끝내고 자기들의 청원에 대해 당신이 승낙하기만 기다리고 있나이다."
하니라.

22 The commander dismissed the young man and cautioned him, "Don't
tell anyone that you have reported this to me." 23 Then he called two of
his centurions and ordered them, "Get ready a detachment of two hundred
soldiers,seventy horsemen and two hundred spearmen to go to Caesarea at
nine tonight. 24 Provide mounts for Paul so that he may be taken safely to
Governor Felix." 25 He wrote a letter as follows:

22 이에 사령관이 그 청년을 돌려보내며 그에게 경계하여 이르되 "이 일을 내게 알렸다고 아무에게도
말을 하지 말라." 하고 23 자기 휘하의 백부장 둘을 불러 명령을 내리기를, "즉시 보병 이백 명을 집합시
키고 기병 칠십 명과 창병 이백 명도 준비하여 오늘 밤 아홉시에 전원이 카이사랴로 출발하라. 24 그리
고 바울에게는 탈 것을 주어 벨릭스(펠릭스) 총독에게로 안전하게 인계하도록 하라." 이렇게 명하고 25
또 다음과 같이 편지 하나를 써 보내니 그 내용은 이와 같았더라:

26 Claudius Lysias, To His Excellency, Governor Felix: Greetings. 27 This
man was seized by the Jews and they were about to kill him, but I came with
my troops and rescued him, for I had learned that he is a Roman citizen.
28 I wanted to know why they were accusing him, so I brought him to their
Sanhedrin.

26 '글라우디오 루시아(*클라우디우스 리시아스)가 총독 벨릭스 각하께: 문안 인사 드리나이다. 27 이

자는 유대인들에게 붙잡혀 그들이 죽이려 하는 자(者)로서, 제가 병사들을 이끌고 가 구출해 내었으니 이는 그가 로마 시민인줄을 제가 알게 되었기 때문이니이다. **28** 유대인들이 도대체 무슨 일로 이 사람을 이같이 고발하는지 그 이유를 알고자 하여 그를 유대인들의 산헤드린 공회로 데리고 내려갔었으나,

29 I found that the accusation had to do with questions about their law, but there was no charge against him that deserved death or imprisonment. **30**
When I was informed of a plot to be carried out against the man, I sent him to you at once. I also ordered his accusers to present to you their case against him.

29 그를 고발하는 것이 단지 그들의 율법에 관한 문제와 상관이 있을 뿐이요, 사형을 당하거나 징역에 처할만한 혐의는 하나도 없다는 것을 제가 알게 되었나이다. **30** 그러나 누가 이 사람을 해치려는 간계가 있다고 제게 통보를 하기로 이에 이 사람을 총독 각하께 즉시 보내 드리오며 한편, 이 사람을 대적하여 고발하는 고발인들도 역시 각하께 조속히 출두하도록 제가 명을 내려 두었나이다.' 하였더라.

31 So the soldiers, carrying out their orders, took Paul with them during the
night and brought him as far as Antipatris. **32** The next day they let the cavalry
go on with him, while they returned to the barracks. **33** When the cavalry
arrived in Caesarea, they delivered the letter to the governor and handed Paul
over to him. **34** The governor read the letter and asked what province he was
from. Learning that he was from Cilicia, **35** he said, "I will hear your case
when your accusers get here." Then he ordered that Paul be kept under guard in Herod's palace.

31 그리하여 그 병사들이 사령관으로부터 명을 받은 대로 수행하여 그 밤에 바울을 데리고 안티파트리스까지 가고, **32** 그 다음 날에는 기병들로 하여금 바울을 데리고 가게 하고 자기들은 주둔지 영내로 돌아가니라. **33** (*바울을 호송하는) 기병대가 카이사랴에 도착하여 사령관의 편지를 총독에게 전하고 바울을 총독 앞에 인계하니 **34** 총독이 편지를 읽고 바울을 향해 어느 지역 출신인지를 묻더라. 바울이 킬리키아 출신인 것을 알고 **35** 총독이 이르되 "너를 고발하는 사람들이 오거든 그 때, 네 사건을 들으리라." 하고 바울을 헤롯 궁전 안에 두고 경비를 세워 지키도록 명령을 내리더라.

제24장

1 Five days later the high priest Ananias went down to Caesarea with some of the elders and a lawyer named Tertullus, and they brought their charges against Paul before the governor. **2** When Paul was called in, Tertullus presented his case before Felix: "We have enjoyed a long period of peace under you, and your foresight has brought about reforms in this nation. **3**
Everywhere and in every way, most excellent Felix, we acknowledge this with profound gratitude.

1 오 일이 지난 후에 대제사장 아나니아가 장로들 몇 사람과 더둘로라 이름하는 변호사를 대동하고 카이사랴로 내려가는데 총독 앞에서 바울을 고발하는 건을 가지고 가더라. **2** 이에 바울이 (*총독 앞에) 소환되어 들어오자, 더둘로가 이 사건을 총독 벨릭스 앞에 제시하며 말을 하기를: "우리가 벨릭스 총독 각하 밑에서 오랜 시간 평안을 누리며 또 각하의 선견지명에 힘입어 이 민족에게 여러가지 새로운 개혁을 가져온 것을 **3** 행복하게, 그리고 감사히 여겨왔나이다.

4 But in order not to weary you further, I would request that you be kind

enough to hear us briefly. 5 "We have found this man to be a troublemaker,
stirring up riots among the Jews all over the world. He is a ringleader of the
Nazarene sect 6 and even tried to desecrate the temple; so we seized him.

4 각하를 피곤하게 만들지 않기 위하여 간략히 말씀 드리고자 하오니 부디 우리의 말을 들어주시기를
바라나이다. 5 우리가 알기로 이 자는 소란을 조장하는 자요, 온 천하에 있는 유대인들 가운데에 혼란과
소요를 불러 일으키는 자로서 소위 나사렛 이단 분파의 우두머리이니 6 이 사람이 신성한 우리 성전을
더럽히려 시도를 하는 것을 우리가 붙잡았나이다.

8 By examining him yourself you will be able to learn the truth about all these
charges we are bringing against him." 9 The Jews joined in the accusation,
asserting that these things were true. 10 When the governor motioned for him
to speak, Paul replied: "I know that for a number of years you have been a
judge over this nation; so I gladly make my defense.

8 각하께서 친히 이 자를 심문해 보시면 우리가 이 자를 고발하는 그 모든 사안에 관해 우리의 고발이
진실됨을 아실 수 있을 것이외다." 하니 9 다른 유대인들도 이 고발에 함께 참여하여 그 말이 사실이라
고 확인들을 하니라. 10 이에 총독이 바울에게 말을 해도 좋다고 몸짓으로 표현을 하니, 바울이 이에 응
하여 말하기를 시작하는데: "제가 알기로 각하께서 이 민족의 재판관으로 계신지가 이미 여러 해라, 제
가 기쁜 마음으로 저의 변호를 시작하나이다.

11 You can easily verify that no more than twelve days ago I went up to
Jerusalem to worship. 12 My accusers did not find me arguing with anyone at
the temple, or stirring up a crowd in the synagogues or anywhere else in the
city. 13 And they cannot prove to you the charges they are now making against
me.

11 각하께서 쉽게 확인할 수 있는 것과 같이, 제가 예배를 드리러 예루살렘으로 올라간 것이 불과 십이
일 밖에 되질 않았고, 또 12 제가 성전에서 그 누구와 더불어 논쟁을 하는 것이나 혹은 회당이나 시내 어
떤 장소에서든, 무슨 군중을 선동하는 행위를 하는 것을 제 고발인들이 본 일이 없나이다. 13 그러므로,
지금 이들이 저를 대적하여 제출한 이 고발 사건에 대하여 각하께 증명해 보여드릴 그 무슨 근거도 저들
이 가지고 있지 않은 것이 현실입니다.

14 However, I admit that I worship the God of our fathers as a follower of the
Way, which they call a sect. I believe everything that agrees with the Law and
that is written in the Prophets, 15 and I have the same hope in God as these
men, that there will be a resurrection of both the righteous and the wicked. 16
So I strive always to keep my conscience clear before God and man.

14 그러나 제가 이것은 인정하리니, 저들이 소위 이단(異端) 분파(分派)라 부르는 그 도(道)를 따르는 사
람으로서 (*그 도에 따라) 제가 우리 조상의 하나님을 경배하고 예배 드린 것은 사실이나이다. 그러나 저
는 율법에 따르는 그 모든 것을 믿으며 또 선지자들의 글에 기록된 것을 다 믿을 뿐 아니라 15 그들이 그
러한 것처럼 하나님을 향한 소망을 나도 같이 가지고 있으니 곧, 장차, 의인과 악인이 다 함께 부활의 자
리로 나아올 것을 또한 믿사옵나이다. 16 제가 항상 하나님 앞에서와 그리고 사람들 앞에서 저의 선한
양심을 지키고자 늘 노력하는 것이 이런 이유들이나이다.

17 After an absence of several years, I came to Jerusalem to bring my people
gifts for the poor and to present offerings. 18 I was ceremonially clean when
they found me in the temple courts doing this. There was no crowd with me,
nor was I involved in any disturbance. 19 But there are some Jews from the
province of Asia, who ought to be here before you and bring charges if they
have anything against me.

17 제가 여러 해 동안, 예루살렘을 떠나 있었다가 이제 예루살렘으로 다시 올라온 것은 내 동족 중 가난
한 이들에게 줄 선물을 가져오고 또 제 스스로 희생 제사를 드리기 위함이었으니 18 제가 이런 의식(儀
式)을 치르는 동안 그들이 성전에서 저를 발견하였으나 그 때에는 제가 의례적(儀禮的)으로 정결한 상
태에 있었음이니이다. 또한 제 주위에 무슨 군중의 무리가 모여 있었던 것도 아니고, 또 제가 스스로 어
떠한 소란이나 방해 행위에도 연루된 적도 없었나이다. 19 다만, 아시아 지역으로부터 온 유대인들이
있었으니 만일 그들에게 저를 고발할 그 무엇인가가 있다면, 그들이 응당 지금 이 자리에 서서 각하 앞
에 그 사건을 제출하여야 마땅할 것이요,

20 Or these who are here should state what crime they found in me when I
stood before the Sanhedrin-- 21 unless it was this one thing I shouted as I
stood in their presence: 'It is concerning the resurrection of the dead that I am
on trial before you today.' "

20 혹은, 지금 이 자리에 있는 이들이 제가 무슨 범죄를 저질렀는지, 곧, 제가 산헤드린 공회 앞에 섰을
때에 그들이 무슨 범죄 사실을 제게로부터 발견해 내었는지 그 점을 응당 진술하여야 하리이다. 21 다
만 한 가지, 제가 그들 면전에서 외치기를, '오늘날 내가 당신들 앞에서 심문을 받는 것은 죽은 자의 부
활에 관한 사실에 연관된 것이라' 하고 말했던 사실은 제가 그렇게 하였노라고 인정하나이다." 하더라.

22 Then Felix, who was well acquainted with the Way, adjourned the
proceedings. "When Lysias the commander comes," he said, "I will decide your
case." 23 He ordered the centurion to keep Paul under guard but to give him
some freedom and permit his friends to take care of his needs.

22 그러자 이 도(道)에 관해 잘 알고 있는 벨릭스가 그 심문의 절차를 마치고 해산토록 하며 말하기를,
"(*예루살렘) 주둔군 사령관 루시아스가 오거든 그 때, 내가 너의 사건을 결정하리라." 하더라. 23 그리
고는 백부장에게 명하여 바울을 경비 아래 지키되, 상당한 자유를 주고 또 그의 친구들이 그의 필요를
돌보아 주는 것을 금하지 말라 명하니라.

24 Several days later Felix came with his wife Drusilla, who was a Jewess. He
sent for Paul and listened to him as he spoke about faith in Christ Jesus. 25
As Paul discoursed on righteousness, self-control and the judgment to come,
Felix was afraid and said, "That's enough for now! You may leave. When I find
it convenient, I will send for you."

24 며칠 뒤에 벨릭스가 유대인 여자인 아내 드루실라와 함께 와서 바울을 불러 예수 그리스도를 믿는
믿음에 관하여 바울로부터 얘기를 듣더라. 25 이에 바울이 의(義)와 절제(節制)와 장차 다가올 심판을
담담히 풀어 얘기를 하는데, 벨릭스가 심중에 두려워하는 마음이 생기니 그가 바울에게 이르기를, "오
늘은 이것으로 충분하다! 지금은 돌아가라. 내가 또 편리한 시간에 너를 다시 부르리라." 하고 바울을 내
보내니라.

26 At the same time he was hoping that Paul would offer him a bribe, so he
sent for him frequently and talked with him. 27 When two years had passed,
Felix was succeeded by Porcius Festus, but because Felix wanted to grant a
favor to the Jews, he left Paul in prison.

26 또 한편으로 벨릭스는, 혹시 바울이 자기에게 무슨 뇌물이라도 바치지 않을까 하여 바울을 더욱 자
주 불러 함께 얘기를 나누니라. 27 이렇게 이 년이 지난 후에 보르기오 베스도가 벨릭스의 자리를 이어
받게 되니라. 그러나 벨릭스는 유대인의 호의를 얻고자 하는 마음으로 바울을 계속 감옥에다 넣어 두고
있었더라.

제25장

1 Three days after arriving in the province, Festus went up from Caesarea to
Jerusalem, 2 where the chief priests and Jewish leaders appeared before him
and presented the charges against Paul. 3 They urgently requested Festus, as a
favor to them, to have Paul transferred to Jerusalem, for they were preparing
an ambush to kill him along the way.

1 (*신임 총독) 베스도가 임지에 도착한지 삼 일 후에 카이사랴로부터 예루살렘으로 올라가니 2 우두머
리 제사장들과 유대인 지도자들이 베스도 앞에 모습을 드러내어 그 앞에서 다시금 바울에 대한 고발을
제소(提訴)하니라. 3 그들이 베스도에게 시급히 요청하기를, 자기들에 대한 호의를 베풀어 바울을 예루
살렘으로 이송(移送)하여 줄 것을 청하니, 이는 그 오는 길에 미리 매복하고 있다가 길 위에서 바울을 죽
여 버리기로 계획하고 있던 까닭이더라.

4 Festus answered, "Paul is being held at Caesarea, and I myself am going there
soon. 5 Let some of your leaders come with me and press charges against the
man there, if he has done anything wrong."

4 그러나 베스도가 대답하기를, "바울은 카이사랴에 갇히어 있고, 또 내가 금방 거기로 길을 떠날 예정
이라. 5 만일 그가 무언가 불법적인 일을 저지른 것이 사실이라면 그대들 중 몇몇이 나와 함께 카이사랴
로 내려가서 거기서 그에 대한 고발을 제출할지어다." 하니라.

6 After spending eight or ten days with them, he went down to Caesarea, and
the next day he convened the court and ordered that Paul be brought before
him. 7 When Paul appeared, the Jews who had come down from Jerusalem
stood around him, bringing many serious charges against him, which they
could not prove. 8 Then Paul made his defense: "I have done nothing wrong
against the law of the Jews or against the temple or against Caesar."

6 베스도가 (*예루살렘에서) 그들과 함께 팔 일 내지 십 일을 지낸 후에 카이사랴로 내려가는데 (*지체
하지 않고) 바로 그 이튿날 법정을 열고 바울을 자기 앞에 출두시키도록 명을 내리더라. 7 바울이 법정
에 나타나니 예루살렘에서부터 내려온 유대인들이 바울을 둘러싸고 여러 가지 심각한 죄목으로 고발을
하기 시작하는데—하지만, 그들이 그 어떤 것도 능히 이를 입증해 내지는 못하니라. 8 이에 바울이 자신
을 변호하기를 시작하며 말하기를: "내가 유대인의 율법이나, 성전(聖殿)이나, 그리고 카이사르에게나
도무지 죄가 될만한 행위를 한 것이 없나이다." 하니

9 Festus, wishing to do the Jews a favor, said to Paul, "Are you willing to go
up to Jerusalem and stand trial before me there on these charges?" 10 Paul
answered: "I am now standing before Caesar's court, where I ought to be tried.
I have not done any wrong to the Jews, as you yourself know very well.

9 베스도가 유대인들에 호의를 베품으로 그들의 마음을 얻고자 하여 바울에게 말하기를, "네가 이 고발
사건에 관련하여 예루살렘에 올라가서 다시 내 앞에서 재판을 받을 마음이 있느냐?" 하고 묻거늘, 10
바울이 대답하여 이르기를, "지금 제가 카이사르의 법정 앞에 서 있으니만큼, 제가 여기서 재판을 받는
것이 당연하니이다. 제가 유대인들에게 그 무슨 죄도 범한 적이 없다는 사실은 각하께서도 잘 알고 계시
는 바이니이다.

11 If, however, I am guilty of doing anything deserving death, I do not refuse
to die. But if the charges brought against me by these Jews are not true, no
one has the right to hand me over to them. I appeal to Caesar!" 12 After Festus
had conferred with his council, he declared: "You have appealed to Caesar. To
Caesar you will go!"

11 만일 제가 무슨 사형을 당할만한 행위를 저지른 것이 사실이라면 물론 저는 죽음도 마다하지 않겠나이다. 그러나 이 유대인들이 저를 대적하여 제소(提訴)한 이 고발 건이 전혀 사실이 아니라면, 그 누구도 저를 이 자들에게 내어줄 권한이 없다 하겠나이다. 고로, 저는 (*지금 이 시간,) 카이사르에게 직소(直訴)하는 상고(上告)를 제출하는 바이니이다." 한대, 12 이에 베스도가 자기의 고문단 및 참모들과 상의를 가진 후에, 다시 선언하기를, "네가 카이사르에게 상고(上告)하였으니, 카이사르 앞으로 나갈 것이니라." 하더라.

13 A few days later King Agrippa and Bernice arrived at Caesarea to pay their respects to Festus. 14 Since they were spending many days there, Festus discussed Paul's case with the king. He said: "There is a man here whom Felix left as a prisoner. 15 When I went to Jerusalem, the chief priests and elders of the Jews brought charges against him and asked that he be condemned. 16 "I told them that it is not the Roman custom to hand over any man before he has faced his accusers and has had an opportunity to defend himself against their charges.

13 이로부터 며칠 후에 아그립바 왕과 버니게(버니스)가 (*신임 총독) 베스도에게 존경을 표하기 위하여 카이사랴에 내려오니라. 14 아그립바와 버니게가 카이사랴에서 (*베스도와 함께) 몇 날을 지내는데, 어느 날, 베스도가 바울의 사건을 가지고 아그립바 왕과 이야기를 하며 말을 하기를, "벨릭스가 여기 카이사랴 감옥에 구금하여 둔 사람이 하나 있는데, 15 제가 (*얼마 전에) 예루살렘에 올라갔을 때에 유대인의 우두머리 제사장들과 장로들이 그를 고소하고, 그에게 죄를 주기를 청원하는 고발 건을 제게 가져온 일이 있었소이다. 16 내가 그들에게 말을 하기를, 무릇 피고가 원고들 앞에서 그 고소 사건에 대하여 자신을 변호할 기회가 주어지기 전에는 그 누구도 고발인에게 내어주지 않는 것이 로마의 관습이라 하였나이다.

17 When they came here with me, I did not delay the case, but convened the court the next day and ordered the man to be brought in. 18 When his accusers got up to speak, they did not charge him with any of the crimes I had expected. 19 Instead, they had some points of dispute with him about their own religion and about a dead man named Jesus who Paul claimed was alive.

17 그리하여 그 유대인 고발자들이 여기 (*카이사랴에) 저와 함께 내려 왔을 때에 제가 지체하지 아니하고 그 이튿날 법정을 주재하여 열고 명을 내려 그 사람을 법정에 출두시켰으나 18 실상, 그 원고들이 서서 고발을 진행함에 있어서는, 제가 예상하던 무슨 범죄의 사실은 하나도 제시하지 아니하고 19 대신에, 오직 자기들의 종교에 관한 무슨 논쟁 거리와 그리고 또 예수라 하는 죽은 사람이 도로 살아났다고 바울이 주장하는 그런 일 뿐이더이다.

20 I was at a loss how to investigate such matters; so I asked if he would be willing to go to Jerusalem and stand trial there on these charges. 21 When Paul made his appeal to be held over for the Emperor's decision, I ordered him held until I could send him to Caesar." 22 Then Agrippa said to Festus, "I would like to hear this man myself." He replied, "Tomorrow you will hear him."

20 제가 이런 문제에 대해서는 어떻게 조사를 하고 처결해야 할지를 알지 못하여; 그더러 이 고발 사건에 대하여 예루살렘에 올라가서 재판을 받겠느냐고 물은즉, 21 이 사람, 바울이 자기의 사건이 황제의 법정에서 다뤄질 것을 요청하는 상고를 제출하였으므로, 그를 카이사르께 보낼 때까지 지금껏 구금(拘禁)시켜 두고 있나이다." 하더라. 22 그러자 아그립바가 베스도에게 이르기를, "이 사람의 말을 나도 직접 들어보면 좋겠소이다." 하니, 베스도가 대답하기를, "내일 그 사람의 말을 들으실 수 있으리이다." 하더라.

23 The next day Agrippa and Bernice came with great pomp and entered the

audience room with the high ranking officers and the leading men of the
city. At the command of Festus, Paul was brought in. 24 Festus said: "King
Agrippa, and all who are present with us, you see this man! The whole Jewish
community has petitioned me about him in Jerusalem and here in Caesarea,
shouting that he ought not to live any longer.

23 그 이튿날, 아그립바와 버니게가 크게 위의(威儀)를 갖추고 방청(傍聽)하는 자리로 들어오는데, 높
은 지위에 있는 신하들과 그 도시의 지도자들도 함께 자리를 하더라. 베스도의 명령에 따라 바울이 불려
들어오니 24 베스도가 먼저 말을 하기를, "아그립바 왕이여, 그리고 여기에 자리를 함께한 여러분들이
여, 이 사람을 보소서! 이 사람이 (*천하의) 유대인 공동체 모두가 카이사라뿐 아니라, 저 예루살렘에서
도 그에 관해 제게 탄원하기를, 이 사람은 더 이상 살려 둘 자가 아니라고 고함을 지르는 바로 그 사람이
니이다.

25 I found he had done nothing deserving of death, but because he made
his appeal to the Emperor I decided to send him to Rome. 26 But I have
nothing definite to write to His Majesty about him. Therefore I have brought
him before all of you, and especially before you, King Agrippa, so that as a
result of this investigation I may have something to write. 27 For I think it is
unreasonable to send on a prisoner without specifying the charges against
him."

25 그러나 내가 살피건대, 이 사람에게 사형을 언도할만한 그 어떤 혐의도 발견치를 못한 것이 또한 사
실이니이다. 그러나 이 사람이 카이사르에게 직접 상고를 하였기 때문에 부득불 제가 그를 로마로 압송
해 보내기로 결정한 것이니이다. 26 그러나 그에 대하여 카이사르에게 분명히 논점을 밝히어 글로 써서
아뢸 확실한 사실 관계가 없음이라. 그런고로 제가 이 사람을 여러분들 앞에, 그리고 특히 오, 아그립바
왕이여, 아그립바 왕 폐하 앞에 데리고 나온 것은 우리 앞에서 그를 재차 심문한 후에 무언가 편지에 적
어 보낼 만한 사실을 발견하기 위함이니 27 죄수를 고발하는 죄목이 무엇인지 밝히지도 아니하고 죄수
를 압송해 보내는 것이 심히 이치에 합당치 않은 줄 생각하는 까닭이로소이다." 하더라.

제26장

1 Then Agrippa said to Paul, "You have permission to speak for yourself."
So Paul motioned with his hand and began his defense: 2 "King Agrippa, I
consider myself fortunate to stand before you today as I make my defense
against all the accusations of the Jews, 3 and especially so because you are
well acquainted with all the Jewish customs and controversies. Therefore, I beg
you to listen to me patiently.

1 그러자 아그립바가 바울에게 이르되 "너를 위하여 말하기를 네게 허락하노라." 하니 이에 바울이 손
짓으로 의사 표시를 한 후에 자기의 변호를 시작하며 말을 하기를: 2 "아그립바 왕이시여, 오늘 제가 왕
앞에 서서 이 유대인들의 고발에 대한 저의 변호를 하게 됨을 대단히 다행하게 생각하나이다. 3 특히 왕
께서 유대인의 모든 풍속과 그 논란의 대상이 되는 문제를 잘 알고 계신 연고로 더욱 그러하나이다. 그
러므로 부디 제 말을 인내심을 가지고 너그러이 들어주시기를 바라나이다.

4 The Jews all know the way I have lived ever since I was a child, from the
beginning of my life in my own country, and also in Jerusalem. 5 They have
known me for a long time and can testify, if they are willing, that according to

the strictest sect of our religion, I lived as a Pharisee.

4 제가 어릴 적부터 저의 나라에서, 그리고 특히 예루살렘에서, 제 인생의 전반 부분을 어떻게 살아왔는지 하는 문제에 대해서는 유대인 모두가 잘 알고 있는 바이니이다. 5 그들이 저를 오랫동안 알고 지내왔으니 만일 그들이 원한다면, 제가 우리 종교의 가장 엄격한 분파(分派) 곧, 바리새인으로서의 기준에 따라 충실히 삶을 살아온 것을 증언할 수도 있을 것이니이다.

6 And now it is because of my hope in what God has promised our fathers that I am on trial today. 7 This is the promise our twelve tribes are hoping to see fulfilled as they earnestly serve God day and night. O king, it is because of this hope that the Jews are accusing me. 8 Why should any of you consider it incredible that God raises the dead?

6 그리고 오늘 날, 제가 이렇게 재판을 받으며 서 있는 이유는 오직 하나, 하나님께서 우리 조상에게 약속하신 바로 그것을 믿는 저의 소망 때문이니, 7 이 약속은 우리 열두 지파가 밤낮으로 간절히 하나님을 받들어 섬김으로써, 그 약속이 마침내 이루어지는 것을 자기들 눈으로 보기를 바라 마지 않는 바로 그 소망이니이다. 오, 왕이시여, 유대인들이 저를 고발하는 이유가 바로 이 소망 때문인 것을 알아 주시옵소서. 8 어찌하여 당신들은 하나님께서 죽은 사람을 살리신 것을 믿지 못할 일로 여기시나이까?

9 I too was convinced that I ought to do all that was possible to oppose the name of Jesus of Nazareth. 10 And that is just what I did in Jerusalem. On the authority of the chief priests I put many of the saints in prison, and when they were put to death, I cast my vote against them.

9 저 역시도 저 나사렛 예수의 이름을 반대하고 대적하는 것이라면 무슨 일이든 해야 한다는 소신을 가지고 살았으니 10 제가 예루살렘에서 행하였던 모든 일들이 바로 이 일에 해당하나이다. 우두머리 제사장들의 권위를 가지고 제가 (*이 도를 따르는) 수 많은 성도를 잡아 가두었으며, 또한 그들이 사형 언도를 받을 때에 저 역시 찬성하는 투표를 하였었나이다.

11 Many a time I went from one synagogue to another to have them punished, and I tried to force them to blaspheme. In my obsession against them, I even went to foreign cities to persecute them. 12 "On one of these journeys I was going to Damascus with the authority and commission of the chief priests. 13
About noon, O king, as I was on the road, I saw a light from heaven, brighter than the sun, blazing around me and my companions. 14 We all fell to the ground, and I heard a voice saying to me in Aramaic, 'Saul, Saul, why do you persecute me? It is hard for you to kick against the goads.'

11 또 이 회당에서 저 회당으로 다니며 그들을 붙잡아 정죄한 것이 여러 번이었고, 심지어는 (*억지로 징벌하기 위하여) 그들로 하여금 스스로 신성 모독의 말을 하게끔 강제하기도 하였었나이다. 그들을 향한 저의 증오가 지나쳐서, 때로는 이들을 추적하려고 외국 땅에까지 쫓아 간 일도 있었나이다. 12 이런
여행과 출장 중에 한번은 제가 우두머리 제사장들의 권한과 위임을 받아 다마스커스로 가고 있었나이
다. 13 그런데 오!, 왕이시여, 시각이 정오 쯤이 되어 제가 길을 가고 있던 중에, 홀연 한 줄기 빛이 하늘로부터 내려와 내게 비추는데 태양 빛 보다도 더 밝은 그 빛이 저와 제 동료 주위를 불에 타는듯 둘러싸
는지라, 14 이에 우리가 모두 땅에 엎드러졌는데, 제가 한 목소리를 들으니 그 목소리가 아람 말로 제게 이르기를, "사울아 사울아 네가 왜 나를 박해하느냐? 작대기 끝을 발로 차는 것이 네게 고역(苦役)이니라." 하더이다.

15 Then I asked, 'Who are you, Lord?' " 'I am Jesus, whom you are persecuting,' the Lord replied. 16 'Now get up and stand on your feet. I have appeared to you to appoint you as a servant and as a witness of what you have seen of me and what I will show you. 17 I will rescue you from your own

people and from the Gentiles. I am sending you to them 18 to open their eyes
and turn them from darkness to light, and from the power of Satan to God,
so that they may receive forgiveness of sins and a place among those who are
sanctified by faith in me.'

15 제가 묻기를, '주여, 뉘시오니까?'하니, 주께서 대답하시기를, '나는 네가 박해하는 예수라. 16 이제
일어나 네 발로 서라. 내가 너에게 나타난 것은 네가 지금 나를 본 것과, 또 내가 장차 네게 보여줄 그 모
든 것에 대하여 너를 증인과 하인으로 삼으려 함이니 17 내가 너를 이방인들로부터는 물론, 너의 동족
으로부터도 건져내리라. 내가 너를 그들에게로 보내노니 18 이는 그들의 눈을 뜨게 하여 어둠에서 빛으
로 그들을 돌아서게 하고 또 사탄의 권세로부터 하나님에게로 돌아오게 하려 함이라, 그리함으로써 그
들이 죄 사함을 받고, 또 나를 믿음으로 말미암아 거룩하게 된 자들 가운데 그들도 한 자리를 얻게하려
함이니라.' 하셨나이다.

19 So then, King Agrippa, I was not disobedient to the vision from heaven. 20
First to those in Damascus, then to those in Jerusalem and in all Judea, and
to the Gentiles also, I preached that they should repent and turn to God and
prove their repentance by their deeds. 21 That is why the Jews seized me in
the temple courts and tried to kill me.

19 그러므로, 아그립바 왕이시여, 저는 제가 본 이 하늘로부터의 환상을 거스르지 아니하고 20 먼저,
다마스커스에 있는 사람들로부터 시작하여 예루살렘과 온 유대에 있는 사람들과, 그리고 또 이방인들을
향하여 말씀을 전파하기를, '회개하고 하나님께로 돌아오라'고 하고 그리고 자기들의 행실을 통하여 그
들의 회개를 보이라고 말씀을 전한 것 뿐이니 21 바로 이것이 성전에서 유대인들이 저를 붙잡아 지금까
지도 저를 죽이고자 하는 오직 하나의 이유이나이다.

22 But I have had God's help to this very day, and so I stand here and testify
to small and great alike. I am saying nothing beyond what the prophets and
Moses said would happen--23 that the Christ would suffer and, as the first
to rise from the dead, would proclaim light to his own people and to the
Gentiles."

22 그러나 제가 오늘날까지 하나님의 도우심을 받아 지금 이 자리에 서서 높은 분이나 지체가 낮은 사
람들이나 간에 이처럼 증언할 수가 있게 되었나이다. 제가 말하는 내용은 모세와 선지자들이 예언하기
를 장차 이런 일이 일어나리라고 한 그런 내용 외에는 아무 것도 없으니— 23 곧, 그리스도가 고난을 받
고, 죽었다가 다시 살아난 첫 사람이 되고 또, 자기 백성 뿐 아니라, 모든 이방인들에게도 그가 빛을 선
포하리라 하는 그것일 뿐이니이다." 하니라.

24 At this point Festus interrupted Paul's defense. "You are out of your mind,
Paul!" he shouted. "Your great learning is driving you insane." 25 "I am not
insane, most excellent Festus," Paul replied. "What I am saying is true and
reasonable. 26 The king is familiar with these things, and I can speak freely to
him. I am convinced that none of this has escaped his notice, because it was
not done in a corner.

24 바울이 여기까지 말을 하자, 베스도가 바울의 말을 가로막으며 소리쳐 이르기를, "바울아, 네가 정신
이 나갔도다! 너의 그 많은 학식이 너를 미치게 하였도다." 하니, 25 바울이 대답하여 이르기를, "제가
미친 것이 아니올시다, 베스도 각하시여. 제가 말하는 것이 참되고 또 논리에 부합하는 말이니이다. 26
(*아그립바) 왕께서는 이런 일들에 관하여 잘 알고 계신 터이라 제가 자유롭게 왕께 말씀 드리나니, 제가
말씀 드린 내용 중 그 무엇도 왕께서 이해하지 못하는 부분이 없을 것인즉, 이 일이 한쪽 구석에서 가만
히 행해진 일이 아닌 까닭이니이다.

27 King Agrippa, do you believe the prophets? I know you do." 28 Then

Agrippa said to Paul, "Do you think that in such a short time you can persuade
me to be a Christian?" 29 Paul replied, "Short time or long--I pray God that
not only you but all who are listening to me today may become what I am,
except for these chains."

27 아그립바 왕이시여, 왕께서는 선지자를 믿으시나이까? 왕께서 믿으시는 줄을 제가 아나이다." 하니,
28 아그립바가 바울에게 이르되 "네가 이 짧은 시간에 나를 설득하여 그리스도인으로 만들 수 있다고
생각하느냐?" 하더라. 29 이에 바울이 다시 화답하여 이르기를, "시간이 많거나 적거나간에—제가 하나
님께 기도하기로는 왕께서 뿐만 아니라 지금 이 자리에서 제 말을 듣고 계신 모든 분들이 다 나와 같이
되기를 제가 원하나이다. 이렇게 제가 사슬에 묶인 것만 제외하고 말입니다." 하니라.

30 The king rose, and with him the governor and Bernice and those sitting
with them. 31 They left the room, and while talking with one another, they
said, "This man is not doing anything that deserves death or imprisonment."
32 Agrippa said to Festus, "This man could have been set free if he had not
appealed to Caesar."

30 이에 왕이 자리에서 일어나니, 총독과 버니게와 그와 함께 앉은 모든 사람들이 다 일어나 물러가니
라. 31 그들이 그 방을 떠나 서로 말하기를, "이 사람은 사형을 당하거나 징역을 살만한 행위를 저지른
것이 없도다." 하고, 32 아그립바는 베스도에게 이르기를 "만일 이 사람이 카이사르에게 상고(上告)를
하지 아니하였더라면 우리가 그를 석방할 수도 있었으리라." 하고 말을 하니라.

제27장

1 When it was decided that we would sail for Italy, Paul and some other
prisoners were handed over to a centurion named Julius, who belonged to
the Imperial Regiment. 2 We boarded a ship from Adramyttium about to
sail for ports along the coast of the province of Asia, and we put out to sea.
Aristarchus, a Macedonian from Thessalonica, was with us. 3 The next day
we landed at Sidon; and Julius, in kindness to Paul, allowed him to go to his
friends so they might provide for his needs.

1 우리가 이탈리아를 가는데 배를 타고 가기로 결정이 되었으므로 이에 바울과 다른 죄수 몇 사람이 율
리오(율리우스)라 이름하는 한 백부장(백인대장)에게 인계되니, 이 사람은 황제 직속 군단에 속한 백부
장이었더라. 2 이에 우리가 아시아의 해변을 따라 나 있는 항구를 향해 가려고 아드라미티움에서 배에
올랐는데 이 때 테살로니카에서 온 마케도니아 사람 아리스다고(아리스타쿠스)가 우리와 함께 있게 되
었느니라. 3 다음 날, 우리가 시돈에 상륙하게 되었는데; 백부장 율리오가 바울에게 호의를 베풀어 바울
에게 친구들을 만나러 갈 수 있게 하고 그리하여 바울이 필요한 물품을 친구들이 제공할 수 있도록 허락
을 하니라.

4 From there we put out to sea again and passed to the lee of Cyprus because
the winds were against us. 5 When we had sailed across the open sea off
the coast of Cilicia and Pamphylia, we landed at Myra in Lycia. 6 There the
centurion found an Alexandrian ship sailing for Italy and put us on board.

4 그리하여 우리가 (*시돈을 떠나) 다시 바다로 키프로스(구브로) 해안을 향하여 항해를 시작하니 이는
바람이 우리를 거슬러 불던 까닭이더라. 5 킬리키아와 팜필리아의 해안을 벗어나 공해를 건너 항해를
계속하여 리시아 지방에 있는 뮈라에 도착을 하니라. 6 거기 뮈라에서 백부장이 마침 이탈리아 본토로
가는 알렉산드리아 배를 발견하고 우리를 그 배에 승선하게 하니라.

7 We made slow headway for many days and had difficulty arriving off Cnidus.
When the wind did not allow us to hold our course, we sailed to the lee of
Crete, opposite Salmone. 8 We moved along the coast with difficulty and came
to a place called Fair Havens, near the town of Lasea.

7 우리가 탄 배가 여러 날 더딘 항해를 계속하고 니두스에 도착하기까지 항해에 어려움을 겪으니라. 정
상적인 항로(航路)를 더 이상 유지하기가 어려울 정도로까지 바람이 거슬러 불기에, 우리가 살모네 건너
편에 있는 크레테 섬 해안을 향해 나아가니라. 8 그리하여 많은 어려움을 겪으며 간신히 해안을 따라가
다가 드디어 라세아라는 도시 근처에 있는 '좋은 천국'이라고 이름하는 한 지역에 배를 갖다 댈 수 있게
되었느니라.

9 Much time had been lost, and sailing had already become dangerous because
by now it was after the Fast. So Paul warned them, 10 "Men, I can see that our
voyage is going to be disastrous and bring great loss to ship and cargo, and to
our own lives also." 11 But the centurion, instead of listening to what Paul said,
followed the advice of the pilot and of the owner of the ship.

9 그 와중에 이미 많은 시간이 흘러가 버렸고 또, 때가 이미 금식 절기를 방금 지난 때라, 배로 항해하기
가 위태한 계절이 되었더라. 이에 바울이 그들에게 경고하여 이르기를, 10 "여러분이여, 내가 보니 이번
우리의 항해가 상당히 위험할 뿐 아니라 상당한 재앙을 초래하리니 배 뿐만 아니라 화물과 우리의 목숨
까지 큰 손실이 있으리라." 하고 말을 하나, 11 백부장은 바울의 말보다는 배의 선원과 배 주인의 말을
더 따르니라.

12 Since the harbor was unsuitable to winter in, the majority decided that we
should sail on, hoping to reach Phoenix and winter there. This was a harbor
in Crete, facing both southwest and northwest. 13 When a gentle south wind
began to blow, they thought they had obtained what they wanted; so they
weighed anchor and sailed along the shore of Crete.

12 (*우리가 정박한) 그 항구가 겨울을 나기에 적당하지가 못하므로 대다수 인원이 항해를 계속하여 피
닉스까지 가서 거기서 겨울을 지나고 가자고 주장을 펴니, 피닉스는 크레테 섬에 있는 항구로 한쪽은 남
서쪽을 향하고 또 한쪽은 북서쪽을 향해 있는 곳이더라. 13 그리하여 마침 잔잔한 바람이 일어나매 그
들이 자신들이 원하는 방향대로 길이 열린 줄 알고 닻을 감아 크레테 해안을 끼고 항해를 시작하니라.

14 Before very long, a wind of hurricane force, called the "northeaster," swept
down from the island. 15 The ship was caught by the storm and could not
head into the wind; so we gave way to it and were driven along. 16 As we
passed to the lee of a small island called Cauda, we were hardly able to make
the lifeboat secure. 17 When the men had hoisted it aboard, they passed ropes
under the ship itself to hold it together. Fearing that they would run aground
on the sandbars of Syrtis, they lowered the sea anchor and let the ship be
driven along.

14 (*항해를 시작한지가) 얼마 되지도 않아 허리케인을 방불케 하는 (*현지에서) 북동풍이라고 부르는
광풍이 몰아 치는데, 15 배가 폭풍에 밀리어 바람 결을 맞추어 갈 수가 없으므로; 할 수 없이 배를 바람
에 맡긴채 하염없이 흘러가다가 16 카우다라고 불리는 작은 섬 해변을 향해 나아가는데 (*그 와중에 구
명 보트가 흘러가므로) 간신히 이를 붙들어 잡으니라. 17 (*가까스로 잡은) 그 구명 보트를 본선에 끌어
올리고 로프를 배 밑으로 넣어 칭칭 감아 놓고는 배가 시르티스의 모래톱에 걸릴까 닻을 낮게 드리워 배
가 그 닻에 걸려 끌려가게 하니라.

18 We took such a violent battering from the storm that the next day they
began to throw the cargo overboard. 19 On the third day, they threw the

ship's tackle overboard with their own hands. 20 When neither sun nor stars
appeared for many days and the storm continued raging, we finally gave up
all hope of being saved. 21 After the men had gone a long time without food,
Paul stood up before them and said: "Men, you should have taken my advice
not to sail from Crete; then you would have spared yourselves this damage and
loss.

18 우리 모두가 그처럼 격렬히 폭풍에 의해 얻어 맞은 후에 마침내 그 이튿날, 선원들이 배의 화물을 모
두 뱃전 너머로 던져 버리니라. 19 사흘째 되는 날에는 배의 삭구(索具)와 각종 도구들도 손으로 풀어
던져 버리고 20 여러 날 동안 해도 보지 못하고 별도 보이지 아니하는 가운데 극심한 폭풍이 계속되므
로 마침내 구조 받을 모든 소망을 포기하게 되니라. 21 사람들이 오랜 시간 아무 것도 먹지를 못하고 있
는데, 바울이 일어서서 말하기를, "여러분들이여, 내 충고를 듣고 우리가 차라리 크레테를 떠나지 아니
하였더라면 좋을번 하였도다. 그러면 당신들이 이 모든 고난과 손실을 면할 수 있었으리라.

22 But now I urge you to keep up your courage, because not one of you will be
lost; only the ship will be destroyed. 23 Last night an angel of the God whose
I am and whom I serve stood beside me 24 and said, 'Do not be afraid, Paul.
You must stand trial before Caesar; and God has graciously given you the lives
of all who sail with you.' 25 So keep up your courage, men, for I have faith
in God that it will happen just as he told me. 26 Nevertheless, we must run
aground on some island."

22 그러나 지금은 내가 당신들에게 말하노니 이제는 안심하라. 너희 중 아무도 생명을 잃는 이가 없이
오직 배만 부서지고 말리라. 23 어젯 밤에 내가 속한 하나님 곧, 내가 섬기는 하나님의 천사가 내 곁에
서서 말하기를 24 '바울아 두려워 말라. 네가 마땅히 카이사르 앞에 서서 재판을 받아야 하리니; 하나
님께서 너와 함께 항해하는 모든 사람의 생명을 돌려주셨느니라.' 하고 말하였느니라. 25 그러니 여러
분들은 다시 용기를 내라. 나는 내 하나님께서 말씀하신 모든 것이 그대로 될 줄을 믿노라. 26 그리하여
어떤 한 섬을 만나게 되리니 우리가 반드시 그에 닿게 되리라." 하니라.

27 On the fourteenth night we were still being driven across the Adriatic Sea,
when about midnight the sailors sensed they were approaching land. 28 They
took soundings and found that the water was a hundred and twenty feet deep.
A short time later they took soundings again and found it was ninety feet deep.
29 Fearing that we would be dashed against the rocks, they dropped four
anchors from the stern and prayed for daylight.

27 (*출항한지) 열나흘째가 되는 날 밤에 우리가 여전히 아드리아 해를 가로 질러 끌려가고 있는데 시
각이 자정 쯤이 되어 선원들이 육지가 가까운 줄 알아 차린지라, 28 수심을 측정하여 보니 백 이십 피트
쯤이 되고 또 조금 있다가 다시 재니 구십 피트가 되니라. 29 (*물 밑) 암초에 배가 걸릴까봐 두려워 배
뒤쪽 선미에 닻을 네 개나 내리고 날이 쉬이 밝기를 기도하니라.

30 In an attempt to escape from the ship, the sailors let the lifeboat down into
the sea, pretending they were going to lower some anchors from the bow. 31
Then Paul said to the centurion and the soldiers, "Unless these men stay with
the ship, you cannot be saved." 32 So the soldiers cut the ropes that held the
lifeboat and let it fall away.

30 (*몇몇) 선원들이 배를 몰래 탈출하고자 하여 배 앞쪽 선수 언저리에 닻을 내리는 척하며 구명 보트
를 내리는데, 31 (*이를 알게 된) 바울이 백부장과 병사들에게 이르기를, "이 사람들이 배에 머물러 있
지 아니하면 당신들도 구원을 얻지 못하리라." 하니 32 이에 병사들이 구명 보트를 잡아 매고 있던 로프
줄을 끊어 버리더라.

33 Just before dawn Paul urged them all to eat. "For the last fourteen days," he
said, "you have been in constant suspense and have gone without food-- you
haven't eaten anything. 34 Now I urge you to take some food. You need it to
survive. Not one of you will lose a single hair from his head." 35 After he said
this, he took some bread and gave thanks to God in front of them all. Then
he broke it and began to eat. 36 They were all encouraged and ate some food
themselves. 37 Altogether there were 276 of us on board. 38 When they had
eaten as much as they wanted, they lightened the ship by throwing the grain
into the sea.

33 새벽이 이르기 직전에 바울이 여러 사람에게 음식 먹기를 권하며 말하기를, "당신들이 지난 열 나흘
간을 끊임없이 긴장하고 있어 먹지도 못하고 있었으니–실상은 먹을 수가 없었음이라. 34 그러나 지금
은 내가 권하노니 이제 뭔가를 조금씩 먹으라. 당신들이 살기 위해서는 무엇이라도 먹어야 하리라. 여러
분 중 누구도 그 머리카락 한 올도 잃어버리는 일이 없으리라." 하니라. 35 바울이 이렇게 말을 하고 나
서 떡을 가져다가 먼저 모든 사람들 앞에서 하나님께 감사를 드리고 그리고 사람들에게 떡을 나누어 주
니 그제야 사람들이 먹기를 시작하더라. 36 이에 배에 있던 모든 사람이 다 용기를 내고 스스로 먹기를
시작하니 37 그 때, 배에 있던 사람의 수가 전부해서 이백 칠십육 명이나 되었더라. 38 모두가 배부르
게 음식을 먹고 곡식을 바다에 버려 배를 가볍게 하니라.

39 When daylight came, they did not recognize the land, but they saw a bay
with a sandy beach, where they decided to run the ship aground if they could.
40 Cutting loose the anchors, they left them in the sea and at the same time
untied the ropes that held the rudders. Then they hoisted the foresail to
the wind and made for the beach. 41 But the ship struck a sandbar and ran
aground. The bow stuck fast and would not move, and the stern was broken to
pieces by the pounding of the surf.

39 날이 밝아 오는데 그 때까지도 육지를 발견하지를 못하니라. 그러나 마침내, 모래 해변이 있는 조그
만 한 물굽이 (*만灣)을 보게 된지라, 할 수만 있으면 배를 그리로 몰고 가서 그 모래 해변에 배를 좌초시
켜 보기로 작정을 하니라. 40 그리하여 우선 닻줄을 다 잘라내어 닻은 바다에 버리는 한편, 동시에 키를
매고 있던 줄도 풀어내버리고 앞쪽 돛을 매달아 바람 방향으로 향하게 돌려 놓고 이에 배가 해변을 향해
돌진하게 만드니라. 41 그러나 배 밑바닥이 모래톱에 걸려 중간에서 좌초하고 마니 뱃머리는 처박히어
움직이지를 아니하고 배의 고물 즉 꼬리 부분은 치켜 들린 채, 뒤로부터 파도에 얻어 맞아 부서지고 깨
어져 나가거늘,

42 The soldiers planned to kill the prisoners to prevent any of them from
swimming away and escaping. 43 But the centurion wanted to spare Paul's life
and kept them from carrying out their plan. He ordered those who could swim
to jump overboard first and get to land. 44 The rest were to get there on planks
or on pieces of the ship. In this way everyone reached land in safety.

42 이 틈을 타 죄수들이 헤엄을 쳐서 도망가는 것을 막으려고 병사들은 죄수들을 모두 죽여버리려고 작
정을 하였으나 43 백부장은 어떡하든 바울의 목숨을 구해내려고 병사들의 이런 계획을 저지하니라. 이
에 백부장이 명령을 하기를, 수영을 할 줄 아는 자부터 우선 뱃전을 넘어가 육지를 향해 헤엄 쳐 가라 하
고 44 나머지 사람들은 널빤지나 뱃 조각을 부여 잡고 역시 뭍으로 향해 가게 하니라. 그리하여 모든 사
람이 다 무사히 땅에 닿으니라.

제28장

1 Once safely on shore, we found out that the island was called Malta. 2 The
islanders showed us unusual kindness. They built a fire and welcomed us all
because it was raining and cold. 3 Paul gathered a pile of brushwood and,
as he put it on the fire, a viper, driven out by the heat, fastened itself on his
hand.

1 일단 해안에 무사히 당도하고 나서 알고 보니 그 섬은 몰타라 부르는 섬이라. 2 그 섬의 주민들이 우
리에게 특별한 호의를 베푸니 날이 춥고 비가 오는 고로 그들이 불을 피워 우리를 따뜻이 맞이하더라. 3
바울이 나뭇가지 한 묶음을 모아 불에 넣는데 거기 있던 독사 한 마리가 뜨거운 열기로 기어 나와 바울
의 손에 매달려 있는지라.

4 When the islanders saw the snake hanging from his hand, they said to each
other, "This man must be a murderer; for though he escaped from the sea,
Justice has not allowed him to live." 5 But Paul shook the snake off into the fire
and suffered no ill effects. 6 The people expected him to swell up or suddenly
fall dead, but after waiting a long time and seeing nothing unusual happen to
him, they changed their minds and said he was a god.

4 섬 사람들이 바울의 손에 독사가 매달려 있는 것을 보고는 서로 말하기를, "이 사람은 살인자임에 틀
림이 없도다. 그가 바다에서는 살아나왔으나 공의(公義)가 그를 계속 살려 두지는 않음이로다." 하더라.
5 그러나 바울이 그 뱀을 모닥불에 떨어 버리고는 아무 아픈 증세도 보이지 아니하니 6 사람들은 그가
몸이 부어 오르던지 아니면 갑자기 쓰러져 죽든지 하는 것을 예상하고 있었거늘 오랜 시간이 지나도 아
무 일도 일어나지를 않으매, 그제야 태도가 돌변하여, 말하기를 바울을 신(神)이라 하더라.

7 There was an estate nearby that belonged to Publius, the chief official of
the island. He welcomed us to his home and for three days entertained us
hospitably. 8 His father was sick in bed, suffering from fever and dysentery.
Paul went in to see him and, after prayer, placed his hands on him and healed
him. 9 When this had happened, the rest of the sick on the island came and
were cured. 10 They honored us in many ways and when we were ready to sail,
they furnished us with the supplies we needed.

7 그 근처에 한 장원(莊園)이 있었는데 그 집과 땅은 그 섬의 가장 높은 관리인 보블리오(푸블리우스)라
하는 이의 소유라. 이 보블리오가 우리를 자기 집으로 영접하여 사흘 간을 친절을 베풀며 대접을 하니
라. 8 보블리오의 부친이 열병과 이질에 걸려 누워 있으매 바울이 들어가 그를 보고 기도하고 그에게 손
을 얹어 낫게 하니라. 9 이런 일이 일어나자 그 섬의 다른 병자들도 바울에게 나아와 다 병 고침을 받고
10 그리하여 섬 사람들이 우리를 후대(厚待)하며 여러가지 모습으로 우리를 대접할 뿐 아니라 우리가
다시 항해에 나설 때가 되자 우리의 보급품까지 다 공급해 주니라.

11 After three months we put out to sea in a ship that had wintered in the
island. It was an Alexandrian ship with the figurehead of the twin gods Castor
and Pollux. 12 We put in at Syracuse and stayed there three days. 13 From
there we set sail and arrived at Rhegium. The next day the south wind came
up, and on the following day we reached Puteoli. 14 There we found some
brothers who invited us to spend a week with them. And so we came to Rome.
15 The brothers there had heard that we were coming, and they traveled as far
as the Forum of Appius and the Three Taverns to meet us. At the sight of these
men Paul thanked God and was encouraged.

11 석 달을 지난 후에 우리가 그 섬에서 겨울을 지난 배를 타고 떠나니 그 배는 알렉산드리아에서 온 배
요, 뱃머리 장식으로 카스토르와 폴룩스의 쌍둥이 신의 형상을 새겼더라. 12 우리가 시라큐즈에 배를

대어 거기서 사흘을 머문 뒤에 13 다시 출발하여 레기움에 닿으니라. 레기움에서 하루를 지낸 다음 날
에 남풍이 일어나므로 다시 하루 뒤에는 푸테올리에 도착하게 되니라. 14 거기 푸테올리에서 어떤 형제
들을 만났는데 우리더러 한 동안 머물다 가기를 청하므로, 그들과 함께 일주일을 거기에서 머문 후에 우
리가 로마에 도착하게 되니라. 15 (*로마에 있던) 형제들이 우리가 온다는 소식을 듣고 아피우스 광장과
쓰리 태번이라는 장소까지 우리를 맞으러 나오니 바울이 그들의 모습을 보고 하나님께 감사하고 또 크
게 용기를 얻더라.

16 When we got to Rome, Paul was allowed to live by himself, with a soldier
to guard him. 17 Three days later he called together the leaders of the Jews.
When they had assembled, Paul said to them: "My brothers, although I have
done nothing against our people or against the customs of our ancestors, I was
arrested in Jerusalem and handed over to the Romans.

16 우리가 로마에 당도하니 바울은 따로 혼자 살도록 허락을 받아 그를 지키는 경비 병사 한 사람과 함
께 머물게 되니라. 17 사흘이 지난 후에 바울이 유대인 공동체의 지도자들을 함께 불러 모으고 그들에
게 말을 하기를, “여러분 나의 형제들이여, 내가 나의 민족 이스라엘 백성이나 또 혹은 우리 조상들의 관
습을 거스른 적이 없으나 그러나 예루살렘에서 체포되어 로마 사람의 손에 넘겨 진 바 되었었노라.

18 They examined me and wanted to release me, because I was not guilty of
any crime deserving death. 19 But when the Jews objected, I was compelled to
appeal to Caesar--not that I had any charge to bring against my own people.
20 For this reason I have asked to see you and talk with you. It is because of
the hope of Israel that I am bound with this chain."

18 로마 사람들은 나를 심문하여 보고, 내가 사형을 당할만한 어떤 범죄에도 혐의가 없음을 확인하고
나를 석방하려 하였으나, 19 그러나 유대인들이 이에 반대하기로 내가 할 수 없이 카이사르에게 상고를
하였으니 이는 내 민족에게 어떤 혐의를 돌리고자 함이 아니니라. 20 이런 이유들로 하여 내가 그대들
을 만나보고 얘기를 나누어 보고 싶었노라. 그런즉, 내가 이렇게 사슬에 매인 것이 결국은 우리 이스라
엘의 소망 때문이라 할 수 있을 것이라.” 하고 말하니,

21 They replied, "We have not received any letters from Judea concerning
you, and none of the brothers who have come from there has reported or said
anything bad about you. 22 But we want to hear what your views are, for we
know that people everywhere are talking against this sect." 23 They arranged
to meet Paul on a certain day, and came in even larger numbers to the place
where he was staying. From morning till evening he explained and declared
to them the kingdom of God and tried to convince them about Jesus from the
Law of Moses and from the Prophets.

21 그들이 대답하여 이르기를, “우리가 유대로부터 당신에 관련하여서는 어떠한 편지도 받은 일이 없
고 또 형제 중 누구도 유대로부터 우리에게 와서 무언가 그대에 관해 나쁜 말을 전한 것도 없노라. 22
그러나 우리가 그대의 생각과 관점은 무엇인지 그를 듣고자 하니 이는 이 이단(異端) 분파(分派)에 대해
서는 온 천하의 사람들이 다 이를 반대하는 말을 함이라.” 하더라. 23 이에 그들이 바울을 다시 만날 날
짜를 정하고 그 날에는 저번보다 훨씬 많은 사람이 바울이 머물고 있는 집에 찾아 오니, 바울이 아침부
터 저녁까지 그들에게 하나님의 나라를 설명하고 선포하며 어떡하든 그들에게 모세와 선지자들의 글을
인용하여 예수에 관한 확신을 심어 주려 애를 쓰더라.

24 Some were convinced by what he said, but others would not believe. 25
They disagreed among themselves and began to leave after Paul had made
this final statement: "The Holy Spirit spoke the truth to your forefathers when
he said through Isaiah the prophet: 26 Go to this people and say, 'You will
be ever hearing but never understanding; you will be ever seeing but never

perceiving."

24 어떤 사람들은 바울의 말에 확신을 가지고 믿는 반면에, 그러나 다른 사람들은 믿으려 하지도 않으
니라. **25** 이렇게 그들 가운데에서도 서로 편이 갈리어 바울을 떠나가니 그 때에 바울이 마지막으로 그
들을 향하여 말하기를, "성령이 너희 조상들에 관하여 옳은 말을 하였으니 곧, 선지자 이사야의 글에 이
르기를: **26** '너는 이 백성에게 가서 말하기를 너희가 듣기는 들어도 도무지 이해하지를 못하며 보기는
보아도 도무지 깨달아 알지를 못하는도다.

27 For this people's heart has become calloused; they hardly hear with their
ears, and they have closed their eyes. Otherwise they might see with their
eyes, hear with their ears, understand with their hearts and turn, and I would
heal them.' **28** Therefore I want you to know that God's salvation has been
sent to the Gentiles, and they will listen!" **29** (BLANK)

27 이 백성들의 마음이 무감각하여져서 그 귀로는 듣지를 못하고 그 눈들은 감아 버렸느니라. 그렇지
않으면 그들이 진작 그들의 눈으로 보고 그들의 귀로 들어 그 마음으로 이해하고 돌아들 왔었으리니 그
리하면 내가 그들을 치유하고 낫게 하였으리라.' 하였느니라. **28** 그러므로 너희는 진정 깨달아 알라. 하
나님의 이 구원이 이방인들로 보내어 졌으니 이방인들은 이를 (*귀담아) 들으리라." 하니라. **29** (없음)

30 For two whole years Paul stayed there in his own rented house and
welcomed all who came to see him. **31** Boldly and without hindrance he
preached the kingdom of God and taught about the Lord Jesus Christ.

30 꼬박 만 이년 간을 바울이 자기 셋집에 머물면서 자기를 보러 오는 모든 사람을 다 영접하고 **31** 아
무런 방해도 받지 아니하며 담대하게 하나님의 나라를 전파하며 주 예수 그리스도에 관한 모든 것을 가
르치더라.

마가복음

Mark

마가복음

제1장

1 The beginning of the gospel about Jesus Christ, the Son of God. 2 It is
written in Isaiah the prophet: "I will send my messenger ahead of you, who will
prepare your way"-- 3 "a voice of one calling in the desert, 'Prepare the way
for the Lord, make straight paths for him.'" 4 And so John came, baptizing in
the desert region and preaching a baptism of repentance for the forgiveness of
sins. 5 The whole Judean countryside and all the people of Jerusalem went out
to him. Confessing their sins, they were baptized by him in the Jordan River.

1하나님의 아들 예수 그리스도에 관한 복음의 시작이라. 2 선지자 이사야의 글에 기록되어 있기를: "내
가 나의 사자를 네 앞에 보내리니 그가 너의 길을 준비하리라." 하셨고– 3 또 이르기를, "광야에서 부르
는 한 목소리가 있으리니, '주를 위해 그 길을 준비하라, 그를 위해 그 길을 곧게 하라.'" 고 하셨느니라.
4 이에 요한이 와서 광야에서 죄 용서를 위한 회개의 세례를 전파하고 세례를 주니 5 유대 모든 지역과
예루살렘의 모든 거민(居民)이 다 그에게 나아가 자신들의 죄를 고백하며, 요단 강 가에서 요한에게 세
례를 받더라.

6 John wore clothing made of camel's hair, with a leather belt around his
waist, and he ate locusts and wild honey. 7 And this was his message: "After
me will come one more powerful than I, the thongs of whose sandals I am
not worthy to stoop down and untie. 8 I baptize you with water, but he will
baptize you with the Holy Spirit."

6 요한은 낙타털로 짠 옷을 입고 허리에는 가죽 띠를 매고 야생 꿀과 메뚜기를 식사로 먹더라. 7 그가
전파하는 메시지가 다음과 같으니 곧, 이르기를: "나보다 훨씬 능력이 뛰어나신 분이 내 뒤에 오시리니
나는 그 앞에 몸을 구부려 그 분의 샌들 끈을 풀 자격도 없는 사람이라. 8 나는 너희에게 물로써 세례를
주거니와 그는 성령으로 너희를 세례 받게 하시리라." 하더라.

9 At that time Jesus came from Nazareth in Galilee and was baptized by John
in the Jordan. 10 As Jesus was coming up out of the water, he saw heaven
being torn open and the Spirit descending on him like a dove. 11 And a voice
came from heaven: "You are my Son, whom I love; with you I am well pleased."

9 바로 그 무렵에 예수께서 갈릴리 지방 나사렛으로부터 오셔서 요단 강가에서 요한에게 세례를 받으시
니라. 10 예수께서 물에서 나와, 걸어 올라오실 때에 하늘이 둘로 갈라져 나뉘이며 성령이 자기 위에 비
둘기 같이 임하여 내려오심을 보시는데 11 하늘로부터 한 목소리가 울려 나오며 말씀하시기를: "너는
내 아들이라, 내가 너를 사랑하고; 너와 함께 내가 즐거워하노라." 하시더라.

12 At once the Spirit sent him out into the desert, 13 and he was in the desert
forty days, being tempted by Satan. He was with the wild animals, and angels
attended him.

12 (*이런 일이 있은 후에) 즉각 성령께서 예수를 광야로 보내시니 13 광야에서 사십 일을 머물러 계시
면서 사탄에게 시험을 받으시더라. 그가 들짐승과 함께 거하시매 천사들이 그를 시중드니라.

14 After John was put in prison, Jesus went into Galilee, proclaiming the good
news of God. **15** "The time has come," he said. "The kingdom of God is near.
Repent and believe the good news!"

14 요한이 옥에 갇힌 후에 예수께서는 갈릴리로 가사, 거기에서 하나님의 좋은 소식을 전파하시니라.
15 그가 이르시기를, "그 때가 이르렀도다." 하시고 또, "하나님의 나라가 가까이 왔으니 회개(悔改)하
고 복음을 믿으라." 하시더라.

16 As Jesus walked beside the Sea of Galilee, he saw Simon and his brother
Andrew casting a net into the lake, for they were fishermen. **17** "Come, follow
me," Jesus said, "and I will make you fishers of men." **18** At once they left their
nets and followed him.

16 예수께서 갈릴리 바닷가를 걸어 지나시다가 시몬과 그 형제 안드레가 호수에 그물 던지는 것을 보시
니 그들은 어부(漁夫)라. **17** 예수께서 이르시되 "이리 와 나를 따르라. 내가 너희로 사람을 낚는 어부가
되게 하리라." 하시니 **18** 그 즉시 그들이 그물을 버려 두고 예수를 따르니라.

19 When he had gone a little farther, he saw James son of Zebedee and his
brother John in a boat, preparing their nets. **20** Without delay he called them,
and they left their father Zebedee in the boat with the hired men and followed
him.

19 조금 더 멀리 걸어가시다가 세베대의 아들 야고보와 그 형제 요한이 배에서 그물을 준비하고 있는
것을 보시니라. **20** 예수께서 지체하지 않으시고 그들도 함께 부르시니 그 둘도 자기 아버지 세베대를
일꾼들과 같이 배에 버려 두고 예수를 따라 길을 나서더라.

21 They went to Capernaum, and when the Sabbath came, Jesus went into the
synagogue and began to teach. **22** The people were amazed at his teaching,
because he taught them as one who had authority, not as the teachers of the
law.

21 예수와 그 일행이 카버나움에 들어가니 때는 안식일이라, 예수께서 회당에 들어가사 가르치기를 시
작하시매 **22** 여러 사람들이 그의 가르침에 사뭇 놀라워하니 이는 그가 권위 있는 자와 같이 가르치시며
율법 교사들과 같지 않은 까닭이더라.

23 Just then a man in their synagogue who was possessed by an evil spirit
cried out, **24** "What do you want with us, Jesus of Nazareth? Have you come
to destroy us? I know who you are--the Holy One of God!" **25** "Be quiet!" said
Jesus sternly. "Come out of him!" **26** The evil spirit shook the man violently
and came out of him with a shriek. **27** The people were all so amazed that
they asked each other, "What is this? A new teaching--and with authority! He
even gives orders to evil spirits and they obey him." **28** News about him spread
quickly over the whole region of Galilee.

23 마침 그 때에, 그 회당에 악한 영에 사로잡혀 있는 한 사람이 있었으니 그 사람이 큰 소리를 지르며
말을 하기를, **24** "나사렛 예수여, 우리를 어떻게 하려 하시나이까? 우리를 멸하려고 오셨나이까? 나는
당신이 누구신 줄을 아노니–오직 한 분, 하나님의 거룩한 자이시니이다!" 하더라. **25** 이에 예수께서 그
를 꾸짖어 이르시되 "조용히 하라!" 하시고 "그 사람으로부터 나오라!" 하시매 **26** 그 사악한 영이 그 사
람의 몸을 격렬히 흔들며 큰 비명 소리와 함께 그로부터 빠져 나오니라. **27** 사람들이 모두 다 놀라워하
며 서로를 향해 물으며 말하기를, "이것이 어찌된 일이냐? 새로운 가르침이요, 권위있는 교훈이로다! 그
가 악한 영들에게 명령하매, 귀신들이 그에 순종하는도다!" 하니라. **28** 예수에 관한 소문이 그 즉시 갈
릴리 지역 사방(四方)에 두루 퍼져 나가니라.

29 As soon as they left the synagogue, they went with James and John to the
home of Simon and Andrew. 30 Simon's mother-in-law was in bed with a
fever, and they told Jesus about her. 31 So he went to her, took her hand and
helped her up. The fever left her and she began to wait on them.

29 예수의 일행이 회당에서 나오자마자 곧 야고보와 요한과 함께 시몬과 안드레의 집에 들어가시니라.
30 시몬의 장모가 열병이 있어 자리에 누워 있었는데 그들이 예수께 이 일을 아뢴지라, 31 예수께서 그
녀에게 다가가 그 손을 잡고 일어나게 도우시매 고열(高熱)이 금방 떠나가고 그 장모가 일어나 일행들을
시중들기 시작하니라.

32 That evening after sunset the people brought to Jesus all the sick and
demon-possessed. 33 The whole town gathered at the door, 34 and Jesus
healed many who had various diseases. He also drove out many demons, but
he would not let the demons speak because they knew who he was.

32 그 날 저녁, 해가 진 후에 사람들이 예수께 자기들의 병자들과 귀신 들린 자를 모두 데리고 나아오니
라. 33 그리하여 온 동네가 예수께서 머무시는 집 문 앞에 모였는데, 34 예수께서 여러 가지로 병든 자
들을 두루 다 고치시고 또 수 많은 귀신들을 다 내쫓으시면서도 그 귀신들이 말은 못하게 하시니 이는
귀신들이 그가 누구신지를 알고 있는 까닭이더라.

35 Very early in the morning, while it was still dark, Jesus got up, left
the house and went off to a solitary place, where he prayed. 36 Simon
and his companions went to look for him, 37 and when they found him,
they exclaimed: "Everyone is looking for you!" 38 Jesus replied, "Let us go
somewhere else--to the nearby villages--so I can preach there also. That is
why I have come." 39 So he traveled throughout Galilee, preaching in their
synagogues and driving out demons.

35 매우 이른 아침, 아직 날이 밝기도 전에 예수께서는 벌써 일어나사 집을 나가 한적한 곳으로 가시어
거기서 기도를 하시더라. 36 시몬과 그 동료들이 예수를 찾으러 나가 37 마침내 예수를 만나매, 큰 소
리로 말하기를, "모든 사람이 다 주를 찾나이다!" 하니 38 이르시되, "우리가 다른 곳으로도 가고, 그리
고 가까운 마을들로 다니러 가서, 거기에서도 전도(傳道)를 하자꾸나. 내가 이를 위하여 왔음이니라."
하시고 39 이에 온 갈릴리 지역을 두루 다니시며 그들의 회당(會堂)에서 설교하시고 또 귀신들을 쫓아
내시더라.

40 A man with leprosy came to him and begged him on his knees, "If you are
willing, you can make me clean." 41 Filled with compassion, Jesus reached
out his hand and touched the man. "I am willing," he said. "Be clean!" 42
Immediately the leprosy left him and he was cured.

40 한 나병환자가 예수께 나아와 무릎을 꿇고 엎드려 간절(懇切)히 구하여 말하기를, "당신께서 원하시
면 저를 깨끗하게 만드실 수 있나이다." 하니, 41 예수께서 그를 불쌍히 여기는 마음이 가득하사 손을
내 밀어 그를 어루만지시며 말하시기를, "내가 원하노라." 하시고, 이어 "깨끗하여지라!" 하시니 42 그
즉시로 나병이 그 사람에게서 떠나가고 온전히 치유가 되니라.

43 Jesus sent him away at once with a strong warning: 44 "See that you don't
tell this to anyone. But go, show yourself to the priest and offer the sacrifices
that Moses commanded for your cleansing, as a testimony to them." 45 Instead
he went out and began to talk freely, spreading the news. As a result, Jesus
could no longer enter a town openly but stayed outside in lonely places. Yet
the people still came to him from everywhere.

43 예수께서 그 사람을 곧바로 떠나 보내시며 엄히 경고하시기를: 44 "아무에게도 이에 대해 말하지 말

고, 가서 네 몸을 제사장에게 보이고, 네가 도로 정결케 된 데에 대하여는 모세가 명한 희생 예물을 드릴 지니, 이것이 그들에 대한 증거가 되리라." 하시더라. 45 그러나 그 사람이 집 밖에 나가 이 일을 자유롭게 말하기 시작하매 그 소식이 널리 퍼지게 되니라. 그리하여 예수께서 다시는 그 마을을 공공연하게 들어가지는 않으시고 한적한 곳에서 따로 혼자 계시더라. 그러나 온 지역 사방에서 어디서나 사람들이 (*알고 예수를 찾아) 그에게로 나아오더라.

제2장

1 A few days later, when Jesus again entered Capernaum, the people heard that he had come home. 2 So many gathered that there was no room left, not even outside the door, and he preached the word to them.

1 며칠이 지난 후에 예수께서 카버나움에 다시 들어가시니, 사람들이 그가 집에 돌아와 계신다는 소문을 들었더라. 2 수 없이 많은 사람들이 몰려 들어 문 앞에까지도 빈 자리가 없게 되었는데 예수께서는 (*여기서도) 그들에게 말씀을 가르치시더라.

3 Some men came, bringing to him a paralytic, carried by four of them. 4
Since they could not get him to Jesus because of the crowd, they made an opening in the roof above Jesus and, after digging through it, lowered the mat the paralyzed man was lying on. 5 When Jesus saw their faith, he said to the paralytic, "Son, your sins are forgiven." 6 Now some teachers of the law were sitting there, thinking to themselves, 7 "Why does this fellow talk like that? He's blaspheming! Who can forgive sins but God alone?"

3 어떤 사람들이 한 중풍병자를 예수께 데리고 나오는데 병자가 네 사람에 의해 메어져 오니라. 4 모여 있는 군중의 무리로 인하여 병자를 예수께 가까이 데리고 올 수가 없으므로 이 사람들이 예수의 앉아 계신 머리 위 지붕을 열어 젖히고 그 구멍을 통하여 병자를 매트에 뉘인 채로 달아 내리니라. 5 예수께서
그들의 이런 믿음을 보시고 그 중풍병자에게 이르시기를, "너의 죄가 용서함을 받았느니라." 하시니라.
6 그 때 그 자리에 율법 교사 몇이 앉아 있었는데 그들이 속으로 생각하기를, 7 "이 사람이 어찌 이런 식으로 말을 하는고? 그가 신성 모독을 범하는도다. 하나님 한 분을 제외하고는 누가 능히 죄를 사할 수 있겠느뇨?" 하더라.

8 Immediately Jesus knew in his spirit that this was what they were thinking in their hearts, and he said to them, "Why are you thinking these things? 9 Which
is easier: to say to the paralytic, 'Your sins are forgiven,' or to say, 'Get up, take your mat and walk'? 10 But that you may know that the Son of Man has authority on earth to forgive sins...." He said to the paralytic, 11 "I tell you, get
up, take your mat and go home." 12 He got up, took his mat and walked out in full view of them all. This amazed everyone and they praised God, saying, "We have never seen anything like this!"

8 그들이 속으로 이렇게 생각하는 줄을 예수께서 즉각 그의 영(靈)으로 아시고 그들에게 이르시기를, "너희가 어찌하여 그런 생각을 품느냐? 9 너희 생각에는 어느 편이 더 말하기 쉽겠느냐? 곧, 중풍병자를 향하여 '네 죄 사함을 받았느니라' 하는 말과, '일어나 네 매트를 가지고 걸어가라' 하는 말 중에 어느 것이 더 하기 쉽겠느냐? 10 그러나 인자(人子)가 땅에서 죄를 사하는 권세가 있는 줄을 너희로 알게 하기 위하여 (*내가 이같이 말을) 하는 것이로라-하시며 그제야 그 중풍병자를 향해 말씀하시기를 11 "내
가 네게 이르노니 일어나 네 매트를 가지고 집으로 가라." 하시니 12 그 병자가 일어나 자기가 누워 왔던 매트를 가지고 모든 사람들이 지켜보는 가운데 걸어 나가니라. 이를 본 모든 사람들이 하나같이 놀라

움을 금치 못하며 하나님을 찬양하여 이르기를, "이와 같은 일을 우리가 본 적이 없도다!" 하더라.

13 Once again Jesus went out beside the lake. A large crowd came to him, and he began to teach them. 14 As he walked along, he saw Levi son of Alphaeus sitting at the tax collector's booth. "Follow me," Jesus told him, and Levi got up and followed him.

13 예수께서 다시 호숫가로 나가시니 큰 무리의 사람들이 예수께로 나아오거늘, 예수께서 그들을 가르치기 시작하시더라. 14 길을 걸어 지나시다가 알패오의 아들 레위가 세금 징수업자(徵收業者)의 자리에 앉아 있는 것을 보시고는 그에게 이르시기를 "나를 따르라" 하시니, 레위가 자리에서 일어나 예수를 따르니라.

15 While Jesus was having dinner at Levi's house, many tax collectors and "sinners" were eating with him and his disciples, for there were many who followed him. 16 When the teachers of the law who were Pharisees saw him eating with the "sinners" and tax collectors, they asked his disciples: "Why does he eat with tax collectors and 'sinners'?" 17 On hearing this, Jesus said to them, "It is not the healthy who need a doctor, but the sick. I have not come to call the righteous, but sinners."

15 예수께서 레위의 집에서 식사를 하고 계시는 동안에 다른 많은 세금 징수업자들과 그리고 또 (*세칭) "죄인들"이 예수 및 예수의 제자들과 함께 앉아 식사를 하니, 이는 그들 중 예수를 따르는 자들이 많은 까닭이더라. 16 바리새인인 율법 교사들이 예수께서 "죄인들"과 세금 징수업자들과 함께 식사를 하는 것을 보고는 예수의 제자들에게 묻기를, "왜 저 사람은 세금 징수업자들과 '죄인들'과 함께 먹는가?" 하고 묻거늘 17 예수께서 이를 들으시고 그들을 향해 말씀하시기를, "의사를 필요로 하는 자는 건강한 자가 아니요 병든 자(者)라. 내가 의인(義人)을 부르러 온 것이 아니요, 죄인을 부르러 왔음이니라." 하시더라.

18 Now John's disciples and the Pharisees were fasting. Some people came and asked Jesus, "How is it that John's disciples and the disciples of the Pharisees are fasting, but yours are not?" 19 Jesus answered, "How can the guests of the bridegroom fast while he is with them? They cannot, so long as they have him with them. 20 But the time will come when the bridegroom will be taken from them, and on that day they will fast.

18 (*그 때는) 세례 요한의 제자들과 바리새인들이 금식을 하고 있던 때라. 어떤 사람들이 예수께 나아와서 말하기를, "요한의 제자들과 바리새인의 제자들은 금식하는데 어찌하여 당신의 제자들은 금식하지 아니하나이까?" 하니 19 예수께서 대답하시기를, "신랑 손님들이 신랑과 함께 있을 때에 금식할 수 있느냐? 그럴 수 없나니, 신랑과 함께 있을 동안에는 금식할 수가 없느니라. 20 그러나 그 신랑이 그들로부터 데려감을 당할 날이 오리니, 그 날에는 그들도 금식(禁食)하리라." 하시고, 또

21 "No one sews a patch of unshrunk cloth on an old garment. If he does, the new piece will pull away from the old, making the tear worse. 22 And no one pours new wine into old wineskins. If he does, the wine will burst the skins, and both the wine and the wineskins will be ruined. No, he pours new wine into new wineskins."

21 "줄어들지 아니한 새 천 조각을 낡은 옷에 기워 붙이는 사람은 없으니 만일 그렇게 하면 새 천이 낡은 천을 잡아 당기어 그 해어짐이 더 심하게 되느니라. 22 또, 새 포도주를 낡은 가죽 부대에 넣는 자가 없나니 만일 그렇게 하면 새 포도주가 부대를 터뜨려 포도주와 부대를 모두 못쓰게 되는 까닭이라. 그러니 새 포도주는 새 부대에 넣어야 하느니라." 하시더라.

23 One Sabbath Jesus was going through the grain fields, and as his disciples
walked along, they began to pick some heads of grain. 24 The Pharisees said
to him, "Look, why are they doing what is unlawful on the Sabbath?"

23 어느 안식일에 예수께서 곡식 밭 사이로 지나가실 때에 그 제자들이 길을 따라가며 곡식 이삭 얼마
를 자르니 24 이를 본 바리새인들이 예수께 말하기를, "보시오, 어찌하여 저 사람들이 안식일에 하지 못
하게 되어 있는 일을 하나이까?" 하거늘,

25 He answered, "Have you never read what David did when he and his
companions were hungry and in need? 26 In the days of Abiathar the high
priest, he entered the house of God and ate the consecrated bread, which
is lawful only for priests to eat. And he also gave some to his companions."
27 Then he said to them, "The Sabbath was made for man, not man for the
Sabbath. 28 So the Son of Man is Lord even of the Sabbath."

25 예수께서 대답하여 이르시되, "다윗과 그 추종자들이 배 고프고 궁핍할 때에 하였던 일을 너희가 읽
어 본 일이 없느냐? 26 대제사장 아비아달의 시절에 다윗이 하나님의 전(殿)에 들어가서 거룩하게 구별
된 떡을 먹었으니 그 떡은 오직 제사장만 먹을 수 있는 것이라. 다윗이 자기만 먹었을 뿐 아니라 자기 동
료들에게도 나누어 주었느니라." 하시고 27 그들에게 다시 이르시기를, "안식일이 사람을 위하여 만들
어 진 것이지, 사람이 안식일을 위하여 만들어 진 것이 아니니라. 28 그러므로 인자(人子)는 안식일(安
息日)에도 주(主)가 되시느니라." 하고 말씀하시더라.

제3장

1 Another time he went into the synagogue, and a man with a shriveled hand
was there. 2 Some of them were looking for a reason to accuse Jesus, so they
watched him closely to see if he would heal him on the Sabbath.

1 어느 날, 예수께서 회당에 들어가시니 거기 한쪽 손이 쪼그라 붙은 사람이 있었더라. 2 그들 가운데
어떤 사람들은 예수를 고발할 거리를 찾으려고 예수께서 과연 그 사람을 치료하실지 여부를 유심히 살
펴보고 있는 중이더라.

3 Jesus said to the man with the shriveled hand, "Stand up in front of
everyone." 4 Then Jesus asked them, "Which is lawful on the Sabbath: to do
good or to do evil, to save life or to kill?" But they remained silent. 5 He looked
around at them in anger and, deeply distressed at their stubborn hearts, said
to the man, "Stretch out your hand." He stretched it out, and his hand was
completely restored. 6 Then the Pharisees went out and began to plot with the
Herodians how they might kill Jesus.

3 그러자 예수께서 그 한쪽 손이 쪼그라 붙은 사람에게 이르시되 "일어서서 모든 사람 앞에 서라." 하시
고 4 그들에게 물으시기를, "어느 것이 안식일에 합당한 일이 되겠느뇨? 안식일에 선을 행하는 것과 악
을 행하는 것, 어느 것이 옳으뇨?" 하시니, 모두가 아무 말도 하지를 못하고 잠잠히 있는지라, 5 예수께
서 그들을 노여워하시며 둘러보시고 그들의 그 완고한 마음을 인하여 속으로 깊이 탄식하시며 그 손이
쪼그라 붙은 사람을 향하여 이르시되, "네 손을 뻗어 내밀라." 하시니라. 이에 그가 그 손을 내밀매 그 즉
시 그 손이 나아 회복이 되더라. 6 이에 바리새인들이 회당을 나가 헤롯당파에 속한 사람들과 함께 모여
어떻게 하면 예수를 죽일까 하고 서로 모의를 하기 시작하니라.

7 Jesus withdrew with his disciples to the lake, and a large crowd from Galilee

followed. 8 When they heard all he was doing, many people came to him from Judea, Jerusalem, Idumea, and the regions across the Jordan and around Tyre and Sidon.

7 예수께서 그 제자들과 함께 호수로 물러가시니 큰 무리의 사람들이 (*예수의 일행을) 갈릴리로부터 따라 나오는데 8 예수께서 행하신 일을 전해 듣고 수 많은 사람들이 함께 나아오니 온 유대와, 예루살렘과, 에돔 (*곧, 이두매)와 그리고 요단 강 건너편 지역 및 심지어 티레(*두로)와 시돈 근처로부터도 사람들이 몰려오더라.

9 Because of the crowd he told his disciples to have a small boat ready for him, to keep the people from crowding him. 10 For he had healed many, so that those with diseases were pushing forward to touch him. 11 Whenever the evil spirits saw him, they fell down before him and cried out, "You are the Son of God." 12 But he gave them strict orders not to tell who he was.

9 군중의 무리로 인하여 예수께서 제자들에게 조그만 배 하나를 준비케 하시니, 이는 사람들이 자기 주위를 에워싸는 것을 피하기 위함이요, 10 또 예수께서 허다한 사람들의 병을 고치셨으므로 병이 있는 자마다 예수께 다가와 그를 만지려고 사람들을 서로 밀치던 연고더라. 11 (*사람에게 깃들어 있던) 사악한 영(靈)들도 예수를 보면 그 앞에 꿇어 엎드리어 소리 지르기를, "당신은 하나님의 아들이시니이다." 라고 하거늘, 12 예수께서는 그들을 향해 엄히 명을 내리사 자기가 누구인지를 말하지 못하게 하시니라.

13 Jesus went up on a mountainside and called to him those he wanted, and they came to him. 14 He appointed twelve--designating them apostles --that they might be with him and that he might send them out to preach 15 and to have authority to drive out demons.

13 예수께서 어느 산기슭을 올라가시며 자기가 원하시는 사람들을 가까이 부르시매 그들이 나아온지라, 14 그 가운데 열두 명을 택하시고 그들을 사도(使徒)로 지명하시니 이는 그들과 함께 지내시며 또 말씀 전도와 15 귀신들을 내쫓는 일에 그들을 내보내려 하심이더라.

16 These are the twelve he appointed: Simon (to whom he gave the name Peter); 17 James son of Zebedee and his brother John (to them he gave the name Boanerges, which means Sons of Thunder); 18 Andrew, Philip, Bartholomew, Matthew, Thomas, James son of Alphaeus, Thaddaeus, Simon the Zealot 19 and Judas Iscariot, who betrayed him.

16 이 열 두명이 예수께서 지명하신 사도(使徒)들이니: 먼저 시몬이 있고 (이 사람에게는 예수께서 베드로라 하는 이름을 따로 주셨더라), 17 그리고 세배대의 아들 야고보(제임스)와 그 형제 요한이 있으며 (이 요한에게도 예수께서 다른 이름을 주셨으니 곧, 천둥의 아들이란 뜻의 보아너게란 이름이더라), 18 또 안드레(앤드류)와 빌립(필립)과 바돌로매(바돌로뮤)와 마태(매튜)와 도마(토마스)와 알패오의 아들 야고보(제임스)와 다대오(타대우스)와, 열성당원 시몬(사이몬)과 19 또 가롯(스카리옷) 유다니, 이 유다가 곧 예수를 배신한 자더라.

20 Then Jesus entered a house, and again a crowd gathered, so that he and his disciples were not even able to eat. 21 When his family heard about this, they went to take charge of him, for they said, "He is out of his mind."

20 그 후에 예수께서 어느 집에 들어가시매 사람들의 무리가 또다시 모여드니 예수와 그 제자들이 앉아 식사할 겨를도 없게 되었더라. 21 예수의 가족들이 이 소식을 듣고 예수를 데리러 가며 말을 하기를 "그가 정신이 온전치 못하다." 하더라.

22 And the teachers of the law who came down from Jerusalem said, "He is

possessed by Beelzebub ! By the prince of demons he is driving out demons."
23 So Jesus called them and spoke to them in parables: "How can Satan drive
out Satan? 24 If a kingdom is divided against itself, that kingdom cannot stand.
25 If a house is divided against itself, that house cannot stand. 26 And if Satan
opposes himself and is divided, he cannot stand; his end has come.

22 예루살렘에서 내려온 율법 교사들이 말을 하기를, "그가 바알세불(비엘제밥)에 사로잡힌 바 되었도
다! 그가 귀신들을 몰아낼 수 있는 것은 곧 귀신들의 왕의 능력에 힘입어 그리하는 것이니라." 하더라.
23 이에 예수께서 그들을 불러 그들에게 비유로써 말씀하시기를, "사탄이 어찌 사탄을 쫓아낼 수 있겠
느냐? 24 만일 어느 한 나라가 둘로 나뉘어 싸우면 그 나라는 바로 서 있지 못하는 법이요, 25 만일 어
느 집안이 둘로 나뉘어 자기끼리 싸우면 그 집이 바로 설 수가 없느니라. 26 만일 사탄이 자기 스스로를
둘로 나누고 서로 거슬러 분쟁하면 그가 견디지 못하고 망하고 말리라.

27 In fact, no one can enter a strong man's house and carry off his possessions
unless he first ties up the strong man. Then he can rob his house. 28 I tell you
the truth, all the sins and blasphemies of men will be forgiven them. 29 But
whoever blasphemes against the Holy Spirit will never be forgiven; he is guilty
of an eternal sin." 30 He said this because they were saying, "He has an evil
spirit."

27 누군가가 아주 힘센 자의 집을 도둑질하려 할 경우에 먼저 그 힘센 자를 결박하지 않고서는 그 집에
들어가 그의 소유를 강탈하지 못하는 법이라, 먼저 그 강한 자를 결박한 후에야 그 집을 털 수 있으리라.
28 내가 진실로 너희에게 이르노니 사람이 지은 모든 죄와 그 신성(神聖) 모독(冒瀆)의 죄까지도 용서
하심을 받되, 28 성령을 거슬러 신성을 모독하는 자는 결코 용서 받지 못할 것이니; (*성령을 모독하는)
그 사람은 영원토록 있는 죄를 범한 죄인이 되느니라." 하시더라. 30 예수께서 이렇게 말씀하심은 그들
이 말하기를, "그가 사악한 영을 가졌다." 하고 말한 때문이더라.

31 Then Jesus' mother and brothers arrived. Standing outside, they sent
someone in to call him. 32 A crowd was sitting around him, and they told
him, "Your mother and brothers are outside looking for you." 33 "Who are my
mother and my brothers?" he asked. 34 Then he looked at those seated in a
circle around him and said, "Here are my mother and my brothers! 35 Whoever
does God's will is my brother and sister and mother."

31 그 때에 예수의 어머니와 동생들이 거기에 도착을 하니라. 그 어머니와 동생들이 바깥에 서서 사람
을 들여 보내어 예수를 부르게 하니 32 예수 곁에 앉아 있던 무리의 사람들이 예수께 말하기를, "당신의
어머니와 동생들이 당신을 찾아 밖에 와 섰나이다." 하거늘, 33 대답하시되 "누가 내 어머니이며 누가
내 동생들이냐?" 하시고, 34 자기 주위에 둘러 앉은 자들을 바라보시며 이르시기를, "여기, 내 어머니와
내 동생들을 보라! 35 누구든지 하나님의 뜻을 행하는 그 사람이 내 형제요 내 자매요 나의 어머니이니
라." 하시니라.

제4장

1 Again Jesus began to teach by the lake. The crowd that gathered around
him was so large that he got into a boat and sat in it out on the lake, while all
the people were along the shore at the water's edge. 2 He taught them many
things by parables, and in his teaching said:

1 예수께서 다시 호숫가에서 가르치기를 시작하시니 모여든 사람들의 무리가 너무도 많으므로 예수께

서는 호수에 떠 있는 조그만 배에 올라 앉으시고 이에 사람들은 호숫가의 마른 땅에 앉았더라. 2 예수께
서 사람들에게 여러가지를 비유를 들어가며 가르치시는데, 말씀하시기를:

3 "Listen! A farmer went out to sow his seed. 4 As he was scattering the seed,
some fell along the path, and the birds came and ate it up. 5 Some fell on
rocky places, where it did not have much soil. It sprang up quickly, because
the soil was shallow. 6 But when the sun came up, the plants were scorched,
and they withered because they had no root.

3 "들으라! 농부가 씨앗을 뿌리러 나가서 4 밭에 뿌리는데, 어떤 씨앗들은 길가에 떨어지니 새들이 와서
이를 먹어 버렸고 5 또 어떤 씨앗들은 돌이 많은 곳에 떨어지매 그 곳은 흙이 깊지 아니하므로 싹은 일
찍이 터서 나오나 흙이 너무 얕으므로 6 해가 올라오면 뿌리가 없어 식물이 금방 타 버리거나 말라버리
고,

7 Other seed fell among thorns, which grew up and choked the plants, so that
they did not bear grain. 8 Still other seed fell on good soil. It came up, grew
and produced a crop, multiplying thirty, sixty, or even a hundred times." 9
Then Jesus said, "He who has ears to hear, let him hear."

7 다른 씨앗들은 가시나무 사이에 떨어지니 그 가시가 자라 식물을 질식하게 만드므로 이삭을 맺지 못
하였느니라. 8 그러나 어떤 씨앗들은 좋은 땅에 떨어지매, 싹이 나고 자라나서 결실(結實)을 맺기를 삼
십 배, 혹은 육십 배, 더러는 일백 배까지 증식(增殖)하고 소출(所出)을내었느니라." 하시고, 9 또 이르시
기를, "귀 있는 자는 들을지어다." 하시더라.

10 When he was alone, the Twelve and the others around him asked him about
the parables. 11 He told them, "The secret of the kingdom of God has been
given to you. But to those on the outside everything is said in parables 12 so
that, "'they may be ever seeing but never perceiving, and ever hearing but
never understanding; otherwise they might turn and be forgiven!'"

10 (*나중에) 예수께서 혼자 계실 때에, 열 두 제자와 주위에 있던 또 다른 사람들이 이 비유에 대해 예
수께 질문을 하거늘 11 예수께서 비유를 풀어주시며 말씀하시기를, "하나님 나라의 비밀이 너희들에게
만 주어진 바가 되었으니 그 바깥에 있는 사람들에게는 이 모든 것들이 비유(比喩)를 통하여서만 말하여
지느니라. 12 그리하여 "그들이 보기는 하여도 깨닫지 못하며, 듣기는 하여도 이해하지를 못하게 하려
함이니; 그렇지 아니하면, 그들이 돌아서서 죄 사함을 받을까 함이니라!" 하시고

13 Then Jesus said to them, "Don't you understand this parable? How then will
you understand any parable? 14 The farmer sows the word. 15 Some people
are like seed along the path, where the word is sown. As soon as they hear it,
Satan comes and takes away the word that was sown in them.

13 또 이르시되, "이 비유(比喩)를 이해하지 못하겠느냐? 이를 이해하지 못하고서 어떻게 다른 비유를
알 수 있겠느냐? 14 씨 뿌리는 농부는 말씀을 뿌리는 것이라. 15 어떤 사람들이 길가에 떨어진 씨앗 같
다는 말은, 그 말씀이 떨어진 곳을 말하는 것이라, 이는 그들이 말씀을 듣는 바로 그 순간, 사탄이 즉시
와서 그들에게 뿌려진 말씀을 가지고 가 버리는 것을 말함이요,

16 Others, like seed sown on rocky places, hear the word and at once receive
it with joy. 17 But since they have no root, they last only a short time. When
trouble or persecution comes because of the word, they quickly fall away.

16 다른 사람들은 돌밭에 뿌려진 씨앗 같으니, 이는 말씀을 들을 그 당시에는 이를 기쁨으로 받아들이
지만 17 뿌리를 가지고 있지 못하므로 오직 그 순간만 견딜 뿐이라, 말씀으로 인하여 환난이나 박해가
일어나는 때에는 금방 사그라져 갈 자들이니라.

18 Still others, like seed sown among thorns, hear the word; **19** but the worries of this life, the deceitfulness of wealth and the desires for other things come in and choke the word, making it unfruitful. **20** Others, like seed sown on good soil, hear the word, accept it, and produce a crop--thirty, sixty or even a hundred times what was sown."

18 또 어떤 이들은 가시 덤불 사이에 떨어진 씨앗 같으니, 말씀을 듣기는 하되 **19** 이 세상의 근심 걱정과, 재물로 인한 미혹과, 그리고 다른 여러가지 욕망들이 끼어 들어와 말씀을 막고 결실하지 못하게 되는 자들이니라. **20** 그러나 다른 사람들은, 좋은 땅에 뿌려진 씨앗 같으니, 말씀을 듣고, 이를 받아들여 열매를 맺되, 뿌려진 것의 삼십 배 혹은 육십 배나 또 혹은 백 배까지 결실을 맺는 자들을 일컬음이니라." 하시더라.

21 He said to them, "Do you bring in a lamp to put it under a bowl or a bed? Instead, don't you put it on its stand? **22** For whatever is hidden is meant to be disclosed, and whatever is concealed is meant to be brought out into the open.
23 If anyone has ears to hear, let him hear."

21 그리고 또 말씀하시기를, "사람이 등불을 가지고 오는 것이 그릇 아래나 침대 밑에 놓아두려 함이겠느냐? 대신에 이를 등잔대 위에 놓으려 하는 것이 아니겠느냐? **22** 지금 감추어져 있는 것들은 (*언젠가) 밝히 드러날 것을 의미하는 것이요, 지금 숨기어져 있는 것들은 장래에 열린 곳으로 옮겨져 나올 것을 의미하는 것이니라. **23** 들을 귀 있는 자는 들을지어다." 하시고

24 "Consider carefully what you hear," he continued. "With the measure you use, it will be measured to you--and even more. **25** Whoever has will be given more; whoever does not have, even what he has will be taken from him."

24 그리고 또 계속하여 이르시기를, "너희들이 듣는 그 내용을 주의깊게 생각해 보라. 너희가 (*너희의 헤아림에) 사용하는 그 잣대로 너희가 헤아림을 받을 것이며–또 다른 일에도 그리하리니 **25** 누구든 (*어떤 무엇을) 가지고 있는 자는 더 많이 받을 것이요, 누구든–아무 것도 가지고 있지 못한 자는 그 가지고 있는 것도 빼앗기고 말리라." 하시고,

26 He also said, "This is what the kingdom of God is like. A man scatters seed on the ground. **27** Night and day, whether he sleeps or gets up, the seed sprouts and grows, though he does not know how. **28** All by itself the soil produces grain-- first the stalk, then the head, then the full kernel in the head.
29 As soon as the grain is ripe, he puts the sickle to it, because the harvest has come."

26 또 이르시기를, "하나님의 나라가 이와 같으니라. 어떤 사람이 땅에 씨앗을 뿌리면, **27** 밤이건 낮이건, 곧 그가 잠을 자고 있든, 깨어 나 있든, 그 씨앗이 저절로 싹이 나고 자라나는 것이니 그 사람이 어떻게 그리되는지를 알지 못하는 가운데 저절로 그렇게 되는 것이니라. **28** 곧, 땅이 자기 스스로 곡식을 여물게 하는 것이니, 처음에는 싹이 나고 그 다음에는 이삭이 나오고, 그 다음에는 온전한 곡식 낟알이 나오는 순서이니라. **29** 이 곡식이 익으면 그 때에 농부가 낫을 갖다 대는 것이니 곧, 추수 때가 이르런 것이니라." 하시니라.

30 Again he said, "What shall we say the kingdom of God is like, or what parable shall we use to describe it? **31** It is like a mustard seed, which is the smallest seed you plant in the ground. **32** Yet when planted, it grows and becomes the largest of all garden plants, with such big branches that the birds of the air can perch in its shade."

30 다시 또 말씀하시기를, "우리가 하나님의 나라를 어떠하다고 말해야 할까? 무슨 비유로써 이를 적절히 묘사할 수 있을까? **31** 하나님의 나라는 겨자씨 한 알과 같으니 그 씨앗은 너희들이 땅에 심는 것 중

에서 가장 작은 것이지만, 32 일단 심긴 후에는 그것이 자라나서 정원의 모든 다른 식물보다 더 커져 자기의 거대한 가지를 가지고 공중의 새들로 하여금 그 그늘에 깃들게 하느니라." 하시니라.

33 With many similar parables Jesus spoke the word to them, as much as they could understand. 34 He did not say anything to them without using a parable. But when he was alone with his own disciples, he explained everything.

33 그리고 나서도 예수께서 비슷한 다른 비유 여럿을 들어 말씀하시며 제자들이 알아들을 때까지 말씀을 가르치시는데 34 비유를 동원하여서가 아니면 아무 말씀도 하지 않으시다가 자기와 그 제자들만 홀로 따로 거하실 때에야 비로소 이 모든 것을 풀어 설명을 해 주시곤 하시더라.

35 That day when evening came, he said to his disciples, "Let us go over to the other side." 36 Leaving the crowd behind, they took him along, just as he was, in the boat. There were also other boats with him. 37 A furious squall came up, and the waves broke over the boat, so that it was nearly swamped.

35 저녁이 되자 예수께서 제자들에게 이르시기를, "우리가 저 맞은편으로 건너가자" 하시니라. 36 이에 제자들이 군중의 무리를 떠나 예수를 배에 앉으신 그대로 모시고 배를 저어가는데 다른 배들도 그들과 함께하니라. 37 그 때에 갑자기 한 줄기 맹렬한 돌풍이 일어나며 파도가 배를 넘어 부딪혀 오니 배가 거의 물에 잠기게 되었더라.

38 Jesus was in the stern, sleeping on a cushion. The disciples woke him and said to him, "Teacher, don't you care if we drown?" 39 He got up, rebuked the wind and said to the waves, "Quiet! Be still!" Then the wind died down and it was completely calm.

38 그러나 예수께서는 뱃머리에서 쿠션에 기대어 주무시고 계셨더라. 제자들이 예수를 잠에서 깨우며 이르기를, "선생님이여, 우리가 다 물에 빠져 죽게 되었는데도 우리를 돌보지 아니하시나이까?" 하니
39 예수께서 일어나사 바람을 꾸짖으시며 파도를 향하여 이르시되, "잠잠하라! 잔잔해지라!" 하시니 바람이 가라앉고 물결이 잔잔하여지니라.

40 He said to his disciples, "Why are you so afraid? Do you still have no faith?"
41 They were terrified and asked each other, "Who is this? Even the wind and the waves obey him!"

40 그리고는 제자들에게 이르시기를, "왜 그토록 무서워들 하느냐? 아직도 믿음이 그리 없느냐?" 하시는데, 41 제자들은 두려움에 사로잡히어 서로를 향해 묻기를, "이가 대체 누구시길래 바람과 파도도 그에 복종하는고?" 하더라.

제5장

1 They went across the lake to the region of the Gerasenes. 2 When Jesus got out of the boat, a man with an evil spirit came from the tombs to meet him. 3
This man lived in the tombs, and no one could bind him any more, not even with a chain. 4 For he had often been chained hand and foot, but he tore the chains apart and broke the irons on his feet. No one was strong enough to subdue him.

1 예수와 그 일행이 호수를 건너 게라신 곧, 거라사인들의 지방에 이르니라. 2 예수께서 배에서 막 내려오시는 그 때에 한 사악한 영(靈) 깃든 사람이 무덤 사이에서부터 예수를 맞이하러 나오는데 3 이 사람

은 무덤 가운데에서 사는 사람이라, 아무도 그를 붙들어 놓을 수가 없었으니 쇠사슬로도 그를 감당하지 못하였더라. 4 그가 여러 번 쇠사슬로 손과 발에 묶임을 받았으나, 그 사슬을 끊어 버리고 발의 쇠고랑도 부수어 버리니 그를 제압할만한 힘을 가진 자가 없는지라.

5 Night and day among the tombs and in the hills he would cry out and cut
himself with stones. 6 When he saw Jesus from a distance, he ran and fell on
his knees in front of him. 7 He shouted at the top of his voice, "What do you
want with me, Jesus, Son of the Most High God? Swear to God that you won't
torture me!"

5 그가 밤이건 낮이건 무덤 가운데에서, 혹은 언덕 기슭에서 늘상 소리를 지르며 돌로 자기의 몸을 해
(害)하고 있었더라. 6 이 사람이 멀리서 예수를 보고 달려와서 예수 앞에 무릎을 꿇고 엎드리며 7 큰 소
리로 부르짖어 말을 하기를, "제게서 무엇을 원하시나이까? 지극히 높으신 하나님의 아들 예수시여! 지
금 저를 괴롭게 하지 않으시겠다고 하나님께 맹세하소서!" 하더라.

8 For Jesus had said to him, "Come out of this man, you evil spirit!" 9 Then
Jesus asked him, "What is your name?" 10 "My name is Legion," he replied, "for
we are many." And he begged Jesus again and again not to send them out of
the area.

8 이는 예수께서 이미 그에게 이르시기를 "그 사람에게서 나오라, 이 사악한 영아!" 하고 말씀하셨음이
더라. 9 이에 예수께서 그에게 물으시기를, "네 이름이 무엇이냐?" 하시니 그가 대답하기를, "제 이름은
군단(軍團)이니 이는 우리의 숫자가 많은 까닭이니이다." 하고, 10 자기를 그 지역으로부터 내보내지 마
시기를 거듭 거듭 간구하니라.

11 A large herd of pigs was feeding on the nearby hillside. 12 The demons
begged Jesus, "Send us among the pigs; allow us to go into them." 13 He gave
them permission, and the evil spirits came out and went into the pigs. The
herd, about two thousand in number, rushed down the steep bank into the
lake and were drowned.

11 마침 그 언덕 근처에 한 큰 돼지의 떼가 먹이를 먹고 있는지라 12 그 귀신들이 예수께 간구하여 이르
기를, "우리를 돼지들 가운데로 보내소서. 우리를 이 돼지 속으로 들어가게 허락하소서." 하니 13 이에
예수께서 허락을 하시매, 귀신들이 나와서 그 돼지들에게로 들어가거늘 거의 이천 마리나 되는 돼지 떼
가 비탈진 언덕을 내리 달아 호수로 들어가 다 물에 빠져 죽어 버리니라.

14 Those tending the pigs ran off and reported this in the town and
countryside, and the people went out to see what had happened. 15 When
they came to Jesus, they saw the man who had been possessed by the legion of
demons, sitting there, dressed and in his right mind; and they were afraid.

14 돼지를 치던 자들이 모두 달아나 이 일을 시내와 그 주위 시골 지역에 두루 알리니, 사람들이 무슨
일이 생겼는지 나와 보더라. 15 사람들이 나와 예수께 이르러 보니, 그 군단이라고 불리던 귀신 들렸던
사람이 거기 옷을 제대로 입고 온전한 정신으로 앉아 있는 것을 보고는 다 이를 무서워하니라.

16 Those who had seen it told the people what had happened to the demon-
possessed man--and told about the pigs as well. 17 Then the people began to
plead with Jesus to leave their region. 18 As Jesus was getting into the boat,
the man who had been demon-possessed begged to go with him. 19 Jesus did
not let him, but said, "Go home to your family and tell them how much the
Lord has done for you, and how he has had mercy on you." 20 So the man
went away and began to tell in the Decapolis how much Jesus had done for
him. And all the people were amazed.

16 이 모든 광경을 지켜본 사람들이 그 귀신 들렸던 자와 돼지에게 일어난 일들을 얘기를 하는데, 17 사
람들은 (*오히려) 예수께 자기들의 고장을 떠나가 주시기를 간청하니라. 18 예수께서 배에 오르실 때에
그 귀신 들렸던 사람이 예수와 함께 가기를 간절히 청하였으나 19 예수께서는 이를 허락하지 아니하시
고 그에게 이르시기를 "네 집과 가족에게로 돌아가 그들에게 말하기를, 주께서 어떻게 큰 일을 네게 행
하셨나 하는 것과 또 너를 얼마나 불쌍히 여기셨나 하는 것을 말하고 알리라." 하시니 20 그가 물러가서
예수께서 어떻게 이렇게 큰 일을 자기에게 행하셨는지를 데카폴리에 있는 모든 사람들에게 전하매 사람
들이 모두 다 이를 놀랍게 여기더라.

21 When Jesus had again crossed over by boat to the other side of the lake, a
large crowd gathered around him while he was by the lake. 22 Then one of the
synagogue rulers, named Jairus, came there. Seeing Jesus, he fell at his feet 23
and pleaded earnestly with him, "My little daughter is dying. Please come and
put your hands on her so that she will be healed and live." 24 So Jesus went
with him. A large crowd followed and pressed around him.

21 예수께서 배를 타시고 다시 호수 맞은편으로 건너가시니 큰 군중의 무리가 호숫가에서 예수께로 모
이더라. 22 회당 지도자 중의 한 명인 야이로라 하는 사람이 예수께로 와서 그 발 아래 엎드리어 23 간
곡하게 사정하며 이르기를, "제 어린 딸이 죽어 가나이다. 부디 오셔서 당신의 손을 그 위에 얹으사 제
딸이 병이 낫고 살아나게 만들어 주소서." 하거늘 24 이에 예수께서 그와 함께 길을 가시니, 큰 군중의
무리가 예수를 따라가며 주위를 에워싸더라.

25 And a woman was there who had been subject to bleeding for twelve years.
26 She had suffered a great deal under the care of many doctors and had spent
all she had, yet instead of getting better she grew worse. 27 When she heard
about Jesus, she came up behind him in the crowd and touched his cloak, 28
because she thought, "If I just touch his clothes, I will be healed."

25 어떤 한 여자가 있었으니 그녀가 십이 년간을 혈루증으로 앓아 오던 중에 26 그 병을 고치려고 여러
의사들로부터 적지 않은 고난을 겪었으되 그래도 낫기는 커녕 오히려 증세가 점점 더 심해지는 상태에
있었더라. 27 이 여인이 예수에 관해 소문을 듣고는 그 군중 가운데에서 예수의 뒤로 가만히 다가와 예
수의 겉옷을 만지니 28 이는 그녀의 생각에 "내가 그의 옷만 만져도 내 병이 나으리라." 하고 생각한 까
닭이더라.

29 Immediately her bleeding stopped and she felt in her body that she was
freed from her suffering. 30 At once Jesus realized that power had gone
out from him. He turned around in the crowd and asked, "Who touched my
clothes?" 31 "You see the people crowding against you," his disciples answered,
"and yet you can ask, 'Who touched me?' "

29 (*예수의 옷가에 손을 댄) 그 순간 즉각 피 흐름이 멈춘지라, 그녀가 자기 몸 가운데서 그 병마로부터
놓임을 받은 줄을 즉각 몸으로 느껴 알게 되니라. 30 이에 예수께서 자기로부터 능력(能力)이 나간 줄을
깨달아 아시고 군중을 향해 몸을 돌리며 말씀하시되 "누가 내 옷에 손을 대었느냐?" 하시니 31 제자들
이 대답하기를, "사람들의 무리가 에워싸고 밀치는 중에 물으시기를, '누가 나를 만졌느냐?' 하심이니이
까?" 하더라.

32 But Jesus kept looking around to see who had done it. 33 Then the woman,
knowing what had happened to her, came and fell at his feet and, trembling
with fear, told him the whole truth. 34 He said to her, "Daughter, your faith
has healed you. Go in peace and be freed from your suffering."

32 그러나 예수께서는 계속하여 누가 이런 일을 하였는지를 알아보려 주위를 둘러보시는 중에 33 그
여인이 자신에게 일어난 일을 모두 깨닫고는 예수 앞으로 와 그 발치에 엎드려 두려움으로 몸을 떨며 그

이루어진 모든 일의 자초지종을 다 실토하니 **34** 이에 예수께서 이르시기를, "딸아, 네 믿음이 너를 낫게
하였느니라. 평안히 가고 네 모든 고난으로부터 자유할지어다." 하시더라.

35 While Jesus was still speaking, some men came from the house of Jairus,
the synagogue ruler. "Your daughter is dead," they said. "Why bother the
teacher anymore?" **36** Ignoring what they said, Jesus told the synagogue ruler,
"Don't be afraid; just believe."

35 아직 예수께서 이 말씀을 하시는 동안에 회당장 야이로의 집에서 사람들이 와서 그에게 이르기를,
"당신의 딸이 죽었나이다. 어찌하여 선생을 더 괴롭게 하시나이까?" 하며 말을 하는데, **36** 예수께서는
그 하는 말을 개의치 아니하시고 회당장에게 이르시되, "두려워하지 말라. 그냥 믿기만 하라." 하시더
라.

37 He did not let anyone follow him except Peter, James and John the brother
of James. **38** When they came to the home of the synagogue ruler, Jesus saw a
commotion, with people crying and wailing loudly. **39** He went in and said to
them, "Why all this commotion and wailing? The child is not dead but asleep."
40 But they laughed at him. **41** After he put them all out, he took the child's
father and mother and the disciples who were with him, and went in where
the child was. He took her by the hand and said to her, "Talitha koum!" (which
means, "Little girl, I say to you, get up!").

37 (*그리고 회당장의 집으로 가시되,) 베드로와 야고보와 야고보의 형제 요한 외에는 아무도 자기를
따라오지 못하게 하시니라. **38** 회당장의 집에 들어서서, 사람들이 큰 소리로 울며 통곡하는 그 모든 소
란함을 보시고는 **39** 집안으로 들어가시며 그들을 향해 말씀하시되 "이 모든 소란과 통곡이 어찌 됨이
뇨? 이 애가 죽은게 아니고 잠자는 것이니라." 하시매, **40** 거기 있던 모든 사람들이 예수를 비웃으니라.
예수께서 사람들을 모두 내보내신 후에 그 아이의 부모와 제자들을 데리고 아이가 있는 곳으로 들어가
사 **41** 그 여자 아이의 손을 잡고 이르시되 "달리다 굼(탈리다 쿰)" 이라 하시니 (이 말의 의미는, "내가
네게 말하노니 소녀야 일어나라!" 하심이더라.)

42 Immediately the girl stood up and walked around (she was twelve years old).
At this they were completely astonished. **43** He gave strict orders not to let
anyone know about this, and told them to give her something to eat.

42 그 즉시 그 여자 아이가 일어나서 걸어 다니니 (그 애의 나이는 열두 살이더라) 이에 사람들이 크게
놀라고 또 놀라더라. **43** 그러나 예수께서는 아무도 이 일에 관해 알지 못하게 하라고 엄히 명하시고, 그
여자 아이에게 뭔가 먹을 것을 주라 하시더라.

제6장

1 Jesus left there and went to his hometown, accompanied by his disciples. **2**
When the Sabbath came, he began to teach in the synagogue, and many who
heard him were amazed. "Where did this man get these things?" they asked.
"What's this wisdom that has been given him that he even does miracles! **3**
Isn't this the carpenter? Isn't this Mary's son and the brother of James, Joseph,
Judas and Simon? Aren't his sisters here with us?" And they took offense at
him.

1 예수께서 거기를 떠나 고향 마을로 가시니 그 제자들이 동행을 하더라. **2** 안식일이 되어 회당에서 가

르치기를 시작하시매 이를 들은 많은 사람들이 크게 경이로워하니라. 그들이 말하기를, “이 사람이 이 모든 것들을 어디서 얻었느냐? 하고, 또 말하기를, “이 사람에게 주어진 이런 지혜가 그 어떤 것이며 또 이 사람이 이런 기적을 행하는 것은 어찌된 영문이냐?
3 이 사람이 그 목수가 아니냐? 또, 그가 마리아의 아들 곧, 야고보, 요셉 그리고 유다와 시몬의 형이 아니냐? 그리고 그의 누이들이 지금 우리와 함께 있지 아니하냐?” 하고 예수를 공격하는 태도를 취하는지라.

4 Jesus said to them, "Only in his hometown, among his relatives and in his own house is a prophet without honor."
5 He could not do any miracles there, except lay his hands on a few sick people and heal them.
6 And he was amazed at their lack of faith. Then Jesus went around teaching from village to village.

4 예수께서 그들에게 이르시기를, “그의 고향 마을에서와, 그리고 그 자신의 집에서 그리고 자신의 일가 친척 가운데에서는 선지자(先知者)가 영예를 얻지 못하느니라.” 하시고,
5 거기에서는 아무 기적도 행하실 수가 없어 다만 몇명의 아픈 사람들에게만 손을 얹어 고치실 뿐이었더라.
6 그리고 그들의 믿음없는 사실에 대해 이를 경이롭게 생각하시고 다른 마을들을 다니시며 거기에서 가르침을 베푸시더라.

7 Calling the Twelve to him, he sent them out two by two and gave them authority over evil spirits.
8 These were his instructions: "Take nothing for the journey except a staff--no bread, no bag, no money in your belts.
9 Wear sandals but not an extra tunic.
10 Whenever you enter a house, stay there until you leave that town.

7 예수께서 그 열두 제자를 부르시고 둘씩 짝을 지어 내보내시며 사악한 영들을 다스리는 권능을 함께 주시되
8 이런 지시를 함께 주시니: 곧, “지팡이 외에는 여행을 위하여 아무 것도 지니지 말고–떡도 가지고 가지 말며, 배낭이든 허리띠에 든 돈이든 일절 가지고 가지 말고
9 신발만 신고 여벌 옷도 지니지 말라.
10 어느 집에나 들어서거든 그 마을을 떠날 때까지는 그 집에 머물도록 하라.

11 And if any place will not welcome you or listen to you, shake the dust off your feet when you leave, as a testimony against them."
12 They went out and preached that people should repent.
13 They drove out many demons and anointed many sick people with oil and healed them.

11 그리고 어느 곳에서든지 너희를 영접하지 아니하고 너희 말을 듣지도 아니하거든 너희가 떠날 때에 그들을 향한 증거로써 너희 발의 먼지를 떨어버리라.” 하시더라.
12 제자들이 나가서 사람들에게 회개하라 전파하고
13 또, 많은 귀신을 쫓아내며 아픈 사람들에게 기름을 부으며 낫게 하니라.

14 King Herod heard about this, for Jesus' name had become well known. Some were saying, "John the Baptist has been raised from the dead, and that is why miraculous powers are at work in him."
15 Others said, "He is Elijah." And still others claimed, "He is a prophet, like one of the prophets of long ago."
16 But when Herod heard this, he said, "John, the man I beheaded, has been raised from the dead!"

14 예수의 이름이 널리 알려지게 되니, 이를 헤롯 왕이 듣게 되니라. 어떤 사람들은 말하기를, “세례 요한이 죽은 자 가운데서 살아났으니 이런 능력이 그에게서 일어나는 것은 그 때문이라.” 하고
15 다른 사람들은 말하기를, “그는 엘리야라” 하고, 또 다른 사람들은 주장하기를, “그는 선지자라, 아주 옛날의 선지자들과 같은 한 사람이라.” 하는데
16 그러나 헤롯은 이 말을 전해 듣고 이르기를 “이는 내가 목을 벤 요한이라, 그가 죽음으로부터 도로 살아났도다.” 라고 말을 하니라.

17 For Herod himself had given orders to have John arrested, and he had him bound and put in prison. He did this because of Herodias, his brother Philip's

wife, whom he had married. 18 For John had been saying to Herod, "It is not lawful for you to have your brother's wife." 19 So Herodias nursed a grudge against John and wanted to kill him. But she was not able to, 20 because Herod feared John and protected him, knowing him to be a righteous and holy man. When Herod heard John, he was greatly puzzled; yet he liked to listen to him.

17 이는 요한을 체포하도록 명령을 내린 사람이 곧 헤롯 왕 자신이라, 헤롯이 그 전에 요한을 붙잡아 옥에 가두었으니 이는 자기 동생 빌립의 아내 헤로디아에게 장가 든 때문이었더라. 18 요한이 헤롯에게 말하되 "동생의 아내를 가진 것이 율법에 어긋난다." 한 것이 그 원인으로 19 이에 헤로디아가 요한에게 원한을 품어 그를 죽이고자 하였으나 그러하지를 못하였으니 20 이는 헤롯이 요한을 의롭고 거룩한 사람으로 여겨 그를 두려워하며 보호하여 왔던 때문이더라. 헤롯이 요한의 말을 들을 때에 마음 속으로 크게 의아히 여기면서도 요한의 말 듣기를 좋아하였더라.

21 Finally the opportune time came. On his birthday Herod gave a banquet for his high officials and military commanders and the leading men of Galilee. 22 When the daughter of Herodias came in and danced, she pleased Herod and his dinner guests. 23 The king said to the girl, "Ask me for anything you want, and I'll give it to you." And he promised her with an oath, "Whatever you ask I will give you, up to half my kingdom." 24 She went out and said to her mother, "What shall I ask for?" "The head of John the Baptist," she answered.

21 마침내 (*헤로디아에게) 기회의 시간이 왔으니 곧, 헤롯이 자기 생일에 자기의 높은 대신(大臣)들과 군 사령관들과 갈릴리의 지도층 인사들을 위하여 연회를 베푸는데 22 헤로디아의 딸이 들어와 춤을 추어 헤롯과 또 그의 잔치 손님들을 기쁘게 만든지라. 23 왕이 그 여자 아이에게 이르되 "무엇이든지 네가 원하는 것을 내게 구하면 내가 주리라." 하고 또 맹세하기를 "네가 무엇을 구하든지 내가 네게 주리니 이 왕국의 절반이라도 주리라" 말하거늘 24 그녀가 나가서 그 어머니에게 말하기를, "내가 무엇을 구하리이까?" 하니 어머니가 대답하기를, "세례 요한의 머리라" 하니라.

25 At once the girl hurried in to the king with the request: "I want you to give me right now the head of John the Baptist on a platter." 26 The king was greatly distressed, but because of his oaths and his dinner guests, he did not want to refuse her. 27 So he immediately sent an executioner with orders to bring John's head. The man went, beheaded John in the prison, 28 and brought back his head on a platter. He presented it to the girl, and she gave it to her mother. 29 On hearing of this, John's disciples came and took his body and laid it in a tomb.

25 이에 그 소녀가 지체하지 않고 왕에게 서둘러 들어가 요구를 하기를, "지금 즉시 세례 요한의 머리를 쟁반에 담아 제게 주시기를 원하나이다." 하니 26 왕이 크게 번민하게 되었으나 그러나 자기가 한 맹세와 또 만찬 손님들로 인하여 그녀의 청을 거절할 수가 없는지라 27 자기의 명령 집행인 중 하나를 보내어 요한의 머리를 가져오라 명을 내리니라. 그 집행인이 가서 감옥에서 요한의 목을 베고 28 이를 쟁반에 담아 들고 돌아와 소녀에게 주니 그 여자 아이가 이것을 다시 그 어머니에게 갖다 주더라. 29 이 일을 전해 들은 요한의 제자들이 와서 시신(屍身)을 가져다가 장사를 지내니라.

30 The apostles gathered around Jesus and reported to him all they had done and taught. 31 Then, because so many people were coming and going that they did not even have a chance to eat, he said to them, "Come with me by yourselves to a quiet place and get some rest." 32 So they went away by themselves in a boat to a solitary place. 33 But many who saw them leaving recognized them and ran on foot from all the towns and got there ahead of them.

30 사도들이 (*돌아와) 예수 주위에 모여 자신들이 행하였던 것들과 가르친 것들을 보고를 하고 있는데,
31 너무도 많은 사람들이 오고 가는 바람에 식사를 할 겨를도 없는지라, 예수께서 말씀하시기를, "나와 함께 조용한 곳으로 가서 잠시 휴식을 취하도록 하자." 하고 말씀하시거늘 32 이에 예수와 제자들만 배를 타고 한적한 장소로 향해 가니라. 33 그러나 이들 일행이 떠나가는 것을 본 많은 사람들이 그들을 알아보고는 인근 각지로부터 걷거나 혹은 발로 뛰어서 오히려 예수 일행보다 앞질러 그 곳에 도착을 해 있으니라.

34 When Jesus landed and saw a large crowd, he had compassion on them, because they were like sheep without a shepherd. So he began teaching them many things. 35 By this time it was late in the day, so his disciples came to him. "This is a remote place," they said, "and it's already very late. 36 Send the people away so they can go to the surrounding countryside and villages and buy themselves something to eat."

34 예수께서 배에서 내려, 큰 무리의 군중이 이미 거기 모여 있음을 보시고는 그들에게 깊은 연민의 정을 느끼시니, 이는 그들이 목자(牧者)도 없는 양 무리 같았음이라. 이에 그들에게도 여러가지를 말씀으로 가르치기 시작하시니라. 35 때는 이미 날이 저물어 가는 시각이라, 제자들이 예수께 나아와 말씀을 여쭙기를, "이 장소는 외진 곳이옵고, 또 시간도 많이 늦었나이다. 36 사람들을 내보내어 인근 시골과 마을로 가서 뭔가 먹을 것들을 사 오게 하소서." 하니라.

37 But he answered, "You give them something to eat." They said to him, "That would take eight months of a man's wages ! Are we to go and spend that much on bread and give it to them to eat?" 38 "How many loaves do you have?" he asked. "Go and see." When they found out, they said, "Five--and two fish."
39 Then Jesus directed them to have all the people sit down in groups on the green grass. 40 So they sat down in groups of hundreds and fifties.

37 예수께서는 대답하여 이르시기를, "너희가 그들에게 뭔가 먹을 것을 좀 주라." 하시니 제자들이 말하기를, "(*이 사람들을 다 먹일려면) 팔개월 치 월급만큼이나 돈이 들리이다. 진정 우리가 가서 그만큼의 돈을 지불하고 먹을 것을 사 오리이까?" 하니라. 38 이에 이르시되 "너희가 떡을 몇 개나 가지고 있느냐? 가서 보고 오라." 하시니, 그들이 알아보고는 "떡이 다섯 개가 있고 물고기가 두 마리가 있나이다." 하거늘 39 제자들을 명하사 모든 사람들을 무리를 지어 잔디 위에 앉게 하시니라. 40 이에 그 무리의 사람들이 백 명씩 혹은 오십 명씩 모여 앉았더라.

41 Taking the five loaves and the two fish and looking up to heaven, he gave thanks and broke the loaves. Then he gave them to his disciples to set before the people. He also divided the two fish among them all. 42 They all ate and were satisfied, 43 and the disciples picked up twelve basketfuls of broken pieces of bread and fish. 44 The number of the men who had eaten was five thousand.

41 예수께서 떡 다섯 개와 물고기 두 마리를 들고 하늘을 우러러 보며 감사를 드리신 후에 떡을 쪼개고 그 쪼갠 떡을 제자들에게 나누어 주시며 사람들 앞에 벌려 놓게 하시더라. 또 물고기 두 마리도 이와 같이 하여 그들 모든 사람 가운데 나누게 하시니라. 42 사람들이 다 배불리 먹고 만족하게 되매 43 제자들이 그 먹다 남긴 부스러기 떡 조각과 물고기 먹다 남은 것을 열두 바구니쯤을 거두니라. 44 이렇게 떡과 물고기로 식사를 한 인원은 남자만 오천 명쯤이 되었더라.

45 Immediately Jesus made his disciples get into the boat and go on ahead of him to Bethsaida, while he dismissed the crowd. 46 After leaving them, he went up on a mountainside to pray.

45 식사를 마치자 마자 즉시 예수께서는 제자들을 배에 타게 하시고 자기가 군중의 무리를 흩어 내보내

는 동안에 제자들은 먼저 벳사이다(벳세다)로 건너가 있게 하시니라. 46 그리고 자신은 그들 무리를 떠
나 기도하러 산으로 올라가시더라.

47 When evening came, the boat was in the middle of the lake, and he was
alone on land. 48 He saw the disciples straining at the oars, because the wind
was against them. About the fourth watch of the night he went out to them,
walking on the lake. He was about to pass by them, 49 but when they saw him
walking on the lake, they thought he was a ghost. They cried out, 50 because
they all saw him and were terrified. Immediately he spoke to them and said,
"Take courage! It is I. Don't be afraid."

47 저녁이 되어 (*제자들이 탄) 배는 호수 한 가운데 있고 예수께서는 뭍에 혼자 계시는데 48 바람이 배
를 거슬러 부는 까닭에 제자들이 노를 젓느라 애를 쓰는 것을 예수께서 보시니라. 밤 사경쯤이 되자 제
자들에게로 나아가시며 호수 위를 걸어가시니라. (*예수께서 걸어서) 제자들을 지나쳐 가려할 즈음에
49 제자들이 예수께서 호수 위를 걷는 것을 보고는 그를 유령으로 생각하고 이에 그들 모두가 소리 높
여 부르짖으니 50 이는 물 위를 걷는 존재를 보고 두려움에 휩싸인 때문이더라. 그러자, 예수께서 말씀
하시기를, “너희는 안심하라! 나이니 무서워 말라.” 하시더라.

51 Then he climbed into the boat with them, and the wind died down. They
were completely amazed, 52 for they had not understood about the loaves;
their hearts were hardened.

51 그리고 배 안으로 올라타시니 바람이 가라앉으니라. 제자들이 이 일을 심히 놀랍게 여기니 52 이는
그들이 그 떡 나누어 주시던 일을 깨닫지 못하고; 마음이 다 둔하여 진 까닭이었더라.

53 When they had crossed over, they landed at Gennesaret and anchored
there. 54 As soon as they got out of the boat, people recognized Jesus. 55
They ran throughout that whole region and carried the sick on mats to
wherever they heard he was. 56 And wherever he went--into villages, towns or
countryside--they placed the sick in the marketplaces. They begged him to let
them touch even the edge of his cloak, and all who touched him were healed.

53 호수를 건너 맞은편 게네사렛 땅에 이르러 닻을 내리고 54 배에서 내리자 마자 거기 사람들이 예수
를 알아 본지라, 55 사람들이 온 사방을 뛰어 다니며 병자들을 (*불러 모으고) 예수가 오셨다는 말을 들
은 지역에서는 어디서든 병자들을 매트 째로 들고 메고 나오는데 56 예수께서 가시는 곳은 어디서나 –
작은 마을이거나 읍내이거나 시골 지역이거나 상관 없이–사람들이 병자들을 장 마당에 내려놓고는 예
수께 간구하기를, 그 옷자락 가에라도 손으로 만지게 하여 달라고 간청들을 하니, 아무 곳이든 예수의
몸을 만지기만 하면 그 병자는 다 병이 낫더라.

제7장

1 The Pharisees and some of the teachers of the law who had come from
Jerusalem gathered around Jesus and 2 saw some of his disciples eating food
with hands that were "unclean," that is, unwashed.

1 예루살렘으로부터 온 바리새인들과 율법 교사들 몇 명이 예수 주위에 모여 앉아 있다가 2 예수의 제
자들 중 몇몇이 정결치 못한 손 곧, 씻지 아니한 손으로 음식 먹는 것을 보게 되니라.

3 (The Pharisees and all the Jews do not eat unless they give their hands a

ceremonial washing, holding to the tradition of the elders. 4 When they come
from the marketplace they do not eat unless they wash. And they observe
many other traditions, such as the washing of cups, pitchers and kettles.) 5 So
the Pharisees and teachers of the law asked Jesus, "Why don't your disciples
live according to the tradition of the elders instead of eating their food with
'unclean' hands?"

3 (바리새인들을 비롯한 모든 유대인들은 장로들의 전통(傳統)을 붙들고 지킴으로 그들의 손을 정해진
의례(儀禮) 방식으로 씻지 않고서는 음식을 먹지 아니하니라. 4 또 장터에 나갔다가 돌아와서도 씻지 않
고서는 음식을 먹지 아니하며 그외에도 다른 여러가지 전통들을 지키니 예를 들자면 잔을 씻는 것이나,
항아리 또는 주전자를 씻는 것까지도 그리하니라.) 5 그 바리새인들과 율법 교사들이 예수께 질문을 하
기를, "어찌하여 당신의 제자들은 장로들의 전통에 따라 살지 아니하고 '정결치 못한' 손으로 음식을 먹
나이까?" 하니

6 He replied, "Isaiah was right when he prophesied about you hypocrites; as
it is written: " 'These people honor me with their lips, but their hearts are far
from me. 7 They worship me in vain; their teachings are but rules taught by
men.' 8 You have let go of the commands of God and are holding on to the
traditions of men."

6 예수께서 대답하시기를, "이사야가 너희 위선자(僞善者)들에 관해 예언한 것이 옳도다. 기록되어 있
기를, '이 백성이 입술로는 나를 공경하나 그 마음은 내게서 멀리 있도다. 7 그들이 나를 헛되이 경배하
니; 그들이 교훈으로 삼는 것이 사람이 가르치는 규칙들 뿐이라. 8 너희가 하나님의 계명은 흘려보내고
사람의 전통만 붙들어 지키는도다.' 하였느니라." 하시더라.

9 And he said to them: "You have a fine way of setting aside the commands of
God in order to observe your own traditions! 10 For Moses said, 'Honor your
father and your mother,' and, 'Anyone who curses his father or mother must
be put to death.' 11 But you say that if a man says to his father or mother:
'Whatever help you might otherwise have received from me is Corban' (that is,
a gift devoted to God), 12 then you no longer let him do anything for his father
or mother. 13 Thus you nullify the word of God by your tradition that you
have handed down. And you do many things like that."

9 그리고 또 이르시되: "너희가 너희 전통을 지키기 위하여 하나님의 계명을 옆으로 치워 놓았도다. 내
가 이렇게 말할 수 있는 좋은 사례가 여기 있으니 바로 이런 것이라! 10 모세가 말하기를, '네 부모를 공
경하라' 하였고 또 '자기 아버지나 어머니를 저주하는 자는 반드시 죽일지어다.' 하였으나 11 너희는 이
르되 만일 어떤 사람이 그 아버지에게나 어머니에게 대해 말하기를, '저로부터 받아서 혹 두 분께 도움
이 되실만 한 그것들이 이제는 고르반 (그 뜻은 하나님께 바치어진 헌물이라는 것이니)이 되었음이니이
다' 라고 말만 하면 12 그 부모에게 아무런 봉양(奉養)도 해 드리지 않아도 상관 없다고 하니, 13 이걸로
써 너희가 너희의 전해 내려오는 (*사람의) 전통으로 하나님의 말씀을 저버리는 결과가 되었느니라. 다
만 이 뿐 아니라, 너희가 다른 많은 일들도 이런 식으로 행하느니라." 하시니라.

14 Again Jesus called the crowd to him and said, "Listen to me, everyone, and
understand this. 15 Nothing outside a man can make him 'unclean' by going
into him. Rather, it is what comes out of a man that makes him 'unclean.'" 16
(BLANK) 17 After he had left the crowd and entered the house, his disciples
asked him about this parable. 18 "Are you so dull?" he asked. "Don't you see
that nothing that enters a man from the outside can make him 'unclean'? 19
For it doesn't go into his heart but into his stomach, and then out of his body."
(In saying this, Jesus declared all foods "clean.")

14 그리고는 그 군중의 무리를 다시 자기에게로 오라 부르시어 그들을 향해 말씀하시기를, "너희 모두
는 나의 말을 듣고 깨달으라. 15 무엇이든 사람 밖에 있는 것이 사람에게 들어 감으로써 사람을 부정(不
淨)하게 만드는 것이 아니요, 오히려 사람의 속으로부터 나오는 그것이 사람을 부정하게 만드는 것이니
라." 하시니라. 16 (없음) 17 나중에 예수께서 사람들을 떠나 집안으로 들어가신 후에 제자들이 이 비유
에 대해 묻자 18 예수께서 이르시기를, "너희가 아직도 이처럼 둔하냐? 무엇이든지 밖에서 사람 속으로
들어가는 것이 사람을 더럽게 하지 못하는 것을 너희 눈으로 보지 못하느냐? 19 (*무엇이든 사람 속으
로 들어가는 그것은) 마음으로 들어가는 것이 아니라 위장(胃腸)으로 들어가 몸 밖으로 나오는 것이라."
하시니라. (이렇게 말씀하심으로써 모든 음식은 정결하다고 선포하시니라.)

20 He went on: "What comes out of a man is what makes him 'unclean.' 21 For
from within, out of men's hearts, come evil thoughts, sexual immorality, theft,
murder, adultery, 22 greed, malice, deceit, lewdness, envy, slander, arrogance
and folly. 23 All these evils come from inside and make a man 'unclean.'"

20 또 계속하여 말씀하시기를, "사람으로부터 나오는 그것이 사람을 부정하게 만드는 것이니라. 21 곧,
속에서 나오는 것은 사람의 마음에서부터 나오는 것이니, 악한 생각도 속으로부터 나오고, 성적인 음란
함도 속으로부터 나오며, 또 도둑질하려는 마음과, 살인과, 간음과, 22 탐욕과, 악독함과, 속임수를 베
풂과, 음탕함과, 시기 질투와, 남을 비방함과, 교만과 우매함이 다 이렇게 속으로부터 나오는 것이라.
23 이런 모든 사악한 것이 다 사람의 속으로부터 나와서 사람을 '정결(淨潔)치 못하게' 만드는 것이니
라." 하시더라.

24 Jesus left that place and went to the vicinity of Tyre. He entered a house
and did not want anyone to know it; yet he could not keep his presence secret.
25 In fact, as soon as she heard about him, a woman whose little daughter
was possessed by an evil spirit came and fell at his feet. 26 The woman was a
Greek, born in Syrian Phoenicia. She begged Jesus to drive the demon out of
her daughter.

24 예수께서 거기를 떠나 티레(두로) 지역으로 가시니라. 그 지역에 있는 어느 한 집으로 들어가시며 다
른 사람들이 그 사실을 알지 못하기를 바라셨으나 그러나 자신의 존재를 감출 수가 없으시더라. 25 거
기 한 여자가 있었으니 그 딸에게 사악한 영(靈)이 깃든지라 이 여인이 예수께서 거기 오셨다는 말을 듣
자마자 달려 와서 예수의 발치 앞에 엎드리니 26 그 여인은 그리스 사람으로 시리아의 페니키아에서 태
어난 사람이었더라. 그녀가 예수께 자기 딸로부터 그 귀신을 쫓아내어 주시기를 간청을 하는데

27 "First let the children eat all they want," he told her, "for it is not right to
take the children's bread and toss it to their dogs." 28 "Yes, Lord," she replied,
"but even the dogs under the table eat the children's crumbs." 29 Then he told
her, "For such a reply, you may go; the demon has left your daughter." 30 She
went home and found her child lying on the bed, and the demon gone.

27 예수께서 이르시기를, "먼저 자녀들로 하여금 그들이 원하는 것을 다 먹게 할 것이라" 하시고 또,
"그런즉, 자녀들의 떡을 집어 개들에게 던져주는 것이 옳지 않은 일이니라." 하시니 28 그 여인이 대답
하여 이르되 "예, 주여, 하지만, 식탁 아래 있는 개들도 아이들이 흘린 부스러기는 먹나이다." 하고 대답
을 하거늘 29 예수께서 이르시되 "네가 이와 같이 응답하였은즉, 네 길을 가라. 귀신이 네 딸로부터 떠
났느니라." 하시더라. 30 여자가 집에 돌아가 본즉 그 딸이 침대에 누워 있는데, 귀신은 떠나가고 없더
라.

31 Then Jesus left the vicinity of Tyre and went through Sidon, down to the
Sea of Galilee and into the region of the Decapolis. 32 There some people
brought to him a man who was deaf and could hardly talk, and they begged
him to place his hand on the man.

31 예수께서 티레 지역을 떠나 시돈을 통과하고 갈릴리 바다를 따라 내려가는 길로 해서 데카볼리 지역
으로 가시니라. 32 거기 데카볼리에서 사람들이 어느 귀 먹고 말 더듬는 자를 데리고 예수께 나아와 그
에게 손을 얹어 고쳐 주시기를 간구하거늘

33 After he took him aside, away from the crowd, Jesus put his fingers into
the man's ears. Then he spit and touched the man's tongue. 34 He looked up
to heaven and with a deep sigh said to him, "Ephphatha!" (which means, "Be
opened!"). 35 At this, the man's ears were opened, his tongue was loosened
and he began to speak plainly.

33 예수께서 군중을 피해 그 사람을 한켠으로 데리고 가서 자기 손가락을 그 사람의 양쪽 귀에 넣으시
고 또 침을 뱉어 그의 혀를 만지시며 34 깊은 탄식과 함께 하늘을 우러러 보시며 그를 향해 "에바타" 라
하시니 (그 뜻은 "열리라!"하는 의미라.) 35 이에 그의 귀가 열리고 그의 혀도 풀려 그가 말을 분명히 하
기 시작하더라.

36 Jesus commanded them not to tell anyone. But the more he did so, the
more they kept talking about it. 37 People were overwhelmed with amazement.
"He has done everything well," they said. "He even makes the deaf hear and the
mute speak."

36 예수께서 그들에게 경고하사 아무에게도 이에 관해 말을 하지 말라 하셨으나 그리하실수록 그들이
더욱 이 일들을 소문을 퍼뜨리기 시작하니 37 사람들이 큰 놀라움에 사로잡혀 이르기를, "그가 하지못
하는 일이 없으시도다." 하고, 또 말하기를, "심지어 귀 먹은 사람을 듣게 하고 벙어리가 말을 하게 하는
도다." 하더라.

제8장

1 During those days another large crowd gathered. Since they had nothing to
eat, Jesus called his disciples to him and said, 2 "I have compassion for these
people; they have already been with me three days and have nothing to eat. 3
If I send them home hungry, they will collapse on the way, because some of
them have come a long distance."

1 그 무렵에 또 다른 큰 군중이 모여들었는데 그들에게 먹을 것이 없는지라 예수께서 제자들을 불러 이
르시기를, 2 "이 사람들을 내가 불쌍하게 생각하노라; 그들이 나와 함께 이미 사흘 동안을 함께 지냈으
나 먹을 것이 없도다. 3 그들을 이와 같이 배가 주린 채로 보내면 길 위에서 지쳐 쓰러지리라. 그 중 어떤
사람들은 아주 먼 거리에서 왔느니라." 하시매

4 His disciples answered, "But where in this remote place can anyone get
enough bread to feed them?" 5 "How many loaves do you have?" Jesus asked.
"Seven," they replied. 6 He told the crowd to sit down on the ground. When he
had taken the seven loaves and given thanks, he broke them and gave them to
his disciples to set before the people, and they did so. 7 They had a few small
fish as well; he gave thanks for them also and told the disciples to distribute
them.

4 제자들이 대답하기를, "하지만 이런 한적한 곳에서 어떻게 이들 모두를 먹일 충분한 떡을 구할 수 있
겠나이까?" 하니라. 5 예수께서 물으시되 "너희에게 떡이 몇 개나 있느냐?" 하시기로 제자들이 이르되
"일곱개가 있나이다." 하거늘 6 그 무리의 사람들에게 땅에 앉으라 말씀하시고 이에 떡 일곱 개를 집으

사 감사를 드리신 후에 그 떡을 쪼개어 제자들을 시켜 사람들에게 나누어 주게 하시니 제자들이 그렇게 하니라. 7 또 그들에게 작은 생선 몇 마리가 있는지라 이에 그로 인하여서도 감사를 드리시고 제자들에게 말씀하시기를 이것도 사람들에게 나누어 주라 하시니라.

8 The people ate and were satisfied. Afterward the disciples picked up seven basketfuls of broken pieces that were left over. 9 About four thousand men were present. And having sent them away, 10 he got into the boat with his disciples and went to the region of Dalmanutha.

8 사람들이 다 먹고 만족해 하니라. 식사 후에 제자들이 먹고 남은 음식 조각들을 거두는데 일곱 광주리가 가득하게 거두어들이니 9 거기 모인 사람이 대략 사천 명 가량이더라. 예수께서 그들을 돌려보내시고 10 제자들과 함께 배를 타시고 달마누타 지역으로 향해 가시더라.

11 The Pharisees came and began to question Jesus. To test him, they asked him for a sign from heaven. 12 He sighed deeply and said, "Why does this generation ask for a miraculous sign? I tell you the truth, no sign will be given to it." 13 Then he left them, got back into the boat and crossed to the other side.

11 바리새인들이 나아와 예수께 질문을 하기 시작하는데 예수를 시험하기 위하여 하늘로부터 오는 징조를 보여주기를 원하니라. 12 이에 예수께서 깊이 탄식을 하시며 이르시기를, "어찌하여 이 세대가 기적의 징조 보기를 구하느뇨? 내가 진실로 너희에게 이르노니, 이 세대에게는 표적(標蹟)이 주어지지 아니하리라." 하시고 13 그들을 떠나 도로 배에 올라 호수 맞은편으로 건너가시니라.

14 The disciples had forgotten to bring bread, except for one loaf they had with them in the boat. 15 "Be careful," Jesus warned them. "Watch out for the yeast of the Pharisees and that of Herod." 16 They discussed this with one another and said, "It is because we have no bread."

14 제자들이 떡 가져오는 것을 잊어버려 배 안에 떡이 하나 밖에 없게 되었더라. 15 그 때에 예수께서 제자들에게 경고를 하며 말씀하시기를, "조심할지어다. 바리새인들과 헤롯의 누룩을 특히 주의해서 살필지니라." 하시니 16 이에 제자들이 서로 의논하며 말을 하기를, "우리가 떡을 가지고 오지 못한 까닭에 저리 말씀하심이로다." 하니라.

17 Aware of their discussion, Jesus asked them: "Why are you talking about having no bread? Do you still not see or understand? Are your hearts hardened? 18 Do you have eyes but fail to see, and ears but fail to hear? And don't you remember? 19 When I broke the five loaves for the five thousand, how many basketfuls of pieces did you pick up?" "Twelve," they replied. 20 "And when I broke the seven loaves for the four thousand, how many basketfuls of pieces did you pick up?" They answered, "Seven." 21 He said to them, "Do you still not understand?"

17 예수께서 제자들의 수군거리는 말을 알아 차리시고 이르시되, "어찌하여 먹는 떡 없음을 얘기하느냐? 너희가 아직도 알지를 못하며, 여지껏 깨닫지를 못하느냐? 너희들 마음이 이처럼 굳었느냐? 18 너희가 눈이 있어도 보지 못하며 귀가 있어도 듣지 못하는 것이 아니냐? 그리고 이런 일을 기억하지 못하느냐? 19 내가 떡 다섯 개를 오천 명에게 떼어 줄 때에 너희가 먹다 남은 조각 몇 바구니를 거두었더냐?" 하시니, 제자들이 이르되 "열 두 바구니이니이다." 하고, 20 또 물으시기를, "그리고 떡 일곱 개를 사천 명에게 떼어 줄 때에는 남은 조각 몇 광주리를 너희가 거두었더냐?" 하시니 제자들이 이르되 "일곱 광주리이니이다." 하거늘 21 이르시되 "아직도 아무 것도 이해하지 못하느냐?" 하고 물으시더라.

22 They came to Bethsaida, and some people brought a blind man and begged

Jesus to touch him. 23 He took the blind man by the hand and led him outside the village. When he had spit on the man's eyes and put his hands on him, Jesus asked, "Do you see anything?" 24 He looked up and said, "I see people; they look like trees walking around." 25 Once more Jesus put his hands on the man's eyes. Then his eyes were opened, his sight was restored, and he saw everything clearly. 26 Jesus sent him home, saying, "Don't go into the village."

22 예수와 제자의 일행이 벳사이다에 이르매 사람들이 맹인 한 사람을 데리고 예수께 나아와, 친히 손을 대시어 만져 주시기를 간구(懇求)하니라. 23 예수께서 맹인의 손을 붙잡고 마을 밖으로 데리고 나가시더니 그 사람의 눈에 침을 뱉으시고 그에게 손을 얹어 안수하시며 "네가 무엇을 보느냐?" 하고 물으시니 24 그 맹인이 위를 쳐다보며 이르기를, "제가 사람들을 보나이다; 사람들이 걸어 다니는 나무 같으니이다." 하매 25 이에 그 눈을 손으로 다시 만지시더라. 이에 그의 눈이 떠진지라, 그의 시력이 온전히 회복됨으로 그가 모든 것을 분명하게 보기 시작하니라. 26 예수께서 그 사람을 집으로 돌려보내시며 말씀하시기를, "마을에는 들어가지 말도록 하라." 하시더라.

27 Jesus and his disciples went on to the villages around Caesarea Philippi. On the way he asked them, "Who do people say I am?" 28 They replied, "Some say John the Baptist; others say Elijah; and still others, one of the prophets." 29 "But what about you?" he asked. "Who do you say I am?" Peter answered, "You are the Christ." 30 Jesus warned them not to tell anyone about him.

27 그리고 예수와 제자들은 필립피 카이사랴 주위에 있는 여러 마을들을 향해 가는데, 길을 가시는 도중에 예수께서 그 제자들을 향해, "사람들이 나를 누구라고 하느냐?" 하고 물으시니, 28 제자들이 대답하기를, "세례 요한이라 하는 사람도 있고; 엘리야라 하는 사람도 있고; 또 더러는 선지자 중의 한 명이라고도 하나이다." 하고 대답하거늘 29 다시 물으시되, "그러면 너희는 나를 누구라 하느냐?" 하시니 이에 베드로가 대답하기를, "주께서는 그리스도이시니이다." 하니라. 30 이에 예수께서 제자들에게 경고하여 이르시기를 자기에 관해 그 누구에게도 말을 말라 하시더라.

31 He then began to teach them that the Son of Man must suffer many things and be rejected by the elders, chief priests and teachers of the law, and that he must be killed and after three days rise again. 32 He spoke plainly about this, and Peter took him aside and began to rebuke him. 33 But when Jesus turned and looked at his disciples, he rebuked Peter. "Get behind me, Satan!" he said. "You do not have in mind the things of God, but the things of men."

31 그리고 제자들을 다시 가르치기 시작하시는데 특히, 인자(人子)가 많은 고난을 먼저 받고 장로들과 우두머리 제사장들과 율법(律法) 교사(教師)들에게 거부당함으로 마땅히 죽임을 당하고, 그리하여 사흘 후에 죽음으로부터 도로 살아나야 할 것을 가르치시더라. 32 이 일을 이처럼 분명하게 펼쳐 놓고 말씀을 하시매, 베드로가 예수를 데리고 한켠으로 가서 (*그리 하지 말라고) 예수를 꾸짖기 시작하니 33 예수께서 몸을 돌이키시고 제자들을 쳐다보시며 베드로를 꾸짖어 이르시되 "사탄아 내 뒤로 물러가라! 네가 하나님의 일을 마음에 두지 아니하고 사람의 일만 생각하는도다." 하시니라.

34 Then he called the crowd to him along with his disciples and said: "If anyone would come after me, he must deny himself and take up his cross and follow me. 35 For whoever wants to save his life will lose it, but whoever loses his life for me and for the gospel will save it. 36 What good is it for a man to gain the whole world, yet forfeit his soul? 37 Or what can a man give in exchange for his soul? 38 If anyone is ashamed of me and my words in this adulterous and sinful generation, the Son of Man will be ashamed of him when he comes in his Father's glory with the holy angels."

34 그리고는 군중 가운데 있던 사람들과 또 자기의 제자들을 함께 불러 말씀하시기를, "누구든지 나를

따르려거든 그는 마땅히 자신을 부인하고 자기 스스로의 십자가를 지고 나를 따라야 할지니 35 누구든지 자기 목숨을 보존하고자 하는 자는 자기 생명을 잃을 것이요, 누구든지 나와 복음을 위하여 자기 목숨을 잃는 그 사람은 생명을 보존하리라. 36 사람이 만일 온 천하를 얻고도 자기 혼(魂)을 잃어버리면 그 무슨 유익이 있겠느냐? 37 또 사람이 무엇을 주면 이를 자기 목숨과 바꾸겠느냐? 38 누구든지 이 음란하고 죄 많은 세대에서 나와 나의 말을 부끄러워하면, 인자도 그 사람을 수치스럽게 생각하리니 장차 인자가 거룩한 천사들과 함께 그의 아버지의 영광 가운데에서 다시 올 때에 그리하리라." 하시더라.

제9장

1 And he said to them, "I tell you the truth, some who are standing here will not taste death before they see the kingdom of God come with power."

1 또한 그들에게 이르시기를, "내가 너희에게 진실을 말하자면, 지금 여기 서 있는 사람 가운데에는 미처 죽음을 맛보지 않은 채로 하나님의 나라가 권능(權能)으로 임하는 것을 볼 자들도 있느니라." 하시니라.

2 After six days Jesus took Peter, James and John with him and led them up a high mountain, where they were all alone. There he was transfigured before them. 3 His clothes became dazzling white, whiter than anyone in the world could bleach them. 4 And there appeared before them Elijah and Moses, who were talking with Jesus.

2 엿새 후에 예수께서 베드로와 야고보와 요한을 데리고 높은 산에 올라가시며 (*다른 사람은 데려가지 않고) 그 사람들만 데려가시더라. 거기에서 예수께서 제자들이 보는 가운데 그 모양이 변하시는데 3 그 옷이 눈부신 흰 빛으로 변하니 이 세상 누구라도 그처럼 희게 표백(漂白)하기가 불가능할 정도로 광채를 내며 희어지더라. 4 그리고 그들 앞에 엘리야와 모세가 나타나 그 두 사람이 예수와 얘기를 하는 것을 제자들이 보게 되니라.

5 Peter said to Jesus, "Rabbi, it is good for us to be here. Let us put up three shelters--one for you, one for Moses and one for Elijah." 6 (He did not know what to say, they were so frightened.)

5 이에 베드로가 예수를 향하여 말하기를, "랍비시여, 우리가 여기 머물러 있는 것이 좋사오니 우리가 초막(草幕) 셋을 세우되 하나는 주를 위하여, 하나는 모세를 위하여, 그리고 또 하나는 엘리야를 위하여 짓도록 허락하옵소서." 라고 말을 하는데 6 (베드로 자신도 자기가 무슨 말을 하는지를 알지 못하니 이는 그들이 그만큼이나 두려워함이더라.)

7 Then a cloud appeared and enveloped them, and a voice came from the cloud: "This is my Son, whom I love. Listen to him!" 8 Suddenly, when they looked around, they no longer saw anyone with them except Jesus. 9 As they were coming down the mountain, Jesus gave them orders not to tell anyone what they had seen until the Son of Man had risen from the dead.

7 바로 그 순간 구름 하나가 나타나, 그들을 둘러싸며 구름 속으로부터 목소리가 울려 나와 말을 하기를, "이는 내 아들이니, 그를 내가 사랑하노라. 너희는 그의 말을 들으라." 하더라. 8 그리고 그들이 주위를 둘러보니 순식간에, 예수를 제외하고는 아무도 보이지를 않게 되니라. 9 그들이 산에서 내려올 때에 예수께서 명하시기를, 인자가 죽음에서부터 도로 살아나기까지는 오늘 본 것을 아무에게도 이야기하지 말라 이르시니라.

10 They kept the matter to themselves, discussing what "rising from the dead"

meant. 11 And they asked him, "Why do the teachers of the law say that Elijah must come first?" 12 Jesus replied, "To be sure, Elijah does come first, and restores all things. Why then is it written that the Son of Man must suffer much and be rejected? 13 But I tell you, Elijah has come, and they have done to him everything they wished, just as it is written about him."

10 이에 제자들이 이 사실을 자기들 가운데에서만 두고 지키되 그러나 자기들끼리는 "죽은 자 가운데에서 일어난다는 것"이 무슨 의미인지 서로 의견을 나누며 얘기를 하더라. 11 그 후에 제자들이 예수께 한 질문을 하며 이르기를, "어찌하여 율법 교사들이 말하기를, '엘리야가 마땅히 먼저 와야 하리라' 하나이까?" 하고 물으니 12 예수께서 이르시되 "분명한 것은, 엘리야가 과연 먼저 와서 모든 것을 회복하리라 하는 것이라. 그러면 어찌하여 '인자가 반드시 많은 고난을 받고 (*사람들로부터) 거부를 당해야 하리라' 하고 기록되어 있는 것이겠느냐? 13 내가 너희에게 이르노니 사실은 엘리야가 이미 (*이 세상에) 왔었으나 성경에 기록된 대로, 사람들이 하고 싶은 그 모든 것을 이미 그에게 그렇게 행한 적이 있느니라." 라고 말씀하시니라.

14 When they came to the other disciples, they saw a large crowd around them and the teachers of the law arguing with them. 15 As soon as all the people saw Jesus, they were overwhelmed with wonder and ran to greet him. 16 "What are you arguing with them about?" he asked. 17 A man in the crowd answered, "Teacher, I brought you my son, who is possessed by a spirit that has robbed him of speech. 18 Whenever it seizes him, it throws him to the ground. He foams at the mouth, gnashes his teeth and becomes rigid. I asked your disciples to drive out the spirit, but they could not."

14 그리고 다른 제자들이 있는 곳으로 돌아오니 큰 군중의 무리가 제자들을 둘러싸고 있는 가운데, 율법교사 몇몇이 제자들과 언쟁을 벌이고 있더라. 15 사람들이 예수를 보자 마자 놀라움과 경외감에 압도되어 예수를 향해 달려 와 인사를 하니라. 16 그러나 예수께서는 이르시기를, "너희가 무엇에 관해 논쟁을 하고 있었느냐?" 하고 물으시니 17 무리 가운데 있던 한 사람이 대답하기를, "선생님이시여, 제가 제 아들을 선생님께 데리고 왔는데 이 아들은 귀신이 들려 말을 못하게 된 아이이니이다. 18 귀신이 어디서든 아들을 잡을 때면 언제나 그를 땅 바닥에다 집어던지니 아들이 입에 거품을 물고 이를 갈며 사나워지는지라, 선생님의 제자들에게 이 귀신을 제발 좀 몰아내 달라고 간청을 하였건만 그들이 능히 이 귀신을 쫓아내지 못하였나이다." 하거늘

19 "O unbelieving generation," Jesus replied, "how long shall I stay with you? How long shall I put up with you? Bring the boy to me." 20 So they brought him. When the spirit saw Jesus, it immediately threw the boy into a convulsion. He fell to the ground and rolled around, foaming at the mouth.

19 예수께서 대답하여 이르시되, "오! 이 믿지 않는 세대(世代)여, 내가 얼마나 더 오래 너희와 함께 있으며 얼마나 더 오래 너희를 참아야 하겠느냐? 그 아이를 내게로 데려오라." 하시매 20 그들이 그 아이를 데리고 오니라. 그러나 그 귀신이 예수를 보자마자 즉시 아이로 하여금 심한 경련을 일으키게 하니 아이가 땅에 내팽겨쳐져 몸을 구르며 입가에는 거품을 흘리더라.

21 Jesus asked the boy's father, "How long has he been like this?" 22 "From childhood," he answered. "It has often thrown him into fire or water to kill him. But if you can do anything, take pity on us and help us." 23 "'If you can'?" said Jesus. "Everything is possible for him who believes." 24 Immediately the boy's father exclaimed, "I do believe; help me overcome my unbelief!"

21 예수께서 그 아이 아버지에게 물으시되 "이 아이가 언제부터 이렇게 되었느냐?" 하시니 22 그가 이르되 "아이가 아주 어릴 때부터니이다. 귀신이 그를 죽이려고 자주 불 가운데에도 집어던지고 물에도 빠뜨리곤 하였나이다. 그러니 무엇을 하실 수 있거든 우리를 불쌍히 여기시고 저희를 도와주시옵소서."

하니, 23 예수께서 이르시기를, "'할 수 있거든' 이라고?" 하시고, 또, "믿는 자에게는 그 모든 것이 가능
하느니라." 하시니 24 즉각, 그 아이의 아버지가 소리를 지르며 말을 하기를 "제가 믿나이다; 저의 불신
을 극복토록 저를 도와주소서!" 하더라.

25 When Jesus saw that a crowd was running to the scene, he rebuked the evil spirit. "You deaf and mute spirit," he said, "I command you, come out of him and never enter him again."
26 The spirit shrieked, convulsed him violently and came out. The boy looked so much like a corpse that many said, "He's
dead."
27 But Jesus took him by the hand and lifted him to his feet, and he
stood up.
28 After Jesus had gone indoors, his disciples asked him privately,
"Why couldn't we drive it out?"
29 He replied, "This kind can come out only by prayer."

25 사람들이 이 광경을 구경하려고 몰려드는 것을 예수께서 보시고 그 사악한 영 곧 귀신을 향해 꾸짖
어 이르시되 "이 귀 멀고 벙어리 된 귀신아! 내가 네게 명하노니, 그 아이로부터 썩 나와서 다시는 들어
가지 말라!" 하시매
26 그 귀신이 비명 소리를 지르며 그 아이를 또다시 심한 경련을 일으키게 하고서는
나가는데 그 아이가 마치 죽은 사람처럼 보이니 이에 사람들이 "애가 죽었구나." 하고 말을 하니라.
27
그러나 예수께서 아이의 손을 잡아 일으키시니 아이가 자기 발로 일어서더라.
28 나중에 예수께서 집안
으로 들어오셨을 때에 제자들이 조용히 예수께 묻기를, "우리는 어찌하여 그 귀신을 쫓아내지 못하였나
이까?" 하매,
29 예수께서 이르시되 "이런 종류는 오직 기도로써만 내보낼 수 있느니라." 하시니라.

30 They left that place and passed through Galilee. Jesus did not want anyone
to know where they were,
31 because he was teaching his disciples. He said
to them, "The Son of Man is going to be betrayed into the hands of men. They
will kill him, and after three days he will rise."
32 But they did not understand
what he meant and were afraid to ask him about it.

30 그리고 그 곳을 떠나 갈릴리를 지나가시며 예수께서는 자신과 제자들이 머물고 있는 곳을 아무도 모
르게 되기를 바라시니
31 그 이유는 (*그 때까지) 제자들을 가르치고 계시던 까닭이더라. 예수께서 제자
들에게 말씀하시기를, "인자가 사람들의 손에 넘겨져 배신을 당하리니, 그들이 인자를 죽이겠고, 인자
는 사흘 후에 도로 살아나리라." 하시더라.
32 그러나 제자들은 예수께서 말씀하신 바, 그 의미를 깨닫
지를 못하고 또 차마 그에 관해 다시 묻기도 두려워하더라.

33 They came to Capernaum. When he was in the house, he asked them,
"What were you arguing about on the road?"
34 But they kept quiet because on
the way they had argued about who was the greatest.

33 예수와 제자들이 카버나움에 이르니라. 예수께서 어느 한 집에 들어 머물고 계신 중에 제자들에게
물으시기를, "너희가 오는 도중에 서로 토론한 내용이 무엇에 관해서 한 것이냐?" 하시는데
34 그들이
말없이 잠잠히 있으니 이는 오는 길 도중에 자기들 중 누가 가장 위대하냐 하고 서로 논쟁하였음이더라.

35 Sitting down, Jesus called the Twelve and said, "If anyone wants to be first,
he must be the very last, and the servant of all."
36 He took a little child and
had him stand among them. Taking him in his arms, he said to them,
37
"Whoever welcomes one of these little children in my name welcomes me; and
whoever welcomes me does not welcome me but the one who sent me."

35 이에 예수께서 자리에 앉으신채 그 열두 제자들을 부르시고 말씀하시기를, "누구든지 첫째가 되고
자 하는 자는 제일 끝자리 사람이 되며 모든 사람을 섬기는 하인이 되어야 하느니라." 하시고
36 어린
아이 하나를 데려다가 그들 가운데 세우시고 그 아이를 팔로 안으시며 제자들에게 이르시기를,
37 "누
구든지 이와 같은 어린아이 하나를 내 이름으로 영접하면 그 사람은 곧 나를 영접함이요; 누구든지 나를
영접하는 그 사람은 나를 영접함이 아니요, 나를 보내신 이를 영접함이니라." 하시더라.

38 "Teacher," said John, "we saw a man driving out demons in your name and we told him to stop, because he was not one of us." 39 "Do not stop him," Jesus said. "No one who does a miracle in my name can in the next moment say anything bad about me, 40 for whoever is not against us is for us.

38 그러자 요한이 예수를 향하여 말하기를, "선생님, 어떤 사람이 선생님의 이름으로 귀신들을 내어 쫓는 것을 우리가 보았는데 우리가 그를 그리하지 못하도록 막았으니 그가 우리 중 하나도 아니었나이다." 하니, 39 예수께서 이르시되 "그를 막지 말라. 누구든 나의 이름으로 기적(奇蹟)을 행하는 자로서 그 다음 순간에 나에 대해 나쁜 말을 할 자가 없느니라. 40 누구든 우리를 반대하지 않는 자는 우리를 위하는 자니라.

41 I tell you the truth, anyone who gives you a cup of water in my name because you belong to Christ will certainly not lose his reward. 42 And if anyone causes one of these little ones who believe in me to sin, it would be better for him to be thrown into the sea with a large millstone tied around his neck.

41 내가 너희에게 진실을 말하노니, 누구든, 너희가 그리스도에게 속한 자라는 이유로 내 이름으로 너희에게 물 한 컵이라도 주는 그 사람은 자기가 받을 상(賞)을 결코 잃지 않으리라. 42 그리고 또 누구든지, 나를 믿는 이 작은 아이들 중 하나라도 죄를 짓게 만드는 그 사람은 차라리 자기 목에 큰 맷돌을 매어 두르고 바다에 던지워지는 것이 나으리라.

43 If your hand causes you to sin, cut it off. It is better for you to enter life maimed than with two hands to go into hell, where the fire never goes out. 44
(BLANK) 45 And if your foot causes you to sin, cut it off. It is better for you to enter life crippled than to have two feet and be thrown into hell. 46 (BLANK)
47 And if your eye causes you to sin, pluck it out. It is better for you to enter the kingdom of God with one eye than to have two eyes and be thrown into hell, 48 where 'their worm does not die, and the fire is not quenched.'

43 만일 네 손이 너를 죄를 짓게 만들거든 그 손을 잘라내버리라. (*손 없는) 장애자로 생명에 들어가는 것이 두 손을 가지고 꺼지지 않는 불이 타오르는 지옥에 들어가는 것보다 나으니라. 44 (없음) 45 그리고 만일 네 발이 너로 하여금 죄를 짓게 하거든 그 발을 잘라내버리라. 불구자로 생명에 들어가는 것이 두 발을 가지고 지옥에 던져지는 것보다 나으니라. 46 (없음) 47 또 만일 네 눈이 너를 범죄하게 하거든 그 눈을 뽑아내버리라. 한 쪽 눈을 가지고 하나님의 나라에 들어가는 것이 두 눈을 가지고 지옥에 던져지는 것보다 나으리니 48 거기 지옥에서는 그들의 벌레들도 죽지 않고 불도 꺼지지 아니하느니라.

49 Everyone will be salted with fire. 50 Salt is good, but if it loses its saltiness, how can you make it salty again? Have salt in yourselves, and be at peace with each other."

49 모든 사람들이 다 불로써 소금치듯 함을 받으리라. 50 소금은 좋은 것이나, 그러나 만일 소금이 자기의 짠 맛을 잃으면 무엇으로 이를 다시 짜게 하겠느냐? 그런즉, 너희는 너희 속에 소금을 지니고 있으라. 그리고 또 너희끼리는 서로 평화롭게 지내라." 하시니라.

제10장

1 Jesus then left that place and went into the region of Judea and across the Jordan. Again crowds of people came to him, and as was his custom, he taught

them. 2 Some Pharisees came and tested him by asking, "Is it lawful for a man
to divorce his wife?"

1 예수께서 그 장소를 떠나 유대 지역과 요단 강 건너편 지역으로 가시니라. 거기에서 또다시 수많은 사람들의 무리가 예수께 모여들거늘 예수께서는 늘 하시던 습관대로 역시 그들을 가르치시더라. 2 어떤 바리새인들이 나아와 예수를 시험하고자 하여 묻기를, "사람이 자기 아내와 이혼(離婚)하는 것이 법에 합당하니이까?"하니라.

3 "What did Moses command you?" he replied. 4 They said, "Moses permitted
a man to write a certificate of divorce and send her away." 5 "It was because
your hearts were hard that Moses wrote you this law," Jesus replied. 6 "But at
the beginning of creation God 'made them male and female.' 7 'For this reason
a man will leave his father and mother and be united to his wife, 8 and the two
will become one flesh.' So they are no longer two, but one. 9 Therefore, what
God has joined together, let man not separate."

3 예수께서 대답하여 이르시기를, "모세는 너희에게 어떻게 명하였느냐?" 하시니 4 그 바리새인들이 대
답하기를, "모세는 사람이 이혼 증서를 써주어 아내를 내보내는 것을 허락하였었나이다." 하매, 5 예수
께서 이르시되, "모세가 그런 율법을 너희에게 써 준 것은 너희의 마음이 그처럼 완고한 때문이라. 6 그
러나 창조를 시작하신 때로부터 하나님께서는 사람을 남자와 여자로 지으셨으니 7 이런 이유로 사람이
그 아버지 어머니를 떠나 자기의 아내와 하나로 연합하는 것이요, 8 두 사람이 한 육신(肉身)이 되는 것
이니라. 그러한즉, 이제 둘이 아니요 하나이니 9 그러므로 하나님이 연합(聯合)하여 주신 것을 사람이
나누지 못하게 할지니라." 하시더라.

10 When they were in the house again, the disciples asked Jesus about this.
11 He answered, "Anyone who divorces his wife and marries another woman
commits adultery against her. 12 And if she divorces her husband and marries
another man, she commits adultery."

10 예수와 제자들이 집안에 들어와 있을 때에 제자들이 예수께 이 문제에 관해 다시 물으니 11 이르시
되, "누구든지 그 아내와 이혼하고 다른 여자에게 다시 장가드는 자는 그 아내에 대해 간음을 행함이요,
12 또 어떤 아내든 그 남편과 이혼하고 다른 남자와 결혼하는 것 역시 간음을 행하는 것이니라." 하시더
라.

13 People were bringing little children to Jesus to have him touch them, but
the disciples rebuked them. 14 When Jesus saw this, he was indignant. He said
to them, "Let the little children come to me, and do not hinder them, for the
kingdom of God belongs to such as these. 15 I tell you the truth, anyone who
will not receive the kingdom of God like a little child will never enter it." 16
And he took the children in his arms, put his hands on them and blessed them.

13 사람들이 아이들을 데리고 예수께 나아와 어루만져 주시기를 바라는데, 제자들이 그들을 나무라고
(*가까이 오지 못하게) 하니 14 예수께서 이 광경을 보시고 노하시며 제자들을 향해 말씀하시기를, "어
린아이들을 내게로 오게 하고 막지 말라. 하나님의 나라가 이런 자의 것이니라. 15 내가 진실로 너희에
게 이르노니 누구든지 하나님의 나라를 이런 어린아이와 같이 받아들이지 않는 자는 결단코 거기를 들
어가지 못하리라." 하시고 16 어린아이들을 팔에 안고 그들 위에 손을 얹어 안수(按手)하시고 그들에게
복을 빌어 주시더라.

17 As Jesus started on his way, a man ran up to him and fell on his knees
before him. "Good teacher," he asked, "what must I do to inherit eternal life?"
18 "Why do you call me good?" Jesus answered. "No one is good--except God
alone. 19 You know the commandments: 'Do not murder, do not commit

adultery, do not steal, do not give false testimony, do not defraud, honor your father and mother.'" 20 "Teacher," he declared, "all these I have kept since I was a boy."

17 예수께서 (*집을 나와) 길을 행해 가실 때에 어떤 한 사람이 달려와서 예수 앞에 무릎을 꿇어앉고 묻기를, "선하신 선생님이시여, 제가 영생을 얻기 위하여 무엇을 하여야 하리이까?" 하니 18 예수께서 이르시되 "네가 어찌하여 나를 선하다 일컫느냐? 하나님 한 분 외에는–선한 이가 아무도 없느니라. 19 네가 계명들을 아나니: 곧, '살인하지 말라, 간음하지 말라, 도둑질하지 말라, 거짓으로 증언하지 말라, 속여서 빼앗지 말라, 네 아버지 어머니를 공경하라' 하였느니라" 하시니 20 그 사람이 다시 선언하듯 말을 하기를, "선생님이여, 이것은 내가 어린아이 때로부터 다 지켜 왔나이다." 하거늘,

21 Jesus looked at him and loved him. "One thing you lack," he said. "Go, sell everything you have and give to the poor, and you will have treasure in heaven. Then come, follow me." 22 At this the man's face fell. He went away sad, because he had great wealth.

21 예수께서 그를 바라보시고 그를 사랑하사, 이르시되 "네게 아직 한 가지 부족한 것이 있도다. 가서, 네가 소유하고 있는 모든 것을 다 가난한 사람들에게 주라. 그리하면 하늘 나라에서 네게 보화가 있으리라. 그리고 와서 너는 나를 따르라." 하시니 22 이 말씀에 그가 얼굴을 떨어뜨리니라. 그리고 그가 슬픈 기색을 하며 돌아가니 이는 그 사람이 심히 부자이던 까닭이더라.

23 Jesus looked around and said to his disciples, "How hard it is for the rich to enter the kingdom of God!" 24 The disciples were amazed at his words. But Jesus said again, "Children, how hard it is to enter the kingdom of God! 25 It is easier for a camel to go through the eye of a needle than for a rich man to enter the kingdom of God." 26 The disciples were even more amazed, and said to each other, "Who then can be saved?" 27 Jesus looked at them and said, "With man this is impossible, but not with God; all things are possible with God." 28 Peter said to him, "We have left everything to follow you!"

23 이에 예수께서 주위를 둘러보시며 제자들에게 말씀하시기를, "부자가 하나님의 나라에 들어가기가 얼마나 어려운고!" 하시니 24 제자들이 그 말씀에 다 놀라워하더라. 예수께서 다시 한번 더 말씀하시되 "얘들아, 하나님의 나라에 들어가기가 얼마나 어려운지! 25 부자가 하나님의 나라에 들어가는 것보다 낙타가 바늘 귀로 들어가는 것이 오히려 더 쉬우리라." 하시니 26 제자들이 더욱더 놀라 서로를 향해 말을 하기를, "그러면 누가 과연 구원을 얻을 수 있을꼬?" 하더라. 27 이에 예수께서 그들을 바라보시며 이르시되 "사람으로서는 불가능하나 그러나 하나님께는 그렇지 않으니, 하나님께는 모든 것이 가능하느니라. 28 그러자 베드로가 예수께 여쭈어 이르기를, "우리가 주를 따르기 위해 모든 것을 다 버렸나이다." 하더라.

29 "I tell you the truth," Jesus replied, "no one who has left home or brothers or sisters or mother or father or children or fields for me and the gospel 30 will fail to receive a hundred times as much in this present age (homes, brothers, sisters, mothers, children and fields--and with them, persecutions) and in the age to come, eternal life. 31 But many who are first will be last, and the last first."

29 이에 예수께서 이르시되 "내가 진실로 너희에게 이르노니 누구든 나와 그리고 복음을 위하여, 자기의 집이나 형제나 자매나 어머니나 아버지나 자식이나 또 혹은 자기의 논밭을 버린 자는 30 지금 이 시대에 백배나 더 받고 (그러나 그 집과 형제와 자매와 어머니와 자식과 논밭을 백 배나 받되 박해와 고난을 겸하여 받고,) 다가오는 세대에 영생을 받지 못할 자가 없느니라. 31 그러나 먼저 된 자들 중 많은 이들이 나중이 되고 또 한편, 나중이던 사람들로서 처음이 될 자가 많으니라." 하시더라.

32 They were on their way up to Jerusalem, with Jesus leading the way, and the disciples were astonished, while those who followed were afraid. Again he took the Twelve aside and told them what was going to happen to him. 33 "We are going up to Jerusalem," he said, "and the Son of Man will be betrayed to the chief priests and teachers of the law. They will condemn him to death and will hand him over to the Gentiles, 34 who will mock him and spit on him, flog him and kill him. Three days later he will rise."

32 예수와 제자들이 예루살렘을 향해 길을 가는데 예수께서 앞장을 서서 걸어가시니 제자들이 다 놀라워하고, 또 그 따르는 사람들은 두려워하더라. 예수께서 다시 그 열두 제자만 한 켠으로 데리고 가서 그들에게 장차 무슨 일이 자기에게 일어날지에 대해 설명을 해 주시니라. 33 이르시되, "우리가 이제 예루살렘으로 올라가나니, 인자가 거기서 우두머리 제사장들과 율법교사들에 의해 배신을 당하리라. 그들이 인자(人子)에게 사형 판결을 내리고 이방인의 손에 인자를 넘겨주리니 34 이방인들이 인자를 모욕하고, 그에게 침을 뱉으며 그를 채찍질하고 죽이리라. 그러나 사흘 후에는 인자가 도로 살아나리라." 하시더라.

35 Then James and John, the sons of Zebedee, came to him. "Teacher," they said, "we want you to do for us whatever we ask." 36 "What do you want me to do for you?" he asked. 37 They replied, "Let one of us sit at your right and the other at your left in your glory."

35 그러자, 야고보와 요한 곧, 세베대의 아들들이 예수께 다가와 말을 하기를, "선생님이여, 무엇이든 우리가 구하는 그것을 주께서 우리에게 행하여 주시기를 원하나이다." 하거늘, 36 예수께서 이르시되 "내가 무엇을 너희에게 하여 주기를 원하느냐?" 하시니 37 그 둘이 대답하기를, "우리 중 하나는 주의 우편에, 그리고 다른 하나는 주의 좌편에, 당신의 영광 가운데 앉게 하여 주옵소서." 하더라.

38 "You don't know what you are asking," Jesus said. "Can you drink the cup I drink or be baptized with the baptism I am baptized with?" 39 "We can," they answered. Jesus said to them, "You will drink the cup I drink and be baptized with the baptism I am baptized with, 40 but to sit at my right or left is not for me to grant. These places belong to those for whom they have been prepared."

38 이에 예수께서 대답하여 이르시되 "너희는 지금 너희가 무엇을 구하는지를 알지도 못하는도다. 내가 마시는 그 잔을 너희가 마실 수 있겠으며 내가 받는 그 세례를 너희가 받을 수 있겠느냐?" 하시니 39 그들이 대답하기를, "우리가 다 할 수 있나이다." 하니 예수께서 다시 이르시되, "너희가 과연 내가 마시는 잔을 마시며, 내가 받는 세례를 (*장차) 받으려니와 40 그러나 내 우편과 좌편에 누가 앉느냐 하는 것은 내가 결정하는 것이 아니요, 그 자리는 누구든 그 자리에 (*합당하게) 준비된 그 사람에게 속한 고로, (*예비된) 그들에게 돌아가리라." 하시니라.

41 When the ten heard about this, they became indignant with James and John. 42 Jesus called them together and said, "You know that those who are regarded as rulers of the Gentiles lord it over them, and their high officials exercise authority over them. 43 Not so with you. Instead, whoever wants to become great among you must be your servant, 44 and whoever wants to be first must be slave of all. 45 For even the Son of Man did not come to be served, but to serve, and to give his life as a ransom for many."

41 다른 열 제자들이 이 일을 전해 듣고 야고보와 요한에 대하여 분개해 하거늘, 42 예수께서 그들을 모두 함께 불러다가 말씀하시기를, "너희들이 알고 있는 것처럼, 이방인들은 그 통치자로 여겨지는 자가 백성들 위에 군림하며, 그 고위 관리들 역시 백성들 위에서 권세를 부리는 것이지만, 43 너희 중에는 그렇지 않으니 너희 중에 누구든지 위대하고자 하는 자는 반드시 너희들을 섬기는 하인이 되고 44 너희 중에 누구든지 으뜸이 되고자 하는 자는 모든 사람의 종이 되어야 하리라. 45 인자 역시 섬김을 받으려

온 것이 아니요, 섬기려 왔으니 곧, 자기의 생명을 모든 사람을 위한 몸값으로 주려고 왔음이니라." 하시니라.

46 Then they came to Jericho. As Jesus and his disciples, together with a large crowd, were leaving the city, a blind man, Bartimaeus (that is, the Son of Timaeus), was sitting by the roadside begging. 47 When he heard that it was Jesus of Nazareth, he began to shout, "Jesus, Son of David, have mercy on me!"
48 Many rebuked him and told him to be quiet, but he shouted all the more, "Son of David, have mercy on me!"

46 예수와 그 일행이 제리코(여리고)에 도착을 하니라. 예수와 제자들이 큰 군중의 무리와 함께 그 도시를 떠나가는데, 그 때에 바르티매우스 곧, 바디매오라 하는 한 맹인이 (그 이름의 뜻은 티매우스의 아들이라는 의미라) 길가에서 구걸을 하며 앉아 있었더라. 47 (*자기 앞을 지나가는) 그 분이 나사렛 예수시란 말을 듣고 바디매오가 큰 소리를 지르며 외치기를, "다윗의 자손 예수여, 나를 불쌍히 여기소서!" 하
거늘 48 사람들이 그를 꾸짖어 조용히 하라 하되 그가 더욱 크게 소리 질러 이르되 "다윗의 자손이여, 나를 불쌍히 여기소서!" 하는지라

49 Jesus stopped and said, "Call him." So they called to the blind man, "Cheer up! On your feet! He's calling you." 50 Throwing his cloak aside, he jumped
to his feet and came to Jesus. 51 "What do you want me to do for you?" Jesus
asked him. The blind man said, "Rabbi, I want to see." 52 "Go," said Jesus, "your faith has healed you." Immediately he received his sight and followed Jesus along the road.

49 예수께서 가는 길을 멈추고 말씀하시기를, "저 사람을 불러오라." 하시니 사람들이 그 맹인을 불러 "기뻐하라! 그가 너를 부르시니, 네 발로 일어나라." 하매 50 그가 자기 겉옷을 던져 버리고, 자기 발로 껑충 일어나서 예수께 나아오더라. 51 예수께서 그에게 물어 이르시기를, "네게 무엇을 하여 주기를 원
하느냐?" 하시니 그 맹인이 이르기를 "랍비시여, 제가 보기를 원하나이다." 하거늘 52 예수께서 이르시
되 "가라, 네 믿음이 너를 낫게 하였느니라." 하시는데 그가 곧 자기의 시력(視力)을 받고 (*보게 되어) 예수를 따라 길을 행하며 걸어가더라.

제11장

1 As they approached Jerusalem and came to Bethphage and Bethany at the Mount of Olives, Jesus sent two of his disciples, 2 saying to them, "Go to the village ahead of you, and just as you enter it, you will find a colt tied there, which no one has ever ridden. Untie it and bring it here. 3 If anyone asks you, 'Why are you doing this?' tell him, 'The Lord needs it and will send it back here shortly.' "

1 예수와 제자들의 일행이 예루살렘에 가까이 이르러 올리브산기슭에 있는 벳파게와 베타니에 이르매, 예수께서 제자 중 두 사람을 앞서 보내시며 2 이르시되 "너희들 앞에 있는 마을로 들어가라. 마을 입구에 들어서자 마자 거기 줄에 매여 있는 나귀 새끼를 발견하리니, 아직 아무도 타 보지 않은 새끼 나귀라, 그 줄을 풀어 끌고 오라. 3 만일 누가 '왜 이런 일을 하느뇨?' 하고 묻거든, '주께서 필요로 하신다' 라고 대답하라. 그러면 그가 곧 보내 주리라." 하시니라.

4 They went and found a colt outside in the street, tied at a doorway. As they
untied it, 5 some people standing there asked, "What are you doing, untying

that colt?" 6 They answered as Jesus had told them to, and the people let them
go.

4 제자들이 가서, (*말씀하신 그대로) 길가에서 문 어귀에 매여 있는 나귀 새끼를 발견하고 그 묶인 것을
푸는데, 5 거기 서 있던 사람들이 묻기를, "어쩌려고 그 나귀 새끼를 풀어내느냐?" 하거늘, 6 제자들이
예수께서 이르신 대로 대답을 하니 그 사람들이 제자들을 (*나귀를 데리고) 가게 하더라.

7 When they brought the colt to Jesus and threw their cloaks over it, he sat
on it. 8 Many people spread their cloaks on the road, while others spread
branches they had cut in the fields. 9 Those who went ahead and those who
followed shouted, "Hosanna!" "Blessed is he who comes in the name of the
Lord!" 10 "Blessed is the coming kingdom of our father David!" "Hosanna in the
highest!"

7 이에 그들이 나귀 새끼를 예수께로 끌고 와서 자기들의 겉옷을 그 위에 얹어 놓으니 예수께서 이에 올
라타시더라. 8 또 수많은 사람들이 자기들의 겉옷을 벗어 길에다 펼쳐 놓기도 하고 다른 사람들은 들
에서 베어 낸 나뭇가지를 길 위에다 벌려 놓기도 하는데 9 앞에 서서 가던 사람이나 뒤 따라가는 사람
들 모두가 소리 내어 외치기를 "호산나!" 라 하고 또, "주의 이름으로 오시는 이에게 복이 있을지어다."
하기도 하며 10 또, "복이 있을지어다. 우리 조상 다윗의 나라가 다가 옴이여!" "가장 높은 곳에서 호산
나!" 라고들 하더라.

11 Jesus entered Jerusalem and went to the temple. He looked around at
everything, but since it was already late, he went out to Bethany with the
Twelve. 12 The next day as they were leaving Bethany, Jesus was hungry. 13
Seeing in the distance a fig tree in leaf, he went to find out if it had any fruit.
When he reached it, he found nothing but leaves, because it was not the
season for figs. 14 Then he said to the tree, "May no one ever eat fruit from
you again." And his disciples heard him say it.

11 예수께서는 예루살렘에 들어오시자 (*곧장) 성전으로 가시니라. 그리고 성전에 있는 모든 것을 둘러
보시더니 날이 이미 많이 기울었으므로 열 두 제자와 함께 (*예루살렘에서 거리가 가까운) 베타니로 가
시니라. 12 그 이튿날 일행이 베타니에서 떠나 나오는데 예수께서 시장기를 느끼신지라 13 멀리에서
보니 무화과나무 한 그루가 있고 그 잎새들이 보이거늘, 열매가 있나 하고 그 나무에 이르러 보니 아직
열매 맺을 때가 아니므로 잎들 외에는 아무 것도 없는지라, 14 이에 그 나무를 향해 말씀하시기를, "이
제부터 다시는 사람들이 네게서 열매를 따 먹지 못하리라." 하시니 제자들이 이런 말씀하시는 것을 들
었더라.

15 On reaching Jerusalem, Jesus entered the temple area and began driving
out those who were buying and selling there. He overturned the tables of the
money changers and the benches of those selling doves, 16 and would not
allow anyone to carry merchandise through the temple courts. 17 And as he
taught them, he said, "Is it not written: " 'My house will be called a house of
prayer for all nations' ? But you have made it 'a den of robbers.' "

15 예루살렘에 도착하자 예수께서는 성전 구역으로 곧장 들어가시어 거기에서 물건들을 사고 팔던 사
람들을 죄다 쫓아내버리기 시작하시는데, 화폐 교환하는 사람들의 테이블을 엎어 버리시고, 비둘기 파
는 사람들이 앉은 의자도 둘러 엎으시며 16 누구든, 사고 파는 물건을 지니고 성전 마당을 지나 다니는
것을 허락하지 아니하시더라. 17 그리고 그들을 가르쳐 이르시기를, "(*성경에) 기록되어 있기를: '나의
집은 모든 민족을 위한 기도하는 집이라 불리우리라' 하지 않았느냐? 그런데 너희는 이 전(殿)을 도둑들
의 소굴로 만들었도다." 하시니라.

18 The chief priests and the teachers of the law heard this and began looking

for a way to kill him, for they feared him, because the whole crowd was
amazed at his teaching. **19** When evening came, they went out of the city.

18 우두머리 제사장들과 율법 교사들이 이 일을 전해 듣고 예수를 죽일 방도를 찾기 시작하니 이는 그들이 예수를 두려워하던 까닭이기도 하고, 또 모든 군중이 그의 가르침에 탄복을 하던 까닭이기도 하더라.
19 날이 저물자 예수와 제자 일행은 도로 도시 밖으로 나가니라.

20 In the morning, as they went along, they saw the fig tree withered from the
roots. **21** Peter remembered and said to Jesus, "Rabbi, look! The fig tree you
cursed has withered!" **22** "Have faith in God," Jesus answered. **23** "I tell you
the truth, if anyone says to this mountain, 'Go, throw yourself into the sea,' and does not doubt in his heart but believes that what he says will happen, it
will be done for him. **24** Therefore I tell you, whatever you ask for in prayer,
believe that you have received it, and it will be yours. **25** And when you stand
praying, if you hold anything against anyone, forgive him, so that your Father in heaven may forgive you your sins." **26** (BLANK)

20 그 다음 날 아침이 되어 그들이 길을 가는 도중에 (*어제, 예수께서 저주하신) 그 무화과나무가 뿌리로부터 말라 있는 것을 보게 되니
21 베드로가 (*어제 일을) 기억을 하고 예수께 여쭙기를, "랍비여, 보소서! 주께서 저주하신 저 무화과나무가 이처럼 말라 버렸나이다." 하니
22 예수께서 대답하여 이르시기를 "하나님 안에서 믿음을 가지라.
23 내가 진실로 너희에게 이르노니 누구든 이 산을 향해 말하기를, '갈지어다, 너는 바다로 던지워지라' 하고 조금도 이를 의심하지 아니하고 그 마음에 자기가 말한 것이 그대로 일어날 줄로 믿으면, 그것이 그를 위해 그렇게 이루어지리라.
24 그러므로 내가 너희에게 말하노니, 무엇이든지 너희가 기도 중에 구한 것은 이미 받은 줄로 믿으라. 그리하면 그것이 너희 것이 되리라.
25 그리고 너희가 서서 기도할 때에 만일 그 누구를 향해 무엇이든 마음에 거리껴지는 바가 있으면, 너희는 그를 용서하라, 그리하면 하늘에 계신 너희 아버지께서도 너희의 죄를 용서하시리라." 하시니라.
26 (없음)

27 They arrived again in Jerusalem, and while Jesus was walking in the temple
courts, the chief priests, the teachers of the law and the elders came to him.
28 "By what authority are you doing these things?" they asked. "And who gave
you authority to do this?" **29** Jesus replied, "I will ask you one question. Answer
me, and I will tell you by what authority I am doing these things. **30** John's
baptism--was it from heaven, or from men? Tell me!"

27 예수와 제자들이 다시 예루살렘에 도착을 하여 예수께서 성전 마당을 거닐고 계시는 동안에 우두머리 제사장들과 율법 교사들과 장로들이 예수께 다가와
28 이르되 "당신이 무슨 권위로 이런 일들을 행하느냐? 그리고 누가 당신께 이런 일을 하라고 권세를 주었느냐?" 하니
29 예수께서 대답하여 이르시기를, "나도 한 가지 질문을 할 것인즉 내게 대답하라. 그리하면 내가 무슨 권세로 이런 일을 행하는지 말을 해 주리라.
30 요한의 세례가 하늘로부터 온 것이냐? 아니면 사람으로부터 난 것이냐? 내게 말하라." 하시매

31 They discussed it among themselves and said, "If we say, 'From heaven,' he
will ask, 'Then why didn't you believe him?' **32** But if we say, 'From men'...."
(They feared the people, for everyone held that John really was a prophet.) **33**
So they answered Jesus, "We don't know." Jesus said, "Neither will I tell you by
what authority I am doing these things."

31 그들이 자기들끼리 토론하며 말하기를, "만일 우리가 '하늘로부터라–' 하면 '그러면 왜 너희들은 그를 믿지 않았느냐?' 라 할 것이요,
32 만일 우리가 답하기를, '사람으로부터라' 하면" –(*백성이 가만 있지 않을 것이라) (그들이 백성들을 이처럼 두려워하니, 이는 모든 사람들이 요한을 진정한 선지자로 생각하고 있던 까닭이라.)
33 이에 그들이 예수께 대답을 하기를, "우리는 알지 못하겠노라." 하니 예수께

서 말씀하시기를, "나도 내가 무슨 권위로 이런 일들을 행하는지 너희에게 말해주지 아니하리라." 하시
더라.

제12장

1 He then began to speak to them in parables: "A man planted a vineyard. He
put a wall around it, dug a pit for the winepress and built a watchtower. Then
he rented the vineyard to some farmers and went away on a journey. 2 At
harvest time he sent a servant to the tenants to collect from them some of the
fruit of the vineyard.

1 그리고는 그들을 향해 비유(比喩)를 들어 말씀을 하시기를, "어떤 사람이 포도 나무를 심고 포도원을
조성하고 이에 울타리로 두르고, 포도 즙을 짜낼 구덩이도 파고 또 오두막 망대도 세웠느니라. 그리고
이 포도원을 농부 몇 사람에게 세를 주고 자기는 먼 여행길에 올랐느니라. 2 추수 때가 되어 그 포도원
주인이 임차인인 농부들에게 포도원의 소출 얼마를 받아 오라고 한 하인을 보내었는데

3 But they seized him, beat him and sent him away empty-handed. 4 Then he
sent another servant to them; they struck this man on the head and treated
him shamefully. 5 He sent still another, and that one they killed. He sent many
others; some of them they beat, others they killed.

3 농부들이 그 하인을 붙잡아 때리고 빈손으로 돌려보내었느니라. 4 그러자 그 주인이 이번에는 다른
하인을 그들에게 보내니; 그 농부들이 이 사람 역시 그 머리를 때리고 심히 모욕적인 처사를 하거늘 5
그 주인이 (*세 번째로) 또다시 다른 하인을 보내었는데 이번에는 그들이 이 하인을 아예 죽여 버렸느니
라. 이에 이번에는 여러 명의 하인들을 함께 보내니 그 중 어떤 하인은 심히 얻어 맞고 어떤 하인들은 그
들에게 맞아 죽었는지라.

6 He had one left to send, a son, whom he loved. He sent him last of all,
saying, 'They will respect my son.' 7 But the tenants said to one another, 'This
is the heir. Come, let's kill him, and the inheritance will be ours.' 8 So they
took him and killed him, and threw him out of the vineyard. 9 What then will
the owner of the vineyard do? He will come and kill those tenants and give the
vineyard to others.

6 그가 이제 단 한 사람 보낼 이가 남았으니 곧, 자기가 사랑하는 아들이라. 그 주인이 자기 아들을 마지
막으로 보내며 말하기를, '그들이 나의 아들은 존대하리라.' 하였더라. 7 그러나 그 임차인 농부들이 서
로 말을 하기를, '이 자가 그 상속인이로다. 오라, 우리가 그를 죽여 버리자. 그러면 그 유산이 우리의 것
이 되리라.' 하고 8 이에 그 아들을 붙잡아 죽여 버리고 그를 포도원 바깥에다 던져 버렸느니라. 9 그러
면 이 포도원 주인이 이들을 어떻게 처치하겠느냐? 그가 직접 와서 그 농부들을 다 죽이고 그 포도원은
다른 사람들에게 내어줄 것이라.

10 Haven't you read this scripture: 'The stone the builders rejected has become
the capstone; 11 the Lord has done this, and it is marvelous in our eyes'?" 12
Then they looked for a way to arrest him because they knew he had spoken
the parable against them. But they were afraid of the crowd; so they left him
and went away.

10 너희가 이런 성경 구절을 읽어 본 적이 없느냐: 곧, 이르기를, '건축자들이 버린 그 돌이 모퉁이의 머
릿돌이 되었도다; 11 이는 주 하나님께서 하신 일이니, 우리 눈으로 보기에 기이하도다.' 하는 말이라."

하시더라. 12 이에 그들 곧, 우두머리 제사장들과 율법 교사들이 예수를 체포하여 가둘 방도를 모색하
기 시작하니 이는 이 비유가 자신들을 대적하여 한 말인 줄을 모두가 깨달은 때문이더라. 그러나 그들이
백성의 무리를 두려워하였으므로, 예수를 그냥 두고 떠나가니라.

13 Later they sent some of the Pharisees and Herodians to Jesus to catch him
in his words. 14 They came to him and said, "Teacher, we know you are a man
of integrity. You aren't swayed by men, because you pay no attention to who
they are; but you teach the way of God in accordance with the truth. Is it right
to pay taxes to Caesar or not? 15 Should we pay or shouldn't we?" 16 But Jesus
knew their hypocrisy. "Why are you trying to trap me?" he asked. "Bring me
a denarius and let me look at it." They brought the coin, and he asked them,
"Whose portrait is this? And whose inscription?" "Caesar's," they replied. 17
Then Jesus said to them, "Give to Caesar what is Caesar's and to God what is
God's." And they were amazed at him.

13 그 후에, 그들이 바리새인과 헤롯당파 중에서 몇 사람을 예수께 보내니 이는 예수의 말 가운데에서
꼬투리를 잡아내려 함이더라. 14 이에 그들이 예수께 와서 말하기를, "선생이시여, 우리가 알기로 당신
은 고결한 분이시라, 사람에 의해 휘둘리지 아니하시니 이는 당신께서 상대가 누구인지, 그리고 뭐하는
사람인지를 개의(介意)치 아니하시는 까닭이로소이다. 그리고 당신은 오직 진리에 입각(立脚)하여 하나
님의 길만을 가르치는 분이시니이다. 그런데 우리가 카이사르(황제)에게 세를 바치는 것이 옳으니이까?
잘못된 일이니이까? 15 우리가 이 세(稅)를 바쳐야 하리이까, 아니면 중단하리이까?" 하거늘, 예수께서
그들의 이런 위선(僞善)을 아시고 이르시되 "너희가 어찌 나를 함정에 빠뜨리려 하느냐?" 하시고, 말씀
하시기를, "데나리온 하나를 가져다가 내게 보여줘 보라." 하시니라. 16 이에 그들이 동전 하나를 가져
오매 예수께서 그들에게 다시 물어 이르시되 "이 초상이 누구의 것이냐? 그리고 누구의 명문(銘文)이 여
기 새겨져 있느냐?" 하시니 그들이 대답하기를, "카이사르의 초상(肖像)과 명문이니이다." 하매, 17 예
수께서 이르시되 "그런즉, 카이사르의 것은 카이사르에게 내어주고, 하나님의 것은 하나님께 바칠지어
다." 하시니, 그들이 예수께 대하여 매우 경이롭게 생각하더라.

18 Then the Sadducees, who say there is no resurrection, came to him with a
question. 19 "Teacher," they said, "Moses wrote for us that if a man's brother
dies and leaves a wife but no children, the man must marry the widow and
have children for his brother.

18 그러자 이번에는 '부활은 원래 없다' 라고 주장하는 사두개인들이 예수께 와서 질문을 하기를, 19
"선생님이시여, 모세가 우리에게 율법을 써 주기를, 만일 어떤 사람의 형이 자식을 낳지 못한채 그 아내
를 두고 죽으면 동생이 그 과부와 결혼하여 자기 죽은 형을 위하여 자녀를 낳으라 하였나이다.

20 Now there were seven brothers. The first one married and died without
leaving any children. 21 The second one married the widow, but he also died,
leaving no child. It was the same with the third. 22 In fact, none of the seven
left any children. Last of all, the woman died too. 23 At the resurrection whose
wife will she be, since the seven were married to her?"

20 어떤 칠 형제가 살고 있었는데 그 맏이가 결혼하였다가 자녀를 두지 못하고 죽고 21 그 둘째가 그
과부와 결혼하였는데 이도 자식을 남기지 못하고 죽었나이다. 셋째도 역시 이렇게 죽고 22 일곱 형제가
다 그리하였으나 결국은 아무도 자식을 낳지 못하였나이다. 그리고 마침내 이 여자도 죽었는데, 23 이
렇게 그 일곱 사람이 다 한 여인과 결혼하였으니, 부활 때에는 이 여인이 누구의 아내가 되리이까?" 하
거늘,

24 Jesus replied, "Are you not in error because you do not know the Scriptures
or the power of God? 25 When the dead rise, they will neither marry nor be
given in marriage; they will be like the angels in heaven. 26 Now about the

dead rising--have you not read in the book of Moses, in the account of the bush, how God said to him, 'I am the God of Abraham, the God of Isaac, and the God of Jacob' ? **27** He is not the God of the dead, but of the living. You are badly mistaken!"

24 예수께서 대답하여 이르시되 "너희가 성경도 알지 못하고 하나님의 능력도 알지 못하므로 잘못 알고 있는 상황이 아니냐? **25** 죽은 자들이 도로 살아날 때에는 사람이 장가도 아니 가고 시집도 아니 가나니; 하늘에 있는 천사들과 같아지는 것이라. **26** 이제 '죽은 자가 살아난다는 것에 대해 말을 하자면-모세의 책 중에 관목 덤불에 관한 대목에서 하나님께서 모세에게 어떻게 말씀하셨는지를 너희가 읽어 보지 못하였느냐? 곧, 하나님께서 모세에게 이르시기를, '나는 아브라함의 하나님이요, 이삭의 하나님이요, 야곱의 하나님이라' 하신 말씀이니라. **27** 그런즉, 하나님께서는 죽은 사람의 하나님이 아니요, 살아 있는 사람의 하나님이시니라. 너희가 크게 오해(誤解)하고 있도다." 하시니라.

28 One of the teachers of the law came and heard them debating. Noticing that Jesus had given them a good answer, he asked him, "Of all the commandments, which is the most important?" **29** "The most important one," answered Jesus, "is this: 'Hear, O Israel, the Lord our God, the Lord is one. **30** Love the Lord your God with all your heart and with all your soul and with all your mind and with all your strength.' **31** The second is this: 'Love your neighbor as yourself.' There is no commandment greater than these."

28 율법 교사 중 하나가 마침 와서 그 토론하는 내용을 듣고 있더니 그가 보기에 예수께서 더 바랄 나위 없이 잘 답변하신 것을 알고, 이에 그 역시 예수께 한 가지 질문을 하며 이르기를, "모든 계명(誡命) 중에서 가장 중요한 계명이 무엇이니이까?" 하니 **29** 예수께서 대답하시기를, "가장 중요한 계명은 이것이니: '오! 이스라엘아, 들으라! 우리 주 하나님 곧, 하나님께서는 오직 한 분, 유일하신 분이시라. **30** 그런즉 네 마음을 다하고 네 혼을 다하고 네 마음을 다하고 그리고 또 네 힘을 다하여 주(主) 되신 너의 하나님을 사랑하라' 하신 것이요, **31** 둘째는 이것이니: 곧, '네 이웃을 네 자신과 같이 사랑하라' 하신 것이라, 이보다 더 큰 계명이 없느니라." 하시더라.

32 "Well said, teacher," the man replied. "You are right in saying that God is one and there is no other but him. **33** To love him with all your heart, with all your understanding and with all your strength, and to love your neighbor as yourself is more important than all burnt offerings and sacrifices." **34** When Jesus saw that he had answered wisely, he said to him, "You are not far from the kingdom of God." And from then on no one dared ask him any more questions.

32 이에 그 율법 교사가 이르기를, "선생님, 참 잘 말씀하셨나이다. 하나님은 오직 한 분이시요 그 외에 다른 이가 없다 하셨으니 선생님께서 진정 참되게 말씀하셨나이다. **33** 과연, 마음을 다하고 지혜를 다하고 힘을 다하여 하나님을 사랑하는 것과 또 이웃을 자기 자신과 같이 사랑하는 것이 모든 번제(燔祭)와 여타 다른 희생(犧牲) 제사(祭祀)보다도 훨씬 더 중요한 것이니이다." **34** 그 사람이 이처럼 슬기롭게 대답함을 예수께서 보시고 이르시되 "네가 하나님의 나라로부터 멀리 있지 아니하도다." 하시니 그 후로부터는 누구도 감히 더 질문을 하는 자가 없더라.

35 While Jesus was teaching in the temple courts, he asked, "How is it that the teachers of the law say that the Christ is the son of David? **36** David himself, speaking by the Holy Spirit, declared: " 'The Lord said to my Lord: "Sit at my right hand until I put your enemies under your feet." **37** David himself calls him 'Lord.' How then can he be his son?" The large crowd listened to him with delight.

35 예수께서 성전에서 사람들을 가르치시는 동안에 사람들에게 물으시기를, "어찌하여 율법 교사들이

그리스도를 다윗의 자손(子孫)이라 하는 것이냐? 36 다윗이 성령의 이끌림에 의하여 선언(宣言)하기를:
'주(主)께서 나의 주(主)에게 말씀하시되, "내가 너의 대적들을 네 발 앞에 꿇려 앉힐 때까지 너는 내 우
편에 앉아 있으라." 하셨다' 하였느니라. 37 그러면 다윗 자신이 친히 그리스도를 주(主)라 불렀은즉 어
찌 그리스도가 다윗의 자손이 되겠느냐?" 하시니 많은 군중이 예수의 이 말을 기쁜 마음으로 듣고 있더
라.

38 As he taught, Jesus said, "Watch out for the teachers of the law. They like
to walk around in flowing robes and be greeted in the marketplaces, 39 and
have the most important seats in the synagogues and the places of honor
at banquets. 40 They devour widows' houses and for a show make lengthy
prayers. Such men will be punished most severely."

38 또 계속하여 사람들을 가르치시며 말씀하시기를, "율법 교사들을 조심하라. 그들은 길게 늘어 뜨린
옷을 입고 걸어 다니며 시장에서 사람들에게 인사 받는 것을 좋아하고, 39 회당 안에서 가장 높은 자리
에 앉는 것과 잔치 자리에서 상석(上席)에 앉는 것을 좋아하느니라. 40 그들은 과부의 집의 재산을 강
탈하며 남에게 보이기 위해 기도를 길게 하는 자들이라, 이 같은 자들이 장차, 가장 심한 징벌을 받으리
라." 하시니라.

41 Jesus sat down opposite the place where the offerings were put and
watched the crowd putting their money into the temple treasury. Many rich
people threw in large amounts. 42 But a poor widow came and put in two very
small copper coins, worth only a fraction of a penny. 43 Calling his disciples
to him, Jesus said, "I tell you the truth, this poor widow has put more into the
treasury than all the others. 44 They all gave out of their wealth; but she, out
of her poverty, put in everything--all she had to live on."

41 예수께서 성전에서, 사람들이 헌금(獻金) 넣는 장소 맞은편에 앉아 계시다가 사람들이 성전 헌금함
에 돈 넣는 것을 보고 계셨더라. 여러 돈 많은 부자들은 큰 금액의 헌금을 넣는데 42 그러나 한 가난한
과부는 와서 매우 작은 구리 동전 두개를 넣으니 일 페니의 가치에도 미치지 못하는 것이더라. 43 이에
예수께서 제자들을 불러다가 말씀하시기를, "내가 진실로 너희에게 이르노니 이 가난한 과부가 모든 사
람들보다 더 많이 헌금하였도다. 44 다른 사람들은 모두 자기의 (*풍족한) 재물 중에서 일부를 드린 것
이나, 이 과부는 가난한 가운데 자기의 모든 것을 바쳤으니, 곧 생활비 전부를 넣었느니라." 하시더라.

제13장

1 As he was leaving the temple, one of his disciples said to him, "Look,
Teacher! What massive stones! What magnificent buildings!" 2 "Do you see
all these great buildings?" replied Jesus. "Not one stone here will be left on
another; every one will be thrown down."

1 예수께서 성전을 떠나가시려 할 때에 그 제자 중 하나가 (*성전을 가리키며) 예수께 이르기를, "보소
서, 선생님이여! 이 얼마나 거대한 큰 돌들이며 또 장엄한 건축물이니이까?" 하니 2 예수께서 대답하여
이르시되 "네가 이 크고 대단한 건물들을 보느냐? 이 건물이 돌 하나도 돌 위에 남지 않고 다 무너뜨려
지겠고 모든 것이 또한 내던져지고 말리라." 하시더라.

3 As Jesus was sitting on the Mount of Olives opposite the temple, Peter,
James, John and Andrew asked him privately, 4 "Tell us, when will these things
happen? And what will be the sign that they are all about to be fulfilled?"

3 예수께서 올리브산 곧, 성전(聖殿)이 마주 바라다 보이는 곳에 앉아 계실 때에 베드로와 야고보와 요한과 안드레가 조용히 나아와 예수께 묻기를, 4 "우리에게 말해 주소서, 언제 이런 일이 모두 일어나겠나이까? 그리고 이 모든 일이 일어나려 할 때에는 무슨 징조(徵兆)들이 있겠나이까?" 하니

5 Jesus said to them: "Watch out that no one deceives you. 6 Many will come in my name, claiming, 'I am he,' and will deceive many. 7 When you hear of wars and rumors of wars, do not be alarmed. Such things must happen, but the end is still to come. 8 Nation will rise against nation, and kingdom against kingdom. There will be earthquakes in various places, and famines. These are the beginning of birth pains.

5 예수께서 이르시되, "아무도 너희들을 미혹(迷惑)하지 못하게 조심하라. 6 많은 사람이 내 이름으로 와서 주장하기를, "내가 곧 그라 하며 많은 사람을 미혹하리라. 7 너희가 또 전쟁과 전쟁이 일어났다는 소문을 들을 것이나 놀라지 말라. 그런 일이 마땅히 먼저 일어나야 할 것이로되, 그러나 그 끝은 아직도 멀었느니라. 8 한 민족이 다른 민족을 대항하여 일어나겠고, 나라가 나라를 대적하여 일어서리라. 곳곳에 지진이 있겠고 또 기근이 있으리니 이런 것들이 고통을 낳는 시작이니라.

9 "You must be on your guard. You will be handed over to the local councils and flogged in the synagogues. On account of me you will stand before governors and kings as witnesses to them. 10 And the gospel must first be preached to all nations. 11 Whenever you are arrested and brought to trial, do not worry beforehand about what to say. Just say whatever is given you at the time, for it is not you speaking, but the Holy Spirit.

9 너희는 스스로 자신의 파수꾼이 되라. 너희가 각 지역의 권세와 기관에 넘겨져 회당에서 채찍질 당할 것이니 나로 인하여서 너희가 총독과 왕들 앞에 그들을 향한 (*나의) 증인으로서 서게 되리라. 10 그리고 복음이 반드시 만국에 먼저 전파되어야 하리라. 11 너희가 체포되어 재판에 끌려 나갈 때에는 무엇을 말할까 앞질러 염려하지 말라. 그 때 너희에게 주어지는 그 말만 하라, 이는 네가 말하는 것이 아니요 성령께서 말씀하시는 것이니라.

12 "Brother will betray brother to death, and a father his child. Children will rebel against their parents and have them put to death. 13 All men will hate you because of me, but he who stands firm to the end will be saved.

12 형제가 형제를 배반하여 죽음에 내주겠고 아버지가 그 자식을 (*고발하여) 죽는 데에 내주며, 자식들이 부모를 대적하여 죽음에 이르게 하리라. 13 이 세상의 모든 사람들이 나로 인하여 너희를 미워하고 증오하리니, 그러나 끝까지 견디고 굳게 서 있는 사람은 구원을 받으리라.

14 When you see 'the abomination that causes desolation' standing where it does not belong--let the reader understand--then let those who are in Judea flee to the mountains. 15 Let no one on the roof of his house go down or enter the house to take anything out. 16 Let no one in the field go back to get his cloak.

14 너희가 저 '멸망을 부르는 가증(可憎)한 것'이 자신이 서지 못할 곳 곧, 자신에게 속하지 않은 그 곳에 서 있는 것을 보거든−읽는 자는 깨달을진저−그 때에는 유대 지역에 있는 자들은 산들을 향해 도망할지니라. 15 또 집에서 지붕 위에 있는 자는 아래로 내려가지 말고 집에 있는 무엇을 가지러 들어가지도 말고, 16 밭에 있는 자는 자기 겉옷을 가지러 돌아가지를 말지어다.

17 How dreadful it will be in those days for pregnant women and nursing mothers! 18 Pray that this will not take place in winter, 19 because those will be days of distress unequaled from the beginning, when God created the world, until now--and never to be equaled again.

17 그 날들이 임신한 여인들과 젖 먹이는 어머니들에게는 그 얼마나 무섭고 끔찍한 날들이 될 것인지!
18 그런즉, 이런 일이 겨울에 일어나지 않도록 기도하라. 19 이는 그 날들이 환난의 날이 되겠음이라.
하나님께서 이 세상을 창조하신 때 곧, 태초로부터 지금까지 이에 필적하는 환난(患難)은 없었으니 이
후에도 다시 없으리라.

20 If the Lord had not cut short those days, no one would survive. But for the
sake of the elect, whom he has chosen, he has shortened them. 21 At that time
if anyone says to you, 'Look, here is the Christ !' or, 'Look, there he is!' do not
believe it.

20 하나님께서 그 날들을 줄이지 아니하셨더라면 아무도 살아남지 못하였으리라. 그러나 뽑힌 자 곧,
선택하신 자들을 위하여 하나님께서 그 날들을 줄이고 짧게 하셨느니라. 21 그 때에 어떤 사람이 너희
에게 말하기를, '보라, 그리스도가 여기 있도다! 혹은, 보라, 저기 저 사람이 곧 그리스도라' 하여도 믿지
말라.

22 For false Christs and false prophets will appear and perform signs and
miracles to deceive the elect--if that were possible. 23 So be on your guard; I
have told you everything ahead of time. 24 "But in those days, following that
distress, " 'the sun will be darkened, and the moon will not give its light; 25 the
stars will fall from the sky, and the heavenly bodies will be shaken.'

22 거짓 그리스도들과 거짓 선지자들이 나타나서—가능하기만 하다면—선택된 자들을 미혹하게 하려
고 그 앞에서 징조들과 이적을 행하리라. 23 그러나 너희는 스스로를 경계하라. 내가 이 모든 것을 너희
에게 그 때에 앞서 (*이와 같이) 미리 말하였느니라. 24 그러나 그 날들 동안에, 곧, 그런 환난 다음에는,
'태양이 검게 어두워지며, 달도 빛을 내지 아니하겠고; 25 별들이 하늘로부터 떨어지며 하늘에 있는 실
체들이 흔들리게 되리라'

26 "At that time men will see the Son of Man coming in clouds with great
power and glory. 27 And he will send his angels and gather his elect from the
four winds, from the ends of the earth to the ends of the heavens.

26 그 때에 사람들이 인자가 구름을 타고 큰 권능과 영광으로 오는 것을 보리라. 27 그리고 그가 자신
의 천사들을 보내어 자기가 택하신 자들을 네 바람으로부터 불러 모으리니, 땅 끝으로부터 하늘 끝까지
사방에서 모으리라.

28 "Now learn this lesson from the fig tree: As soon as its twigs get tender and
its leaves come out, you know that summer is near. 29 Even so, when you see
these things happening, you know that it is near, right at the door. 30 I tell
you the truth, this generation will certainly not pass away until all these things
have happened. 31 Heaven and earth will pass away, but my words will never
pass away. 32 No one knows about that day or hour, not even the angels in
heaven, nor the Son, but only the Father. 33 Be on guard! Be alert ! You do not
know when that time will come.

28 이제, 너희는 무화과나무로부터 교훈을 배우라: 그 잔 가지가 부드러워지고 잎사귀가 나기 시작하면
여름이 가까이 온 줄을 아나니 29 이와 같이 이런 일들이 일어나는 것을 보거든 그것이 너희의 문 앞에
곧 가까이 다다른 줄로 알라. 30 내가 진실로 너희에게 말하노니 이 세대가 지나가기 전에 이 일들이 다
일어나리라. 31 하늘과 땅은 사라져 없어지겠으나 내 말은 그냥 지나가지 아니하리라 32 그러나 그 날
과 그 때는 아무도 모르나니, 하늘에 있는 천사들도 모르고, 그 아들도 모르고, 오직 아버지께서만 아시
느니라. 33 그런즉 주의하라! 깨어 있으라! 그 때가 언제 올른지 너희가 알지 못함이니라.

34 It's like a man going away: He leaves his house and puts his servants in

charge, each with his assigned task, and tells the one at the door to keep
watch. 35 "Therefore keep watch because you do not know when the owner of
the house will come back--whether in the evening, or at midnight, or when
the rooster crows, or at dawn. 36 If he comes suddenly, do not let him find you
sleeping. 37 What I say to you, I say to everyone: 'Watch!' "

34 이는 어떤 사람이 먼 길을 떠나가는 때와 같으니: 그가 집을 떠나며 자기 하인들에게 그 집을 맡기
되, 각자에게 맡겨져 있는 책무(責務)에 따라 그리하며 특히 그 문간에 있는 자에게 조심하여 잘 지키라
고 당부하는 것과 같으니라. 35 그러므로 늘 깨어 지켜보라. 이는 그 집 주인이 언제 돌아올는지–혹 저
녁 때에 올는지, 혹 한 밤중에 올는지, 아니면 새벽 닭 울 때에 올는지 네가 알지 못하는 까닭이니라. 36
그가 (*예상하지 못한 가운데) 홀연히 오실 때에 너희가 잠자고 있는 것을 보이지 않도록 하라. 37 그런
즉 내가 말하노니, 이는 너희 모두에게 하는 말이라, '너희는 깨어 있으라!" 하시니라.

제14장

1 Now the Passover and the Feast of Unleavened Bread were only two days
away, and the chief priests and the teachers of the law were looking for some
sly way to arrest Jesus and kill him. 2 "But not during the Feast," they said, "or
the people may riot."

1 때는 유월절(逾越節)과 무교절(無酵節)이 이틀 앞으로 다가온 시점인데, 우두머리 제사장들과 율법
교사들은 예수를 체포하여 죽일 방도를 찾고 있는 중이더라. 2 그들이 모여 이르되 "이 명절 기간에는
하지 말자," 하고 또 이르기를, "그리하면 백성들이 혹 폭동을 일으킬까 하노라." 하더라.

3 While he was in Bethany, reclining at the table in the home of a man known
as Simon the Leper, a woman came with an alabaster jar of very expensive
perfume, made of pure nard. She broke the jar and poured the perfume on his
head. 4 Some of those present were saying indignantly to one another, "Why
this waste of perfume? 5 It could have been sold for more than a year's wages
and the money given to the poor." And they rebuked her harshly. 6 "Leave her
alone," said Jesus. "Why are you bothering her? She has done a beautiful thing
to me.

3 그 때에 예수께서는 베타니에 머물러 계시며 시몬(사이몬)이라 하는 나병환자의 집에서 식사를 하고
계시었더라. 그 때, 어떤 한 여인이 매우 값진 향유 곧, 순수한 나드로 만든 향유를 담은 설화석고 병을
하나 들고 와서 그 병을 깨고 향유(香油)를 예수의 머리에 쏟아 부으니 4 그 자리에 있던 사람들 중 몇몇
사람들이 크게 분개하며 서로 말을 하기를, "이 무슨 낭비인고? 5 이 향유를 판다면 일년치 연봉 이상이
될 것이어늘, 이 돈을 가난한 자들에게 나누어 줄 수도 있었겠도다!" 하는지라, 6 예수께서 이르시되 "그
여인을 내버려 두라. 어찌 그를 귀찮게 하느냐? 그가 방금 나에게 아름다운 일을 행하였음이니라.

7 The poor you will always have with you, and you can help them any time
you want. But you will not always have me. 8 She did what she could. She
poured perfume on my body beforehand to prepare for my burial. 9 I tell you
the truth, wherever the gospel is preached throughout the world, what she has
done will also be told, in memory of her."

7 가난한 자들은 항상 너희와 함께 있어 너희가 언제든 원하는 때에 그들을 도울 수 있으려니와, 그러나
너희가 나와는 언제까지나 함께 있지 못하리니 8 그 여인이 방금 행한 일이 곧 자기로서 할 수 있는 일
을 하였음이라. 그리고, 내 몸에 향유를 부음으로 그가 나의 장례를 미리 준비하였느니라. 9 내가 진실

을 너희에게 말하노니 온 세상을 통틀어 어디서든 복음이 전파되는 그 곳에는 이 여인이 오늘 행한 일을 거론(擧論)하며 그녀를 기억하리라." 하시니라.

10 Then Judas Iscariot, one of the Twelve, went to the chief priests to betray Jesus to them. 11 They were delighted to hear this and promised to give him money. So he watched for an opportunity to hand him over.

10 그 때에, 열둘 중의 하나인 가롯 유다가 예수를 배신하여 우두머리 제사장들에게로 넘겨주려고 그들을 찾아가니라. 11 그들 우두머리 제사장들이 유다의 계획을 듣고는 몹시 기뻐하며 그에게 돈을 주기로 약속하니라. 그리하여 (*그 때로부터) 유다가 예수를 넘겨줄 기회를 엿보기 시작하니라.

12 On the first day of the Feast of Unleavened Bread, when it was customary to sacrifice the Passover lamb, Jesus' disciples asked him, "Where do you want us to go and make preparations for you to eat the Passover?" 13 So he sent two of his disciples, telling them, "Go into the city, and a man carrying a jar of water will meet you. Follow him.

12 (*누룩을 넣지 않아 발효되지 않은 떡을 먹는) 무교절(無酵節)의 첫날에는 유월절(逾越節) 양(羊)을 희생 제물로 잡아먹는 것이 관습(慣習)이라, 그 날이 되매 제자들이 예수께 여쭙기를, "우리가 어디에 가서 주께서 유월절 음식을 잡숫게 준비하리이까?" 하매 13 예수께서 제자 둘을 내보내시며 말씀하시기를, "시내로 들어가면 물 항아리 하나를 지고 가는 사람을 만나리니, 그를 따라가라.

14 Say to the owner of the house he enters, 'The Teacher asks: Where is my guest room, where I may eat the Passover with my disciples?' 15 He will show you a large upper room, furnished and ready. Make preparations for us there." 16 The disciples left, went into the city and found things just as Jesus had told them. So they prepared the Passover.

14 그 사람이 들어가는 그 집 주인에게 말하기를, '선생님께서 묻노니; 나의 객실이 어디 있느뇨? 거기서 내가 나의 제자들과 함께 유월절 식사를 먹으리라.' 하라. 15 그러면 그 사람이 이층에 있는 큰 방을 보여주리니, 가구와 모든 집기가 미리 준비되어 있으리라. 거기서 우리 모두를 위하여 준비를 하도록 하라." 말씀하시더라. 16 이에 그 제자들이 시내로 들어가 예수께서 말씀하시던 그대로 모든 것을 발견하매 거기에서 유월절 절기(節期)를 준비하더라.

17 When evening came, Jesus arrived with the Twelve. 18 While they were reclining at the table eating, he said, "I tell you the truth, one of you will betray me--one who is eating with me." 19 They were saddened, and one by one they said to him, "Surely not I?" 20 "It is one of the Twelve," he replied, "one who dips bread into the bowl with me. 21 The Son of Man will go just as it is written about him. But woe to that man who betrays the Son of Man! It would be better for him if he had not been born."

17 저녁이 되자, 예수께서 그 열두 제자와 함께 도착을 하시니라. 18 일행 모두가 식탁에 앉아 먹고 있을 때에 예수께서 이르시기를, "내가 진실로 너희에게 이르노니 너희 중 한 명-곧, 나와 함께 식사를 하고 있는 그 사람이 나를 배신하리라." 하시는데, 19 제자들이 슬픈 기색으로, 한 사람씩 차례로 예수께 물어 이르기를, "저는 분명 아니지요?" 하거늘, 20 대답하여 이르시되 "이 사람은 너희 열둘 중의 하나라, 나와 함께 자기의 떡을 그릇에 담그는 자가 곧 그니라. 21 인자(人子)는 자기에 관하여 예전부터 미리 기록되어 있는대로 가는 것이려니와 그러나 인자를 배신하는 그 사람에게는 화(禍)가 있으리라! 차라리 그 사람은 태어나지 아니하였더라면 더 좋을 뻔 하였느니라." 하시니라.

22 While they were eating, Jesus took bread, gave thanks and broke it, and gave it to his disciples, saying, "Take it; this is my body." 23 Then he took the

cup, gave thanks and offered it to them, and they all drank from it. 24 "This is
my blood of the covenant, which is poured out for many," he said to them.

22 그들이 식사를 하고 있는 동안에 예수께서 떡을 집으사 감사를 드리시고, 그 떡을 쪼개어 제자들에
게 나누어 주시며 말씀하시기를, "이것을 받으라; 이는 나의 몸이니라." 하시고, 23 또 잔(盞)을 집어 드
시고 역시 감사를 드리신 후에 그 잔을 제자들에게 돌리니 제자들 모두가 그 잔으로부터 나누어 마시더
라. 24 예수께서 이르시되, "이것은 나의 언약(言約)의 피라, 많은 사람을 위하여 따라 붓는 나의 피니
라." 하고 말씀하시더라.

25 "I tell you the truth, I will not drink again of the fruit of the vine until that
day when I drink it anew in the kingdom of God." 26 When they had sung a
hymn, they went out to the Mount of Olives.

25 그리고 또 말씀하시기를, "내가 진실로 너희에게 이르노니 내가 하나님의 나라에서 새것으로 마시
기 전에는 다시는 포도나무 열매로부터 난 것을 마시지 아니하리라." 하시니라. 26 일행이 다 함께 찬송
을 부르고, 그 후에 올리브산을 향하여 길을 가더라.

27 "You will all fall away," Jesus told them, "for it is written: " 'I will strike the
shepherd, and the sheep will be scattered.' 28 But after I have risen, I will go
ahead of you into Galilee."

27 예수께서 제자들에게 말씀하시기를, "너희가 다 나로부터 떨어져 나가리니, 기록되어 있기를: '내가
그 목자(牧者)를 치리니 양들이 흩어지고 말리라.' 하였느니라. 28 그러나 내가 다시 살아난 후에는 내
가 너희보다 먼저 갈릴리로 가 있으리라." 하시니라.

29 Peter declared, "Even if all fall away, I will not." 30 "I tell you the truth,"
Jesus answered, "today--yes, tonight--before the rooster crows twice you
yourself will disown me three times." 31But Peter insisted emphatically, "Even
if I have to die with you, I will never disown you." And all the others said the
same.

29 그러자 베드로가 선언하듯 말을 하기를, "모두가 다 떨어져 나갈지라도 저는 그러지 않겠나이다."
하니, 30 예수께서 이르시기를, "내가 진실로 네게 이르노니, 오늘 곧, 오늘 밤에, 새벽 닭이 두 번 울기
전에 네가 세 번에 걸쳐 나를 부인하리라." 하시더라. 31 이에 베드로가 다시 힘주어 강조하며 주장하기
를, "제가 주와 함께 죽어야 할지라도 결코 주를 부인하지를 않겠나이다." 하니, 다른 모든 제자들도 다
그와 같이 말들을 하더라.

32 They went to a place called Gethsemane, and Jesus said to his disciples, "Sit
here while I pray." 33 He took Peter, James and John along with him, and he
began to be deeply distressed and troubled. 34 "My soul is overwhelmed with
sorrow to the point of death," he said to them. "Stay here and keep watch." 35
Going a little farther, he fell to the ground and prayed that if possible the hour
might pass from him. 36 "Abba, Father," he said, "Everything is possible for
you. Take this cup from me. Yet not what I will, but what you will."

32 예수와 제자들 일행이 겟세마네라고 하는 지역으로 가시니라. 예수께서 제자들에게 이르시되 "내가
기도하는 동안에 너희는 여기에 앉아 있으라." 하시고 33 베드로와 야고보와 요한을 함께 데리고 가시
는데, 가시는 길에 스스로 깊은 상심(傷心)에 빠지시며 고민하시기 시작하시더라. 이에 그 세 제자에게
말씀하시기를, 34 "내 혼(魂)이 슬픔으로 압도(壓倒)되어 죽을 지경에 이르게 된지라, 너희는 여기 머물
러 (*나를) 지켜보라." 하시고 35 거기로부터 조금 더 멀리 나아가 땅에 엎드리어 기도를 하시는데, 할
수만 있다면 자신으로부터 그 (*고난의) 시간이 그냥 지나가게 해 주십사 간구(懇求)하시며 36 이르시
기를, "아바, 아버지여, 아버지께는 모든 것이 가능하오니 이 잔을 내게서 가져가 주옵소서. 그러나 나의
뜻대로 하지 마옵시고 아버지께서 뜻하시는 대로 하시옵소서." 하시더라.

37 Then he returned to his disciples and found them sleeping. "Simon," he said
to Peter, "are you asleep? Could you not keep watch for one hour? 38 Watch
and pray so that you will not fall into temptation. The spirit is willing, but the
body is weak." 39 Once more he went away and prayed the same thing. 40
When he came back, he again found them sleeping, because their eyes were
heavy. They did not know what to say to him.

37 그리고 자기의 제자들이 있는 곳으로 돌아오시어 제자들이 자고 있는 것을 발견하시고는 베드로를
향해 말씀하시되 "시몬아, 네가 자느냐? 너희가 한 시간도 깨어 지켜볼 수가 없더냐? 38 늘 깨어 기도함
으로 시험에 빠지지 않도록 하라. 그 혼(魂)으로서는 원하지만, 육신(肉身)은 연약(軟弱)하도다." 하시고
39 다시 한번 저만치 가시어 같은 내용을 기도하시더라. 40 돌아오시어 또다시 그들이 자고 있는 것을
보게 되니 이는 그들이 (*피곤하여) 눈이 심히 무거웠음이더라. 제자들이 (*무안하여) 예수께 무엇으로
말해야 할지 알지 못하더라.

41 Returning the third time, he said to them, "Are you still sleeping and
resting? Enough! The hour has come. Look, the Son of Man is betrayed into
the hands of sinners. 42 Rise! Let us go! Here comes my betrayer!"

41 다시 세 번째로 다녀오시어 제자들에게 이르시기를, "아직 자며 쉬고 있느냐? 이제 충분하도다! 바
로 그 시간이 왔으니, 보라! 인자가 배신을 당하여 죄인들의 손에 팔릴 순간이니라. 42 이제 일어나라!
우리가 함께 가자! 오, 여기 나를 배신해 파는 자가 나타났도다!" 하시니라.

43 Just as he was speaking, Judas, one of the Twelve, appeared. With him was
a crowd armed with swords and clubs, sent from the chief priests, the teachers
of the law, and the elders. 44 Now the betrayer had arranged a signal with
them: "The one I kiss is the man; arrest him and lead him away under guard."

43 아직 예수께서 이렇게 말씀하고 계시는 그 순간에 열 두명 중의 하나인 유다가 나타나니라. 유다와
함께, 한 무리의 사람들이 칼과 몽둥이로 무장을 하고 오는데 이들은 우두머리 제사장들과 율법 교사들
과 장로들로부터 보냄을 받아 온 자들이라. 44 그 배신자가 이미 그들과 암호를 맞추어 두었으니: 그가
말하기를, "내가 입 맞추는 사람이 곧 그이니; 그를 붙잡아 경호하여 끌고가소서." 하였더라.

45 Going at once to Jesus, Judas said, "Rabbi!" and kissed him. 46 The men
seized Jesus and arrested him. 47 Then one of those standing near drew his
sword and struck the servant of the high priest, cutting off his ear. 48 "Am I
leading a rebellion," said Jesus, "that you have come out with swords and clubs
to capture me? 49 Every day I was with you, teaching in the temple courts, and
you did not arrest me. But the Scriptures must be fulfilled." 50 Then everyone
deserted him and fled. 51 A young man, wearing nothing but a linen garment,
was following Jesus. When they seized him, 52 he fled naked, leaving his
garment behind.

45 유다가 곧장 예수께로 나아가며 말을 하기를, "랍비여!" 하고 그에게 입을 맞추니라. 46 이에 사람
들이 예수를 손으로 붙잡아 그를 체포하거늘, 47 마침 그 때, 거기 옆에 서 있던 제자 중 하나가 칼을 뽑
아 대제사장의 하인을 치니 그 귀가 잘라지니라. 48 예수께서 무리를 향하여 말씀하시기를, "너희가 칼
과 몽둥이를 가지고 나를 잡으러 왔으니 내가 폭동을 이끌었느냐? 49 내가 날이면 날마다 너희와 함께
있었고, 성전 뜰에서 사람들을 가르쳤으나 너희가 나를 체포한 적이 없도다. 그러나 이제는 성경 말씀이
다 이루어져야 하리라." 하시더라. 50 그러자 제자들이 모두, 일제히 다 예수를 버리고 도망을 치더라.
51 젊은 사람 하나가 면포로 된 옷 하나만 달랑 몸에 두른 채로 예수를 따라가더니, 그 사람들이 이 사
람도 붙잡으려 하매, 52 그가 자기 옷을 내팽개치고 벌거벗은 채 도망을 치니라.

53 They took Jesus to the high priest, and all the chief priests, elders and

teachers of the law came together. **54** Peter followed him at a distance, right
into the courtyard of the high priest. There he sat with the guards and warmed
himself at the fire.

53 그들이 예수를 끌고 대제사장에게로 가매, 거기에 모든 우두머리 제사장들과 장로들과 율법교사들
이 다 모여 들어오더라. **54** 그 때에 베드로는 거리를 두고 멀찍이서 예수를 따라와 대제사장의 관저 안
뜰에까지 쫓아오니라. 베드로가 거기서 경비병들과 함께 불가에 앉아 불을 쬐고 있었더라.

55 The chief priests and the whole Sanhedrin were looking for evidence
against Jesus so that they could put him to death, but they did not find any. **56**
Many testified falsely against him, but their statements did not agree.

55 우두머리 제사장들과 산헤드린 공회원 모두가 예수를 죽음에 처할 수 있도록 그에게 불리한 증거를
찾으려 하나 그러나, 아무 증거도 찾지를 못하더라. **56** 많은 사람들이 예수를 대적하여 거짓으로 증언
들을 하는데, 그러나 그 진술들이 받아들여지지 아니하니라.

57 Then some stood up and gave this false testimony against him: **58** "We
heard him say, 'I will destroy this man-made temple and in three days will
build another, not made by man.' " **59** Yet even then their testimony did not
agree.

57 그러자 그 중 어떤 사람들이 일어나 이런 거짓 증언을 내놓으며 이르기를: **58** "우리가 이 사람이 말
하는 것을 들었으니 곧, '내가 사람이 지은 이 성전을 사흘에 허물고 또 사흘 만에 새 성전을 건축하리
니, 이는 사람의 손으로 지은 것이 아닌 전(殿)이니라' 하더이다." 하거늘, **59** 이 증언 역시 그들에 의해
받아들여지지를 않으니라.

60 Then the high priest stood up before them and asked Jesus, "Are you not
going to answer? What is this testimony that these men are bringing against
you?" **61** But Jesus remained silent and gave no answer. Again the high priest
asked him, "Are you the Christ, the Son of the Blessed One?"

60 그러자 대제사장이 자리에서 일어나 예수에게 물어 이르기를, "네가 아무 대답도 하지 않으려느냐?
이 사람들이 너를 대하여 내어놓는 증거들이 다 무엇들인고?" 하고 말을 하는데 **61** 그래도 예수께서는
계속하여 침묵하시고 대답을 하지 않으시는지라, 또다시 대제사장이 물어 이르기를, "네가 그 분 곧, 복
주시는 이의 아들, 그리스도냐?" 하고 묻거늘

62 "I am," said Jesus. "And you will see the Son of Man sitting at the right hand
of the Mighty One and coming on the clouds of heaven." **63** The high priest
tore his clothes. "Why do we need any more witnesses?" he asked. **64** "You
have heard the blasphemy. What do you think?" **65** They all condemned him as
worthy of death. Then some began to spit at him; they blindfolded him, struck
him with their fists, and said, "Prophesy!" And the guards took him and beat
him.

62 예수께서 대답하여 이르시기를, "내가 그니라." 하시고 또 이어 말씀하시기를, "인자가 전능하신 이
의 오른편에 앉아 있는 것과 또, 그가 하늘 구름을 타고 오는 것을 너희가 보게 되리라." 하시니 **63** 대제
사장이 자기 옷을 찢으며 이르되 "우리가 어찌 더 많은 증인을 필요로 하리요? **64** 당신들이 다 이 신성
모독의 말을 들었으니 그대들 생각에는 어떠하뇨?" 하거늘, 사람들이 모두 그를 사형에 처함이 마땅하
다고 입을 모아 정죄하더라. **65** 그 중 어떤 사람은 그에게 침을 뱉기도 하고; 다른 사람들은 예수의 눈
을 가리고 주먹으로 치며 말하기를, "너는 예언해 보라!" 하기도 하는데, 경비병들 역시 예수를 붙잡아
때리기 시작하더라.

66 While Peter was below in the courtyard, one of the servant girls of the high

priest came by. 67 When she saw Peter warming himself, she looked closely at
him. "You also were with that Nazarene, Jesus," she said. 68 But he denied it.
"I don't know or understand what you're talking about," he said, and went out
into the entryway.

66 베드로가 여전히 마당 아래 켠에 머물고 있는 동안에 대제사장의 여자 하인 하나가 가까이 다가와서
67 베드로가 불 쬐고 있는 것을 보고는 그를 자세히 살펴본 후에 이르기를, "당신도 역시 저 나사렛 사
람 예수와 함께 있던 사람이라." 하거늘, 68 베드로는 이를 부인(否認)하여 이르기를, "나는 네가 무슨
말을 하는지 알지 못하겠노라. 그리고 네 말하는 것이 무슨 뜻인지 이해하지도 못하겠노라." 하고 입구
쪽을 향하여 걸어 나가니라.

69 When the servant girl saw him there, she said again to those standing
around, "This fellow is one of them." 70 Again he denied it. After a little while,
those standing near said to Peter, "Surely you are one of them, for you are a
Galilean." 71 He began to call down curses on himself, and he swore to them,
"I don't know this man you're talking about." 72 Immediately the rooster
crowed the second time. Then Peter remembered the word Jesus had spoken
to him: "Before the rooster crows twice you will disown me three times." And
he broke down and wept.

69 그 여자 하인이 거기서도 베드로를 보고 그 근처에 서 있던 사람들에게 다시 말을 하기를, "이 사람
이 그들 중 한 명이라." 하니 70 베드로가 또 다시 이를 부인하더라. 잠시 후에 베드로의 곁에 서 있던
사람들 역시 베드로를 향해 말하기를, "네가 갈릴리 사람이니 필연코 너도 저들 중 한 사람이라." 하매,
71 베드로가 자신에게 저주의 말을 내뱉으며 그들에게 맹세를 하며 하는 말이, "당신들이 말하는 이 사
람을 내가 도무지 알지 못하노라." 하는데, 72 그 즉시 닭이 곧 두 번째 울더라. 이에 예수께서 자기에게
하신 말씀 곧, '닭이 두 번 울기 전에 네가 세 번 나를 부인하리라' 하시던 말을 베드로가 기억하고 그 마
음이 무너져 내리며 심히 통곡하니라.

제15장

1 Very early in the morning, the chief priests, with the elders, the teachers
of the law and the whole Sanhedrin, reached a decision. They bound Jesus,
led him away and handed him over to Pilate. 2 "Are you the king of the Jews?"
asked Pilate. "Yes, it is as you say," Jesus replied.

1 매우 이른 아침에 우두머리 제사장들이 장로들과 율법 교사들 그리고 산헤드린 공회원 모두와 더불어
의논한 끝에 마침내 결론에 이르매 이에 예수를 포승줄로 묶어 끌고가서 (*총독인) 빌라도에게 넘겨주
니라. 2 빌라도가 예수를 향하여 묻기를, "네가 유대인의 왕이냐?" 하거늘, 예수께서 대답하여 이르시되
"그러하도다. 네가 말한대로니라." 하고 대답하시더라.

3 The chief priests accused him of many things. 4 So again Pilate asked him,
"Aren't you going to answer? See how many things they are accusing you of." 5
But Jesus still made no reply, and Pilate was amazed.

3 우두머리 제사장들이 여러가지 이유를 들어 예수를 고발하니 4 이에 빌라도가 예수께 다시 한번 물어
이르기를, "네가 대답하지 않으려느냐?" 그들이 얼마나 많은 것들로 너를 고발하는지 네 눈으로 보지 못
하느냐?" 하니라. 5 그러나 예수께서는 여전히 아무 대답도 아니하시는지라, 빌라도가 이를 매우 경이
롭게 생각하더라.

6 Now it was the custom at the Feast to release a prisoner whom the people
requested. 7 A man called Barabbas was in prison with the insurrectionists
who had committed murder in the uprising. 8 The crowd came up and asked
Pilate to do for them what he usually did. 9 "Do you want me to release to
you the king of the Jews?" asked Pilate, 10 knowing it was out of envy that the
chief priests had handed Jesus over to him.

6 매년 명절이 되면 백성들이 원하는 죄수 한 명을 석방하여 주는 관습이 있으니라. 7 그 때에 바라바라
하는 죄수 하나가 갇혀 있었으니 이 사람은 폭동을 일으키고 그 과정에서 사람을 살인한 폭도들 중 하
나라. 8 백성들의 무리가 나아와 빌라도에게 관습에 따라 그가 늘 하던대로 하여 주기를 요청하거늘, 9
빌라도가 백성의 무리에게 물어 이르기를, "너희가 유대인의 왕이라 부르는 이 사람을 내가 풀어주기를
원하느냐?"하니, 10 이는 예수를 자기에게 넘겨준 것이 우두머리 제사장들의 시기심으로 말미암은 줄
을 빌라도가 알고 있었던 연고더라.

11 But the chief priests stirred up the crowd to have Pilate release Barabbas
instead. 12 "What shall I do, then, with the one you call the king of the Jews?"
Pilate asked them. 13 "Crucify him!" they shouted. 14 "Why? What crime has
he committed?" asked Pilate. But they shouted all the louder, "Crucify him!" 15
Wanting to satisfy the crowd, Pilate released Barabbas to them. He had Jesus
flogged, and handed him over to be crucified.

11 그러나 우두머리 제사장들이 백성을 충동질하여 빌라도가 예수 대신에 바라바를 석방하도록 (*분위
기를) 몰고가니라. 12 이에 빌라도가 다시 묻기를, "그러면 너희가 유대인의 왕이라 하는 이 사람은 내
가 어떻게 하랴?" 하니 13 그들이 "십자가에 못 박으소서." 하고 일제히 소리를 높여 외치는지라. 14 빌
라도가 이르기를, "어이하여? 그가 무슨 범죄를 저질렀기에?" 하고 반문을 하니라. 그러나 군중들은 계
속하여 소리를 높여, "십자가에 못 박으소서." 하고 거듭 거듭 외치는지라, 15 이에 빌라도가 마침내 군
중을 만족시키기 위해 바라바를 석방하여 그들에게 내어주고, 예수는 채찍질을 하게 하고 또 십자가에
못 박히게 넘겨주니라.

16 The soldiers led Jesus away into the palace (that is, the Praetorium) and
called together the whole company of soldiers. 17 They put a purple robe on
him, then twisted together a crown of thorns and set it on him. 18 And they
began to call out to him, "Hail, king of the Jews!" 19 Again and again they
struck him on the head with a staff and spit on him. Falling on their knees,
they paid homage to him. 20 And when they had mocked him, they took off
the purple robe and put his own clothes on him. Then they led him out to
crucify him.

16 이에 병사들이 예수를 (프레토리움이라 부르는) 총독 관저로 끌고 들어가서 거기서 온 중대 병력을
다 함께 나오라 부르고 17 예수에게 보라색 겉옷을 입히고, 가시를 꼬아 만든 관을 머리에 씌우고 나서
18 예수를 "하일! 유대인의 왕이시여!" 하고 부르기 시작하니라. 19 그리고는 작대기로 예수의 머리를
계속 반복해서 때리며 그에게 침을 뱉고 또 그 앞에 무릎을 꿇고 경의를 드리는 시늉을 하더니 20 이런
갖은 희롱을 다 한 후에 입혔던 보라색 옷을 벗기고 예수의 원래 입었던 옷을 도로 입힌 후에 그를 십자
가에 못 박기 위하여 끌어내 가니라.

21 A certain man from Cyrene, Simon, the father of Alexander and Rufus, was
passing by on his way in from the country, and they forced him to carry the
cross. 22 They brought Jesus to the place called Golgotha (which means The
Place of the Skull).

21 키레네에서 온 시몬(사이몬) 이란 사람이 시골에서 올라와 마침 (*예수께서 지나가시는) 그 길을 지
나가고 있었는데 그는 또한 알렉산더와 루포라는 두 아들의 아버지라, 병사들이 이 시몬에게 십자가를

(*예수 대신) 지고 가게 하더라. 22 병사들이 예수를 끌고 골고다라 하는 곳에 이르니라. (그 말의 뜻은 '해골의 장소'라는 의미더라.)

23 Then they offered him wine mixed with myrrh, but he did not take it. 24
And they crucified him. Dividing up his clothes, they cast lots to see what each
would get. 25 It was the third hour when they crucified him. 26 The written
notice of the charge against him read: THE KING OF THE JEWS. 27 They
crucified two robbers with him, one on his right and one on his left. 28 (BLANK)

23 병사들이 몰약을 탄 포도주를 예수께 건네 주매, 예수께서는 이를 받지 아니하시니라. 24 그리고는
예수를 십자가에 못 박으니라. 병사들이 예수의 입었던 옷을 몇 조각으로 나눈 후에, 누가 어떤 부분을
가질지 제비로 뽑는데 25 그 때, 예수를 십자가에 못 박은 것이 제 삼시 쯤 된 시각이더라. 26 또, 예수
의 머리 위에 그를 고발하는 죄목이 적힌 명패(名牌)가 있으니 거기에 적혀 있는 글귀가 이르기를 "유대
인의 왕"이라 하였더라. 27 병사들이 예수와 함께 강도 둘을 나란히 십자가에 못 박으니, 하나는 그의
우편에, 하나는 예수의 좌편에 매달더라. 28 (없음)

29 Those who passed by hurled insults at him, shaking their heads and saying,
"So! You who are going to destroy the temple and build it in three days, 30
come down from the cross and save yourself!" 31 In the same way the chief
priests and the teachers of the law mocked him among themselves. "He saved
others," they said, "but he can't save himself! 32 Let this Christ, this King of
Israel, come down now from the cross, that we may see and believe." Those
crucified with him also heaped insults on him.

29 (*그 곳을) 지나가는 자들이 예수께 모욕적인 말을 던지고 자기 머리를 흔들며 걸어가면서 말하기
를, "그렇도다! 너, 성전을 헐고 사흘 안에 다시 건축한다는 자여, 30 십자가에서 내려와 네 자신을 구원
해 보라." 하기도 하고, 31 또 우두머리 제사장들과 율법 교사들도 자기들끼리 모여 예수를 희롱하여 말
하기를, "그가 남은 구원하였으되 자기 자신은 구할 수가 없도다! 32 이 사람 그리스도 곧, 이스라엘의
왕을 지금 십자가에서 내려오게 해 보라. 그러면 우리가 보고 믿겠노라." 하기도 하는데, 예수와 함께 십
자가에 못 박힌 자들 역시 예수를 향해 모욕적인 언사를 던지더라.

33 At the sixth hour darkness came over the whole land until the ninth hour.
34 And at the ninth hour Jesus cried out in a loud voice, "Eloi, Eloi, lama
sabachthani?"--which means, "My God, my God, why have you forsaken me?"

33 제 육시로부터 제 구시까지 온 땅에 암흑이 내려와 어두움 가운데 있더니 34 제 구시가 되자 예수께
서 큰 소리로 울부짖으시기를, "엘로이, 엘로이, 라마 사박타니?" 라 하시니–그 말의 의미는 "나의 하나
님, 나의 하나님 어찌하여 나를 버리셨나이까?" 하는 뜻이더라.

35 When some of those standing near heard this, they said, "Listen, he's calling
Elijah." 36 One man ran, filled a sponge with wine vinegar, put it on a stick,
and offered it to Jesus to drink. "Now leave him alone. Let's see if Elijah comes
to take him down," he said.

35 가까이 서 있던 사람들이 이 말을 듣고 "들어 보라, 그가 엘리야를 부른다." 하고 36 그 중에 어떤 사
람은 달려가 스폰지에 포도주 식초를 적셔 가지고 와서 이를 막대기에 매달아 예수에게 마시라고 건네
주며 말하기를, "이제 그를 가만 내버려 두라. 과연 엘리야가 와서 그를 내려 주나 한번 보자." 하기도 하
더라.

37 With a loud cry, Jesus breathed his last. 38 The curtain of the temple was
torn in two from top to bottom. 39 And when the centurion, who stood there
in front of Jesus, heard his cry and saw how he died, he said, "Surely this man

was the Son of God!"

37 (*그 때에) 예수께서 큰 울부짖는 소리와 함께 그 마지막 숨을 내 쉬시니라. **38** 그리고 성전의 휘장 이 위로부터 아래까지 둘로 찢어져 내리니라. **39** 예수 앞에 서 있던 백부장이 예수의 마지막 울부짖는 소리를 듣고 또 그가 그런 모습으로 돌아가시는 것을 보고는 말하기를, "정녕 이 사람은 하나님의 아들 이셨도다." 하고 말을 하니라.

40 Some women were watching from a distance. Among them were Mary Magdalene, Mary the mother of James the younger and of Joses, and Salome.
41 In Galilee these women had followed him and cared for his needs. Many other women who had come up with him to Jerusalem were also there.

40 몇몇 여인들은 멀리에서 이 광경을 보고 있었으니, 그 가운데에는 막달라 마리아도 있고 또 젊은 야 고보와 요세의 어머니 마리아도 있고 또 살로메도 있었더라. **41** 이 여인들은 갈릴리에서부터 예수를 따르며 그의 필요를 돌보던 여인들이라, 그외에도 예수와 함께 예루살렘으로 올라온 다른 여인들도 적지 않은 수가 거기 함께 있었더라.

42 It was Preparation Day (that is, the day before the Sabbath). So as evening approached, **43** Joseph of Arimathea, a prominent member of the Council, who was himself waiting for the kingdom of God, went boldly to Pilate and asked for Jesus' body.

42 이 날은 준비일 (곧, 안식일 전날)이라, 날이 저물어 저녁이 되매 **43** 아리마대 사람 요셉이라는 사람 이 담대히 빌라도를 찾아가서 예수의 시체를 내어 달라 요청을 하니 이 요셉은 존경 받는 공회원이요, 스스로 하나님 나라의 임재를 기다리는 (*믿음의) 사람이었더라.

44 Pilate was surprised to hear that he was already dead. Summoning the centurion, he asked him if Jesus had already died. **45** When he learned from the centurion that it was so, he gave the body to Joseph.

44 빌라도가, 예수께서 벌써 죽었다는 얘기를 듣고 무척이나 놀라워하니라. 이에 백부장을 들라 이르고 예수가 정말 죽었는지를 확인하여 물어보고는 **45** 과연 그러하다고 답하는 백부장으로부터 보고를 들은 후에, (*비로소) 요셉에게 예수의 시신을 내 주니라.

46 So Joseph bought some linen cloth, took down the body, wrapped it in the linen, and placed it in a tomb cut out of rock. Then he rolled a stone against the entrance of the tomb. **47** Mary Magdalene and Mary the mother of Joses saw where he was laid.

46 요셉이 면포(綿布) 수의(壽衣)를 사 가지고 와서 예수를 십자가에서 내린 후에 면포로 시신을 감싸 고, 바위를 파 낸 무덤 속에 시신을 안치하고, 큰 돌을 굴려 무덤 입구를 봉하니라. **47** 막달라 마리아와 요세의 어머니 마리아, 이 두 여인이 예수께서 누우신 곳이 어딘지를 눈으로 보고 있었더라.

제16장

1 When the Sabbath was over, Mary Magdalene, Mary the mother of James, and Salome bought spices so that they might go to anoint Jesus' body. **2** Very early on the first day of the week, just after sunrise, they were on their way to the tomb **3** and they asked each other, "Who will roll the stone away from the entrance of the tomb?"

1 안식일(安息日)이 지난 후에, 막달라 마리아와, 야고보의 어머니 마리아와, 살로메 이 세 여인이 예수
의 시신에 바를 향유를 사서 2 그 주(週)가 시작하는 첫날 매우 이른 시각, 해가 막 돋은 후에 예수의 무
덤을 향해 길을 가는데, 3 가는 길에서 서로 말하기를, "누가 우리를 위하여 무덤 입구에 있는 돌을 굴려
내 줄꼬?" 하더라.

4 But when they looked up, they saw that the stone, which was very large, had
been rolled away. 5 As they entered the tomb, they saw a young man dressed
in a white robe sitting on the right side, and they were alarmed. 6 "Don't be
alarmed," he said. "You are looking for Jesus the Nazarene, who was crucified.
He has risen! He is not here. See the place where they laid him. 7 But go, tell
his disciples and Peter, 'He is going ahead of you into Galilee. There you will
see him, just as he told you.' " 8 Trembling and bewildered, the women went
out and fled from the tomb. They said nothing to anyone, because they were
afraid.

4 그러나 그들이 무덤에 도착해 보니, 그 큰 돌이 이미 굴려져 치워져 있는지라 5 이에 그들이 무덤 안
으로 들어서 보니, 흰 옷 입은 한 청년이 무덤 안쪽 오른편에 앉아 있는데 그를 보고 그 여인들이 모두
크게 놀라니라. 6 그 청년이 말을 하기를, "놀라지 말라. 너희가 나사렛 사람 예수를 찾고 있으니 곧, 십
자가에서 못 박히신 분이시라. 그 분이 살아나셨느니라! 그가 여기 계시지 않으니 그가 누우셨던 자리를
보라. 7 이제 너희는 가서 그의 제자들과 베드로에게 이르기를, '예수께서는 너희들보다 먼저 갈릴리로
가실 예정이라, 예전에 그 분이 말씀하신대로 너희가 거기서 그 분을 보게 되리라' 하라." 하니라. 8 여
자들이 몹시 놀라 몸을 떨며 무덤에서 나와 도망하듯 달아나는데 너무도 무서워서 그 누구에게든 아무
말도 하지를 못하더라.

9 When Jesus rose early on the first day of the week, he appeared first to Mary
Magdalene, out of whom he had driven seven demons. 10 She went and told
those who had been with him and who were mourning and weeping. 11 When
they heard that Jesus was alive and that she had seen him, they did not believe
it.

9 그 주(週)의 첫 날 이른 아침에 예수께서 도로 살아나신 후에, 막달라 마리아에게 처음으로 나타나 보
이시니 이 마리아는 예전에 예수께서 일곱 귀신을 쫓아내어 주셨던 그 마리아더라. 10 그녀가 가서 예
수와 함께 행동하던 사람들 곧, 그 때까지 슬퍼하며 울고 있던 사람들에게 이 일 (*곧, 자기가 살아나신
예수를 본 일)을 말로써 알리는데 11 그 사람들은 예수께서 살아나셨다는 것과 또 마리아가 살아나신
예수를 보았다는 사실을 도무지 믿지 아니하니라.

12 Afterward Jesus appeared in a different form to two of them while they
were walking in the country. 13 These returned and reported it to the rest; but
they did not believe them either. 14 Later Jesus appeared to the Eleven as they
were eating; he rebuked them for their lack of faith and their stubborn refusal
to believe those who had seen him after he had risen. 15 He said to them, "Go
into all the world and preach the good news to all creation.

12 나중에 예수께서 그들 중 두 사람에게 다른 모습으로 나타나시니, 그 때 그 두 사람은 시골 길을 걷
고 있던 중이었더라. 13 이 두 사람이 가서 그 나머지 제자들에게 같은 말을 일렀으나 이 말 역시 그들
이 믿지 아니하니라. 14 그 후에 열한 제자가 식사를 하고 있는 동안에 예수께서 그들 앞에 나타나시니
라; 그리고 그들의 믿음 없음과, 또 부활 후에 자신을 본 사람들을 믿기를 완고히 거부한 데 대해 꾸짖으
시니라. 15 그리고는 그들에게 이르시기를, "너희는 온 세상에 나가서 모든 피조물들에게 이 좋은 소식
(*곧, 복음)을 전하라.

16 Whoever believes and is baptized will be saved, but whoever does not
believe will be condemned. 17 And these signs will accompany those who

believe: In my name they will drive out demons; they will speak in new
tongues; **18** they will pick up snakes with their hands; and when they drink
deadly poison, it will not hurt them at all; they will place their hands on sick
people, and they will get well."

16 누구든지 믿고, 세례를 받는 사람은 구원을 얻을 것이요, 누구든 믿지 않는 사람은 정죄를 받으리라.
17 믿는 사람들에게는 이런 징조(徵兆)가 같이 하리니: 그들이 내 이름으로 귀신을 쫓아내겠고, 그들이
새로운 언어(言語)를 말할 것이요, **18** 그들이 손으로 뱀을 집어 올리며 그 무슨 치명적인 독을 마실지라
도 그것이 아무런 해를 끼치지 못할 것이라, 또 그들이 병든 사람에게 손을 얹으면 그 병자가 곧 나으리
라." 하시더라.

19 After the Lord Jesus had spoken to them, he was taken up into heaven and
he sat at the right hand of God. **20** Then the disciples went out and preached
everywhere, and the Lord worked with them and confirmed his word by the
signs that accompanied it.

19 주 예수께서 제자들을 향하여 이런 말씀을 남기신 후에 하늘로 올리워져 가사 하나님의 오른편에 앉
으시니라. **20** 제자들이 나가서 어디서든 말씀을 전파(傳播)하는데, 주께서 그들과 함께 역사(役事)하시
며 그 따르는 표적으로 자신의 말씀을 확증하시더라.

마태복음

Matthew

마태복음

제1장

1 A record of the genealogy of Jesus Christ the son of David, the son of
Abraham: 2 Abraham was the father of Isaac, Isaac the father of Jacob, Jacob
the father of Judah and his brothers, 3 Judah the father of Perez and Zerah,
whose mother was Tamar, Perez the father of Hezron, Hezron the father of
Ram,

1 아브라함과 다윗의 자손, 예수 그리스도의 계보(系譜)가 이러하니라. 2 아브라함이 이삭을 낳고, 이삭
은 야곱을 낳고, 야곱은 유다와 그의 형제들을 낳고, 3 유다는 다말에게서 베레스와 세라를 낳고, 베레
스는 헤스론을 낳고, 헤스론은 람을 낳고,

4 Ram the father of Amminadab, Amminadab the father of Nahshon, Nahshon
the father of Salmon, 5 Salmon the father of Boaz, whose mother was Rahab,
Boaz the father of Obed, whose mother was Ruth, Obed the father of Jesse, 6
and Jesse the father of King David. David was the father of Solomon, whose
mother had been Uriah's wife,

4 람은 아미나답을 낳고 아미나답은 나손을 낳고, 나손은 살몬을 낳고, 5 살몬은 라합에게서 보아스를
낳고, 보아스는 룻에게서 오벳을 낳고, 오벳은 이새를 낳고, 6 이새는 다윗 왕을 낳고, 다윗은 우리야의
아내로부터 솔로몬을 낳고,

7 Solomon the father of Rehoboam, Rehoboam the father of Abijah, Abijah
the father of Asa, 8 Asa the father of Jehoshaphat, Jehoshaphat the father of
Jehoram, Jehoram the father of Uzziah, 9 Uzziah the father of Jotham, Jotham
the father of Ahaz, Ahaz the father of Hezekiah,

7 솔로몬은 르호보암을 낳고, 르호보암은 아비야를 낳고, 아비야는 아사를 낳고, 8 아사는 여호사밧을
낳고, 여호사밧은 요람을 낳고, 요람은 웃시야를 낳고, 9 웃시야는 요담을 낳고, 요담은 아하스를 낳고,
아하스는 히스기야를 낳고,

10 Hezekiah the father of Manasseh, Manasseh the father of Amon, Amon the
father of Josiah, 11 and Josiah the father of Jeconiah and his brothers at the
time of the exile to Babylon. 12 After the exile to Babylon: Jeconiah was the
father of Shealtiel, Shealtiel the father of Zerubbabel,

10 히스기야는 므낫세를 낳고, 므낫세는 아몬을 낳고, 아몬은 요시야를 낳고, 11 바벨론으로 사로잡혀
갈 때에 요시야는 여고냐와 그의 형제들을 낳고, 12 바벨론으로 사로잡혀 간 후에 여고냐는 스알디엘을
낳고, 스알디엘은 스룹바벨을 낳고

13 Zerubbabel the father of Abiud, Abiud the father of Eliakim, Eliakim
the father of Azor, 14 Azor the father of Zadok, Zadok the father of Akim,
Akim the father of Eliud, 15 Eliud the father of Eleazar, Eleazar the father of
Matthan, Matthan the father of Jacob,

13 스룹바벨은 아비훗을 낳고, 아비훗은 엘리아김을 낳고, 엘리아김은 아소르를 낳고, 14 아소르는 사
독을 낳고, 사독은 아킴을 낳고, 아킴은 엘리웃을 낳고, 15 엘리웃은 엘르아살을 낳고, 엘르아살은 맛단
을 낳고, 맛단은 야곱을 낳고,

16 and Jacob the father of Joseph, the husband of Mary, of whom was born
Jesus, who is called Christ. 17 Thus there were fourteen generations in all from
Abraham to David, fourteen from David to the exile to Babylon, and fourteen
from the exile to the Christ.

16 야곱은 마리아의 남편 요셉을 낳고, 이 마리아에게서 예수가 나시니 곧, 그리스도라 불리신 이시니
라. 17 그런즉 아브라함부터 다윗까지가 열네 세대(世代)이며, 다윗으로부터 바벨론으로 사로잡혀 갈
때까지가 역시 열네 세대이며, 그리고 바벨론으로 사로잡혀 간 후로부터 그리스도까지가 또 열네 세대
이더라.

18 This is how the birth of Jesus Christ came about: His mother Mary was
pledged to be married to Joseph, but before they came together, she was
found to be with child through the Holy Spirit. 19 Because Joseph her husband
was a righteous man and did not want to expose her to public disgrace, he
had in mind to divorce her quietly. 20 But after he had considered this, an
angel of the Lord appeared to him in a dream and said, "Joseph son of David,
do not be afraid to take Mary home as your wife, because what is conceived in
her is from the Holy Spirit.

18 예수 그리스도의 출생하신 내력(來歷)이 이러하니라: 그의 어머니 마리아가 요셉과 결혼하기를 약
정하였었는데, 둘이 아직 동거하기 전에 그녀가 성령으로 잉태한 것이 드러난지라, 19 그러나 그의 남
편 요셉은 의로운 사람인고로 그녀를 대중 앞에 수치롭게 드러내기를 원하지 아니하여 그녀와 조용히
이혼하기를 혼자 마음 속으로만 생각하고 있으니라. 20 요셉이 이 일을 아직 마음 속에 두고 있을 때에
주 하나님의 천사가 요셉의 꿈 가운데 나타나 말을 하기를, "다윗의 자손 요셉아, 마리아를 집으로 데려
와 아내 삼기를 두려워 말라. 그녀에게 잉태된 것이 성령(聖靈)으로 말미암은 것이니라.

21 She will give birth to a son, and you are to give him the name Jesus,
because he will save his people from their sins." 22 All this took place to fulfill
what the Lord had said through the prophet: 23 "The virgin will be with child
and will give birth to a son, and they will call him Immanuel" --which means,
"God with us."

21 마리아가 아들을 낳으리니, 너는 그 이름을 예수라 하라. 이는 그가 자기 백성을 그들의 죄에서 구원
하실 자이심이니라." 하더라. 22 이 모든 일이 이 같이 일어난 것은 주 하나님께서 선지자들을 통하여
미리 하신 말씀이 다 응하게 하려 하심이니: 곧, 성경에 이르시되, 23 "처녀가 잉태하여 아들을 낳을 것
이요, 그를 임마누엘이라 하리라" 하셨음이라-그 말은 "하나님께서 우리와 함께 계시다" 하는 뜻이더
라.

24 When Joseph woke up, he did what the angel of the Lord had commanded
him and took Mary home as his wife. 25 But he had no union with her until
she gave birth to a son. And he gave him the name Jesus.

24 요셉이 잠에서 깨어 일어나, 주 하나님의 천사가 지시한대로 마리아를 그 아내로 집에 데려오니라.
25 그러나 요셉이 마리아가 아들을 낳기까지는 그녀와 관계하지 아니하더니 (*아기를 낳으매) 그가 아
기를 예수라 이름하니라.

제2장

1 After Jesus was born in Bethlehem in Judea, during the time of King Herod,
Magi from the east came to Jerusalem 2 and asked, "Where is the one who
has been born king of the Jews? We saw his star in the east and have come
to worship him." 3 When King Herod heard this he was disturbed, and all
Jerusalem with him.

1 예수께서 유대 땅 베들레헴에서 태어나신 후에, 곧 헤롯 왕이 재위하던 시기에 동방으로부터 '마기'
현자(賢者) 곧, 박사(博士)들이 예루살렘에 이르렀는데, 그들이 물어 이르기를, 2 "유대인의 왕으로 나
신 이가 어디 계시뇨? 우리가 동방에서 그의 별을 보고 그에게 경배하러 왔노라." 하니 3 헤롯 왕과 온
예루살렘이 이 말을 듣고 크게 동요(動搖)하니라.

4 When he had called together all the people's chief priests and teachers of
the law, he asked them where the Christ was to be born. 5 "In Bethlehem in
Judea," they replied, "for this is what the prophet has written: 6 "'But you,
Bethlehem, in the land of Judah, are by no means least among the rulers of
Judah; for out of you will come a ruler who will be the shepherd of my people
Israel.' "

4 헤롯이 백성의 우두머리 제사장들과 율법 교사들을 모두 불러 모아 놓고는 그리스도가 어느 땅에서
태어나겠느냐 하고 물으니, 5 그들이 대답하기를, "유대 땅 베들레헴이니 이는 선지자가 기록한 내용이
다음와 같음이라: 6 '그러나 유대 땅 베들레헴아, 너는 유대를 다스리는 것들 가운데에서 가장 작은 자
가 아니로다; 너로부터 한 통치자가 나오리니 그가 내 백성 이스라엘의 목자(牧者)가 되리라.' 하였음이
니이다." 하더라.

7 Then Herod called the Magi secretly and found out from them the exact time
the star had appeared. 8 He sent them to Bethlehem and said, "Go and make
a careful search for the child. As soon as you find him, report to me, so that I
too may go and worship him." 9 After they had heard the king, they went on
their way, and the star they had seen in the east went ahead of them until it
stopped over the place where the child was. 10 When they saw the star, they
were overjoyed.

7 이에 헤롯이 박사들을 비밀리에 불러 그들로부터 별이 나타난 정확한 때를 자세히 물어보고 8 그들
을 베들레헴으로 가게 하며 말을 하기를, "가서 아기를 잘 찾아보고 그를 찾는 즉시 내게 고(告)할지니,
나도 가서 그를 경배하려 하노라." 하더라. 9 박사들이 왕의 이런 말을 듣고 나서 계속 길을 가는데, 동
방에서부터 보고 왔던 그 별이 아기 있는 곳에 이르기까지 그들 앞에서 행하여 가더니 아기 있는 곳에서
비로소 멈추어 서니 10 그들이 그 별이 멈추어 섬을 보고 크게 기뻐하더라.

11 On coming to the house, they saw the child with his mother Mary, and
they bowed down and worshiped him. Then they opened their treasures and
presented him with gifts of gold and of incense and of myrrh. 12 And having
been warned in a dream not to go back to Herod, they returned to their
country by another route.

11 그들이 집에 들어서 보니 아기와 그의 어머니 마리아가 함께 있는지라, 그들이 엎드려 아기께 경배
(敬拜)하고 또 그들의 보배합을 열어 황금과 유향(乳香)과 몰약을 아기께 예물로 드리니라. 12 그들이
꿈 속에서 헤롯에게로 돌아가지 말라는 경고를 받고, 다른 길을 택해 자기들의 나라로 돌아가니라.

13 When they had gone, an angel of the Lord appeared to Joseph in a dream.
"Get up," he said, "take the child and his mother and escape to Egypt. Stay
there until I tell you, for Herod is going to search for the child to kill him."

14 So he got up, took the child and his mother during the night and left for Egypt, **15** where he stayed until the death of Herod. And so was fulfilled what the Lord had said through the prophet: "Out of Egypt I called my son."

13 그들이 떠난 후에 주 하나님의 천사가 요셉의 꿈에 나타나 이르기를, "일어나서 아기와 그 어머니를 데리고 이집트로 피신하라. 그리고 내가 네게 다시 말할 때까지 너는 거기 머물러 있으라. 헤롯이 아기를 찾아 죽이려 하느니라." 하매 **14** 요셉이 자리에서 일어나서 그 밤에 아기와 그 어머니를 데리고 이집트로 떠나가서 **15** 헤롯이 죽기까지 거기서 살았더라. 이로써 주(主) 하나님께서 선지자를 통하여 말씀하신 바: "이집트로부터 내 아들을 불러내었다." 하는 예언이 응(應)하게 되니라.

16 When Herod realized that he had been outwitted by the Magi, he was furious, and he gave orders to kill all the boys in Bethlehem and its vicinity who were two years old and under, in accordance with the time he had learned from the Magi. **17** Then what was said through the prophet Jeremiah was fulfilled: **18** "A voice is heard in Ramah, weeping and great mourning, Rachel weeping for her children and refusing to be comforted, because they are no more."

16 헤롯이 박사들에게 속아 넘어간 것을 알아 차리고는 심히 분노하여 베들레헴과 그 인근 마을에 있는 두 살 아래의 남자 아이들은 모두 다 죽여 버리라고 명을 내리니, 이는 그 현자 박사들에게서 알아낸 때를 기준으로 하여 그렇게 계산함이더라. **17** 이에 선지자 예레미야를 통하여 말씀하신 바가 다 응(應)하게 되었으니: **18** 곧, "라마에서 한 목소리가 들려오니, 울부짖으며 크게 통곡하는 소리라, 라헬이 그 자식을 위하여 슬피 울되, 위로 받기를 거절하니 이는 그 자식들이 남아 있지 않은 까닭이로다." 하는 말씀이 이루어지게 되니라.

19 After Herod died, an angel of the Lord appeared in a dream to Joseph in Egypt **20** and said, "Get up, take the child and his mother and go to the land of Israel, for those who were trying to take the child's life are dead." **21** So he got up, took the child and his mother and went to the land of Israel. **22** But when he heard that Archelaus was reigning in Judea in place of his father Herod, he was afraid to go there. Having been warned in a dream, he withdrew to the district of Galilee, **23** and he went and lived in a town called Nazareth. So was fulfilled what was said through the prophets: "He will be called a Nazarene."

19 헤롯이 죽은 후에 주 하나님의 천사가 이집트에 있는 요셉의 꿈에 나타나 말하기를, **20** "일어나 아기와 그 어머니를 데리고 이스라엘 땅으로 가라, 아기의 목숨을 뺏으려하던 자들이 죽었느니라." 하매 **21** 요셉이 일어나 아기와 그 어머니를 데리고 이스라엘 땅으로 돌아오니라. **22** 그러나 아켈라오가 그 아버지 헤롯의 왕 자리를 이어 받아 유대를 통치하는 사실을 알고는 거기로 가기를 두려워하더니, 이에 다시 꿈에서 경고하심을 받아 갈릴리 지방에 있는 **23** 나사렛이라 하는 동네에 가서 살게 되었으니 이렇게 하여 선지자를 통하여 하신 말씀 곧, "그가 나사렛 사람이라 불리리라." 하심이 응하게 되니라.

제3장

1 In those days John the Baptist came, preaching in the Desert of Judea **2** and saying, "Repent, for the kingdom of heaven is near." **3** This is he who was spoken of through the prophet Isaiah: "A voice of one calling in the desert, 'Prepare the way for the Lord, make straight paths for him.' "

1 그 때에 세례 요한이 이르러 유대 광야에서 말씀을 전하기 시작하니라. **2** 요한이 이르기를, "회개하

라, 천국이 가까이 이르렀느니라." 하니 3 그는 선지자 이사야를 통하여 말씀되어 오던 자라. 기록되었
으되: "한 외치는 자의 목소리가 광야에 있어 '너희는 주의 길을 준비하라, 그가 오실 길을 곧게 하라' 하
리라" 하는 말씀이 곧 그것이더라.

4 John's clothes were made of camel's hair, and he had a leather belt around
his waist. His food was locusts and wild honey. 5 People went out to him from
Jerusalem and all Judea and the whole region of the Jordan. 6 Confessing their
sins, they were baptized by him in the Jordan River.

4 요한이 입은 옷은 낙타털로 만든 것이요, 허리에는 가죽 띠를 두르고 그가 먹는 음식은 메뚜기와 야생
꿀이었더라. 5 사람들이 예루살렘과 온 유대와 요단 전 지역으로부터 나와 그를 향해 나아가서 6 자신
들의 죄를 고백하며 요단 강가에서 그에게 세례를 받더라.

7 But when he saw many of the Pharisees and Sadducees coming to where he
was baptizing, he said to them: "You brood of vipers! Who warned you to flee
from the coming wrath? 8 Produce fruit in keeping with repentance. 9 And do
not think you can say to yourselves, 'We have Abraham as our father.' I tell
you that out of these stones God can raise up children for Abraham.

7 자기가 세례를 주고 있는 그 곳에 수많은 바리새인들과 사두개인들이 같이 몰려오는 것을 보고는 요
한이 이르되: "너희, 독사의 자식들아! 누가 너희를 경고하여 다가오는 진노를 피하라 하더냐? 8 그러므
로 너희는 회개에 합당한 열매를 맺으라. 9 또, 마음 속으로 '아브라함이 우리 조상이라'고 생각하지도,
말하지도 말라. 내가 너희에게 이르노니 하나님이 능히 이 돌들을 일으켜서도 아브라함의 자손이 되게
하실 수 있으리라.

10 The ax is already at the root of the trees, and every tree that does not
produce good fruit will be cut down and thrown into the fire. 11 I baptize you
with water for repentance. But after me will come one who is more powerful
than I, whose sandals I am not fit to carry. He will baptize you with the Holy
Spirit and with fire. 12 His winnowing fork is in his hand, and he will clear his
threshing floor, gathering his wheat into the barn and burning up the chaff
with unquenchable fire."

10 도끼가 이미 나무 뿌리 위에 놓였으니, 좋은 열매를 맺지 못하는 나무마다 모두 베어져 불에 던져짐
을 당하리라. 11 나는 너희의 회개를 위해 물로 세례를 베풀거니와, 내 뒤에 다른 한 분이 오시리니 그
는 나보다 능력이 훨씬 크신 분이시라, 나는 그의 신을 들고 가는 것도 감당치 못하리라. 그는 너희들에
게 성령과 불로 세례를 베푸실 것이요, 12 자기의 손에 키질하는 쇠스랑을 이미 가졌으매 그의 타작 마
당을 깨끗게 하실 것이니, 그 알곡은 모아 곳간에 들이고, 쭉정이는 꺼지지 않는 불에 태워 버리시리라."
하더라.

13 Then Jesus came from Galilee to the Jordan to be baptized by John. 14 But
John tried to deter him, saying, "I need to be baptized by you, and do you
come to me?" 15 Jesus replied, "Let it be so now; it is proper for us to do this
to fulfill all righteousness." Then John consented. 16 As soon as Jesus was
baptized, he went up out of the water. At that moment heaven was opened,
and he saw the Spirit of God descending like a dove and lighting on him. 17
And a voice from heaven said, "This is my Son, whom I love; with him I am
well pleased."

13 그 때에 예수께서 갈릴리로부터 요단 강에 이르러 (*몸소) 요한에게 세례를 받으려 나오시매, 14 요
한이 그를 말리고자 하여 말하기를, "제가 당신에게서 세례를 받아야 할 터인데 당신이 오히려 내게로
오시나이까?" 하니 15 예수께서 대답하시기를, "지금은 이와 같이 되게 하라; 우리가 이같이 행하여 모

든 의(義)를 이루는 것이 우리에게 적절한 일이 되리라." 하시매 요한이 그에 동의하더라. 16 예수께서
세례를 받으시자 마자 곧 물에서 올라오시는데 그 순간, 하늘이 열리고 하나님의 성령이 비둘기같이 내
려 자기 위에서 밝게 빛나는 것을 보시니라. 17 바로 그 때, 하늘로부터 한 목소리가 울려 나와 말씀하
시기를, "이는 내 아들이요, 그를 내가 사랑함이니; 그와 더불어 내가 즐거워하느니라." 하시더라.

제4장

1 Then Jesus was led by the Spirit into the desert to be tempted by the devil. 2
After fasting forty days and forty nights, he was hungry. 3 The tempter came to
him and said, "If you are the Son of God, tell these stones to become bread." 4
Jesus answered, "It is written: 'Man does not live on bread alone, but on every
word that comes from the mouth of God.' "

1 그 때에 예수께서 성령에게 이끌리어 광야로 가시니 이는 마귀에게 시험을 받기 위함이었더라. 2 예
수께서 사십 일 동안을 밤낮으로 금식하신 후에 배가 고프신데, 3 그 미혹(迷惑)하는 자가 예수께 다가
와 말을 하기를, "네가 하나님의 아들이라면 이 돌들에게 명하여 떡이 되게 하라." 하니 4 예수께서 대답
하여 이르시되 "기록되었으되: '사람이 떡으로만 살 것이 아니요 하나님의 입으로부터 나오는 모든 말
씀으로 살 것이라' 하였느니라." 하시니라.

5 Then the devil took him to the holy city and had him stand on the highest
point of the temple. 6 "If you are the Son of God," he said, "throw yourself
down. For it is written: 'He will command his angels concerning you, and they
will lift you up in their hands, so that you will not strike your foot against a
stone.'" 7 Jesus answered him, "It is also written: 'Do not put the Lord your
God to the test.' "

5 또 마귀가 예수를 데리고 거룩한 성으로 가서 성전 가장 높은 꼭대기에 예수를 세우고 6 "네가 만일
하나님의 아들이거든, 네 몸을 던져 뛰어내려 보라. 기록되었으되: '하나님께서 그 천사들을 명하사 그
들이 손으로 너를 받들어 올려 그 발이 돌에 부딪히지도 않게 하리라.' 하였느니라." 하매, 7 예수께서
이르시되, "또 이와 같은 말씀도 있으니: '주 너의 하나님을 시험하지 말라' 하였느니라." 하시더라.

8 Again, the devil took him to a very high mountain and showed him all the
kingdoms of the world and their splendor. 9 "All this I will give you," he said,
"if you will bow down and worship me." 10 Jesus said to him, "Away from me,
Satan! For it is written: 'Worship the Lord your God, and serve him only.'" 11
Then the devil left him, and angels came and attended him.

8 또다시 마귀가 그를 데리고 높은 산으로 올라가서 이 세상의 모든 나라들과 그 나라의 영광스러운 모
습을 보이며 9 예수께 이르되, "네가 만일 내게 엎드려 절하고 경배하면 이 모든 것을 내가 네게 주리
라." 하니, 10 이에 예수께서 말씀하시되, "사탄아 물러가라! 기록되었으되: '오직 주 너의 하나님께 경
배하고 다만 그를 홀로 섬기라' 하였느니라." 하시니, 11 이에 마귀는 예수를 떠나가고, 천사들이 나아
와서 예수께 시중을 들더라.

12 When Jesus heard that John had been put in prison, he returned to Galilee.
13 Leaving Nazareth, he went and lived in Capernaum, which was by the lake
in the area of Zebulun and Naphtali-- 14 to fulfill what was said through the
prophet Isaiah: 15 "Land of Zebulun and land of Naphtali, the way to the sea,
along the Jordan, Galilee of the Gentiles- 16 the people living in darkness have

seen a great light; on those living in the land of the shadow of death a light
has dawned." 17 From that time on Jesus began to preach, "Repent, for the
kingdom of heaven is near."

12 요한이 붙잡혀 옥에 갇히게 되었다 함을 전해 들으시고는 예수께서 갈릴리로 돌아가시니라. 13 그
리고는 나사렛을 떠나 카버나움에 가서 사시니 이 지역은 스불론과 납달리 지경 호숫가에 있는 마을이
더라. 14 이에 선지자 이사야를 통하여 하신 말씀이 응하게 되었으니 곧: 15 "스불론 땅과 납달리 땅과,
바다로 가는 길 즉, 요단 강을 따라 있는 이방의 갈릴리 땅이여– 16 어둠 속에서 살던 백성들이 위대한
빛을 보았으니, 죽음의 그늘에서 살던 사람들에게 빛이 비치었음이니라." 하는 말씀이더라. 17 그리하
여 그 때로부터 예수께서 말씀을 가르치기 시작하시며, "회개하라! 천국이 가까이 다가와 있느니라." 하
고 선포하기 시작하시니라.

18 As Jesus was walking beside the Sea of Galilee, he saw two brothers, Simon
called Peter and his brother Andrew. They were casting a net into the lake, for
they were fishermen. 19 "Come, follow me," Jesus said, "and I will make you
fishers of men." 20 At once they left their nets and followed him.

18 예수께서 갈릴리 해변을 걸어가시다가 두 형제를 만나니 베드로라고 불리는 시몬과 그의 형제 안드
레라. 두 형제가 호수에 그물을 던지고 있었으니 그들은 어부더라. 19 예수께서 말씀하시되, "오라, 나
를 따르라." 하시고, "내가 너희를 사람을 낚는 어부가 되게 하리라." 하시매 20 그들이 곧 그물을 버려
두고 예수를 따르니라.

21 Going on from there, he saw two other brothers, James son of Zebedee and
his brother John. They were in a boat with their father Zebedee, preparing
their nets. Jesus called them, 22 and immediately they left the boat and their
father and followed him.

21 거기로부터 조금 더 가시다가 다른 두 형제 곧, 세베대의 아들 야고보와 그 형제 요한을 만나시니라.
그들이 그 아버지 세베대와 함께 배에서 그물을 준비하고 있던 중에 예수께서 그들을 부르시매 22 그들
역시 배와 아버지를 버려 두고 즉시로 예수를 따라 나서니라.

23 Jesus went throughout Galilee, teaching in their synagogues, preaching the
good news of the kingdom, and healing every disease and sickness among the
people. 24 News about him spread all over Syria, and people brought to him
all who were ill with various diseases, those suffering severe pain, the demon-
possessed, those having seizures, and the paralyzed, and he healed them. 25
Large crowds from Galilee, the Decapolis, Jerusalem, Judea and the region
across the Jordan followed him.

23 예수께서 갈릴리를 두루 다니시며 그들의 회당에서 가르치시고 하늘 나라의 복음을 전파하시며 사
람들에게 있는 모든 병과 아픈 곳들을 낫게 하시더라. 24 그에 관한 소문이 온 시리아에 퍼져 나가니 사
람들이 여러가지 질병으로 아픈 자들, 병으로 고통 받는 자들, 그리고 귀신 들린 자들, 간질하는 자들,
그리고 중풍 병자들을 모두 그에게로 데리고 나오는데, 예수께서 그 병자들을 다 낫게 하시니라. 25 갈
릴리와 데카볼리와 예루살렘과 유대와 그리고 요단 강 맞은편으로부터 건너 온 수많은 사람들의 무리가
예수를 따르더라.

제5장

1 Now when he saw the crowds, he went up on a mountainside and sat down.
His disciples came to him, 2 and he began to teach them saying: 3 "Blessed are
the poor in spirit, for theirs is the kingdom of heaven. 4 Blessed are those who
mourn, for they will be comforted. 5 Blessed are the meek, for they will inherit
the earth. 6 Blessed are those who hunger and thirst for righteousness, for they
will be filled. 7 Blessed are the merciful, for they will be shown mercy.

1 예수께서 많은 무리의 군중이 자기에게로 나아옴을 보시고 산으로 올라가 앉으시니 그의 제자들도 함
께 그에게로 나아오는지라. 2 예수께서 이같이 그들을 가르치기를 시작하시니 이르시되: 3 "그 심령(心
靈)이 가난한 자는 복이 있나니, 하늘에 있는 왕국이 그들의 것이 되리라. 4 슬퍼하며 애통해 하는 자는
복이 있나니, 그들이 위로를 받을 것임이요 5 온유한 자는 복이 있나니, 그들이 지구 온 땅을 유산(遺産)
으로 받을 것임이요 6 의(義)에 목말라하고 이를 갈구하는 자는 복이 있나니 그들이 충만함을 받을 것이
요 7 자비로운 자는 복이 있나니 그들이 자비롭게 여김을 받을 것임이요

8 Blessed are the pure in heart, for they will see God. 9 Blessed are the
peacemakers, for they will be called sons of God. 10 Blessed are those who are
persecuted because of righteousness, for theirs is the kingdom of heaven.

8 마음이 순결한 자는 복이 있나니, 그들이 하나님을 볼 것임이요 9 평화를 만들어 내는 자는 복이 있나
니, 그들이 하나님의 아들이라 일컬어질 것임이요 10 의(義)를 위해 핍박받고 박해를 받는 자는 복이 있
나니 천국이 그들의 것임이라.

11 Blessed are you when people insult you, persecute you and falsely say all
kinds of evil against you because of me. 12 Rejoice and be glad, because great
is your reward in heaven, for in the same way they persecuted the prophets
who were before you.

11 사람들이 나를 인하여 너희를 모욕하고 핍박하며, 여러가지 모습으로 악한 것을 가지고 너희에게 거
짓되이 말할 때에는 너희에게 복이 있나니 12 이를 기뻐하고 즐거워하라, 이는 천국에서 받을 너희의
상(賞)이 큼이라. 너희 앞에 있던 선지자들도 이와 같은 모양으로 그들이 박해를 하였음이니라.

13 You are the salt of the earth. But if the salt loses its saltiness, how can it be
made salty again? It is no longer good for anything, except to be thrown out
and trampled by men. 14 You are the light of the world. A city on a hill cannot
be hidden. 15 Neither do people light a lamp and put it under a bowl. Instead
they put it on its stand, and it gives light to everyone in the house. 16 In the
same way, let your light shine before men, that they may see your good deeds
and praise your Father in heaven.

13 너희는 온 세상의 소금이라. 만일 이 소금이 자기의 짠 맛을 잃으면 어떻게 다른 것을 짜게 하리요?
아무 쓸 데가 없으니 그저 버려져 사람들에게 발로 밟히게 될 뿐이니라. 14 너희는 또 이 세상의 빛이라.
언덕 위에 서 있는 도시는 감추어지지 못하느니라. 15 사람이 등불을 켜서 그릇 밑에 놓아 두지 아니하
고 대신에 이를 등잔대 위에 두는 것은 그 등불이 집안 온 사람에게 빛을 비추기 위함이니 16 이와 같이
너희 빛이 사람들 앞에 비치게 하라. 그리함으로써 사람들이 너희의 선(善)한 행실(行實)을 보고 하늘에
계신 너희 아버지를 찬양토록 할지어다.

17 Do not think that I have come to abolish the Law or the Prophets; I have
not come to abolish them but to fulfill them. 18 I tell you the truth, until
heaven and earth disappear, not the smallest letter, not the least stroke
of a pen, will by any means disappear from the Law until everything is
accomplished.

17 내가 율법이나 선지자의 말을 폐지(廢止)하러 온 것으로 생각치 말라; 내가 이를 폐(廢)하러 온 것이 아니요 이를 다 응(應)하게 만들기 위해 왔음이니라. 18 진실로 너희에게 이르노니 하늘과 땅이 없어지기 전에, 그리고 (*성경에 기록된) 그 모든 것이 다 이루어지기 전에는 율법의 구두점 하나, 작은 글자 하나도 사라지지 않고 다 이루어지리라.

19 Anyone who breaks one of the least of these commandments and teaches others to do the same will be called least in the kingdom of heaven, but whoever practices and teaches these commands will be called great in the kingdom of heaven. 20 For I tell you that unless your righteousness surpasses that of the Pharisees and the teachers of the law, you will certainly not enter the kingdom of heaven.

19 그러므로 누구든지 이 계명 중의 지극히 작은 것 하나라도 버리거나, 다른 사람을 그와 같이 가르치는 자는 천국에서 지극히 작다 일컬음을 받을 것이요, 그러나 누구든지 이 계명을 행하며 또 이 계명(誡命)을 가르치는 자는 천국에서 크다 일컬음을 받으리라. 20 내가 너희에게 이르노니 너희 의(義)가 바리새인들과 율법 교사들보다 뛰어나지 아니하면 너희가 결코 하늘 나라에 들어가지 못하리라.

21 You have heard that it was said to the people long ago, 'Do not murder, and anyone who murders will be subject to judgment.' 22 But I tell you that anyone who is angry with his brother will be subject to judgment. Again, anyone who says to his brother 'Raca', is answerable to the Sanhedrin. But anyone who says, 'You fool!' will be in danger of the fire of hell.

21 너희가 오래전에 이와 같이 말씀하신 것을 귀로 들었으니 곧, '살인하지 말라, 누구든지 살인한 자는 심판을 받게 되리라' 한 말씀이니라. 22 그러나 나는 너희에게 이르노니 그 형제에게 대하여 성내고 화내는 자 모두가 심판을 받게 되고, 누구든지 자기 형제를 대하여 '라카'라 하는 자는 산헤드린 공회 앞에서 자신을 변호하여야 할 것이요, 사람들에게 '너 이 바보같은 놈!' 이라 말하는 자(者)는 지옥 불에 들어갈 수도 있으리라.

23 Therefore, if you are offering your gift at the altar and there remember that your brother has something against you, 24 leave your gift there in front of the altar. First go and be reconciled to your brother; then come and offer your gift.

23 그러므로 너희가 너희의 예물을 제단에서 드리고 있는 중에 네 형제에게 무슨 원망을 들을만한 일이 있는 것이 생각나거든 24 예물을 그 제단(祭壇) 앞에 놓아두고, 먼저 가서 그 형제와 화해하고; 그 후에 다시 와 예물을 올려 드리도록 하라.

25 Settle matters quickly with your adversary who is taking you to court. Do it while you are still with him on the way, or he may hand you over to the judge, and the judge may hand you over to the officer, and you may be thrown into prison. 26 I tell you the truth, you will not get out until you have paid the last penny.

25 너희를 법정으로 데려가고자 하는 너희의 대적(對敵)과는 시급히 문제를 해결하라. 너의 대적이 너를 법정으로 끌고가고자 하는 길 위에서라도 그리하라. 그렇지 않으면 너의 대적이 너를 재판관에게 건네주고 재판관은 또 형리(刑吏)에게 너를 내어주어 너를 감옥에 가둘까 하노라. 26 내가 진실로 네게 이르노니 네가 마지막 한 푼까지 이를 다 갚기 전에는 거기서 나오지 못하리라.

27 You have heard that it was said, 'Do not commit adultery.' 28 But I tell you that anyone who looks at a woman lustfully has already committed adultery with her in his heart. 29 If your right eye causes you to sin, gouge it out and

throw it away. It is better for you to lose one part of your body than for your whole body to be thrown into hell. 30 And if your right hand causes you to sin, cut it off and throw it away. It is better for you to lose one part of your body than for your whole body to go into hell.

27 너희가 또 이런 말을 들었으니 곧, '간음하지 말라' 하는 말이라. 28 그러나 나는 너희에게 이르노니 음욕(淫慾)을 품고 여자를 쳐다보는 자마다 이미 마음속으로 그 여자와 간음(姦淫)을 행(行)하였음이니라. 29 만일 네 오른쪽 눈이 너를 죄 짓게 만들거든 빼어 내버리라. 네 몸의 일부를 잃는 것이 온 몸이 지옥에 던져지는 것보다 나으리라. 30 또 네 오른손이 너로 죄짓게 만들거든 잘라 내버리라. 네 몸의 일부를 잃는 것이 온 몸이 지옥에 던져지는 것보다 나으니라.

31 It has been said, 'Anyone who divorces his wife must give her a certificate of divorce.' 32 But I tell you that anyone who divorces his wife, except for marital unfaithfulness, causes her to become an adulteress, and anyone who marries the divorced woman commits adultery.

31 또 일렀으되, '누구든 그 아내와 이혼하는 자는 반드시 그 아내에게 이혼 증서를 줄 것이라' 하였으나 32 그러나 나는 너희에게 이르노니, 누구든지 결혼 생활의 불성실(*곧, 음행)이란 타당한 이유없이 그 아내와 이혼하려 하는 자는 자기 아내를 간음하는 여인으로 만드는 것이요 또, 누구든 이혼한 여자와 결혼하는 사람 역시 간음을 저지르는 것이니라.

33 Again, you have heard that it was said to the people long ago, 'Do not break your oath, but keep the oaths you have made to the Lord.' 34 But I tell you, Do not swear at all: either by heaven, for it is God's throne; 35 or by the earth, for it is his footstool; or by Jerusalem, for it is the city of the Great King. 36 And do not swear by your head, for you cannot make even one hair white or black. 37 Simply let your 'Yes' be 'Yes,' and your 'No,' 'No'; anything beyond this comes from the evil one.

33 그리고 또 오래 전에 사람들에게 이런 말씀이 주어졌다 하는 것을 너희가 귀로 들었으니 곧, '너의 맹세(盟誓)를 어기지 말고 네가 하나님께 맹세한 것을 지키라' 하는 말이라. 34 그러나 나는 너희에게 이르기를 도무지 맹세하지 말라 하리니: 하늘로도 하지 말라, 이는 하나님의 보좌임이요; 35 땅으로도 하지 말라, 이는 하나님의 발 받침대 되심이요; 예루살렘으로도 하지 말지니, 이는 위대하신 왕의 도성(都城)임이라. 36 또 네 머리를 가지고도 맹세하지 말지니, 이는 네가 머리카락 한 올도 검게 하거나 희게 할 수 없음이라. 37 오직 너희의 말은 '옳다' 가 되는 것은 '옳다'라고 하고, '아니라' 가 되는 것은 '아니라'고 하라; 이에서 넘어서는 것은 모두 악한 데에서부터 나오는 것이니라.

38 You have heard that it was said, 'Eye for eye, and tooth for tooth.' 39 But I tell you, do not resist an evil person. If someone strikes you on the right cheek, turn to him the other also. 40 And if someone wants to sue you and take your tunic, let him have your cloak as well. 41 If someone forces you to go one mile, go with him two miles. 42 Give to the one who asks you, and do not turn away from the one who wants to borrow from you.

38 또 이런 말을 너희가 들었으니 곧, '눈은 눈으로', '이빨은 이빨로' 라 하는 말이라. 39 그러나 나는 너희에게 이르노니, '악한 자를 대적하지 말라' 하리니, 누가 네 오른쪽 뺨을 때리거든 다른 편도 그에게 돌려 대어주며 40 또 누가 너를 고발하여 네 속옷을 가지고자 하는 자에게는 네 겉옷도 가지게 하고, 41 누구든지 너를 강제로 일 마일(Mile)을 가게 하거든 그 사람과 이(二) 마일(Mile)을 함께 가고, 42 누구든지 네게 무엇을 청하는 자에게 주며, 네게로부터 무엇을 꾸고자 하는 자를 그냥 돌려보내지 말라.

43 You have heard that it was said, 'Love your neighbor and hate your enemy.' 44 But I tell you: Love your enemies and pray for those who persecute you, 45

that you may be sons of your Father in heaven. He causes his sun to rise on
the evil and the good, and sends rain on the righteous and the unrighteous.

43 또, 너희가 '네 이웃을 사랑하고 네 원수를 미워하라' 한 말을 들었으나 44 그러나 나는 너희에게 이
르노니: '너희 원수를 사랑하며 너희를 박해하는 자를 위하여 기도하라' 하리니, 45 너희가 이와 같이
하면 하늘에 계신 아버지의 아들들이 되리라. 하나님께서는 악한 사람과 선한 사람에게 태양을 고루 같
이 떠오르게 하시며, 의로운 자와 불의한 자에게 함께 고루 비를 내려 주시느니라.

46 If you love those who love you, what reward will you get? Are not even the
tax collectors doing that? 47 And if you greet only your brothers, what are you
doing more than others? Do not even pagans do that? 48 Be perfect, therefore,
as your heavenly Father is perfect.

46 너희가, 너희를 사랑하는 자만 사랑하면 무슨 상(賞)을 받으리요? 세금 징수업자들도 그와 같이 하
는 것이 아니냐? 47 또 너희가 너희 형제에게만 인사를 하면, 남보다 나은 것이 뭐가 있겠느냐? 이방인
들도 이와 같이 하는 것이 아니냐? 48 그러므로 하늘에 계신 너희 아버지께서 온전(穩全)하심과 같이
너희도 온전하여지라.

제6장

1 Be careful not to do your 'acts of righteousness' before men, to be seen
by them. If you do, you will have no reward from your Father in heaven. 2
So when you give to the needy, do not announce it with trumpets, as the
hypocrites do in the synagogues and on the streets, to be honored by men. I
tell you the truth, they have received their reward in full.

1 사람들에게 보이려고 '네 의로운 행위'를 그들 앞에서 행하는 결과가 되지 않도록 조심하라. 그리하면
하늘에 계신 너희 아버지로부터 상을 받지 못하느니라. 2 그런고로, 너희가 뭔가를 궁핍한 자에게 줄 때
에는—위선자(僞善者)들이 사람들로부터 영광을 받으려고 회당 안에서와 길거리에서 하는 것처럼—나
팔을 불며 알리지 말라. 내가 진실로 너희에게 이르노니 그들이 자기 받을 상(賞)을 이미 다 받았음이니
라.

3 But when you give to the needy, do not let your left hand know what your
right hand is doing, 4 so that your giving may be in secret. Then your Father,
who sees what is done in secret, will reward you.

3 오히려 너희가 궁핍한 자에게 뭔가를 줄 때에는 네 오른손이 하는 것을 왼손이 모르게 함으로 4 너의
그 선행을 은밀하게 하라. 그리하면 그 은밀한 중에 행하여진 것을 너의 아버지께서 보시고, 이를 네게
상(賞)으로 갚으시리라.

5 And when you pray, do not be like the hypocrites, for they love to pray
standing in the synagogues and on the street corners to be seen by men. I tell
you the truth, they have received their reward in full. 6 But when you pray, go
into your room, close the door and pray to your Father, who is unseen. Then
your Father, who sees what is done in secret, will reward you. 7 And when you
pray, do not keep on babbling like pagans, for they think they will be heard
because of their many words.

5 또 너희는 기도할 때에, 위선자들처럼 하지 말지니, 그들은 사람들에게 보이려고 회당(會堂) 안에서

와 큰 길 모퉁이에 서서 기도하는 것을 좋아하느니라. 내가 진실로 너희에게 이르노니 그들이 자기의 상(賞)을 이미 다 받았느니라. 6 오히려 너는 기도할 때에는 네 방에 들어가 그 문을 닫고 기도할지니, 네 아버지께서는 보이지 않는 곳에 계시느니라. 그러면, 은밀한 중에 행하여진 것을 빠지지 않고 보시는 네 아버지께서—네게 상을 주시리라. 7 또 네가 기도할 때에는 이방인과 같이 중언부언(重言復言)하지 말라. 그들은 말을 많이 함으로써만 들리는 줄로 생각하느니라.

8 Do not be like them, for your Father knows what you need before you ask
him. 9 This, then, is how you should pray: 'Our Father in heaven, hallowed
be your name, 10 your kingdom come, your will be done on earth as it is in
heaven. 11 Give us today our daily bread. 12 Forgive us our debts, as we also
have forgiven our debtors. 13 And lead us not into temptation, but deliver us
from the evil one.'

8 그러므로 그들을 본받지 말지니, 너희가 하나님께 무엇을 미처 구하기도 전에 너희에게 무엇이 필요
한지를 너희 아버지께서 다 알고 계심이니라. 9 너희가 마땅히 기도하여야 할 내용은 이것이니 너희는
이렇게 기도하라: '하늘에 계신 우리 아버지여, 아버지의 이름이 거룩히 여김을 받으시오며 10 하나님
의 나라가 여기 임(臨)하시오며, 당신의 뜻이 하늘에서 이루어진 것 같이 이제 이 땅에서도 이루어지이
다. 11 오늘 우리에게, 우리가 오늘 먹을 양식을 주옵시고, 12 우리의 죄를 용서하여 주시되, 우리가 우
리에게 죄 지은 자를 용서하여 준 것과 같이 하여 주시옵고, 13 우리를 시험에 들게 하지 마옵시며 다만
우리를 악한 자로부터 건져내옵소서'—오직, 이렇게 기도하라.

14 For if you forgive men when they sin against you, your heavenly Father will
also forgive you. 15 But if you do not forgive men their sins, your Father will
not forgive your sins.

14 만일 너희가 너희에게 죄 지은 다른 사람을 용서하면, 너희 하늘 아버지께서도 너희 잘못을 용서하
시려니와 15 너희가 다른 사람의 잘못과 죄를 용서하지 아니하면 너희 아버지께서도 너희 죄를 용서하
지 아니하시리라.

16 When you fast, do not look somber as the hypocrites do, for they disfigure
their faces to show men they are fasting. I tell you the truth, they have received
their reward in full. 17 But when you fast, put oil on your head and wash your
face, 18 so that it will not be obvious to men that you are fasting, but only to
your Father, who is unseen; and your Father, who sees what is done in secret,
will reward you.

16 너희가 금식(禁食)을 할 때에는 저 위선자들이 하는 것처럼 슬픈 기색을 보이지 말지니, 그들은 사람
들에게 자기의 금식하는 것을 보이려고 그 얼굴을 보기 흉하게 하느니라. 내가 진실로 너희에게 이르노
니 그들은 자기가 받을 상(賞)을 이미 다 받았느니라. 17 오히려 너는 금식할 때에 네 머리에 기름을 바
르고 얼굴을 씻을지니 18 이는 네가 금식하는 것을 사람들에게 나타내지 않고, 오직 보이지 않는 가운
데에 계신 네 아버지께만 보이게 하기 위함이라. 그러면 그 모든 은밀한 중에 행하여진 것을 빠지지 않
고 보시는 네 아버지께서 네게 상(賞)으로 갚으시리라.

19 Do not store up for yourselves treasures on earth, where moth and rust
destroy, and where thieves break in and steal. 20 But store up for yourselves
treasures in heaven, where moth and rust do not destroy, and where thieves do
not break in and steal. 21 For where your treasure is, there your heart will be
also.

19 너희는 너희를 위해 재물을 이 땅에 쌓아두지 말지니, 이 땅은 좀과 녹이 그것을 상하게 하고 멸하게
하는 곳이요, 도적이 부수고 들어와 훔쳐가는 곳이라. 20 오직 너희는 너희를 위하여 재물을 하늘 나라
에 쌓아 두라. 거기는 좀이나 녹이 그것을 해치지 못하며 도둑이 부수고 들어오지도 못하고, 훔쳐가지도

못하느니라. 21 너의 재물이 쌓여있는 그 곳에 네 마음이 함께 있느니라.

22 The eye is the lamp of the body. If your eyes are good, your whole body will be full of light. 23 But if your eyes are bad, your whole body will be full of darkness. If then the light within you is darkness, how great is that darkness!
24 No one can serve two masters. Either he will hate the one and love the other, or he will be devoted to the one and despise the other. You cannot serve both God and Money.

22 눈은 몸의 등불이라. 네 눈이 온전하면 네 온 몸도 빛으로 가득차 있을 것이나 23 그러나 네 눈이 나쁘면 네 온 몸이 어두움 가득한 가운데 있을 것이라. 만일 네 속에 있는 빛이 어두우면 그 얼마나 심한 어둠이 되겠느냐? 24 한 사람이 두 주인을 동시에 섬기지 못하나니, 그 중 하나를 그가 미워하고 다른 하나를 그가 사랑함이요, 또 혹은 하나에 대해서는 저가 헌신(獻身)하고 다른 하나에 대해서는 저가 그를 무시할 것이라. 그런고로, 네가 하나님과 재물 둘 다를 겸하여 섬기지 못하느니라.

25 Therefore I tell you, do not worry about your life, what you will eat or drink; or about your body, what you will wear. Is not life more important than food, and the body more important than clothes? 26 Look at the birds of the air; they do not sow or reap or store away in barns, and yet your heavenly Father feeds them. Are you not much more valuable than they?

25 그러므로 내가 너희에게 이르노니, 네 목숨을 위하여 염려하지 말라. 곧, 무엇을 먹을까 무엇을 마실까 하거나; 또 네 몸을 위하여 무엇을 입을까 하지 말라. 음식보다 생명이 더 중요하지 아니하며 또, 의복보다 몸이 더 소중하지 아니하냐? 26 공중에 나는 새를 보라; 새들이 무엇을 심지도 않고 거두지도 않고 창고에 모아들이지도 아니하되, 하늘에 계신 너희 아버지께서 그들을 먹이시느니라. 너희는 이것들보다 훨씬 더 귀하지 아니하냐?

27 Who of you by worrying can add a single hour to his life? 28 And why do you worry about clothes? See how the lilies of the field grow. They do not labor or spin. 29 Yet I tell you that not even Solomon in all his splendor was dressed like one of these.

27 너희 중에서 그 누가 염려함으로 자기의 수명(壽命)에 한 시간이라도 더할 수 있겠느냐? 28 또 너희가 어찌 옷에 관해 염려하느냐? 들판에 있는 백합화가 어떻게 자라는가 보라. 그것이 일도 하지 아니하고, 천을 짜지도 아니하느니라. 29 그러나 내가 너희에게 이르노니, 솔로몬이 자기의 모든 영광을 가지고서도 이 꽃 같은 옷을 입어 보지 못하였느니라.

30 If that is how God clothes the grass of the field, which is here today and tomorrow is thrown into the fire, will he not much more clothe you, O you of little faith? 31 So do not worry, saying, 'What shall we eat?' or 'What shall we drink?' or 'What shall we wear?' 32 For the pagans run after all these things, and your heavenly Father knows that you need them.

30 오늘 여기에 있다가 내일은 불 속에 던지워지는 들판의 풀도 하나님께서 이렇게 옷을 지어 입히시는 것이어늘, 그가 너희에게는 더 좋은 것으로 입히지 아니하시겠느냐? 오, 이 믿음 적은 자들아! 31 그러므로 염려하여 이르기를, '무엇을 먹을까? 무엇을 마실까? 혹은, 무엇을 입을까? 하지 말라. 32 이는 다 이방인들이 구하는 것이라, 너희의 하늘 아버지께서는 너희가 이 모든 것을 필요로 하는 것을 이미 다 알고 계시느니라.

33 But seek first his kingdom and his righteousness, and all these things will be given to you as well. 34 Therefore do not worry about tomorrow, for tomorrow will worry about itself. Each day has enough trouble of its own.

33 오히려 너희는 먼저, 그의 나라와 그의 의(義)를 찾으라, 그리하면 이 모든 것들이 너희에게 함께 주어지리라. 34 그러므로 내일 일에 관해 염려(念慮)하지 말라. 내일 일은 내일이 스스로 염려할 것이요, 매일의 한 날은 그 하루 스스로의 고생(苦生)스러움으로 충분하니라.

제7장

1 Do not judge, or you too will be judged. 2 For in the same way you judge others, you will be judged, and with the measure you use, it will be measured to you. 3 Why do you look at the speck of sawdust in your brother's eye and pay no attention to the plank in your own eye? 4 How can you say to your brother, 'Let me take the speck out of your eye,' when all the time there is a plank in your own eye?

1 심판(審判)하지 말라, 너희가 남을 심판하면 너희도 역시 심판을 받으리라. 2 너희가 남을 심판하는 꼭같은 방식으로 너희가 심판을 받을 것이요, 너희가 사용하는 그 헤아림과 잣대로 너희가 헤아림을 받는 것이니라. 3 네 형제의 눈 속에 있는 톱밥 티는 보면서 어찌 네 눈 속에 있는 대들보는 깨닫지 못하느냐? 4 네 눈 속에 대들보가 들어 앉아 있을 때에 어찌 네가 네 형제에게 대해 이르기를, '나로 하여금 네 눈 속에 있는 티를 빼게 하라.' 말할 수 있겠느냐?

5 You hypocrite, first take the plank out of your own eye, and then you will see clearly to remove the speck from your brother's eye. 6 Do not give dogs what is sacred; do not throw your pearls to pigs. If you do, they may trample them under their feet, and then turn and tear you to pieces.

5 너, 이 위선자야! 먼저 네 눈으로부터 들보를 빼어 내라. 그 후에야 네가 밝히 보고 네 형제의 눈 속에서 티를 빼 줄 수가 있으리라. 6 거룩한 것을 개에게 주지 말라; 또, 너희 진주를 돼지에게 던지지 말라. 그렇게 하면 그들이 그것을 발로 밟고 돌이켜 오히려 너희를 물고 찢을까 하노라.

7 Ask and it will be given to you; seek and you will find; knock and the door will be opened to you. 8 For everyone who asks receives; he who seeks finds; and to him who knocks, the door will be opened. 9 Which of you, if his son asks for bread, will give him a stone? 10 Or if he asks for a fish, will give him a snake? 11 If you, then, though you are evil, know how to give good gifts to your children, how much more will your Father in heaven give good gifts to those who ask him! 12 So in everything, do to others what you would have them do to you, for this sums up the Law and the Prophets.

7 구하라! 그리하면 너희에게 주실 것이요; 찾으라! 그리하면 찾을 것이요; 두드리라! 그리하면 그 문이 너희에게 열릴 것이니 8 모든 구하는 이가 저마다 받을 것이요; 찾는 이는 찾을 것이요, 두드리는 이에게 문이 열릴 것이니라. 9 너희 중에 누가 아들이 떡을 달라 하는데 돌을 줄 자가 어디 있으며 10 또, 생선을 달라 하는데 뱀을 줄 사람이 어디 있겠느냐? 11 너희가 비록 악한 자라 할지라도 자식에게는 좋은 것을 주어야 하는 줄을 알거든 하물며 하늘에 계신 너희 아버지께서 구하는 자에게 좋은 선물을 주시지 않겠느냐? 12 그러므로 모든 일에 있어, 남들이 네게 무엇을 해 주었으면 하고 바라는 그것을 다른 사람에게 행할지니, 율법과 선지자의 말씀이 이 하나로 다 요약되느니라.

13 Enter through the narrow gate. For wide is the gate and broad is the road that leads to destruction, and many enter through it. 14 But small is the gate and narrow the road that leads to life, and only a few find it.

13 좁은 문으로 들어가라. 멸망(滅亡)으로 이끄는 길은 넓고 또 그 대문이 커서 그리로 들어가는 자가 많으니라. 14 그러나 생명(生命)으로 인도하는 길은 좁고 그 문도 작으므로 그 문을 찾는 자가 적으니라.

15 Watch out for false prophets. They come to you in sheep's clothing, but inwardly they are ferocious wolves. 16 By their fruit you will recognize them. Do people pick grapes from thornbushes, or figs from thistles? 17 Likewise every good tree bears good fruit, but a bad tree bears bad fruit. 18 A good tree cannot bear bad fruit, and a bad tree cannot bear good fruit.

15 거짓 선지자(先知者)들을 주의해서 살피라. 그들이 양의 옷을 입고 너희에게 나아오나, 속으로는 사나운 늑대 떼라. 16 그 열매를 보면 그들을 알아볼 수가 있으니, 사람이 가시덤불에서 포도를, 혹은 엉겅퀴에서 무화과를 딸 수 있겠느냐? 17 이와 같이 좋은 나무는 좋은 열매를 맺고, 나쁜 나무는 나쁜 열매를 맺는 법이라. 18 좋은 나무가 나쁜 열매를 맺을 수가 없고, 나쁜 나무가 좋은 열매를 맺을 수가 없느니라.

19 Every tree that does not bear good fruit is cut down and thrown into the fire. 20 Thus, by their fruit you will recognize them. 21 Not everyone who says to me, 'Lord, Lord,' will enter the kingdom of heaven, but only he who does the will of my Father who is in heaven.

19 좋은 열매를 맺지 못하는 나무는 모두 베어지고 찍혀져 불에 던져지는 것이니라. 20 이러므로, 그들의 열매로 그들을 알리라. 21 나를 보고 '주여, 주여,' 하는 자가 모두 천국에 들어가는 것이 아니요, 다만 하늘에 계신 내 아버지의 뜻대로 행하는 자라야 하느니라.

22 Many will say to me on that day, 'Lord, Lord, did we not prophesy in your name, and in your name drive out demons and perform many miracles?' 23 Then I will tell them plainly, 'I never knew you. Away from me, you evildoers!'

22 그 날에, 수 많은 사람들이 나더러 이르기를 '주여, 주여, 우리가 주의 이름으로 예언하지 않았나이까? 또 당신의 이름으로 귀신을 쫓아내며 주의 이름으로 많은 권능(權能)을 행하지 아니하였나이까?' 하리라. 23 그러나 그 때에 내가 그들에게 분명히 말하기를, '내가 너희를 전혀 알지 못하느니라. 내게서 떠나가라, 이 악한 자들아!' 하리라.

24 Therefore everyone who hears these words of mine and puts them into practice is like a wise man who built his house on the rock. 25 The rain came down, the streams rose, and the winds blew and beat against that house; yet it did not fall, because it had its foundation on the rock. 26 But everyone who hears these words of mine and does not put them into practice is like a foolish man who built his house on sand. 27 The rain came down, the streams rose, and the winds blew and beat against that house, and it fell with a great crash."

24 그러므로 누구든지 나의 이 말을 듣고 그대로 행하는 자는 자기 집을 큰 바위 위에 지은 지혜로운 사람 같으니 25 비가 내려 냇물이 넘쳐 올라오고, 바람이 불어 그 집을 흔들더라도; 무너지거나 쓰러지지 않는 것은 기초를 바위 위에 놓은 까닭이요, 26 그러나 나의 이 말을 듣고도 실행에 옮기지 아니하는 자는, 그 집을 모래 위에 지은 어리석은 사람 같으니 27 비가 내리고 강이 넘치고, 바람이 불어 그 집을 부딛히면 그것이 박살이 나 산산히 무너져 버리는 것과 같으니라." 하시더라.

28 When Jesus had finished saying these things, the crowds were amazed at his teaching, 29 because he taught as one who had authority, and not as their teachers of the law.

28 예수께서 이런 일들을 말씀하시기를 다 마치시매, 온 군중이 그의 가르치심에 놀라니 29 이는 그가

권위를 가지고 가르치시는 것이, 그들의 율법 교사들과는 같지 않으신 까닭이었더라.

제8장

1 When he came down from the mountainside, large crowds followed him. 2 A
man with leprosy came and knelt before him and said, "Lord, if you are willing,
you can make me clean." 3 Jesus reached out his hand and touched the man.
"I am willing," he said. "Be clean!" Immediately he was cured of his leprosy. 4
Then Jesus said to him, "See that you don't tell anyone. But go, show yourself
to the priest and offer the gift Moses commanded, as a testimony to them."

1 예수께서 산기슭에서 내려오시니 수많은 무리의 사람들이 그를 따르는데, 2 한 나병환자가 예수 앞에
나아와 무릎을 꿇고 이르되, "주여, 주께서 원하시면 저를 깨끗하게 하실 수 있나이다." 하거늘 3 예수
께서 자기의 손을 내밀어 그를 어루만지시며 "내가 원하노라." 하시고, "깨끗하여지라!" 하시니 그 즉시
그의 나병(癩病)이 나아 치료가 되니라. 4 이에 예수께서 그에게 이르시되, "이 일을 아무에게도 얘기하
지 말고, 가서, 네 몸을 제사장에게 보이고, 모세가 명한 예물을 드릴지니, 이것이 그들에게 증거가 되리
라." 하시더라.

5 When Jesus had entered Capernaum, a centurion came to him, asking for
help. 6 "Lord," he said, "my servant lies at home paralyzed and in terrible
suffering." 7 Jesus said to him, "I will go and heal him." 8 The centurion
replied, "Lord, I do not deserve to have you come under my roof. But just
say the word, and my servant will be healed. 9 For I myself am a man under
authority, with soldiers under me. I tell this one, 'Go,' and he goes; and that
one, 'Come,' and he comes. I say to my servant, 'Do this,' and he does it."

5 예수께서 카버나움에 들어가셨을 때에 한 백부장(百夫長)이 예수께 나아와 도움을 간구(懇求)하니라.
6 그가 말하기를, "주여, 제 하인이 중풍병으로 누워 있는데 심한 고통 가운데 있나이다." 하니 7 예수께
서 그에게 이르시기를, " 내가 가서 그를 낫게 하리라." 하시거늘, 8 그 백부장이 대답하여 이르되 "주여,
주께서 내 집 지붕 밑에 들어오심을 제가 감당하지 못하겠나이다. 그러니 차라리 말씀으로만 하옵소서.
그러면 제 하인이 낫겠사옵나이다. 9 저 역시 누군가의 권한 아래에 속한 사람이요, 또 제 아래에도 병
사가 있으니 그 중 하나에게 제가 '가라' 하면 그가 가고 또 누구에게 '오라' 하면 그가 나아오나이다. 또
제가 제 하인더러 '이것을 하라' 하면 그가 그렇게 하나이다." 하거늘,

10 When Jesus heard this, he was astonished and said to those following him,
"I tell you the truth, I have not found anyone in Israel with such great faith. 11
I say to you that many will come from the east and the west, and will take their
places at the feast with Abraham, Isaac and Jacob in the kingdom of heaven.
12 But the subjects of the kingdom will be thrown outside, into the darkness,
where there will be weeping and gnashing of teeth." 13 Then Jesus said to the
centurion, "Go! It will be done just as you believed it would." And his servant
was healed at that very hour.

10 예수께서 이를 들으시고 놀랍게 여기사, 자기를 따르던 자들에게 이르시되 "내가 진실로 너희에게
이르노니 이스라엘 중에서 이렇게 큰 믿음을 가진 자를 내가 아직 만나보지 못하였노라." 하시고, 또 이
르시기를, 11 "내가 너희에게 이르노니 장차, 수 많은 사람들이 동쪽과 서쪽으로부터 와서 아브라함과
이삭과 그리고 야곱과 함께 하늘 나라의 잔치에 참여하고 자기의 자리에 앉으려니와, 12 그러나 그 나
라의 원래 백성들은 바깥 어두운 데로 쫓겨나 거기서 슬피 울며 이를 갈게 되는 일이 있으리라." 하시고,

13 이어 그 백부장에게 이르시되, "네 길을 가라! 네가 그리 되리라고 믿은 그대로 되리라." 하시니 바로 그 시각에 그 하인이 나음을 받으니라.

14 When Jesus came into Peter's house, he saw Peter's mother-in-law lying in bed with a fever. 15 He touched her hand and the fever left her, and she got up and began to wait on him.

14 예수께서 베드로의 집을 방문하사 집 안에 들어가셨을 때에 마침 베드로의 장모가 열병을 앓아 침상에 누운 것을 보시고는 15 그녀의 손을 잡아 붙드시니 즉시로 그녀의 몸에서 열이 떠나가고 그 장모가 자리에서 일어나서 예수께 시중들기 시작하니라.

16 When evening came, many who were demon- possessed were brought to him, and he drove out the spirits with a word and healed all the sick. 17 This was to fulfill what was spoken through the prophet Isaiah: "He took up our infirmities and carried our diseases."

16 저녁 시간이 되었을 때에 사람들이 귀신 들린 자들을 많이 데리고 예수께 나아오거늘, 예수께서 말씀으로 그 귀신들을 다 쫓아내시고 또 병든 자들을 모두 고치시니라. 17 이는 선지자 이사야를 통하여 하신 말씀 곧, : "그가 우리의 연약함을 친히 담당하시고 우리의 질병을 짊어지셨도다." 함을 응하게 하려 하심이더라.

18 When Jesus saw the crowd around him, he gave orders to cross to the other side of the lake. 19 Then a teacher of the law came to him and said, "Teacher, I will follow you wherever you go." 20 Jesus replied, "Foxes have holes and birds of the air have nests, but the Son of Man has no place to lay his head."

18 예수께서 자신의 주위에 몰려드는 그 군중의 무리를 보시고 호수 맞은편으로 건너가기를 명하시니라. 19 그 때에 한 율법 교사가 예수께 나아와 물어 이르되, "선생님이시여, 선생께서 어디로 가시든지 제가 따르리이다." 하니 20 예수께서 말씀하시기를, "여우는 자기 굴이 있고 공중의 새에게도 자기 둥지가 있지만 인자는 자기 머리 둘 곳도 없노라." 하시더라.

21 Another disciple said to him, "Lord, first let me go and bury my father." 22 But Jesus told him, "Follow me, and let the dead bury their own dead."

21 제자 중에 또 다른 사람은 예수께 이르기를, "주여, 저로 먼저 가서 제 아버지를 장사지내고 오게 허락하옵소서." 하니 22 예수께서 그 사람에게 이르시되 "너는 나를 따르라, 그리고 죽은 자들은 그들의 죽은 자들이 장사 지내게 내버려 두라." 하시니라.

23 Then he got into the boat and his disciples followed him. 24 Without warning, a furious storm came up on the lake, so that the waves swept over the boat. But Jesus was sleeping. 25 The disciples went and woke him, saying, "Lord, save us! We're going to drown!" 26 He replied, "You of little faith, why are you so afraid?" Then he got up and rebuked the winds and the waves, and it was completely calm. 27 The men were amazed and asked, "What kind of man is this? Even the winds and the waves obey him!"

23 그리고 예수께서 배에 오르시니 그 제자들이 그를 따르더라. 24 홀연히, 경고도 없이 무시무시한 폭풍이 호수에 불어 오매, 배가 거진 물결에 덮이게 되었더라. 그러나 예수께서는 잠이 드시니라. 25 제자들이 예수께 다가와 그를 깨우며 말하기를, "주여, 우리를 구원하소서. 우리가 물에 빠져 죽게 되었나이다!" 하거늘 26 이에 예수께서 일어나사 말씀하시기를, "이 믿음 없는 자들아, 무엇을 그리 무서워하느냐?" 하시고는 일어나시어 바람과 파도를 꾸짖으시매 파도와 바람이 순식간에 온전히 잔잔해지니라. 27 사람들이 모두 놀라서 서로 묻기를, "이 분이 대체 어떤 분이시길래 바람과 파도도 그에 순종(順從)하는고?" 하더라.

28 When he arrived at the other side in the region of the Gadarenes, two demon-possessed men coming from the tombs met him. They were so violent that no one could pass that way. **29** "What do you want with us, Son of God?" they shouted. "Have you come here to torture us before the appointed time?"

28 예수께서 호수 건너편 가다라 사람의 지역에 도착하시매, 거기 귀신 들린 자 두 사람이 무덤 사이에서 나와 예수를 만나니 이 귀신 들린 두 사람은 몹시 사나워 능히 아무도 그 길로 지나갈 수가 없었더라. **29** 그 때에 그들이 소리를 지르며 말하기를, "하나님의 아들이시여, 우리에게 무엇을 하기 원하시나이까? 아직 때가 이르기 전인데 벌써 우리를 고문하러 오심이니이까? 하더라.

30 Some distance from them a large herd of pigs was feeding. **31** The demons begged Jesus, "If you drive us out, send us into the herd of pigs." **32** He said to them, "Go!" So they came out and went into the pigs, and the whole herd rushed down the steep bank into the lake and died in the water. **33** Those tending the pigs ran off, went into the town and reported all this, including what had happened to the demon-possessed men. **34** Then the whole town went out to meet Jesus. And when they saw him, they pleaded with him to leave their region.

30 마침, 그들로부터 제법 거리가 떨어진 곳에 큰 무리의 돼지 떼가 먹이를 먹고 있었는데 **31** 그 귀신들이 예수께 간청하며 말을 하기를, "만일 우리를 쫓아내시고자 하신다면 우리를 저 돼지떼 속으로 들어갈 수 있게 하소서." 하니 **32** 예수께서 말씀하시기를, "갈지어다!" 하시매 그들이 그 사람에게서부터 나와 돼지들에게로 들어가는지라, 이에 그 돼지 떼 모두가 순식간에 비탈진 경사를 달려 내려가 호수 물에 빠져 다 죽어 버리니라. **33** 이에 그 돼지 떼를 돌보던 자들이 모두 도망쳐 달아나 성내(城內)로 들어가서 돼지에게 일어난 일들과 그리고 또 귀신 들렸던 자들에게 일어났던 일을 다 고하매 **34** 그 도시에 있던 모든 사람들이 예수를 만나러 나아오니라. 그 사람들이 예수를 만나보고 난 다음에는 예수께 자기들 지역을 떠나가 주시기를 간청(懇請)하더라.

제9장

1 Jesus stepped into a boat, crossed over and came to his own town. **2** Some men brought to him a paralytic, lying on a mat. When Jesus saw their faith, he said to the paralytic, "Take heart, son; your sins are forgiven." **3** At this, some of the teachers of the law said to themselves, "This fellow is blaspheming!"

1 예수께서 배에 오르사 호수를 건너가 원래 자기의 살던 동네에 이르시니라. **2** 어떤 사람들이 예수께 사지가 마비된 환자를 데리고 나오는데 그가 침대 매트 위에 누운 채로 나오더라. 예수께서 그들의 믿음을 보시고는 그 사지 마비된 환자에게 이르시기를, "안심하라. 네 죄가 사함을 받았느니라." 하시니라. **3** 이 말을 들을 때에 (*그 자리에 있던) 몇몇 율법 교사들이 자기들끼리 서로 말하기를, "이 사람이 신성모독 죄를 범하는도다." 하더라.

4 Knowing their thoughts, Jesus said, "Why do you entertain evil thoughts in your hearts? **5** Which is easier: to say, 'Your sins are forgiven,' or to say, 'Get up and walk'? **6** But so that you may know that the Son of Man has authority on earth to forgive sins...." Then he said to the paralytic, "Get up, take your mat and go home." **7** And the man got up and went home. **8** When the crowd saw this, they were filled with awe; and they praised God, who had given such authority to men.

4 예수께서 그들의 마음 속 생각을 아시고 이르시되, "너희가 어찌 마음속으로 악한 생각을 품느냐? 5
'네 죄(罪)가 사(赦)함을 받았느니라' 하는 말과, '일어나 걸어가라' 하는 말 중에 어느 것이 더 말하기가
쉽겠느냐? 6 그러나 인자가 이 세상에서 죄를 사하는 권세(權勢)가 있는 것을 너희로 알게 하기 위해서
내가 이처럼 말하는 것이라.—" 하시고 그 중풍병자(中風病者)에게 말씀하시기를, "일어나 네 매트를 가
지고 집에 돌아가라." 하시니 7 그가 일어나 (*걸어서) 집으로 돌아가니라. 8 군중의 온 무리가 이를 보
고 외경심(畏敬心)에 사로잡히어; 이런 권능을 사람에게 주신 하나님께 영광을 돌리더라.

9 As Jesus went on from there, he saw a man named Matthew sitting at the tax
collector's booth. "Follow me," he told him, and Matthew got up and followed
him. 10 While Jesus was having dinner at Matthew's house, many tax collectors
and "sinners" came and ate with him and his disciples.

9 예수께서 거기로부터 계속하여 길을 가시다가 마태라 하는 사람이 세금 징수업자의 자리에 앉아 있는
것을 보시게 되니라. 예수께서 마태에게 이르시되, "나를 따르라." 하시니 그가 자리에서 일어나 예수를
따르더라. 10 예수께서 마태의 집에서 저녁 식사를 하시게 되었는데, 그 자리에 많은 세금 징수업자들
과 그리고 소위 '죄인들'이 와서 예수와 제자들과 함께 앉아 먹더라.

11 When the Pharisees saw this, they asked his disciples, "Why does your
teacher eat with tax collectors and 'sinners'?" 12 On hearing this, Jesus said,
"It is not the healthy who need a doctor, but the sick. 13 But go and learn
what this means: 'I desire mercy, not sacrifice.' For I have not come to call the
righteous, but sinners."

11 바리새인들이 그 모습을 보고 제자들에게 묻기를, "너희 선생은 어찌 '세리'들과 '죄인들'과 함께 식
사를 하시는 것이냐?" 하니 12 예수께서 이 말을 들으시고 이르시되, "의사를 필요로 하는 자는 건강한
사람이 아니요, 아픈 사람이라. 13 그러므로 너희는 가서 이와 같은 말의 의미를 배우라: 곧, '내가 (*너
희의) 자비함을 바라고, 희생 제물을 원치 아니하노라' 하는 말이라. 내가 의인을 부르러 온 것이 아니요
죄인을 부르러 왔음이니라." 하시니라.

14 Then John's disciples came and asked him, "How is it that we and the
Pharisees fast, but your disciples do not fast?" 15 Jesus answered, "How can the
guests of the bridegroom mourn while he is with them? The time will come
when the bridegroom will be taken from them; then they will fast."

14 그 때에 요한의 제자들이 나아와 예수께 질문을 하기를, "바리새인들과 우리들은 금식을 하는데 어
찌하여 당신의 제자들은 금식하지 아니하나이까?" 하니, 15 예수께서 이르시되, "어떻게 신랑 손님들이
신랑과 함께 있는 동안에 슬피 울 수가 있겠느냐? 그러나 신랑이 그들로부터 강제로 데려감을 당하는
날이 오리니, 그 때는 그들도 금식(禁食)하리라." 하시더라.

16 "No one sews a patch of unshrunk cloth on an old garment, for the patch
will pull away from the garment, making the tear worse. 17 Neither do men
pour new wine into old wineskins. If they do, the skins will burst, the wine will
run out and the wineskins will be ruined. No, they pour new wine into new
wineskins, and both are preserved."

16 그리고 계속하여 말씀하시기를, "누구든 새 천 조각을 낡은 옷에 꿰매어 붙이는 자가 없으니 이는 그
새로 기운 천이 옷을 당김으로 해어짐이 더하게 되는 까닭이니라. 17 또 아무도 새 포도주를 낡은 가죽
부대에 넣는 사람이 없으니 그렇게 하면 그 낡은 가죽 부대가 터져 포도주도 쏟아지고 부대도 못쓰게 됨
이라. 그러므로 새 포도주는 새 부대에 넣음으로써 포도주와 부대 둘 다가 보존되게 하느니라." 하시니
라.

18 While he was saying this, a ruler came and knelt before him and said, "My

daughter has just died. But come and put your hand on her, and she will live."
19 Jesus got up and went with him, and so did his disciples. 20 Just then a
woman who had been subject to bleeding for twelve years came up behind him
and touched the edge of his cloak. 21 She said to herself, "If I only touch his
cloak, I will be healed." 22 Jesus turned and saw her. "Take heart, daughter,"
he said, "your faith has healed you." And the woman was healed from that
moment.

18 예수께서 이 말씀을 하고 계시는 동안에 한 지도층 인사인 사람이 와서 예수 앞에 무릎을 꿇으며 말
하기를, "제 딸이 방금 막 죽었나이다. 그러나 당신께서 지금 오셔서 제 딸에게 손을 얹으시면 제 딸이
살아나겠나이다." 하는지라, 19 예수께서 자리에서 일어나 그를 따라가시매 제자들도 함께 가더라. 20
그 때에, 열두 해 동안을 혈루증으로 앓던 한 여인이 예수의 몸 뒤로 가만히 다가와서 그 겉옷 가를 만지
니 21 이는 자기 마음 속에 '내가 그 옷만 만져도 나음을 얻으리라.' 생각하던 까닭이라. 22 예수께서 몸
을 돌려 그 여인을 보시며 이르시되, "딸아 안심하라. 네 믿음이 너를 낫게 하였느니라." 하시매 바로 그
순간에 그 여인의 병이 나으니라.

23 When Jesus entered the ruler's house and saw the flute players and the
noisy crowd, 24 he said, "Go away. The girl is not dead but asleep." But they
laughed at him. 25 After the crowd had been put outside, he went in and took
the girl by the hand, and she got up. 26 News of this spread through all that
region.

23 예수께서 그 지도층 인사(人士)의 집에 들어가며 피리 연주하던 사람들과 또 소란을 떠는 군중을 보
시고 24 이르시기를, "너희는 물러가라. 이 딸 아이가 죽은 것이 아니라 잠이 들었느니라." 하고 말씀하
시니, 그들이 모두 그를 비웃으니라. 25 군중의 무리가 다 나간 후에, 예수께서 집에 들어가시어 소녀의
손을 잡으시니 그 소녀가 깨어 일어나는지라. 26 이 소문이 그 지역 온 땅에 퍼져 나가니라.

27 As Jesus went on from there, two blind men followed him, calling out, "Have
mercy on us, Son of David!" 28 When he had gone indoors, the blind men
came to him, and he asked them, "Do you believe that I am able to do this?"
"Yes, Lord," they replied. 29 Then he touched their eyes and said, "According to
your faith will it be done to you"; 30 and their sight was restored. Jesus warned
them sternly, "See that no one knows about this." 31 But they went out and
spread the news about him all over that region.

27 예수께서 거기를 떠나 길을 가시려 할 때에 맹인 두사람이 그를 따라오며 소리를 지르기를, "다윗의
자손이여! 우리를 불쌍히 여기소서!" 하니라. 28 예수께서 집안으로 들어가시자 맹인들도 따라 들어와
서 예수께 나아오매, 예수께서 그들에게 물어 이르시되, "내가 능히 이를 이룰 능력이 있음을 너희가 믿
느냐?" 하시니, 그들이 대답하되 "예, 주여, 그러하오이다." 하거늘 29 이에 예수께서 그들의 눈을 만지
시며 이르시되 "너희 믿음에 따라 그대로 될지어다." 하시니 30 그들의 시력이 회복되어 그들이 보게
되더라. 그러나 예수께서는 그들을 엄히 경고하시되 "이 일을 아무에게도 알리지 말라." 하시니라. 31
그러나 그들이 나가서 예수에 관한 소문을 그 근방 온 지역에 퍼뜨리더라.

32 While they were going out, a man who was demon-possessed and could not
talk was brought to Jesus. 33 And when the demon was driven out, the man
who had been mute spoke. The crowd was amazed and said, "Nothing like this
has ever been seen in Israel." 34 But the Pharisees said, "It is by the prince of
demons that he drives out demons."

32 그 맹인들이 (*고침을 받고) 나가는 동안, 귀신이 들려 말을 하지 못하는 사람 하나가 다른 사람에게
이끌려 예수께 나아오는데 33 그 귀신이 쫓겨 나가며 그 말 못하던 사람이 말하기를 시작하는지라, 거
기 모여 있던 온 무리가 다 이를 놀랍게 여기며 말하기를, "이런 일은 지금껏 이스라엘 가운데에서 일어

난 적이 없도다." 하더라. 34 그러나 바리새인들은 말하기를, "저 사람이 귀신을 쫓아내는 것이 귀신의
왕의 힘을 빌려 하는 것이니라." 하고 말들을 하니라.

35 Jesus went through all the towns and villages, teaching in their synagogues,
preaching the good news of the kingdom and healing every disease and
sickness. 36 When he saw the crowds, he had compassion on them, because
they were harassed and helpless, like sheep without a shepherd. 37 Then he
said to his disciples, "The harvest is plentiful but the workers are few. 38 Ask
the Lord of the harvest, therefore, to send out workers into his harvest field."

35 예수께서 여러 도시와 여러 마을들을 두루 행하여 다니시며 그들의 회당에서 가르치시고, 또 하늘
나라에 대한 좋은 소식을 전하며 아울러 모든 병든 자들과 환자들을 고치시니라. 36 예수께서 (*자신의
주위에 있는) 무리의 사람들을 보시고 측은히 여기는 마음을 가지시니, 이는 그들이 목자 없는 양과 같
이 괴로움을 당하며, 아무도 그들을 도와주는 이가 없던 까닭이더라. 37 이에 제자들에게 이르시되, "추
수(秋收)할 것은 많으나 거두어 들일 일꾼은 몇 없으니 38 그러므로 이 추수의 주(主)되신 이에게 청하
여 '추수할 밭에 일꾼들을 보내 주소서' 하고 요청(要請)하라." 하시니라.

제10장

1 He called his twelve disciples to him and gave them authority to drive out
evil spirits and to heal every disease and sickness.2 These are the names of
the twelve apostles: first, Simon (who is called Peter) and his brother Andrew;
James son of Zebedee, and his brother John; 3 Philip and Bartholomew;
Thomas and Matthew the tax collector; James son of Alphaeus, and
Thaddaeus; 4 Simon the Zealot and Judas Iscariot, who betrayed him.

1 예수께서 자신의 열두 제자를 부르시고 그들에게 더러운 악한 영(靈)들을 쫓아내며, 또 모든 질병과
아픈 사람들을 치유하는 권세를 주시니라. 2 열두 사도(使徒)의 이름은 이러하니: 먼저, 시몬을 비롯하
여 (이는 베드로라 불리는 이요,) 그의 형제 안드레와; 세베대의 아들인 야고보와 그 형제 요한과 3 빌립
과 바돌로매, 그리고 도마와 세금 징수업자 마태, 알패오의 아들인 야고보와 그리고 다대오이며, 4 또
열심당인 시몬과 가룟 유다이니 이 유다는 나중에 예수를 배신(背信)할 그 자이더라.

5 These twelve Jesus sent out with the following instructions: "Do not go
among the Gentiles or enter any town of the Samaritans. 6 Go rather to the
lost sheep of Israel. 7 As you go, preach this message: 'The kingdom of heaven
is near.' 8 Heal the sick, raise the dead, cleanse those who have leprosy, drive
out demons. Freely you have received, freely give.

5 이 열두 사도가 예수로부터 보내심을 받으며 길을 떠날 때에 예수께서 주신 지시 내용이 이러하니라:
"너희는 이방인 가운데에 들어가지 말고 사마리아의 어떤 마을에도 들어가지를 말고, 6 차라리 이스라
엘의 잃어버린 양들에게로 먼저 가라. 7 길을 갈 때에 이런 메시지를 전파하며 갈지니 곧, : '천국(天國)
이 가까이 이르렀다' 하고 전하라. 8 또, 병든 자를 낫게하며, 죽은 자를 살리고, 나병환자를 깨끗하게 하
며 귀신들을 쫓아내라. (*이 모든 것을) 너희가 거저 받았으니 너희도 사람들에게 거저 주라.

9 Do not take along any gold or silver or copper in your belts; 10 take no bag
for the journey, or extra tunic, or sandals or a staff; for the worker is worth his
keep. 11 Whatever town or village you enter, search for some worthy person
there and stay at his house until you leave.

9 너희 허리띠 주머니에 금이나 은이나 구리를 넣어 가지 말고; 10 여행을 위한 배낭도 가져가지 말고;
여벌 옷이나 신발이나 지팡이도 가져가지 말라. 일꾼이 자기의 먹을 몫을 받는 것이 당연하니라. 11 어
떤 도시나 마을에나 너희가 들어가거든, 그 중에 적당한 사람을 찾아 그 도시를 떠날 때까지 그 집에 머
무르라.

12 As you enter the home, give it your greeting. 13 If the home is deserving,
let your peace rest on it; if it is not, let your peace return to you. 14 If anyone
will not welcome you or listen to your words, shake the dust off your feet when
you leave that home or town. 15 I tell you the truth, it will be more bearable
for Sodom and Gomorrah on the day of judgment than for that town.

12 그 집에 들어설 때에는 먼저 너의 문안(問安) 인사를 전할지니 13 만일 그 집이 그런 평안을 받을만
하면 너희가 빈 그 평안(平安)이 그 집에 머무를 것이요; 그렇지 아니하면 너희가 빈 그 평안이 너희에게
로 돌아오리라. 14 만일 어떤 사람이 너희를 영접하지도 아니하고 너희 말을 듣지도 아니하거든 너희가
그 집이나 그 도시를 떠날 때에 너희 발의 먼지를 떨어내버리라. 15 내가 진실로 이르노니 소돔과 고모
라 땅이, 심판(審判)의 날에 그 도시보다도 (*그 시련을) 더 잘 견디어 내리라.

16 I am sending you out like sheep among wolves. Therefore be as shrewd as
snakes and as innocent as doves. 17 Be on your guard against men; they will
hand you over to the local councils and flog you in their synagogues. 18 On
my account you will be brought before governors and kings as witnesses to
them and to the Gentiles.

16 내가 너희를 보내는 것이 마치 양을 늑대 가운데로 보냄과 같도다. 그러므로 너희는 뱀같이 지혜롭
고 비둘기처럼 순결하라. 17 사람들을 조심할지니; 그들이 너희를 각 지역 의회에 넘겨주겠고 그들의
회당에서 너희를 채찍질하리라. 18 또 너희가 나로 인하여 총독들과 왕들 앞에 끌려가리니 그럼으로써
너희가 그들과 또 이방인들 앞에서 나의 증인이 되리라.

19 But when they arrest you, do not worry about what to say or how to say it.
At that time you will be given what to say, 20 for it will not be you speaking,
but the Spirit of your Father speaking through you. 21 Brother will betray
brother to death, and a father his child; children will rebel against their
parents and have them put to death.

19 그러나 그들이 너희를 체포할 때에, 무엇을 어떻게 말할까 하고 염려하지 말라. 그 때에 너희에게 말
할 것을 주시리니 20 그 말을 하는 이는 너희가 아니라 너희 속에서 너희를 통하여 말씀하시는 이 곧,
너희 아버지의 성령이시니라. 21 장차 형제가 형제를 배신하여 그를 죽게 할 것이요, 아버지가 자식을
또한 그리하며; 자식들이 그 부모를 대적하고 항거하여 죽음에 이르게 하리라.

22 All men will hate you because of me, but he who stands firm to the end will
be saved. 23 When you are persecuted in one place, flee to another. I tell you
the truth, you will not finish going through the cities of Israel before the Son
of Man comes.

22 모든 사람들이 나의 이름으로 말미암아 너희를 증오하리라, 그러나 끝까지 (*견디어) 굳게 서 있는
자는 구원을 얻으리라. 23 어느 한 지역에서 박해(迫害)를 받거든 너희는 다른 지역으로 피신하라. 내가
진실을 너희에게 말하노니 너희가 이스라엘의 모든 도시를 다 다니지 못하여서 그 전에 인자(人子)가 오
리라.

24 A student is not above his teacher, nor a servant above his master. 25 It is
enough for the student to be like his teacher, and the servant like his master.
If the head of the house has been called Beelzebub, how much more the

members of his household! 26 So do not be afraid of them. There is nothing
concealed that will not be disclosed, or hidden that will not be made known.

24 제자가 그 선생보다 높지 아니하고, 또 종이 그 상전보다 높지 아니하느니라. 25 그런즉, 제자가 그
선생같고, 종이 그 상전같으면 충분하도다. 그 집 주인이 바알세불(비알제밥)이라 불리울 지경이니 그
집 식구야 더 말해 무엇하겠느냐? 26 그러므로 그들을 두려워하지 말라. 지금 감추어져 있는 것으로서
장차 드러나지 않을 것이 없고, 지금 숨어 있는 것으로서 장차 알려지지 아니할 것이 없느니라.

27 What I tell you in the dark, speak in the daylight; what is whispered in your
ear, proclaim from the roofs. 28 Do not be afraid of those who kill the body
but cannot kill the soul. Rather, be afraid of the One who can destroy both
soul and body in hell.

27 내가 너희에게 어두운 데서 말하여 준 것을 너희는 밝은 데에서 말하고; 너희가 귓속말로 들은 것을
지붕 위에서 선포하라. 28 몸은 죽여도 혼은 능히 죽이지 못하는 자들을 두려워하지 말고 몸과 혼(魂)
모두를 지옥에서 멸하실 수 있는 오직 한 분이신 그 분을 두려워하라.

29 Are not two sparrows sold for a penny? Yet not one of them will fall to the
ground apart from the will of your Father. 30 And even the very hairs of your
head are all numbered. 31 So don't be afraid; you are worth more than many
sparrows.

29 참새 두 마리가 일 페니에 팔리는 것이 아니냐? 그러나 너희 아버지의 뜻이 아니면 참새 한 마리도
땅에 떨어지지를 아니하느니라. 30 너희의 경우에는 머리털 숫자까지 다 세신 바 되었으니 31 그러므
로 두려워하지 말라; 너희는 많은 참새보다 훨씬 더 귀하니라.

32 Whoever acknowledges me before men, I will also acknowledge him before
my Father in heaven. 33 But whoever disowns me before men, I will disown
him before my Father in heaven.

32 누구든지 사람들 앞에서 나를 시인하는 그 사람은, 나도 하늘에 계신 내 아버지 앞에서 그를 시인할
것이요, 33 그러나 누구든지 사람들 앞에서 나를 부인하는 그 사람은, 하늘에 계신 내 아버지 앞에서 나
도 그를 부인하리라.

34 Donot suppose that I have come to bring peace to the earth. I did not come
to bring peace, but a sword. 35 For I have come to turn 'a man against his
father, a daughter against her mother, a daughter-in-law against her mother-
in-law – 36 a man's enemies will be the members of his own household.'

34 내가 세상에 화평을 주러 온 줄로 생각하지 말라. 내가 화평을 주러 온 것이 아니요, 칼을 주러 왔노
라. 35 내가 온 것은 '사람이 그 아버지와 대적하고, 딸이 그 어머니와 대적하며, 또 며느리가 그 시어머
니와 불화하게 하려 함'이니 36 사람의 대적, 원수가 곧 자기 집안 식구가 되리라.

37 Anyone who loves his father or mother more than me is not worthy of me;
anyone who loves his son or daughter more than me is not worthy of me; 38
and anyone who does not take his cross and follow me is not worthy of me. 39
Whoever finds his life will lose it, and whoever loses his life for my sake will
find it.

37 자기 아버지나 어머니를 나보다 더 사랑하는 자는 내게 합당하지 아니하고; 누구든 자기의 아들이나
딸을 나보다 더 사랑하는 자도 내게 합당하지 아니하며; 38 또 누구든지 자기의 십자가를 지고 나를 따
르지 않는 자도 내게 합당(合當)하지 아니하니, 39 자기 목숨을 찾는 자는 목숨을 잃을 것이요, 누구든
나를 위하여 자기 생명을 버리면 그 생명을 얻으리라.

40 He who receives you receives me, and he who receives me receives the one
who sent me. 41 Anyone who receives a prophet because he is a prophet will
receive a prophet's reward, and anyone who receives a righteous man because
he is a righteous man will receive a righteous man's reward. 42 And if anyone
gives even a cup of cold water to one of these little ones because he is my
disciple, I tell you the truth, he will certainly not lose his reward."

40 누구든 너희를 영접하는 그 사람은 나를 영접하는 것이요, 또 나를 영접하는 자는 나를 보내신 그 분
을 영접하는 것이니라. 41 누군가가 선지자라는 이유만으로 그 선지자를 영접하는 그 사람은 선지자의
상을 받을 것이요, 누구든 그가 의인이라는 이유만으로 그를 의인으로 영접하는 그 사람은 의인(義人)의
상을 받으리라. 42 또 누구든 이 작은 자 중 하나에게 그가 내 제자라는 이유만으로, 시원한 물 한 잔이
라도 주는 사람은, 내가 진실로 너희에게 이르노니 그 사람이 결단코 자기의 상(賞)을 잃어버리지 아니
하리라." 말씀하시더라.

제11장

1 After Jesus had finished instructing his twelve disciples, he went on from
there to teach and preach in the towns of Galilee. 2 When John heard in
prison what Christ was doing, he sent his disciples 3 to ask him, "Are you the
one who was to come, or should we expect someone else?"

1 예수께서 이렇게 그 열두 제자에게 지시하기를 마치시고, 거기를 떠나 갈릴리에 있는 여러 마을들에
서 계속하여 말씀을 가르치시고 또 전도(傳道)를 하며 다니시니라. 2 (*세례) 요한이 감옥에서 그리스도
께서 하고 계시는 일을 전해 듣고 그 제자들을 보내어 3 예수께 (*뭔가를) 여쭈어 보게 하는데 그 묻는
것은, "오시리라고 하던 그 분이 당신이니이까, 아니면 우리가 또 다른 이를 기다려야 하겠나이까?" 하
는 것이었더라.

4 Jesus replied, "Go back and report to John what you hear and see: 5 The
blind receive sight, the lame walk, those who have leprosy are cured, the
deaf hear, the dead are raised, and the good news is preached to the poor. 6
Blessed is the man who does not fall away on account of me."

4 이에 예수께서 대답하여 이르시되, "돌아가서 너희가 보고 들은 것을 요한에게 고할지니: 5 눈 먼자가
다시 보며, 지체부자유자가 걸으며, 나병(癩病) 있는 사람이 병나음을 얻으며, 귀 먼자가 들으며, 죽은
자가 다시 살아나며, 가난한 자들에게 복음이 전파(傳播)된다 하라. 6 나로 인하여 (*스스로) 떨어져 나
가는 일이 없는 그 사람이 복이 있도다." 하시니라.

7 As John's disciples were leaving, Jesus began to speak to the crowd about
John: "What did you go out into the desert to see? A reed swayed by the wind?
8 If not, what did you go out to see? A man dressed in fine clothes? No, those
who wear fine clothes are in kings' palaces. 9 Then what did you go out to
see? A prophet? Yes, I tell you, and more than a prophet.

7 요한의 제자들이 떠나간 후에 예수께서 그 모여 있던 사람들에게 요한에 관해 말씀하시기를: "너희가
무엇을 보려고 광야에 나갔더냐? 바람에 흔들리는 갈대냐? 8 그게 아니면 너희가 무엇을 보려고 나갔더
냐? 좋은 옷 입은 사람이냐? 아니라, 좋은 옷 입고 다니는 사람들은 왕의 궁전에 있느니라. 9 그러면 너
희가 무엇을 보러 나갔었더냐? 선지자를 보기 위함이었느냐? 옳도다, 내가 너희에게 이르노니 그는 선
지자보다 더 훌륭한 자라.

10 This is the one about whom it is written: 'I will send my messenger ahead
of you, who will prepare your way before you.' 11 I tell you the truth: Among
those born of women there has not risen anyone greater than John the Baptist;
yet he who is least in the kingdom of heaven is greater than he. 12 From the
days of John the Baptist until now, the kingdom of heaven has been forcefully
advancing, and forceful men lay hold of it.

10 이 사람은 그에 관해 (*성경에) 기록된 바로 그 사람이니 일렀으되: '내가 나의 사자(使者)를 네 앞에
보낼 것이니, 그가 너의 길을 네 앞에서 준비하리라.' 하신 것이 이 사람에 대한 말씀이라. 11 내가 진실
로 너희에게 이르노니: 여자가 낳은 자 중에 세례 요한보다 더 위대한 이가 일어난 적이 없도다. 그러나
천국에서는 지극히 작은 자(者)라도 이 요한보다 더 위대한 인물이니라. 12 세례 요한의 때로부터 시작
하여 지금껏 천국은 힘으로 나아감을 얻고 있으니, 힘있는 자가 그것을 붙드느니라.

13 For all the Prophets and the Law prophesied until John. 14 And if you are
willing to accept it, he is the Elijah who was to come. 15 He who has ears, let
him hear. 16 To what can I compare this generation? They are like children
sitting in the marketplaces and calling out to others: 17 'We played the flute
for you, and you did not dance; we sang a dirge and you did not mourn.'

13 모든 선지자들과 율법이 예언한 것이 요한까지라. 14 만일 너희가 기꺼이 이런 사실을 받아들이고
자 한다면, '오리라' 하던 엘리야가 곧 이 사람이니라. 15 귀 있는 자는 들을지어다. 16 이 세대(世代)를
내가 무엇으로 비유할 수 있을꼬? 그들이 시장 바닥에 앉아 다른 동무를 부르는 아이들과 같으니: 17 이
르되, '우리가 너희를 위하여 피리를 불어도 너희가 춤추지 아니하고; 우리가 슬픈 만가(輓歌)를 노래 불
러도 너희가 울지 아니하는도다' 함과 같도다.

18 For John came neither eating nor drinking, and they say, 'He has a demon.'
19 The Son of Man came eating and drinking, and they say, 'Here is a glutton
and a drunkard, a friend of tax collectors and "sinners." 'But wisdom is proved
right by her actions."

18 요한이 와서 먹지도 아니하고 마시지도 아니하매 그들이 말하기를, '그가 귀신이 들렸다' 하더니 19
인자는 와서 먹고 마시매 그들이 말하기를 '탐식가요, 술 주정꾼이요, 세리(稅吏)와 "죄인들"의 친구'가
여기 있도다 하느니라. 그러나 지혜는 자신의 행한 바로 인하여 그 옳음이 증명되느니라." 하시니라.

20 Then Jesus began to denounce the cities in which most of his miracles
had been performed, because they did not repent. 21 "Woe to you, Korazin!
Woe to you, Bethsaida! If the miracles that were performed in you had been
performed in Tyre and Sidon, they would have repented long ago in sackcloth
and ashes. 22 But I tell you, it will be more bearable for Tyre and Sidon on the
day of judgment than for you.

20 예수께서 자신의 기적이 가장 많이 행하여졌던 몇몇 도시들을 책망하기를 시작하시니 이는 그 도시
들이 회개(悔改)하기를 거부한 연고(緣故)더라. 21 그가 말씀하시기를, "화 있을진저, 코라신아! 네게
화 있을진저, 벳사이다야! 너희 가운데에서 행하여졌던 그 기적(奇蹟)들이 티레(두로)와 시돈에서 행하
여졌더라면 그들이 벌써 예전에 베옷을 입고 재에 앉아 회개하였으리라. 22 내가 너희에게 이르노니 심
판의 그 날에 티레와 시돈이 너희보다 견디기 쉬우리라.

23 And you, Capernaum, will you be lifted up to the skies? No, you will go
down to the depths. If the miracles that were performed in you had been
performed in Sodom, it would have remained to this day. 24 But I tell you that
it will be more bearable for Sodom on the day of judgment than for you."

23 그리고 너, 카버나움아 네가 하늘에까지 올려져 가겠느냐? 아니라, 네가 저 깊음에까지 내려가리라.

너의 가운데에서 행하여졌던 그 모든 기적들이 소돔에서 이루어졌더라면 그 성(城)이 오늘까지 남아 있었으리라. **24** 내가 너희에게 이르노니 심판 날에 소돔 땅이 너희보다 견디기 쉬우리라." 하시니라.

25 At that time Jesus said, "I praise you, Father, Lord of heaven and earth, because you have hidden these things from the wise and learned, and revealed them to little children. **26** Yes, Father, for this was your good pleasure. **27** All things have been committed to me by my Father. No one knows the Son except the Father, and no one knows the Father except the Son and those to whom the Son chooses to reveal him."

25 또 그 때에 예수께서 말씀하시기를, "하늘과 땅의 하나님 아버지, 아버지를 제가 찬양하나이다. 이것을 지혜롭고 학식있는 자들에게는 숨기시고 어린아이들에게는 드러내 밝히시니 제가 이를 감사하나이다. **26** 그러하옵나이다. 아버지여, 이렇게 하신 것이 아버지의 즐거운 뜻이니이다. **27** 이 모든 것이 아버지에 의하여 제게 주어진 바 되었으니 아버지 외에는 아들을 아는 자가 없고, 또 아들과 그리고 아들이 (*아버지의 존재를) 알리기로 선택한 자들 외에는 아버지를 아는 자가 없나이다." 하시더라.

28 "Come to me, all you who are weary and burdened, and I will give you rest. **29** Take my yoke upon you and learn from me, for I am gentle and humble in heart, and you will find rest for your souls. **30** For my yoke is easy and my burden is light."

28 그리고 또 말씀하시기를, "무거운 짐을 지고 지친 사람들아! 다 내게로 오라. 내가 너희에게 안식(安息)을 주리라. **29** 나는 마음이 온유(溫柔)하고 겸손하니 나의 멍에를 너희 위에 메고 내게서 배우라, 그리하면 너희 혼(魂)을 위한 쉼을 얻으리라. **30** 나의 멍에는 지기 쉽고, 나의 짐은 가벼우니라." 하시더라.

제12장

1 At that time Jesus went through the grainfields on the Sabbath. His disciples were hungry and began to pick some heads of grain and eat them. **2** When the Pharisees saw this, they said to him, "Look! Your disciples are doing what is unlawful on the Sabbath."

1 어느 하루는 예수께서 밀밭 사이로 길을 가시는데 마침 그날은 안식일이었더라. 제자들이 그 때에 시장하여 밀 이삭을 손으로 따서 먹기 시작하니 **2** 이 모습을 본 바리새인들이 예수께 말하기를, "보시오! 당신의 제자들이 안식일에 법으로 금(禁)한 일을 하고 있나이다." 하더라.

3 He answered, "Haven't you read what David did when he and his companions were hungry? **4** He entered the house of God, and he and his companions ate the consecrated bread--which was not lawful for them to do, but only for the priests. **5** Or haven't you read in the Law that on the Sabbath the priests in the temple desecrate the day and yet are innocent? **6** I tell you that one greater than the temple is here.

3 그러자 예수께서 대답하여 이르시기를, "너희가 다윗이 하였던 일 곧, 다윗 자신과 다윗과 함께 있던 자들이 시장할 때에 하였던 일을 읽어 보지 못하였느냐? **4** 다윗이 하나님의 전(殿)에 들어가서 제사장 외에는 자기나 그 함께한 자들이 먹을 수 없는 거룩하게 구별(區別)된 떡을 먹었느니라. **5** 또 너희가, 율법에 이르기를, 제사장들은 안식일에 성전 안에서 안식(安息)을 범하여도 죄가 없음을 읽어 보지 못하였느냐? **6** 내가 너희에게 이르노니 성전보다 더 큰 이가 여기 있느니라.

7 If you had known what these words mean, 'I desire mercy, not sacrifice,' you would not have condemned the innocent. 8 For the Son of Man is Lord of the Sabbath."

7 곧 너희가 다음과 같은 말 곧, '나는 자비(慈悲)를 원하고 희생(犧牲) 제사(祭祀)를 원하지 아니하노라,'라고 말씀하신 뜻을 알았더라면 너희가 죄없는 자를 정죄하지 아니하였으리라. 8 인자(人子)가 곧 안식일의 주인이니라." 하시더라.

9 Going on from that place, he went into their synagogue, 10 and a man with a shriveled hand was there. Looking for a reason to accuse Jesus, they asked him, "Is it lawful to heal on the Sabbath?" 11 He said to them, "If any of you has a sheep and it falls into a pit on the Sabbath, will you not take hold of it and lift it out? 12 How much more valuable is a man than a sheep! Therefore it is lawful to do good on the Sabbath." 13 Then he said to the man, "Stretch out your hand." So he stretched it out and it was completely restored, just as sound as the other.

9 예수께서 거기를 떠나 그들의 회당에 들어가시니 10 마침 거기에 한쪽 손 쪼그라든 사람이 있었더라. 예수를 고발할 거리를 찾으려고 그 회당에 있던 사람들이 예수께 묻기를, "안식일에 병자를 고치는 것이 법에 옳으니이까?" 하니 11 이에 예수께서 이르시되, "너희 중에 누가 양 한 마리를 가지고 있는데, 그 양이 안식일에 구덩이에 빠지면 그 양을 붙들어 끌어내지 않겠느냐? 12 하물며 사람은 양(羊)보다 얼마나 더 귀한 존재이냐! 그러므로 안식일에 선을 행하는 것은 언제든 법에 옳으니라." 라고 말씀하시고 13 이에 그 사람에게 이르시되, "네 손을 앞으로 내밀어 보라." 하시니 그가 자기 손을 앞으로 내미는데, 그 손이 금방 다른 손과 같이 온전히 회복되어 성하게 되니라.

14 But the Pharisees went out and plotted how they might kill Jesus. 15 Aware of this, Jesus withdrew from that place. Many followed him, and he healed all their sick, 16 warning them not to tell who he was.

14 그러나 바리새인들은 회당 바깥으로 나가 어떻게 하면 예수를 죽일까 하고 서로 모의를 하기 시작하니라. 15 예수께서 이를 아시고 그 장소를 떠나가시는데 수많은 사람들이 따라오거늘, 예수께서 그들 중 병자들은 다 낫게 하시니라. 16 그리고는 자기가 누구인지 사람들에게 말을 하지 말라 경고를 하시니

17 This was to fulfill what was spoken through the prophet Isaiah: 18 "Here is my servant whom I have chosen, the one I love, in whom I delight; I will put my Spirit on him, and he will proclaim justice to the nations. 19 He will not quarrel or cry out; no one will hear his voice in the streets. 20 A bruised reed he will not break, and a smoldering wick he will not snuff out, till he leads justice to victory. 21 In his name the nations will put their hope."

17 이는 선지자 이사야를 통하여 하신 말씀 곧, 18 "보라! 여기 내가 택한 나의 종, 곧 내 마음에 기뻐하는 자요, 내가 사랑하는 자로다. 내가 나의 영(靈)을 그의 위에 둘 것이요, 그는 뭇 민족들에게 공의(公義)를 선포(宣布)하리라. 19 그가 싸우지도 아니하고 울부짖지도 아니하리니; 아무도 그의 목소리를 거리에서 듣지 못하리라. 20 그는 상한 갈대조차도 꺾지 아니하며 꺼져가는 등불의 심지도 꺼버리지 아니할 것이라, 그가 공의를 이끌어 마침내 승리할 때까지 그리하리라. 21 그의 이름 가운데 뭇 나라와 민족들이 그들의 소망(所望)을 두리라." 하신 말씀을 응(應)하게 하려 하심이었더라.

22 Then they brought him a demon-possessed man who was blind and mute, and Jesus healed him, so that he could both talk and see. 23 All the people were astonished and said, "Could this be the Son of David?" 24 But when the Pharisees heard this, they said, "It is only by Beelzebub, the prince of demons

that this fellow drives out demons." 25 Jesus knew their thoughts and said to
them, "Every kingdom divided against itself will be ruined, and every city or
household divided against itself will not stand. 26 If Satan drives out Satan, he
is divided against himself. How then can his kingdom stand?

22 그 때에 사람들이 귀신 들려 눈이 멀고 말도 못하게 된 사람을 예수께 데리고 온지라, 예수께서 그
를 낫게 하사 그가 다시 말도 하고 보게 되거늘, 23 (*이를 본) 모든 사람들이 다 놀라 이르되 "이 사람이
다윗의 자손이 아니냐?" 하더라. 24 그러나 바리새인들은 이런 사실을 듣고는 말하기를, "이 사람이 귀
신을 쫓아내는 것이 순전히 귀신의 왕, 바알세불(비알제밥)의 힘에 의해 그리된 것이라." 하더라. 25 예
수께서 그들의 생각을 아시고 그들을 향해 말씀하시기를, "그 나라가 둘로 쪼개져 자기들끼리 대적하여
싸우는 왕국은 멸망하는 것이요, 자기끼리 둘로 나뉘어져 싸우는 도시나 집안은 바로 서 있지 못하는 법
이라. 26 사탄이 사탄을 쫓아내면 그가 스스로 자기를 대적하여 나누어져 싸우는 것이라, 그의 왕국(王
國)이 어찌 서 있겠느냐?

27 And if I drive out demons by Beelzebub, by whom do your people drive
them out? So then, they will be your judges. 28 But if I drive out demons by
the Spirit of God, then the kingdom of God has come upon you. 29 Or again,
how can anyone enter a strong man's house and carry off his possessions
unless he first ties up the strong man? Then he can rob his house.

27 그리고 만일 내가 바알세불의 힘에 의하여 귀신을 쫓아내는 것이면 너희들은 누구를 힘입어 귀신을
쫓아내느냐? 그러므로 그들이 너희 재판관이 되리라. 28 그러나 만일 내가 하나님의 성령을 힘입어 귀
신을 쫓아내는 것이라면 이미 하나님의 나라가 너희에게 임하였느니라. 29 (*또 비유컨대,) 누구든 힘
센자가 사는 집을 털고자 한다면 그 힘센 사람을 먼저 결박하여야 할지니 그 힘센 집주인을 먼저 제압하
지 않고서야 어찌 그 집의 세간(世間)을 털어 내올 수가 있겠느냐? 그리한 후에야 그 집을 도둑질해 올
수 있으리라.

30 He who is not with me is against me, and he who does not gather with me
scatters. 31 And so I tell you, every sin and blasphemy will be forgiven men,
but the blasphemy against the Spirit will not be forgiven. 32 Anyone who
speaks a word against the Son of Man will be forgiven, but anyone who speaks
against the Holy Spirit will not be forgiven, either in this age or in the age to
come.

30 나와 함께 아니하는 자는 나를 반대하는 자요, 나와 함께 모으지 아니하는 자는 흩어 헤치는 자니라.
31 그리고 또 내가 너희에게 이르노니 사람이 지은 모든 죄와 신성 모독은 용서하심을 받지만, 성령을
대적하여 하는 신성 모독은 용서 받지 못하느니라. 32 또, 누구든 인자를 거슬러 말하는 사람은 용서를
받겠으나 그러나 거룩한 성령을 대적하여 말한 사람은 결코 용서 받지를 못하리니 이는 지금 이 세대에
서 뿐 아니라 다가오는 저 세대에서도 그러하니라.

33 Make a tree good and its fruit will be good, or make a tree bad and its fruit
will be bad, for a tree is recognized by its fruit. 34 You brood of vipers, how
can you who are evil say anything good? For out of the overflow of the heart
the mouth speaks. 35 The good man brings good things out of the good stored
up in him, and the evil man brings evil things out of the evil stored up in him.

33 나무를 잘 가꾸어 그 나무가 좋은 열매를 맺게 하든지, 아니면 그 나무를 나쁜 나무로 만들어 그 나
무가 나쁜 열매를 맺게 하든지 할지니, 이는 나무는 그 열매에 의해 알수 있기 때문이라. 34 너희, 이 독
사의 자식들아, 사악한 너희가 어찌 무언가 선한 것을 입 밖에 내어 말할 수 있겠느냐? 마음에 넘쳐 나는
것을 그 입이 말하는 법이니 35 선한 사람은 자기 속에 쌓여있는 선한 것으로부터 선한 말을 불러내고,
악한 사람은 자기 속에 쌓인 악으로부터 악한 것을 불러내느니라.

36 But I tell you that men will have to give account on the day of judgment
for every careless word they have spoken. 37 For by your words you will be
acquitted, and by your words you will be condemned."

36 내가 너희에게 이르노니 저 심판의 날에는 사람들이 자기가 살아 생전에 말하였던 모든 부주의한 말
에 대해 책임을 져야 하리라. 37 곧, 너희의 말로써 너희의 죄가 사함을 받고, 또 너희의 말로써 너희가
정죄함을 받으리라." 하시니라.

38 Then some of the Pharisees and teachers of the law said to him, "Teacher,
we want to see a miraculous sign from you." 39 He answered, "A wicked and
adulterous generation asks for a miraculous sign! But none will be given it
except the sign of the prophet Jonah. 40 For as Jonah was three days and
three nights in the belly of a huge fish, so the Son of Man will be three days
and three nights in the heart of the earth.

38 그 때에 율법 교사들과 바리새인 몇 사람이 예수를 향해 말하되 "선생님이여, 선생께서 무슨 기적 행
하시는 것을 우리가 보기 원하나이다." 하거늘, 39 예수께서 대답하여 이르시되, "사악하고 음란한 세
대가 표적(標蹟)을 구하는도다! 그러나 선지자 요나의 표적 외에는 너희에게 주어질 것이 없으니 40 요
나가 사흘 밤낮을 거대한 물고기 뱃속에 있었던 것 같이 인자도 사흘 밤 사흘 낮을 지구 땅 속 한가운데
에 있게 되리라.

41 The men of Nineveh will stand up at the judgment with this generation and
condemn it; for they repented at the preaching of Jonah, and now one greater
than Jonah is here. 42 The Queen of the South will rise at the judgment with
this generation and condemn it; for she came from the ends of the earth to
listen to Solomon's wisdom, and now one greater than Solomon is here.

41 심판 때에 니느베 사람들이 일어나 이 세대 사람들을 정죄하리니; 이는 그들이 요나의 전도를 듣고
회개하였음이거니와, 지금 요나보다 더 큰 이가 여기 있느니라. 42 또, 심판 때에 저 남방의 여왕이 일
어나 이 세대 사람들을 정죄하리니 이는 그가 솔로몬의 지혜로운 말을 들으려고 땅 끝에서부터 왔음이
거니와 지금 여기, 솔로몬보다 더 큰 이가 서 있느니라.

43 When an evil spirit comes out of a man, it goes through arid places seeking
rest and does not find it. 44 Then it says, 'I will return to the house I left.'
When it arrives, it finds the house unoccupied, swept clean and put in order.
45 Then it goes and takes with it seven other spirits more wicked than itself,
and they go in and live there. And the final condition of that man is worse
than the first. That is how it will be with this wicked generation."

43 한 사악한 영(靈)이 어떤 사람으로부터 나와서 물없는 마른 땅을 다니며 쉴만한 장소를 찾았으나 발
견하지를 못한지라, 44 그 귀신이 말하기를, '내가 떠나온 집으로 도로 들어가리라' 하고 이에 예전 머
물던 집에 돌아와 보니 그 집이 깨끗이 정리되고 청소가 되어 있거늘 아무도 거하는 이가 없는지라, 45
이에 그 귀신이 가서 저보다 더 악한 영들을 일곱이나 데리고 들어와 함께 거하게 되니 그 사람의 최종
형편이 처음보다 더욱 나쁘게 되었느니라. 이 사악한 세대가 장차 처하게 될 상황이 꼭 이와 같으리라."
하고 말씀하시니라.

46 While Jesus was still talking to the crowd, his mother and brothers stood
outside, wanting to speak to him. 47 Someone told him, "Your mother and
brothers are standing outside, wanting to speak to you." 48 He replied to him,
"Who is my mother, and who are my brothers?" 49 Pointing to his disciples, he
said, "Here are my mother and my brothers. 50 For whoever does the will of
my Father in heaven is my brother and sister and mother."

46 예수께서 그 군중을 향해 아직 이와 같이 말씀하고 계시는 동안에 그의 어머니와 동생들이 예수께 뭔가 할 말이 있어 밖에 와 서 있는데, 47 그 중에 어떤 사람이 예수께 고하기를, "당신의 어머니와 동생들이 당신께 말하려고 밖에 서 있나이다." 하니 48 예수께서 그에게 대답하여 이르시기를, "누가 내 어머니이며, 누가 내 동생들이냐?" 하시고 49 자신의 제자들을 가리키며 이르시되, "여기 나의 어머니와 나의 동생들이 있도다. 50 누구든지 하늘에 계신 내 아버지의 뜻대로 행하는 자가 내 형제요, 나의 자매요, 내 어머니이니라." 하시더라.

제13장

1 That same day Jesus went out of the house and sat by the lake. 2 Such large crowds gathered around him that he got into a boat and sat in it, while all the people stood on the shore.

1 같은 날에 예수께서 그 집에서 나가사 호숫가에 자리를 잡고 앉으시니 2 큰 무리의 사람들이 예수의 주위로 모여들거늘 이에 예수께서는 조그만 배에 올라 앉으시고 사람들은 호숫 가에 그냥 서 있으니라.

3 Then he told them many things in parables, saying: "A farmer went out to sow his seed. 4 As he was scattering the seed, some fell along the path, and the birds came and ate it up. 5 Some fell on rocky places, where it did not have much soil. It sprang up quickly, because the soil was shallow. 6 But when the sun came up, the plants were scorched, and they withered because they had no root. 7 Other seed fell among thorns, which grew up and choked the plants. 8 Still other seed fell on good soil, where it produced a crop--a hundred, sixty or thirty times what was sown. 9 He who has ears, let him hear."

3 그러자 예수께서 여러가지 일들을 비유(比喩)를 들어 말씀을 하시기를: "한 농부가 씨를 뿌려 파종(播種)하기 위해 밭에 나갔느니라. 4 그 농부가 자기 밭에 씨를 뿌리는데, 그 중 일부는 길가에 떨어지니, 새들이 와서 주워 먹어버렸고 5 더러는 돌이 많은 곳에 떨어지니 그 자리는 흙이 얼마 없는 곳이라, 싹이 곧 나오지만 흙이 얕으므로 6 해가 떠오를 때에 뿌리가 없어 금방 시들고 말았고, 7 다른 씨앗들은 가시나무 사이에 떨어지매, 그 가시가 자라서 식물이 자라는 것을 막아 버렸느니라. 8 그러나 그중에 어떤 씨앗은 좋은 땅에 떨어져 곡식으로 자라나매–심은 것의 백 배, 육십 배, 혹은 삼십 배까지도 거두게 되었느니라. 9 귀 있는 자는 들을지어다." 하시니라.

10 The disciples came to him and asked, "Why do you speak to the people in parables?" 11 He replied, "The knowledge of the secrets of the kingdom of heaven has been given to you, but not to them. 12 Whoever has will be given more, and he will have an abundance. Whoever does not have, even what he has will be taken from him. 13 This is why I speak to them in parables: "Though seeing, they do not see; though hearing, they do not hear or understand.

10 제자들이 예수께 나아와 묻기를, "왜 사람들에게 비유(比喩)로써 말씀하시나이까?" 하니, 11 대답하여 이르시되, "천국의 비밀에 관한 지식이 너희에게는 주어졌으나 그들에게는 주어지지 아니하였느니라. 12 누구든지 이미 가지고 있는 자가 더 많이 받겠고 또 더욱 더 풍성히 받을 것이라, 그러나 누구든 아무 것도 가지고 있지 않은 자는 지금 그가 가지고 있는 것조차 빼앗기리라. 13 이것이 내가 그들에게 비유로써 말하는 이유니 곧: '그들이 보아도 보지 못하며, 그들이 들어도 듣지 못하고 이해하지도 못하리라.' 하는 말이 있느니라.

14 In them is fulfilled the prophecy of Isaiah: 'You will be ever hearing but
never understanding; you will be ever seeing but never perceiving. **15** For this
people's heart has become calloused; they hardly hear with their ears, and
they have closed their eyes. Otherwise they might see with their eyes, hear
with their ears, understand with their hearts and turn, and I would heal them.'
16 But blessed are your eyes because they see, and your ears because they
hear. **17** For I tell you the truth, many prophets and righteous men longed to
see what you see but did not see it, and to hear what you hear but did not
hear it.

14 곧, 그들 가운데에 이사야의 이런 예언이 응(應)하여 이루어졌으니: 일렀으되 '너희가 듣기는 들어도
깨닫지 못할 것이요; 너희가 보기는 보아도 끝내 그를 알지 못하리라' 하였느니라. **15** 이 백성들의 마음
이 이미 딱딱하게 굳어져 있으매 그러므로 그들이 그 귀로써 잘 듣지를 못할 뿐 아니라 또 자신들의 눈
을 아예 감았느니라. 그런 것이 아니라면 그들이 진작 자기들의 눈으로 보고, 그 귀로 듣고, 그 마음으로
깨달아 돌아들 왔으리니 그러면 내가 그들을 치료하고 낫게 하였으리라. **16** 너희 눈은 봄으로 복이 있
고, 너희 귀는 들음으로 복이 있도다. **17** 내가 진실로 너희에게 이르노니 수많은 선지자(先知者)들과 의
인(義人)들이 지금 너희가 보는 것들을 보고 싶어하였으나 보지 못하였고, 지금 너희가 듣는 것들을 듣
기 원하였으되 듣지 못하였느니라.

18 Listen then to what the parable of the sower means: **19** when anyone hears
the message about the kingdom and does not understand it, the evil one
comes and snatches away what was sown in his heart. This is the seed sown
along the path.

18 그런즉 이제 이 씨 뿌리는 비유가 의미하는 바를 들으라. **19** 누구든 하늘 나라에 관한 메시지를 듣
고도 이를 깨닫지 못하는 때에는 저 악한 자가 와서 그 마음에 뿌려진 것을 앗아가는 것이니 이것이 곧
길가에 뿌려진 씨앗들이니라.

20 The one who received the seed that fell on rocky places is the man who
hears the word and at once receives it with joy. **21** But since he has no root,
he lasts only a short time. When trouble or persecution comes because of the
word, he quickly falls away.

20 돌밭에 뿌려진 씨앗을 받은 자라 함은 이런 사람이니 곧, 처음 말씀을 받을 때는 기쁨으로 이를 즉각
받아들이지만 **21** 그 속에 뿌리가 없으므로, 잠시 동안만 그리할 뿐이요, 말씀으로 인하여 환난(患難)이
나 박해(迫害)가 일어날 때에는 곧 떨어져 나갈 자들이니라.

22 The one who received the seed that fell among the thorns is the man who
hears the word, but the worries of this life and the deceitfulness of wealth
choke it, making it unfruitful. **23** But the one who received the seed that fell
on good soil is the man who hears the word and understands it. He produces a
crop, yielding a hundred, sixty or thirty times what was sown."

22 가시떨기에 뿌려진 씨앗을 받은 자라 함은; 말씀은 들으나, 이 세상살이의 염려와 재물의 유혹에 말
씀의 기운이 막혀 열매를 맺지 못하는 자니라. **23** 그러나 좋은 땅에 뿌려진 씨앗을 받은 자는; 말씀을
듣고 이를 깨닫고 이해하는 자를 말함이니 그는 결실을 맺기를 혹은 백 배, 혹은 육십 배, 혹은 그 심은
것의 삼십 배까지도 생산해 내는 사람을 이름이니라." 하시더라.

24 Jesus told them another parable: "The kingdom of heaven is like a man who
sowed good seed in his field. **25** But while everyone was sleeping, his enemy
came and sowed weeds among the wheat, and went away.

24 예수께서 그들 앞에 또 다른 비유를 들어 말씀하시며 이르시기를, "천국은 좋은 종자 씨를 자기 밭에

뿌린 사람과 같으니라. 25 그러나 모든 사람들이 잠이 들었을 때에 그의 대적이 와서 곡식 가운데 잡초를 뿌리고 가 버렸느니라.

26 When the wheat sprouted and formed heads, then the weeds also appeared.
27 The owner's servants came to him and said, 'Sir, didn't you sow good seed in your field? Where then did the weeds come from?' 28 'An enemy did this,' he replied. The servants asked him, 'Do you want us to go and pull them up?'

26 그 곡식이 싹이 돋아나 이삭을 맺기 시작할 때에 잡초가 보이거늘, 27 그 주인의 종들이 와서 말하되, '주인이시여, 당신께서 좋은 종자 씨를 밭에 뿌리지 아니하였나이까? 그런데 이 잡초들이 다 어디에서 생겨 나왔나이까?' 하니 28 그 때에 그 주인이 대답하기를, '내 원수가 이렇게 하였구나.' 하니, 그 종들이 말하되 '우리가 가서 그 잡초들을 다 뽑아 버리기를 원하시나이까?' 하거늘,

29 'No, he answered, 'because while you are pulling the weeds, you may root up the wheat with them. 30 Let both grow together until the harvest. At that time I will tell the harvesters: First collect the weeds and tie them in bundles to be burned; then gather the wheat and bring it into my barn.' "

29 그 주인이 이르되, '아니라, 혹 잡초를 뽑다가 곡식도 같이 뽑을까 하노라. 30 둘 다 추수 때까지 같이 자라게 내버려 두라. 곡식이 익어 거둘 때에는 내가 추수꾼들에게 말하리니: 먼저 잡초는 거두어 단을 엮어 불에 사르고; 알곡은 따로 모아 내 곳간에 들이라' 하리라." 하시더라.

31 He told them another parable: "The kingdom of heaven is like a mustard seed, which a man took and planted in his field. 32 Though it is the smallest of all your seeds, yet when it grows, it is the largest of garden plants and becomes a tree, so that the birds of the air come and perch in its branches." 33 He told them still another parable: "The kingdom of heaven is like yeast that a woman took and mixed into a large amount of flour until it worked all through the dough."

31 또 다른 비유를 들어 말씀하시기를, " 천국은 마치 사람이 자기 밭에 갖다 심은 겨자씨 한 알 같으니라. 32 겨자씨는 모든 종류의 씨앗 가운데 가장 작은 것이지만, 자란 후에는 정원의 나무 중에서는 가장 큰 나무가 되나니, 공중의 새들이 와서 그 가지에 깃들이게 되느니라." 하시고 33 또 다른 비유로써 말씀하시되 "천국은 어떤 여자가 밀가루 반죽 속에 넣어 그 반죽 모두를 부풀어 오르게 한 누룩과도 같으니라." 하시더라.

34 Jesus spoke all these things to the crowd in parables; he did not say anything to them without using a parable. 35 So was fulfilled what was spoken through the prophet: "I will open my mouth in parables, I will utter things hidden since the creation of the world."

34 예수께서 이러한 것들을 모두 무리에게 비유로써만 말씀하시고; 비유를 통해서가 아니면 아무 것도 말씀하지 아니하시니 35 이로써 선지자를 통하여 말씀하신 바 곧, "내가 입을 열어 비유를 들어 말하며 이 세상의 창조로부터 지금껏 감추어져 온 것들을 드러내어 말하리라" 함이 응하게 되었더라.

36 Then he left the crowd and went into the house. His disciples came to him and said, "Explain to us the parable of the weeds in the field." 37 He answered, "The one who sowed the good seed is the Son of Man. 38 The field is the world, and the good seed stands for the sons of the kingdom. The weeds are the sons of the evil one, 39 and the enemy who sows them is the devil. The harvest is the end of the age, and the harvesters are angels. 40 "As the weeds are pulled up and burned in the fire, so it will be at the end of the age.

36 그리고는 그 군중의 무리를 떠나 집에 들어가시니 제자들이 예수께 나아와, "저 밭의 잡초의 비유를
우리에게 설명하여 주소서." 하니 37 이에 대답하여 이르시기를, "좋은 씨를 뿌리는 이는 인자(人子)요,
38 밭은 이 세상이요, 좋은 씨라 함은 천국의 아들들을 나타냄이요, 잡초라 함은 저 사악한 자의 아들들
을 말함이니라. 39 또 잡초를 심은 원수 대적은 마귀요, 추수 때는 이 세상 끝을 말함이요, 추수꾼은 천
사들이라. 40 그런즉 잡초들이 뽑히어 불에 살라지는 것처럼, 세상 끝날에도 이런 일이 있으리라.

41 The Son of Man will send out his angels, and they will weed out of his
kingdom everything that causes sin and all who do evil. 42 They will throw
them into the fiery furnace, where there will be weeping and gnashing of
teeth. 43 Then the righteous will shine like the sun in the kingdom of their
Father. He who has ears, let him hear."

41 인자가 자신의 천사들을 내보내리니, 이 천사들이 인자의 나라로부터, 죄 짓게 하는 것들과 악한 일
하는 자들을 모두 잡초처럼 솎아내리라. 42 그리하여 이것들을 맹렬히 타는 용광로 불에 던져 넣으리
니, 그들이 거기서 슬피 울며 이를 갈게 되리라. 43 그 때에 의인들은 자기 아버지의 나라에서 해와 같
이 빛나리라. 귀 있는 자는 들으라." 하시더라.

44 "The kingdom of heaven is like treasure hidden in a field. When a man
found it, he hid it again, and then in his joy went and sold all he had and
bought that field. 45 Again, the kingdom of heaven is like a merchant looking
for fine pearls. 46 When he found one of great value, he went away and sold
everything he had and bought it.

44 연이어 말씀하시기를, "또, 천국은 밭에 감추어져 있던 보물과 같으니 어떤 사람이 (*밭을 갈다가)
보물을 발견하게 되면 이를 땅에 묻어 감추어 놓고, 큰 기쁨으로 가서 자기가 가진 소유를 다 팔아 그 밭
을 사는 것 같으니라. 45 또 천국은 좋은 진주를 찾아다니는 보석 상인과 같으니 46 그 상인이 극히 값
진 진주 하나를 발견하면, 가서 자기의 가진 모든 것을 팔아서 그 진주를 사는 것과 같으니라.

47 Once again, the kingdom of heaven is like a net that was let down into the
lake and caught all kinds of fish. 48 When it was full, the fishermen pulled it
up on the shore. Then they sat down and collected the good fish in baskets,
but threw the bad away. 49 This is how it will be at the end of the age. The
angels will come and separate the wicked from the righteous 50 and throw
them into the fiery furnace, where there will be weeping and gnashing of
teeth.

47 또 천국은 호수 가운데 내려져 온갖 종류의 물고기들을 잡는 그물과도 같으니 48 그물이 가득차게
되면 어부들이 이를 물가로 끌어내고 자리에 앉아, 좋은 생선은 바구니에 담고, 좋지 못한 것은 버려 버
리는 것과 같으니라. 49 이 세상 끝날에도 이런 일이 있으리니; 천사들이 와서 사악한 자들을 의인들 가
운데에서 골라 내고 50 그들을 맹렬히 타는 용광로 불에 던져 넣을 것이니, 거기에서 그들이 슬피 울며
이를 갈 날이 있으리라.

51 Have you understood all these things?" Jesus asked. "Yes," they replied. 52
He said to them, "Therefore every teacher of the law who has been instructed
about the kingdom of heaven is like the owner of a house who brings out of
his storeroom new treasures as well as old."

51 이제 이 모든 것을 이해하겠느냐?" 하고 예수께서 물으시니 제자들이 "예. 그러하오이다." 하고 대
답하니라. 52 그러자 예수께서 제자들에게 다시 이르시되 "그러므로 천국에 관하여 (*위로부터) 지시하
심을 받은 율법의 선생들은 마치 자기의 곳간에서 새 보물 뿐 아니라 예전의 보물들도 같이 꺼내 가져오
는 집주인과 같으니라." 하시더라.

53 When Jesus had finished these parables, he moved on from there. 54
Coming to his hometown, he began teaching the people in their synagogue,
and they were amazed. "Where did this man get this wisdom and these
miraculous powers?" they asked. 55 "Isn't this the carpenter's son? Isn't his
mother's name Mary, and aren't his brothers James, Joseph, Simon and Judas?
56 Aren't all his sisters with us? Where then did this man get all these things?"

53 예수께서 이 모든 비유의 말씀을 다 마치신 후에 그 곳을 떠나가시니라. 54 예수께서 고향 마을로
돌아오시어 그 마을 회당에서 사람들을 가르치시니, 그들이 이를 매우 놀라워하며 서로 말하기를, "이
사람이 이런 지혜와 이런 기적의 능력을 어디에서 받았느냐? 55 이 사람이 그 목수의 아들이 아니냐?
그 어머니의 이름은 마리아가 아니며, 그 형제들은 야고보, 요셉, 시몬, 유다가 아니냐? 56 또 그의 누이
들도 다 우리와 함께 살고 있지 아니하냐? 이 사람이 이 모든 것들을 다 어디에서 얻었단 말인고?" 하더
라.

57 And they took offense at him. But Jesus said to them, "Only in his hometown
and in his own house is a prophet without honor." 58 And he did not do many
miracles there because of their lack of faith.

57 그리고는 그들이 예수를 배척(排斥)하고 모욕(侮辱)하려 드는지라, 예수께서 말씀하시기를, "선지자
가 자기 고향과 자기 집에서는 존경을 받지 못하느니라." 하시고 58 그들의 믿음 부족함으로 인하여 거
기서는 기적을 많이 행하지 아니하시니라.

제14장

1 At that time Herod the tetrarch heard the reports about Jesus, 2 and he said
to his attendants, "This is John the Baptist; he has risen from the dead! That
is why miraculous powers are at work in him." 3 Now Herod had arrested
John and bound him and put him in prison because of Herodias, his brother
Philip's wife, 4 for John had been saying to him: "It is not lawful for you to
have her."

1 그 무렵에 분봉 왕 헤롯이 예수의 소문을 들은지라, 2 헤롯이 신하들에게 말을 하기를, "이는 세례(洗
禮) 요한이라, 그가 죽은 자 가운데서 다시 살아났도다! 그러므로 그에게 이런 기적의 능력이 역사하는
도다." 하더라. 3 헤롯이 예전에 자기 동생 빌립의 아내 헤로디아의 일과 관련하여 요한을 잡아 결박하
고 그를 감옥에 가두었으니 4 이는 요한이 그 전에 헤롯에게 말하기를, "왕이 그 여자를 차지한 것이 법
에 어긋나느니라." 했던 까닭이더라.

5 Herod wanted to kill John, but he was afraid of the people, because they
considered him a prophet. 6 On Herod's birthday the daughter of Herodias
danced for them and pleased Herod so much 7 that he promised with an oath
to give her whatever she asked. 8 Prompted by her mother, she said, "Give me
here on a platter the head of John the Baptist."

5 헤롯이 요한을 죽이려고 하였으나, 그러나 백성을 두려워하여 그러지 못하였으니 백성들이 요한을 다
선지자로 알고 있던 연고더라. 6 하루는 헤롯의 생일 날이 되어 헤로디아의 딸이 그들을 위해 춤을 추어
헤롯을 크게 즐겁게 한지라, 7 헤롯이 그녀에게 상으로 그녀가 달라는 것은 무엇이든지 주겠노라고 맹
세로써 약속을 하였는데 8 그 딸이 어머니의 꾀임을 받아 말을 하기를, "여기 이 쟁반 위에 세례 요한의
머리를 담아주소서." 하니라.

9 The king was distressed, but because of his oaths and his dinner guests, he
ordered that her request be granted 10 and had John beheaded in the prison.
11 His head was brought in on a platter and given to the girl, who carried it to
her mother. 12 John's disciples came and took his body and buried it. Then
they went and told Jesus.

9 왕이 마음에 심히 번민(煩悶)이 되었으나 그러나 자기가 이미 맹세한 사실과 또 그 만찬의 빈객(賓客)
들로 인하여 그녀의 소원을 들어주라 명하니 10 요한이 옥에서 목을 베이니라. 11 이에 그 머리가 쟁반
에 얹히어 들어와 그 소녀에게 주어지매, 그녀가 자기 어머니께로 이를 가져가니라. 12 요한의 제자들
이 와서 그 시신을 가져다가 장사 지내고 그리고 예수께 건너가서 이 모든 일을 알리니라.

13 When Jesus heard what had happened, he withdrew by boat privately to
a solitary place. Hearing of this, the crowds followed him on foot from the
towns. 14 When Jesus landed and saw a large crowd, he had compassion on
them and healed their sick. 15 As evening approached, the disciples came to
him and said, "This is a remote place, and it's already getting late. Send the
crowds away, so they can go to the villages and buy themselves some food."

13 예수께서 그 일어난 일을 들으시고 홀로 배를 타고 떠나사 사람이 없는 곳으로 떠나가시더라. 그러
나 (*예수께서 떠나신) 사실을 알고, 사람들이 여러 마을로부터 나와 큰 무리를 이루어 걸어서 예수 계신
곳으로 따라 나오니라. 14 예수께서 배에서 내려 큰 무리의 군중이 이미 거기에 와 있음을 보시고는, 마
음으로 그들을 불쌍히 여기시어 그 가운데 있던 병자들을 다 고쳐 주시더라. 15 저녁이 가까와 오매 제
자들이 나아와 예수께 말하기를, "이곳은 외진 장소라, 시간이 이미 많이 늦었나이다. 이 사람들을 흩어
보내시어 그들로 하여금 마을로 가서 음식을 사 먹게 이르소서." 하거늘

16 Jesus replied, "They do not need to go away. You give them something to
eat." 17 We have here only five loaves of bread and two fish," they answered.
18 "Bring them here to me," he said. 19 And he directed the people to sit down
on the grass. Taking the five loaves and the two fish and looking up to heaven,
he gave thanks and broke the loaves. Then he gave them to the disciples, and
the disciples gave them to the people.

16 예수께서는 대답하시기를, "이 사람들이 어디를 갈 필요가 없도다. 너희가 이 사람들에게 뭔가 먹을
것을 주라." 하시니라. 17 이에 제자들이 이르되 "여기 우리에게 있는 것이 떡 다섯 개와 물고기 두 마리
뿐이니이다." 하니 18 이르시되, "그것을 내게 가져오라." 하시고 19 무리에게 말씀하시기를 잔디 위에
앉으라 하신 후에, 떡 다섯 개와 물고기 두 마리를 들고 하늘을 쳐다보시며 감사를 드리고 나서 이에 떡
을 쪼개어 제자들에게 주시니, 제자들이 이를 받아 사람들에게 나누어 주더라.

20 They all ate and were satisfied, and the disciples picked up twelve
basketfuls of broken pieces that were left over. 21 The number of those who
ate was about five thousand men, besides women and children.

20 그들이 모두 다 배불리 먹은 후에, 제자들이 그 남은 조각을 열두 바구니쯤 차게 주워 담았더라. 21
그 때에 거기서 함께 먹은 사람이 여자와 어린이를 제외하고 남자만 오천 명이나 되었더라.

22 Immediately Jesus made the disciples get into the boat and go on ahead of
him to the other side, while he dismissed the crowd. 23 After he had dismissed
them, he went up on a mountainside by himself to pray. When evening came,
he was there alone, 24 but the boat was already a considerable distance from
land, buffeted by the waves because the wind was against it.

22 (*식사가 끝난) 즉시 예수께서 제자들을 재촉하사, 자기가 무리를 흩어 보내는 동안에 제자들은 배
를 타고 자기를 앞서 먼저 호수 건너편으로 가 있으라고 명하시니라. 23 그리고 군중의 무리를 흩어 보

내신 후에 예수께서는 기도를 하시려고 홀로 산으로 올라가시더라. 어두워질 때까지 산에 혼자 계시는 중에 24 (*제자들이 탄) 배는 이미 뭍에서 제법 먼 거리를 떠나 있게 되었는데 바람이 배의 (*방향을) 거슬러 불매 배가 파도로 인하여 심히 요동을 치니라.

25 During the fourth watch of the night Jesus went out to them, walking on the lake. 26 When the disciples saw him walking on the lake, they were terrified. "It's a ghost," they said, and cried out in fear. 27 But Jesus immediately said to them: "Take courage! It is I. Don't be afraid."

25 밤이 되어 시간이 네 시 쯤이 되었을 때에 예수께서 제자들을 향해 오시는데, 호수 위를 걸어서 오시니라. 26 제자들이 누군가 바다 위로 걸어오심을 보고 겁에 질리어 "유령이다!" 하며 무서워 소리를 지르거늘 27 예수께서 그 순간 이르시기를, "안심하라! 나니라. 무서워 말라." 하시더라.

28 "Lord, if it's you," Peter replied, "tell me to come to you on the water." 29
"Come," he said. Then Peter got down out of the boat, walked on the water and came toward Jesus. 30 But when he saw the wind, he was afraid and,
beginning to sink, cried out, "Lord, save me!" 31 Immediately Jesus reached out
his hand and caught him. "You of little faith," he said, "why did you doubt?" 32
And when they climbed into the boat, the wind died down. 33 Then those who
were in the boat worshiped him, saying, "Truly you are the Son of God."

28 (*그 때에) 베드로가 대답하여 이르되, "주여, 만일 주님이시거든 내게 명하사, 물 위로 오라 말씀하
소서." 하니 29 예수께서 이에 "오라" 하고 말씀하시니라. 베드로가 배에서 내려 물 위를 걸어서 예수를
향해 걸어가던 중에 30 갑자기 바람을 보고 무서워하더니 물에 빠져 들어가는지라, 소리를 지르며, "주
여 구해주소서!" 하거늘 31 그 즉시 예수께서 손을 내밀어 베드로를 붙잡으시더라. 그러며 말씀하시기
를, "너, 믿음없는자여, 왜 의심하였느냐?" 하시고 32 배에 함께 오르매 그 때에 바람이 그치더라. 33
배에 있던 모든 사람들이 예수께 경배하며 말하기를, "주(主)는 진정 하나님의 아들이시니이다." 하더라.

34 When they had crossed over, they landed at Gennesaret. 35 And when the men of that place recognized Jesus, they sent word to all the surrounding country. People brought all their sick to him 36 and begged him to let the sick just touch the edge of his cloak, and all who touched him were healed.

34 예수와 제자들이 호수를 건너가 닿은 곳은 게네사렛 땅이라. 35 그 곳 사람들이 예수께서 오신 것을
알고 그 지역을 둘러싼 모든 마을에 소식을 알리니 사람들이 모든 병자들을 데리고 나아와서 36 예수께
간구(懇求)하기를, 다만 그 옷자락에라도 손을 대게 해 주시도록 구하니, 예수의 옷자락에 손을 대는 사람은 모두가 다 병 나음을 얻더라.

제15장

1 Then some Pharisees and teachers of the law came to Jesus from Jerusalem and asked, 2 "Why do your disciples break the tradition of the elders? They don't wash their hands before they eat!"

1 그 때에 바리새인들과 율법 교사들 몇이 예루살렘으로부터 도착하여 예수께 질문을 하는데, 이르기
를, 2 "어찌하여 당신의 제자들은 장로(長老)들의 전통(傳統)을 지키지 아니하나이까? 그들이 식사하기 전에 손도 씻지 아니하나이다!" 하니라.

3 Jesus replied, "And why do you break the command of God for the sake of your tradition? 4 For God said, 'Honor your father and mother' and 'Anyone who curses his father or mother must be put to death.' 5 But you say that if a man says to his father or mother, 'Whatever help you might otherwise have received from me is a gift devoted to God,' 6 he is not to 'honor his father ' with it. Thus you nullify the word of God for the sake of your tradition.

3 이에 예수께서 대답하여 이르시되, “너희는 어찌하여, 소위 너희의 전통이라는 것 때문에 하나님의 계명(誡命)을 범(犯)하느냐? 4 하나님이 말씀하시기를, ‘너희 아버지 어머니를 공경하라’ 하시고, 또 ‘누구든 그 아버지나 어머니를 저주하는 자는 반드시 쳐 죽일지어다’ 하셨거늘 5 그러나 너희는 이르되, “누구든 그 부모에게 말하기를, ‘아버지나 어머니를 도우려 내가 드리고자 했던 그것이 이제 하나님께 바쳐질 헌물(獻物)이 되고 말았나이다.’ 라고 말만 하면 6 그는 그럼으로써 더 이상 그 부모를 덜 공경하는 것이 아니다”라고 하니, 너희는 너희의 소위 전통(傳統)이라는 것으로 하나님의 말씀을 무효로 만들고 말았도다.

7 You hypocrites! Isaiah was right when he prophesied about you: 8 'These people honor me with their lips, but their hearts are far from me. 9 They worship me in vain; their teachings are but rules taught by men.' " 10 Jesus called the crowd to him and said, "Listen and understand. 11 What goes into a man's mouth does not make him 'unclean,' but what comes out of his mouth that is what makes him 'unclean.' "

7 그러니, 이 위선자들아! 이사야가 너희에게 대하여 예언(豫言)한 것이 다 사실이로다. 그가 일렀으되 8 ‘이 백성이 입술로는 나를 공경하되 그러나 그 마음은 내게서 멀도다. 9 그들이 나를 경배하는 것이 다 헛된 일이라; 그들의 교훈은 (*사람이 만들어 내어) 사람에 의해 가르쳐지는 규칙들 뿐이로다.’ 하였느니라.” 하시니라. 10 그리고 나서 그 무리의 사람들을 자기께로 불러 모으시고 또 말씀하시기를, “너희는 내 말을 듣고 깨달아 알지어다. 11 사람의 입으로 들어가는 것이 그 사람을 ‘부정(不淨)하게’ 만드는 것이 아니요, 그 사람의 입에서 나오는 그것이 그 사람을 ‘부정하게’ 만드는 것이니라.” 하시더라.

12 Then the disciples came to him and asked, "Do you know that the Pharisees were offended when they heard this?" 13 He replied, "Every plant that my heavenly Father has not planted will be pulled up by the roots. 14 Leave them; they are blind guides. If a blind man leads a blind man, both will fall into a pit."

12 이에 제자들이 예수께 다가와 말하기를, “바리새인들이 이 말을 듣고 심히 화를 내고 있는 것을 아시나이까?” 하니, 13 예수께서 대답하여 이르시되 “하늘에 계신 내 아버지께서 심지 않으신 것은 뿌리채 뽑힐 것이니 14 그냥 내버려 두라; 그들은 맹인된 안내자들이라 맹인이 맹인(盲人)을 인도하면 둘 다 구덩이에 빠지는 법이니라.” 하시니라.

15 Peter said, "Explain the parable to us." 16 "Are you still so dull?" Jesus asked them. 17 "Don't you see that whatever enters the mouth goes into the stomach and then out of the body? 18 But the things that come out of the mouth come from the heart, and these make a man 'unclean.'

15 베드로가 말하기를, “이 비유를 우리에게 설명하여 주소서.” 하니 16 이르시되 “너희가 아직 이처럼 둔하냐?” 하시고, 17 “입으로 들어가는 모든 것이 배로 들어갔다가 몸 밖으로 다시 나오는 것을 알지 못하느냐? 18 그러나 입에서 나오는 것들은 그 마음에서 나오는 것이니 이것이야말로 사람을 ‘부정하게’ 만드는 것이니라.

19 For out of the heart come evil thoughts, murder, adultery, sexual immorality, theft, false testimony, slander. 20 These are what make a man

'unclean'; but eating with unwashed hands does not make him 'unclean.' "

19 마음으로부터 나오는 것은 악한 생각이요, 살인과 간음과 성적 음란과, 도둑질과 거짓 증언과 남에 대한 비방(誹謗)이라. 20 이런 것들이 사람을 '부정하고' 더럽게 하는 것이요; 씻지 않은 손으로 먹는 것은 사람을 '부정하게' 만들지 못하느니라." 하시더라.

21 Leaving that place, Jesus withdrew to the region of Tyre and Sidon. 22 A Canaanite woman from that vicinity came to him, crying out, "Lord, Son of David, have mercy on me! My daughter is suffering terribly from demon-possession." 23 Jesus did not answer a word. So his disciples came to him and urged him, "Send her away, for she keeps crying out after us."

21 예수께서 그 자리를 떠나사 티레와 시돈 지방으로 들어가시니라. 22 어떤 가나안 여자 하나가 그 근방에서 나와서 예수께 울부짖으며 말을 하기를, "주여, 다윗의 자손이여, 제발 내 딸을 불쌍히 여겨 주소서! 내 딸이 귀신이 들려 끔찍한 고통 가운데 있나이다." 하니라. 23 그러나 예수께서는 한 마디도 그에 대답을 하지 않으시는지라, 제자들이 예수께 나아와 청하여 말하되 "저 여자를 멀리 보내버리소서. 우리를 쫓아오며 계속 소리를 질러대나이다." 하매,

24 He answered, "I was sent only to the lost sheep of Israel." 25 The woman came and knelt before him. "Lord, help me!" she said. 26 He replied, "It is not right to take the children's bread and toss it to their dogs."

24 예수께서 이에 대답하여 말씀하시기를, "나는 오직 이스라엘의 잃어버린 양을 위해서만 보내심을 받았느니라." 하시더라. 25 그 때에 그 여자가 와서 예수 앞에 무릎을 꿇으며 이르되, "주여, 부디 저를 도와주소서." 하는데, 26 예수께서는 대답하여 이르시기를, "내 자녀의 떡을 가지고 이를 개들에게 던져주는 것이 마땅치 아니하니라." 하시니,

27 "Yes, Lord," she said, "but even the dogs eat the crumbs that fall from their masters' table." 28 Then Jesus answered, "Woman, you have great faith! Your request is granted." And her daughter was healed from that very hour.

27 그 여자가 대답하여 이르기를, "주여, 그러하외다. 그러나 개들도 제 주인의 상에서 떨어지는 부스러기를 주워 먹나이다." 하니 28 이에 예수께서 대답하여 이르시되 "여자여, 네가 큰 믿음을 가졌도다. 너의 소원이 이루어졌느니라." 하시니, 바로 그 시각(時刻)에 그의 딸이 나으니라.

29 Jesus left there and went along the Sea of Galilee. Then he went up on a mountainside and sat down. 30 Great crowds came to him, bringing the lame, the blind, the crippled, the mute and many others, and laid them at his feet; and he healed them. 31 The people were amazed when they saw the mute speaking, the crippled made well, the lame walking and the blind seeing. And they praised the God of Israel.

29 예수께서 거기를 떠나사, 갈릴리 바다를 따라 길을 가시더니 거기에 있는 어느 산기슭에 올라가 앉으시니라. 30 그 때에 큰 무리의 사람들이 예수께로 나아오는데, 그들이 각기 자기들의 병자(病者) 곧, 다리 저는 사람, 맹인, 걸음 못 걷는자, 나면서부터 말 못하는 자(者) 그리고 또 수많은 여러 병자들을 데리고 나와서 예수의 발 앞에 두니, 예수께서 그들을 모두 고쳐 주시더라. 31 이에 사람들이, 그 말 못하는 사람이 말하고, 걸음 못 걷던 사람들이 나음을 얻으며, 지체 부자유자가 다시 걷고, 그리고 맹인들이 눈을 뜨고 보게 되는 것을 자기들 눈으로 보매, (*하나 같이) 놀라움에 사로 잡히니라. 그리고 이스라엘의 하나님을 찬양하기 시작하니라.

32 Jesus called his disciples to him and said, "I have compassion for these people; they have already been with me three days and have nothing to eat. I do not want to send them away hungry, or they may collapse on the way."

33 His disciples answered, "Where could we get enough bread in this remote
place to feed such a crowd?"

32 예수께서 그 제자들을 불러 이르시되, "내가 내 마음에 이 사람들을 불쌍히 여기노라; 그들이 나와
함께 있은 지가 벌써 사흘이라, 그런데 아무 것도 먹지를 못하였도다. 그들을 굶긴 채로 길을 떠나 보낼
수가 없으니 그들이 길가는 도중에 쓰러질까 하노라." 하시니, 33 제자들이 이르되 "이 한적한 광야에
서 우리가 어디서 이 모든 사람이 먹을 떡을 구하겠나이까?" 하더라.

34 "How many loaves do you have?" Jesus asked. "Seven," they replied, "and a
few small fish." 35 He told the crowd to sit down on the ground. 36 Then he
took the seven loaves and the fish, and when he had given thanks, he broke
them and gave them to the disciples, and they in turn to the people.

34 예수께서 물어 이르시되, "너희에게 떡이 몇 개나 있느냐?" 하시니, 대답하여 이르되 "떡 일곱 개와
작은 생선 몇 마리가 있나이다." 하거늘 35 예수께서 무리에게 명하사 땅에 앉게 하시고 36 떡 일곱 개
와 생선을 가지고 감사를 드리고 나서, 그 떡과 생선을 떼어 제자들에게 주시니 제자들이 다시 사람들에
게 나누어 주니라.

37 They all ate and were satisfied. Afterward the disciples picked up seven
basketfuls of broken pieces that were left over. 38 The number of those who
ate was four thousand, besides women and children. 39 After Jesus had sent
the crowd away, he got into the boat and went to the vicinity of Magadan.

37 사람들이 다 배불리 먹고 그 후에 제자들이 남은 조각을 거두니 일곱 광주리에 가득 차게 되었더라.
38 그 때에 같이 먹은 자의 수(數)가 여자와 어린이 외에 사천 명쯤이 되었더라. 39 예수께서 무리를 흩
어 집으로 돌려보내고 나신 후에, 배에 올라타시고 마가단이라 하는 지역으로 떠나가시니라.

제16장

1 The Pharisees and Sadducees came to Jesus and tested him by asking him
to show them a sign from heaven. 2 He replied, "When evening comes, you
say, 'It will be fair weather, for the sky is red,' 3 and in the morning, 'Today
it will be stormy, for the sky is red and overcast.' You know how to interpret
the appearance of the sky, but you cannot interpret the signs of the times. 4
A wicked and adulterous generation looks for a miraculous sign, but none will
be given it except the sign of Jonah." Jesus then left them and went away.

1 바리새인들과 사두개인들이 예수께 와서 그를 시험하고자 하여, 하늘로부터 오는 표적을 보여 달라고
요청하니 2 예수께서 대답하여 이르시기를, "저녁이 오면 너희가 말하기를, '하늘이 붉으니 내일은 날이
좋겠다.' 하고 3 또 아침에는 말하기를, '오늘은 날이 궂고 비바람이 치리라. 하늘이 붉고 낮게 드리운 까
닭이라' 하는도다. 너희가 이처럼 하늘의 변하는 모양은 해석할 줄 알면서 오늘 이 시대의 징조는 풀어
낼 줄 모르느냐? 4 음란하고 사악한 세대가 표적과 기적의 징조를 찾으나, 요나의 표적(標蹟)을 제외하
고는 주어질 것이 없느니라." 하시고 그들을 떠나가시니라.

5 When they went across the lake, the disciples forgot to take bread. 6
"Be careful," Jesus said to them. "Be on your guard against the yeast of the
Pharisees and Sadducees." 7 They discussed this among themselves and said,
"It is because we didn't bring any bread."

5 제자들이 호수를 건너갈 때에 떡 가져가는 것을 잊었더라. 6 예수께서 제자들에게 이르시되 "너희는

조심하라. 그리고 특히 바리새인과 사두개인들의 누룩을 주의하라." 하시거늘, 7 제자들이 서로 의논하
며 말하기를, "이는 우리가 떡을 잊고 가져오지 아니하였기 때문에 하시는 말씀이로다." 하더라.

8 Aware of their discussion, Jesus asked, "You of little faith, why are you talking
among yourselves about having no bread? 9 Do you still not understand? Don't
you remember the five loaves for the five thousand, and how many basketfuls
you gathered? 10 Or the seven loaves for the four thousand, and how many
basketfuls you gathered?

8 제자들의 이런 토론 내용을 예수께서 아시고 그들에게 이르시기를, "너희 이, 믿음이 작은 자들아, 어
찌 떡이 없다 그런 말을 하느냐? 9 너희가 아직도 깨닫지를 못하느냐? 떡 다섯 개로 오천 명을 먹이고
거두어 들인 것이 몇 바구니였느냐? 10 그리고 떡 일곱 개로 사천 명을 먹였을 때에 주워 들인 조각은
또 몇 광주리였느냐?

11 How is it you don't understand that I was not talking to you about bread?
But be on your guard against the yeast of the Pharisees and Sadducees." 12
Then they understood that he was not telling them to guard against the yeast
used in bread, but against the teaching of the Pharisees and Sadducees.

11 내가 너희에게 이른 것이 떡에 관하여서가 아님을 어찌 이해하지 못하느냐? 내가, '오직 바리새인과
사두개인들의 누룩을 주의하라' 하였느니라." 하시니 12 그제서야 그들이 자기들에게 조심하라고 말씀
하신 것이 떡 만들 때에 사용하는 누룩이 아니고 바리새인과 사두개인들의 가르침을 멀리하라고 말씀하
신 것임을 깨닫더라.

13 When Jesus came to the region of Caesarea Philippi, he asked his disciples,
"Who do people say the Son of Man is?" 14 They replied, "Some say John the
Baptist; others say Elijah; and still others, Jeremiah or one of the prophets."
15 "But what about you?" he asked. "Who do you say I am?" 16 Simon Peter
answered, "You are the Christ, the Son of the living God."

13 예수께서 필립피 카이사랴 지역에 이르셨을 때에 제자들에게 물어 이르시기를, "사람들이 인자를
누구라 하느냐?" 하시니, 14 제자들이 대답하기를, "어떤 사람들은 세례 요한이라고도 하고; 다른 사람
들은 엘리야라 하기도 하고; 또 더러는 예레미야, 아니면 다른 선지자 가운데 한 사람이라 하나이다." 하
고 대답하니 15 다시 이르시되, "그런데, 너희는 어떻게 생각하느냐?" 하고 물으시는지라, 16 이에 시
몬 베드로가 대답하여 이르되, "주는 그리스도시요, 살아 계신 하나님의 아들이시니이다." 하고 말하니
라.

17 Jesus replied, "Blessed are you, Simon son of Jonah, for this was not
revealed to you by man, but by my Father in heaven. 18 And I tell you that you
are Peter, and on this rock I will build my church, and the gates of Hades will
not overcome it.

17 그러자 예수께서 대답하여 이르시기를, "요나의 아들 시몬아, 네가 복이 있도다. 이를 네게 알게 하
신 이는 사람이 아니요, 하늘에 계신 내 아버지시니라. 18 내가 네게 이르노니 너는 베드로라, 내가 이
바위 위에 내 교회를 세울 것이니, 저 음부(陰府)의 힘이 이것을 이겨 내지 못하리라.

19 I will give you the keys of the kingdom of heaven; whatever you bind on
earth will be bound in heaven, and whatever you loose on earth will be loosed
in heaven." 20 Then he warned his disciples not to tell anyone that he was the
Christ.

19 내가 천국 열쇠를 네게 주리니; 네가 무엇이든지 이 땅에서 맨 것은 하늘에서도 매일 것이요, 무엇이
든 네가 땅에서 풀어낸 것은 하늘에서도 풀리리라." 하시고 20 이에 제자들에게 경고(警告)하사 자기가

그리스도이신 것을 아무에게도 이르지 말라 하시더라.

21 From that time on Jesus began to explain to his disciples that he must go to Jerusalem and suffer many things at the hands of the elders, chief priests and teachers of the law, and that he must be killed and on the third day be raised to life. 22 Peter took him aside and began to rebuke him. "Never, Lord!" he said. "This shall never happen to you!"

21 바로 그 때로부터 예수 그리스도께서 제자들에게 당신께서 반드시 예루살렘에 올라가, 장로들과 우두머리 제사장들과 그리고 율법 교사들의 무리에게 여러가지 고난을 받아 죽임을 당하고, 그리고 제 삼 일 째에 비로소 다시 살아나야 하리라는 것을 설명하기 시작하시니라. 22 그러자 베드로가 예수를 한켠으로 데리고 가서 주(主)를 힐책(詰責)하기 시작하니, 베드로가 이르기를, "주여, 절대로 아니 될 일이오이다. 이 일이 결코 당신께 일어나서는 안될 것이외다." 하니라.

23 Jesus turned and said to Peter, "Get behind me, Satan! You are a stumbling block to me; you do not have in mind the things of God, but the things of men." 24 Then Jesus said to his disciples, "If anyone would come after me, he must deny himself and take up his cross and follow me. 25 For whoever wants to save his life will lose it, but whoever loses his life for me will find it.

23 이에 예수께서 몸을 돌이키시며 베드로에게 이르시되 "사탄아! 내 뒤로 물러가라! 너는 나를 넘어지게 하는 걸림돌이로다. 네가 하나님의 일을 마음에 두지 아니하고 사람의 일만 생각하는도다." 하며 꾸짖으시고, 24 또 제자들을 향해 이르시기를, "누구든지 나를 따라오려거든, 그는 먼저 자기를 부인하고 자기 십자가를 지고 나를 따라야 할 것이라. 25 누구든지 자기 목숨을 건지고자 하면 잃을 것이요, 누구든지 나를 위하여 제 목숨을 잃으면 그 생명을 찾으리라.

26 What good will it be for a man if he gains the whole world, yet forfeits his soul? Or what can a man give in exchange for his soul? 27 For the Son of Man is going to come in his Father's glory with his angels, and then he will reward each person according to what he has done. 28 I tell you the truth, some who are standing here will not taste death before they see the Son of Man coming in his kingdom."

26 사람이 만일 온 천하를 얻고도 자기의 혼(魂)을 빼앗겨 잃으면 무엇이 유익하리요? 사람이 자기 혼을 그 무엇과 바꿀 수 있겠느냐? 27 인자가 자기 아버지의 영광 가운데에서 자기의 천사들과 함께 (*다시) 오리니, 그 때에 각 사람이 행한 그 행위에 따라 상을 베풀어주리라. 28 내가 진실로 너희에게 이르노니 지금 여기 서 있는 사람 중에 몇몇은 죽음을 맛보기 전에 인자가 자기의 왕국을 가지고 오는 것을 볼 자들도 있느니라." 하시니라.

제17장

1 After six days Jesus took with him Peter, James and John the brother of James, and led them up a high mountain by themselves. 2 There he was transfigured before them. His face shone like the sun, and his clothes became as white as the light. 3 Just then there appeared before them Moses and Elijah, talking with Jesus.

1 그로부터 엿새 후에 예수께서 베드로와 야고보와 그 형제 요한을 데리시고 그들만 따로 높은 산에 올라가시니라. 2 거기에서 그들이 보는 앞에서 그 모습이 변형(變形)이 되시는데, 그 얼굴이 해와 같이 빛

이 나고 입은 옷이 역시 빛과 같이 희어지더라. 3 바로 그 때에 모세와 엘리야가 나타나 예수와 더불어 말하는 것을 제자(弟子)들이 보게 되니라.

4 Peter said to Jesus, "Lord, it is good for us to be here. If you wish, I will put up three shelters--one for you, one for Moses and one for Elijah." 5 While he was still speaking, a bright cloud enveloped them, and a voice from the cloud said, "This is my Son, whom I love; with him I am well pleased. Listen to him!"

4 베드로가 예수께 여쭈어 이르기를, "주여 우리가 여기 있는 것이 좋사오니, 만일 주(主)께서 원하시면 제가 여기 초막 셋을 짓되, -하나는 주를 위하여, 그리고 다른 하나는 모세를 위하여, 그리고 또 하나는 엘리야를 위하여 그리하리이다." 하고 말하는데 5 베드로가 아직 이 말을 하고 있는 동안에 밝게 빛나는 구름이 그들을 덮더니, 구름 속에서 한 목소리가 울려 나오며 이르기를, "이는 내 사랑하는 아들이요, 그를 내가 사랑하나니; 그와 더불어 내가 크게 기뻐하는도다. 너희는 그의 말을 들으라!" 하시더라.

6 When the disciples heard this, they fell face down to the ground, terrified. 7 But Jesus came and touched them. "Get up," he said. "Don't be afraid." 8 When they looked up, they saw no one except Jesus.

6 제자들이 이 말씀을 들을 때에 얼굴을 땅 바닥에 대고 무서워 떨고 있었더니 7 예수께서 오사 그들을 어루만지시며 말씀하시기를, "일어나라. 그리고 무서워 말라." 하시거늘, 8 제자들이 눈을 들고 보매 예수 외에는 아무도 보이지를 아니하더라.

9 As they were coming down the mountain, Jesus instructed them, "Don't tell anyone what you have seen, until the Son of Man has been raised from the dead." 10 The disciples asked him, "Why then do the teachers of the law say that Elijah must come first?"

9 그들이 산에서 내려오는 중에 예수께서 그들에게 명하시기를, "너희가 오늘 본 것을, 인자가 죽은 자 가운데서 살아나기 전에는 아무에게도 말을 하지 말라." 하시더라. 10 이에 제자들이 예수께 질문을 하며 이르되, "그러면 어찌하여 율법 교사들이 말하기를, '엘리야가 먼저 와야 하리라' 말하는 것이니이까?" 하거늘,

11 Jesus replied, "To be sure, Elijah comes and will restore all things. 12 But I tell you, Elijah has already come, and they did not recognize him, but have done to him everything they wished. In the same way the Son of Man is going to suffer at their hands." 13 Then the disciples understood that he was talking to them about John the Baptist.

11 예수께서 대답하여 이르시되, "내가 분명히 말하건대, 엘리야가 과연 먼저 와서 모든 것을 회복하리라. 12 그러나 내가 너희에게 말하노니, 엘리야가 이미 이 땅에 왔으되 사람들이 그를 알아보지도 못하고 그를 자기 뜻에 좋은대로 함부로 대하였었도다. 인자도 이와 같이 그들의 손에 고난을 받게 되리라." 하시니 13 그제서야 제자들이 예수께서 말씀하고 계신 것이 세례 요한에 관해서 하는 말씀인 줄을 깨달으니라.

14 When they came to the crowd, a man approached Jesus and knelt before him. 15 "Lord, have mercy on my son," he said. "He has seizures and is suffering greatly. He often falls into the fire or into the water. 16 I brought him to your disciples, but they could not heal him."

14 예수와 제자들이 다시 군중의 무리에게 돌아와 이르니 어떤 사람이 예수께 와서 그 앞에 꿇어 엎드리며 말하기를, 15 "주여, 제 아들을 불쌍히 여겨 주소서. 그 애가 간질로 심히 고통스러워하나이다. 애가 자주 불에도 넘어지며 물에도 빠지나니다. 16 제가 그 아이를 주의 제자들에게 데리고 왔었으나 그들이 능히 그를 고치지 못하였나이다." 하니라.

17 "O unbelieving and perverse generation," Jesus replied, "how long shall I stay with you? How long shall I put up with you? Bring the boy here to me."
18 Jesus rebuked the demon, and it came out of the boy, and he was healed from that moment. 19 Then the disciples came to Jesus in private and asked, "Why couldn't we drive it out?" 20 He replied, "Because you have so little faith. I tell you the truth, if you have faith as small as a mustard seed, you can say to this mountain, 'Move from here to there' and it will move. Nothing will be impossible for you." 21 (BLANK)

17 이에 예수께서 말씀하시되, "오, 이 믿음없고 비뚤어진 세대(世代)여, 내가 얼마나 더 오래 너희와 함께 머물 수 있겠으며, 그리고 또 얼마나 더 오래 너희를 참아야 하겠느냐? 그 애를 이리 데려오라." 하시니라. 18 그리고 예수께서 그 귀신을 꾸짖으시니 귀신이 그 아이로부터 나오는지라, 아이가 그 시각부터 나으니라. 19 그 후에 제자들이 예수께 조용히 나아와서 여쭙기를, "우리는 어찌하여 그 귀신을 몰아내지 못하였나이까?" 하니, 20 대답하여 이르시되 "너희 믿음이 너무 작은 까닭이니라. 진실로 너희에게 이르노니 만일 너희에게 겨자씨 한 톨 만한 작은 믿음만 있었더라도 이 산을 향해 명하기를, '여기서 저기로 옮겨지라' 하면 그 산이 옮겨졌으리라. 너희에게는 불가능함이 없느니라." 하시더라. 21 (없음)

22 When they came together in Galilee, he said to them, "The Son of Man is going to be betrayed into the hands of men. 23 They will kill him, and on the third day he will be raised to life." And the disciples were filled with grief.

22 예수와 제자들이 갈릴리에서 다시 모였을 때에, 제자들에게 이르시되, "인자(人子)가 이제 사람들의 손에 배신을 당하여 넘겨지리라. 23 그들이 인자를 죽일 것이요, 인자는 제삼일에 다시 살아나리라." 하시니 이에 제자들이 슬픔과 근심으로 가득하여지더라.

24 After Jesus and his disciples arrived in Capernaum, the collectors of the two-drachma tax came to Peter and asked, "Doesn't your teacher pay the temple tax?" 25 "Yes, he does," he replied. When Peter came into the house, Jesus was the first to speak. "What do you think, Simon?" he asked. "From whom do the kings of the earth collect duty and taxes--from their own sons or from others?"

24 예수와 제자들이 카버나움에 도착하매, 두 드라크마 세(稅) 받는 자들이 베드로에게 와서 이르기를, "당신들의 선생은 성전세(聖殿稅)를 내지 않느뇨?" 하는지라, 25 베드로가 이르되 "물론, 세를 낼 것이라." 대답하고 그들이 머무는 집에 들어서니 예수께서 베드로에게 먼저 물어 이르시기를, "시몬아, 네 생각에는 어떠하냐? 이 세상의 왕들은 누구로부터 세금과 관세를 걷느냐? 자기 자신의 아들들로부터냐, 아니면 다른 사람들로부터냐?" 하시니라.

26 "From others," Peter answered. "Then the sons are exempt," Jesus said to him. 27 "But so that we may not offend them, go to the lake and throw out your line. Take the first fish you catch; open its mouth and you will find a four-drachma coin. Take it and give it to them for my tax and yours."

26 이에 베드로가 대답하기를 "세(稅)는 다른 사람들로부터 걷나이다." 하니, 예수께서 이르시기를, "그러면, 아들들은 세가 면해져 있는 것이로다." 27 "그러나, 우리가 그들을 (*굳이) 자극(刺戟)할 필요는 없으리라. 그러니, 너는 호수로 가서 네 낚시를 던지라. 그리고 네가 처음 잡는 물고기의 입을 열면 네 드라크마 동전을 발견할 것이니 그걸로 나와 너의 세를 내고 오라." 하고 말씀하시더라.

제18장

1 At that time the disciples came to Jesus and asked, "Who is the greatest in
the kingdom of heaven?" 2 He called a little child and had him stand among
them. 3 And he said: "I tell you the truth, unless you change and become like
little children, you will never enter the kingdom of heaven.

1 그 때에 제자들이 예수께 나아와 묻기를, "천국에서는 누가 가장 크니이까?" 하거늘 2 예수께서 한 어
린아이를 불러 그를 제자들 가운데에 세우시고 3 이르시되: "진실로 너희에게 이르노니, 너희가 변화를
받아 이 어린아이들과 같이 되지 아니하면 결코 천국에 들어가지를 못하리라.

4 Therefore, whoever humbles himself like this child is the greatest in the
kingdom of heaven. 5 And whoever welcomes a little child like this in my name
welcomes me. 6 But if anyone causes one of these little ones who believe in
me to sin, it would be better for him to have a large millstone hung around his
neck and to be drowned in the depths of the sea.

4 그러므로 누구든지 이 어린아이와 같이 자기를 겸손하게 낮추는 그 사람이 천국에서 가장 큰 자니라.
5 또 누구든지 이런 어린아이 하나를 내 이름으로 영접(迎接)하면 그 사람은 곧 나를 영접하는 것이니
라. 6 그러나 누구든지 나를 믿는 이 작은 자들 중 하나라도 죄를 짓도록 하면, 그렇게 만드는 그 사람은
차라리 큰 맷돌을 자기 목에 매달아 감고 깊은 바다에 빠져 죽는 것이 더 나으리라.

7 Woe to the world because of the things that cause people to sin! Such things
must come, but woe to the man through whom they come! 8 If your hand or
your foot causes you to sin, cut it off and throw it away. It is better for you
to enter life maimed or crippled than to have two hands or two feet and be
thrown into eternal fire.

7 사람들로 하여금 죄를 짓게 하는 일들이 있음으로 하여 세상에 화(禍)가 있을 것이라! (*사람으로 하여
금 죄를 짓게 하는) 그런 일이야 늘상 있는 일이지만, 그러나 자기로 말미암아 그런 일이 생기게 하는 그
사람에게는 재앙(災殃)이 있으리라. 8 그러므로 만일 네 손이나 네 발이 너를 범죄하게 하거든 찍어 내
버리라. 불구자나 지체 부자유자로 생명으로 나아가는 것이 두 손과 두 발을 가지고 영원한 불에 던져지
는 것보다 더 나으니라.

9 And if your eye causes you to sin, gouge it out and throw it away. It is better
for you to enter life with one eye than to have two eyes and be thrown into the
fire of hell. 10 See that you do not look down on one of these little ones. For I
tell you that their angels in heaven always see the face of my Father in heaven.
11 (BLANK)

9 또, 네 눈이 너로 하여금 범죄하게 하거든 빼어 내버리라. 한쪽 눈을 가지고 생명에 들어가는 것이 두
눈을 가지고 지옥 불에 던져지는 것보다 나으니라. 10 너희는 이 작은 자 중의 하나라도 업신여기지 않
도록 조심하라. 내가 너희에게 말하노니, 하늘에 있는 그들의 천사들이 하늘에 계신 내 아버지의 얼굴을
항상 뵈옵느니라. 11 (없음)

12 What do you think? If a man owns a hundred sheep, and one of them
wanders away, will he not leave the ninety-nine on the hills and go to look
for the one that wandered off? 13 And if he finds it, I tell you the truth, he is
happier about that one sheep than about the ninety-nine that did not wander
off. 14 In the same way your Father in heaven is not willing that any of these
little ones should be lost.

12 너희들 생각에는 어떠하냐? 어떤 사람이 양 백 마리를 가지고 있는데, 그 중의 하나가 길을 잃고 헤
매고 있으면 그 사람이 아흔아홉 마리 양을 언덕에 두고 가서 그 길 잃은 양 한마리를 찾아다니지 않겠

느냐? 13 그리고 내가 진실로 너희에게 이르노니, 그 양을 찾으면, 그 사람은 그 도로 찾은 한 마리 양으로 인하여 길을 잃지 아니한 아흔아홉 마리 양보다 이를 더 기뻐하리라. 14 이와 같이 하늘에 계신 너희 아버지께서도 이 작은 자 중의 하나라도 잃는 것을 원치 아니하시느니라.

15 If your brother sins against you, go and show him his fault, just between the two of you. If he listens to you, you have won your brother over. 16 But if he will not listen, take one or two others along, so that 'every matter may be established by the testimony of two or three witnesses.' 17 If he refuses to listen to them, tell it to the church; and if he refuses to listen even to the church, treat him as you would a pagan or a tax collector.

15 만일 네 형제가 네게 대하여 죄를 짓거든 너는 가서 그의 허물을 그에게 보이되, 너와 그 사람 사이에서만 그리하라. 그가 네 말을 들으면 네가 네 형제를 도로 얻은 것이라. 16 그러나 그가 네 말을 듣지 않거든, 너는 한 두 사람을 너와 함께 데리고 갈지니 이로써 '모든 일이 두 세 증인의 증언(證言)으로 성립되게' 하라. 17 그가 만일 이들 증인들의 말도 거부(拒否)하거든 이 문제를 교회에다 말하고; 그 사람이 교회의 말도 듣지 않는다면 그 때에는 그를 이방인이나 '세리(稅吏)'와 같이 취급하라.

18 I tell you the truth, whatever you bind on earth will be bound in heaven, and whatever you loose on earth will be loosed in heaven. 19 Again, I tell you that if two of you on earth agree about anything you ask for, it will be done for you by my Father in heaven. 20 For where two or three come together in my name, there am I with them."

18 진실로 너희에게 이르노니, 무엇이든지 너희가 이 땅에서 맨 것은 하늘에서도 매일 것이요, 무엇이든지 너희가 이 땅에서 풀어낸 것은 하늘에서도 풀리리라. 19 내가 다시 너희에게 이르노니, 너희 중의 두 사람이 땅에서 합심하여 무엇이든지 구하면 그 일은 하늘에 계신 내 아버지에 의하여 이미 이루어진 바가 되리라. 20 또, 두세 사람이 내 이름으로 모인 곳에는 나도 거기, 그들 가운데 있느니라." 하시니라.

21 Then Peter came to Jesus and asked, "Lord, how many times shall I forgive my brother when he sins against me? Up to seven times?" 22 Jesus answered, "I tell you, not seven times, but seventy-seven times.

21 그러자 베드로가 예수께 나아와 묻기를, "주여, 내 형제가 내게 죄를 지으면 제가 몇 번이나 그를 용서하여 주리이까? 일곱 번까지 하오리이까?" 하거늘 22 예수께서 대답하여 이르시되, "네게 말하노니 일곱 번이 아니라, 일곱 번을 일흔 번까지라도 그리할지니라." 하시니라.

23 "Therefore, the kingdom of heaven is like a king who wanted to settle accounts with his servants. 24 As he began the settlement, a man who owed him ten thousand talents was brought to him. 25 Since he was not able to pay, the master ordered that he and his wife and his children and all that he had be sold to repay the debt. 26 "The servant fell on his knees before him. 'Be patient with me,' he begged, 'and I will pay back everything.' 27 The servant's master took pity on him, canceled the debt and let him go.

23 그리고 또 계속 말씀하시기를, "그러므로 천국은 마치, 자기 하인들과 더불어 (*부채를) 결산하려는 어느 왕과 같으니 24 그 왕이 결산을 시작함에 있어 먼저 자신에게 일만 달란트 빚진 자가 나아오는데 25 그러나 그 하인이 빚을 갚을 길이 없는지라, 그 주인이 명하기를 그 하인과 그의 아내와 자식들과 그리고 그의 모든 소유를 다 팔아 그 빚을 갚게 하라고 명령을 하니라. 26 이에 그 하인이 땅에 무릎을 꿇고 그 앞에 엎드려 절하며 이르되 "제게 조금만 더 말미를 주소서. 제가 진정 모든 것을 다 갚겠나이다." 하거늘 27 그 주인이 그를 불쌍히 여기는 마음이 생겨 그 빚을 다 탕감해 주고 그를 그냥 가게 하였느니라.

28 But when that servant went out, he found one of his fellow servants who owed him a hundred denarii. He grabbed him and began to choke him. 'Pay back what you owe me!' he demanded. 29 "His fellow servant fell to his knees and begged him, 'Be patient with me, and I will pay you back.' 30 "But he refused. Instead, he went off and had the man thrown into prison until he could pay the debt. 31 When the other servants saw what had happened, they were greatly distressed and went and told their master everything that had happened.

28 그런데 그 하인이 거기서 나가는 길에 자신에게 백 데나리온 빚진 동료 한 사람을 만나매, 이에 그 하인이 그 사람을 붙잡아 목을 조르며 말하기를, '네가 내게 진 빚을 당장 갚으라' 하고 요구하니 29 그 동료 하인이 땅 바닥에 무릎을 꿇고 그에게 사정하여 이르되, '조금만 더 참아 주소서. 내가 갚아 드리리이다.' 하거늘 30 그러나 그가 이를 허락하지 아니하고 그를 끌고가서 그가 빚을 다 갚도록까지 옥에 던져 넣었느니라. 31 다른 하인들이 그 벌어진 일을 모두 보고는, 크게 마음이 괴로워 그 주인에게 가서 이 모든 일을 있는 그대로 다 고하니라.

32 Then the master called the servant in. 'You wicked servant,' he said, 'I canceled all that debt of yours because you begged me to. 33 Shouldn't you have had mercy on your fellow servant just as I had on you?' 34 In anger his master turned him over to the jailers to be tortured, until he should pay back all he owed. 35 This is how my heavenly Father will treat each of you unless you forgive your brother from your heart."

32 그러자 주인이 그 하인을 도로 불러 들여 그를 향해 이르기를, '너, 이 사악(邪惡)한 종아, 네가 그처럼 빌기에 내가 네 빚을 전부 탕감(蕩減)하여 주었거늘, 33 내가 너를 불쌍히 여김과 같이, 너도 네 동료를 불쌍히 여겨야 마땅한 일이 아니더냐' 하고 34 그 주인이 심히 분노한 가운데, 그를 감옥의 간수들에게 넘기고 그가 그 빚을 다 갚을 때까지 괴로움을 당하게 하니라. 35 너희가 각각 너희 마음으로부터 네 형제를 용서하지 아니하면, 이것이 장차 하늘에 계신 내 아버지께서 너희 각자에게 행하실 그와 같은 모습이니라." 하시더라.

제19장

1 When Jesus had finished saying these things, he left Galilee and went into the region of Judea to the other side of the Jordan. 2 Large crowds followed him, and he healed them there. 3 Some Pharisees came to him to test him. They asked, "Is it lawful for a man to divorce his wife for any and every reason?"

1 예수께서 이런 것들을 다 말씀을 하시고 나서, 갈릴리를 떠나 요단 강 맞은편의 유대 지역으로 건너가시니라. 2 큰 무리의 사람들이 예수를 따라오니, 예수께서 거기서 그들 모두의 병을 고쳐 주시더라. 3 몇몇 바리새인들이 예수께 나아와 그를 시험하고자 하여 묻기를, "무슨 이유로 하여서든, 사람이 자기 아내와 이혼하는 것이 법에 옳으니이까? 하거늘,

4 "Haven't you read," he replied, "that at the beginning the Creator 'made them male and female,' 5 and said, 'For this reason a man will leave his father and mother and be united to his wife, and the two will become one flesh'? 6 So they are no longer two, but one. Therefore what God has joined together, let man not separate."

4 예수께서 대답하여 이르시되, "너희가 이런 글을 읽어 보지 못하였느냐? 곧, 태초(太初)에 하나님께 서 사람을 지으시되, '남자와 여자로 만드시고' 하는 말과, 5 또 일렀으되, '이런 이유로 사람이 그 아버지 어머니를 떠나 자기 아내와 연합(聯合)하여 그 둘이 한 육체가 되는 것이라.' 하는 말이니라. 6 그런즉 그들이 더 이상 둘이 아니요, 한 몸이라. 하나님이 맺어 주신 것을 사람이 나누지 못하느니라." 하시니라.

7 "Why then," they asked, "did Moses command that a man give his wife a certificate of divorce and send her away?" 8 Jesus replied, "Moses permitted you to divorce your wives because your hearts were hard. But it was not this way from the beginning. 9 I tell you that anyone who divorces his wife, except for marital unfaithfulness, and marries another woman commits adultery."

7 그러자 그들이 또 묻기를, "그러면 어찌하여 모세는 '(*이혼을 할 때에는) 사람이 마땅히 그 아내에게 이혼 증서를 줘서 내보내라' 명하였나이까?" 하니 8 이에 예수께서 대답하여 이르시되, "모세가 너희에게 아내와 이혼하기를 허락한 것은 너희들 마음의 완고함 때문이라. 그러나 시초에는 그렇지가 않았느니라. 9 나는 너희에게 이르노니, 누구든지 결혼 생활의 불성실함 (*곧, 음란) 이란 이유 외에 그 아내를 버리고 다른 여자와 결혼하는 자는 간음(姦淫)을 저지르는 것이니라." 하시니라.

10 The disciples said to him, "If this is the situation between a husband and wife, it is better not to marry." 11 Jesus replied, "Not everyone can accept this word, but only those to whom it has been given. 12 For some are eunuchs because they were born that way; others were made that way by men; and others have renounced marriage because of the kingdom of heaven. The one who can accept this should accept it."

10 그러자 제자들이 예수께 말하기를, "이것이 남편과 아내 사이의 (*본래) 처한 형편이라면 차라리 결혼을 하지 않는 것이 더 낫겠삽나이다." 하니, 11 예수께서 이르시되, "모든 사람이 다 이 말을 받을 수는 없고 오직 (*태어날 때로부터) 그런 것이 주어진 사람에게만 가능하느니라. 12 태어날 때부터 이렇게 불구인 채로 나는 사람도 있고; 어떤 이들은 다른 사람에 의해 인위적으로 그렇게 되는 경우도 있으며; 또 다른 경우는 하늘 나라를 위하여 스스로 결혼을 포기한 사람도 있도다. 이 말을 받을 만한 자는 받을 지어다." 하시더라.

13 Then little children were brought to Jesus for him to place his hands on them and pray for them. But the disciples rebuked those who brought them. 14 Jesus said, "Let the little children come to me, and do not hinder them, for the kingdom of heaven belongs to such as these." 15 When he had placed his hands on them, he went on from there.

13 그 때에 사람들이 예수께서 안수하고 기도해 주심을 바라며 어린아이들을 예수께로 데리고 나아오거늘, 제자들이 그들을 꾸짖으니 14 예수께서 이르시되, "그 어린아이들을 내게로 오게 하고 아이들을 막지 말라. 하늘 나라가 이런 자들에게 속해 있느니라." 하시고, 15 그들에게 손을 얹어 안수(按手)하고 나신 후에 거기를 떠나가시니라.

16 Now a man came up to Jesus and asked, "Teacher, what good thing must I do to get eternal life?" 17 "Why do you ask me about what is good?" Jesus replied. "There is only One who is good. If you want to enter life, obey the commandments." 18 "Which ones?" the man inquired. Jesus replied, " 'Do not murder, do not commit adultery, do not steal, do not give false testimony, 19 honor your father and mother,' and 'love your neighbor as yourself.' "

16 어떤 사람이 주께 나아와서 물어 이르되 "선생님이여, 영생을 얻기 위하여 제가 반드시 해야 할 선(善)한 일이 그 무엇이 있겠나이까?" 하니 17 이에 예수께서 대답하여 이르시되, "어찌하여 선한 일이

무엇인지를 묻느냐? 선한 이는 오직 한 분밖에 계시지 않으니라. 만일 네가 생명에 들어가기를 원한다
면 계명들을 지킬지어다." 하시니라. 18 그 사람이 다시 묻기를, "어느 계명을 말씀하시니이까?" 하거
늘, 예수께서 이르시되 "살인하지 말라, 간음하지 말라, 도둑질하지 말라, 거짓 증언하지 말라, 19 네 부
모를 공경하라 하는 것과 그리고 또, 네 이웃을 네 자신과 같이 사랑하라 하신 것이 그것이니라." 하고
말씀하시니라.

20 "All these I have kept," the young man said. "What do I still lack?" 21 Jesus
answered, "If you want to be perfect, go, sell your possessions and give to the
poor, and you will have treasure in heaven. Then come, follow me." 22 When
the young man heard this, he went away sad, because he had great wealth.

20 그러자 그 젊은 사람이 말을 하기를, "이 모든 것들은 제가 지금껏 다 지켜 온 바가 있나이다. 제게
여전히 부족한 것이 무엇이니이까? 하거늘, 21 이에 대해 예수께서 대답하시기를, "만일 네가 완전해
지고자 한다면, 네가 소유하고 있는 것들을 모두 팔아 가난한 자들에게 주라. 그리하면 네가 (*장차) 하
늘에서 보화를 (*받아) 가지리라. 그리고 나서 너는 와서 나를 따르라." 하시니라. 22 그 젊은 사람이 이
말을 듣고는 슬픈 기색을 하고 돌아가니, 이는 그 사람이 큰 부자이던 까닭이더라.

23 Then Jesus said to his disciples, "I tell you the truth, it is hard for a rich man
to enter the kingdom of heaven. 24 Again I tell you, it is easier for a camel
to go through the eye of a needle than for a rich man to enter the kingdom
of God." 25 When the disciples heard this, they were greatly astonished and
asked, "Who then can be saved?" 26 Jesus looked at them and said, "With man
this is impossible, but with God all things are possible."

23 그러자 예수께서 제자들에게 말씀하시기를, "내가 진실로 너희에게 이르노니, 부자는 천국에 들어
가기가 어려우니라. 24 내가 다시 한번 너희에게 말하노니, 낙타가 바늘귀로 들어가는 것이, 차라리 부
자가 하나님의 나라에 들어가는 것보다 쉬우리라." 하시니 25 제자들이 이 말을 듣고는 크게 놀라워하
며 "그러면 도대체 누가 구원을 얻을 수 있으리오?" 하고 말들을 하는데, 26 예수께서는 그들을 쳐다보
시며 이르시되, "사람으로서는 이 일이 불가능하지만, 하나님과 함께 함으로써는 모든 일이 다 가능하
느니라." 하시니라.

27 Peter answered him, "We have left everything to follow you! What then will
there be for us?" 28 Jesus said to them, "I tell you the truth, at the renewal
of all things, when the Son of Man sits on his glorious throne, you who have
followed me will also sit on twelve thrones, judging the twelve tribes of Israel.
29 And everyone who has left houses or brothers or sisters or father or mother
or children or fields for my sake will receive a hundred times as much and will
inherit eternal life. 30 But many who are first will be last, and many who are
last will be first."

27 베드로가 예수의 이 말씀에 대답하여 이르기를, "우리가 주를 따르기 위하여 우리가 가졌던 것을 모
두 다 내버렸나이다! 우리를 위하여는 장차 그 무엇이 주어지겠나이까?" 하니, 28 예수께서 이르시되
"내가 진실로 너희에게 이르노니, 만물이 다시 새롭게 되며, 인자가 자기의 영광스러운 보좌에 앉을 때
에, 나를 따른 너희들은 나와 같이 열두 보좌에 앉아 이스라엘의 열두 지파를 심판하게 되리라. 29 또
나를 위하여 자기의 집이나 형제나 자매나 부모나 자식이나 논밭을 버린 자는 누구든지 그 내버린 것의
일백 배를 받을 것이요, 아울러 영생을 상속(相續)해 받으리라. 30 그러나 제일 먼저 있던 자들 중에 많
은 사람이 맨 나중이 되고, 맨 나중에 있던 사람들이 또 처음이 되는 일이 있으리라." 하시니라.

제20장

1 "For the kingdom of heaven is like a landowner who went out early in the
morning to hire men to work in his vineyard. 2 He agreed to pay them a
denarius for the day and sent them into his vineyard. 3 "About the third hour
he went out and saw others standing in the marketplace doing nothing. 4 He
told them, 'You also go and work in my vineyard, and I will pay you whatever
is right.' 5 So they went. 6 "He went out again about the sixth hour and the
ninth hour and did the same thing. About the eleventh hour he went out
and found still others standing around. He asked them, 'Why have you been
standing here all day long doing nothing?' 7 " 'Because no one has hired us,'
they answered. He said to them, 'You also go and work in my vineyard.'

1 또 말씀하시기를, "천국은 마치 자기 포도원에서 일할 일꾼을 구하려 아침 일찍 장에 나간 땅 주인 같
으니라. 2 그가 하루 한 데나리온씩 주기로 일꾼들과 동의하고 그들을 자기 포도원으로 보내었느니라.
3 제 삼시 쯤이 되어 그 땅 주인이 다시 나가 보니 아직도 몇 사람이 장터에 그냥 서 있는지라, 4 그들에
게도 이르기를, '당신들도 가서 내 포도원에서 일을 하라, 내가 합당한 품삯을 지불하리라.' 하매, 5 그
들이 일을 하러 가니라. 그 포도원 주인이 제 육시와 제 구시에도 장터에 나가 이와 같이 사람들을 구하
여 자기 포도원에 들여 보내었느니라. 6 제 십일시 쯤이 되어 그 포도원 주인이 다시 나가 보았더니 거
기 여전히 서 있는 사람들이 있는지라, 그가 이르되 '왜 당신들은 여기 하루 종일 아무 일도 않고 그저
서 있느뇨?' 하니, 7 그들이 대답하기를, '우리를 고용해 일을 주는 사람이 아무도 없나이다.' 하매, 이에
그 주인이 그들에게도 말하기를, '당신들 역시 내 포도원에 가서 일을 하라.' 하였느니라.

8 When evening came, the owner of the vineyard said to his foreman, 'Call
the workers and pay them their wages, beginning with the last ones hired and
going on to the first.' 9 The workers who were hired about the eleventh hour
came and each received a denarius. 10 So when those came who were hired
first, they expected to receive more. But each one of them also received a
denarius.

8 저녁이 되어, 그 포도원 주인이 작업 감독을 불러 이르기를, '일꾼들을 불러, 오늘 품삯을 주되, 맨 나
중에 일하러 온 자로부터 시작하여 가장 먼저 온 자 순서로 지급해 주라' 하니라. 9 이에 제 십일 시쯤에
고용되어 온 일꾼들이 먼저 나아와서 각자 한 데나리온 씩을 받아 가는데, 10 이런 순서로 가장 먼저 온
일꾼들의 차례가 되매, 이 사람들은 자기들이 좀 더 많은 삯을 받을 줄 기대하였더니 그들에게도 각자
한 데나리온 씩만 지급이 되는지라,

11 When they received it, they began to grumble against the landowner. 12
'These men who were hired last worked only one hour,' they said, 'and you
have made them equal to us who have borne the burden of the work and the
heat of the day.' 13 But he answered one of them, 'Friend, I am not being
unfair to you. Didn't you agree to work for a denarius? 14 Take your pay and
go. I want to give the man who was hired last the same as I gave you. 15 Don't
I have the right to do what I want with my own money? Or are you envious
because I am generous?' 16"So the last will be first, and the first will be last."

11 그들이 그 품삯을 받고는 땅 주인에게 불평을 하며 말하기를, 12 '마지막으로 온 이 사람들은 단지
한 시간 밖에 일한게 없도다. 그런데도, 하루 종일 햇볕 아래에서 고생하며 일한 우리들과 같은 임금을
받았음이라!' 하거늘, 13 이에 그 주인이 그 중의 한 사람에게 대답하여 이르되, '친구여, 내가 네게 불공
평하게 행한 일이 없도다. 네가 한 데나리온을 받기로 나와 동의하지 아니하였느냐? 14 그러니 네 품삯
이나 받아 가라. 내가 원하는 바는, 맨 나중에 온 이 사람에게도 처음 온 너와 같은 임금을 주는 것이라.
15 내가 내 돈을 가지고 내가 원하는대로 할 권리가 없겠느냐? 아니면 내가 이처럼 관용(寬容)을 베푼
다고 해서 네가 나를 질시(嫉視)하는 것이냐?' 16 이와 같이, 마지막에 있던 자가 처음이 되고 처음 있던

자가 마지막이 되리라.” 하시니라.

17 Now as Jesus was going up to Jerusalem, he took the twelve disciples aside
and said to them, 18 "We are going up to Jerusalem, and the Son of Man
will be betrayed to the chief priests and the teachers of the law. They will
condemn him to death 19 and will turn him over to the Gentiles to be mocked
and flogged and crucified. On the third day he will be raised to life!"

17 그 때에 예수께서 예루살렘으로 올라가려 (*작정을) 하시고, 자기의 열두 제자를 따로 한 켠에 모아
놓고 말씀하시기를, 18 “이제, 우리가 예루살렘으로 올라갈 것인데, 거기서 인자가 배신을 당하고 우두
머리 제사장들과 율법 교사들에게 넘겨지리라. 그들이 인자를 사형에 처하도록 정죄할 것이요, 19 또
인자를 이방인들에게 넘겨주리니 인자가 이방인들에 의해 모욕(侮辱)을 당하며, 채찍질을 받고, 끝내는
십자가에 못 박히게 될 것이라. 그러나 인자는 제 삼일 째에 생명으로 다시 일어서 나오리라!” 하시더라.

20 Then the mother of Zebedee's sons came to Jesus with her sons and,
kneeling down, asked a favor of him. 21 "What is it you want?" he asked. She
said, "Grant that one of these two sons of mine may sit at your right and the
other at your left in your kingdom." 22 "You don't know what you are asking,"
Jesus said to them. "Can you drink the cup I am going to drink?" "We can," they
answered. 23 Jesus said to them, "You will indeed drink from my cup, but to
sit at my right or left is not for me to grant. These places belong to those for
whom they have been prepared by my Father."

20 그 때에 세베대의 아들들의 어머니가 그 아들들을 데리고 예수께 나아와, 무릎을 꿇어 엎드리며 예
수께 특별한 부탁을 하고자 하는데, 21 예수께서 이르시되 “네가 원하는 것이 무엇이뇨?” 하시니, 그 여
인이 대답하기를, “주의 나라에서, 내 두 아들 중 하나는 주의 오른편에, 하나는 왼편에 앉히시기를 원하
나이다.” 하더라. 22 이에 예수께서 대답하여 이르시되, “너희는 너희가 구하는 것이 무엇인지를 알지
못하는도다. 내가 이제 마시려 하는 잔을 너희가 마실 수 있겠느냐?” 하시니, 그들이 “우리가 그리 할 수
있나이다.” 하거늘, 23 다시 그들에게 이르시되, “너희가 과연 내 잔으로부터 (*같은 것을) 마시려니와,
그러나 나의 좌우에 누가 앉느냐 하는 것은 내가 허락할 사안(事案)이 아니라, 이 자리는 내 아버지께서
그들을 위해 준비하시고 미리 정하신 그 사람들에게 돌아갈 것이니라.” 대답하시더라.

24 When the ten heard about this, they were indignant with the two brothers.
25 Jesus called them together and said, "You know that the rulers of the
Gentiles lord it over them, and their high officials exercise authority over
them. 26 Not so with you. Instead, whoever wants to become great among you
must be your servant, 27 and whoever wants to be first must be your slave- 28
just as the Son of Man did not come to be served, but to serve, and to give his
life as a ransom for many."

24 다른 열 제자들이 이것을 전해 듣고는 그 두 형제에 대하여 대단히 분개(憤慨)하니라. 25 이에 예수
께서 그들 제자들을 모두 불러다 이르시되, “이방인의 통치자들은 그 백성들 위에 군림하고, 또 그 높은
관리들도 이와 같이 백성들 위에서 권세를 행하느니라. 26 그러나 너희 중에는 그렇지 않아야 하느니,
누구든지 너희 가운데에서 큰 인물이 되고자 하는 자는 너희를 섬기는 자가 되고, 27 누구든지 너희 중
에서 으뜸이 되고자 하는 자는 너희의 종이 되어야 할지니라. 28 이는 마치 인자가 섬김을 받으려고 (*
이 땅에) 온 것이 아니요, 그의 생명을 몸값으로 바쳐 많은 사람을 구원하려고 온 것과 같으니라.” 하시
더라.

29 As Jesus and his disciples were leaving Jericho, a large crowd followed him.
30 Two blind men were sitting by the roadside, and when they heard that
Jesus was going by, they shouted, "Lord, Son of David, have mercy on us!" 31
The crowd rebuked them and told them to be quiet, but they shouted all the

louder, "Lord, Son of David, have mercy on us!"

29 예수와 제자들이 제리코(여리고)를 떠나 길을 가는데, 큰 군중의 무리가 예수를 따르더라. 30 그 때
에 맹인 두 사람이 길가에 앉았다가 예수께서 거기를 지나가신다는 말을 듣고 소리 질러 외쳐 부르기를,
"주여, 다윗의 자손이여, 우리를 불쌍히 여기소서!" 하니 31 사람들이 그들을 꾸짖어 조용히 하라 하는
데, 그들이 더욱 큰 소리를 지르며 외치되, "주여, 다윗의 자손이여, 우리를 불쌍히 여기소서!" 하는지라

32 Jesus stopped and called them. "What do you want me to do for you?" he
asked. 33 "Lord," they answered, "we want our sight." 34 Jesus had compassion
on them and touched their eyes. Immediately they received their sight and
followed him.

32 예수께서 걸음을 멈추시고 그들을 부르시니라. 그리고 이르시기를, "너희에게 무엇을 하여 주기를
원하느냐?" 하시니, 33 그들이 이르되, "주여, 우리가 눈으로 보기를 원하나이다." 하거늘, 34 예수께서
그 마음에 그들을 불쌍히 여기사 그들의 눈을 어루만지시니 곧 시력을 찾고 보게 되매, 이에 그들이 예
수를 따르더라.

제21장

1 As they approached Jerusalem and came to Bethphage on the Mount of
Olives, Jesus sent two disciples, 2 saying to them, "Go to the village ahead of
you, and at once you will find a donkey tied there, with her colt by her. Untie
them and bring them to me. 3 If anyone says anything to you, tell him that the
Lord needs them, and he will send them right away."

1 예수와 제자들이 예루살렘에 가까이 이르러 감람나무산에 있는 벳파게에 도착하였을 때에, 예수께서
두 제자를 앞서 보내시며 2 이르시기를, "너희 앞에 있는 마을로 들어가라. 마을에 들어서는 즉시, 거기
묶여 있는 나귀 한마리를 보게 될 터인데 그 나귀가 자기 새끼와 함께 있으리니, 나귀들을 풀어 내게로
끌고 오라. 3 만일 누가 무슨 말을 하거든, 주께서 필요로 한다고 하라. 그리하면 그가 즉시 그것들을 보
내리라." 하시니라.

4 This took place to fulfill what was spoken through the prophet: 5 "Say to the
Daughter of Zion, 'See, your king comes to you, gentle and riding on a donkey,
on a colt, the foal of a donkey.' " 6 The disciples went and did as Jesus had
instructed them. 7 They brought the donkey and the colt, placed their cloaks
on them, and Jesus sat on them.

4 이 일이 일어난 것은 선지자를 통하여 하신 말씀을 응하게 하려 하심이니 곧, 일렀으되: 5 "시온의 딸
에게 이르기를, '보라! 너희의 왕이 너희에게 나아오나니, 그는 온유하며 또 나귀, 곧 나귀의 새끼를 타
고 오심이로다.'" 하는 말씀이었더라. 6 제자들이 가서 예수께서 지시하신 대로 7 나귀와 나귀 새끼를
끌고 와서 자기들의 겉옷을 그 위에 얹으매 예수께서 그 위에 올라타시니라.

8 A very large crowd spread their cloaks on the road, while others cut branches
from the trees and spread them on the road. 9 The crowds that went ahead of
him and those that followed shouted, "Hosanna to the Son of David!" "Blessed
is he who comes in the name of the Lord!" "Hosanna in the highest!"

8 그 때에 큰 군중의 무리가 모여들었는데, 사람들이 자기들의 겉옷을 벗어 길 위에다 펴고, 또 어떤 사
람들은 나뭇가지를 베어 길 위에 펴더라. 9 그리고 예수의 앞에서 길을 가던 사람이나 그 뒤를 따르던

사람 모두가 소리를 지르며, "호산나, 다윗의 자손이여! 주의 이름으로 오시는 이를 찬송할지어다.", "가장 높은 곳에도 호산나!" 하고 소리 높여 외치더라.

10 When Jesus entered Jerusalem, the whole city was stirred and asked, "Who is this?" 11 The crowds answered, "This is Jesus, the prophet from Nazareth in Galilee."

10 예수께서 예루살렘에 들어가시니 온 도시가 소동하며 서로 묻기를, "이 사람이 누구냐?" 하니, 11 군중 가운데 있던 사람들이 대답하기를, "이 분이 예수시요, 갈릴리 나사렛에서 나온 선지자라." 하더라.

12 Jesus entered the temple area and drove out all who were buying and selling there. He overturned the tables of the money changers and the benches of those selling doves. 13 "It is written," he said to them," 'My house will be called a house of prayer,' but you are making it a 'den of robbers.' "

12 예수께서 성전에 들어가시어 거기 성전(聖殿) 안에서 물건을 사고 파는 사람들을 모두 내쫓으시는데, 돈 바꿔 주는 사람들의 테이블과, 비둘기 파는 사람들의 앉는 의자를 모두 둘러 엎으시며 13 그들을 향해 말씀하시기를, "성경에 기록되었으되, 나의 집은 기도하는 집이라 불리우리라,' 하였거늘 너희가 이 집을 '도둑의 소굴'로 만드는도다." 하시니라.

14 The blind and the lame came to him at the temple, and he healed them.
15 But when the chief priests and the teachers of the law saw the wonderful things he did and the children shouting in the temple area, "Hosanna to the Son of David," they were indignant. 16 "Do you hear what these children are saying?" they asked him. "Yes," replied Jesus, "have you never read, " 'From the lips of children and infants you have ordained praise' ?" 17 And he left them and went out of the city to Bethany, where he spent the night.

14 또, 맹인(盲人)들과 또 다리가 불구(不具)인 사람들이 성전에서 예수께 나아오니, 예수께서 이들을 다 고쳐 주시더라. 15 우두머리 제사장들과 율법 교사들이 예수께서 행하신 경이로운 일과 또 성전 안팎에서 소리 지르는 어린이들이 "호산나, 다윗의 자손이여!" 하는 소리를 듣고는 심히 분노해 하니라.
16 이에 그들이 예수를 향해 "당신이 이 어린아이들이 외치는 소리를 듣느뇨?" 하매, 예수께서 대답하여 이르시기를, "그렇도다." 하시며, "(*성경 구절에) '어린이들과 어린 아기들의 입에서 나오는 소리를 당신께서 찬양으로 받아들였나이다.' 한 대목을 읽어 본 적이 없느냐?" 하시고 17 그들을 떠나 도시 밖으로 나가사 베타니로 가서 거기서 밤을 보내시니라.

18 Early in the morning, as he was on his way back to the city, he was hungry.
19 Seeing a fig tree by the road, he went up to it but found nothing on it except leaves. Then he said to it, "May you never bear fruit again!" Immediately the tree withered. 20 When the disciples saw this, they were amazed. "How did the fig tree wither so quickly?" they asked.

18 그 이튿날 이른 아침에, 시내로 들어오시는 길에 예수께서 시장함을 느끼시니라. 19 길가에 무화과 나무가 한 그루 있는 것을 보시고 그 나무 있는 데로 올라가시는데 나무에 잎사귀만 있고 열매가 하나도 없는지라, 그 나무를 향해 이르시기를, "이제부터 네가 영영 다시는 열매를 맺지 못하리라." 하시니 그 나무가 즉각 말라 비틀어지니라. 20 제자들이 이를 보고 심히 놀라워하며 예수께 묻기를, "어떻게 이 나무가 이렇게 속히 말라 버리나이까?" 하더라.

21 Jesus replied, "I tell you the truth, if you have faith and do not doubt, not only can you do what was done to the fig tree, but also you can say to this mountain, 'Go, throw yourself into the sea,' and it will be done. 22 If you believe, you will receive whatever you ask for in prayer."

21 예수께서 제자들에게 대답하여 이르시기를, "내가 진실로 너희에게 이르노니, 만일 너희에게 믿음
이 있어 아무 것도 의심하지 아니하면, 너희가 이 무화과나무에게 행하여진 이런 일 뿐 아니라 저 산을
향하여 말하기를, '너는 뽑혀서 저 깊은 바다에 던지워지라' 하면 그것이 그대로 되리라. 22 또, 너희가
(*너희 마음으로) 믿으면, 너희가 기도 중에 구한 것은 무엇이든지 이를 받게 되리라."하시더라.

23 Jesus entered the temple courts, and, while he was teaching, the chief
priests and the elders of the people came to him. "By what authority are you
doing these things?" they asked. "And who gave you this authority?" 24 Jesus
replied, "I will also ask you one question. If you answer me, I will tell you by
what authority I am doing these things.

23 예수께서 성전 마당에 들어가시어 거기서 가르치고 계시는 중에, 우두머리 제사장들과 백성의 장
로들이 예수께 나아오니라. 그 사람들이 예수께 질문을 하기를, "네가 무슨 권위로 이런 일을 하는 것이
냐? 누가 너에게 이런 권위(權威)를 주었느냐?" 하거늘, 24 예수께서 대답하시기를, "나도 너희에게 한
가지 질문을 하리라. 만일 너희가 내게 대답하면, 나도 무슨 권위로 이런 일을 하는지 말하여 주리라.

25 John's baptism--where did it come from? Was it from heaven, or from
men?" 26 They discussed it among themselves and said, "If we say, 'From
heaven,' he will ask, 'Then why didn't you believe him?' But if we say, 'From
men'--we are afraid of the people, for they all hold that John was a prophet."

25 요한의 세례가 어디로부터 온 것이냐? 하늘로부터 온 것이냐, 아니면 사람에게서 난 것이냐?" 하시
니 26 이에 자기들끼리 의논을 하기를, "우리가 만일 '하늘로부터라' 하면 '어찌하여 그를 믿지 않았느
냐' 할 것이요, 26 만일 우리가 말하기를 사람으로부터라 하면, 모든 사람들이 요한을 선지자로 여기는
까닭에 우리가 이를 두려워하지 않을 수가 없음이라." 하더니,

27 So they answered Jesus, "We don't know." Then he said, "Neither will I tell
you by what authority I am doing these things. 28 What do you think? There
was a man who had two sons. He went to the first and said, 'Son, go and work
today in the vineyard.' 29 " 'I will not,' he answered, but later he changed
his mind and went. 30 "Then the father went to the other son and said the
same thing. He answered, 'I will, sir,' but he did not go. 31 "Which of the two
did what his father wanted?" "The first," they answered. Jesus said to them,
"I tell you the truth, the tax collectors and the prostitutes are entering the
kingdom of God ahead of you. 32 For John came to you to show you the way
of righteousness, and you did not believe him, but the tax collectors and the
prostitutes did. And even after you saw this, you did not repent and believe
him."

27 이에 그들이 예수께 대답하여 이르기를, "우리가 알지 못하노라." 하니 예수께서 이르시되, "나도 내
가 무슨 권위로 이런 일을 하는지 너희에게 말하지 아니하리라. 28 그러나 너희 생각에는 어떠하뇨? 어
떤 사람에게 두 아들이 있는데, 하루는 그가 큰 아들에게 가서 말하기를 '아들아, 오늘은 포도원에 가서
일을 하라' 하니 29 그 아들이 대답하기를, '저는 가지 않겠나이다.' 하였으나 그 후에 마음이 바뀌어 일
하러 갔느니라. 30 그 아버지가 또 둘째 아들에게도 같은 말을 하니, 그 둘째가 대답하기를, '예, 아버지,
제가 가겠나이다.' 하고서는 가지 않았느니라. 31 그러니, 그 둘 중에서 아버지의 뜻대로 행한 아들이
누구이뇨?" 하시니, 그들이 대답하기를, "큰 아들이니이다." 하매, 이에 예수께서 그들에게 이르시되,
"내가 진실로 너희에게 이르노니 '세리(稅吏)'들과 창녀들이 너희보다 앞서 하나님의 나라에 들어가리
라. 32 요한이 너희에게 와서, 의(義)의 길을 보였거늘 너희는 그를 믿지 아니하였으나, 그러나 '세리'와
창녀는 믿었으며, 너희는 이것을 보고도 끝내 뉘우치지도 않고 믿지도 아니하였음이로다." 하시니라.

33 "Listen to another parable: There was a landowner who planted a vineyard.
He put a wall around it, dug a winepress in it and built a watchtower. Then

he rented the vineyard to some farmers and went away on a journey. **34** When the harvest time approached, he sent his servants to the tenants to collect his fruit. **35** The tenants seized his servants; they beat one, killed another, and stoned a third.

33 그리고 계속하여 말씀하시기를, "또 다른 비유를 들어 보라. 어떤 땅 주인이 포도를 심어 포도원을 만들고, 그 포도원에 담을 둘러 치고, 땅을 파서 포도주 짜는 틀도 만들고, 감시막도 세웠느니라. 그리고는 이 포도원을 몇 명의 농부들에게 세를 주고 먼 여행을 떠났느니라. **34** 포도 수확 때가 가까와 오매, 그가 자기 하인들을 임차인(賃借人)들에게 보내 자기 몫의 과실을 좀 거두어 오라 시켰더니, **35** 그 임차인인 농부들이 그 사람의 하인들을 붙잡아서 하나는 몹시 두들겨 패고, 다른 하나는 죽여 버리고, 또 다른 하나는 돌로 쳤느니라.

36 Then he sent other servants to them, more than the first time, and the tenants treated them the same way. **37** Last of all, he sent his son to them. 'They will respect my son,' he said. **38** "But when the tenants saw the son, they said to each other, 'This is the heir. Come, let's kill him and take his inheritance.' **39** So they took him and threw him out of the vineyard and killed him. **40** "Therefore, when the owner of the vineyard comes, what will he do to those tenants?" **41** "He will bring those wretches to a wretched end," they replied, "and he will rent the vineyard to other tenants, who will give him his share of the crop at harvest time."

36 그러자 그 포도원 주인이 이번에는 다른 하인들을 보내되, 처음보다 더 많은 사람을 보내었는데 그 농부들이 이 하인들 역시 처음 온 사람들과 마찬가지로 적대적인 취급을 한지라, **37** 마지막으로 그 주인이 이번에는 자기 아들을 그들에게로 보내니 이는 그 주인이 말하기를, '그들이 내 아들은 존경하리라.' 하였음이라. **38** 그러나 임차인들이 그 아들을 보고는 자기들끼리 말하기를, '이 사람이 상속인(相續人)이로다. 자, 오라! 우리가 그를 죽여 버리고 그 유산(遺産)을 차지하자.' 하고, **39** 그를 붙잡아 포도원 밖으로 몰아내고 거기서 그 아들을 죽여 버렸느니라. **40** 그러면 그 포도원 주인이 가서, 그 임차인 농부들을 어떻게 하겠느냐?" 하고 물으시니, **41** 그들이 대답하기를, "그 끔찍한 자들을 다 비참한 최후를 맞게 하고, 포도원은 추수 때마다 어김없이 그 수확물에 대한 임대료를 잘 낼 다른 임차인에게 세를 줄 일이니다." 하니라.

42 Jesus said to them, "Have you never read in the Scriptures: " 'The stone the builders rejected has become the capstone; the Lord has done this, and it is marvelous in our eyes'? **43** "Therefore I tell you that the kingdom of God will be taken away from you and given to a people who will produce its fruit. **44** He who falls on this stone will be broken to pieces, but he on whom it falls will be crushed."

42 이에 예수께서 이르시되, "너희가 성경에 이런 글 있는 것을 읽어 보지 못하였느냐? 곧, 이르되: '건축자들이 버린 돌이 모퉁이의 머릿돌이 되었나니; 주께서 이 일을 하심이라, 그것이 우리 눈에 기이(奇異)하도다.' 하는 말이라. **43** 그러므로 내가 너희에게 이르노니 하나님의 나라가 너희들로부터 앗아져 가 누구든지 자기의 열매를 맺는 다른 사람에게 주어지리라. **44** 이 돌 위에 떨어지는 자는 산산조각으로 부숴지겠고, 이 돌이 자기 위에 떨어지는 그 사람은 으스러져 죽으리라." 하시더라.

45 When the chief priests and the Pharisees heard Jesus' parables, they knew he was talking about them. **46** They looked for a way to arrest him, but they were afraid of the crowd because the people held that he was a prophet.

45 우두머리 제사장들과 바리새인들이 예수께서 이 비유의 말씀하시는 것을 들을 때에, 그 말이 곧 자신들에 관해 이야기하는 것임을 알아 차린지라, **46** 이에 어떡하든 예수를 체포해 들일 방도를 모색하고자 하였으나, 그러나 사람들이 예수를 선지자로 믿고 있으므로 군중의 무리를 무서워하더라.

제22장

1 Jesus spoke to them again in parables, saying: 2 "The kingdom of heaven is
like a king who prepared a wedding banquet for his son. 3 He sent his servants
to those who had been invited to the banquet to tell them to come, but they
refused to come. 4 "Then he sent some more servants and said, 'tell those who
have been invited that I have prepared my dinner: My oxen and fattened cattle
have been butchered, and everything is ready. Come to the wedding banquet.'

1 예수께서 다시 비유를 들어 말씀하시기를, 2 "천국은 마치 자기 아들을 위하여 혼인 잔치를 베푼 어떤
왕과 같으니라. 3 그 왕이, 잔치에 초대받은 사람들에게 자기 하인들을 보내어 이제 잔치 자리에 나아오
기를 청하는데, 손님들이 하나같이 잔치에 오기를 거절하는지라. 4 왕이 다시 다른 하인들을 내보내며
이르기를, '너희는 잔치에 초대받은 사람들에게 가서 이르기를, 나의 만찬이 준비가 다 되었다고 전하
고: 또, 내가 소와 다른 살진 가축들을 잡고, 다른 것들도 다 준비가 되었으니 이제 혼인 잔치에 오소서
하라' 하였느니라.

5 But they paid no attention and went off--one to his field, another to his
business. 6 The rest seized his servants, mistreated them and killed them. 7
The king was enraged. He sent his army and destroyed those murderers and
burned their city. 8 "Then he said to his servants, 'the wedding banquet is
ready, but those I invited did not deserve to come.

5 그러나 그들이 그 말에는 아무 관심도 보이지 않고, 한 사람은 자기 밭에 일하러 가 버리고, 다른 사람
도 자기 볼 일을 보러 가고, 6 그 나머지 사람들은 그 왕의 하인을 붙잡아 그들을 능욕(凌辱)하고 죽여
버렸느니라. 7 이에 그 왕이 심히 격노하여, 군대를 보내어 그 살인자들을 다 죽여 버리고 그 도시를 불
태워 버렸느니라. 8 그리고는 하인들에게 다시 이르기를, '결혼 잔치는 준비되었으나 내가 초대(招待)한
사람은 여기에 올 자격이 없음이라.

9 Go to the street corners and invite to the banquet anyone you find.' 10 So
the servants went out into the streets and gathered all the people they could
find, both good and bad, and the wedding hall was filled with guests.

9 너희는 큰 길 모퉁이에 나가서 너희가 보는 어떤 사람이든 초대를 해 모셔 오라' 하거늘, 10 이에 그
하인들이 길거리에 나가 자기들이 만나는 사람들은 누구나, 그 사람이 악한 자든 선한 자든 가리지 않고
사람을 모으기 시작하더니 마침내 그 잔치 자리가 손님으로 가득차게 되었느니라.

11 But when the king came in to see the guests, he noticed a man there who
was not wearing wedding clothes. 12 'Friend,' he asked, 'how did you get in
here without wedding clothes?' The man was speechless. 13 "Then the king
told the attendants, 'Tie him hand and foot, and throw him outside, into the
darkness, where there will be weeping and gnashing of teeth.' 14 "For many
are invited, but few are chosen."

11 시간이 되어 왕이 손님들을 보러 들어오는데, 거기 혼인 예복을 입지 않고 있는 사람을 보게 된지라.
12 왕이 물어 이르기를, "친구여, 그대가 예복을 입지 않고 어떻게 여기를 들어 왔느뇨?" 하거늘, 그가
아무 말도 하지를 못하니 13 이에 그 왕이 하인들에게 명하기를, '이 자의 손발을 묶어 바깥 암흑 가운
데 내던져 버리라, 거기서 그가 울며 이를 갈게 되리라.' 명하였느니라. 14 이처럼 초대를 받은 자는 많
으나, 택하심을 입은 자는 적으니라." 하고 말씀하시니라.

15 Then the Pharisees went out and laid plans to trap him in his words. 16
They sent their disciples to him along with the Herodians. "Teacher," they
said, "we know you are a man of integrity and that you teach the way of God
in accordance with the truth. You aren't swayed by men, because you pay no

attention to who they are. 17 Tell us then, what is your opinion? Is it right to pay taxes to Caesar or not?"

15 이에 바리새인들이 자리를 박차고 나가, 어떻게 하면 예수를 자기 스스로 말의 덫에 걸리게 할까 하고 계획을 짜기 시작하니라. 16 그리고는 자기 제자들을, 헤롯을 지지하는 헤롯파 사람들과 함께 예수께 보내어 질문을 하게 하는데, 그들이 이르되, "선생님이시여, 우리가 아노니 당신은 진실된 분이시라, 하나님의 길을 진리에 따라 가르치시나이다. 또, 선생께서는 사람에 휘둘리지 아니하시나니, 이는 사람을 외모(外貌)로 판단하지 않으시는 까닭이니이다. 17 이제 우리에게 이르소서, 당신의 의견은 무엇인지? 우리가 가이사 (*카이사르)에게 세금을 바치는 것이 옳은 일이니이까, 아니면 옳지 아니하니이까?' 하더라.

18 But Jesus, knowing their evil intent, said, "You hypocrites, why are you trying to trap me? 19 Show me the coin used for paying the tax." They brought him a denarius, 20 and he asked them, "Whose portrait is this? And whose inscription?" 21 "Caesar's," they replied. Then he said to them, "Give to Caesar what is Caesar's, and to God what is God's." 22 When they heard this, they were amazed. So they left him and went away.

18 그러나 예수께서는 그 속에 품은 그들의 사악한 의도를 아시고, 이에 말씀하시기를, "너희, 이 위선자들아, 왜 내게 함정을 놓으려 하느냐?" 19 너희가 세금낼 때 쓰는 동전을 내게 하나 보여 보라." 하시니 그들이 데나리온 동전 하나를 가져왔거늘 20 예수께서 이르시되 "이 동전에 있는 이 초상(肖像)이 누구의 것이냐? 그리고 거기 새겨져 있는 글은 누구의 글이냐?" 하시니, 21 그들이 이르되 "카이사르(황제)의 것이니이다" 하매, 이에 그들에게 이르시기를, "그런즉 카이사르의 것은 카이사르에게 바치고, 하나님의 것은 하나님께 바칠지니라." 하시더라. 22 그들이 이 말씀을 들을 때에 크게 놀라워하고, 또 이를 경이롭게 여기며 예수를 떠나가니라.

23 That same day the Sadducees, who say there is no resurrection, came to him with a question. 24 "Teacher," they said, "Moses told us that if a man dies without having children, his brother must marry the widow and have children for him.

23 그 날, 같은 날에, 평소에 부활(復活)이 없다 주장하는 사두개인들이 예수께 또 다른 질문을 가지고 나아와서 묻기를, 24 "선생님이여, 모세는 우리에게 말하기를, 사람이 만일 자식이 없이 죽으면 마땅히 그 동생이 그 과부(寡婦)에게 장가들어 형을 위하여 자식을 가질지니라 하였나이다.

25 Now there were seven brothers among us. The first one married and died, and since he had no children, he left his wife to his brother. 26 The same thing happened to the second and third brother, right on down to the seventh. 27 Finally, the woman died. 28 Now then, at the resurrection, whose wife will she be of the seven, since all of them were married to her?"

25 우리 중에 어떤 칠 형제가 있었는데 맏이가 장가들었다가 죽고 자식이 없으므로 그 아내를 동생에게 남기고 26 그 둘째와 셋째 분 아니라 일곱째까지 같은 일이 벌어졌나이다. 27 마침내 그 여자도 죽었는데, 28 그러면 부활 때에는, 그들 일곱 모두가 그녀와 혼인하였으니, 그녀가 누구의 아내가 되겠나이까?" 하니라.

29 Jesus replied, "You are in error because you do not know the Scriptures or the power of God. 30 At the resurrection people will neither marry nor be given in marriage; they will be like the angels in heaven. 31 But about the resurrection of the dead--have you not read what God said to you, 32 'I am the God of Abraham, the God of Isaac, and the God of Jacob'? He is not the God of the dead but of the living." 33 When the crowds heard this, they were

astonished at his teaching.

29 예수께서 대답하여 이르시되, "너희가 성경도 모르고, 하나님의 능력도 알지 못하는 고로 잘못 알고
있도다. 30 부활 때에는 사람이 결혼도 아니하고 혼인하는 일도 없나니; 저들이 하늘에 있는 천사들과
같아지느니라. 31 그러나 죽은 자의 부활에 관해 말을 더 하자면—하나님께서 너희에게 이런 말씀하신
것을 읽어 보지 못하였느냐? 곧, 이르시되, 32 나는 아브라함의 하나님이요, 이삭의 하나님이요, 야곱
의 하나님이로라 하는 말이라, 하나님은 죽은 사람의 하나님이 아니시요, 산 사람의 하나님이시니라."
하시니 33 듣는 사람 모두가 그의 가르치심에 놀라워하니라.

34 Hearing that Jesus had silenced the Sadducees, the Pharisees got together.
35 One of them, an expert in the law, tested him with this question: 36
"Teacher, which is the greatest commandment in the Law?"

34 예수께서 사두개인들을 할 말이 없게 만들었다는 얘기를 전해 듣고, 이번에는 바리새인들이 예수께
몰려오니라. 35 그 중의 한 사람인 어느 율법 전문가가 예수를 시험하기 위하여 질문을 시작하기를: 36
"선생이시여, 율법 중에서 가장 큰 계명(誡命)이 무엇이니이까?" 하거늘,

37 Jesus replied: 'Love the Lord your God with all your heart and with all your
soul and with all your mind.' 38 This is the first and greatest commandment.
39 And the second is like it: 'Love your neighbor as yourself.' 40 All the Law
and the Prophets hang on these two commandments."

37 예수께서 대답하여 이르시되: " '네 마음을 다하고, 네 영혼을 다 바치며, 또 네 온 마음을 함께 함으
로, 주(主)되신 너의 하나님을 사랑하라' 하셨으니 38 이것이 가장 크고 첫째 되는 계명이요 39 둘째는
이와 같으니: '네 이웃을 네 자신처럼 사랑하라' 하신 말이니라. 40 모든 율법과 선지자의 예언이 이 두
계명에 달려 있느니라." 하시니라.

41 While the Pharisees were gathered together, Jesus asked them, 42 "What do
you think about the Christ? Whose son is he?" "The son of David," they replied.
43 He said to them, "How is it then that David, speaking by the Spirit, calls
him 'Lord'? For he says,

41 그리고 그 바리새인들이 함께 모여 있을 때에 예수께서 그들에게 이르시기를, 42 "너희가 그리스
도에 대하여는 어떻게 생각하느냐? 그리스도는 누구의 자손이뇨?" 하고 물으시니, 그들이 대답하기를,
"다윗의 자손이니이다." 하거늘, 43 다시 그들에게 이르시되, "그러면 어찌하여, 다윗이 성령에 감동이
되어 말을 할 때에, 그리스도를 '주(主)시라' 부른 것이냐?

44 'The Lord said to my Lord: "Sit at my right hand until I put your enemies
under your feet." 45 If then David calls him 'Lord,' how can he be his son?" 46
No one could say a word in reply, and from that day on no one dared to ask
him any more questions.

44 (*기록되었으되,) '주 하나님께서 내 주(主)께 말씀하시기를: "내가 너의 원수 대적을 네 발 아래에
둘 때까지 너는 내 오른편에 앉아 있으라" 하셨도다.' 하였으니, 45 그러므로 다윗이 그리스도를 '주'라
칭하였은즉, 어찌 그가 다윗의 자손이 되겠느냐?" 하시니 46 누구도 그에 대해 한 마디도 대답하는 자
가 없고, 그 날로부터 감히 예수에게 뭔가 다른 것을 더 묻는 사람이 없더라.

제23장

1 Then Jesus said to the crowds and to his disciples: 2 "The teachers of the
law and the Pharisees sit in Moses' seat. 3 So you must obey them and do
everything they tell you. But do not do what they do, for they do not practice
what they preach.

1 그 때에 예수께서 그 군중의 무리와 제자들에게 말씀하여 이르시기를, 2 "율법 교사들과 바리새인들
이 모세의 자리에 앉았으니 3 그러므로 너희는 무엇이든 그들이 너희에게 말하는 것은 행하되, 그들이
하는 행위는 본받지 말라. 자기들이 말로 전하는 바를 그들 스스로는 행하지 아니하느니라.

4 They tie up heavy loads and put them on men's shoulders, but they
themselves are not willing to lift a finger to move them. 5 "Everything they
do is done for men to see: They make their phylacteries wide and the tassels
on their garments long; 6 they love the place of honor at banquets and the
most important seats in the synagogues; 7 they love to be greeted in the
marketplaces and to have men call them 'Rabbi.'

4 또 그들이 무거운 짐을 묶어 이를 사람의 어깨 위에 지게 하되 그들 스스로는 이 짐을 들어 올리려 손
가락 하나도 움직이지 않으니, 5 그들이 하는 모든 행위가 사람에게 보이고자 하는 것들 뿐이라. 자기
이마에 붙이는 성구함(聖句函)의 크기를 더 크게 하고, 옷깃에 매다는 술 길이를 길게 하며: 6 잔치에서
윗자리 차지하기와 회당(會堂)에서 가장 귀한 자리에 앉기를 좋아하며; 7 시장(市場)에서 사람들로부터
인사 받는 것과 사람들이 자기를 '랍비'라 불러 주는 것을 사랑할 따름이니라.

8 But you are not to be called 'Rabbi', for you have only one Master and you
are all brothers. 9 And do not call anyone on earth 'father,' for you have one
Father, and he is in heaven. 10 Nor are you to be called 'teacher,' for you have
one Teacher, the Christ.

8 그러나 너희는 스스로 '랍비'라고 불리우지 말라. 이는 너희에게 오직 하나의 선생이 있을 뿐이요, 너
희가 다 형제인 까닭이니라. 9 그리고 이 땅에 있는 누구라도 그를 '아버지'라 부르지 말라. 너희에게 오
직 한 아버지가 계실 뿐이니, 곧 하늘에 계신 분이시니라. 10 또, '선생' 이라 칭함도 받지 말라. 너희에
게 오직 한 분 선생이 있을 뿐이니 곧 그리스도시니라.

11 The greatest among you will be your servant. 12 For whoever exalts himself
will be humbled, and whoever humbles himself will be exalted. 13 Woe to
you, teachers of the law and Pharisees, you hypocrites! You shut the kingdom
of heaven in men's faces. You yourselves do not enter, nor will you let those
enter who are trying to. 14 (BLANK)

11 너희 중에서 가장 큰 자는 너희를 섬기는 하인이 될 것이라. 12 이는 누구든지 자기를 높이는 자는
낮아지고 누구든지 자기를 낮추는 자는 높아짐이니라. 13 화 있을진저, 너희 이 위선자들, 바리새인들
과 율법 교사들이여, 너희가 사람들의 면전에서 천국 문을 닫았으니, 너희 스스로도 거기 들어가지 못하
고 또 들어가려 하는 사람들도 너희가 막았음이니라. 14 (없음)

15 Woe to you, teachers of the law and Pharisees, you hypocrites! You travel
over land and sea to win a single convert, and when he becomes one, you
make him twice as much a son of hell as you are. 16 "Woe to you, blind guides!
You say, 'If anyone swears by the temple, it means nothing; but if anyone
swears by the gold of the temple, he is bound by his oath.' 17 You blind fools!
Which is greater: the gold, or the temple that makes the gold sacred?

15 화 있을진저, 바리새인들과 율법 교사들 너희 위선자들아! 너희가 개종자(改宗者) 한 사람을 얻기 위
하여 바다와 땅을 두루 다니다가, 한 사람의 개종자가 생기면 그를 너희보다 두 배나 더 지옥(地獄)의 자

식(子息)으로 만드는도다. 16 화 있을진저, 너희 눈 먼 인도자여! 너희가 말하기를, '누구든 성전을 들어
맹세하면 아무 일도 없거니와, 그러나 누가 성전의 금으로써 맹세하면, 그는 이 맹세에 매이게 된다 하
는도다. 17 이 눈먼 바보들아! 어느 것이 더 크냐? 금(金)이냐? 아니면 그 금을 거룩하게 하는 성전이냐?

18 You also say, 'If anyone swears by the altar, it means nothing; but if anyone
swears by the gift on it, he is bound by his oath.' 19 You blind men! Which is
greater: the gift, or the altar that makes the gift sacred?

18 또 너희가 말하기를, '누구든 성전(聖殿) 제단(祭壇)으로 맹세하면 아무 일도 아니거니와, 그 제단 위
에 있는 예물(禮物)로써 맹세(盟誓)를 하면 그는 이 맹세에 매이게 된다' 하니, 19 이 눈먼 자들아! 어느
것이 더 크냐? 그 예물이냐, 아니면 그 예물을 거룩하게 하는 제단이냐?

20 Therefore, he who swears by the altar swears by it and by everything on it.
21 And he who swears by the temple swears by it and by the one who dwells
in it. 22 And he who swears by heaven swears by God's throne and by the one
who sits on it.

20 성전 제단으로써 맹세하는 자는 제단 뿐 아니라 그 제단 위에 있는 모든 것들로써 맹세하는 것이요,
21 성전으로써 맹세하는 자는 성전 뿐 아니라 그 성전 안에 계신 이로써 맹세하는 것이요, 22 하늘로써
맹세하는 자는, 하나님의 보좌(寶座)와 그 보좌 위에 앉으신 이로써 맹세함이니라.

23 Woe to you, teachers of the law and Pharisees, you hypocrites! You give a
tenth of your spices--mint, dill and cummin. But you have neglected the more
important matters of the law-- justice, mercy and faithfulness. You should
have practiced the latter, without neglecting the former.

23 화 있을진저, 바리새인들과 율법 교사들, 너희 위선자들아! 너희가 너희의 향료(香料) 곧, 민트와 딜
과 커민의 십일조는 드리되 율법의 더 소중한 부분 곧, 정의와 자비와 신실(信實)함은 저버렸도다. 너희
가 마땅히 그 먼저 것을 버리는 일 없이 그 나중 것들도 당연히 힘써 행해야 할지니라.

24 You blind guides! You strain out a gnat but swallow a camel. 25 Woe to
you, teachers of the law and Pharisees, you hypocrites! You clean the outside
of the cup and dish, but inside they are full of greed and self-indulgence. 26
Blind Pharisee! First clean the inside of the cup and dish, and then the outside
also will be clean.

24 너희 이 맹인 된 인도자들이여! 너희가 하루살이 각다귀는 걸러내고 낙타는 삼켜 넘기는도다. 25 화
있을진저, 바리새인들과 율법 교사들 너희 위선자들아! 너희가 접시와 잔의 겉은 깨끗이 씻으나 그 속은
탐욕(貪慾)과 방탕(放蕩)으로 가득하도다. 26 그러므로 이 눈 먼 바리새인들아! 너희는 그 접시와 잔(盞)
의 속을 먼저 깨끗이 하라. 그 연후에야 그 겉도 깨끗해지리라.

27 Woe to you, teachers of the law and Pharisees, you hypocrites! You are like
whitewashed tombs, which look beautiful on the outside but on the inside are
full of dead men's bones and everything unclean. 28 In the same way, on the
outside you appear to people as righteous but on the inside you are full of
hypocrisy and wickedness.

27 화 있을진저, 너희 바리새인들과 율법 교사들, 이 위선자(僞善者)들아! 너희는 바깥을 하얗게 회칠한
무덤 같으니, 그것이 겉으로는 아름답게 보이나 그 안에는 죽은 사람의 뼈와 또 다른 부정한 것들로 가
득하도다. 28 이와 같이 너희가 겉으로는 사람들에게 의롭게 보이나, 너희 속에는 위선과 사악함이 가
득차 있음이로다.

29 Woe to you, teachers of the law and Pharisees, you hypocrites! You build

tombs for the prophets and decorate the graves of the righteous. 30 And you
say, 'If we had lived in the days of our forefathers, we would not have taken
part with them in shedding the blood of the prophets.' 31 So you testify
against yourselves that you are the descendants of those who murdered the
prophets. 32 Fill up, then, the measure of the sin of your forefathers! 33 "You
snakes! You brood of vipers! How will you escape being condemned to hell?

29 화 있을진저, 너희 바리새인들과 율법 교사들, 이 위선자들아! 너희가 선지자들의 무덤을 짓고 의인
들의 묘지를 단장하고는 30 그리고는 이르되, '만일 우리가 우리 조상들의 때에 살고 있었더라면, 선지
자들의 피를 흘리는 데에 우리는 참여하지 않았을 것이라' 하니 31 이로써 너희가 선지자들을 살해한
자들의 자손임을 스스로 증명함이라. 32 그러니, 너희는 너희 조상이 저지른 그 죄악의 분량을 마저 채
우라! 33 너희 이 뱀같은 자들아! 독사의 새끼들아! 너희가 어떻게 지옥(地獄)의 정죄(定罪)로부터 피신
하겠느냐?

34 Therefore I am sending you prophets and wise men and teachers. Some
of them you will kill and crucify; others you will flog in your synagogues and
pursue from town to town. 35 And so upon you will come all the righteous
blood that has been shed on earth, from the blood of righteous Abel to the
blood of Zechariah son of Berekiah, whom you murdered between the temple
and the altar.

34 그러므로 내가 너희에게 선지자들과 지혜로운 자들과 그리고 또 선생들을 보내리니, 너희가 그 중
어떤 이들은 죽이거나 십자가에 못 박을 것이요, 더러는 너희 회당(會堂)에서 채찍질하고 이 동네 저 동
네로 따라다니며 핍박하리라. 35 그러므로 너희 머리위에, 지금까지 이 지구 땅 위에 쏟아진 모든 의로
운 피가 다 돌아가리니, 곧, 아벨의 의로운 피로부터 시작하여 바가랴의 아들 사가랴의 피까지라. 이 사
가랴는 성전과 제단 사이에서 너희가 죽였던 자니라.

36 I tell you the truth, all this will come upon this generation. 37 O Jerusalem,
Jerusalem, you who kill the prophets and stone those sent to you, how often
I have longed to gather your children together, as a hen gathers her chicks
under her wings, but you were not willing.

36 내가 진실을 너희에게 이르노니, 이것이 모두 다 이 세대 위에 임하리라. 37 오!, 예루살렘아, 예루
살렘아, 너, 선지자들을 살해하고 네게 보내어 진 사자(使者)들을 돌로 치는 자들이여! 암탉이 그 새끼를
날개 아래에 모아들이는 것 같이, 내가 너희 자녀들을 모으려 바랐던 일이 몇 번이더냐? 그러나 너희가
끝내 이를 원치 아니하였음이로다.

38 Look, your house is left to you desolate. 39 For I tell you, you will not see
me again until you say, 'Blessed is he who comes in the name of the Lord.' "

38 보라, 너희의 집이 황폐하게 되어 내버려지게 되리라. 39 그리고 내가 너희에게 이르노니, 너희가
나를 다시는 보지 못할 것이라, 너희가 말하기를, '(*찬송하리로다.) 주의 이름으로 오시는 이가 복이 있
도다!' 할 때까지 나를 다시 보지 못하리라." 하시더라.

제24장

1 Jesus left the temple and was walking away when his disciples came up to
him to call his attention to its buildings. 2 "Do you see all these things?" he

asked. "I tell you the truth, not one stone here will be left on another; every
one will be thrown down." 3 As Jesus was sitting on the Mount of Olives, the
disciples came to him privately. "Tell us," they said, "when will this happen,
and what will be the sign of your coming and of the end of the age?"

1 예수께서 성전에서 나와 걸어 나가려 하시는데, 제자들이 나아와 예수께 무언가 성전 건물에 관한 말
을 하며 그의 관심을 성전(聖殿)에 돌리게 하니, 2 이에 예수께서 대답하여 이르시기를, "너희가 이 모든
것을 보아 알지 못하느냐? 진실로 너희에게 이르노니, 여기 보는 이 건물이 돌 하나도 다른 돌 위에 남지
않고; 다 무너져 내리리라." 하시니라. 3 예수께서 올리브산(감람산)에 가시어 자리에 앉으셨을 때에 제
자들이 예수께 조용히 나아와 물어 이르기를, "우리에게 말하여 주소서. 이런 일이 언제 일어나겠으며,
또 주께서 다시 오실 때와 이 세대(世代)의 끝의 징조(徵兆)로서는 어떤 일들이 있겠삽나이까?" 하더라.

4 Jesus answered: "Watch out that no one deceives you. 5 For many will come
in my name, claiming, 'I am the Christ, ' and will deceive many. 6 You will
hear of wars and rumors of wars, but see to it that you are not alarmed. Such
things must happen, but the end is still to come. 7 Nation will rise against
nation, and kingdom against kingdom. There will be famines and earthquakes
in various places. 8 All these are the beginning of birth pains.

4 이에 예수께서 대답하여 이르시되, "아무도 너희를 속여 넘기지 못하게 늘 유념(留念)하라. 5 많은 사
람이 내 이름으로 와서 주장(主張)하기를, '내가 그리스도라' 하며 많은 사람들을 미혹케 하리라. 6 또
너희가 전쟁이 났다 하는 소식과 또 여러 전쟁의 소문을 들으리라. 그러나 이로 인하여 놀라지 않도록
주의하라. 이런 일들이 마땅히 일어나야 하겠으나 그러나 그 끝은 아직 아니니라. 7 민족이 민족을 대적
하여 일어나겠고, 나라가 나라를 치러 나오리라. 또 곳곳에 기근(飢饉)과 지진(地震)이 있으리니 8 이 모
든 것들은 고통(苦痛)을 낳는 시작일 뿐이니라.

9 Then you will be handed over to be persecuted and put to death, and you
will be hated by all nations because of me. 10 At that time many will turn
away from the faith and will betray and hate each other, 11 and many false
prophets will appear and deceive many people. 12 Because of the increase of
wickedness, the love of most will grow cold, 13 but he who stands firm to the
end will be saved. 14 And this gospel of the kingdom will be preached in the
whole world as a testimony to all nations, and then the end will come.

9 그 때에 사람들이 너희를 환난(患難)에 넘겨주겠으며 너희를 죽게 만들 것이요, 너희가 내 이름으로
인하여 모든 민족(民族)들에게 미움을 받으리라. 10 또, 그 때에 수 많은 사람들이 믿음으로부터 돌아
설 것이요, 서로를 배신하며, 서로를 증오하게 되리라. 11 수 많은 거짓 선지자가 나타나 많은 사람들을
미혹(迷惑)하겠고, 12 사악함이 만연하리니, 많은 사람들의 사랑이 차갑게 식으리라. 13 그러나 끝까지
굳건히 서서 견디는 그 사람은 구원을 얻으리라. 14 이 천국 복음이 모든 민족들에게 증거가 되기 위하
여 온 세상에 전파될 것이니, 그 때가 되어서야 끝이 오리라.

15 So when you see standing in the holy place 'the abomination that causes
desolation,' spoken of through the prophet Daniel--let the reader understand-
16 then let those who are in Judea flee to the mountains. 17 Let no one on the
roof of his house go down to take anything out of the house. 18 Let no one in
the field go back to get his cloak.

15 그러므로 선지자 다니엘을 통하여 말씀하신 내용, 곧, '멸망을 불러올 가증(可憎)스러운 것'이 거룩
한 장소에 선 것을 너희가 보거든—읽는 자는 깨달을진저— 16 그 때에 너희 중 유대에 있던 자들은 산
으로 피신하게 하고, 17 지붕 위에 있던 자는 집 안에 있는 물건을 빼 내려고 아래로 내려가지 말며, 18
밭에서 일하고 있던 자들은 겉옷을 가지러 돌아가지 말지어다.

19 How dreadful it will be in those days for pregnant women and nursing mothers! 20 Pray that your flight will not take place in winter or on the Sabbath. 21 For then there will be great distress, unequaled from the beginning of the world until now--and never to be equaled again.

19 그 날들이 임신한 여인들과, 또 아기들에게 젖 먹이는 어머니들에게는 얼마나 무서운 날들이 되겠는지! 20 그러므로 너희가 피신해야 할 그런 일들이 겨울에나 안식일에 일어나지 않도록 기도하라. 21 이는 그 때에 이 땅에 엄청난 환난이 있을 것이라, 이 세상의 창조 때로부터 지금까지 그런 환난(患難)이 없었고, 앞으로도 그와 같은 환난은 다시 없으리라.

22 If those days had not been cut short, no one would survive, but for the sake of the elect those days will be shortened. 23 At that time if anyone says to you, 'Look, here is the Christ!' or, 'There he is!' do not believe it. 24 For false Christs and false prophets will appear and perform great signs and miracles to deceive even the elect--if that were possible.

22 만일 그 날들이 줄어들지 아니하였더라면, 아무도 살아남지 못하였으리라, 그러나 택하심을 받은 자들을 위하여 그 날들이 감(減)하여졌느니라. 23 그 때에 누군가가 너희에게 말하기를, '보라, 그리스도가 여기 있도다! 혹은, 저 사람이야말로 그리스도로다!' 하여도 이를 믿지 말라. 24 거짓 그리스도들과 거짓 선지자들이 나타나 큰 표적과 기이한 일들을 행하며, 가능하기만 하다면 그 택하신 자들도 미혹하려 들리라.

25 See, I have told you ahead of time. 26 So if anyone tells you, 'There he is, out in the desert,' do not go out; or, 'Here he is, in the inner rooms,' do not believe it. 27 For as lightning that comes from the east is visible even in the west, so will be the coming of the Son of Man. 28 Wherever there is a carcass, there the vultures will gather.

25 보라! 내가 그 시간이 이르기 전에, 너희에게 미리 말하였느니라. 26 그런고로, 누가 너희에게 말하기를, '보라, 그가 광야(曠野)에 있도다' 하여도 너희는 밖으로 나가지 말고; 또 '보라, 그가 골방에 있도다' 하여도 이를 믿지 말라. 27 동쪽에서 치는 번개가 서쪽에서도 보이는 것 같이, 인자가 오는 것도 이와 같으리라. 28 어디든 시체들이 있는 곳에는 독수리들이 모이는 법이니라.

29 Immediately after the distress of those days the sun will be darkened, and the moon will not give its light; the stars will fall from the sky, and the heavenly bodies will be shaken. 30 At that time the sign of the Son of Man will appear in the sky, and all the nations of the earth will mourn. They will see the Son of Man coming on the clouds of the sky, with power and great glory. 31 And he will send his angels with a loud trumpet call, and they will gather his elect from the four winds, from one end of the heavens to the other.

29 그 날들 동안, 곧 환난 후에, 즉시 해가 어두워지며 달이 빛을 내지 아니할 것이요, 별들이 하늘로부터 떨어지며, 하늘에 떠 있는 것들이 흔들리리라. 30 그 때, 인자의 징조가 하늘에 나타나리니, 이 온 땅의 모든 민족들이 통곡할 것이요, 그들이 그 때에 인자(人子)가 구름을 타고, 능력과 큰 영광으로 오는 것을 보게 되리라. 31 그가 큰 나팔소리와 함께 자기의 천사들을 내보내리니 그 천사들이 그의 택하신 자들을 하늘 이 끝에서 저 끝까지 천지 사방에서 모을 것이니라.

32 Now learn this lesson from the fig tree: As soon as its twigs get tender and its leaves come out, you know that summer is near. 33 Even so, when you see all these things, you know that it is near, right at the door.

32 이제, 저 무화과나무로부터 한 교훈을 배우라: 그 작은 가지 끝이 부드러워지고 잎사귀가 돋아나면 너희가 여름이 가까이 온 줄을 아는 것처럼 33 이와 같이, 너희가 이 모든 일이 일어나는 것을 보거든

그가 가까이, 곧 문 앞에 이른 줄로 알라.

34 I tell you the truth, this generation will certainly not pass away until all
these things have happened. 35 Heaven and earth will pass away, but my
words will never pass away. 36 "No one knows about that day or hour, not
even the angels in heaven, nor the Son, but only the Father.

34 내가 진실로 너희에게 말하노니 이 세대가 다 지나가기 전에 이 일들이 다 일어나리라. 35 하늘과
땅은 없어질지언정 내 말은 그냥 지나가지 아니하리라. 36 그러나 그 날과 그 때는 아무도 모르나니 하
늘의 천사들도 모르고, 아들도 모르고 오직 아버지만 홀로 아시느니라.

37 As it was in the days of Noah, so it will be at the coming of the Son of Man.
38 For in the days before the flood, people were eating and drinking, marrying
and giving in marriage, up to the day Noah entered the ark; 39 and they knew
nothing about what would happen until the flood came and took them all
away. That is how it will be at the coming of the Son of Man.

37 노아의 때에 그러했던 것과 같이 인자가 올 때에도 그러하리라. 38 홍수 이전의 날들 동안에, 노아
가 방주에 들어가던 그 날까지, 사람들이 먹고 마시고 장가들고 시집가고 지냈느니라; 39 그리고 홍수
가 나서 그들을 다 휩쓸고 갈 때까지, 그들이 아무 것도 알지 못하였으니 인자가 (*다시) 올 때에 있을 일
들도 이와 같으리라.

40 Two men will be in the field; one will be taken and the other left. 41 Two
women will be grinding with a hand mill; one will be taken and the other left.
42 Therefore keep watch, because you do not know on what day your Lord will
come.

40 그 때, 두 사람이 같이 밭에 나가 있을 때에; 한 사람은 데려가고 한 사람은 버려둠을 당할 것이요,
41 두 여자가 맷돌질을 하고 있을 때에, 한 사람은 데려가심을 받고 한 사람은 남겨지리라. 42 그러므
로 너희는 깨어 지키고 있으라. 어느 날에 너희 주가 임할는지 너희가 알지 못함이니라.

43 But understand this: If the owner of the house had known at what time of
night the thief was coming, he would have kept watch and would not have let
his house be broken into. 44 So you also must be ready, because the Son of
Man will come at an hour when you do not expect him.

43 그러나 이를 깨달아 알라: 집 주인이 밤 몇 시 쯤에 도둑이 올 줄을 알면, 그가 깨어 지키고 서서 자기
집이 뚫리지 못하게 할 것이라. 44 그러므로 너희는 반드시 준비되어 있으라. 너희가 기대하지 않던 그
시각에 인자가 오리라.

45 Who then is the faithful and wise servant, whom the master has put in
charge of the servants in his household to give them their food at the proper
time? 46 It will be good for that servant whose master finds him doing so
when he returns. 47 I tell you the truth, he will put him in charge of all his
possessions.

45 그 누가 충성되고 슬기로운 하인이 되어 주인이 자기 온 집의 종들을 그의 손아래 맡기며, 시간에 맞
추어 종들에게 양식을 나누어 주도록 책임을 맡기겠느냐? 46 그 주인이 돌아올 때에 그 하인이 이와 같
이 하고 있는 것을 보면 그는 복이 있으리로다. 47 내가 진실로 너희에게 이르노니 주인이 그 모든 소유
를 그에게 맡기리라.

48 But suppose that servant is wicked and says to himself, 'My master is
staying away a long time,' 49 and he then begins to beat his fellow servants

and to eat and drink with drunkards. 50 The master of that servant will come on a day when he does not expect him and at an hour he is not aware of. 51 He will cut him to pieces and assign him a place with the hypocrites, where there will be weeping and gnashing of teeth."

48 그러나 만일에 그 하인이 사악(邪惡)하여, 스스로 말하기를, '나의 주인이 오랫동안 나가 있으려니' 하고 49 동료 하인들을 때리기 시작하며, 술 주정뱅이 친구들과 어울려 먹고 마시고 하다가, 50 그가 기대하지 않던 날, 알지 못하는 시각에 그 주인이 오면, 51 주인이 그를 혹독히 다루어 망하게 하고, 가증한 위선자가 받을 징벌에 처하리니, 거기서 그가 슬피 울며 이를 갈 날이 있으리라." 하시더라.

제25장

1 "At that time the kingdom of heaven will be like ten virgins who took their lamps and went out to meet the bridegroom. 2 Five of them were foolish and five were wise. 3 The foolish ones took their lamps but did not take any oil with them. 4 The wise, however, took oil in jars along with their lamps.

1 (*또, 예수께서 비유로 말씀하시기를) "그 때에, 천국은 마치 등(燈)불을 들고 신랑을 맞으러 나간 열 명의 처녀와 같다 할 것이니 2 그 중의 다섯은 미련하고 다섯은 지혜있는 자라. 3 미련한 처녀들은 자기들의 등(燈)을 가져갈 때에 기름을 함께 가져가지 아니하였으나 4 반면, 지혜로운 처녀들은 병에 따로 기름을 담아 자기들의 등과 함께 가져갔음이더라.

5 The bridegroom was a long time in coming, and they all became drowsy and fell asleep. 6 At midnight the cry rang out: 'Here's the bridegroom! Come out to meet him!' 7 "Then all the virgins woke up and trimmed their lamps.

5 신랑이 올 시간이 아직도 한참이나 남았으므로, 그 처녀들이 모두 다 졸리워 잠에 빠지게 되었는데, 6 자정 무렵이 되어 누군가 외치는 소리가 들리기를: '여기 신랑이 오는도다! 빨리 나와 신랑을 맞으라!' 하니, 7 그 때, 그 처녀들이 모두 깨어 나 자기들의 등불을 켜기 시작하거늘,

8 The foolish ones said to the wise, 'Give us some of your oil; our lamps are going out.' 9 " 'No,' they replied, 'there may not be enough for both us and you. Instead, go to those who sell oil and buy some for yourselves.' 10 "But while they were on their way to buy the oil, the bridegroom arrived. The virgins who were ready went in with him to the wedding banquet. And the door was shut.

8 그 때에 미련한 처녀들이 지혜로운 처녀들에게 말을 하기를, '너희의 기름을 우리에게 좀 나누어 주라; 우리 등불이 꺼져가니라.' 하매, 9 그 지혜로운 처녀들이 대답하여 이르되, '그리는 못하겠노라. 우리와 너희가 다 함께 쓰기에는 충분치 못하니 너희는 기름 파는 사람에게 가서 너희 등을 위해 기름을 사 오라.' 하더라. 10 그러나 그들이 기름을 사러 간 동안에 신랑이 도착하매, 이에 그 준비되어 있던 처녀들은 신랑과 함께 혼인(婚姻) 식장으로 들어가고 그 식장(式場) 문이 닫히고 만지라.

11 Later the others also came. 'Sir! Sir!' they said. 'Open the door for us!'
12 But he replied, 'I tell you the truth, I don't know you.' 13 Therefore keep watch, because you do not know the day or the hour.

11 나중에 다른 처녀들이 돌아와서 소리쳐 이르기를, '주여, 주여, 우리에게 이 문을 열어 주소서.' 할 것이나, 12 그러나 그가 대답하시기를, '내가 너희에게 진실로 말하노니, 내가 너희를 알지 못하노라.' 하

시리라. 13 그런즉 너희는 늘 깨어, 지켜보고 있으라. 너희가 그 날과 그 시각(時刻)을 알지 못하느니라.

14 Again, it will be like a man going on a journey, who called his servants and entrusted his property to them. 15 To one he gave five talents of money, to another two talents, and to another one talent, each according to his ability. Then he went on his journey.

14 또 천국은, 여행을 위해 먼 길을 떠나는 사람과 같으니, 이 사람이 (*길을 떠나기에 앞서) 자기 하인들을 불러 모아 놓고, 자기 재산을 나누어 그들에게 맡기는데, 15 그 하인들 각자의 능력에 맞추어, 먼저 한 사람에게는 다섯 달란트를 주고, 다른 한 사람에게는 두 달란트를 주고, 또 다른 한 사람에게는 한 달란트를 주고 이에 자기 여행 길을 떠났느니라.

16 The man who had received the five talents went at once and put his money to work and gained five more. 17 So also, the one with the two talents gained two more. 18 But the man who had received the one talent went off, dug a hole in the ground and hid his master's money.

16 다섯 달란트 받은 자가 즉시로 가서 그 돈을 스스로 돈이 불리워지게끔 하는 데에 투자함으로 다섯 달란트를 더 벌고, 17 두 달란트 받은 자도 이와 같이 하여 또 두 달란트를 남겼는데, 18 그 중에서 한 달란트 받은 자는 나가서 땅에 구멍을 파고 그 주인의 돈을 감추어 두었느니라.

19 After a long time the master of those servants returned and settled accounts with them. 20 The man who had received the five talents brought the other five. 'Master,' he said, 'you entrusted me with five talents. See, I have gained five more.' 21 His master replied, 'Well done, good and faithful servant! You have been faithful with a few things; I will put you in charge of many things. Come and share your master's happiness!' 22 The man with the two talents also came. 'Master,' he said, 'you entrusted me with two talents; see, I have gained two more.'

19 오랜 시간이 지나서, 그 하인들의 주인이 돌아와 그들과 결산을 하기 시작하니 20 다섯 달란트 받았던 자가 다섯 달란트를 더 가지고 와서 말을 하기를, '주인이시여, 저를 신뢰하여 제게 다섯 달란트를 맡기셨는데 보소서, 제가 다섯 달란트를 더 벌었나이다.' 하거늘 21 그 주인이 이르되, '잘하였도다, 착하고 충성된 종아! 네가 이 작은 일에 그처럼 신실하였으니 내가 이제 많은 것을 네게 맡기리라. 너는 와서 네 주인의 행복에 참여할지어다' 하였느니라. 22 두 달란트 받았던 자도 와서 말하기를, '주인이시여, 저를 신뢰하여 제게 두 달란트를 맡기셨는데 보소서, 제가 두 달란트를 벌었나이다.' 하니

23 His master replied, 'Well done, good and faithful servant! You have been faithful with a few things; I will put you in charge of many things. Come and share your master's happiness!' 24 "Then the man who had received the one talent came, 'Master,' he said, 'I knew that you are a hard man, harvesting where you have not sown and gathering where you have not scattered seed.
25 So I was afraid and went out and hid your talent in the ground. See, here is what belongs to you.'

23 그 주인이 이르되, '잘하였도다, 착하고 충성된 종아! 네가 작은 일에 이 같이 신실하였으매 내가 이제 많은 것을 네게 맡기리라. 너도 와서 네 주인의 행복에 참여할지어다' 하였느니라. 24 그 때에 한 달란트 받았던 자가 주인 앞에 나아와서 말하기를, '주인이시여, 제가 알기로 당신은 엄격한 사람이요, 심지 않은 데서 수확을 거두며 씨앗을 뿌리지도 않은 데서 모아 거두는 분이시라. 25 그러므로 제가 이를 두려워하므로, 나가서 당신의 달란트를 땅에 감추어 두었었나이다. 보소서 여기 당신의 것이 있나이다.' 하거늘,

26 His master replied, 'You wicked, lazy servant! So you knew that I harvest

where I have not sown and gather where I have not scattered seed? 27 Well
then, you should have put my money on deposit with the bankers, so that
when I returned I would have received it back with interest. 28 "'Take the
talent from him and give it to the one who has the ten talents. 29 For everyone
who has will be given more, and he will have an abundance. Whoever does not
have, even what he has will be taken from him. 30 And throw that worthless
servant outside, into the darkness, where there will be weeping and gnashing
of teeth.'

26 그 주인이 대답하여 이르되, '이 악하고 게으른 종아! 내가 심지도 않은 데서 수확을 거두며, 씨앗을
뿌리지도 않은 데서 모아 거두는 사람인 줄을 네가 알았다고? 27 그러면 왜 내 돈을 은행에 예금하지 않
았느냐? 그리하였더라면 내가 돌아와서 그 돈을 이자(利子)와 함께 찾을 수 있었으리라.' 하고 이에 명
하기를, 28 그 한 달란트를 그로부터 빼앗아 열 달란트 가진 사람에게 주라. 29 무릇 누구든지 (*이미)
가지고 있는 자는 더 많은 것을 받아 풍족하게 되고, 아무 것도 가지고 있지 못한 자는 지금 자기가 가지
고 있는 것도 빼앗기고 말리라. 30 이제 이 쓸데없는 종을 바깥 어둠 가운데로 내쫓아 버리라. 거기서
그가 슬피 울며 이를 갈 일이 있으리라.' 하니라.

31 When the Son of Man comes in his glory, and all the angels with him, he
will sit on his throne in heavenly glory. 32 All the nations will be gathered
before him, and he will separate the people one from another as a shepherd
separates the sheep from the goats. 33 He will put the sheep on his right and
the goats on his left.

31 인자가 모든 천사들과 함께 자기의 영광 가운데에 올 때에, 그가 하늘 영광 가운데에서 자기의 보좌
(寶座)에 앉으리니 32 모든 민족들이 그 앞에 모일 것이요, 그가 사람들을 나누어 구별하기를, 목자가
양과 염소를 구분하는 것같이 하리니 33 양은 자신의 오른편에, 염소는 그 왼편에 두리라.

34 Then the King will say to those on his right, 'Come, you who are blessed
by my Father; take your inheritance, the kingdom prepared for you since the
creation of the world. 35 For I was hungry and you gave me something to eat,
I was thirsty and you gave me something to drink, I was a stranger and you
invited me in, 36 I needed clothes and you clothed me, I was sick and you
looked after me, I was in prison and you came to visit me.'

34 그 때에 그 왕께서 자기 오른편에 있는 자들에게 이르시기를, '이리 오라, 나의 아버지께 복을 받을
자들이여; 나아와 너희의 유산(遺産)을 받으라. 이는 이 세상의 창조 때로부터 너희를 위하여 예비된 것
이니라. 35 내가 배고플 때에 너희가 먹을 것을 주었고, 내가 목 마를 때에 너희가 마실 것을 주었고, 내
가 나그네 되었을 때에 너희가 나를 영접해 들였고, 36 내가 헐벗었을 때에 너희가 내게 옷을 입혔고,
내가 병들었을 때에 너희가 나를 돌보았고, 내가 옥에 갇혀 있을 때에 너희가 나를 찾아 와 만났느니라.'
하리라.

37 Then the righteous will answer him, 'Lord, when did we see you hungry and
feed you, or thirsty and give you something to drink? 38 When did we see you
a stranger and invite you in, or needing clothes and clothe you? 39 When did
we see you sick or in prison and go to visit you?'

37 그러자 그 의인(義人)들이 그에게 묻기를, '주여, 언제 우리가, 주께서 굶주리신 것을 보고 음식을 드
렸으며, 언제 주께서 목 마르신 것을 보고 마실 것을 내 드렸나이까? 38 또 우리가 언제, 주께서 나그네
되신 것을 보고 집에 모셔 들였으며, 옷이 필요할 때에 옷을 입혀 드렸나이까? 39 또 언제 우리가, 주께
서 병드신 것이나 옥(獄)에 갇히신 것을 보고 가서 뵈었나이까?' 하리니

40 The King will reply, 'I tell you the truth, whatever you did for one of the

least of these brothers of mine, you did for me.' 41 Then he will say to those
on his left, 'Depart from me, you who are cursed, into the eternal fire prepared
for the devil and his angels.

40 그 때에 그 왕이 대답하기를, '내가 진실로 너희에게 이르노니, 너희가 여기 내 형제 중에 지극히 작
은 자 하나에게 한 것이 곧 내게 한 것이니라' 하실 것이라. 41 그러면서 그 왕이 자기 왼편에 있는 자들
에게는 이르시되, '나를 떠나가라, 이 저주 받은 자들아. 너희는 나를 떠나 저 마귀와 그 천사들을 위하
여 예비된 영원한 불 속으로 들어가라' 할 것이니

42 For I was hungry and you gave me nothing to eat, I was thirsty and you
gave me nothing to drink, 43 I was a stranger and you did not invite me in, I
needed clothes and you did not clothe me, I was sick and in prison and you
did not look after me.'

42 이는 '내가 굶주릴 때에 너희가 아무 것도 주지 아니하였고, 내가 목 말랐을 때에 너희가 마실 것을
주지 않았으며 43 또 내가 나그네 되었을 때에 너희가 나를 영접(迎接)해 들이지도 아니하고, 내가 헐벗
었을 때에 옷 입히지 아니하고 내가 병들었을 때와 그리고 옥에 갇혔을 때에 너희가 나를 찾아 와서 돌
아 본 적이 없느니라.' 하시리라.

44 They also will answer, 'Lord, when did we see you hungry or thirsty or a
stranger or needing clothes or sick or in prison, and did not help you?' 45
He will reply, 'I tell you the truth, whatever you did not do for one of the
least of these, you did not do for me.' 46 "Then they will go away to eternal
punishment, but the righteous to eternal life."

44 그러면 그들이 대답하여 말하기를, '주여, 우리가 언제 주께서 굶주리신 것이나 목 마르신 것이나 나
그네 되신 것이나 헐벗으신 것이나 병드신 것이나 옥에 갇히신 것을 보고도 도와 드리지 않았었나이까?
그것이 언제 일이니이까? 하리니, 45 이에 그 왕이 대답하여 이르기를, '내가 진실로 너희에게 이르노
니, 이 지극히 작은 자 중 한 사람에게 하지 아니한 것이 곧 내게 하지 아니한 것이니라.' 하시리라. 46
그리하여 그들은 영원한 징벌에 들어가겠고, 의인들은 영원한 생명에 들어가리라." 하시니라.

제26장

1 When Jesus had finished saying all these things, he said to his disciples, 2 "As
you know, the Passover is two days away - and the Son of Man will be handed
over to be crucified." 3 Then the chief priests and the elders of the people
assembled in the palace of the high priest, whose name was Caiaphas, 4 and
they plotted to arrest Jesus in some sly way and kill him. 5 "But not during the
Feast," they said, "or there may be a riot among the people."

1 예수께서 이와 같이 이 모든 말씀을 마치시고 그 제자들에게 따로 이르시기를, 2 "너희가 알다시피,
이틀이 지나면 유월절(逾越節)이라-인자가 (*이 유월절에) 십자가에 못 박히기 위하여 넘기워질 것이
라." 하시더라. 3 그 때에 우두머리 제사장들과 백성의 장로(長老)들이 가야바라 하는 대제사장의 관저
에 모여 4 어떤 모략(謀略)을 써서 예수를 붙잡아 죽일까 하고 계획을 짜면서 5 말하기를, "그러나 이번
명절에는 하지를 말자, 백성 가운데에서 자칫 폭동이 일어날 수도 있음이라." 하더라.

6 While Jesus was in Bethany in the home of a man known as Simon the Leper,
7 a woman came to him with an alabaster jar of very expensive perfume,
which she poured on his head as he was reclining at the table. 8 When the

disciples saw this, they were indignant. "Why this waste?" they asked. 9 "This
perfume could have been sold at a high price and the money given to the
poor."

6 그 무렵 예수께서는 베타니에 있는 나병 환자 시몬의 집에 거하고 계셨는데 7 어떤 한 여인이 설화석
고(雪花石膏) 병에 담은 매우 비싼 향유(香油) 한 병을 들고 나아와서, 식탁에 기대 앉아 있는 예수의 머
리 위에 그 향유를 쏟아 붓는 일이 생기니라. 8 제자들이 이 광경을 보고 다같이 화을 내며, "이 무슨 낭
비인고?" 하며, 9 "이 향유를 높은 값을 받고 팔아 가난한 사람들을 도울 수도 있었겠거늘!" 하고 말들을
하니

10 Aware of this, Jesus said to them, "Why are you bothering this woman? She
has done a beautiful thing to me. 11 The poor you will always have with you,
but you will not always have me. 12 When she poured this perfume on my
body, she did it to prepare me for burial. 13 I tell you the truth, wherever this
gospel is preached throughout the world, what she has done will also be told,
in memory of her."

10 예수께서 이를 아시고 제자들에게 말씀하시기를, "어찌하여 그 여인을 나무라느냐? 그녀가 내게 아
름다운 일을 행하였느니라. 11 가난한 자들은 항상 너희와 함께 있으려니와, 너희가 나와는 언제까지나
함께 있지 못하리니 12 그 여인이 내 몸에 향유를 부음으로써, 사실은 나의 장례를 준비하여 준 것이라.
13 내가 진실로 너희에게 이르노니, 이 세상을 통틀어, 복음이 전해지는 곳이라면 어디서나 이 여인이
행한 일이 함께 언급되리니 그럼으로써 그녀를 기념(紀念)하게 되는 일이 있으리라." 하시니라.

14 Then one of the Twelve--the one called Judas Iscariot--went to the chief
priests 15 and asked, "What are you willing to give me if I hand him over to
you?" So they counted out for him thirty silver coins. 16 From then on Judas
watched for an opportunity to hand him over.

14 그 때에 열둘 중의 하나—곧, 가룟 유다라 하는 자—가 우두머리 제사장들을 찾아가 말을 하기를, 15
"내가 예수를 너희에게 넘겨주면 무엇을 내게 주겠느냐?" 하니 그들이 유다를 위해 은화(銀貨) 삼십개
를 세어 주니라. 16 그 때부터 유다가 예수를 넘겨줄 기회를 엿보기 시작하니라.

17 On the first day of the Feast of Unleavened Bread, the disciples came to
Jesus and asked, "Where do you want us to make preparations for you to eat
the Passover?" 18 He replied, "Go into the city to a certain man and tell him,
'The Teacher says: My appointed time is near. I am going to celebrate the
Passover with my disciples at your house.'" 19 So the disciples did as Jesus had
directed them and prepared the Passover.

17 무교절 (無酵節) 곧, 누룩 넣지 않은 떡을 먹는 절기의 첫날이 되니, 제자들이 예수께 나아와 묻기를,
"우리가 어디에서 유월절 절기 음식 준비하기를 원하시나이까?" 하더라. 18 예수께서 이르시되, "시내
로 들어가서 (*내가 말하는) 이 사람의 집으로 가서, '선생님이 말씀하시기를: 나의 시간이 가까이 이르
렀도다. 내가 나의 제자들과 함께 유월절(逾越節; Passover) 절기를 기념하려 하노라' 라고 말하라." 하
고 지시하시니라. 19 이에 제자들이 예수께서 지시하신 대로 하여, (*거기에서) 유월절 (*절기 만찬)을
준비하더라.

20 When evening came, Jesus was reclining at the table with the Twelve. 21
And while they were eating, he said, "I tell you the truth, one of you will betray
me." 22 They were very sad and began to say to him one after the other,
"Surely not I, Lord?" 23 Jesus replied, "The one who has dipped his hand into
the bowl with me will betray me. 24 The Son of Man will go just as it is written
about him. But woe to that man who betrays the Son of Man! It would be
better for him if he had not been born."

20 저녁이 되어, 예수께서 열두 제자와 함께 식탁에 앉으셨더라. 21 그들이 식사를 하는 동안에 말씀하
시기를, “내가 너희에게 진실을 말하노니, 너희 중의 한 명이 나를 배신하리라.” 하시니 22 그들이 몹시
슬프고 가라앉은 기색으로 예수께 차례로 여쭈어 보기를 “주여, 진정, 나는 설마 아니지요?” 하는데, 23
예수께서 대답하여 이르시기를, “자기 손을 나와 함께 같은 대접에 넣는 그 사람이 나를 배신하리라.”
하시고, 24 또 말씀하시기를, “인자(人子)는 자신에 관하여 기록된 대로 가겠거니와, 그러나 인자를 배
신해 파는 그 사람에게는 화가 있을 것이라! 그 사람은 차라리 태어나지 아니하였더라면 좋을 뻔 하였느
니라.” 하시더라.

25 Then Judas, the one who would betray him, said, "Surely not I, Rabbi?" Jesus
answered, "Yes, it is you." 26 While they were eating, Jesus took bread, gave
thanks and broke it, and gave it to his disciples, saying, "Take and eat; this is
my body."

25 그러자, 예수를 배신할 그 유다가 말하기를, “랍비여, 진정 나는 아니겠지요?” 하니, 예수께서 대답
하시기를, “그렇도다. 네가 바로 그니라.” 하시니라. 26 그들이 아직 식사를 하고 있는 동안에, 예수께서
떡을 들어, 감사를 드리시고, 이에 그 떡을 쪼개어 제자들에게 나누어 주며 말씀하시되, “이를 받아 먹으
라: 이는 나의 몸이니라.” 하시니라.

27 Then he took the cup, gave thanks and offered it to them, saying, "Drink
from it, all of you. 28 This is my blood of the covenant, which is poured out
for many for the forgiveness of sins. 29 I tell you, I will not drink of this fruit
of the vine from now on until that day when I drink it anew with you in my
Father's kingdom." 30 When they had sung a hymn, they went out to the
Mount of Olives.

27 또 잔을 드시고, 감사를 드리신 후에 그 잔을 제자들에게 돌리며 말씀하시기를, “너희 모두가 이 잔
으로부터 나누어 마시라. 28 이는 나의 언약(言約)의 피니, 많은 사람의 죄(罪) 사(赦)함을 위해 부어지
는 나의 피니라. 29 너희에게 이르노니, 내가 지금으로부터 시작하여 장차, 내 아버지의 나라에서 너희
와 함께 새 포도로 만든 것을 먹기 전에는 다시는 이 포도 열매로 만든 것을 마시지 아니하리라.” 하시니
라. 30 그들이 함께 찬양(讚揚)을 부른 후에 감람산으로 가니라.

31 Then Jesus told them, "This very night you will all fall away on account of
me, for it is written: " 'I will strike the shepherd, and the sheep of the flock will
be scattered.' 32 But after I have risen, I will go ahead of you into Galilee."

31 그리고 예수께서 제자들에게 이르시기를, “바로 오늘 밤에 너희가 모두 다 나로 말미암아 도망가리
니, 성경에 기록된 바: ‘내가 그 목자(牧者)를 치리니 그 양떼의 양(羊)들이 다 흩어지고 말리라’ 함과 같
으리라. 32 그러나 내가 다시 살아난 후에, 내가 너희보다 먼저 갈릴리로 가 있으리라.” 하시니,

33 Peter replied, "Even if all fall away on account of you, I never will." 34 "I tell
you the truth," Jesus answered, "this very night, before the rooster crows, you
will disown me three times." 35 But Peter declared, "Even if I have to die with
you, I will never disown you." And all the other disciples said the same.

33 베드로가 대답하여 이르기를, “모든 사람이 다 주(主)를 버리고 떨어져 나갈지라도 저는 결코 주(主)
를 버리지 아니하리이다.” 하거늘, 34 예수께서 이르시되, “내가 진실로 네게 이르노니 오늘 밤, 새벽 닭
이 울기 전에 네가 세 번이나 나를 부인하리라.” 하시니라. 35 이에 베드로가 선언하여 이르되, “내가 주
와 함께 차라리 죽을지언정 주를 부인(否認)하는 일은 결코 없으리이다.” 하니 다른 모든 제자들도 다 베
드로와 같이 말을 하더라.

36 Then Jesus went with his disciples to a place called Gethsemane, and he
said to them, "Sit here while I go over there and pray." 37 He took Peter and

the two sons of Zebedee along with him, and he began to be sorrowful and troubled.

36 그리고 예수께서는 제자들과 함께 겟세마네라 하는 곳으로 건너가시니라. 거기에서 제자들에게 말씀하시기를, “내가 저기에 가서 기도하는 동안 너희는 여기에 앉아 있으라.” 하시고, 37 베드로와 세베대의 두 아들 즉, 요한과 야고보 세 사람만을 데리고 가시는데, 그 마음이 심히 슬프고 또 번민(煩悶)이 깊으시더라.

38 Then he said to them, "My soul is overwhelmed with sorrow to the point of death. Stay here and keep watch with me." 39 Going a little farther, he fell with his face to the ground and prayed, "My Father, if it is possible, may this cup be taken from me. Yet not as I will, but as you will."

38 이에 그 제자 세 사람에게 말씀하시기를, “나의 혼(魂)이 슬픔으로 압도(壓倒) 당하여 죽을 지경에까지 이르렀으니, 너희는 여기 앉아 나와 함께 깨어 있으라.” 하시고, 39 거기서 조금 떨어진 곳으로 가사, 얼굴을 땅에 대고 엎드려 기도하시는데, “내 아버지여, 만일 가능하시다면, 이 잔이 제게로부터 치워 지게 하시옵소서. 그러나 제가 원하는대로 하지 마옵시고, 아버지께서 뜻하시는 대로 하시옵소서.” 하시더라.

40 Then he returned to his disciples and found them sleeping. "Could you men not keep watch with me for one hour?" he asked Peter. 41 "Watch and pray so that you will not fall into temptation. The spirit is willing, but the body is weak."

40 그리고 나서 제자들에게 돌아와 보니 그들이 잠이 들었는지라. 베드로에게 말씀하시기를, “너희가 한 시간도 나와 함께 깨어 있을 수 없더냐? 41 시험에 들지 않게 깨어 기도하라. 영(靈)으로는 이를 원하나, 그러나 육신(肉身)이 연약(軟弱)하도다.” 하시고

42 He went away a second time and prayed, "My Father, if it is not possible for this cup to be taken away unless I drink it, may your will be done." 43 When he came back, he again found them sleeping, because their eyes were heavy.

42 두 번째로 다시 건너가 기도를 하시기를, “내 아버지여, 만일 이 잔을 제가 마시지 않고는 이것이 제게로부터 치워질 수 없는 것이라면, 그러면 아버지의 뜻이 이루어지기를 제가 원하나이다.” 하시더라.
43 그리고 다시 건너와 제자들이 또 잠들어 있는 것을 보시니, 그들이 피곤하여 눈이 무거워진 까닭이더라.

44 So he left them and went away once more and prayed the third time, saying the same thing. 45 Then he returned to the disciples and said to them, "Are you still sleeping and resting? Look, the hour is near, and the Son of Man is betrayed into the hands of sinners. 46 Rise, let us go! Here comes my betrayer!"

44 그리고 나서 다시 한번 그들을 떠나가사, 세번 째로 같은 내용을 기도(祈禱)하신 연후에 45 제자들에게 돌아오시어 이르시되, “아직도 자고 있느냐? 보라, 시간이 다가왔으니, 곧 인자가 배신 당하여 죄인들의 손에 넘어갈 시간이니라. 46 이제, 일어나라. 함께 건너가 보자. 오! 여기 나의 배신자가 오는도다.” 하시니라.

47 While he was still speaking, Judas, one of the Twelve, arrived. With him was a large crowd armed with swords and clubs, sent from the chief priests and the elders of the people. 48 Now the betrayer had arranged a signal with them: "The one I kiss is the man; arrest him." 49 Going at once to Jesus, Judas said, "Greetings, Rabbi!" and kissed him. 50 Jesus replied, "Friend, do what you came for."

47 예수께서 아직 이와 같이 말씀하고 계시는 동안에 그 열 두 제자 중의 하나인 유다가 그들에게 다
가오는데, 칼과 몽둥이로 무장한 많은 사람들의 무리와 함께 나아오니 이들은 우두머리 제사장들과 백
성의 장로들이 보낸 사람들이더라. 48 예수를 배신하는 자가 미리 그들과 신호를 짜고 왔으니: 곧, "내
가 다가가 입 맞추는 사람이 바로 그 자이니 그를 잡으라." 하였더라. 49 이에 유다가 곧장 예수께 나아
가, 말하되 "랍비여, 문안 인사 드리나이다." 하고 예수께 입을 맞추니라. 50 예수께서 대답해 이르시되,
"친구여, 네가 무엇을 위하여 왔든 이제, 그를 행하라." 하시니, 이에 그들이 나아와 예수를 붙들어 체포
하더라.

51 Then the men stepped forward, seized Jesus and arrested him. With that,
one of Jesus' companions reached for his sword, drew it out and struck the
servant of the high priest, cutting off his ear. 52 "Put your sword back in its
place," Jesus said to him, "for all who draw the sword will die by the sword.
53 Do you think I cannot call on my Father, and he will at once put at my
disposal more than twelve legions of angels? 54 But how then would the
Scriptures be fulfilled that say it must happen in this way?"

51 바로 그 때, 예수와 함께 있던 사람들 중 하나가 자기 칼을 빼어 대제사장의 종을 쳐 그 귀를 베어내
니라. 52 그러자 예수께서 이르시기를, "네 칼을 도로 칼집에 꽂으라. 누구든 칼을 빼어 휘두르는 자는
다 칼로 망하느니라. 53 너는 지금, 내가 내 아버지께 청하여 열 두 군단(軍團) 넘는 천사들을 내 휘하에
보내시게 할 수 없을 줄 생각하느냐? 54 그러나 (*그렇게 하면,) 이 일이 이렇게 이루어지리라 하신 성
경 말씀이 어떻게 이루어지겠느냐?" 하시더라.

55 At that time Jesus said to the crowd, "Am I leading a rebellion that you have
come out with swords and clubs to capture me? Every day I sat in the temple
courts teaching, and you did not arrest me. 56 But this has all taken place that
the writings of the prophets might be fulfilled." Then all the disciples deserted
him and fled.

55 그리고 그 무리의 사람들에게 말씀하시기를, "너희가 칼과 몽둥이를 가지고 나를 잡으러 왔으니, 내
가 폭동을 이끌었느냐? 내가 날마다 성전에 앉아 사람들을 가르쳤으나, 그 때는 너희가 나를 붙들지도
아니하였음이로다. 56 그러나 이 모든 일이 이렇게 일어난 것은 선지자들의 글이 응하게 하려 위함이니
라." 하시더라. 이에 제자들이 모두 다 예수를 버리고 도망을 치니라.

57 Those who had arrested Jesus took him to Caiaphas, the high priest, where
the teachers of the law and the elders had assembled. 58 But Peter followed
him at a distance, right up to the courtyard of the high priest. He entered and
sat down with the guards to see the outcome.

57 그들이 예수를 체포하여 끌고 대제사장 가야바의 거처로 가니 거기에 백성의 장로들과 율법 교사들
이 모여 있음이더라. 58 그러나 베드로는 예수를 멀찍이 떨어져 따라가 대제사장의 집안 뜰에까지 들어
가서 그 일이 되어 가는 결말을 보려고 대제사장의 경비하는 하인들과 함께 앉아 있었더라.

59 The chief priests and the whole Sanhedrin were looking for false evidence
against Jesus so that they could put him to death. 60 But they did not find any,
though many false witnesses came forward. 61 Finally two came forward and
declared, "This fellow said, 'I am able to destroy the temple of God and rebuild
it in three days.'" 62 Then the high priest stood up and said to Jesus, "Are
you not going to answer? What is this testimony that these men are bringing
against you?"

59 우두머리 제사장들과 산헤드린 공회원 모두가 예수에게 죽음을 선고할 거짓 증거들을 찾는데, 60
비록 많은 거짓 증인들이 나아왔으나, (*결정적인) 증인은 하나도 발견하지 못하더니, 마지막으로 두 사

람이 앞에 나와서 61 선포하듯 이르기를, "이 사람이 말하기를, '내가 하나님의 성전을 헐고 사흘 동안
에 이를 다시 지을 수 있노라.' 하더이다." 하매, 62 대제사장이 자리에서 일어나서 예수께 묻되, "네가
아무 대답도 하지 않으려느냐? 이 사람들이 너에게 대하여 하는 이런 증언(證言)이 어찌됨이냐?" 하더
라.

63 But Jesus remained silent. The high priest said to him, "I charge you under
oath by the living God: Tell us if you are the Christ, the Son of God." 64 "Yes,
it is as you say," Jesus replied. "But I say to all of you: In the future you will see
the Son of Man sitting at the right hand of the Mighty One and coming on the
clouds of heaven."

63 그러나 예수께서는 여전히 한 마디도 말씀하지 아니하시고 침묵하고 계시거늘, 대제사장이 이르되,
"내가 살아 계신 하나님께 대한 맹세 아래 네게 심문(審問)하노니: 네가 하나님의 아들 그리스도인지 아
닌지 그 여부를 지금 우리에게 말하라." 하매, 64 이에 예수께서 대답하여 이르시기를, "그러하도다. 그
대가 방금 말한대로니라. 그러나 지금 내가 너희에게 이르노니: 인자(人子)가 전능하신 하나님의 우편
에 앉아 있는 것과 또 그리고 그가 하늘 구름을 타고 오는 것을 너희가 보리라." 하시니라.

65 Then the high priest tore his clothes and said, "He has spoken blasphemy!
Why do we need any more witnesses? Look, now you have heard the
blasphemy. 66 What do you think?" "He is worthy of death," they answered. 67
Then they spit in his face and struck him with their fists. Others slapped him
68and said, "Prophesy to us, Christ. Who hit you?"

65 이에 대제사장이 자기 옷을 찢으며 이르기를, "그가 지금 막 신성모독의 말을 하였도다! 어찌 우리에
게 더 이상 증인이 필요하리오? 보라, 너희가 지금 막 이 신성모독(神聖冒瀆) 하는 말을 너희 귀로 들었
으니 66 너희 생각에는 어떠하뇨?" 하고 물으니, 그들이 다 대답하기를, "그가 사형(死刑)을 받아 마땅
하도다." 하더라. 67 이에 그들이 예수의 얼굴에 침을 뱉으며 또 주먹으로 때리고, 어떤 사람은 손바닥
으로 얼굴을 치기 시작하는데, 68 그러면서 말을 하기를, "그리스도여! 우리에게 예언해 보라. 너를 친
자가 누구냐?" 하더라.

69 Now Peter was sitting out in the courtyard, and a servant girl came to him.
"You also were with Jesus of Galilee," she said. 70 But he denied it before them
all. "I don't know what you're talking about," he said. 71 Then he went out to
the gateway, where another girl saw him and said to the people there, "This
fellow was with Jesus of Nazareth." 72 He denied it again, with an oath: "I
don't know the man!"

69 그 때에 베드로가 바깥 마당에 앉아 있었는데 한 여종이 베드로에게 나아와 이르기를, "당신도 갈릴
리 사람 예수와 함께 있었도다" 하거늘 70 베드로가 모든 사람 앞에서 이를 부인하여 이르되, "나는 네
가 무슨 말을 하는지 모르겠다." 하고 이에 현관 문으로 나가니라. 71 그런데 거기에서 또 다른 여종이
베드로를 보고는 사람들에게 말하기를, "이 사람이 나사렛 예수와 함께 있던 사람이라." 하니, 72 베드
로가 이를 다시 맹세까지 하며 부인하기를: "내가 도대체 그 사람을 알지도 못하느니라!" 하더라.

73 After a little while, those standing there went up to Peter and said, "Surely
you are one of them, for your accent gives you away." 74 Then he began to
call down curses on himself and he swore to them, "I don't know the man!"
75 Immediately a rooster crowed. Then Peter remembered the word Jesus had
spoken: "Before the rooster crows, you will disown me three times." And he
went outside and wept bitterly.

73 또 잠시 후에, 거기 서 있던 사람들이 베드로에게 다가와 이르기를, "분명히 말하건대, 너도 그들 중
한 사람이라, 네 말하는 억양이 그러하도다." 하거늘 74 베드로가 저주를 내 뱉으며 그들에게 맹세를 하

며 이르되 "내가 그 사람을 알지 못하노라." 하는데 그 때, 곧 아침 닭이 울더라. 75 이에 베드로가 예수께서 말씀하신 것 곧: "새벽 닭 울기 전에 네가 나를 세 번이나 부인하리라." 하셨던 것을 기억하고는 바깥에 나가서 심히 비통하게 울음을 우니라.

제27장

1 Early in the morning, all the chief priests and the elders of the people came to the decision to put Jesus to death. 2 They bound him, led him away and handed him over to Pilate, the governor.

1 이른 아침에 모든 우두머리 제사장들과 백성의 장로들이 마침내 예수를 사형에 처한다는 결의(決意)에 도달하니라. 2 이에 예수를 결박하여 끌고가 총독 빌라도에게 넘겨주니라.

3 When Judas, who had betrayed him, saw that Jesus was condemned, he was seized with remorse and returned the thirty silver coins to the chief priests and the elders. 4 "I have sinned," he said, "for I have betrayed innocent blood." "What is that to us?" they replied. "That's your responsibility." 5 So Judas threw the money into the temple and left. Then he went away and hanged himself.

3 예수를 배신하였던 유다가 예수께서 이렇게 정죄 당함을 보고는 곧 후회하는 마음에 사로잡히어 자기가 받았던 은화 삼십 개를 우두머리 제사장들과 장로들에게 도로 갖다주며 4 이르되 "내가 죄를 지었도다. 내가 죄 없는 분을 배신하였음이로다." 하니, 그들이 이에 대답하여 말하기를, "그것이 우리에게 무슨 상관이냐? 결국은 네가 책임질 일이로다." 하니라. 5 이에 유다가 그 돈을 성전에다 던져 넣고 떠나가서 스스로 목을 매어 죽으니라.

6 The chief priests picked up the coins and said, "It is against the law to put this into the treasury, since it is blood money." 7 So they decided to use the money to buy the potter's field as a burial place for foreigners. 8 That is why it has been called the Field of Blood to this day.

6 우두머리 제사장들이 그 은화를 거두어 들이며 말하기를, "이것은 피 묻은 돈이라. 이 돈을 성전 금고에 넣는 것이 율법에 어긋나는 일이로다." 하고 7 그 돈으로 사기그릇 장수의 밭을 사서 외지인의 묘지로 사용하기로 결정을 하더라. 8 이것이 오늘날까지 그 밭을 피밭이라 일컫는 이유가 되니라.

9 Then what was spoken by Jeremiah the prophet was fulfilled: "They took the thirty silver coins, the price set on him by the people of Israel, 10 and they used them to buy the potter's field, as the Lord commanded me."

9 이에 선지자 예레미야를 통하여 하신 말씀이 응하게 되었으니: "그들이 그 은화 삼십 개를 거두매, 곧 이스라엘 사람들이 그 분에게 매긴 값이라, 10 그들이 그 돈을 사기 장수의 밭 사는 값으로 사용하였으니, 주께서 내게 명령하신 것과 같음이더라." 하였더라.

11 Meanwhile Jesus stood before the governor, and the governor asked him, "Are you the king of the Jews?" "Yes, it is as you say," Jesus replied. 12 When he was accused by the chief priests and the elders, he gave no answer.

11 예수께서 (*유대 총독) 빌라도 앞에 서시게 되었는데, 총독이 예수께 물어 이르기를, "그대가 유대인의 왕이냐?" 하니, 예수께서 대답하시되 "당신이 말하는대로 그러하니라." 하시니라. 12 그리고는 우두머리 제사장들과 장로들에 의해 고발을 당하실 때에도 그 고발 건들에 대해서는 아무런 대답도 하지 아

니하시니라.

13 Then Pilate asked him, "Don't you hear the testimony they are bringing against you?" **14** But Jesus made no reply, not even to a single charge--to the great amazement of the governor. **15** Now it was the governor's custom at the Feast to release a prisoner chosen by the crowd.

13 이에 빌라도가 예수께 묻기를, "저 사람들이 당신을 대적(對敵)하여 증언하는 것을 듣지 못하느뇨?" 하는데, **14** 예수께서는 여전히 거기에 대해 일체 대응하지를 않으시거늘, 빌라도 총독이 이를 크게 놀라워하더라. **15** 한편, 매년 명절이 되면 백성이 선택하는 죄수 한 사람을 총독(總督)이 사면(赦免)하여 놓아주는 관습이 있었더라.

16 At that time they had a notorious prisoner, called Barabbas. **17** So when the crowd had gathered, Pilate asked them, "Which one do you want me to release to you: Barabbas, or Jesus who is called Christ?" **18** For he knew it was out of envy that they had handed Jesus over to him.

16 그 때에 바라바라 하는 한 악명 높은 죄수가 있었는데, **17** 백성들 무리가 군중을 이루어 모여들었을 때에 빌라도가 그 백성들에게 물어 이르기를, "내가 누구를 너희에게 놓아주기를 원하느냐: 바라바냐, 아니면 그리스도라 하는 예수냐?" 하니 **18** 이는 빌라도가 이미, 자기에게 예수를 넘긴 이유가 제사장들의 시기(猜忌) 질투(嫉妬)로 말미암은 것임을 알고 있던 까닭이었더라.

19 While Pilate was sitting on the judge's seat, his wife sent him this message: "Don't have anything to do with that innocent man, for I have suffered a great deal today in a dream because of him." **20** But the chief priests and the elders persuaded the crowd to ask for Barabbas and to have Jesus executed. **21** "Which of the two do you want me to release to you?" asked the governor. "Barabbas," they answered.

19 총독이 재판장의 좌석에 앉았을 그 때에, 그의 아내가 사람을 보내어 이르기를, "저 죄 없는 사람과는 아무 상관도 하지 마소서. 오늘 꿈속에서 제가, 저 사람으로 인하여 크게 상심(傷心)한 일이 있나이다." 하더라. **20** 그러나 우두머리 제사장들과 장로들이 군중(群衆)의 무리를 부추겨 예수는 사형 당하게 하고 바라바를 풀어 달라 요청하도록 꾀하니 **21** 총독이 다시 물어 이르기를, "내가 둘 중 누구를 놓아주기를 너희가 원하느냐?" 하거늘, "바라바를 원하나이다." 하고 무리가 대답을 하니라.

22 "What shall I do, then, with Jesus who is called Christ?" Pilate asked. They all answered, "Crucify him!" **23** "Why? What crime has he committed?" asked Pilate. But they shouted all the louder, "Crucify him!"

22 빌라도가 이르되 "그러면 내가 이 그리스도라 하는 예수는 어떻게 하랴?" 하고 물으니 그 무리의 사람들이 모두가 다 함께 이르되 "십자가에 못 박히게 하소서." 하고 외치는지라, **23** "왜? 어찌하여? 그가 무슨 범죄를 저질렀느냐?" 하고 빌라도가 다시 묻는데, 그럼에도 불구하고 사람들이 더욱 소리 질러 "그를 십자가에 못 박으소서!" 하며 계속하여 소리를 지르고 외치니라.

24 When Pilate saw that he was getting nowhere, but that instead an uproar was starting, he took water and washed his hands in front of the crowd. "I am innocent of this man's blood," he said. "It is your responsibility!" **25** All the people answered, "Let his blood be on us and on our children!" **26** Then he released Barabbas to them. But he had Jesus flogged, and handed him over to be crucified.

24 빌라도가 이러지도 못하고 저러지도 못한 채, 도리어 폭동(暴動)과 소요(騷擾)가 일어나려는 것을 보고는, 물을 가져다가 군중이 보는 앞에서 자기 손을 씻으며 이르기를, "나는 이 사람의 피에 대해 죄가

없으니, 이는 전적으로 너희의 책임이로다." 하니라. **25** 이에 그 군중의 모든 사람들이 대답하여 이르기를, "그의 피를 우리와 우리 자손에게 돌리소서." 하더라. **26** 이에 빌라도가 바라바를 그들에게 놓아주고 대신에 예수는 채찍질을 받게 하고 또 십자가에 못 박히게 넘겨주니라.

27 Then the governor's soldiers took Jesus into the Praetorium and gathered the whole company of soldiers around him. **28** They stripped him and put a scarlet robe on him, **29** and then twisted together a crown of thorns and set it on his head. They put a staff in his right hand and knelt in front of him and mocked him. "Hail, king of the Jews!" they said. **30** They spit on him, and took the staff and struck him on the head again and again.

27 그 후에 총독의 군병들이 예수를 총독 관저 안으로 데리고 들어가니 중대 병력 전부가 예수 주위로 몰려 들더라. **28** 병사들이 예수의 옷을 벗겨 내고 자주색 겉옷을 입히고, **29** 가시를 꼬아 관을 엮어 머리에 들러 씌우더라. 또, 작대기를 그 오른손에 들리고 그 앞에서 무릎을 꿇고 조롱하며 "하일! 유대인의 왕이시여!" 하며 놀리고, **30** 또 그에게 침을 뱉으며 그 작대기를 도로 빼앗아 그것으로 예수의 머리를 거듭해 때리더라.

31 After they had mocked him, they took off the robe and put his own clothes on him. Then they led him away to crucify him. **32** As they were going out, they met a man from Cyrene, named Simon, and they forced him to carry the cross.

31 병사들이 이렇게 갖은 조롱을 다 한 후에 자주색 겉옷을 벗기고 도로 그의 옷을 입혀 십자가에 못 박기 위하여 그를 끌고 나가니라. **32** 그들이 길을 나서는 중에 구레네(키레네) 사람 시몬을 만나니, 그에게 예수의 십자가를 강제로 지고 가게 하니라.

33 They came to a place called Golgotha (which means The Place of the Skull). **34** There they offered Jesus wine to drink, mixed with gall; but after tasting it, he refused to drink it. **35** When they had crucified him, they divided up his clothes by casting lots. **36** And sitting down, they kept watch over him there.

33 그들이 골고다라고 부르는 곳에 도착하니, (이는 해골의 장소라는 의미라.) **34** 거기서 병사들이 예수께 포도주를 마시게 하는데 그 술이 쓸개즙을 섞은 것이라, 예수께서 맛을 보신 후에 이를 마시기를 거부하시니라. **35** 그들이 예수를 십자가에 못 박은 후에 그 옷을 제비 뽑아 나누고 **36** 자리에 앉아 예수를 지켜 보고 있으니라.

37 Above his head they placed the written charge against him: THIS IS JESUS THE KING OF THE JEWS. **38** Two robbers were crucified with him, one on his right and one on his left.

37 예수의 머리 위에 병사들이 죄목을 쓴 명패(命牌)를 두었으니 패에 씌여 있기를: **'유대인의 왕 예수'**라 하였더라. **38** 그 때에 예수와 함께 강도 둘이 나란히 십자가에 못 박히게 되었는데, 하나는 예수의 오른편에, 다른 하나는 예수의 왼편에 매달리니라.

39 Those who passed by hurled insults at him, shaking their heads **40** and saying, "You who are going to destroy the temple and build it in three days, save yourself! Come down from the cross, if you are the Son of God!" **41** In the same way the chief priests, the teachers of the law and the elders mocked him. **42** "He saved others," they said, "but he can't save himself! He's the King of Israel! Let him come down now from the cross, and we will believe in him.

39 거기를 지나가는 자들이 자기 머리를 절레절레 흔들며 예수를 모욕하는 말을 던지며 지나가는데, 말하기를, **40** "너, 성전을 헐고 사흘에 짓는 자여! 네 자신을 구원해 보라. 네가 만일 하나님의 아들이라면

십자가에서 내려와 보라!" 하더라. **41** 이와 마찬가지로, 우두머리 제사장들과 율법 교사들과 그리고 백
성의 장로들도 한결같이 예수를 조롱하며 **42** 말하기를, "그가 다른 사람들은 구원(救援)하였으되 자기
자신은 구원할 수 없음이로다. 보라, 그가 이스라엘의 왕이로다! 지금 이 사람이 저 십자가에서 내려온
다면 우리가 그를 믿겠노라.

43 He trusts in God. Let God rescue him now if he wants him, for he said, 'I
am the Son of God.'" **44** In the same way the robbers who were crucified with
him also heaped insults on him.

43 그가 하나님을 신뢰(信賴)하니 하나님께서 원하신다면 이제 그를 구원하시리라. 그가 자기 말로 '나
는 하나님의 아들이라' 하였음이로다." 하니 **44** 예수와 함께 십자가에 못 박힌 강도들도 이와 같이 예수
께 모욕적인 말을 던지더라.

45 From the sixth hour until the ninth hour darkness came over all the land.
46 About the ninth hour Jesus cried out in a loud voice, "Eloi, Eloi, lama
sabachthani?"--which means, "My God, my God, why have you forsaken me?"

45 여섯 시 쯤부터 온 땅이 어둠에 덮히기 시작하여 아홉 시가 될 때까지 온 땅에 어둠이 임하여 있더
라. **46** 아홉 시 쯤이 되어 예수께서 큰 목소리로 울부짖으시기를, "엘로이, 엘로이, 라마 사박타니?" 하
시니, 이는 "나의 하나님, 나의 하나님, 어찌하여 나를 버리시나이까?" 하는 뜻이더라.

47 When some of those standing there heard this, they said, "He's calling
Elijah." **48** Immediately one of them ran and got a sponge. He filled it with
wine vinegar, put it on a stick, and offered it to Jesus to drink. **49** The rest
said, "Now leave him alone. Let's see if Elijah comes to save him."

47 거기에 서 있던 자들 중 몇몇 사람들이 예수의 이 말씀하심을 듣고는, "저가 엘리야를 부른다." 하니
라. **48** 그 중의 한 사람이 달려가서 스폰지를 가져다 포도주 식초에 담갔다가 막대기에 꿰어 예수께 마
시라고 올려 드리는데, **49** 그 나머지 사람들은 말하기를, "그를 가만 내버려두라. 엘리야가 와서 그를
구원하나 두고 보자." 하더라.

50 And when Jesus had cried out again in a loud voice, he gave up his spirit.
51 At that moment the curtain of the temple was torn in two from top to
bottom. The earth shook and the rocks split. **52** The tombs broke open and the
bodies of many holy people who had died were raised to life. **53** They came
out of the tombs, and after Jesus' resurrection they went into the holy city and
appeared to many people.

50 예수께서 다시 크게 소리를 지르시고 나신 후에 자신의 영혼을 포기하시니라. **51** 바로 그 순간에 성
전 안의 성소 휘장이 위에서부터 아래로 둘로 찢어져 내리니라. 또 온 땅이 흔들리며 바위들이 터져 나
가고, **52** 무덤들이 부서지고 열리면서 예전에 죽었던 거룩한 사람들이 생명으로 부활해 일어나더라.
53 그들이 무덤에서 깨어 나와서, 예수께서 부활하신 후에, 거룩한 도시의 시내로 들어가 많은 사람들
에게 그 모습을 보이니라.

54 When the centurion and those with him who were guarding Jesus saw the
earthquake and all that had happened, they were terrified, and exclaimed,
"Surely he was the Son of God!" **55** Many women were there, watching from a
distance. They had followed Jesus from Galilee to care for his needs. **56** Among
them were Mary Magdalene, Mary the mother of James and Joses, and the
mother of Zebedee's sons.

54 그 때에 예수를 지키던 병사들과 또 그들의 백부장이, 온 땅에 일어난 지진과 그외 또 다른 일들이
동시에 일어나는 것을 보고는 큰 두려움에 사로잡히어 소리 높여 외치기를, "이 사람은 진정 하나님의

아들이셨도다!" 하더라. 55 한편, 저 멀리에서부터 이 모든 것을 지켜보던 여러 명의 여자들이 거기에
함께 있었으니, 이들은 갈릴리에서부터 예수를 따라오며 그를 섬기던 여인들이라. 56 그 중에는 막달라
마리아도 있고, 또 야고보(제임스)와 요세(조세스)의 어머니 마리아와, 그리고 또 세베대의 아들들의 어
머니도 있더라.

57 As evening approached, there came a rich man from Arimathea, named
Joseph, who had himself become a disciple of Jesus. 58 Going to Pilate, he
asked for Jesus' body, and Pilate ordered that it be given to him. 59 Joseph
took the body, wrapped it in a clean linen cloth, 60 and placed it in his own
new tomb that he had cut out of the rock. He rolled a big stone in front of the
entrance to the tomb and went away. 61 Mary Magdalene and the other Mary
were sitting there opposite the tomb.

57 저녁 시간이 다 되었을 때에, 아리마대에서부터 온 요셉이라 하는 한 부자가 나아오니, 이 사람은 그
전에 예수의 제자가 된 사람이라. 58 이 요셉이 빌라도에게 가서, 예수의 시체를 내어 달라 요구를 하거
늘, 빌라도가 그에게 시신(屍身)을 내어주라 명령을 내리더라. 59 요셉이 시체를 가져다가 깨끗한 아마
포(亞麻布)로 싸서 60 그 시신을 바위 속을 파내어 만든 자기의 새 무덤에 넣어 두고 큰 돌을 굴려 무덤
문 앞을 막아 놓고 가니라. 61 막달라 마리아와 또 다른 마리아 둘이 (*요셉이 이런 일을 하는동안) 그
무덤 앞에 앉아 있었더라.

62 The next day, the one after Preparation Day, the chief priests and the
Pharisees went to Pilate. 63 "Sir," they said, "we remember that while he was
still alive that deceiver said, 'After three days I will rise again.'

62 그 이튿날이 되매, 이 날은 유월절 준비하는 날 그 다음 날이라, 우두머리 제사장들과 바리새인들이
함께 모여 빌라도에게 가서 63 말을 하기를, "(*총독) 각하, 저 예수란 자 곧, 사람을 미혹하던 자가 살아
있을 때에 곧잘 말을 하기를, '내가 사흘 후에 다시 살아나리라' 하였던 것을 우리가 다 기억(記憶)하나
이다.

64 So give the order for the tomb to be made secure until the third day.
Otherwise, his disciples may come and steal the body and tell the people that
he has been raised from the dead. This last deception will be worse than the
first." 65 "Take a guard," Pilate answered. "Go, make the tomb as secure as you
know how." 66 So they went and made the tomb secure by putting a seal on
the stone and posting the guard.

64 그러하오니, 저 무덤을 앞으로 사흘까지 단단히 지키도록 명령을 내리소서. 그렇지 않으면, 그의 제
자들이 와서 시체를 도둑질하여 간 후에 백성들에게 말을 하기를 '그가 죽은 자 가운데서 다시 살아났
다' 할 수도 있으리이다. 그리하면 이 두 번째로 백성을 미혹함이 처음 것보다 그 폐단이 훨씬 더 클듯
하오이다." 하니, 65 빌라도가 이르되, "경비병들을 데려가라. 그리고 너희가 생각하는대로 최대한 안
전하게 이를 지키라." 하니라. 66 이에 그들이 가서 경비병들과 함께 무덤 입구를 막은 돌에 인봉(印封)
을 하고 경비병을 세워 무덤을 굳게 지키더라.

28장

1 After the Sabbath, at dawn on the first day of the week, Mary Magdalene and
the other Mary went to look at the tomb. 2 There was a violent earthquake,
for an angel of the Lord came down from heaven and, going to the tomb,
rolled back the stone and sat on it. 3 His appearance was like lightning, and

his clothes were white as snow. 4 The guards were so afraid of him that they shook and became like dead men.

1 안식일(安息日)이 지나고 그 주(週)의 첫날 새벽에, 막달라 마리아와 또 다른 마리아 둘이서 예수의 무덤을 살펴보려고 가니라. 2 그 때에 큰 지진이 일어나며, 주(主) 하나님의 천사가 하늘로부터 내려와 무덤 입구에 있던 돌을 굴려 내고 그 위에 앉았는데, 3 그 천사의 모습은 번개와 같고 그 옷은 눈과 같이 희더라. 4 이에 무덤을 지키던 경비병들이 그를 무서워하여 몸을 떨며, 마치 죽은 사람과 같이 되더라.

5 The angel said to the women, "Do not be afraid, for I know that you are looking for Jesus, who was crucified. 6 He is not here; he has risen, just as he said. Come and see the place where he lay.

5 그 천사가 여자들에게 말하여 이르기를, "무서워하지 말라. 너희가 십자가에 못 박히신 예수를 찾아온 줄을 내가 아노라. 6 여기 계시지 않으니; 그가 말씀하시던 대로 그가 도로 살아나셨느니라. 이리 와서 그가 누우셨던 곳을 보라.

7 Then go quickly and tell his disciples: 'He has risen from the dead and is going ahead of you into Galilee. There you will see him.' Now I have told you."
8 So the women hurried away from the tomb, afraid yet filled with joy, and ran to tell his disciples.

7 그러므로 너희는 지체(遲滯)하지 말고 그의 제자들에게 가서 말하기를: '그가 죽음으로부터 부활하셨고, 너희들보다 먼저 갈릴리로 가실 것이라. 거기서 너희가 그를 만나보리라.' 하라. 이제 내가 너희에게 이와 같이 말하였느니라." 하거늘, 8 그 여인들이 두려움 가운데에서도 큰 기쁨으로 급히 무덤을 떠나, 이를 한 시각이라도 빨리 제자들에게 알리려고 달려가니라.

9 Suddenly Jesus met them. "Greetings," he said. They came to him, clasped his feet and worshiped him. 10 Then Jesus said to them, "Do not be afraid. Go and tell my brothers to go to Galilee; there they will see me."

9 그 때에 갑자기 예수께서 그 여인들을 만나시고 이르시기를, "너희가 평안하뇨?" 하시니라. 이에 그 여인들이 예수께 나아가 그 발을 붙들고 엎드려 절을 하거늘, 10 예수께서 다시 말씀하시기를, "너희는 무서워하지 말고, 가서 내 형제들에게 이르기를 갈릴리로 가라 하라; 거기서 그들이 나를 만나게 되리라." 하시니라.

11 While the women were on their way, some of the guards went into the city and reported to the chief priests everything that had happened. 12 When the chief priests had met with the elders and devised a plan, they gave the soldiers a large sum of money, 13 telling them, "You are to say, 'his disciples came during the night and stole him away while we were asleep.' 14 If this report gets to the governor, we will satisfy him and keep you out of trouble." 15 So the soldiers took the money and did as they were instructed. And this story has been widely circulated among the Jews to this very day.

11 그 여인들이 (*제자들을 향해) 길을 가고 있는 동안에 경비병들 중 몇몇도 시내에 들어가 우두머리 제사장들에게 그 새벽에 일어난 모든 일들을 있는 그대로 다 고(告)하니라. 12 이에 제사장들이 장로들과 함께 만나 이 문제를 의논하고는 한 가지 계략을 짠 후에 병사들을 도로 불러 들여 큰 금액의 돈을 주며 13 이르기를, "너희는 말하기를, '너희가 밤에 잠을 잘 때에 그의 제자들이 와서 시신을 도둑질해 갔다' 하라. 14 만일 이 일이 총독에게 보고되어 올라가면, 우리가 그를 어떡하든 흡족하게 만들어 너희가 아무런 해를 당하지 않게 하리라." 하고 말을 하니라. 15 이에 그 병사들이 돈을 받고 지시를 받은 대로 하니, 이 이야기가 오늘날까지 유대인 가운데에 두루 퍼져 통하게 되었더라.

16 Then the eleven disciples went to Galilee, to the mountain where Jesus

had told them to go. **17** When they saw him, they worshiped him; but some
doubted. **18** Then Jesus came to them and said, "All authority in heaven and on
earth has been given to me. **19** Therefore go and make disciples of all nations,
baptizing them in the name of the Father and of the Son and of the Holy
Spirit, **20** and teaching them to obey everything I have commanded you. And
surely I am with you always, to the very end of the age."

16 그리하여 열한 제자가 갈릴리로 가는데, 예수께서 그들에게 오라 말씀하신 그 산을 향하여 길을 가
니라. **17** 그들이 거기에서 예수를 만나 그에게 경배하며 절들을 하나, 그 중의 몇몇은 여전히 의심(疑
心)을 떨치지 못하더라. **18** 이에 예수께서 그들에게 나아와 말씀하시기를, "하늘과 땅의 모든 권세(權
勢)를 내게 주셨으니 **19** 그러므로 너희는 가서 모든 민족들을 제자로 만들어, 아버지와 아들과 성령의
이름으로 세례를 베풀며, **20** 내가 너희에게 명한 모든 것을 가르쳐 이것들을 지키게 하라. 분명히 내가
말하건대, 내가 이 세상 끝날까지 너희와 항상 함께 있으리라." 하고 말씀하시니라.

로마서

Romans

Romans

로마서

제1장

1 Paul, a servant of Christ Jesus, called to be an apostle and set apart for the
gospel of God - 2 the gospel he promised beforehand through his prophets
in the Holy Scriptures 3 regarding his Son, who as to his human nature was a
descendant of David, 4 and who through the Spirit of holiness was declared
with power to be the Son of God by his resurrection from the dead: Jesus
Christ our Lord.

1 예수 그리스도의 종, 바울은 사도로 부르심을 받고 하나님의 복음을 위하여 따로 세움을 받았나니 2
이 복음은 하나님께서 선지자들을 통하여 성경 가운데에서 미리 약속하신 바 3 그 아들에 관한 것이라,
이 아들로 말하자면 그 사람 된 본성(本性)으로서는 다윗의 후손이요 4 거룩한 성령을 통하여서는 죽음
에서 다시 살아나심으로, 그리고 능력으로 '하나님의 아들'로 선포되셨으니: 곧 우리 주 예수 그리스도
시니라.

5 Through him and for his name's sake, we received grace and apostleship
to call people from among all the Gentiles to the obedience that comes from
faith. 6 And you also are among those who are called to belong to Jesus Christ.

5 그를 통하여, 또 그 이름을 위하여, 우리가 이 은혜와 사도의 직분을 받았으니 이는 모든 이방인들로
부터 사람들을 불러내어 믿음으로부터 오는 순종에 이르게 하기 위해서니라. 6 너희도 또한 예수 그리
스도께 속함을 받기 위하여 이러한 부르심을 받은 이들 가운데 있느니라.

7 To all in Rome who are loved by God and called to be saints: Grace and
peace to you from God our Father and from the Lord Jesus Christ.

7 하나님으로부터 사랑을 받아 성도(聖徒)로 불리움을 받은 로마에 있는 모든 이들에게: 하나님 우리 아
버지와 우리 주 예수 그리스도로부터 오는 은혜와 평강이 너희에게 있을지어다.

8 First, I thank my God through Jesus Christ for all of you, because your faith
is being reported all over the world. 9 God, whom I serve with my whole heart
in preaching the gospel of his Son, is my witness how constantly I remember
you 10 in my prayers at all times; and I pray that now at last by God's will the
way may be opened for me to come to you.

8 먼저, 너희 모두로 인하여 나의 하나님께—예수 그리스도를 통하여—내가 감사하노니, 이는 너희의
믿음이 온 세상에서 들려오고 있음이라. 9 내가 늘 기도할 때마다 얼마나 끊임없이 너희를 그리워하는
지는 그의 아들의 복음을 전파하면서 내가 온 마음으로 섬기는 하나님께서 친히 나의 증인이 되시는도
다. 10 그리고 이제 다시금 내가 기도하노니 어떡하든지 하나님의 뜻 가운데에서 너희에게로 건너갈 수
있는 길이 쉬이 열리기를 내가 간절히 원하노라.

11 I long to see you so that I may impart to you some spiritual gift to make you
strong -12 that is, that you and I may be mutually encouraged by each other's
faith.

11 내가 이토록 너희 보기를 간절히 원하는 것은, (*신앙 안에서) 너희를 더욱 강하게 하기 위해 몇 가지
영적(靈的)인 은사(恩賜)를 너희에게 나누어 주기 위함이니, 12 곧 나와 너희가 서로의 믿음에 의해 함
께 권면을 받기 위함이로다.

13 I do not want you to be unaware, brothers, that I planned many times to
come to you (but have been prevented from doing so until now) in order that I
might have a harvest among you, just as I have had among the other Gentiles.
14 I am obligated both to Greeks and non-Greeks, both to the wise and the
foolish. 15 That is why I am so eager to preach the gospel also to you who are
at Rome.

13 형제들아, 나는 너희가 이런 사실을 모르고 있기를 원치 아니하노니, 다른 이방인 가운데에서 내가
그 전에 거두었던 것처럼 너희 가운데에서도 같은 영적 추수를 거두기 위하여 정말로 내가 여러 번 너희
에게로 건너가려고 계획했던 것과 그리고 또 지금껏 이런 길이 줄곧 막혀 왔던 바로 그 사실이라. 14 그
리스 사람들이거나 혹은 그리스인이 아닌 사람들에게나, 그리고 현명한 사람이나 어리석은 사람이나 간
에 모두에게 내가 마음의 빚을 지고 있나니 15 이것이 바로 로마에 있는 너희 모두에게도 그토록 간절
히 복음을 전하고자 하는 연유니라.

16 I am not ashamed of the gospel, because it is the power of God for the
salvation of everyone who believes: first for the Jew, then for the Gentile.

16 내가 복음을 부끄러워하지 아니하노니 이는 믿는 모든 이에게 구원을 주시는 하나님의 능력인 까닭
이라: 먼저는 유대인에게요 그 다음은 이방인을 위해서니라.

17 For in the gospel a righteousness from God is revealed, a righteousness that
is by faith from first to last, just as it is written: "The right-eous will live by
faith."

17 복음 안에는 하나님으로부터 온 '의'(義)가 나타나 있으매, 이 의(義)는 "의인(義人)은 믿음에 의해 살
리라" 하고 성경에 기록된 것과 같이, 처음부터 끝까지 믿음에 의해 오는 것이니라.

18 The wrath of God is being revealed from heaven against all the godlessness
and wickedness of men who suppress the truth by their wickedness, 19 since
what may be known about God is plain to them, because God has made it
plain to them.

18 하나님의 진노가 하늘로부터 나타나, 자신들의 사악함에 의해 진리를 억압하는 자들의 죄 많은 불신
앙(不信仰)과 사악함 위에 임하리니, 19 이는 하나님에 관해 알 수 있는 것들이 그들을 향해 분명히 나
타나 있기 때문이요, 하나님께서 이를 그들이 알기 쉽도록 만들어 두셨기 때문이라.

20 For since the creation of the world God's invisible qualities-his eternal
power and divine nature-have been clearly seen, being under-stood from what
has been made, so that men are without excuse.

20 이 세상을 창조하신 때로부터 (*지금까지) 하나님의 보이지 아니하는 성품–곧, 그 영원하신 능력과
신성한 본성–이 그 창조된 것들을 통하여 분명히 이해될 수 있도록 밝히 보여지고 있으니, 이에 사람들
이 핑계를 대지 못할지니라.

21 For although they knew God, they neither glorified him as God nor gave
thanks to him, but their thinking became futile and their foolish hearts were
darkened. 22 Although they claimed to be wise, they became fools 23 and
exchanged the glory of the immortal God for images made to look like mortal
man and birds and animals and reptiles.

21 그러나 사람들이 하나님을 알고 있음에도 불구하고 하나님을 하나님으로 영화롭게 받들지도 않을
뿐 아니라 감사도 드리지 아니하고, 그 생각이 허망한 데에 빠져 어리석은 마음이 더욱 어두워졌으니
22 그들이 스스로 자신들을 현명하다고 주장하나 어리석은 자가 되어 23 영원히 살아계시는 하나님의
영광을, 언젠가는 죽어 없어질 인간이나 새, 또는 짐승, 그리고 파충류를 닮은 형상으로 바꾸었도다.

24 Therefore God gave them over in the sinful desires of their hearts to
sexual impurity for the degrading of their bodies with one another. 25 They
exchanged the truth of God for a lie, and worshiped and served created things
rather than the Creator--who is forever praised. Amen.

24 그러므로 하나님께서 그들을 그 마음의 원하는 바, 죄악의 욕정에 넘겨주셨으니 곧 서로의 몸을 피
차 욕되게 만드는 성적(性的) 타락이라. 25 그들이 하나님의 진리를 거짓말로 바꾸어, 영원히 찬양받으
실-아멘-창조주를 놓아두고 대신 한갓 피조물을 섬기고 경배하는도다.

26 Because of this, God gave them over to shameful lusts. Even their women
exchanged natural relations for unnatural ones. 27 In the same way the men
also abandoned natural relations with women and were inflamed with lust for
one another. Men committed indecent acts with other men, and received in
themselves the due penalty for their perversion.

26 이로 인하여 하나님께서 그들을 수치스러운 욕망에 넘겨주셨으니 심지어 여자들도 그 타고 난 바,
자연적인 관계 대신에, 자연에 어긋나는 관계로 바꾸어 택하며 27 이와 같이 남자들도 자연이 허락한
여자와의 상관관계를 버리고 서로를 향한 음욕에 불타오르게 되었느니라. 그리하여 남자와 남자가 서로
더불어 외설적인 행위를 저지르게 되었으니 이러한 어그러짐에 대해서는 그에게 합당한 벌을 이미 그들
이 받았음이로다.

28 Furthermore, since they did not think it worthwhile to retain the knowledge
of God, he gave them over to a depraved mind, to do what ought not to be
done. 29 They have become filled with every kind of wickedness, evil, greed
and depravity. They are full of envy, murder, strife, deceit and malice. They
are gossips 30 slanderers, God-haters, insolent, arrogant and boastful; they
invent ways of doing evil; they disobey their parents; 31 they are senseless,
faithless, heartless, ruthless. 32 Although they know God's righteous decree
that those who do such things deserve death, they not only continue to do
these very things but also approve of those who practice them.

28 또한, 그들이 (*하나님을 마음에 두기 싫어할 뿐만 아니라) 하나님에 관한 지식을 지니고 있는 것 자
체를 가치있게 여기지 아니함으로, 하나님께서 그들을 그 타락한 마음에 내버려 두사, 결코 하여서는 아
니될 일들을 기꺼이 하기에까지 이르게 하셨으니 29 곧, 온갖 부정함, 사악함, 탐욕, 타락함이 그들 가
운데 가득하게 되었으며 또한 시기, 살인, 불화, 속임수, 악의가 그들 가운데 넘쳐나게 되었으니 그들은
남의 말 옮기기 좋아하는 자요, 30 중상, 비방하는 자요, 하나님을 싫어하는 자요, 무례한 자요, 교만하
고 스스로 높은 체 하는 자들이요; 심지어 악한 일 도모하는 길 찾는 데에 시간을 보낼 뿐 아니라; 부모
를 거슬러 거역하는 자들이니; 31 곧 이들로 말하자면 지각도 없고, 믿음도 없고, 무정한 자, 무자비한
자들이라 할 것이라. 32 이러한 일들을 행하는 자들에게는 죽음이 그 대가(代價)로 주어져 있다는 하나
님의 의로우신 선포가 있음을 알고 있으면서도, 이런 행위를 그치지 아니하고 계속하고 있을 뿐 아니라
또한 같은 행위를 하는 다른 사람들을 옳다 하며 서로를 받아들이는도다.

제2장

1 You, therefore, have no excuse, you who pass judgment on someone else, for at whatever point you judge the other, you are condemning yourself, because you who pass judgment do the same things. 2 Now we know that God's judgment against those who do such things is based on truth.

1 그러므로 너희가 핑계하지 못할 것은, 다른 사람에게 판단을 내리는 네가 무슨 일에든지 다른 사람을 심판, 판단할 때에 실상은 네가 네 자신을 스스로 정죄하고 있는 것이라, 곧 그런 것들이 잘못되었다고 판단하는 너희가 똑같은 일을 행하는 까닭이니라. 2 이와 같은 것들을 행하는 사람들에게 내리는 하나님의 심판이 진리에 따르고 있음을 우리가 아노라.

3 So when you, a mere man, pass judgment on them and yet do the same things, do you think you will escape God's judgment? 4 Or do you show contempt for the riches of his kindness, tolerance and patience, not realizing that God's kindness leads you toward repentance? 5 But because of your stubbornness and your unrepentant heart, you are storing up wrath against yourself for the day of God's wrath, when his righteous judgment will be revealed.

3 그러니 이 사람들아, 너희가 다른 사람에 대해 비판, 판단하면서도 여전히 같은 일을 행할 때에 너희는 하나님의 심판을 피해갈 줄 생각하느냐? 4 아니면, 하나님의 자비하심이 너희를 회개에 이르게 하심을 미처 알지 못하여, 하나님의 그 넘치는 자비하심과 관용하심, 그리고 길이 참으심을 너희가 무시하는 것이냐? 5 다만 너희의 완고함과 회개하지 아니하는 고집스러운 마음이 하나님의 진노(震怒)의 날, 곧 그의 의로우신 심판이 나타날 그 날에 너희에게 임할 진노를 너희 스스로 자기의 머리 위에 쌓는도다.

6 God "will give to each person according to what he has done." 7 To those who by persistence in doing good seek glory, honor and immortality, he will give eternal life. 8 But for those who are self-seeking and who reject the truth and follow evil, there will be wrath and anger.

6 하나님이 (*마지막 때에) 우리 한 사람 한 사람에게 각자 자신이 행한 바에 따라 보응(報應)하시리니 7 오직 인내로써 참으며 선(善)을 행하고, 영광과 명예와 영생을 추구하는 자들에게는 영원한 삶을 주실 것이나 8 이기적이고 자기본위적이며 진리를 거부하고 악을 좇는 자에게는 진노와 분노가 있으리라.

9 There will be trouble and distress for every human being who does evil: first for the Jew, then for the Gentile; 10 but glory, honor and peace for everyone who does good: first for the Jew, then for the Gentile. 11 For God does not show favoritism.

9 악을 행하는 모든 인간에게 환난(患難)과 괴로움이 있을 것이니: 먼저는 유대인에게요 그 다음은 이방인에게며; 10 그러나 선을 행하는 모든 자에게는 영광과 명예와 평강이 주어지리니: 먼저는 유대인에게요 그 다음으로는 이방인의 순서니라. 11 하나님께서는 어떠한 차별도 베풀지 아니하시느니라.

12 All who sin apart from the law will also perish apart from the law, and all who sin under the law will be judged by the law. 13 For it is not those who hear the law who are righteous in God's sight, but it is those who obey the law who will be declared righteous.

12 율법과 떨어져 율법에 상관없이 죄를 짓는 자들 (*이방인)은 율법과 상관없이 멸망할 터이요, 율법하에서 죄 짓는 자들 (*유대인)은 율법에 의해 심판을 받으리라. 13 하나님 보시기에 의로운 자는 율법을 듣기만 하는 자가 아니요, 율법에 순종하여 이를 행하는 자가 하나님께 의하여 의롭다 선포되는 것이니라.

14 (Indeed, when Gentiles, who do not have the law, do by nature things required by the law, they are a law for themselves, even though they do not have the law, 15 since they show that the requirements of the law are written on their hearts, their consciences also bearing witness, and their thoughts now accusing, now even defending them.)

14 (사실, 율법을 가지지 못한 이방인이 율법에서 요구하는 (*그런 선한) 행위를 자기의 본성을 좇아 행하였을 때에는 그들 스스로가 자신에게 율법이 되나니 비록 그들에게 율법이 없어도 15 율법이 명하는 바, 삼가 지켜야 할 것들이 그들의 마음판에 쓰인 바 되고, 그들의 양심이 증인이 되어, 자신의 생각이 스스로를 고발함으로 그들 자신을 방어하게 되는 것이라.)

16 This will take place on the day when God will judge men's secrets through Jesus Christ, as my gospel declares.

16 바로 이런 일들이-내가 선포한 복음과 같이-하나님께서 사람들의 은밀한 것을 예수 그리스도 안에서 심판하실 바로 그 날에 이루어질 것이니라.

17 Now you, if you call yourself a Jew; if you rely on the law and brag about your relationship to God; 18 if you know his will and approve of what is superior because you are instructed by the law; 19 if you are convinced that you are a guide for the blind, a light for those who are in the dark, 20 an instructor of the foolish, a teacher of infants, because you have in the law the embodiment of knowledge and truth-- 21 you, then, who teach others, do you not teach yourself? You who preach against stealing, do you steal?

17 이제 너희가 스스로 자신을 유대인이라 칭하고, 율법에 의지하여 하나님과의 관계를 자랑하면서,
18 또한 너희가 하나님의 뜻이 무엇인지를 분간해 알며, 율법에 의해 교훈을 받음으로 무엇이 우월한 것인지를 알고 판단하고, 19 스스로 확신하기를 맹인을 위한 인도자요, 어둠에 있는 자들의 빛이라 자부하면서; 20 아울러, 참된 지식과 진리의 형상인 율법을 가졌다는 바로 그 사실로 인해 무지한 자들을 가르치는 교사요, 어린이들의 선생이라고 스스로 칭하니, 21 곧 남을 가르치는 너희가, 너희 자신은 가르치지 아니하느냐? 도둑질이 나쁘다고 설교하는 너희가 훔치고 도둑질하느냐?

22 You who say that people should not commit adultery, do you commit adultery? You who abhor idols, do you rob temples? 23 You who brag about the law, do you dishonor God by breaking the law? 24 As it is written: "God's name is blasphemed among the Gentiles because of you."

22 간음 죄를 짓지 말라고 사람들에게 말하는 네가 간음하느냐? 우상을 혐오하고 가증히 여기는 너희가 성전 물건을 강탈하느냐? 23 율법을 자랑하는 너희가 율법을 범함으로 하나님을 욕되게 하느냐? 24
성경에 기록된 바, "하나님의 이름이 너희 때문에 이방인 가운데에서 모독(冒瀆)을 받는다" 함과 같으니라.

25 Circumcision has value if you observe the law, but if you break the law, you have become as though you had not been circumcised. 26 If those who are not circumcised keep the law's requirements, will they not be regarded as though they were circumcised? 27 The one who is not circumcised physically and yet obeys the law will condemn you who, even though you have the written code and circumcision, are a lawbreaker.

25 할례(割禮)는 너희가 율법을 지킬 때에 유익이 되는 것이니 만약 너희가 율법을 범하면 할례를 받지 아니한 것처럼 되느니라. 26 반면에, 할례를 받지 아니한 이방인이 율법의 요구를 지키면, 그들이 할례 받은 자와 같이 여겨져야 할 것이 아니겠느냐? 27 육체에 할례를 받지 아니하고도 율법을 지키는 자 (*이방인)들이, 글로 쓰인 계명과 함께 할례의 제도(制度)를 가진 너희를 장차 '법 어긴 자'로 정죄할 것이

니라.

28 A man is not a Jew if he is only one outwardly, nor is circumcision merely outward and physical. 29 No, a man is a Jew if he is one inwardly; and circumcision is circumcision of the heart, by the Spirit, not by the written code. Such a man's praise is not from men, but from God.

28 그런고로 사람이 겉모습만 유대인이라면 그는 참 유대인이 아니요, 겉으로 드러난 육신에 행하기만 한 할례는 할례가 아니니 29 내면적으로 유대인인 자가 참 유대인이요, 할례는 글로 쓰인 계명이 아니라 성령에 의해 마음에 행한 할례가 참된 할례니, 이런 자들에게는 사람들의 칭찬이 아닌, 하나님으로부터 칭찬이 있으리라.

제3장

1 What advantage, then, is there in being a Jew, or what value is there in circumcision?

1 그러면 유대인이라는 것에 어떤 유익이 있느냐? 할례를 받는 것에 어떤 가치가 있는 것이냐?

2 Much in every way! First of all, they have been entrusted with the very words of God.

2 범사에 많도다! 무엇보다도 우선 말하자면, 그들이 바로 하나님의 말씀을 위탁받았다는 사실이라.

3 What if some did not have faith? Will their lack of faith nullify God's
faithfulness? 4 Not at all! Let God be true, and every man a liar. As it is written: "So that you may be proved right when you speak and prevail when you judge."

3 만약에 (*유대인이 아닌) 어떤 다른 이들이 믿음이 없다 하면 어떠하겠느냐? 그들 (*이방인)의 믿음 부족함이 하나님의 신실하심을 무익하게 만들겠느냐? 4 그렇지 않으니라! 오직 진실하신 분은 하나님 한 분이시요, 차라리 모든 인간은 거짓말쟁이라 해야 할 것이라. 성경에 기록된 바, "말씀하실 때에 옳으시다는 것이 입증되고 심판하실 때에 압도하시기 위함이라" 함과 같으니라.

5 But if our unrighteousness brings out God's righteousness more clearly, what shall we say? That God is unjust in bringing his wrath on us? (I am using a human argument.) 6 Certainly not! If that were so, how could God judge the world?

5 그러나 우리의 의롭지 못한 것, 바로 그것이 하나님의 의로우심을 이토록 분명히 드러낸다면 우리가 뭐라고 말하리오? 하나님의 진노가 우리에게 임한다고 해서 하나님이 불공평하신 것이냐? (내가 지금, 사람들의 언쟁하는 방식을 빌려 말하고 있노라) 6 결코 그렇지 않으니라! 만약 그렇다면, 하나님께서 어찌 세상을 심판하실 수 있으리오?

7 Someone might argue, "If my falsehood enhances God's truthfulness and so increases his glory, why am I still condemned as a sinner?" 8 Why not say--as we are being slanderously reported as saying and as some claim that we say--"Let us do evil that good may result"? Their condemnation is deserved.

7 혹 어떤 사람이 따져 묻기를 "만약 나의 거짓됨이 하나님의 진실하심을 드높이고, 그 영광을 높인다면 왜 내가 죄인으로 정죄받느냐?"고 한다면 8 왜 차라리 이렇게 말하지 그러느냐?—어떤 사람들이 짐짓

우리가 이런 식으로 말한다 하고 또 그렇게 비방을 하고 있다 하니–"결과적으로 선이 행해지기 위하여
더욱 힘써 악을 행하자"고? 이런 사람들을 향한 정죄가 이미 예비되었느니라.

9 What shall we conclude then? Are we any better? Not at all! We have
already made the charge that Jews and Gentiles alike are all under sin. 10
As it is written: "There is no one righteous, not even one; 11 there is no one
who understands, no one who seeks God. 12 All have turned away, they have
together become worthless; there is no one who does good, not even one."

9 결론이 무엇이뇨? 우리는 (*그들보다) 나으냐? 결코 아니라! 우리가 이미 선포한 바, 유대인이나 이방
인이나 모두가 다 같이 죄 아래에 있다 하였도다. 10 성경에 기록된 바, "의인은 없나니 하나도 없으며;
11 하나님을 이해(理解)하는 이도 없고 하나님을 찾는 이도 없고, 12 모두가 등을 돌려 떠나갔나니, 모
든 사람이 다 함께 무익하게 되어 버리고; 선을 행하는 이가 없으니 하나도 없도다." 함과 같으며

13 "Their throats are open graves; their tongues practice deceit." "The poison
of vipers is on their lips." 14 "Their mouths are full of cursing and bitterness."
15 "Their feet are swift to shed blood; 16 ruin and misery mark their ways, 17
and the way of peace they do not know." 18 "There is no fear of God before
their eyes."

13 또한 "그들의 목구멍은 열린 무덤이요; 그 혀는 속임을 일삼으며: 그 입술에 독사의 독이 있도다. 14
그 입은 저주와 쓰라린 비꼼으로만 가득하고 15 그 발은 피 흘리는 일에 재빠르고 16 멸망과 비참함이
그 앞길에 놓여 있어 17 그들이 평강의 길을 알지 못하고 18 그들의 눈앞에 하나님을 두려워함이 없도
다." 함과 같도다.

19 Now we know that whatever the law says, it says to those who are under
the law, so that every mouth may be silenced and the whole world held
accountable to God. 20 Therefore no one will be declared righteous in his
sight by observing the law; rather, through the law we become conscious of
sin.

19 이제 우리가 알진대 율법이 뭐라고 말을 하든, 이는 율법 아래에 있는 자들에게 말함이니, 모든 입이
잠잠하여 침묵함으로 온 세상이 하나님 앞에서 심판받기 위함이라. 20 그러므로 율법을 지킴으로는 하
나님 보시기에 의롭다고 선포될 만한 사람이 없으니 도리어, 율법을 통하여서는 죄를 인식하게 될 뿐이
니라.

21 But now a righteousness from God, apart from law, has been made known,
to which the Law and the Prophets testify.

21 그러나 이제는 율법과는 상관이 없는, 하나님으로부터 주어진 한 다른 의(義)가 우리에게 알려졌으
니, 곧 율법과 선지자들이 지금껏 증거해 온 것이니라.

22 This righteousness from God comes through faith in Jesus Christ to all who
believe. There is no difference, 23 for all have sinned and fall short of the
glory of God, 24 and are justified freely by his grace through the redemption
that came by Christ Jesus.

22 이 의(義)는 하나님으로부터 나와서 예수 그리스도를 믿는 모든 사람에게 주어지는 의(義)이니 차별
이 없도다. 23 모든 사람이 죄를 지어 하나님의 영광에 이르지 못하더니 24 예수 그리스도로부터 주어
진 구속(救贖) (*또는 속량(贖良)을 통하여, 은혜로 말미암아 값을 치름없이 '의롭다 함'을 얻게 되었느
니라.

25 God presented him as a sacrifice of atonement, through faith in his blood.

He did this to demonstrate his justice, because in his forbearance he had left
the sins committed beforehand unpunished-- **26** he did it to demonstrate his
justice at the present time, so as to be just and the one who justifies those who
have faith in Jesus.

25 하나님께서 예수를, 그의 피 흘림 가운데에 있는 믿음을 통하여 속죄의 희생물로 제시(提示)하셨으
니 이는 하나님께서 그의 의로우심을 나타내 보이기 위해 그렇게 도모(圖謀)하신 것이라, 하나님께서 길
이 참으심 가운데 (*우리가) 예전에 지은 죄를 벌하지 아니하고 넘어가신 것이 바로 이런 까닭이라. **26**
하나님께서 이렇게 도모하신 것은 바로 지금 이때에 자신의 의로우심을 나타내 보이시기 위함이요, 예
수 그리스도를 믿는 믿음 가운데 있는 자들을 의롭다 하신 이가 곧 의로우신 분이심을 나타내시기 위함
이니라.

27 Where, then, is boasting? It is excluded. On what principle? On that of
observing the law? No, but on that of faith. **28** For we maintain that a man is
justified by faith apart from observing the law.

27 그런즉, 어디 자랑할 데가 있느뇨? 자랑할 수가 없느니라. 무슨 원칙에 의해서냐? 법을 지킴으로서
냐? 아니라, 오직 믿음으로 말미암는 원칙 위에 서 있는 것이니라. **28** 곧, 우리가 주장하건대 사람이 의
롭다 하심을 받는 것은 믿음에 의해서 그리되는 것이요, 율법을 지키는 것과는 상관이 없느니라.

29 Is God the God of Jews only? Is he not the God of Gentiles too? Yes, of
Gentiles too, **30** since there is only one God, who will justify the circumcised
by faith and the uncircumcised through that same faith.

29 하나님은 유대인만의 하나님이시뇨? 이방인의 하나님은 아니시뇨? 물론, 이방인의 하나님도 되시
느니라. **30** 하나님은 오직 한 분이시니, 바로 이 하나님께서 할례받은 자들도 믿음으로, 할례받지 않은
이방인들도 같은 믿음으로 인하여, 의롭다 하시는 바로 그 분이시니라.

31 Do we, then, nullify the law by this faith? Not at all! Rather, we uphold the
law.

31 그러면, 우리가 이런 믿음에 의해 율법을 쓸데없다 하는 것이냐? 결코 그렇지 않으니라. 도리어 우
리가 율법을 붙들어 세우느니라.

제4장

1 What then shall we say that Abraham, our forefather, discovered in this
matter? **2** If, in fact, Abraham was justified by works, he had something to
boast about--but not before God. **3** What does the Scripture say? "Abraham
believed God, and it was credited to him as righteousness."

1 묻건대, 우리의 조상인 아브라함은 이런 문제에 있어서 어떻게 평가될 수 있겠느냐? **2** 만일 아브라함
이 자신의 어떤 행위로 말미암아 의롭다 함을 받았으면, 자랑할 것이 있으려니와 하나님 앞에서는 아니
니라. **3** 성경이 뭐라 말하느뇨? "아브라함이 하나님을 '믿으매', 이것이 그가 '의롭다고' 인정된 연고니
라." 함과 같도다.

4 Now when a man works, his wages are not credited to him as a gift, but as
an obligation. **5** However, to the man who does not work but trusts God who
justifies the wicked, his faith is credited as righteousness. **6** David says the

same thing when he speaks of the blessedness of the man to whom God credits righteousness apart from works: 7 "Blessed are they whose transgressions are forgiven, whose sins are covered. 8 Blessed is the man whose sin the Lord will never count against him."

4 사람이 일을 하고 있을 때에 그 사람에 대한 급여나 품삯은 선물이 아니고 그에게 마땅히 지급하여야 할 일종의 의무가 되는 것이니 5 그러나 아무런 일을 하지 않았음에도, 하나님-곧 악한 사람마저 의롭다 하시는 하나님-을 믿고, 신뢰하여 따르는 사람에게는 바로 이 믿음이 '의롭다'고 여김을 받는 것이니라. 6 '일한 것 없이', 즉, 자신의 행위와 상관없이, 하나님께 의롭다 여겨짐을 받는 사람에 대하여 다윗이 같은 것을 일러 말하였으니 곧, 7 "그 범죄함이 용서를 받고 그 죄가 가리움을 받은 이가 복이 있으며 8 주(主) 하나님께서 그의 죄를 따지지 아니하시는 자가 복이 있도다." 함과 같으니라.

9 Is this blessedness only for the circumcised, or also for the uncircumcised? We have been saying that Abraham's faith was credited to him as righteousness. 10 Under what circumstances was it credited? Was it after he was circumcised, or before? It was not after, but before!

9 그러면 이런 복 주심이 할례받은 자들에게만 주어지는 것이냐? 아니면 할례받지 못한 자에게도 주어진 것이냐? 우리가 지금까지 일관되게 말해 온 바, 결국 아브라함의 믿음이 그에게 의로움으로 여겨진 바 되었다는 것이라. 10 아브라함이 이런 (*의롭다는) 평가를 받은 것이 어떤 상황 아래에서이냐? 할례를 받은 이후냐, 아니면 할례를 받기 이전이냐? 할례 이후가 아니라 할례 이전이로다!

11 And he received the sign of circumcision, a seal of the righteousness that he had by faith while he was still uncircumcised. So then, he is the father of all who believe but have not been circumcised, in order that righteousness might be credited to them. 12 And he is also the father of the circumcised who not only are circumcised but who also walk in the footsteps of the faith that our father Abraham had before he was circumcised. 13 It was not through law that Abraham and his offspring received the promise that he would be heir of the world, but through the righteousness that comes by faith.

11 아브라함이 할례의 표식을 받은 것은 그가 할례를 받기 이전에 가졌던 믿음에 의하여 이미 받은 '의롭다 함'에 확인의 도장을 찍기 위한 것이라. 그러므로 아브라함은 할례를 받지 아니하고 믿는 모든 이들 (*이방인으로서 믿는 자들)의 조상이 되었으니 이는 곧 그들 (*이방인)에게도 '의롭다 칭하심'이 주어지기 위함이로다. 12 이 뿐 아니라 아브라함은 할례 받은 자들 즉, 할례를 받았을 뿐 아니라 아브라함이 할례 받기 이전에 가졌던 믿음의 발자취를 따르는 자들의 조상도 되었으니 13 아브라함과 그의 후손이 이 세상의 상속자가 되리라고 약속을 받은 것은 율법을 통해서가 아니요, 믿음에 의해 주어지는 의로움을 통해서이니라.

14 For if those who live by law are heirs, faith has no value and the promise is worthless, 15 because law brings wrath. And where there is no law there is no transgression.

14 만약 율법에 따라 사는 자들이 상속자이면, 믿음은 쓸모없게 되고 약속은 헛것이 되나니 15 율법은 진노를 불러올 따름이라, 율법이 없는 곳에는 법을 범할 일도 없느니라.

16 Therefore, the promise comes by faith, so that it may be by grace and may be guaranteed to all Abraham's offspring--not only to those who are of the law but also to those who are of the faith of Abraham. He is the father of us all. 17 As it is written: "I have made you a father of many nations." He is our father in the sight of God, in whom he believed--the God who gives life to the dead and calls things that are not as though they were.

16 그러므로 약속은 믿음에 의해 오나니, (*첫째로는) 이 약속이 은혜에 의해 주어지는 것이 되기 위해서요, (*둘째는) 또, 아브라함의 모든 후손 곧, 율법에 속한 자들뿐 아니라 아브라함의 믿음에 속한 사람들 모두에게 (*이 약속이) 보증(保證)이 되기 위해서니라. 이에 아브라함은 우리 모두의 조상이요 아버지니라. 17 성경에 기록된 바, "내가 너를 많은 민족의 아버지로 삼았느니라" 함과 같으니 그는 하나님이 보시기에 우리의 조상 아버지요, 아브라함이 믿은 하나님은 죽은 자를 살려 내사 생명을 주시며 또한 이 세상에 존재하지 않았던 것을 마치 그 전부터 있었던 것처럼 불러내시는 분이시니라.

18 Against all hope, Abraham in hope believed and so became the father of many nations, just as it had been said to him, "So shall your offspring be." 19 Without weakening in his faith, he faced the fact that his body was as good as dead--since he was about a hundred years old--and that Sarah's womb was also dead. 20 Yet he did not waver through unbelief regarding the promise of God, but was strengthened in his faith and gave glory to God, 21 being fully persuaded that God had power to do what he had promised. 22 This is why "it was credited to him as righteousness."

18 모든 희망이 다 사그라져 가는 가운데에서도, 아브라함이 소망을 붙들고 끝내 믿음을 지킴으로 마침내 수많은 민족의 조상이 되었으니, 바로 그에게 주어진 말씀, "네 후손이 바로 이와 같을지라." 함이 이루어진 것이로다. 19 그가 자기의 몸이 죽은 것과 마찬가지인 것과–나이가 백 세에 가까왔으므로–그리고 사라의 자궁(子宮) 역시 죽어 있다는 사실을 알고 있으면서도 그 믿음이 약해지지 아니하였고, 20 하나님의 약속을 불신하기는 커녕 추호의 흔들림도 없이 오히려 그 믿음이 강건하여져서 하나님께 영광을 돌리고 21 하나님께서는 그 약속하신 바를 반드시 이루어 내는 능력을 가지신 분이라는 신뢰를 시종 굳건히 가지고 있었으니 22 "이게 바로 그가 의롭다 여겨짐"을 받은 연고니라.

23 The words "it was credited to him" were written not for him alone, 24 but also for us, to whom God will credit righteousness--for us who believe in him who raised Jesus our Lord from the dead. 25 He was delivered over to death for our sins and was raised to life for our justifi-cation.

23 "이것이 그에게 있어 공적(功績)으로 인정되었다" 란 말은 비단 아브라함 혼자에게만 주어진 것이 아니요 24 믿는 우리에게도 함께 주어진 바 되었으니, 이는 예수 우리 주를 죽음에서 다시 살려내신 이를 믿는 우리를 또한 의롭다고 하나님께서 인정해 주신다는 것이라. 25 이 예수는 우리의 죄악으로 말미암아 죽음에 넘겨지셨으나 우리의 '의롭다 함'을 위하여 다시 살아난 이시로다.

제5장

1 Therefore, since we have been justified through faith, we have peace with God through our Lord Jesus Christ, 2 through whom we have gained access by faith into this grace in which we now stand. And we rejoice in the hope of the glory of God.

1 그러므로, 우리가 믿음으로 말미암아 의롭다 함을 받았으니, 주 예수 그리스도를 통하여 하나님과 평화를 누리는 것이니라. 2 바로 이 예수를 통하여, 그리고 믿음에 의하여, 현재 서 있는 바로 이 은혜의 자리에 우리가 다가감을 얻게 되었으니, 하나님의 영광에 대한 소망 가운데에서 우리가 크게 기뻐함이로다.

3 Not only so, but we also rejoice in our sufferings, because we know that suffering produces perseverance; 4 perseverance, character; and character,

hope. 5 And hope does not disappoint us, because God has poured out his love into our hearts by the Holy Spirit, whom he has given us.

3 다만 그뿐 아니라, 우리가 또한 고난(苦難) 가운데에서도 기뻐하나니 이는 우리가 아는 바, 고난은 인내를 낳고; 4 인내는 우리의 성품과 기질을 낳고, 그리고 이런 성품과 기질이 곧 소망을 낳는 것을 알기 때문이라. 5 이 소망이 우리를 실망시키지 아니하나니, 이는 하나님께서 우리에게 주신 성령을 통하여 하나님께서 우리의 마음에 하나님의 사랑을 쏟아부어 주신 연고니라.

6 You see, at just the right time, when we were still powerless, Christ died for the ungodly. 7 Very rarely will anyone die for a righteous man, though for a good man someone might possibly dare to die. 8 But God demonstrates his own love for us in this: While we were still sinners, Christ died for us.

6 너희가 알거니와, 참으로 합당한 바로 그 시점에, 즉 우리가 아직 연약했을 때에, 그리스도께서 경건치 못한 우리를 위해 죽으셨도다. 7 의로운 사람을 위해 대신 죽어 줄 사람이 극히 드물고, 선한 사람을 위해서는 감히 대신 죽어 줄 사람이 혹 있을지 모르거니와 8 그러나 하나님께서는 바로 다음과 같은 사실: 즉, 우리가 아직 죄인이었을 때에 그리스도께서 우리를 위하여 죽으셨다는 바로 이 사실을 통하여 우리에 대한 사랑을 확증하여 드러내셨음이로다.

9 Since we have now been justified by his blood, how much more shall we be saved from God's wrath through him! 10 For if, when we were God's enemies, we were reconciled to him through the death of his Son, how much more, having been reconciled, shall we be saved through his life! 11 Not only is this so, but we also rejoice in God through our Lord Jesus Christ, through whom we have now received reconciliation.

9 고로 우리가 이제 그의 피로 인하여 의롭다 함을 받았은즉, (*살아나신) 그를 통하여서는 얼마나 더 하나님의 진노로부터 건지심을 받을 것이며! 10 또 우리가 아직 하나님과 원수 되었을 때에 그 아들의 죽음을 통하여 하나님과 화목(和睦)하게 되었다면, 그의 살아나심으로 인하여는 얼마나 더 하나님과 화해를 잘 할 수 있겠느냐! 11 다만 이 뿐 아니라, 우리가 예수 그리스도를 통하여 하나님 안에서 크게 기뻐하고 즐거워하나니, 이는 이 예수를 통하여 우리가 하나님과 화해(和解)함을 부여받은 까닭이니라.

12 Therefore, just as sin entered the world through one man, and death through sin, and in this way death came to all men, because all sinned-- 13 for before the law was given, sin was in the world. But sin is not taken into account when there is no law. 14 Nevertheless, death reigned from the time of Adam to the time of Moses, even over those who did not sin by breaking a command, as did Adam, who was a pattern of the one to come.

12 그러므로 죄가 한 사람을 통하여 이 세상에 들어온 것처럼 죽음이 이 죄를 통해 세상에 들어왔으며, 이와 같은 방법으로 모든 사람에게 죽음이 임하게 되었으니, 이는 모든 사람이 죄를 지은 까닭이라 -- 13 율법이 주어지기 전에도 죄가 이 세상에 있었으나 율법이 있기 전에는 죄가 죄로 인식되지 않았을 뿐이니라. 14 그럼에도 불구하고, 아담의 때로부터 모세의 때까지 죽음이 모든 사람 위에 군림하였나니 아담처럼 하나님의 명령을 직접 어기는 죄를 짓지 아니한 모든 사람 위에도 죽음이 군림해 온 것은 아담은 장차 오실 분의 형상인 까닭이니라.

15 But the gift is not like the trespass. For if the many died by the trespass of the one man, how much more did God's grace and the gift that came by the grace of the one man, Jesus Christ, overflow to the many! 16 Again, the gift of God is not like the result of the one man's sin: The judgment followed one sin and brought condemnation, but the gift followed many trespasses and brought justification. 17 For if, by the trespass of the one man, death reigned

through that one man, how much more will those who receive God's abundant provision of grace and of the gift of righteousness reign in life through the one man, Jesus Christ.

15 그러나 이 선물은 저 (*아담의) 범죄와 같지 아니하도다. 아담 한 사람의 범죄로 말미암아 수많은 사람이 죽어야 했었다면 이제 한 사람, 예수 그리스도의 은혜에 의해서는 얼마나 많은 하나님의 은혜와 선물이 우리 모두에게 넘쳐나겠느뇨? **16** 다시금 말하노니, 하나님의 선물은 한 사람의 죄의 결과와 같지 아니하도다. 하나의 범죄에 의해 초래된 심판이 정죄(定罪)를 불러왔으나, 이제 무수히 많은 죄악에 대하여 주어진 이 선물은 (*우리 모든 사람의) '의롭다 여겨짐'을 불러왔도다. **17** 단 한 사람의 범법함으로 인하여 죽음이 그 한 사람을 통하여 군림, 지배해 왔을진대, 이제 하나님의 풍성하신 은혜와 선물을 공급받은 자들 (*즉, 우리들)은 그 한 사람, 곧 예수 그리스도를 통하여 얼마나 더 많이 생명 안에서 지배하고 누릴 수 있겠느냐?

18 Consequently, just as the result of one trespass was condemnation for all men, so also the result of one act of righteousness was justifi-cation that brings life for all men. **19** For just as through the disobedience of the one man the many were made sinners, so also through the obedience of the one man the many will be made righteous.

18 그런즉, 한 범죄의 결과가 모든 사람에게 정죄를 불러온 것과 마찬가지로, 한 의로운 행위의 결과가 모든 사람에게 생명을 가져다준 '의롭다 함'이 되었느니라. **19** 한 사람의 불순종으로 말미암아 모든 사람이 죄인이 된 것처럼, 다른 한 사람의 순종하심을 통해서는 모든 사람이 의롭다 함을 받은 것이니라.

20 The law was added so that the trespass might increase. But where sin increased, grace increased all the more, **21** so that, just as sin reigned in death, so also grace might reign through righteousness to bring eternal life through Jesus Christ our Lord.

20 율법이 더해진 것은 범죄가 더욱 증가할 우려 때문이라. 그러나 죄가 많아지는 곳에 은혜가 더욱더 넘쳐나게 되었나니, **21** 이렇게 하신 까닭은 죄가 죽음 안에서 군림한 것 같이, 그리스도 예수 안에서 영생을 불러오는 의(義)를 통하여, 은혜가 우리 위에서 군림(君臨)토록 하기 위해서이니라.

제6장

1 What shall we say, then? Shall we go on sinning so that grace may increase?

1 그런즉, 우리가 무슨 말 하리오? 은혜가 더욱더 많게 하기 위하여 계속 죄를 짓겠느냐?

2 By no means! We died to sin; how can we live in it any longer? **3** Or don't you know that all of us who were baptized into Christ Jesus were baptized into his death?

2 그럴 수 없느니라. 우리가 죄에 대하여 이미 죽었으니 어찌 그 가운데 더 살리오? **3** 그리스도 예수 안에서 세례받은 우리는 그의 죽음 안에서 세례를 받았음을 너희가 깨닫지 못하느냐?

4 We were therefore buried with him through baptism into death in order that, just as Christ was raised from the dead through the glory of the Father, we too may live a new life. **5** If we have been united with him like this in his death, we will certainly also be united with him in his resurrection.

4 그러므로 우리가 그의 죽음 가운데에서 받은 세례를 통하여 그와 함께 죽어 매장된 것은, 그리스도께
서 하나님 아버지의 영광으로 말미암아 죽음에서 살아나신 것처럼 우리 역시 새 삶을 살기 위함이라. 5
이와 같이 우리가 그의 죽으심과 연합하여 있다면, 우리가 그의 부활에도 반드시 연합하여 함께 하리로
다.

6 For we know that our old self was crucified with him so that the body of sin
might be done away with, that we should no longer be slaves to sin--7 because
anyone who has died has been freed from sin.

6 우리가 알고 있는 대로 우리의 옛 자아(自我)가 이미 그리스도와 함께 십자가에 못 박혀 죽은 것은 우
리의 죄스런 육신이 사라져 없어짐으로 다시는 죄의 노예가 되지 않기 위해서이니, 7 죽은 자는 죄에 대
해 자유해진 까닭이니라.

8 Now if we died with Christ, we believe that we will also live with him. 9 For
we know that since Christ was raised from the dead, he cannot die again;
death no longer has mastery over him. 10 The death he died, he died to sin
once for all; but the life he lives, he lives to God.

8 우리가 그리스도와 함께 죽었으면 또한 그와 함께 살 줄을 믿노라. 9 우리가 아는 대로 그리스도께서
죽음으로부터 다시 살아나셨으니, 그는 다시 죽을 수가 없으며; 다시는 죽음이 그를 지배하지 못하리라.
10 그가 죽으신 죽음은 죄에 대하여 단번에 모두를 위해 죽으심이요; 그가 다시 살아나심은 하나님 앞
에서 다시 사신 것이니라.

11 In the same way, count yourselves dead to sin but alive to God in Christ
Jesus. 12 Therefore do not let sin reign in your mortal body so that you obey
its evil desires. 13 Do not offer the parts of your body to sin, as instruments
of wickedness, but rather offer yourselves to God, as those who have been
brought from death to life; and offer the parts of your body to him as
instruments of righteousness.

11 마찬가지로 너희는 너희 자신을 죄에 대하여는 죽은 자로, 그리고 하나님 앞에서는 예수 그리스도
안에서 산 자로 여길지어다. 12 그러므로, 사악한 욕망에 복종하지 않기 위하여 죄가 너희 유한한 생명
을 가진 몸 위에 군림하지 못하게 하고 13 대신 너희 몸의 지체들을, 사악함의 도구로 죄에게 바치지 말
고, 마치 죽었다가 다시 살아난 사람처럼 너희 자신을 하나님께 드리되; 너희 몸의 지체들을 의의 도구
로 하나님께 바치라.

14 For sin shall not be your master, because you are not under law, but under
grace. 15 What then? Shall we sin because we are not under law but under
grace? By no means!

14 죄가 더 이상 너희의 주인이 될 수 없으니 이는 너희가 법 아래 있지 아니하고 이제 은혜 아래 있는
까닭이니라. 15 그럼 무엇이뇨? 우리가 더 이상 법 아래 있지 아니하고 은혜 아래에 있으니 또 죄를 짓
겠느뇨? 절대 그렇지가 않으니라.

16 Don't you know that when you offer yourselves to someone to obey him
as slaves, you are slaves to the one whom you obey--whether you are slaves
to sin, which leads to death, or to obedience, which leads to righteousness?
17 But thanks be to God that, though you used to be slaves to sin, you
wholeheartedly obeyed the form of teaching to which you were entrusted. 18
You have been set free from sin and have become slaves to righteousness.

16 만약 너희가 누군가에게 너희 자신을 드려 종으로 섬기기로 하였다면, 너희는 너희가 섬기기로 작정
한 바로 그 사람의 종이 되는 줄 알지 못하느냐? 이와 같이 너희가 결국은 죽음에 이르는 죄의 종이 될

수도 있고 또는 의로움을 향해 이끌림 받는 순종(順從)의 종이 될 수도 있느니라. 17 그러나 하나님께
감사할지니, 너희가 이전부터 항상 죄의 종 되었음에도 불구하고, 너희가 (*너희에게 전해진) 그 도(道)
와 가르침을 온 마음으로 믿고 순종하여 이를 받아들임으로 18 이제 너희가 죄로부터 자유하게 되어 지
금은 의로움에 대해 종이 되었음이로다.

19 I put this in human terms because you are weak in your natural selves. Just as you used to offer the parts of your body in slavery to impurity and to ever-increasing wickedness, so now offer them in slavery to righteousness leading to holiness.
20 When you were slaves to sin, you were free from the control of righteousness.
21 What benefit did you reap at that time from the things you are now ashamed of? Those things result in death!

19 너희가 아직 타고난 본성 가운데에서 연약한 까닭으로 내가 이를 사람의 용어로 풀어서 말하리라.
너희가 지금껏 너희 몸의 지체들을 불순함의 노예로, 그리고 사악함의 종으로 바쳐 왔으나 이제는 이들
을 거룩으로 이끄는 의로움의 종으로 드리게 되었도다. 20 너희가 죄의 종이던 때, 너희는 의로움의 이
끄심으로부터 자유(自由)하였으니 21 지금은 너희가 부끄러워하는 그 때의 그 일들을 통해 너희가 당시
에 무슨 유익을 거두었느냐? 이런 일들은 다 죽음을 초래할 뿐이니라.

22 But now that you have been set free from sin and have become slaves to God, the benefit you reap leads to holiness, and the result is eternal life.
23 For the wages of sin is death, but the gift of God is eternal life in Christ Jesus our Lord.

22 그러나 지금은 너희가 죄로부터 놓여나 하나님의 종이 된 고로, 이제 영생을 얻게 하는 거룩함에 이
르는 수확을 거두게 되었으니 23 죄의 삯은 사망이요, 하나님의 선물은 우리 주 그리스도 예수 안에 있
는 영원한 삶이니라.

제7장

1 Do you not know, brothers--for I am speaking to men who know the law-that the law has authority over a man only as long as he lives?

1 형제들이여 알지 못하느뇨?−내가 법 아는 자들에게 말하고 있음이니−법은 사람이 살아있는 동안만 사람을 지배할 권세를 가지고 있느니라.

2 For example, by law a married woman is bound to her husband as long as he is alive, but if her husband dies, she is released from the law of marriage.
3 So then, if she marries another man while her husband is still alive, she is called an adulteress. But if her husband dies, she is released from that law and is not an adulteress, even though she marries another man.

2 예컨대 법에 의하면, 결혼한 여성은 남편이 살아 있는 동안은 그 남편에게 매여 있는 것이라. 그러나
만일 그 남편이 죽으면, 이 여성은 그 결혼의 법으로부터 풀려나느니라. 3 그러므로 만약 그 남편이 살
아 있는 동안 다른 남자와 결혼해 살면 이 여성은 간음한 여자가 되는 것이나 그러나 그 남편이 죽었다
면 이 여성은 법으로부터 자유롭게 되어 다른 남자와 결혼을 하더라도 간음한 여자가 되지 아니하느니
라.

4 So, my brothers, you also died to the law through the body of Christ, that you might belong to another, to him who was raised from the dead, in order

that we might bear fruit to God.

4 그러므로 형제들아, 너희가 이제–그리스도의 몸을 통하여–율법에 대하여 죽은 바 되었으니 이는 우리가 한 다른 몸, 곧 죽음으로부터 다시 살아나신 이에게 속해진 바 되어 하나님께 대하여 열매를 맺게 하기 위함이니라.

5 For when we were controlled by the sinful nature, the sinful passions aroused by the law were at work in our bodies, so that we bore fruit for death.
6 But now, by dying to what once bound us, we have been released from the law so that we serve in the new way of the Spirit, and not in the old way of the written code.

5 우리가 죄악된 본성에 따라 제어를 받고 살 동안에는, 율법에 따라 생겨나는 죄스런 욕망이 우리 몸을
주장함으로 우리가 죽음을 위해 열매를 맺었었더니 6 그러나 이제는 우리가 예전에 우리를 얽매어 묶고
있던 것에 대하여 죽음으로 말미암아 율법으로부터 해방이 되었으니, 이는 우리로 하여금 기록된 옛 계명(誡名) 즉, 낡고 오래된 길을 따르는 것이 아니라 성령의 새로운 길을 따라 섬기게 하기 위함이니라.

7 What shall we say, then? Is the law sin? Certainly not! Indeed I would not have known what sin was except through the law. For I would not have known what coveting really was if the law had not said, "Do not covet."

7 그런즉, 무슨 말 하리오? 율법이 죄이냐? 그렇지 않으니라. 참으로 말하건대, 율법을 통해서가 아니라면 죄가 무엇인지를 내가 몰랐으리라. 만약 율법이 "남의 것을 탐내지 말라" 말하지 않았더라면 진정 탐심(貪心)이 뭔지를 내가 알 수가 없었으리라.

8 But sin, seizing the opportunity afforded by the commandment, produced in
me every kind of covetous desire. For apart from law, sin is dead. 9 Once I was
alive apart from law; but when the commandment came, sin sprang to life and
I died. 10 I found that the very commandment that was intended to bring life
actually brought death.

8 그러나 죄가 계명에 의해 주어진 기회를 틈 타, 내 마음속에서 여러 가지 모습으로 탐욕스러운 욕망을
생산하였으니 율법에 의해서가 아니라면 죄는 죽은 것이라. 9 율법과 떨어져 율법과 상관이 없었을 때
에는 내가 살아 있었으나; (*율법에 의한) 계명이 이르매, 죄가 탄력을 받아 살아나고 나는 죽음에 이르
게 되었도다. 10 그런즉, 생명을 가져와야 할 바로 그 계명이 도리어 죽음을 불러오는 것을 내가 알게 되
었도다.

11 For sin, seizing the opportunity afforded by the commandment, deceived
me, and through the commandment put me to death. 12 So then, the law is
holy, and the commandment is holy, righteous and good.

11 죄가, 계명으로 인한 기회를 틈 타 나를 속이고, 그 계명(誡命)을 통해 나를 죽게 만들었으니 12 그렇
다면, 율법도 거룩하고 계명도 거룩하여 곧 의로울 뿐 아니라 선한 것이라 해야 마땅하리로다.

13 Did that which is good, then, become death to me? By no means! But in
order that sin might be recognized as sin, it produced death in me through
what was good, so that through the commandment sin might become utterly
sinful. 14 We know that the law is spiritual; but I am unspiritual, sold as a
slave to sin.

13 그럼 (*본래) 선한 그것이 내게 죽음이 되었느뇨? 그건 아니라! 다만, 죄가 죄로 인식(認識)되기 위하
여, 그 본래 선한 것을 통하여 내게 죽음을 가져온 것이니 이는 계명을 통해서만 죄가 온전히 죄로 인식
되는 연고니라. 14 우리가 알거니와 율법은 신령(神靈)한 것이로다; 그러나 나는 영적(靈的)이지를 못하
여 내가 죄의 노예로 팔렸었도다.

15 I do not understand what I do. For what I want to do I do not do, but what I
hate I do. **16** And if I do what I do not want to do, I agree that the law is good.
17 As it is, it is no longer I myself who do it, but it is sin living in me.

15 그러므로 내가 무엇을 어떻게 해야 할지를 모르노라. 내가 마음에 원하는 바, 그것은 하지 아니하고
도리어 내가 증오하는 바, 그것을 행하는도다. **16** 만약 내가 원치 않는 그것을 행한다면, 이로써 율법이
선하다는 것을 내가 인정하는 것이로다. **17** 그럴진대, 이 무엇인가를 행하는 이는 더 이상 내가 아니요,
내 속에 살고 있는 죄(罪)니라.

18 I know that nothing good lives in me, that is, in my sinful nature. For I have
the desire to do what is good, but I cannot carry it out. **19** For what I do is not
the good I want to do; no, the evil I do not want to do--this I keep on doing.
20 Now if I do what I do not want to do, it is no longer I who do it, but it is sin
living in me that does it.

18 내가 아노니, 선한 것은 아무 것도 내 속에 살고 있지 않고, 곧 죄 된 본성 뿐이라. 내게 선한 일을 하
고자 하는 원함은 있으나, 다만 이를 행하지를 못하느니라. **19** 내가 행하기를 원하는 바, 선한 일은 하
지 아니하고 내가 원치 않는바, 악을 행하나니 이런 일이 내게 계속되도다. **20** 고로 만약 내가 원치 않
는 그것을 하면 이는 더 이상 내가 하는 게 아니요, 내 속에 거하는 죄가 이를 행하는 것이니라.

21 So I find this law at work: When I want to do good, evil is right there with
me. **22** For in my inner being I delight in God's law; **23** but I see another law
at work in the members of my body, waging war against the law of my mind
and making me a prisoner of the law of sin at work within my members.

21 그러므로 내가 이런 한 법이 작동하는 걸 깨달았으니 내가 선한 일을 행하기 원하는 바로 그 때에 악
이 또한 나와 함께 거하는 것이로다. **22** 그리하여 내가 내 속사람으로는 하나님의 법을 즐거워하나; **23**
내 몸의 다른 지체 속에서는 한 다른 법이 움직여, 내 마음의 법과 전쟁을 일으킴으로 내 몸 한가운데에
서 나를 죄의 법의 포로로 붙들어가는도다.

24 What a wretched man I am! Who will rescue me from this body of death?
25 Thanks be to God--through Jesus Christ our Lord! So then, I myself in my
mind am a slave to God's law, but in the sinful nature a slave to the law of sin.

24 오호라, 나는 얼마나 비참한 사람인고! 누가 이 사망의 몸으로부터 나를 건져내랴? **25** 그리스도 예
수 우리 주를 통하여 하나님께 감사하리로다. 그런즉, 내가 내 마음으로는 하나님의 법의 종이나, 나의
죄 된 본성으로는 죄의 법의 노예로다.

제8장

1 Therefore, there is now no condemnation for those who are in Christ Jesus,
2 because through Christ Jesus the law of the Spirit of life set me free from the
law of sin and death.

1 그러므로 이제 그리스도 예수 안에 있는 자에게는 정죄(定罪)함이 없나니 **2** 이는 그리스도 예수를 통
하여 생명의 성령의 법이, 죄와 죽음의 법으로부터 나를 자유하게 해방한 까닭이라.

3 For what the law was powerless to do in that it was weakened by the sinful
nature, God did by sending his own Son in the likeness of sinful man to be
a sin offering. And so he condemned sin in sinful man, **4** in order that the

righteous requirements of the law might be fully met in us, who do not live according to the sinful nature but according to the Spirit.

3 율법이 자기 본래의 죄스런 본질로 말미암아 연약하여 어찌할 수가 없는 바로 그 부분을 하나님께서는 그의 아들을 죄 된 인간의 모습으로 보내사 죄에 대한 희생물로 삼으심으로 가능하게 하셨나니, 4 이는 '의롭다 함'을 위해 율법이 요구하는 조건이 우리, 즉 죄 된 본성에 따라 살지 않고, 성령에 따라 사는 우리 안에서 온전히 충족되어질 수 있게 하기 위함이니라.

5 Those who live according to the sinful nature have their minds set on what that nature desires; but those who live in accordance with the Spirit have their minds set on what the Spirit desires. 6 The mind of sinful man is death, but the mind controlled by the Spirit is life and peace; 7 the sinful mind is hostile to God. It does not submit to God's law, nor can it do so. 8 Those controlled by the sinful nature cannot please God.

5 죄 된 본성에 따라 사는 자들은 자신들의 마음을 그들의 본성이 원하는 데에 맞추어 두거니와; 성령에 따라 사는 자들은 온전히 성령이 원하시는 바로 그곳에 자신들의 마음을 맞추어 놓느니라. 6 죄 된 인간의 마음은 죽음이나 성령에 이끌림을 받는 마음은 생명과 평안이니; 7 죄의 본성에 따르는 마음은 본래 하나님께 적대적(敵對的)이라. 하나님의 법에 복종하지 아니할 뿐 아니라 그렇게 할 수도 없느니라. 8 죄 된 본성에 이끌려 사는 자들은 하나님을 기쁘시게 할 수 없음이로다.

9 You, however, are controlled not by the sinful nature but by the Spirit, if the Spirit of God lives in you. And if anyone does not have the Spirit of Christ, he does not belong to Christ. 10 But if Christ is in you, your body is dead because of sin, yet your spirit is alive because of righteousness. 11 And if the Spirit of him who raised Jesus from the dead is living in you, he who raised Christ from the dead will also give life to your mortal bodies through his Spirit, who lives in you.

9 그러나 만일 성령께서 너희 속에 살고 있으면, 너희는 이제 더 이상 죄 된 본성에 이끌려 사는 게 아니라 성령에 의해 사는 자가 되었느니라. 누구든지 그리스도의 영(靈)을 그 속에 가지고 있지 않으면 그 사람은 예수 그리스도께 속한 자가 아니라. 10 그러나 그리스도가 너희 속에 거하시면 너희의 육신은 죄로 말미암아 죽은 것이나 너희의 영은 의로 말미암아 살아있는 것이니라. 11 예수를 죽은 자 가운데서 다시 살리신 이의 영(靈)이 너희 속에 살아 거하시면, 그리스도를 죽음에서 불러 일으켜 세우신 하나님께서 성령(聖靈), 곧 너희 속에 거하시는 영을 통하여 너희의 죽을 몸에 생명을 주시리라.

12 Therefore, brothers, we have an obligation--but it is not to the sinful nature, to live according to it. 13 For if you live according to the sinful nature, you will die; but if by the Spirit you put to death the misdeeds of the body, you will live, 14 because those who are led by the Spirit of God are sons of God.

12 그러므로 형제들아 우리가 각자 어떤 의무를 지고 있으되, 그러나 이 의무는 우리의 죄 된 본성을 향해 있는 것이 아니요, 또 이런 본성에 따라 살아야 한다는 것도 아니니라. 13 만약에 너희가 계속 죄 된 본성에 이끌려 살면 정녕 죽을 것이나; 만일 성령에 의해 육신의 그릇된 행실을 죽이면 살리니, 14 이는 성령에 이끌려 사는 자들이 곧 하나님의 아들들인 까닭이니라.

15 For you did not receive a spirit that makes you a slave again to fear, but you received the Spirit of sonship. And by him we cry, "Abba, Father." 16 The Spirit himself testifies with our spirit that we are God's children. 17 Now if we are children, then we are heirs--heirs of God and co-heirs with Christ, if indeed we share in his sufferings in order that we may also share in his glory.

15 너희는, 너희를 다시금 종으로 삼아 늘 뭔가를 두려워하게 만드는 그런 악한 영을 받은 것이 아니요,

너희를 아들로 삼으시는 하나님의 영을 받았으니 그러므로 이제 우리가 "아빠, 아버지"라고 부르짖느니라. 16 성령께서 친히 우리의 영과 더불어 우리가 하나님의 자녀임을 증언하시느니라. 17 이제 우리가 하나님의 자녀이면, 우리는 이제 상속자-곧, 하나님의 상속자요, 그리스도와 함께 공동 상속자가 되었음이니, 이제 우리가 참으로 그의 고난에 참예하고 그의 고난을 함께 나누어 가진다면 그의 영광 역시 아울러 함께 나누어 가질 수 있으리라.

18 I consider that our present sufferings are not worth comparing with the glory that will be revealed in us.

18 내가 생각하기를, 우리가 현재 받고 있는 고난은 장차 우리 속에 나타날 크나큰 영광과 비교할 가치도 없는 것이라.

19 The creation waits in eager expectation for the sons of God to be revealed.
20 For the creation was subjected to frustration, not by its own choice, but by
the will of the one who subjected it, in hope 21: that the creation itself will be
liberated from its bondage to decay and brought into the glorious freedom of
the children of God.

19 우리 피조물들이 열렬한 기대 가운데 기다리는 것은 오직 하나님의 아들들이 나타나는 것이니라.
20 이 피조물들이 때로 좌절감에 굴복할 때가 있으나 이는 우리 피조물 자신의 뜻에 의해 그리 됨이 아
니요, 오직 우리를 그처럼 굴복하지 않을 수 없게 만드시는 이의 뜻에 따라 그렇게 되는 것이니 21 이는
이 피조물들이 죽어 썩어지는 데에 얽매였던 것에서 자유롭게 되어 하나님의 자녀로서 영광되고 참된
자유로 옮겨가기를 원하는 바로 그 희망에 힘입어 그렇게 되는 것이니라.

22 We know that the whole creation has been groaning as in the pains of
childbirth right up to the present time. 23 Not only so, but we ourselves, who
have the firstfruits of the Spirit, groan inwardly as we wait eagerly for our
adoption as sons, the redemption of our bodies. 24 For in this hope we were
saved. But hope that is seen is no hope at all. Who hopes for what he already
has? 25 But if we hope for what we do not yet have, we wait for it patiently.

22 모든 피조물(被造物)들이 바로 이 순간까지 해산의 수고에 버금가는 고통으로 신음하며 참고 견뎌
오는 것을 우리가 알고 있노라. 23 다만 그뿐 아니라, 성령의 처음 익은 열매를 가진 우리 역시, 아들로
서 입양되는 것 곧, 우리 몸의 속량(贖良)을 마음 속으로 탄식하며 고대함으로 기다리고 있으니 24 바로
이 소망 가운데에서 우리가 구원받은 것이라. 그러나 이미 눈에 보이는 소망은 소망이 될 수 없으니 이
미 자기가 가지고 있는 것을 누가 다시 소망(所望)하리오? 25 그러나 아직 우리가 가지지 못한 바를 소
망할진대, 우리가 이를 인내로써 기다리느니라.

26 In the same way, the Spirit helps us in our weakness. We do not know what
we ought to pray for, but the Spirit himself intercedes for us with groans that
words cannot express. 27 And he who searches our hearts knows the mind
of the Spirit, because the Spirit intercedes for the saints in accordance with
God's will. 28 And we know that in all things God works for the good of those
who love him, who have been called according to his purpose.

26 마찬가지로, 성령께서 우리의 연약함을 도우시나니 우리가 마땅히 무엇을 하나님께 구해야 할 것인
지를 알지 못하나 성령께서 몸소 우리를 위하여 탄식 중에 우리가 말로 표현하지 못하는 것을 대신 탄원
해 주시느니라. 27 우리 마음을 탐색하시는 이가 성령의 마음을 아시나니, 성령께서 하나님의 뜻에 부
합되게 우리 성도들을 위하여 개입하사, 대신 탄원해 주시는도다. 28 우리가 아는 바, 이 세상의 모든
일에 있어 하나님께서는 자신을 사랑하는 사람들 곧, 하나님의 뜻에 부합되어 불리움을 받은 자들의 선
(善)을 위하여 역사(役事)하시느니라.

29 For those God foreknew he also predestined to be conformed to the
likeness of his Son, that he might be the firstborn among many brothers. 30
And those he predestined, he also called; those he called, he also justified;
those he justified, he also glorified.

29 하나님이 그 전부터 알고 계시던 그들을 미리 정하사 그 자신의 아들의 모습과 같게 하셨으니 이는
하나님이 그리스도를 그 형제들의 첫 아들 곧, 장남으로 삼으시기 위함이라. 30 그리하여 그 미리 예정
하신 자들을 또한 부르시고, 그 부르신 자를 바야흐로 의롭다 하시고, 또한 영광스럽게 만드셨느니라.

31 What, then, shall we say in response to this? If God is for us, who can be
against us? 32 He who did not spare his own Son, but gave him up for us all--
how will he not also, along with him, graciously give us all things?

31 그런즉, 우리가 이 모든 일에 대하여 뭐라 말하리오? 하나님이 우리를 위하시니 감히 누가 우리를
대적하리오? 32 자신의 아들을 아끼지 않으시고 우리를 위하여 기꺼이 내놓으신 이가 그 아들, 그리스
도와 더불어 모든 것을 우리에게 은혜롭게 주시지 않겠느냐?

33 Who will bring any charge against those whom God has chosen? It is God
who justifies. 34 Who is he that condemns? Christ Jesus, who died--more than
that, who was raised to life--is at the right hand of God and is also interceding
for us.

33 하나님이 친히 선택하신 이들을 누가 감히 대적하여 고발하리오? 의롭다 하신 이가 바로 하나님이
시라. 34 누가 감히 정죄(定罪)하리오? 예수 그리스도, 곧 죽으시고, 또한 생명으로 다시 살아나신 이가
하나님 오른편에 앉으사 우리를 위하여 친히 탄원(嘆願)하시는도다.

35 Who shall separate us from the love of Christ? Shall trouble or hardship or
persecution or famine or nakedness or danger or sword? 36 As it is written:
"For your sake we face death all day long; we are considered as sheep to be
slaughtered." 37 No, in all these things we are more than conquerors through
him who loved us. 38 For I am convinced that neither death nor life, neither
angels nor demons, neither the present nor the future, nor any powers, 39
neither height nor depth, nor anything else in all creation, will be able to
separate us from the love of God that is in Christ Jesus our Lord.

35 누가 우리를 그리스도의 사랑으로부터 끊으리오? 고생(苦生)이나 고난이나, 박해나 기근이나 헐벗
음이나 위험이나 칼에 의한 위협 등이 그리하리오? 36 성경에 기록된 바, "너희를 위하여 우리가 종일
죽음을 눈 앞에 두고 있었나니; 우리가 곧 도살 당할 양처럼 여김 받았도다." 함과 같으니라. 37 그러나
이 모든 일에 있어, 우리를 사랑하시는 그를 통하여 우리가 (*항상 이기는) 정복자와 같은 존재가 되었느
니라. 38 그런고로, 내가 확신하건대, 죽음이나 삶이나, 천사들이나 귀신들이나, 현재 일이나 장래 일이
나, 그 무슨 능력이나, 39 높음이나 깊음이나, 이 피조 세계의 그 어떤 것도 예수 그리스도 곧 우리 주 안
에 있는 하나님의 사랑으로부터 우리를 끊어 내지 못하리라.

제9장

1 I speak the truth in Christ--I am not lying, my conscience confirms it in the
Holy Spirit- 2 I have great sorrow and unceasing anguish in my heart.

1 내가 그리스도 안에서 진실을 말하노니-내가 거짓말하는 것이 아니라는 것을 성령 안에서 내 양심이

증거하거니와— 2 이는 내 마음 속에 크나큰 슬픔과 끊이지 아니하는 근심이 있다는 것이라.

3 For I could wish that I myself were cursed and cut off from Christ for the
sake of my brothers, those of my own race, 4 the people of Israel. Theirs is
the adoption as sons; theirs the divine glory, the covenants, the receiving of
the law, the temple worship and the promises. 5 Theirs are the patriarchs, and
from them is traced the human ancestry of Christ, who is God over all, forever
praised! Amen.

3 비록 내가 저주를 받아 그리스도로부터 끊어지는 한이 있더라도, 내가 바라는 것이 있으니, 나의 형제
곧 나의 동족 4 이스라엘 사람들을 위해서니라. 그들이 하나님께 속한 아들들로 받아들여진 바 되었고,
거룩한 영광과 언약과 율법과 성전에서의 예배와 약속이 그들의 것이었으며 5 또한 그들에게 조상들이
있었으니, 그리스도께서 인간으로 나신 가계의 근원이 이 조상들로부터 시작하는도다. 이 그리스도가
곧 만유(萬有) 위에 계시는 하나님이시라, 그 이름이 영원히 찬송을 받을지어다! 아멘.

6 It is not as though God's word had failed. For not all who are descended
from Israel are Israel. 7 Nor because they are his descendants are they all
Abraham's children. On the contrary, "It is through Isaac that your offspring
will be reckoned." 8 In other words, it is not the natural children who are
God's children, but it is the children of the promise who are regarded as
Abraham's offspring.

6 하나님의 말씀이 성취되지 않은 것이 아니로다. 이스라엘의 후손이 모두가 다 이스라엘이 아니라고
한 말씀이 바로 그것이니라. 7 아브라함의 후손이 다 그의 자녀가 아니라고 말씀하셨으니 "너의 후손으
로 인정되는 것은 이삭의 자손 뿐이라"고 하신 말씀과 같도다. 8 달리 말하자면, 하나님의 자녀는 육신
에 따라 난 자들이 아니요, 아브라함의 후손으로 여김 받을 자는 오직 약속의 자녀이니라.

9 For this was how the promise was stated: "At the appointed time I will
return, and Sarah will have a son. 10 Not only that, but Rebekah's children
had one and the same father, our father Isaac. 11 Yet, before the twins were
born or had done anything good or bad--in order that God's purpose in
election might stand: 12 not by works but by him who calls--she was told, "The
older will serve the younger." 13 Just as it is written: "Jacob I loved, but Esau I
hated."

9 이것이 성경에 기록된 바로 그 말씀이니 곧 "정해진 그 때에 내가 다시 돌아올 것이요, 사라가 아들을
가질 것이라" 함과 같으니라. 10 다만 그 뿐 아니라 리브가의 자식들이 같은 한 아버지에게서 났으니 곧
우리의 아버지 이삭이라. 11 그 쌍둥이가 아직 태어나지도 않았고 선한 일이건 악한 일이거나 간에 무
슨 행위를 하기도 전에—하나님의 의도하시고 목적하시는 바가, 12 (*사람의) 행위에 의해 이루어지는
게 아니라 오직 부르시는 이에 의하여 이루어진다는 사실을 입증하기 위하여—이런 말씀이 리브가에게
주어졌으니, 곧 "형이 동생을 섬기리라" 하셨으며 13 (*성경에) 기록된대로, "내가 야곱을 사랑하였고
에서는 미워했느니라" 함과 같으니라.

14 What then shall we say? Is God unjust? Not at all! 15 For he says to Moses, "I
will have mercy on whom I have mercy, and I will have compassion on whom I
have compassion." 16 It does not, therefore, depend on man's desire or effort,
but on God's mercy.

14 그런즉 우리가 뭐라 말할 수 있으리오? 하나님이 불공평하신 것이뇨? 그런 것이 아니니라. 15 하나
님이 모세에게 말씀하시기를, "내가 긍휼히 여길 사람을 긍휼히 여기고 내가 동정심을 가질 사람에 대
해 내가 동정심을 가지리라" 하셨도다. 16 그런고로, (*하나님께 택함 받는 이것이) 사람의 바람이나 노
력에 의하지 아니하고 오직 하나님의 자비하심에 따라 이루어지는 것이니라.

17 For the Scripture says to Pharaoh: "I raised you up for this very purpose,
that I might display my power in you and that my name might be proclaimed
in all the earth." 18 Therefore God has mercy on whom he wants to have
mercy, and he hardens whom he wants to harden.

17 성경이 파라오에 대해 말씀하시길: "내가 바로 이러한 목적을 위하여 너를 길렀나니 곧 나의 능력을
네 안에서 드러내어 내 이름이 온 땅에서 선포되도록 하기 위함이라" 하심과 같도다. 18 그런즉, 하나님
이 긍휼(矜恤)히 보시기 원하시는 자가 자비하심을 얻고, 하나님께서 강퍅하게 만들고자 하시는 이를 강
퍅하게 만드시느니라.

19 One of you will say to me: "Then why does God still blame us? For who
resists his will?" 20 But who are you, O man, to talk back to God? "Shall what
is formed say to him who formed it, 'Why did you make me like this?' " 21
Does not the potter have the right to make out of the same lump of clay some
pottery for noble purposes and some for common use?

19 그러면 너희 중 누군가가 내게 말하길: "그럼 하나님께서 왜 우리를 비난하시느뇨? 누가 그 뜻을 거
스를 수 있느뇨? 하리니, 20 오, 이 사람아! 네가 누구이기에 감히 하나님께 따져 묻느냐? 만들어진 물
건이 그 물건을 만든 이에게 '왜 나를 이렇게 만들었느냐' 따질 수 있겠느뇨?" 21 토기 만드는 장인이 같
은 흙으로 어떤 덩어리는 귀히 쓰이는 그릇으로, 또 다른 덩어리로는 마구 쓸 그릇으로, 자신의 임의로
그렇게 만들 권리가 없겠느냐?

22 What if God, choosing to show his wrath and make his power known, bore
with great patience the objects of his wrath--prepared for destruction? 23
What if he did this to make the riches of his glory known to the objects of his
mercy, whom he prepared in advance for glory-. 24 even us, whom he also
called, not only from the Jews but also from the Gentiles?

22 만일 하나님께서 그의 진노를 보이사 사람들로 하여금 하나님의 힘을 알게 하시기로 이미 예전에 정
하시고도, 그 멸망 받기로 예정된 대상에 대하여 지금껏 오래 인내하심으로 참고 계시다 하면 어찌하겠
느냐? 23 또, 만일 하나님께서 그 자비하심을 받을 대상, 즉 하나님의 영광을 위해 미리 준비하신 우리
에게 하나님의 풍성하신 영광을 알리시기 위하여 지금껏, 이런 인내를 보이고 계시다면 어찌하겠느뇨?
24 이런 (*인내하심의) 대상이 바로 우리이니, 이는 하나님께서 그 전에 유대인 가운데에서 뿐 아니라
이방인들로부터 함께 불러내신 이들이니라.

25 As he says in Hosea: "I will call them 'my people' who are not my people;
and I will call her 'my loved one' who is not my loved one," 26 and, "It will
happen that in the very place where it was said to them, 'You are not my
people,' they will be called 'sons of the living God.' "

25 호세아를 통해 이미 말씀하신 대로 "나의 사람이 아닌 그들을 내가 '나의 사람' 이라 부를 것이요, 내
사랑하는 이가 아닌 그들을 '나의 사랑하는 이'라 부르리라" 함과 같으며 26 또한, "그들에게 말한 바,
'너희는 내 사람이 아니라' 선포된 바로 그곳에서 그들이 '살아계신 하나님의 자녀'라 일컬음을 받는 일
이 있으리라" 함과 같으니라.

27 Isaiah cries out concerning Israel: "Though the number of the Israelites be
like the sand by the sea, only the remnant will be saved. 28 For the Lord will
carry out his sentence on earth with speed and finality." 29 It is just as Isaiah
said previously: "Unless the Lord Almighty had left us descendants, we would
have become like Sodom, we would have been like Gomorrah."

27 이사야가 이스라엘에 관해 외쳐 말한 바, "이스라엘 사람의 숫자가 바다의 모래와 같을지라도 오직
'그 남은 자'만이 구원을 얻으리라. 28 이는 하나님께서 이 세상에 관한 하나님의 심판 언도(言渡)를 기

필코 실행하시되, 참으로 빠른 시일 내에, 그리고 확정함으로 행하실 것이라" 함과 같으니라. 29 또한 이사야가 그 전에 미리 말하길 "전능하신 하나님께서 우리의 후손을 보존하여 남겨 두지 아니하셨더라면 우리가 소돔과 같았을 것이요 고모라와 같았을 것이라" 함과 같도다.

30 What then shall we say? That the Gentiles, who did not pursue righteousness, have obtained it, a righteousness that is by faith; 31 but Israel, who pursued a law of righteousness, has not attained it.

30 그런즉 뭐라 말하리오? 의를 추구하지도 않았던 이방인들이 오히려 믿음으로 말미암아 의롭다 하심을 얻었고 31 이스라엘은 율법에 의한 의로움을 간절히 원했으나 끝내 의를 얻지 못하였도다.

32 Why not? Because they pursued it not by faith but as if it were by works. They stumbled over the "stumbling stone." 33 As it is written: "See, I lay in Zion a stone that causes men to stumble and a rock that makes them fall, and the one who trusts in him will never be put to shame."

32 어찌 그리되었느뇨? 그들(*이스라엘인)이 믿음에 의해서가 아니라 행위로써 의가 얻어질 줄 알고 힘써 '행위에 따른 의(義)'를 추구한 까닭이라. 그들이 '넘어질 만한 돌'에 걸려 넘어졌느니라. 33 성경에 쓰여 있는 바, "보라, 내가 시온에 돌 하나를 놓아두었으니 사람들이 걸려 넘어질 돌이요, 사람들로 하여금 추락하고 떨어지게 만들 바위니라. 그러나 그를 믿고 신뢰하는 자는 영원히 부끄러움을 당하지 아니하리라" 함과 같으니라.

제10장

1 Brothers, my heart's desire and prayer to God for the Israelites is that they may be saved. 2 For I can testify about them that they are zeal-ous for God, but their zeal is not based on knowledge. 3 Since they did not know the righteousness that comes from God and sought to establish their own, they did not submit to God's righteousness.

1 형제들아, 이스라엘을 위한 내 마음의 소원과 하나님께 대한 기도는 그들이 구원 받는 단 한 가지라. 2 그들이 하나님을 향한 열성을 가지고 있음은 내가 증언할 수 있으나 그러나 그 열성이 참된 지식에 기반해 있지를 못하도다. 3 의롭다 칭함이 하나님께로부터 말미암아 오는 것인 줄을 알지 못하여 힘써 자신의 의를 세우기 위해 헛된 의를 찾았으니 정작 하나님의 의(義)에는 이스라엘이 순종치 아니하였음이로다.

4 Christ is the end of the law so that there may be righteousness for everyone who believes.

4 그리스도가 율법의 종료점이 되신 것은 그를 믿는 모든 사람에게 의롭다 함을 부여하기 위해서이니라.

5 Moses describes in this way the righteousness that is by the law: "The man who does these things will live by them." 6 But the righteousness that is by faith says: "Do not say in your heart, 'Who will ascend into heaven?'" (that is, to bring Christ down) 7 "or 'Who will descend into the deep?'" (that is, to bring Christ up from the dead).

5 율법으로 말미암는 의에 관해서는 모세가 다음과 같이 언급하였으니 곧 "이런 일들을 (*율법대로) 행하는 자는 바로 그로 인하여 살리라." 함과 같으니라. 6 그러나 믿음으로 말미암는 의로움은 스스로 말

을 하기를: "네 마음속으로 '누가 하늘에 오를 수 있으리오?' 라 하지 말라" 말할 뿐 아니라 (이는 이미
하늘로 올라가신 예수를 도로 끌어내리는 격인 때문이라) 7 "혹은 '누가 그 깊음 가운데 내려가리오?'
말하지 말라" 하는도다. (이는 예수를 죽음으로부터 도로 끌어올려 오려는 격이기 때문이라)

8 But what does it say? "The word is near you; it is in your mouth and in your
heart," that is, the word of faith we are proclaiming: 9 That if you confess with
your mouth, "Jesus is Lord," and believe in your heart that God raised him
from the dead, you will be saved. 10 For it is with your heart that you believe
and are justified, and it is with your mouth that you confess and are saved.

8 오히려 뭐라고 말하느뇨? "말씀이 네게 가까이 있으니; 그것이 네 입에 그리고 네 마음에 있도다" 하
였으니 곧 우리가 주장하는 바, 믿음의 말씀이 그것이로다. 9 그런즉 만약 네 입으로 고백하기를 "그리
스도는 나의 주(主)시라" 하고 하나님께서 이 그리스도를 죽음으로부터 일으켜 살리신 것을 네 마음으
로 믿으면, 그러면 너희가 구원을 얻으리라. 10 그런고로 네가 믿는 것과 네가 의롭다 칭함을 받는 것이
결국 네 마음에 달려 있으니 바로 네 입을 가지고 고백함으로 구원을 받는 것이로다.

11 As the Scripture says, "Anyone who trusts in him will never be put to
shame." 12 For there is no difference between Jew and Gentile--the same Lord
is Lord of all and richly blesses all who call on him, 13 for, "Everyone who calls
on the name of the Lord will be saved."

11 곧 성경이 말하는 바, "누구든지 그를 믿는 자는 부끄러움을 당하지 않으리라" 함과 같으니라. 12 그
런즉 유대인이나 이방인이나 아무런 차별이 없느니라. 한 분, 동일한 주(主)께서 우리 모두의 주(主)가
되사 그를 부르는 모든 이에게 풍성히 복을 주시나니, 13 "주의 이름을 부르는 모든 자가 구원을 얻으리
라" 함과 같으니라.

14 How, then, can they call on the one they have not believed in? And how
can they believe in the one of whom they have not heard? And how can they
hear without someone preaching to them? 15 And how can they preach unless
they are sent? As it is written, "How beautiful are the feet of those who bring
good news!"

14 그러면, 믿지 않는 자들이 어찌 그 이름을 부를 수 있으리오? 들어보지도 못한 자를 어찌 믿을 수 있
으리오? 그들에게 (*복음의 말씀을) 전하는 이들이 없으면 그들이 어찌 그 이름을 들을 수 있으리오? 15
보냄을 받지 아니하고서 어찌 (*복음을) 전할 수 있으리오? 성경에 기록된 바, 좋은 소식을 가져오는 자
의 발걸음이 어찌 그리 아름다운고!" 함과 같으니라.

16 But not all the Israelites accepted the good news. For Isaiah says, "Lord,
who has believed our message?" 17 Consequently, faith comes from hearing
the message, and the message is heard through the word of Christ. 18 But I
ask: Did they not hear? Of course they did: "Their voice has gone out into all
the earth, their words to the ends of the world."

16 그러나 이스라엘 사람 모두가 다 복음을 받아들인 것이 아니니, 이사야가 말하길, "주여 누가 우리가
전한 메시지를 믿었나이까?" 함과 같도다. 17 그런즉, 믿음은 메시지를 들음에서 오고, 메시지는 그리
스도의 말씀을 통해 귀로 듣게 되는도다. 18 그러면 내가 묻기를: 그들 (*이스라엘)이 듣지 못하였느뇨?
아니라, 그들이 진작에 벌써 들었느니라. "그들의 목소리가 이 세상 끝까지 울려 퍼져 나갔고, 그들이 전
한 말씀이 세상 끝에 이르렀도다." 하였도다.

19 Again I ask: Did Israel not understand? First, Moses says, "I will make you
envious by those who are not a nation; I will make you angry by a nation
that has no understanding." 20 And Isaiah boldly says, "I was found by those

who did not seek me; I revealed myself to those who did not ask for me." **21**
But concerning Israel he says, "All day long I have held out my hands to a
disobedient and obstinate people."

19 다시금 내가 묻노니: 그럼, 이스라엘이 끝내 이해하지 못하였느뇨? 모세가 그 전에 말하길, "내가 하나의 (*번듯한) 민족도 아닌 사람들로 인하여 너로 하여금 시기(猜忌)하게끔 만들겠고; 도무지 (*은혜를) 이해도 하지 못하는 다른 한 민족을 통하여 너를 노(怒)하게 만들리라" 하였으며 **20** 또한 이사야가 말을
하기를, "나를 힘써 찾지도 아니한 이들에게 내가 발견된 바 될 것이요, 나를 요구하지도 않은 자들에게
내가 나를 나타내 보이리라" 함과 같도다. **21** 그러나 이스라엘에 관하여는 이사야가 말하기를, "내가
온종일, 내 손을 이 불순종하고 고집 센 인간들에게 펼쳐 내밀고 있었노라" 하였느니라.

제11장

1 I ask then: Did God reject his people? By no means! I am an Israelite myself,
a descendant of Abraham, from the tribe of Benjamin.

1 그럼 내가 묻노니: 하나님께서 그 자기의 민족을 (*영영) 거부하셨느뇨? 결단코 그건 아니라! 내 자신
이 이스라엘 사람이요, 아브라함의 후손이요, 베냐민 지파(支派)라.

2 God did not reject his people, whom he foreknew. Don't you know what the
Scripture says in the passage about Elijah--how he appealed to God against
Israel: **3** "Lord, they have killed your prophets and torn down your altars; I am
the only one left, and they are trying to kill me"? **4** And what was God's answer
to him? "I have reserved for myself seven thousand who have not bowed the
knee to Baal." **5** So too, at the present time there is a remnant chosen by
grace.

2 하나님께서 오래 전부터 알고 계시던 자기의 그 민족을 완전히 거부한 것이 결코 아니니 성경에 기록
된 바, 엘리야가 이스라엘을 고발하여 하나님께 읍소(泣訴)하던 말을 알지 못하느뇨? **3** "주여, 그들이
당신의 선지자들을 모두 죽이고 주의 제단도 다 헐어 버렸나이다. 나만 유일하게 살아남았는데 그들이
이제 나도 죽이려 하나이다."한즉, **4** 하나님이 뭐라 대답하셨느뇨? "내가 나를 위하여 바알에게 무릎 꿇
지 아니한 자 칠천 명을 남겨 두었도다" 하지 않았느냐? **5** 이와 같이 지금도 은혜로 선택된 '남겨진 자'
들이 있느니라.

6 And if by grace, then it is no longer by works; if it were, grace would no
longer be grace. **7** What then? What Israel sought so earnestly it did not
obtain, but the elect did. The others were hardened, **8** as it is written: "God
gave them a spirit of stupor, eyes so that they could not see and ears so that
they could not hear, to this very day."

6 고로 이러한 것들이 은혜로 인하였다면 행위로 말미암은 것이 아니니; 만일 (*구원이) 행위로 말미암
는다면 은혜는 더 이상 은혜가 될 수 없느니라. **7** 그럼 무엇이뇨? 이스라엘이 간절히 찾던 것을 이스라
엘은 얻지 못하였고 오직 택함 받은 자들이 얻었도다. 그리고, 그 외의 사람들은 더욱 완고하게 되었으
니 **8** 기록된 대로: "하나님께서 그들에게 혼미한 심령을 주시고, 보아도 보지 못하는 눈과 들어도 듣지
못하는 귀를 주시되, 오늘 이 날까지 그리하셨도다" 함과 같으니라.

9 And David says: "May their table become a snare and a trap, a stumbling
block and a retribution for them. **10** May their eyes be darkened so they
cannot see, and their backs be bent forever."

9 또한 다윗이 말하되, "그들의 식탁이 그들에게 올무와 함정이 되게 하시고, 걸려 넘어지는 방해물과 응징(膺懲)과 보복(報復)이 되게 하옵소서. 10 그들의 눈이 어두워 보지 못하게 하옵시고 그들의 등은 영원히 굽어 있게 하옵소서" 하였느니라.

11 Again I ask: Did they stumble so as to fall beyond recovery? Not at all! Rather, because of their transgression, salvation has come to the Gentiles to make Israel envious. 12 But if their transgression means riches for the world, and their loss means riches for the Gentiles, how much greater riches will their fullness bring!

11 그럼 내가 다시 묻노니, 그들이 넘어지되, 영영 회복의 가망이 없도록 그렇게까지 실족하였느냐? 결코 그렇지가 않으니라. 그들의 범죄함으로 인하여 구원이 이방인에게로 넘어갔으나 이는 오직 이스라엘로 하여금 질투하게 하기 위함이라. 12 그들 (*유대인들)의 범법(犯法)함이 이 세상의 부유함으로 이어지고, 그들의 손실이 이방인의 풍족함으로 이어졌다면, 이제 그들 (*유대인들)의 완전해짐으로 인하여서는 얼마나 더 많은 부유함을 (*이 세상에) 불러올 수 있겠느냐?

13 I am talking to you Gentiles. Inasmuch as I am the apostle to the Gentiles, I make much of my ministry 14 in the hope that I may somehow arouse my own people to envy and save some of them.

13 내가 이방인인 너희에게 말하노라. 너희가 알다시피 내가 너희 이방인을 위한 사도가 되었으나 그 사역을 감당함에 있어서는 14 아무쪼록 내 민족으로 하여금 (*너희를 향한) 시기심이 일어나도록 만들어 그들 중 몇몇이라도 구원 받았으면 하는 희망 가운데에서 내가 늘 행하였었노라.

15 For if their rejection is the reconciliation of the world, what will their acceptance be but life from the dead? 16 If the part of the dough offered as firstfruits is holy, then the whole batch is holy; if the root is holy, so are the branches.

15 그들 (*이스라엘)이 (*하나님을) 거부한 그것이 이 세상에 하나님과의 화목(和睦)을 불러온 것이라면, 그들이 이 믿음을 받아들임은 바로, 죽음으로부터 살아 돌아오는 것, (*그 정도로 복된 일)이 아니고 무엇이겠느냐? 16 첫 열매로 드려진 떡 반죽 일부가 거룩한즉, 같은 반죽으로 만들어진 떡 전부가 거룩하며, 뿌리가 거룩한즉, 그 가지들도 거룩하도다.

17 If some of the branches have been broken off, and you, though a wild olive shoot, have been grafted in among the others and now share in the nourishing sap from the olive root, 18 do not boast over those branches. If you do, consider this: You do not support the root, but the root supports you.

17 (*참감람나무에서) 가지 몇몇이 부러져 떨어졌는데, 원래 들감람나무 싹인 너희가, 이 참감람나무 가지 가운데 접붙임을 받아 이제 참감람나무 가지와 같이 그 뿌리로부터 같은 양분과 수액을 나누어 마시게 되었으니, 18 그런고로 이 가지들 앞에서 뽐내어 자랑하지 말라. 혹 자랑하고 싶은 마음이 들더라도 이걸 명심하라: 네가 뿌리를 보전(保全)하는 것이 아니요, 뿌리가 너를 보전(保全)하는 것이니라.

19 You will say then, "Branches were broken off so that I could be grafted in." 20 Granted. But they were broken off because of unbelief, and you stand by faith. Do not be arrogant, but be afraid. 21 For if God did not spare the natural branches, he will not spare you either.

19 그러면 너희가 말하기를, "우리가 접붙임 받기 위해서 원 가지들이 부러져 나간 것이 아니뇨?" 할 수 있으리라. 20 그 말이 옳도다. 그들은 불신앙으로 인해 부러져 나왔고 너희는 믿음으로 (*접붙임 받아) 바로 섰도다. 그러니 교만하지 말고 두려워하는 마음을 가지라. 21 하나님께서 그 원 가지들도 아끼지 아니하고 내치셨은즉, 너희 역시 아끼지 아니하고 내치실 수 있으리라.

22 Consider therefore the kindness and sternness of God: sternness to those who fell, but kindness to you, provided that you continue in his kindness. Otherwise, you also will be cut off. 23 And if they do not persist in unbelief, they will be grafted in, for God is able to graft them in again. 24 After all, if you were cut out of an olive tree that is wild by nature, and contrary to nature were grafted into a cultivated olive tree, how much more readily will these, the natural branches, be grafted into their own olive tree!

22 그러므로 하나님의 인자하심과 그 엄격함을 함께 염두에 두어야 할지니: 떨어져 나간 그들에게는 엄격함으로, 그리고 너희에게는 인자하심으로 대하신 것이 옳도다. 만약 너희가 하나님의 이런 인자하심 가운데에 계속 머물러 있으면 좋으려니와 그렇지 아니하면 너희 역시 잘라져 나갈 수 있느니라. 23 물론 그들 (*원 가지인 유대인들)도 완고히 불신앙을 고집하지 않는 한, (*언젠가는) 접붙임 받을 것이니 하나님께서 이들을 언제든 다시금 접붙여 넣을 능력을 가지고 계심이로다. 24 원래 야생의 들감람나무 가지였던 너희도 그 본성에 거슬러 참감람나무에 접붙임 받았을진대, (*하나님께서) 경작하시던 원 참감람나무 가지인 이들은 얼마나 더 잘 자신의 원 나무에 접붙임을 얻겠느뇨?

25 I do not want you to be ignorant of this mystery, brothers, so that you may not be conceited: Israel has experienced a hardening in part until the full number of the Gentiles has come in. 26 And so all Israel will be saved, as it is written: "The deliverer will come from Zion; he will turn godlessness away from Jacob. 27 And this is my covenant with them when I take away their sins."

25 형제들아, 나는 너희가 이런 기이한 신비를 모르고 지나가는 걸 원하지 아니하노니, 너희가 스스로 자만하지 않게 하려 함이라: 이스라엘이 부분적으로 완고해 짐을 받았으되, (*하나님께서 미리 정하신) 이방인의 숫자가 충만히 차 들어올 때까지만 그러함이니라. 26 그리하여 모든 이스라엘이 구원을 얻으리라. 기록된 바, "구원할 이가 시온으로부터 나올 것이요; 그가 야곱으로부터 불순종(不順從)을 돌이키시리니 27 내가 그들의 죄를 도말(塗抹)하고 치워 없앨 때에 그들과 나 사이에 맺을 언약이 이것이니라." 함과 같으니라.

28 As far as the gospel is concerned, they are enemies on your account; but as far as election is concerned, they are loved on account of the patriarchs, 29 for God's gifts and his call are irrevocable.

28 복음에 한(限)하여 말을 하자면, 그들 (*유대인들)이 너희로 인하여 대적(對敵)이 되었다 하겠으나, 그러나 그 미리 택하심에 관하여 말을 하자면, 그들 (*유대인들)은 그 조상들로 인하여 (*하나님께) 사랑받는 사람들이라 29 하나님의 은혜와 부르심은 취소나 변경되는 법이 없느니라.

30 Just as you who were at one time disobedient to God have now received mercy as a result of their disobedience, 31 so they too have now become disobedient in order that they too may now receive mercy as a result of God's mercy to you. 32 For God has bound all men over to disobedience so that he may have mercy on them all.

30 한 때 순종하지 아니하던 너희가 그들의 불순종의 결과로 하나님의 자비하심을 선물로 받은 것 같이, 31 그들 역시 너희가 하나님께 받은 바, 바로 그 자비하심을 받기 위해 이제 잠시 불순종에 이르게 된 것이니 32 이는 하나님께서 모든 사람에게 하나님의 자비하심을 보여주시기 위해 모든 사람을 불순종에 넘겨주셨던 연고라.

33 Oh, the depth of the riches of the wisdom and knowledge of God! How unsearchable his judgments, and his paths beyond tracing out! 34 "Who has known the mind of the Lord? Or who has been his counselor?" 35 "Who has

ever given to God, that God should repay him?" **36** For from him and through
him and to him are all things. To him be the glory forever! Amen.

33 깊도다! 하나님의 지혜와 지식의 풍성함이여! 하나님의 판단은 찾아 헤아릴 길이 없고 하나님의 경륜(經綸)은 좇아 찾아갈 수도 없도다. **34** "누가 주의 마음을 헤아려 알았느뇨? 누가 하나님의 조언자가 되겠느뇨?" **35** "누가 하나님께 먼저 드림으로 하나님께서 갚으시도록 만들 수 있겠느뇨?" **36** 만물이 하나님께로부터 말미암았고 하나님으로부터 나와 하나님께로 돌아가도다. 하나님께 영광이 영원히 있을지어다. 아멘.

제12장

1 Therefore, I urge you, brothers, in view of God's mercy, to offer your bodies
as living sacrifices, holy and pleasing to God--this is your spiritual act of
worship. **2** Do not conform any longer to the pattern of this world, but be
transformed by the renewing of your mind. Then you will be able to test and
approve what God's will is--his good, pleasing and perfect will. **3** For by
the grace given me I say to every one of you: Do not think of yourself more
highly than you ought, but rather think of yourself with sober judgment, in
accordance with the measure of faith God has given you.

1 그러므로 형제들아, 내가 하나님의 자비하심이란 관점에서 너희를 강권하노니, 거룩하게 그리고 하나님을 기쁘시게 하도록, 너희 몸을 살아 있는 희생물로 드리라. **2** 더 이상 이 세상의 방식을 좇아 살지 말고, 오직 너희 마음을 새롭게 함으로 변화를 받으라. 그리하면 하나님의 좋으신 뜻이 무엇인지, 그리고 하나님께서 기뻐하시고 온전하신 뜻이 무엇인지를 맛보아 받아들일 수 있으리라. **3** 내게 주신 은혜를 따라 내가 너희 모든 사람에게 말하노니: 너희가 마땅히 생각할 그 이상으로 자신을 높이지 말고, 하나님께서 너희에게 주신 믿음의 분량에 따라 건전한 판단을 가지고 스스로 돌이켜 보라.

4 Just as each of us has one body with many members, and these members
do not all have the same function, **5** So in Christ we who are many form one
body, and each member belongs to all the others.

4 사람이 한 몸 안에 여러 다른 지체를 가지고 있으나, 이 지체들이 다 같은 기능을 하는 것이 아니요, 각기 다른 기능을 갖고 있는 것처럼, **5** 그리스도 안에서 우리 모든 사람이 한 몸을 이루고 있으나 우리 각자는 서로가 서로에게 속해 있는 것이니라.

6 We have different gifts, according to the grace given us. If a man's gift is
prophesying, let him use it in proportion to his faith. **7** If it is serv-ing, let him
serve; if it is teaching, let him teach; **8** if it is encouraging, let him encourage;
if it is contributing to the needs of others, let him give generously; if it is
leadership, let him govern diligently; if it is showing mercy, let him do it
cheerfully.

6 이러므로 우리 각자가 다른 은사(恩賜)를 받아 가지고 있으니, 이는 우리에게 주어진 은혜의 분량에
따라 그러하도다. 어떤 사람의 받은 은사가 예언하는 것이면 그 자신의 믿음에 따라 그 은사를 사용하게
할 것이요, **7** 그것이 섬기는 일이면 그로 하여금 봉사하게 하고, 가르치는 일이면 가르치게 할 것이요,
8 만약 권면하는 일이면 권면하게 하고, 다른 사람의 필요를 공급하는 일을 은사로 받았으면 그로 하여금 매번 공급할 때에 특히 너그롭게 하게끔 하고, 지도력을 은사로 받은 사람은 매양 근면함으로 다스리게 할 것이요, 혹 자비심(慈悲心)을 보이는 일을 은사로 받은 사람이면 늘 즐거움으로 하게 할지니라.

9 Love must be sincere. Hate what is evil; cling to what is good. 10 Be devoted
to one another in brotherly love. Honor one another above yourselves. 11
Never be lacking in zeal, but keep your spiritual fervor, serving the Lord. 12
Be joyful in hope, patient in affliction, faithful in prayer. 13 Share with God's
people who are in need. Practice hospitality.

9 사랑은 신실해야 하나니 무언가를 미워함은 악(惡)이라, 오직 선한 데에 머물러 붙어 있으라. 10 각자
형제 사랑을 가지고 서로 헌신적으로 대하고 자신보다 상대를 높임으로 서로 존경하라. 11 열성이 부족
해지는 일이 없도록 하여, 오직 영적인 열렬함을 가지고 주를 섬길지니 12 소망 가운데 즐거워하며, 고
난 가운데 인내하고, 기도 가운데 신실함을 가지라. 13 하나님의 성도 가운데 빈궁한 처지에 있는 사람
과 더불어 나누어 쓰라. 그리고 누구에게든 선하게 대접하라.

14 Bless those who persecute you; bless and do not curse. 15 Rejoice with
those who rejoice; mourn with those who mourn. 16 Live in harmony with
one another. Do not be proud, but be willing to associate with people of low
position. Do not be conceited.

14 너희를 박해하는 사람을 축복할지니; 복을 빌고 저주하지 말라. 15 기뻐하는 자와 함께 기뻐하고;
슬피 우는 자들과 함께 슬피 울라. 16 서로 화합하여 화목하게 지낼지니, 교만하지 말며 낮은 지체의 사
람들과도 기꺼이 사귀고 교제하기를 주저하지 말며, 스스로 자만하지 말지니라.

17 Do not repay anyone evil for evil. Be careful to do what is right in the eyes
of everybody. 18 If it is possible, as far as it depends on you, live at peace
with everyone. 19 Do not take revenge, my friends, but leave room for God's
wrath, for it is written: "It is mine to avenge; I will repay,"says the Lord. 20
On the contrary: "If your enemy is hungry, feed him; if he is thirsty, give him
something to drink. In doing this, you will heap burning coals on his head." 21
Do not be overcome by evil, but overcome evil with good.

17 누구에게든지 악을 악으로 갚지 말고, 모든 사람의 눈에 옳게 보이는 그것을 행하도록 늘 조심하라.
18 만일 가능하다면, 그리고 네 편에서 보아 할 수 있거든, 모든 사람과 더불어 화평하게 지내라. 19 나
의 친구들아, 너희가 직접 복수하려 하지 말고 하나님의 진노에 맡겨 드리라. 기록되었으되, "원수 갚는
것이 내 일이니, 내가 갚아 주리라," 함과 같으니 20 오히려 "너희의 원수가 배고파 하거든 먹여 주고;
목말라 하거든 마실 것을 주라. 이렇게 함으로써, 너희가 타오르는 숯불을 그 머리 위에 쌓을 것이라"고
기록됨과 같으니라. 21 악에게 지지 말고 선으로 악을 이기라.

제13장

1 Everyone must submit himself to the governing authorities, for there is no
authority except that which God has established. The authorities that exist
have been established by God. 2 Consequently, he who rebels against the
authority is rebelling against what God has instituted, and those who do so
will bring judgment on themselves. 3 For rulers hold no terror for those who
do right, but for those who do wrong. Do you want to be free from fear of the
one in authority? Then do what is right and he will commend you.

1 모든 사람은 위에서 다스리는 권세에 복종할지니, 이는 하나님께서 세우지 않은 권세가 없음이라. 곧
(*세상에) 존재하는 모든 권세는 하나님에 의해 세움 받았음이니라. 2 그런고로, 권세에 대적하는 자는
하나님께서 세우신 것에 대항하여 대적하는 것이라, 이렇게 하는 자는 스스로 심판을 자신에게 불러들

이는 것이니라. 3 옳은 일을 행하는 자들에게는 다스리는 자들이 두려움의 대상이 되지 않으나, 그릇된 일을 행하는 자들에게는 두려움이 되나니 위에서 다스리는 자들을 두려워하는 데에서부터 자유하고자 하느냐? 그러면 옳은 일을 하라. 그들이 너를 칭찬하리라.

4 For he is God's servant to do you good. But if you do wrong, be afraid, for he does not bear the sword for nothing. He is God's servant, an agent of wrath to bring punishment on the wrongdoer. 5 Therefore, it is necessary to submit to the authorities, not only because of possible punishment but also because of conscience. 6 This is also why you pay taxes, for the authorities are God's servants, who give their full time to governing.

4 그들은 너희에게 선한 일을 행하기 위하여 하나님께서 부리시는 하인들이라. 그러나 네가 악한 일들을 행하거든 두려워하라. 그들이 쓸데없이 칼을 지니고 있는 게 아니니 그들은 하나님의 하인들이라, 하나님의 진노의 대행자로서 그릇된 일을 행하는 자들에게 징벌을 내리리라. 5 그러므로, 다스리는 권세에 복종하는 것이 필요하니, 단지 징벌 때문이 아니라 또한 양심에 의해 그리하라. 6 이것이 너희가 세금을 내는 이유라, 이는 권세들은 하나님의 하인인 까닭이요, 그들이 (*하나님이 명하신 바) 그 다스리는 일에 자신의 시간을 온전히 바치는 까닭이니라.

7 Give everyone what you owe him: If you owe taxes, pay taxes; if revenue, then revenue; if respect, then respect; if honor, then honor. 8 Let no debt remain outstanding, except the continuing debt to love one another, for he who loves his fellowman has fulfilled the law.

7 그런즉 누구에게든지 네가 갚아야 할 것이 있으면 이를 다 갚도록 하라. 만일 네가 세금을 내야 한다면 세금을 바치고, 존경을 바쳐야 한다면 존경을 바칠 것이며, 누군가를 높이 모셔야 한다면 또한 높이 모시도록 하라. 8 그리하여 누구에게든지 갚아야 할 것이 하나도 없도록 주의하고, 오직 서로를 향한 사랑의 빚 밖에 없도록 하라. 자신의 동료를 사랑하는 자는 이미 율법의 요구를 다 이루었느니라.

9 The commandments, "Do not commit adultery," "Do not murder," "Do not steal," "Do not covet," and whatever other commandment there may be, are summed up in this one rule: "Love your neighbor as yourself." 10 Love does no harm to its neighbor. Therefore love is the fulfillment of the law.

9 계명은 이르되, "간음하지 말라," "살인하지 말라," "네 이웃의 것을 탐내지 말라" 하고, 또 그 외에 다른 것들이 있을지라도, 다음 한 가지 계명에 다 축약되어 있다 할 것이니 곧 "네 이웃을 네 자신과 같이 사랑하라" 하는 것이라. 10 사랑은 이웃에게 해를 끼치지 아니하나니 그런고로 사랑은 율법의 완성이니라.

11 And do this, understanding the present time. The hour has come for you to wake up from your slumber, because our salvation is nearer now than when we first believed. 12 The night is nearly over; the day is almost here. So let us put aside the deeds of darkness and put on the armor of light. 13 Let us behave decently, as in the daytime, not in orgies and drunkenness, not in sexual immorality and debauchery, not in dissension and jealousy. 14 Rather, clothe yourselves with the Lord Jesus Christ, and do not think about how to gratify the desires of the sinful nature.

11 그리고 이를 행할지니, 곧 지금의 때를 분별하는 것이라. 잠에서 깨어 일어날 시간이 벌써 이르렀으니 우리의 구원이 우리가 처음 믿었을 때보다도 훨씬 더 가까이 다가와 있음이니라. 12 이미 밤이 새어; 낮 시간이 되었도다. 그런고로 이제 우리가 어두움의 행위들을 제쳐두고 빛의 갑옷을 꺼내 입도록 하자. 13 낮에와 같이 단정히 행하고, 난잡한 행동이나 술 취함에 빠지지 말고, 음란함이나 방탕함도 말고, 불화(不和)나 시기 질투도 없이 할지니, 14 오직 우리 주 예수 그리스도로 옷 입고, 우리의 죄 된 본성이 원

하는 바를 따라 이를 어떻게 행할꼬 하는 것은 감히 생각도 하지 말지어다.

제14장

1 Accept him whose faith is weak, without passing judgment on disputable
matters. 2 One man's faith allows him to eat everything, but another man,
whose faith is weak, eats only vegetables. 3 The man who eats every-thing
must not look down on him who does not, and the man who does not eat
everything must not condemn the man who does, for God has accepted him.

1 믿음이 연약한 자들을 너희가 받아들이되, 특히 더불어 논쟁이 일어날 수 있는 몇 가지 주제에 대해서
는 판단을 보류하고 그리하라. 2 어떤 사람의 믿음은 모든 것을 먹을만하나, 아직 믿음이 약한 어떤 사
람은 채소만 먹느니라. 3 모든 것을 먹는 사람은, 그렇지 못한 사람을 낮추어 보지 말고, 아직 모든 것을
먹지 못하는 사람은 모든 것을 먹는 사람을 정죄하지 말지니 하나님이 이들을 받으셨음이라.

4 Who are you to judge someone else's servant? To his own master he stands
or falls. And he will stand, for the Lord is able to make him stand.

4 네가 누구관대 감히 남의 하인을 판단하느뇨? 그가 바로 서든지 넘어지든지 그가 그 주인에 대하여
직접 그리하리라. 그로 하여금 서게 할 능력이 하나님께 있는 고로 그가 똑바로 서리라.

5 One man considers one day more sacred than another; another man
considers every day alike. Each one should be fully convinced in his own mind.
6 He who regards one day as special, does so to the Lord. He who eats meat,
eats to the Lord, for he gives thanks to God; and he who abstains, does so to
the Lord and gives thanks to God. 7 For none of us lives to himself alone and
none of us dies to himself alone.

5 어떤 사람은 일 년 중 어떤 날을 다른 날들보다 특히 경건하다고 생각하고; 다른 사람은 모든 날이 같
은 하루라 생각하니 각자가 자기의 마음에 확신하는 대로 행할지라. 6 어떤 하루를 아주 특별하다고 여
기는 사람도 주께 대하여 그리하는 것이요, 고기를 먹는 자 역시 주(主)께 대하여 먹는 것이니 이는 그가
먼저 하나님께 감사를 드리는 연고니라. 7 그리하여 우리 중 누구도 자신만 홀로 사는 이도 없고, 그 자
신 홀로 (*그 누구와도 상관없이) 죽는 자도 없느니라.

8 If we live, we live to the Lord; and if we die, we die to the Lord. So, whether
we live or die, we belong to the Lord. 9 For this very reason, Christ died and
returned to life so that he might be the Lord of both the dead and the living.

8 우리가 사는 것도 주께 대하여 사는 것이요, 우리가 죽는 것도 주께 대하여 죽는 것이라. 그러므로 우
리가 사나 죽으나 주께 속해 있는 것이로다. 9 바로 이런 이유로, 그리스도께서 죽었다가 다시 살아나셨
으니 이는 주께서 죽은 자와 살아 있는 자(者) 모두에게 아울러 주(主)가 되시기 위함이니라.

10 You, then, why do you judge your brother? Or why do you look down on
your brother? For we will all stand before God's judgment seat. 11 It is written:
"'As surely as I live,' says the Lord, 'every knee will bow before me; every
tongue will confess to God.'" 12 So then, each of us will give an account of
himself to God. 13 Therefore let us stop passing judgment on one another.
Instead, make up your mind not to put any stumbling block or obstacle in your
brother's way.

10 어찌하여 네가 네 형제를 심판하느뇨? 어찌 네 형제를 업신여기느뇨? 우리 모두가 다 하나님의 심판대 앞에 서리라. 11 성경에 기록된 바, "하나님께서 이르시길, 내가 살아 있음과 같이 확실하게 모든 무릎이 내 앞에 꿇을 것이요, 모든 혀가 내 앞에 고백하리라." 하였느니라. 12 그러한즉, 우리 모두가 하나님 앞에서 (*언젠가는) 스스로 자신에 관한 결산을 내놓아야 하리라. 13 그러므로 서로가 서로에게 심판내리는 것을 중지하고, 대신, 너희 형제의 앞길에 장애나 걸려 넘어지게 하는 거침돌을 놓는 일이 없도록 마음으로 결심할지어다.

14 As one who is in the Lord Jesus, I am fully convinced that no food is unclean in itself. But if anyone regards something as unclean, then for him it is unclean. 15 If your brother is distressed because of what you eat, you are no longer acting in love. Do not by your eating destroy your brother for whom Christ died.

14 주 예수 안에 이미 들어와 있는 자로서 내가 온전히 확신하고 있는 것은, 본질적으로 애초에 정결하지 못한 음식은 없다는 것이라. 그러나 누군가가 무언가를 정결하지 않은 것으로 간주(看做)한다면 그런 판단을 한 그 사람에게 있어서는 그 음식이 정결하지 못할지니라. 15 그런고로 네가 어떤 것을 먹느냐 하는 문제로 너희 형제 중 누군가가 불편해하거나 마음이 상한다면, 이는 더 이상 네가 사랑으로 행하는 것이 아니니라. 그리스도께서 위하여 대신 죽으신 네 형제를, 무엇을 먹는가 하는 문제로 파멸시키지 말지어다.

16 Do not allow what you consider good to be spoken of as evil. 17 For the kingdom of God is not a matter of eating and drinking, but of righteousness, peace and joy in the Holy Spirit, 18 because anyone who serves Christ in this way is pleasing to God and approved by men.

16 네가 옳다고 여기는 바로 그것이 사람들에게 도리어 악으로 언급되지 않도록 함이 옳으니라. 17 하나님의 나라는 이런 먹고 마시는 문제에 달려 있는 게 아니요, 오직 성령 안에서 의와 평강과 희락뿐이니라. 18 그런고로 그리스도 안에서 그리스도를 섬기되, 이런 길(道)을 따라 섬기는 자라야 하나님을 기쁘시게 만들 뿐 아니라 사람들로부터 인정을 받게 되느니라.

19 Let us therefore make every effort to do what leads to peace and to mutual edification. 20 Do not destroy the work of God for the sake of food. All food is clean, but it is wrong for a man to eat anything that causes someone else to stumble. 21 It is better not to eat meat or drink wine or to do anything else that will cause your brother to fall.

19 그러므로 이제 우리가 전심(全心)으로, 평강(平康)에 이르게 하는 것과 서로에게 덕을 세우는 일에 힘을 다하자. 20 먹는 음식 문제로 하나님의 사역(事役)을 무너뜨리지 말지니 모든 음식이 정결하되, 자신이 먹는 음식으로 인하여 누군가를 고꾸라져 넘어지게 하는 그 사람이 옳지 않은 자니라. 21 고로, 만약에 형제가 그로 인하여 넘어질 것 같으면 먹지도 아니하고, 마시지도 아니하고 형제들로 하여금 실족하게 하는 그 어떤 일도 차라리 하지 않음이 나으리라.

22 So whatever you believe about these things keep between yourself and God. Blessed is the man who does not condemn himself by what he approves. 23 But the man who has doubts is condemned if he eats, because his eating is not from faith; and everything that does not come from faith is sin.

22 다만, 이 문제에 관하여는 네가 그 어떤 것을 믿든지 오직 하나님과 네 자신과의 사이에만 지킬 것이라. 자신이 옳다고 여기는 바로 그것으로 인하여 자신을 정죄하는 일이 없는 그 사람이 정말로 복되도다. 23 그런고로 스스로 의심을 가지고 있으면서 그 음식을 먹는 자는 이미 정죄 받았음이니, 이는 그가 믿음에 따르지 않았기 때문이라. 믿음으로 말미암지 않은 모든 것이 죄이니라.

제15장

1 We who are strong ought to bear with the failings of the weak and not to
please ourselves. 2 Each of us should please his neighbor for his good, to build
him up. 3 For even Christ did not please himself but, as it is written: "The
insults of those who insult you have fallen on me." 4 For everything that was
written in the past was written to teach us, so that through endurance and the
encouragement of the Scriptures we might have hope.

1 우리 (*믿음에) 강한 자들은 마땅히 (*믿음이) 연약한 자들의 실족해 넘어짐을 관대히 받아들여야 할
지니 이런 일에 대하여 우리 자신 스스로 기쁘게 여기는 일이 없도록 해야 할지니라. 2 우리 모두가 자
신의 이웃을 기쁘게 만들고 그를 세워 나가는 일에 힘써야 하리라. 3 그리스도께서도 자기 자신을 기쁘
게 만들지 않으셨음이니라. 곧 성경에 기록된 바, "너희를 모욕하는 그들의 그 모욕이 바로 내게로 떨어
지는도다."함과 같으니라. 4 무엇이든 예전에 쓰여졌던 내용들은 모두 우리에게 교훈을 가르치기 위해
기록된 것이니, 그리하여 이 성경 말씀 속에 있는 인내함과 용기 주심을 통하여 우리가 소망을 갖게 되
느니라.

5 May the God who gives endurance and encouragement give you a spirit of
unity among yourselves as you follow Christ Jesus, 6 so that with one heart and
mouth you may glorify the God and Father of our Lord Jesus Christ.

5 우리에게 인내함과 용기를 주시는 하나님께서, 예수 그리스도를 따르는 가운데, 하나로 연합하는 통
합의 정신을 너희에게 주사 6 너희가 한 마음과 한 입으로 하나님, 곧 우리 주 예수 그리스도의 아버지
께 함께 영광을 돌리길 원하노라.

7 Accept one another, then, just as Christ accepted you, in order to bring
praise to God. 8 For I tell you that Christ has become a servant of the Jews on
behalf of God's truth, to confirm the promises made to the patriarchs 9 so that
the Gentiles may glorify God for his mercy, as it is written: "Therefore I will
praise you among the Gentiles; I will sing hymns to your name."

7 그리스도께서 너희를 받아들인 것처럼 너희는 서로를 받아들일지니, 하나님께 찬양을 올려 드리기 위
하여 그리하라. 8 내가 말하노니 그리스도께서 하나님의 진리를 위하여 스스로 유대인을 섬기는 하인이
되셨던 것은 그들의 조상에게 주어진 약속을 확증하기 위함이었을 뿐 아니라, 9 성경에 기록된 것과 같
이, 이방인들로 하여금 "그러므로 내가 이방 중에서 당신을 찬양하고 당신의 이름을 위하여 찬송을 부
르리이다." 하며 하나님의 자비하심으로 말미암아 하나님께 영광을 돌리게 하기 위해서 그리하신 것이
니라.

10 Again, it says, "Rejoice, O Gentiles, with his people." 11 And again, "Praise
the Lord, all you Gentiles, and sing praises to him, all you peoples." 12 And
again, Isaiah says, "The Root of Jesse will spring up, one who will arise to rule
over the nations; the Gentiles will hope in him." 13 May the God of hope fill
you with all joy and peace as you trust in him, so that you may overflow with
hope by the power of the Holy Spirit.

10 또한 성경이 말하되, "기뻐하라, 오, 이방이여 그의 사람들과 더불어 기뻐하라." 하였고 11 또 다른
데에서는 말을 하기를, "하나님을 찬양할지어다, 모든 이방이여, 하나님께 찬송을 드리라, 너희 모든 이
방 사람이여." 하였으며 12 이사야도 말하되, "이새의 뿌리에서 한 줄기가 싹이 터 나오리니 곧, 열방과
민족들을 다스릴 이가 일어날 것이며; 이방인들이 그에게 소망을 두리라." 하였도다. 13 이제 너희가 그
리스도 안에서 신뢰하는 대로, 소망의 하나님이 너희를 모든 기쁨과 평강으로 채우사, 성령의 능력에 의
해 너희에게 소망이 넘치게 하시기를 비노라.

14 I myself am convinced, my brothers, that you yourselves are full of

goodness, complete in knowledge and competent to instruct one another. 15
I have written you quite boldly on some points, as if to remind you of them
again, because of the grace God gave me 16 to be a minister of Christ Jesus to
the Gentiles with the priestly duty of proclaiming the gospel of God, so that
the Gentiles might become an of-fering acceptable to God, sanctified by the
Holy Spirit.

14 형제들아, 내가 마음속으로 굳게 확신하고 있는 바는, 너희가 이제 너희 자신 가운데에서 온갖 선함
으로 가득 차 있는 것과 또한 지식을 온전히 갖추게 되어 서로 교훈을 주기에 합당하게 되었다는 사실이
라. 15 몇 가지 주제에 대해서는 내가 퍽 담대하게 내 생각을 너희에게 썼으니, 이는 너희로 다시 한번
돌이켜 생각하도록 하기 위함이라. 하나님께서 내게 주신 은혜로 말미암아 16 내가 이방인들을 위한 예
수 그리스도의 사역자가 되어 하나님의 복음을 전하는 제사장의 직무를 감당해 온 것은 오직 이방인인
너희가 성령으로 거룩하게 되어, 결국에는 하나님께서 받으실만한 제물이 되도록 만들기 위함이니라.

17 Therefore I glory in Christ Jesus in my service to God. 18 I will not venture
to speak of anything except what Christ has accomplished through me in
leading the Gentiles to obey God by what I have said and done-- 19 by
the power of signs and miracles, through the power of the Spirit. So from
Jerusalem all the way around to Illyricum, I have fully proclaimed the gospel of
Christ.

17 그러므로 하나님께 대한 나의 사역 가운데에서 예수 그리스도께 내가 영광을 돌리노라. 18 예수 그
리스도께서 나를 통하여 성취하신 일 곧, 이방(異邦)을 이끌어 하나님께 복종하게 한 것 외에는 내가 다
시 아무 말도 하지 않으려 하노니, 이 사역을 위해 내가 말하였던 것, 그리고 행하였던 것들은 19 오직
성령의 능력에 의한 표적의 징조(徵兆)와 기적의 힘에 따라 이루어진 것이니라. 바로 이런 힘으로 오늘
날까지 내가 예루살렘으로부터 일리리쿰에 이르기까지 그리스도의 복음을 온전히 전할 수 있었노라.

20 It has always been my ambition to preach the gospel where Christ was
not known, so that I would not be building on someone else's foundation.
21 Rather, as it is written: "Those who were not told about him will see, and
those who have not heard will understand." 22 This is why I have often been
hindered from coming to you.

20 다만 한 가지, 아직 그리스도가 알려지지 않은 지역에 한해서만 내가 복음을 전하겠다 하는 야망이
내게 있었으니, 이미 다른 사람이 놓은 기초 위에는 내가 아무것도 건축하여 세우려 하지 않았노라. 21
그러므로 성경에 쓰여진 바, "그에 관해 얘기도 들어 보지 못한 사람들이 그를 볼 것이요, (*복음을) 들
어 보지도 못한 사람들이 듣고 이해하리라." 함과 같으니라. 22 바로 이것이 그토록 자주, 너희에게로
가는 나의 길이 방해되었던 까닭이니라.

23 But now that there is no more place for me to work in these regions, and
since I have been longing for many years to see you, 24 I plan to do so when
I go to Spain. I hope to visit you while passing through and to have you assist
me on my journey there, after I have enjoyed your company for a while.

23 그러나 이제 이 지역에는 더 이상 내가 사역할 곳이 없고, 너희를 한번 만나보기를 내가 너무도 오랫
동안 갈망해 온 터라, 24 이제 서바나로 가는 길에 그렇게 하기로 내가 계획하였노라. 그리하여 이제 내
가 지나가는 길에 너희를 특별히 방문하기를 원하니 이는 잠시 동안 너희와 함께 즐거이 머문 연후에 나
의 계속될 (*서바나를 향한) 여정에 너희가 나를 도와주기 원하는 까닭이니라.

25 Now, however, I am on my way to Jerusalem in the service of the saints
there. 26 For Macedonia and Achaia were pleased to make a contribution
for the poor among the saints in Jerusalem. 27 They were pleased to do it,

and indeed they owe it to them. For if the Gentiles have shared in the Jews' spiritual blessings, they owe it to the Jews to share with them their material blessings.

25 그러나 지금은 예루살렘에 있는 성도들을 돕는 일 때문에 내가 예루살렘에 올라가고 있는 중이라,
26 마케도니아와 아카이아에 있는 (*교회들이) 예루살렘 성도들 중 가난한 이들을 돕기 위해 기꺼이 헌
금을 내놓았음이니라. 27 그들이 기뻐 즐겨하는 마음으로 이 일을 도모하였나니, 참으로 이들 (*이방인
들)은 그들 (*예루살렘 성도들)에게 갚아야 할 모종의 빚이 있었다고 말하여도 문제가 없으리라. 즉, 이
방인인 저희가 유대인의 영적인 축복을 나누어 가졌으니, 이제 물질의 축복에 대해서 유대인들과 나누
어 써야 할 빚이 있다고 해도 과언이 아니리라.

28 So after I have completed this task and have made sure that they have
received this fruit, I will go to Spain and visit you on the way. 29 I know that
when I come to you, I will come in the full measure of the blessing of Christ.

28 그런고로 내가 이 (*부조의) 임무를 완수하고 또한 그들 예루살렘 성도들이 이 과실을 잘 받았음을
확인하고 난 다음에는 서바나로 갈 것인데 바로 이 여정 길에 내가 너희를 방문(訪問)하리라. 29 내가
너희에게로 갈 때에는 그리스도가 주시는 복을 지극히 충만하게 너희에게로 가지고 갈 줄을 내가 아노
라.

30 I urge you, brothers, by our Lord Jesus Christ and by the love of the Spirit,
to join me in my struggle by praying to God for me. 31 Pray that I may be
rescued from the unbelievers in Judea and that my service in Jerusalem may be
acceptable to the saints there, 32 so that by God's will I may come to you with
joy and together with you be refreshed. 33 The God of peace be with you all.
Amen.

30 형제들아 이제 내가 너희를 강권하노니, 성령의 사랑과 우리 주 예수 그리스도에 힘입어, 나를 위해
하나님께 기도함으로 (*하나님의 복음을 위한) 나의 투쟁에 동참하도록 하라. 31 유대에 있는 믿지 않는
자들로부터 내가 탈 없이 돌아오기를 기도하고 예루살렘에서의 나의 사역이 그곳 성도들에게 받아들여
질 수 있도록 주께 기도하라. 32 그리하여 하나님의 뜻에 따라 내가 너희에게 기쁨으로 나아가 너희와
내가 다시 한번 서로가 함께 새로워질 수 있도록 기도하라. 33 평강의 하나님께서 너희 모두와 함께 계
실지어다. 아멘.

제16장

1 I commend to you our sister Phoebe, a servant of the church in Cenchrea. 2
I ask you to receive her in the Lord in a way worthy of the saints and to give
her any help she may need from you, for she has been a great help to many
people, including me.

1 우리의 자매, 겐그레아 교회의 일꾼 뵈뵈를 너희에게 추천하노라. 2 내가 요청하노니 주(主)안에서 성
도에게 합당한 예로 그녀를 받아들이라. 그녀가 필요로 하는 모든 일에 너희가 도움을 주길 원하노니 그
녀가 나를 포함하여, 다른 모든 이들에게 지금껏 큰 도움이 되어 왔느니라.

3 Greet Priscilla and Aquila, my fellow workers in Christ Jesus. 4 They risked
their lives for me. Not only I but all the churches of the Gentiles are grateful to
them. 5 Greet also the church that meets at their house. Greet my dear friend
Epenetus, who was the first convert to Christ in the province of Asia.

3 그리스도 안에서 나의 동역자인 브리스가와 아굴라에게 문안하라. 4 그들이 나를 위하여 기꺼이 그들
의 생명을 내놓았었느니라. 비단 나뿐 아니라 이방에 있는 모든 교회들이 이들에게 고마워하고 있느니
라. 5 그리고 이들 집에서 모이는 교회에도 함께 문안하라. 나의 친구인 에배네도에게 문안할지니 그는
아시아 지방에서 그리스도께 회심하여 돌아온 첫 인물이니라.

6 Greet Mary, who worked very hard for you. 7 Greet Andronicus and Junias,
my relatives who have been in prison with me. They are outstanding among
the apostles, and they were in Christ before I was. 8 Greet Ampliatus, whom
I love in the Lord. 9 Greet Urbanus, our fellow worker in Christ, and my dear
friend Stachys. 10 Greet Apelles, tested and approved in Christ. Greet those
who belong to the household of Aristobulus. 11 Greet Herodion, my relative.
Greet those in the household of Narcissus who are in the Lord. 12 Greet
Tryphena and Tryphosa, those women who work hard in the Lord. Greet my
dear friend Persis, another woman who has worked very hard in the Lord.
13 Greet Rufus, chosen in the Lord, and his mother, who has been a mother
to me, too. 14 Greet Asyncritus, Phlegon, Hermes, Patrobas, Hermas and the
brothers with them. 15 Greet Philologus, Julia, Nereus and his sister, and
Olympas and all the saints with them. 16 Greet one another with a holy kiss.
All the churches of Christ send greetings.

6 너희를 위하여 수고를 많이 한 마리아에게 문안(問安)하라. 7 내 친척이요 나와 함께 갇혔던 안드로니
고와 유니아에게 인사를 전하라. 그들은 사도들 가운데에서도 뛰어나며 또 나에 앞서 그리스도 안에 있
던 자들이니라. 8 또 주 안에서 내 사랑하는 암블리아에게 문안하라. 9 그리스도 안에서 우리의 동역자
인 우르바노와 나의 사랑하는 스다구에게 문안하라. 10 그리스도 안에서 인정함을 받은 아벨레에게 문
안하라. 아리스도불로의 식구들에게 문안하라. 11 내 친척 헤로디온에게 문안하라. 나깃수의 가족 중
주 안에 있는 자들에게 문안하라. 12 주 안에서 수고한 드루배나와 드루보사에게 문안하라. 주 안에서
많이 수고하고 사랑하는 버시에게 문안하라. 13 주 안에서 택하심을 입은 루포와 그의 어머니에게 문안
하라. 그의 어머니는 곧 내 어머니니라. 14 아순그리도와 블레곤과 허메와 바드로바와 허마와 및 그들
과 함께 있는 형제들에게 문안하라. 15 빌롤로고와 율리아와 또 네레오와 그의 자매와 올름바와 그들과
함께 있는 모든 성도에게 문안하라. 16 거룩하게 입맞춤으로 서로 문안하라. 그리스도의 모든 교회가
다 너희에게 인사를 전하느니라.

17 I urge you, brothers, to watch out for those who cause divisions and put
obstacles in your way that are contrary to the teaching you have learned. Keep
away from them. 18 For such people are not serving our Lord Christ, but their
own appetites. By smooth talk and flattery they deceive the minds of naive
people.

17 형제들아 내가 너희를 권하노니, 너희가 배운 가르침에 역행하여 너희 가운데에서 나뉨을 조장하거
나, 너희의 걸어가는 길에 거치게 하는 방해물을 두고자 하는 자들을 유의해서 살펴보고 그들로부터 떠
나도록 하라. 18 이같은 자들은 우리 주 그리스도를 섬기는 것이 아니라, 다만 자기의 잇속만 챙기는 자
들이니, 매끄러운 언동과 아첨하는 말로 순진한 자들의 마음을 미혹하느니라.

19 Everyone has heard about your obedience, so I am full of joy over you; but
I want you to be wise about what is good, and innocent about what is evil. 20
The God of peace will soon crush Satan under your feet. The grace of our Lord
Jesus be with you.

19 모든 사람들이 너희의 순종함에 관해 말을 들었는지라 그러므로 내가 너희로 말미암아 크게 기뻐하
노니; 너희가 선한 데에 지혜롭고 악한 데에는 차라리 무지하기를 원하노라. 20 평강의 하나님께서 사
탄을 너희 발아래에서 부서지게 하시되 속히 그리하시리라. 우리 주 예수의 은혜가 너희에게 머물러 있

을지어다.

21 Timothy, my fellow worker, sends his greetings to you, as do Lucius, Jason and Sosipater, my relatives. 22 I, Tertius, who wrote down this letter, greet you in the Lord. 23 Gaius, whose hospitality I and the whole church here enjoy, sends you his greetings. Erastus, who is the city's director of public works, and our brother Quartus send you their greetings.

21 나의 동역자 디모데와 나의 친척 누기오와 야손과 소시바더가 너희에게 문안하느니라. 22 이 편지를 기록하는 나 더디오도 주 안에서 너희에게 문안하노라. 23 나와 여기의 온 교회가 그의 환대를 즐겨 받고 있는 가이오도 너희에게 문안하고, 이 도시의 행정관 에라스도와 그 형제 구아도도 너희에게 인사하며 문안하느니라.

24.(BLANK) 25 Now to him who is able to establish you by my gospel and the proclamation of Jesus Christ, according to the revelation of the mystery hidden for long ages past, 26 but now revealed and made known through the prophetic writings by the command of the eternal God, so that all nations might believe and obey him--27 to the only wise God be glory forever through Jesus Christ! Amen.

24 (없음) 25 내가 전하는 복음과 예수 그리스도를 전도함에 의해 이제 너희를 곧바로 서게 하시는 이, 곧 지나간 모든 세대에 걸쳐 오랫동안 감춰져 왔던 비밀을 드러내사, 26 영원하신 하나님의 명령에 의해 선지자들의 글을 통하여 나타나신 바 되고 알려진 바 된, 바로 그 계시에 따라 모든 민족들로 하여금 그를 믿고 또 복종하게 만드신 이, 27 곧 홀로 지혜로우신 하나님께, 그리스도 예수를 통하여 영광이 이제부터 영원토록 세세 무궁히 함께 있을지어다! 아멘.

고린도 전서

1 Corinthians

1 Corinthians

고린도 전서

제1장

1 Paul, called to be an apostle of Christ Jesus by the will of God, and our
brother Sosthenes, 2 To the church of God in Corinth, to those sanctified in
Christ Jesus and called to be holy, together with all those everywhere who call
on the name of our Lord Jesus Christ--their Lord and ours: 3 Grace and peace
to you from God our Father and the Lord Jesus Christ.

1 하나님의 뜻을 따라 그리스도 예수의 사도로 부르심을 받은 바울과 형제 소스데네는 2 코린트(고린
도)에 있는 하나님의 교회, 곧 그리스도 예수 안에서 신성하여지고, 또한 거룩한 몸이 되기 위하여 부르
심을 받은 사람들과 그리고 또 여러 다른 지역에서 우리의 주(主), 곧 그들과 우리에게 있어 함께 주(主)
가 되시는 예수 그리스도의 이름을 부르는 모든 이들에게: 3 하나님 우리 아버지와 주 예수 그리스도로
부터 은혜와 평강이 있기를 원하노라.

4 I always thank God for you because of his grace given you in Christ Jesus. 5
For in him you have been enriched in every way--in all your speaking and in
all your knowledge-- 6 because our testimony about Christ was confirmed in
you. 7 Therefore you do not lack any spiritual gift as you eagerly wait for our
Lord Jesus Christ to be revealed.

4 내가 항상 너희로 말미암아 하나님께 감사하는 것은 그리스도 예수 안에서 너희에게 주어진 하나님의
은혜를 인함이라. 5 너희가 예수 안에서 모든 일, 곧 모든 지식(知識)과 말에 있어 뛰어나게 되었으니 6
이는 그리스도에 관한 우리의 증언(證言)이 너희 가운데에서 견고히 증거된 까닭이니라. 7 이제 너희가
우리 주 예수 그리스도의 나타나심을 기다림에 있어 어떤 영적인 은사(恩賜)도 부족함이 없게 되었도다.

8 He will keep you strong to the end, so that you will be blameless on the day
of our Lord Jesus Christ. 9 God, who has called you into fellowship with his
Son Jesus Christ our Lord, is faithful.

8 주 하나님께서 너희를 지키시되 끝까지 강하게 붙드시리니, 우리 주 예수 그리스도의 날에 너희로 하
여금 책망할 것이 없는 자가 되게끔 하시리라. 9 하나님, 곧 너희를 부르사, 그 아들 우리 주 예수 그리스
도와 사귐이 있게 하신 하나님은 신실(信實)하시도다.

10 I appeal to you, brothers, in the name of our Lord Jesus Christ, that all of
you agree with one another so that there may be no divisions among you and
that you may be perfectly united in mind and thought.

10 형제들아 내가 우리 주 예수 그리스도의 이름 안에서 너희에게 호소하고자 하는 것은, 너희가 서로
를 인정하고 받아들임으로 너희 가운데 나뉘는 일이 없게 하여 마음과 생각에 있어 온전히 하나로 합
(合)하라 하는 것이라.

11 My brothers, some from Chloe's household have informed me that there are
quarrels among you.

11 글로에의 집안 사람 중 누가 나에게 알리기를, 너희 중에 분쟁(分爭)이 있다 하는도다.

12 What I mean is this: One of you says, "I follow Paul"; another, "I follow
Apollos"; another, "I follow Cephas "; still another, "I follow Christ." 13 Is
Christ divided? Was Paul crucified for you? Were you baptized into the name
of Paul?

12 내가 말하고자 하는 바는 이것이라: 너희 중에서 누군가가 말하기를 "나는 바울을 따르노라" 하고,
또 누구는 "나는 아볼로를 따르노라" 하며; 또 다른 사람은 "나는 게바를 따르노라" 말하며, 또 혹은 "나
는 그리스도에게 속한 자(者)라" 한다 하니, 13 그리스도께서 나뉘어지셨느냐? 바울이 너희를 위하여
십자가에서 못 박혀 죽었느냐? 너희가 바울의 이름으로 세례를 받았느냐?

14 I am thankful that I did not baptize any of you except Crispus and Gaius,
15 so no one can say that you were baptized into my name.

14 그리스보와 가이오 외에는 너희 중 아무에게도 내가 세례를 베풀지 아니한 것을 감사하노니 15 이
둘을 빼고는 아무도 내 이름으로 세례를 받았다 말하지 못하리라.

16 (Yes, I also baptized the household of Stephanas; beyond that, I don't
remember if I baptized anyone else.) 17 For Christ did not send me to baptize,
but to preach the gospel--not with words of human wisdom, lest the cross of
Christ be emptied of its power.

16 (스데바나 집 사람에게는 내가 세례를 주었으나, 그 외에는 내가 기억하기로 다른 누구에게도 내가
세례를 준 적이 없느니라) 17 세례를 베풀게 하기 위해 그리스도께서 나를 보내신 것이 아니요, 오직 나
로 하여금 복음을 전하게 하셨고—이 복음 전도가 사람의 지혜에 따른 말로 이루어진 것이 아니니—이
는 그리스도의 십자가의 능력이 헛되지 않게 하려 함이니라.

18 For the message of the cross is foolishness to those who are perishing,
but to us who are being saved it is the power of God. 19 For it is written: "I
will destroy the wisdom of the wise; the intelligence of the intelligent I will
frustrate."

18 십자가의 메시지가 멸망의 길을 걷는 자들에게는 미련하게 보이는 것이나, 구원을 받은 우리에게는
하나님의 능력이라. 19 성경에 기록된 바, "내가 현명하다 하는 자들의 지혜를 멸하고; 유식하다 하는
자들의 지식을 망하게 하리라" 하셨도다.

20 Where is the wise man? Where is the scholar? Where is the philosopher
of this age? Has not God made foolish the wisdom of the world? 21 For since
in the wisdom of God the world through its wisdom did not know him, God
was pleased through the foolishness of what was preached to save those who
believe.

20 현명한 자가 어디 있느냐? 학자들은 다 어디로 갔느냐? 이 세대의 철학자들이 다 어디에 있느냐? 하
나님께서 이 세상의 모든 지혜를 미련하게 만드신 것이 아니냐? 21 하나님의 지혜로 말을 하자면, 이 세
상이 자기 지혜를 통하여서는 하나님을 알지 못하였나니, 그러나 우리에게 전파된 이 '미련한 것'의 전
도를 받아 이를 믿고 따르는 저희를 구원하시기를 하나님께서 기쁘게 생각하셨도다.

22 Jews demand miraculous signs and Greeks look for wisdom, 23 but we
preach Christ crucified: a stumbling block to Jews and foolishness to Gentiles,
24 but to those whom God has called, both Jews and Greeks, Christ the power
of God and the wisdom of God.

22 유대인은 표적(標蹟)을 구하고 그리스 사람들은 지혜를 찾으나 23 우리는 십자가에 못 박힌 그리스
도를 전도하니: 유대인에게는 걸려 넘어지게 하는 돌이요, 이방인에게는 미련한 것이로되 24 오직 하나
님께서 부르신 사람들에게는, 그가 유대인이거나 그리스 사람이거나에 관계없이 그리스도는 하나님의

능력이시요, 또한 하나님의 지혜이시니라.

25 For the foolishness of God is wiser than man's wisdom, and the weakness of God is stronger than man's strength.

25 하나님의 '미련한 것'이 사람의 지혜보다 훨씬 지혜롭고, 하나님의 약하심이 사람의 강함보다 더 강하니라.

26 Brothers, think of what you were when you were called. Not many of you were wise by human standards; not many were influential; not many were of noble birth. 27 But God chose the foolish things of the world to shame the wise; God chose the weak things of the world to shame the strong.

26 형제들아, 부르심을 받았을 때 너희가 어떠한 사람들이었는지를 돌이켜 생각해 보라. 너희 중 다수의 무리가 사람의 기준으로 볼 때에 지혜 있는 자가 아니었고; 영향력 있는 자도 아니었으며; 귀한 가문 출신자도 아니었도다. 27 그러나 하나님께서 이 세상의 어리석은 것들을 택하사 지혜 있는 자들을 부끄럽게 하셨고, 세상의 약한 것들을 택하사 강한 것들을 부끄럽게 만드셨느니라.

28 He chose the lowly things of this world and the despised things--and the things that are not--to nullify the things that are, 29 so that no one may boast before him.

28 또한 하나님께서 이 세상의 천(賤)한 것들과 멸시(蔑視)받는 것들과–이 세상에 없는 것들을 택하사–이 세상에 있는 것들을 헛되게 하셨으니 29 이는 어느 누구도 하나님 앞에서 자랑하지 못하게 하려 하심이니라.

30 It is because of him that you are in Christ Jesus, who has become for us wisdom from God--that is, our righteousness, holiness and redemption. 31 Therefore, as it is written: "Let him who boasts boast in the Lord."

30 너희가 그리스도 예수 안에 있게 된 것이 곧 하나님의 은혜라, 이 예수는 하나님으로부터 나와서 우리의 지혜가 되셨으니 우리에게 있어 의로움과 거룩함과 구원함이 되셨느니라. 31 그런고로, 기록된 것과 같이: "자랑하는 자는 주 안에서 자랑하라" 함과 같으니라.

제2장

1 When I came to you, brothers, I did not come with eloquence or superior wisdom as I proclaimed to you the testimony about God. 2 For I resolved to know nothing while I was with you except Jesus Christ and him crucified.

1 형제들아 내가 너희에게로 가서 하나님에 관한 증거를 선포할 때에, 뛰어난 지식이나 달변(達辯)의 말솜씨로 하지 아니하였으니 2 이는 너희와 함께 거하는 동안에는 내가 예수 그리스도와 그가 십자가에 못 박히신 것 외에는 아무 것도 알지 아니하기로 결심하였음이니라.

3 I came to you in weakness and fear, and with much trembling. 4 My message and my preaching were not with wise and persuasive words, but with a demonstration of the Spirit's power, 5 so that your faith might not rest on men's wisdom, but on God's power.

3 너희 가운데로 나아갈 때에 내가 연약함 가운데 있었으며 내게 심한 떨림과 함께 두려움이 있었노라.

4 그러나 내가 전하는 메시지와 나의 전도함이 지혜롭고 설복하는 말에만 있던 게 아니고, 성령의 능력
이 나타나신 것과 함께 이루어졌으니 그럼으로써, 5 너희 믿음이 사람의 지혜에 머물러 있지 아니하고
오직 하나님의 능력 안에 머물러 있게 하려 하였노라.

6 We do, however, speak a message of wisdom among the mature, but not the
wisdom of this age or of the rulers of this age, who are coming to nothing. 7
No, we speak of God's secret wisdom, a wisdom that has been hidden and that
God destined for our glory before time began.

6 그러나 우리가 또한 믿음이 성숙한 자들 가운데에서는 지혜의 메시지를 전하나니 다만, 이 메시지는
이 세상의 지혜가 아니요 또 이 세상 통치자들의 지혜도 아니라, 이 세상을 다스리는 자들은 결국 아무
것도 아니니라. 7 오직 우리가 말로 전하는 것은 하나님의 은밀한 지혜, 곧 창세 이전부터 하나님께서
우리의 영광을 위하여 미리 예정해 놓으신 것이니 지금껏 비밀히 숨겨져 온 것이니라.

8 None of the rulers of this age understood it, for if they had, they would not
have crucified the Lord of glory. 9 However, as it is written: "No eye has seen,
no ear has heard, no mind has conceived what God has prepared for those
who love him" 10 but God has revealed it to us by his Spirit.

8 그러나 이 세대의 통치자들은 누구도 이 지혜를 이해하지 못하였으니 만일 그들이 알았더라면 영광의
우리 주를 십자가에 못 박지 아니하였으리라. 9 오직, 기록된 바: "하나님께서 자기를 사랑하는 자들을
위하여 예비하신 것들은 사람이 눈으로 보지 못하고, 귀로 듣지 못하고, 사람의 마음으로 생각하지도 못
하였다" 함과 같으니라. 10 그러나 우리에게는 하나님께서 이것을 성령을 통하여 나타내 보이셨느니라.

11 The Spirit searches all things, even the deep things of God. For who among
men knows the thoughts of a man except the man's spirit within him? In the
same way no one knows the thoughts of God except the Spirit of God.

11 성령은 모든 것을 두루 통찰(洞察)하시나니 곧 하나님의 깊은 것까지도 아시느니라. 사람의 생각을
사람의 속에 있는 사람의 영(靈) 외에는 누가 알 수 있으리요? 이와 같이 하나님의 일도 하나님의 영 외
에는 아무도 알지 못하느니라.

12 We have not received the spirit of the world but the Spirit who is from God,
that we may understand what God has freely given us.

12 우리가 세상의 영을 받지 아니하고 오직 하나님께로부터 온 영(靈)을 받았으니, 이는 하나님이 우리
에게 거저 값없이 주신 것들을 우리가 이해하고, 알게 하려 하심이니라.

13 This is what we speak, not in words taught us by human wisdom but in
words taught by the Spirit, expressing spiritual truths in spiritual words. 14
The man without the Spirit does not accept the things that come from the
Spirit of God, for they are foolishness to him, and he cannot understand them,
because they are spiritually discerned.

13 우리가 전도(傳道)하는 말이 사람의 지혜로 배운 말로 하는 것이 아니고 오직 성령께서 우리를 가르
쳐 주신 것이니, 영적 진리를 영적인 말로써 표현한 것이니라. 14 성령이 함께 하지 아니하는 사람은 하
나님의 영(靈)으로부터 온 것들을 받지 못하나니, 이것들이 그들에게는 어리석게 보임이요, 또 이해하지
도 못하나니 이런 일은 영적으로만 분간할 수 있음이니라.

15 The spiritual man makes judgments about all things, but he himself is not
subject to any man's judgment: 16 "For who has known the mind of the Lord
that he may instruct him?" But we have the mind of Christ.

15 영적인 자, 곧 신령한 사람은 모든 것에 관하여 이를 판단할 수 있으나 그 자신은 이 세상 사람들의

어떤 판단에도 구애받지 아니하느니라: 16 "누가 주 하나님의 마음을 알아서 하나님께 무엇을 하라고 지시할 수 있겠느냐?" 그러나, 우리가 그리스도의 마음을 가졌느니라.

제3장

1 Brothers, I could not address you as spiritual but as worldly--mere infants in Christ. 2 I gave you milk, not solid food, for you were not yet ready for it. Indeed, you are still not ready.

1 형제들아, 내가 신령(神靈)한 자들을 대함과 같이 너희에게 말할 수 없어 곧 그리스도 안에서 어린아이들을 대함과 같이 세상적으로 말할 수 밖에 없노라. 2 내가 너희에게 젖을 먹게 하였고 단단한 음식은 아직 주지 아니하였으니, 너희가 아직 준비가 덜 되어 있기 때문이라. 너희가 아직도 준비가 되어 있지 못하도다.

3 You are still worldly. For since there is jealousy and quarreling among you, are you not worldly? Are you not acting like mere men? 4 For when one says, "I follow Paul," and another, "I follow Apollos," are you not mere men?

3 너희가 여전히 세상적인 사람이로다. 너희 가운데에 아직도 시기(猜忌)와 분쟁(分爭)이 있으니 어찌 내가 너희를 세상적이라 부르지 아니하리요? 4 누군가는 말하되 "나는 바울을 따르노라" 하고, 다른 이는 말하기를, "나는 아볼로를 따르노라" 한다 하니, 너희가 이 세상 사람과 다를 바가 무엇이뇨?

5 What, after all, is Apollos? And what is Paul? Only servants, through whom you came to believe--as the Lord has assigned to each his task. 6 I planted the seed, Apollos watered it, but God made it grow. 7 So neither he who plants nor he who waters is anything, but only God, who makes things grow.

5 도대체 아볼로는 무엇이며, 바울은 또 무엇이냐? 우리는 오직, 주 하나님께서 각각 사명을 맡겨 주신 대로 너희에게 믿음을 갖게 하기 위하여 통로(通路)로 사용된 무익한 종일 따름이라. 6 나는 씨를 심었고, 아볼로는 그 위에 물을 주었으되 그러나 자라나게 하신 이는 하나님이시니 7 심는 사람이나 물 주는 사람이 아무것도 아니요, 오직 자라나게 하시는 이, 하나님만 계실 뿐이니라.

8 The man who plants and the man who waters have one purpose, and each will be rewarded according to his own labor. 9 For we are God's fellow workers; you are God's field, God's building.

8 다만 심는 이와 물 주는 이에게 한 가지 같은 목표가 있으니, 각각(各各) 자기가 일한 만큼 하나님의 상급(賞給)을 받는 것이라. 9 우리는 하나님의 동역자요; 너희는 하나님의 밭이요, 하나님이 건축하시는 건물이니라.

10 By the grace God has given me, I laid a foundation as an expert builder, and someone else is building on it. But each one should be careful how he builds. 11 For no one can lay any foundation other than the one already laid, which is Jesus Christ.

10 내게 주신 하나님의 은혜를 따라 내가 숙련된 건축자처럼 기초를 놓으면, 누군가가 그 위에 건물을 지어가는 것이니라. 그러나 우리 각자가 이 기초 위에 건물을 세워 나갈 때에 또한 조심해야 할 것이니 11 이는 이 세상 누구도 이미 이렇게 놓여진 기초 외에 다른 기초는 놓을 수가 없음이라, 이 기초가 곧 예수 그리스도시니라.

12 If any man builds on this foundation using gold, silver, costly stones, wood, hay or straw, 13 his work will be shown for what it is, because the Day will bring it to light. It will be revealed with fire, and the fire will test the quality of each man's work.

12 누군가가 이 기초(基礎) 위에 건물을 짓되, 금이나, 은이나, 값나가는 귀한 돌이나, 또 혹은 나무나, 풀이나, 짚으로 건물을 세우면, 13 그 작업의 결과가 어떠함이 장차 나타날 터인데 '그 날'이 이르게 되면 그 공적이 등불로 비춘 것처럼 밝히 드러나리라. 그 공적이 불로써 나타나리니, 그 불이 각 사람의 공적(功績)의 질(質)이 어떠한지를 시험하리라.

14 If what he has built survives, he will receive his reward. 15 If it is burned up, he will suffer loss; he himself will be saved, but only as one escaping through the flames.

14 누구든지 자신이 그 위에 세운 것이 불을 이겨내고 살아남으면 그는 상(賞)을 받을 것이요, 15 그 공적이 불타 없어지면 해(害)를 받으리니; 그 자신은 구원을 받을 것이나 화염 가운데서 겨우 도망쳐 나온 자 같으리라.

16 Don't you know that you yourselves are God's temple and that God's Spirit lives in you? 17 If anyone destroys God's temple, God will destroy him; for God's temple is sacred, and you are that temple.

16 너희는 너희 자신이 하나님의 성전인 것과 하나님의 성령이 너희 속에 거하고 계신 것을 알지 못하느냐? 17 누구든지 하나님의 성전을 망하게 하면 하나님께서 그 사람을 멸하시리니; 하나님의 성전이 거룩하고 또, 너희가 하나님의 성전(聖殿)인 까닭이니라.

18 Do not deceive yourselves. If any one of you thinks he is wise by the standards of this age, he should become a "fool" so that he may become wise.
19 For the wisdom of this world is foolishness in God's sight. As it is written: "He catches the wise in their craftiness"; 20 and again, "The Lord knows that the thoughts of the wise are futile."

18 스스로 자신을 속이지 말라. 너희 중에 누구든지 이 시대의 기준으로 자신이 지혜 있는 사람인 줄 생각하거든 그는 먼저 어리석은 자가 되어야 하리니, 그리하여야 비로소 지혜로운 자가 되리라. 19 이 세상 지혜가 하나님 보시기에 어리석은 것이라. 기록된 바: 하나님께서 세상의 현명한 자들로 하여금 스스로 자기 꾀에 빠지게 하셨고 20 또 하나님께서는 이 세상의 지혜 있는 자들의 생각을 헛된 것으로 여기신다 하셨느니라.

21 So then, no more boasting about men! All things are yours, 22 whether Paul or Apollos or Cephas or the world or life or death or the present or the future--all are yours, 23 and you are of Christ, and Christ is of God.

21 그런즉 누구든지 사람을 자랑하지 말라. 만물이 다 너희의 것이니 22 바울이나 아볼로나 게바나 세계나, 생명이나 사망이나 지금 것이나 장래 것이 다 너희의 것이요 23 너희는 그리스도의 것이요, 그리스도는 하나님의 것이니라.

제4장

1 So then, men ought to regard us as servants of Christ and as those entrusted with the secret things of God. 2 Now it is required that those who have been

given a trust must prove faithful.

1 그러므로, 사람들이 마땅히 우리를 그리스도의 일꾼이요 하나님의 비밀을 맡은 자로 여겨야 할지니 2 하나님으로부터 이런 신뢰(信賴)를 입은 자들에게 요구되는 것은 자신의 충성됨을 각자가 입증하는 것이니라.

3 I care very little if I am judged by you or by any human court; indeed, I do not even judge myself. 4 My conscience is clear, but that does not make me innocent. It is the Lord who judges me.

3 너희로부터 판단을 받거나 또는 이 세상 어느 법정(法庭)으로부터 판단 받는 것에도 내가 구애 받지 아니하노니; 참으로 말하자면 나 자신도 나를 판단하지 아니하노라. 4 나의 양심이 늘 깨끗하나, 그러나 내가 죄 없는 것은 아니니 나를 판단하실 이는 오직 주(主) 하나님이시니라.

5 Therefore judge nothing before the appointed time; wait till the Lord comes. He will bring to light what is hidden in darkness and will expose the motives of men's hearts. At that time each will receive his praise from God.

5 그러므로 정해진 때가 이르기 전에는 아무것도 판단하지 말고; 주께서 다시 오실 때를 기다리라. 그가 어두움에 감추인 것들을 빛 아래로 불러와 밝히사, 모든 사람의 마음의 동기(動機)를 드러내시리니 그 때에 각자가 하나님으로부터 자신 앞으로 정해진 칭찬을 받으리라.

6 Now, brothers, I have applied these things to myself and Apollos for your benefit, so that you may learn from us the meaning of the saying, "Do not go beyond what is written." Then you will not take pride in one man over against another.

6 형제들아, 내가 너희의 유익을 위하여 이런 것들을 나와 아볼로에게도 같이 적용해 보였으니 이는 너희로 하여금 "기록된 말씀 밖으로 나가 행하지 말라" 한 말씀의 의미를 우리에게서 배우라는 뜻으로 그리하였노라. 또한 이를 통해 너희가 서로를 향하여 교만한 마음을 가지지 않도록 하려 하였노라.

7 For who makes you different from anyone else? What do you have that you did not receive? And if you did receive it, why do you boast as though you did not?

7 누가 너를 다른 사람들과 달리 (*성도로) 만들었느냐? 네가 가지고 있는 것 중에서 (*하나님으로부터) 받지 아니한 것이 무엇이냐? 네가 가지고 있는 것이 모두 받은 것이라면 왜, 마치 (*아무것도) 받지 않은 것처럼 뻐기느냐?

8 Already you have all you want! Already you have become rich! You have become kings--and that without us! How I wish that you really had become kings so that we might be kings with you! 9 For it seems to me that God has put us apostles on display at the end of the procession, like men condemned to die in the arena. We have been made a spectacle to the whole universe, to angels as well as to men.

8 이제 너희는 너희들이 원하던 그 모든 것을 갖게 되었구나! 그리하여 이미 부(富)한 자들이 되었구나! 또, 너희가 마침내 왕(王)들이 되었구나! 그것도 우리가 없는 가운데에서! 너희가 이미 우리 없이도 왕이 되었으니 이제 우리도 너희와 함께 왕 노릇 하고 싶어지는구나! 9 (*반면에 우리는) 내가 생각건대, 하나님께서 우리들 사도들을 마치 경기장에서 사형 당해 죽을 사람들같이 그 행렬 끄트머리에 구경거리로 두셨으매 우리가 이 모든 세계 곧 천사들과 뭇 사람들에게 큰 구경거리가 되었었노라.

10 We are fools for Christ, but you are so wise in Christ! We are weak, but you are strong! You are honored, we are dishonored! 11 To this very hour we go

hungry and thirsty, we are in rags, we are brutally treated, we are homeless.
12 We work hard with our own hands. When we are cursed, we bless; when
we are persecuted, we endure it; 13 when we are slandered, we answer kindly.
Up to this moment we have become the scum of the earth, the refuse of the
world.

10 우리는 그리스도를 위하여 바보들이 되었으나 너희는 그리스도 안에서 참으로 지혜로운 자들이 되
었구나! 우리는 약하나 너희는 강하고, 우리는 비천하나 너희는 존귀한 자들이 되었구나! 11 바로 지금
이 시간까지 우리가 주리고 목마르며 헐벗고 혹독한 취급을 당하며 사니, 우리가 육신을 뉘일 집도 없이
사노라. 12 또한 친히 우리 손으로 힘들게 일을 하니, 저주를 받은즉 축복하고; 박해를 받은즉 인내로
참고; 13 비방을 받은즉, 좋은 말로 권면하고 살아, 우리가 지금까지 세상의 쓰레기가 되며 사람들로부
터 버려짐이 되었도다.

14 I am not writing this to shame you, but to warn you, as my dear children.
15 Even though you have ten thousand guardians in Christ, you do not have
many fathers, for in Christ Jesus I became your father through the gospel. 16
Therefore I urge you to imitate me.

14 내가 너희를 부끄럽게 만들려고 이것을 쓰는 것이 아니라 오직 너희를 내 사랑하는 자녀같이 경책
(警責)하려 쓰는 것이라. 15 그리스도 안에서 수 만명의 보호자가 너희에게 있더라도, 아버지는 많지 아
니하니 그리스도 예수 안에서 내가 복음으로써 너희의 아비가 되었음이니라. 16 그러므로 내가 너희에
게 권하노니 너희는 나를 본받는 자가 되라.

17 For this reason I am sending to you Timothy, my son whom I love, who is
faithful in the Lord. He will remind you of my way of life in Christ Jesus, which
agrees with what I teach everywhere in every church.

17 이런 이유로 내가 내 사랑하는 아들 디모데를 너희에게 보내는 것이니 그는 주 안에서 신실(信實)한
사람이라. 그가 너희로 하여금 그리스도 예수 안에서 내 삶의 방식을 기억나게 하리니 이는 어느 지역을
막론하고 모든 교회에서 내가 가르치던 것들과 일치하는 것임을 알 수 있으리라.

18 Some of you have become arrogant, as if I were not coming to you. 19 But
I will come to you very soon, if the Lord is willing, and then I will find out not
only how these arrogant people are talking, but what power they have. 20
For the kingdom of God is not a matter of talk but of power. 21 What do you
prefer? Shall I come to you with a whip, or in love and with a gentle spirit?

18 너희 중 어떤 사람들은 마치 내가 너희에게 다시는 가지 아니할 것처럼 생각하고 스스로 교만하여졌
도다. 19 그러나 주(主) 하나님께서 허락하시는대로 내가 너희에게 속히 가리니, 도착하자마자 이런 교
만(驕慢)한 자들이 어떻게 말을 하는지, 그리고 그 뿐 아니라 과연 어떤 능력들을 가지고 있는지 알아보
려 하노라. 20 하나님의 나라는 말솜씨에 있지 아니하고 오직 그 능력(能力)에 있느니라. 21 너희가 무
엇을 더 원하느냐? 내가 채찍을 가지고 너희에게 나아가랴, 온유한 마음과 사랑으로 나아가랴?

제5장

1 It is actually reported that there is sexual immorality among you, and of a
kind that does not occur even among pagans: A man has his father's wife. 2
And you are proud! Shouldn't you rather have been filled with grief and have
put out of your fellowship the man who did this? 3 Even though I am not

physically present, I am with you in spirit. And I have already passed judgment on the one who did this, just as if I were present. 4 When you are assembled in the name of our Lord Jesus and I am with you in spirit, and the power of our Lord Jesus is present, 5 hand this man over to Satan, so that the sinful nature may be destroyed and his spirit saved on the day of the Lord.

1 심지어 너희 중에 음행(淫行)함이 있다는 말이 내게 들리니, 이런 류의 일은 이방인 중에서도 없는 것이라: 누가 자기 아버지의 아내를 취하였다 하는도다. 2 그러고도 오히려 너희가 자랑스러워하는구나! 어찌하여 너희가 이런 일을 한스럽게 생각지 아니하고, 또 이런 일 행한 자를 너희 회중으로부터 당장 쫓아내지 아니하였느냐? 3 내가 지금 육신으로는 너희와 함께 있지 아니하나 영(靈)으로는 함께 있어서, 마치 너희와 실제로 같이 있는 것처럼 이런 일 행한 자에 대해 이미 판단을 내렸노라. 4 주 예수의 이름으로 너희가 함께 모일 때에, 나의 영이 너희와 함께 있고 또 예수 그리스도의 능력이 너희에게 머물러 있으니 5 이런 자(者)를 사탄에게 내어주라. 그리하여 그의 죄 많은 육신은 멸하여 없어지되 그 영은 주 예수의 날에 구원을 받게 하라.

6 Your boasting is not good. Don't you know that a little yeast works through the whole batch of dough? 7 Get rid of the old yeast that you may be a new batch without yeast--as you really are. For Christ, our Passover lamb, has been sacrificed. 8 Therefore let us keep the Festival, not with the old yeast, the yeast of malice and wickedness, but with bread without yeast, the bread of sincerity and truth.

6 너희가 뻐기며 자랑하는 것이 옳지 못하니라. 아주 적은 누룩이라도 온 반죽 덩어리에 퍼지는 것을 알지 못하느냐? 7 너희는 본래 누룩 없는 자이니—이제 새 반죽 덩어리가 되기 위하여 옛날의 묵은 누룩은 바깥에 내다 버리라. 우리의 유월절(逾越節) 양(羊)이신 그리스도께서 이미 자신을 희생 제물로 바치셨느니라. 8 이러므로 우리가 명절(名節) 절기(節期)들을 지키되 예전의 묵은 누룩 곧, 악의(惡意)가 가득하고 사악(邪惡)한 옛 누룩으로 하지 말고 누룩 없이 구운 떡, 곧 오직 성실과 진리의 떡으로 그리하자.

9 I have written you in my letter not to associate with sexually immoral people-- 10 not at all meaning the people of this world who are immoral, or the greedy and swindlers, or idolaters. In that case you would have to leave this world.

9 전에 내가 너희에게 쓴 편지에, 음행(淫行)하는 자들과는 교제도 하지 말라 썼거니와 10 그렇다고, 이 세상의 모든 사람들과 전혀 교제하지 말라는 것이 아니니, 세상 사람들 모두가 어느 정도는 부도덕하고, 탐욕스럽고, 속여서 뺏는 사취(詐取) 행위를 하며, 또한 우상 숭배자들이니 이런 사람들과 전혀 교제하지 않고 살려면 너희가 아예 이 세상을 떠나 살아야 하리라.

11 But now I am writing you that you must not associate with anyone who calls himself a brother but is sexually immoral or greedy, an idolater or a slanderer, a drunkard or a swindler. With such a man do not even eat.

11 내가 지금 너희에게 글로 써 이르고자 하는 것은 만일 너희 중에서 형제라 일컫는 자가 성적(性的)으로 음행(淫行)을 하거나, 탐욕(貪慾)을 부리거나, 우상을 숭배하거나, 형제를 비방하거나, 술 주정뱅이이거나, 사기꾼이라면, 이런 자들과는 교제는 물론 함께 앉아 먹지도 말라 함이라.

12 What business is it of mine to judge those outside the church? Are you not to judge those inside? 13 God will judge those outside. "Expel the wicked man from among you."

12 교회 밖에 있는 사람들을 심판하는 것이야 나와 무슨 상관이 있겠느냐? 그러나 교회 안에 있는 사람들이야 너희가 판단해야 하지 않겠느냐? 13 교회 바깥에 있는 사람들은 하나님이 심판하시려니와 "(*교회 안에 있는) 이런 사악한 사람은 너희 중에서 당장 내쫓으라".

제6장

1 If any of you has a dispute with another, dare he take it before the ungodly
for judgment instead of before the saints? 2 Do you not know that the saints
will judge the world? And if you are to judge the world, are you not competent
to judge trivial cases? 3 Do you not know that we will judge angels? How much
more the things of this life!

1 너희 중에 서로 다툼이 일어났다 하자. 누가 감히 이 문제를 성도들 앞에서가 아니고 믿지 않는 불신
자(不信者)들 앞에 들고 가서 심판을 받으려 하느냐? 2 성도들이 장차 이 세상을 판단할 것을 너희가 알
지 못하느냐? 너희가 이 세상 모든 것을 심판하겠거든 너희 중에 일어난 지극히 작은 일 하나 판단하기
를 감당치 못하겠느냐? 3 우리가 천사들을 심판할 것을 너희가 알지 못하느냐? 하물며 세상 일이야 말
해 무엇하리오!

4 Therefore, if you have disputes about such matters, appoint as judges even
men of little account in the church! 5 I say this to shame you. Is it possible
that there is nobody among you wise enough to judge a dispute between
believers?

4 그런즉 어떤 사안(事案)에 대해 너희 교인 사이에 무슨 다툼과 논쟁이 있다면, 차라리 너희 교인 중에
서 가장 어리고 또 연약한 자를 그 심판자로 지명하라. 5 내가 이 말을 하는 것은 너희로 부끄럽게 하려
는 것이라. 너희 가운데 그 형제간의 다툼을 중재하고 판단할 지혜 있는 자가 이같이 하나도 없느냐?

6 But instead, one brother goes to law against another--and this in front of
unbelievers! 7 The very fact that you have lawsuits among you means you have
been completely defeated already. Why not rather be wronged? Why not rather
be cheated? 8 Instead, you yourselves cheat and do wrong, and you do this to
your brothers.

6 오히려 너희가 교회 안에서 형제가 형제와 더불어 법적으로 고발할 뿐더러 그것도 믿지 아니하는 불
신자들 앞에서 서로를 고발한다는구나! 7 너희가 법적 소송 건으로 서로 고발을 주고 받았다는 사실이
이미 너희가 완전히 망한 자 되었음을 의미하나니, 왜 차라리 불공평함을 그냥 참지 그랬느냐? 차라리
형제로부터 그냥 속임을 당하고 있는 것이 더 낫지 아니하냐? 8 그러나 너희는, 서로에게 불의를 행하
고 또한 서로를 속이니, 바로 네 형제에게 그리함이로다.

9 Do you not know that the wicked will not inherit the kingdom of God? Do
not be deceived: Neither the sexually immoral nor idolaters nor adulterers nor
male prostitutes nor homosexual offenders 10 nor thieves nor the greedy nor
drunkards nor slanderers nor swindlers will inherit the kingdom of God. 11
And that is what some of you were. But you were washed, you were sanctified,
you were justified in the name of the Lord Jesus Christ and by the Spirit of our
God.

9 악인들이 하나님의 나라를 상속받지 못할 줄을 알지 못하느냐? 스스로 미혹을 받지 말라: 음행하는
자나 우상 숭배하는 자나, 간음하는 자나 남자로서 창기 짓 하는 자나, 동성애 하는 자들이나 10 도둑질
하는 자나 탐욕을 부리는 자나 술 취하는 자나 비방하는 자나, 속여 빼앗는 자들은 하나님의 나라를 유
산(遺産)으로 받지 못하리라. 11 너희 중에도 전에 이 같은 자들이 있었더니 그러나 이제 너희가 씻김을
받아 거룩하게 함을 받았고, 하나님의 성령 안에서 우리 주 예수 그리스도의 이름으로 의롭다 함을 받은
자가 되었느니라.

12 "Everything is permissible for me"--but not everything is beneficial.
"Everything is permissible for me"--but I will not be mastered by anything. 13
"Food for the stomach and the stomach for food"--but God will destroy them

both. The body is not meant for sexual immorality, but for the Lord, and the Lord for the body.

12 "모든 것을 할 수 있도록 내게 허락되어 있으나"–모든 것이 다 내게 유익한 것이 아니며 "모든 것이 내게 있어 가능하나" 그러나 내가 그 무엇에도 얽매여 있지 아니하노라. 13 음식은 배를 위하여 있고 배는 음식을 위하여 있으나, 하나님께서 언젠가 이런 것들을 다 폐하시리라. 우리의 몸은 음란(淫亂)을 위하여 있지 않고 오직 주를 위하여 있으며 주는 우리의 몸을 위하여 계시느니라.

14 By his power God raised the Lord from the dead, and he will raise us also.

14 하나님께서 능력으로 우리 주(主)를 다시 살리셨으니, 우리 또한 다시 살리시리라.

15 Do you not know that your bodies are members of Christ himself? Shall I
then take the members of Christ and unite them with a prostitute? Never! 16
Do you not know that he who unites himself with a prostitute is one with her
in body? For it is said, "The two will become one flesh." 17 But he who unites
himself with the Lord is one with him in spirit.

15 너희 몸이 그리스도의 지체인 줄을 알지 못하느냐? 내가 그리스도의 지체를 가지고 창녀와 합하겠
느냐? 결코 그럴 수 없느니라! 16 창녀와 합하는 자는 그와 한 몸이 되는 줄 알지 못하느냐? 말씀에 이
르되, "그 둘이 한 육신이 된다" 하였도다! 17 그러나 자신의 몸을 가지고 우리 주와 합하는 자는 주(主)
와 한 영(靈)이 되느니라.

18 Flee from sexual immorality. All other sins a man commits are outside his
body, but he who sins sexually sins against his own body. 19 Do you not know
that your body is a temple of the Holy Spirit, who is in you, whom you have
received from God? You are not your own; 20 you were bought at a price.
Therefore honor God with your body.

18 그런즉 성적 음란과 음행으로부터 너희 자신을 멀리하라. 사람이 범하는 죄가 다 몸 밖에서 이루어
지는 것이나, 그러나 음행하는 자는 자기 몸 위에 죄(罪)를 범하는 것이니 19 너희 몸은 너희가 하나님
께로부터 받은 바, 너희 가운데 계신 성령의 전(殿)인 줄을 알지 못하느냐? 너희는 너희 자신의 것만이
아니니라; 20 값을 치르고 산 것이 되었으니 그런즉 너희 몸으로 하나님께 영광을 돌리라.

제7장

1 Now for the matters you wrote about: It is good for a man not to marry. 2
But since there is so much immorality, each man should have his own wife,
and each woman her own husband.

1 너희가 내게 써 보낸 문제에 관해서 말을 하자면: 남자가 결혼을 하지 아니함이 좋으나 2 그러나 수많
은 음행하는 문제가 있으므로, 남자들마다 자기의 아내를 두고, 이와 같이 여자들은 자기의 남편을 가질
지니라.

3 The husband should fulfill his marital duty to his wife, and likewise the wife
to her husband. 4 The wife's body does not belong to her alone but also to her
husband. In the same way, the husband's body does not belong to him alone
but also to his wife. 5 Do not deprive each other except by mutual consent
and for a time, so that you may devote yourselves to prayer. Then come
together again so that Satan will not tempt you because of your lack of self-

control.

3 남편은 그 아내에 대해 결혼의 의무를 다할 것이며, 마찬가지로 아내도 그 남편에게 그렇게 할지니라.
4 아내의 몸이 자기 자신에게만 속해 있는 것이 아니고 남편에게도 속해 있으며, 이와 같이 남편의 몸도 남편 자신의 것만이 아니요, 아내에게도 속해 있느니라. 5 그러므로 서로가 상대에게서 이런 권리를 빼앗지 말라. 다만 기도에 전념하기 위하여 서로의 동의(同意)하에 잠깐은 따로 거(居)할 수 있으나 곧 다시 합하라. 이는 너희 스스로 절제하지 못함으로 인하여, 사탄이 너희를 시험하지 못하게 하려 함이니라.

6 I say this as a concession, not as a command. 7 I wish that all men were as I am. But each man has his own gift from God; one has this gift, another has that.

6 내가 이런 말을 하는 것이 일종의 허락이요, 명령은 아니니라. 7 나는 모든 사람이 나와 같이 (*독신으로) 지내기를 원하노라. 그러나 각자 하나님께 받은 자기의 은사가 따로 있으니; 이 사람은 이런 은사(恩賜)를, 저 사람은 저런 은사를 가졌느니라.

8 Now to the unmarried and the widows I say: It is good for them to stay unmarried, as I am. 9 But if they cannot control themselves, they should marry, for it is better to marry than to burn with passion.

8 결혼하지 아니한 자들과 과부들에게는 내가 이르노니: 나와 같이, 결혼하지 말고 그냥 지내는 것이 좋으리라. 9 그러나 만일 자신을 절제할 수 없거든 결혼하라. 정욕에 불타오르는 것보다 결혼하는 것이 나으니라.

10 To the married I give this command (not I, but the Lord): A wife must not separate from her husband. 11 But if she does, she must remain unmarried or else be reconciled to her husband. And a husband must not divorce his wife.

10 결혼한 자들에게는 내가 이와 같이 명하노니 (명하는 이는 내가 아니요 주(主)시라): 아내는 남편으로부터 헤어져 갈라서지 말고 11 만일 갈라져 헤어졌거든 다시 결혼하지 말고 그대로 지내든지, 아니면 그 남편과 다시 화합(和合)하라. 남편은 결코 그 아내와 이혼하여서는 아니 되느니라.

12 To the rest I say this (I, not the Lord): If any brother has a wife who is not a believer and she is willing to live with him, he must not divorce her. 13 And if a woman has a husband who is not a believer and he is willing to live with her, she must not divorce him. 14 For the unbelieving husband has been sanctified through his wife, and the unbelieving wife has been sanctified through her believing husband. Otherwise your children would be unclean, but as it is, they are holy.

12 그 나머지 사람들에게는 내가 이와 같이 말하노니 (말하는 이는 나요, 이것은 주(主)의 명령이 아니라): 만일 어떤 형제에게 신자(信者)가 아닌 아내가 있어 이 아내가 지금 남편과 함께 계속 살기를 원하거든 남편은 이 여자와 이혼하지 말 것이요, 13 어떤 여자에게 믿지 아니하는 불신자 남편이 있는데 이 남자가 그 아내와 함께 살기를 즐겨하거든 이 아내는 그 남편과 이혼하지 말지니라. 14 믿지 아니하는 남편이 아내로 말미암아 거룩하게 되고 믿지 아니하는 아내가 남편으로 말미암아 거룩하게 되었나니 그렇지 아니하면 너희 자녀도 깨끗하지 못하였으리라. 그러나 실상은 이제 너희가 모두 거룩해졌느니라.

15 But if the unbeliever leaves, let him do so. A believing man or woman is not bound in such circumstances; God has called us to live in peace. 16 How do you know, wife, whether you will save your husband? Or, how do you know, husband, whether you will save your wife?

15 그러나 혹 믿지 아니하는 자가 있어 자기의 배우자로부터 떠나고자 한다면 그냥 떠나게 할지니, 믿

는 우리는 남자나 여자나 이런 일에 구애되어 살 것이 없느니라; 하나님께서는 우리가 평화 가운데에서 살도록 우리를 부르셨느니라. 16 아내 된 자여, 네가 남편을 구원할는지 어찌 알 수 있으며 남편 된 자여, 네가 네 아내를 구원할는지 어찌 알 수 있으리요?

17 Nevertheless, each one should retain the place in life that the Lord assigned to him and to which God has called him. This is the rule I lay down in all the churches. 18 Was a man already circumcised when he was called? He should not become uncircumcised. Was a man uncircumcised when he was called? He should not be circumcised.

17 그럼에도 불구하고, 너희 각 사람은 하나님이 각자를 부르신 대로, 그리고 각자에게 명하신 그 자리에서의 삶을 변함없이 유지할지니 이는 내가 모든 교회에 공통으로 주는 규칙이니라. 18 위로부터 부르심을 받았을 때에 할례 받은 자(者)이었느냐? 무할례자(無割禮者)가 되지 말라. 부르심을 받았을 때에 할례 받지 아니한 자이었느냐? 할례(割禮)를 받지 말지어다.

19 Circumcision is nothing and uncircumcision is nothing. Keeping God's commands is what counts. 20 Each one should remain in the situation which he was in when God called him.

19 할례가 아무것도 아니요, 할례 받지 아니한 것도 아무것도 아니라. 하나님의 계명을 지키는 것이 중요하니 20 각 사람은 하나님으로부터 부르심을 받은 그 형편 그대로 지내라.

21 Were you a slave when you were called? Don't let it trouble you--although if you can gain your freedom, do so. 22 For he who was a slave when he was called by the Lord is the Lord's freedman; similarly, he who was a free man when he was called is Christ's slave.

21 네가 부르심을 받았을 때에 너의 처지가 종이었느냐? 그로 인하여 염려하지 말라–그러나 네가 만일 자유를 득할 수 있으면 그렇게 하라. 22 주 하나님으로부터 부르심을 받았을 때에 종이었던 자는 이제 주 하나님 안에서 주 하나님의 자유인(自由人)이 되었음이요; 자유인으로 있을 때에 부르심을 받은 자는 이제 그리스도의 종이 되었음이니라.

23 You were bought at a price; do not become slaves of men. 24 Brothers, each man, as responsible to God, should remain in the situation God called him to.

23 너희는 값으로 사신 바 되었으니; 사람들의 종이 되지 말라. 24 형제들아 너희는 각각 부르심을 받은 그대로 하나님께서 부여하신 그 상황에 거하라.

25 Now about virgins: I have no command from the Lord, but I give a judgment as one who by the Lord's mercy is trustworthy. 26 Because of the present crisis, I think that it is good for you to remain as you are.

25 결혼하지 않은 처녀에 대하여는: 내가 주(主)께로부터 받은 계명(誡命)은 없으되, 주(主)의 자비로 말미암아 이만한 신뢰를 주께 받은 자격으로 내가 내 의견을 말하자면 26 내 생각에는–우리에게 임할 환난이 임박해 있는 연고로– (*결혼하지 말고) 그냥 지내는 것이 좋으리라.

27 Are you married? Do not seek a divorce. Are you unmarried? Do not look for a wife. 28 But if you do marry, you have not sinned; and if a virgin marries, she has not sinned. But those who marry will face many troubles in this life, and I want to spare you this.

27 그러나 네가 이미 결혼하였느냐? 이혼하지 말라. 아직 결혼 전이냐? 아내를 구하지 말라. 28 그러나 결혼한다고 해서 그게 죄짓는 것이 아니요; 처녀가 결혼을 해도 죄짓는 것이 아니로다. 그러나 결혼한

사람들은 각자 이생에서 많은 고난을 겪으리니 나는 너희를 아끼는 마음에서 이렇게 말하노라.

29 What I mean, brothers, is that the time is short. From now on those who
have wives should live as if they had none; **30** those who mourn, as if they did
not; those who are happy, as if they were not; those who buy something, as if
it were not theirs to keep; **31** those who use the things of the world, as if not
engrossed in them. For this world in its present form is passing away.

29 내가 의미하는 바는, 형제들아, 때가 머지 않았다는 것이라. 고로, 이제부터는 아내 있는 자들은 마
치 아내가 없는 자 같이 살며; **30** 애통해 하며 울음 우는 자들은 전혀 그들이 그렇지 않은 것처럼 하며;
지금 행복해 하는 자들은 마치 기쁘지 않은 자 같이 하며; 물건을 사는 자들은 마치 그것이 가지고 있지
못할 것들인 양하며; **31** 이 세상의 것들을 사용하며 사는 자들은 거기에 몰두해하지 말라. 지금 현재 눈
으로 보는 이 모습들이 다 사라져 없어지리라.

32 I would like you to be free from concern. An unmarried man is concerned
about the Lord's affairs--how he can please the Lord. **33** But a married man is
concerned about the affairs of this world--how he can please his wife--**34** and
his interests are divided. An unmarried woman or virgin is concerned about
the Lord's affairs: Her aim is to be devoted to the Lord in both body and spirit.
But a married woman is concerned about the affairs of this world--how she
can please her husband.

32 나는 너희가 아무 염려도 없이 자유하기를 원하노라. 결혼하지 않은 남자는 주의 일을 염려하여-어
찌하여야 주를 기쁘시게 할까 하되 **33** 장가 간 자는 이 세상 일을 염려하여 어찌하여야 아내를 기쁘게
할까 하고 **34** 그 관심이 갈라지며, 시집가지 않은 여자와 처녀는 주의 일을 염려하여 몸과 영을 다 거룩
하게 하여 헌신(獻身)하려 하되, 시집간 자는 이 세상 일을 염려하여 어찌하여야 남편을 기쁘게 할까 하
느니라.

35 I am saying this for your own good, not to restrict you, but that you may
live in a right way in undivided devotion to the Lord. **36** If anyone thinks he
is acting improperly toward the virgin he is engaged to, and if she is getting
along in years and he feels he ought to marry, he should do as he wants. He is
not sinning. They should get married.

35 내가 이것을 말함은 너희의 유익을 위함이요, 너희에게 어떤 제한을 두려 함이 아니니 오직 너희가
올바른 길로 살며, 주께 대해 나뉘지 않은 헌신 가운데 살게 하려 함이니라. **36** 만일 누가 자기의 약혼
한 상대 처녀에 대해 느끼기를, 결혼을 하지 않은 상태로 그 여자를 몇 년 동안이나 혼자 살게 하는 것이
합당치 않다고 생각되어 결혼을 하여야겠다고 생각이 들면 원하는 대로 결혼하게 하라. 죄짓는 것이 아
니니 그들로 결혼하게 할지어다.

37 But the man who has settled the matter in his own mind, who is under no
compulsion but has control over his own will, and who has made up his mind
not to marry the virgin--this man also does the right thing. **38** So then, he who
marries the virgin does right, but he who does not marry her does even better.

37 그러나, 만일 어떤 사람이 자기의 마음으로 그렇게 정하고, 또 결혼해야 할 부득이한 일도 없고, 만
사 자기 뜻대로 할 의지와 권리가 있어서 그 처녀와 결혼하지 않겠다고 결심한다면 이 역시도 옳은 일이
니라. **38** 그러므로 처녀와 결혼하는 자도 옳거니와 결혼하지 아니하는 자는 더 잘하는 것이니라.

39 A woman is bound to her husband as long as he lives. But if her husband
dies, she is free to marry anyone she wishes, but he must belong to the Lord.
40 In my judgment, she is happier if she stays as she is--and I think that I too
have the Spirit of God.

39 여자는 남편이 살아 있는 동안에는 그 남편에게 매여 있는 것이니, 남편이 죽으면 이 여자는 자유로 이 되어 자기가 원하는 누구에게라도 시집갈 자유가 있으나, 새 남편은 주(主) 안에 있는 자라야 할지니라. 40 그러나 내 판단에는 이 여자가 결혼하지 않고 그냥 지내는 것이 더욱 행복할 것이로다. 나도 또한 하나님의 영(靈)을 받은 사람인 줄로 생각하노라.

제8장

1 Now about food sacrificed to idols: We know that we all possess knowledge. Knowledge puffs up, but love builds up. 2 The man who thinks he knows something does not yet know as he ought to know. 3 But the man who loves God is known by God.

1 우상에게 제물로 바쳐졌던 음식에 관하여는: 우리가 모두 이 문제에 관해서 나름대로 지식이 있는 줄 생각하는도다. 그러나 지식은 교만하게 하는 것이요, 사랑은 덕을 세우는 것이니 2 만일 누구든지 무엇을 아는 줄로 생각하면 아직도 마땅히 알아야 할 것을 알지 못하는 것이요 3 또 누구든지 하나님을 사랑하는 자는 하나님으로부터 알아주심을 얻느니라.

4 So then, about eating food sacrificed to idols: We know that an idol is nothing at all in the world and that there is no God but one. 5 For even if there are so-called gods, whether in heaven or on earth (as indeed there are many "gods" and many "lords"), 6 yet for us there is but one God, the Father, from whom all things came and for whom we live; and there is but one Lord, Jesus Christ, through whom all things came and through whom we live.

4 그러므로 우상에게 제물로 바쳐졌던 음식을 먹는 일에 대하여 말을 하자면: 우상(偶像)은 세상에 아무것도 아니며 하나님은 오직 한 분 밖에 안 계신 줄을 우리가 아노라. 5 비록 하늘에나 땅에나 신(神)이라 불리우는 것들이 있으나 (실상은 이런 소위 '신(神)'과 '주(主)'가 대단히 많으니라), 6 그러나 우리에게는 오직 한 하나님, 아버지가 계시니, 만물이 그에게서 나왔고 이 하나님을 위하여 우리가 살아가며; 또한 우리에게 오직 한 주(主)가 계시니 곧, 예수 그리스도시라, 그로부터 만물이 나왔고 이 예수를 통하여 우리가 살아가느니라.

7 But not everyone knows this. Some people are still so accustomed to idols that when they eat such food they think of it as having been sacrificed to an idol, and since their conscience is weak, it is defiled. 8 But food does not bring us near to God; we are no worse if we do not eat, and no better if we do.

7 그러나 사람이 누구나 다 이런걸 아는 게 아니로다. 어떤 사람들은 지금껏 우상들에 너무도 익숙해 있어서 비록 그것이 우상의 제물로 바쳐진 음식이란 걸 알면서도 이를 거리낌 없이 먹으니, 이렇게 함으로써 그 양심이 약하여지고 더럽혀지는 결과가 되고 말았느니라. 8 그리고 우리로 하여금 하나님 앞에 가까이 나아가게 하는 것은 음식이 아니니; 우리가 (*음식을) 먹지 않는다고 해서 더 나빠지는 것이 아니요, 먹는다고 해서 더 좋아지는 것도 아니니라.

9 Be careful, however, that the exercise of your freedom does not become a stumbling block to the weak. 10 For if anyone with a weak conscience sees you who have this knowledge eating in an idol's temple, won't he be emboldened to eat what has been sacrificed to idols?

9 그러므로 너희의 자유로운 행위가 믿음이 연약한 자들로 하여금 걸려 넘어지게 하는 돌이 되지 않도록 특히 조심하라. 10 믿음이 연약한 사람들이 너희들 곧, 이런 우상의 제물에 관한 지식을 잘 알고 있는

너희들이 우상을 모신 신전에서 제물(祭物) 먹는 것을 보게 되면, 이 믿음 약한 자들이 또한 너희처럼 담대하게 되어, 우상에 바쳐졌던 제물을 먹는 일이 벌어지지 않겠느냐?

11 So this weak brother, for whom Christ died, is destroyed by your knowledge.
12 When you sin against your brothers in this way and wound their weak
conscience, you sin against Christ. 13 Therefore, if what I eat causes my
brother to fall into sin, I will never eat meat again, so that I will not cause him
to fall.

11 그러면 결국, 믿음이 연약한 너의 형제 곧, 그리스도께서 그를 위하여 죽으신 네 형제가 너의 지식으
로 인해 멸망하는 것이라. 12 이같이 너희가 형제에게 죄를 지어 그 연약한 양심을 상하게 하는 것이 곧
그리스도에게 죄를 짓는 것이니 13 그러므로, 내가 무슨 음식을 먹느냐 하는 것이 나의 형제를 실족하
게 하여 죄 가운데로 떨어지게 만든다면, 내가 다시는 고기를 먹지 아니함으로 그로 실족하게 하지 아니
하리라.

제9장

1 Am I not free? Am I not an apostle? Have I not seen Jesus our Lord? Are you
not the result of my work in the Lord? 2 Even though I may not be an apostle
to others, surely I am to you! For you are the seal of my apostleship in the
Lord.

1 내가 자유인이 아니냐? 내가 사도(使徒)가 아니냐? 내가 예수 우리 주를 눈으로 보지 못하였느냐? 주
안에서 행한 나의 일의 결과가 바로 너희들이 아니냐? 2 혹 다른 사람들에게는 내가 사도(使徒)가 아닐
지라도 너희에게는 내가 사도이니 나의 사도 됨을 주 안에서 확인 도장을 찍은 것이 너희들이라.

3 This is my defense to those who sit in judgment on me. 4 Don't we have
the right to food and drink? 5 Don't we have the right to take a believing wife
along with us, as do the other apostles and the Lord's brothers and Cephas? 6
Or is it only I and Barnabas who must work for a living?

3 나를 심판하고자 하는 자들에게 내가 나를 변호하는 내용이 이것이니 4 우리가 먹고 마실 권리가 없
느냐? 5 우리가 다른 사도(使徒)들과 주의 형제들, 그리고 게바와 같이, 신자(信者)인 아내를 데리고 다
닐 권리가 없겠느냐? 6 왜 꼭 나와 바나바만–먹고 살기 위해–일하여야 하는 것이냐?

7 Who serves as a soldier at his own expense? Who plants a vineyard and does
not eat of its grapes? Who tends a flock and does not drink of the milk? 8 Do
I say this merely from a human point of view? Doesn't the Law say the same
thing?

7 누가 자신의 비용을 들여 군인으로 복무(服務)를 하겠느냐? 누가 포도원을 가꾸고 그 열매를 먹지 않
겠느냐? 누가 양 떼를 기르며 그 양 떼의 젖을 먹지 않겠느냐? 8 내가 사람의 관점에서 이렇게 말하는
것이냐? 율법도 같은 것을 말하고 있지 아니하느냐?

9 For it is written in the Law of Moses: "Do not muzzle an ox while it is
treading out the grain." Is it about oxen that God is concerned? 10 Surely he
says this for us, doesn't he? Yes, this was written for us, because when the
plowman plows and the thresher threshes, they ought to do so in the hope of
sharing in the harvest.

9 모세의 율법에 기록되어 있기를; "곡식을 밟아 떠는 소의 입에 그물을 씌우지 말라" 하였으니, 하나님께서 관심을 가지고 말씀하시는 것이 소들에 관해서이냐? 10 우리를 위하여 말씀하시는 것이 확실하지 않으냐? 이것이 분명 우리를 위하여 기록된 것이로다. 밭을 가는 자와 곡식을 떨어 탈곡(脫穀)하는 자가 같은 소망으로 그리하는 것이니 곧 추수한 것을 나누어 가지기 위함이니라.

11 If we have sown spiritual seed among you, is it too much if we reap a material harvest from you? 12 If others have this right of support from you, shouldn't we have it all the more?

11 우리가 너희에게 영적인 것을 씨 뿌렸으니, 이제 너희의 물질적인 것을 거둔다고 해서 그것이 그토록 지나친 일이겠느냐? 12 만약 다른 이들이 너희에게 이런 도움 받을 권리를 가지고 있다면 우리는 더욱더 큰 권리를 가져야 하지 않겠느냐?

13 But we did not use this right. On the contrary, we put up with anything rather than hinder the gospel of Christ. Don't you know that those who work in the temple get their food from the temple, and those who serve at the altar share in what is offered on the altar? 14 In the same way, the Lord has commanded that those who preach the gospel should receive their living from the gospel.

13 그러나 우리가 이런 권리를 조금도 사용하지 않았도다. 대신, 우리가 모든 일에 일체 참고 삼가하였으니, 이는 그리스도의 복음이 행여 너희에게 가려질까 하여 그리한 것이라. 성전에서 일을 하는 이들이 성전으로부터 나는 것을 먹으며, 제단에서 섬기는 이들이 제단에 바쳐진 제물을 함께 나누어 갖는 것을 알지 못하느냐? 14 이와 같이 주께서도 명하시기를, 복음 전하는 자들이 그들의 쓸 것을 복음으로부터 받도록 하라고 하셨느니라.

15 But I have not used any of these rights. And I am not writing this in the hope that you will do such things for me. I would rather die than have anyone deprive me of this boast. 16 Yet when I preach the gospel, I cannot boast, for I am compelled to preach. Woe to me if I do not preach the gospel!

15 그러나 내가 이런 권리를 일체 사용하지 아니하였도다. 내가 지금 이런 말을 쓰는 것이 너희가 나를 위해 이런 일들을 해 달라는 것이 아니라. 내가 차라리 죽을지언정, 누구라도 나의 이 자랑을 빼앗아가지 못하게 하리라. 16 그러나 내가 이 복음을 전하는 행위에 있어서, 자랑할 것이 하나도 없는 이유는 이 복음 전하는 일이 내가 부득불 하지 않으면 안될 일임이라. 만일 내가 복음을 전하지 아니하면 내게 재앙이 있을 것이로다.

17 If I preach voluntarily, I have a reward; if not voluntarily, I am simply discharging the trust committed to me. 18 What then is my reward? Just this: that in preaching the gospel I may offer it free of charge, and so not make use of my rights in preaching it.

17 내가 솔선하여 내 자의(自意)로 이것을 행하면 내게 상(賞)이 있겠지만; 그러나 자의가 아니라 할지라도, 나는 내가 받은 바 그 신뢰를 너희에게 도로 베푸는 것이니라. 18 그런즉 내가 받을 상(賞)이 무엇이냐? 내가 복음을 전함에 있어, 이를 값없이 전하고, 이 복음 전함으로 말미암아 내게 생긴 권리를 일체 사용하지 않는 바로 그것이니라.

19 Though I am free and belong to no man, I make myself a slave to everyone, to win as many as possible. 20 To the Jews I became like a Jew, to win the Jews. To those under the law I became like one under the law (though I myself am not under the law), so as to win those under the law.

19 내가 모든 사람에게서 자유롭고 또한 그 아무에게도 속해 있지 않으나 내가 스스로 모든 사람에게

자원하여 종이 된 것은 한 사람이라도 더 많은 사람을 얻고자 함이니 **20** 유대인들에게 내가 유대인과 같이 된 것은 유대인들을 얻고자 함이요, 율법 아래에 있는 자들에게는 (비록 내가 율법 아래에 있지 아니하나), 내가 율법 아래에 있는 자 같이 된 것은 율법 아래에 있는 자들을 얻고자 함이니라.

21 To those not having the law I became like one not having the law (though I am not free from God's law but am under Christ's law), so as to win those not having the law. **22** To the weak I became weak, to win the weak. I have become all things to all men so that by all possible means I might save some. **23** I do all this for the sake of the gospel, that I may share in its blessings.

21 율법 없는 자에게는 (내가 하나님께 대하여 율법 없는 자가 아니요, 도리어 그리스도의 율법 아래에 있는 자이나), 마치 율법 없는 자와 같이 된 것은, 그럼으로써 율법 없는 자들을 얻고자 함이요, **22** 약한 자들에게는 내가 약한 자와 같이 되어 약한 자들을 얻으려 하였고, 아무려나 여러 사람에게 여러 다양한 모습으로 내가 다가간 것은 아무쪼록 그 중 몇 사람이라도 구원하고자 그리하였음이니 **23** 내가 복음을 위하여 이 모든 것을 행한 이유는 복음의 축복에 나도 같이 참여하고자 한 까닭이니라.

24 Do you not know that in a race all the runners run, but only one gets the prize? Run in such a way as to get the prize. **25** Everyone who competes in the games goes into strict training. They do it to get a crown that will not last; but we do it to get a crown that will last forever.

24 달리기 경주(競走)에서 모든 사람이 함께 달려도 그 중에서 상(賞) 받는 이는 오직 한 사람 뿐인 줄을 알지 못하느냐? 너희도 상을 받을 수 있도록 그와 같이 열심히 달리라. **25** 무슨 경기든 그 경기에서 이기려고 경쟁하는 자마다 엄한 훈련을 받느니라. 그러나, 그들은 언젠가는 썩어 없어질 승리의 관(冠)을 얻고자 함이요, 반면에 우리는 영원히 썩지 아니할 영광의 관을 얻고자 하노라.

26 Therefore I do not run like a man running aimlessly; I do not fight like a man beating the air. **27** No, I beat my body and make it my slave so that after I have preached to others, I myself will not be disqualified for the prize.

26 그러므로 내가 방향 없이 달리는 사람처럼 달리지 아니하고; 또한 허공을 치는 사람처럼 싸우지 아니하노라. **27** 오히려, 내가 내 몸을 쳐 늘 복종하게 하는 이유는 내가 이렇게 남을 전도(傳道)한 이후에 나 자신이 도리어 상(賞) 받는 데에 자격이 모자라는 일이 생기지 않도록 하기 위해서니라.

제10장

1 For I do not want you to be ignorant of the fact, brothers, that our forefathers were all under the cloud and that they all passed through the sea. **2** They were all baptized into Moses in the cloud and in the sea. **3** They all ate the same spiritual food **4** and drank the same spiritual drink; for they drank from the spiritual rock that accompanied them, and that rock was Christ.

1 형제들아, 나는 너희가 이런 사실들을 모르고 지나가기를 원하지 아니하노니, 우리 조상들이 다 구름 아래를 걸으며 바다를 통하여 길을 건넌 사실(事實)이라. **2** 그들이 다 구름과 바다 가운데에서 모세를 통하여 세례를 받고 **3** 모두가 다 같은 신령한 음식을 먹었으며 **4** 모두가 다 같은 신령한 음료를 마셨으니; 그들을 따르는 신령한 반석으로부터 솟아나는 물을 마셨느니라. 이 반석이 곧 그리스도시니라.

5 Nevertheless, God was not pleased with most of them; their bodies were scattered over the desert. **6** Now these things occurred as examples to keep us from setting our hearts on evil things as they did. 7 Do not be idolaters, as some of them were; as it is written: "The people sat down to eat and drink and got up to indulge in pagan revelry."

5 그러나 그들 무리의 대다수를 하나님이 기뻐하지 아니하셨으므로; 그들의 시신이 광야 여기저기에 흩어지게 되었으니 6 이러한 일이 우리에게 본보기가 되어 이제 우리로 하여금 그들이 저지른 악을 우리의 마음으로부터 몰아내게 하는도다. 7 그러므로 너희는, 그들 가운데 어떤 사람들과 같이 우상숭배하는 자가 되지 말라. 기록된 바; "그 백성이 앉아서 먹고 마시며, 일어나서 놀며 이방인들의 흥청망청하는 잔치에 빠져들었도다"하는 말이 있느니라.

8 We should not commit sexual immorality, as some of them did--and in one day twenty-three thousand of them died. 9 We should not test the Lord, as some of them did--and were killed by snakes. 10 And do not grumble, as some of them did--and were killed by the destroying angel.

8 우리는 그들이 저지른 것과 같은 음행에 빠지지 말아야 할지니, 하루에 이만 삼천 명의 무리가 그들 중에서 죽었느니라. 9 또한 우리는 그들이 한 것처럼 하나님을 시험해서는 아니 될 것이니, 그들 중 많은 무리가 뱀에게 물려 죽었느니라. 10 또한 그들이 불평하고 원망한 것처럼 우리는 원망하지 말아야 할지니, 원망한 그들이 모두 다, 멸하시려 내려온 천사에 의해 죽임을 당하였느니라.

11 These things happened to them as examples and were written down as warnings for us, on whom the fulfillment of the ages has come. 12 So, if you think you are standing firm, be careful that you don't fall!

11 그들에게 일어난 이런 일들이 우리에게 본보기가 되고 있을 뿐 아니라, 또한 실제로 모든 것이 이미 성취되고 있는 이 말세의 시대를 사는 우리에게 경고를 주시기 위해 기록되어 내려오는 것이니 12 그런즉, 너희가 이제 굳건히 선 줄로 생각하거든, 다시 넘어지지 않도록 조심하라.

13 No temptation has seized you except what is common to man. And God is faithful; he will not let you be tempted beyond what you can bear. But when you are tempted, he will also provide a way out so that you can stand up under it.

13 사람에게 흔히 일어날 수 있는 것들을 제외하고는 너희가 시험 당한 것이 없느니라. 하나님은 신실하사: 너희가 감당하지 못할 시험 당함을 허락하지 아니하시고, 또 너희가 시험 당할 즈음에는 그 피할 길을 너희에게 주사, 너희가 이를 능히 감당하게 하시느니라.

14 Therefore, my dear friends, flee from idolatry. 15 I speak to sensible people; judge for yourselves what I say.

14 그런즉 내 사랑하는 친구들아, 우상숭배(偶像崇拜)하는 일을 피하라. 15 내가 분별 있는 자들에게 말하노니; 너희는 내가 이르는 말을 스스로 판단하라.

16 Is not the cup of thanksgiving for which we give thanks a participation in the blood of Christ? And is not the bread that we break a participation in the body of Christ? 17 Because there is one loaf, we, who are many, are one body, for we all partake of the one loaf.

16 우리가 그를 위해 감사를 드리는 바로 그 감사의 잔이 그리스도의 피에 참여하는 것이 아니냐? 그리고 또한 우리가 손으로 떼서 나누는 떡은 우리가 그리스도의 몸에 직접 참여하는 것이 아니냐? 17 떡은 하나가 있고, 우리는 숫자가 많지만, 그러나 우리가 다 한 몸이니, 우리가 모두 이 하나의 떡에 같이 참여함이니라.

18 Consider the people of Israel: Do not those who eat the sacrifices

participate in the altar?

18 이스라엘 사람들을 생각해 보라: 제물로 바쳐진 음식을 먹는 자들이 곧 제단에 참여한 자들이 아니냐?

19 Do I mean then that a sacrifice offered to an idol is anything, or that an
idol is anything? **20** No, but the sacrifices of pagans are offered to demons, not
to God, and I do not want you to be participants with demons. **21** You cannot
drink the cup of the Lord and the cup of demons too; you cannot have a part
in both the Lord's table and the table of demons. **22** Are we trying to arouse
the Lord's jealousy? Are we stronger than he?

19 지금 내가 우상에게 바쳐진 제물, 또는 우상 그 자체가 의미 있는 것이라고 말하는 줄 아느냐? **20** 그
런 것이 아니니라. 이방인이 바치는 희생 제물은 악령(惡靈)에게 바치는 것이요, 하나님께 드려지는 것
이 아니니, 나는 너희가 악령에게 참여하는 자가 되기를 원치 아니하노라. **21** 너희가 주(主)의 잔(盞)과
귀신의 잔을 겸하여 마실 수 없고, 주의 식탁과 귀신의 식탁에 같이 겸하여 참여하지 못하리라. **22** 우리
가 지금 하나님을 질투하시게 만들려는 것이냐? 우리가 하나님보다 더 강하냐?

23 "Everything is permissible"--but not everything is beneficial. "Everything is
permissible"--but not everything is constructive. **24** Nobody should seek his
own good, but the good of others.

23 "모든 것이 허락되어 있으나"–그러나 모든 것이 유익한 것이 아니며, "모든 것이 허락되어 있으
나"–모든 것이 유용한 것이 아니니 **24** 누구든지 자신의 유익을 구하지 말고, 남의 유익을 구하라.

25 Eat anything sold in the meat market without raising questions of
conscience, **26** for, "The earth is the Lord's, and everything in it."

25 시장의 정육점에서 파는 고기는 양심의 질문을 제기할 필요 없이 그냥 사 먹으라. **26** 이는, 이 땅과
그 가운데 있는 모든 것이 주(主) 하나님의 것인 까닭이니라.

27 If some unbeliever invites you to a meal and you want to go, eat whatever is
put before you without raising questions of conscience. **28** But if anyone says
to you, "This has been offered in sacrifice," then do not eat it, both for the
sake of the man who told you and for conscience' sake- **29** the other man's
conscience, I mean, not yours. For why should my freedom be judged by
another's conscience?

27 믿지 않는 어떤 불신자가 너희를 식사에 초대함으로 너희가 원하여 그 식사의 자리에 가거든, 너희
앞에 차려 놓은 것은 무엇이든 양심의 질문할 필요 없이 그냥 먹으라. **28** 그러나 누군가가 너희에게 말
하기를 이것이 희생제물로 바쳐졌던 것이로라 말을 하거든, 이 사실을 너희로 하여금 알게 한 그 사람
과, 그리고 그 양심을 위하여 너희는 먹지 말라– **29** 여기에서 내가 말하는 양심은 너희의 양심이 아니
고, 그들의 양심이라. 그러면, 왜 나의 자유가, 남의 양심으로 인하여 제약을 받을 필요가 있는 것이냐?

30 If I take part in the meal with thankfulness, why am I denounced because
of something I thank God for? **31** So whether you eat or drink or whatever you
do, do it all for the glory of God.

30 내가 그 식사를 함에 있어 감사함으로 참여하였거늘, 어찌 하나님께 내가 감사를 드린 것, 곧 그 음
식으로 인하여 내가 공공연한 비난을 받아야 하느뇨? **31** 그런즉 너희가 먹든지 마시든지 무엇을 하든
지, 다 하나님의 영광을 위하여 할지니라.

32 Do not cause anyone to stumble, whether Jews, Greeks or the church of
God--**33** even as I try to please everybody in every way. For I am not seeking

my own good but the good of many, so that they may be saved.

32 너희는 유대인에게나 그리스 사람에게나, 하나님의 교회 안의 그 누구에게든 걸려 넘어지게 하는 것
이 되지 말고 33 내가 범사(凡事)에 있어 모든 사람을 기쁘게 하려고 애쓰는 것처럼 행하라. 내가 나 자
신의 유익을 구하지 아니하고, 다수의 유익을 찾아 구하나니, 이는 그들로 하여금 구원을 받게 하기 위
함이니라.

제11장

1 Follow my example, as I follow the example of Christ. 2 I praise you for
remembering me in everything and for holding to the teachings, just as I
passed them on to you.

1 그런즉 내가 그리스도를 본받은 것 같이 너희는 나를 본받으라. 2 너희가 모든 일에 나를 기억하고,
나의 가르침 곧, 내가 너희에게 전하여 준 것을 굳게 지키고 있음을 인하여 너희를 칭찬하노라.

3 Now I want you to realize that the head of every man is Christ, and the head
of the woman is man, and the head of Christ is God.

3 이제 너희가 깨달아 알기를 원하노니, 모든 남자의 머리는 그리스도요, 여자의 머리는 남자요, 그리스
도의 머리는 하나님이시니라.

4 Every man who prays or prophesies with his head covered dishonors his
head. 5 And every woman who prays or prophesies with her head uncovered
dishonors her head--it is just as though her head were shaved. 6 If a woman
does not cover her head, she should have her hair cut off; and if it is a
disgrace for a woman to have her hair cut or shaved off, she should cover her
head. 7 A man ought not to cover his head, since he is the image and glory of
God; but the woman is the glory of man.

4 남자로서 머리에 무엇을 쓰고 기도나 예언을 하는 자는 그 머리를 욕되게 하는 것이요, 5 여자로서 머
리 위에 아무것도 쓰지 아니하고 기도나 예언을 하는 자도 자기의 머리를 욕되게 하는 것이니, 이는 그
머리를 면도로 민 것과 다르지 않음이라. 6 만일 여자가 머리에 무엇을 쓰지 않으려면 마땅히 머리를 깎
을 것이요; 만일 머리털을 깎거나 미는 것이 여자에게 수치스러운 일이라면 그 머리를 가릴지니라. 7 남
자는 하나님의 형상과 영광이라, 그 머리를 가려서는 아니 되거니와 그러나 여자는 남자의 영광이니라.

8 For man did not come from woman, but woman from man; 9 neither was
man created for woman, but woman for man. 10 For this reason, and because
of the angels, the woman ought to have a sign of authority on her head.

8 남자가 여자에게서 난 것이 아니요, 여자가 남자에게서 났으며; 9 남자가 여자를 위하여 지음을 받은
것이 아니고 여자가 남자를 위하여 지음을 받은 것이니 10 이런 이유로, 그리고 또한 천사들로 말미암
아, 여자는 어떤 권위 아래에 있는 표식을 그 머리 위에 둘지니라.

11 In the Lord, however, woman is not independent of man, nor is man
independent of woman. 12 For as woman came from man, so also man is born
of woman. But everything comes from God.

11 그러나 주 안에서는 여자가 남자와 떨어져 혼자 있는 것이 아니고, 이와 같이 남자도 여자와 떨어져
남자 혼자만 따로 있는 것이 아니니라. 12 여자가 남자로부터 나온 것처럼 남자 역시 여자를 통하여 태

어났음이라. 그러나 만물(萬物)은 하나님으로부터 나왔느니라.

13 Judge for yourselves: Is it proper for a woman to pray to God with her head
uncovered? 14 Does not the very nature of things teach you that if a man has
long hair, it is a disgrace to him, 15 but that if a woman has long hair, it is her
glory? For long hair is given to her as a covering.

13 너희는 스스로 판단하라: 여자가 머리에 아무것도 쓰지 아니하고 하나님께 기도하는 것이 과연 옳은
일인지? 14 남자가 긴 머리를 하고 있다면 이는 남자 자신에게 수치스러운 일이 된다고 사물의 본성이
너희에게 가르치고 있지 아니하느냐? 15 그러나, 여자가 긴 머리를 가지고 있다면 이는 스스로에게 영
광이 되나니, 여자의 긴 머리는 머리를 가리라고 여자에게 주어진 것이기 때문이니라.

16 If anyone wants to be contentious about this, we have no other practice--
nor do the churches of God.

16 만약 누군가 이 문제에 관하여 논쟁을 하려는 생각을 가진 자가 있다 할지라도, 우리는 다른 예(例)
를 가지고 있지 않으니, 하나님의 교회에도 이런 관례(慣例)가 없느니라.

17 In the following directives I have no praise for you, for your meetings
do more harm than good. 18 In the first place, I hear that when you come
together as a church, there are divisions among you, and to some extent I
believe it.19 No doubt there have to be differences among you to show which
of you have God's approval.

17 아래에서 설명할 몇 가지 지시 내용에 대해서는 내가 너희를 칭찬할 수 없으니, 너희가 모임을 갖는
것이 유익함보다는 해로움이 더 많음이라. 18 첫째로 내가 들으니 너희가 교회로 모임을 가질 때에, 너
희 중에 편 가름이 있다 하는지라, 어느 정도는 내가 이를 믿었도다. 19 의심할 것도 없이, 너희 중에서
누가 하나님으로부터 인정을 받을 사람인지를 알려면, 반드시 너희들 서로 간에 어떤 차별이 존재해야
하리라.

20 When you come together, it is not the Lord's Supper you eat, 21 for as you
eat, each of you goes ahead without waiting for anybody else. One remains
hungry, another gets drunk. 22 Don't you have homes to eat and drink in?
Or do you despise the church of God and humiliate those who have nothing?
What shall I say to you? Shall I praise you for this? Certainly not!

20 너희가 모임으로 모일 때에 먹는 그것이 주(主)의 성찬(聖餐)이라 부를 수가 없으니, 21 너희가 식사
를 함에 있어서 다른 사람들을 기다리지 아니하고 각자가 먼저 갖다 먹음으로, 어떤 사람은 배가 고프고
어떤 사람은 벌써 취한다 하는도다. 22 너희에게 먹고 마실 자기 집이 없느냐? 너희가 하나님의 교회를
멸시하며 가난한 자들을 모욕하는 것이냐? 내가 너희에게 어떻게 말을 하랴? 이로 인하여 너희를 칭찬
하랴? 결단코 아니니라.

23 For I received from the Lord what I also passed on to you: The Lord
Jesus, on the night he was betrayed, took bread, 24 and when he had given
thanks, he broke it and said, "This is my body, which is for you; do this in
remembrance of me." 25 In the same way, after supper he took the cup,
saying, "This cup is the new covenant in my blood; do this, whenever you
drink it, in remembrance of me." 26 For whenever you eat this bread and drink
this cup, you proclaim the Lord's death until he comes.

23 내가 주께 받은 것을 너희에게 전하였으니: 곧 주 예수께서 배신당하시던 밤에 떡을 들어 24 먼저
감사 기도를 드리시고, 떡을 떼며 이르시되, "이것은 나의 몸이니, 너희를 위한 것이라; 나를 기념하여
이를 행하라" 하셨고, 25 식사 후에, 또한 그와 같이 잔을 들어 이르시되, "이 잔은 내 피 가운데 있는 새

로운 언약이니; 이와 같이 행하여 마실 때마다 나를 기억하라" 하셨느니라. 26 그런고로, 너희가 이 떡
을 먹으며 이 잔을 마실 때마다, 주의 죽으심을–그가 다시 오실 때까지–계속하여 선포하는 것이니라.

27 Therefore, whoever eats the bread or drinks the cup of the Lord in an
unworthy manner will be guilty of sinning against the body and blood of the
Lord. 28 A man ought to examine himself before he eats of the bread and
drinks of the cup. 29 For anyone who eats and drinks without recognizing the
body of the Lord eats and drinks judgment on himself.

27 그러므로 누구든지 주의 떡이나 잔을 온당하지 않은 방식으로 먹고 마시는 자는 주의 몸과 주의 피
에 대하여 죄를 짓는 것이니 28 사람이 이 떡을 먹고 이 잔을 마시기 전에 마땅히 먼저 자기 자신을 시
험해 살펴보아야 하리라. 29 누구든지 이 떡과 잔이 주(主)의 몸임을 인식하지 못하고 먹고 마시는 자는
자기의 심판을 먹고 마시는 것이니라.

30 That is why many among you are weak and sick, and a number of you
have fallen asleep. 31 But if we judged ourselves, we would not come under
judgment. 32 When we are judged by the Lord, we are being disciplined so
that we will not be condemned with the world.

30 너희 중에 연약한 자와 아픈 자가 많고 또, 이미 잠든 자도 적지 아니한 이유가 바로 여기에 있느니
라. 31 우리가 우리를 미리 살피고 판단하였더라면 심판을 받지 아니하였을 것이라. 32 우리가 이제 주
께 의하여 심판을 받을 때에, 훈계를 받아 바르게 함을 입는 것은 우리가 이 세상과 함께 정죄를 받지 않
게 하려 하심이니라.

33 So then, my brothers, when you come together to eat, wait for each other.
34 If anyone is hungry, he should eat at home, so that when you meet together
it may not result in judgment. And when I come I will give further directions.

33 그런즉 나의 형제들아, 너희가 식사를 위하여 모일 때에는 서로를 기다리라. 34 누가 시장하거든 그
는 먼저 자기 집에서 먹고 올지니, 그리하여 너희가 모임을 가질 때에 이 모임이 심판받는 결과가 되지
않게 하라. (*이 문제에 관해서는) 내가 너희에게 도착한 후에 좀 더 상세하게 이르리라.

제12장

1 Now about spiritual gifts, brothers,I do not want you to be ignorant. 2 You
know that when you were pagans, somehow or other you were influenced and
led astray to mute idols.

1 형제들아, 나는 너희가 영적인 은사(恩賜)에 관해 무지(無智)한 것을 원치 아니하노라. 2 너희도 아는
바와 같이, 너희가 이방인으로 있을 때에는 말 못 하는 우상에게 영향을 받아 이 우상이 이끄는 대로 타
락한 행위 가운데 있었도다.

3 Therefore I tell you that no one who is speaking by the Spirit of God says,
"Jesus be cursed," and no one can say, "Jesus is Lord," except by the Holy
Spirit.

3 그러므로 내가 말하건대, 하나님의 영(靈)에 의해 말을 하는 자는 누구든지 "예수를 저주받을 자" 라
하지 아니하고, 또 성령으로 인함이 아니고서는, 누구든지 "예수는 주(主)시라" 할 수가 없느니라.

4 There are different kinds of gifts, but the same Spirit. 5 There are different

kinds of service, but the same Lord. **6** There are different kinds of working, but the same God works all of them in all men. **7** Now to each one the manifestation of the Spirit is given for the common good.

4 여러 가지 종류의 은사가 있으나 그러나 같은 한 성령이 계시고 **5** 맡은 바 직분에도 여러 가지 종류가 있으나 주(主)는 같은 한 주(主)이시며, **6** 또 사역(事役)에도 여러 가지 종류가 있으나 모든 사람 가운데서 그 모든 것을 이루시는 하나님은 동일하시니라. **7** 이렇게 각 사람에게 성령의 나타나심이 고루 주어진 것은 우리의 공통의 유익을 위해서이니라.

8 To one there is given through the Spirit the message of wisdom, to another the message of knowledge by means of the same Spirit, **9** to another faith by the same Spirit, to another gifts of healing by that one Spirit, **10** to another miraculous powers, to another prophecy, to another distinguishing between spirits, to another speaking in different kinds of tongues, and to still another the interpretation of tongues. **11** All these are the work of one and the same Spirit, and he gives them to each one, just as he determines.

8 어떤 사람에게는 성령을 통하여 지혜의 말씀을, 어떤 사람에게는 같은 성령을 따라 지식의 말씀을, **9** 또 다른 사람에게는 같은 성령으로 믿음을, 어떤 사람에게는 한 성령으로 병 고치는 은사를, **10** 또 어떤 사람에게는 기적의 능력을, 다른 사람에게는 예언의 은사를, 어떤 사람에게는 각기 다른 영들 분별함을, 또 다른 사람에게는 각종 방언들 말함을, 어떤 사람에게는 이런 방언들을 통역하는 은사를 주시나니 **11** 이 모든 것이 같은 한 성령이 행하신 일이라 성령께서 각 사람에게 나누어 주시되, 자신의 뜻으로 정하신 대로 주시는 것이니라.

12 The body is a unit, though it is made up of many parts; and though all its parts are many, they form one body. So it is with Christ. **13** For we were all baptized by one Spirit into one body--whether Jews or Greeks, slave or free--and we were all given the one Spirit to drink.

12 우리의 몸이 하나라, 비록 많은 부분으로 이루어져 있지만 하나의 개체 곧, 한 몸이로다; 몸을 이루는 각 부분의 수가 많으나 같이 한 몸을 이루나니, 우리가 그리스도와 함께 함에 있어서도 그러하니라. **13** 우리가 모두 같은 한 성령에 의해 한 몸을 이루며 세례를 받았으니–유대인이나 그리스 사람이나, 종이나 자유인이나 상관없이–우리가 다 한 성령을 받아 마시게 되었느니라.

14 Now the body is not made up of one part but of many. **15** If the foot should say, "Because I am not a hand, I do not belong to the body," it would not for that reason cease to be part of the body. **16** And if the ear should say, "Because I am not an eye, I do not belong to the body," it would not for that reason cease to be part of the body. **17** If the whole body were an eye, where would the sense of hearing be? If the whole body were an ear, where would the sense of smell be?

14 몸은 한 부분으로만 이루어진 게 아니요, 여러 부분으로 이루어졌나니, **15** 만일 발이 말하기를, "나는 손이 아니니 몸에 속하지 아니하노라" 한다고 해서 발이 몸의 한 부분인 사실이 달라지는 게 아니요, **16** 또 귀가 말하기를, "나는 눈이 아니니 몸에 속하지 아니하노라" 한다고 해서, 이로써 귀가 몸에 속한 사실이 멈추는 것이 아니니 **17** 만일 온몸이 눈이면, 듣는 감각은 어디에 있으며, 온몸이 귀이면, 냄새 맡는 감각은 어디에 있겠느냐?

18 But in fact God has arranged the parts in the body, every one of them, just as he wanted them to be. **19** If they were all one part, where would the body be? **20** As it is, there are many parts, but one body.

18 그러나 실상은, 하나님께서 몸의 각 부분들을 미리 다 정리해 두셨으니, 그 모든 것을 하나님께서 원

하시는 꼭 거기에 있게 하셨느니라. 19 만일 모든 것이 오직 한 부분 뿐이라면 몸이 어떻게 이루어지겠
느냐? 20 그러므로 실상은, 우리에게 여러 다른 부분이 있어도 그 몸은 오직 하나이니라.

21 The eye cannot say to the hand, "I don't need you!" And the head cannot
say to the feet, "I don't need you!" 22 On the contrary, those parts of the
body that seem to be weaker are indispensable, 23 and the parts that we
think are less honorable we treat with special honor. And the parts that are
unpresentable are treated with special modesty, 24 while our presentable parts
need no special treatment. But God has combined the members of the body
and has given greater honor to the parts that lacked it, 25 so that there should
be no division in the body, but that its parts should have equal concern for
each other.

21 눈이 손 더러 말하기를 "나는 네가 필요 없노라" 할 수 없으며, 또한 머리가 발 더러 "나는 너를 쓸 데
가 없노라" 말하지 못하리라. 22 오히려 그 반대로, 몸의 더 약하게 보이는 부분이 더욱 긴요하고, 23
우리가 몸의 덜 귀한 부분으로 생각하는 것들을 우리가 더욱 특별히 귀하게 취급하느니라. 또한, 우리
몸에 있어서 별로 내세울 것 없는 부분을 우리가 더욱 조심히 다루며, 24 겉으로 드러낼 만한 부분은 반
대로 별로 대접을 필요로 하지 않느니라. 그러나 하나님께서는 우리 몸의 각 지체들을 결합하사, 부족한
지체에게 귀한 명예를 더하셨나니 25 그럼으로써 몸 가운데에서 서로 나뉘는 일이 없이 오직 여러 지체
가 같은 관심을 가지고 각자가 서로를 돌보게 하셨느니라.

26 If one part suffers, every part suffers with it; if one part is honored, every
part rejoices with it. 27 Now you are the body of Christ, and each one of you
is a part of it.

26 만일 한 지체가 고통을 받으면 모든 지체가 함께 고통을 받고 한 지체가 영광을 얻으면 모든 지체가
함께 즐거워하느니라. 27 이제 너희는 그리스도의 몸이요, 너희 각 사람은 이 몸의 지체요, 부분이니라.

28 And in the church God has appointed first of all apostles, second prophets,
third teachers, then workers of miracles, also those having gifts of healing,
those able to help others, those with gifts of administration, and those
speaking in different kinds of tongues. 29 Are all apostles? Are all prophets?
Are all teachers? Do all work miracles? 30 Do all have gifts of healing? Do all
speak in tongues ? Do all interpret? 31 But eagerly desire the greater gifts. And
now I will show you the most excellent way.

28 교회 중에서 하나님이 몇몇을 지명해 세우셨으니, 제일 먼저 사도들을 지명하시고, 두 번째로는 선
지자들을, 그리고 세 번째로는 교사들을 지명하시고, 그리고 그 다음으로는 기적의 능력 행하는 자를,
다음으로는 병 고치는 은사를 가진 자를, 그리고 또 그 다음으로는 남을 돕는 은사를 받은 자와 봉사와
관리의 은사를 받은 자와 여러 가지 다른 방언 말하는 자들을 각기 차례로 세우셨느니라. 29 모두가 다
사도이겠느냐? 다 선지자이겠느냐? 다 교사이겠느냐? 다 기적의 능력을 행하는 자이겠느냐? 30 모두
가 다 병 고치는 은사를 가진 자이겠느냐? 다 방언을 말하는 자이겠느냐? 다 통역하는 자이겠느냐? 31
그러나 너희는 더욱 큰 은사를 받기를 간절히 사모하라. 내가 그중에서 가장 뛰어난 길을 너희에게 보이
리라.

제13장

1 If I speak in the tongues of men and of angels, but have not love, I am only
a resounding gong or a clanging cymbal. 2 If I have the gift of prophecy and
can fathom all mysteries and all knowledge, and if I have a faith that can move
mountains, but have not love, I am nothing. 3 If I give all I possess to the poor
and surrender my body to the flames, but have not love, I gain nothing.

1 내가 사람들의 각종 방언과 천사의 말을 한다고 하더라도 사랑이 없으면 내가 그저 소리 울리는 징이
나 꽹과리일 뿐이요, 2 내게 만일 예언하는 능력이 있어 모든 비밀과 모든 지식을 알고, 또 내게 산을 옮
길만한 믿음이 있을지라도 사랑이 없으면 내가 아무것도 아니니라. 3 또 내가 소유하고 있는 모든 것을
가난한 자들에게 내어주고 더욱이 내 몸을 불사르게 내어줄지라도 사랑이 없으면, 내가 아무것도 얻을
것이 없느니라.

4 Love is patient, love is kind. It does not envy, it does not boast, it is not
proud. 5 It is not rude, it is not self-seeking, it is not easily angered, it keeps
no record of wrongs. 6 Love does not delight in evil but rejoices with the truth.
7 It always protects, always trusts, always hopes, always perseveres.

4 사랑은 오래 참고, 온유하며, 시기하지 아니하고, 자랑하지 아니하며, 교만하지 아니하고. 5 무례하지
아니하며, 자기의 유익만을 구하지 아니하고, 쉽게 성내지 아니하며, 잘못을 기억하지 않느니라. 6 사랑
은 악(惡) 가운데에서 기뻐하지 아니하며, 진리(眞理)와 함께 기뻐하나니, 7 사랑은 언제든지 늘 보호하
며, 모든 것을 신뢰하며, 항상 소망하며, 언제까지나 모든 것을 참고 견디느니라.

8 Love never fails. But where there ae prophecies, they will cease; where there
are tongues, they will be stilled; where there is knowledge, it will pass away.

8 사랑은 사라지지 않느니, 언제까지나 있느니라. 그러나 예언이 있는 곳에 예언이 그칠 것이요, 방언이
있는 곳에 방언이 잠잠해질 것이며, 지식이 있는 곳에는 그 지식이 지나가 없어지리라.

9 For we know in part and we prophesy in part, 10 but when perfection comes,
the imperfect disappears.

9 우리가 지금은 부분적으로 알고 또한 부분적으로만 예언하나 10 완전한 것이 올 때에는 이 불완전한
것이 사라져 없어지리라.

11 When I was a child, I talked like a child, I thought like a child, I reasoned
like a child. When I became a man, I put childish ways behind me. 12 Now we
see but a poor reflection as in a mirror; then we shall see face to face. Now I
know in part; then I shall know fully, even as I am fully known.

11 내가 어린아이였을 때에는 어린아이처럼 말을 하고, 생각하기를 어린아이처럼 하였으며, 또한 어린
아이와 같이 판단하였으나 이제 내가 어른이 되었으므로 어린아이의 방식은 등 뒤로 치워 버렸노라. 12
지금은 우리가 거울을 보는 것 같이 희미한 비침을 볼 뿐이나; 그 때가 이르면 얼굴을 마주하여 볼 것이
요, 지금은 내가 부분적으로 아나; 그 때가 이르면, 지금 내가 주께 알려져 있는 것과 같이, 내가 또한 완
전히 알게 되리라.

13 And now these three remain: faith, hope and love. But the greatest of these
is love.

13 그런즉 이제는 이 세 가지가 남아 있으니; 믿음, 소망, 사랑이라. 그러나 그중의 제일은 사랑이니라.

제14장

1 Follow the way of love and eagerly desire spiritual gifts, especially the gift of
prophecy.

1 사랑의 길을 따라가며 영적인 은사들을 열심으로 사모하되, 특별히 예언의 은사를 구하라.

2 For anyone who speaks in a tongue does not speak to men but to God.
Indeed, no one understands him; he utters mysteries with his spirit. 3
But everyone who prophesies speaks to men for their strengthening,
encouragement and comfort.

2 누구든 방언(方言)을 말하는 자는 사람에게 하지 아니하고 하나님께 하는 것이니라. 그런 고로, 아무
도 그를 이해하지 못한다 하는 것이 실상이라; 이는 그 (*방언하는) 사람이 자신의 영(靈)으로써 감추어
진 것들을 언급하는 때문이니라. 3 그러나 모든 예언하는 사람은 사람들을 향하여 그들의 영적인 강건
함과 성장과 그리고 격려와 위로를 위한 말을 하는 것이니라.

4 He who speaks in a tongue edifies himself, but he who prophesies edifies
the church. 5 I would like every one of you to speak in tongues, but I would
rather have you prophesy. He who prophesies is greater than one who speaks
in tongues, unless he interprets, so that the church may be edified.

4 방언을 말하는 자는 자기의 덕을 세우는 것이요, 예언하는 자는 교회 전체의 덕(德)을 높이는 것이니
라. 5 너희가 다 방언(方言) 말하기를 내가 원하나 나는 너희가 특별히 예언하기를 더 원하노라. 무릇 예
언하는 자가 방언을 말하는 자보다 훨씬 더 뛰어난 것이니 방언의 경우는, 그 방언이 통역이 되어 교회
에 덕을 끼치지 못하면, 예언하는 자만 못하니라.

6 Now, brothers, if I come to you and speak in tongues, what good will I be to
you, unless I bring you some revelation or knowledge or prophecy or word of
instruction? 7 Even in the case of lifeless things that make sounds, such as the
flute or harp, how will anyone know what tune is being played unless there is
a distinction in the notes? 8 Again, if the trumpet does not sound a clear call,
who will get ready for battle? 9 So it is with you. Unless you speak intelligible
words with your tongue, how will anyone know what you are saying? You will
just be speaking into the air.

6 형제들아, 내가 너희에게 가서 방언들로만 말을 하고, 계시나 지식이나 예언이나 또는 다른 가르침의
말을 하지 않으면 너희에게 무슨 유익이 있겠느냐? 7 플룻이나 하프처럼 생명없는 물건이 소리를 낼 때
에 그 음정의 분명한 차이가 없으면 무슨 곡조를 연주하는 것인지를 어찌 알겠느냐? 8 만일 트럼펫이 분
명한 소리를 내지 않으면, 누가 제 때 전투를 준비할 수 있겠느냐? 9 너희에게 있어서도 마찬가지니라.
너희가 혀로써 지각(知覺) 있는 말을 하지 아니하면 네가 말하는 것을 남들이 어찌 알리요? 마치 허공에
다 말하는 것과 같으리라.

10 Undoubtedly there are all sorts of languages in the world, yet none of them
is without meaning. 11 If then I do not grasp the meaning of what someone is
saying, I am a foreigner to the speaker, and he is a foreigner to me. 12 So it is
with you. Since you are eager to have spiritual gifts, try to excel in gifts that
build up the church.

10 의심할 여지 없이, 이 세상에 모든 종류의 언어(言語)들이 있지만, 그중에 의미없는 것이 하나도 없
나니 11 그런즉 누군가가 말하는 바의 의미를 내가 알아채지 못하면, 나는 그 말하는 사람에게 있어 외
국 사람이 되고 그 말하는 사람도 역시 내게 외국인이 되느니라. 12 너희에게 있어서도 마찬가지라. 너
희가 영적인 은사를 사모하는 자들인즉, 교회의 덕을 세우는 여러 가지 은사에 뛰어나기를 구하라.

13 For this reason anyone who speaks in a tongue should pray that he may interpret what he says. 14 For if I pray in a tongue, my spirit prays, but my mind is unfruitful.

13 이런 이유로, 누구든 방언을 말하는 자는 자신의 말이 통역되기를 기도할지니라. 14 내가 만일 방언으로 기도하면 나의 영(靈)이 기도하는 것이라, 그러나 나의 마음은 열매 맺지 못하리라.

15 So what shall I do? I will pray with my spirit, but I will also pray with my mind; I will sing with my spirit, but I will also sing with my mind. 16 If you are praising God with your spirit, how can one who finds himself among those who do not understand say "Amen" to your thanksgiving, since he does not know what you are saying? 17 You may be giving thanks well enough, but the other man is not edified.

15 그런즉 내가 어떻게 하리오? 내가 나의 영으로도 기도하고 또 마음으로도 기도하며; 내가 나의 영으로 찬송하고, 또한 나의 마음으로도 찬송하리라. 16 네가 만일 너의 영(靈)으로만 찬양을 한다면, 그 때에 네 찬양을 듣는 이들 중에서 몇몇 너를 이해하지 못하는 이들이 네가 과연 무슨 말을 하는지를 전혀 알지 못하게 되니, 네가 드리는 감사에 그들이 어찌 '아멘'으로 화답(和答)하겠느냐? 17 너는 감사를 잘 하였으나 그러나 다른 사람은 덕(德)에 의한 감화(感化)를 받지 못하리라.

18 I thank God that I speak in tongues more than all of you. 19 But in the church I would rather speak five intelligible words to instruct others than ten thousand words in a tongue.

18 내가 너희 모두보다 더 많은 방언을 말할 줄 아는 고로 하나님께 감사하노라. 19 그러나 교회 중에서 내가 일만 마디 방언으로 말하는 것보다, 남을 가르치기 위하여 다섯 마디 지각 있는 말을 하기를 더 원하노라.

20 Brothers, stop thinking like children. In regard to evil be infants, but in your thinking be adults.

20 형제들아 어린아이와 같이 생각하는 것은 이제 그만두라. 그러나 너희가 악(惡)에 대해서는 여전히 어린아이가 되고, 너희의 생각에 있어서는 장성(長成)한 사람이 되라.

21 In the Law it is written: "Through men of strange tongues and through the lips of foreigners I will speak to this people, but even then they will not listen to me," says the Lord. 22 Tongues, then, are a sign, not for believers but for unbelievers; prophecy, however, is for believers, not for unbelievers.

21 율법에 기록된 바: "생소한 언어로 말하는 자들과 타국인들의 입술을 통하여 내가 이 사람들에게 말을 하리니, 그렇게 하여도 이 사람들이 여전히 내 말을 듣지 않으리라"고 주(主) 하나님께서 말씀하셨느니라. 22 그러므로 방언은 믿는 자들이 아니고, 믿지 않는 불신자들을 위한 표적이라; 반면에, 예언은 믿지 아니하는 자들을 위함이 아니요, 오직 믿는 자들을 위한 것이니라.

23 So if the whole church comes together and everyone speaks in tongues, and some who do not understand or some unbelievers come in, will they not say that you are out of your mind? 24 But if an unbeliever or someone who does not understand comes in while everybody is prophesying, he will be convinced by all that he is a sinner and will be judged by all, 25 and the secrets of his heart will be laid bare. So he will fall down and worship God, exclaiming, "God is really among you!"

23 그러므로 온 교회가 함께 모여서 모두가 다 방언들로 말을 한다면, 이런 것을 전혀 이해하지 못하는 자들이나 혹은 믿지 않는 불신자들이 들어와서 보고는, 너희더러 다 정신이 나갔다 하지 않겠느냐? 24

그러나 믿지 아니하는 자들이나 이런 것들을 이해하지 못하는 자들이 교회에 들어와 너희가 다 예언을 하는 것을 보게 되면, 그들이 스스로 죄인임을 깨달아 확신하게 되고, 또 너희 모두로부터 판단을 받으므로 **25** 그들의 마음속의 비밀이 발가벗겨져 드러나리니, 그러므로 그들이 다 함께 엎드리어 하나님께 경배하며 외치기를, "하나님이 참으로 너희 가운데 계신다." 말을 하리라!

26 What then shall we say, brothers? When you come together, everyone has a hymn, or a word of instruction, a revelation, a tongue or an interpretation. All of these must be done for the strengthening of the church.

26 그런즉 형제들아 우리가 무어라 말할꼬? 너희가 모임을 가질 때에, 각기 찬송을 가진 사람도 있고, 지시(指示)하는 말씀을 받은 사람도 있으며, 계시(啓示)를 받은 사람도 있고, 방언을 받은 사람도 있으며, 통역의 은사를 가진 자도 있을 것이라. 그러나 이 모든 것은 반드시 교회를 굳건히 세우는 데에만 행해져야 하느니라.

27 If anyone speaks in a tongue, two--or at the most three--should speak, one at a time, and someone must interpret. **28** If there is no interpreter, the speaker should keep quiet in the church and speak to himself and God.

27 만일 누가 방언으로 말하거든 두 사람이나 많아야 세 사람이 각각 차례를 따라 하고, 반드시 누군가가 통역할 것이니. **28** 만일 통역하는 자가 없으면, 방언 말하는 자는 교회에서는 침묵하고 오직 자신과 하나님 사이에만 방언으로 말할지니라.

29 Two or three prophets should speak, and the others should weigh carefully what is said. **30** And if a revelation comes to someone who is sitting down, the first speaker should stop. **31** For you can all prophesy in turn so that everyone may be instructed and encouraged.

29 둘이나 세 사람의 예언하는 자가 말을 시작하면 다른 예언자들은 이 예언의 말씀을 신중하게 저울질해서 받아들일지니라. **30** 만일 곁에 앉아 있던 다른 이에게 계시(啓示)가 임하면, 먼저 말하던 자는 멈출지니 **31** 이와 같이 모든 사람으로 하여금 권면을 받게 하고, 또 주의 지시하심을 받아들이게 하기 위해 너희가 모두 다 차례에 따라 한 명씩 돌아가며 예언(豫言)할 수 있느니라.

32 The spirits of prophets are subject to the control of prophets. **33** For God is not a God of disorder but of peace. **34** As in all the congregations of the saints, women should remain silent in the churches. They are not allowed to speak, but must be in submission, as the Law says. **35** If they want to inquire about something, they should ask their own husbands at home; for it is disgraceful for a woman to speak in the church.

32 그러나 예언하는 자들의 영(靈)은 같이 예언하는 다른 자들의 제재에 구속을 받나니 **33** 이는 하나님께서 무질서의 하나님이 아니시요 오직 화평의 하나님이신 까닭이니라. **34** 모든 종류의 성도들의 모임 즉, 회집(會集)을 가질 때에, 여자는 교회에서 잠잠히 머물러 있을지니라. 여자들은 교회에서 말을 하는 것이 허락되어 있지 아니하니, 율법이 말하고 있는 것 같이 오직 복종할 것이요 **35** 만일 무언가에 대해 물어볼 것이 있으면 집에 가서 자신의 남편에게 물어볼 일이니 여자가 교회에서 말하는 것이 은혜가 되지 못하느니라.

36 Did the word of God originate with you? Or are you the only people it has reached? **37** If anybody thinks he is a prophet or spiritually gifted, let him acknowledge that what I am writing to you is the Lord's command. **38** If he ignores this, he himself will be ignored.

36 하나님의 말씀이 너희로부터 난 것이냐? 아니면 하나님의 말씀이 너희에게만 임한 것이냐? **37** 만일 누구든지 자기를 선지자나 혹은 신령한 자로 생각하거든 내가 너희에게 편지하는 이 글이 주의 명령인

줄 알게 하라. 38 만일 누구든지 이 글을 무시하는 자가 있으면 그 자신이 도로 무시를 받으리라.

39 Therefore, my brothers, be eager to prophesy, and do not forbid speaking in tongues. 40 But everything should be done in a fitting and orderly way.

39 그런즉 내 형제들아 예언하기를 사모하며 방언으로 말하는 것을 너희 중에서 금하지 말라. 40 그러나 이 모든 것이 질서 있는 방식으로 올바르게 진행되도록 하라.

제15장

1 Now, brothers, I want to remind you of the gospel I preached to you, which you received and on which you have taken your stand. 2 By this gospel you are saved, if you hold firmly to the word I preached to you. Otherwise, you have believed in vain.

1 형제들아, 내가 너희에게 전하였던 복음을 다시 기억해 보기를 원하노라. 이 복음은 너희가 받은 것이요 또 그 위에 너희가 서 있는 것이라. 2 내가 너희에게 전한 그 말씀에 너희가 견실히 머물러 있는다면 이 복음에 의해 너희가 구원을 받을 수 있으리라. 그렇지 아니하면 너희의 믿음은 헛된 일이 되느니라.

3 For what I received I passed on to you as of first importance : that Christ died for our sins according to the Scriptures, 4 that he was buried, that he was raised on the third day according to the Scriptures, 5 and that he appeared to Peter, and then to the Twelve. 6 After that, he appeared to more than five hundred of the brothers at the same time, most of whom are still living, though some have fallen asleep. 7 Then he appeared to James, then to all the apostles, 8 and last of all he appeared to me also, as to one abnormally born.

3 내가 (*주께로부터) 받은 그것을 우선 너희에게 먼저 전하였으니: 곧 성경대로 그리스도께서 우리 죄를 위하여 죽으시고 4 무덤에 묻히셨다가, 성경대로 사흘 만에 다시 살아나사 5 게바에게 나타나시고 그 후에 열두 제자에게도 보이셨다는 것이라. 6 그 후에 그가 또한 오백여 명이 넘는 형제들에게 동시에 나타나 그 몸을 보이셨으니 그들 중 일부는 이미 잠들었으나 대부분이 아직 살아 있도다. 7 그 후에 주께서 야고보에게 보이셨으며 또 그 직후에 모든 사도들 앞에 나타나셨을 뿐 아니라, 8 맨 나중에는 만삭(滿朔)되지 못하여 난 자 같은 나에게까지 나타나 보이셨느니라.

9 For I am the least of the apostles and do not even deserve to be called an apostle, because I persecuted the church of God. 10 But by the grace of God I am what I am, and his grace to me was not without effect. No, I worked harder than all of them--yet not I, but the grace of God that was with me. 11 Whether, then, it was I or they, this is what we preach, and this is what you believed.

9 사도 중에서 내가 가장 부족한 자라, 내가 예전에 하나님의 교회를 박해하였으므로 감히 사도(使徒)라 칭함을 받기를 감당치 못할 것이로되, 10 그러나 내가 지금의 내가 될 수 있었던 것은 하나님의 은혜로 인함이니, 내게 주신 그 은혜가 헛되지 아니하여 오히려 내가 다른 사도들보다 더욱 열심히 일할 수 있었으나, 이는 내가 한 것이 아니요, 오직 나와 함께하신 하나님의 은혜를 인함이라. 11 그러나 내가 되었든, 그들이 되었든, 이것이 우리가 전파하는 것이요, 이것이 너희가 믿은 바이니라.

12 But if it is preached that Christ has been raised from the dead, how can some of you say that there is no resurrection of the dead? 13 If there is no

resurrection of the dead, then not even Christ has been raised.

12 그리스도께서 죽은 자 가운데서 다시 살아나셨다 전파되었거늘 어찌하여 너희 중 어떤 사람은 죽은 자들의 부활이 없다 하느냐? 13 만일 죽은 자의 부활이 없다면 그리스도도 다시 살아나지 않으셨으리라.

14 And if Christ has not been raised, our preaching is useless and so is your faith. 15 More than that, we are then found to be false witnesses about God, for we have testified about God that he raised Christ from the dead. But he did not raise him if in fact the dead are not raised.

14 그리스도께서 만일 다시 살아나지 않으셨다면 우리가 전파하는 것도 헛것이요 너희 믿음도 헛것이니라. 15 다만 그뿐 아니라 또 우리가 하나님의 거짓 증인으로 발견되리니 우리가 하나님께 대해 증거하기를 하나님이 그리스도를 죽음에서 다시 살리셨다고 증언하였음이라. 만일 죽은 자가 다시 살아나는 일이 없다면 하나님께서 그리스도를 다시 살리지 아니하셨을 것이 분명하니라.

16 For if the dead are not raised, then Christ has not been raised either. 17
And if Christ has not been raised, your faith is futile; you are still in your sins.
18 Then those also who have fallen asleep in Christ are lost. 19 If only for this
life we have hope in Christ, we are to be pitied more than all men. 20 But
Christ has indeed been raised from the dead, the firstfruits of those who have fallen asleep.

16 만일 죽은 자가 다시 살아나는 일이 없다면 그리스도가 다시 살아나신 일도 없었을 터이요 17 그리
스도께서 다시 살아나신 일이 없었다면, 너희의 믿음은 헛된 믿음이요, 너희가 아직 여전히 죄 가운데 있었을 것이라. 18 또한 그리스도 안에서 잠자고 있는 자도 다 망하였으리니 19 우리가 그리스도 안에
서 소망하는 것이 다만 이 세상 삶 뿐이라면 모든 사람 가운데에서 우리가 가장 불쌍한 자가 되리라. 20
그러나 참으로 그리스도께서 죽음으로부터 다시 살아나사, 친히 잠자는 자들의 첫 열매가 되셨도다.

21 For since death came through a man, the resurrection of the dead comes
also through a man. 22 For as in Adam all die, so in Christ all will be made alive.

21 사망이 한 사람으로 말미암아 왔으니 죽은 자의 부활도 한 사람으로 말미암아 오는도다. 22 아담 안
에서 모든 사람이 죽은 것과 같이, 그리스도 안에서 모든 사람이 살아나리라.

23 But each in his own turn: Christ, the firstfruits; then, when he comes,
those who belong to him. 24 Then the end will come, when he hands over the kingdom to God the Father after he has destroyed all dominion, authority and power.

23 그러나 각각 자기 차례대로 되리니 먼저는 첫 열매 되신 그리스도시요; 다음으로는 그가 다시 오실
때에 그에게 속해 있는 자요 24 그 후에는 마지막이 올 것이니, 그가 이 세상의 모든 지배자와 권세와 능력을 멸하시고 난 다음, 그 나라를 아버지 하나님께 바칠 때니라.

25 For he must reign until he has put all his enemies under his feet. 26 The
last enemy to be destroyed is death.

25 그가 그의 원수 모두를 그 발아래에 놓을 때까지 반드시 직접 다스리실 것이니 26 맨 나중에 멸망
받을 원수는 죽음이니라.

27 For he "has put everything under his feet." Now when it says that "everything" has been put under him, it is clear that this does not include God
himself, who put everything under Christ. 28 When he has done this, then the

Son himself will be made subject to him who put everything under him, so that God may be all in all.

27 그가 "만물을 그의 발아래에 두셨다"라고 하였느니라. 이렇게 '만물(萬物)'을 그 발아래에 둔다 말씀하셨을 때에 이 만물에는 하나님이 들어 있지 않은 것이 분명하니, 이는 하나님께서 그 만물을 그리스도의 밑에 두실 바로 그 분이시기 때문이니라. 28 하나님께서 이 일을 행하실 때에는 그 아들 자신도 만물을 자기 아래에 두게 하신 이에게 복종하게 되실 것이니, 하나님께서는 만유(萬有) 안에 계시는 만유의 주(主)가 되심이니라.

29 Now if there is no resurrection, what will those do who are baptized for the dead? If the dead are not raised at all, why are people baptized for them? 30
And as for us, why do we endanger ourselves every hour?

29 만일 부활이 없다면, 죽은 자들을 위하여 세례를 받는 자들은 도대체 무엇을 하는 자들이냐? 죽은 자가 다시 살아나는 일이 없다면 어찌하여 그들을 위하여 세례를 받는 것이냐? 30 또 우리 자신에 관해 말을 해 보자면, 왜 우리가 이처럼 매일, 매시간, 우리 자신을 위험에 빠뜨리게 하리요?

31 I die every day--I mean that, brothers-- just as surely as I glory over you in
Christ Jesus our Lord. 32 If I fought wild beasts in Ephesus for merely human reasons, what have I gained? If the dead are not raised, "Let us eat and drink, for tomorrow we die."

31 형제들아, 내가 참말로 말하노니, 나는 날마다 죽노라–이 사실은 그리스도 예수 우리 주 안에서 너희에 대해 내가 영광을 받는 것만큼이나 분명하니라. 32 내가 만일, 단지 사람의 이유만으로 에페소에서 맹수와 더불어 싸웠다면 내게 과연 무슨 유익이 있었겠느냐? 만일 죽은 자가 다시 살아나는 일이 없다면, "내일이면 우리가 죽을 터이니 그냥 우리가 먹고 마시자" 하리라.

33 Do not be misled: "Bad company corrupts good character." 34 Come back to your senses as you ought, and stop sinning; for there are some who are ignorant of God--I say this to your shame.

33 미혹되지 말라: 너희의 악한 동료들이 (*너희의) 선한 본성을 망치나니 34 네가 마땅히 지녀야 할 너의 지각(知覺)을 돌이켜 더 이상 죄를 짓지 말라; 하나님께 대해 무지한 자가 너희 중에 있음으로, 내가 너희를 부끄럽게 만들기 위하여 말하노라.

35 But someone may ask, "How are the dead raised? With what kind of body will they come?" 36 How foolish! What you sow does not come to life unless it
dies. 37 When you sow, you do not plant the body that will be, but just a seed,
perhaps of wheat or of something else. 38 But God gives it a body as he has determined, and to each kind of seed he gives its own body.

35 누가 혹 묻기를, "죽은 자들이 어떻게 다시 살아나느뇨? 무슨 몸을 어떻게 입고 오느뇨?" 할 수도 있
으리니, 36 어리석은 자여! 네가 뿌리는 씨가 죽지 않으면 살아나지 못하는 것이라. 37 네가 씨를 뿌릴
때에, 네가 뿌리는 것은 장래 다가올 형체가 아니요, 다만 밀이나 다른 것의 씨앗일 뿐이나 38 그러나
하나님께서 자신이 결정하신 대로 몸을 주사, 그 각각의 씨앗에게 그에 속한 형체를 주시느니라.

39 All flesh is not the same: Men have one kind of flesh, animals have another,
birds another and fish another. 40 There are also heavenly bodies and there are earthly bodies; but the splendor of the heavenly bodies is one kind, and
the splendor of the earthly bodies is another. 41 The sun has one kind of
splendor, the moon another and the stars another; and star differs from star in splendor.

39 모든 육체가 다 같은 육체가 아니니: 사람은 사람의 육신을 가졌고, 짐승은 그와는 다른 자신의 육신

을, 그리고 새와 물고기는 또 다른 그들만의 육신을 가졌느니라. 40 이와 같이, 하늘에 속한 몸도 있고
땅에 속한 몸도 있으니; 하늘에 속한 것의 영광이 따로 있고 땅에 속한 것의 영광이 따로 있느니라. 41
해의 영광이 다르고 달의 영광이 다르며 별의 영광이 또한 다른데 별과 별의 영광이 다 서로 다르도다.

42 So will it be with the resurrection of the dead. The body that is sown is
perishable, it is raised imperishable; 43 it is sown in dishonor, it is raised in
glory; it is sown in weakness, it is raised in power; 44 it is sown a natural body,
it is raised a spiritual body. If there is a natural body, there is also a spiritual
body.

42 죽은 자의 부활도 그와 같으리라. 우리의 씨 뿌려지는 몸은 썩는 것이나, 다시 살아나는 몸은 썩지
않는 것이며; 43 지금 씨 뿌려지는 것은 수치스런 것이나, 장차 다시 살아날 것은 영광된 것이며; 지금
씨 뿌려지는 것은 연약한 것이나 다시 살아나는 것은 능력 가운데 있을 것이니; 44 육(肉)의 몸이 심기
워졌으나 신령한 몸으로 살아나리라. 육의 몸이 있은즉, 또한 영의 몸이 있느니라.

45 So it is written: "The first man Adam became a living being" ; the last Adam,
a lifegiving spirit. 46 The spiritual did not come first, but the natural, and after
that the spiritual.

45 기록된 바: "첫 사람 아담이 생명(生命)있는 실체(實體)가 되었노라" 하였으나 그 마지막 아담은 '생
명을 주는 영'이 되었느니라 46 영(靈)의 사람이 먼저 온 것이 아니요, 육(肉)의 사람이 먼저 왔으니 이
육의 사람 다음에 영의 사람이 왔느니라.

47 The first man was of the dust of the earth, the second man from heaven.
48 As was the earthly man, so are those who are of the earth; and as is the
man from heaven, so also are those who are of heaven. 49 And just as we have
borne the likeness of the earthly man, so shall we bear the likeness of the man
from heaven.

47 첫 사람은 땅에서 났으니 흙에 속한 자이거니와 둘째 사람은 하늘에서 나셨느니라. 48 무릇 흙에 속
한 자들은 저 흙에 속한 자와 같고 무릇 하늘에 속한 자들은 저 하늘에 속한 이와 같으니 49 우리가 이
흙에 속한 자의 형상을 입은 것처럼 또한 하늘로부터 오신 이의 형상을 입으리라.

50 I declare to you, brothers, that flesh and blood cannot inherit the kingdom
of God, nor does the perishable inherit the imperishable.

50 형제들아 내가 너희에게 선포하노니 혈(血)과 육(肉)은 하나님의 나라를 유산으로 받을 수 없고 또한
썩는 것은 썩지 아니하는 것을 유업으로 받지 못하느니라.

51 Listen, I tell you a mystery: We will not all sleep, but we will all be
changed--52 in a flash, in the twinkling of an eye, at the last trumpet. For
the trumpet will sound, the dead will be raised imperishable, and we will be
changed.

51 들으라, 내가 너희에게 비밀을 말하노니: 우리가 다 잠잘 것이 아니요 우리가 모두 변화하리니, 52
마지막 나팔 소리의 순간에, 그야말로 눈 깜박할 사이에 홀연히 그리될 것이라. 나팔 소리가 나매, 죽은
자들이 썩지 아니하는 몸으로 다시 살아나고, 우리도 또한 변화되리라.

53 For the perishable must clothe itself with the imperishable, and the
mortal with immortality. 54 When the perishable has been clothed with the
imperishable, and the mortal with immortality, then the saying that is written
will come true: "Death has been swallowed up in victory."

53 이 썩을 것이 필히, 썩지 아니하는 것을 옷처럼 입겠고 이 유한한 생명이 영원한 생명을 입으리로다.

54 이 썩을 것이 썩지 아니함을 입고, 이 죽을 것이 영원히 사는 것을 입을 바로 그 때에; "사망이 승리
곧, 이김에 의해 삼키어진 바 되리라"고 기록된 그 말씀이 이루어지리라.

55 "Where, O death, is your victory? Where, O death, is your sting?" 56 The
sting of death is sin, and the power of sin is the law.

55 "오! 사망아, 너의 승리가 어디 있느냐 ? 사망아! 너의 쏘는 침(針)이 어디 있느냐?" 56 사망이 쏘는
침은 죄(罪)요 죄의 권능(權能)은 율법에 있느니라.

57 But thanks be to God! He gives us the victory through our Lord Jesus Christ.
58 Therefore, my dear brothers, stand firm. Let nothing move you. Always give
yourselves fully to the work of the Lord, because you know that your labor in
the Lord is not in vain.

57 그러나 너희는 하나님께 감사하라! 하나님께서 우리 주 예수 그리스도를 통하여 우리에게 승리를 주
시는도다. 58 그러므로 내 사랑하는 형제들아, 너희가 오직 굳건히 서 있어 그 무엇도 너희를 흔들지 못
하게 하라. 항상, 주의 일에 더욱 힘쓰는 자들이 될지니, 이는 너희 수고가 주 안에서 헛되지 않은 줄 너
희가 앎이니라.

제16장

1 Now about the collection for God's people: Do what I told the Galatian
churches to do. 2 On the first day of every week, each one of you should set
aside a sum of money in keeping with his income, saving it up, so that when I
come no collections will have to be made.

1 하나님의 백성들을 위한 헌금에 관해서는: 내가 갈라티아 교회들에게 하라고 얘기한 것 같이 너희도
그렇게 하라. 2 매주 첫날에 너희가 모두 각자의 수입에 따라 얼마를 따로 떼어 모아두고, 내가 너희에
게 갈 때에 따로 또 헌금을 할 필요가 없게 하라.

3 Then, when I arrive, I will give letters of introduction to the men you
approve and send them with your gift to Jerusalem. 4 If it seems advisable for
me to go also, they will accompany me.

3 그러면, 내가 도착하여 너희가 지명한 사람에게 나의 소개의 편지를 주어 너희의 선물과 함께 이 사람
을 예루살렘으로 보내리니 4 만일 나도 함께 가는 것이 좋을 듯 하면 나와 그들이 동행하여 가리라.

5 After I go through Macedonia, I will come to you--for I will be going through
Macedonia. 6 Perhaps I will stay with you awhile, or even spend the winter, so
that you can help me on my journey, wherever I go.

5 내가 마케도니아를 방문한 다음, 너희에게 도착하리니 지금은 내가 마케도니아를 먼저 방문할 계획이
니라. 6 너희에게 도착하면 아마도 한동안은 너희와 함께 머물 수 있을 듯하며, 잘하면 함께 겨울을 지
낼 듯도 하니 이는 내가 어디로 가든지, 나의 다음 여행에 너희가 도울 수 있게 하려 함이니라.

7 I do not want to see you now and make only a passing visit; I hope to spend
some time with you, if the Lord permits.

7 너희를 또다시 스쳐 지나가는 길에 만나는 것을 원하지 아니하므로 지금은 내가 너희를 만나보길 원
치 않으나; 주께서 허락하시면, 한동안은 너희와 함께 시간을 보낼 수 있기를 바라노라.

8 But I will stay on at Ephesus until Pentecost, 9 because a great door for effective work has opened to me, and there are many who oppose me.

8 그러나 내가 오순절(五旬節)까지는 에페소에 머물 계획이니, 9 이는 (*전도) 사역을 위한 아주 좋은 기회의 문이 열렸음이니라. 그러나 동시에 또한 나를 대적하는 자들이 여전히 많이 있음이로다.

10 If Timothy comes, see to it that he has nothing to fear while he is with you, for he is carrying on the work of the Lord, just as I am. 11 No one, then, should refuse to accept him. Send him on his way in peace so that he may return to me. I am expecting him along with the brothers.

10 디모데가 도착하여 너희와 함께 있는 동안에 그로 하여금 아무것도 두려워할 것이 없도록 특히 잘 보살펴 주라. 그가 나와 같이 주의 일을 하는 사람이니라. 11 그를 거부하고 받아들이지 않는 사람이 아무도 없도록 하고 모쪼록 그를 평안히 보내어 내게로 도로 오게 하라. 그가 다른 형제들과 함께 내게 오기를 내가 기대하며 기다리노라.

12 Now about our brother Apollos: I strongly urged him to go to you with the brothers. He was quite unwilling to go now, but he will go when he has the opportunity.

12 우리의 형제 아볼로에 대하여 말을 하자면: 그가 다른 형제들과 함께 이번에 너희를 방문하기를 내가 그에게 강력히 권하였으나, 지금은 그가 길을 가기를 퍽이나 주저하고 있음이라, 그러나 다른 기회가 생겼을 때에는, 그가 갈 수 있으리라.

13 Be on your guard; stand firm in the faith; be men of courage; be strong. 14 Do everything in love.

13 너희는 깨어 스스로를 살피고; 믿음에 굳게 서서; 남자다운 용기를 지니고; 강건하라. 14 그리고, 모든 일을 사랑으로 행하라.

15 You know that the household of Stephanas were the first converts in Achaia, and they have devoted themselves to the service of the saints. I urge you, brothers, 16 to submit to such as these and to everyone who joins in the work, and labors at it.

15 너희들이 아는 바와 같이 스데바나의 집은 아카이아 지방에 있어 그 첫 열매요, 그들이 또 성도 섬기기에 헌신한 것을 너희가 아는지라 내가 너희를 새삼 권하노니 형제들아, 16 이같은 사람들에게, 그리고 또 함께 일하며 수고하는 모든 사람들에게 너희가 순종하라.

17 I was glad when Stephanas, Fortunatus and Achaicus arrived, because they have supplied what was lacking from you. 18 For they refreshed my spirit and yours also. Such men deserve recognition.

17 내가 스데바나와 브드나도와 아가이고가 도착한 것을 무척 기뻐하였으니, 그들이 너희로 인하여 내게 부족한 것들을 공급해 주었음이라. 18 그들이 나와 너희의 마음을 함께 시원하게 만들었으니 그러므로 너희가 이런 사람들의 수고를 부디 알아주라.

19 The churches in the province of Asia send you greetings. Aquila and Priscilla greet you warmly in the Lord, and so does the church that meets at their house. 20 All the brothers here send you greetings. Greet one another with a holy kiss.

19 아시아 각 지방의 교회들이 너희에게 문안하고, 아굴라와 브리스가와 또, 그 집에서 모이는 교회가 주 안에서 너희에게 간절히 문안하느니라. 20 여기 있는 모든 형제들도 너희에게 문안 인사를 보내느니라. 너희는 거룩하게 입맞춤으로 서로 인사를 나누라.

21 I, Paul, write this greeting in my own hand. 22 If anyone does not love the
Lord--a curse be on him. Come, O Lord !

21 나 바울은 친필로 이 문안 인사를 쓰노니 22 만일 누구든지 주를 사랑하지 아니하면 그에게는 저주
가 내릴지어다. 오, 우리 주여! 오시옵소서.

23 The grace of the Lord Jesus be with you. 24 My love to all of you in Christ
Jesus. Amen.

23 주 예수 그리스도의 은혜가 너희와 함께하고 24 나의 사랑이 그리스도 예수 안에서 너희 무리와 함
께할지어다. 아멘.

고린도 후서

2 Corinthians

고린도 후서

제1장

1 Paul, an apostle of Christ Jesus by the will of God, and Timothy our brother,
To the church of God in Corinth, together with all the saints throughout
Achaia: 2 Grace and peace to you from God our Father and the Lord Jesus
Christ.

1 하나님의 뜻에 의해 그리스도 예수의 사도가 된 바울과 형제 디모데는, 코린트(고린도)에 있는 하나님
의 교회와 또 온 아카이아에 있는 모든 성도들에게: 2 하나님 우리 아버지와 주 예수 그리스도로부터 은
혜와 평강이 있기를 원하노라.

3 Praise be to the God and Father of our Lord Jesus Christ, the Father of
compassion and the God of all comfort, 4 who comforts us in all our troubles,
so that we can comfort those in any trouble with the comfort we ourselves
have received from God.

3 하나님을 찬송하리로다. 그는 우리 주 예수 그리스도의 하나님이시요, 자비(慈悲)의 아버지시요, 모든
위로(慰勞)의 하나님이시며 4 또한 모든 종류의 환난 중에서 우리를 위로하사, 우리가 하나님으로부터
받은 그 위로(慰勞)로써 같은 환난(患難)과 고난 중에 있는 다른 사람들을 위로하게 하신 분이로다.

5 For just as the sufferings of Christ flow over into our lives, so also through
Christ our comfort overflows. 6 If we are distressed, it is for your comfort and
salvation; if we are comforted, it is for your comfort, which produces in you
patient endurance of the same sufferings we suffer. 7 And our hope for you
is firm, because we know that just as you share in our sufferings, so also you
share in our comfort.

5 그리스도께서 받으신 고난이 우리의 삶에 넘쳐 흐르는 것 같이, 우리가 받은 위안 또한 그리스도를 통
하여 우리에게 넘치는도다. 6 우리가 만일 고통 가운데 있다 한다면 이는 너희의 편안함과 구원을 위하
여 그리함이요, 우리가 만일 편안함 가운데 있다 한다면 이 역시 너희의 안락과 위안을 위한 것이니, 이
로써 우리가 겪는 고난과 꼭같은 고난을 너희가 당할 때에 고난 가운데에서의 견고한 인내가 너희들 속
에 생겨 나오게 되리라. 7 너희를 향한 우리의 소망이 더없이 견고한 것은, 너희가 우리의 고난에 참여
하는 자가 된 것 같이 또한 우리가 받는 위로에도 함께 참여할 줄을 알기 때문이니라.

8 We do not want you to be uninformed, brothers, about the hardships we
suffered in the province of Asia. We were under great pressure, far beyond
our ability to endure, so that we despaired even of life. 9 Indeed, in our hearts
we felt the sentence of death. But this happened that we might not rely on
ourselves but on God, who raises the dead.

8 형제들아, 우리가 아시아 지방에서 당했던 고난을 너희가 모르고 지나가기를 원하지 아니하노라. 우
리가 실로 혹독한 시련과 압박 아래 있었으니, 이 고난이 곧 우리가 참아 낼 수 있는 능력을 훨씬 넘음으
로, 마침내 우리의 생명까지 포기할 지경에까지 이르렀었도다. 9 참으로 우리가 마음속으로 사형(死刑)
선고(宣告)를 받은 줄로만 알았으나, 그러나 이 모든 것이 우리로 하여금 우리 자신을 의지하지 말고 오

직 죽은 자를 다시 살리시는 하나님만 의지하게 하기 위하여 일어난 일이었느니라.

10 He has delivered us from such a deadly peril, and he will deliver us. On him we have set our hope that he will continue to deliver us, 11 as you help us by your prayers. Then many will give thanks on our behalf for the gracious favor granted us in answer to the prayers of many.

10 그가 이와 같이 큰 사망의 위험에서 우리를 구원해 내셨고 또 앞으로도 그리하실 것이니, 이와 같이 앞으로도 계속하여 우리를 구원하실 하나님에게 우리의 소망(所望)을 두노라. 11 그러니 너희도 너희의 기도를 통하여 우리를 도우라. 장차 많은 사람들이 이런 다수(多數)의 기도에 의해 우리에게 주어진 은혜로운 처사(處事)들로 말미암아 우리를 대신하여 감사하는 일이 있으리라.

12 Now this is our boast: Our conscience testifies that we have conducted ourselves in the world, and especially in our relations with you, in the holiness and sincerity that are from God. We have done so not according to worldly wisdom but according to God's grace. 13 For we do not write you anything you cannot read or understand. And I hope that, 14 as you have understood us in part, you will come to understand fully that you can boast of us just as we will boast of you in the day of the Lord Jesus.

12 이것이 우리의 자랑이니: 우리의 양심이 증거하는 것은, 우리가 이 세상에서 모든 일을 행함에 있어–특별히 너희와의 관계에 있어서–오직 하나님으로부터 주어진 거룩함과 신실함으로 모든 것을 행하였다는 것이라. 곧, 너희 가운데에서 우리가 모든 일을 행할 때에, 이 세상의 지혜로 하지 않고 오직 하나님의 은혜로 행하였었노라. 13 너희가 읽고 이해할 만한 것들 외에는 우리가 이 편지에서 다른 것은 쓰지 아니하노니, 내가 오직 바라는 것은 14 지금까지는 너희가 우리를 부분적으로만 알고 있었으나 이제는 너희가 우리를 온전히 이해하게 되어, 우리 주 예수의 날에 너희는 우리의 자랑이 되고, 우리는 너희의 자랑이 되는 바로 그것이니라.

15 Because I was confident of this, I planned to visit you first so that you might benefit twice. 16 I planned to visit you on my way to Macedonia and to come back to you from Macedonia, and then to have you send me on my way to Judea. 17 When I planned this, did I do it lightly? Or do I make my plans in a worldly manner so that in the same breath I say, "Yes, yes" and "No, no"?

15 내가 이런 확신을 가지고 있었으므로 너희를 제일 먼저 방문하기를 희망하였으니 이는 너희에게 갑절의 유익을 끼치기 위하여 그리하였노라. 16 이제 내가 마케도니아를 향해 가는 길에 너희에게 잠시 들렀다가 다시 마케도니아에서 돌아오는 길에도 너희에게 들리리니, 곧 그 때에는 너희가 나를 유대 지방으로 가는 여행길로 보내 줄 수 있으리라. 17 내가 이 모든 것을 이렇게 계획할 때에 어찌 가벼이 생각하였으리요? 또, 내가 이런 계획을 함에 있어서 이 세상 방식대로 한 입으로 두 말을 하면서 한쪽으로는 "예, 예"라 말하고, 또 다른 한편으로는 "아니, 아니라" 했겠느냐?

18 But as surely as God is faithful, our message to you is not "Yes" and "No."
19 For the Son of God, Jesus Christ, who was preached among you by me and Silas and Timothy, was not "Yes" and "No," but in him it has always been "Yes."
20 For no matter how many promises God has made, they are "Yes" in Christ. And so through him the "Amen" is spoken by us to the glory of God.

18 오직 하나님께서 더할 수 없이 신실하신 것과 같이, 우리가 너희에게 전한 메시지는 "예" 라 해 놓고 "아니오" 라 한 것이 없느니라. 19 나 바울과 실라와 디모데를 통하여 너희에게 전파된 하나님의 아들 예수 그리스도는 "예" 라 해 놓고 "아니라" 함이 된 적이 한 번도 없었으니, 그에게 있어서는 모든 것이 "예"만 되었느니라. 20 하나님께서 얼마나 많은 약속을 하셨든지 상관없이, 하나님의 약속은 그리스도 안에서 언제나 "예"가 되나니 그런고로 예수 그리스도로 말미암아 우리가 "아멘" 함으로 하나님께 영광

을 올려 드리게 되느니라.

21 Now it is God who makes both us and you stand firm in Christ. He anointed us, 22 set his seal of ownership on us, and put his Spirit in our hearts as a deposit, guaranteeing what is to come.

21 우리와 너희를 함께 그리스도 안에서 굳건히 서 있게 하신 이가 하나님이시니, 이 하나님이 바로 우리에게 기름을 부으신 분이시니라. 22 하나님께서 또한 우리가 그의 소유임을 나타내는 인장(印章)을 찍으시고, 성령을 우리의 마음속에 보증으로 남겨 주셨으니 이 성령이 우리에게 장차 다가올 것들을 담보(擔保)하고 계시느니라.

23 I call God as my witness that it was in order to spare you that I did not return to Corinth. 24 Not that we lord it over your faith, but we work with you for your joy, because it is by faith you stand firm.

23 내가 이번에 코린트로 돌아가지 아니한 것은 오직 너희를 아끼려고 그렇게 하였으니 이 점에 관해서는 하나님을 증인으로 삼아도 좋을 것이라. 24 이는 우리가 너희 믿음을 주관(主管)하려는 것이 아니요, 오직 너희의 기쁨을 위해 일하는 사람들이 되려 함이니, 너희가 이제 (*이와 같이) 굳건히 서 있게 된 것이 바로 믿음으로 말미암았기 때문이니라.

제2장

1 So I made up my mind that I would not make another painful visit to you. 2
For if I grieve you, who is left to make me glad but you whom I have grieved?
3 I wrote as I did so that when I came I should not be distressed by those who
ought to make me rejoice. I had confidence in all of you, that you would all
share my joy.

1 내가 다시는 너희를 고통 중에 방문하지 않겠노라고 결심하였나니 2 만약 내가 너희를 슬프게 만든다
면, 바로 내가 슬프게 만든, 너희들 말고 또 누가 나를 기쁘게 하겠느냐? 3 내가 이와 같이 편지로 쓴 것
은 내가 너희에게 나아갈 때에 마땅히 나를 기쁘게 할 자들, 곧 너희로부터 도리어 근심을 얻을까 염려
함이라. 내가 너희 모두에 대해 확신하노니 너희 모두가 나의 기쁨을 함께 나누어 가질 수 있으리라.

4 For I wrote you out of great distress and anguish of heart and with many
tears, not to grieve you but to let you know the depth of my love for you. 5 If
anyone has caused grief, he has not so much grieved me as he has grieved all
of you, to some extent--not to put it too severely.

4 내가 이 편지를 크나큰 고뇌 가운데에서 불안한 마음과 그리고 또 많은 눈물로써 쓰노니, 이는 너희로
하여금 근심하게 만들려는 것이 아니요 오직 너희를 향한 내 사랑이 얼마나 깊은지를 너희로 알게 하려
함이니라. 5 너희 중 누군가가 나를 슬프게 만든 사람이 있었을지라도 그 사람이 너희 모두를 슬프게 한
것만큼 그렇게 많이는 (*나를 슬프게) 하지 않았으니 그러므로 이 문제로 인하여 너무 지나치게 근심하
지 말라.

6 The punishment inflicted on him by the majority is sufficient for him. 7
Now instead, you ought to forgive and comfort him, so that he will not be
overwhelmed by excessive sorrow.

6 너희 중 다수의 사람들에 의해 이 사람에게 이미 가해진 벌이 그에게 충분하도다. 7 그런즉 이제는 마

땅히 그를 용서하고 또한 그를 위로해 주라. 그리하여, 그가 지나친 슬픔으로 인하여 스스로 무너지게 하지 말라.

8 I urge you, therefore, to reaffirm your love for him. 9 The reason I wrote you was to see if you would stand the test and be obedient in everything.

8 내가 너희를 권하노니 너희의 사랑을 그에게 재차 확인하여 주라. 9 내가 너희에게 이렇게 쓰는 이유는 너희가 범사(凡事)에 있어서 나를 순종하는지, 그리고 또 이런 시험을 이기고 서게 되는지 그 여부(與否)를 알고자 함이니라.

10 If you forgive anyone, I also forgive him. And what I have forgiven--if there was anything to forgive--I have forgiven in the sight of Christ for your sake,
11 in order that Satan might not outwit us. For we are not unaware of his schemes.

10 너희가 만일 누구를 용서하면 나도 그를 용서하리라. 그리고 내가 용서한 것은—만일 용서할 일이 있다면—그것은 너희를 위하여 그리스도 앞에서 한 것이니 11 이는 사탄이 우리를 속여 넘기지 못하게 하려 함이니라. 우리가 사탄의 계획을 알지 못하는 바가 아니로라.

12 Now when I went to Troas to preach the gospel of Christ and found that the Lord had opened a door for me, 13 I still had no peace of mind, because I did not find my brother Titus there. So I said good-by to them and went on to Macedonia.

12 내가 그리스도의 복음을 전하러 트로아에 갔을 때에 주께서 나를 위하여 큰 문을 열어 놓으신 것을 내가 알게 되었으나, 13 그러나 내가 내 형제 디도를 거기에서 만나지 못함으로 내 마음에 평안이 없어, 내가 그들에게 작별 인사를 하고 곧장 마케도니아로 갔었노라.

14 But thanks be to God, who always leads us in triumphal procession in Christ and through us spreads everywhere the fragrance of the knowledge of him.

14 그러나 하나님께 감사를 드릴지니, 하나님께서는 그리스도 안에서 항상 승리의 행렬로 우리를 인도하실 뿐 아니라, 또한 모든 지역에서 하나님을 아는 지식의 향기를 우리를 통하여 퍼뜨리는 분이시니라.

15 For we are to God the aroma of Christ among those who are being saved and those who are perishing. 16 To the one we are the smell of death; to the other, the fragrance of life. And who is equal to such a task? 17 Unlike so many, we do not peddle the word of God for profit. On the contrary, in Christ we speak before God with sincerity, like men sent from God.

15 구원을 받을 자들, 혹은 멸망을 받을 자들 모두들 가운데에서 우리는 하나님께 대하여 그리스도의 향기이니 16 어떤 이들에게는 우리가 사망에 이르는 냄새요, 다른 이들에게는 생명의 향기라. 그 누가 또 이런 일 맡기에 합당한 자들이리오? 17 다른 수많은 사람들과 달리, 우리는 우리의 이익을 위하여 하나님의 말씀을 팔러 다니는 자들이 아니니라. 우리는 예수 안에서, 그리고 하나님 앞에서, 마치 하나님으로부터 보내심을 받은 자와 같이 말을 전하느니라.

제3장

1 Are we beginning to commend ourselves again? Or do we need, like some people, letters of recommendation to you or from you? 2 You yourselves are

our letter, written on our hearts, known and read by everybody. 3 You show that you are a letter from Christ, the result of our ministry, written not with ink but with the Spirit of the living God, not on tablets of stone but on tablets of human hearts.

1 우리가 우리 스스로를 다시 너희에게 추천(推薦)하기 시작하여야 하겠느냐? 아니면, 우리도 다른 사람들처럼 너희에게 추천서를 보내거나 또는 너희로부터 받아야 할 필요가 있겠느냐? 2 너희들이 바로 우리의 편지라, 우리 마음에 썼고, 모든 사람이 알고 읽는 바니라. 3 우리의 사역의 결과가 너희요, 너희는 그리스도로부터의 편지니, 잉크로 쓴 것이 아니요 오직 살아 계신 하나님의 영으로 쓴 것이며, 또 돌판에 쓴 것이 아니요 오직 사람의 마음 판에 쓴 것이니라.

4 Such confidence as this is ours through Christ before God. 5 Not that we are competent in ourselves to claim anything for ourselves, but our competence comes from God. 6 He has made us competent as ministers of a new covenant--not of the letter but of the Spirit; for the letter kills, but the Spirit gives life.

4 우리가 하나님 앞에서 그리스도를 통하여 이와 같은 확신이 있으나 5 무슨 일에든지 우리가 다 할 능력이 있고 또 자격이 있다는 것이 아니라 다만, 우리가 어떠한 자격이 있다고 한다면, 이런 자격이 하나님으로부터 주어졌다는 것이니라. 6 하나님께서 우리를 새 언약의 사역자로 일하기에 충분한 자격이 있다고 인정해 주셨으니, 이는 율법(律法)의 사역자가 아니요 성령의 사역자를 말하는 것이라; 율법의 조문(條文)은 죽이는 것이요, 성령은 우리에게 생명을 주시는 분이시니라.

7 Now if the ministry that brought death, which was engraved in letters on stone, came with glory, so that the Israelites could not look steadily at the face of Moses because of its glory, fading though it was, 8 will not the ministry of the Spirit be even more glorious?

7 돌에 써서 새긴 글, 곧 죽음을 불러오는 율법에 따른 사역의 직분도 영광이 있어, 이스라엘 자손들이 모세의 얼굴을 바로 쳐다보지 못하였으니, 이 모든 것이 모세의 얼굴에 나타난 영광, 곧 잠깐 있다가 사라질 광채 때문에 일어난 일이었다면, 8 성령이 (*우리에게) 맡겨 주신 사역의 직분은 그보다도 훨씬 더 영광스럽지 아니하겠느냐?

9 If the ministry that condemns men is glorious, how much more glorious is the ministry that brings righteousness! 10 For what was glorious has no glory now in comparison with the surpassing glory. 11 And if what was fading away came with glory, how much greater is the glory of that which lasts!

9 사람을 정죄하는 사역도 그처럼 영광스러웠다면, 의(義)를 불러오는 사역의 직분은 얼마나 더욱 영광스럽겠느냐? 10 예전에 한때 영광스러웠던 것은 이제 압도적인 다른 한 영광이 나타남으로 인하여 더는 영광스러울 것이 없느니라. 11 잠깐 있다 없어질 것 (*곧, 율법)에도 영광이 함께하였다면, 이제 영원히 지속될 것 (*곧, 새 언약)의 영광은 얼마나 더 큰 것이겠느냐?

12 Therefore, since we have such a hope, we are very bold. 13 We are not like Moses, who would put a veil over his face to keep the Israelites from gazing at it while the radiance was fading away.

12 그러므로, 우리가 이와 같은 소망을 가졌으므로 더욱 담대히 살아가는 것이니라. 13 우리는 저 모세와 같지 아니하니, 모세는 조만간 사라질 그 얼굴의 광채를 이스라엘 자손들이 보지 못하게 하려고 자신의 얼굴을 베일로 감쌌었느니라.

14 But their minds were made dull, for to this day the same veil remains when the old covenant is read. It has not been removed, because only in Christ is it taken away. 15 Even to this day when Moses is read, a veil covers their hearts.

16 But whenever anyone turns to the Lord, the veil is taken away.

14 그러나 그들 (*이스라엘 사람들)의 마음이 둔하게 되어, 오늘날까지도 그들이 옛 언약의 말씀을 읽을 때에 그 베일이 여전히 남아 있도다. 이 베일이 벗겨지지 않고 아직 남아 있는 이유는, 이 베일은 오직 그리스도 안에서만 없어질 수 있기 때문이라. 15 오늘 이날까지 그들이 모세의 글을 읽을 때에 베일이 그들의 마음을 여전히 덮고 있도다. 16 그러나 누구든지 주께로 돌아서기만 하면 그 베일이 걷혀 치워지리라.

17 Now the Lord is the Spirit, and where the Spirit of the Lord is, there is freedom. 18 And we, who with unveiled faces all reflect the Lord's glory, are being transformed into his likeness with ever-increasing glory, which comes from the Lord, who is the Spirit.

17 주는 영(靈)이시니 주의 영이 계신 곳에는 자유함이 있느니라. 18 그리고 이제 우리가 다 베일을 벗은 얼굴로 주의 영광을 반사함으로 광채를 내며 그와 같은 형상으로 변화를 받아 한없는 영광에 이를 것이니, 이 영광은 주로부터 나오는 것이라, 주(主)는 곧 영(靈)이시니라.

제4장

1 Therefore, since through God's mercy we have this ministry, we do not lose heart. 2 Rather, we have renounced secret and shameful ways; we do not use deception, nor do we distort the word of God. On the contrary, by setting forth the truth plainly we commend ourselves to every man's conscience in the sight of God.

1 그러므로 우리가 이 사역의 직분을 하나님의 자비하심을 통하여 받았는 고로, 우리가 결코 낙심하지 아니하느니라. 2 오히려 지금껏 숨겨져 왔던 부끄러운 길을 버리고, 속임수를 쓰지 않으며, 하나님의 말씀을 왜곡하지 아니하고, 오직 진리를 너희 앞에 이해하기 좋게 펼쳐 놓음으로써, 하나님 앞에서 너희 각 사람의 양심에 대하여 우리 스스로를 추천하려 하노라.

3 And even if our gospel is veiled, it is veiled to those who are perishing. 4 The god of this age has blinded the minds of unbelievers, so that they cannot see the light of the gospel of the glory of Christ, who is the image of God.

3 만일 우리의 복음이 베일로 가리워졌다면 망하는 자들에게만 가리어진 것이라. 4 이 시대의 신(神)이 믿지 아니하는 불신자들을 눈멀게 하여, 그들로 하여금 그리스도의 영광의 복음의 광채를 보지 못하게 하였으니, 그리스도는 하나님의 형상(形像)이니라.

5 For we do not preach ourselves, but Jesus Christ as Lord, and ourselves as your servants for Jesus' sake. 6 For God, who said, "Let light shine out of darkness," made his light shine in our hearts to give us the light of the knowledge of the glory of God in the face of Christ.

5 우리가 우리를 전파하는 것이 아니라 오직 그리스도 예수의 주(主)되신 것과 또 이 예수를 위하여 우리가 너희의 종된 사실만 전하고자 하노라. 6 예전에 말씀하시기를, "빛이 있어 어두운 데를 비추라" 명하신 바로 그 하나님께서 우리의 마음에 빛을 비추셨으니, 이는 예수 그리스도의 얼굴에 있는 하나님의 영광을 아는 지식의 빛을 우리에게 비춰 주시기 위해 그리하심이니라.

7 But we have this treasure in jars of clay to show that this all-surpassing

power is from God and not from us. 8 We are hard pressed on every side, but not crushed; perplexed, but not in despair; 9 persecuted, but not abandoned; struck down, but not destroyed. 10 We always carry around in our body the death of Jesus, so that the life of Jesus may also be revealed in our body.

7 그러나 우리가 이 보물을 (*하찮은) 질그릇에 담아 가지고 있으니 이는, 이런 심히 큰 능력이 하나님으로부터 나온 것이요, 우리로부터 나온 것이 아님을 보이기 위함이라. 8 우리가 사방으로부터 압박을 받았어도 부서지지 아니하였고, 심히 곤란한 중에도 낙심하지 아니하였으며, 9 핍박을 받았으되 포기하지 아니하였고, 얻어맞고 쓰러져도 도망하지 아니하였으니, 10 우리가 우리의 몸에 항상 예수의 죽음을 짊어지고 다니는 것은, 예수의 생명이 또한 우리 몸에 나타나게 하려 함이니라.

11 For we who are alive are always being given over to death for Jesus' sake, so that his life may be revealed in our mortal body. 12 So then, death is at work in us, but life is at work in you.

11 우리 살아 있는 자가 항상 예수를 위하여 죽음에 넘겨짐은 예수의 생명이 또한 우리의 유한(有限)한 육신에 나타나게 하려 함이니 12 그런즉, 사망은 우리 안에서 일하고 생명은 너희 안에서 일하느니라.

13 It is written: "I believed; therefore I have spoken." With that same spirit of faith we also believe and therefore speak, 14 because we know that the one who raised the Lord Jesus from the dead will also raise us with Jesus and present us with you in his presence. 15 All this is for your benefit, so that the grace that is reaching more and more people may cause thanksgiving to overflow to the glory of God.

13 기록된 바, "내가 믿었노라. 그러므로 내가 말하였노라"란 말씀이 있느니라. 이와 꼭 같은 믿음의 정신을 따라 우리가 믿게 되었으므로 이제 말하노니 14 주 예수를 다시 살리신 하나님께서 예수와 함께 우리도 다시 살리사, 너희와 함께 그 앞에 서게 하실 줄을 우리가 아노라. 15 이 모든 것이 바로 너희의 유익을 위해 마련된 것이니 은혜가 더욱더 많은 사람에게 다다름으로, 감사가 흘러넘치게 되어 결국은 하나님께 영광을 돌리게 되는 결과가 되리라.

16 Therefore we do not lose heart. Though outwardly we are wasting away, yet inwardly we are being renewed day by day. 17 For our light and momentary troubles are achieving for us an eternal glory that far outweighs them all. 18 So we fix our eyes not on what is seen, but on what is unseen. For what is seen is temporary, but what is unseen is eternal.

16 그러므로 우리가 낙심하지 아니하노니 우리의 겉사람은 낡아지나 우리의 속사람은 날로 새로워지는도다. 17 우리가 지금 잠시 받고 있는 이 가벼운 환난이 결국 우리로 하여금 영원한 영광에 이르게 할 것이니, 이는 (*지금까지의 고난을) 훨씬 뛰어넘는 위대한 영광이 되리라. 18 그러므로 우리는 지금 눈에 보이는 것 대신에 눈에 보이지 않는 것들 위에 우리의 시선을 고정하려 하나니, 보이는 것은 순간적이요, 보이지 않는 것은 영원한 까닭이니라.

제5장

1 Now we know that if the earthly tent we live in is destroyed, we have a building from God, an eternal house in heaven, not built by human hands.

1 우리가 알거니와 지금 우리가 그 안에서 살고 있는 이 땅에 있는 장막이 멸하여지면, 하나님께서 친히 지으신 집, 곧 손으로 지은 것이 아닌, 하늘에 있는 영원한 집이 우리에게 주어지리라.

2 Meanwhile we groan, longing to be clothed with our heavenly dwelling, 3
because when we are clothed, we will not be found naked.

2 이렇게 우리가 탄식하며 지내고 있는 동안에도, 저 하늘에 속한 처소(處所)로 옷 입기를 간절히 사모
하니 3 우리가 이렇게 옷 입는 것은 장차, 벗은 몸으로 발견되지 않게 하기 위함이니라.

4 For while we are in this tent, we groan and are burdened, because we do
not wish to be unclothed but to be clothed with our heavenly dwelling, so that
what is mortal may be swallowed up by life. 5 Now it is God who has made
us for this very purpose and has given us the Spirit as a deposit, guaranteeing
what is to come.

4 이 육신의 장막 가운데 살고 있는 동안 우리가 탄식해 마지않으며, 또한 곤고(困苦)해 마지않는 것은
오직 우리가 벌거벗은 자가 되지 않고, 하늘의 처소로 덧입은 자가 되기 위함이니, 이 유한한 생명이 참
된 생명에 의하여 삼켜진 바 되게 하려는 것이라. 5 바로 이런 목적을 위하여 우리를 이렇게 만드시고,
또 우리에게 성령을 보증으로 주사, 장차 다가올 것에 대한 담보로 주신 분이 하나님이시니라.

6 Therefore we are always confident and know that as long as we are at home
in the body we are away from the Lord. 7 We live by faith, not by sight.

6 그러므로 우리가 항상 확신함으로 알고 있는 사실은 우리가 이 몸 가운데에 거하고 있는 동안에는 우
리가 하나님으로부터 떨어져 있다는 것이라. 7 우리가 믿음으로 살고, 눈에 보이는 것에 따라 사는 것이
아니니라.

8 We are confident, I say, and would prefer to be away from the body and at
home with the Lord. 9 So we make it our goal to please him, whether we are
at home in the body or away from it.

8 우리가 확신하건대, 차라리 이 몸을 떠나 주와 함께 있는 바로 그것이 우리가 원하는 바라고 말하겠노
라. 9 그리함으로써 우리가 이 몸 가운데에 있든지, 아니면 이 몸을 떠나가든지 오직 주를 기쁘시게 하
는 자 되기를 목표하노라.

10 For we must all appear before the judgment seat of Christ, that each one
may receive what is due him for the things done while in the body, whether
good or bad. 11 Since, then, we know what it is to fear the Lord, we try to
persuade men. What we are is plain to God, and I hope it is also plain to your
conscience.

10 우리가 다 반드시 그리스도의 심판석 앞에 서게 되리니, 우리 각 사람이 이 몸 가운데에 있을 때에
행한 것들, 곧 선하든지 악하든지 간에 우리 몸으로 행한 바에 의하여 이미 정하여진 바, 그것을 받게 되
리라. 11 그러므로 '하나님을 두려워한다는 것'이 무엇인지를 우리가 잘 알므로 이에 우리가 사람들을
설복하려 이처럼 애쓰는 것이니라. 우리가 어떠한 사람인지 하는 것은 하나님 앞에 익히 알리어졌으니,
너희의 양심에도 이와 같이 분명히 알려지기를 내가 바라노라.

12 We are not trying to commend ourselves to you again, but are giving you an
opportunity to take pride in us, so that you can answer those who take pride
in what is seen rather than in what is in the heart.

12 우리가 다시 너희에게 우리 스스로를 추천하자는 것이 아니라, 다만 우리를 자랑스러워할 기회를 너
희에게 주고자 함이니, 이제 너희가 그 사람들 곧, 마음 가운데 있는 것에 의하지 아니하고 눈에 보이는
것들로 자랑을 일삼는 그들을 향하여 이제는 지혜롭게 대답할 수 있으리라.

13 If we are out of our mind, it is for the sake of God; if we are in our right
mind, it is for you. 14 For Christ's love compels us, because we are convinced

that one died for all, and therefore all died. **15** And he died for all, that those who live should no longer live for themselves but for him who died for them and was raised again.

13 우리가 만일 정신이 나간 사람이라면 이는 하나님을 위한 것이요; 만일 우리가 정신이 온전하다면, 그건 너희를 위한 것이라. **14** 그리스도의 사랑이 우리를 강력히 권하고 계시도다. 한 사람이 모두를 위하여 죽었은즉 곧 모든 사람이 죽은 것을 우리가 확실히 아노라. **15** 그가 이 세상 모든 사람을 위하여 대신 죽으셨으니, 이는 사람들이 다시는 그들 자신을 위하여 살지 않고 오직 그들을 대신하여 죽었다가 다시 살아나신 이를 위하여 살게 하려 함이니라.

16 So from now on we regard no one from a worldly point of view. Though we once regarded Christ in this way, we do so no longer.

16 그러므로 우리가 이제부터는 어떤 사람도 이 세상의 관점을 따라 생각하지 아니하노라. 비록 우리 역시 한 때는 그리스도를 이와 같이 세상의 눈을 통하여 바라본 적이 있었으나 이제 다시는 이같이 알지 아니하노라.

17 Therefore, if anyone is in Christ, he is a new creation; the old has gone, the new has come!

17 그런즉 누구든지 그리스도 안에 있으면 그는 새로운 피조물이라; 예전 것은 지나갔으니, 보라 새 것이 되었도다!

18 All this is from God, who reconciled us to himself through Christ and gave us the ministry of reconciliation: **19** that God was reconciling the world to himself in Christ, not counting men's sins against them. And he has committed to us the message of reconciliation.

18 이 모든 것이 하나님으로부터 비롯되었으니, 그가 그리스도를 통하여 우리를 자기와 화목하게 하시고 또 우리에게 이런 화목하게 하는 직분을 주셨음이로다: **19** 하나님께서 그리스도 안에서 이 세상을 자기와 화목하게 하사, 사람들의 죄를 다시는 그들에게 돌리지 아니하셨으니 하나님께서 우리를 명(命)하사, 이런 화목하게 하는 말씀, 곧 화목(和睦)의 메시지를 전하게 하셨느니라.

20 We are therefore Christ's ambassadors, as though God were making his appeal through us. We implore you on Christ's behalf: Be reconciled to God.
21 God made him who had no sin to be sin for us, so that in him we might become the righteousness of God.

20 그러므로 이제 우리가 그리스도의 대사(大使)가 되어, 하나님이 우리를 통하여 너희를 권면하시는 것 같이 그리스도를 대신하여 간청하노니: 너희는 하나님과 화목하라. **21** 하나님이 죄를 알지도 못하신 이를 우리를 대신하여 죄로 삼으신 것은, 우리로 하여금 예수 안에서 하나님의 의(義)가 되게 하려 하심이니라.

제6장

1 As God's fellow workers we urge you not to receive God's grace in vain. **2**
For he says, "In the time of my favor I heard you, and in the day of salvation I helped you." I tell you, now is the time of God's favor, now is the day of salvation.

1 하나님과 함께 일하는 동역자로서 우리가 너희를 권하노니 하나님의 은혜를 헛되이 받지 말라. 2 하
나님께서 이르시되, "나의 은혜의 때에 내가 너의 음성을 들었고 구원의 날에 내가 너를 도왔느니라" 하
셨도다. 지금 내가 말하고자 하는 바는, 지금이 곧 하나님의 은혜의 때요, 지금이 바로 구원의 날이라 하
는 것이로다.

3 We put no stumbling block in anyone's path, so that our ministry will not
be discredited. 4 Rather, as servants of God we commend ourselves in every
way: in great endurance; in troubles, hardships and distresses; 5 in beatings,
imprisonments and riots; in hard work, sleepless nights and hunger; 6 in
purity, understanding, patience and kindness; in the Holy Spirit and in
sincere love; 7 in truthful speech and in the power of God; with weapons of
righteousness in the right hand and in the left; 8 through glory and dishonor,
bad report and good report; genuine, yet regarded as impostors; 9 known, yet
regarded as unknown; dying, and yet we live on; beaten, and yet not killed; 10
sorrowful, yet always rejoicing; poor, yet making many rich; having nothing,
and yet possessing everything.

3 우리가 그 누구의 길 위에도 걸려 넘어지게 하는 돌을 놓은 적이 없으니, 이는 우리의 사역(事役)이 불
신을 받는 일이 없도록 하기 위함이라. 4 대신에 우리가 모든 일에 우리 스스로를 하나님의 종으로 자원
하여: 실로 커다란 인내 가운데에서, 그리고 여러 가지 곤고한 일들과 환난과 고난 가운데에서, 5 또는
태형으로 맞는 것과 옥에 갇힘과 폭동 가운데에서 그리하였으며; 또 힘든 일과 잠들지 못하는 날들과 배
고픔 가운데에서 그리하였으니; 6 이런 와중에서도 우리가 일체 정결함과 이해심과 인내함과 친절을 가
지고; 성령과 더불어, 그리고 또한 거짓이 없는 사랑 가운데에서 그리하였고; 7 진리의 말씀과 하나님
의 능력으로 그리하였으며; 의(義)의 무기를 좌우 양손에 든 채로, 8 한편으로는 영광과 욕됨을, 그리고
다른 한편으로는 선한 평판과 악한 평판을 동시에 들으며 그리하였으니, 우리가 진실로 스스로 참된 자
이나 늘상 속이는 자로 취급받았고, 9 익히 잘 알려졌으나 그 누구도 모르는 자처럼 취급받았으며, 죽어
갔지만 아직 살아 있고, 심히 얻어맞았으나 맞아 죽지 아니하였노라. 10 그 뿐 아니라, 우리가 슬픈 일
을 많이 겪었으나 항상 기뻐하고, 우리는 가난하지만 많은 사람을 부요하게 만들었으며, 우리가 아무것
도 가진 것이 없었으나 이제 모든 것을 가진 자가 되었도다.

11 We have spoken freely to you, Corinthians, and opened wide our hearts
to you. 12 We are not withholding our affection from you, but you are
withholding yours from us. 13 As a fair exchange--I speak as to my children--
open wide your hearts also.

11 코린트 사람들이여, 우리가 지금껏 너희와 자유롭게 말을 해 왔으니, 곧 우리의 마음을 너희에게 활
짝 열어 그리하였도다. 12 너희를 향한 우리의 애정을 우리는 감춘 적이 없으되, 너희는 우리에 대한 너
희의 사랑을 나타내지 않는도다. 13 이제 피차 공평함을 위하여—내가 내 자녀에게 말하듯 하노니—너
희의 마음을 우리를 향하여 활짝 열라.

14 Do not be yoked together with unbelievers. For what do righteousness and
wickedness have in common? Or what fellowship can light have with darkness?
15 What harmony is there between Christ and Belial ? What does a believer
have in common with an unbeliever? 16 What agreement is there between the
temple of God and idols? For we are the temple of the living God. As God has
said: "I will live with them and walk among them, and I will be their God, and
they will be my people."

14 너희는 믿지 않는 자와 멍에를 함께 메지 말라. 의와 불법이 함께 지니고 있는 것이 무엇이 있겠느
냐? 빛과 어두움 사이에 어떤 사귐이 있겠느냐? 15 그리스도와 벨리알 사이에 무슨 조화로움이 있겠
느냐? 믿는 자가 믿지 않는 불신자와 무엇을 함께 나눌 수 있겠느냐? 16 하나님의 성전과 우상 간에 무

슨 동의(同意)나 일치가 있겠느냐? 우리는 살아 계신 하나님의 성전(聖殿)이니 하나님께서 말씀하시되, "내가 그들과 함께 거(居)하며 그들 가운데에서 행할지니, 나는 그들의 하나님이 되고 그들은 나의 백성이 되리라" 하셨느니라.

17 "Therefore come out from them and be separate, says the Lord. Touch no
unclean thing, and I will receive you." 18 "I will be a Father to you, and you
will be my sons and daughters, says the Lord Almighty."

17 그러므로 하나님께서 말씀하시기를, "너희는 그들 중에서 나와서 따로 있고 부정(不淨)한 것을 만지
지 말라 내가 너희를 영접하여 받으리라" 하시고 또, 18 "내가 너희에게 아버지가 되리니 너희는 내게
아들, 딸이 되리라, 전능하신 주 하나님의 말씀이니라" 하셨느니라.

제7장

1 Since we have these promises, dear friends, let us purify ourselves from everything that contaminates body and spirit, perfecting holiness out of reverence for God.

1 그런즉 사랑하는 친구들아 우리가 이런 약속을 가졌으니, 곧 하나님 공경하는 마음을 통하여 우리의 거룩함을 온전히 이루고, 육신과 영을 더럽히는 온갖 더러운 것으로부터 우리 스스로를 깨끗하게 하자.

2 Make room for us in your hearts. We have wronged no one, we have
corrupted no one, we have exploited no one. 3 I do not say this to condemn
you; I have said before that you have such a place in our hearts that we would
live or die with you.

2 너희 마음속에 우리를 위한 자리를 만들지니 우리가 그 누구에게도 잘못을 행하지 않았고 아무도 해
롭게 하지 않았으며, 그 누구로부터 무엇을 부당하게 착복한 일이 없노라. 3 내가 너희를 정죄하려고 이
런 말을 하는 것이 아니라; 내가 이전에도 한번 말을 하였거니와 우리가 살든지 죽든지 끝까지 너희와
함께하고자 하는 마음이 있을 만큼 그 정도로 우리 마음을 차지하고 있는 것이 바로 너희니라.

4 I have great confidence in you; I take great pride in you. I am greatly encouraged; in all our troubles my joy knows no bounds.

4 내가 너희를 향한 크나큰 확신을 가지고 있을 뿐 아니라; 또한 너희를 심히 자랑스러워하노니, 내가 (* 너희들로 인하여) 얼마나 용기를 얻는지; 우리의 모든 고난 가운데에서도 나의 기쁨이 한이 없도다.

5 For when we came into Macedonia, this body of ours had no rest, but we
were harassed at every turn--conflicts on the outside, fears within. 6 But God,
who comforts the downcast, comforted us by the coming of Titus, 7 and not
only by his coming but also by the comfort you had given him. He told us
about your longing for me, your deep sorrow, your ardent concern for me, so
that my joy was greater than ever.

5 우리가 마케도니아에 이르렀을 때에, 우리의 몸이 쉼을 얻지 못하고, 당하는 모든 일에 치이고 시달리
어, 밖으로는 갈등이요 안으로는 두려움이 있었노라. 6 그러나 낙심한 자를 위로하시는 하나님께서 디
도를 도착하게 하심으로 우리로 하여금 큰 위로를 받게 하셨으니 7 단순히 그가 우리에게 왔다는 사실
뿐만이 아니라, 너희가 그를 통하여 우리에게 준 그 위로를 통해서 우리가 그런 큰 위안을 받게 되었느
니라. 디도가 말을 하기를 너희가 간절히 우리를 다시 보기 원한다 하고, 또 너희가 못내 슬퍼해 한다는

것과 아울러 나에 대한 너희의 열렬한 관심과 염려가 어떠함을 디도가 함께 전하니, 이로 인하여 나의 기쁨이 어느 때보다도 더 커졌느니라.

8 Even if I caused you sorrow by my letter, I do not regret it. Though I did regret it--I see that my letter hurt you, but only for a little while--9 yet now I am happy, not because you were made sorry, but because your sorrow led you to repentance. For you became sorrowful as God intended and so were not harmed in any way by us.

8 먼저의 편지로 인하여 비록 내가 너희를 근심하게 만들었으나, 그러나 내가 지금은 이를 후회하지 않노라. 내 편지가 너희를 마음 아프게 한 것에 대해서 내가 잠시 근심한 건 사실이나 그러나 너희가 이로 인해 마음 아파한 것이 정말로 잠깐 동안만 그리하였음을 내가 알게 되었나니 9 지금은 오히려 이를 기뻐하노라. 이는 너희가 슬퍼한 사실 때문이 아니라, 이로 인하여 너희가 회개에 이른 까닭이니 너희가 하나님의 뜻을 따라 잠깐 근심하게 되었으나 (*결과적으로는) 우리로 인하여 아무 해(害)도 받은 것이 없느니라.

10 Godly sorrow brings repentance that leads to salvation and leaves no regret, but worldly sorrow brings death. 11 See what this godly sorrow has produced in you: what earnestness, what eagerness to clear yourselves, what indignation, what alarm, what longing, what concern, what readiness to see justice done. At every point you have proved yourselves to be innocent in this matter.

10 하나님의 뜻대로 하는 근심은 우리를 구원에 이르게 하며 어떠한 후회도 남기는 법이 없으나 세상 근심은 사망을 불러오는 것이니 11 하나님의 뜻에 의해 너희가 하게 된 이 근심이 결과적으로 너희 가운데에서 무엇을 만들어 내었는지를 생각해 보라. 곧 한없는 진지함과 너희 스스로를 정결케 하고자 하는 그런 열망(熱望)과, 거룩한 분노와 경각심과 소망과 뜨거운 관심과 의로움이 행하여지는 것을 보고자 하는 간절한 기대들이 너희 속에 생겨났으니 이 모든 것들에 있어 너희가 일체 순결함을 직접 증명하였느니라.

12 So even though I wrote to you, it was not on account of the one who did the wrong or of the injured party, but rather that before God you could see for yourselves how devoted to us you are. 13 By all this we are encouraged. In addition to our own encouragement, we were especially delighted to see how happy Titus was, because his spirit has been refreshed by all of you.

12 그런즉 나의 지난번 편지는 그런 잘못을 저지른 자 때문에 쓴 것도 아니고, 또 그로 인하여 상처를 받은 자들을 위해 쓴 것도 아니니 오직, 하나님 앞에서 너희가 얼마나 우리에게 소중한 존재인지를 너희 스스로 돌아보게 하기 위함이었느니라. 13 이 모든 것으로 인하여 우리가 크게 용기를 얻었노라. 다만 그 뿐 아니라 디도가 얼마나 행복해하는지—이를 보고 우리가 더욱 기쁨을 감추지 못하였으니 그의 영혼이 너희 모두로 인하여 한없이 새로워졌느니라.

14 I had boasted to him about you, and you have not embarrassed me. But just as everything we said to you was true, so our boasting about you to Titus has proved to be true as well. 15 And his affection for you is all the greater when he remembers that you were all obedient, receiving him with fear and trembling. 16 I am glad I can have complete confidence in you.

14 너희에게 관하여 내가 그에게 자랑삼아 얘기한 것들이 많이 있었는데, 너희가 과연 나를 실망시키지 아니하였도다. 우리가 예전에 너희에게 말하였던 모든 것들이 다 진실된 것과 같이 디도 앞에서 우리가 너희에 관해 자랑했던 것도 다 참되게 되었도다. 15 너희 모든 사람들이 두려움과 떨림으로 자신을 영접하여 주고, 또한 전적으로 자기에게 순종해 준 것을 기억하며 너희를 향한 그의 애정이 얼마나 깊어졌는지— 16 내가 이제 너희 가운데에 이런 완전한 신뢰를 가지게 된 것을 기뻐하노라.

제8장

1 And now, brothers, we want you to know about the grace that God has given
the Macedonian churches. 2 Out of the most severe trial, their overflowing joy
and their extreme poverty welled up in rich generosity.

1 그리고 이제, 형제들아 하나님께서 마케도니아 교회들에게 주신 은혜를 너희가 알기를 원하노라. 2
혹독한 시련 가운데서 그들의 넘쳐 흐르는 기쁨과 극심한 가난이 오히려 그들의 관대함을 지극히 풍성
하게 만들었느니라.

3 For I testify that they gave as much as they were able, and even beyond their
ability. Entirely on their own, 4 they urgently pleaded with us for the privilege
of sharing in this service to the saints. 5 And they did not do as we expected,
but they gave themselves first to the Lord and then to us in keeping with God's
will.

3 내가 증언하노니, 그들이 (*이번의 헌금 모금에 있어서) 자신들이 할 수 있는 최대의 한도까지 냈을 뿐
아니라 그 능력을 넘어서기까지 했으니 그것도 온전히 자신들의 힘으로만 그리하였도다. 4 그들이 우리
에게 간청하기를, 이 성도(聖徒)들 섬기는 일에 참여하는 특권을 자기들에게 허락해 줄 것을 우리에게
거듭 구하였으니 5 단지 우리가 바라던 것만 그들이 행했음이 아니요, 그들이 먼저 자신을 일체, 주(主)
께 먼저 바쳐 드리고 나서, 그리고 이제 하나님의 뜻을 따라 우리를 섬긴 것이로다.

6 So we urged Titus, since he had earlier made a beginning, to bring also
to completion this act of grace on your part. 7 But just as you excel in
everything--in faith, in speech, in knowledge, in complete earnestness and in
your love for us --see that you also excel in this grace of giving.

6 그러므로 우리가 디도에게 권하기를 그가 먼저 이 일을 시작하였은즉, 너희 쪽에서의 이런 은혜의 행
위를 디도 자신이 끝까지 완수하기를 권면하였느니라. 7 지금껏 이 모든 것들 곧, 믿음과 말과 지식과
신실한 열심과 또 우리를 사랑하는 이 모든 일에 있어 너희가 뛰어났던 것처럼, 이번의 이 은혜의 나눔
에도 또한 너희의 뛰어남이 함께 있기를 원하노라.

8 I am not commanding you, but I want to test the sincerity of your love by
comparing it with the earnestness of others. 9 For you know the grace of our
Lord Jesus Christ, that though he was rich, yet for your sakes he became poor,
so that you through his poverty might become rich.

8 내가 너희에게 명령하는 것이 아니요, 오직 너희 사랑의 진실함을 다른 사람들의 신실함과 견주어 증
명하고자 함이로라. 9 우리 주 예수 그리스도의 은혜를 너희가 알거니와, 비록 그가 부요(富饒)하신 분
이시나 너희를 위하여 가난하게 되셨으니, 이는 그의 가난함으로 말미암아 너희를 부요하게 하려 하심
이니라.

10 And here is my advice about what is best for you in this matter: Last year
you were the first not only to give but also to have the desire to do so. 11 Now
finish the work, so that your eager willingness to do it may be matched by
your completion of it, according to your means.

10 이 문제에 관하여 무엇이 가장 최선의 방법이 될지, 나의 충고는 이것이니라: 작년에는 이렇게 실제
로 헌금하는 일 뿐 아니라 그런 마음을 가진 것도 너희가 일등이었으니, 11 이제는 이 일을 너희가 스스
로 마무리하라. 그리함으로써 너희가 마음속으로 그토록 열심히 원하던 것이 이제 너희가 그 일을 마침
으로 그 둘이 합치되게끔 하되, 반드시 현재 너희의 능력에 맞추어 그리하라.

12 For if the willingness is there, the gift is acceptable according to what one
has, not according to what he does not have. 13 Our desire is not that others
might be relieved while you are hard pressed, but that there might be equality.
14 At the present time your plenty will supply what they need, so that in turn
their plenty will supply what you need. Then there will be equality, 15 as it is
written: "He who gathered much did not have too much, and he who gathered
little did not have too little."

12 마음에 기꺼이 하고자 하는 간절함이 있다면 이런 선물은 각자가 가지고 있는 것에 준해 받아야 할
것이요, 가지고 있지 않은 것을 받지는 아니하리라. 13 우리가 바라는 것은 다른 사람들을 편하게 하려
고 너희를 힘들게 만들자는 게 아니라, 오직 서로에게 어떤 균등함이 있게 하려는 것이라. 14 현재 너희
가 가진 풍족함으로 그들의 필요를 공급하는 것은 이후에 그들의 넉넉한 것으로 너희의 부족한 것을 보
충하려 함이니 이로써 서로에게 균등함이 있으리라. 15 기록된 것과 같이, "많이 거둔 자도 너무 많이
가지지 아니하였고 적게 거둔 자도 너무 적게 가진 것이 아니라." 하는 말이 있느니라.

16 I thank God, who put into the heart of Titus the same concern I have for
you. 17 For Titus not only welcomed our appeal, but he is coming to you with
much enthusiasm and on his own initiative.

16 내가 하나님께 감사하는 것은 너희를 위하여 내가 가지고 있는, 꼭 같은 간절함을 디도의 마음에도
주신 까닭이니 17 그가 너희에게로 건너간 것이 비단 우리의 권함을 받았기 때문만이 아니라, 그 스스
로 너희를 향한 열심과 간절함으로 자원하여 너희에게로 건너간 것이니라.

18 And we are sending along with him the brother who is praised by all the
churches for his service to the gospel. 19 What is more, he was chosen by the
churches to accompany us as we carry the offering, which we administer in
order to honor the Lord himself and to show our eagerness to help.

18 또한 우리가 다른 한 형제를 디도를 동행하도록 하여 같이 너희에게 보내었는데, 이 사람은 복음에
대한 그의 섬김으로 인하여 온 교회로부터 칭송을 받는 자라, 19 다만 이 뿐 아니라 그는 우리가 이 헌금
을 가지고 갈 때에 또한 우리를 수행해 갈 자로 교회들에 의해 선택된 사람이니, 이 헌금으로 말하자면,
주 하나님을 스스로 영화롭게 하고 나아가 그들을 돕고자 하는 우리의 열심을 보여주기 위해 특별히 마
련한 것이니라.

20 We want to avoid any criticism of the way we administer this liberal gift. 21
For we are taking pains to do what is right, not only in the eyes of the Lord but
also in the eyes of men.

20 이러한 자발적 헌금 곧, 성도들의 선물을 우리가 관리하는 일에 관련하여 누구로부터 어떠한 비난도
받는 일이 없기를 바라노라. 21 우리가 이 '옳은 일'을 행함에 있어 이처럼 고난도 마다하지 않고 감내
(堪耐)하려 하나니, 주 하나님의 눈에 그렇게 비칠 뿐 아니라, 또한 사람들 앞에서도 그러하리라.

22 In addition, we are sending with them our brother who has often proved to
us in many ways that he is zealous, and now even more so because of his great
confidence in you.

22 또 한 사람, 그들과 함께 다른 한 형제를 우리가 같이 보내노니 그는 우리의 여러 가지 사역에 있어
서 큰 열심을 가지고 있음이 증명된 사람이라, 그가 너희에게 대한 확신을 가짐으로 이제 더욱 열심을

가졌노라.

23 As for Titus, he is my partner and fellow worker among you; as for our
brothers, they are representatives of the churches and an honor to Christ. 24
Therefore show these men the proof of your love and the reason for our pride
in you, so that the churches can see it.

23 디도로 말하자면 그는 나의 동료요, 또 너희 가운데에 있는 나의 동역자요; 같이 가는 우리 형제들로
말하자면, 여러 교회들의 대표들이요 또한 주 그리스도에게 있어서는 영광이 되는 인물들이니라. 24 그
러므로 너희의 사랑과 너희에게 대한 우리 자랑의 증거를 그들에게 보임으로, 온 교회가 이 증거를 볼
수 있도록 하라.

제9장

1 There is no need for me to write to you about this service to the saints. 2
For I know your eagerness to help, and I have been boasting about it to the
Macedonians, telling them that since last year you in Achaia were ready to
give; and your enthusiasm has stirred most of them to action.

1 성도들을 위한 이 섬김의 사역에 관하여는 내가 너희에게 따로 글로 쓸 필요가 없나니 2 그들을 도우
려는 열의가 너희에게 있음을 내가 잘 알기 때문이라. 내가 이런 너희의 사정을 마케도니아인들에게 진
작에 자랑하며 말하기를, 아카이아에 있는 너희들은 일 년 전에 벌써 헌금을 보낼 준비가 되어 있었다고
말을 한 적이 있었는데, 이런 너희의 열심이 많은 사람들을 더욱 분발하게 만들었느니라.

3 But I am sending the brothers in order that our boasting about you in this
matter should not prove hollow, but that you may be ready, as I said you would
be. 4 For if any Macedonians come with me and find you unprepared, we--not
to say anything about you--would be ashamed of having been so confident. 5
So I thought it necessary to urge the brothers to visit you in advance and finish
the arrangements for the generous gift you had promised. Then it will be ready
as a generous gift, not as one grudgingly given.

3 이 문제에 관한 우리의 자랑이 헛되지 않고 내가 말한 대로 너희가 미리 준비가 되어 있게 하기 위해
이 형제들을 너희에게 보내는 것이니, 4 만일 마케도니아인들 중 몇이 나와 함께 너희에게 갔는데, 너희
가 전혀 준비가 되어 있지 아니함을 그들이 보게 되면 너희는 말할 것도 없고-그토록 자신만만하던 우
리 역시 얼마나 부끄러워지겠느냐? 5 그러므로 이 형제들로 하여금 먼저 너희에게 가서, 너희가 전에
약속한 그 넉넉한 헌금을 미리 준비해 두도록 권면하는 것이 필요한 줄 생각하였노니 이렇게 하여야 이
헌금이 마지못해 내는 것이 아니라 참으로 너그러운 선물 같이 되느니라.

6 Remember this: Whoever sows sparingly will also reap sparingly, and
whoever sows generously will also reap generously. 7 Each man should give
what he has decided in his heart to give, not reluctantly or under compulsion,
for God loves a cheerful giver.

6 이런 말을 기억하라: 누구든지 아까워하며 씨를 뿌리는 자는 인색하게 거두고, 후하게 심는 자는 후하
게 거둔다 하는 말이 있느니라. 7 그런고로 각자가 그 마음에 정한 대로 할 것이요 억지로 하거나 강요
에 의해서는 하지 말지니, 하나님은 기쁘게 내는 자를 사랑하시느니라.

8 And God is able to make all grace abound to you, so that in all things at all

times, having all that you need, you will abound in every good work. 9 As it is written: "He has scattered abroad his gifts to the poor; his righteousness endures forever."

8 하나님은 이 모든 은혜를 언제든 너희에게 넘치게 하실 능력을 갖고 계시나니, 무슨 일에서든지 너희가 필요로 하는 모든 것에 풍족하고 또, 너희가 하는 모든 좋은 일에 항상 넉넉토록 하시리라. 9 기록된 바: "그가 그의 선물을 넓게 뿌려 가난한 자들에게 주었으니; 그의 의(義)가 영원토록 있으리라" 함과 같으니라.

10 Now he who supplies seed to the sower and bread for food will also supply and increase your store of seed and will enlarge the harvest of your righteousness. 11 You will be made rich in every way so that you can be generous on every occasion, and through us your generosity will result in thanksgiving to God. 12 This service that you perform is not only supplying the needs of God's people but is also overflowing in many expressions of thanks to God.

10 씨를 심는 자에게 씨와 그리고 또한 먹을 양식을 공급해 주시는 이가 너희의 종자(種子) 창고를 넉넉하게 하시며 너희가 거둘 의(義)의 열매를 풍성하게 하시리니 11 너희가 모든 것에 부요하게 되고 만사에 있어 넉넉하게 됨으로 마침내 우리를 통하여 너희의 그런 너그로움이 하나님께 대한 감사로 이어질 것이라. 12 너희가 행하는 이 섬김의 사역이 하나님의 백성들의 필요를 공급하는 일일 뿐 아니라 하나님께 올려 드리는 여러 가지 다양한 감사의 표시가 또한 넘쳐나게 하는 일이 되리라.

13 Because of the service by which you have proved yourselves, men will praise God for the obedience that accompanies your confession of the gospel of Christ, and for your generosity in sharing with them and with everyone else. 14 And in their prayers for you their hearts will go out to you, because of the surpassing grace God has given you. 15 Thanks be to God for his indescribable gift!

13 너희가 스스로의 존재를 증명한 이 봉사의 일로 말미암아 사람들이 하나님을 찬양하게 되리니, 그리스도의 복음에 대한 너희의 고백과 이에 따른 너희의 순종과 또한 다른 모든 사람들과 더불어 함께 나누고자 하는 너희의 이런 관대함에 대하여 사람들의 칭송이 있으리라. 14 또한 너희를 위한 저들의 기도 가운데에서 자연히 저들의 마음이 너희를 향해 모아지리니, 하나님께서 너희에게 주신 그 지극한 은혜로 말미암아 그러하리라. 15 말로 표현할 수 없을만큼 큰, 이 놀라운 선물을 주신 우리 하나님께 감사하노라.

제10장

1 By the meekness and gentleness of Christ, I appeal to you--I, Paul, who am "timid" when face to face with you, but "bold" when away! 2 I beg you that when I come I may not have to be as bold as I expect to be toward some people who think that we live by the standards of this world.

1 이제 내가 그리스도의 순종과 온유함에 의지하여 너희에게 호소하노니, 나 바울은-곧, 얼굴을 마주하여 직접 대할 때에는 "소심하고", 너희를 떠나 있을 때에는 담대한-나 바울이 2 이 같이 간절히 원하기는, 내가 너희를 다시 만날 때에는 너희 중 몇몇 사람들, 곧 우리를 '이 세상의 기준에 따라 사는 자'로 생각하는 그들에게, 내가 지나치게-꼭 그래야 할 수준을 넘어서-"담대한" 태도로 대하지 않아도 되기를 간구하노라.

3 For though we live in the world, we do not wage war as the world does. 4
The weapons we fight with are not the weapons of the world. On the contrary,
they have divine power to demolish strongholds. 5 We demolish arguments
and every pretension that sets itself up against the knowledge of God, and
we take captive every thought to make it obedient to Christ. 6 And we will be
ready to punish every act of disobedience, once your obedience is complete.

3 우리가 비록 이 세상에 살고 있으나, 이 세상의 방식으로는 싸우지 아니하노라. 4 우리가 싸움에 사용
하는 무기는 이 세상의 무기가 아니요, 어떤 견고한 요새도 허물어뜨리는 성결한 능력이라. 5 우리가 모
든 논쟁과 모든 허식, 곧 하나님을 아는 지식을 거슬러기까지 자기 자신을 높이는 것들을 다 무너뜨리
고, 또 모든 생각들을 사로잡아 우리 주 그리스도에게 복종케 하고 6 모든 불순종의 행위를 징계하기 위
한 준비가 되어 있으니 곧 너희의 순종이 완성될 때까지 그리할 것이니라.

7 You are looking only on the surface of things. If anyone is confident that he
belongs to Christ, he should consider again that we belong to Christ just as
much as he.

7 너희는 사물의 겉모습만 보는도다. 만일 누군가가 자신이 그리스도에게 속한 줄 확신한다면, 그는 마
땅히, 자기가 그리스도에게 속한 것만큼 우리도 그러한 줄 알아야 할지니라.

8 For even if I boast somewhat freely about the authority the Lord gave us for
building you up rather than pulling you down, I will not be ashamed of it. 9 I
do not want to seem to be trying to frighten you with my letters.

8 하나님께서 내게 주신 권위에 대해 내가 다소간 자유로이 자랑하는 일이 있더라도 부끄러운 일이 되
지 아니할 것은, 이 권위는 너희를 끌어내리기 위한 것이 아니요, 너희를 붙들어 세우려고 하나님께서
주신 까닭이니라. 9 그러나 내가 이 편지를 통하여 너희를 두렵게 만들려는 의도는 아니라 하는 것을 너
희가 먼저 알아주기를 원하노라.

10 For some say, "His letters are weighty and forceful, but in person he is
unimpressive and his speaking amounts to nothing." 11 Such people should
realize that what we are in our letters when we are absent, we will be in our
actions when we are present.

10 어떤 사람들이 말을 하기를, "그의 편지들은 무게가 있고 힘이 있으나, 막상 그를 대면하여 보면, 인
상적이지도 않고 그 말하는 것도 시원찮다" 한다는구나. 11 이런 사람들이 마땅히 알아야 할 것이 있으
니 곧, 저희를 떠나 편지 가운데에 나타나 있는 우리들과 조만간 자신들 앞에 직접 나타나서 실제로 행
할 때의 우리가, 실상은 전혀 같은 사람들이라는 점이니라.

12 We do not dare to classify or compare ourselves with some who commend
themselves. When they measure themselves by themselves and compare
themselves with themselves, they are not wise. 13 We, however, will not boast
beyond proper limits, but will confine our boasting to the field God has
assigned to us, a field that reaches even to you. 14 We are not going too far in
our boasting, as would be the case if we had not come to you, for we did get
as far as you with the gospel of Christ.

12 우리는 스스로 자기를 칭찬하는 이런 자들과 같은 부류로 취급되거나 그들과 비교되는 것 자체를 거
부하노라. 그들이 자기로써 자기를 헤아리고, 자기로써 자기를 비교하니 지혜롭지 못하니라. 13 그러나
우리가 우리에게 주어진 분수 이상으로는 자랑하지 않으려 하나니 오직 하나님이 우리에게 나누어 주신
그 범위의 한계, 곧 너희에게까지 우리를 이르게 하신 그 지경의 한도 내에서만 그리하리라. 14 우리가
우리의 자랑에 있어 이 한계를 넘어 더는 나아가지는 아니하여, 마치 우리가 너희에게 미처 다다르지 못
할 것 같이는 아니할 것이니, (*실제로는) 그리스도의 복음으로 인하여 우리가 너희에게까지 이를 수 있

었느니라.

15 Neither do we go beyond our limits by boasting of work done by others. Our hope is that, as your faith continues to grow, our area of activity among you will greatly expand, 16 so that we can preach the gospel in the regions beyond you. For we do not want to boast about work already done in another man's territory.

15 우리가 분수를 넘어, 남이 한 일을 가지고 우리 스스로를 자랑하자는 것이 아니라, 다만 우리의 소망은 이러하니 곧 너희의 믿음이 계속하여 자라는 것처럼 너희 가운데에서 우리의 사역의 지경(地境)도 크게 넓혀져서 16 우리가 너희의 지경을 넘어서는 지역에까지 이르러 복음을 전파하는 그것이니라. 그러나 다른 사람의 영역에서 남에 의해 이미 행해진 사역(事役)을 우리의 것으로 자랑하는 일은 절대로 우리가 원하는 것이 아니니라.

17 But, "Let him who boasts boast in the Lord." 18 For it is not the one who commends himself who is approved, but the one whom the Lord commends.

17 "뭔가를 자랑하려는 자는 하나님 안에서 자랑하게 하라"란 말이 있으니, 18 자기를 스스로 칭찬하는 자가 옳다 인정을 받는 것이 아니요, 오직 하나님께서 칭찬하시는 자가 인정을 받는 것이니라.

제11장

1 I hope you will put up with a little of my foolishness; but you are already doing that. 2 I am jealous for you with a godly jealousy. I promised you to one husband, to Christ, so that I might present you as a pure virgin to him. 3 But I am afraid that just as Eve was deceived by the serpent's cunning, your minds may somehow be led astray from your sincere and pure devotion to Christ.

1 희망하건대 너희는 나의 조금은 어리석은 것을 용납하라; 비록 이미 너희가 그리하고 있을지라도 다시 그리하라. 2 내가 하나님을 향한 열심을 가지고 너희를 향해 열심을 내는 것이 있으니 실상은 너희를 한 정결한 처녀로 그리스도께 드리기 위해 너희에게 한 남편을 전에 약속하였었노라. 3 그러나 이제 내가 두려워하는 것은 그 옛날에 이브가 뱀의 간계(奸計)에 속아 넘어간 것 같이, 너희의 마음이 그리스도를 향한 진실함과 깨끗함에서 떠나 또다시 어긋난 길로 행할까 하는 것이라, 내가 이를 두려워하노라.

4 For if someone comes to you and preaches a Jesus other than the Jesus we preached, or if you receive a different spirit from the one you received, or a different gospel from the one you accepted, you put up with it easily enough.

4 혹 어떤 사람이 너희에게 이르러 우리가 전파한 예수와 다른 예수를 전파하거나, 혹은 너희가 이미 받은 영(靈)과 다른 영(靈)을 받게 하거나, 또는 너희가 받은 것과 전혀 다른 복음을 받게 할 때에, 너희가 너무도 쉽게 이를 받아들이는구나.

5 But I do not think I am in the least inferior to those "super-apostles." 6 I may not be a trained speaker, but I do have knowledge. We have made this perfectly clear to you in every way.

5 내가 그 소위 "지극히 크다는–위대한 사도들" 보다 조금도 부족할 것이 없는 줄 생각하노라. 6 비록 훈련된 웅변가는 아닐지라도, 그러나 내가 참 지식을 가지고 있으니, 우리가 행한 모든 일을 통하여 이를 너희에게 분명히 나타내었었노라.

7 Was it a sin for me to lower myself in order to elevate you by preaching the gospel of God to you free of charge? 8 I robbed other churches by receiving support from them so as to serve you. 9 And when I was with you and needed something, I was not a burden to anyone, for the brothers who came from Macedonia supplied what I needed. I have kept myself from being a burden to you in any way, and will continue to do so. 10 As surely as the truth of Christ is in me, nobody in the regions of Achaia will stop this boasting of mine.

7 내가 너희를 높이려고 나를 낮추어 하나님의 복음을 값없이 너희에게 전함으로 죄를 지었느냐? 8 내가 너희를 섬기기 위하여 다른 여러 교회에서 비용을 받은 것이 실상은 탈취한 것과 다를 바가 없느니라. 9 내가 너희와 함께 거할 때에 필요한 것이 있었어도 마케도니아에서 온 형제들이 나의 필요를 공급함으로 내가 너희 중 아무에게도 누를 끼치지 아니하였으니, 내가 모든 일에 있어 너희에게 폐를 끼치지 않기 위하여 스스로 조심하였고 또 앞으로도 그리하리라. 10 그리스도의 진리가 내 속에 있는 것이 확실한 것만큼이나, 아카이아 지역에 있는 그 누구도 나의 이 자랑을 멈추지 못하리라.

11 Why? Because I do not love you? God knows I do! 12 And I will keep on doing what I am doing in order to cut the ground from under those who want an opportunity to be considered equal with us in the things they boast about.

11 내가 어째서 그랬겠느냐? 내가 너희를 사랑하지 않아서이겠느냐?–내가 너희를 사랑하시는 줄은 하나님께서 아시느니라. 12 그러므로, 지금껏 내가 해 온 그대로를 앞으로도 행하리니, 이는 그들 곧, 자신들이 지금 자랑하는 것들에 있어 우리와 꼭 같은 인정을 받으려고 하는 그런 자들에게 아예 처음부터 그런 기회를 줄 여지를 남겨두지 않으려 함이니라.

13 For such men are false apostles, deceitful workmen, masquerading as apostles of Christ. 14 And no wonder, for Satan himself masquerades as an angel of light. 15 It is not surprising, then, if his servants masquerade as servants of righteousness. Their end will be what their actions deserve.

13 바로 이런 사람들이 거짓 사도(使徒)요, 사람들을 속이는 사역자요, 그리스도의 사도로 가면을 쓴 자들이니라. 14 이것이 이상한 일도 아닌 것이, 사탄도 스스로를 빛의 천사로 가장(假裝)하느니라. 15 또한 사탄의 하인들도 스스로를 의(義)의 일꾼으로 가장하는 것이 놀라운 일이 아니니, 그들의 마지막은 그들의 행위의 보응(報應)대로 되리라.

16 I repeat: Let no one take me for a fool. But if you do, then receive me just as you would a fool, so that I may do a little boasting. 17 In this self-confident boasting I am not talking as the Lord would, but as a fool.

16 내가 다시 말하노니: 누구든지 나를 어리석은 자로 여기지 말라. 혹 그러하더라도 어리석은 자들에게 그러하듯이, 내가 조금은 자랑할 수 있도록 나를 인정해 받아들이라. 17 내가 이제 이와 같이 스스로의 확신 가운데에서 자랑하는 것은 주께서 말씀하실 것처럼 말하는 것이 아니요, 오직 어리석은 자와 같이 하는 것이니라.

18 Since many are boasting in the way the world does, I too will boast. 19 You gladly put up with fools since you are so wise! 20 In fact, you even put up with anyone who enslaves you or exploits you or takes advantage of you or pushes himself forward or slaps you in the face. 21 To my shame I admit that we were too weak for that!

18 여러 사람들이 이 세상이 하는 것처럼 자랑을 하니 나도 내 자랑을 조금 하겠노라. 19 너희가 그처럼 지혜로우면서도 어리석은 자들을 기쁘게 용납하는구나. 20 누가 너희를 종으로 삼거나, 잡아먹거나, 빼앗거나, 속이거나 뺨을 칠지라도 너희가 이를 용납한다 하는 것이 실상(實像)이로다. 21 부끄럽게도, 우리는 너무 연약함으로, 감히 저희들처럼 그렇게 하지 못함을 내가 인정하노라.

22 What anyone else dares to boast about-- I am speaking as a fool--I also
dare to boast about. Are they Hebrews? So am I. Are they Israelites? So am I.
Are they Abraham's descendants? So am I. 23 Are they servants of Christ? (I
am out of my mind to talk like this.) I am more. I have worked much harder,
been in prison more frequently, been flogged more severely, and been exposed
to death again and again.

22 어떤 이들이 감히 자랑하여 말하는 것—내가 참으로 어리석은 자처럼 말을 하거니와—바로 그것을
나도 자랑해 보려 하노라. 그들이 히브리인이냐? 나도 그러하도다. 그들이 이스라엘인이냐? 나도 그러
하도다. 그들이 아브라함의 후손이냐? 나도 그러하니라. 23 그들이 그리스도의 일꾼이냐? (내가 이런
말을 하다니 정말 정신 나간 자처럼 여겨지거니와), 나는 훨씬 더 그러하도다. 내가 그들보다 훨씬 더 힘
들게 일하고, 옥에 갇히기도 더 자주 하고 채찍질도 더 심하게 받았으니, 내가 여러 번 거듭하여 죽음의
위기 아래 놓였었노라.

24 Five times I received from the Jews the forty lashes minus one. 25
Three times I was beaten with rods, once I was stoned, three times I was
shipwrecked, I spent a night and a day in the open sea, 26 I have been
constantly on the move. I have been in danger from rivers, in danger from
bandits, in danger from my own countrymen, in danger from Gentiles; in
danger in the city, in danger in the country, in danger at sea; and in danger
from false brothers. 27 I have labored and toiled and have often gone without
sleep; I have known hunger and thirst and have often gone without food; I
have been cold and naked.

24 유대인들로부터 사십에서 숫자를 하나 뺀 매를 다섯 번 맞았으며 25 세 번 태장(笞杖)으로 맞고, 한
번은 돌 팔매질로 맞았으며, 내가 탄 배가 파선되어 침몰한 것이 세 번이요, 한 번은 하루 낮 밤을 꼬박
바닷물에 빠져 물에 떠 있었노라. 26 내가 끊임없이 여행을 계속하였으니 강을 건너는 위험을 여러 번
당했으며, 강도를 만나는 위험과 내 동족으로부터의 위험과 이방인들로부터의 위험과 여러 도시 내에
존재하는 위험과 시골 지역의 위험과 바다의 위험과 또 거짓 형제들로부터의 위험을 늘 겪었으며 27 또
내가 힘들게 일하며 늘 수고하고, 제대로 잠자지 못한 것이 여러 번이며; 내가 자주 배 주리며 목마르고
먹을 음식이 없이 지내고; 또한 춥고 헐벗었던 적이 많았노라.

28 Besides everything else, I face daily the pressure of my concern for all the
churches. 29 Who is weak, and I do not feel weak? Who is led into sin, and I
do not inwardly burn?

28 이런 모든 것 외에도 모든 교회를 위하여 염려하는 것으로 인하여 내가 매일 내 마음에 눌리는 것을
당하니 29 누가 연약하면 내가 덩달아 연약하지 아니하며 누가 죄에 빠지면 내가 속으로 애타하지 않더
냐?

30 If I must boast, I will boast of the things that show my weakness. 31 The
God and Father of the Lord Jesus, who is to be praised forever, knows that I
am not lying.

30 내가 부득이 자랑해야 한다면, 이런 나의 연약함을 자랑하리니 31 주 예수의 아버지 곧, 영원히 찬
송을 받으실 하나님께서 내가 거짓말하는게 아니란 것을 잘 알고 계시느니라.

32 In Damascus the governor under King Aretas had the city of the
Damascenes guarded in order to arrest me. 33 But I was lowered in a basket
from a window in the wall and slipped through his hands.

32 다마스커스에서 아레다 왕 수하에 있는 총독이 나를 잡으려고 다마스커스 시내 전체를 철통같이 지
켰으나 33 내가 광주리를 타고 들창문으로 성벽을 내려가 그 손에서 벗어난 적도 있었느니라.

제12장

1 I must go on boasting. Although there is nothing to be gained, I will go on to visions and revelations from the Lord.

1 아무래도 내가 자랑을 좀 더 해야겠노라. 비록 이로 인하여 얻는 것이 없다 하더라도, 하나님으로부터 받은 환상과 계시에 관해 말을 해 보리라.

2 I know a man in Christ who fourteen years ago was caught up to the third
heaven. Whether it was in the body or out of the body I do not know--God
knows. 3 And I know that this man--whether in the body or apart from the
body I do not know, but God knows-- 4 was caught up to paradise. He heard
inexpressible things, things that man is not permitted to tell.

2 내가 그리스도 안에 있는 한 사람을 아노니 십사 년 전에 셋째 하늘에 이끌려 올라간 자라. 그가 몸 안
에 있었는지 몸 밖에 있었는지 나는 모르거니와 하나님은 아시느니라. 3 내가 아는 것은 이 사람이–그
가 그 때 자신의 몸 안에 있었는지 그 몸 밖에 있었는지 나는 모르거니와, 하나님은 아시느니라– 4 낙
원으로 이끌려 올라가서 가히 사람의 말로 표현할 수 없는 것들을 들었으니, 사람에게 말하는 것이 허락
되지 않은 것들이로다.

5 I will boast about a man like that, but I will not boast about myself, except
about my weaknesses. 6 Even if I should choose to boast, I would not be a
fool, because I would be speaking the truth. But I refrain, so no one will think
more of me than is warranted by what I do or say.

5 내가 이와 같은 사람을 위하여는 자랑할지라도 내 자신을 위하여는, 나의 연약함을 제외하고는 자랑
하지 아니하리라. 6 내가 비록 나 자신에 대해 자랑하기로 마음을 먹었어도 과히 어리석은 자가 되지 아
니할 것은 내가 진실을 말함이라. 그러나 나의 행위와 말로부터 당연히 생각할 수 있는 모습 그 이상으
로 누군가가 나를 높여 생각할까 그것이 두려워 이제 내가 그만두노라.

7 To keep me from becoming conceited because of these surpassingly great
revelations, there was given me a thorn in my flesh, a messenger of Satan, to
torment me. 8 Three times I pleaded with the Lord to take it away from me.

7 지극히 큰 여러 계시를 받음으로 인해 너무 자만하지 않게 하시려고 내 육체에 가시 곧 사탄의 사자를
주셨으니, 이 가시는 나를 쳐서 고통 가운데 있게 하는 것이라. 8 이 가시를 내 몸으로부터 빼내 주실 것
을 내가 세 번이나 주 하나님께 간구하였느니라.

9 But he said to me, "My grace is sufficient for you, for my power is made
perfect in weakness." Therefore I will boast all the more gladly about my
weaknesses, so that Christ's power may rest on me. 10 That is why, for Christ's
sake, I delight in weaknesses, in insults, in hardships, in persecutions, in
difficulties. For when I am weak, then I am strong.

9 그러나 주 하나님께서 내게 이르시기를, "내 은혜가 네게 족하도다, 이는 나의 능력이 연약함 가운데
에서 완전하여짐이라" 하신지라, 그러므로 내가 도리어 나의 이런 연약함을 더욱 자랑하는 것이니, 이
는 그리스도의 능력이 내게 머물게 하기 위함이니라. 10 바로 이런 것들이, 그리스도를 위하여 내가 연
약함 가운데에서, 그리고 능욕과 고난과 박해와 허다한 곤란 가운데에서도 크게 기뻐하는 이유니 이는
내가 약한 그 때에 실상은 강한 까닭이니라.

11 I have made a fool of myself, but you drove me to it. I ought to have been
commended by you, for I am not in the least inferior to the "super-apostles,"
even though I am nothing. 12 The things that mark an apostle--signs, wonders
and miracles--were done among you with great persever-ance.

11 내가 스스로 어리석은 자가 되고 말았으나 그러나 나를 이 지경으로 만든 것이 너희라. 오히려 내가 너희에게 칭찬을 받아야 마땅하다 할 것이, 내가 비록 아무것도 아닌 자이나, 소위 지극히 크다는 자칭 "위대한 사도들" 보다 조금도 부족하지 아니하니라. 12 사도가 사도가 되는 표식이 있으니 곧, 이적과 기이한 일들과 기적의 능력을 행하는 것이라–이런 것들이 너희 가운데에서 이미 행하여진 바 있으니 곧, 커다란 인내(忍耐)와 함께 행해졌음이로다.

13 How were you inferior to the other churches, except that I was never a burden to you? Forgive me this wrong! 14 Now I am ready to visit you for the third time, and I will not be a burden to you, because what I want is not your possessions but you. After all, children should not have to save up for their parents, but parents for their children. 15 So I will very gladly spend for you everything I have and expend my-self as well. If I love you more, will you love me less?

13 내가 너희에게 하등 부담이 되지 않으려 한 것 외에, 너희가 다른 교회보다 열등한 게 무엇이 있느냐? 청컨대 너희는 나의 이런 잘못을 용서하라. 14 이제 내가 세 번째로 너희를 방문하려 하노라. 그러나 이번에도 내가 너희에게는 일절 폐를 끼치지 아니하리니, 이는 내가 구하는 것이 너희의 재물이 아니요, 오직 너희 자신뿐이기 때문이라. 어린아이가 부모를 위하여 재물을 저축하는 것이 아니요 부모가 어린아이를 위하여 그리하느니라. 15 내가 가진 모든 것들과 또 그뿐 아니라 나 자신까지도 기꺼이 내가 너희를 위하여 내어주고 또 사용하려 하노니 이렇듯 내가 너희를 더욱 더 사랑할수록 너희는 나를 더욱 덜 사랑하겠느냐?

16 Be that as it may, I have not been a burden to you. Yet, crafty fellow that I am, I caught you by trickery! 17 Did I exploit you through any of the men I sent you? 18 I urged Titus to go to you and I sent our brother with him. Titus did not exploit you, did he? Did we not act in the same spirit and follow the same course?

16 어찌 되었던지 내가 너희에게 부담이 된 적이 없다는 것은 사실이지만 그러나 어떤 간교한 이들이 말하기를, 내가 너희들을 뭔가 교활한 수단으로 붙들었다 하는 자들이 있다 하니 17 내가 심부름 보낸 사람 중 누구를 시켜 너희에게서 그 무엇을 착복하게 한 일이 있었느냐? 18 내가 디도를 권하여 다른 한 형제를 그와 함께 너희에게 보내었으니 디도가 너희에게서 무엇을 착복하더냐? 우리가 동일한 성령 가운데에서 동일한 과정과, 같은 보조로 너희에게 행하지 아니하더냐?

19 Have you been thinking all along that we have been defending ourselves to you? We have been speaking in the sight of God as those in Christ; and everything we do, dear friends, is for your strengthening.

19 지금껏 줄곧, 우리가 우리 자신을 너희에게 변명하고 변호하는 줄로만 너희가 생각해 온 것은 혹시 아니냐? 우리가 지금까지 계속하여 그리스도 안에 있는 자들과 같이 하나님의 시선(視線) 안에서 너희에게 말해 왔으니; 친애하는 형제들아, 우리가 너희 가운데서 행한 모든 것이 너희를 더욱 굳세게 세우기 위함이었느니라.

20 For I am afraid that when I come I may not find you as I want you to be, and you may not find me as you want me to be. I fear that there may be quarreling, jealousy, outbursts of anger, factions, slander, gossip, arrogance and disorder. 21 I am afraid that when I come again my God will humble me before you, and I will be grieved over many who have sinned earlier and have not repented of the impurity, sexual sin and debauchery in which they have indulged.

20 내가 두려워하는 것은 내가 너희에게 가서 피차간에, 나는–내가 보기를 원하던 그런 너희의 모습

을 보지 못하고, 또 너희는 너희가 보기 원하던 나의 모습을 보지 못할까 하는 바로 그것이라. 곧 (*우리가 다시 만났을 때에, 너희 사이에) 다툼과 시기와 분노와 파벌 싸움과 서로 비방하는 것과 남의 말 옮기는 것과 교만함과 무질서함이 있을까 이를 두려워하는 마음이 내게 있으니 21 내가 너희에게 도착하였을 때에 혹시 나의 하나님께서 나를 너희 앞에서 낮추심으로, 순결하지 못한 죄, 성적인 죄, 그리고 방탕한 죄 등 이런 죄들을 그 전에 저지르고도 회개치 아니한 그런 사람들로 인하여 내가 다시 슬퍼할까 이를 내가 두려워하노라.

제13장

1 This will be my third visit to you."Every matter must be established by the
testimony of two or three witnesses." 2 I already gave you a warning when I
was with you the second time. I now repeat it while absent: On my return I
will not spare those who sinned earlier or any of the others, 3 since you are
demanding proof that Christ is speaking through me. He is not weak in dealing
with you, but is powerful among you. 4 For to be sure, he was crucified in
weakness, yet he lives by God's power. Likewise, we are weak in him, yet by
God's power we will live with him to serve you.

1 이번이 너희에게 가는 나의 세 번째 방문길이라. "모든 문제가 반드시 두 사람 또는 세 사람의 증언으
로 말미암아서야 입증되리라." 2 내가 너희에게 두 번째 가 있는 동안에 이미 경고를 하였거니와 지금
떠나 있는 동안 다시 한번 반복해 말하노니: 이번에 내가 돌아가면 그 전에 죄지었던 자들과 또한 그 외
의 사람들 중 몇몇은 내가 용서하지 않으리니, 3 이는 그리스도께서 내 안에서 말씀하시는 증거를 너희
가 요구하는 까닭이라. 이 그리스도께서는 너희를 다스리는 데에 있어 전혀 연약하지 않으시고, 도리어
너희 안에서 강한 분이시니라. 4 그리스도께서 약하심 가운데에서 십자가에 못 박히셨으나 하나님의 능
력으로 도로 살아나셨나니, 이와 같이 우리도 비록 그리스도 안에서 연약한 몸이나, 오직 너희를 섬기기
위하여 하나님의 능력에 의하여 그리스도와 함께 살리라.

5 Examine yourselves to see whether you are in the faith; test yourselves. Do
you not realize that Christ Jesus is in you--unless, of course, you fail the test?
6 And I trust that you will discover that we have not failed the test. 7 Now we
pray to God that you will not do anything wrong. Not that people will see that
we have stood the test but that you will do what is right even though we may
seem to have failed.

5 너희는 자신이 믿음 안에 있는가를 검사해 볼지니; 너희 자신을 스스로 시험해 보라. 예수 그리스도께
서 너희 안에 계신 줄을 너희가 깨닫지 못하느냐? 만일 그렇다면 너희는 그 시험에 실패한 것이니라. 6
그러나 확신하건대, 우리가 그 시험에 실패하지 않은 자들이란 사실은 너희가 쉬이 발견할 수 있으리라.
7 우리가 늘 하나님께 기도하는 내용은 너희가 아무런 잘못도 행하지 않게 해 달라는 것이라. 우리가 이
런 시험을 이기고 바로 섰다는 사실을 사람들이 알아주는 것이 우리의 기도 제목이 아니라, 우리가 이
시험에 실패한 자들로 비치는 한이 있더라도, 너희가 옳은 것을 행하는 것, 바로 그것이 우리가 기도하
는 내용이니라.

8 For we cannot do anything against the truth, but only for the truth. 9 We
are glad whenever we are weak but you are strong; and our prayer is for your
perfection. 10 This is why I write these things when I am absent, that when I
come I may not have to be harsh in my use of authority-- the authority the
Lord gave me for building you up, not for tearing you down.

8 우리가 진리를 거역하는 것은 아무것도 할 수가 없고 오직 진리를 위할 뿐이니 9 우리가 연약할 바로
그 때에 너희가 강한 것을 우리가 기뻐하노라; 우리의 기도는 곧 너희가 완전하게 되는 것이라. 10 바로
이것이 내가 너희를 떠나 있는 동안에 이런 편지를 쓰는 이유니, 내가 너희에게 나아가서 대면할 때에
나의 권위를 사용함에 있어 너무 엄하고 가혹하게 하지 않아도 되게끔 하려는 것이라. 이 권위(權威)는
너희를 찢고 넘어뜨리려 주신 것이 아니요, 오직 너희를 붙들어 세우기 위하여 주(主) 하나님께서 주신
것이니라.

11 Finally, brothers, good-by. Aim for perfection, listen to my appeal, be of
one mind, live in peace. And the God of love and peace will be with you. Greet
one another with a holy kiss. 12 All the saints send their greetings. 13 May the
grace of the Lord Jesus Christ, and the love of God, and the fellowship of the
Holy Spirit be with you all.

11 끝으로 형제들아, 내가 인사하노니 평안히 지내라. 스스로 완전하게 되기를 목표로 하고 나의 당부
에 귀를 기울이며, (*다같이) 한 마음이 되어 평화 가운데에 거하라. 사랑과 평강(平康)의 하나님께서 너
희와 함께 거하시리라. 피차 거룩하게 입맞춤으로 서로 문안하라. 12 모든 성도가 너희에게 문안하느니
라. 13 주 예수 그리스도의 은혜와 하나님의 사랑과 성령의 친히 교제하심이 너희 무리와 함께 있을지
어다.

갈라디아서

Galatians
갈라디아서

제1장

1 Paul, an apostle--sent not from men nor by man, but by Jesus Christ and
God the Father, who raised him from the dead-- 2 and all the brothers with
me, To the churches in Galatia: 3 Grace and peace to you from God our Father
and the Lord Jesus Christ, 4 who gave himself for our sins to rescue us from
the present evil age, according to the will of our God and Father, 5 to whom
be glory for ever and ever. Amen.

1 사람들에 의해서도 아니요 사람으로부터 보내어진 것도 아니요, 예수 그리스도와 이 예수를 죽은 자
가운데서 살리신 하나님 아버지에 의하여 사도(使徒)가 된 바울은 2 같이 있는 모든 형제들과 함께, 갈
라티아(갈라디아)에 있는 여러 교회들에게 (*편지하노니): 3 하나님 우리 아버지와 주 예수 그리스도로
부터 은혜와 평강이 너희에게 있기를 원하노라. 4 하나님 곧, 우리 아버지의 뜻을 따라 이 악한 세대에
서 우리를 건지시려고 우리 죄를 대속(代贖)하기 위하여 그리스도께서 자기의 몸을 내어주셨으니 5 영
광이 그에게 세세(世世)토록 있을지어다. 아멘.

6 I am astonished that you are so quickly deserting the one who called you by
the grace of Christ and are turning to a different gospel--7 which is really no
gospel at all. Evidently some people are throwing you into confusion and are
trying to pervert the gospel of Christ.

6 그리스도의 은혜에 의해 너희를 불러내신 하나님을 너희가 그처럼 속히 떠나 (*이상한) 다른 복음을
따르는 것에 대하여 내가 놀라움을 금치 못하노라. 7 그들이 (*너희에게) 전한 그 복음이 실상은 전혀 복
음이 아니라. 분명한 것은 이 사람들이 너희를 혼란 가운데 던져 넣어 그리스도의 복음을 왜곡하고 변개
(變改)하려 시도한 것뿐이니라.

8 But even if we or an angel from heaven should preach a gospel other than
the one we preached to you, let him be eternally condemned! 9 As we have
already said, so now I say again: If anybody is preaching to you a gospel other
than what you accepted, let him be eternally condemned!

8 그러나 우리나 혹은 하늘로부터 온 천사라 할지라도, 우리가 너희에게 전한 그 복음(福音) 외에 다른
복음을 전하면 영원히 저주를 받을지어다! 9 우리가 예전에 이미 말하였거니와 지금 내가 다시 말하노
니: 만일 누군가가 너희가 이미 받은 복음이 아닌, 다른 복음을 전파하면 그는 영원한 저주를 받을지어
다!

10 Am I now trying to win the approval of men, or of God? Or am I trying to
please men? If I were still trying to please men, I would not be a servant of
Christ.

10 이제 내가 사람의 지지와 호감을 구하려 애를 쓰랴? 아니면, 사람을 기쁘게 하려고 애를 쓰랴? 내가
지금까지 사람들을 기쁘게 하려고 애를 써 왔다면 그리스도의 종이 아니니라.

11 I want you to know, brothers, that the gospel I preached is not something

that man made up. 12 I did not receive it from any man, nor was I taught it;
rather, I received it by revelation from Jesus Christ.

11 형제들아, 나는 너희가 이런 사실(事實)을 알고 지내기를 원하노니, 내가 너희에게 전한 복음이 사람
이 만든 것이 아니라 하는 것이라. 12 이 복음은 내가 사람에게서 받은 것도 아니요, 사람으로부터 배운
것도 아니요, 오직 예수 그리스도로부터 온 계시(啓示)를 통하여 받은 것이니라.

13 For you have heard of my previous way of life in Judaism, how intensely I
persecuted the church of God and tried to destroy it. 14 I was advancing in
Judaism beyond many Jews of my own age and was extremely zealous for the
traditions of my fathers.

13 내가 이전에 유대교에 있을 때에 어떤 삶을 살았는지 그 행한 일을 너희가 이미 들었거니와, 내가 하
나님의 교회를 심히 박해하여 이를 멸하고자 하였으니 14 내가 내 동족 유대인 중 나와 같은 연배들보
다 지나치게 유대교에 심취하여 내 조상의 전통에 대하여 너무 과한 열심이 있었노라.

15 But when God, who set me apart from birth and called me by his grace,
was pleased 16 to reveal his Son in me so that I might preach him among the
Gentiles, I did not consult any man, 17 nor did I go up to Jerusalem to see
those who were apostles before I was, but I went immediately into Arabia and
later returned to Damascus.

15 그러나 하나님 곧, 내 어머니의 태(胎)로부터 나를 택정(擇定)하시고 그의 은혜로 부르사 나를 따로
불러 세우신 이가 그의 기쁘신 뜻으로 인하여 16 그의 아들을 이방인(異邦人) 가운데에 전하기 위하여
그를 내 속에 나타내시기를 기뻐하셨을 때에 내가 아무하고도 의논하지 아니하고, 17 또 나보다 먼저
사도(使徒) 된 자들을 만나려고 예루살렘으로 올라가지도 아니하고, 그 즉시 아라비아로 갔다가 그 후에
는 다시 다마스커스로 돌아갔었노라.

18 Then after three years, I went up to Jerusalem to get acquainted with Peter
and stayed with him fifteen days. 19 I saw none of the other apostles--only
James, the Lord's brother.

18 그로부터 삼 년 후에 내가 교제(交際)를 위해 게바를 방문하려고 예루살렘에 올라가서 그와 함께 십
오 일을 머무는 동안 19 주의 형제 야고보 외에 다른 사도들은 만나보지 못하였었노라.

20 I assure you before God that what I am writing you is no lie. 21 Later I went
to Syria and Cilicia. 22 I was personally unknown to the churches of Judea
that are in Christ. 23 They only heard the report: "The man who formerly
persecuted us is now preaching the faith he once tried to destroy." 24 And they
praised God because of me.

20 내가 너희에게 지금 이렇게 쓰는 것이 거짓말이 아니라 하는 것을 하나님 앞에서 다짐하노니 21 그
후에 내가 시리아와 킬리키아 지방에 이르렀으나 22 그리스도 안에 있는 유대인의 교회들에게는 내가
개인적으로 알려지지 아니하여 23 다만 그들이 말을 듣기를: "예전에 우리를 박해하던 그 자가 지금은
자기가 전에 멸하려 하던 그 믿음을 전파하고 다닌다" 함을 듣고 24 나로 인하여 하나님께 영광을 돌리
니라.

제2장

1 Fourteen years later I went up again to Jerusalem, this time with Barnabas. I

took Titus along also. 2 I went in response to a revelation and set before them
the gospel that I preach among the Gentiles. But I did this privately to those
who seemed to be leaders, for fear that I was running or had run my race in
vain.

1 이로부터 십사 년 후에 내가 다시 예루살렘에 올라갔었는데, 이때에는 내가 바나바와 디도를 함께 데
리고 갔었노라. 2 내가 (*예루살렘에 올라간 것이 내게 주어진) 계시를 따라 올라간 것이니, (*이 만남의
과정에서) 내가 이방 가운데에서 전파하는 복음이 무엇인지를 그들에게 펼쳐 제시(提示)해 보였는데, 다
만 내가 이를 그 지도자로 여겨지는 이들 안에서만 사적(私的)으로 한 이유는 지금껏 내가 나의 경주를
달음질해 온 것이 헛되지 않게 하려 함이었노라.

3 Yet not even Titus, who was with me, was compelled to be circumcised,
even though he was a Greek. 4 This matter arose because some false brothers
had infiltrated our ranks to spy on the freedom we have in Christ Jesus and to
make us slaves. 5 We did not give in to them for a moment, so that the truth of
the gospel might remain with you.

3 그러나 나와 함께 간 디도에게도 역시–비록 그가 그리스 사람이었을지라도–할례를 받으라고 강요
하지는 아니하였으니 4 이 문제가 제기된 것은 어떤 거짓 형제들이, 그리스도 예수 안에서 우리가 가진
자유가 어떤 것인가를 몰래 정탐하고 그로 인하여 우리를 다시 (*율법의) 종으로 삼고자 하여 우리 사이
에 몰래 스며들어온 까닭이었으되, 5 그러나 우리가 그들에게 잠시도 틈을 주지 아니하였으니 이는 복
음의 진리가 항상 너희 가운데 머물러 있게 하려고 그리한 것이니라.

6 As for those who seemed to be important--whatever they were makes no
difference to me; God does not judge by external appearance--those men
added nothing to my message. 7 On the contrary, they saw that I had been
entrusted with the task of preaching the gospel to the Gentiles, just as Peter
had been to the Jews. 8 For God, who was at work in the ministry of Peter as
an apostle to the Jews, was also at work in my ministry as an apostle to the
Gentiles.

6 그들 가운데에서 중요 인물로 여겨지는 몇몇에 관해서 말을 하자면–원래 그들이 어떤 사람들인가 하
는 문제는 내게 하등 상관이 없으며; 하나님은 사람을 외모로 취하지 아니하시나니–이들은 내가 전하
는 복음의 메시지에 아무 것도 더하여 준 것이 있지 않으니라. 7 오히려 그 반대로, 내가 이방인들에게
복음 전하는 사명을 받은 것이 마치 베드로가 유대인들에게 복음 전하는 역할을 맡은 것과 같은 것을 그
들이 보게 된지라, 8 베드로에게 역사(役事)하사 그를 유대인에 대한 사도로 삼으시고 그의 사역에 함께
하여 주신 하나님께서, 또한 나를 이방인의 사도로 삼으사 나의 사역에도 함께하셨느니라.

9 James, Peter and John, those reputed to be pillars, gave me and Barnabas
the right hand of fellowship when they recognized the grace given to me. They
agreed that we should go to the Gentiles, and they to the Jews. 10 All they
asked was that we should continue to remember the poor, the very thing I was
eager to do.

9 또 그들에게 있어 기둥처럼 여김을 받는 야고보와 게바와 요한도, 주께서 나에게 주신 그 은혜를 보고
는 나와 바나바에게 친교의 오른손을 내밀어 악수를 청하였으니 우리는 이방인에게로 가고, 그들은 유
대인을 향해 나아가기를 쌍방 동의하였음이라. 10 다만 그들이 우리에게 부탁한 것은 가난한 자들을 늘
기억하고 잊지 말라는 것이었으니, 이 문제는 나 역시 예전부터 특히 힘써 행하여 온 바 있느니라.

11 When Peter came to Antioch, I opposed him to his face, because he was
clearly in the wrong. 12 Before certain men came from James, he used to eat
with the Gentiles. But when they arrived, he began to draw back and separate

himself from the Gentiles because he was afraid of those who belonged to the circumcision group. **13** The other Jews joined him in his hypocrisy, so that by their hypocrisy even Barnabas was led astray.

11 그러나 게바가 안디옥에 다니러 왔을 때에 내가 면전에서 그를 책망한 일이 있었으니, 그가 분명히 잘못 행하는 것이 보였기 때문이라. **12** 야고보가 보낸 어떤 사람 몇이 (*예루살렘에서) 우리에게 왔을 때에, 그들이 도착하기 전에는 게바가 늘상 이방인들과 함께 식사를 하곤 하더니, 막상 그들이 오매 그가 몸을 피해 이방인들과 사뭇 떨어져 지내는 척을 하니 이는 할례자들의 그룹에 속한 이들을 두려워 한 까닭이었더라. **13** 이에 게바 외에도 거기에 있던 다른 유대인들도 모두 이와 같이 게바의 위선(僞善)에 동참하여 같은 행동을 하므로 바나바까지도 이들의 외식(外飾), 곧 꾸민 행동에 이끌려 그릇 행하게 되었었느니라.

14 When I saw that they were not acting in line with the truth of the gospel, I said to Peter in front of them all, "You are a Jew, yet you live like a Gentile and not like a Jew. How is it, then, that you force Gentiles to follow Jewish customs? **15** "We who are Jews by birth and not 'Gentile sinners' **16** know that a man is not justified by observing the law, but by faith in Jesus Christ. So we, too, have put our faith in Christ Jesus that we may be justified by faith in Christ and not by observing the law, because by observing the law no one will be justified.

14 그들이 이렇게 복음의 진리를 따라 그 노선(路線)에 바르게 행하지 아니함을 보고 내가 모든 사람들 앞에서 게바를 책망하여 말하되, "당신은 유대인이라, 당신이 유대인으로서 이방인처럼 살고, 유대인답게 살지 아니하면서 어찌하여 이방인을 강요하여 유대인의 관습을 좇아 살게 하려 하느뇨?" 하였노라. **15** 우리는 본래 유대인이요, 이방 죄인이 아니로되 **16** 사람이 의롭게 되는 것이 율법의 행위를 지킴으로 되는 것이 아니요, 오직 예수 그리스도를 믿음으로만 의롭게 되는 줄을 알므로, 이에 우리가 그리스도 예수에게 우리의 믿음을 두나니, 이는 우리가 율법의 행위로써가 아니라 그리스도를 믿음으로써 의롭다 함을 얻으려 함이라. 율법을 지키는 것만으로는 의롭다 함을 얻을 자가 없느니라.

17 "If, while we seek to be justified in Christ, it becomes evident that we ourselves are sinners, does that mean that Christ promotes sin? Absolutely not! **18** If I rebuild what I destroyed, I prove that I am a lawbreaker.

17 만일 우리가 그리스도 안에서 의롭게 되는 길을 찾는 동안에 우리 스스로가 죄인임이 밝혀진다면, 그리스도께서 죄를 짓게 조장하시는 분이냐? 결코 그런 게 아니니라. **18** 만일 내가 허물어 무너뜨린 것을 내가 다시 세운다면 나 자신이 범법(犯法)한 자임을 내가 스스로 증명하는 것이니라.

19 For through the law I died to the law so that I might live for God. **20** I have been crucified with Christ and I no longer live, but Christ lives in me. The life I live in the body, I live by faith in the Son of God, who loved me and gave himself for me. **21** I do not set aside the grace of God, for if righteousness could be gained through the law, Christ died for nothing!"

19 내가 율법을 통하여 율법에 대하여 죽었으니 이는 이제 하나님을 위하여 살기 위함이라. **20** 내가 그리스도와 함께 십자가에 못 박혔나니 그런즉 이제 더 이상 내가 사는 것이 아니요, 오직 그리스도께서 내 속에 사시는 것이니라. 내가 육체 가운데 사는 삶은 이제 나를 사랑하사 나를 위하여 자기 자신을 버리신 하나님의 아들을 믿는 믿음 안에서 사는 것이니라. **21** 내가 하나님의 은혜를 소홀히 여기지 아니하노라. 만일 의롭게 되는 것이 율법을 통하여 얻어질 수 있었다면 그리스도께서 죽으신 것이 아무런 의미가 없느니라.

제3장

1 You foolish Galatians! Who has bewitched you? Before your very eyes Jesus
Christ was clearly portrayed as crucified. 2 I would like to learn just one thing
from you: Did you receive the Spirit by observing the law, or by believing what
you heard?

1 어리석도다, 갈라티아 사람들아! 누가 너희를 꾀더냐? 예수 그리스도께서 십자가에 못 박히신 것이
너희 눈앞에 밝히 보이지 아니하느냐? 2 내가 너희에게서 다만 한 가지, 이것을 알고자 하노니: 너희가
성령을 받은 것이 율법(律法)을 지킨 행위에 의해서 그리 된 것이냐? 아니면 너희가 (*귀로) 들은 것을
믿었기 때문에 그리 된 것이냐?

3 Are you so foolish? After beginning with the Spirit, are you now trying to
attain your goal by human effort? 4 Have you suffered so much for nothing--
if it really was for nothing? 5 Does God give you his Spirit and work miracles
among you because you observe the law, or because you believe what you
heard?

3 너희가 이같이 어리석으냐? 성령으로 시작하였다가 이제는 인간의 노력으로 네 목표를 이루려 하는
것이냐? 4 너희가 그처럼 고난을 겪은 것이 과연 헛되이 받은 것이냐? 정말 그토록 헛되이 받았느냐? 5
하나님께서 너희에게 그의 성령을 보내 주시고 너희 가운데서 기적을 행하신 것이 너희가 율법을 지켜
서이냐? 아니면 너희가 귀로 들은 것을 믿었기 때문이냐?

6 Consider Abraham: "He believed God, and it was credited to him as
righteousness." 7 Understand, then, that those who believe are children of
Abraham.

6 아브라함을 생각해 보라: "그가 하나님을 믿으매, 그것을 의(義)로 그에게 인정하셨다" 하였느니라. 7
그런즉 우리 믿는 자들은 모두 아브라함의 자손인 줄을 깨달아 알지어다.

8 The Scripture foresaw that God would justify the Gentiles by faith, and
announced the gospel in advance to Abraham: "All nations will be blessed
through you." 9 So those who have faith are blessed along with Abraham, the
man of faith.

8 성경이 미리 이것을 내다 보았으니, 곧 하나님께서 이방인을 믿음에 의하여 의롭다 하실 것을 성경이
먼저 알고, 아브라함에 앞서서 이렇게 복음을 선포하되: "모든 민족이 너를 통하여 복을 받으리라" 하셨
느니라. 9 그러므로 이제 믿음을 가지게 된 우리는 저 믿음의 사람 아브라함과 더불어 함께 복을 받는
것이니라.

10 All who rely on observing the law are under a curse, for it is written: "Cursed
is everyone who does not continue to do everything written in the Book of
the Law." 11 Clearly no one is justified before God by the law, because, "The
righteous will live by faith." 12 The law is not based on faith; on the contrary,
"The man who does these things will live by them."

10 율법을 지키고 준수하는 것에 자신을 의지하려 하는 자는 모두 저주 아래에 있나니, 기록된 바: "누
구든지 모든 일을 항상 율법 책에 기록된 대로 행하지 아니하는 자는 저주 아래에 있느니라." 하였음이
니라. 11 분명한 것은, 하나님 앞에서 율법으로 말미암아 의롭게 될 사람이 하나도 없다는 것이니, 이는
"의인은 믿음으로 살리라"고 쓰여있는 까닭이라. 12 율법은 믿음에 기초해 있는 것이 아니니; 오히려
그 반대로 "이것들을 행하는 자는 그 (*행함)에 의하여 살리라"고 말하고 있음이니라.

13 Christ redeemed us from the curse of the law by becoming a curse for us,
for it is written: "Cursed is everyone who is hung on a tree." 14 He redeemed

us in order that the blessing given to Abraham might come to the Gentiles through Christ Jesus, so that by faith we might receive the promise of the Spirit.

13 우리를 위하여 그리스도께서 스스로 저주를 받으심으로 우리를 율법의 저주로부터 속량(贖良)하셨으니, 기록된 바, "나무에 매달린 자(者)는 저주받은 자(者)라" 하였음이라. 14 그가 우리를 속량(贖良)하신 것은 아브라함에게 주어진 복이 이제 그리스도 예수를 통하여 이방인에게 미치게 하고, 그리하여 우리가 믿음에 의하여 성령의 약속을 받게 하려 하심이니라.

15 Brothers, let me take an example from everyday life. Just as no one can set aside or add to a human covenant that has been duly established, so it is in this case. 16 The promises were spoken to Abraham and to his seed. The Scripture does not say "and to seeds," meaning many people, but "and to your seed," meaning one person, who is Christ.

15 형제들아, 내가 일상의 삶에서 예를 하나 들자면, 사람의 언약이라도 그것이 일단 한번 법으로 결정된 후에는 아무도 이를 임의로 폐하거나 무엇을 더하지 못하는 것이니, 이 경우에도 그러하니라. 16 이 약속들은 아브라함과 그 자손에게 말씀하신 것인데 성경이 말하기를, 다수의 사람을 가리켜 "그 자손들" 이라 하지 않고 오직 한 사람을 지목하여 "네 자손"이라 하셨으니, 이가 곧 그리스도시니라.

17 What I mean is this: The law, introduced 430 years later, does not set aside the covenant previously established by God and thus do away with the promise. 18 For if the inheritance depends on the law, then it no longer depends on a promise; but God in his grace gave it to Abraham through a promise.

17 내가 말하고자 하는 것은 곧: 사백삼십 년 이후에 생겨난 율법이, 하나님께서 예전에 미리 정하사 세우신 언약을 폐기하지 못하며, 그 약속을 헛되이 하지 못한다 하는 것이라. 18 만일 우리가 유업(遺業)으로 받는 그것이 율법에 의할 것 같으면, 더 이상 약속에 따르는 것이 아니니라: 그러나 하나님께서는 약속을 통하여 하나님의 은혜 가운데에서 아브라함에게 언약해 주신 것이니라.

19 What, then, was the purpose of the law? It was added because of transgressions until the Seed to whom the promise referred had come. The law was put into effect through angels by a mediator. 20 A mediator, however, does not represent just one party; but God is one.

19 그러면 율법의 목적은 무엇이냐? 곧 오시리라고 약속이 언급하신 그 '후손'이 오실 때까지, 사람들의 범법(犯法)함으로 인해 더하여진 것이라, 이 율법은, 한 중보자(中保者)의 손에 의하여 천사들을 통하여 효력을 베푸신 것인데 20 그러나 이 중보자는 단지 어느 한 쪽만 대표하는 분이 아니니라; 그러나 하나님은 오직 한 분이시니라.

21 Is the law, therefore, opposed to the promises of God? Absolutely not! For if a law had been given that could impart life, then righteousness would certainly have come by the law. 22 But the Scripture declares that the whole world is a prisoner of sin, so that what was promised, being given through faith in Jesus Christ, might be given to those who believe.

21 그러면 율법이 하나님의 약속들과 상반(相反)되는 것이냐? 결코 그렇지가 않으니라! 만일 하나님께서 율법을 주시되, 생명을 얻게하는 율법을 주셨더라면 의(義)도 반드시 율법으로 말미암았으리라. 22 그러나 성경이 선언하되 온 세상이 죄 아래에 갇힌 바 되었다 하였으니, 이는 (*예전에 미리) 약속을 통하여 주어진 것 곧, 예수 그리스도를 믿으면 주시리라고 약속된 그것을, 그를 믿는 자에게 주시기 위해서니라.

23 Before this faith came, we were held prisoners by the law, locked up until
faith should be revealed. 24 So the law was put in charge to lead us to Christ
that we might be justified by faith. 25 Now that faith has come, we are no
longer under the supervision of the law.

23 이 믿음이 오기 전에는 우리 모두가 다 율법에 매인 죄수가 되어 있었으니 믿음이 나타나기 전까지
는 우리가 이에 갇힌 바 되어 있었느니라. 24 그리하여 지금까지는 이 율법이 우리를 그리스도께로 인
도하는 역할을 맡아 왔었으니, 이는 결국 우리로 하여금 믿음에 의해 의롭다 함을 얻게하려고 그리되어
진 것이라. 25 그러나 지금은 믿음이 이미 (*우리 앞에) 이르러 왔으므로 우리가 더 이상 이 율법의 감독
아래에 있지 아니하도다.

26 You are all sons of God through faith in Christ Jesus, 27 for all of you who
were baptized into Christ have clothed yourselves with Christ.

26 너희가 다 그리스도 예수 안에서 믿음으로 말미암아 하나님의 아들들이 되었으니, 27 그리스도 안
에서 세례를 받은 너희 모두는 이제 그리스도로 옷 입은 자가 되었느니라.

28 There is neither Jew nor Greek, slave nor free, male nor female, for you
are all one in Christ Jesus. 29 If you belong to Christ, then you are Abraham's
seed, and heirs according to the promise.

28 곧, 너희가 다 그리스도 예수 안에서 하나가 되었으니, 이제 너희 가운데에는 유대인도 없고, 그리스
인도 없고, 종도 없고 자유인도 없고, 남자도 없고 여자도 없느니라. 29 너희가 이제 그리스도에 속한
자가 되었으면, 너희는 아브라함의 자손이요, 또한 약속에 의한 유업(遺業)을 이을 자니라.

제4장

1 What I am saying is that as long as the heir is a child, he is no different from
a slave, although he owns the whole estate. 2 He is subject to guardians and
trustees until the time set by his father.

1 내가 말하고자 하는 바는 이것이니, 곧 그 유업(遺業)을 이을 상속자가 그 집안에 속한 모든 것을 소유
한 주인(主人)이긴 하지만, 다만 그 상속자가 아직 어린아이인 동안에는 종과 다름이 없어서 2 그 아버
지가 정한 때까지는 후견인(後見人)과 재산 신탁인의 말을 따라야 한다는 것이니라.

3 So also, when we were children, we were in slavery under the basic
principles of the world. 4 But when the time had fully come, God sent his Son,
born of a woman, born under law, 5 to redeem those under law, that we might
receive the full rights of sons.

3 이와 같이 우리도 어린아이였던 적에는 이 세상의 초등적 규율 아래에 매여, 그 종으로 지냈었더니 4
(*정하신) 때와 기한이 차매 하나님이 그 아들을 보내사 여자에게서 나게 하시고 율법 아래에 나게 하셨
으니 이는 5 율법 아래에 있는 자들을 속량하사, 우리로 하여금 아들의 모든 권리를 받게 하려 도모(圖
謀)하심이니라.

6 Because you are sons, God sent the Spirit of his Son into our hearts, the
Spirit who calls out, "Abba, Father." 7 So you are no longer a slave, but a son;
and since you are a son, God has made you also an heir.

6 너희가 이제 아들인 고로, 하나님께서 그 아들의 영을 우리 마음에 보내사 성령이 부르시는 대로, 아
빠 아버지라 부르게 하셨느니라. 7 그런즉 너희는 이제 더 이상 종이 아니요 아들들이니, 하나님께서 너

희를 유업을 받을 상속자(相續者)로 만드셨느니라.

8 Formerly, when you did not know God, you were slaves to those who by nature are not gods. 9 But now that you know God--or rather are known by God--how is it that you are turning back to those weak and miserable principles? Do you wish to be enslaved by them all over again?

8 예전에 너희가 하나님을 알지 못하던 때에는 신(神)이 아닌 것들에게 종노릇 하였으나 9 이제는 너희가 하나님을 알게 되었고 또, 하나님께서도 너희를 아신 바 되었거늘 어찌하여 다시 저 연약하고 끔찍한 초등적 규례(規例)로 돌아가려 하는 것이냐? 너희가 다시 이런 것들에게 그토록 종 노릇이 하고 싶으냐?

10 You are observing special days and months and seasons and years! 11 I fear for you, that somehow I have wasted my efforts on you. 12 I plead with you, brothers, become like me, for I became like you. You have done me no wrong.

10 너희가 특정한 날과 달과 절기와 해를 삼가 헤아려 지키는구나! 11 이에 내가 너희를 위하여 수고한 모든 것이 헛된 노력이 될까 두려워하노라. 12 형제들아, 내가 너희와 같이 되었은즉 너희도 나와 같이 되기를 구하노라. 너희가 내게 해롭게 한 것이 아무것도 없었느니라.

13 As you know, it was because of an illness that I first preached the gospel to you. 14 Even though my illness was a trial to you, you did not treat me with contempt or scorn. Instead, you welcomed me as if I were an angel of God, as if I were Christ Jesus himself.

13 너희가 알다시피, 내가 처음에 너희에게 복음을 전한 것이 내 육신의 질병으로 인해 그리된 것을 너희가 아는 바라. 14 이런 나의 육신의 연약함이 너희를 시험하는 것이 되었으나, 그러나 너희가 이것을 업신여기지도 아니하며 버리지도 아니하고 대신, 나를 마치 하나님의 천사나 된 것 같이, 그리고 내가 마치 그리스도 예수이신 것과 같이 그렇게 너희가 나를 영접하였도다.

15 What has happened to all your joy? I can testify that, if you could have done so, you would have torn out your eyes and given them to me. 16 Have I now become your enemy by telling you the truth?

15 너희의 그런 기쁨이 지금 다 어떻게 되었느냐? 내가 증거하노니 너희가 할 수만 있었더라면 너희의 눈이라도 빼어 나에게 주었으리라. 16 내가 너희에게 참된 말을 한다고 해서 이제는 내가 너희 원수, 곧 적(敵)이 되었느냐?

17 Those people are zealous to win you over, but for no good. What they want is to alienate you from us, so that you may be zealous for them. 18 It is fine to be zealous, provided the purpose is good, and to be so always and not just when I am with you.

17 그들이 너희에 대해 열심을 내는 것이 너희를 자기들에게 취하여 가려고 하는 것이라. 결코 좋은 의도로 하는 것이 아니니 그들이 원하는 것은 너희를 우리들과 이간(離間)시켜 먼저 우리에게서 떨어져 나가게 한 다음, 너희로 하여금 그들을 향하여 열심을 내게 하려 함이라. 18 그 동기가 선하다면, 좋은 일에 대하여 열심을 내는 것은 비단 내가 너희와 함께 거하고 있을 때 뿐 아니라 언제든지 좋으리라. (*그러나 이 일은 그렇지 아니하니라.)

19 My dear children, for whom I am again in the pains of childbirth until Christ is formed in you, 20 how I wish I could be with you now and change my tone, because I am perplexed about you!

19 내 사랑하는 자녀들아, 너희 속에 그리스도의 형상을 이루기까지 내가 다시 너희를 위하여 해산(解

產)에 버금가는 고통을 당하노니 20 내가 이제라도 너희와 함께 있어 내 목소리의 톤을 (*부드럽게) 바
꾸어 말을 할 수 있으면 얼마나 좋겠느냐? 그러나 지금은 내가 너희에 관하여 일말의 당혹감(當惑感)을
떨칠 수가 없어 이렇게 (*강경하게) 말할 수밖에 없노라.

21 Tell me, you who want to be under the law, are you not aware of what the
law says? 22 For it is written that Abraham had two sons, one by the slave
woman and the other by the free woman.

21 내게 말해 보라, 율법 아래에 있고자 하는 자들아! 율법이 뭐라고 하는지 듣지를 못하였느냐? 22 기
록된 바, 아브라함에게 두 아들이 있으니 하나는 여종에게서, 하나는 자유(自由)한 여자에게서 태어났다
하였노라.

23 His son by the slave woman was born in the ordinary way; but his son by
the free woman was born as the result of a promise. 24 These things may be
taken figuratively, for the women represent two covenants. One covenant is
from Mount Sinai and bears children who are to be slaves: This is Hagar.

23 여종에게서 난 아들은 보통의 방법으로 육체를 따라 났으나; 자유한 여자에게서 난 아들은 약속의
결과에 따라 태어난 아들이니라. 24 이것은 비유로 해석될 수 있으니, 곧 이 여자들은 두 개의 언약이
라. 하나의 언약은 시내산으로부터 나와 아이를 배었으니 곧 종이 된 자라; 이것은 하갈이니라.

25 Now Hagar stands for Mount Sinai in Arabia and corresponds to the present
city of Jerusalem, because she is in slavery with her children. 26 But the
Jerusalem that is above is free, and she is our mother.

25 이 하갈은 아라비아에 있는 시내산을 의미하는 것이라. 현재 이 땅에 있는 예루살렘 도읍과 일치하
는 곳이니 이 하갈이 그 자녀들과 함께 종으로 섬기는 곳이요, 26 그러나, 하늘 위로부터 오는 예루살렘
은 자유한 여자이니 이가 곧 우리 어머니시니라.

27 For it is written: “Be glad, O barren woman, who bears no children; break
forth and cry aloud, you who have no labor pains; because more are the
children of the desolate woman than of her who has a husband.” 28 Now you,
brothers, like Isaac, are children of promise.

27 기록하기를, “기뻐하라, 오! 잉태하지 못한 자, 자식 낳지 못하는 여인이여; 크게 소리 질러 외치라,
너 해산의 고통을 모르던 이여; 자식 낳지 못하는 여인이 남편 있는 자보다 더 많은 자식을 가지리라”고
하였으니 28 형제들아, 너희는 이삭과 같이 약속의 자녀들이니라.

29 At that time the son born in the ordinary way persecuted the son born by
the power of the Spirit. It is the same now. 30 But what does the Scripture say?
“Get rid of the slave woman and her son, for the slave woman’s son will never
share in the inheritance with the free woman’s son.” 31 Therefore, brothers,
we are not children of the slave woman, but of the free woman.

29 그러나 (*예전) 그 때에 육체를 따라 난 자가 성령을 따라 난 자를 박해한 것 같이 이제도 그러하도
다. 30 그러나 성경이 무엇을 말하느냐? “여종과 그 아들을 내어 쫓으라, 여종의 아들이 자유 있는 여자
의 아들과 더불어 유업을 얻지 못하리라” 하지 아니하였느냐? 31 그런즉 형제들아 우리는 여종의 자녀
가 아니요, 자유(自由) 있는 여자의 자녀니라.

제5장

1 It is for freedom that Christ has set us free. Stand firm, then, and do not let
yourselves be burdened again by a yoke of slavery. 2 Mark my words! I, Paul,
tell you that if you let yourselves be circumcised, Christ will be of no value to
you at all.

1 그리스도께서 우리를 자유롭게 하신 것은 우리에게 자유를 주시려 함이니 그러므로 굳게 서서 다시는
종의 멍에를 메지 말라. 2 보라! 나 바울은 너희에게 이것을 말하노니, 만일 너희가 너희 몸에 할례를 받
으면 그리스도께서 너희에게 아무 유익이 없으리라.

3 Again I declare to every man who lets himself be circumcised that he is
obligated to obey the whole law. 4 You who are trying to be justified by law
have been alienated from Christ; you have fallen away from grace.

3 자신의 몸에 할례를 받고자 하는 모든 사람에게 내가 다시 선언하노니, 그는 율법 전체를 행할 의무를
가진 자(者)라. 4 율법에 의하여 의롭다 함을 얻으려 시도하는 너희는 그리스도에게서 떨어져 나온 바
되고 은혜로부터 떨어져 나간 자들이 되었도다.

5 But by faith we eagerly await through the Spirit the righteousness for which
we hope. 6 For in Christ Jesus neither circumcision nor uncircumcision has
any value. The only thing that counts is faith expressing itself through love.

5 그러나 우리가 믿음에 의지하여, 성령을 통하여 우리가 소망하는 바 곧, 의롭다 칭함 받을 것을 기다
리나니 6 그리스도 예수 안에서는 할례든 무할례든 아무 효력이 없고, 오직 사랑으로써 스스로를 표시
하고 나타내는 믿음만 인정될 뿐이니라.

7 You were running a good race. Who cut in on you and kept you from
obeying the truth? 8 That kind of persuasion does not come from the one who
calls you.

7 너희가 지금껏 너희의 달려온 경주를 잘 감당해 왔도다. 그런데 이제 너희를 가로막아 진리를 순종치
못하게 하는 자들이 누구냐? 8 그러한 종류의 권면은 너희를 부르신 이에게서 난 것이 아니니라.

9 “A little yeast works through the whole batch of dough.” 10 I am confident
in the Lord that you will take no other view. The one who is throwing you into
confusion will pay the penalty, whoever he may be.

9 “적은 누룩이 온 반죽 덩이에 퍼지느니라.” 10 그러나 너희가 아무 다른 마음을 품지 아니할 줄을 내
가 주(主) 안에서 확신하노라. 그러나 누구든 너희를 환난 가운데 던져 넣어 요동하게 만드는 그 사람은
정해진 심판을 받으리라.

11 Brothers, if I am still preaching circumcision, why am I still being
persecuted? In that case the offense of the cross has been abolished. 12
As for those agitators, I wish they would go the whole way and emasculate
themselves!

11 형제들아, 내가 지금까지 계속 할례를 전파해 왔다면 어찌하여 지금껏 박해를 받고 있으리요? 만약
내가 그리하였더라면 십자가로써 (*유대인들을) 격동케 만드는 것도 없었으리라. 12 그러나 너희를 선
동하는 자들에 관해 (*내가 말을 하자면), 자신들이나 계속 할례를 하여 차라리 스스로 모두 거세해 버리
기를 내가 바라노라.

13 You, my brothers, were called to be free. But do not use your freedom to
indulge the sinful nature ; rather, serve one another in love. 14 The entire law

is summed up in a single command: "Love your neighbor as yourself." 15 If you
keep on biting and devouring each other, watch out or you will be destroyed
by each other.

13 형제들아, 너희가 부르심을 받은 것은 자유(自由)해지기 위하여 그리된 것이니라. 그러나 이 자유를 너희의 죄 된 본성을 만족하게 하는 데 사용하지 말고, 오직 사랑 가운데에서 서로 섬기는데에 사용하라. 14 온 율법이 이 한 마디 말씀에 요약되어 있으니 곧, "네 이웃 사랑하기를 너 자신같이 하라" 하신 말씀이니라. 15 너희가 만일 서로 물어뜯고 삼켜 먹으려 하면 (*결국은) 피차 멸망할까 하노니 이를 조심하라.

16 So I say, live by the Spirit, and you will not gratify the desires of the sinful
nature. 17 For the sinful nature desires what is contrary to the Spirit, and the
Spirit what is contrary to the sinful nature. They are in conflict with each
other, so that you do not do what you want. 18 But if you are led by the Spirit,
you are not under law.

16 그러므로 내가 이르노니 너희는 성령을 따라 행하라. 그리하면 죄스런 본성의 욕망을 이루지 아니하
리라. 17 죄 된 본성이 원하는 것은 성령의 이끄심에 반하는 것이요, 성령은 죄 된 본성을 반(反)하는 것
이니 이 둘은 서로 적대 관계라. 그리하여 너희가 원하는 그것을 하지 못하게 하느니라. 18 그러나 너희
가 만일 성령의 인도하시는 대로 살면, 더 이상 율법 아래에 있지 아니하니라.

19 The acts of the sinful nature are obvious: sexual immorality, impurity
and debauchery; 20 idolatry and witchcraft; hatred, discord, jealousy, fits of
rage, selfish ambition, dissensions, factions 21 and envy; drunkenness, orgies,
and the like. I warn you, as I did before, that those who live like this will not
inherit the kingdom of God.

19 죄 된 본성의 행위가 무엇인지는 분명하니: 곧 음행과 순결치 못한 것과 방탕함과 20 우상 숭배와
주술 행위와; 증오하는 것과 분쟁과 시기와 분노함과, 이기적 욕심과 분열함과 당쟁과 21 질투와 술 취
함과 호색함과 또 그와 같은 것들이라. 전에 내가 너희에게 경계한 것 같이 이제 다시 경고하노니, 이런
식의 삶을 사는 자들은 하나님의 나라를 유업으로 받지 못하리라.

22 But the fruit of the Spirit is love, joy, peace, patience, kindness, goodness,
faithfulness, 23 gentleness and self-control. Against such things there is no
law. 24 Those who belong to Christ Jesus have crucified the sinful nature with
its passions and desires.

22 그러나 성령의 열매는 오직 사랑과 희락과 화평과 오래 참음과 자비와 양선과 충성과 23 온유와 절
제니 이같은 것을 금지할 법이 없느니라. 24 그리스도 예수에게 속한 사람들은 자신의 죄 된 본성을 그
정욕과 욕망과 함께 십자가에 못 박았느니라.

25 Since we live by the Spirit, let us keep in step with the Spirit. 26 Let us not
become conceited, provoking and envying each other.

25 만일 우리가 성령으로 살면 또한 성령으로 좇아 행할지니 26 우리가 자만하지 말고 서로 남을 노엽
게 하거나 서로 시기 질투하지 말자.

제6장

1 Brothers, if someone is caught in a sin, you who are spiritual should restore
him gently. But watch yourself, or you also may be tempted. 2 Carry each
other's burdens, and in this way you will fulfill the law of Christ.

1 형제들아, 만일 누군가가 어떤 죄 속에 붙잡혀 있다면 이제 영적인 사람이 된 너희는 오직 온유한 심
령으로 그러한 자를 바로잡으라. 그러나 또한 너 자신을 돌아볼지니 그렇지 아니하면 너도 시험을 받을
수 있느니라. 2 너희가 서로의 짐을 나누어 지라. 이런 길 가운데에서 그리스도의 법을 성취할 수 있으
리라.

3 If anyone thinks he is something when he is nothing, he deceives himself.
4 Each one should test his own actions. Then he can take pride in himself,
without comparing himself to somebody else, 5 for each one should carry his
own load.

3 만일 아무것도 이루지 못한 자가 스스로 생각하기를 자신이 무언가 내세울 것이 있다고 생각하면, 그
는 스스로 속임이라. 4 각자가 자신의 행위를 돌아보고 시험해 볼지니라. 자신을 남과 비교하지 않은 상
태에서 혹 스스로 자부심을 가질 수는 있으리라. 5 그러나 너희 각자는 마땅히 스스로 자기 자신의 짐을
지고 가야 하리라.

6 Anyone who receives instruction in the word must share all good things with
his instructor. 7 Do not be deceived: God cannot be mocked. A man reaps
what he sows. 8 The one who sows to please his sinful nature, from that nature
will reap destruction; the one who sows to please the Spirit, from the Spirit
will reap eternal life.

6 누구든 말씀 가운데에서 가르침을 받는 자는 말씀을 가르치는 자와 모든 좋은 것을 함께 나누라. 7 스
스로 자신을 속이지 말지니: 하나님은 업신여김을 받지 아니하시느니라. 사람이 무엇을 심든지, 자신이
심은 대로 거두리라. 8 자기의 죄 된 본성을 기쁘게 하기 위하여 심는 자는 그 본성으로부터 멸망할 것
을 거두고; 성령을 기쁘게 하기 위하여 심는 자는 성령으로부터 영생(永生)을 거두리라.

9 Let us not become weary in doing good, for at the proper time we will reap
a harvest if we do not give up. 10 Therefore, as we have opportunity, let us do
good to all people, especially to those who belong to the family of believers.

9 우리가 선을 행하되 낙심하지 말지니 만일 우리가 포기하지 아니하면 합당한 때가 이르러 추수를 거
둘 수 있으리라. 10 그러므로 우리는 기회 있는 대로 모든 이에게 선한 일을 행하고, 믿는 자들의 가족에
게 속한 이들에게 특히 그리할지니라.

11 See what large letters I use as I write to you with my own hand! 12 Those
who want to make a good impression outwardly are trying to compel you to be
circumcised. The only reason they do this is to avoid being persecuted for the
cross of Christ.

11 내 손으로 친히 너희에게 이렇게 큰 글자로 쓴 것을 보라! 12 겉으로 좋은 인상을 주려고 노력하는
자들이 너희에게 할례를 받도록 강제하는 것이라. 그들이 이런 일을 벌이는 이유는 오직 한 가지뿐이니
곧, 어떡하든, 그리스도의 십자가로 인하여 박해받는 것을 면해 보고자 하는 것뿐이니라.

13 Not even those who are circumcised obey the law, yet they want you to
be circumcised that they may boast about your flesh. 14 May I never boast
except in the cross of our Lord Jesus Christ, through which the world has been
crucified to me, and I to the world.

13 할례를 받은 그들이, 자신들은 스스로 율법을 지키지 아니하면서 너희에게 할례를 받도록 종용하는
것은 너희의 육체로 자랑하려 함이라. **14** 그러나 내게는 우리 주 예수 그리스도의 십자가 외에는 자랑
할 것이 없으니, 이 그리스도의 십자가를 통하여 이 세상이 내게 대하여 십자가에 못 박히고, 나는 또한
세상에 대하여 못 박혔느니라.

15 Neither circumcision nor uncircumcision means anything; what counts is a
new creation. **16** Peace and mercy to all who follow this rule, even to the Israel
of God.

15 할례를 받든지 아니 받든지 그건 아무런 의미도 없으니; 오직 중요한 것은 새로이 지으심을 받는 것
이니라. **16** 이 새 법칙을 따르는 모든 이들에게, 또 하나님의 이스라엘에게도 평강과 긍휼이 있을지어
다.

17 Finally, let no one cause me trouble, for I bear on my body the marks of
Jesus.

17 마지막으로 말하노니, 이후로는 누구든지 나를 괴롭게 하지 말라, 내가 내 몸에 예수의 흔적을 지녔
노라.

18 The grace of our Lord Jesus Christ be with your spirit, brothers. Amen.

18 형제들아, 우리 주 예수 그리스도의 은혜가 너희의 영(靈)과 함께 머물러 있을지어다. 아멘.

에베소서

Ephesians

에베소서

제1장

1 Paul, an apostle of Christ Jesus by the will of God, To the saints in Ephesus,
the faithful in Christ Jesus: 2 Grace and peace to you from God our Father and
the Lord Jesus Christ.

1 하나님의 뜻에 따라 예수 그리스도의 사도가 된 바울은 예수 그리스도 안에서 신실한 이들 곧, 에페소
(에베소)에 있는 성도들에게 (*편지하노니): 2 우리 주 예수 그리스도와 우리 아버지 하나님으로부터 은
혜(恩惠)와 평강(平康)이 너희에게 있을지어다.

3 Praise be to the God and Father of our Lord Jesus Christ, who has blessed us in the heavenly realms with every spiritual blessing in Christ.

3 우리 주 예수 그리스도의 아버지, 하나님께 찬양을 드릴지어다. 이 하나님께서 하늘 지경(地境) 가운데에서 우리에게 복 주시되, 그리스도 안에 있는 모든 영적인 복과 함께 복을 주시는도다.

4 For he chose us in him before the creation of the world to be holy and
blameless in his sight. In love 5 he predestined us to be adopted as his sons
through Jesus Christ, in accordance with his pleasure and will- 6 to the praise
of his glorious grace, which he has freely given us in the One he loves.

4 하나님께서 그리스도 안에서 우리를 택하신 것이 이 세상을 창조하시기 전에 있었던 일이니, 이는 하
나님께서 보시기에 우리가 거룩하고 흠이 없도록 만들기 위함이니라. 5 바로 이 하나님께서 예수 그리
스도를 통하여 우리를 그의 아들들로 입양할 것을 창세(創世) 전에 미리 예정하셨으니, 곧 하나님의 기
쁘신 뜻에 따라 그리하신 것이며 6 그의 영광스러운 은혜를 찬양하도록 하기 위함이라, 이 은혜는 하나
님이 그 사랑하시는 자, '그 분' 안에서 값없이 우리에게 주신 것이니라.

7 In him we have redemption through his blood, the forgiveness of sins, in
accordance with the riches of God's grace 8 that he lavished on us with all
wisdom and understanding.

7 그리스도 안에서 그의 피를 통하여 우리가 구속(救贖)함, 곧 죄 사함을 받았으니, 하나님의 은혜의 풍
성하심에 따라 그리된 것이요, 8 하나님께서 우리에게 모든 지혜와 지식과 함께 후하게 주신 바로 그 은
혜를 인해 받은 것이로다.

9 And he made known to us the mystery of his will according to his good
pleasure, which he purposed in Christ, 10 to be put into effect when the times
will have reached their fulfillment--to bring all things in heaven and on earth
together under one head, even Christ.

9 다만 그 분 아니라, 하나님께서 그의 선하신 기뻐하심을 따라 뜻하신 바, 그 비밀을 우리에게 알게 하
셨으니, 이는 하나님께서 그리스도 안에서 의도하신 것이요, 10 미리 예정하신대로 그 충만한 때에 이

르면 실제로 이루어질 것이라, 곧 이 세상의 것이나 하늘에 있는 것이나를 막론하고 모든 세상 만물이 빠짐없이 단 한 분 그리스도의 머리 아래에 놓여지게 될 바로 그 사실이니라.

11 In him we were also chosen, having been predestined according to the plan of him who works out everything in conformity with the purpose of his will, 12
in order that we, who were the first to hope in Christ, might be for the praise of his glory.

11 그리스도 안에서 우리가 택함을 받아, 모든 것을 그의 뜻의 목적에 따라 일하시는 이, 곧 하나님의 계
획하심에 따라 미리 예정하심을 입었나니, 12 하나님께서 이 모든 것을 이렇게 미리 예정하신 것은 그
리스도 안에서의 첫 소망이 된 우리로 하여금 하나님의 영광의 찬양이 되게 하기 위함이니라.

13 And you also were included in Christ when you heard the word of truth, the gospel of your salvation. Having believed, you were marked in him with a seal,
the promised Holy Spirit, 14 who is a deposit guaranteeing our inheritance
until the redemption of those who are God's possession--to the praise of his glory.

13 너희가 이 진리의 말씀을 들었을 때에 비로소 그리스도께 속한 바가 되었으니 이 말씀이 곧, 너희의 구원을 이룬 복음(福音)이니라. 너희가 이를 믿음으로 이제 그리스도 안에서 인(印) 침으로 표식을 받았
으니 (*너희가 받은 이 인(印)이) 곧, 약속되어 온 성령(聖靈)이시니라. 14 성령은 하나님의 소유가 된 우
리가 장차 구속(救贖)되고 속량(贖良)될 때까지 우리가 받을 유산을 보증 (保證)하는 담보(擔保)시니, 이 모든 것들이 다 하나님의 영광을 찬송하게 하려 하심이니라.

15 For this reason, ever since I heard about your faith in the Lord Jesus and
your love for all the saints, 16 I have not stopped giving thanks for you, remembering you in my prayers.

15 이런 이유로, 그리스도 예수 안에 있는 너희의 믿음과 모든 성도를 위한 너희의 사랑을 전해 들은 그
때로부터 시작하여 지금까지, 16 내가 항상 내 기도 속에서 너희를 생각하며, 또한 너희로 인하여 하나님께 감사드리기를 멈추지 않았노라.

17 I keep asking that the God of our Lord Jesus Christ, the glorious Father, may give you the Spirit of wisdom and revelation, so that you may know him better.

17 우리 주 예수 그리스도의 하나님, 곧 영광의 아버지께 내가 항상 간구하기는, 아무쪼록 하나님께서 너희에게 지혜(智慧)와 계시(啓示)의 성령(聖靈)을 주사, 너희가 하나님을 더욱더 잘 알게 되도록 하여 주십사 하는 것이니라.

18 I pray also that the eyes of your heart may be enlightened in order that you may know the hope to which he has called you, the riches of his glorious
inheritance in the saints, 19 and his incomparably great power for us who
believe. That power is like the working of his mighty strength, 20 which he
exerted in Christ when he raised him from the dead and seated him at his
right hand in the heavenly realms, 21 far above all rule and authority, power and dominion, and every title that can be given, not only in the present age but also in the one to come.

18 또한 너희 마음의 눈이 밝아져, 하나님께서 너희를 부르신 그 소망이 무엇인지, 그리고 우리 성도 안
에 있는 하나님의 그 영광된 유산이 얼마나 부요(富饒)하고 풍성한지, 19 또한 믿는 우리를 위한, 하나
님의 비교할 수 없는 큰 능력이 어떠한지를 너희가 알게 되기를 내가 기도하노라. 이 능력은 하나님의
전능하신 힘의 역사(役事)하심과 같은 것이니 20 하나님께서 그리스도를 죽음에서 일으키사 하늘 나라

에서 그의 오른편에 앉게 하실 때에 사용하신 바로 그 능력이요, 21 하나님께서 지금 현재 뿐 아니라,
장차 앞으로 다가올 모든 시간을 통하여, 예수 그리스도를 이 세상의 모든 다스림과 권세 위에, 그리고
모든 능력과 통치자(統治者) 위에, 그리고 이 세상에 주어진 모든 다른 호칭보다 훨씬 더 뛰어나게 하시
고 높이 이르도록 하신 바로 그 힘이니라.

22 And God placed all things under his feet and appointed him to be head
over everything for the church, 23 which is his body, the fullness of him who
fills everything in every way.

22 그리하여 하나님께서 만물을 그의 발 밑에 두시고, 그리스도를 만물 위에 머리가 되도록 지명하셨으
니 곧 교회를 위하여 그리하셨느니라. 23 이 교회는 그의 몸이요, 만물 가운데에서, 만유(萬有)를 모든
방법으로 충만케 하시는 이의 충만함이니라.

제2장

1 As for you, you were dead in your transgressions and sins, 2 in which
you used to live when you followed the ways of this world and of the ruler
of the kingdom of the air, the spirit who is now at work in those who are
disobedient.

1 너희에 관해 말을 하자면, 너희는 (*그 때에) 범법함과 죄로 인하여 죽어 있었도다. 2 너희가 이 세상
과 공중에 있는 왕국을 통치하는 자들의 길을 좇으며 죄악 가운데에서 살고 있었으니, 곧 너희가 좇았던
대상은 지금 현재에도 불순종하는 이들 속에서 여전히 역사(役事)하고 있는 영(靈)이니라.

3 All of us also lived among them at one time, gratifying the cravings of our
sinful nature and following its desires and thoughts. Like the rest, we were
by nature objects of wrath. 4 But because of his great love for us, God, who
is rich in mercy, 5 made us alive with Christ even when we were dead in
transgressions--it is by grace you have been saved.

3 실상은 우리 모두 역시 한 때는 그들 가운데에서 거하며 죄 된 본성의 갈망을 붙들고 살고 그 욕구와
생각을 좇아 살아왔으니, 결과적으로 다른 모든 사람과 같이 우리 역시 본질적으로는 진노의 대상이었
느니라. 4 그러나 우리를 향하신 그의 크신 사랑으로, 자비가 풍성하신 하나님께서 5 우리가 범죄로 말
미암아 죽어 있던 바로 그 때에, 우리를 그리스도와 함께 살리셨으니 우리가 구원을 얻은 것이 곧 은혜
로 말미암은 것이라.

6 And God raised us up with Christ and seated us with him in the heavenly
realms in Christ Jesus, 7 in order that in the coming ages he might show the
incomparable riches of his grace, expressed in his kindness to us in Christ
Jesus.

6 하나님께서 우리를 그리스도와 함께 죽음에서 살리사, 예수 그리스도와 함께 하늘 나라에 앉게 하신
까닭은 7 이 다가오는 세대에, 예수 그리스도 안에서 우리를 향해 드러내신 하나님의 비교할 수 없는 은
혜의 크나큰 부요하심을 모든 세대에 걸쳐 직접 나타내 보이려 하신 까닭이니라.

8 For it is by grace you have been saved, through faith--and this not from
yourselves, it is the gift of God--9 not by works, so that no one can boast.
10 For we are God's workmanship, created in Christ Jesus to do good works,
which God prepared in advance for us to do.

8 너희가 구원을 받은 것이 이와 같이 믿음을 통하여 은혜로 된 것이라. 너희로부터 나온 게 아니요, 하
나님의 은혜로 인함이요, 9 너희의 행위에 의한 것이 아니니, 아무도 이를 자랑하지 못하게 하려 하심이
니라. 10 우리는 하나님께서 만드신 바 그의 작품이라, 예수 그리스도 안에서 선한 일을 하도록 지음을
받았으니 하나님께서 이런 선한 일을 하도록 우리를 예전부터 미리 준비하셨음이로다.

11 Therefore, remember that formerly you who are Gentiles by birth and called
"uncircumcised" by those who call themselves "the circumcision" (that done
in the body by the hands of men)-- 12 remember that at that time you were
separate from Christ, excluded from citizenship in Israel and foreigners to
the covenants of the promise, without hope and without God in the world. 13
But now in Christ Jesus you who once were far away have been brought near
through the blood of Christ.

11 그러므로, 이것을 잊지 말지니 너희가 그 전 한 때, 태생적으로 이방인이었던 사실과 또 스스로 "할
례파(割禮波)"라고 부르는 자들로부터 (이 할례는 사람의 손으로 육체에 행해진 것이라) "무할례자"로
불리워졌던 사실이라. 12 또한 그 때에 너희가 그리스도로부터 분리되어 이스라엘의 시민권으로부터
배제되고 약속의 언약에 대해서 외인(外人)이요, 이 세상에서 소망도 없고 하나님도 없는 자들이었던 것
을 기억하라. 13 그러나 이제는 그리스도 예수 안에서, 예전 한 때에 그처럼 멀리 떨어져 있던 너희가 이
제 그의 피로 말미암아 이처럼 가까이 옮겨진 바 되었느니라.

14 For he himself is our peace, who has made the two one and has destroyed
the barrier, the dividing wall of hostility, 15 by abolishing in his flesh the law
with its commandments and regulations. His purpose was to create in himself
one new man out of the two, thus making peace, 16 and in this one body to
reconcile both of them to God through the cross, by which he put to death
their hostility.

14 그는 우리의 평화이시라. 그 둘을 하나로 만드시고, 둘 사이를 막고 있던 담, 곧 서로 적대함으로 분
리되어 있던 장애물을 허물어 무너뜨리셨으니 15 이는 계명과 율례로 이루어진 율법을 그의 몸 한가운
데에서 없애 버리심으로 이루어내신 것이라. 그가 목적하신 바는 그의 몸 가운데에서 하나의 평화를 만
드사 이전의 둘로부터 새 사람 하나를 만들고자 하신 것이니 16 이 새로운 몸으로 말미암아 십자가를
통하여 그 둘을 하나님 앞에서 화목(和睦)케 하심으로, 마침내 그 둘 서로 간의 적의(敵意)를 영원히 죽
여 없애 버리려 하심이니라.

17 He came and preached peace to you who were far away and peace to those
who were near. 18 For through him we both have access to the Father by one
Spirit.

17 그리스도께서 이 땅에 오셔서 그 전에 멀리 있던 너희에게, 그리고 예전부터 가까이 머물러 있던 그
들에게, 같은 평안을 가르치며 평강을 선포하셨으니 18 이는 오직 그를 통하여서만 우리가 한 성령에
의해 아버지께로 나아감을 얻는 까닭이니라.

19 Consequently, you are no longer foreigners and aliens, but fellow citizens
with God's people and members of God's household, 20 built on the
foundation of the apostles and prophets, with Christ Jesus himself as the chief
cornerstone.

19 그런즉 이제는 너희가 외국인도 아니요 외계인도 아니라. 하나님의 사람들과 동료된 시민이요, 하나
님 집의 식구니, 20 예수 그리스도가 친히 으뜸가는 모퉁이 돌이 되사, 사도(使徒)와 선지자가 놓은 기
초 위에서 그와 함께 지어져 가는 건물이 되었느니라.

21 In him the whole building is joined together and rises to become a holy

temple in the Lord. 22 And in him you too are being built together to become
a dwelling in which God lives by his Spirit.

21 (*이와 같이) 예수 그리스도 안에서 전체 건물이 서로 결합되어 나갈 뿐 아니라 또한 주 하나님 안에
있는 거룩한 성전(聖殿)으로 서 가는 것이니 22 그 안에서 너희가 함께 건물로 지어져 가며 하나님께서
친히 그 성령으로 거하시는 처소(處所)가 되어 가는 것이니라.

제3장

1 For this reason I, Paul, the prisoner of Christ Jesus for the sake of you
Gentiles-- 2 Surely you have heard about the administration of God's grace
that was given to me for you, 3 that is, the mystery made known to me by
revelation, as I have already written briefly.

1 나, 바울은 바로 이런 이유로, 그리스도 예수로 말미암아 너희 이방인을 위한 사역으로 감옥에 갇힌
바가 되었으니 2 너희를 위하여 내게 주어진 바, 하나님의 은혜의 경륜(經綸)이 어떠했는지는 너희가 이
미 전해 들은 바 있느니라. 3 이 은혜는 계시(啓示)에 따라 내게 알게 하신 비밀 즉, 내가 이미 너희에게
간단히 먼저 쓴 바로 그 내용이니라.

4 In reading this, then, you will be able to understand my insight into the
mystery of Christ, 5 which was not made known to men in other generations
as it has now been revealed by the Spirit to God's holy apostles and prophets.

4 그 글을 읽으면 그리스도의 기이한 비밀에 관한 나의 내면의 깨달음을 너희가 이해할 수 있을 것인데
5 이 비밀은, 지금껏 다른 세대의 사람들에게는 일체 알려지지 않고 있다가 이제 성령에 의하여 하나님
의 거룩한 사도와 선지자들에게 알려진 바 되었느니라.

6 This mystery is that through the gospel the Gentiles are heirs together with
Israel, members together of one body, and sharers together in the promise
in Christ Jesus. 7 I became a servant of this gospel by the gift of God's grace
given me through the working of his power.

6 이 비밀은 너희 이방인들이 복음을 통하여 이스라엘과 함께 한 몸의 지체가 되고, 그리스도의 약속을
함께 나누는 자가 됨으로, 결국 (*하나님의) 유산의 상속자가 되는 바로 그것이니 7 그의 능력의 역사(役
事)하심을 통하여, 내게 주어진 하나님의 은혜의 선물로 내가 이 복음의 일꾼이 되었노라.

8 Although I am less than the least of all God's people, this grace was given
me: to preach to the Gentiles the unsearchable riches of Christ, 9 and to make
plain to everyone the administration of this mystery, which for ages past was
kept hidden in God, who created all things.

8 비록 내가 하나님의 사람들 중 가장 작은 자보다도 더 못한 자이었으나, 이런 은혜가 내게 주어진 것
은: 그리스도의 측량할 수 없는 은혜의 부요함과 풍성함을 이방인들에게 전하는 것과 9 이런 큰 비밀의
경륜(經綸)이 어떠한 것인지를 사람들에게 풀어 설명하기 위함이니, 이는 지난 모든 세대에 걸쳐 하나
님, 곧 천지 만물을 창조하신 하나님 안에서 대대로 감추어져 내려오던 것이로다.

10 His intent was that now, through the church, the manifold wisdom of God
should be made known to the rulers and authorities in the heavenly realms, 11
according to his eternal purpose which he accomplished in Christ Jesus our
Lord. 12 In him and through faith in him we may approach God with freedom

and confidence. 13 I ask you, therefore, not to be discouraged because of my sufferings for you, which are your glory.

10 그가 궁극적으로 의도하시던 바는 이제, 하나님의 각종 다양한 지혜가 교회를 통하여 하늘 지경(地境)에 있는 모든 다스리는 이들과 권세들에게 알려지는 것이니 11 이는 우리 주 예수 그리스도 안에서 하나님께서 완성하신 그의 영원하신 목적에 따라 계획된 것이라. 12 우리가 그리스도 안에서 그를 믿는 믿음을 통해, 이제 자유함과 담대함을 가지고 하나님께로 나아갈 수 있게 되었느니라. 13 그러므로 내가 너희에게 당부하노니 현재 내가 갇혀 겪는 이 환난으로 인하여 상심하지 말라. 내가 당하는 바, 이 고난(苦難)이 곧 너희의 영광이니라.

14 For this reason I kneel before the Father, 15 from whom his whole family in heaven and on earth derives its name.

14 이런 것들을 위해 내가 하나님 앞에 무릎을 꿇는 것이니, 15 이 하나님으로부터 하늘과 땅에 있는 모든 하나님의 집안 사람들이 그 이름을 얻느니라.

16 I pray that out of his glorious riches he may strengthen you with power
through his Spirit in your inner being, 17 so that Christ may dwell in your
hearts through faith. And I pray that you, being rooted and established in love,
18 may have power, together with all the saints, to grasp how wide and long
and high and deep is the love of Christ, 19 and to know this love that surpasses
knowledge--that you may be filled to the measure of all the fullness of God.

16 내가 또 너희를 위해 기도하는 바는, 하나님께서 그의 풍성하신 영광으로 너희 내면에 이미 들어와
있는 하나님의 성령을 통하여 너희를 능력으로 강건하게 하시고, 17 너희의 믿음을 통하여 그리스도께
서 너희의 마음 속에 자리 잡아 친히 거(居)하시는 것이라. 그뿐 아니라, 너희가 사랑 가운데에서 뿌리를
내려 든든히 서가고 18 다른 모든 성도들과 함께 능력을 받아, 그리스도의 사랑이 얼마나 넓으며, 얼마
나 높고, 또 얼마나 깊은지를 확실히 아는 것과 19 또한 그 사랑-모든 지식을 뛰어 넘어 이를 능가하는
사랑-이 과연 어떠한 사랑인지를 알게 되는 것이니, 이를 통하여 너희가 하나님의 충만함의 온전한 분
량까지 충만히 채워지게 되는 것이니라.

20 Now to him who is able to do immeasurably more than all we ask or
imagine, according to his power that is at work within us, 21 to him be glory
in the church and in Christ Jesus throughout all generations, for ever and ever!
Amen.

20 이제, 우리 속에서 그의 능력을 따라 역사(役事)하시고, 우리가 원하고 상상하는 그 모든 것보다 헤
아릴 수 없이 더욱더 많이 이루어 주시는 능력을 가지고 계신 이, 21 곧 하나님께, 이 모든 세대를 통하
여 교회와 그리스도 예수 안에서 영원 무궁토록 영광이 계실지어다. 아멘.

제4장

1 As a prisoner for the Lord, then, I urge you to live a life worthy of the calling
you have received. 2 Be completely humble and gentle; be patient, bearing
with one another in love. 3 Make every effort to keep the unity of the Spirit
through the bond of peace.

1 그런즉 이제 주를 위해 옥에 갇힌 자 된 나 바울이 너희를 강권하노니, 너희는 너희가 받은 그 부르심

에 합당한 삶을 살지어다. 2 너희가 온전히 겸손하고 온전히 온유하여; 사랑 가운데에서 인내함으로 서
로 용납하고 3 평안의 결합을 통하여 성령이 하나 되게 하심을 지켜나갈 수 있도록 모든 노력을 다하고
힘쓰라.

4 There is one body and one Spirit--just as you were called to one hope when
you were called-- 5 one Lord, one faith, one baptism; 6 one God and Father of
all, who is over all and through all and in all.

4 오직 한 몸이 있고 오직 한 성령이 계시니–부르심을 받았던 그 때에, 너희가 오직 한 가지 소망을 위
해 부르심을 받은 것처럼– 5 오직 한 분, 주(主)가 계시고, 하나의 세례가 있을 뿐이며; 6 만유(萬有) 위
에 오직 한 분, 하나님 아버지께서 계시니 곧 만유 위에 계시고, 만유 가운데에 계시고, 만유 속에 계시
는 분이시니라.

7 But to each one of us grace has been given as Christ apportioned it. 8 This is
why it says: "When he ascended on high, he led captives in his train and gave
gifts to men." 9 (What does "he ascended" mean except that he also descended
to the lower, earthly regions? 10 He who descended is the very one who
ascended higher than all the heavens, in order to fill the whole universe.)

7 우리 각자에게 은혜가 주어진 바 되었으니 그리스도께서 각각 나누어 정해 주신 것이라. 8 그러므로
성경이 말하기를: 그가 하늘로 높이 올라가실 때에 그 사로잡힌 자들을 자신의 열차에 태워서 데려가셨
으며 또한 사람들에게 은혜를 부어 주셨도다." 함과 같으니라. 9 (말씀에 이르기를 "올라가셨다" 하였으
니 그 전에 이 낮은 곳 즉, 이 세상 땅으로 내려오셨음이 아니면 다른 무엇을 의미하겠느냐? 10 낮은 데
에 내려오셨던 그가 곧 높은 곳, 하늘로 올라가신 바로 그 분이시니 그가 올라가신 것은 모든 우주를 충
만하게 채우기 위하심이니라.)

11 It was he who gave some to be apostles, some to be prophets, some to be
evangelists, and some to be pastors and teachers, 12 to prepare God's people
for works of service, so that the body of Christ may be built up 13 until we all
reach unity in the faith and in the knowledge of the Son of God and become
mature, attaining to the whole measure of the fullness of Christ.

11 우리 중 어떤 사람은 사도로, 어떤 이는 선지자로, 또 어떤 이는 복음 전하는 전도자로, 그리고 또 다
른 이는 목사(牧師)와 교사(敎師)로 각각 세우신 이가 그리스도시니, 12 각자가 그 섬기는 일에 있어 하
나님의 사람들을 준비토록 하기 위함이라. 그럼으로써 그리스도의 몸이 함께 지어져 나가되, 13 우리가
모두 하나님의 아들을 아는 지식과 그에 대한 믿음에 자라나며, 그리스도의 충만한 경지(境地)에 이르기
까지 성숙하게 되고 그 안에서 모두가 진정한 하나 됨에 이를 때까지 우리가 함께 지어져 나가느니라.

14 Then we will no longer be infants, tossed back and forth by the waves,
and blown here and there by every wind of teaching and by the cunning and
craftiness of men in their deceitful scheming. 15 Instead, speaking the truth
in love, we will in all things grow up into him who is the Head, that is, Christ.
16 From him the whole body, joined and held together by every supporting
ligament, grows and builds itself up in love, as each part does its work.

14 그러므로 이제 우리가 더 이상 유아(乳兒)로만 머물러 있을 수가 없으니, 세상 풍조에 떠밀려 전후좌
우로 떠다니지 아니하고, 또 정직하지 못한 자들이 꾸미는 간특하고 교활한 책략의 바람에 이리저리 휩
쓸려 다니지도 아니하고, 15 오직 사랑 안에서 서로가 진리를 말함으로, 마침내 모든 일에 있어 우리의
머리가 되신 이, 그리스도에게 이르기까지 성장해 가느니라. 16 그리하여 이 그리스도로부터 시작하여
우리의 온 몸이 힘줄로 서로 지지하며 연결되어 서로 붙들고, 각 부분이 각자 맡은 바 일을 행하면서, 몸
전체가 사랑 안에서 스스로 자라나고 세워져 나가는 것이니라.

17 So I tell you this, and insist on it in the Lord, that you must no longer live as the Gentiles do, in the futility of their thinking. 18 They are darkened in their understanding and separated from the life of God because of the ignorance that is in them due to the hardening of their hearts. 19 Having lost all sensitivity, they have given themselves over to sensuality so as to indulge in every kind of impurity, with a continual lust for more.

17 그러므로 내가 주(主)안에서 특히 주장(主張)하고 말하려 하는 바는, 이제는 너희가 더 이상 이방인의 헛된 생각이나 그들의 사는 방식을 좇아 살아서는 안 된다는 것이라. 18 그들이 스스로 지각(知覺)이 어두워져 하나님의 생명으로부터 떨어져 나왔으니 이는 그들의 무지에서 비롯된 것이요, 자신들의 속에서 스스로 그 마음이 완고해진 탓이니라. 19 그들이 또한, 타고난 민감한 감성들을 모두 잃어버리고, 자신들을 음란함과 호색함에 넘겨줘 버렸으니 모든 종류의 불순한 행위들에 빠져 들어가, 끊임없는 욕망과 욕정에 사로잡힌 바 되었도다.

20 You, however, did not come to know Christ that way. 21 Surely you heard of him and were taught in him in accordance with the truth that is in Jesus.

20 그러나 너희는 그리스도를 이같은 방식으로 배우지 아니하였으니 21 너희는 그리스도 예수 안에 들어 있는 진리에 따라 그에 관해 들음으로, 예수 안에서 가르침을 받았느니라.

22 You were taught, with regard to your former way of life, to put off your old self, which is being corrupted by its deceitful desires; 23 to be made new in the attitude of your minds; 24 and to put on the new self, created to be like God in true righteousness and holiness.

22 너희가 예전에 살던 삶의 방식에 관하여 전혀 새로운 가르침을 받았으니, 곧 너희의 불순한 욕망에 의해 타락해 가던 옛 자아를 내려놓고; 23 오직 마음의 자세를 새롭게 함으로; 24 새 사람을 덧입어야 한다는 것이라, 이 새 사람은 하나님의 형상을 따라 의와 거룩함 안에서 창조되어진 존재를 이름이니라.

25 Therefore each of you must put off falsehood and speak truthfully to his neighbor, for we are all members of one body. 26 "In your anger do not sin": Do not let the sun go down while you are still angry, 27 and do not give the devil a foothold.

25 그러므로 이제 너희 모두 거짓을 버리고, 그 이웃과 더불어 오직 참된 말을 할지니, 이는 우리가 모두 한 몸 안에 들어와 있는 지체들인 까닭이니라. 26 "분노 중에 죄를 짓지 말며": 여전히 노(怒)를 품고 있는 중에 해가 지도록 하지 말고 27 마귀에게 발 디딜 틈을 주지 말라.

28 He who has been stealing must steal no longer, but must work, doing something useful with his own hands, that he may have something to share with those in need. 29 Do not let any unwholesome talk come out of your mouths, but only what is helpful for building others up according to their needs, that it may benefit those who listen. 30 And do not grieve the Holy Spirit of God, with whom you were sealed for the day of redemption.

28 지금껏 도둑질하며 살아온 자들은 더 이상 도둑질하지 말고 반드시 자기 손으로 뭔가 쓸모 있는 일을 하여, 곤궁한 사람들에게 무언가 나누어 줄 것이 있도록 하라. 29 건전치 못한 말은 입 밖에도 나오게 말며, 오직 사람들의 필요에 따라, 사람들을 덕스럽게 세워나가는데 필요한 말과 듣는 사람에게 유익이 되는 말만 하라. 30 하나님의 성령을 근심하게 하지 말라. 너희가 그 안에서 구원의 날까지 인치심을 받았느니라.

31 Get rid of all bitterness, rage and anger, brawling and slander, along with every form of malice. 32 Be kind and compassionate to one another, forgiving

each other, just as in Christ God forgave you.

31 아울러 너희 가운데에 있는 모든 쓴 반감들을 없애버리고, 분노하는 것이나 화내는 것도 일체 없이 하고, 남을 중상(中傷)하는 것과 서로 다투는 것 또한, 모든 형태의 다른 악의와 더불어 없애 버리라. 32
오직 너희는 서로 친절하고 서로에게 동정심을 가지며, 그리스도 안에서 하나님이 너희를 용서하신 것 처럼 그렇게 너희도 서로를 용서하라.

제5장

1 Be imitators of God, therefore, as dearly loved children 2 and live a life of love, just as Christ loved us and gave himself up for us as a fragrant offering and sacrifice to God.

1 너희는 사랑을 한껏 받고 자라나는 자녀들처럼 하나님을 닮은 사람이 되고 2 그리하여 사랑의 삶을 살지니, 그리스도께서 우리를 사랑함으로 자기를 버리사, 하나님 앞에 향기로운 제물과 희생물로 자신을 바쳐 드린 것처럼 그리하라.

3 But among you there must not be even a hint of sexual immorality, or of any kind of impurity, or of greed, because these are improper for God's
holy people. 4 Nor should there be obscenity, foolish talk or coarse joking,
which are out of place, but rather thanksgiving. 5 For of this you can be sure: No immoral, impure or greedy person--such a man is an idolater--has any inheritance in the kingdom of Christ and of God.

3 성적인 음란함에 관하여서는 너희 가운데에 조그만 흔적이라도 없게 할 것이며, 어떤 형태의 불순함이나 탐욕도 있어서도 안될 것이니 이런 것들이 하나님의 거룩한 사람들에게 합당하지 않음이니라. 4
외설적인 언동이나 어리석은 말이나 음란한 농담 역시 너희에게 어울리지 아니하니 오히려 늘 감사의 말을 나누라. 5 너희도 익히 알고 있는 것과 같이: 부도덕한 사람이나, 순결하지 못한 사람이나, 그리고 탐욕스런 사람들은—이런 자들이 곧 우상 숭배자라—하나님과 그리스도의 나라의 유산을 받지 못하리라.

6 Let no one deceive you with empty words, for because of such things God's wrath comes on those who are disobedient. 7 Therefore do not be partners with them.

6 아무든지 허탄한 말로 너희를 속이지 못하게 할지니, 바로 이런 일들로 말미암아 하나님의 진노가 불순종하는 사람들에게 임하느니라. 7 그러므로 이런 자들과 동반하여서는 어떤 일이든지 하지를 말라.

8 For you were once darkness, but now you are light in the Lord. Live
as children of light 9 (for the fruit of the light consists in all goodness,
righteousness and truth) 10 and find out what pleases the Lord.

8 너희가 한때는 어둠이요 암흑이었으나 이제는 주 안에서 빛이 되었으니, 이제로부터는 빛의 자녀로
살지어다. 9 (빛의 열매는 모든 선함과 의로움 그리고 진실함으로 이루어져 있으니) 10 그리고 무엇이 주를 기쁘게 할지를 생각하고 찾아보라.

11 Have nothing to do with the fruitless deeds of darkness, but rather expose
them. 12 For it is shameful even to mention what the disobedient do in secret.

11 너희는 열매 없는 어둠의 일에는 관여하지도 말고 차라리 그들을 드러내라. 12 그들 곧 불순종의 자

식들이 비밀리에 모여 하는 일들은 입으로 언급하기에도 부끄러운 것들이라.

13 But everything exposed by the light becomes visible, 14 for it is light that makes everything visible. This is why it is said: "Wake up, O sleeper, rise from the dead, and Christ will shine on you."

13 그러나 빛에 의하여 드러나는 것은 우리 눈에 보여지게 되나니, 14 모든 것을 보이게 만드는 것이 빛이니라. 그러므로 이르시기를: "일어나라, 오, 너 잠든 자여, 죽음에서 일어날지어다, 그리스도께서 너희 위에 빛을 비추시는도다." 함과 같으니라.

15 Be very careful, then, how you live--not as unwise but as wise, 16 making the most of every opportunity, because the days are evil. 17 Therefore do not be foolish, but understand what the Lord's will is.

15 그런즉 너희가 어떻게 살아야 할지 조심하고 또, 조심할지어다. 어리석은 자와 같이 되지 말고 오직 지혜롭게 행하고, 16 주어진 모든 기회를 최대한 활용할지니, 세월이 악하니라. 17 어리석게 행하지 말고, 오직 주의 뜻이 무엇인지 분별하도록 하라.

18 Do not get drunk on wine, which leads to debauchery. Instead, be filled with the Spirit. 19 Speak to one another with psalms, hymns and spiritual songs. Sing and make music in your heart to the Lord, 20 always giving thanks to God the Father for everything, in the name of our Lord Jesus Christ. 21 Submit to one another out of reverence for Christ.

18 술 취하지 말라. 이는 방탕에 이르는 것이니 오직, 성령으로 충만하게 되라. 19 서로 더불어 시편(詩篇)을 말하고 찬송과 함께 영적인 노래를 부르고 네 마음 속으로부터 주 하나님을 향해 음악을 만들어 노래하며 20 언제 어느 때나, 모든 것과 모든 일에 있어 하나님 아버지께 감사할지니, 우리 주 예수 그리스도의 이름으로 감사를 드리고 21 그리스도를 경배함으로 서로에게 복종하라.

22 Wives, submit to your husbands as to the Lord. 23 For the husband is the head of the wife as Christ is the head of the church, his body, of which he is the Savior. 24 Now as the church submits to Christ, so also wives should submit to their husbands in everything.

22 아내들이여, 남편에게 복종하기를 그리스도에게 하듯 하라. 23 남편이 아내의 머리 됨이 그리스도께서 교회의 머리 되심과 같으니, 교회는 그리스도의 몸이라. 그가 이 몸 된 교회의 구세주가 되시느니라. 24 이제 교회가 그리스도에게 복종하듯, 아내들은 모든 일에 있어 그 남편에게 복종할지니라.

25 Husbands, love your wives, just as Christ loved the church and gave himself up for her 26 to make her holy, cleansing her by the washing with water through the word, 27 and to present her to himself as a radiant church, without stain or wrinkle or any other blemish, but holy and blameless.

25 남편들아, 너희 역시 아내를 사랑할지니, 그리스도께서 교회를 사랑하사 자신의 몸을 내어주신 것과 같이 하며 26 또한 그가 말씀을 통하여, 물로 씻고 정결케 하여 교회를 거룩하게 만드시고, 27 흠도 없고 주름도 없고 티도 없이, 오직 거룩하고 책망할 것 없는 빛나는 교회를 만들어 자신 앞에 내놓으신 것처럼 그렇게 아내를 사랑하라.

28 In this same way, husbands ought to love their wives as their own bodies. He who loves his wife loves himself. 29 After all, no one ever hated his own body, but he feeds and cares for it, just as Christ does the church--30 for we are members of his body.

28 이와 같이, 남편들은 자신의 몸을 사랑하듯이 아내를 사랑할지니, 아내를 사랑하는 남편은 곧 자신

을 사랑하는 것이라. 29 자기 자신의 몸을 미워하는 이가 없고, 각자가 자신의 몸을 돌보고 먹이기를 그
리스도께서 교회에 하듯 하나니, 30 우리 각자는 그리스도의 몸의 지체들이니라.

31 "For this reason a man will leave his father and mother and be united to his
wife, and the two will become one flesh." 32 This is a profound mystery--but
I am talking about Christ and the church. 33 However, each one of you also
must love his wife as he loves himself, and the wife must respect her husband.

31 "이런 이유로 남자가 그 부모를 떠나 아내와 연합함으로 둘이 한 육체가 되는 것이라." 32 이 비밀이
깊도다. 그러나 나는 지금 그리스도와 교회에 관해 말하고 있는 중이니라. 33 그러므로 너희 모두 자신
의 아내를 사랑하되, 자기 몸을 아끼듯이 하고, 또한 아내는 그 남편을 존경하라.

제6장

1 Children, obey your parents in the Lord, for this is right. 2 "Honor your
father and mother"--which is the first commandment with a promise--3
"that it may go well with you and that you may enjoy long life on the earth."
4 Fathers, do not exasperate your children; instead, bring them up in the
training and instruction of the Lord.

1 자녀들아, 주(主) 안에서 너희 부모에게 순종하라, 이것이 옳으니라. 2 "네 아버지와 어머니를 공경하
라" 이것이 약속이 있는 첫 계명(誡命)이니 3 "이로써 네가 잘되고 또 이 땅에서 장수하리라." 4 어버이
들아, 너희 자녀로 하여금 분개하게 만들지 말고 오직 주의 교훈과 훈계로 양육하라.

5 Slaves, obey your earthly masters with respect and fear, and with sincerity of
heart, just as you would obey Christ. 6 Obey them not only to win their favor
when their eye is on you, but like slaves of Christ, doing the will of God from
your heart. 7 Serve whole-heartedly, as if you were serving the Lord, not men,
8 because you know that the Lord will reward everyone for whatever good he
does, whether he is slave or free. 9 And masters, treat your slaves in the same
way. Do not threaten them, since you know that he who is both their Master
and yours is in heaven, and there is no favoritism with him.

5 종들아, 이 땅에 있는 너희 상전들에게 복종하되 존경과 두려움으로 하고, 또 신실한 마음으로 그리스
도께 순종하듯 하라. 6 그들의 눈길이 너희 위에 머물러 있을 때에 그 호의를 얻기 위하여 복종하는 것
이 아니라 그리스도의 종들처럼, 마음으로 하나님의 뜻을 행하여 7 주 하나님을 모시듯 전심으로 섬기
고, 사람들에게 하듯 하지 말라. 8 우리 모든 사람이 무슨 선한 일을 행하든지, 종이나 자유인이나, 주 하
나님께서 그 행한 대로 상을 베푸신다 하는 것은 너희가 이미 알고 있는 바니라. 9 상전들아, 너희도 너
희 종들을 이와 같이 대접하고 위협함을 그치라. 이는 그들과 너희 모두의 상전이 하늘에 계시고 그에게
는 사람을 외모로 취하는 일이 없는 줄 너희가 앎이니라.

10 Finally, be strong in the Lord and in his mighty power. 11 Put on the full
armor of God so that you can take your stand against the devil's schemes. 12
For our struggle is not against flesh and blood, but against the rulers, against
the authorities, against the powers of this dark world and against the spiritual
forces of evil in the heavenly realms.

10 끝으로, 주 안에서, 그리고 주 그리스도의 강력한 능력 가운데에서 강하여지라. 11 마귀의 간계를 대
적(對敵)하고 굳게 서기 위하여 하나님의 전신(全身) 갑옷을 입으라. 12 우리의 투쟁은 혈과 육을 상대

하여 싸우는 것이 아니요 이 어둠의 세상의 통치자들과 그 권세들과 하늘 지경에 있는 악의 영적인 힘들 이니라.

13 Therefore put on the full armor of God, so that when the day of evil comes, you may be able to stand your ground, and after you have done everything, to stand. 14 Stand firm then, with the belt of truth buckled around your waist, with the breastplate of righteousness in place, 15 and with your feet fitted with the readiness that comes from the gospel of peace.

13 그러므로 하나님의 전신 갑옷을 입을지니, 이는 악한 날이 다다를 때에 너희가 굳건히 서서 모든 일을 행하며 또한 그 후에도 제자리에서 견디고 서 있게 하기 위함이라. 14 그런즉 굳게 버티고 서서, 진리의 띠를 허리에 매고, 의(義)의 가슴 보호대를 제 자리에 받쳐 입고 15 너희의 발에는 평안의 복음이 가져다 주는 '언제든 준비되어 있는' 신발을 신고 있을지어다.

16 In addition to all this, take up the shield of faith, with which you can extinguish all the flaming arrows of the evil one. 17 Take the helmet of salvation and the sword of the Spirit, which is the word of God.

16 이 모든 것 위에 더하여, 믿음의 방패를 지닐지니, 이로써 너희가 악한 자의 모든 불화살을 능히 소멸할 수 있으리라. 17 또한 구원의 투구와 성령의 검을 지니고 있으라. 이 검은 곧 하나님의 말씀이니라.

18 And pray in the Spirit on all occasions with all kinds of prayers and requests. With this in mind, be alert and always keep on praying for all the saints. 19 Pray also for me, that whenever I open my mouth, words may be given me so that I will fearlessly make known the mystery of the gospel, 20 for which I am an ambassador in chains. Pray that I may declare it fearlessly, as I should.

18 무슨 일을 당하든지 맨 먼저 성령 안에서 기도를 할지니, 모든 기도와 간구(懇求)로써 하라. 이 점을 항상 머리에 두고, 늘 깨어 경계하며, 모든 성도를 위하여 기도하기를 멈추지 말라. 19 또 나를 위하여 기도해 줄 것은, 언제든 내가 입을 열어 말을 할 때에, 내게 말씀을 주사 복음의 비밀을 담대히 알리게 해 주십사 하는 것이라. 20 이 일을 위하여 내가 쇠사슬에 매인 사신(使臣)이 되었노라. 다시 말하거니와, 내가 당연히 해야 할 말을 늘 담대히 선포할 수 있도록 나를 위해 기도하라.

21 Tychicus, the dear brother and faithful servant in the Lord, will tell you everything, so that you also may know how I am and what I am doing. 22 I am sending him to you for this very purpose, that you may know how we are, and that he may encourage you.

21 주 안에서 우리의 친애하는 형제요 신실한 일꾼인 두기고가 모든 것을 너희에게 얘기할 것이니 곧, 내가 무엇을 하고 지내는지, 그리고 내 몸은 어떠한지 모든 사정을 너희가 알 수 있으리라. 22 내가 바로 이 일을 위해 특별히 그를 너희에게 보내는 것이니 우리의 모든 상황을 너희에게 알림으로써 그가 너희를 권면할 수 있으리라.

23 Peace to the brothers, and love with faith from God the Father and the Lord Jesus Christ. 24 Grace to all who love our Lord Jesus Christ with an undying love.

23 평강이 형제들에게 있을지어다. 또한 하나님 아버지와 주 예수 그리스도로부터 오는 믿음과 사랑이 너희에게 있을지어다. 24 우리 주 예수 그리스도를 변함없이 사랑하는 모든 이들에게 은혜가 있을지어다.

빌립보서

Phillippians

빌립보서

제1장

1 Paul and Timothy, servants of Christ Jesus, To all the saints in Christ Jesus at Philippi, together with the overseers and deacons: 2 Grace and peace to you from God our Father and the Lord Jesus Christ.

1 그리스도 예수의 종 바울과 디모데는 그리스도 예수 안에 있는 필리피(빌립보)의 모든 성도들에게, 그리고 감독들과 집사들에게 (*편지하노니): 2 하나님 우리 아버지와 주 예수 그리스도로부터 은혜와 평강이 너희에게 있을지어다.

3 I thank my God every time I remember you. 4 In all my prayers for all of you, I always pray with joy 5 because of your partnership in the gospel from the first day until now, 6 being confident of this, that he who began a good work in you will carry it on to completion until the day of Christ Jesus.

3 내가 너희를 생각할 때마다 나의 하나님께 감사하며 4 너희 모두를 향한 나의 모든 기도 가운데에서 항상 기쁨으로 너희를 위해 간구하는 이유는 5 너희가 처음부터 지금까지 복음 안에서 우리와 동역자(同役者)가 된 까닭이니, 6 너희 안에서 선한 일을 시작하신 이가 그리스도 예수의 날까지 이를 계속하여 완전히 이루실 줄을 우리가 또한 확신하노라.

7 It is right for me to feel this way about all of you, since I have you in my heart; for whether I am in chains or defending and confirming the gospel, all of you share in God's grace with me. 8 God can testify how I long for all of you with the affection of Christ Jesus.

7 너희 모든 무리에 관하여 이와 같이 느끼는 것이 내게는 당연한 일이라, 이는 내가 내 마음 속에 너희를 항상 품고 있을 뿐 아니라, 내가 쇠사슬에 묶여 있거나 아니면 복음을 방어하며 이를 확정하는 일에 매진하고 있거나 간에, 너희가 다 나와 같이 하나님의 은혜 가운데에서 함께 나누고 있는 까닭이니라. 8 내가 예수 그리스도의 애정으로 너희 모두를 얼마나 바라고 사모하는지는 하나님께서 증언하실 수 있으리라.

9 And this is my prayer: that your love may abound more and more in knowledge and depth of insight, 10 so that you may be able to discern what is best and may be pure and blameless until the day of Christ, 11 filled with the fruit of righteousness that comes through Jesus Christ--to the glory and praise of God.

9 그리고 이것이 내가 기도하는 바니: 곧, 너희 사랑이 지식 가운데에서 더욱 더하여 가고, 또 총명 가운데에서 더욱 깊어져서 10 너희에게 가장 좋은 것이 무엇인지를 스스로 분별해 알아, 너희가 모두 순수하고 허물없이 그리스도의 날까지 이르고 11 예수 그리스도를 통하여 주어지는 의(義)의 열매가 충만하게 되어 하나님의 영광과 찬송이 되기를 내가 원하노라.

12 Now I want you to know, brothers, that what has happened to me has really served to advance the gospel. 13 As a result, it has become clear throughout

the whole palace guard and to everyone else that I am in chains for Christ. 14
Because of my chains, most of the brothers in the Lord have been encouraged
to speak the word of God more courageously and fearlessly.

12 형제들아 나는 너희가 다음과 같은 사실을 알게 되기를 원하노니, 나에게 일어난 모든 일들이 진실
로 복음을 진전시키는 (*오직) 한 방향으로 작용을 한 것이라 13 그 결과로, 내가 (*다른 이유가 아니라)
오직 그리스도를 위하여, 쇠사슬에 매인 바 되었다는 사실이 궁정 수비대 전체와 다른 모든 사람들에게
분명히 밝혀진 바 되고 14 또한 나의 사슬에 매임으로 말미암아, 주 안에 있는 모든 형제들이 하나님의
말씀을 더욱 담대히 그리고 두려움 없이 선포하는 용기를 갖게 되었느니라.

15 It is true that some preach Christ out of envy and rivalry, but others out
of goodwill. 16 The latter do so in love, knowing that I am put here for the
defense of the gospel. 17 The former preach Christ out of selfish ambition, not
sincerely, supposing that they can stir up trouble for me while I am in chains.

15 어떤 이들은 시기심과 경쟁심으로, 다른 이들은 선한 뜻으로 그리스도를 전파하는 것이 사실이니
16 후자(後者) 곧, 선한 뜻으로 그리스도를 전하는 자들은 내가 복음을 방어하기 위하여 세우심을 받은
사실을 알고 사랑으로써 그렇게 하나, 17 전자(前者)에 해당하는 이들은 그리스도를 전파하되 불순(不
純)하고 이기적인 야망에 따라 그리 하나니, 곧 내가 이렇게 사슬에 매여 있는 동안에, 나의 당하는 괴로
움을 더 하게 할 줄로 생각하여 그리함이로다.

18 But what does it matter? The important thing is that in every way, whether
from false motives or true, Christ is preached. And because of this I rejoice. 19
Yes, and I will continue to rejoice, for I know that through your prayers and
the help given by the Spirit of Jesus Christ, what has happened to me will turn
out for my deliverance.

18 그러나 무슨 상관이 있으랴? 중요한 것은 그릇된 동기로 하든, 참된 동기로 하든, 무슨 방도로 하든
지 그리스도가 전파된다는 것이니, 이로 인하여 내가 기뻐하노라. 19 또한 앞으로도 계속 내가 기뻐하
리니, 이는 나에게 일어났던 그 모든 일들이, 너희의 기도(祈禱)와 예수 그리스도의 성령의 도우심을 통
하여, 결국은 나의 구원으로 나타날 줄을 아는 까닭이니라.

20 I eagerly expect and hope that I will in no way be ashamed, but will have
sufficient courage so that now as always Christ will be exalted in my body,
whether by life or by death. 21 For to me, to live is Christ and to die is gain.

20 내가 간절히 기대하며 소망하는 것은 아무 일에든지 부끄러워할 일이 없게 되는 것과, 지금 뿐 아니
라 앞으로도 계속하여 충만한 용기를 가지고, 내가 살든지 죽든지 내 몸 가운데에서 그리스도가 높아지
고 존귀하게 되는 것 그 한 가지라. 21 내게 있어서 사는 것은 그리스도니 죽는 것도 내게는 유익한 일
이니라.

22 If I am to go on living in the body, this will mean fruitful labor for me. Yet
what shall I choose? I do not know! 23 I am torn between the two: I desire to
depart and be with Christ, which is better by far; 24 but it is more necessary
for you that I remain in the body.

22 그러나 만일 내가 육신 가운데 계속 더 살아야 한다면 이는 나에게 있어서 (*또 다른) 열매 맺는 수
고를 의미하는 것이라. 두 가지 가운데에서 무엇을 택해야 좋을지 내가 알지 못하노라. 23 이 둘 사이에
내가 끼었으니: 차라리 이 세상을 떠나서 그리스도와 함께 있는 것이 내가 바라는 바라, 이 편이 내게 훨
씬 더 좋은 일이라 하겠으나; 24 그러나 너희에게는 내가 육신 가운데 머물러 있는 것이 더욱 요긴하리
라.

25 Convinced of this, I know that I will remain, and I will continue with all of

you for your progress and joy in the faith, **26** so that through my being with you again your joy in Christ Jesus will overflow on account of me.

25 이런 것을 내가 확신하는 고로, 내가 계속 (*이 삶과 육신 가운데에) 머무를 것과 또한 너희의 믿음 가운데에서의 진보와 기쁨을 위하여 너희 무리와 함께 거할 것을 아노니 **26** 이는 내가 다시 너희와 같이 있음으로 그리스도 예수 안에서 너희의 기쁨이 나로 말미암아 너희에게 넘쳐나게 하기 위함이니라.

27 Whatever happens, conduct yourselves in a manner worthy of the gospel of Christ. Then, whether I come and see you or only hear about you in my absence, I will know that you stand firm in one spirit, contending as one man for the faith of the gospel **28** without being frightened in any way by those who oppose you. This is a sign to them that they will be destroyed, but that you will be saved--and that by God.

27 무슨 일이 있든지, 너희는 그리스도의 복음에 걸맞은 방도 가운데에서 행하라. 그리하면, 내가 너희에게 건너가 같이 있거나 아니면 떠나 있어 말로만 듣거나 간에 상관없이, 너희가 한마음으로 서서 한뜻으로 복음의 신앙을 위하여 협력하는지의 여부 곧, **28** 무슨 일에든지 너희를 대적하는 자들 때문에 두려워하는 일 없이 그렇게 하는지 여부를 내가 알 수 있으리라. 이런 것들이 그들에게는 멸망의 징조요 너희에게는 구원의 증거니 이 구원은 곧 하나님께로부터 난 구원이니라.

29 For it has been granted to you on behalf of Christ not only to believe on him, but also to suffer for him, **30** since you are going through the same struggle you saw I had, and now hear that I still have.

29 이것이 (*곧,이런 징조가) 그리스도를 위하는 가운데 너희에게 주어 진 것은 다만 그를 믿을 뿐 아니라 또한 그를 위하여 고난도 받게 하려 하심이니 **30** 이는 너희가 이미 눈으로 본 바, 내가 예전에 당한 그 고난뿐 아니라 지금 역시도 내가 당하고 있는 이런 고난들을 너희 역시 꼭 같이 통과할 예정인 때문이니라.

제2장

1 If you have any encouragement from being united with Christ, if any comfort from his love, if any fellowship with the Spirit, if any tenderness and compassion, **2** then make my joy complete by being like-minded, having the same love, being one in spirit and purpose.

1 만약 너희에게 그리스도와 함께 연합하는 데에 무슨 권면(勸勉)이나, 그리스도의 사랑으로부터 오는 어떠한 위안(慰安)이나, 또는 성령과 함께하는 무슨 교제(交際)나 긍휼이나 자비함이 있거든, **2** 그러면 너희는 서로 닮은 마음이 되고 같은 한 사랑을 가지며, 그 뜻과 목적에서 완전히 서로 하나가 됨으로써 나의 기쁨을 온전하게 만들라.

3 Do nothing out of selfish ambition or vain conceit, but in humility consider others better than yourselves. **4** Each of you should look not only to your own interests, but also to the interests of others.

3 그 어떤 일도 이기적 욕심이나 헛된 속임수로 하지 말며, 오직 겸손함으로 남을 나보다 더 높이 여기라. **4** 너희 각자는 자신의 유익 뿐 아니라 또한 다른 사람들의 유익도 함께 돌보아야 할지니라.

5 Your attitude should be the same as that of Christ Jesus: **6** Who, being in very nature God, did not consider equality with God something to be grasped,

7 but made himself nothing, taking the very nature of a servant, being made in human likeness. 8 And being found in appearance as a man, he humbled himself and became obedient to death-- even death on a cross!

5 너희의 (*삶의) 태도가 예수 그리스도의 그것과 닮아야 할지니: 6 그는 본질상 하나님이시나 하나님과 동등 됨을 취하려 생각하지 아니하시고, 7 오히려 자신을 아무것도 아닌 존재로 만드셨으니 곧, 종의 본성을 취하사 사람과 같게 되셨고, 8 사람의 형상(形像)으로 나타나심으로 자기를 낮추사, 죽음에 이르기까지 순종하셨으니 곧 십자가에서 죽기까지 하셨느니라.

9 Therefore God exalted him to the highest place and gave him the name that is above every name, 10 that at the name of Jesus every knee should bow, in heaven and on earth and under the earth, 11 and every tongue confess that Jesus Christ is Lord, to the glory of God the Father.

9 그러므로 하나님께서 그를 지극히 높은 자리에 높이시고, 세상의 모든 이름 위에 뛰어난 이름을 주셨으니 10 곧, 하늘에 있는 자들이나, 땅 위에 혹은 땅 아래에 있는 자들이 모두 예수의 이름에 무릎을 꿇게 하시고 11 모든 사람들의 혀가 예수 그리스도를 주(主)시라 고백함으로 하나님 아버지께 영광을 돌리게 하셨느니라.

12 Therefore, my dear friends, as you have always obeyed--not only in my presence, but now much more in my absence--continue to work out your salvation with fear and trembling, 13 for it is God who works in you to will and to act according to his good purpose.

12 그러므로 내 사랑하는 친구들아, 너희가 나의 면전에서 뿐만 아니라 더욱 지금 내가 너희와 떨어져 있을 때에도–너희가 예전에 항상 복종하여 왔던 것처럼–두려워하는 마음과 떨리는 마음으로 계속하여 너희의 구원을 이루어 나가라. 13 자신의 선하신 목적에 따라, 너희가 그 뜻에 소원을 두고 행하도록 너희 안에서 일하시는 이가 하나님이시니라.

14 Do everything without complaining or arguing, 15 so that you may become blameless and pure, children of God without fault in a crooked and depraved generation, in which you shine like stars in the universe 16 as you hold out the word of life--in order that I may boast on the day of Christ that I did not run or labor for nothing.

14 모든 일을 불평과 다툼이 없이 행하라. 15 그리하면, 이 구부러지고 타락한 세대 가운데서, 흠이 없고 순전하여 하나님의 자녀가 될 수 있을지니 너희가 그런 가운데에서 이 우주의 별과 같이 빛나리라.
16 또한 생명의 말씀을 붙들고 살지니 이로써 내가 그리스도의 날에, 지금껏 헛되이 달려오거나 헛되이 노력해 온 것이 아니란 것을 자랑할 수 있으리라.

17 But even if I am being poured out like a drink offering on the sacrifice and service coming from your faith, I am glad and rejoice with all of you. 18 So you too should be glad and rejoice with me.

17 너희의 믿음으로부터 오는 희생과 섬김 위에 내가 전제(奠祭) 곧, 음료의 제물로 부어지는 한이 있더라도 나는 너희 모두와 함께 기뻐하고 즐거워하리니 18 이와 같이 너희도 나와 함께 기뻐하고 즐거워하라.

19 I hope in the Lord Jesus to send Timothy to you soon, that I also may be cheered when I receive news about you. 20 I have no one else like him, who takes a genuine interest in your welfare. 21 For everyone looks out for his own interests, not those of Jesus Christ.

19 주(主) 안에서 디모데를 속히 너희에게 보내기를 내가 원하노니 이는 너희들에 관한 소식을 들음으

로 기쁨을 누리려 함이라. 20 너희의 복락(福樂)을 위하여 순전히 관심을 가질만한 자로 내게는 디모데 만한 사람이 없으니 21 모든 사람들이 다 자기들의 유익을 구할 뿐, 그리스도 예수의 유익을 구하는 자가 없느니라.

22 But you know that Timothy has proved himself, because as a son with his father he has served with me in the work of the gospel. 23 I hope, therefore, to send him as soon as I see how things go with me. 24 And I am confident in the Lord that I myself will come soon.

22 그러나 디모데가 스스로 자신을 이미 입증한 바 있음을 너희가 아나니, 아들이 그 아버지에게 하는 것 같이 그가 복음을 위한 일에 나와 함께 수고하였느니라. 23 그러므로 내가 바라기로는 여기에서의 나의 일의 형편을 보아 가급적 빠른 시일 내에 디모데를 너희에게 보낼 수 있기를 원하며 24 또한 나 역시 (*너희에게) 속히 건너가게 될 것을 주(主) 안에서 내가 확실히 아노라.

25 But I think it is necessary to send back to you Epaphroditus, my brother, fellow worker and fellow soldier, who is also your messenger, whom you sent to take care of my needs. 26 For he longs for all of you and is distressed because you heard he was ill. 27 Indeed he was ill, and almost died. But God had mercy on him, and not on him only but also on me, to spare me sorrow upon sorrow.

25 그러나 에바브로디도를 너희에게 돌려보내는 것이 필요할 듯 생각되니 그는 나의 형제요, 함께 일하는 동역자요, 함께 군사 된 자이며 또한 너희의 전령이라, 나의 필요를 돌보기 위해 너희가 내게 보내 준 자이니라. 26 그가 너희 무리 보기를 간절히 바라고 또 한편으론 근심하는 것은 자기가 병든 것을 너희가 소식으로 들은 줄을 앎이라. 27 그가 병들었던 것이 사실이나 그러나 하나님께서 그를 긍휼히 여기셨을 뿐 아니라 또 나를 긍휼히 여기사 내 근심 위에 근심을 면하게 하셨느니라.

28 Therefore I am all the more eager to send him, so that when you see him again you may be glad and I may have less anxiety. 29 Welcome him in the Lord with great joy, and honor men like him, 30 because he almost died for the work of Christ, risking his life to make up for the help you could not give me.

28 그러므로 내가 그를 돌려보내기를 더욱 바랐던 것은 너희가 그를 다시 만나보게 될 때에 너희가 기뻐할 것뿐 아니라, 동시에 내 근심도 덜려 함이니라. 29 그러므로 너희가 주 안에서 큰 기쁨으로 그를 영접하되, 이와 같은 자들을 늘 귀히 여기라. 30 그가 그리스도의 일을 위하여 거의 죽음의 문턱까지 이르렀으니, 이는 너희가 미처 하지 못한 나를 돕는 그 사역에 자기 목숨조차도 돌보지 아니하고 전력을 다한 때문이니라.

제3장

1 Finally, my brothers, rejoice in the Lord! It is no trouble for me to write the same things to you again, and it is a safeguard for you. 2 Watch out for those dogs, those men who do evil, those mutilators of the flesh.

1 끝으로 나의 형제들아, 주 안에서 기뻐하라! 너희에게 같은 말을 거듭해 쓰는 것이 내게는 하등 수고로울 것이 없고 되려 너희를 위한 안전판이 될 것이니 2 저 개 같은 자들 곧, 악한 일 행하는 자들과 자신의 몸을 상(傷)하게 하는 자들을 조심하라.

3 For it is we who are the circumcision, we who worship by the Spirit of God,
who glory in Christ Jesus, and who put no confidence in the flesh--4 though
I myself have reasons for such confidence. 5 If anyone else thinks he has
reasons to put confidence in the flesh, I have more: circumcised on the eighth
day, of the people of Israel, of the tribe of Benjamin, a Hebrew of Hebrews;
in regard to the law, a Pharisee; 6 as for zeal, persecuting the church; as for
legalistic righteousness, faultless.

3 하나님의 성령에 따라 하나님을 경배하며, 그리스도 예수 가운데에서 영광을 돌리며, 육신을 신뢰하
지 아니하는 우리들이 곧 할례자(割禮者)라 4 나 자신, 그런 (*육체를 신뢰할 만한) 확신이 있음에도 불
구하고 그러하도다. 5 만일 누가 자기 육신을 신뢰할 만하다 생각한다면 나는 더욱 그러하니: 내가 팔
일 만에 할례를 받고, 이스라엘 족속이요 베냐민 지파요, 히브리인 중의 히브리인이니; 율법으로는 바리
새인이요, 6 열심있는 것으로 말을 하자면 교회를 박해했었고; 율법의 의(義)로 말하자면 흠이 없는 사
람이로다.

7 But whatever was to my profit I now consider loss for the sake of Christ.
8 What is more, I consider everything a loss compared to the surpassing
greatness of knowing Christ Jesus my Lord, for whose sake I have lost all
things. I consider them rubbish, that I may gain Christ 9 and be found in him,
not having a righteousness of my own that comes from the law, but that which
is through faith in Christ--the righteousness that comes from God and is by
faith.

7 그러나 무엇이든지 예전에 내게 유익하던 것들을 이제는 내가 그리스도를 위하여 다 (*해악이요) 손
실로 여길뿐더러 8 또한 이제는 거의 모든 것을, 내 주 그리스도 예수를 아는 지식의 뛰어남과 그 위대
함에 비하여, 이를 (*해악과) 손실로 여기니, 이는 내가 예수 그리스도를 위하여 모든 것을 내버렸음이
라. 내가 이제 모든 것을 쓰레기처럼 여기는 것은 그리스도를 얻었기 때문이요, 9 오직 그리스도 안에서
발견되려 하는 까닭이니, 율법에서 말미암아 오는 나 자신의 의(義)를 갖고자 함이 아니요, 오직 그리스
도를 믿음으로써 생겨 나오는 의(義)를 가지고자 함이라, 이 의(義)는 곧 믿음으로써 생겨 나오는 하나님
께로부터 오는 의(義)이니라.

10 I want to know Christ and the power of his resurrection and the fellowship
of sharing in his sufferings, becoming like him in his death, 11 and so,
somehow, to attain to the resurrection from the dead.

10 또한, 내가 이제 그리스도와 그 부활의 권능과 그의 고난에 함께 참여하는 동역자(同役者) 됨의 능력
이 어떠한지를 알고자 하노니, 그의 죽으심을 본받아 이를 닮고, 11 그리함으로 어떻게 해서든지 죽음
가운데서의 부활을 얻으려 하노라.

12 Not that I have already obtained all this, or have already been made
perfect, but I press on to take hold of that for which Christ Jesus took hold
of me. 13 Brothers, I do not consider myself yet to have taken hold of it. But
one thing I do: Forgetting what is behind and straining toward what is ahead,
14 I press on toward the goal to win the prize for which God has called me
heavenward in Christ Jesus.

12 내가 이 모든 것을 이미 얻었다 함도 아니요 (*스스로) 완전하게 이루었다 함도 아니라, 오직 그리스
도 예수께서 그를 위해 나를 붙드신 바 있는 바로 그것을 내가 잡기 위해, 지금도 나 자신을 밀어붙이는
것 뿐이라. 13 형제들아 나는 아직 내가 이것을 붙들어 잡은 줄로 생각지 아니하노라. 오직 한 가지를
내가 행할 뿐이니: 뒤에 있는 것들은 모두 잊어버리고 오직 앞에 있는 것을 향하여 내 모든 것을 바치며,
14 하나님께서 하늘에서 그리스도 예수 가운데에서 나를 부르신 그것을 행함으로, 내게 주어질 그 상급
(賞給)을 받으려는 한 가지 목표만을 위하여 내가 나를 계속하여 채찍질하노라.

15 All of us who are mature should take such a view of things. And if on some point you think differently, that too God will make clear to you. 16 Only let us live up to what we have already attained.

15 이제 (*믿음 안에서) 성숙한 우리는 모두 누구든지 이런 관점을 가지고 있어야 할지니, 만일 어떤 점에 있어 너희가 다르게 생각한다면, 그것 역시 하나님께서 너희에게 분명하고 밝히 나타내시리라. 16 오직 우리는, 이미 우리가 얻은 바 된 그 것 (*곧, 무엇이든 우리가 도달한 그 수준)에 따라 살아 가도록 하자.

17 Join with others in following my example, brothers, and take note of those who live according to the pattern we gave you. 18 For, as I have often told you before and now say again even with tears, many live as enemies of the cross of Christ. 19 Their destiny is destruction, their god is their stomach, and their glory is in their shame. Their mind is on earthly things.

17 형제들아 너희는 나를 본받는 다른 무리들에 함께 동참하라. 그리고 우리가 전달해 준 방식대로 이를 좇아 사는 이들을 눈여겨 보라. 18 내가 예전에 이미 여러 번 너희에게 말한 것과 같이 이제도 눈물로써 말하노니, 많은 사람들이 그리스도의 십자가의 대적(對敵)으로 살아가느니라. 19 그들의 운명은 멸망이요, 자신들의 배가 그들의 신(神)이요, 영광이 그들의 부끄러움에 있는지라, 그들의 마음이 오직 땅의 일에 있도다.

20 But our citizenship is in heaven. And we eagerly await a Savior from there, the Lord Jesus Christ, 21 who, by the power that enables him to bring everything under his control, will transform our lowly bodies so that they will be like his glorious body.

20 그러나 우리의 시민권은 하늘에 있는지라. 우리가 이 하늘로부터 오시는 구원자 곧, 주 예수 그리스도를 열렬한 기대와 함께 기다리노니 21 그가 만물을 자기 자신의 아래로 불러오실 수 있는 그 능력으로, 우리의 이 낮은 몸을 변하게 하사 그의 영광의 몸과 같이 만들어 주시리라.

제4장

1 Therefore, my brothers, you whom I love and long for, my joy and crown, that is how you should stand firm in the Lord, dear friends! 2 I plead with Euodia and I plead with Syntyche to agree with each other in the Lord. 3 Yes, and I ask you, loyal yokefellow, help these women who have contended at my side in the cause of the gospel, along with Clement and the rest of my fellow workers, whose names are in the book of life.

1 그러므로 나의 사랑하고 사모하는 형제들, 곧, 나의 기쁨이요, 나의 왕관인 사랑하는 자들아, 이것이 주 안에서 너희가 굳게 서 있어야 할 길이니라. 2 내가 유오디아에게 권하고 순두게를 같이 권하노니 너희는 주 안에서 서로 한 마음을 가지라. 3 또 참으로 나와 함께 멍에를 쓴 너희에게 청하노니 복음에 나와 함께 힘쓰던 저 여인들을 도와주고, 글레멘드와 그 외에 나의 다른 동역자들을 또한 늘 도와주라. 그 이름들이 생명책에 올라 있느니라.

4 Rejoice in the Lord always. I will say it again: Rejoice! 5 Let your gentleness be evident to all. The Lord is near.

4 주 안에서 항상 기뻐하라. 내가 다시 말하노니: 기뻐하라! 5 너희의 온유함을 모든 사람에게 분명히 알게 하라. 주께서 가까이 와 계시느니라.

6 Do not be anxious about anything, but in everything, by prayer and petition, with thanksgiving, present your requests to God. 7 And the peace of God, which transcends all understanding, will guard your hearts and your minds in Christ Jesus.

6 아무것도 염려하지 말고 다만 모든 일에 기도와 탄원으로, 그리고 감사함으로 너희의 구하는 바를 하나님께 내놓으라. 7 그리하면 모든 지식에 초월한 하나님의 평강이 그리스도 예수 안에서 너희 마음과 생각을 지키시리라.

8 Finally, brothers, whatever is true, whatever is noble, whatever is right, whatever is pure, whatever is lovely, whatever is admirable--if anything is excellent or praiseworthy--think about such things. 9 Whatever you have learned or received or heard from me, or seen in me--put it into practice. And the God of peace will be with you.

8 끝으로, 형제들아, 무엇이든지 참되며, 무엇이든지 경건하며, 무엇이든지 옳으며, 무엇이든지 순결하며, 무엇이든지 사랑받을 만하며, 무엇이든지 칭찬받을 만한-그 무엇이든지 뛰어나며 찬양할 가치가 있는-이런 것들만을 생각하라. 9 그리하여 무엇이든지 내게 배우고 받고 들은 것, 그리고 또 내게서 본 바를 실제로 행하라. 그리하면 평강의 하나님께서 너희와 함께하시리라.

10 I rejoice greatly in the Lord that at last you have renewed your concern for me. Indeed, you have been concerned, but you had no opportunity to show it.
11 I am not saying this because I am in need, for I have learned to be content whatever the circumstances.

10 내가 주 안에서 크게 기뻐함은 너희가 마침내 나에 대한 관심과 염려를 온전히 새롭게 해 보임이라. 참으로 말하자면, 너희가 진작 내게 대하여 그런 염려와 관심을 가지지 아니한 것이 아니었지만, 지금껏 이런 것을 나타내 보일 기회가 없었느니라. 11 내가 궁핍하거나 뭔가 필요한 것이 있어 이런 말을 하는 것이 아니라 내가 어떠한 형편에서든지 스스로 만족하기를 배웠느니라.

12 I know what it is to be in need, and I know what it is to have plenty. I have learned the secret of being content in any and every situation, whether well fed or hungry, whether living in plenty or in want. 13 I can do everything through him who gives me strength. 14 Yet it was good of you to share in my troubles.

12 궁핍하다는 것이 무엇인지를 내가 알고, 풍성히 가진다는 것이 무엇인지를 알며 어떤 형편에서든 모든 주어진 상황에서 만족하는 법을 내가 배웠으니 곧, 배부름과 배고픔과 풍부한 가운데서와 궁핍 가운데에서 처할 줄 아는 일체의 비결을 내가 배웠노라. 13 내게 강건함을 주시는 이 안에서 내가 모든 것을 할 수 있느니라. 14 그러나 너희가 내 고난에 함께 참여하였으니 잘하였도다.

15 Moreover, as you Philippians know, in the early days of your acquaintance with the gospel, when I set out from Macedonia, not one church shared with me in the matter of giving and receiving, except you only; 16 for even when I was in Thessalonica, you sent me aid again and again when I was in need.

15 더구나 필리피 사람들아, 너희도 아는 바와 같이, 너희가 복음을 처음 접하던 초기에 내가 마케도니아를 떠나 다른 지역으로 출발해 갈 때에 나로 인하여 서로 뭔가를 주고받는 일에 참여한 교회가 너희 외에는 아무도 없었느니라. 16 내가 테살로니카에 있을 때에도 너희가 여러 번 거듭하여 내게 원조를 보냄으로 내가 궁핍할 때에 큰 도움을 주었었도다.

17 Not that I am looking for a gift, but I am looking for what may be credited to your account. 18 I have received full payment and even more; I am amply

supplied, now that I have received from Epaphroditus the gifts you sent. They
are a fragrant offering, an acceptable sacrifice, pleasing to God. **19** And my
God will meet all your needs according to his glorious riches in Christ Jesus.

17 내가 선물을 구함이 아니요 오직 너희에게 임하여 쌓여질 상급을 생각함이라. **18** 내가 모든 것을 지
급받았고 또 풍성히 공급받았을 뿐 아니라, 이제 에바브로디도 편에 너희가 보내 준 선물까지 받았으니
이는 향기로운 제물이요, (*기쁘게) 받으실만한 희생이요, 하나님을 기쁘시게 한 것이니 **19** 나의 하나님
께서 그리스도 예수 안에서 그 영광스러운 풍성함으로 너희 모든 필요를 가득 채워주시리라.

20 To our God and Father be glory for ever and ever. Amen. **21** Greet all the
saints in Christ Jesus. The brothers who are with me send greetings. **22** All the
saints send you greetings, especially those who belong to Caesar's household.

20 하나님 곧 우리 아버지께 세세 무궁토록 영광이 있을지어다. 아멘. **21** 그리스도 예수 안에 있는 모
든 성도에게 문안하라. 나와 함께 있는 형제들이 너희에게 인사를 전하느니라. **22** 모든 성도들이 너희
에게 문안하되 특히 카이사르의 집에 속한 사람들 중 몇몇이 함께 인사를 전하노라.

23 The grace of the Lord Jesus Christ be with your spirit. Amen.

23 주 예수 그리스도의 은혜가 너희들의 영(靈)과 함께 있을지어다. 아멘.

골로새서

Colossians

골로새서

제1장

1 Paul, an apostle of Christ Jesus by the will of God, and Timothy our brother,
2 To the holy and faithful brothers in Christ at Colosse: Grace and peace to
you from God our Father.

1 하나님의 뜻에 의해 그리스도 예수의 사도가 된 바울과 형제 디모데는, 2 그리스도 안에서 거룩하고
신실한 콜로쎄(골로새)에 있는 형제들에게: (*편지하노니) 우리 아버지 하나님으로부터 은혜와 평강이
너희에게 있을지어다.

3 We always thank God, the Father of our Lord Jesus Christ, when we pray for
you, 4 because we have heard of your faith in Christ Jesus and of the love you
have for all the saints--5 the faith and love that spring from the hope that is
stored up for you in heaven and that you have already heard about in the word
of truth, the gospel

3 우리가 너희를 위하여 기도할 때마다 하나님 곧, 우리 주 예수 그리스도의 아버지께 늘 감사하노니 4
이는 그리스도 예수 안에 있는 너희의 믿음과 모든 성도들에 대한 너희의 사랑을 우리가 들었기 때문이
라. 5 너희의 이 사랑과 믿음은 너희를 위하여 하늘에 쌓여진 소망으로부터 나온 것이요, 전에 너희에게
이른 복음과 진리의 말씀을 너희가 들은 데에서부터 비롯한 것이니라.

6 that has come to you. All over the world this gospel is bearing fruit and
growing, just as it has been doing among you since the day you heard it and
understood God's grace in all its truth. 7 You learned it from Epaphras, our
dear fellow servant, who is a faithful minister of Christ on our behalf, 8 and
who also told us of your love in the Spirit.

6 온 세상에서 이 복음이 열매를 맺으며 자라나고 있으니, 너희가 이 복음을 처음으로 듣고 그 모든 진
리 가운데 있는 하나님의 은혜를 깨달은 날로부터 너희 중에서 그랬던 것처럼, 세상에서도 이제 같은 일
이 벌어지고 있음이로다. 7 너희가 이 복음을 에바브라로부터 배웠으니 그는 우리의 친애하는 동역자
요, 너희를 위한 그리스도의 신실한 사역자요, 8 성령 안에 있는 너희 사랑을 우리에게 말하여 준 자니
라.

9 For this reason, since the day we heard about you, we have not stopped
praying for you and asking God to fill you with the knowledge of his will
through all spiritual wisdom and understanding. 10 And we pray this in order
that you may live a life worthy of the Lord and may please him in every way:
bearing fruit in every good work, growing in the knowledge of God, 11 being
strengthened with all power according to his glorious might so that you may
have great endurance and patience, and joyfully 12 giving thanks to the Father,
who has qualified you to share in the inheritance of the saints in the kingdom
of light.

9 이런 이유로, 너희에 관한 얘기를 처음 듣던 날로부터 시작하여 지금까지, 너희를 위하여 우리가 끊

임없이 기도하며 하나님께 구하기로는, 모든 신령한 지혜와 총명을 통하여 하나님의 뜻을 아는 지식으
로 너희를 채우게 해 주소서 하는 것이었으며 10 또한 우리가 이런 것을 위해서도 기도하였으니, 곧 너
희가 주(主)께 합당한 삶을 살고 범사에 있어 주를 기쁘시게 하여: 모든 선한 일에 열매를 맺게 하여 하
나님을 아는 지식에 자라게 하시고 11 하나님께서 그의 영광의 힘을 따라 모든 능력으로 더불어 너희를
강건하게 하사, 견고한 인내와 오래 참음에 이르게 함으로 12 너희가 늘 하나님 아버지께 기쁜 마음으
로 감사를 드리도록 기도하였으니, 너희로 하여금 빛의 왕국 가운데서 성도의 유산을 함께 나눌 수 있는
자격을 주신 분이 곧 하나님이시니라.

13 For he has rescued us from the dominion of darkness and brought us
into the kingdom of the Son he loves, 14 in whom we have redemption, the
forgiveness of sins.

13 그가 암흑의 권세로부터 우리를 건져내사 그가 사랑하시는 그의 아들의 나라로 우리를 옮기셨으니
14 이 아들 안에서 우리가 속량(贖良) 곧, 죄 용서함을 얻었도다.

15 He is the image of the invisible God, the firstborn over all creation. 16 For
by him all things were created: things in heaven and on earth, visible and
invisible, whether thrones or powers or rulers or authorities; all things were
created by him and for him. 17 He is before all things, and in him all things
hold together.

15 그는 보이지 아니하는 하나님의 형상(形像)이시요, 모든 창조물보다 먼저 나신 이시라. 16 만물이
그에 의하여 창조되었으니: 하늘과 땅에 있는 모든 것들 곧, 눈에 보이는 것이나 보이지 않는 것이나, 왕
권들이나 주권들이나 통치자들이나 권세들이나; 만물이 다 그에 의하여, 그리고 또 그를 위하여 창조되
었으니 17 그는 만물보다 먼저 계시고, 만물(萬物)은 그 안에서 함께 붙들며 서 있느니라.

18 And he is the head of the body, the church; he is the beginning and the
firstborn from among the dead, so that in everything he might have the
supremacy. 19 For God was pleased to have all his fullness dwell in him, 20
and through him to reconcile to himself all things, whether things on earth or
things in heaven, by making peace through his blood, shed on the cross.

18 그가 이 몸의 머리가 되시니, 이 몸은 곧 교회라; 그가 죽은 자들 가운데서 가장 먼저 나신 이가 되셨
을 뿐 아니라 그 시초가 되셨으니 이는 그 자신이 친히 만물의 으뜸이 되려 하심이니라. 19 하나님께서
하나님 자신의 모든 충만함을 예수 안에 머물러 있도록 만드시기를 기쁘게 생각하시고 20 또한 그를 통
하여 만물을 하나님 자신과 화목하게 하사 그가 십자가에서 흘린 피로 화평을 이룸으로써, 땅에 있는 것
들이나 하늘에 있는 것들이 다 예수로 말미암아 하나님 자신과 화목하게 되는 것을 즐거워하셨도다.

21 Once you were alienated from God and were enemies in your minds
because of your evil behaviour. 22 But now he has reconciled you by Christ's
physical body through death to present you holy in his sight, without blemish
and free from accusation--23 if you continue in your faith, established and
firm, not moved from the hope held out in the gospel. This is the gospel that
you heard and that has been proclaimed to every creature under heaven, and
of which I, Paul, have become a servant.

21 예전에는, 너희가 너희의 악한 행실로 말미암아 하나님을 멀리 떠나 있어 너희의 마음속에서부터 하
나님과 원수가 되어 있었으나 22 그러나 이제는 하나님께서 예수의 육신의 죽음을 통하여 너희를 하나
님의 눈앞에서 거룩하게 하사, 흠 없고 책망할 것이 없는 자로 세우시려고 자신과 화목하게 만드셨으니,
23 만일 너희가 이 믿음 안에 계속 거하고 그 터 위에 굳게 서서 복음(福音)의 소망에서 흔들리지 아니
하면 그러하리라. 이 복음이 너희가 귀로 들은 것이요, 이제 천하 만민에게 선포된 것이요, 나 바울이 이
를 위하여 그 일꾼이 된 바로 그 복음이니라.

24 Now I rejoice in what was suffered for you, and I fill up in my flesh what is still lacking in regard to Christ's afflictions, for the sake of his body, which is the church. 25 I have become its servant by the commission God gave me to present to you the word of God in its fullness-- 26 the mystery that has been kept hidden for ages and generations, but is now disclosed to the saints.

24 내가 이제 너희를 위하여 받는 고난을 기뻐하고, 지금도 그리스도의 남은 고난을 내 육체에 채우나니 예수의 몸 된 교회를 위하여 그리하노라. 25 내가 교회의 일꾼이 된 것은 하나님이 너희를 위하여 내게 주신 직분을 따라 하나님의 말씀을 이루려 함인데, 26 이 비밀은 지나간 시대와 세대를 통하여 감추어져 왔던 것으로서, 이제 우리 성도(聖徒)들에게 나타난 바 되었느니라.

27 To them God has chosen to make known among the Gentiles the glorious riches of this mystery, which is Christ in you, the hope of glory. 28 We proclaim him, admonishing and teaching everyone with all wisdom, so that we may present everyone perfect in Christ. 29 To this end I labour, struggling with all his energy, which so powerfully works in me.

27 하나님께서 그들 성도들에게 이 비밀의 영광이 이방 가운데에서 얼마나 풍성한지를 알도록 하셨으니 이 비밀이 곧 너희 안에 계신 그 영광의 소망, 그리스도시니라. 28 우리가 모든 지혜로 모든 사람을 가르치고 권고하며 이 예수를 전파하는 것은 모든 사람을 그리스도 안에서 완전한 자로 세우려 함이라.
29 이를 위하여 나도 내 속에서 그처럼 강력히 역사(役事)하시는 그 능력과 함께 수고하며 싸우는 것이로다.

제2장

1 I want you to know how much I am struggling for you and for those at Laodicea, and for all who have not met me personally. 2 My purpose is that they may be encouraged in heart and united in love, so that they may have the full riches of complete understanding, in order that they may know the mystery of God, namely, Christ, 3 in whom are hidden all the treasures of wisdom and knowledge.

1 내가 너희와 그리고 라오디게아에 있는 자들과 또한 아직 나와 개인적으로 직접 만나지 못한 자들을 위하여 지금도 얼마나 애쓰고 노력하는지를 너희가 알기를 원하노라. 2 내 목표는 오직 이것이니 곧, 그들이 그 마음에 권면을 받고 사랑 안에서 하나로 연합함으로써, 각자 온전한 지식을 지니고, 그로부터 이 지식이 얼마나 풍성한지를 깨달아 알게 됨으로 하나님, 곧 예수 그리스도의 비밀을 알게 되는 것이라, 3 그 모든 지혜와 지식의 보화가 그리스도 안에 감추어져 있느니라.

4 I tell you this so that no one may deceive you by fine-sounding arguments. 5 For though I am absent from you in body, I am present with you in spirit and delight to see how orderly you are and how firm your faith in Christ is.

4 내가 너희에게 이런 말을 하는 것은 누구든지 간사한 언변으로 너희를 속이지 못하게 하려 함이라. 5 비록 내가 육신으로는 떠나 있으나 심령으로는 너희와 함께 있어서, 너희가 그리스도 안에서 얼마나 질서 있게 행하는지, 그리고 그리스도 안에 있는 너희 믿음이 얼마나 굳건한지를 보게 되니 (*내 마음이 더없이) 기쁘도다.

6 So then, just as you received Christ Jesus as Lord, continue to live in him, 7 rooted and built up in him, strengthened in the faith as you were taught, and

overflowing with thankfulness.

6 그러므로 너희가 그리스도 예수를 주(主)로 받아들였으니, 그 안에서 계속 살아갈 뿐 아니라 7 그리스
도 안에 뿌리를 박고 지어져 나가며, 너희가 배운 대로 믿음에 굳게 서서, 늘 감사함이 넘치는 삶을 살지어다.

8 See to it that no one takes you captive through hollow and deceptive philosophy, which depends on human tradition and the basic principles of this world rather than on Christ. 9 For in Christ all the fullness of the Deity
lives in bodily form, 10 and you have been given fullness in Christ, who is the head over every power and authority.

8 그 누구도 공허한, 그리고 사람을 속이는 철학을 가지고 너희를 사로잡지 못하도록 주의하라. 그런 것들은 다 사람의 전통과 세상의 초등학문을 따를 뿐이요 그리스도를 따르는 것이 아니니라. 9 그리스도
안에는 신성(神聖) 그 자체인 하나님의 성품이, 충만하심과 완전하신 모습으로 그의 육신의 형상 가운데
살아 거하시느니라. 10 그리고 너희 역시 그 안에서 꼭같은 충만함을 받았으니, 그리스도께서는 모든 통치자들과 권세의 머리가 되시느니라.

11 In him you were also circumcised, in the putting off of the sinful nature, not with a circumcision done by the hands of men but with the circumcision
done by Christ, 12 having been buried with him in baptism and raised with him through your faith in the power of God, who raised him from the dead.

11 그리스도 안에서 너희가 할례(割禮)를 받았으니 곧, 죄악의 본성을 내려놓는 것을 통해 이루어진 할례요, 사람의 손으로 행하여진 할례가 아니라 그리스도에 의해 주어진 할례니라. 12 또한 너희가 그리
스도와 함께 세례 가운데에서 죽고, 하나님의 능력 가운데에서 너희의 믿음을 통하여 도로 살아났으니, 이 하나님이 예수 그리스도를 죽음으로부터 일으켜 살리신 분이시니라.

13 When you were dead in your sins and in the uncircumcision of your sinful nature, God made you alive with Christ. He forgave us all our sins, 14 having
cancelled the written code, with its regulations, that was against us and that stood opposed to us; he took it away, nailing it to the cross. 15 And having
disarmed the powers and authorities, he made a public spectacle of them, triumphing over them by the cross.

13 너희의 죄와 할례 받지 못한 죄 된 본성 가운데에서 너희가 죽어 있던 바로 그 때에, 하나님께서 너희를 그리스도와 함께 살려내셨도다. 이 하나님이 우리의 모든 죄를 사하시고 14 손으로 쓰인 율법 조
문(條文)을 그 규례(規例)들과 함께 폐지하셨으니, 이 조문들은 우리를 거슬러 대적하던 것들이라; 주께서 이를 멀리 치워 버리시고 그것들을 십자가에 못 박으셨도다. 15 또한 이 세상의 통치자들과 권세들
을 무력하게 하시고 대중 앞에서 드러내어 구경거리로 삼으셨으니 곧 십자가에 의하여 그들에게 승리를 거두신 것이니라.

16 Therefore do not let anyone judge you by what you eat or drink, or with regard to a religious festival, a New Moon celebration or a Sabbath day. 17
These are a shadow of the things that were to come; the reality, however, is found in Christ.

16 그러므로 너희가 무엇을 먹고 마시는지 하는 문제 곧, 매달 초하루이든지 안식일이든지 그 무슨 신앙적 절기들과 관련하여서는 누구든 일체 너희를 비판하거나 판단하지 못하게 하라. 17 이런 것들은 모
두 장차 다가올 일의 그림자들일 뿐이니; 그 진정한 실체는 오직 그리스도 안에서만 발견될 수 있으리라.

18 Do not let anyone who delights in false humility and the worship of angels

disqualify you for the prize. Such a person goes into great detail about what
he has seen, and his unspiritual mind puffs him up with idle notions. 19 He
has lost connection with the Head, from whom the whole body, supported and
held together by its ligaments and sinews, grows as God causes it to grow.

18 짐짓 꾸며낸 겸손들을 지니고 천사들을 숭배하기를 즐겨이 하는 무리 중 누구라도, (*너희를 그릇되
게 함으로) 너희가 받을 상(賞)을 받지 못하는 일이 생기지 않도록 (*조심)하라. 그와 같은 자들은 자기들
이 눈으로 본 것에만 세밀하고 (*또 치우쳐), 자신들의 경건하지 못한 마음과 함께 쓸데없는 생각에 빠짐
으로 스스로 뻐기며 잘난 척 할 뿐 아니라 19 (*우리 모두의) 머리 되신 이와의 관계를 잃어버렸으니, 우
리 온 몸은 이 머리로부터 마디와 힘줄로써 서로 지지가 되고 연결되어 하나님께서 자라게 하시는 대로
자라 가는 것이니라.

20 Since you died with Christ to the basic principles of this world, why,
as though you still belonged to it, do you submit to its rules: 21 "Do not
handle! Do not taste! Do not touch!"? 22 These are all destined to perish with
use, because they are based on human commands and teachings. 23 Such
regulations indeed have an appearance of wisdom, with their self-imposed
worship, their false humility and their harsh treatment of the body, but they
lack any value in restraining sensual indulgence.

20 너희가 이 세상의 초보적 규례에 대해서는 그리스도와 함께 이미 죽었거늘, 어찌하여 여전히 이 세
상에 속해 있는 것과 같이 이런 규례들에 복종하는 것이냐?: 21 "붙잡지도 말고! 맛보지도 말고! 만지
지도 말라!" 하는 것이 아니냐? 22 이런 것들은 모두 한 번 쓰이고는 사라져 없어질 것들이니 그 이유는
이들 모두가 사람의 명령과 훈계에 기초해 있기 때문에 그러하니라. 23 이런 규례들은 스스로 꾸며내어
강요한 숭배 행위와 꾸며낸 겸손과, 자신의 몸을 짐짓 괴롭게 하는 것들과 함께, 지혜의 겉모양을 지니
고 있을 뿐, (*육신의) 감각적 탐닉을 제어하고 삼가는 데에는 조금도 효능이 없느니라.

제3장

1 Since, then, you have been raised with Christ, set your hearts on things
above, where Christ is seated at the right hand of God. 2 Set your minds on
things above, not on earthly things. 3 For you died, and your life is now hidden
with Christ in God.

1 그러므로 너희가 그리스도와 함께 다시 살아난 바 되었으니, 너희의 마음을 위에 있는 것에 두라. 거
기에는 그리스도께서 하나님 우편에 앉아 계시느니라. 2 위로 하늘의 일들에 마음을 맞추고 이 세상 것
들에 마음을 두지 말라. 3 이는 너희가 죽은 바 되어, 이제 너희의 생명이 그리스도와 함께 하나님 안에
서 감추어져 있는 까닭이니라.

4 When Christ, who is your life, appears, then you also will appear with him
in glory. 5 Put to death, therefore, whatever belongs to your earthly nature:
sexual immorality, impurity, lust, evil desires and greed, which is idolatry. 6
Because of these, the wrath of God is coming.

4 너희의 생명이신 그리스도께서 나타나실 바로 그 때에, 너희 역시 그리스도의 영광 가운데에서 그와
함께 나타나리라. 5 그러므로 무엇이든 네게 있는 이 세상 본성에 속한 것들을 죽여 없앨지니: 곧 성적
음란과 부정함과 탐욕과 사악한 정욕(情慾)들과 탐심(貪心)이라, 무언가를 탐하는 그것이 바로 우상 숭
배니라. 6 그리고 이 우상 숭배로 말미암아 하나님의 진노가 임하느니라.

7 You used to walk in these ways, in the life you once lived. 8 But now you must rid yourselves of all such things as these: anger, rage, malice, slander, and filthy language from your lips.

7 너희도 예전에 그 가운데 살 때에는 늘 이와 같은 길을 걸었으나 8 그러나 이제는 이 모든 것을 벗어 버리라: 곧 분노와 욕망과 악의와 비방과 너희 입으로부터 나오는 수치스러운 말들이니라.

9 Do not lie to each other, since you have taken off your old self with its practices 10 and have put on the new self, which is being renewed in knowledge in the image of its Creator. 11 Here there is no Greek or Jew, circumcised or uncircumcised, barbarian, Scythian, slave or free, but Christ is all, and is in all.

9 서로 거짓말을 하지 말라, 너희가 너희의 옛 자아를 그 예전 행실과 함께 벗어 버리고 10 이제 새 사람 곧, 새 자아를 입었으니 이는 자기를 창조하신 이의 형상을 따라 새 지식 가운데에서 새롭게 된 것이니라. 11 여기에는 그리스 사람이나 유대인이나 할례받은 자나 할례받지 않은 자나, 야만인이나 스키티아 사람이나 종이나 자유인도 없으니 오직 그리스도는 만유(萬有) 가운데 계시고 만물은 그리스도 안에 있느니라.

12 Therefore, as God's chosen people, holy and dearly loved, clothe yourselves with compassion, kindness, humility, gentleness and patience. 13 Bear with each other and forgive whatever grievances you may have against one another. Forgive as the Lord forgave you. 14 And over all these virtues put on love, which binds them all together in perfect unity.

12 그러므로 너희는 하나님의 택하신 백성으로서 스스로 거룩하고 사랑받기에 합당한 자들처럼 행하여, 긍휼과 자비와 겸손과 온유함과 오래 참음으로 옷 입으라. 13 서로를 향해 불만스러운 일이 있더라도 서로 용납하고 피차 용서하여 주(主) 하나님께서 너희를 용서하신 것 같이 너희도 그리하라. 14 이 모든 덕스러움 위에 사랑을 더할지니, 사랑은 이 모든 것을 하나로 온전히 묶는 끈이니라.

15 Let the peace of Christ rule in your hearts, since as members of one body you were called to peace. And be thankful. 16 Let the word of Christ dwell in you richly as you teach and admonish one another with all wisdom, and as you sing psalms, hymns and spiritual songs with gratitude in your hearts to God.
17 And whatever you do, whether in word or deed, do it all in the name of the Lord Jesus, giving thanks to God the Father through him.

15 그리스도의 평강이 너희 마음을 주장하게 하라. 이는 너희가 평강을 위하여 한 몸의 지체로 부르심을 받은 연고니 너희는 또한 늘 감사하는 자가 되라. 16 그리스도의 말씀이 너희 속에 풍성히 거하게 함으로써 모든 지혜로 피차 가르치며 권면(勸勉)하고, 시와 찬송과 신령한 노래를 부르며, 감사하는 마음으로 하나님을 찬양하고 17 또 무엇을 하든지 말에나 행동에 있어서나 모두를 다 주 예수의 이름으로 하고, 이 그리스도를 통하여 하나님 아버지께 감사하라.

18 Wives, submit to your husbands, as is fitting in the Lord. 19 Husbands, love your wives and do not be harsh with them.

18 아내들아, 남편에게 복종하라. 이것이 주 안에서 합당한 일이니라. 19 남편들아, 아내를 사랑하며 거칠게 대하지 말라.

20 Children, obey your parents in everything, for this pleases the Lord. 21 Fathers, do not embitter your children, or they will become discouraged.

20 자녀들아, 모든 일에 부모에게 순종하라. 이것이 주 하나님을 기쁘시게 하는 것이니라. 21 아비들아, 너희 자녀의 마음을 상하게 하지 말라, 그들이 낙심할까 함이니라.

22 Slaves, obey your earthly masters in everything; and do it, not only when their eye is on you and to win their favour, but with sincerity of heart and reverence for the Lord. 23 Whatever you do, work at it with all your heart, as working for the Lord, not for men, 24 since you know that you will receive an inheritance from the Lord as a reward. It is the Lord Christ you are serving. 25 Anyone who does wrong will be repaid for his wrong, and there is no favouritism.

22 종들아, 너희는 모든 일에 있어 이 땅에 있는 너희의 상전들에게 순종하되, 그들의 눈길이 너희 위에 있을 때에만 그 호의를 얻으려 그리하지 말고 오직 주를 공경하는 마음으로, 진심을 담은 성실함으로 항상 그리하라. 23 무슨 일을 하든지 마음을 다하여 주(主)께 하듯 하고 사람에게 하듯 하지 말라. 24 주(主)로부터 상(賞)으로 유산(遺産)을 받을 줄 너희가 알고 있음이니 너희가 섬기는 이는 주(主) 그리스도시니라. 25 불의를 행하는 자는 자신이 행한 그 불의로 보응을 받으리니 차별이 없느니라.

제4장

1 Masters, provide your slaves with what is right and fair, because you know that you also have a Master in heaven.

1 상전들아, 종들에게 의와 공평을 베풀지니 이는 너희에게도 하늘에 주인이 계심을 너희가 알고 있음이로다.

2 Devote yourselves to prayer, being watchful and thankful. 3 And pray for us, too, that God may open a door for our message, so that we may proclaim the mystery of Christ, for which I am in chains. 4 Pray that I may proclaim it clearly, as I should.

2 스스로 기도에 헌신하고, 늘 깨어 살피며 항상 감사하는 마음을 가지라. 3 또한 우리를 위하여 기도해 줄 것은 하나님이 우리의 메시지를 위한 문을 열어 주사 그리스도의 비밀을 선포하게 하시도록 간구할지니 내가 이 일 때문에 사슬에 매인 몸이 되었노라. 4 내가 마땅히 선포해야 할 그것을 분명히, 그리고 밝히 선포할 수 있도록 기도하라.

5 Be wise in the way you act toward outsiders; make the most of every opportunity. 6 Let your conversation be always full of grace, seasoned with salt, so that you may know how to answer everyone.

5 교회 밖의 사람들에게 대해서는 늘 지혜로운 길로 행하고; 주어진 모든 기회를 최대한 활용하라. 6 너희의 대화는 항상 은혜로 충만하게 하여 소금으로 맛을 냄과 같이 하라. 그리하면 모든 사람에게 어떻게 대답해야 할지를 너희가 알리라.

7 Tychicus will tell you all the news about me. He is a dear brother, a faithful minister and fellow servant in the Lord. 8 I am sending him to you for the express purpose that you may know about our circumstances and that he may encourage your hearts. 9 He is coming with Onesimus, our faithful and dear brother, who is one of you. They will tell you everything that is happening here.

7 두기고가 내 소식과 사정을 빠짐없이 너희에게 알려 주리니 그는 우리의 친애하는 형제요, 신실한 사역자요 주(主) 안에서 함께 종이 된 자니라. 8 내가 그를 너희에게 보내는 것은 너희로 우리 사정을 알게 하여 너희 마음을 위로하게 하려 함이라. 9 신실하고 사랑을 받는 형제 오네시모를 그와 함께 보내노니

그는 너희에게서 온 사람이라 그들이 여기에서 일어나는 일들을 모두 너희에게 알려 주리라.

10 My fellow prisoner Aristarchus sends you his greetings, as does Mark, the cousin of Barnabas. (You have received instructions about him; if he comes to you, welcome him.) **11** Jesus, who is called Justus, also sends greetings. These are the only Jews among my fellow work-ers for the kingdom of God, and they have proved a comfort to me.

10 나의 동료 죄수인 아리스다고와 바나바의 조카(*누이의 아들) 마가가 각각 문안 인사하느니라. (이 마가에 대하여는 너희가 지시를 받았으니; 그가 너희에게 이르거든 잘 영접하라.) **11** 유스도라고도 불리는 예수도 너희에게 문안하느니라. 이들이 하나님 나라를 위하여 일하는 내 동역자들 중 (*나와 같이 있는) 유일한 유대인들이니 그들이 내게 큰 위안이 되었느니라.

12 Epaphras, who is one of you and a servant of Christ Jesus, sends greetings. He is always wrestling in prayer for you, that you may stand firm in all the will of God, mature and fully assured. **13** I vouch for him that he is working hard for you and for those at Laodicea and Hierapolis.

12 그리스도 예수의 종이며 너희에게서 온 너희 무리 중 한 사람인 에바브라가 너희에게 인사를 전하느니라. 그가 항상 너희를 위하여 힘써 기도하기를 너희가 하나님의 뜻 가운데에서 성숙하여지고, 그럼으로써 각자가 온전한 확신을 가질 수 있기를 늘 기도하느니라. **13** 그가, 너희 및 라오디케아에 있는 자들과 히에라볼리에 있는 자들을 위하여 얼마나 힘써 수고했는지 이를 내가 증언하노라.

14 Our dear friend Luke, the doctor, and Demas send greetings. **15** Give my greetings to the brothers at Laodicea, and to Nympha and the church in her house. **16** After this letter has been read to you, see that it is also read in the church of the Laodiceans and that you in turn read the letter from Laodicea.

14 우리의 친애하는 친구, 의사 누가와 또 데마가 너희에게 문안하느니라. **15** 라오디케아에 있는 형제들과 눔바와 또한 그녀의 집에 있는 교회에 내가 문안 인사를 전하노라. **16** 이 편지가 너희들 사이에서 읽히운 후에는 라오디케아인의 교회에서도 읽히게 하고 또 라오디케아로부터 오는 편지 역시 너희가 서로 돌려가며 읽도록 하라.

17 Tell Archippus: "See to it that you complete the work you have received in the Lord."

17 아킵보에게 이르기를: "주(主) 안에서 그가 받은 사명을 온전히 이루도록 하라"라고 전하라.

18 I, Paul, write this greeting in my own hand. Remember my chains. Grace be with you.

18 나 바울은 친필로 이 문안 인사를 쓰노라. 내가 사슬에 매인 것을 기억하라. 은혜가 너희에게 있을지어다.

데살로니가 전서

1 Thessalonians

1 Thessalonians

데살로니가 전서

제1장

1 Paul, Silas and Timothy, To the church of the Thessalonians in God the
Father and the Lord Jesus Christ: Grace and peace to you.

1 바울과 실라와 디모데는, 하나님 아버지와 주 예수 그리스도 안에 있는 테살로니카(데살로니가)인의
교회에: (*편지하노니) 은혜와 평강이 너희에게 있을지어다.

2 We always thank God for all of you, mentioning you in our prayers. 3 We
continually remember before our God and Father your work produced by
faith, your labor prompted by love, and your endurance inspired by hope in
our Lord Jesus Christ.

2 우리가 항상 너희 모두를 위하여 하나님께 감사하며 우리의 기도중에 항상 너희를 언급할 뿐 아니라,
3 또한 너희의 믿음으로부터 생겨 나온 역사(役事)들과, 사랑으로부터 우러나온 수고와, 그리고 우리 주
예수 그리스도 안에 있는 소망에 영감(靈感)을 받은 너희의 인내함을 하나님 아버지 앞에서 늘 기억하노
라.

4 For we know, brothers loved by God, that he has chosen you, 5 because our
gospel came to you not simply with words, but also with power, with the Holy
Spirit and with deep conviction. You know how we lived among you for your
sake.

4 하나님으로부터 사랑하심을 받은 형제들아, 하나님께서 너희를 택하셨음을 우리가 아노라. 5 이는 너
희에게 이르런 우리의 복음이 단순히 말로만 이루어진 것이 아니요, 능력과, 성령의 힘과 그리고 큰 확
신으로 이루어진 까닭이니라. 너희 가운데에서 지낼 때에 우리가 어떤 모습으로 어떻게 살았는지는 너
희가 익히 잘 아는 바니라.

6 You became imitators of us and of the Lord; in spite of severe suffering,
you welcomed the message with the joy given by the Holy Spirit. 7 And so you
became a model to all the believers in Macedonia and Achaia.

6 너희가 우리와 우리 주(主)를 본 받는 자가 되었으니; 곧 너희에게 닥친 크나큰 환난에도 불구하고 성
령에 의해 주어진 기쁨으로 우리의 메시지를 기쁘게 받아들였도다. 7 그리하여 너희가 마케도니아와 아
카이아에 있는 모든 믿는 자들에게 본(本)이 되었느니라.

8 The Lord's message rang out from you not only in Macedonia and Achaia--
your faith in God has become known everywhere. Therefore we do not need
to say anything about it, 9 for they themselves report what kind of reception
you gave us. They tell how you turned to God from idols to serve the living and
true God, 10 and to wait for his Son from heaven, whom he raised from the
dead--Jesus, who rescues us from the coming wrath.

8 주 예수의 메시지가 너희들로부터 울려 퍼져나와 마케도니아와 아카이아에만 이른게 아니라 하나님
을 향한 너희의 믿음이 도처에 알려졌으니 그러므로 여기에 대해서는 우리가 더 이상 아무 말도 할 것이

없노라. 9 또한 그들이 보고하기를 너희가 어떠한 영접으로 우리를 받아들였는지, 그리고 너희가 어떻게 우상을 버리고 하나님께로 돌아왔는지, 그리하여 살아 계시고 참되신 하나님을 어떻게 섬기게 되었는지, 10 그리고 또, 죽은 자들 가운데서 친히 다시 살리신 그의 아들 예수가 하늘로부터 강림하실 것을 너희가 어떠한 마음으로 기다리고 있는지를 고(告)하니 이 예수는 다가오는 진노의 날에 우리를 구원하실 그 분이시니라.

제2장

1 You know, brothers, that our visit to you was not a failure. 2 We had previously suffered and been insulted in Philippi, as you know, but with the help of our God we dared to tell you his gospel in spite of strong opposition.

1 형제들아, 우리가 너희를 방문했던 것이 헛된 일이 아니었음은 너희가 익히 잘 알고 있는 바라. 2 너희가 알다시피, 우리가 그 전에 필리피(빌립보)에서 심한 고난과 능욕을 당하였으나 그러나 우리 하나님의 도움으로, 그러한 격심한 반대에도 불구하고, 담대히 하나님의 복음을 너희에게 전할 수 있었노라.

3 For the appeal we make does not spring from error or impure motives, nor are we trying to trick you. 4 On the contrary, we speak as men approved by God to be entrusted with the gospel. We are not trying to please men but God, who tests our hearts.

3 (*너희를 향해) 우리가 하는 이런 호소(呼訴)가 그 어떠한 간사함이나 순수하지 못한 마음에서 생겨난 것이 아니요, 너희를 속이려는 것도 아니라. 4 오히려 그 반대로, 우리가 능히 하나님의 복음을 위탁받을만큼 '하나님으로부터 인정받은 사람들'처럼 말을 하였으니 우리는 사람을 기쁘게 하려 노력하는 것이 아니라 오직 하나님을 기쁘시게 하려 하노라. 하나님께서는 우리의 마음을 감찰(監察)하시는 분이시니라.

5 You know we never used flattery, nor did we put on a mask to cover up greed--God is our witness. 6 We were not looking for praise from men, not from you or anyone else.

5 너희가 알다시피 우리가 아첨하는 말을 사용하지 아니하였고, 탐욕을 감추기 위한 가면을 쓰지도 않았으니−이에 대해서는 하나님께서 친히 우리의 증인이 되시느니라. 6 우리가 너희에게서든 또 다른 누구에게서든, 사람으로부터 영광을 찾지 아니하였노라.

7 As apostles of Christ we could have been a burden to you, but we were gentle among you, like a mother caring for her little children. 8 We loved you so much that we were delighted to share with you not only the gospel of God but our lives as well, because you had become so dear to us.

7 우리가 그리스도의 사도(使徒)로서 너희에게 부담이 되고 신세를 질 수도 있었으나, 오히려 너희 가운데서 마음이 편안한 사이가 되어 어머니가 어린 자식을 돌보듯 하였으니 8 우리가 너희를 그처럼 사랑하여 하나님의 복음을 너희에게 나눌 뿐 아니라 우리의 목숨까지도 너희에게 나누어 주기를 기뻐한 것은 그만큼 너희가 우리의 사랑하는 자가 된 까닭이니라.

9 Surely you remember, brothers, our toil and hardship; we worked night and day in order not to be a burden to anyone while we preached the gospel of God to you. 10 You are witnesses, and so is God, of how holy, righteous and blameless we were among you who believed.

9 형제들아, 우리의 수고와 애쓴 것을 너희가 기억하리니; 하나님의 복음을 너희에게 전하는 동안 너희
아무에게도 폐를 끼치지 아니하려고 우리가 밤낮으로 일을 하였노라. 10 너희 믿는 자들 가운데에서 우
리가 얼마나 경건(敬虔)하며, 또 의로우며, 그리고 흠없이 행하였는지에 대하여는 너희가 증인이요 하나
님도 또한 그러하시도다.

11 For you know that we dealt with each of you as a father deals with his own
children, 12 encouraging, comforting and urging you to live lives worthy of
God, who calls you into his kingdom and glory.

11 너희도 아는 바와 같이 우리가 너희 각 사람을 대하기를 마치 아버지가 자기 자녀에게 하듯 하였으며
12 오직 너희를 격려하고 위로하며 또한 하나님께 합당한 삶을 살도록 격려하였으니, 너희를 그의 나라
와 그의 영광 가운데로 부르시는 이가 곧 하나님이시니라.

13 And we also thank God continually because, when you received the word of
God, which you heard from us, you accepted it not as the word of men, but as
it actually is, the word of God, which is at work in you who believe.

13 또한, 우리가 끊임없이 하나님께 감사를 드리는 것은 너희가 우리에게 들은 바 된 그것, 곧 하나님의
말씀을 받을 때에 너희가 이를 사람의 말로 받지 아니하고, 이것이 진실로 그러한 것처럼, 하나님의 말
씀으로 받았던 까닭이니, 이 말씀이 너희 믿는 자 가운데에서 지금도 역사(役事)하고 있느니라.

14 For you, brothers, became imitators of God's churches in Judea, which
are in Christ Jesus: You suffered from your own countrymen the same things
those churches suffered from the Jews, 15 who killed the Lord Jesus and the
prophets and also drove us out. They displease God and are hostile to all men
16 in their effort to keep us from speaking to the Gentiles so that they may
be saved. In this way they always heap up their sins to the limit. The wrath of
God has come upon them at last.

14 형제들아, 너희가 유대에 있는 하나님의 교회들을 본받는 자들이 되었으니, 이 교회는 곧 예수 그리
스도 안에 있는 교회니라: 이 유대의 교회가 유대인들로부터 고난을 받은 것과 같이 너희도 너희 동족에
게서 동일한 고난을 받았으니 15 이 유대인들이 주 예수와 선지자들을 죽이고 또한 우리를 쫓아낸 자들
이니라. 그들이 하나님을 기쁘시게 하기는 커녕, 모든 사람을 적대(敵對)하여 16 우리가 이방인에게 말
씀을 전하는 것을 한사코 막아 그들로 구원받게 하려는 것을 어떡하든지 멈추고자 항상 애를 쓰고, 늘
이런 길로 행함으로 자기 죄를 끝까지 채우매 하나님의 진노하심이 마침내 그들 위에 임하였느니라.

17 But, brothers, when we were torn away from you for a short time (in
person, not in thought), out of our intense longing we made every effort to
see you. 18 For we wanted to come to you-- certainly I, Paul, did, again and
again-- but Satan stopped us.

17 그러나 형제들아, 우리가 잠시 너희로부터 떨어져 나온 것은 (육신으로 그러했을 뿐, 마음으로는 그
리하지 않았으니) 너희를 다시 만나보기를 간절한 마음으로 바라고 또 바람으로, (*너희를 다시 보기 위
해) 우리가 온갖 노력을 아끼지 아니하였노라. 18 우리 모두가 다 너희 다시 보기를 간절히 원하고 특히
나 바울은 (*더욱 이를 간절히 원하여) 거듭 거듭 너희에게로 가려 하였으나 사탄이 종내 우리를 막았었
도다.

19 For what is our hope, our joy, or the crown in which we will glory in the
presence of our Lord Jesus when he comes? Is it not you? 20 Indeed, you are
our glory and joy.

19 우리의 소망, 우리의 기쁨, 곧, 우리 주 예수께서 다시 강림(降臨)하실 때에 그 앞에서 영광을 받을
우리의 면류관이 무엇이냐? 바로 너희가 아니냐? 20 진실로, 너희가 우리의 영광이요 기쁨이니라.

제3장

1 So when we could stand it no longer, we thought it best to be left by
ourselves in Athens. 2 We sent Timothy, who is our brother and God's fellow
worker in spreading the gospel of Christ, to strengthen and encourage you in
your faith, 3 so that no one would be unsettled by these trials. You know quite
well that we were destined for them.

1 그리하여 우리가 마침내 더는 못 참게 되었을 때에, 우리는 아테네에 남아 있는 (*대신 다른 사람을 보
내는) 것이 최상일 줄로 생각하고 2 디모데를 우선 너희에게 보내었으니 그는 우리의 형제요 그리스도
의 복음을 전파하는 하나님의 동역자된 일꾼이라. 이는 (*이렇게 그를 먼저 너희에게 보내 이유는) 너희
를 믿음 안에서 강건하게 하고 격려하려 함이니, 3 그럼으로써 너희 중 아무도 이런 환난 가운데에서 흔
들리지 않게 하려 함이었느니라. 우리가 이런 환난을 당하기 위하여 예정되어 있는 줄은 너희가 이미 잘
알고 있는 바로다.

4 In fact, when we were with you, we kept telling you that we would be
persecuted. And it turned out that way, as you well know. 5 For this reason,
when I could stand it no longer, I sent to find out about your faith. I was afraid
that in some way the tempter might have tempted you and our efforts might
have been useless.

4 실상, 우리가 너희와 함께 있을 때에 우리가 거듭해서 말을 하기를, 너희 역시 장차 (*우리처럼) 환난
받을 것을 말하였었는데 과연 그 일이 그렇게 된 것은 너희도 익히 잘 아는 바니라. 5 이런 이유로 마침
내 내가 더 이상 참지 못하게 되었을 때에 너희의 믿음을 알아보기 위하여 (*디모데를) 보낸 것이니,그러
면서 내가 두려워하였던 것은 어느 다른 유혹하는 자가 어떤 식으로든 너희를 미혹케 하여 지난날 우리
의 수고를 헛되게 만들지는 않았을까 함이었노라.

6 But Timothy has just now come to us from you and has brought good news
about your faith and love. He has told us that you always have pleasant
memories of us and that you long to see us, just as we also long to see you. 7
Therefore, brothers, in all our distress and persecution we were encouraged
about you because of your faith. 8 For now we really live, since you are
standing firm in the Lord.

6 그러나 지금은 디모데가 너희에게로부터 와서 너희 믿음과 사랑의 기쁜 소식을 우리에게 전함에 있어
너희가 항상 우리를 생각하여 마치 우리가 너희를 간절히 보고자 함과 같이 너희도 우리 보기를 간절히
원한다 말을 하니 7 이러므로 형제들아, 우리가 모든 궁핍과 환난 가운데서 너희 믿음으로 인하여 크나
큰 위로를 받았노라. 8 그러므로 이제 너희가 그처럼 주 안에 굳게 서 있게 되었은즉, 이제는 우리가 살
리라.

9 How can we thank God enough for you in return for all the joy we have
in the presence of our God because of you? 10 Night and day we pray most
earnestly that we may see you again and supply what is lacking in your faith.

9 우리가 우리 하나님 앞에서 너희로 말미암아 모든 기쁨으로 기뻐하노니 너희를 위하여 능히 어떠한
감사로 하나님께 보답해야 할꼬? 10 낮이건 밤이건, 우리가 열심으로 간구하는 것은 너희 얼굴을 다시
보는 것과 그럼으로써 너희의 믿음이 부족한 곳을 보충하는 것이니라.

11 Now may our God and Father himself and our Lord Jesus clear the way
for us to come to you. 12 May the Lord make your love increase and overflow
for each other and for everyone else, just as ours does for you. 13 May he
strengthen your hearts so that you will be blameless and holy in the presence
of our God and Father when our Lord Jesus comes with all his holy ones.

11 하나님 우리 아버지와 우리 주 예수께서 모쪼록 너희에게로 갈 수 있는 길을 우리에게 만들어 주시
오며 12 또 너희의 사랑이 나날이 더하여져서-우리가 너희를 사랑함과 같이, 너희도 피차간에 그리고
모든 사람에 대한 사랑이 더욱 넘치게 만드시기를 원하노라. 13 또한 주께서 너희 마음을 굳게 하사, 우
리 주 예수께서 그의 모든 성도와 함께 강림하실 때에 하나님 우리 아버지 앞에서 너희의 거룩함에 흠이
없게 하시기를 원하노라.

제4장

1 Finally, brothers, we instructed you how to live in order to please God, as in fact you are living. Now we ask you and urge you in the Lord Jesus to do this more and more. 2 For you know what instructions we gave you by the authority of the Lord Jesus.

1 끝으로 형제들아, 하나님을 기쁘시게 하기 위하여 너희가 어떻게 살아야 하는지 예전에 우리가 권면
하였었는데, 이미 너희가 실제 그처럼 살고 있음이로다. 우리가 주 예수 안에서 다시금 너희에게 권하는
것은 이런 삶에 더욱 힘써 매진하라 하는 것이니 2 주 예수 그리스도의 권위에 힘입어 우리가 어떠한 (*
삶의) 지침을 너희에게 전해 주었는지는 너희가 이미 알고 있는 바니라.

3 It is God's will that you should be sanctified: that you should avoid sexual immorality; 4 that each of you should learn to control his own body in a way that is holy and honourable, 5 not in passionate lust like the heathen, who do not know God; 6 and that in this matter no one should wrong his brother or take advantage of him. The Lord will punish men for all such sins, as we have already told you and warned you.

3 너희가 마땅히 거룩하게 변화해야 하는 것이 곧 하나님의 뜻이라: 그러므로 너희는 성적 음란을 버리
고; 4 너희 모두가 거룩함과 존귀함으로 자기의 육신을 절제하여 다스릴 줄을 알아 5 하나님을 모르는
이방인과 같이 육적인 정욕을 따르지 말고; 6 이러한 일에 자신의 형제를 그르치게 하거나 그를 이용하
지 말라. 주 하나님께서 이러한 모든 죄에 대하여 사람들을 벌하시리니 이에 관해서는 이미 너희에게 언
급한 적이 있고 또 경고한 적도 있느니라.

7 For God did not call us to be impure, but to live a holy life. 8 Therefore, he who rejects this instruction does not reject man but God, who gives you his Holy Spirit.

7 하나님이 우리를 부르신 것은 정결치 못하게 하려 하심이 아니요 오직 거룩한 삶을 살게 하기 하심이
라. 8 그러므로 이와 같은 명령을 저버리는 자는 사람을 저버리는 것이 아니요, 그의 거룩한 성령을 저
희에게 주신 하나님을 저버리는 것이니라.

9 Now about brotherly love we do not need to write to you, for you yourselves have been taught by God to love each other. 10 And in fact, you do love all the brothers throughout Macedonia. Yet we urge you, brothers, to do so more and more. 11 Make it your ambition to lead a quiet life, to mind your own business and to work with your hands, just as we told you, 12 so that your daily life may win the respect of outsiders and so that you will not be dependent on anybody.

9 형제 사랑에 관하여는 너희에게 다시 쓸 필요가 없으니, 너희들 자신이 하나님의 가르치심을 받아 이
미 서로 사랑함이라. 10 진실로 너희가 마케도니아에 있는 모든 형제들을 사랑하고 있음이로다. 형제들

아, 우리가 다시 권하노니 더욱 그렇게 행하며 형제 사랑하기를 계속하라. 11 또 너희에게 이미 말한 것
같이 각자가 정숙한 삶을 살기를 염원하고, 자신의 손으로 힘써 일하며 자기 일에 조용히 전념할지니,
12 이는 매일의 삶에 있어 교회 밖의 사람들로부터 존경을 얻으며, 누구에게든 너희가 남을 의지해야
하는 일이 없게 하려 함이니라.

13 Brothers, we do not want you to be ignorant about those who fall asleep, or
to grieve like the rest of men, who have no hope. 14 We believe that Jesus died
and rose again and so we believe that God will bring with Jesus those who
have fallen asleep in him.

13 형제들아, 지금 잠자고 있는 자들에 관하여는 너희가 (*그 상황에 대해) 모르고 지나가는 것을 원치
않을 뿐 아니라 또 소망 없는 다른 사람들과 같이, 너희가 슬픔에만 잠겨 있기를 원치 아니하노니 14 예
수께서 죽으셨다가 다시 살아나신 것을 우리가 믿는 것과 같이, 이제 예수 안에서 잠자고 있는 자들도
하나님께서 그들을 예수와 함께 데리고 오실 것을 우리가 믿노라.

15 According to the Lord's own word, we tell you that we who are still alive,
who are left till the coming of the Lord, will certainly not precede those who
have fallen asleep. 16 For the Lord himself will come down from heaven, with
a loud command, with the voice of the archangel and with the trumpet call of
God, and the dead in Christ will rise first.

15 주께서 직접 하신 말씀에 의지하여 너희에게 말하건대, 지금 살아 있는 우리들 곧, 주께서 다시 오실
때까지 (*이 세상에) 남겨진 우리들도 현재 (*주 안에서) 잠자고 있는 자들보다 결코 앞서지 못하리라.
16 주께서 큰 소리 호령과 천사장의 목소리와 하나님의 나팔 신호 소리와 함께 친히 하늘로부터 내려오
시리니 그리스도 안에서 죽은 자들이 제일 먼저 일어나리라.

17 After that, we who are still alive and are left will be caught up together with
them in the clouds to meet the Lord in the air. And so we will be with the Lord
forever. 18 Therefore encourage each other with these words.

17 그 직후에, 우리 아직 살아 있는 자 곧, 남겨져 있는 우리들도 그들과 함께 구름 속으로 끌어 올려져
공중에서 주를 영접하게 되리니 그리하여 우리가 주와 함께 영원히 거하게 되리라. 18 그런고로 이러한
말로 너희는 서로 (*권면하고) 격려하라.

제5장

1 Now, brothers, about times and dates we do not need to write to you, 2 for
you know very well that the day of the Lord will come like a thief in the night.
3 While people are saying, "Peace and safety," destruction will come on them
suddenly, as labour pains on a pregnant woman, and they will not escape.

1 이제, 형제들아, 그 때와 날짜에 관하여는 너희에게 쓸 필요가 없으니 2 이는 주(主)의 날이 밤에 도둑
같이 이를 줄을 너희 자신이 잘 알고 있기 때문이라. 3 사람들이 말하길, "평안하다, 안전하다" 할 동안
에 멸망이 삽시간에 닥쳐 오리니, 임신한 여자에게 해산의 고통이 이름과 같을 것이요, 그들이 미쳐 피
하지 못하리라.

4 But you, brothers, are not in darkness so that this day should surprise you
like a thief. 5 You are all sons of the light and sons of the day. We do not
belong to the night or to the darkness.

4 그러나 형제들아, 너희는 어둠에 있지 아니하므로 그 날이 너희에게는 도둑처럼 다가와 놀래키질 못
하리니 5 너희가 다 빛의 아들들이요, 낮의 아들들이라. 우리는 밤이나 어둠에 속해 있지 아니하니라.

6 So then, let us not be like others, who are asleep, but let us be alert and self-
controlled. 7 For those who sleep, sleep at night, and those who get drunk, get
drunk at night.

6 그러므로 우리는 다른 사람들, 곧 잠자는 자들처럼 되지 말고 경각심을 가지고 깨어 있어 스스로를 절
제하자. 7 잠자는 자들은 밤에 자고, 취하는 자들도 밤에 취하느니라.

8 But since we belong to the day, let us be self-controlled, putting on faith
and love as a breastplate, and the hope of salvation as a helmet. 9 For God did
not appoint us to suffer wrath but to receive salvation through our Lord Jesus
Christ.

8 또한 우리는 낮에 속하였으니 스스로를 절제하며, 믿음과 사랑을 가슴 보호대처럼 입고, 구원의 소망
을 투구처럼 머리에 쓰고 있도록 하자. 9 하나님께서 우리를 하나님의 진노를 겪도록 지명하신 것이 아
니요, 오직 우리 주 예수 그리스도를 통하여 구원을 얻도록 우리를 세우셨느니라.

10 He died for us so that, whether we are awake or asleep, we may live
together with him. 11 Therefore encourage one another and build each other
up, just as in fact you are doing.

10 예수께서 우리를 위하여 죽으신 것은, 우리가 깨어 있든지 잠들어 있든지 간에, 자기와 함께 살게 하
려 함이니 11 그러므로 너희는 피차 격려하고 서로를 일으켜 세울 것이며, 현재 너희가 행하고 있는 바
를 계속하여 행할지어다.

12 Now we ask you, brothers, to respect those who work hard among you, who
are over you in the Lord and who admonish you. 13 Hold them in the highest
regard in love because of their work. Live in peace with each other.

12 형제들아 너희에게 원하노니 너희 가운데서 힘써 수고하는 자들, 곧 주 안에서 너희를 다스리며 훈
계하는 자들을 존경하라. 13 그들의 사역으로 말미암아 사랑 가운데에서 너희의 가장 큰 존경을 바치며
평화 가운데에서 서로 화목하게 지내라.

14 And we urge you, brothers, warn those who are idle, encourage the timid,
help the weak, be patient with everyone. 15 Make sure that nobody pays back
wrong for wrong, but always try to be kind to each other and to everyone else.

14 또한 형제들아, 우리가 권하노니 게으른 자들을 경계하며, 마음이 연약한 자들을 격려해 주고, 힘이
없는 자들을 도와주며, 모든 사람에게 인내하라. 15 누구에게든지 악으로 악을 갚지 말고, 너희 서로간
뿐 아니라 모든 사람을 대하여서도 항상 친절하게 행하라.

16 Be joyful always; 17 pray continually; 18 give thanks in all circumstances,
for this is God's will for you in Christ Jesus.

16 항상 기뻐하라; 17 쉬지 말고 기도하라; 18 모든 상황 가운데에서 감사하라, 이것이 그리스도 예수
안에서 너희를 향한 하나님의 뜻이니라.

19 Do not put out the Spirit's fire; 20 do not treat prophecies with contempt.
21 Test everything. Hold on to the good. 22 Avoid every kind of evil.

19 성령의 불을 꺼뜨리지 말며 20 예언을 멸시하지 말고 21 모든 것을 시험하여 보고 선한 것을 붙들
라. 22 악은 어떤 모양이라도 이를 피하라.

23 May God himself, the God of peace, sanctify you through and through. May your whole spirit, soul and body be kept blameless at the coming of our Lord Jesus Christ 24 The one who calls you is faithful and he will do it.

23 하나님, 곧 평강의 하나님께서 친히 너희를 온전히 거룩하게 하시기를 원하며, 너희의 온 영(靈)과, 혼(魂)과 몸이 우리 주 예수 그리스도 강림하실 때까지 흠 없이 보존되기를 원하노라. 24 너희를 부르시는 이는 신실하시니 그가 반드시 이를 이루시리라.

25 Brothers, pray for us. 26 Greet all the brothers with a holy kiss.

25 형제들아 우리를 위하여 기도하라. 26 거룩한 입맞춤으로 모든 형제에게 문안 인사를 나누라.

27 I charge you before the Lord to have this letter read to all the brothers. 28
The grace of our Lord Jesus Christ be with you.

27 내가 주 앞에서 명하노니 이 편지를 모든 형제들에게 읽혀지게끔 하라. 28 우리 주 예수 그리스도의 은혜가 너희에게 있을지어다.

데살로니가 후서

2 Thessalonians

데살로니가 후서

제1장

1 Paul, Silas and Timothy, To the church of the Thessalonians in God our
Father and the Lord Jesus Christ: 2 Grace and peace to you from God the
Father and the Lord Jesus Christ.

1 바울과 실라와 디모데는 하나님 우리 아버지, 그리고 우리 주 예수 그리스도 안에 있는 테살로니카인
들의 교회에 (*편지하노니) : 2 하나님 아버지와 주 예수 그리스도로부터 은혜와 평강이 너희에게 있을
지어다.

3 We ought always to thank God for you, brothers, and rightly so, because
your faith is growing more and more, and the love every one of you has for
each other is increasing. 4 Therefore, among God's churches we boast about
your perseverance and faith in all the persecutions and trials you are enduring.

3 형제들아, 우리가 항상 너희를 위해 하나님께 감사하고, 또 마땅히 그렇게 해야 할 이유는 너희의 믿
음이 더욱 더 자라나고 너희가 각기 서로 사랑하는 그 사랑이 날로 자라나는 까닭이니 4 이러므로, 너희
가 모든 박해와 환난 중에서 견디고 있는 인내와 믿음을 우리가 하나님의 여러 교회 가운데에서 이처럼
자랑하는 것이니라.

5 All this is evidence that God's judgment is right, and as a result you will be
counted worthy of the kingdom of God, for which you are suffering.

5 이 모든 것이 다 하나님의 심판이 공의(公義)로움을 증거하는 것이요, 이의 결과로 비로소 너희가 하
나님의 나라에 합당한 자로 헤아림을 받는 것이니, 너희가 고난을 받는 것이 결국은 하나님의 나라를 위
함이니라.

6 God is just: He will pay back trouble to those who trouble you 7 and give
relief to you who are troubled, and to us as well. This will happen when the
Lord Jesus is revealed from heaven in blazing fire with his powerful angels. 8
He will punish those who do not know God and do not obey the gospel of our
Lord Jesus.

6 하나님은 공의(公義)로우사: 너희를 환난에 빠뜨리는 자들을 같은 환난으로 (*쳐서) 갚으시고 7 고난
을 받는 너희에게는 구원을 베푸실 것이니, 다만 너희 뿐 아니라 우리에게도 그리하시리라. 이 구원은
주 예수께서 하늘로부터 주의 능력의 천사들과 함께 불꽃 가운데에 나타나실 때에 이루어질 것인데, 8
(*그 때에) 하나님을 알지 못하는 자들과 우리 주 예수의 복음에 복종하지 않은 자들을 주(主)께서 함께
벌하시리라.

9 They will be punished with everlasting destruction and shut out from the
presence of the Lord and from the majesty of his power 10 on the day he
comes to be glorified in his holy people and to be marveled at among all those
who have believed. This includes you, because you believed our testimony to
you.

9 이런 자들이 받을 형벌은 이러하니 곧, 영원한 멸망을 받는 것과, 아울러 주의 면전(面前)과 주의 능력
의 권세로부터 차단되어 그 앞에서 물리쳐지는 것이 그 벌이로다. 10 주 예수께서 다시 오실 날, 곧 주
께서 주의 거룩한 사람들로부터 영광을 받으시고 또 그를 믿는 모든 사람들로 하여금 경탄을 금치 못하
게 만드실 바로 그날에 이런 일들이 이루어 질 것이니라. 그러나 너희는 우리의 증언을 믿은 고로 거룩
한 사람들 (*곧, 주 그리스도를 영접할) 무리에 속해 있느니라.

11 With this in mind, we constantly pray for you, that our God may count you worthy of his calling, and that by his power he may fulfill every good purpose of yours and every act prompted by your faith.
12 We pray this so that the name of our Lord Jesus may be glorified in you, and you in him, according to the grace of our God and the Lord Jesus Christ.

11 이런 것을 마음에 두며 우리가 끊임없이 너희를 위하여 기도하는 내용이 있으니 그것은 하나님이 너
희를 부르신 그 부르심에 너희가 진정 합당한 자로 여겨지게끔 해 주십사 하는 것이며 또, 하나님께서
자신의 능력으로 말미암아 너희의 모든 선한 목적과 너희의 믿음에 기초하여 생겨 나온 모든 행위를 다
이루게 해주소서 하는 것이니라. 12 우리가 이렇게 기도하는 것은 우리 주 예수의 이름이 너희 가운데
서 영광을 받으시고, 우리 하나님의 은혜와 주 예수 그리스도의 은혜에 따라 너희 역시, 주안에서 영광
을 받게 하려 함이니라.

제2장

1 Concerning the coming of our Lord Jesus Christ and our being gathered to
him, we ask you, brothers, 2 not to become easily unsettled or alarmed by
some prophecy, report or letter supposed to have come from us, saying that the day of the Lord has already come.

1 형제들아, 우리 주 예수 그리스도의 다시 오심과 우리가 그 앞에서 모일 것에 관하여 너희에게 다시금
당부하고자 하는 것은 2 그 어떠한 예언이나, 혹은 그 누구로부터의 연락이나 또는 (*심지어) 우리가 너
희에게 보낸 편지를 인하여서도 쉽사리 마음이 흔들리거나 불안해 하지 말라는 것이라.

3 Don't let anyone deceive you in any way, for that day will not come until the rebellion occurs and the man of lawlessness is revealed, the man doomed
to destruction. 4 He will oppose and will exalt himself over everything that is called God or is worshiped, so that he sets himself up in God's temple, proclaiming himself to be God.

3 누구든지 너희를 속이지 못하게 할지니 무슨 방도에 의해서든, 이에 속지 말라. 그 (*마지막) 날은 내
가 말한 그 배교(背敎)가 실제 일어나고 저 불법(不法)한 자(者) 곧, 멸망에 빠질 저주받은 자가 직접 나
타나기 전까지는 오지 않을 것이니 4 이 자는 본래 대적하는 자라, 하나님이라고 불리우는 것과 그리고
(*하나님과 관련하여) 경배받는 모든 것들 위에 자신을 두어 높이고, 그리함으로써 하나님의 성전(聖殿)
안에 자신을 세워 자신이 하나님이라고 선포를 하리라.

5 Don't you remember that when I was with you I used to tell you these things?
6 And now you know what is holding him back, so that he may be revealed at the proper time.

5 내가 너희와 함께 있을 때에 이 일을 자주 말하던 것을 기억하지 못하느냐? 6 그러나, (*미리 정한) 적
절한 때에 비로소 이 불법한 자가 나타나게 하려고 지금은 무엇인가가 그를 막고 있다는 것은 너희가 이
미 알고 있는 바니라.

7 For the secret power of lawlessness is already at work; but the one who now holds it back will continue to do so till he is taken out of the way. 8 And then the lawless one will be revealed, whom the Lord Jesus will overthrow with the breath of his mouth and destroy by the splendor of his coming.

7 이 불법의 비밀스러운 힘이 이미 활동을 시작하고 있으나; 그러나 지금은 이것을 붙들어 막고 있는 이가 있어 이 불법한 힘을 가진 자가 자신의 길로 (*담대히) 실행하는 것을 (*한동안은) 계속 막고 있을 것이라. 8 그러나 정하신 그 때에는 이 불법한 자가 자기 정체를 나타내며 등장하리라. 그러나 이 불법한 자는 예수께서 그의 입에서 나오는 숨으로 그를 쓰러 뜨리시고 또한 그의 강림하심이 갖는 그 경이로움에 의하여 그를 멸해 버리시고 말리라.

9 The coming of the lawless one will be in accordance with the work of Satan displayed in all kinds of counterfeit miracles, signs and wonders, 10 and in every sort of evil that deceives those who are perishing. They perish because they refused to love the truth and so be saved.

9 이 불법한 자의 나타남은 사탄의 사역을 따라 이루어질 것이요, 모든 형태의 거짓 표적과 꾸며진 가짜 기적과 징조와 이적(異蹟)들과, 10 그리고, 멸망에 이를 자들을 미혹케하는 모든 종류의 악과 함께 나타날 것인데, 그들이 반드시 망하고 말 것은, 스스로 진리 사랑하기를 거부하고 구원 얻기를 거절한 까닭이니라.

11 For this reason God sends them a powerful delusion so that they will believe the lie 12 and so that all will be condemned who have not believed the truth but have delighted in wickedness.

11 이런 이유로 하나님께서 그들에게 큰 미혹을 보내심으로 그들이 거짓 것을 믿게 만드셨으니 12 이는 진리를 신봉하지 아니하고 사악한 것들을 기뻐한 자들을 정죄하려 하심이라.

13 But we ought always to thank God for you, brothers loved by the Lord, because from the beginning God chose you to be saved through the sanctifying work of the Spirit and through belief in the truth. 14 He called you to this through our gospel that you might share in the glory of our Lord Jesus Christ.

13 그러나 주 하나님으로부터 사랑을 받는 형제들아, 우리가 너희로 인하여는 마땅히 그리고 늘 하나님께 감사해야 할 이유가 있으니, 이는 하나님이 처음부터 너희를 택하사 성령의 거룩하게 하심과 진리를 믿는 그 믿음으로 말미암아 너희로 하여금 구원을 받게 하신 까닭이며 14 또 하나님께서 우리 주 예수 그리스도의 영광을 함께 누리게 하시려고 우리의 복음 가운데에서 너희를 불러내셨던 까닭이니라.

15 So then, brothers, stand firm and hold to the teachings we passed on to you, whether by word of mouth or by letter. 16 May our Lord Jesus Christ himself and God our Father, who loved us and by his grace gave us eternal encouragement and good hope, 17 encourage your hearts and strengthen you in every good deed and word.

15 그러므로 형제들아, 굳건하게 서서, 우리의 전하는 말을 통해서나 혹은 우리의 편지를 통해서 우리로부터 받은 바, 그 가르침을 굳게 붙들고 있으라. 16 우리 주 예수 그리스도와, 또 우리를 사랑하사 그의 은혜 가운데에서 우리에게 영원한 격려와 선한 소망을 주신 하나님 우리 아버지께서 17 너희의 마음을 위로하시고 모든 선한 일과 말에 있어 너희를 굳게 하시기를 원하노라.

제3장

1 Finally, brothers, pray for us that the message of the Lord may spread rapidly
and be honored, just as it was with you. 2 And pray that we may be delivered
from wicked and evil men, for not everyone has faith.

1 끝으로 형제들아 너희는 우리를 위하여 기도하기를; 주의 말씀이 너희 가운데서 그러했던 것처럼 앞
으로도 계속 널리 신속하게 퍼져 나가 영광을 얻고, 2 또한 우리를, 저 악의적이고도 사악한 사람들로부
터 구원해 건지시옵소서 하고 기도하라. 모든 사람이 다 믿음을 가진 것이 아니니라.

3 But the Lord is faithful, and he will strengthen and protect you from the evil
one. 4 We have confidence in the Lord that you are doing and will continue to
do the things we command. 5 May the Lord direct your hearts into God's love
and Christ's perseverance.

3 그러나 주 하나님은 신실하시나니, 그가 너희를 굳건하게 하시고 악한 자들로부터 보호를 하시리라.
4 우리가 확신하노니, 너희는 우리가 명한 것을 다 행하고 또 계속하여 그리할 것을 주 안에서 믿노라. 5
주 하나님께서 너희의 마음을 인도하여 들이사 하나님의 사랑과 그리스도의 오래 참으심에 들어가게 만
드시기를 원하노라.

6 In the name of the Lord Jesus Christ, we command you, brothers, to keep
away from every brother who is idle and does not live according to the
teaching you received from us. 7 For you yourselves know how you ought to
follow our example. We were not idle when we were with you, 8 nor did we
eat anyone's food without paying for it. On the contrary, we worked night and
day, laboring and toiling so that we would not be a burden to any of you. 9
We did this, not because we do not have the right to such help, but in order to
make ourselves a model for you to follow.

6 우리 주 예수 그리스도의 이름으로 우리가 명하노니 형제들아, 게으른 형제들과 너희가 우리로부터
받은 그런 교훈에 따라 살지 않는 모든 형제들을 멀리하라. 7 우리가 제시한 본을 따라 어떠한 삶을 살
아야 하는지는 너희 스스로가 잘 아는 바라, 너희와 함께 지낼 동안에 우리가 전혀 게으른 모습을 보이
지 아니하였고 8 돈을 치르지 않고서는 누구의 음식도 그냥 먹은 적이 없느니라. 그 반대로, 우리가 밤
낮으로 작업하며 수고롭게 일을 하고 삶의 고난을 직접 겪은 것은 너희에게 하등의 부담도 주지 않으려
함이었느니라. 9 우리가 이렇게 행한 것은 우리에게 그런 도움을 청할 권리가 없었던 까닭이 아니라, 오
직 너희에게 본을 보임으로써 장차 너희 역시 우리의 행위를 따르게 하려 함이었느니라.

10 For even when we were with you, we gave you this rule: "If a man will not
work, he shall not eat." 11 We hear that some among you are idle. They are
not busy; they are busybodies. 12 Such people we command and urge in the
Lord Jesus Christ to settle down and earn the bread they eat.

10 우리가 너희와 함께 거하고 있을 때에 우리가 너희에게 다음과 같은 원칙을 전해 주었으니; 곧, "누
구든지 일하기를 싫어하거든 먹지도 말라" 하는 것이니라. 11 우리가 듣자하니, 너희 가운데 몇몇이 아
주 게으르게 행하여 스스로는 일하지 아니하며 분주히 일을 만들기만 하는 자들이 있다 하는도다. 12
이런 자들에게 우리가 명하는 것, 곧 주 예수 그리스도 안에서 촉구하고자 하는 바는 각자 자기 자리를
찾아 정착하여 자신이 먹을 떡을 제 손으로 벌어 먹으라 하는 것이니라.

13 And as for you, brothers, never tire of doing what is right. 14 If anyone
does not obey our instruction in this letter, take special note of him. Do not
associate with him, in order that he may feel ashamed. 15 Yet do not regard
him as an enemy, but warn him as a brother.

13 그리고 너희에 대해서 말을 하자면, 형제들아, 옳은 바를 행함에 있어 피곤해 하지 말라. 14 누구든
지 이 편지에 있는 우리의 지시를 따르지 않는 자가 있으면 그를 특별히 주의해서 대하라. 그런 사람과
는 교제를 하지 말고 그로 하여금 스스로 수치를 느끼게 하라. 15 그러나 원수와 같이는 대하지 말고 형
제와 같이 권면(勸勉)하라.

16 Now may the Lord of peace himself give you peace at all times and in every way. The Lord be with all of you.

16 평강의 주(主) 하나님께서 친히 모든 일마다 그리고 언제든 너희에게 평강을 주시기를 원하노라. 주께서 너희 모든 사람과 함께 항상 같이 거하시리라.

17 I, Paul, write this greeting in my own hand, which is the distinguishing
mark in all my letters. This is how I write. 18 The grace of our Lord Jesus
Christ be with you all.

17 나 바울은 이 문안 인사를 친히 내 손으로 쓰노라, 이는 편지마다 특별한 표시로서 이렇게 하는 것이
니 이것이 내가 편지를 쓰는 법이니라. 18 우리 주 예수 그리스도의 은혜가 너희 무리 모두에게 임할지
어다.

디모데 전서

1 Timothy

1 Timothy

디모데 전서

제1장

1 Paul, an apostle of Christ Jesus by the command of God our Savior and of
Christ Jesus our hope, 2 To Timothy my true son in the faith: Grace, mercy
and peace from God the Father and Christ Jesus our Lord.

1우리 구주 하나님과 우리의 소망이신 그리스도 예수의 명령에 따라 그리스도 예수의 사도(使徒)가 된
바울은 2 믿음 안에서 나의 진정한 아들인 디모데에게 (*편지하노니): 하나님 아버지와 그리스도 예수
우리 주로부터 은혜와 긍휼과 평강이 네게 있을지어다.

3 As I urged you when I went into Macedonia, stay there in Ephesus so that
you may command certain men not to teach false doctrines any longer 4
nor to devote themselves to myths and endless genealogies. These promote
controversies rather than God's work-- which is by faith.

3 내가 마케도니아로 갈 때에 너에게 당부한 것처럼, 너는 당분간 에페소에 머물며 몇몇 사람들을 명
(命)하여 거짓된 교리들을 더 이상 가르치지 못하게 하고, 4 또한 그들 스스로 허황된 신화와 밑도 끝도
없는 족보 이야기에 빠져들지 못하게 할지니, 이런 것들은 믿음 안에 있는 하나님의 경륜(經綸)을 세우
기보다는 논쟁만 더 하게 할 뿐이니라.

5 The goal of this command is love, which comes from a pure heart and a
good conscience and a sincere faith. 6 Some have wandered away from these
and turned to meaningless talk. 7 They want to be teachers of the law, but they
do not know what they are talking about or what they so confidently affirm.

5 내가 네게 그런 지시를 한 것은 오직 사랑에서 비롯된 것이니, 곧 순결한 마음과 선한 양심과 그리고
신실한 믿음에서 우러나온 것이니라. 6 그러나 그들 중 몇몇 사람들은 이런 것들로부터 스스로 떨어져
나와, 부질없는 이야깃 거리에 빠져들고 말았으니 7 율법의 선생들이 되고 싶어하나 자기가 무엇을 말
하고 있는 것인지, 그리고 자기들이 그처럼 확신하는 것이 무엇인지조차 알지를 못하는도다.

8 We know that the law is good if one uses it properly. 9 We also know that
law is made not for the righteous but for lawbreakers and rebels, the ungodly
and sinful, the unholy and irreligious; for those who kill their fathers or
mothers, for murderers, 10 for adulterers and perverts, for slave traders and
liars and perjurers--and for whatever else is contrary to the sound doctrine 11
that conforms to the glorious gospel of the blessed God, which he entrusted to
me.

8 율법은 (*본래) 사람이 그것을 적절하게만 사용하면 선한 것임을 우리가 아노라. 9 또한 우리가 알고
있는 것은 율법은 의로운 사람을 위하여 만들어진 것이 아니요, 불법한 자와 거슬러 복종하지 아니하는
자와, 경건하지 않은 자들과, 죄인들과, 거룩하지 못한 자와 신앙심이 없는 자들을 위한 것이요; 또한 아
버지와 어머니를 죽이는 자와, 살인하는 자와 10 음행하는 자와 남색하는 자와 인신 매매를 하는 자와
거짓말하는 자와 거짓 맹세하는 자와 또 무엇이든 올바른 교훈을 대적하는 자들 11 곧, 복되신 하나님
의 영광된 복음에 따른 교리를 무조건 반대하고 보는 그런 자들을 위해 세워진 것이니, 이 영광된 복음

이 내게 맡겨진 바 되었느니라.

12 I thank Christ Jesus our Lord, who has given me strength, that he
considered me faithful, appointing me to his service. 13 Even though I was
once a blasphemer and a persecutor and a violent man, I was shown mercy
because I acted in ignorance and unbelief. 14 The grace of our Lord was
poured out on me abundantly, along with the faith and love that are in Christ
Jesus.

12 내가 우리 주 예수 그리스도께 감사하는 것은 그가 나에게 권능을 부여하시고, 나를 신실하게 여기
사, 그 사역을 위해 나를 세우셨음이로다. 13 내가 전에는 신성 모독을 일삼던 자요, 신앙의 박해자요,
폭력을 행하던 자이었으나 이와 같이 도리어 긍휼을 입게 된 것은 내가 믿지 아니할 때에 모르고 그리
하였음이니라. 14 우리 주의 은혜가 내게 이처럼 풍성히 부어진 바 되었으니, 그리스도 예수 안에 있는
믿음, 그리고 사랑과 함께 은혜가 흘러넘치게 되었도다.

15 Here is a trustworthy saying that deserves full acceptance: Christ Jesus
came into the world to save sinners--of whom I am the worst. 16 But for that
very reason I was shown mercy so that in me, the worst of sinners, Christ
Jesus might display his unlimited patience as an example for those who would
believe on him and receive eternal life.

15 이것이 신실한 말씀이요, 모든 사람이 전심으로 받아들일 말이로다: 그리스도 예수께서 죄인들을 구
원하시려고 이 세상에 오셨으니–죄인들 중에서도 내가 괴수니라. 16 그러나 바로 이런 것들 때문에 죄
인 중에서도 가장 으뜸이라 할 내가 긍휼을 입게 되었으니 이는 예수 그리스도께서–하나의 본보기로
나를 택하시고–그의 한없이 오래 참으심을 보이사 장차 그를 믿고 영생을 얻을 자들에게 본을 보이려
하심이니라.

17 Now to the King eternal, immortal, invisible, the only God, be honor and
glory for ever and ever. Amen.

17 영원하신 왕, 곧 영원토록 사시고, 보이지 아니하시며, 유일하신 하나님께, 존귀와 영광이 영원무궁
토록 있을지어다. 아멘.

18 Timothy, my son, I give you this instruction in keeping with the prophecies
once made about you, so that by following them you may fight the good fight,
19 holding on to faith and a good conscience. Some have rejected these and so
have shipwrecked their faith. 20 Among them are Hymenaeus and Alexander,
whom I have handed over to Satan to be taught not to blaspheme.

18 나의 아들 디모데야, 네게 다음과 같이 지시하노니, 곧 예전에 너에게 주어진 그 예언을 따르라는 것
이라, 이를 따름으로써 네가 선한 전투를 싸울 수 있으리니, 19 믿음과 선한 양심을 가지고 이에 임하라.
어떤 이들은 이를 버림으로써 그들의 믿음을 파산(破産)시켰나니, 20 그 가운데 후메내오와 알렉산더가
있느니라. 내가 이들을 사탄에게 내어준 것은 그들이 교훈과 가르침을 받아 더 이상 신성 모독죄를 범치
못하도록 하려 함이니라.

제2장

1 I urge, then, first of all, that requests, prayers, intercession and thanksgiving
be made for everyone-- 2 for kings and all those in authority, that we may live
peaceful and quiet lives in all godliness and holiness.

1 이런고로, 내가 당부하노니, 무엇보다도 먼저 모든 사람을 위한 간구와 기도와 중보기도(仲保祈禱),
그리고 감사기도가 이루어지게 하되 2 (*이런 기도들이) 왕들과 모든 권세 자리에 있는 이들을 위해서
도 함께 드려지게 할지니, 그럼으로써 우리가 모두 경건함과 거룩함 가운데에서 평안하고 조용한 삶을
살 수 있으리라.

3 This is good, and pleases God our Savior, 4 who wants all men to be saved
and to come to a knowledge of the truth.

3 이는 선한 것이요, 우리 구주 하나님을 기쁘시게 하는 것이니 4 하나님은 모든 사람이 구원을 받으며
진리를 아는 지식에 나아오기를 원하시느니라.

5 For there is one God and one mediator between God and men, the man
Christ Jesus, 6 who gave himself as a ransom for all men--the testimony given
in its proper time. 7 And for this purpose I was appointed a herald and an
apostle--I am telling the truth, I am not lying--and a teacher of the true faith
to the Gentiles.

5 하나님은 오직 한 분이 계실 뿐이요, 하나님과 사람 사이에 중재자도 오직 한 분 뿐이시니 사람이신
그리스도 예수시라. 6 그가 모든 사람을 위하여 자기를 대속물(代贖物)로 주셨으니–이것이 합당한 시
간이 이른 후에 우리에게 주어진 증거이니라. 7 이런 목적을 위하여 내가 전령(傳令)과 사도(使徒)로 지
명을 받고 이방인의 진실된 믿음을 위한 스승으로 임명을 받았으니 내가 참말을 함이요, 거짓말함이 아
니니라.

8 I want men everywhere to lift up holy hands in prayer, without anger or
disputing. 9 I also want women to dress modestly, with decency and propriety,
not with braided hair or gold or pearls or expensive clothes, 10 but with good
deeds, appropriate for women who profess to worship God.

8 내가 원하는 것은 사람들이 도처에서 기도를 하며 분노와 다툼이 없는 거룩한 손을 높이 드는 것이라.
9 또 원하기로는 여자들 역시 단정히 옷을 입으며 예의 바름과 품위로써 자기를 단장하고, 땋은 머리나
금이나 진주나 비싸고 화려한 옷이 아니라 10 오직 선행(善行)으로 옷입기를 원하노라. 이것이 하나님
을 경배한다 고백하는 자들에게 어울리는 것이니라.

11 A woman should learn in quietness and full submission. 12 I do not permit
a woman to teach or to have authority over a man; she must be silent.

11 여자는 조용한 가운데 온전히 순종함을 배워야 할지니 12 여자가 가르치는 것이나 남자 위에서 남
자를 주관하는 것을 허락하지 아니하노라: 여자는 오직 조용히 지낼지어다.

13 For Adam was formed first, then Eve. 14 And Adam was not the one
deceived; it was the woman who was deceived and became a sinner. 15 But
women will be saved through childbearing--if they continue in faith, love and
holiness with propriety.

13 아담이 먼저 지음을 받고 그리고 그후에 이브니라. 14 그리고 아담이 (*사탄에게) 속은 것이 아니고
속아 넘어가 죄에 빠진 것은 여자니라. 15 그러나 여자들은 자녀를 낳음으로써 구원을 얻으리니, 믿음
과 사랑과 거룩함과 정숙함에 계속 거하면 그리되리라.

제3장

1 Here is a trustworthy saying: If anyone sets his heart on being an overseer,
he desires a noble task. 2 Now the overseer must be above reproach, the
husband of but one wife, temperate, self-controlled, respectable, hospitable,
able to teach, 3 not given to drunkenness, not violent but gentle, not
quarrelsome, not a lover of money. 4 He must manage his own family well
and see that his children obey him with proper respect. 5 (If anyone does not
know how to manage his own family, how can he take care of God's church?)
6 He must not be a recent convert, or he may become conceited and fall under
the same judgment as the devil. 7 He must also have a good reputation with
outsiders, so that he will not fall into disgrace and into the devil's trap.

1 이것이 또한 신실한 말씀이로다: 사람이 감독(監督)의 직분(職分)에 마음을 두는 것은 고결한 일 하기
를 소망하는 것이라. 2 그러므로 감독이 될 사람은 책망할 것이 없으며, 오직 한 사람의 아내의 남편이
되며, 절제하며, 스스로 자제하고, 존경 받을만 하며, 남에게 대접하기를 잘하며 또 다른 사람을 가르칠
수 있으며, 3 술에 자신을 내어주지 아니하며 폭력적이지 않으며 오직 온화하며 분쟁하지 않으며 돈을
사랑하지 않는 자여야 할지니라. 4 또한, 자기 가정을 잘 다스려 자녀들이 모두 부모를 존경하며 잘 따
르는 자라야 할지니 5 (사람이 자기 집을 다스릴 줄 알지 못하면 어찌 하나님의 교회를 돌보리요?) 6 (*
그러나) 회심한지 얼마 되지 않은 자는 마땅히 피할지니 이는, 자만함으로 마귀를 정죄하는 그 정죄에
빠져 타락할까 함이요 7 또한 교회 밖의 사람들에게도 좋은 평판을 가진 인물이어야 할지니, 그리하여
야만 수치스런 치욕과 마귀의 함정에 빠져 넘어지는 일이 없으리라.

8 Deacons, likewise, are to be men worthy of respect, sincere, not indulging
in much wine, and not pursuing dishonest gain. 9 They must keep hold of the
deep truths of the faith with a clear conscience. 10 They must first be tested;
and then if there is nothing against them, let them serve as deacons. 11 In
the same way, their wives are to be women worthy of respect, not malicious
talkers but temperate and trustworthy in everything.

8 이와 같이 집사들도 존경 받을만 하고, 성실하고, 술 취하기를 즐겨하지 아니하고 정직하지 못한 수입
을 좇지 않는 자라야 할지니 9 깨끗한 양심을 가지고, 믿음 가운데에 있는 깊은 진리를 붙들고 사는 자
라야 하느니라. 10 이에 이 사람들을 먼저 시험하여 보고; 책망할 것이 없으면 집사의 직분을 맡게 할 것
이요 11 집사들의 아내 역시 사람들로부터 존경 받을만 하며 남에게 악의에 찬 말을 하지 아니하며, 스
스로 절제하며 모든 일에 신실하여 충성된 자라야 할지니라.

12 A deacon must be the husband of but one wife and must manage his
children and his household well. 13 Those who have served well gain an
excellent standing and great assurance in their faith in Christ Jesus.

12 집사는 오직 한 아내의 남편이 되어 그의 자녀와 자기 집을 잘 다스리는 자여야 하리니 13 집사의
직분을 잘 수행한 자들은 아름다운 자리를 얻고 또 그리스도 예수 안에 있는 믿음에 크나큰 확신도 얻을
수 있으리라.

14 Although I hope to come to you soon, I am writing you these instructions
so that, 15 if I am delayed, you will know how people ought to conduct
themselves in God's household, which is the church of the living God, the
pillar and foundation of the truth.

14 내가 조속히 너에게 갈 수 있기를 바라고 있으나 그러나 지금 이런 지시를 네게 써 보내는 것은 15
만일 나의 가는 길이 지체가 되더라도 너로 하여금 하나님의 집에서 그들이 어떻게 행하여야 할지를 알
게 하려 함이니, 이 집은 살아 계신 하나님의 교회요 진리의 기둥과 터이니라.

16 Beyond all question, the mystery of godliness is great: He appeared in a body, was vindicated by the Spirit, was seen by angels, was preached among the nations, was believed on in the world, was taken up in glory.

16 의심의 여지가 없도다, 이 경건의 비밀이 심히 크다는 것이: 그가 육신으로 나타난 바 되시고, 성령에 의해 의롭다 하심을 받으시고 천사들에게 나타내 보이시고, 나라와 민족들 가운데에 전파되시고, 이 세상에서 믿음의 대상이 되사, 영광 가운데서 (*하늘로) 올리워져 가셨느니라.

제4장

1 The Spirit clearly says that in later times some will abandon the faith and
follow deceiving spirits and things taught by demons. 2 Such teachings come
through hypocritical liars, whose consciences have been seared as with a hot
iron. 3 They forbid people to marry and order them to abstain from certain
foods, which God created to be received with thanksgiving by those who
believe and who know the truth.

1 성령이 밝히 말씀하시기를, 후일에 어떤 사람들이 믿음을 버리고 미혹하는 영과 귀신의 가르침을 따
르리라 하셨도다. 2 이런 가르침은 위선자요 거짓말하는 자들로부터 나올 것인데, 그 양심이 달군 쇠로
지져진 자들이니 3 이들이 장차 사람들의 혼인을 금지하고 특정한 음식물은 먹지 못하도록 하리라. 그
러나 모든 음식물은 믿는 자들과 진리를 아는 자들이 감사함으로 기쁘게 받을 수 있도록 하나님께서 창
조하신 것이니라.

4 For everything God created is good, and nothing is to be rejected if it is
received with thanksgiving, 5 because it is consecrated by the word of God
and prayer. 6 If you point these things out to the brothers, you will be a good
minister of Christ Jesus, brought up in the truths of the faith and of the good
teaching that you have followed.

4 하나님께서 창조하신 모든 것이 선하여, 이를 감사함으로 받으면 하나도 버릴 것이 없나니 5 이 모든
것이 하나님의 말씀과 기도로 거룩하여졌음이니라. 6 네가 이것을 형제들에게 지적하여 깨우치게 하면
예수 그리스도의 좋은 사역자가 될 뿐 아니라, 또한 믿음 가운데 있는 진리와 네가 따랐던 선한 가르침
안에서 너 스스로도 양육을 받을 수 있으리라.

7 Have nothing to do with godless myths and old wives' tales; rather, train
yourself to be godly. 8 For physical training is of some value, but godliness has
value for all things, holding promise for both the present life and the life to
come.

7 경건치 못한 신화(神話)와 허황된 아녀자의 이야깃 거리에는 아예 상관을 말고 오직 경건에 이르도록
네 자신을 연단(鍊鍛)하라. 8 육체의 연단은 약간의 유익이 있으나 경건(敬虔)은 범사(凡事)에 유익하니
현재의 삶에서 뿐만 아니라 다가오는 미래의 삶을 위한 큰 약속을 붙들고 있느니라.

9 This is a trustworthy saying that deserves full acceptance 10 (and for this
we labor and strive), that we have put our hope in the living God, who is the
Savior of all men, and especially of those who believe. 11 Command and teach
these things.

9 이것이 모든 사람들이 받을만한 신실한 말씀이니 10 (그리고 이를 위하여 우리가 수고하고 힘쓰는 것

이니) 곧, 우리가 우리의 소망을 살아 계신 하나님께 두고 산다는 점이라, 하나님은 모든 사람의 구세주시요, 특히 믿는 자들의 구주시니라. **11** 너는 이런 것들을 명하고 가르치라.

12 Don't let anyone look down on you because you are young, but set an example for the believers in speech, in life, in love, in faith and in purity. **13** Until I come, devote yourself to the public reading of Scripture, to preaching and to teaching.

12 누구든 네가 젊다는 이유로 업신여기지 못하게 하고, 오직 설교와 삶과 사랑과 믿음과 순결함에 있어서 믿는 자들의 모본이 되라. **13** 내가 도착할 때까지 대중 앞에서 성경 말씀을 읽는 것과 말씀을 전하는 것과 가르침에 전념하라.

14 Do not neglect your gift, which was given you through a prophetic message when the body of elders laid their hands on you. **15** Be diligent in these matters; give yourself wholly to them, so that everyone may see your progress. **16** Watch your life and doctrine closely. Persevere in them, because if you do, you will save both yourself and your hearers.

14 장로의 회에서 안수 받을 때에 예언의 메시지를 통하여 네가 받은 것 곧, 네 속에 있는 은사를 허비하지 말라. **15** 너는 오직 다음과 같은 것들에 매진(邁進)할지니: 곧, 네 스스로를 전적으로 헌신하여 그들에게 바침으로써 모든 사람들이 너의 성숙함을 볼 수 있도록 하라. **16** 네 삶과 행실과 신앙의 원칙들에 가까이 다가가서 (*세밀히) 살펴보고, 그 가운데에서 더욱 인내하라. 그러면 네 자신 뿐 아니라 너로부터 (*말씀을) 듣는 자들도 함께 구원에 이를 수 있으리라.

제5장

1 Do not rebuke an older man harshly, but exhort him as if he were your father. Treat younger men as brothers, **2** older women as mothers, and younger women as sisters, with absolute purity.

1 나이 든 남자들을 거칠게 꾸짖지 말고 오직 간곡히 타이르되 네 아버지에게 하듯 하고, 너보다 젊은 청년에게는 형제에게 하듯 하라. **2** 나이 든 여자들은 어머니에게 하듯 하며 젊은 여자는 자매에게 하듯 대하되, 온전한 정결함으로 하라.

3 Give proper recognition to those widows who are really in need. **4** But if a widow has children or grandchildren, these should learn first of all to put their religion into practice by caring for their own family and so repaying their parents and grandparents, for this is pleasing to God.

3 도움이 필요한 과부들을 잘 살펴 도와주라. **4** 그러나 그 과부에게 자녀나 손자들이 있거든 그들로 먼저 자기의 가족들을 보살피고 그 부모나 조부모를 잘 모심으로써 스스로 가진 신앙을 행하는 것을 배우게끔 할지니 이런 것들이 다 하나님을 기쁘시게 만드는 것이니라.

5 The widow who is really in need and left all alone puts her hope in God and continues night and day to pray and to ask God for help. **6** But the widow who lives for pleasure is dead even while she lives. **7** Give the people these instructions, too, so that no one may be open to blame.

5 과부로서 정말 도움이 필요하고 홀로 외로이 남겨진 자는 그의 소망을 오직 하나님께만 두어 밤낮으로 기도하며 하나님께 도움을 청하나 **6** 삶의 향락을 좇아 사는 과부들은 비록 살아 있으나 죽은 자니라.

7 이 교훈을 사람들에게 전하여 누구든 공공연히 책망 받을 것이 없게 하라.

8 If anyone does not provide for his relatives, and especially for his immediate
family, he has denied the faith and is worse than an unbeliever. 9 No widow
may be put on the list of widows unless she is over sixty, has been faithful to
her husband, 10 and is well known for her good deeds, such as bringing up
children, showing hospitality, washing the feet of the saints, helping those in
trouble and devoting herself to all kinds of good deeds.

8 누구든지 자기 친족 특히 자기의 가족을 돌보아 부양하지 아니하면 믿음을 부정하는 자요, 불신자보
다 더 악한 자니라. 9 나이가 육십에 이르지 않은 사람과 그 남편에게 신실하지 못했던 사람은 과부라도
명부에는 올리지 말고, 10 선한 행실로 잘 알려져 있거나, 자녀를 잘 양육하였거나, 남을 잘 대접하고 성
도의 발을 씻기워 주며, 어려움에 처한 이들을 돕고, 자신을 모든 형태의 선행에 헌신하는 자를 (*우선적
으로) 과부의 명부에 올릴지어다.

11 As for younger widows, do not put them on such a list. For when their
sensual desires overcome their dedication to Christ, they want to marry. 12
Thus they bring judgment on themselves, because they have broken their first
pledge. 13 Besides, they get into the habit of being idle and going about from
house to house. And not only do they become idlers, but also gossips and
busybodies, saying things they ought not to. 14 So I counsel younger widows
to marry, to have children, to manage their homes and to give the enemy no
opportunity for slander. 15 Some have in fact already turned away to follow
Satan.

11 나이가 젊은 과부는 과부 명부에 올리지 말지니, 그들의 감성적 욕구가 그리스도에 대한 헌신을 압
도할 적에는 도로 결혼하려 원함이니라. 12 그들이 자신의 처음 서약을 어겼으므로 그들 몸 위에 스스
로 정죄를 받았느니라. 13 그외에도 이들은 게으런 습성을 익혀, 이 집에서 저 집으로 쓸데없이 돌아 다
님으로 게으런 자가 되었을 뿐 아니라 하잘데 없는 잡담이나 하며, 공연한 일을 만들어 내며, 입밖에 내
어서는 안될 말들을 하나니 14 그러므로 내가 권면하기는 나이 젊은 과부는 결혼해서 자녀를 낳고 가정
을 꾸림으로, 적대하는 사람들에게 비방할 기회를 조금도 주지 않는 것이 좋을 것이라. 15 그러나 이미
몸을 돌려 사탄을 따르는 자들도 몇몇 없지 않은 것이 실상이로다.

16 If any woman who is a believer has widows in her family, she should help
them and not let the church be burdened with them, so that the church can
help those widows who are really in need.

16 만일 누군가 믿는 여자 중에 자기 집안 식구에 과부 친척이 있는 자가 있거든 자기가 먼저 도와주고
교회로 하여금 부담을 지게 하지 말아야 하느니, 이럼으로써 교회는 정말 도움이 필요한 다른 이들을 도
울 수 있으리라.

17 The elders who direct the affairs of the church well are worthy of double
honor, especially those whose work is preaching and teaching. 18 For the
Scripture says, "Do not muzzle the ox while it is treading out the grain," and
"The worker deserves his wages."

17 교회의 일들을 (*보살피고) 지도하는 장로들은 배나 존경받을 만 하니, 특히 그 맡은 일이 말씀 설교
하는 일과 가르치는 일인 장로는 더욱 그러하니라. 18 성경이 이르되, "곡식을 밟아 떠는 소의 입에 망
을 씌우지 말라" 하였고 또, "일꾼이 그 급여를 받는 것이 마땅하도다." 하였느니라.

19 Do not entertain an accusation against an elder unless it is brought by two
or three witnesses. 20 Those who sin are to be rebuked publicly, so that the
others may take warning.

19 장로에 대한 고발에 대해서는 두 명 혹은 세 명 (*이상)의 증인이 없으면 마음에 간직하지 말 것이요,
20 범죄한 자들은 공중 앞에서 책망(責望)을 당하게 함으로써 다른 사람들로 하여금 경계를 받게 하라.

21 I charge you, in the sight of God and Christ Jesus and the elect angels, to
keep these instructions without partiality, and to do nothing out of favoritism.
22 Do not be hasty in the laying on of hands, and do not share in the sins of
others. Keep yourself pure.

21 하나님과 그리스도 예수와, 그리고 택하심을 받은 천사들이 보는 앞에서 내가 너를 엄히 명하노니
너는 어느 것 하나도 빠뜨리지 말고 이 모든 것을 삼가 지키며, 무슨 일이든 사람들을 차별하여 행하지
말라. 22 아무에게나 경솔히 안수하지 말고 다른 사람의 죄에 참여하지 말며 네 자신을 정결하게 지키
라.

23 Stop drinking only water, and use a little wine because of your stomach and
your frequent illnesses.

23 그리고, 이제부터는 물만 마시지 말고 네 위장과 자주 나는 병을 위하여는 포도주를 조금씩 쓰라.

24 The sins of some men are obvious, reaching the place of judgment ahead
of them; the sins of others trail behind them. 25 In the same way, good deeds
are obvious, and even those that are not cannot be hidden.

24 몇몇 사람들의 경우, 자신들의 죄가 분명히 밝혀지고 그들 앞에 놓인 심판의 자리에 나아가고 있음
이 분명하니; 다른 사람들의 죄 역시 그들 뒤를 좇아 가고 있느니라. 25 이와 같이 (*죄가 드러난 것처
럼) 사람들의 선행도 밝히 드러나리니 그렇지 아니한 것들 역시 (*영영) 감추어져 있지는 않을 것이니
라.

제6장

1 All who are under the yoke of slavery should consider their masters worthy
of full respect, so that God's name and our teaching may not be slandered.
2 Those who have believing masters are not to show less respect for them
because they are brothers. Instead, they are to serve them even better, because
those who benefit from their service are believers, and dear to them. These
are the things you are to teach and urge on them.

1 노예의 굴레 아래 매여 있는 자들은 모두 다 자기 상전들을 생각하기를 범사에 마땅히 공경 받을만한
자로 여겨야 할지니 그리하여야만 하나님의 이름과 또 우리의 가르침이 사람들로부터 비방 받는 일이
없으리라. 2 믿는 상전이 있는 자들은 그 상전을 형제라고 덜 존경하지 말고 오히려 더욱 잘 섬겨야 할
지니 이는 자기의 섬김을 받는 이가 곧, 자기의 형제요 또 자신에게 더욱 친근한 사람인 까닭이니라. 이
런 것들이 바로 네가 그들에게 가르치고 권면해야 할 사항들이니라.

3 If anyone teaches false doctrines and does not agree to the sound
instruction of our Lord Jesus Christ and to godly teaching, 4 he is conceited
and understands nothing. He has an unhealthy interest in controversies and
quarrels about words that result in envy, strife, malicious talk, evil suspicions 5
and constant friction between men of corrupt mind, who have been robbed of
the truth and who think that godliness is a means to financial gain.

3 누구든 거짓된 교리를 가르치며 우리 주 예수 그리스도의 순전한 교훈과 경건한 가르침을 받아들이지

아니하면 4 그는 오만한 자요 아무 것도 알지 못하는 자니라. 오히려 논란과 언쟁을 좋아하는 비정상적
인 취미를 가진 자이니 곧, 시기 질투와 갈등과, 적의에 찬 말들과 몹쓸 의심을 불러 일으키고 5 마음이
부패한 자들과의 사이에 불필요한 마찰을 일으키는 그런 논쟁거리만 즐기는 자들이니, 그 마음으로부터
진리를 도둑 맞아 거룩함을 이익 추구의 수단으로 생각하는 자들이니라.

6 But godliness with contentment is great gain. 7 For we brought nothing
into the world, and we can take nothing out of it. 8 But if we have food and
clothing, we will be content with that.

6 그러나 자족하는 마음과 함께 거룩함을 지니고 있으면 큰 유익이 있느니라. 7 우리가 이 세상에 아무
것도 가지고 온 것이 없으매 또한 아무 것도 가지고 가지 못하리라. 8 우리에게 먹을 것과 입을 것이 있
은즉 이에 우리가 족하니라.

9 People who want to get rich fall into temptation and a trap and into many
foolish and harmful desires that plunge men into ruin and destruction. 10 For
the love of money is a root of all kinds of evil. Some people, eager for money,
have wandered from the faith and pierced themselves with many griefs.

9 부유해지기를 원하는 자들은 유혹과 올무와 여러가지 어리석고 해로운 욕심에 빠지는 법이니, 곧, 이
런 것들이 사람으로 하여금 파멸과 멸망에 빠지게 하는 것이니라. 10 돈을 사랑함이 일만 악의 뿌리가
되느니라. 돈을 탐하는 사람들은 믿음에서 떨어져 나와 많은 근심으로 자기를 찔렀도다.

11 But you, man of God, flee from all this, and pursue righteousness, godliness,
faith, love, endurance and gentleness. 12 Fight the good fight of the faith. Take
hold of the eternal life to which you were called when you made your good
confession in the presence of many witnesses.

11 그러나 너 하나님의 사람아, 너는 일체 이런 것들로부터 떠나 오직 의를 추구하고, 거룩함과, 믿음과,
사랑과, 인내와 온유함을 구하며 12 믿음의 선한 싸움을 싸우라. 그리함으로써 영생을 붙들지니, 이 영
원의 삶은 다수의 증인 앞에서 네가 선한 증언을 선서하였을 때에 네가 부름 받은 것이니라.

13 In the sight of God, who gives life to everything, and of Christ Jesus, who
while testifying before Pontius Pilate made the good confession, I charge you
14 to keep this command without spot or blame until the appearing of our
Lord Jesus Christ, 15 which God will bring about in his own time--God, the
blessed and only Ruler, the King of kings and Lord of lords, 16 who alone is
immortal and who lives in unapproachable light, whom no one has seen or
can see. To him be honor and might forever. Amen.

13 만물을 살게 하신 하나님과, 본디오 빌라도 앞에서 선한 증언을 하신 그리스도 예수께서 보시는 가
운데에서 내가 너를 엄히 명하노니 14 우리 주 예수 그리스도께서 (*다시) 나타나실 때까지 너는 흠도
없고 책망 받을 것도 없이 이 명령들을 지키라. 15 하나님이 미리 정하신 그 기약의 때에 하나님께서 그
리스도 예수를 나타나게 하시리니, 곧, 복되신 하나님이시요, 유일하신 통치자시요, 왕중의 왕이시요,
주(主)중의 주(主)시라,16 오직 그에게만 죽지 아니함이 있고, 가까이 다가서지 못할 빛 가운데 거(居)하
시고, 누구도 본 적이 없고 또 볼 수 없는 이시라. 그에게 존귀(尊貴)와 권능(權能)이 영원히 있을지어다.
아멘.

17 Command those who are rich in this present world not to be arrogant nor
to put their hope in wealth, which is so uncertain, but to put their hope in
God, who richly provides us with everything for our enjoyment. 18 Command
them to do good, to be rich in good deeds, and to be generous and willing
to share. 19 In this way they will lay up treasure for themselves as a firm

foundation for the coming age, so that they may take hold of the life that is truly life.

17 이 세상에서 이미 부유한 자들에게 명하되, 교만하지 말며 그 소망을 재물에 두지 말라 이를 것이니,
재물은 (*본래) 그처럼 불안정한 것이라, 오직 그들의 소망을 하나님께 두라 할지니, 하나님은 우리의 복
락(福樂)을 위하여 모든 것을 풍성히 공급하시는 분이시니라. 18 그들에게 또 명하기를 선을 행하도록
이르고, 선한 행실을 많이 쌓고, 너그롭게 그리고 기꺼이 나누어 주는 사람이 되라 하라. 19 이렇게 함
으로써 자기를 위해 보물을 쌓을 수 있으리니 이는 장차 다가오는 세대에 (* 밟고 설) 굳건한 터와 같으
니라. 오직 그리함으로서만 진정 참된 삶이라 할 수 있는 그런 삶을 붙들 수 있으리라.

20 Timothy, guard what has been entrusted to your care. Turn away from
godless chatter and the opposing ideas of what is falsely called knowledge,
21 which some have professed and in so doing have wandered from the faith.
Grace be with you.

20 디모데야, 네게 책임이 맡겨진 것들을 부디 잘 지키라. 거룩치 못한 한가로운 이야기나 자칫 지식이
라고 헛되이 일컬어지는 것들에 관한 허탄한 관념들로부터 몸을 피하여 돌이킬지니, 21 이런 허탄한 지
식을 따르는 사람들이 믿음에서 떨어져 나와 방황하게 되었느니라. 은혜가 너희와 함께 있을지어다.

디모데 후서

2 Timothy

디모데 후서

제1장

1 Paul, an apostle of Christ Jesus by the will of God, according to the promise of life that is in Christ Jesus, 2 To Timothy, my dear son: Grace, mercy and peace from God the Father and Christ Jesus our Lord.

1 하나님의 뜻에 의하여, 그리고 그리스도 예수 안에 있는 생명의 약속에 따라 예수 그리스도의 사도(使徒)가 된 바울이 2 내 사랑하는 아들 디모데에게 (*편지하노니): 하나님 아버지와 그리스도 예수 우리 주께로부터 은혜와 긍휼과 평강이 네게 있을지어다.

3 I thank God, whom I serve, as my forefathers did, with a clear conscience, as night and day I constantly remember you in my prayers. 4 Recalling your tears, I long to see you, so that I may be filled with joy. 5 I have been reminded of your sincere faith, which first lived in your grandmother Lois and in your mother Eunice and, I am persuaded, now lives in you also.

3 내가 하나님께 감사하노니, 그는 지금 내가 섬기고 있는 하나님이시요, 우리 조상들도 이와 같이 섬기시던 분이시라, 내가 깨끗한 양심으로, 나의 기도 가운데에서 항상 너를 기억하며 하나님께 감사하노라.
4 그리고 또한 너의 눈물을 기억하며 너 보기를 간절히 다시 구하는 것은; 내 기쁨이 충만하게 하려 함이니라. 5 너의 신실한 믿음을 내가 기억하노니, 이 믿음은 먼저 네 외조모 로이스와 네 어머니 유니게 속에 있던 것인데, 이제 네 속에 살고 있는 줄을 내가 확신하노라.

6 For this reason I remind you to fan into flame the gift of God, which is in you through the laying on of my hands. 7 For God did not give us a spirit of timidity, but a spirit of power, of love and of self-discipline.

6 그러므로 네 속에 있는 하나님의 은사의 불꽃에 바람을 불어넣기 위하여 다시 한번 너로 하여금 이 모든 것을 상기케 하려 하노니, 이 은사는 예전에 내가 네게 안수한 이후 네게 있게 된 것이니라. 7 하나님께서 소심하고 겁많은 정신을 우리에게 주신 것이 아니요, 오직 능력과 사랑과 자기 절제하는 정신을 주셨느니라.

8 So do not be ashamed to testify about our Lord, or ashamed of me his prisoner. But join with me in suffering for the gospel, by the power of God,
9 who has saved us and called us to a holy life--not because of anything we have done but because of his own purpose and grace. This grace was given us in Christ Jesus before the beginning of time, 10 but it has now been revealed through the appearing of our Savior, Christ Jesus, who has destroyed death and has brought life and immortality to light through the gospel. 11 And of this gospel I was appointed a herald and an apostle and a teacher.

8 그런고로 너는 우리 주 하나님을 증거하는 것을 조금도 부끄럽게 생각하지 말고, 또 주 안에서 죄수된 나를 수치스럽게 여기지 말며 복음을 위하여 고난을 겪는 내게 동참할지니 하나님의 능력 안에서 그리하라. 9 이 하나님께서 우리를 구원하시고, 거룩한 삶으로 불러내셨으니, 우리가 그 무엇을 행하여서가 아니고 오직 하나님의 은혜와 목표를 이루시기 위함이니라. 이 은혜가—시간의 시작 이전에—예수 그리

스도를 통하여 우리에게 주어진 바 되었고, 10 이제 우리 구주 그리스도 예수의 나타나심으로 그 모습
을 드러내었으니, 이 예수가 곧, 사망을 폐하시고, 복음을 밝히 비추는 영생과 생명을 불러오신 분이시
니라. 11 내가 이 복음을 위하여 전도자와 사도와 선생으로 지명을 받았노라.

12 That is why I am suffering as I am. Yet I am not ashamed, because I know
whom I have believed, and am convinced that he is able to guard what I have
entrusted to him for that day. 13 What you heard from me, keep as the pattern
of sound teaching, with faith and love in Christ Jesus. 14 Guard the good
deposit that was entrusted to you--guard it with the help of the Holy Spirit
who lives in us.

12 바로 이것이 지금의 이 고난을 내가 받는 연유라. 그러나 내가 이를 수치스러워하지 아니하노니, 내
가 믿는 그가 누구신지를 내가 분명히 알기 때문이요, 확신하건대 내가 그에게 의탁한 바로 그것을 (*장
차 다가올) 그 날에 그가 또한 능히 지키실 것을 내가 알기 때문이니라. 13 너는 나를 통해 들은 바를 하
나의 건전한 가르침의 모본으로 삼아 지키되, 그리스도 예수 안에 있는 믿음과 사랑과 함께 이를 지키며
14 또 너에게 맡겨진 그 선한 계약을 삼가 지키되, 우리 안에 거하시는 성령의 도우심으로 그리하라.

15 You know that everyone in the province of Asia has deserted me, including
Phygelus and Hermogenes. 16 May the Lord show mercy to the household
of Onesiphorus, because he often refreshed me and was not ashamed of my
chains. 17 On the contrary, when he was in Rome, he searched hard for me
until he found me. 18 May the Lord grant that he will find mercy from the Lord
on that day! You know very well in how many ways he helped me in Ephesus.

15 아시아 지방에 있는 모든 사람들이 나를 저버린 일을 너도 아나니 그 중에 부겔로와 허모게네도 있
느니라. 16 모쪼록 주께서 오네시보로의 집에 긍휼을 베푸시기를 원하노니, 그가 나를 자주 상쾌하게
만들고 내가 사슬에 매인 것을 수치스러워하지 아니하고 17 오히려, 그가 로마에 머물고 있을 때에, 나
를 열심히 탐문하여 마침내 나를 찾아 낼 때까지 그리하였도다. 18 원하건대 그 날에 주께서 허락하사,
그가 주의 긍휼을 입게 되기를 원하나이다! 그가 에베소에서 얼마나 여러가지 방도로 나를 보살폈는지
는 네가 잘 아는 바니라.

제2장

1 You then, my son, be strong in the grace that is in Christ Jesus. 2 And the
things you have heard me say in the presence of many witnesses entrust to
reliable men who will also be qualified to teach others.

1 그러므로, 내 아들아, 너는 그리스도 예수 안에 있는 은혜 가운데에서 강하여지라. 2 그리고 네가 많
은 증인들 앞에서 내게 들었던 바를 (*네가) 신뢰할 수 있는 사람들에게 다시 의탁할지니, 다른 사람들을
가르칠 자질이 있는 사람들을 택하여 그리하라.

3 Endure hardship with us like a good soldier of Christ Jesus. 4 No one
serving as a soldier gets involved in civilian affairs--he wants to please his
commanding officer.

3 너는 그리스도 예수의 좋은 군사처럼 우리와 함께 이 고난을 견디라. 4 군사(軍士)로 복무하는 자는
일반 시민의 일에는 얽매이지 아니하나니 이는 그 지휘하는 상관을 기쁘게 하려 하는 까닭이라.

5 Similarly, if anyone competes as an athlete, he does not receive the victor's

crown unless he competes according to the rules. 6 The hardworking farmer should be the first to receive a share of the crops. 7 Reflect on what I am saying, for the Lord will give you insight into all this.

5 이와 비슷하게, 육상 경주에 출전한 사람이 규칙과 규정에 따라 경기하지 아니하면 (*비록 이겨도) 승리자의 관을 받지 못하느니라. 6 열심히 일한 농부가 추수한 곡식을 가장 먼저 받는 것이 마땅하니라. 7 내가 말하는 것을 다시 한번 곰곰히 생각해 보라. 주께서 이 모든 것을 알 수 있는 총명을 네게 주시리라.

8 Remember Jesus Christ, raised from the dead, descended from David. This is my gospel, 9 for which I am suffering even to the point of being chained like a criminal. But God's word is not chained. 10 Therefore I endure everything for the sake of the elect, that they too may obtain the salvation that is in Christ Jesus, with eternal glory.

8 예수 그리스도를 기억하라. 그는 죽었다가 다시 살아나신 이시요, 다윗의 후손으로 오신 분이시니라. 이것이 나의 복음이니, 9 이 복음으로 말미암아 내가 이와 같이 짐승처럼 사슬에 매이는 지경에까지 이르렀느니라. 그러나 하나님의 말씀은 전혀 매이지 아니하였느니라. 10 내가 이처럼 (*끝까지) 견디며 참는 것은 모든 택함 받은 자들을 위하여 인내하는 것이니 곧, 그들도 그리스도 예수 안에 있는 구원을, 영원한 영광과 함께 받게 하려 함이니라.

11 Here is a trustworthy saying: If we died with him, we will also live with him; 12 if we endure, we will also reign with him. If we disown him, he will also disown us; 13 if we are faithless, he will remain faithful, for he cannot disown himself.

11 이것이 신실하신 말씀이로다. 우리가 주와 함께 죽었으면 또한 우리가 주와 함께 살 것이요; 12 우리가 만일 끝까지 인내하면 장차, 주와 함께 우리가 (*이 세상을) 다스릴 것이니라. 그러나 우리가 만일 주를 부인하면 주도 우리를 부인하실 것이라; 13 우리는 신실함이 없을지라도 주는 항상 신실하시니, 이는 주께서 자기를 부인하실 수 없는 이유니라.

14 Keep reminding them of these things. Warn them before God against quarreling about words; it is of no value, and only ruins those who listen. 15 Do your best to present yourself to God as one approved, a workman who does not need to be ashamed and who correctly handles the word of truth.

14 (*그러므로) 그들로 하여금 이런 것들을 끊임없이 상기토록 하고 또한, '말씀'과 관련하여 쓸데없이 논쟁하지 말라고 하나님 앞에서 엄히 경고하라. 이는 유익이 하나도 없고 도리어 듣는 자들을 망하게 하는 것이니라. 15 그리고 너는 네 자신 하나님 앞에서 인증 받은 자, 부끄러워할 것이 없는 (*복음의) 일꾼, 그리고 진리의 말씀을 옳게 다루는 자로 하나님 앞에 비쳐지기를 항상 힘쓰라.

16 Avoid godless chatter, because those who indulge in it will become more and more ungodly. 17 Their teaching will spread like gangrene. Among them are Hymenaeus and Philetus, 18 who have wandered away from the truth. They say that the resurrection has already taken place, and they destroy the faith of some.

16 경건치 못한 한담(閑談)을 멀리할지니 이런 데에 빠져 있는 자가 점점 더 불경건함에 빠지는 것이니라. 17 그들의 가르침은 마치 악성 종양처럼 퍼져나갈 것인데 그 중에 후메내오와 빌레도가 있나니, 18 이들이 곧, 진리로부터 떨어져 나가 방황하는 자들이니라. 그들이 말하기를 부활은 이미 이루어졌다고 하니, 이로써 그들이 여러 사람들의 믿음을 파괴함이로다.

19 Nevertheless, God's solid foundation stands firm, sealed with this

inscription: "The Lord knows those who are his," and, "Everyone who confesses the name of the Lord must turn away from wickedness."

19 그러나 하나님의 견고한 기초는 굳게 터 위에 서고, 이러한 말씀 새김으로 (*확정의) 인(印)을 받은 바 되었으니 곧 일렀으되: "주 하나님께서는 자기의 백성된 사람들을 알고 계신다" 하는 말과 또, "누구든 주의 이름을 부르는 자는 반드시 불의에서 떠날지어다" 하는 말이 있느니라.

20 In a large house there are articles not only of gold and silver, but also of
wood and clay; some are for noble purposes and some for ignoble. 21 If a man
cleanses himself from the latter, he will be an instrument for noble purposes, made holy, useful to the Master and prepared to do any good work.

20 큰 집에는 금그릇과 은그릇 뿐 아니라 나무그릇과 질그릇도 있으니 어떤 그릇은 귀한 용도로 쓰이
고, 다른 것은 천하게 쓰이느니라. 21 누구든지 자기를 이런 것으로부터 깨끗하게 하면 그는 귀히 쓰이
는 그릇이 되고 거룩하여져서 주인의 쓰심에 유용하게 되고, 다른 선한 일에도 사용될 수 있도록 준비가 되는 법이니라.

22 Flee the evil desires of youth, and pursue righteousness, faith, love and
peace, along with those who call on the Lord out of a pure heart. 23 Don't
have anything to do with foolish and stupid arguments, because you know they produce quarrels.

22 너는 젊은 시절의 사악한 정욕들로부터 몸을 피하고, 오직 의를 추구하며, 믿음과 사랑과 평강을 구
하되, 주를 깨끗한 마음으로 부르는 자들과 함께 그리하라. 23 어리석고 무지한 논쟁에는 일절 관여하
지도 말지니, 이런 것들이 쓸데없이 다툼만 일으키는 줄을 네가 잘 알고 있음이니라.

24 And the Lord's servant must not quarrel; instead, he must be kind to
everyone, able to teach, not resentful. 25 Those who oppose him he must
gently instruct, in the hope that God will grant them repentance leading them
to a knowledge of the truth, 26 and that they will come to their senses and
escape from the trap of the devil, who has taken them captive to do his will.

24 주의 종은 마땅히 서로 다투지 아니하고; 대신 모든 사람에 대하여 친절하며, 누구든지 가르칠 수 있
으며, 그 누구도 원망하여서는 아니되느니라. 25 자기를 반대하는 자를 온유함으로 훈계할지니 혹 하나
님이 그들에게 회개함을 주사 진리를 알게 하실까 하는 소망 가운데에서 그리하며 26 그들로 지각(知
覺)을 차려 마귀(魔鬼)의 올무에서 벗어나기를 소망하며 그리할지니, 마귀는 사람들을 사로잡아 자신의 뜻을 따르게 만드는 자니라.

제3장

1 But mark this: There will be terrible times in the last days. 2 People will be
lovers of themselves, lovers of money, boastful, proud, abusive, disobedient
to their parents, ungrateful, unholy, 3 without love, unforgiving, slanderous,
without self-control, brutal, not lovers of the good, 4 treacherous, rash,
conceited, lovers of pleasure rather than lovers of God-- 5 having a form of
godliness but denying its power. Have nothing to do with them.

1 그러나 이런 것들을 유념할지니: 그 마지막 날들 동안에 끔찍한 시간들이 있으리라. 2 그 때에 사람들
이 자기 스스로를 사랑하며, 돈을 사랑하며, 뻐기며, 교만하며, 학대하며, 부모를 거역하며, 감사하지 아
니하며, 경건하지 아니하며 3 사랑이 없으며, 남을 용서하지 않으며, 비방하며, 절제하지 아니하며, 잔

인하며, 선을 사랑하지 아니하며, 4 서로 배신하며, 조급하며, 자만하며, 하나님 사랑하는 것보다 쾌락
을 사랑하기를 더하며 5 경건의 모양은 있으나 그 능력은 부인하는 자들이 될 것이니 너는 이와 같은 자
들과는 상관도 하지 말라.

6 They are the kind who worm their way into homes and gain control over
weak-willed women, who are loaded down with sins and are swayed by all
kinds of evil desires, 7 always learning but never able to acknowledge the
truth.

6 그들은 이런 부류의 사람들이니 곧, 남의 집에 몰래 들어가 의지 박약한 여자들을 꾀어 이끄는 자들이
라, 여기에 넘어가는 여자는 죄를 중히 지고 여러 가지 사악한 정욕에 흔들리어 7 항상 무엇인가를 배우
지만 끝내 진리의 지식에 이를 수 없게 되느니라.

8 Just as Jannes and Jambres opposed Moses, so also these men oppose the
truth--men of depraved minds, who, as far as the faith is concerned, are
rejected. 9 But they will not get very far because, as in the case of those men,
their folly will be clear to everyone.

8 얀네와 얌브레가 모세를 대적한 것 같이 이런 사람들도 진리를 대적하나니—그 마음이 타락한 자들
이요, 믿음에 관하여 말을 하자면, 믿음의 세계로부터 거부당한 자들이니라. 9 그들이 결코 여기에서 더
멀리 나아가지 못할 것이니, 위의 두 사람과 같이 그 어리석음이 모든 사람에게 밝게 드러난 까닭이니
라.

10 You, however, know all about my teaching, my way of life, my purpose,
faith, patience, love, endurance, 11 persecutions, sufferings--what kinds of
things happened to me in Antioch, Iconium and Lystra, the persecutions I
endured. Yet the Lord rescued me from all of them.

10 그러나 너는 나의 가르침이 무엇인지, 그리고 나의 생활 방식과, 나의 생의 목적과, 나의 믿음과 나
의 오래 참음과, 사랑과 인내와, 11 또 내가 겪은 박해와 고난과, 안티옥과 이코니움 그리고 라스트라에
서 내게 일어났던 일들과 그리고 한편, 과연 어떠한 박해들을 내가 받았는지를 모두 알고 있는 바라, 주
하나님께서 이 모든 것으로부터 나를 건지사 구원하셨느니라.

12 In fact, everyone who wants to live a godly life in Christ Jesus will be
persecuted, 13 while evil men and impostors will go from bad to worse,
deceiving and being deceived. 14 But as for you, continue in what you have
learned and have become convinced of, because you know those from whom
you learned it, 15 and how from infancy you have known the holy Scriptures,
which are able to make you wise for salvation through faith in Christ Jesus.

12 무릇 그리스도 예수 안에서 경건하게 살고자 하는 자는 박해(迫害)를 받으리니, 13 악한 자들과 사
기(詐欺)로 남을 속이는 자들은 더욱 악하여져서 속이기도 하고 또 서로 속기도 하는 와중에도 그리하리
라. 14 그러나 너는 배우고 확신한 일에 거하라. 네가 과연 누구로부터 이런 것들을 배웠으며 15 또 어
떻게 그처럼 어렸을 때부터 거룩한 성경을 배웠는지를 네가 잘 아나니, 이 성경은 그리스도 예수 안에
있는 믿음으로 말미암아 너로 하여금 능히 구원에 이르는 지혜가 있게 하느니라.

16 All Scripture is God-breathed and is useful for teaching, rebuking,
correcting and training in righteousness, 17 so that the man of God may be
thoroughly equipped for every good work.

16 모든 성경은 하나님의 숨결이 닿아 있으니, 가르침과 책망과, 행실을 옳게 함과 의로움 가운데에서
교육하기에 유익하니라. 17 그리하여, 하나님의 사람을 온전하게 만들어 모든 선한 일을 행할 능력을
갖추도록 하느니라.

제4장

1 In the presence of God and of Christ Jesus, who will judge the living and the
dead, and in view of his appearing and his kingdom, I give you this charge:
2 Preach the Word; be prepared in season and out of season; correct, rebuke
and encourage--with great patience and careful instruction.

1하나님 앞에서와, 그리고 살아 있는 자와 죽은 자를 (*함께) 심판하실 그리스도 예수 앞에서, 그리고 또
그가 나타나실 것과 그의 나라를 눈 앞에서 보는 가운데에서, 내가 너에게 이 명령을 주는 바이니: 2 너
는 말씀을 전파하라; 적당한 때이거나 적당치 못한 때이거나 상관없이 늘 말씀을 전하되; (*사람들의)
행실을 바로 잡고, 때론 꾸짖고 때론 권면하며–끝까지 인내하며, 그리고 주의깊게 내리는 지시(指示)들
을 통하여 그리하라.

3 For the time will come when men will not put up with sound doctrine.
Instead, to suit their own desires, they will gather around them a great number
of teachers to say what their itching ears want to hear. 4 They will turn their
ears away from the truth and turn aside to myths. 5 But you, keep your head
in all situations, endure hardship, do the work of an evangelist, discharge all
the duties of your ministry.

3 이런 때가 이르리니 곧, 사람들이 건전한 교리를 참아내지 못하며, 대신에 자기 스스로의 정욕에 자신
을 맞추어 오직 그들의 가려운 귀가 듣고자 하는 말만 전하는 선생들을 그들 주위에 모이게 하는 그런
때가 오겠고, 4 사람들이 자신들의 귀를 진리에서 돌이켜 허탄한 신화 쪽으로 방향을 돌릴 것이라. 5 그
러나 너는 이 모든 일들 가운데에서도 네 머리를 곧게 들고, 어려운 시기를 견디며, 말씀 전도자의 사역
에 매진함으로, 네 사역의 모든 직무를 다하라.

6 For I am already being poured out like a drink offering, and the time
has come for my departure. 7 I have fought the good fight, I have finished
the race, I have kept the faith. 8 Now there is in store for me the crown of
righteousness, which the Lord, the righteous Judge, will award to me on that
day--and not only to me, but also to all who have longed for his appearing.

6 내가 전제(奠祭) 곧, 부어 드리는 제물처럼 벌써 부어지고 쏟아진 바 되어, 이제 나의 떠날 시각이 다
가왔도다. 7 내가 이 선한 싸움을 다 싸우고 나의 경주를 마쳤으며, 또 나의 믿음을 지켰도다. 8 이제 나
를 위한 의(義)의 면류관(冕旒冠)이 준비되었으니, 이는 우리 주(主) 곧, 의로우신 재판장이 그 날에 내게
상(賞)으로 주실 것이라–내게만 아니라 그의 (*다시) 나타나심을 간절히 사모하는 모든 자에게도 그러
하리라.

9 Do your best to come to me quickly, 10 for Demas, because he loved this
world, has deserted me and has gone to Thessalonica. Crescens has gone to
Galatia, and Titus to Dalmatia. 11 Only Luke is with me. Get Mark and bring
him with you, because he is helpful to me in my ministry. 12 I sent Tychicus to
Ephesus.

9 너는 최선을 다하여 하루라도 속히 내게 오기를 힘쓰라. 10 데마는 이 세상을 사랑하여 나를 버리고
데살로니가로 갔고, 그레스게는 갈라티아로, 디도는 달마티아로 갔고 11 누가만 나와 함께 있느니라.
네가 올 때에 마가를 데리고 함께 올지니, 그가 나의 사역에 유익하니라. 12 두기고는 에페소로 보내었
느니라.

13 When you come, bring the cloak that I left with Carpus at Troas, and my
scrolls, especially the parchments.

13 트로아에 있는 가보(카르푸스)의 집에 놓아 둔 내 겉옷을 네가 올 때 같이 가져오고, 내 두루마리와

특히 가죽 책들을 잊지 말고 가져오도록 하라.

14 Alexander the metalworker did me a great deal of harm. The Lord will repay
him for what he has done. 15 You too should be on your guard against him,
because he strongly opposed our message.

14 철물 가공 일을 하는 알렉산더가 내게 커다란 해악(害惡)을 끼쳤느니라. 주께서 그 행한 대로 그에게
갚으시리라. 15 너도 그를 각별히 조심할지니, 그가 우리의 전하는 메시지를 심히 대적하였느니라.

16 At my first defence, no one came to my support, but everyone deserted me.
May it not be held against them. 17 But the Lord stood at my side and gave me
strength, so that through me the message might be fully proclaimed and all the
Gentiles might hear it. And I was delivered from the lion's mouth. 18 he Lord
will rescue me from every evil attack and will bring me safely to his heavenly
kingdom. To him be glory for ever and ever. Amen.

16 내가 처음 나를 방어하고자 했을 때에, 아무도 나를 돕기 위해 온 자가 없고, 모두가 다 나를 버렸으
나 그들에게 허물을 돌리지 않기를 원하노라. 17 그러나 주께서 내 곁에 서 계시며 나에게 힘을 주셨으
니, 이는 나를 통하여 '말씀'이 온전히 선포됨으로 모든 이방인들이 이 말씀을 듣게 하려 하심이니라. 그
리함으로 내가 사자(獅子)의 입에서 건짐을 받았느니라. 18 주께서 나를 모든 악한 공격으로부터 구해
내시고 그의 하늘 나라에 안전히 인도해 들이시리니 그에게 영광이 세세무궁토록 있을지어다. 아멘.

19 Greet Priscilla and Aquila and the household of Onesiphorus. 20 Erastus
stayed in Corinth, and I left Trophimus sick in Miletus. 21 Do your best to get
here before winter. Eubulus greets you, and so do Pudens, Linus, Claudia and
all the brothers.

19 브리스가와 아굴라와, 오네시보로의 집에 문안하라. 20 에라스도는 코린트에 머물러 있고 드로비모
는 병들어서 밀레투스에 두었노니 21 너는 겨울 전에 어서 속히 내게 오기를 힘쓰라. 으불로와 부데와
리노와 글라우디아와 모든 형제가 다 네게 문안하느니라.

22 The Lord be with your spirit. Grace be with you.

22 주께서 너의 영(靈)과 함께 계시기를 바라노라. 은혜가 너희와 함께 있을지어다.

디도

Titus

Titus

디도서

제1장

1 Paul, a servant of God and an apostle of Jesus Christ for the faith of God's
elect and the knowledge of the truth that leads to godliness-- 2 a faith and
knowledge resting on the hope of eternal life, which God, who does not
lie, promised before the beginning of time, 3 and at his appointed season
he brought his word to light through the preaching entrusted to me by the
command of God our Savior, 4 To Titus, my true son in our common faith:
Grace and peace from God the Father and Christ Jesus our Savior.

1 하나님의 종이요, 예수 그리스도의 사도인 나 바울은 하나님의 선택하심을 입은 성도의 믿음과, 경건
(敬虔)으로 사람들을 인도하는 진리의 지식 곧, 2 영생의 소망위에 놓여있는 이 믿음과 지식을 위하여
사도(使徒)가 되었노라. 영생의 소망과 그리고 이에 관한 믿음과 지식은 거짓말하지 않으시는 하나님께
서 시간이 시작되기 훨씬 이전 시점부터 미리 약속하신 것인데, 3 하나님께서 미리 정하신 그 때에 하나
님께서 그 말씀을 빛으로 보내신 것이요, 또 우리의 구주가 되신 하나님에 의해 나 바울에게 맡겨진 전
도의 행위를 통하여 빛 비추어지고 밝혀진 것이라. 4 이제, 우리의 공통된 믿음 가운데에서 나의 진실한
아들이 된 디도에게: 하나님 아버지와 예수 그리스도 우리 구주(救主)로부터 은혜(恩惠)와 평강(平康)이
네게 있을지어다.

5 The reason I left you in Crete was that you might straighten out what was left
unfinished and appoint elders in every town, as I directed you. 6 An elder must
be blameless, the husband of but one wife, a man whose children believe and
are not open to the charge of being wild and disobedient.

5 내가 너를 크레테에 남겨 둔 이유는, 우리가 거기에서 미처 끝내지 못하고 남겨 둔 몇가지 일들을 네
가 바로잡는 것과 그리고 내가 너에게 지시한대로 각 도성마다 장로들을 지명하기 위함이니라. 6 장로
는 마땅히 이래야 할지니 곧, 책망받을 것이 없고, 오직 한 아내의 남편으로, 그 자녀들 역시 믿으며, 불
순종하거나 난폭하다고 평을 받지 않는 그런 자여야 할 것이니라.

7 Since an overseer is entrusted with God's work, he must be blameless --not
overbearing, not quick-tempered, not given to drunkenness, not violent,
not pursuing dishonest gain. 8 Rather he must be hospitable, one who loves
what is good, who is self-controlled, upright, holy and disciplined. 9 He must
hold firmly to the trustworthy message as it has been taught, so that he can
encourage others by sound doctrine and refute those who oppose it.

7 감독(監督)은 하나님의 일을 맡아 행하도록 신뢰를 받고 맡겨진 자리이니, 감독이 될 자는 책망받을
것이 없으며, 고압적이거나 성격이 급하지 아니하고, 술 취하지 아니하고, 폭력적이지 아니하며, 또한
정직하지 못한 이득을 구하지 않아야 하느니라. 8 동시에 감독이 될 자는 친절하고, 선한 일을 사랑하
며, 절제하고, 정직하며, 경건하며, 원칙에 분명한 인물이어야 할지니라. 9 감독이 될 자는 또 그가 가르
침을 받은 바, 그 신실한 믿음의 메시지를 굳게 붙들고 있는 자라야 할지니, 그리함으로써 그가 건전한
교리(敎理)를 들어 남을 권면하고 이를 거슬러 행하는 자를 꾸짖을 수가 있으리라.

10 For there are many rebellious people, mere talkers and deceivers, especially those of the circumcision group. 11 They must be silenced, because they are ruining whole households by teaching things they ought not to teach-- and that for the sake of dishonest gain.

10 세상에는 진리를 거부하는 사람이 많으니, 곧 헛된 말을 하며 남을 속이는 자들이라–특별히 할례자 무리에 이런 자들이 많으니라. 11 이런 사람들은 마땅히 침묵토록 만들어야 하리니 그들은 남에게 가르쳐서는 안될 것들을 가르침으로 온 집안을 망하게 하는 자들이기 때문이라–그들이 정직하지 못한 이득을 취하려고 그러는 것이로다.

12 Even one of their own prophets has said, "Cretans are always liars, evil brutes, lazy gluttons." 13 This testimony is true. Therefore, rebuke them sharply, so that they will be sound in the faith 14 and will pay no attention to Jewish myths or to the commands of those who reject the truth.

12 심지어 그들 가운데에 있는 어떤 선지자가 말하되 "크레테인들은 거짓말쟁이들이요, 짐승같은 인간들이요, 게으런 탐식가들이라" 하였으니, 13 이 증언이 참되도다. 그러므로 네가 그들을 엄히 꾸짖으라, 그럼으로써 혹 그들이 믿음 가운데에서 온전하게 되어 14 유대인의 허황된 신화나, 진리를 배척하는 자들의 명령에 더 이상 귀 기울이지 않도록 만들 수 있으리라.

15 To the pure, all things are pure, but to those who are corrupted and do not believe, nothing is pure. In fact, both their minds and consciences are corrupted. 16 They claim to know God, but by their actions they deny him. They are detestable, disobedient and unfit for doing anything good.

15 순결한 자들에게는 모든 것이 순결하나, 마음이 부패하여 믿지 아니하는 자들에게는 모든 것이 순결치 못하고 부정(不淨)하니라. 사실상, 그들은 마음과 양심이 모두 부패된 자들이라 하는 것이 옳으리라. 16 그들이 하나님을 안다고 주장하나, 그들의 행위로는 이를 부인(否認)하니, 가증한 자들이요, 불순종하는 자들이요, 무엇이든 선한 일을 행하는데 적합치 못한 자들이니라.

제2장

1 You must teach what is in accord with sound doctrine. 2 Teach the older men to be temperate, worthy of respect, self-controlled, and sound in faith, in love and in endurance.

1 오직 너는 건전한 교리에 합당한 것만을 가르치라. 2 나이 든 남자들을 가르치되, 그들로 하여금 늘 온화하며, 존경받을만 하고, 자기를 절제하며, 믿음과 사랑과 인내함에 견고히 머물도록 하라.

3 Likewise, teach the older women to be reverent in the way they live, not to be slanderers or addicted to much wine, but to teach what is good. 4 Then they can train the younger women to love their husbands and children, 5 to be self-controlled and pure, to be busy at home, to be kind, and to be subject to their husbands, so that no one will malign the word of God.

3 마찬가지로 나이 든 여자들을 가르치되, 그들의 삶 가운데에서 늘 경건토록 하고, 남을 비방하거나 술에 중독된 사람이 되지 않도록 하고, 무엇이 선한 것인지를 가르쳐 지키게 하라. 4 그럼으로써 그들이 또한 젊은 여자들을 가르칠 수 있으리니, 곧 자신의 남편과 자녀를 사랑하며 5 스스로 절제하고 순결하며, 집안 일에 바쁜 시간을 보내고, 남에게 친절하고, 남편에게 순종함으로써 그 누구든 하나님의 말씀

을 비방하지 못하게 가르칠 수 있으리라.

6 Similarly, encourage the young men to be self-controlled. 7 In everything
set them an example by doing what is good. In your teaching show integrity,
seriousness 8 and soundness of speech that cannot be condemned, so that
those who oppose you may be ashamed because they have nothing bad to say
about us.

6 같은 방법으로 젊은 남자들을 권면하되 스스로 절제토록 하고, 7 네가 먼저 선한 일을 행함으로써, 모
든 일에 있어 그들에게 본을 먼저 보이라. 그리하여 너의 가르침 가운데에 고결함과 신중함이 있음을 보
이고, 8 정죄받을 것이 없는 건전한 말만 함으로써 너를 반대하는 자들이 너에 대하여 나쁜 말 할 것이
없게 만들어 그들을 스스로 부끄럽게 만들라.

9 Teach slaves to be subject to their masters in everything, to try to please
them, not to talk back to them, 10 and not to steal from them, but to show
that they can be fully trusted, so that in every way they will make the teaching
about God our Savior attractive.

9 남의 종된 자들을 가르치되, 매사에 그들의 상전들에게 순종토록 하여 그 상전을 기쁘게 만들도록 노
력하라 이르고, 아무토록 상전을 대항하여 말대꾸하지 못하게 하고, 10 상전으로부터 아무 것도 훔치지
못하게 하며 자신이 전적으로 신뢰할만한 사람이란 것을 상전에게 보이도록 가르침을 베풀라. 그리하면
모든 일에 있어 우리 주 하나님의 가르침이 그들 (*상전들)에게도 매력적으로 느껴지게끔 되리라.

11 For the grace of God that brings salvation has appeared to all men. 12 It
teaches us to say "No" to ungodliness and worldly passions, and to live self-
controlled, upright and godly lives in this present age, 13 while we wait for
the blessed hope-- the glorious appearing of our great God and Saviour, Jesus
Christ, 14 who gave himself for us to redeem us from all wickedness and to
purify for himself a people that are his very own, eager to do what is good. 15
These, then, are the things you should teach. Encourage and rebuke with all
authority. Do not let anyone despise you.

11 구원을 가져다 주는 하나님의 은혜가 우리 모든 사람에게 나타났도다. 12 이 은혜가 우리를 가르쳐,
모든 경건치 않은 것이나 세상의 정욕에 대해 '아니오' 라고 말하게 하며, 스스로 절제하게 하며, 지금
이 세대에서 올바르고 경건한 삶을 살도록 만드나니, 13 우리가 저 복된 소망 곧, 우리 구세주가 되시고
하나님이 되신 예수 그리스도의 영광스러운 나타나심을 기다리는 동안에 그러하니라. 14 이 예수는 우
리를 모든 사악함에서 구속하시고, 자신에게 속하게 된 사람들을 (*그리스도) 자신을 위해 순결케 만듬
으로써 궁극적으로는 우리로 하여금 선한 일을 기꺼이 행하는 자들로 만들기 위해 스스로 자신의 몸을
내주신 이시로다. 15 그러므로, 이런 것들이 네가 마땅히 가르쳐야 할 것들인즉, 때로는 권면하고, 때로
는 꾸짖음으로 권위를 가지고 행하여, 아무도 너를 낮추어 보지 못하게 하라.

제3장

1 Remind the people to be subject to rulers and authorities, to be obedient,
to be ready to do whatever is good, 2 to slander no one, to be peaceable and
considerate, and to show true humility toward all men.

1 사람들로 하여금 통치자들이나 위에 있는 권세들에게 복종하도록 하고, 매사에 순종하며, 무슨 일이
든 선한 일을 행할 수 있도록 준비되어 있게끔 일깨워 주고 2 아무도 비방하지 말고, 오직 평안 가운데

에서 온화하며, 남을 배려하며, 모든 사람을 향해 겸손과 온유함을 보이도록 하라.

3 At one time we too were foolish, disobedient, deceived and enslaved by all kinds of passions and pleasures. We lived in malice and envy, being hated and hating one another.

3 한때는 우리 역시 (*그들처럼) 어리석으며, 불순종하며, 남을 속이며 그리고 모든 정욕과 세상 즐거움에 종처럼 얽매여 있었으니, 시기 질투와 남을 해치려는 마음 가운데 살며 타인을 미워하며 또 남으로부터 미움을 받으며 살았었도다.

4 But when the kindness and love of God our Saviour appeared, 5 he saved
us, not because of righteous things we had done, but because of his mercy.
He saved us through the washing of rebirth and renewal by the Holy Spirit, 6
whom he poured out on us generously through Jesus Christ our Saviour, 7 so
that, having been justified by his grace, we might become heirs having the
hope of eternal life.

4 그러나 우리 구주 하나님의 자비와 사랑이 (*이 세상에) 나타났을 때에 5 그가 우리를 구원에 이르게
하셨으니, 우리가 행한 의로운 일들로 인함이 아니요, 오직 그의 자비하심 까닭이라. 하나님께서 거룩한
성령의 새롭게 하심과 우리로 하여금 다시 태어나게 하는 씻음을 통하여 우리를 구원하셨도다. 6 이 성
령은 하나님께서 우리 구주 예수 그리스도를 통하여 우리에게 부어 주신 이시니 7 그의 은혜로 말미암
아 우리가 의롭다 함을 받아, 이제 영생의 소망을 가진 상속자가 되게 하려 하시는도다.

8 This is a trustworthy saying. And I want you to stress these things, so that
those who have trusted in God may be careful to devote themselves to doing
what is good. These things are excellent and profitable for everyone. 9 But
avoid foolish controversies and genealogies and arguments and quarrels about
the law, because these are unprofitable and useless.

8 이것이 신실한 말씀이로다. 그리고 내가 원하건대 너는 특히 이런 사항들을 강조하여 가르칠지니, 그
리하면 하나님을 신뢰하고 따르는 이들로 하여금 선한 일을 행하는데 헌신하게 만들 수 있으리라. 이 모
든 것이 모든 사람에게 유익하고 아름다운 일이 되리라. 9 그러나 어리석은 논쟁이나 조상의 족보에 관
한 얘기나 율법에 관한 소용없는 다툼이나 논란은 피하라. 그런 것들이 다 무익하고 쓸데없는 일이니라.

10 Warn a divisive person once, and then warn him a second time. After that,
have nothing to do with him. 11 You may be sure that such a man is warped
and sinful; he is self-condemned.

10 (*교회 내에서) 분열(分裂)을 일으키는 자는 먼저 한번 경고하고 두 번째까지는 경고를 주되, 이후에
는 다시 상종하지 말지어다. 11 네가 확실히 알고 있는 바와 같이 이런 사람은 마음이 비틀린 자요 죄많
은 사람이니, 그가 스스로 정죄를 받았도다.

12 As soon as I send Artemas or Tychicus to you, do your best to come to me
at Nicopolis, because I have decided to winter there. 13 Do everything you
can to help Zenas the lawyer and Apollos on their way and see that they have
everything they need.

12 아데마나 혹은 두기고를 네게 보낼터이니 그들이 도착하는대로 지체하지 말고 너는 니고볼리로 나
를 찾아 오라. 내가 거기에서 겨울을 나기로 작정하였느니라. 13 변호사 세나와 아볼로를 길을 떠나 보
내는데 네가 도울수 있는 최대한을 해 주고, 그들이 필요로 하는 모든 것을 돌보아 주라.

14 Our people must learn to devote themselves to doing what is good, in order
that they may provide for daily necessities and not live unproductive lives. 15

Everyone with me sends you greetings. Greet those who love us in the faith.
Grace be with you all.

14 우리에게 속한 사람들은 마땅히 그들 스스로를 헌신하여 선한 일 행하기를 배워야 하리니 이렇게 함
으로써 비로소 그들 자신의 일상의 필요들을 공급할 뿐 아니라, 열매 맺지 못하는 삶을 사는 데에서 탈
피할 수 있으리라. 15 나와 함께 지내는 모든 사람이 네게 인사를 보내노라. 믿음 가운데에서 우리를 사
랑하는 모든 이들에게 문안 인사하라. 은혜가 너희 모두에게 있을지어다.

빌레몬서

Philemon

Philemon

빌레몬서

제1장

1 Paul, a prisoner of Christ Jesus, and Timothy our brother, 2 To Philemon our dear friend and fellow worker, to Apphia our sister, to Archippus our fellow soldier and to the church that meets in your home: 3 Grace to you and peace from God our Father and the Lord Jesus Christ.

1 예수 그리스도를 위하여 죄수가 된 바울과 그 형제 디모데는 2 친애하는 우리의 친구요, 동역자인 빌레몬에게, 그리고 우리의 자매 압비아와 또 우리와 함께 그리스도의 군사 된 아킵보, 그리고 저희 집에서 같이 모이는 교회에게 (*편지하노니): 3 하나님 우리 아버지와 주 예수 그리스도로부터 은혜와 평강이 너희에게 있을지어다.

4 I always thank my God as I remember you in my prayers, 5 because I hear about your faith in the Lord Jesus and your love for all the saints. 6 I pray that you may be active in sharing your faith, so that you will have a full understanding of every good thing we have in Christ.

4 내가 기도 가운데 항상 너희를 기억하며 너희로 인하여 늘 하나님께 감사드리는 이유는 5 주 예수 그리스도 안에 있는 너희의 믿음과 모든 성도들을 향한 너희의 사랑을 전해 들은 까닭이니라. 6 그러므로 내가 기도하기를, 너희의 그 믿음을 다른 사람과 나누는 데에 너희가 적극 임함으로, 우리가 그리스도 안에서 가지고 있는 모든 선(善)한 것들에 대해 너희가 온전한 이해를 하게 해 주십사 하고 간구(懇求)하노라.

7 Your love has given me great joy and encouragement, because you, brother, have refreshed the hearts of the saints. 8 Therefore, although in Christ I could be bold and order you to do what you ought to do, 9 yet I appeal to you on the basis of love. I then, as Paul--an old man and now also a prisoner of Christ Jesus--

7 형제들이여, 너희의 사랑이 나에게 커다란 기쁨과 용기를 주었으니 이는 너희가 성도들의 마음을 새롭게 하여 기운을 찾게 한 까닭이니라. 8 내가 그리스도 안에서 너희가 마땅히 행해야 할 바를 어느 때든 담대히 명하지 못할 까닭은 없었으나 9 그러나 이제는 너희의 그런 사랑에 기대어–더욱 담대히–간청하고자 하는 것이 있으니 곧, 이제 이와 같이 늙고, 예수 그리스도 안에서 죄수로 갇힌 자 된, 나 바울이 너에게 특별히 청하노라.

10 I appeal to you for my son Onesimus, who became my son while I was in chains. 11 Formerly he was useless to you, but now he has become useful both to you and to me. 12 I am sending him--who is my very heart--back to you.

10 네게 청하고자 하는 것은 곧 나의 아들 오네시모를 위해서라, 내가 이 사슬에 매어 있는 동안에 그가 나의 아들이 되었노라. 11 그가 이전에는 네게 무익하였으나, 그러나 지금은 그가 너에게 뿐 아니라 내게 있어서도 동일하게 유익한 자가 되었느니라. 12 그러므로 이제 그를 네게로 보내노니–그는 내 마음 그 자체라–이제 그를 네게 돌려보내고자 하노라.

13 I would have liked to keep him with me so that he could take your place in helping me while I am in chains for the gospel. 14 But I did not want to do anything without your consent, so that any favor you do will be spontaneous and not forced.

13 내가 복음을 위하여 사슬에 매어 있는 동안에 그가 너를 대신하여 너의 자리에서 나를 도왔으니, 이런 이유로 그를 내 곁에 계속 머물게 하고자 하는 마음이 간절하나, 14 그러나 너의 승낙 없이는 내가 아무 것도 행하기를 원치 않으니 그래야 너의 호의가 억지로 우러나온 것이 아니요, 자발적인 것이 되기 때문이니라.

15 Perhaps the reason he was separated from you for a little while was that you might have him back for good-- 16 no longer as a slave, but better than a slave, as a dear brother. He is very dear to me but even dearer to you, both as a man and as a brother in the Lord.

15 그가 잠시동안 너와 떨어져 살게 된 그것이 결국은 네가 그를 영원히 네 곁에 두게 된 결과로 이어졌으니, 16 이제 더 이상 노예으로서가 아니요, 노예보다 훨씬 더 좋은, 사랑하는 형제로서이니라. 그가 나에게 있어 특히 사랑스러우나 네게는 더욱 그리할 것이니 주 안에서 형제된 자로서 또한 그러하니라.

17 So if you consider me a partner, welcome him as you would welcome me.
18 If he has done you any wrong or owes you anything, charge it to me.

17 그런고로 이제 네가 나를 네 동료요, 동역자로 여기거든 그를 마음으로 영접하되 나를 환영하듯 그리하라. 18 만일 그가 네게 뭔가 잘못 행한게 있거나 빚지고 있는 것이 있거든 그걸 내 앞으로 돌리라.

19 I, Paul, am writing this with my own hand. I will pay it back--not to mention that you owe me your very self. 20 I do wish, brother, that I may have some benefit from you in the Lord; refresh my heart in Christ.

19 나 바울은 내 손으로 직접 이렇게 글을 쓰나니, 내가 모든 걸-네가 내게 빚진것은 따로 말할 필요도 없이-네게 갚아 주리라. 20 오, 형제여 내가 진실로 이를 원하노니, 주(主) 안에서 너의 허락이 있기를 바라노라. 그리하여 그리스도 안에서 나의 마음이 상쾌함을 얻게하라.

21 Confident of your obedience, I write to you, knowing that you will do even more than I ask. 22 And one thing more: Prepare a guest room for me, because I hope to be restored to you in answer to your prayers.

21 네가 순종하리란 것을 확신하며, 내가 이제 이 편지를 쓰나니 내가 원하는 것 이상으로 네가 행할 것을 아노라. 22 한 가지만 더 부탁하거니와: 나를 위해 손님 방 하나를 마련해 두라. 내가 네 기도에 대한 응답으로 네게 쉬이 도로 돌아갈 수 있기를 바라노라.

23 Epaphras, my fellow prisoner in Christ Jesus, sends you greetings. 24 And so do Mark, Aristarchus, Demas and Luke, my fellow workers. 25 The grace of the Lord Jesus Christ be with your spirit.

23 주 안에서 같이 죄수 된 에바브로가 네게 문안 인사를 하느니라. 24 또한 마가, 아리스다고, 데마 그리고 누가 등 나의 동역자들 또한 네게 문안하느니라. 25 우리 주 예수 그리스도의 은혜가 너의 영(靈)과 함께 계실지어다.

히브리서

Hebrews

Hebrews

히브리서

제1장

1 In the past God spoke to our forefathers through the prophets at many
times and in various ways, 2 but in these last days he has spoken to us by his
Son, whom he appointed heir of all things, and through whom he made the
universe.

1 예전에는 하나님께서 늘, 그리고 여러 가지 다양한 방법으로, 선지자들을 통하여 우리 조상들에게 말
씀을 하셨으나 2 이 말세(末世)의 날들에는 그의 아들을 통하여 우리에게 말씀하셨으니, 이 아들을 하나
님께서 만유(萬有)의 상속자로 지명하셨고, 그를 통하여 이 모든 세계를 창조하셨느니라.

3 The Son is the radiance of God's glory and the exact representation of
his being, sustaining all things by his powerful word. After he had provided
purification for sins, he sat down at the right hand of the Majesty in heaven.

3 '이 아들'로 말하자면 하나님의 영광의 광채시요, 그 존재하시는 본체의 모습 그대로 나타나신 형상이
시니, 그가 그의 능력의 말씀에 의하여 만물(萬物)을 붙들고 계시느니라. 그가 우리의 죄를 정결케 하신
연후에 이제 하늘 나라에서 전능하신 하나님의 오른편에 앉으셨도다.

4 So he became as much superior to the angels as the name he has inherited
is superior to theirs. 5 For to which of the angels did God ever say, "You are
my Son; today I have become your Father"? Or again, "I will be his Father, and
he will be my Son"?

4 그가 천사들보다 월등히 뛰어나게 되신 것은 그가 상속받으신 이름이 천사들보다 훨씬 더 뛰어나신
것과 마찬가지이니 5 하나님이 어느 때에 어느 천사에 대해 말씀하시길, "너는 내 아들이라, 오늘 내가
네 아버지가 되었느니라" 하신 적이 있으며 혹은, "내가 그의 아버지가 되고 그는 내 아들이 되리라" 하
신 적이 있느뇨?

6 And again, when God brings his firstborn into the world, he says, "Let all
God's angels worship him." 7 In speaking of the angels he says, "He makes his
angels winds, his servants flames of fire."

6 또 하나님께서 그의 '처음 나신 이'를 이 세상에 불러들이실 때에 말씀하시기를, "모든 하나님의 천사
들은 그에게 경배할지어다" 하시고 7 천사들에 대해 말씀하시기는, "그가 하나님의 천사들을 바람으로
삼을 것이요, 하나님의 종들을 불꽃으로 삼으리라"고 말씀하셨지만,

8 But about the Son he says, "Your throne, O God, will last for ever and ever,
and righteousness will be the scepter of your kingdom. 9 You have loved
righteousness and hated wickedness; therefore God, your God, has set you
above your companions by anointing you with the oil of joy." 10 He also says,
"In the beginning, O Lord, you laid the foundations of the earth, and the
heavens are the work of your hands 11 They will perish, but you remain; they
will all wear out like a garment. 12 You will roll them up like a robe; like a

garment they will be changed. But you remain the same, and your years will never end."

8 이 아들에 관해서는 말씀하시기를 "오, 너 하나님이여, 너의 보좌(寶座)가 영원히 있겠고 그리고 의(義)가 너의 나라의 홀(笏)이 되리라. 9 네가 의(義)를 사랑하고 악(惡)을 미워하였은즉; 그러므로 나 하나님, 곧 너의 하나님이 너를 너의 동료들보다 훨씬 뛰어나게 높이 세웠으니, 곧 기쁨의 기름 부음을 통해 그리하였느니라" 하셨으며, 10 또 말씀하시기를, "오, 너 하나님아, 태초에 네가 땅의 기초를 놓았고 하늘도 네 손이 지은 바라, 11 그것들은 사라져 없어질 것이나 그러나 너는 영원히 남아 있으리니 그것들이 옷과 같이 닳으며 낡아질 것이요, 12 네가 그것들을 겉옷처럼 말아 올리리니; 그것들은 옷이 낡게 되는 것처럼 변할 것이나 그러나 너는 영원히 같은 모습일지라, 너의 연한(年限)이 무궁 영원하여 그침이 없으리라" 하셨도다.

13 To which of the angels did God ever say, "Sit at my right hand until I make your enemies a footstool for your feet"? 14 Are not all angels ministering spirits sent to serve those who will inherit salvation?

13 그러나 하나님께서 언제 어느 천사에 대해 "너는 내 오른편에 앉으라. 내가 네 원수를 네 발 받침대로 만들 때까지 너는 내 곁에 앉아 있으라" 말하신 적이 있느뇨? 14 천사들은 구원을 상속받을 이 곧, 성도(聖徒)들을 섬기도록 보내진, 돕는 직분의 영(靈)들이 아니냐?

제2장

1 We must pay more careful attention, therefore, to what we have heard, so that we do not drift away.

1 그러므로, 우리가 이미 우리 귀로 들은 것에 더욱 유념하여 주의를 기울여야 할지니, 이는 우리가 전해 들은 바로부터 스스로 벗어나 떠내려가지 않기 위함이라.

2 For if the message spoken by angels was binding, and every violation and disobedience received its just punishment, 3 how shall we escape if we ignore such a great salvation? This salvation, which was first announced by the Lord, was confirmed to us by those who heard him.

2 천사들에 의해 전해진 그 말씀도 마땅히 따라야 할 대상이라. 이 말씀에 대한 불순종이나 위배함이 그에 상응하는 징벌을 이미 받았을진대, 3 우리가 이런 위대한 구원을 무시한다면 어찌 하나님의 보응(報應)을 피할 수 있으리오? 이 구원은 주(主)에 의해 처음 선포되고, 그로부터 직접 들었던 사람들에 의해 우리에게 확증된 바 되었느니라.

4 God also testified to it by signs, wonders and various miracles, and gifts of the Holy Spirit distributed according to his will. 5 It is not to angels that he has subjected the world to come, about which we are speaking.

4 하나님께서 또한 징조와 이적(異蹟)들과 그리고 다양한 기적(奇蹟)으로, 그리고 하나님의 뜻에 따라 우리에게 나누어 주신 성령의 은사들을 통하여, 친히 이를 증거하시는도다. 5 우리가 지금 말하고자 하는 바는, 장차 다가올 세상을 천사들에게 복종토록 하신 것이 아니라 함이라.

6 But there is a place where someone has testified: "What is man that you are mindful of him, the son of man that you care for him? 7 You made him a little lower than the angels; you crowned him with glory and honor 8 and put

everything under his feet." In putting everything under him, God left nothing that is not subject to him. Yet at present we do not see everything subject to him.

6 곧, 어딘가에서 누군가가 이미 증거하여 말한 것과 같이: "사람이 무엇이관대 하나님께서 그를 마음에 두시며 인자(人子)가 누구이길래 직접 하나님께서 돌보시나이까?" 함과 같으며, 또 7 "하나님께서 그를 (*잠시) 천사들보다 못하게 하시고: 그로 하여금 존귀와 영광의 관을 쓰게 하시며 8 만유(萬有)를 그의 발아래에 두셨도다." 함과 같으니라. 그런즉, 하나님께서 만유를 그의 발아래에 두셔서 그에게 복종하지 않을 것이 하나도 없도록 만드셨으나 세상 만물이 모두 그에게 복종하고 있는 것을 지금 현재로서는 우리가 아직 보고 있지 못하도다.

9 But we see Jesus, who was made a little lower than the angels, now crowned with glory and honor because he suffered death, so that by the grace of God he might taste death for everyone.

9 그러나 우리가 이제 예수를 보니—이는 죽음을 당하심으로 잠깐 동안—천사보다 조금 못하게 되신 분이시요, 그러나 하나님의 은혜에 의해 모든 사람을 위하여 죽음을 맛보신 고로, 영광(榮光)과 존귀(尊貴)의 관(冠)을 쓴 이시로다.

10 In bringing many sons to glory, it was fitting that God, for whom and through whom everything exists, should make the author of their salvation perfect through suffering.

10 하나님께서 많은 아들들을 영광의 자리로 불러내심에 있어서 이 구원의 창시자를 고난을 겪게 하심으로써 온전케 만드셨으니, 이 모든 것이 우리 하나님, 곧 그로부터 만유(萬有)가 나오고, 만유가 그를 통해 존재하게 된 바로 그 하나님께 합당한 경영(經營)이 되는도다.

11 Both the one who makes men holy and those who are made holy are of the
same family. So Jesus is not ashamed to call them brothers. 12 He says, "I will
declare your name to my brothers; in the presence of the congregation I will
sing your praises." 13 And again, "I will put my trust in him." And again he
says, "Here am I, and the children God has given me."

11 사람을 거룩하게 만드시는 이, 곧 하나님과 그리고 하나님에 의해 거룩함을 입게 된 자들이 같은 집
안 식구라. 그런고로 예수께서 그들을 형제라 부르시기를 부끄러워하지 않으셨으니, 12 예수께서 말씀
하시기를, "내가 하나님의 이름을 나의 형제들에게 선포하리라; 많은 회중들 앞에서 내가 하나님을 찬
양하는 찬송을 부르리라" 라고 하셨으며 13 또다시 이르기를, "내가 나의 신뢰를 하나님께 두리라" 하
시고 또 "내가 여기 있나이다. 곧, 하나님께서 내게 주신 자녀들과 함께 있음이니이다." 하고 말씀하셨
음이로다.

14 Since the children have flesh and blood, he too shared in their humanity so
that by his death he might destroy him who holds the power of death--that is,
the devil-- 15 and free those who all their lives were held in slavery by their
fear of death.

14 이 자녀들이 피와 몸으로 이루어진 육신을 지녔는고로 그 자신 몸소 인간의 육신 됨에 동참하셨으니
이는 그의 죽으심을 통하여, 죽음의 권세를 붙들고 있는 자, 곧 마귀를 멸망케 하고, 15 죽음에 대한 두
려움 때문에 그들의 생명이 종과 같이 (*마귀의 권세에) 붙들려 있는 모든 사람들을 자유(自由)하게 만
들기 위함이었더라.

16 For surely it is not angels he helps, but Abraham's descendants. 17 For
this reason he had to be made like his brothers in every way, in order that he
might become a merciful and faithful high priest in service to God, and that

he might make atonement for the sins of the people. 18 Because he himself suffered when he was tempted, he is able to help those who are being tempted.

16 그런즉 그가 도우시는 상대가 천사들이 아니요 아브라함의 후손들이라. 17 바로 이런 이유로 그리스도께서 모든 일에 있어서 자신의 형제들과 똑같이 되셔야 했었으니, 이는 하나님을 섬김에 있어 신실하고도 자비로운 대제사장이 되기 위함이요, 사람들의 죄를 대속(代贖)하기 위해 그리되신 것이니라.
18 그 자신, 시험받으실 때에 직접 자신의 육체로 고난을 겪으셨던 까닭에, 또한 시험받는 우리들을 도우실 수가 있느니라.

제3장

1 Therefore, holy brothers, who share in the heavenly calling, fix your thoughts on Jesus, the apostle and high priest whom we confess.

1 그러므로, 하늘의 부르심에 동참케 된, 주의 거룩한 형제들아, 너희의 생각을 예수께로 고정하라. 그는 우리가 위하여 고백해야 할 대제사장이시요, 사도이시니라.

2 He was faithful to the one who appointed him, just as Moses was faithful in all God's house. 3 Jesus has been found worthy of greater honor than Moses, just as the builder of a house has greater honor than the house itself. 4 For every house is built by someone, but God is the builder of everything.

2 그가 그를 지명하신 이에게 신실하시기를, 모세가 하나님의 온 집에서 신실했던 것처럼 그리하셨으나
3 그러나 예수께서 이 모세보다 훨씬 더 높이 존귀하심을 받아야 할 것은, 집을 짓는 건축자가 집 자체보다 더한 존귀를 받아야 하는 이치니라. 4 세상의 모든 집은 누군가에 의해 지어진 것이니, 만유를 지으신 만물의 건축자가 하나님이시니라.

5 Moses was faithful as a servant in all God's house, testifying to what would be said in the future. 6 But Christ is faithful as a son over God's house. And we are his house, if we hold on to our courage and the hope of which we boast.

5 모세는 장래에 말씀되어질 것을 증언하며 하나님의 온 집에 있어, 섬기는 하인으로서 신실하였으나 6
그리스도께서는 하나님의 집의 아들로서 신실(信實)하셨으니, 우리가 자랑하는 바, 그 소망과 담대함에 우리가 계속 머물러 있는다면 우리가 곧 그의 집이 되는 것이니라.

7 So, as the Holy Spirit says: "Today, if you hear his voice, 8 do not harden
your hearts as you did in the rebellion, during the time of testing in the desert,
9 where your fathers tested and tried me and for forty years saw what I did.
10 That is why I was angry with that generation, and I said, 'Their hearts are
always going astray, and they have not known my ways.' 11 So I declared on
oath in my anger, 'They shall never enter my rest.' "

7 그런즉 성령께서 말씀하시기를: "오늘, 너희가 그 목소리를 듣는다면, 8 너희가 예전에 광야에서 시험
할 때에 거슬러 거역하던 것처럼 다시는 너희 마음을 완고케 하지 말라. 9 거기 광야에서 너희 조상들이
나를 시험하되, 사십 년 동안이나 나를 시험하며 나의 행사를 지켜보았느니라. 10 그런고로 내가 노하
여 말하되, '그들의 마음이 늘 빗나가 나의 길을 알지 못하였도다' 하였고, 11 내가 나의 분노 중에 맹세
하여 선언하기를 '그들이 결코 나의 안식에 들어오지 못하리라' 하였느니라"

12 See to it, brothers, that none of you has a sinful, unbelieving heart that
turns away from the living God. 13 But encourage one another daily, as long as

it is called Today, so that none of you may be hardened by sin's deceitfulness.

12 그러므로 형제들아 너희는 자신을 돌아보고, 그 누구도 죄 된, 믿지 않는 마음을 가지지 말며, 살아 계신 하나님으로부터 떨어져 나오는 일이 없도록 유념하라. 13 오히려, 매일 서로 용기를 북돋아 주며 피차 권면할 것이니 바로 '오늘'이라 일컫는 동안에 그리하라. 그리하여 죄의 속임수에 넘어가 그 마음이 완악(頑惡)해지는 사람이 너희 중에는 한 사람도 나오지 않도록 주의하라.

14 We have come to share in Christ if we hold firmly till the end the confidence we had at first.

14 우리가 처음 가졌던 그 담대함을 끝까지 붙들고 놓치지 않는다면, 우리가 그리스도 안에서 그와 함께 모든 것을 나누어 가질 수 있으리라.

15 As has just been said: "Today, if you hear his voice, do not harden your
hearts as you did in the rebellion." 16 Who were they who heard and rebelled?
Were they not all those Moses led out of Egypt? 17 And with whom was he
angry for forty years? Was it not with those who sinned, whose bodies fell in
the desert? 18 And to whom did God swear that they would never enter his rest
if not to those who disobeyed? 19 So we see that they were not able to enter,
because of their unbelief.

15 기록된 것과 같이: "오늘, 너희가 그의 목소리를 듣는다면, 너희가 예전에 거역하던 것 같이 너희의
마음을 다시 완고케 하지 말라" 하셨으니 16 (*하나님의 말씀을) 듣고도 거역하던 자들이 누구냐? 모세
가 이집트로부터 데리고 나온 그들이 아니냐? 17 하나님께서 사십 년 동안이나 누구에게 대하여 그리
도 진노(震怒)하셨느냐? 죄를 지어 그 시체가 광야에 엎드러진 바로 그들이 아니냐? 18 또한 하나님이
누구에 대하여 맹세해 말씀하시기를, '그들이 결코 나의 안식에 들어오지 못하리라' 하셨느냐? 그들 곧,
불순종하던 자들에 대해 말씀하신 것이 아니냐? 19 그런고로 이제 우리가 깨달아 알진대, 그들이 (*하
나님의 안식 안으로) 들어가지 못한 것은 그들 (*이스라엘 사람들)의 불신앙 때문이었느니라.

제4장

1 Therefore, since the promise of entering his rest still stands, let us be careful that none of you be found to have fallen short of it.

1 그러므로, 우리에게는 하나님의 안식(安息)에 참여하여 들어갈 약속이 아직 유효하게 서 있으므로, 우리 중에는 한 사람도 저 안식에 들어가지 못하는 자가 없도록 조심하자.

2 For we also have had the gospel preached to us, just as they did; but the
message they heard was of no value to them, because those who heard did not
combine it with faith. 3 Now we who have believed enter that rest, just as God
has said, "So I declared on oath in my anger, 'They shall never enter my rest.'
"And yet his work has been finished since the creation of the world.

2 우리에게 전파된 복음을 우리가 받아들인 것과 같이, 그들 역시 예전에 복음을 전해 받았으나; 그들이
들은 바, 그 복음이 그들에게 유익이 되지 못했던 것은 복음을 듣고도 이를 믿음과 결부시키지 못했던
까닭이라. 3 그러나 이제 믿는 우리들은 저 '안식'에 들어가는 것이 분명하니, 이는 하나님께서 친히 말
씀하신 바, "그러므로 내가 분노함 가운데 맹세함으로 선포하였나니, '그들은' 결코 나의 안식에 들어오
지 못하리라" 함과 같으니라. 그리함으로 하나님의 일이 창세 이후에 온전히 끝마치게 되었느니라.

4 For somewhere he has spoken about the seventh day in these words: "And

on the seventh day God rested from all his work." 5 And again in the passage above he says, "They shall never enter my rest." 6 It still remains that some will enter that rest, and those who formerly had the gospel preached to them did not go in, because of their disobedience.

4 성경 어딘가에서 하나님이 말씀하시기를, "하나님께서 제 칠 일째에 그 모든 일로부터 안식하셨느니라" 하였으며 5 또한 위 말씀에 부연하여 말씀하시기를 "그들은 영영 나의 안식에 참여치 못하리라" 하셨으니 6 그 외 나머지 다른 사람들, 곧 우리에게는 아직 그 안식(安息)에 들어갈 기회가 여전히 남아 있음이로다. 우리에 앞서 먼저 복음이 전해진 자들 (*이스라엘)은 그들의 불순종함으로 인해 저 안식에 들어가지 못하였었도다.

7 Therefore God again set a certain day, calling it Today, when a long time later he spoke through David, as was said before: "Today, if you hear his voice, do not harden your hearts."

7 그러므로 하나님께서 어떤 다른 날 하루를 특별히 택하여 세우시고, 이를 '오늘' 이라 칭하사, 많은 시간이 흐른 후에 다윗의 입을 빌어 말씀하시되, "오늘, 너희가 그의 음성을 들을 때에 네 마음을 다시는 완고(頑固)케 하지 말라" 하셨느니라.

8 For if Joshua had given them rest, God would not have spoken later about another day. 9 There remains, then, a Sabbathrest for the people of God; 10 for anyone who enters God's rest also rests from his own work, just as God did from his.

8 만약에 여호수아가 (*이스라엘 백성에게) 안식을 벌써 주었더라면, 하나님께서 이 다른 날에 관하여 따로 말씀하시지 않았으리라. 9 그런즉, '안식함'이 하나님의 백성들에게는 아직도 남아 있는 것이니; 10 누구든지 하나님의 안식에 들어가는 자는 하나님께서 자신의 일을 마치고 쉬셨던 것처럼, 또한 그 자신의 일로부터 온전히 쉬게 되는 것이니라.

11 Let us, therefore, make every effort to enter that rest, so that no one will fall by following their example of disobedience.

11 그러므로 우리는 저 안식에 들어가기 위하여 우리의 모든 노력을 아끼지 말아야 할지니, 우리 중 아무도 저 불순종의 본을 따라 미끄러져 떨어지는 일이 없도록 하자.

12 For the word of God is living and active. Sharper than any double-edged sword, it penetrates even to dividing soul and spirit, joints and marrow; it judges the thoughts and attitudes of the heart. 13 Nothing in all creation is hidden from God's sight. Everything is uncovered and laid bare before the eyes of him to whom we must give account.

12 하나님의 말씀이 살아 있어 활동하나니 양날 검보다도 더욱 예리하여, 골수와 관절 뿐 아니라 영(靈)과 혼(魂)을 쪼개며 찔러 들어가 그 마음의 뜻과 생각을 판단하느니라. 13 그리하여 이 피조물 세계의 그 어떤 것도 하나님의 시야에서 벗어나 숨을 수 없고 감추어질 수 없으니, 모든 만물이 하나님의 눈 앞에 벌거벗겨 지고 드러난 채로 놓여질 것이라, 바로 이 하나님 앞에서 우리가 각자의 결산을 드려야 하리라.

14 Therefore, since we have a great high priest who has gone through the heavens, Jesus the Son of God, let us hold firmly to the faith we profess.
15 For we do not have a high priest who is unable to sympathize with our weaknesses, but we have one who has been tempted in every way, just as we are--yet was without sin.

14 하늘로 올라가신 위대하신 한 대제사장이 우리에게 계시니 곧 하나님의 아들 예수시라, 우리가 가진

바 이 믿음을 우리가 더욱더 굳건히 붙들도록 하자. 15 우리에게 있는 이 대제사장은 우리의 연약함을 동정하지 못하실 이가 아니요, 우리처럼 모든 일에 있어 시험을 받은 이시로되, 죄는 없으신 분이니라.

16 Let us then approach the throne of grace with confidence, so that we may receive mercy and find grace to help us in our time of need.

16 그런즉, 우리가 은혜의 보좌 앞에 담대함을 가지고 나아갈지니, 이로써 우리가 하나님의 자비하심을 받고 필요한 때에 맞추어 우리를 도우시는 은혜를 얻게 되느니라.

제5장

1 Every high priest is selected from among men and is appointed to represent them in matters related to God, to offer gifts and sacrifices for sins. 2 He is able to deal gently with those who are ignorant and are going astray, since he himself is subject to weakness. 3 This is why he has to offer sacrifices for his own sins, as well as for the sins of the people.

1 모든 대제사장은 사람 가운데에서 선택되어 하나님을 섬기는 일에 있어 그들을 대표하도록 지명되었으니 그러므로 이와 같이 사람들의 죄에 대하여 예물과 희생 제사를 드리는 것이로다. 2 대제사장 그 자신이 연약한 사람 중 하나이므로, 무지하여 그릇 행하는 인간들을 (*인간적인) 온유함으로 대할 수 있으니 3 대제사장이 사람들의 죄에 대해서 제물을 바침은 물론, 자기 스스로의 죄를 위해서도 희생 제물을 드려야 하는 이유가 바로 여기에 있느니라.

4 No one takes this honor upon himself; he must be called by God, just as Aaron was.

4 그러나 이런 존귀한 직분을 아무도 스스로는 맡을 수가 없고; 아론이 그랬던 것처럼 반드시 하나님에 의해 부르심을 입은 자라야 하느니라.

5 So Christ also did not take upon himself the glory of becoming a high priest. But God said to him, "You are my Son; today I have become your Father."
6 And he says in another place, "You are a priest forever, in the order of Melchizedek."

5 그리스도 역시 이런 대제사장 되는 존귀를 스스로 취하신 것이 아니니, 하나님께서 그에게 이르시되, "너는 내 아들이라; 오늘 내가 네 아버지가 되었느니라." 하시고, 6 또 다른 곳에서는 말씀하시기를, "네가 영원한 제사장이니, 곧 멜기세덱의 순서를 따라 그러하니라" 하셨느니라.

7 During the days of Jesus' life on earth, he offered up prayers and petitions with loud cries and tears to the one who could save him from death, and he was heard because of his reverent submission. 8 Although he was a son, he learned obedience from what he suffered 9 and, once made perfect, he became the source of eternal salvation for all who obey him 10 and was designated by God to be high priest in the order of Melchizedek.

7 예수께서 이 땅에서 사시는 날 동안, 종종 큰 소리로 울부짖음과 눈물로써 기도를 올리셨으니, 곧 그를 죽음에서 건져내실 이에게 기도하신 것이라, 그 경건(敬虔)과 공경(恭敬)의 복종하심으로 말미암아 하나님께서 그의 기도를 들어주신 것이로다. 8 그가 비록 아들이시나 스스로 직접 겪은 고난을 통하여 순종함을 배웠고, 9 이로써 온전하게 되셨은즉, 그에게 복종하는 모든 사람들을 위해 영원한 구원의 근원(根源)이 되신지라. 10 하나님에 의해 멜기세덱의 순서를 좇는 대제사장으로 지명을 받았도다.

11 We have much to say about this, but it is hard to explain because you are
slow to learn. 12 In fact, though by this time you ought to be teachers, you
need someone to teach you the elementary truths of God's word all over
again. You need milk, not solid food! 13 Anyone who lives on milk, being still
an infant, is not acquainted with the teaching about righteousness. 14 But
solid food is for the mature, who by constant use have trained themselves to
distinguish good from evil.

11 이 일에 관하여 우리가 할 말이 많으나, 너희의 배움이 늦어 설명하기가 어렵도다. 12 실상 지금쯤은
너희가 모두 선생이 되어 있어야 마땅할 터인데 아직도 하나님의 말씀의 초보적인 진리를 모두 새로이
다시 배워야 할 처지라, 너희가 아직 젖을 필요로 하고 단단한 음식은 먹지도 못하고 있도다. 13 누구든
지 젖으로 사는 자는 아직 유아(乳兒)이니, '의'에 관한 가르침을 소화하여 익히지 못하느니라. 14 그러
나 단단한 음식은 장성한 사람을 위한 것이니, 이들은 꾸준히 이를 사용하여 자신을 훈련함으로써 이제
악으로부터 선을 구별해 낼 수 있게 되었느니라.

제6장

1 Therefore let us leave the elementary teachings about Christ and go on
to maturity, not laying again the foundation of repentance from acts that
lead to death, and of faith in God, 2 instruction about baptisms, the laying
on of hands, the resurrection of the dead, and eternal judgment. 3 And God
permitting, we will do so.

1 그러므로 이제 우리는 그리스도에 관한 초보적 가르침을 떠나 스스로 더욱더 깊고 성숙한 데로 나아
가야 할지니, 죽음에 이르는 행실에 대한 회개나, 하나님에 대한 믿음이나, 2 세례에 관한 지침이나, 손
을 얹어 안수하는 행위나, 죽음으로부터의 부활이나, 영원한 심판 등에 관한 이런 초보적인 기초를 또다
시 놓아야 하는 일이 이제는 없도록 하자. 3 하나님이 허락하시면 우리가 그리할 수 있으리라.

4 It is impossible for those who have once been enlightened, who have tasted
the heavenly gift, who have shared in the Holy Spirit, 5 who have tasted the
goodness of the word of God and the powers of the coming age, 6 if they
fall away, to be brought back to repentance, because to their loss they are
crucifying the Son of God all over again and subjecting him to public disgrace.

4 누구든 한 번, 빛 비추임을 받아 하늘로부터 온 은혜를 맛보아 알고, 성령 안에서 성령의 나누어 주심
을 받아, 5 하나님 말씀의 선하심과 장차 임할 세대에 있어 하나님의 능력이 어떠한지를 알게 된 연후에
6 도로 타락해 떨어져 나가면, 이 사람은 다시는 도로 회개에 이를 수 없나니, 이는 자신들의 상실(喪失)
가운데에서 하나님의 아들을 다시 십자가에 못 박아 그를 또 한 번 공공연히 모독한 까닭이라.

7 Land that drinks in the rain often falling on it and that produces a crop
useful to those for whom it is farmed receives the blessing of God. 8 But land
that produces thorns and thistles is worthless and is in danger of being cursed.
In the end it will be burned.

7 땅이 그 위에 내리는 비를 마시고 그 땅을 경작하는 사람에게 이로운 작물을 생산해 내면 하나님으로
부터 복을 받거니와, 8 그러나 어떤 땅이 쓸데없는 가시와 엉겅퀴만 내면 이 땅은 저주를 받고 결국에는
불사름을 당하게 되느니라.

9 Even though we speak like this, dear friends, we are confident of better

things in your case--things that accompany salvation.

9 그러나 사랑하는 친구들아, 우리가 비록 위와 같이 말은 하였으나, 너희의 경우에는 훨씬 더 좋은 것, 곧 구원(救援)에 동반(同伴)하는 그 무엇이 주어질 줄을 우리가 확신하노라.

10 God is not unjust; he will not forget your work and the love you have shown him as you have helped his people and continue to help them. 11 We want each of you to show this same diligence to the very end, in order to make your hope sure. 12 We do not want you to become lazy, but to imitate those who through faith and patience inherit what has been promised.

10 하나님께서 불공평(不公平)하신 것이 아니니라; 너희의 행실과 너희가 보여준 사랑, 곧 너희가 하나님의 사람들을 도운 것과 지금도 그리하고 있는 것을 하나님께서 잊지 아니하실 것이매, 11 너희는 이런 근면함을 시종 끝까지 견지하여 너희의 소망을 더욱 확실히 만들기를 우리가 원하노라. 12 그러므로 게을러지지 말고 열심을 내어 믿음과 인내로써, 약속된 바를 상속받은 저 믿음의 사람들을 본받아 살지어다.

13 When God made his promise to Abraham, since there was no one greater for him to swear by, he swore by himself, 14 saying, "I will surely bless you and give you many descendants." 15 And so after waiting patiently, Abraham received what was promised.

13 하나님께서 자신의 약속을 아브라함에게 주실 때에, 가리켜 맹세할 더 높은 이가 없으므로 스스로를 향해 맹세하심으로 14 이르시되, "내가 정녕코 너에게 복을 주고, 또 너에게 수 많은 후손이 있게 하리라." 하셨으니 15 아브라함이 그 후에 오래 참고 기다림으로 마침내 그 약속된 것을 받았도다.

16 Men swear by someone greater than themselves, and the oath confirms what is said and puts an end to all argument. 17 Because God wanted to make the unchanging nature of his purpose very clear to the heirs of what was promised, he confirmed it with an oath.

16 사람이 맹세를 할 때에는 자신보다 더 큰 누군가를 가리켜 맹세를 하게 되나니, 맹세는 그 논쟁에 종결을 가져오는 것이요, 말로 하던 것을 최종적으로 확정하는 것이로다. 17 하나님께서 자신의 목적하는 바의 변하지 않는 본성을 이 약속을 이어받을 상속자에게 확실히 보여주기 위하여 이를 곧, 맹세로 확증하셨느니라.

18 God did this so that, by two unchangeable things in which it is impossible for God to lie, we who have fled to take hold of the hope offered to us may be greatly encouraged.

18 하나님께서 두 가지 결코 변개(變改)할 수 없는 것들 곧, 하나님께서 스스로 거짓말을 할 수 없는 것들을 통해, 이렇게 (*맹세로써) 다짐하신 이유는 우리들 즉, 우리에게 주어진 그 소망을 굳건히 붙들기 위해 (*멸망으로부터) 피신해 나온 우리들이 크게 (*권면을 받고) 격려를 받게 하기 위함이니라.

19 We have this hope as an anchor for the soul, firm and secure. It enters the inner sanctuary behind the curtain, 20 where Jesus, who went before us, has entered on our behalf. He has become a high priest forever, in the order of Melchizedek.

19 우리가 이 소망을 우리의 영혼의 닻과 같이 굳건히, 그리고 확실히 가지고 있나니 이 소망으로 인하여 우리가 이제 휘장 뒤에 있는 성소(聖所)로 들어갈 수 있음이로다. 20 이 성소는 예수께서 우리에 앞서, 그리고 우리를 위해서 들어가신 곳이니, 그가 멜기세덱의 순서를 따라 영원한 대제사장이 되셨도다.

제7장

1 This Melchizedek was king of Salem and priest of God Most High. He met
Abraham returning from the defeat of the kings and blessed him, 2 and
Abraham gave him a tenth of everything. First, his name means "king of
righteousness"; then also, "king of Salem" means "king of peace." 3 Without
father or mother, without genealogy, without beginning of days or end of life,
like the Son of God he remains a priest forever. 4 Just think how great he was:
Even the patriarch Abraham gave him a tenth of the plunder!

1 이 멜기세덱은 살렘 왕이며 지극히 높은 하나님의 제사장이었더라. 그가 왕들을 쳐부수고 돌아오는
아브라함을 만나 축복하였으니, 2 아브라함이 그에게 모든 것의 십 분의 일을 주었느니라. 먼저 그 이름
이 뜻하는 바는 "의(義)의 왕" 이요 그리고 또 "살렘 왕"이니, "평강의 왕" 이란 뜻이니라. 3 그가 아버지
도 없고 어머니도 없고, 족보도 없고, 시작한 날도 없고 생명이 끝난 날도 없어, 하나님의 아들처럼 영원
히 제사장으로 남아 있도다. 4 생각해 보라, 그가 얼마나 높고 위대한 인물인지: 우리 조상 아브라함조
차도 그 모든 노획물의 십 분의 일을 그에게 바쳤었도다!

5 Now the law requires the descendants of Levi who become priests to collect
a tenth from the people--that is, their brothers--even though their brothers
are descended from Abraham.

5 율법은 제사장 된 레위의 후손들이 사람들–곧 그들 형제들–로부터 십 분의 일을 취하도록 요구하나
니, 이들 형제들 역시 아브라함의 후손(後孫)이 됨에도 불구하고 그러하도다.

6 This man, however, did not trace his descent from Levi, yet he collected a
tenth from Abraham and blessed him who had the promises. 7 And without
doubt the lesser person is blessed by the greater.

6 그러나 이 멜기세덱은 레위로부터 그 혈통을 찾아볼 수가 없는데도 불구하고, 아브라함으로부터 십의
일을 취하고, 하나님의 약속을 받은 그를 도리어 축복하였으니 7 의심할 바 없이, 낮은 사람이 더 높은
사람으로부터 축복을 받는 것이니라.

8 In the one case, the tenth is collected by men who die; but in the other case,
by him who is declared to be living.

8 한 경우에는, (*유한한) 죽을 생명을 가진 자 (*레위 지파 제사장)에 의해 십 분의 일이 거두어졌고, 다
른 한 경우에는 영원히 살아 있다고 선포된 이 (*멜기세덱)에 의해 십 분의 일이 취해졌도다.

9 One might even say that Levi, who collects the tenth, paid the tenth through
Abraham, 10 because when Melchizedek met Abraham, Levi was still in the
body of his ancestor.

9 그러면 혹 어떤 사람은 이렇게도 말할 수 있으리라. 십 분의 일을 거두는 레위 역시 아브라함을 통하
여 (*멜기세덱에게) 십 분의 일을 바쳤었노라고. 10 왜냐하면 멜기세덱이 아브라함을 만났을 때, 그 조
상 아브라함의 몸속에 (*그 후손) 레위가 이미 들어 있었던 것과 마찬가지이기 때문이니라.

11 If perfection could have been attained through the Levitical priesthood (for
on the basis of it the law was given to the people), why was there still need for
another priest to come--one in the order of Melchizedek, not in the order of
Aaron? 12 For when there is a change of the priesthood, there must also be a
change of the law.

11 만일 레위지파의 제사장직을 맡음에 의하여 온전하게 됨이 얻어질 수 있었다면 (바로 이런 이유로
율법이 백성에게 주어진 것이니) 어찌하여 또 다른 제사장, 곧 아론의 서열이 아니라 멜기세덱의 순서를

좇는 다른 제사장이 필요하겠느냐? 12 그러나 제사장 직분(職分)에 변화가 있었은즉, 율법도 그에 따라 변해야 하는 것이니라.

13 He of whom these things are said belonged to a different tribe, and no one from that tribe has ever served at the altar. 14 For it is clear that our Lord descended from Judah, and in regard to that tribe Moses said nothing about priests.

13 이런 것들에 관해 말씀으로 언급되어 오신 이, 즉 그리스도께서는 다른 지파에 속해 있으니, 이 지파에는 제단에서 섬기는 직분을 맡은 이가 하나도 없도다. 14 곧, 우리 주 예수께서는 유다 지파로부터 혈통을 받으신 것이 분명하니, 유다 지파가 제사장이 되는 일에 관해서는 모세가 언급한 적이 한 번도 없느니라.

15 And what we have said is even more clear if another priest like Melchizedek appears, 16 one who has become a priest not on the basis of a regulation as to his ancestry but on the basis of the power of an indestructible life. 17 For it is declared: "You are a priest forever, in the order of Melchizedek."

15 그러므로 멜기세덱을 닮은 한 제사장이 이제 우리에게 나타난다면 우리가 지금껏 얘기해 온 것들이 더욱 분명해질 것이니, 16 이 새로운 제사장은 율법이 정한대로 그의 선조들로 말미암아 제사장이 되신 것이 아니요, 불멸의 생명의 법에 따라 된 제사장인 까닭이니라. 17 곧 이와 같이 선포되기를, "네가 영원한 제사장이니 멜기세덱의 순서를 좇은 제사장이니라." 하심과 같도다.

18 The former regulation is set aside because it was weak and useless 19 (for the law made nothing perfect), and a better hope is introduced, by which we draw near to God.

18 종전의 계명은 연약하고 무익하므로 치워진 바 되고, 19 (율법은 아무것도 완전하게 만들지 못하기 때문이라), 대신 훨씬 더 좋은 소망이 우리에게 소개되었으매, 이 새 소망에 의해 우리가 하나님 앞에 나아가는 것이니라.

20 And it was not without an oath! Others became priests without any oath, 21 but he became a priest with an oath when God said to him: "The Lord has sworn and will not change his mind: 'You are a priest forever.' " 22 Because of this oath, Jesus has become the guarantee of a better covenant.

20 한편, 이 모든 일이 맹세 없이 된 일이 전혀 아니로다! 다른 (*레위의) 모든 제사장은 맹세라는 절차 없이 제사장이 되었으나 21 예수께서는 맹세를 통하여 제사장이 되셨으니 곧 하나님이 그에게 말씀하시되: "나 하나님이 맹세하여 내 마음이 변치 않으리니: '네가 영원한 제사장이니라.'" 하셨음이로다. 22 바로 이 맹세로 인하여, 예수께서는 훨씬 더 좋은 새 언약의 보증(保證)이 되셨느니라.

23 Now there have been many of those priests, since death prevented them from continuing in office; 24 but because Jesus lives forever, he has a permanent priesthood. 25 Therefore he is able to save completely those who come to God through him, because he always lives to intercede for them.

23 지금껏 우리에게 무수히 많은 제사장들이 있었던 것은 곧 육신의 죽음으로 제사장들이 그 직무를 끝까지 계속할 수가 없었던 까닭이라; 24 그러나 예수께서는 영원히 살아 계시므로, 그가 영원한 제사장 직분을 갖게 되셨느니라. 25 그러므로 이 예수는 자신을 통하여 하나님께 나아오는 이들을 온전히 구원할 수가 있나니, 이는 그가 영원히 살아계심으로, 언제든 사람들을 위해 탄원하실 수 있는 까닭이니라.

26 Such a high priest meets our need--one who is holy, blameless, pure, set apart from sinners, exalted above the heavens. 27 Unlike the other high

priests, he does not need to offer sacrifices day after day, first for his own sins, and then for the sins of the people. He sacrificed for their sins once for all when he offered himself. 28 For the law appoints as high priests men who are weak; but the oath, which came after the law, appointed the Son, who has been made perfect forever.

26 바로 이런 대제사장이 우리에게 꼭 필요한 제사장이니 거룩하시며, 흠이 없으시며, 순결하시며, 죄인들로부터 따로 떨어져 하늘 위에 높이 올려지신 분이로다. 27 다른 대제사장들과는 달리 그는 먼저 그 자신의 죄를 위해, 그리고 사람들의 죄를 위해 매일 같은 희생 제사를 드릴 필요가 없으니, 이는 그가 그들의 죄를 위해 자신을 희생물로 바치셨을 때에, 단번에 모두를 이루는 그런 죽음을 하셨던 까닭이니라. 28 율법은 연약한 인간을 대제사장으로 지명하는 것이나; 그러나 율법 다음에 온 맹세(盟誓)는 '그 아들'을 지명하셨으니 곧 영원히 완전하게 되신 분이로다.

제8장

1 The point of what we are saying is this: We do have such a high priest, who sat down at the right hand of the throne of the Majesty in heaven, 2 and who serves in the sanctuary, the true tabernacle set up by the Lord, not by man.

1 우리가 얘기하고자 하는 요점은 이것이라: 우리에게 이런 대제사장이 한 분 계시니, 곧 하늘에 계신 전능자의 보좌 오른편에 앉아 계신 분이라 하는 것이라. 2 그가 성전에서 섬기시니 이 성전은 사람 손으로 지은 것이 아니요, 우리 주께서 지으신 하늘에 있는 참 장막이로다.

3 Every high priest is appointed to offer both gifts and sacrifices, and so it was necessary for this one also to have something to offer. 4 If he were on earth, he would not be a priest, for there are already men who offer the gifts prescribed by the law.

3 모든 대제사장들은 예물과 희생을 올려 드리기 위해 지명되는 것이요, 그런고로 대제사장 역시 자신을 위해 뭔가 스스로 제물을 드릴 필요가 있느니라. 4 그러나 만약 그리스도께서 지상(地上)에 계셨더라면 대제사장이 되지는 않으셨을 것이니 왜냐하면 율법이 명한 대로, 제물을 올려드리는 사람이 이미 존재하고 있었기 때문이니라.

5 They serve at a sanctuary that is a copy and shadow of what is in heaven. This is why Moses was warned when he was about to build the tabernacle: "See to it that you make everything according to the pattern shown you on the mountain."

5 그들 대제사장들이 성막에서 섬기나, 그러나 이 성막은 하늘에 있는 것의 그림자요, 모조품이더라. 바로 이것이 모세가 성막(聖幕)을 지을 때에 경고를 받았던 이유라: "산에서 너에게 보인 그 모양에 따라 모든 것을 똑같이 만들도록 주의하라." 말씀하셨음이로다.

6 But the ministry Jesus has received is as superior to theirs as the covenant of which he is mediator is superior to the old one, and it is founded on better promises. 7 For if there had been nothing wrong with that first covenant, no place would have been sought for another.

6 예수께서 받은 직분이 그들 (*율법의 제사장들)보다 훨씬 뛰어나신 것은 그가 중보자가 되신 새 언약이 예전의 것보다 훨씬 뛰어난 것과 같으니, 이 새 언약은 훨씬 더 좋은 약속 위에 터를 잡아 세워진 것

이니라. 7 만약 그 첫 언약에 아무런 흠이 없었더라면, 굳이 다른 새 언약을 찾아야 할 일이 없었을 것이로다.

8 But God found fault with the people and said: “The time is coming, declares the Lord, when I will make a new covenant with the house of Israel and with the house of Judah. 9 It will not be like the covenant I made with their forefathers when I took them by the hand to lead them out of Egypt, because they did not remain faithful to my covenant, and I turned away from them, declares the Lord. 10 This is the covenant I will make with the house of Israel after that time, declares the Lord. I will put my laws in their minds and write them on their hearts. I will be their God, and they will be my people.

8 그러나 하나님께서 사람들의 그릇 행함을 보시고 말씀하시되, “나 하나님이 선포하노라. 때가 오리니, 내가 이스라엘의 집과 유다의 집과 더불어 새 언약을 만들 때가 오리라. 9 이 언약은, 내가 그들의 조상을 애굽으로부터 손잡아 데리고 나오던 때에 그들과 맺은 언약과 같지 아니하리니, 내가 선포하기를, 그들이 이 언약(言約)에 신실하게 매여있지 않았던 까닭이라, 그리하여 내가 그들로부터 돌이켜 그들을 멀리하게 되었다 하였도다. 10 이것이 내가 그 때 이후로 이스라엘의 집과 맺을 새 언약이로다. 곧, 내가 나의 법을 그들의 마음속에 두겠고 그들의 마음 판에 글로 쓸 것이라. 나는 그들의 하나님이 되고 그들은 나의 백성이 되리라.” 하셨느니라.

11 No longer will a man teach his neighbor, or a man his brother, saying, ‘Know the Lord,’ because they will all know me, from the least of them to the greatest. 12 For I will forgive their wickedness and will remember their sins no more.”

11 또 말씀하시기를, “다시는 사람들이 그 이웃에게나 그 형제에게 가르쳐 말하기를, ‘너의 하나님을 알라’ 하지 않으리니, 그들 모두가 나를 진즉 알고 있기 때문이라, 가장 작은 자로부터 큰 인물에 이르기까지 모두가 빠짐없이 그러하리라. 12 내가 그들의 죄악을 용서하고 다시는 그들의 죄를 기억하지 아니하리라.” 이같이 말씀하셨느니라.

13 By calling this covenant “new,” he has made the first one obsolete; and what is obsolete and aging will soon disappear.

13 이 언약을 부르시기를 “새 언약” 이라 하셨으니, 이는 하나님께서 첫 언약을 쓸모없게 하심이라, 쓸모없게 된 것은 쉬이 낡아서 곧 사라지게 되는 법이니라.

제9장

1 Now the first covenant had regulations for worship and also an earthly sanctuary.

1 그러나, 그 첫 언약 역시 예배에 대한 규례(規例)뿐만 아니라 또한 이 땅 위에 있는 성전도 가지고 있었느니라.

2 A tabernacle was set up. In its first room were the lampstand, the table and the consecrated bread; this was called the Holy Place. 3 Be-hind the second curtain was a room called the Most Holy Place, 4 which had the golden altar of incense and the gold-covered ark of the covenant. This ark contained the gold jar of manna, Aaron’s staff that had budded, and the stone tablets of the

covenant. 5 Above the ark were the cherubim of the Glory, overshadowing the atonement cover. But we cannot discuss these things in detail now.

2 성막이 세워졌으매, 그 첫 번째 방에 등잔대가 있고, 거룩히 구별된 떡과 이 떡을 놓는 상이 있었으니; 이는 '거룩한 곳', 곧 성소(聖所)라 부르는 곳이니라. 3 두 번째 휘장 뒤에 '지극히 거룩한 곳' 곧 지성소(至聖所)가 있으니 4 그 안에는 향을 사르는 금 제단과 금으로 싼 언약궤(言約櫃)가 있었고 이 언약궤에는 만나를 담은 금 항아리와 아론의 싹 돋아난 지팡이와 또, 언약이 새겨진 돌판이 함께 들어 있었느니라. 5 그 궤(櫃) 위에는 영광의 세루빔 즉, 그룹들이 있어 속죄의 덮개 곧 속죄소(贖罪所)를 덮고 있었도다. 그러나 지금은 우리가 이 모든 것을 그렇게 세밀한 데까지는 얘기할 수 없노라.

6 When everything had been arranged like this, the priests entered regularly into the outer room to carry on their ministry. 7 But only the high priest entered the inner room, and that only once a year, and never without blood, which he offered for himself and for the sins the people had committed in ignorance.

6 그 모든 것이 이와 같이 준비되었으므로, 제사장들이 주기적으로 그 바깥쪽 방, 곧 성소에 들어가서 그 맡은 바 직무를 수행하게 되었느니라. 7 그러나 그 안쪽 방, 지성소는 대제사장 한 사람이 오직 일 년에 꼭 한번 들어갈 수 있었으니, 그것도 피 없이는 결코 들어갈 수가 없었던 곳이라. 그 피는 대제사장 자신의 죄와 백성들이 무지함으로 저지른 죄들을 위해 대제사장이 바치는 희생물의 피니라.

8 The Holy Spirit was showing by this that the way into the Most Holy Place had not yet been disclosed as long as the first tabernacle was still standing.

8 거룩한 성령께서 이와 같은 예배 행위를 통하여 우리에게 보여주시고자 하는 바는 곧 첫 번째 성막이 서 있는 한, 지극히 거룩한 곳, 지성소에 들어가는 길이 아직도 우리에게 열려 있지 않았다 하는 것이니라.

9 This is an illustration for the present time, indicating that the gifts and sacrifices being offered were not able to clear the conscience of the worshiper.
10 They are only a matter of food and drink and various ceremonial washings--external regulations applying until the time of the new order.

9 이것은 지금 현재의 시대(時代)를 위해 예(例)로써 보여주신 것이니, 곧 성막에서 제사로 드려지는 희생 제물이 그 제물로 예배하는 이의 양심을 깨끗게 하지 못한다는 사실을 깨우쳐 지적하는 것이라. 10
이것들은 단지 먹는 음식과 마시는 음료와 그리고 여러 가지 씻는 의식(儀式) 즉, 정결 행위에 관련된 것들이니, 새로운 질서가 올 때까지만 적용된 외적인 규례(規例)들에 불과하니라.

11 When Christ came as high priest of the good things that are already here, he went through the greater and more perfect tabernacle that is not man-made, that is to say, not a part of this creation. 12 He did not enter by means of the blood of goats and calves; but he entered the Most Holy Place once for all by his own blood, having obtained eternal redemption.

11 그리스도께서, 지금 여기에 이미 와 있는 선(善)한 것들의 대제사장으로 오셨을 때에, 그가 더욱 귀하고 더욱 완벽한 성막, 곧 사람의 손으로 지어지지 아니한 성막으로 올라가셨으니, 이 성막(聖幕)은 우리 피조 세계에 속한 것이 아니로다. 12 그가 이 성막에 들어가신 것이 염소나 송아지의 피를 통해 된 것이 아니니, 그가 자신의 피로써 영원한 구속(救贖)을 이룸으로써, 단번에 지성소로 들어가시게 되었느니라.

13 The blood of goats and bulls and the ashes of a heifer sprinkled on those who are ceremonially unclean sanctify them so that they are outwardly clean.
14 How much more, then, will the blood of Christ, who through the eternal

Spirit offered himself unblemished to God, cleanse our consciences from acts that lead to death, so that we may serve the living God!

13 정결하지 못한 자들의 육신 위에 제사 의식(儀式)으로 뿌려진 염소나 황소나 암소의 피가 그들을 거룩하게 만들어 그들이 외적으로 정결케 된다면, 14 영원하신 성령을 통하여 그 자신을 하나님께 희생제물로 드리신, 흠 없으신 그리스도의 피를 말미암아서는 얼마나 더 우리의 양심을 깨끗하게 만들고 우리를 죽음으로부터 건져내어, 우리로 하여금 살아 계신 하나님을 더 잘 섬기게 하겠느냐?

15 For this reason Christ is the mediator of a new covenant, that those who are called may receive the promised eternal inheritance--now that he has died as a ransom to set them free from the sins committed under the first covenant.

15 이런 이유로 그리스도께서 새 언약의 중보자가 되셨으니, 이는 (*하나님의) 부르심을 입은 자들로 하여금 예전에 약속된 영원한 유산을 받게 하기 위함이라. 곧 예수께서는 그들을 옛 언약 아래에서 지은 죄들로부터 해방하고 자유롭게 하시기 위해 자신을 몸값으로 내놓아 죽으신 것이로다.

16 In the case of a will, it is necessary to prove the death of the one who
made it, 17 because a will is in force only when somebody has died; it never
takes effect while the one who made it is living. 18 This is why even the first
covenant was not put into effect without blood.

16 유언은 그 유언을 작성한 사람이 이미 죽었음을 증명해야 할 필요가 있으니, 17 그 사람이 죽었을 경
우에만 유언이 효력이 있기 때문이라; 유언을 만든 사람이 아직 살아 있다면 그 유언은 효력을 갖지 못
하느니라. 18 바로 이런 이유로, 피를 말미암지 않고서는 첫 언약이 효력이 없었던 것이니라.

19 When Moses had proclaimed every commandment of the law to all the
people, he took the blood of calves, together with water, scarlet wool and
branches of hyssop, and sprinkled the scroll and all the people. 20 He said,
"This is the blood of the covenant, which God has commanded you to keep."
21 In the same way, he sprinkled with the blood both the tabernacle and
everything used in its ceremonies. 22 In fact, the law requires that nearly
everything be cleansed with blood, and without the shedding of blood there is
no forgiveness.

19 모세가 율법의 계명을 백성들에게 모두 선포한 연후에, 송아지의 피와 물과, 붉은 양털과 우슬초 가
지를 취하여 두루마리 책과 모든 백성 위에 피를 뿌리며 20 말하되, "이것은 언약의 피니, 하나님께서
너희더러 지키라고 명하신 것이니라." 말하였느니라. 21 같은 방법으로 모세가 성막과, 성막 안에서 제
사 의식에 사용되는 모든 기물들 위에도 피를 뿌렸으니 22 실상, 율법이 요구하는 바는 거의 모든 것이
피로 말미암아 정결케 되는 것이라. 피 흘림이 없다면, 죄 사함도 없느니라.

23 It was necessary, then, for the copies of the heavenly things to be purified with these sacrifices, but the heavenly things themselves with better sacrifices than these.

23 하늘에 속한 것의 모조품의 경우에는 이런 희생물을 통하여 정결케 하는 것이 필요하였으나, 그러나 진정 하늘에 속한 것들은 이런 것보다 훨씬 더 뛰어난 희생으로 이루어졌음이로다.

24 For Christ did not enter a man-made sanctuary that was only a copy of the
true one; he entered heaven itself, now to appear for us in God's presence. 25
Nor did he enter heaven to offer himself again and again, the way the high
priest enters the Most Holy Place every year with blood that is not his own.
26 Then Christ would have had to suffer many times since the creation of the
world. But now he has appeared once for all at the end of the ages to do away

with sin by the sacrifice of himself.

24 그리스도께서 사람이 지은 성막 곧, 참 성전의 모조품에 들어가신 것이 아니고; 하늘로 바로 올라가셨으니, 이제 그가 하나님의 존전(尊前)에 나타나 계시느니라. 25 그가 하늘로 들어가실 때에, 대제사장들이 지성소에 들어갈 때마다 다른 피, 곧 자신의 피가 아닌 동물의 피를 드리고 들어가는 것처럼, 그 자신을 거듭거듭 반복해서 희생으로 드림으로 올라가신 것이 아니니라. 26 만약 그렇다면, 이 세상의 창조 이후 지금껏 그리스도께서 여러 번을 거듭하여 고난받으셔야 했을 것이라. 그러나 자신을 희생물로 드림으로 세상의 모든 죄를 다 없이 하기 위하여 그리스도께서 이 말세의 때에, '단 한 번' 나타나셨느니라.

27 Just as man is destined to die once, and after that to face judgment, 28 so Christ was sacrificed once to take away the sins of many people; and he will appear a second time, not to bear sin, but to bring salvation to those who are waiting for him.

27 정해진 대로, 사람이 한 번 죽어 그 이후에 심판을 받는 것과 같이, 28 그리스도 역시 단 한 번 희생을 하심으로 많은 사람의 죄를 없이 하셨고; 이제 두 번째로 나타나시리니, 이는 또다시 죄를 담당하려 오심이 아니요, 그리스도를 기다리는 모든 이에게 구원을 가져다 주시기 위함이니라.

제10장

1 The law is only a shadow of the good things that are coming--not the realities themselves. For this reason it can never, by the same sacrifices repeated endlessly year after year, make perfect those who draw near to worship. 2 If it could, would they not have stopped being offered? For the worshipers would have been cleansed once for all, and would no longer have felt guilty for their sins.

1 율법은 장차 올 선한 것의 그림자일 뿐이요, 실재(實在) 자체가 아니니 이런 이유로, 율법이 매년 반복해서 드리는 똑같은 희생 제사로는 그 예배 드리는 자를 결코 완전하게 만들지 못하느니라. 2 만약 율법이 그렇게 할 수 있었더라면, 진작 그 제물 드리는 것을 멈추지 않았겠느냐? 만약 예배드리는 자가 (*율법의 규정에 의하여) 단번에 완전히, 정결하게 되는 것이 사실이라면, 그들 자신의 죄에 대해서 다시는 죄의식을 느끼는 일이 없었으리라.

3 But those sacrifices are an annual reminder of sins, 4 because it is impossible for the blood of bulls and goats to take away sins.

3 그러나 그런 희생 제사는 매년 같은 죄를 다시 생각나게 할 뿐이니, 4 황소나 염소의 피가 우리의 죄를 없애는 것이 불가능한 까닭이니라.

5 Therefore, when Christ came into the world, he said: "Sacrifice and offering you did not desire, but a body you prepared for me; 6 with burnt offerings and sin offerings you were not pleased. 7 Then I said, 'Here I am--it is written about me in the scroll-- I have come to do your will, O God.' "

5 그러므로, 그리스도께서 이 세상에 와 계셨을 때에 이런 말씀을 하셨으니: "희생과 예물로 드리는 제사를 하나님이 원치 않으시고, 하나님께서 다른 한 몸을 나를 위해 예비하셨음이로다; 6 번제(燔祭)나 속죄제(贖罪祭)를 하나님이 기뻐하지 않으시나니 7 그리하여 내가 말하기를, '여기, 제가 있나이다—저에 관해 두루마리 경전에 기록된 것과 같이—하나님이여, 제가 당신의 뜻을 행하려 왔나이다.'" 이같이

말씀하셨느니라.

8 First he said, "Sacrifices and offerings, burnt offerings and sin offerings you
did not desire, nor were you pleased with them" (although the law required
them to be made). 9 Then he said, "Here I am, I have come to do your will."
He sets aside the first to establish the second. 10 And by that will, we have
been made holy through the sacrifice of the body of Jesus Christ once for all.

8 먼저 그가 말씀하시길, "희생과 예물, 그리고 번제와 속죄제를 하나님이 원치 않으시고, 이를 기뻐하
시지도 않으시니라" (율법이 이런 것들을 명하고 있음에도 불구하고) 하셨으며, 9 또 말씀하시되, "여기
제가 있나이다. 제가 하나님의 뜻을 행하려 왔나이다." 하셨으니, 이는 곧, 두 번째 것을 세우시기 위해
첫 번째 것 (*첫 언약)을 옆으로 치워 버리셨음이로다. 10 그리하여 그의 뜻을 따라, 우리가 예수 그리스
도의 육신의 희생을 통하여 단번에 온전히 거룩하게 되었느니라.

11 Day after day every priest stands and performs his religious duties; again
and again he offers the same sacrifices, which can never take away sins. 12
But when this priest had offered for all time one sacrifice for sins, he sat down
at the right hand of God.

11 매일 모든 제사장들이 서서 율법적 의무를 수행하며; 꼭같은 희생을 매번 거듭해서 드리나, 이 같은
제사로는 세상의 죄를 없이 할 수 없음이라. 12 그러나 이제 다른 한 제사장은 모든 역사를 통틀어 단 하
나의 희생을 죄를 위해 드리고, 하나님의 오른편에 앉으셨도다.

13 Since that time he waits for his enemies to be made his footstool, 14
because by one sacrifice he has made perfect forever those who are being
made holy.

13 그 때 이후로 지금까지 그가 자신의 원수들이 (*하나님이 예정하신 대로) 자신의 발 받침대 되기를
기다리고 계시니, 14 그 단 한 번의 희생으로, 장차 하나님으로부터 거룩하다 칭함을 받을 우리 모두를
영원히 온전하게 만드셨음이로다.

15 The Holy Spirit also testifies to us about this. First he says: 16 "This is the
covenant I will make with them after that time, says the Lord. I will put my
laws in their hearts, and I will write them on their minds." 17 Then he adds:
"Their sins and lawless acts I will remember no more." 18 And where these
have been forgiven, there is no longer any sacrifice for sin.

15 거룩한 성령께서도 같은 것을 증언하고 계시나니, 먼저 성령이 말씀하시기를: 16 "이것이 내가 그
때 그 시간 이후로, 그들과 맺을 새 언약이라, 내가 나의 법을 그들의 마음에다 두겠고, 내가 그들의 마
음 판에다 글로 쓰리라." 하셨도다. 17 또 거기에 덧붙여 말씀하시기를, "그들의 죄와 불법한 행위를 내
가 다시는 기억도 하지 않으리라" 하셨으니 18 죄가 사하여진 곳에, 죄를 위한 희생도 더 이상 필요가
없어진 것이니라.

19 Therefore, brothers, since we have confidence to enter the Most Holy Place
by the blood of Jesus, 20 by a new and living way opened for us through the
curtain, that is, his body,

19 그러므로 형제들아, 이제 우리가 이 지극히 거룩한 곳, 지성소(至聖所)에 들어갈 담력을 얻었나니,
이는 예수의 피와 20 또 우리를 위해 열린 새롭고 살아 있는 길, 즉 휘장을 통하여 난 길에 의함이라, 이
휘장은 곧 예수의 육신이니라.

21 and since we have a great priest over the house of God, 22 let us draw
near to God with a sincere heart in full assurance of faith, having our hearts

sprinkled to cleanse us from a guilty conscience and having our bodies washed
with pure water.

21 또한 우리가 하나님의 집을 총괄하는 위대한 한 대제사장을 모시고 있으니 22 우리가 믿음의 충만
한 확신으로, 그리고 신실한 마음을 가지고, 우리의 마음은 피 뿌림을 받아 우리의 죄 된 양심으로부터
정결케 되고 우리의 몸은 또 지극히 깨끗한 물로 씻음으로 이제 담대히, 하나님께로 가까이 나아가자.

23 Let us hold unswervingly to the hope we profess, for he who promised is
faithful.

23 우리에게 약속하신 이는 신실(信實)하신 분이시니, 우리가 가진 이 소망을 굳건히 붙들어 흔들리게
하지 말자.

24 And let us consider how we may spur one another on toward love and good
deeds. 25 Let us not give up meeting together, as some are in the habit of
doing, but let us encourage one another--and all the more as you see the Day
approaching.

24 사랑과 선한 행실을 통해, 어떻게 서로를 격려할지를 늘 염두에 두어 행하고, 25 어떤 사람들의 습
관대로, 서로 모이기를 폐하지 말고, 오직 서로를 권면할지니, 하나님의 '그날'이 가까이 다가올수록 더
욱 그리할지어다.

26 If we deliberately keep on sinning after we have received the knowledge
of the truth, no sacrifice for sins is left, 27 but only a fearful expectation of
judgment and of raging fire that will consume the enemies of God.

26 우리가 진리에 관한 지식을 받은 이후에도, 계속해서 고의로 죄를 짓는다면, 이런 죄에 대해서는 다
시 속죄하는 희생 제사가 없고, 27 오직 심판에 대한 두려운 기대와 하나님의 대적을 불태우는 맹렬한
화염밖에 남을 것이 없느니라.

28 Anyone who rejected the law of Moses died without mercy on the testimony
of two or three witnesses. 29 How much more severely do you think a man
deserves to be punished who has trampled the Son of God under foot, who has
treated as an unholy thing the blood of the covenant that sanctified him, and
who has insulted the Spirit of grace?

28 모세의 율법을 거부한 자들도 고작 두세 사람의 증언으로 말미암아 자비하심을 얻지 못하고 죽었을
진대, 29 하물며 하나님의 아들을 그 발아래에 짓밟은 자, 곧 자신을 거룩하게 만든 언약의 피를 부정한
것으로 취급하고, 은혜의 성령을 모독한 자들이 받을 징벌은 얼마나 더 끔찍하고 무거울 것이라고 생각
하느냐?

30 For we know him who said, "It is mine to avenge; I will repay," and again,
"The Lord will judge his people." 31 It is a dreadful thing to fall into the hands
of the living God.

30 우리가 알거니와 하나님께서 이르시되, "원수 갚는 것이 내게 속하였나니, 내가 갚아 주리라," 말씀
하셨으며, 또 "하나님께서 그의 백성들을 심판하시리라." 하셨느니라. 31 살아 계신 하나님의 손안에
떨어지는 것이 실로 두렵고 떨리는 일이로다.

32 Remember those earlier days after you had received the light, when you
stood your ground in a great contest in the face of suffering. 33 Sometimes
you were publicly exposed to insult and persecution; at other times you stood
side by side with those who were so treated. 34 You sympathized with those
in prison and joyfully accepted the confiscation of your property, because you

knew that you yourselves had better and lasting possessions.

32 너희가 빛을 받은 직후에, 곧 너희가 환난 아래에서 크게 시험을 받으며 견디던 그 때를 상기(想起)
하여 보라. 33 어느 때에는 너희가 공공연한 모욕을 겪으며 박해를 당하였으며, 또 다른 때에는 그런 부
당한 취급을 받는 사람과 함께 나란히 서기도 하였으며, 34 이런 일로 감옥에 갇힌 자를 너희가 공감하
여 이를 측은히 여기고, 심지어 너희의 재산을 몰수 당함도 기쁘게 받아들였으니, 이는 너희가 훨씬 더
좋은, 영원한 소유를 가질 것을 알았기 때문이니라.

35 So do not throw away your confidence; it will be richly rewarded. 36 You
need to persevere so that when you have done the will of God, you will receive
what he has promised.

35 그러므로 너희의 이런 확신을 저버리지 말라; 너희가 반드시 후한 상급으로 보상(報償)을 받으리라.
36 그러나 먼저 너희가 모든 것에 일체 인내(忍耐)를 보여야 할지니, 이는 하나님의 뜻을 행하고 난 다
음에 그가 약속하신 바를 받기 위함이니라.

37 For in just a very little while, “He who is coming will come and will not
delay. 38 But my righteous one will live by faith. And if he shrinks back, I will
not be pleased with him.” 39 But we are not of those who shrink back and are
destroyed, but of those who believe and are saved.

37 이제 잠깐 후에, “오실 그 이가 오시리니 지체하지 않으시리라. 38 그러나 나의 의인은 믿음으로 말
미암아 살 것이라, 만일 움츠려 뒤로 물러나는 사람이 있다면 내가 그를 기뻐하지 않으리라.” 하는 말씀
이 있느니라. 39 그러나 우리는 움츠러들고 뒤로 물러가서 멸망 당할 사람들이 아니요, ‘믿는 사람’ 들
이요, 또 이 믿음으로 구원을 받을 자들이니라.

제11장

1 Now faith is being sure of what we hope for and certain of what we do not
see. 2 This is what the ancients were commended for.

1 믿음은 우리가 바라는 바, 소망을 확실하게 하는 것이요, 우리가 보지 못하는 것들을 분명하게 하는
것이라. 2 이것이 바로 우리의 선조들이 (*하나님께) 칭찬받은 대목이니라.

3 By faith we understand that the universe was formed at God’s command, so
that what is seen was not made out of what was visible.

3 믿음으로, 우리는 온 우주가 하나님의 명령에 의해 지어진 줄 알고 있으니, (*세상에 있어) 보여지는
것은 보이는 것들 (*즉, 우리가 볼 수 있는 것들) 로부터 만들어져 나온 것이 아니로다.

4 By faith Abel offered God a better sacrifice than Cain did. By faith he was
commended as a righteous man, when God spoke well of his offerings. And by
faith he still speaks, even though he is dead.

4 믿음으로, 아벨은 가인보다 더 나은 희생 제사를 하나님께 드렸으니 하나님께서 그의 예물을 좋은 말
로 칭찬하신지라, 믿음으로 그가 의로운 자라 칭찬받았도다. 그가 비록 죽었으나 그 믿음으로 지금껏 우
리에게 말을 하고 있느니라.

5 By faith Enoch was taken from this life, so that he did not experience death;
he could not be found, because God had taken him away. For before he was

taken, he was commended as one who pleased God. 6 And without faith it is impossible to please God, because anyone who comes to him must believe that he exists and that he rewards those who earnestly seek him.

5 믿음으로 에녹은, 이생(生)으로부터 데려가심을 당하여 죽음을 경험하지 않았으며; 이 세상으로부터 사라져 없어졌으니, 하나님께서 그를 데려가신 까닭이니라. 그가 데려가심을 입은 연고로, '하나님을 기쁘시게 하는 자'라 하는 칭송을 받게 되었도다. 6 그런고로 믿음이 없이는 하나님을 기쁘시게 못하나니, 하나님께로 나아오는 자는 반드시 그가 살아 계심과 또 그를 열심으로 찾는 자에게 반드시 보상하는 분이신 줄을 믿어야 할지니라.

7 By faith Noah, when warned about things not yet seen, in holy fear built an ark to save his family. By his faith he condemned the world and became heir of the righteousness that comes by faith.

7 믿음으로 노아는, 아직 보이지도 않던 것들에 관해 경고를 받았을 때에, 거룩한 두려움 가운데에서 방주를 지어 가족들을 구원하였으니 그의 믿음으로 그가 이 세상을 정죄(定罪)하였고, 믿음으로 말미암는 의로움의 상속자가 되었느니라.

8 By faith Abraham, when called to go to a place he would later receive as his inheritance, obeyed and went, even though he did not know where he was going.

8 믿음으로 아브라함은, 그가 나중에 유업(遺業)으로 받을 땅으로 갈 것을 명령 받았을 때에 이에 복종하여 갔으니, 어디로 가는지 그 가는 곳도 모른 채 길을 떠난 것이니라.

9 By faith he made his home in the promised land like a stranger in a foreign country; he lived in tents, as did Isaac and Jacob, who were heirs with him of the same promise. 10 For he was looking forward to the city with foundations, whose architect and builder is God.

9 믿음으로 그가 그 약속의 땅에 집을 지었으되, 외국 땅에 사는 나그네처럼; 장막(帳幕)에 거하여 살았으니, 아브라함과 같은 약속의 상속자가 된 이삭과 야곱도 그러했느니라. 10 이는 그가 굳건한 기초 위에 지어진 한 도성(都城) 곧, 하나님이 설계자 되시고 건축자가 되신 그런 도성을 늘 우러러 기대(期待)했던 까닭이니라.

11 By faith Abraham, even though he was past age--and Sarah herself was barren--was enabled to become a father because he considered him faithful who had made the promise. 12 And so from this one man, and he as good as dead, came descendants as numerous as the stars in the sky and as countless as the sand on the seashore.

11 믿음으로 아브라함은, 비록 그의 나이가 한참 지났고–사라 역시 불임(不妊)이었음에도 불구하고–자식을 낳아 아버지가 될 수 있었으니, 바로 그런 약속을 하신 분을 신실히 여겼기 때문이라. 12 그리하여 이 한 사람, 곧 죽은 것과 마찬가지이던 이 사람으로부터, 하늘의 별과 같고 바다의 모래같이 많은 후손이 태어났느니라.

13 All these people were still living by faith when they died. They did not receive the things promised; they only saw them and welcomed them from a distance. And they admitted that they were aliens and strangers on earth.

13 이 사람들이 모두, 죽는 그 순간까지 믿음을 붙들고 살았으니, 그들이 그 약속된 바를 살아 생전에는 미처 받지 못하였으나, 그것들이 저 멀리에서부터 다가오는 것을 보매 이를 마음으로 환영하였느니라. 그럼으로 그들이 이 세상에서는 나그네요, 외계인이라는 사실을 시종, 마음으로 받아들이며 살았었도다.

14 People who say such things show that they are looking for a country of
their own. 15 If they had been thinking of the country they had left, they
would have had opportunity to return. 16 Instead, they were longing for a
better country--a heavenly one. Therefore God is not ashamed to be called
their God, for he has prepared a city for them.

14 이런 일들을 말하는 사람들은 자신들이 늘 다른 땅 곧, 그들 자신만의 나라를 구하고 있음을 나타냄
이니라. 15 그들이 예전에 떠나온 바, 이 세상에 속한 고향 지역을 염두에 두고 있었더라면, 그 고향 땅
으로 돌아갈 기회가 여러 번 그들에게 있었으리라. 16 그러나, 그들이 훨씬 더 나은 나라, 곧 하늘에 속
한 나라를 사모하고 있었으니, 그러므로 하나님께서 '그들의 하나님'이라 불리우시는 것을 부끄러워하
지 않으시고, 그들을 위해 한 영원한 도성을 예비하셨도다.

17 By faith Abraham, when God tested him, offered Isaac as a sacrifice. He
who had received the promises was about to sacrifice his one and only son, 18
even though God had said to him, "It is through Isaac that your offspring will
be reckoned."

17 믿음으로 아브라함은, 하나님께서 그를 시험하셨을 때에 이삭을 희생 제물로 바쳤었도다. 그가 비록
'약속을 받은 사람'이었지만, 그 하나밖에 없는 아들을 제물로 잡으려 하였으니 18 하나님이 예전에 그
에게 말씀하시길, "너의 후손으로 인정될 것은 바로 이 이삭을 통하여서니라." 하는 말씀이 있었음에도
불구하고 아브라함이 그리하였느니라.

19 Abraham reasoned that God could raise the dead, and figuratively speaking,
he did receive Isaac back from death.

19 아브라함이 생각하기를 하나님께서 능히, 죽은 이삭을 도로 살리실 줄 믿고 의심하지 않았으니, 비
유해서 말하자면 아브라함은 이삭을 죽음으로부터 도로 돌려받은 것이니라.

20 By faith Isaac blessed Jacob and Esau in regard to their future. 21 By faith
Jacob, when he was dying, blessed each of Joseph's sons, and worshiped as he
leaned on the top of his staff.

20 믿음으로 이삭은, 야곱과 에서를 축복하되 그들의 장래에 관해 축복하였으며 21 믿음으로 야곱은,
죽음에 임박하였을 때 요셉의 두 아들을 각기 축복하고 자신의 지팡이 머리에 기대어 하나님을 경배하
였었느니라.

22 By faith Joseph, when his end was near, spoke about the exodus of the
Israelites from Egypt and gave instructions about his bones.

22 믿음으로 요셉은, 자신의 임종이 가까워 왔을 때에 이스라엘 사람들이 애굽으로부터 탈출하는 일이
있을 것을 얘기하며 아울러 자신의 유골에 대해 지시를 남겼느니라.

23 By faith Moses' parents hid him for three months after he was born,
because they saw he was no ordinary child, and they were not afraid of the
king's edict.

23 믿음으로 모세의 부모는, 모세가 태어난 후 석 달간이나 아기를 숨겼으니 부모로서 이 아기가 범상
(凡常)한 아이가 아님을 보았던 까닭이라, 그들이 왕의 포고령을 두려워하지 아니하였도다.

24 By faith Moses, when he had grown up, refused to be known as the son of
Pharaoh's daughter. 25 He chose to be mistreated along with the people of
God rather than to enjoy the pleasures of sin for a short time.

24 믿음으로 모세는, 장성하였을 때에, 파라오 공주의 아들로 알려짐을 거부하고 25 잠시 죄의 기쁨을
누리는 것 대신에 오히려 하나님의 백성과 함께 부당한 취급을 받는 것을 택하였었도다.

26 He regarded disgrace for the sake of Christ as of greater value than the treasures of Egypt, because he was looking ahead to his reward. 27 By faith he left Egypt, not fearing the king's anger; he persevered because he saw him who is invisible.

26 그가 그리스도를 위하여 받는 수모를 이집트의 모든 보화보다 더 귀중히 여겼으니, 그에게 주어질 상급이 자기 앞에 놓여 있음을 보았음이로다. 27 그리하여 그가 믿음으로 이집트를 떠났으니, 파라오의 진노함을 두려워하지 않았으며; 도리어 보이지 않으시는 이를 보고, 그가 인내(忍耐)하였느니라.

28 By faith he kept the Passover and the sprinkling of blood, so that the destroyer of the firstborn would not touch the firstborn of Israel. 29 By faith the people passed through the Red Sea as on dry land; but when the Egyptians tried to do so, they were drowned.

28 믿음으로 그가 유월절(逾越節)과 피 뿌리는 의식(儀式)을 삼가 지켰고, 그리하여 이집트의 모든 장자를 멸하려고 오신 분으로 하여금 이스라엘의 처음 난 장자(長子)는 건드리지 않게 하였느니라. 29 믿음으로 백성들은 홍해를 마른 땅처럼 건넜으나, 이집트 사람들이 그 바다를 마른 땅 같이 건너려 하였을 때에는 그들이 다 물에 빠져 죽었음이니라.

30 By faith the walls of Jericho fell, after the people had marched around them for seven days. 31 By faith the prostitute Rahab, because she welcomed the spies, was not killed with those who were disobedient.

30 믿음으로 제리코(여리고) 성이 무너졌으니, 백성들이 칠 일동안 그 성을 행진해 돌고 난 다음이라.
31 믿음으로 기생 라합은, 그 정탐꾼들을 영접하였던 고로 불순종의 사람들과 함께 죽임당하지 않았느니라.

32 And what more shall I say? I do not have time to tell about Gideon, Barak, Samson, Jephthah, David, Samuel and the prophets, 33 who through faith conquered kingdoms, administered justice, and gained what was promised; who shut the mouths of lions, 34 quenched the fury of the flames, and escaped the edge of the sword; whose weakness was turned to strength; and who became powerful in battle and routed foreign armies.

32 내가 무엇을 더 말하리오? 기드온, 바락, 삼손, 입다, 다윗, 사무엘 그리고 또 다른 선지자들의 얘기를 모두 하기에는 시간이 부족하리로다. 33 어떤 이들은 믿음으로 왕국과 나라들을 정복하기도 하고, 또 다른 이들은 정의를 행하기도 하며, 또 누구는 약속된 것을 받기도 하고; 어떤 다른 이는 사자의 입을 봉하게도 하고, 34 맹렬히 타는 불의 화염을 끄기도 하며, 칼날의 끝에서 살아나오기도 하고; 또 어떤 이는 그 연약함이 강함으로 바뀌기도 하고; 그리하여 누구는 전쟁에서 강해짐으로 다른 나라 군대를 쳐부수기도 하고

35 Women received back their dead, raised to life again. Others were tortured and refused to be released, so that they might gain a better resurrection.
36 Some faced jeers and flogging, while still others were chained and put in prison. 37 They were stoned; they were sawed in two; they were put to death by the sword. They went about in sheepskins and goatskins, destitute, persecuted and mistreated--38 the world was not worthy of them. They wandered in deserts and mountains, and in caves and holes in the ground.

35 몇몇 여인들은 그들의 죽었던 이들이 다시 살아나매, 죽은 자를 산채로 돌려받기도 하고, 다른 이들은 고문을 당하고 핍박을 당하였어도 도리어 풀려나기를 거부하였으니, 곧 더 나은 부활을 얻기 위함이었더라. 36 어떤 이들은 야유와 조롱과 채찍질을 당하기도 하였으며, 또 어떤 이들은 쇠사슬에 묶이어 감옥에 갇히기도 하였고, 37 돌로 침을 당하고, 톱으로 두 동강이 나기도 하였으며, 칼에 의해 죽기도

하고, 양가죽과 염소 가죽을 뒤집어쓴 채 돌아 다니며 극도의 궁핍과 박해와 학대를 당하기도 하였으니,
38 이 세상이 그들에게 그렇게 소중한 것이 아니었음이라. 그들이 광야와 산과 동굴과 땅의 구덩이 속
에서 유리(流離), 방황하였도다.

39 These were all commended for their faith, yet none of them received what
had been promised. 40 God had planned something better for us so that only
together with us would they be made perfect.

39 이들 모두가 다 그들의 이런 믿음으로 말미암아 하나님께 칭찬받은 자들이라, 그 중 아무도 아직까
지 그 약속된 것을 받지는 못하였으나 40 그러나 하나님께서는 우리를 위하여 이보다 더 나은 것, 좋은
것들을 예전에 미리 예정하시고 계획해 두셨으니, 이것들은 우리와 함께 함으로써만 비로소 완전케 되
는 것들이니라.

제12장

1 Therefore, since we are surrounded by such a great cloud of witnesses, let us
throw off everything that hinders and the sin that so easily entangles, and let
us run with perseverance the race marked out for us.

1 그러므로, 우리가 이러한 위대한 증인들의 구름에 둘러싸여 있으니, 우리가 마땅히 우리의 앞길을 방
해하는 모든 것, 그리고 우리를 얽어매어 그르치게 하는 모든 죄를 과감히 벗어 던져 버리고, 이제 우리
를 위해 예비된 경주를 인내로써 달려나가야 할 것이니라.

2 Let us fix our eyes on Jesus, the author and perfecter of our faith, who for
the joy set before him endured the cross, scorning its shame, and sat down
at the right hand of the throne of God. 3 Consider him who endured such
opposition from sinful men, so that you will not grow weary and lose heart.

2 그런고로 (*이제) 우리는 우리의 시선(視線)을 예수께로 고정시키자. 그는 우리가 가진 이 믿음을 창
시(創始)하신 분이시요, 완전하게 하신 분이시니, 그가 그 앞에 놓인 기쁨을 인하여 십자가를 참아내셨
고, 그 치욕을 받아들임으로 하나님의 보좌 오른편에 앉게 되셨느니라. 3 그러므로 너희는, 죄 많은 인
생들로부터 당하신 그러한 거역(拒逆)을 끝내 참아내신 분을 늘 기억하라. 그리하면 너희가 지치지도,
낙심하지도 않으리라.

4 In your struggle against sin, you have not yet resisted to the point of
shedding your blood. 5 And you have forgotten that word of encouragement
that addresses you as sons: "My son, do not make light of the Lord's discipline,
and do not lose heart when he rebukes you, 6 because the Lord disciplines
those he loves, and he punishes everyone he accepts as a son."

4 죄에 대항해 싸우는 너희의 투쟁에 있어서, 너희가 아직 피 흘리는 데에까지는 이르지 아니하였고, 5
오히려 너희가 이러한 권면의 말씀을 잊어버렸으니, 곧 내가 너희를 아들로 생각하여 격려하는 말이라:
즉, "내 아들아, 주의 훈계를 가벼이 여기지 말라, 그리고 하나님께서 너희를 꾸짖으실 때에 낙심하지 말
라. 6 주께서 사랑하시는 이를 그가 훈계하시고, 그가 아들로 받아들이시는 자들을 벌하시느리라" 하는
말씀이 있도다.

7 Endure hardship as discipline; God is treating you as sons. For what son
is not disciplined by his father? 8 If you are not disciplined (and everyone

undergoes discipline), then you are illegitimate children and not true sons.

7 그러므로 너희에게 닥친 그 고난을 주의 훈계하심으로 받아들이라; 하나님께서 너희를 아들처럼 취급하심이로다. 아버지로부터 훈계를 받지 않는 아들이 어디 있으리오? 8 만약 네가 홀로 훈계받지 않는다면 (그리고 다른 모든 사람은 훈계를 받는다면), 그러면 너는 사생아요 친아들이 아니니라.

9 Moreover, we have all had human fathers who disciplined us and we respected them for it. How much more should we submit to the Father of our spirits and live! 10 Our fathers disciplined us for a little while as they thought best; but God disciplines us for our good, that we may share in his holiness.

9 우리가 모두 육신의 아버지를 가졌으니 이 육신의 아버지가 우리에게 훈계할 때마다 우리가 그를 존경함으로 대하는도다. 그런즉 우리 영의 아버지, 하나님께 대해서는 우리가 얼마나 더 기꺼이 복종함으로 살아야 하겠느냐? 10 우리 육신의 아버지들은 잠시 잠깐 그들의 생각에 좋은 대로만 우리를 훈계하였거니와, 그러나 하나님 아버지께서는 우리의 선과 유익을 위하여 훈계하시나니, 곧 우리가 그의 거룩함에 참여하여 이를 나눌 수 있도록 하기 위함이니라.

11 No discipline seems pleasant at the time, but painful. Later on, however, it produces a harvest of righteousness and peace for those who have been trained by it. 12 Therefore, strengthen your feeble arms and weak knees. 13 "Make level paths for your feet," so that the lame may not be disabled, but rather healed.

11 (*비록) 훈계가 받을 당시에는 즐겁지 않고 고통스러우나, 그러나 이로써 연단받는 이에게는 나중에 평강과 의로움의 수확을 가능하게 만드는 것이니라. 12 그러므로, 네 허약한 팔과 네 연약한 무릎을 강하게 하고 13 "너희 나아갈 길을 너희의 발을 위해 평탄하게 하라." 그리하면, (*우리) 다리 저는 자들이 더 이상 불구자(不具者)가 아니고 오히려 치유받아 나음을 얻는 일이 생기리라.

14 Make every effort to live in peace with all men and to be holy; without holiness no one will see the Lord. 15 See to it that no one misses the grace of God and that no bitter root grows up to cause trouble and defile many.

14 모든 사람과 더불어 평화롭게 지내고, 특히 스스로 거룩해지기 위해 노력할지니; 이 거룩함이 없는 사람은 아무도 주(主)를 보지 못하리라. 15 하나님의 은혜를 미처 받지 못하는 사람이 없도록 주의해서 살피고, 또 쓴 뿌리가 자라나서 사람들에게 문제를 일으키고 많은 사람을 정결하지 못하게 만드는 일이 없도록 늘 스스로를 돌아볼지니라.

16 See that no one is sexually immoral, or is godless like Esau, who for a single meal sold his inheritance rights as the oldest son. 17 Afterward, as you know, when he wanted to inherit this blessing, he was rejected. He could bring about no change of mind, though he sought the blessing with tears.

16 너희 중에서는 음행하는 자가 한 사람도 없도록 유념해서 살피고, 특히 에서의 경우처럼 불경건한 일이 일절 없어야 할지니, 그가 한 끼 식사를 위하여 장자(長子)로서의 권리 곧, 상속권을 팔아먹었도다.
17 너희가 아는 대로, 나중에 그가 그 축복을 물려받기를 원하였으나 거부당하여, 눈물로써 다시 축복받기를 애원하였으나 끝내 그 마음을 돌리지 못하였느니라.

18 You have not come to a mountain that can be touched and that is burning with fire; to darkness, gloom and storm; 19 to a trumpet blast or to such a voice speaking words that those who heard it begged that no further word be spoken to them, 20 because they could not bear what was commanded: "If even an animal touches the mountain, it must be stoned." 21 The sight was so terrifying that Moses said, "I am trembling with fear."

18 너희가 이제 또다시, 맹렬한 화염으로 불 타 오르던 산, 곧 암흑과 어둠과 폭풍우가 몰아치는 곳에
나아온 것이 아니니라. 19 너희가 다시 우렁찬 나팔소리가 있어 산천을 진동하는 곳, 또는 그 음성을 듣
는 자들이 다시는 그 목소리가 들리지 않도록 해 달라고 간청해야 하는 곳에 이른 것이 아니니, 20 그
때 당시에, 그들 이스라엘이 들었던 말씀 즉, "비록 짐승이라도 이 산에 들어오거든, 반드시 돌로 쳐죽임
을 당하리라" 하심으로–차마 그들이 견뎌내지 못하던 바로 그 말씀이라, 21 그 광경이 너무도 두렵기
로 모세도 말하기를, "내가 무서움으로 심히 떨리는도다." 하였도다.

22 But you have come to Mount Zion, to the heavenly Jerusalem, the city of
the living God. You have come to thousands upon thousands of angels in
joyful assembly, 23 to the church of the firstborn, whose names are written in
heaven. You have come to God, the judge of all men, to the spirits of righteous
men made perfect, 24 to Jesus the mediator of a new covenant, and to the
sprinkled blood that speaks a better word than the blood of Abel.

22 대신에 너희는 이제 시온산에 나아와 이르렀으니, 하늘에 있는 예루살렘 도성에 도착한 것이라, 곧
살아 계신 하나님의 도성이로다. 너희가 일백만의 천사가 기쁨으로 모여 있는 곳에 다다랐으며, 23 처
음 난 자(者)들의 교회에 도달하였으니 곧 그들의 이름이 하늘에 쓰여 있는 자들이로다. 또한 너희가 모
든 인생의 심판관이 되시는 하나님 앞에 이르러 나오게 된 것이니, 동시에 너희는 완전케 하심을 입은
의로운 사람들의 영혼 앞에, 24 그리고 새 언약의 중보자 되신 예수 앞에 이르게 되었으며, 또한 아벨의
피보다도 더 뛰어난 것을 말하는 피 뿌림 앞에 서게 되었느니라.

25 See to it that you do not refuse him who speaks. If they did not escape
when they refused him who warned them on earth, how much less will we, if
we turn away from him who warns us from heaven?

25 그러므로 '말씀하시는 이'를 거절하는 일이 없도록 조심하라. 땅에 거하면서 그들에게 경고한 이를
거부한 그들도 (*하나님의 심판을) 피하지 못하였거든, 하물며 하늘로부터 직접 경책(警責)하시는 이를
거부한다면 우리가 받을 징벌이 그 얼마나 더 혹독한 것이겠느냐?

26 At that time his voice shook the earth, but now he has promised, "Once
more I will shake not only the earth but also the heavens." 27 The words "once
more" indicate the removing of what can be shaken--that is, created things--
so that what cannot be shaken may remain.

26 옛적 그 때에 하나님의 목소리가 온 땅을 흔들었으니 그러나 지금은 하나님께서 약속하시기를, "내
가 다시 한번 더 온 땅을 흔들 것이니 이번에는 땅 뿐 아니라 하늘도 내가 흔들리라." 하셨도다. 27 "한
번 더" 라는 말씀이 의미하는 바는, 이 세상의 흔들릴만한 것들을 모두 제거해 버리신다는 뜻이라–흔들
리는 것은 곧 피조물이니라.–그러므로, 흔들리지 않는 것들은 살아남으리라.

28 Therefore, since we are receiving a kingdom that cannot be shaken, let us
be thankful, and so worship God acceptably with reverence and awe, 29 for
our "God is a consuming fire."

28 우리가 받은 것은 '흔들리지 아니하는' 왕국이라, 우리가 모두 하나님께 감사를 드리며, 하나님을 마
음으로 받아들여 경배(敬拜)할지니 곧 외경심(畏敬心)과 함께 숭배하는 마음을 가지고 그리할지어다.
29 "하나님은 소멸(掃滅)케 하시는 불이시니" 이런 하나님이 곧 우리의 하나님이시니라.

제13장

1 Keep on loving each other as brothers. 2 Do not forget to entertain strangers, for by so doing some people have entertained angels without knowing it.

1 그러므로 서로 사랑하기를, 형제처럼 계속하라. 2 나그네 대접하기를 잊지 말지니, 그럼으로써 어떤 사람이 알지 못하는 가운데 천사를 접대한 일도 있느니라.

3 Remember those in prison as if you were their fellow prisoners, and those who are mistreated as if you yourselves were suffering.

3 감옥에 갇힌 이를 기억하고 잊지 말지니 네가 마치 그들의 동료 죄수가 된 것처럼 하고, 박해받는 이를 기억하되 네가 그들과 같이 고난받는 것처럼 할지니라.

4 Marriage should be honored by all, and the marriage bed kept pure, for God will judge the adulterer and all the sexually immoral.

4 결혼은 모든 사람에 의해 존귀하게 여겨져야 하나니, 결혼의 침소(寢所)가 순결하게 지켜져야 하느니라. 하나님께서 모든 음행과 함께, 간음하는 사람을 심판하시리라.

5 Keep your lives free from the love of money and be content with what you have, because God has said, "Never will I leave you; never will I forsake you."
6 So we say with confidence, "The Lord is my helper; I will not be afraid. What can man do to me?"

5 네 인생을 돈을 사랑하는 데에서부터 자유(自由)하게 하고, 지금 네가 가진 것을 만족하게 여기라. 하나님께서 말씀하시되, "내가 너를 결코 떠나지 아니할 것이요, 너를 버리지도 않을 것이라." 하셨음이니라.
6 그러므로 우리가 담대하게 말하나니, "하나님이 나의 조력자이시니, 내가 두려움이 없도다. 사람이 내게 무엇을 할 수 있으리오?" 하는 것이로다.

7 Remember your leaders, who spoke the word of God to you. Consider the outcome of their way of life and imitate their faith.

7 너희에게 하나님의 말씀을 전하는 지도자들을 늘 기억하라. 그리하여 그들의 삶의 결실(結實)들을 주의해서 살펴보고 그들의 믿음을 너희가 본받으라.

8 Jesus Christ is the same yesterday and today and forever.

8 예수 그리스도는 어제나 오늘이나 영원히 동일하시니라.

9 Do not be carried away by all kinds of strange teachings. It is good for our hearts to be strengthened by grace, not by ceremonial foods, which are of no value to those who eat them.
10 We have an altar from which those who minister at the tabernacle have no right to eat.

9 여러 가지 모양으로 다가오는 이상한 가르침에 현혹되지 말라. 우리의 마음이 은혜로 인하여 더욱 굳건히 되는 것은 좋은 일이나, 의식(儀式)에 바쳤던 음식, 곧 그것을 먹는 사람에게 아무 유익도 없는 그런 음식에 의해 강건하게 되는 일은 없느니라.
10 우리에게 한 제단(祭壇)이 있으니 성막에서 섬기는 이들이라도 그 위에서는 먹을 수가 없는 그런 제단이니라.

11 The high priest carries the blood of animals into the Most Holy Place as a sin offering, but the bodies are burned outside the camp.
12 And so Jesus also suffered outside the city gate to make the people holy through his own blood.
13 Let us, then, go to him outside the camp, bearing the disgrace he bore.

11 대제사장이 죄에 대한 희생물로서 짐승의 피를 가지고서야 지성소(至聖所)에 들어가는 것이라, 그러

나 그 희생물의 몸은 영문(營門) 밖에서 불살라지느니라. 12 예수께서도 도시의 성문 바깥 즉, 교외에서 고난을 받으사, 그의 피로 말미암아 사람들을 거룩하게 만드셨으니, 13 그런즉, 우리도 영문(營門) 밖으로 나가, 예수께서 지셨던 수모를 같이 짊어짐으로 그에게로 함께 나아가자.

14 For here we do not have an enduring city, but we are looking for the city that is to come. 15 Through Jesus, therefore, let us continually offer to God a sacrifice of praise--the fruit of lips that confess his name.

14 우리가 여기 이 땅에서는 오래도록 머물 도성(都城)을 가지지 못하였으니, 이제 우리에게 주어질, 새로운 도성을 기다리는도다. 15 그러므로 우리가 예수를 통하여, 끊임없이 하나님께 찬양의 제사를 올려드리자. 이 예배는 그의 이름을 고백하는 우리 입술의 열매로다.

16 And do not forget to do good and to share with others, for with such sacrifices God is pleased.

16 오직 선을 행하고, 너희에게 있는 것을 남들과 나누어 쓰는 것을 잊지 말지니, 그런 희생을 하나님께서 기뻐하시느니라.

17 Obey your leaders and submit to their authority. They keep watch over you as men who must give an account. Obey them so that their work will be a joy, not a burden, for that would be of no advantage to you.

17 너희의 지도자들에게 복종하고 그의 권위에 따르라. 그들이 너를 지켜보기를 결산할 책임이 있는 자와 같이 하느니라. 고로, 그들에게 복종함으로 그들의 사역이 부담스런 짐이 아니고 기쁨이 되게 할지니, 그렇지 않으면 너희에게 유익이 없느니라.

18 Pray for us. We are sure that we have a clear conscience and desire to live honorably in every way. 19 I particularly urge you to pray so that I may be restored to you soon.

18 우리를 위해 기도하라. 우리가 확신하노니, 우리가 선한 양심을 가진 것과 또 모든 일에 있어 명예롭게 살고자 하는 소원을 가졌음이로다. 19 특히 너희를 권하노니, 내가 너희에게로 금방 돌아갈 수 있도록 기도하라.

20 May the God of peace, who through the blood of the eternal covenant brought back from the dead our Lord Jesus, that great Shepherd of the sheep, 21 equip you with everything good for doing his will, and may he work in us what is pleasing to him, through Jesus Christ, to whom be glory for ever and ever. Amen.

20 평강의 하나님, 곧 우리 주 예수 그리스도, 우리의 위대한 목자가 되시는 그리스도를 언약의 피를 통하여 죽음으로부터 다시 불러 올리신 하나님께서, 21 너희에게 모든 좋은 것을 허락하사 그의 뜻을 행하게 하시고, 우리 가운데에서 역사(役事)하사 예수 그리스도를 통하여 그를 기쁘시게 하기를 원하노니 하나님께 영광이 영원 무궁토록 있을지어다. 아멘!

22 Brothers, I urge you to bear with my word of exhortation, for I have written you only a short letter. 23 I want you to know that our brother Timothy has been released. If he arrives soon, I will come with him to see you.

22 형제들아, 너희의 훈계를 위해 내가 이 편지에서 쓴 것들을 이제 용납하라, 내가 대략 간단히 편지로 썼노라. 23 우리 형제 디모데가 풀려난 것을 너희에게 알리노라. 그가 도착하는 대로 내가 그와 함께 너희를 만나러 가리라.

24 Greet all your leaders and all God's people. Those from Italy send you their

greetings. **25** Grace be with you all.

24 너희에게 있는 모든 지도자들과 하나님의 백성들에게 인사하라. 이탈리아에 있는 이들도 너희에게
문안 인사하느니라. **25** 은혜가 너희 모두에게 있을지어다.

야고보서

James

James

야고보서

제1장

1 James, a servant of God and of the Lord Jesus Christ, To the twelve tribes scattered among the nations: Greetings.

1 하나님과 주 예수 그리스도의 종 야고보는 여러 나라와 민족 중에 흩어져 있는 열두 지파에게: 문안 인사하노라.

2 Consider it pure joy, my brothers, whenever you face trials of many kinds,
3 because you know that the testing of your faith develops perseverance. 4
Perseverance must finish its work so that you may be mature and complete, not lacking anything.

2 형제들아, 너희가 여러 모습으로 시험을 당할 때에는 이를 순전한 기쁨으로 여기라. 3 이런 믿음의 시험이 너희의 인내를 만들어가는 줄을 너희가 아는 까닭이니라. 4 인내가 마땅히 자기의 맡은 바 소임을 먼저 완수하여야 할지니, 그럼으로써 너희가 성숙하여지고 온전하여져서 어떤 것에도 부족함이 없게 되리라.

5 If any of you lacks wisdom, he should ask God, who gives generously to all
without finding fault, and it will be given to him. 6 But when he asks, he must
believe and not doubt, because he who doubts is like a wave of the sea, blown
and tossed by the wind. 7 That man should not think he will receive anything
from the Lord; 8 he is a double-minded man, unstable in all he does.

5 너희 중에 누구든지 지혜가 부족하거든, 그는 하나님께 구할지니 하나님께서는 누구의 잘못을 들추어
내는 분이 아니시요, 오히려 모든 사람에게 관대히 주시는 분이시라, 구하는 그가 받게 되리라. 6 그러
나 무엇을 구할 때는 반드시 믿으며 조금도 의심하지 말지니, 의심하는 자는 바람에 밀려 요동하는 바다
물결 같음이니라. 7 이런 사람은 무엇이든 주 하나님으로부터 얻기를 기대하지 말아야 하리라. 8 그는
두 마음을 품은 자요, 그가 하는 모든 일에 불안정한 자로다.

9 The brother in humble circumstances ought to take pride in his high
position. 10 But the one who is rich should take pride in his low position,
because he will pass away like a wild flower. 11 For the sun rises with
scorching heat and withers the plant; its blossom falls and its beauty is destroyed. In the same way, the rich man will fade away even while he goes about his business.

9 형제 중에서 지금 보잘 것 없는 처지에 놓여 있는 자는 그의 높은 지위에 자긍심을 가지고, 10 현재 부
유한 자는 자기의 낮아진 위치를 자랑할지니, 그들이 풀의 꽃과 같이 지나가는 까닭이니라. 11 해가 돋
고 뜨거운 바람이 불어 풀을 말리면; 꽃은 떨어지고 그 아름다움이 사라지는 것과 같이, 지금 부유한 자도 곧 사라져 없어지리니, 그가 자신의 사업을 행하고 있는 동안에 그렇게 되리라.

12 Blessed is the man who perseveres under trial, because when he has stood the test, he will receive the crown of life that God has promised to those who

love him. 13 When tempted, no one should say, "God is tempting me." For
God cannot be tempted by evil, nor does he tempt anyone; 14 but each one
is tempted when, by his own evil desire, he is dragged away and enticed. 15
Then, after desire has conceived, it gives birth to sin; and sin, when it is full-grown, gives birth to death.

12 시험 아래에서 잘 참는 자는 복이 있나니 이는 시험을 이겨내고 서면, 주 하나님께서 자신을 사랑하는 자들에게 약속하신 생명의 면류관을 받게 되기 때문이라. 13 그러나, 사람이 시험을 받을 때에 누구든지 "하나님께서 나를 시험하신다" 말하지 말라. 하나님은 악에게 시험 받을 수도 없으시고, 친히 아무도 시험하지 아니하시느니라; 14 사람이 각기 시험을 받는 것은 자기의 악한 욕심에 넘어가 끌려 다니고 미혹됨이니라. 15 그런고로, 욕심이 잉태(孕胎)한즉 죄(罪)를 낳고; 죄가 장성(長成)한즉 사망(死亡)을 낳느니라.

16 Don't be deceived, my dear brothers. 17 Every good and perfect gift is from above, coming down from the Father of the heavenly lights, who does not change like shifting shadows. 18 He chose to give us birth through the word of truth that we might be a kind of firstfruits of all he created.

16 내 사랑하는 형제들아 속지말라. 17 모든 좋은 은사와 온전한 선물은 다 위로부터, 곧 하늘에 있는 빛들의 아버지께로부터 내려오나니 하나님 아버지께서는 자리를 옮겨 다니는 그림자처럼 (*본래) 변하시는 분이 아니니라. 18 그가 진리의 말씀 가운데에서 우리를 택하시고 낳으셨으니, 이는 우리로 하여금 모든 피조물 중에서 첫 열매가 되게 하려 하심이니라.

19 My dear brothers, take note of this: Everyone should be quick to listen, slow to speak and slow to become angry, 20 for man's anger does not bring about the righteous life that God desires. 21 Therefore, get rid of all moral filth and the evil that is so prevalent and humbly accept the word planted in you, which can save you.

19 그런즉, 내 사랑하는 형제들아, 이런 것에 유의할지니: 모든 사람이 듣기는 속히 하고 말하기는 더디 하며 성내기도 더디 하라. 20 사람이 성내는 것이 하나님이 원하시는 그런 의로운 삶을 이루어 내지 못하느니라. 21 그러므로 (*이 세상에) 널리 퍼져있는 모든 도덕적 타락과 악을 내버리고 너희 안에 심겨져 있는 말씀을 받아들이라. 이 말씀이 너희를 능히 구원하리라.

22 Do not merely listen to the word, and so deceive yourselves. Do what it says. 23 Anyone who listens to the word but does not do what it says is like a man who looks at his face in a mirror 24 and, after looking at himself, goes away and immediately forgets what he looks like. 25 But the man who looks intently into the perfect law that gives freedom, and continues to do this, not forgetting what he has heard, but doing it--he will be blessed in what he does.

22 말씀을 단순히 듣기만 하여 스스로를 속이는 자가 되지 말고 말씀이 명하는 바를 행하라. 23 누구든 말씀을 듣기만 하고 그 말씀이 명하는 바를 행치 아니하면 거울로 자기 모습을 보는 사람과 같아서, 24
자신을 보고 가서는 무엇을 닮았는지 그 모습을 금세 잊어버리는 사람이 되느니라. 25 그러나, 듣는 이에게 자유함을 주는 그 온전한 법을 주의 깊게 살펴보고 그 법을 따라 행하며, 자신이 귀로 들은 바를 잊어버리지 아니하고 그 말씀을 따라 행하는 자는—그 행하는 모든 일에 복을 받으리라.

26 If anyone considers himself religious and yet does not keep a tight rein on his tongue, he deceives himself and his religion is worthless. 27 Religion that God our Father accepts as pure and faultless is this: to look after orphans and widows in their distress and to keep oneself from being polluted by the world.

26 누구든지 자기를 스스로 신앙이 있다고 생각하며 자기 혀를 재갈 물리지 아니하고 자기를 속이면 이

사람의 신앙은 헛것이라. 27 하나님 우리 아버지께서 보시기에 정결하고, 흠 없다고 받으시는 신앙은 이것이니: 고아와 과부를 그 어려움 가운데에서 돌보고, 또 자기를 지켜 세속에 물들지 아니하는 그것이니라.

제2장

1 My brothers, as believers in our glorious Lord Jesus Christ, don't show favoritism. 2 Suppose a man comes into your meeting wearing a gold ring and fine clothes, and a poor man in shabby clothes also comes in. 3 If you show special attention to the man wearing fine clothes and say, "Here's a good seat for you," but say to the poor man, "You stand there" or "Sit on the floor by my feet," 4 have you not discriminated among yourselves and become judges with evil thoughts?

1 형제들아, 너희는 우리 영광의 주, 곧 예수 그리스도안에 있는 믿는 자로서, 어떤 차별도 나타내 보이지를 말라. 2 어떤 사람이 금 반지를 끼고 화려한 옷을 입고 너희 모임에 들어오고, 또 어떤 가난한 사람은 남루한 옷을 입은 채 너희 모임에 들어온다고 하자. 3 만일 너희가 그 중 아름다운 옷 입은 자에게 특별한 관심을 보이며, "여기 좋은 자리에 앉으소서"라 하고, 가난한 자에게는 말하길, "너는 거기 서 있으라" 라든지 혹은 "내 발치 바닥에 앉으라"고 한다면, 4 너희 가운데에서, 너희 스스로 차별을 두며 또 스스로 악한 생각을 품은 그런 심판자가 되는 게 아니겠느냐?

5 Listen, my dear brothers: Has not God chosen those who are poor in the eyes of the world to be rich in faith and to inherit the kingdom he promised those who love him? 6 But you have insulted the poor. Is it not the rich who are exploiting you? Are they not the ones who are dragging you into court?
7 Are they not the ones who are slandering the noble name of him to whom you belong? 8 If you really keep the royal law found in Scripture, "Love your neighbor as yourself," you are doing right. 9 But if you show favoritism, you sin and are convicted by the law as lawbreakers.

5 그런즉, 내 사랑하는 형제들아 들을지어다: 이 세상 눈으로 보기에 가난한 자들을 하나님께서 택하시고, 믿음에 부요(富饒)하게 하사, 자기를 사랑하는 자들에게 약속하신 그 나라를 상속 받게 하신 것이 아니냐? 6 너희는 그 가난한 자들을 모욕하였도다. 너희를 착취하는 사람은 그들 부유한 자들이 아니냐? 너희를 법정으로 끌고가는 것이 또한 그 부(富)한 자들이 아니며, 7 너희가 속한 바 된 (*우리 주 그리스도의) 그 귀한 이름을 비방하는 자들이 그들 아니냐? 8 너희가 만일 성경에 기록된 충성된 법, 곧 "네 이웃 사랑하기를 네 몸과 같이 하라" 하신 말씀을 지키면, 옳게 행하는 것이거니와 9 만일 너희가 사람을 차별하여 대하면 죄를 짓는 것이니 율법에 의해 장차 너희가 범법자로 정죄받으리라.

10 For whoever keeps the whole law and yet stumbles at just one point is guilty of breaking all of it. 11 For he who said, "Do not commit adultery," also said, "Do not murder." If you do not commit adultery but do commit murder, you have become a lawbreaker.

10 누구든지 온 율법을 지키다가 단 한 가지에라도 걸려 넘어지면, 그는 율법 전부를 범한 자가 되느니라. 11 "간음하지 말라" 말하신 이가 또한 "살인하지 말라" 하셨은즉, 비록 네가 간음하지 아니하였어도, 살인을 하면 율법을 범한 자가 되느니라.

12 Speak and act as those who are going to be judged by the law that gives

freedom 13 because judgment without mercy will be shown to anyone who has
not been merciful. Mercy triumphs over judgment!

12 너희는 장차, (*너희에게) 자유를 줄 그런 법(法)에 의해 심판(審判)을 받을 자들처럼 행하고 말하라.
13 이는, 긍휼(矜恤)을 행하지 아니한 자에게는 긍휼 없는 심판이 있는 까닭이니라. 긍휼은 심판을 이겨
내느니라.

14 What good is it, my brothers, if a man claims to have faith but has no
deeds? Can such faith save him? 15 Suppose a brother or sister is without
clothes and daily food. 16 If one of you says to him, "Go, I wish you well; keep
warm and well fed," but does nothing about his physical needs, what good is
it?

14 형제들아, 만일 누가 주장하되 자기는 믿음이 있노라 하고 그러나 행함이 없으면 무슨 선함이 그 가
운데 있으리요? 그 믿음이 능히 자기를 구원하겠느냐? 15 만일 어떤 형제나 자매가 헐벗고 일용할 양식
이 없다고 하자. 16 너희 중에 누군가가 그에게 말하길; 평안히 가라, 네가 잘 되길 바라노라; 몸을 따뜻
하게 하고 좋은 음식을 먹으라," 하며 그 실제적 필요에 대해서는 아무 도움도 주지 않는다면 거기에 무
슨 선함이 있겠느냐?

17 In the same way, faith by itself, if it is not accompanied by action, is dead.
18 But someone will say, "You have faith; I have deeds." Show me your faith
without deeds, and I will show you my faith by what I do. 19 You believe that
there is one God. Good! Even the demons believe that-- and shudder.

17 이와 같이 믿음 자체도, 행함이 따르지 않으면 죽은 것이니라. 18 어떤 사람이 말하기를, "너는 믿음
이 있고 내게는 행함이 있으니, 행함이 없는 네 믿음을 내게 보이라. 나는 내가 행하는 바로 그것으로 내
믿음을 네게 보이리라." 하리라. 19 네가 하나님은 오직 한 분 뿐이신 줄을 믿느냐? 잘하는도다! 귀신
(鬼神)들도 믿고-떠느니라.

20 You foolish man, do you want evidence that faith without deeds is useless?
21 Was not our ancestor Abraham considered righteous for what he did when
he offered his son Isaac on the altar? 22 You see that his faith and his actions
were working together, and his faith was made complete by what he did. 23
And the scripture was fulfilled that says, "Abraham believed God, and it was
credited to him as righteousness," and he was called God's friend. 24 You see
that a person is justified by what he does and not by faith alone.

20 어리석은 사람아, 행함이 없는 믿음이 쓸데없다는 것에 무슨 증거가 필요하겠느냐? 21 우리 조상
아브라함이 그 아들 이삭을 제단에 바칠 때에 의롭다 여김을 받은 것이 실제 행함으로 된 것이 아니겠느
냐? 22 네가 보아 알다시피, 그의 믿음이 그의 행함과 함께 어우러져 이루어졌으니, 그가 자신의 행함
으로 그 믿음을 온전하게 만들었느니라. 23 이에 성경에 이른 바, 이런 말씀이 응답되었으니, 곧 "아브
라함이 하나님을 믿으매, 이것이 그에게 의(義)로 여겨졌노라." 하는 말씀이 이루어졌고, 그가 하나님의
친구라 칭함을 받았느니라. 24 이로 보건대 사람이 의롭다 하심을 받는 것이 그 행함에 의해서요, 믿음
만은 아니니라.

25 In the same way, was not even Rahab the prostitute considered righteous
for what she did when she gave lodging to the spies and sent them off in a
different direction? 26 As the body without the spirit is dead, so faith without
deeds is dead.

25 이와 마찬가지로, 기생 라합이 의롭다 하심을 받은 것은 그 정탐꾼들을 자기 집에 묵게하고 성을 나
갈 때에는 다른 길로 가게 한, 그 행함으로 말미암음이 아니겠느냐? 26 영(靈)이 없는 몸이 죽은 것 같
이, 행함이 없는 믿음도 죽은 것이니라.

제3장

1 Not many of you should presume to be teachers, my brothers, because you
know that we who teach will be judged more strictly. 2 We all stumble in many
ways. If anyone is never at fault in what he says, he is a perfect man, able to
keep his whole body in check.

1 내 형제들아, 너희가 이미 잘 알고 있는 것처럼 우리 선생 된 자들이 더 엄격한 심판을 받는 것이라,
그런즉 너희는 억지로 선생이 되려 하지 말라. 2 우리가 살면서 여러가지 모습으로 걸려 넘어지나니, 누
군가가 그 말하는 데에 있어 잘못을 저지르지 않는다면 그는 온전한 사람이라 할 것이요, 그런 사람은
자신(自身)의 온 몸도 능히 제어할 수 있으리라.

3 When we put bits into the mouths of horses to make them obey us, we can
turn the whole animal. 4 Or take ships as an example. Although they are so
large and are driven by strong winds, they are steered by a very small rudder
wherever the pilot wants to go.

3 우리가 말의 입에 재갈을 물리는 것은 말들로 하여금 사람에게 순종케 하려 함이니, 그럼으로써 우리
가 그 짐승을 온전히 돌려 세울 수 있는 것이니라. 4 또 배의 경우를 보라. 배가 그처럼 크고, 또 강한 바
람에 움직여 가는 것이지만, 선원이 몰고 가고자 하는 방향으로 지극히 작은 키 하나로써 운행됨이니라.

5 Likewise the tongue is a small part of the body, but it makes great boasts.
Consider what a great forest is set on fire by a small spark. 6 The tongue also
is a fire, a world of evil among the parts of the body. It corrupts the whole
person, sets the whole course of his life on fire, and is itself set on fire by hell.

5 마찬가지로, 혀도 몸의 한 작은 지체로되, 그것이 큰 자랑을 하는 일도 있도다. 생각해 보라. 넓고 큰
숲이 작은 불꽃 하나로 불태워 지는 것이니라. 6 혀 역시 하나의 불이요, 우리 몸 중의 하나의 악한 세계
라. 그것이 우리 온 몸을 더럽히고, 그 인생행로(人生行路) 전부를 불사르기도 하나니, 지옥 불에서 스스
로 불에 살라지기도 하느니라.

7 All kinds of animals, birds, reptiles and creatures of the sea are being tamed
and have been tamed by man, 8 but no man can tame the tongue. It is a
restless evil, full of deadly poison. 9 With the tongue we praise our Lord and
Father, and with it we curse men, who have been made in God's likeness. 10
Out of the same mouth come praise and cursing. My brothers, this should not
be.

7 모든 종류의 동물과, 새와, 기는 짐승과 바다의 생물은 사람이 길들일 수 있고 또 사람에 의해 길들여
져 왔거니와 8 혀는 능히 길들일 사람이 없나니, 쉬지 아니하는 악(惡)이요 죽이는 독(毒)이 가득한 것이
니라. 9 이것으로 우리가 주 아버지를 찬송하고 또 이것으로 우리가 사람을 저주하나니, 이는 하나님의
형상대로 지음을 받은 존재니라. 10 한 입에서 찬송과 저주가 나오는 것이지만, 그러나 형제들아, 결코
이런 일이 있어서는 아니되느니라.

11 Can both fresh water and salt water flow from the same spring? 12 My
brothers, can a fig tree bear olives, or a grapevine bear figs? Neither can a salt
spring produce fresh water.

11 같은 샘에서 민물과 짠물이 동시에 나올 수가 있겠느냐? 12 무화과나무가 감람 열매를 맺고, 포도나
무가 무화과를 맺을 수가 있겠느냐? 이와 같이 짠 물 내는 샘이 단 물을 내지 못하느니라

13 Who is wise and understanding among you? Let him show it by his good
life, by deeds done in the humility that comes from wisdom. 14 But if you
harbor bitter envy and selfish ambition in your hearts, do not boast about it or

deny the truth.

13 너희 중에 지혜와 총명이 있는 자가 누구냐? 그의 선한 삶을 통하여, 그리고 지혜로부터 나오는 겸손으로 행하여진 행위를 통하여, 자신의 지혜와 총명을 나타내 보이게 하라. 14 그러나 너희 마음 속에 시기 질투와 이기적 야망이 자리하고 있으면 이를 뽐내어 자랑하지 말라. 혹, 진리를 부정할까 두려우니라.

15 Such "wisdom" does not come down from heaven but is earthly, unspiritual, of the devil. 16 For where you have envy and selfish ambition, there you find disorder and every evil practice. 17 But the wisdom that comes from heaven is first of all pure; then peace-loving, considerate, submissive, full of mercy and good fruit, impartial and sincere. 18 Peacemakers who sow in peace raise a harvest of righteousness.

15 이런 "지혜"는 하늘로부터 내려오는 것이 아니요 이 세상에 속한 것이니, 곧 영적이지 못한 것, 그리고 마귀로부터 오는 것이니라. 16 시기 질투와 이기적 욕심이 있는 곳에 무질서함과 모든 악한 일들이 일어남이니라. 17 그러나 하늘로부터 주어진 지혜는 무엇보다도 먼저, 순결하고; 평화를 사랑하고 관용하고, 순종적이며, 자비와 긍휼과 선한 열매로 가득하고, 편견이 없이 신실한 것이니 18 화평하게 하는 자들은 화평으로 씨를 뿌려 의의 열매를 거두느니라.

제4장

1 What causes fights and quarrels among you? Don't they come from your desires that battle within you? 2 You want something but don't get it. You kill and covet, but you cannot have what you want. You quarrel and fight. You do not have, because you do not ask God. 3 When you ask, you do not receive, because you ask with wrong motives, that you may spend what you get on your pleasures.

1 너희 중에 싸움과 분쟁을 일으키는 원인이 무엇이뇨? 그것이 너희의 속에서 서로 싸우는 정욕으로부터 나오는 것이 아니냐? 2 너희가 무엇을 원하여도 얻지 못하며, 심지어 탐을 내고 죽여도 너희가 원하는 것을 받지 못하고, 다투고 싸우더라도 능히 그를 가지지 못하니, 이는 하나님께 구하지 아니하기 때문이요, 3 때로 하나님께 구하여도 이를 받지 못함은 잘못된 동기로써 구하는 까닭이니, 네게 주어진 것을 결국 너의 즐거움을 위해 써 버리기 때문이니라.

4 You adulterous people, don't you know that friendship with the world is hatred toward God? Anyone who chooses to be a friend of the world becomes an enemy of God. 5 Or do you think Scripture says without reason that the spirit he caused to live in us envies intensely? 6 But he gives us more grace. That is why Scripture says: "God opposes the proud but gives grace to the humble."

4 너희, 이 음란(淫亂)한 사람들아, 이 세상과 친하게 지내는 것, 곧 벗 됨이 하나님을 향한 증오가 되는 것을 모르느냐? 세상의 친한 벗이 되고자 이 세상을 택하는 자들은 하나님의 대적(對敵)이 되는 것이니라. 5 "하나님께서 우리 속에 거하게 만드신 그 성령이; 우리를 몹시 부러워하기까지 하신다" 말하고 있는 성경 말씀이 근거없는 말인 줄 생각하느냐 ? 6 그러나 하나님이 우리에게 더욱 큰 은혜를 주시리라. 그러므로 성경이 말하되: "하나님께서는 교만한 자를 물리치시고 겸손한 자에게 은혜를 주신다" 하였느니라.

7 Submit yourselves, then, to God. Resist the devil, and he will flee from you.
8 Come near to God and he will come near to you. Wash your hands, you
sinners, and purify your hearts, you double-minded. 9 Grieve, mourn and
wail. Change your laughter to mourning and your joy to gloom. 10 Humble
yourselves before the Lord, and he will lift you up.

7 그런즉 너희는 하나님께 복종할지어다. 또한 마귀(魔鬼)를 대적(對敵)할지니, 그리하면 그가 너희를
피해 달아나리라. 8 하나님께 가까이 나아오라. 하나님도 너희에게 가까이 오시리라. 너희 죄인들아, 이
제 (*그 죄악으로부터) 손을 씻으라. 그리고 너희 두 마음 품은 자들아, (*먼저) 너희 마음을 순결하게 하
라. 9 슬퍼하고, 애통해 하고 울며 흐느낄지어다. 너희 웃음을 애통으로, 너희 즐거움을 근심으로 바꿀
지어다. 10 주 하나님 앞에서 너희를 낮추라, 그리하면 그가 너희를 높이시리라.

11 Brothers, do not slander one another. Anyone who speaks against his
brother or judges him speaks against the law and judges it. When you judge
the law, you are not keeping it, but sitting in judgment on it. 12 There is only
one Lawgiver and Judge, the one who is able to save and destroy. But you--
who are you to judge your neighbor?

11 형제들아 서로 비방하지 말라. 형제를 대적하여 말하는 자나 형제를 판단하는 자는 곧 율법을 비방
하고 율법을 판단하는 것이라. 네가 만일 율법을 판단하면, 이를 지키는 자가 아니요, 이 율법을 심판하
는 자리에 앉는 것이로다. 12 법을 세우시고 이에 따라 심판하시는 이가 꼭 한 분 계시니, 구원도 베푸
시고 또 파멸도 내리시는 이시니라. 그러나 너희는—네가 누구관대 네 이웃을 판단하느뇨?

13 Now listen, you who say, "Today or tomorrow we will go to this or that city,
spend a year there, carry on business and make money." 14 Why, you do not
even know what will happen tomorrow. What is your life? You are a mist that
appears for a little while and then vanishes.

13 이제 들으라, 너희가 말하기를, "오늘이나 내일이나 우리가 이 도시 혹은 저 도시에 가서, 거기서 일
년을 머물며 장사를 하고 돈을 벌어 보리라." 하는 자들아, 14 내일 무슨 일이 일어날지를 너희가 알지
못하는도다. 너희의 생명이 무엇이뇨? 너희는 잠깐 나타났다가 금방 사라지는 안개니라.

15 Instead, you ought to say, "If it is the Lord's will, we will live and do this or
that." 16 As it is, you boast and brag. All such boasting is evil. 17 Anyone, then,
who knows the good he ought to do and doesn't do it, sins.

15 대신에, 너희는 이렇게 말하라, "그것이 만일 주의 뜻이면, 우리가 살기도 하고, 또 이것 혹은 저것도
하리라." 하라. 16 그러나 실제로는 너희가 뽐내며, 허탄한 자랑을 하니 그러한 자랑이 모두가 다 악(惡)
이니라. 17 그러므로 사람이 마땅히 행해야 할 선한 일이 무엇인지를 알면서도 이를 행하지 아니하면,
바로 그것이 죄니라.

제5장

1 Now listen, you rich people, weep and wail because of the misery that
is coming upon you. 2 Your wealth has rotted, and moths have eaten your
clothes. 3 Your gold and silver are corroded. Their corrosion will testify against
you and eat your flesh like fire. You have hoarded wealth in the last days.

1 지금 들으라, 너 부유한 자들아, 너희에게 곧 닥칠 그 비참함으로 인하여 울고 통곡하라. 2 너희 재물
은 썩었고 너희 옷은 좀이 먹었으며 3 너희 금과 은은 녹이 슬었으니 이렇게 녹이 슨 것이 너희를 대적

하는 증거가 되며 너희 육신을 불 같이 살라 먹으리라. 너희가 이 말세에 부와 재물을 쌓았도다.

4 Look! The wages you failed to pay the workmen who mowed your fields are
crying out against you. The cries of the harvesters have reached the ears of
the Lord Almighty. 5 You have lived on earth in luxury and self-indulgence.
You have fattened yourselves in the day of slaughter. 6 You have condemned
and murdered innocent men, who were not opposing you.

4 보라! 너희 밭에서 추수한 품꾼에게 주지 아니한 그 품삯이 소리를 지르고 그 추수꾼의 울부짖는 소리
가 전능(全能)의 주(主) 하나님의 귀에 이르렀도다. 5 너희가 땅에서 사치하고 방종하여 흥청망청 살며,
저 살륙(殺戮)의 날에 스스로 살찌웠도다. 6 너희가 죄 없는 자를 정죄하고 살인하였으니, 그는 너희를
적대(敵對)하지도 않았느니라.

7 Be patient, then, brothers, until the Lord's coming. See how the farmer waits
for the land to yield its valuable crop and how patient he is for the autumn
and spring rains. 8 You too, be patient and stand firm, because the Lord's
coming is near.

7 그러므로 형제들아 오래 참으며, 주께서 (*다시) 오실 때까지 인내하라. 농부가 땅에서 나는 귀한 곡식
을 열매를 바라며 어떻게 기다리는지, 그리고 봄비와 가을비를 얼마나 인내하며 기다리는지를 생각해
보라. 8 이와 같이 너희도 길이 참고 굳건하게 서라. 주의 강림(降臨)하심이 가까이 와 있느니라.

9 Don't grumble against each other, brothers, or you will be judged. The
Judge is standing at the door! 10 Brothers, as an example of patience in the
face of suffering, take the prophets who spoke in the name of the Lord. 11 As
you know, we consider blessed those who have persevered. You have heard
of Job's perseverance and have seen what the Lord finally brought about. The
Lord is full of compassion and mercy.

9 서로 불평, 원망하지 말라, 이로써 너희가 심판을 받으리라. 보라, 심판하시는 이가 벌써 문간에 와 계
시도다! 10 그러므로 형제들아, 주의 이름으로 말하던 선지자들을 고난과 오래 참음의 본으로 삼으라.
11 인내하는 자를 우리가 복되다 하나니 너희가 욥의 인내를 들었고 주께서 주신 결말을 보았거니와, 주
(主) 하나님은 자비와 긍휼로 충만하신 분이시니라.

12 Above all, my brothers, do not swear-- not by heaven or by earth or
by anything else. Let your "Yes" be yes, and your "No," no, or you will be
condemned.

12 무엇보다도, 나의 형제들아, 맹세하지 말지니–하늘로서나 땅으로서나 다른 아무것으로도 맹세하지
말라. 오직 너희의 "예"는 예가 되게 하고, "아니오"는 아니오가 되게 하라. 그렇지 않으면 정죄를 받으
리라.

13 Is any one of you in trouble? He should pray. Is anyone happy? Let him
sing songs of praise. 14 Is any one of you sick? He should call the elders of the
church to pray over him and anoint him with oil in the name of the Lord. 15
And the prayer offered in faith will make the sick person well; the Lord will
raise him up. If he has sinned, he will be forgiven. 16 Therefore confess your
sins to each other and pray for each other so that you may be healed. The
prayer of a righteous man is powerful and effective.

13 너희 중에 고난 당하는 자가 있느냐? 그는 기도하여야 할 것이라. 너희 중에 누가 행복해 하는 자가
있느냐? 그는 찬양하는 찬송의 노래를 부를지니라. 14 너희 중에 누구 병든 자가 있느냐? 그는 교회의
장로들을 청하여 자기를 위해 기도해 주고 자기 머리에 기름을 발라 주기를 구할지니라. 15 믿음 가운

데에서 드려진 기도는 병든 자를 일으키리니; 주 하나님께서 그를 일으켜 세우시리라. 혹시 그가 죄를
범하였을지라도 사(赦)하심을 받으리라. 16 그러므로 너희 죄를 서로 고백하며 서로 기도함으로 병 나
음을 얻으라. 의인(義人)의 간구(懇求)는 능력이 있고 역사(役事)하는 힘이 큼이니라.

17 Elijah was a man just like us. He prayed earnestly that it would not rain,
and it did not rain on the land for three and a half years. 18 Again he prayed,
and the heavens gave rain, and the earth produced its crops.

17 엘리야는 우리와 같은 사람이라. 그가 비가 오지 않기를 간절히 기도한즉, 삼 년 육 개월 동안 땅에
비가 오지 아니하고 18 또 그가 다시 기도하니, 하늘이 비를 주고 땅이 열매와 곡식을 맺었느니라.

19 My brothers, if one of you should wander from the truth and someone
should bring him back, 20 remember this: Whoever turns a sinner from the
error of his way will save him from death and cover over a multitude of sins.

19 내 형제들아, 너희 중에 누군가가 진리를 떠나 방황하는데, 누가 그를 그 미혹된 길로부터 다시 돌아
오게 하면, 20 이를 명심하라; 누구든 죄인을 그 미혹된 길에서 돌아서게 하는 자는 그를 죽음으로부터
구원해 낸 것이요, 또한 그 허다한 죄가 다 덮히게 만든 것이니라.

베드로 전서

1 Peter

1 Peter

베드로 전서

제1장

1 Peter, an apostle of Jesus Christ, To God's elect, strangers in the world, scattered throughout Pontus, Galatia, Cappadocia, Asia and Bithynia, 2 who have been chosen according to the foreknowledge of God the Father, through the sanctifying work of the Spirit, for obedience to Jesus Christ and sprinkling by his blood: Grace and peace be yours in abundance.

1 예수 그리스도의 사도 베드로는 폰투스(본도), 갈라티아(갈라디아), 카파도키아(갑바도기아), 그리고 아시아와 비티니아(비두니아)에 흩어져 있는 이 세상의 나그네들, 2 곧 우리 하나님 아버지의 미리 아심을 따라 택함을 받고, 또 성령의 거룩하게 하심을 통하여, 그리고 예수 그리스도에 대한 순종과 그의 피 뿌림을 얻기 위하여 택하심을 받은 자들에게 (*편지하노니): 은혜와 평강이 너희에게 풍성히 있을지어다.

3 Praise be to the God and Father of our Lord Jesus Christ! In his great mercy he has given us new birth into a living hope through the resurrection of Jesus Christ from the dead, 4 and into an inheritance that can never perish, spoil or fade--kept in heaven for you, 5 who through faith are shielded by God's power until the coming of the salvation that is ready to be revealed in the last time.

3 우리 주 예수 그리스도의 아버지 하나님께 찬양을 드릴지어다! 하나님께서 그의 커다란 자비심 가운데에서, 살아있는 소망을 향해 들어가는 거듭남 곧, 새 생명의 탄생을 우리에게 주셨으니 이는 죽은 자 가운데서 다시 살아나신 예수 그리스도의 부활을 통하여, 4 그리고 또한 멸하지 아니하고, 썩지 아니하고, 사라지지 아니하고, 너희를 위해 하늘에 간직되어 있는 유업(遺業)을 통하여 우리에게 주어진 바로 그것이니라. 5 너희는 너희의 믿음을 통하여, 마지막 때에 나타나기 위하여 예비해 두신 그 구원이 나타날 때까지 하나님의 능력에 의해 보호하심을 받고 있는 자들이니라.

6 In this you greatly rejoice, though now for a little while you may have had to suffer grief in all kinds of trials. 7 These have come so that your faith--of greater worth than gold, which perishes even though refined by fire--may be proved genuine and may result in praise, glory and honor when Jesus Christ is revealed.

6 그러므로 이 가운데에서 너희가 크게 기뻐하나니, 비록 이제 잠깐동안 여러가지 모습으로 다가오는 시험 가운데에서 고통을 겪지 않을 수 없음에도 불구하고 그러하도다. 7 이렇게 너희에게 고난이 찾아오는 것은 너희의 믿음 곧, 금보다도 더 귀하며 불로 정련을 하여도 사라지지 않을 너희의 믿음이 진실된 것인지 여부를 증명하려 함이요, 예수 그리스도께서 나타나실 때에 너희에게 칭찬과 영광과 존귀가 주어지기 위함이니라.

8 Though you have not seen him, you love him; and even though you do not see him now, you believe in him and are filled with an inexpressible and glorious joy, 9 for you are receiving the goal of your faith, the salvation of

your souls.

8 비록 너희가 그를 보지 못하였으나 그를 사랑하며; 지금도 그를 실제로는 보고 있지 못하지만 그를 믿을 뿐 아니라, 나아가 말로 표현할 수 없으리만큼 영광스러운 기쁨으로 가득차 있게 된 것은 9 너희가 믿음의 궁극적 목표 즉, 너희 영혼의 구원을 이미 받은 까닭이니라.

10 Concerning this salvation, the prophets, who spoke of the grace that was to come to you, searched intently and with the greatest care, 11 trying to find out the time and circumstances to which the Spirit of Christ in them was pointing when he predicted the sufferings of Christ and the glories that would follow.

10 이 구원에 대하여서는, 장차 너희에게 임할 은혜를 말해 오던 선지자들이 부단히 연구하고 깊은 주의를 기울임으로써, 11 그들 가운데에 있는 그리스도의 성령이 가리키는 시점(時點)과 그 정황을 알아내려고 애를 써 왔으니, 이는 그리스도께서 받으실 고난과 그에 따를 영광을 성령이 미리 예언하신 그 때를 말하는 것이로다.

12 It was revealed to them that they were not serving themselves but you, when they spoke of the things that have now been told you by those who have preached the gospel to you by the Holy Spirit sent from heaven. Even angels long to look into these things. 13 Therefore, prepare your minds for action; be self-controlled; set your hope fully on the grace to be given you when Jesus Christ is revealed.

12 이 선지자들이 이런 것들을 예언의 말씀으로 전할 때에, 그로써 자신들을 스스로 섬긴 것이 아니요, 그 예언을 통해 자기들이 섬겼던 대상이 곧 너희라는 사실이 드러났으니, 이들 선지자들이 예언한 것들은 하늘로부터 보내어진 성령에 의해 너희에게 복음을 전하여 온 이들이 지금껏 너희에게 말로써 전하여 온 내용과 같은 것이라. 심지어 천사들도 이런 일을 들여다 볼 수 있기를 오랫동안 사모해 왔느니라.
13 너희는 이제 그 실제 행함을 위한 마음의 준비를 하고; 스스로 절제하며; 그리고 또한 예수 그리스도께서 나타나실 때에 너희에게 주어질 그 은혜 위에 너희의 온전한 소망을 맞추어 두도록 하라.

14 As obedient children, do not conform to the evil desires you had when you lived in ignorance. 15 But just as he who called you is holy, so be holy in all you do; 16 for it is written: "Be holy, because I am holy."

14 너희는 순종하는 어린아이와 같이, 예전에 너희가 무지하였던 시절에 가졌던 너희의 사악한 정욕을 다시는 따르지 말라. 15 오직 너희를 부르신 이가 거룩하신 것처럼, 너희 역시 모든 행실에 있어 거룩한 자가 되어야 할지니; 16 기록되었으되: "내가 거룩하니 너희도 거룩하라" 하셨느니라.

17 Since you call on a Father who judges each man's work impartially, live your lives as strangers here in reverent fear. 18 For you know that it was not with perishable things such as silver or gold that you were redeemed from the empty way of life handed down to you from your forefathers, 19 but with the precious blood of Christ, a lamb without blemish or defect.

17 사람의 행위를 편견 없이 공정하게 판단하시는 이를 너희가 하나님 아버지라 부르는 것이니, 이 땅에서 사는 동안은 거룩한 두려움 가운데에서 나그네 삶을 살며 지낼지어다. 18 너희도 알다시피, 너희 조상으로부터 물려져 내려온 헛된 행실로부터 벗어나 너희가 구원을 받은 것이 은이나 금 같이 썩어 없어질 것으로 이루어진 것이 아니요, 19 오직 귀하고 귀한 그리스도의 피로써 된 것이니, 그리스도께서는 흠도 없고 점도 없는 어린 양(羊)이시로다.

20 He was chosen before the creation of the world, but was revealed in these last times for your sake. 21 Through him you believe in God, who raised him from the dead and glorified him, and so your faith and hope are in God.

20 그가 이 세상이 창조되기 이전에 이미 그렇게 택하심을 받았으나, 그러나 너희의 유익을 위하여 이 마지막 때에 나타나신 바가 되었도다. **21** 그를 통하여 너희가 하나님을 믿게 되었으니, 이 하나님께서 그리스도를 죽은 자들로부터 일으켜 살리사 영광스럽게 만드셨고, 그리하여 비로소 너희의 믿음과 소망이 하나님 안에 있게 되었느니라.

22 Now that you have purified yourselves by obeying the truth so that you have sincere love for your brothers, love one another deeply, from the heart. **23** For you have been born again, not of perishable seed, but of imperishable, through the living and enduring word of God.

22 이제 너희가 진리를 순종함으로 너희 스스로를 정결케 하였으니 이로써 너희가 너희 형제에 대한 신실한 사랑을 품게 되었음이라. 그러므로 이제 너희는 마음으로부터 뜨겁게 서로 사랑하라. **23** 너희가 거듭난 것이 쉬이 썩는 씨로 말미암아 된 것이 아니요, 썩지 아니하며, 항상 살아 있고, 언제까지나 견디는 하나님의 말씀으로 된 것이니라.

24 For, "All men are like grass, and all their glory is like the flowers of the field; the grass withers and the flowers fall, **25** but the word of the Lord stands forever." And this is the word that was preached to you.

24 "모든 인생은 풀과 같고, 그 모든 영광은 들판의 꽃과 같으니; 풀은 마르고 꽃은 떨어지되, **25** 오직 주 하나님의 말씀은 세세토록 서 있도다." 하였으니 너희에게 전파된 것이 곧 이 말씀이니라.

제2장

1 Therefore, rid yourselves of all malice and all deceit, hypocrisy, envy, and slander of every kind. **2** Like newborn babies, crave pure spiritual milk, so that by it you may grow up in your salvation, **3** now that you have tasted that the Lord is good.

1 그러므로 너희는 모든 악의와 속임수와 시기 질투와 온갖 비방의 말을 너희로부터 없이 하고 **2** 갓난 아기들처럼, 순결(純潔)한 영적인 젖을 사모하라. 이로써 너희가 구원에 이르도록 자라나게 될지니 **3** 이제 너희 모두가 주의 선하심을 맛보아 알게 되었느니라.

4 As you come to him, the living Stone-- rejected by men but chosen by God and precious to him-- **5** you also, like living stones, are being built into a spiritual house to be a holy priesthood, offering spiritual sacrifices acceptable to God through Jesus Christ.

4 사람들로부터는 버리워졌으나 하나님께는 택하심을 입어 귀하게 여기심을 받은, 살아 계신 돌이신 예수께 너희가 나아왔으니, **5** 너희도 이제 이 산 돌 같이 (*신령한) 영적(靈的)인 집으로 세워져 가고 있음이라. 이로써 너희가, 예수 그리스도를 통하여, 하나님이 기쁘게 받으실만한 영적 제사를 올려 드릴 거룩한 제사장이 되어 가고 있느니라.

6 For in Scripture it says: "See, I lay a stone in Zion, a chosen and precious cornerstone, and the one who trusts in him will never be put to shame."**7** Now to you who believe, this stone is precious. But to those who do not believe, "The stone the builders rejected has become the capstone," **8** and, "A stone

that causes men to stumble and a rock that makes them fall." They stumble
because they disobey the message--which is also what they were destined for.

6 성경이 말씀하시길: "보라, 내가 시온에 돌 하나를 두노니, 택함 받은 보배로운 모퉁잇 돌이요, 그를
믿는 자는 결코 부끄러움을 당하지 아니할 그런 돌이니라." 하였느니라. 7 이 돌은 믿는 너희에게는 귀
한 보배이나 믿지 아니하는 자에게는 "건축자들이 버린 그 돌이 머릿돌이 되도다" 한 그런 돌이 되고 8
또, "사람으로 하여금 걸려 넘어지게 하는 돌, 곧 사람이 떨어져 추락하는 바위" 가 되느니라. 그들이 (*
자기들에게 전하여진) 그 메시지의 말씀을 순종치 아니하여 걸려 넘어지는 것이니, 이는 그들에게 미리
그렇게 예정된 바니라.

9 But you are a chosen people, a royal priesthood, a holy nation, a people
belonging to God, that you may declare the praises of him who called you out
of darkness into his wonderful light. 10 Once you were not a people, but now
you are the people of God; once you had not received mercy, but now you
have received mercy.

9 그러나 너희는 택하신 족속(族屬)이요, 왕(王) 같은 제사장(祭司長)들이요, 거룩한 나라요, 하나님께
속한 바 된 그의 백성(百姓)이니, 이는 너희를 어두운 데로부터 불러내어 그의 기이한 빛에 들어오게 하
신 이의 찬송을 선포하게 하려 하심이라. 10 너희가 예전 한 때는 하나의 백성도 아니었으나 이제는 하
나님의 백성이 되었고; 전에는 긍휼을 얻지 못하였더니 이제는 (*하나님의) 긍휼을 입은 자들이 되었느
니라.

11 Dear friends, I urge you, as aliens and strangers in the world, to abstain
from sinful desires, which war against your soul. 12 Live such good lives
among the pagans that, though they accuse you of doing wrong, they may see
your good deeds and glorify God on the day he visits us.

11 내 친애하는 친구들아, 내가 너희를 권하노니, 이 세상에 (*잠깐 다니러 온) 나그네와 같이, 그리고
외국인과 같이, 너희 영혼을 거슬러 싸우는 죄악된 정욕을 삼가고 절제(節制)하라. 12 이방인들 한 가운
데에서도 이와 같이 선한 삶을 살지니, 그리하면–비록 그들이 악한 행동을 들어 너희를 고발하는 일이
때로 있더라도–결국은 저들이 너희의 선한 행실을 보고, 그가 우리를 방문하시는 그 날에 하나님께 영
광을 돌리는 일이 있으리라.

13 Submit yourselves for the Lord's sake to every authority instituted among
men: whether to the king, as the supreme authority, 14 or to governors, who
are sent by him to punish those who do wrong and to commend those who do
right.

13 너희는 주(主) 하나님을 위하여, 인간 사회에 마련된 모든 권위에 복종할지니: 왕이나 14 또는 총독
을 최고의 권세로 인정하고 이들에 순종하라. 그들은, 악한 일 행하는 자들에게 벌을 내리고, 옳은 일 행
하는 자들을 포상(褒賞)하기 위하여 보내심을 받은 자들이니라.

15 For it is God's will that by doing good you should silence the ignorant talk
of foolish men. 16 Live as free men, but do not use your freedom as a cover-
up for evil; live as servants of God. 17 Show proper respect to everyone: Love
the brotherhood of believers, fear God, honor the king.

15 너희가 선한 일을 행함으로써 어리석은 자들의 무지한 말들을 아예 봉하게 만드는 것이 하나님의 뜻
이니라. 16 너희는 자유한 사람처럼 삶을 살되, 그 자유를 악을 가리는 데 쓰지 말고; 오직 하나님의 종
으로서의 삶을 살도록 하라. 17 모든 사람들에게 적절한 존경심을 표시하며: 믿는 형제를 사랑하며, 하
나님을 두려워하는 가운데, 왕에게 존귀를 드리고 그를 높이라.

18 Slaves, submit yourselves to your masters with all respect, not only to those

who are good and considerate, but also to those who are harsh. 19 For it is commendable if a man bears up under the pain of unjust suffering because he is conscious of God. 20 But how is it to your credit if you receive a beating for doing wrong and endure it? But if you suffer for doing good and you endure it, this is commendable before God.

18 남의 종된 자들아, 너희의 상전들을 모든 존경심을 담아 섬기고 순종하되, 너희에게 선하게 대하는 사려깊은 이들에게만 그리하지 말고 매사에 엄하게 하는 상전들에게도 그리하라. 19 하나님을 의식함으로 인하여 부당하게 고난을 받고 그에 따른 고통을 참는 것은 칭찬 받을만 하지만, 20 악한 일을 행함으로 매를 맞고 참으면 네게 무슨 유익이 있으리요? 그러나, 선을 행함으로 고난을 받고 인내하면 이는 하나님 앞에서 칭찬 받을 일이니라.

21 To this you were called, because Christ suffered for you, leaving you an example, that you should follow in his steps. 22 "He committed no sin, and no deceit was found in his mouth." 23 When they hurled their insults at him, he did not retaliate; when he suffered, he made no threats. Instead, he entrusted himself to him who judges justly.

21 이를 위하여 너희가 부르심을 받았으니, 그리스도도 너희를 위하여 고난을 받으시고 좋은 예를 남김으로써 너희로 하여금 그 발자취를 따라오게 하셨느니라 22 "그는 죄를 범하지 아니하셨으며, 그 입에 거짓도 없으시도다." 23 그들로부터 모욕을 당하실 때에도 보복치 않으시고, 고초를 겪으실 때에도 위협하지 아니하시고, 오직 공의로 심판하시는 이에게 자신을 온전히 의탁하셨도다.

24 He himself bore our sins in his body on the tree, so that we might die to sins and live for righteousness; by his wounds you have been healed. 25 For you were like sheep going astray, but now you have returned to the Shepherd and Overseer of your souls.

24 친히 나무에 매달려 그 몸으로 우리 죄를 감당하셨으니, 이는, 그리하심으로 우리가 죄에 대하여는 죽고, 의에 대하여는 살게 하려 하심이라; 그가 입은 상처로 말미암아 너희가 나음을 얻었도다. 25 너희가 전에는 길 잃은 양과 같더니, 이제는 너희 영혼의 목자와 감독 되신 이에게 돌아왔느니라.

제3장

1 Wives, in the same way be submissive to your husbands so that, if any of them do not believe the word, they may be won over without words by the behavior of their wives, 2 when they see the purity and reverence of your lives.

1 아내들아, 이와 같이 너희 남편에게 순종(順從)하라. 이는 그들 가운데 말씀을 믿지 않는 자가 있다 할지라도, 말씀이 아니라 아내들의 행실로 말미암아, 2 그리고 또한 그 아내들의 삶의 순결함과 공손함을 보고, 이에 압도되어 돌아오게끔 하기 위해서니라.

3 Your beauty should not come from outward adornment, such as braided hair and the wearing of gold jewelry and fine clothes. 4 Instead, it should be that of your inner self, the unfading beauty of a gentle and quiet spirit, which is of great worth in God's sight.

3 너희의 아름다움은 머리를 땋아 꾸미고, 금과 보석을 차고 아름다운 옷을 입는 외모의 꾸밈에서 오는 게 아니라 4 오직 마음에 숨은 속 사람으로부터 오는 것이어야 할지니, 곧 온유하고 고요한 심령의 쉬이

사라지지 아니하는 아름다움이라, 이것이 하나님 보시기에 커다란 가치가 있는 것이니라.

5 For this is the way the holy women of the past who put their hope in God used to make themselves beautiful. They were submissive to their own husbands, 6 like Sarah, who obeyed Abraham and called him her master. You are her daughters if you do what is right and do not give way to fear.

5 이러한 것들이 오직 하나님께 소망을 두고 살던, 저 옛날의 거룩한 여인들이 자신을 아름답게 꾸미던 방식이라. 그들이 자기들의 남편에게 순종하여, 6 사라가 아브라함을 내 주(主)라 칭하며 순종한 것처럼 하였느니라. 너희가 이와 같이 옳은 일을 행하고, 두려움에 굴복하지 아니하면, 사라의 딸들이 되는 것이니라.

7 Husbands, in the same way be considerate as you live with your wives, and treat them with respect as the weaker partner and as heirs with you of the gracious gift of life, so that nothing will hinder your prayers.

7 남편들아 이와 같이 너희도, 아내와 함께 사는 동안에 그 아내를 늘 배려하고, 그들을 나의 연약한 동반자로 여김으로, 존대함과 아울러 대하고, 이 삶의 귀한 선물을 함께 받는 상속인으로 여기며 살지니, 그리하면 너희의 기도를 막히게 하는 그 무엇도 없게 되리라.

8 Finally, all of you, live in harmony with one another; be sympathetic, love as brothers, be compassionate and humble. 9 Do not repay evil with evil or insult with insult, but with blessing, because to this you were called so that you may inherit a blessing.

8 마지막으로, 너희 모두에게 말하노니, 너희 모두는 서로가 다 마음을 같이하여 화합하며; 서로 동정하며, 형제처럼 서로 사랑하며, 서로 동정심을 가지고 겸손히 행하라. 9 악을 악으로, 모욕에는 모욕으로 되갚는 것이 아니라, 오히려 복을 빌어 줄지니, 이를 위하여 너희가 부르심을 받았으며 또한 이로 말미암아 너희가 복을 상속해 받으리라.

10 For, "Whoever would love life and see good days must keep his tongue from evil and his lips from deceitful speech. 11 He must turn from evil and do good; he must seek peace and pursue it. 12 For the eyes of the Lord are on the righteous and his ears are attentive to their prayer, but the face of the Lord is against those who do evil."

10 누구든 생명을 사랑하고 좋은 날 보기를 원하는 자는 자기의 혀를 악으로부터 지키고 그 입술로 거짓을 말하지 말라. 11 악에서 떠나 선을 행하고; 화평을 구하며 평안을 추구하라. 12 주의 눈은 의인을 향하시고 그의 귀는 의인의 간구에 기울이시되, 주는 악행하는 자들로부터는 그 얼굴을 돌리시느니라.

13 Who is going to harm you if you are eager to do good? 14 But even if you should suffer for what is right, you are blessed. "Do not fear what they fear; do not be frightened."

13 너희가 선을 행하는 데에 열심을 내면 누가 너희를 해치리요? 14 그러나 의를 위하여 고난을 받으면 복 있는 자라. "그들이 두려워하는 것을 두려워하지 말며; 근심하지 말라" 하였느니라.

15 But in your hearts set apart Christ as Lord. Always be prepared to give an answer to everyone who asks you to give the reason for the hope that you have. But do this with gentleness and respect, 16 keeping a clear conscience, so that those who speak maliciously against your good behavior in Christ may be ashamed of their slander. 17 It is better, if it is God's will, to suffer for doing good than for doing evil.

15 너희 마음 속에 그리스도를 주(主)로 삼아 따로 모시라. 그리고 너희 속에 있는 소망에 관해 그 이유
를 묻는 자들에게 대답을 줄 수 있도록 항상 준비되어 있으라. 그러나 그 대답은 항상 온유함과 공손함
으로 드려지게 하고, 16 깨끗한 양심을 지닐지니, 그럼으로써 그리스도 안에 있는 너희의 선한 행실을
거슬러 악의적인 말을 하는 자들도 자신들의 비방을 수치스럽게 여기게 되리라. 17 만일 그것이 하나님
의 뜻이라면, 선을 행함으로 고난 받는 것이 악을 행하는 것 보다 더 나으니라.

18 For Christ died for sins once for all, the righteous for the unrighteous,
to bring you to God. He was put to death in the body but made alive by the
Spirit, 19 through whom also he went and preached to the spirits in prison
20 who disobeyed long ago when God waited patiently in the days of Noah
while the ark was being built. In it only a few people, eight in all, were saved
through water, 21 and this water symbolizes baptism that now saves you also-
-not the removal of dirt from the body but the pledge of a good conscience
toward God. It saves you by the resurrection of Jesus Christ, 22 who has gone
into heaven and is at God's right hand--with angels, authorities and powers in
submission to him.

18 그리스도께서 죄를 위하여 죽으시되, 단 한번 죽으심으로 모든 것을 이루셨으니, 의인으로서 불의
한 자를 대신하사, 너희를 하나님 앞으로 인도하시었도다. 그가 육신으로는 죽음에 놓이셨으나, 성령으
로 말미암아 도로 살아나셨으니 19 이 성령을 통하여 그가 감옥(監獄)에 있는 영(靈)들에게 가서 말씀을
전하셨느니라. 20 그들은 오래 전 곧, 노아의 날들 때, 그리고 방주가 준비되던 동안, 즉 하나님께서 오
래 참고 기다리실 때에 불순종하던 사람들이라. 그 방주에 탄 것이 오직 몇 사람에 불과하니, 물로 말미
암아 구원을 얻은 자가 겨우 여덟 명이요, 그들이 물로써 구원을 얻었으니, 21 이 물은 세례를 상징하는
것이니라. 이 세례가 지금 너희를 구원하는 것이니, 이는 몸으로부터 먼지를 씻어 냄이 아니요 하나님을
향한 깨끗한 양심의 서약이니라. 이것이 예수 그리스도의 부활로 말미암아 너희를 구원하는 것이라, 22
예수께서는 하늘로 올라가사 하나님 우편에 앉아 계시고, 이제 천사들과 권세들과 능력들이 다 그에게
복종하게 되었느니라.

제4장

1 Therefore, since Christ suffered in his body, arm yourselves also with the
same attitude, because he who has suffered in his body is done with sin. 2 As
a result, he does not live the rest of his earthly life for evil human desires, but
rather for the will of God.

1 그러므로, 그리스도께서 자신의 육신에 (*직접) 고난을 받으셨으니, 너희도 같은 태도로써 마음의 갑
옷을 삼으라. 이는 (*자신의) 육신에 고난을 받은 자는 죄와는 상관이 없게끔 되는 까닭이니라. 2 결과적
으로, 이 사람은 그 남은 생을 다시는 사람의 악한 정욕을 따르지 않고 (*오직) 하나님의 뜻을 따라 살게
되는 것이니라.

3 For you have spent enough time in the past doing what pagans choose to
do-- living in debauchery, lust, drunkenness, orgies, carousing and detestable
idolatry. 4 They think it strange that you do not plunge with them into the
same flood of dissipation, and they heap abuse on you. 5 But they will have
to give account to him who is ready to judge the living and the dead. 6 For
this is the reason the gospel was preached even to those who are now dead,
so that they might be judged according to men in regard to the body, but live
according to God in regard to the spirit.

3 예전에는 너희가 이방인들이 하는 행위를 따라 하는 데에 시간을 많이 보내었으니—곧, 방탕함과 정
욕과 술 취함과 난잡함과 무분별한 향락과 혐오스런 우상숭배라. 4 이제 너희가 그들과 함께 다시 방탕
의 범람에 뛰어들지 아니하는 것을 그들이 이상하게 생각하여, 너희를 학대하고자 하나 5 그러나 그들
은 장차, 산 자와 죽은 자를 같이 심판하실 준비가 되어 있는 그의 앞에서 각자의 (*행위의) 결산을 드려
야 하리라. 6 지금 현재 죽어 있는 자들을 위해서도 복음이 전해진 이유가 바로 여기에 있으니, 이는 그
들로 하여금, 그 육신에 관하여는 '사람으로서' 심판을 받으나 그러나 그 영에 관하여서는 '하나님을 따
라' 살게 하려 함이니라.

7 The end of all things is near. Therefore be clear minded and self-controlled
so that you can pray. 8 Above all, love each other deeply, because love covers
over a multitude of sins.

7 만물의 마지막이 가까이 왔으니 그러므로 너희는 정신을 가다듬고 스스로 절제함으로 기도(祈禱)가
가능해지도록 하라. 8 무엇보다도 먼저, 뜨겁게 서로 사랑할지니 사랑은 허다한 죄를 덮느니라.

9 Offer hospitality to one another without grumbling. 10 Each one should use
whatever gift he has received to serve others, faithfully administering God's
grace in its various forms.

9 서로 친절히 대접하되 불평없이 하며 10 각 사람이 무슨 은사를 받았든지, 매사 그 은사(恩賜)를 남을
섬기는 데에 사용하고, 여러가지 모습으로 주어진 하나님의 은사를 충성되이 관리하라.

11 If anyone speaks, he should do it as one speaking the very words of God.
If anyone serves, he should do it with the strength God provides, so that in all
things God may be praised through Jesus Christ. To him be the glory and the
power for ever and ever. Amen.

11 누군가가 무슨 말을 할 때에는 오직 하나님의 말씀들을 전하여 말하는 것처럼 하라. 그리고 누군가
가 남을 섬기고자 하면 그는 하나님이 공급하시는 힘으로 하는 것 같이 하라. 그리함으로 그 하는 모든
일에 있어 예수 그리스도를 통하여 하나님께서 영광을 받으시리라. 하나님께 영광과 권능이 세세에 무
궁하도록 있을지어다. 아멘.

12 Dear friends, do not be surprised at the painful trial you are suffering, as
though something strange were happening to you. 13 But rejoice that you
participate in the sufferings of Christ, so that you may be overjoyed when his
glory is revealed. 14 If you are insulted because of the name of Christ, you are
blessed, for the Spirit of glory and of God rests on you.

12 내 친애하는 친구들아, 너희가 겪는 그 고통스러운 시험을 당하여, 마치 이상한 일이 너희에게 생긴
것처럼 놀라지 말라. 13 도리어 너희가 그리스도의 고난에 참여하게 됨을 즐거워할지니, 이는 그의 영
광이 다시 나타날 때에 너희가 크게 즐거워하고 기뻐하게 하려 함이니라. 14 너희가 그리스도의 이름으
로 모욕을 당하면 너희는 복 있는 자니 영광의 성령, 곧 하나님의 영이 너희 위에 깃들어 계심이니라.

15 If you suffer, it should not be as a murderer or thief or any other kind of
criminal, or even as a meddler. 16 However, if you suffer as a Christian, do not
be ashamed, but praise God that you bear that name.

15 너희가 만일 고초를 당하되, 그 고난의 이유가 살인이나 도둑질이나 또 혹은 남에 대한 쓸데없는 참
견에 따른 범죄의 결과가 되어서는 결코 안될 일이라. 16 그러나 만일 너희가 그리스도인으로서 고난을
받을진대, 이를 수치스러워 말고 도리어 그 이름을 너희가 감당함으로 인하여 하나님을 찬양하라.

17 For the time is come that judgment must begin at the house of God: and if
it first begin at us, what shall the end be of them that obey not the gospel of

God? 18 And if the righteous scarcely be saved, where shall the ungodly and
the sinner appear? 19 Wherefore let them that suffer according to the will of
God commit the keeping of their souls to him in well doing, as unto a faithful
Creator.

17 이제 하나님의 집 식구들로부터 심판이 시작될 때가 되었음이니: 이 심판이 먼저 우리로부터 시작하
면, 저 하나님의 복음을 순종하지 아니한 자들을 위한 결말은 과연 어떠한 것이리오? 18 또, "의인이 구
원 얻는 것도 그처럼 어렵다면, 거룩하지 못한 자와 죄인은 과연 어떻게 되리요? 19 그러므로 하나님의
뜻에 의해 고난을 받는 자들은 신실하신 창조주 하나님께 자신을 온전히 내어 맡김으로 선을 행하기를
계속하여야 하리라.

제5장

1 To the elders among you, I appeal as a fellow elder, a witness of Christ's
sufferings and one who also will share in the glory to be revealed: 2 Be
shepherds of God's flock that is under your care, serving as overseers-- not
because you must, but because you are willing, as God wants you to be; not
greedy for money, but eager to serve; 3 not lording it over those entrusted to
you, but being examples to the flock. 4 And when the Chief Shepherd appears,
you will receive the crown of glory that will never fade away.

1 너희 중 장로들에게, 내가 동료 장로로서 권하노니, 나는 그리스도의 고난의 증인이요, 장래에 나타날
영광에 분깃을 얻어 참여할 자라: 2 너희는 너희의 보살핌 아래 있는 하나님의 양(羊) 무리를 돌보는 목
자(牧者)가 될지어다. 그러나 '해야 하기 때문에' 하는 것이 아니라, 하나님께서 너희에게 원하시는대로,
기꺼이 자원함으로 하며; 탐욕과 돈을 위해 하지 말고, 즐겁게 섬기려 하는 마음으로 하고; 3 맡겨진 자
들 위에 군림하지 말고, 오직 그 양 무리의 선한 모범이 되라. 4 그리하면 우리의 목자장(牧者長)이 나타
나실 때에 너희가 결코 시들지 아니하는 영광의 관을 받으리라.

5 Young men, in the same way be submissive to those who are older. All
of you, clothe yourselves with humility toward one another, because, "God
opposes the proud but gives grace to the humble." 6 Humble yourselves,
therefore, under God's mighty hand, that he may lift you up in due time. 7
Cast all your anxiety on him because he cares for you.

5 젊은이들아, 이와 같이 연로한 자들에게 순종하라. 너희 모두는 각자 서로를 향한 겸손으로 옷 입을지
니, "하나님은 오만한 자를 대적하시고 겸손한 자들에게는 은혜를 베푸시느니라." 6 네 자신을 낮추어
겸손하라, 그러면 하나님의 능하신 손 아래에서 때가 되면 너희를 높이시리라. 7 너희 염려를 다 주께
맡기라 그가 너희를 돌보심이니라.

8 Be self-controlled and alert. Your enemy the devil prowls around like a
roaring lion looking for someone to devour. 9 Resist him, standing firm in
the faith, because you know that your brothers throughout the world are
undergoing the same kind of sufferings.

8 스스로 절제하며 늘 깨어 있으라. 너희 대적 마귀가 우는 사자(獅子) 같이 두루 다니며 삼킬 자를 찾나
니, 9 믿음 안에 굳게 서서 그를 대항하라. 이 세상에 있는 너희 모든 형제들 역시 동일한 고난을 당하는
줄을 너희가 알고 있음이니라.

10 And the God of all grace, who called you to his eternal glory in Christ, after

you have suffered a little while, will himself restore you and make you strong, firm and steadfast. **11** To him be the power for ever and ever. Amen.

10 모든 은혜의 하나님, 곧 그리스도 안에서 너희를 부르사 자기의 영원한 영광에 들어오게 하신 하나님께서, 이제 잠시 잠깐 고난을 겪어 낸 너희를, 다시 회복시키시고, 강하게 하시고, 굳건하게 만드시고 또, 충성스럽게 하시리라. **11** 권능이 그에게 세세무궁하도록 있을지어다. 아멘.

12 With the help of Silas, whom I regard as a faithful brother, I have written to
you briefly, encouraging you and testifying that this is the true grace of God.
Stand fast in it. **13** She who is in Babylon, chosen together with you, sends you
her greetings, and so does my son Mark. **14** Greet one another with a kiss of
love. Peace to all of you who are in Christ.

12 내가 신실한 형제로 여기는 실라의 도움으로, 내가 이와 같이 간단히 너희에게 썼나니, 이는 너희를
권면하고 또 한편, 이것이 하나님의 참된 은혜임을 증언하기 위해서니라. 그런고로 너희는 이 은혜 가운
데 굳건히 몸을 세우고 있으라. **13** 너희와 같이 택하심을 받은 바벨론에 있는 교회가 그 인사를 너희에
게 전하고 내 아들 마가도 함께 문안하느니라. **14** 너희는 (*거룩한) 사랑의 입맞춤으로 서로 문안하라.
그리스도 안에 있는 너희 모두에게 평강(平康)이 있을지어다.

베드로 후서

2 Peter

2 Peter

베드로 후서

제1장

1 Simon Peter, a servant and apostle of Jesus Christ, To those who through
the righteousness of our God and Savior Jesus Christ have received a faith
as precious as ours: 2 Grace and peace be yours in abundance through the
knowledge of God and of Jesus our Lord.

1 예수 그리스도의 종이며 사도인 시몬 베드로는, 우리 하나님과 구주 예수 그리스도의 의(義)를 힘입어
우리와 꼭같은 귀한 믿음을 받은 자들에게: (*편지하노니), 2 은혜와 평강이 너희에게, 하나님과 우리 주
예수를 아는 지식을 통하여 더욱 풍성히 있을지어다.

3 His divine power has given us everything we need for life and godliness
through our knowledge of him who called us by his own glory and goodness.
4 Through these he has given us his very great and precious promises, so
that through them you may participate in the divine nature and escape the
corruption in the world caused by evil desires.

3 그의 신성(神聖)한 능력이, 우리가 이 삶에서 필요로 하는 모든 것들과 그리고 경건함을 우리에게 주
셨으니, 이는 그 자신의 영광과 선(善)하심으로 우리를 부르신 그 분을 아는 지식(知識)을 통하여 우리에
게 주어진 것이니라. 4 이런 것들을 통하여 그가 또한 저 귀하고 큰 약속을 우리에게 주셨으니, 이는 너
희가 그의 신성한 본성에 참여하는 자가 됨으로써, 너의 악한 정욕(情欲)에 따라 생겨나는 이 세상의 부
패함으로부터 떠나가게 만들기 위함이로다.

5 For this very reason, make every effort to add to your faith goodness; and to
goodness, knowledge; 6 and to knowledge, self-control; and to self-control,
perseverance; and to perseverance, godliness; 7 and to godliness, brotherly
kindness; and to brotherly kindness, love.

5 그러므로 너희는 너희 믿음에 선함을 더하고, 선(善)함에는 지식을 더하고, 6 또 지식에는 절제를, 절
제에는 인내함을, 인내에는 경건을, 7 그리고 경건에는 형제 우애를, 또 형제 우애에는 사랑을 더하도록
더욱 애쓰고 노력하라.

8 For if you possess these qualities in increasing measure, they will keep you
from being ineffective and unproductive in your knowledge of our Lord Jesus
Christ. 9 But if anyone does not have them, he is nearsighted and blind, and
has forgotten that he has been cleansed from his past sins.

8 너희가 이런 품성을 지니고 이를 더욱 풍성히 하면, 이런 것들이 너희를, 우리 주 예수 그리스도를 아
는 지식에 결실이 없지 않고, 또 수확이 없지 않도록 지키리라. 9 그러나, 누구든 이런 것들을 가지고 있
지 못하다면, 그는 근시안이요 맹인이라, 자신의 예전 죄가 깨끗하게 된 것을 잊은 자니라.

10 Therefore, my brothers, be all the more eager to make your calling and
election sure. For if you do these things, you will never fall, 11 and you will
receive a rich welcome into the eternal kingdom of our Lord and Savior Jesus

Christ.

10 그러므로 형제들아, 너희를 부르심과 택하심을 확실히 하는 데에 더욱 더 힘쓰라. 너희가 이런 것들
을 힘써 행한다면 너희에게 결코 실족함이 없을 것이요, 11 또한 너희가 우리 주(主) 곧, 구주 예수 그리
스도의 영원한 나라에 들어갈 때에 큰 환영을 받게 되리라.

12 So I will always remind you of these things, even though you know them
and are firmly established in the truth you now have. 13 I think it is right to
refresh your memory as long as I live in the tent of this body, 14 because I
know that I will soon put it aside, as our Lord Jesus Christ has made clear to
me. 15 And I will make every effort to see that after my departure you will
always be able to remember these things.

12 그러므로 내가 늘 이런 것들을 너희에게 반복해 상기시키고자 하노니, 비록 너희가 이미 지니고 있
는 진리 가운데에 굳건히 서 있고, 또 익히 잘 알고 있는 내용일지라도 다시 한번 강조해 말하노라. 13
내가 이 육신(肉身)의 장막(帳幕)에 거하고 있는 동안에 너희의 기억을 일깨워 늘 이를 다시 새롭게 하는
것이 옳은 일이라, 14 이는 우리 주 예수 그리스도께서 내게 분명히 이른 것처럼, 내가 나의 장막을 곧
벗어 던질 줄을 알고 있는 까닭이니라. 15 그러므로 내가 떠난 후에도 너희가 이 모든 것들을 잊어버리
지 않고 항상 잘 기억하도록 이렇듯 애를 씀이로다.

16 We did not follow cleverly invented stories when we told you about the
power and coming of our Lord Jesus Christ, but we were eyewitnesses of his
majesty. 17 For he received honor and glory from God the Father when the
voice came to him from the Majestic Glory, saying, "This is my Son, whom I
love; with him I am well pleased." 18 We ourselves heard this voice that came
from heaven when we were with him on the sacred mountain.

16 우리 주 예수 그리스도의 능력과 그의 나타나심을 너희에게 전할 때에 우리가 말한 것이 교묘하게
만들어 낸 이야기가 아니요, 우리는 그의 크신 위엄을 친히 눈으로 본 증인들이라. 17 지극히 큰 영광으
로부터 목소리가 울려 나와 예수께 이르시기를; "이는 내 아들이니, 내가 그를 사랑하노라; 그와 함께 함
으로 내가 이를 즐거워하노라." 이런 말씀을 하실 때에 그가 하나님 아버지로부터 존귀와 영광을 받으
셨느니라. 18 이 목소리를 우리들이 직접 들었으니 이는 우리가 그와 함께 거룩한 산에 있었을 때의 일
이요, 하늘로부터 나온 목소리니라.

19 And we have the word of the prophets made more certain, and you will
do well to pay attention to it, as to a light shining in a dark place, until the
day dawns and the morning star rises in your hearts. 20 Above all, you must
understand that no prophecy of Scripture came about by the prophet's own
interpretation. 21 For prophecy never had its origin in the will of man, but
men spoke from God as they were carried along by the Holy Spirit.

19 또 우리에게 선지자들의 예언이 있으니 이 모든 것을 더욱 확실히 증거하는 것이라, 날이 새어 아침
샛별이 너희 마음에 떠오르기까지, 빛이 어두운 곳을 비춤과 같이 너희가 이에 주의를 기울이는 것이 좋
으리라. 20 무엇보다도 먼저 너희가 반드시 알고 있어야 할 것은 성경의 어떤 예언(豫言)도 선지자(先知
者) 개인(個人)의 사사로운 해석에 의해 나온 게 아니라는 사실이라. 21 예언은 사람의 뜻에 그 근원(根
源)을 둔 것이 아니요, 오직 그들 (*선지자들)이 거룩한 성령에 의해 감동(感動)을 받는 동안에 하나님으
로부터 받아 말한 것이니라.

제2장

1 But there were also false prophets among the people, just as there will be
false teachers among you. They will secretly introduce destructive heresies,
even denying the sovereign Lord who bought them--bringing swift destruction
on themselves. 2 Many will follow their shameful ways and will bring the way
of truth into disrepute. 3 In their greed these teachers will exploit you with
stories they have made up. Their condemnation has long been hanging over
them, and their destruction has not been sleeping.

1 그러나 백성 가운데 또한 거짓 선지자들이 많이 일어났었나니, 이와 같이 장래에도 너희 중에 거짓 선
생들이 나타나리라. 그들이 너희에게 멸망에 이를 이단(異端)을 비밀리에 전하고 소개할 것인데, 이들이
곧, 자신들을 값주고 사신 권능의 주 하나님을 부인(否認)하고-스스로 임박한 멸망을 자신의 몸 위에
불러오는 자들이니라. 2 많은 사람들이 그 수치스런 길을 따라 걸을 것이요, 그 가운데에서 진리의 길을
악하다 평(評)하리라. 3 그들이 자신들의 탐욕 가운데에서 스스로 지어낸 말을 가지고 너희를 속이고 빼
앗으리리니, 자신들에게 돌아갈 정죄가 이미 그 머리 위에 매달려 있은지 오래라, 그들을 향한 이 멸망
이 잠들지 아니하리라.

4 For if God did not spare angels when they sinned, but sent them to hell,
putting them into gloomy dungeons to be held for judgment; 5 if he did not
spare the ancient world when he brought the flood on its ungodly people,
but protected Noah, a preacher of righteousness, and seven others; 6 if he
condemned the cities of Sodom and Gomorrah by burning them to ashes,
and made them an example of what is going to happen to the ungodly; 7 and
if he rescued Lot, a righteous man, who was distressed by the filthy lives of
lawless men 8 (for that righteous man, living among them day after day, was
tormented in his righteous soul by the lawless deeds he saw and heard)-- 9 if
this is so, then the Lord knows how to rescue godly men from trials and to hold
the unrighteous for the day of judgment, while continuing their punishment.

4 만약에 하나님이 다음과 같은 일들이 실제 벌어지게 하셨다면; 즉, 천사들이 범죄하였을 때에 하나님
께서 그들을 용서하지 아니하시고 지옥으로 보내셨으니 곧, 그들을 어두운 구덩이에 두어 심판의 때까
지 붙잡아 두셨다면; 5 그리고 경건하지 못한 사람들 위에 홍수를 보내시어 저 옛적 세상을 용서하지 아
니하시고, 오직 의를 전파하는 노아와 그 일곱 식구만 보존하셨다면; 6 소돔과 고모라 성을 불로써 태워
재로 만듬으로 그 두 도시를 정죄하사, 장래에 경건하지 아니한 자들에게 임할 일에 관해 미리 본을 보
이셨다면; 7 그리하여 저 무법한 자들의 음란한 행실로 말미암아 고통 당하던, 의인 롯을 건지신 것이라
면; 8 (저 의인이 그들 중에 거하며 날이면 날마다 저 불법한 행실을 보고 들음으로 그 의로운 심령 가운
데에서 항상 고통을 당함이라)- 9 만약 이것이 그렇다고 한다면, 주 하나님께서는 어떻게 경건한 자는
시험에서 건지시고, 불의한 자는 심판 날까지 그들을 붙드사 그들의 받을 형벌을 계속하도록 하실지를
이미 잘 알고 계신다 하리로다.

10 This is especially true of those who follow the corrupt desire of the sinful
nature and despise authority. 11 Bold and arrogant, these men are not afraid
to slander celestial beings; yet even angels, although they are stronger and
more powerful, do not bring slanderous accusations against such beings in the
presence of the Lord.

10 특히 자신의 죄많은 본성을 따라 더러운 정욕을 찾아다니며 위에 있는 권능을 멸시하는 자들에게는
(*하나님의 선악간의 구별과 그 상벌을 구분하심이) 더욱 진실된 것이라 할지로다. 11한편, 이들은 무례
하고 교만하기를 이 지경에까지 이르러, 심지어 하늘에 있는 존재들을 비방하기를 두려워하지 않으니;
이 하늘의 존재들은 천사들 곧,-그들보다 훨씬 강하고 큰 능력을 가지고 있는 천사들-도 하나님 앞에
있는 그 존재에 대해서는 감히 비방하는 고발을 하지 못하는 그런 실체들이니라.

12 But these men blaspheme in matters they do not understand. They are like brute beasts, creatures of instinct, born only to be caught and destroyed, and like beasts they too will perish. 13 They will be paid back with harm for the harm they have done. Their idea of pleasure is to carouse in broad daylight. They are blots and blemishes, reveling in their pleasures while they feast with you. 14 With eyes full of adultery, they never stop sinning; they seduce the unstable; they are experts in greed--an accursed brood!

12 그러니 이 사람들은 자신들이 전혀 깨닫지 못하는 바를 모욕하고 신성 모독을 저지른다 하는 것이 참이로다. 그들은 본래 잔인한 짐승들이요, 본능대로만 사는 동물 같은 피조물이요, 사로잡혀 멸망하기 위하여 태어난 이성 없는 짐승 같아서, 이런 짐승처럼 그들도 꼭같이 멸망하리라. 13 (*더구나) 이 사람들은 자신들이 저지른 해악과 똑같은 해악으로 갚음을 받을 것이니, 이들의 생각은 오직 한낮의 해 아래 흠뻑 술 취하는 것 뿐이니라. 또 너희와 함께 잔치를 벌이며 마음에 원하는대로 술 취하는 자들이니 (*흰 옷에) 얼룩이요 (*고운 데에) 흠집같은 족속이라. 14 그 눈에는 음란과 음심(淫心)이 가득하고, 죄 짓기를 멈추지 않으며; 마음이 흔들리는 자들을 유혹하니; 탐욕의 대가(大家)들이요, 저주(詛呪)의 자식이니라.

15 They have left the straight way and wandered off to follow the way of Balaam son of Beor, who loved the wages of wickedness. 16 But he was rebuked for his wrongdoing by a donkey--a beast without speech--who spoke with a man's voice and restrained the prophet's madness.

15 그들이 곧은 길을 떠나 방황하여 결국 브올의 아들 발람의 길을 따르는 데에까지 이르렀도다. 이 발람은 불의의 삯을 사랑한 자요, 16 자신의 악행에 대하여 나귀로부터 꾸지람을 들은 자라–말 못하는 짐승이 사람의 목소리로 말함으로 선지자의 미친 짓을 제지하였느니라.

17 These men are springs without water and mists driven by a storm. Blackest darkness is reserved for them. 18 For they mouth empty, boastful words and, by appealing to the lustful desires of sinful human nature, they entice people who are just escaping from those who live in error. 19 They promise them freedom, while they themselves are slaves of depravity--for a man is a slave to whatever has mastered him.

17 또, 이 사람들은 물 없는 샘이요 폭풍에 밀려 가는 안개라, 짙고 캄캄한 어둠이 그들을 위해 예비되어 있음이로다. 18 그들이 헛되고 교만한 말을 입으로 말하며, 죄악된 인간 본성의 호색(好色)과 정욕에 호소함으로써 허물 가운데 사는 이들로부터 겨우 도망쳐 나온 이 사람들을 재차 유혹하는도다. 19 이 사람들이 그들에게 자유를 약속하나, 그들 스스로 타락의 노예라 하는 것이 실상이라, 사람은 자신을 제어하는 것 곧, 자신 위에 군림(君臨)하는 것의 종이 됨이니라.

20 If they have escaped the corruption of the world by knowing our Lord and Savior Jesus Christ and are again entangled in it and overcome, they are worse off at the end than they were at the beginning. 21 It would have been better for them not to have known the way of righteousness, than to have known it and then to turn their backs on the sacred command that was passed on to them. 22 Of them the proverbs are true: "A dog returns to its vomit," and, "A sow that is washed goes back to her wallowing in the mud."

20 만일 그들이 우리의 주, 구주(救主) 예수 그리스도를 앎으로 이 세상의 부패함으로부터 피해 나왔는데, 그 후에 다시 이런 더러움에 얽매여 들어가면 이 사람의 결국은 처음보다 훨씬 못해지리니, 21 의(義)의 세계를 알고도 자신들에 주어진 거룩한 계명에 등을 돌린다면 차라리 처음부터 이런 의의 길을 알지 못했던 편이 훨씬 나으리라. 22 이런 자들에 대해서는 이런 속담이 있으니, 곧: "개가 그 토하였던 것에 돌아가고," 그리고, "목욕한 암퇘지가 자신의 더러운 진흙 구덩이에 도로 누워 뒹굴도다." 하는 말이 참되도다.

제3장

1 Dear friends, this is now my second letter to you. I have written both of them as reminders to stimulate you to wholesome thinking. 2 I want you to recall the words spoken in the past by the holy prophets and the command given by our Lord and Savior through your apostles.

1 사랑하는 친구들아, 이것이 내가 너희에게 쓰는 두 번째 편지라. 내가 이 두 편지를 쓴 것은 너희를 다시 기억나게 하고 자극(刺戟)함으로써 너희로 하여금 온전하고 완전한 생각에 이르도록 만들기 위함이니라. 2 내가 원하노니 너희는 저 옛날의 거룩한 선지자(先知者)들을 통해 주어진 말씀들과 또 우리의 주, 곧 구세주 되신 예수께서 사도들을 통해 너희에게 주신 계명들을 다시 한번 상기(想起)하라.

3 First of all, you must understand that in the last days scoffers will come, scoffing and following their own evil desires. 4 They will say, "Where is this 'coming' he promised? Ever since our fathers died, everything goes on as it has since the beginning of creation." 5 But they deliberately forget that long ago by God's word the heavens existed and the earth was formed out of water and by water.

3 무엇보다도 먼저 너희가 반드시 알고 있어야 할 것은, 말세(末世)에 조소(嘲笑)하는 자들이 와서 자기의 정욕을 따라 행하며 비웃음의 말을 하리란 것이니 4 곧, 이르되, "그가 약속한 '다시 오심'은 어디에 있느냐? 우리 조상들이 죽은 이후로부터 지금까지, 만물이 처음 창조되었던 때처럼 그저 같이 있다." 하고 말하리라. 5 그러나 이는 그들이 아주 옛적부터 하나님의 말씀에 의해 하늘이 존재하게 된 것과 땅이 물에서 나와 물에 의해 생겨 나게 된 것을 일부러 잊으려 함이로다.

6 By these waters also the world of that time was deluged and destroyed. 7 By the same word the present heavens and earth are reserved for fire, being kept for the day of judgment and destruction of ungodly men.

6 이 물로 인해 저 예전의 세상은 홍수가 나 멸망하였고, 7 이제 같은 말씀에 의하여 지금 현재의 하늘과 땅은 장차 불살라지기 위해 남겨져 있는 것이니, 거룩하지 못한 이 세상 사람들이 심판과 멸망을 받을 그 날까지만 보존되고 있는 중이니라.

8 But do not forget this one thing, dear friends: With the Lord a day is like a thousand years, and a thousand years are like a day. 9 The Lord is not slow in keeping his promise, as some understand slowness. He is patient with you, not wanting anyone to perish, but everyone to come to repentance.

8 그러나 사랑하는 자들아, 오직 이 한가지를 잊지 말라. 주께 있어서는 하루는 천 년 같고 천 년은 하루와 같다는 사실이라. 9 주(主) 하나님은 자신의 약속을 지킴에 있어 어떤 사람들이 더디다고 생각하는 것 같이 그렇게 늦은 것이 아니니 오직 주 하나님께서는 너희를 오래 참으사, 그 누구도 멸망하지 않고, 도리어 모든 사람이 다 회개에 이르기를 원하시느니라.

10 But the day of the Lord will come like a thief. The heavens will disappear with a roar; the elements will be destroyed by fire, and the earth and everything in it will be laid bare. 11 Since everything will be destroyed in this way, what kind of people ought you to be? You ought to live holy and godly lives 12 as you look forward to the day of God and speed its coming. That day will bring about the destruction of the heavens by fire, and the elements will melt in the heat. 13 But in keeping with his promise we are looking forward to a new heaven and a new earth, the home of righteousness.

10 그러나 주의 그 날이 도둑 같이 임하리라. 하늘이 큰 포효 소리와 함께 사라지고; 물질(物質)과 원소(元素)들이 불에 의해 풀어지며, 땅과 그 가운데 있는 모든 것들이 발가 벗겨져 나오리로다. 11 이 모든

것들이 이와 같이 파멸되고 말리니, 너희가 어떠한 사람이 되어야 마땅하겠느냐? 오직 거룩한 행실(行
實)로써 경건한 삶을 살아가는 것이 마땅하니 **12** 하나님의 날이 임하기를 기대하며, 그 날이 속히 오기
를 사모하는 가운데 그리하라. 그 날에 하늘이 불에 타서 멸하여질 것이요, 물질의 원소들이 뜨거운 열
에 녹아 없어지리라. **13** 그러나 우리는 그의 약속을 지킴으로써 새 하늘과 새 땅 곧, 의인(義人)들의 새
거처(居處)를 기대하는 그런 소망으로 살아가리라.

14 So then, dear friends, since you are looking forward to this, make every
effort to be found spotless, blameless and at peace with him. **15** Bear in mind
that our Lord's patience means salvation, just as our dear brother Paul also
wrote you with the wisdom that God gave him. **16** He writes the same way
in all his letters, speaking in them of these matters. His letters contain some things that are hard to understand, which ignorant and unstable people distort, as they do the other Scriptures, to their own destruction.

14 그러므로 내 사랑하는 친구들아, 너희가 이런 것들을 바란다면, 주 앞에서 점도 없고 흠도 없이 평강
가운데서 발견되어지도록 힘써 노력하라. **15** 우리의 사랑하는 형제 바울이 하나님께 받은 지혜로 너희
에게 써 보낸 내용과 같이, 우리 주가 오래 참으신 것이 (*너희의) 구원을 의미하는 것을 마음에 새기라.
16 바울이 그의 모든 편지에 같은 내용을 썼으니 곧 이런 사실을 말함이라. 다만, 그 중에 몇 가지 이해
하기 어려운 것이 있으니, 무지한 자들과 마음이 불안한 자들이, 다른 성경과 같이 이것도 비틀어 왜곡
(歪曲)함으로써 스스로 멸망에 이르렀느니라.

17 Therefore, dear friends, since you already know this, be on your guard so
that you may not be carried away by the error of lawless men and fall from
your secure position. **18** But grow in the grace and knowledge of our Lord and
Savior Jesus Christ. To him be glory both now and forever! Amen.

17 그러므로 사랑하는 자들아, 너희가 이미 이런 것들을 알고 있은즉, 다시는 법 없는 자들의 미혹에 이
끌려 다니지 말고, 또 너희가 이미 확고히 자리잡은 그 자리로부터 추락해 떨어지지 않도록 네 자신을
삼가고 지키라. **18** 오직 너희는 우리 주(主) 곧, 구주 예수 그리스도의 은혜와 그를 아는 지식에서 커 갈
지어다. 지금 이제 뿐 아니라 영원토록, 예수 그리스도께 영광이 함께 있을지어다. 아멘.

요한 1서

1 John

1 John

요한 1서

제1장

1 That which was from the beginning, which we have heard, which we have
seen with our eyes, which we have looked at and our hands have touched--
this we proclaim concerning the Word of life. 2 The life appeared; we have
seen it and testify to it, and we proclaim to you the eternal life, which was
with the Father and has appeared to us.

1 이는 태초로부터 있어 온 것이요, 우리가 귀로 들었고, 우리의 눈으로 보았고, 또한 살펴보았을 뿐 아
니라, 손으로 만져 보기까지 한 것이니, 이것이 우리가 선포하는 바 곧, 생명의 말씀에 관한 것이라. 2 이
생명이 나타나신 바 되었으매: 우리가 이를 보았고 이제 그를 증언하는 것이니라. 우리가 너희에게 선포
하는 이것이 곧 영생(永生)이라, 아버지 하나님과 함께 계시다가 이제 우리에게 나타나신 바 되었느니
라.

3 We proclaim to you what we have seen and heard, so that you also may have
fellowship with us. And our fellowship is with the Father and with his Son,
Jesus Christ. 4 We write this to make our joy complete. 5 This is the message
we have heard from him and declare to you: God is light; in him there is no
darkness at all.

3 우리가 너희에게 선포하고 전하는 것은 우리가 눈으로 보고 귀로 들은 것이니 이를 전하는 이유는 너
희와 우리가 서로 사귐이 있게 하려는 것이라. 우리의 이 교제는 아버지와 그 아들 예수 그리스도와 더
불어 사귀는 것이요, 4 우리가 이 글을 쓰는 것은 우리의 기쁨을 온전하게 하려 함이니라. 5 이 메시지
는 우리가 그로부터 들은 것을 너희에게 선언함으로 전하는 것인데: 곧, 하나님은 빛이시라 하는 것과;
그 안에는 어둠이 전혀 없다는 것이니라.

6 If we claim to have fellowship with him yet walk in the darkness, we lie and
do not live by the truth. 7 But if we walk in the light, as he is in the light, we
have fellowship with one another, and the blood of Jesus, his Son, purifies us
from all sin.

6 만일 우리가 하나님과 서로 사귐이 있다 주장하면서 여전히 어둠 속에서 행하면 이는 거짓말 하는것
이요, 진리를 따라 사는게 아니니라. 7 그러나, 하나님께서 빛 가운데 계신 것처럼, 우리도 빛 가운데에
서 행하면 하나님과 우리 사이에는 서로 사귐이 있는 것이요, 그 아들 예수의 피가 우리를 모든 죄로부
터 정결케 하시는 것이니라.

8 If we claim to be without sin, we deceive ourselves and the truth is not in
us. 9 If we confess our sins, he is faithful and just and will forgive us our sins
and purify us from all unrighteousness. 10 If we claim we have not sinned, we
make him out to be a liar and his word has no place in our lives.

8 만일 우리가 죄 없다고 주장하면 이는 스스로를 속이는 일이라 진리가 우리 속에 있지 않음이요, 9 그
러나 만일 우리가 우리 죄를 자백하면, 하나님은 신실하시고 또 공의로우사, 우리 죄를 사(赦)하시며 우
리를 모든 불의(不義)로부터 정결(淨潔)하게 하시리라. 10 만일 우리가 죄지은 것이 없다 주장하면 하나

님을 거짓말하는 분으로 만드는 것이니, 그의 말씀이 우리 삶 가운데 있지 아니하니라.

제2장

1 My dear children, I write this to you so that you will not sin. But if anybody does sin, we have one who speaks to the Father in our defense--Jesus Christ, the Righteous One. 2 He is the atoning sacrifice for our sins, and not only for ours but also for the sins of the whole world.

1 내 사랑하는 자녀들아, 내가 이 편지를 쓰는 것은 너희로 죄를 짓지 못하게 하려 함이라. 그러나 (*혹 우리 중) 누가 죄를 범하여도, 우리에겐 아버지 앞에서 우리를 변호하여 말해 주는 이가 있으니 예수 그리스도, 곧 오직 홀로 의로우신 그 분이시니라. 2 그는 우리 죄를 위한 속죄(贖罪)의 제물(祭物)이라, 우리 죄를 위해서만이 아니요, 온 세상의 죄를 위한 제물이 되셨느니라.

3 We know that we have come to know him if we obey his commands. 4 The man who says, "I know him," but does not do what he commands is a liar, and the truth is not in him. 5 But if anyone obeys his word, God's love is truly made complete in him. This is how we know we are in him: 6 Whoever claims to live in him must walk as Jesus did.

3 우리가 그의 계명을 지키면 이로써 우리가 그를 알기에 이르런 것을 알게 되는 것이니 4 어떤 사람이 말하기를, 내가 그를 아노라" 하나, 그가 명하신 바를 행하지 않으면 그는 거짓말쟁이라, 진리(眞理)가 그 사람 안에 거하지 아니하느니라. 5 그러나 누구든지 그의 말씀을 지키는 자는 하나님의 사랑이 참으로 그 사람 안에서 온전(穩全)하여 진 것이라. 이것이 우리가 그의 안에 들어와 있는지 여부를 아는 방법이니라. 6 곧, 누구든 그의 안에 거(居)하여 산다고 주장하는 자는 예수가 행(行)하신 것과 같이 행하여야 하느니라.

7 Dear friends, I am not writing you a new command but an old one, which you have had since the beginning. This old command is the message you have heard. 8 Yet I am writing you a new command; its truth is seen in him and you, because the darkness is passing and the true light is already shining.

7 사랑하는 친구들아, 내가 너희에게 새 계명(誡命)을 쓰고 있는 것이 아니요, 오래된 예전 계명을 써 보내는 것이니, 이 계명은 너희가 애초 시작부터 가지고 있던 바라. 이 옛 계명은 너희가 이전에 들었던 그 메시지니라. 8 그러나 내가 이제 한 가지 새 계명을 너희에게 써 보내고자 하는 것은; 그의 진리가 그와 너희 사이에 이미 나타나 계시다는 것이니, 이제 어둠은 지나가고 참 빛이 비치고 있음이니라.

9 Anyone who claims to be in the light but hates his brother is still in the darkness. 10 Whoever loves his brother lives in the light, and there is nothing in him to make him stumble. 11 But whoever hates his brother is in the darkness and walks around in the darkness; he does not know where he is going, because the darkness has blinded him.

9 자신이 빛 가운데 있다 말하면서 그 형제를 미워하는 자는 아직 어둠 속에 있는 자라. 10 누구든 그 형제를 사랑하는 자는 빛 가운데 거하나니, 그 속에 자신을 넘어지게 하는 것이 없느니라. 11 그러나 누구든 그 형제를 미워하는 자는 어둠 속에 있으며 어둠 속을 걷는 자라; 자신이 가는 곳을 알지 못하니, 어둠이 그의 눈을 멀게 하였음이니라.

12 I write to you, dear children, because your sins have been forgiven on

account of his name. 13 I write to you, fathers, because you have known him who is from the beginning. I write to you, young men, because you have overcome the evil one. I write to you, dear children, because you have known the Father. 14 I write to you, fathers, because you have known him who is from the beginning. I write to you, young men, because you are strong, and the word of God lives in you, and you have overcome the evil one.

12 내 사랑하는 자녀들아, 내가 이 편지 글을 너희에게 쓰는 것은 너희 죄가 그의 이름으로 인하여 용서함을 받은 까닭이니라. 13 아비된 자들아, 내가 이 글을 너희에게 쓰는 것은 너희가 태초로부터 존재해 오신 이를 알았음이요, 젊은이들아, 내가 이 글을 너희에게 쓰는 것은 너희가 악한 자를 이겨 내었음이요, 사랑하는 자녀들아, 내가 너희에게 이 글을 쓰는 것은 너희가 하나님 아버지를 알게 된 까닭이니라. 14 아비 된 자들아, 내가 너희에게 이 글을 쓰는 것은 너희가 태초부터 계신 이를 알았음이요, 청년들아 내가 너희에게 이 글을 쓰는 것은 너희는 강하며, 하나님의 말씀이 너희 안에 살아 거하시며, 너희가 악한 자를 이겨 낸 까닭이니라.

15 Do not love the world or anything in the world. If anyone loves the world, the love of the Father is not in him. 16 For everything in the world--the cravings of sinful man, the lust of his eyes and the boasting of what he has and does--comes not from the Father but from the world. 17 The world and its desires pass away, but the man who does the will of God lives forever.

15 (*그런즉,) 이 세상을 사랑하지 말고, 또 무엇이든 이 세상에 있는 것들을 사랑하지 말라. 누구든지 이 세상을 사랑하면 아버지의 사랑이 그 안에 있지 아니하니라. 16 이 세상에 있는 모든 것은−죄많은 인간의 욕망이요, 그 눈의 정욕일 뿐 아니라, 자기가 가진 것, 그리고 자기가 이룬 것들의 자랑일 뿐이라, 하나님 아버지께로부터 온 것이 아니요, 이 세상으로부터 나온 것이니라. 17 이 세상과 그 가운데 있는 정욕들이 다 사라져 없어져 갈 것이나, 오직 하나님의 뜻을 행하는 자는 영원히 살리라.

18 Dear children, this is the last hour; and as you have heard that the antichrist is coming, even now many antichrists have come. This is how we know it is the last hour. 19 They went out from us, but they did not really belong to us. For if they had belonged to us, they would have remained with us; but their going showed that none of them belonged to us. 20 But you have an anointing from the Holy One, and all of you know the truth.

18 사랑하는 내 자녀들아, 지금은 마지막 때라; 적(敵)그리스도가 오리라는 말을 너희가 예전에 들은 것과 같이, 지금 현재에도 이미 많은 적그리스도가 와 있느니라. 그러므로, 우리가 이를 통하여, 지금 이 시간이 마지막 때라는 것을 알 수가 있느니라. 19 그들은 (*사실), 우리로부터 나간 자들이라, 그러나 그들이 진정 우리에게 속한 것이 아니었도다. 만일 그들이 진실로 우리에게 속하였더라면 우리와 함께 남아 있었으려니와, 그러나 그들이 우리로부터 나간 사실이 이미 그들 중 누구도, 우리에게 속해 있지 않았음을 나타 낸 것이니라. 20 그러나 너희는 거룩하신 이로부터 기름 부음을 받았으니, 너희 모두가 이제는 진리를 알게 되었느니라.

21 I do not write to you because you do not know the truth, but because you do know it and because no lie comes from the truth. 22 Who is the liar? It is the man who denies that Jesus is the Christ. Such a man is the antichrist--he denies the Father and the Son. 23 No one who denies the Son has the Father; whoever acknowledges the Son has the Father also.

21 내가 이 편지를 쓰는 것은 너희가 진리를 알지 못하기 때문이 아니라 이제 진리를 알기 때문이니, 진리로부터는 어떤 거짓도 나오지 않으니라. 22 거짓말쟁이가 누구냐? 예수가 그리스도임을 부인하는 자가 아니냐? 이런 자가 적그리스도니, 곧, 하나님 아버지와 그 아들을 부인하는 자니라. 23 아들을 부인하는 자 중 그 누구도 아버지를 가진 자가 없으되; 그러나 그 아들을 알고 그를 시인하는 자는 아버지를

가졌느니라.

24 See that what you have heard from the beginning remains in you. If it
does, you also will remain in the Son and in the Father. 25 And this is what he
promised us--even eternal life.

24 너희가 처음부터 들은 것이 너희 안에 여전히 머물러 거하는지 살펴보라. 그렇다고 하면-즉, 시초
부터 너희가 들은 것이 너희 안에 거한다고 하면-이제, 너희는 아들과 아버지 안에 거하는 것이니라.
25 이것이 바로 그가 우리에게 약속하신 것이니-곧 영원한 생명이니라.

26 I am writing these things to you about those who are trying to lead you
astray. 27 As for you, the anointing you received from him remains in you, and
you do not need anyone to teach you. But as his anointing teaches you about all things and as that anointing is real, not counterfeit--just as it has taught you, remain in him.

26 내가 이런 것들을 써보내는 것은 너희를 미혹하여 그르치게 하려고 작정하고 애쓰는 자들에 관해 너
희에게 알려 주고자 함이라. 27 너희는 주께로부터 받은 기름 부으심이 너희속에 머물러 있는 사람들이니, 너희를 가르칠 누군가가 (*다시) 필요가 없도다. 그의 기름 부으심이 이런 모든 것들에 관해 가르친 것과 같이, 그리고 이 기름 부으심이 참되며, 거짓이 아닌 것과 같이-곧, 이것들이 너희를 이미 가르친 바과 같이-너희는 그의 안에 머물러 있으라.

28 And now, dear children, continue in him, so that when he appears we may
be confident and unashamed before him at his coming. 29 If you know that he
is righteous, you know that everyone who does what is right has been born of him.

28 내 사랑하는 자녀들아, 그의 안에 계속하여 머물러 거하라. 그리함으로 우리가, 곧 다시 오실 그의
앞에서 담대하며 또한 부끄럽지 않게 되리라. 29 그가 의로우신 줄을 너희가 알면, 의로운 일을 행하는
자 모두가 다 그에게서 난 줄을 또한 너희가 알리라.

제3장

1 How great is the love the Father has lavished on us, that we should be called
children of God! And that is what we are! The reason the world does not know
us is that it did not know him. 2 Dear friends, now we are children of God,
and what we will be has not yet been made known. But we know that when he
appears, we shall be like him, for we shall see him as he is. 3 Everyone who
has this hope in him purifies himself, just as he is pure.

1 아버지께서 우리에게 아낌 없이 주신 그 사랑이 얼마나 크고 위대한고! 보라, 우리가 이제 하나님의
자녀라 불리게 되었도다! 그리고 정말 이것이 진정 우리의 참된 정체로다! (*그러나) 세상이 우리를 알지
못하는 이유는 그들이 하나님을 알지 못하는 까닭이니라. 2 내 사랑하는 친구들아, 이제는 우리가 하나
님의 자녀라, 장래에 우리가 어떤 모습이 될지는 아직 나타나지 아니하였으나, 그러나 우리가 아는 바는
그가 나타나시면 우리가 그와 같아질 것이라는 것과, 또 그의 참 모습을 우리가 보게 될 것이라는 사실
이니라. 3 주를 향하여 이 소망을 가진 자마다 자기를 정결케 하나니, 그가 정결하신 것처럼 우리도 자신을 정결케 하느니라.

4 Everyone who sins breaks the law; in fact, sin is lawlessness. 5 But you know
that he appeared so that he might take away our sins. And in him is no sin. 6
No one who lives in him keeps on sinning. No one who continues to sin has

either seen him or known him.

4 죄를 짓는 모든 자는 법을 어기는 것이라; 죄는 곧 불법이니라. 5 그러나 너희가 알다시피 그가 나타나신 것은 우리 죄를 없애고 치워 버리려 하심이니라. 그리고 그의 안에는 죄가 없느니라. 6 그의 안에서 거하는 자로서 계속 죄를 범할 자가 없나니, 계속하여 죄를 범하는 자는 그 누구도 그를 보지 못하였고, 또 그를 알지도 못하는 자들이니라.

7 Dear children, do not let anyone lead you astray. He who does what is right is righteous, just as he is righteous. 8 He who does what is sinful is of the devil, because the devil has been sinning from the beginning. The reason the Son of God appeared was to destroy the devil's work.

7 사랑하는 자녀들아, 그 누구든지 너희를 잘못된 길로 들어서는 일이 없게 하라. 옳은 일을 행하는 자는, 그가 의로우신 것처럼 자신도 의롭고, 8 죄악스런 일을 행하는 자는 마귀에게 속해 있음이니, 마귀는 태초로부터 지금껏 범죄하는 자니라. 하나님의 아들이 나타나신 이유는 이 마귀의 일을 멸하려 하심이니라.

9 No one who is born of God will continue to sin, because God's seed remains in him; he cannot go on sinning, because he has been born of God. 10 This is how we know who the children of God are and who the children of the devil are: Anyone who does not do what is right is not a child of God; nor is anyone who does not love his brother.

9 하나님께로부터 난 자로서 죄를 계속하여 짓는 자가 없으니, 하나님의 씨앗이 그의 속에 거하는 까닭이요; 그가 계속하여 죄를 짓지 못하는 이유는 그가 하나님께로부터 태어난 까닭이니라. 10 이것이 우리가 하나님의 자녀들은 누구며 마귀의 자녀들은 누군지를 아는 방법이니라. 무릇, 누구든지 '옳은 일'을 행하지 아니하는 자는 하나님의 자녀가 아니요, 누구든지 그 형제를 사랑하지 아니하는 자 역시 하나님의 자녀가 아니니라.

11 This is the message you heard from the beginning: We should love one another. 12 Do not be like Cain, who belonged to the evil one and murdered his brother. And why did he murder him? Because his own actions were evil and his brother's were righteous.

11 이것이 너희가 처음부터 들은 메시지라: 우리가 서로 마땅히 사랑하여야 할지니, 12 가인(카인)과 같이 되지 말라, 그가 사악한 자에게 속한 바 되어, 자기의 아우를 죽였느니라. 왜, 무슨 이유로 죽였느냐? 자기의 행위는 악하되, 그 아우의 행위는 의로웠던 까닭이니라.

13 Do not be surprised, my brothers, if the world hates you. 14 We know that we have passed from death to life, because we love our brothers. Anyone who does not love remains in death.

13 형제들아, 세상이 너희를 미워하여도 놀라거나, 이상히 여기지 말라. 14 우리는 우리의 형제를 사랑한 까닭으로, 죽음에서 생명으로 이미 통과해 들어간 줄을 너희가 아느니라. 그러나 사랑하지 아니하는 자는 아직 죽음에 머물러 있느니라.

15 Anyone who hates his brother is a murderer, and you know that no murderer has eternal life in him. 16 This is how we know what love is: Jesus Christ laid down his life for us. And we ought to lay down our lives for our brothers.

15 그 형제를 미워하는 자는 누구든 다 살인하는 자니, 너희가 알다시피, 살인하는 자는 영생이 그 속에 없느니라. 16 사랑이 과연 무엇인지를 우리가 아는 길이 이것이니: 예수 그리스도께서 우리를 위하여 자기의 생명을 내려놓으신 것이 곧 사랑이니라. 그러므로, 우리도 우리의 형제들을 위하여 우리 목숨을

내어놓는 것이 마땅하니라.

17 If anyone has material possessions and sees his brother in need but has no pity on him, how can the love of God be in him? 18 Dear children, let us not love with words or tongue but with actions and in truth.

17 누가 재물과 물질을 소유하고 있으면서 그 형제의 궁핍함을 눈으로 보되, 그를 향한 동정심을 느끼지 못한다면 어찌 하나님의 사랑이 그 속에 거한다 할 수 있겠느냐? 18 사랑하는 자녀들아, 우리가 말과 혀로만 그리하지 말고 오직, 행함과 진실함으로 서로 사랑하자.

19 This then is how we know that we belong to the truth, and how we set our hearts at rest in his presence 20 whenever our hearts condemn us. For God is greater than our hearts, and he knows everything.

19 이로써 우리가 진리에 속한 줄을 알고 또 이렇게 하는 것이 우리의 마음을 주 하나님 앞에다 두는 방법이니, 20 우리의 마음이 우리를 스스로 정죄할 때마다 우리가 그렇게 하는 것이니라. 하나님은 우리 마음보다 크시고 모든 것을 알고 계시느니라.

21 Dear friends, if our hearts do not condemn us, we have confidence before God 22 and receive from him anything we ask, because we obey his commands and do what pleases him.

21 사랑하는 친구들아, 만일 우리의 마음에 우리가 스스로를 정죄할 것이 없으면 우리가 하나님 앞에서 담대함을 얻고 22 또, 무엇이든지 우리가 구하는 바를 하나님으로부터 받게 되나니, 이는 우리가 그의 계명을 지키고 그가 기뻐하시는 것을 행하기 때문이니라.

23 And this is his command: to believe in the name of his Son, Jesus Christ, and to love one another as he commanded us. 24 Those who obey his commands live in him, and he in them. And this is how we know that he lives in us: We know it by the Spirit he gave us.

23 그의 계명은 이것이니: 곧 그 아들 예수 그리스도의 이름을 믿고, 그가 우리에게 명하신대로 서로 사랑하라 하는 것이니라. 24 그의 계명을 지키는 자는 그 안에 거하고, 그는 우리 안에 거하시느니라. 이것이 바로, 우리가 그의 안에서 살고 있는지 여부를 알 수 있는 방법이니: 우리에게 주신 성령으로 말미암아 우리가 이것을 아느니라.

제4장

1 Dear friends, do not believe every spirit, but test the spirits to see whether they are from God, because many false prophets have gone out into the world. 2 This is how you can recognize the Spirit of God: Every spirit that acknowledges that Jesus Christ has come in the flesh is from God, 3 but every spirit that does not acknowledge Jesus is not from God. This is the spirit of the antichrist, which you have heard is com-ing and even now is already in the world.

1 사랑하는 친구들아, 모든 영(靈)을 다 믿지 말고, 그 영들이 하나님께로부터 온 것인지를 먼저 시험해 보라. 많은 거짓 선지자들이 나왔고, 이미 이 세상에 많이 들어와 있는 까닭이니라. 2 하나님의 성령을 분별해 아는 방법이 이것이니: 예수 그리스도께서 육신을 입고 (*이 땅에) 오신 것을 믿고 시인(是認)하는 영은 모두 하나님께로부터 온 것이요 3 이 예수를 시인하지 아니하는 영은 모두가 다 하나님께로부

터 온 것이 아니니라. 이것이 곧, 적그리스도의 영인데, 그가 오리라 한 말을 너희가 예전에 들었거니와 지금 벌써 이 세상에 와 있느니라.

4 You, dear children, are from God and have overcome them, because the one who is in you is greater than the one who is in the world. 5 They are from the world and therefore speak from the viewpoint of the world, and the world listens to them. 6 We are from God, and whoever knows God listens to us; but whoever is not from God does not listen to us. This is how we recognize the Spirit of truth and the spirit of falsehood.

4 사랑하는 자녀들아, 너희는 하나님께로부터 왔고, 또 그들을 이기었으니 이는 너희 안에 계신 이가 이 세상에 와 있는 자보다 더 크신 까닭이니라. 5 그들은 세상으로부터 온 자들인 고로 이 세상의 관점에서 말을 하고, 또 세상은 그들의 말을 듣느니라. 6 그러나 우리는 하나님께로부터 왔으니, 누구든 하나님을 아는 자는 우리의 말을 듣느니라; 그러나 하나님께로부터 오지 아니한 자는 우리의 말을 듣지 아니하나니, 이로써 우리가 진리의 성령과 미혹(迷惑)의 영(靈)을 구분할 줄 알게 되느니라.

7 Dear friends, let us love one another, for love comes from God. Everyone who loves has been born of God and knows God. 8 Whoever does not love does not know God, because God is love. 9 This is how God showed his love among us: He sent his one and only Son into the world that we might live through him.

7 사랑하는 자들아, 우리가 서로 사랑하자. 사랑은 하나님께로부터 온 것이니라. 누구든, 서로 사랑하는 자는 하나님께로부터 난 자이니, 모두가 다 하나님을 아느니라. 8 그러나 사랑하지 아니하는 자는 하나님을 알지 못하나니, 하나님은 사랑이심이로다. 9 이것이 하나님께서 그의 사랑을 우리 중에 보이신 길이니: 하나님께서 자기의 독생자 아들을 세상에 보내사, 그를 통하여 우리를 살리려 하심이니라.

10 This is love: not that we loved God, but that he loved us and sent his Son as an atoning sacrifice for our sins. 11 Dear friends, since God so loved us, we also ought to love one another.

10 이것이 사랑이라: 우리가 하나님을 사랑해서가 아니요, 하나님께서 우리를 사랑하사, 우리 죄를 대속하기 위한 희생 제물로 그 아들을 보내셨음이니라. 11 사랑하는 친구들아, 하나님이 이처럼 우리를 깊이 사랑하셨은즉, 우리도 서로 사랑하는 것이 당연하니라.

12 No one has ever seen God; but if we love one another, God lives in us and his love is made complete in us. 13 We know that we live in him and he in us, because he has given us of his Spirit.

12 아무도 하나님을 본 사람이 없나니: 그러나 우리가 서로 사랑하면 하나님이 우리 안에서 사시고, 그의 사랑이 우리 안에서 완전하게 되는 것이니라. 13 우리는 하나님 안에서 살고, 또 하나님은 우리 속에서 사는 것을 우리가 아는 이유는 하나님께서 그의 성령을 우리에게 주신 때문이니라.

14 And we have seen and testify that the Father has sent his Son to be the Savior of the world. 15 If anyone acknowledges that Jesus is the Son of God, God lives in him and he in God.

14 아버지께서 그 아들을 이 세상의 구세주로 보내신 것을 우리가 보았고 또 이를 증언하노라. 15 누구든지 예수를 하나님의 아들이라 시인하면, 하나님은 그의 안에 거하시고 그는 하나님 안에 거하는 사람이 되느니라.

16 And so we know and rely on the love God has for us. God is love. Whoever lives in love lives in God, and God in him. 17 In this way, love is made

complete among us so that we will have confidence on the day of judgment, because in this world we are like him. 18 There is no fear in love. But perfect love drives out fear, because fear has to do with punishment. The one who fears is not made perfect in love.

16 그런즉, 하나님께서 우리를 향해 보이신 그 사랑을 우리가 알고 또 우리가 이를 의지하였으니, 누구든지 사랑 안에 거하는 자는 하나님 안에 거하는 것이요, 하나님 역시 그의 안에 거하시느니라. 17 이와 같이, 우리 가운데에서 사랑이 온전히 완성되었으니, 이는 우리로 심판의 날에 확신과 자신감을 가지게 하려 함이요, 또한 이 세상에서 우리가 주(主)와 같기 때문이니라. 18 사랑 안에는 두려움이 없느니라. 완전한 사랑은 두려움을 몰아내나니, 두려움은 징벌(懲罰)과 연관된 까닭이니라. 두려워하는 자는 그 사랑을 완전히 이루지 못하였느니라.

19 We love because he first loved us. 20 If anyone says, "I love God," yet hates his brother, he is a liar. For anyone who does not love his brother, whom he has seen, cannot love God, whom he has not seen. 21 And he has given us this command: Whoever loves God must also love his brother.

19 그가 먼저 우리를 사랑하였으므로 우리도 사랑하느니라. 20 누가 말하기를, "내가 하나님을 사랑하노라" 하면서 그 형제를 미워하면 그는 거짓말하는 자라. 자기가 보는 바 그 형제를 사랑하지 못하는 자가 보이지 아니하는 하나님을 사랑할 수가 없느니라. 21 그리고 하나님께서 이 계명을 우리에게 주셨으니: "누구든지 하나님을 사랑하는 자는 마땅히 자기의 형제를 사랑해야 하리라" 하였느니라.

제5장

1 Everyone who believes that Jesus is the Christ is born of God, and everyone who loves the father loves his child as well. 2 This is how we know that we love the children of God: by loving God and carrying out his commands. 3 This is love for God: to obey his commands. And his commands are not burdensome, 4 for everyone born of God overcomes the world. This is the victory that has overcome the world, even our faith.

1 예수께서 그리스도이심을 믿는 자마다 하나님께로부터 난 자이니, 아버지를 사랑하는 자는 그 아들도 사랑하느니라. 2 이것이 우리가 하나님의 자녀를 사랑하는지 그 여부를 알 수 있는 방법이니: 하나님을 사랑하고 그의 계명들을 지키면 바로 그것이 곧, 우리가 하나님의 자녀를 사랑하는 것을 증명하는 것이니라. 3 하나님을 사랑한다 함은: 그의 계명을 지키는 것이니, 그의 계명들은 우리가 지기에 무거운 것이 아니요, 4 무릇 하나님께로부터 난 사람은 모두 세상을 이기느니라. 즉, 세상을 이겨 낸 승리는 바로 우리의 믿음이니라.

5 Who is it that overcomes the world? Only he who believes that Jesus is the Son of God. 6 This is the one who came by water and blood--Jesus Christ. He did not come by water only, but by water and blood. And it is the Spirit who testifies, because the Spirit is the truth. 7 For there are three that testify: 8 the Spirit, the water and the blood; and the three are in agreement.

5 이 세상을 이겨 내는 자가 누구냐? 오직 예수가 하나님의 아들이심을 믿는 자 뿐이니라. 6 곧, 물과 피로 임(臨)하신 이시니, 예수 그리스도시라. 물로써만 오신 것이 아니요, 물과 함께 피로 오심이로다. 이를 증거하는 이가 성령이시니, 성령은 진리인 까닭이니라. 7 증언하는 이가 셋이 계시니 8 성령과, 물과, 그리고 피니라; 그런데 이 셋은 합하여 하나이니라.

9 We accept man's testimony, but God's testimony is greater because it is the testimony of God, which he has given about his Son. 10 Anyone who believes in the Son of God has this testimony in his heart. Anyone who does not believe God has made him out to be a liar, because he has not believed the testimony God has given about his Son.

9 우리가 때로 사람의 증언도 받아들이지만, 그러나 하나님의 증거하심이 더욱 큰 이유는 이것이 그의 아들에 대하여 증거하시는 하나님의 증언이기 때문이라. 10 그러나 누구든 하나님의 아들을 믿는 자는 그 마음에 이 증거를 가졌느니라. 누구든 하나님을 믿지 아니하는 자는 하나님을 거짓말하는 자로 만드는 것이니, 그 까닭은 하나님께서 그 아들에 대하여 증언하신 증거를 그가 믿지 아니한 때문이니라.

11 And this is the testimony: God has given us eternal life, and this life is in his Son. 12 He who has the Son has life; he who does not have the Son of God does not have life. 13 I write these things to you who believe in the name of the Son of God so that you may know that you have eternal life.

11 그리고 이것이 그 증거이니: 하나님이 우리에게 영생을 주셨고, 이 생명은 그의 아들 안에 있다는 사실이니라. 12 아들이 있는 자에게는 생명이 있고, 하나님의 아들을 가지고 있지 못한 자에게는 생명이 없느니라. 13 내가 하나님의 아들의 이름을 믿는 너희에게 (*다시) 이 글을 쓰는 것은 너희에게 영생이 있음을 너희로 알게 하려 함이니라.

14 This is the confidence we have in approaching God: that if we ask anything according to his will, he hears us. 15 And if we know that he hears us--whatever we ask--we know that we have what we asked of him.

14 우리가 하나님께 가까이 나아가며 가진 확신과 자신감이 바로 이것이니: 곧, 무엇이든지 그의 뜻에 따라 무엇을 구하면 하나님께서 우리의 기도를 들으신다는 것이라. 15 그리고 그 어떠한 것을 우리가 구하든지 우리를 들으시는 줄을 우리가 알므로 또한 그에게 구한 것을 우리가 이미 받아 가진 줄도 아느니라.

16 If anyone sees his brother commit a sin that does not lead to death, he should pray and God will give him life. I refer to those whose sin does not lead to death. There is a sin that leads to death. I am not saying that he should pray about that. 17 All wrongdoing is sin, and there is sin that does not lead to death. 18 We know that anyone born of God does not continue to sin; the one who was born of God keeps him safe, and the evil one cannot harm him.

16 누구든지 그 형제가 죄를 짓되, 사망에 이르는 죄가 아닌 경우에는 그는 하나님께 기도할 것이요, 그리하면 하나님께서 그에게 생명을 주시리라. 여기에서 내가 말하는 죄는 죽음에는 해당하지 않는 그런 죄를 이름이니라. 사망에 이르는 죄가 있으니 이에 관하여는 기도하여 구하라 하지 않노라. 17 불의를 행하는 것이 모두 죄로되, 사망에 이르지 아니하는 그런 죄도 있음이로다. 18 우리가 알건대, 하나님께로부터 난 자는 계속하여 죄를 짓지 아니하고; 또 하나님께로부터 나신 자가 그를 지키시매, 악한 자가 그를 해치지 못하느니라.

19 We know that we are children of God, and that the whole world is under the control of the evil one. 20 We know also that the Son of God has come and has given us understanding, so that we may know him who is true. And we are in him who is true--even in his Son Jesus Christ. He is the true God and eternal life. 21 Dear children, keep yourselves from idols.

19 우리가 참으로 하나님의 자녀임을 잘 알고, 또한 이 온 세상이 악한 자의 수중에 이미 들어가 있는 줄도 우리가 아노라. 20 또 우리가 아는 것은, 하나님의 아들이 이 땅에 오셔서 우리에게 지각(知覺)을 주사, 진정 '참 되신 자' 되신 그를 우리로 알게 하셨다는 것이라. 이제 우리가 이 참 되신 이, 곧 그 분 안

에 들어와 있으니, 이가 곧, 하나님의 아들, 예수 그리스도시니라. 그는 참 하나님이시요, 영생이시니라.
21 자녀들아 우상(偶像)을 멀리 하고 너희 자신을 지키라.

요한 2서

2 John

2 John

요한 2서

제1장

1 The elder, To the chosen lady and her children, whom I love in the truth-- and not I only, but also all who know the truth-- 2 because of the truth, which lives in us and will be with us forever: 3 Grace, mercy and peace from God the Father and from Jesus Christ, the Father's Son, will be with us in truth and love.

1 장로인 나는, 진리 가운데에서 내가 사랑하는—그리고 나 뿐 아니요 진리를 아는 모든 이들이 사랑하는—택하심을 받은 부녀와 그 자녀들에게 (*편지하노니): 2 우리가 이렇게 저희들을 사랑하는 이유는 진리로 말미암음이라, 이 진리가 우리 가운데에서 살고, 또 우리 가운데에 영원히 거하리라. 3 하나님 아버지와 아버지의 아들 예수 그리스도께로부터 오는 은혜와 긍휼과 평강이, 진리와 사랑 가운데서 우리와 함께 있으리라.

4 It has given me great joy to find some of your children walking in the truth, just as the Father commanded us. 5 And now, dear lady, I am not writing you a new command but one we have had from the beginning. I ask that we love one another. 6 And this is love: that we walk in obedience to his commands. As you have heard from the beginning, his command is that you walk in love.

4 하나님 아버지께서 우리에게 명(命)하신대로, 너의 자녀들 중에 여러 명이 진리(眞理) 가운데에서 걷고 행하는 것을 보게 된 것이 내게 한량없이 큰 기쁨을 주었노라. 5 그리고 이제 내 친애하는 부녀에게 편지 글로써 쓰고자 하는 것은 새로운 계명이 아니요, 우리가 처음부터 가졌던 옛 계명이니, 곧, 우리가 서로 사랑하자 하는 것이니라. 6 이것이 곧 사랑이라: 우리가 주의 계명에 순종하는 가운데 사는 것이 사랑이니라. 너희가 처음부터 들은 것과 같이, 주의 계명은 사랑 가운데에서 걸으라 하는 것이니라.

7 Many deceivers, who do not acknowledge Jesus Christ as coming in the flesh, have gone out into the world. Any such person is the deceiver and the antichrist. 8 Watch out that you do not lose what you have worked for, but that you may be rewarded fully.

7 예수 그리스도께서 육신을 입고 이 세상에 오신 것을 부인하는 자, 곧, 미혹(迷惑)하는 자가 많이 나왔고, 그들이 이 세상에 들어 왔으니, 이런 자들이 미혹하는 자요, 적그리스도니라. 8 그러므로 너희는 특히 유의하여, 너희가 몸 바쳐 수고해 온 그것을 잃지 않도록 유념할지니, 이는 너희에게 주어질 온전한 상(賞)을 받기 위함이니라.

9 Anyone who runs ahead and does not continue in the teaching of Christ does not have God; whoever continues in the teaching has both the Father and the Son. 10 If anyone comes to you and does not bring this teaching, do not take him into your house or welcome him. 11 Anyone who welcomes him shares in his wicked work.

9 매사에 앞서 나가기만 하고 그리스도의 교훈 가운데에 머물러 행하지 않는 사람은 하나님을 (*아버지로) 모시지 못하느니라. 그러나 누구든지 그리스도의 가르침 안에 계속 머무는 자는 하나님 아버지와 아

들을 둘 다 가졌느니라. **10** 누구든지 이 교훈을 지니지 않고 너희에게 나아오는 자가 있거든 그를 집에
들이지도 말고 환영하지도 말라. **11** 그를 환영하는 자는 그의 사악한 일에 참여하는 자가 됨이니라.

12 I have much to write to you, but I do not want to use paper and ink.
Instead, I hope to visit you and talk with you face to face, so that our joy may
be complete. **13** The children of your chosen sister send their greetings.

12 내가 너희에게 쓸 것이 많이 있으나, 그러나 종이와 잉크로 쓰기를 원하지 아니하노라. 대신에 너희
를 방문하고 얼굴을 맞대고 이야기할 수 있기를 원하노니 이는 우리의 기쁨이 충만하게 하려 함이니라.
13 너희 중에 있는 택하심을 받은 자매의 자녀들이 너희에게 문안 인사를 전하노라.

요한 3서

3 John

3 John
요한 3서

제1장

1 The elder, To my dear friend Gaius, whom I love in the truth. 2 Dear friend,
I pray that you may enjoy good health and that all may go well with you, even
as your soul is getting along well. 3 It gave me great joy to have some brothers
come and tell about your faithfulness to the truth and how you continue to
walk in the truth. 4 I have no greater joy than to hear that my children are
walking in the truth.

1 장로(長老)인 내가, 나의 친애하는 친구인 가이오 곧, 내가 진리 안에서 사랑하는 자에게 (*편지하노
라.) 2 친애하는 친구여, 네가 좋은 건강을 누리고 또 모든 일들이 네게 있어 잘 되어 갈 뿐 아니라, 너의
영혼 역시 평안 가운데 지내기를 내가 기도하노라. 3 몇몇 형제들이 내게 건너와서, 진리를 향한 너의
신실함과 그리고 또 네가 어떻게 계속 진리 안에서 행하는지를 알려오니 나의 기쁨이 한량이 없도다. 4
내 자녀들이 진리 안에서 걷는다 하는 소식을 듣는 것보다 더 큰 기쁨이 내게 없도다.

5 Dear friend, you are faithful in what you are doing for the brothers, even
though they are strangers to you. 6 They have told the church about your love.
You will do well to send them on their way in a manner worthy of God. 7 It
was for the sake of the Name that they went out, receiving no help from the
pagans. 8 We ought therefore to show hospitality to such men so that we may
work together for the truth.

5 내 사랑하는 친구여, 비록 그들이 네게 있어 낯선 사람이나 네가 그 형제들을 위해 행한 것이 다 신실
(信實)한 일이라. 6 그들이 너의 사랑을 교회 앞에서 고(告)하였느니라. 그들을 이제 (*떠나 보내게 하
되,) 하나님이 기뻐하실 방도로서 그렇게 길을 떠나게 하면, 이 역시 네가 잘하는 일이니라. 7 그들이 이
렇게 길을 나서는 것이 다 주의 이름을 위한 일이니, 그들이 이방인들로부터는 아무 도움도 받지 아니하
리라. 8 그러므로 우리가 이같은 자들을 영접하고 환대하는 것이 마땅한 일이라, 이로써 진리를 위하여
함께 일을 할 수 있게 되리라.

9 I wrote to the church, but Diotrephes, who loves to be first, will have
nothing to do with us. 10 So if I come, I will call attention to what he is doing,
gossiping maliciously about us. Not satisfied with that, he refuses to welcome
the brothers. He also stops those who want to do so and puts them out of the
church.

9 내가 교회를 향해 편지 글을 썼으나 그러나 항상, 으뜸되기를 좋아하는 디오드레베는 우리와는 아무
런 상관이 없느니라. 10 그러므로 내가 너희에게 건너가면 그가 행한 일에 대해 (*교회가) 주목해 살펴
보기를 청하리니, 이는 그가 악한 말로 우리를 비방한 일에 관해서니라. 그가 이런 것에 만족하지 못하
고 (*그 위에 악을 더하여) 우리의 형제를 맞아들이기를 거부하였고, 이 형제들을 맞아들이기 원하는 성
도들을 만류하고 또 교회 밖으로 쫓아내기까지 하였느니라.

11 Dear friend, do not imitate what is evil but what is good. Anyone who does
what is good is from God. Anyone who does what is evil has not seen God. 12

Demetrius is well spoken of by everyone--and even by the truth itself. We also speak well of him, and you know that our testimony is true.

11 친애하는 친구여, 악한 것을 본받지 말고 선한 것을 본받으라. 누구든 선한 일을 행하는 자는 하나님
께로부터 왔느니라. 그러나 누구든 사악(邪惡)한 일을 행하는 자는 하나님을 만나보지를 못하였느니라.
12 데메드리오는 모든 사람으로부터 칭찬의 말을 듣는 자라, 진리 그 자체로부터도 그리하니라. 우리
역시 그에 대해 좋은 평을 말하나니, 우리의 이 증언이 진실된 줄은 너희가 이미 잘 아는 바니라.

13 I have much to write you, but I do not want to do so with pen and ink. **14** I
hope to see you soon, and we will talk face to face. Peace to you. The friends here send their greetings. Greet the friends there by name.

13 내가 네게 쓸 것이 많으나 펜과 잉크로 하기를 원하지 아니하니라. **14** 내가 너희를 속히 볼 수 있기
를 바라니, 우리가 얼굴을 맞대고 얘기할 수 있으리라. 평강(平康)이 네게 있을지어다. 여기에 있는 친구들이 각자 자기들의 인사를 전하느니라. 거기 있는 친구들에게도 이름을 들어 문안(問安)하라.

유다서

Jude

Jude

유다서

제1장

1 Jude, a servant of Jesus Christ and a brother of James, To those who have
been called, who are loved by God the Father and kept by Jesus Christ: 2
Mercy, peace and love be yours in abundance.

1 예수 그리스도의 종이요 야고보의 형제인 유다는, 부르심을 받은 자 곧, 하나님 아버지로부터 사랑을
받고, 예수 그리스도에 의해 지키심을 받은 자들에게: (*편지하노니) 2 긍휼(矜恤)과 평강(平康)과 사랑
이 더욱 풍성히 너희에게 있을지어다.

3 Dear friends, although I was very eager to write to you about the salvation we share, I felt I had to write and urge you to contend for the faith that was once for all entrusted to the saints.

3 사랑하는 친구들아, 우리가 함께 나누어 받은 그 구원에 관하여 너희에게 뭔가를 써 보내려는 생각이 간절하던 중에, 이런 내용은 꼭 너희에게 써 보내야 하겠다는 생각을 하게 되었으니 곧, 너희는—우리들 성도 모두에게 단번에 걸쳐 주신—그 믿음을 위하여 힘써 싸우라는 것이니라.

4 For certain men whose condemnation was written about long ago have secretly slipped in among you. They are godless men, who change the grace of our God into a license for immorality and deny Jesus Christ our only Sovereign and Lord.

4 자신의 정죄 받을 일이 이미 오래 전에 기록되어 있는 특정한 사람들 몇 명이 너희 중에 비밀히 숨어 들어 와 있으니 그들은 하나님 없는 불경건한 자(者)들이라, 하나님의 은혜를, 불의와 부도덕한 행위를 위한 면허로 바꾸어 버림으로, 홀로 하나이신 권능의 주 하나님, 우리 주 예수 그리스도를 부인하는 자들이니라.

5 Though you already know all this, I want to remind you that the Lord
delivered his people out of Egypt, but later destroyed those who did not
believe. 6 And the angels who did not keep their positions of authority but
abandoned their own home--these he has kept in darkness, bound with
everlasting chains for judgment on the great Day.

5 비록 너희가 이 모든 것을 이미 알고 있는 바이나, 다시 한번 너희를 상기시키기 위하여 내가 쓰노니,
주 하나님께서 자기의 백성을 이집트로부터 구원해 내셨으나 그를 믿지 아니하는 사람들을 모두 그 후
에 멸(滅)하여 버리신 사실이며, 6 또 자기에게 주어진 권위의 위치를 지키지 않고, 그 본래 처소를 버린
천사들을 암흑 가운데 가두어 두신 일이라—하나님께서 그들을 저 큰 날의 심판 때까지 영원한 결박(結
縛)과 함께 묶어 가두어 두셨느니라.

7 In a similar way, Sodom and Gomorrah and the surrounding towns gave
themselves up to sexual immorality and perversion. They serve as an example
of those who suffer the punishment of eternal fire. 8 In the very same way,
these dreamers pollute their own bodies, reject authority and slander celestial

beings.

7 이와 같이 소돔과 고모라와 또 그 주위의 성읍들 역시 자신들을 저 육체의 음란함과 변태 행위에 내
주어 버림으로, 영원한 불길의 형벌을 받는 선례로 남게 되었으며 8 마찬가지로, 이 꿈꾸는 사람들 역시
그와 같이 자기 육체를 더럽히며, (*하늘의) 권세를 거부하고, (*하늘에 계신) 거룩한 실체와 존재들을
비방(誹謗)하기에까지 이르렀음이로다.

9 But even the archangel Michael, when he was disputing with the devil about
the body of Moses, did not dare to bring a slanderous accusation against him,
but said, "The Lord rebuke you!" 10 Yet these men speak abusively against
whatever they do not understand; and what things they do understand by
instinct, like unreasoning animals -- these are the very things that destroy
them.

9 천사장 미가엘이라도, 그가 저 모세의 시신에 관하여 마귀와 분쟁할 때에, 감히 마귀를 비방하는 고발
은 하지 못하고 다만 말하되, “주 하나님께서 너를 꾸짖으시리라.” 했을 뿐이니라. 10 그런데, 이 사람들
은 자기들이 알지도 못하는 것들을–무엇이든지 대놓고 독설을 해대니; 그들은 이성 없는 동물과 같아
서, 자기들이 단지 본능으로만 아는 그런 것들을 통하여 스스로 멸망을 자취(自取)하는 존재들이로다.

11 Woe to them! They have taken the way of Cain; they have rushed for profit
into Balaam's error; they have been destroyed in Korah's rebellion. 12 These
men are blemishes at your love feasts, eating with you without the slightest
qualm--shepherds who feed only themselves. They are clouds without rain,
blown along by the wind; autumn trees, without fruit and uprooted--twice
dead. 13 They are wild waves of the sea, foaming up their shame; wandering
stars, for whom blackest darkness has been reserved forever.

11 이런 자들에게 화(禍)가 있을진저! 이들이 가인(카인)의 길을 택하여 행하였으며; 발람의 그릇된 이
득을 좇아 달려 나갔으며, 고라의 반역을 따라 멸망을 받았음이로다. 12 이들은 너희의 사랑스런 식탁
에 있는 더러운 흠이라, 조금의 양심의 가책도 없이 너희와 함께 앉아 먹으니–자기만 챙겨 먹는 목자
(牧者) 같으니라. 그들은 바람에 떠 밀려 다니는 비 없는 구름이요, 열매 없이 뿌리가 뽑히운 가을 나무
니–두 번이나 죽은 나무이며 13 거친 바다의 파도로서, 스스로의 수치(羞恥)를 거품으로 말아 올리는
물결이요, 떠돌아 다니는 별들이니, 그들을 위한 칠흙같이 깜깜한 어둠이 영원 전부터 예비되어 있음이
로다.

14 Enoch, the seventh from Adam, prophesied about these men: "See, the
Lord is coming with thousands upon thousands of his holy ones 15 to judge
everyone, and to convict all the ungodly of all the ungodly acts they have done
in the ungodly way, and of all the harsh words ungodly sinners have spoken
against him." 16 These men are grumblers and faultfinders; they follow their
own evil desires; they boast about themselves and flatter others for their own
advantage.

14 아담의 칠대 손(孫) 에녹이 이 사람들에 대하여 예언하여 이르되: “보라, 주(主) 하나님께서 그 수천
수만의 거룩한 자들과 함께 오시리니 15 만인을 심판하시며, 모든 경건하지 않은 자들의 경건하지 않은
길로 행한 그 모든 경건하지 않은 일들을 심판하시고, 또 그 경건하지 않은 죄인들이 주를 거슬러 한 모
든 완악(頑惡)한 말로 인하여 그들을 정죄하시리라.” 하였느니라. 16 이 사람들은 (*항상) 불평만을 말
하는 자들이요, 허물을 찾는 자들이요, 자신들의 사악한 정욕을 따라 사는 자들이요, 자기를 뽐내어 자
랑하며, 자기의 유익을 위하여 아첨하는 말을 하는 자들이니라.

17 But, dear friends, remember what the apostles of our Lord Jesus Christ
foretold. 18 They said to you, "In the last times there will be scoffers who will

follow their own ungodly desires." 19 These are the men who divide you, who
follow mere natural instincts and do not have the Spirit.

17 그러나 나의 사랑하는 친구들아, 너희는 우리 주 예수 그리스도의 사도들이 장래를 예견하여 했던
말들을 기억하라. 18 그들이 너희에게 말하였던 것이 이런 내용이라, "마지막 때에 (*너희를) 비웃는 자
들이 있을 것이니, 자기의 불경건한 정욕을 따라 행하는 자들이라" 하였느니라. 19 이 사람들이 곧 너희
를 나뉘이게 하는 자요, 단순한 본능에 따라 사는 자요, 성령을 가지지 못한 자들이니라.

20 But you, dear friends, build yourselves up in your most holy faith and pray
in the Holy Spirit. 21 Keep yourselves in God's love as you wait for the mercy
of our Lord Jesus Christ to bring you to eternal life.

20 그러나 나의 사랑하는 친구들인 너희는, 너희의 지극히 거룩한 믿음의 토대 위에 자신을 건축해 세
우며, 늘 성령 가운데에서 기도하며, 21 하나님의 사랑 안에서 자신을 지키며, 너희에게 영생을 가져다
줄 우리 주 예수 그리스도의 긍휼을 기다리라.

22 Be merciful to those who doubt; 23 snatch others from the fire and save
them; to others show mercy, mixed with fear--hating even the clothing stained
by corrupted flesh.

22 (*아직도) 의심을 버리지 못한 자들을 긍휼히 여기며; 23 또 다른 자들은 그 불 속에서부터 끌어내어
이를 구원하고; 또 다른 자들에게는 자비함을 보이되 경외심(敬畏心)과 함께 그리하며—타락한 육신에
의해 물든 것은 그 옷까지도 미워하는 가운데에서 그리하라.

24 To him who is able to keep you from falling and to present you before his
glorious presence without fault and with great joy-- 25 to the only God our
Savior be glory, majesty, power and authority, through Jesus Christ our Lord,
before all ages, now and forevermore! Amen.

24 너희를 능히 보호하사 타락하지 않게 하시고, 그의 영광스런 나타나심 앞에서 너희로 하여금 점도
없고 흠도 없이 오직 크나큰 기쁨으로 서게 만드실 이— 25 곧 홀로 하나이신, 우리 구주 하나님께, 우
리 주 예수 그리스도를 통하여, 영광과 위엄과 능력과 권세가, 영원 전부터, 그리고 이제와 앞으로도 영
원 무궁토록 있을지어다! 아멘.

요한계시록

Revelation

Revelation

요한계시록

제1장

1 The revelation of Jesus Christ, which God gave him to show his servants
what must soon take place. He made it known by sending his angel to his
servant John, 2 who testifies to everything he saw--that is, the word of God
and the testimony of Jesus Christ.

1 예수 그리스도의 계시(啓示)라. 이는 하나님께서 예수께 주신 것으로, 머지않아 반드시 일어날 일을
그의 종에게 보여주신 것이니라. 예수께서 자신의 천사를 그의 종 요한에게 보내어 이를 알게 하셨고, 2
요한은 자신이 눈으로 본 모든 것을 이제 삼가 증언하노니 곧, 하나님의 말씀과 예수 그리스도의 증거로
다.

3 Blessed is the one who reads the words of this prophecy, and blessed are those who hear it and take to heart what is written in it, because the time is near.

3 이 예언의 말씀을 읽는 자와, 귀로 듣고 그 가운데 씌여 있는 것을 마음에 간직하는 자가 복이 있나니, 때가 가까움이니라.

4 John, To the seven churches in the province of Asia: Grace and peace to you
from him who is, and who was, and who is to come, and from the seven spirits
5 before his throne, and from Jesus Christ, who is the faithful witness, the
firstborn from the dead, and the ruler of the kings of the earth. 6 To him who
loves us and has freed us from our sins by his blood, and has made us to be a
kingdom and priests to serve his God and Father--to him be glory and power
for ever and ever! Amen.

4 나 요한은 아시아 지역에 있는 일곱 교회에 (*편지하노니): 이제도 계시고, 전에도 계셨고, 이제 다시
오실 그 분과, 5 그의 보좌 앞에 있는 일곱 영과, 그리고 신실하신 증인이시며, 죽은 자 가운데에서 처음
일어나신 분이시요, 이 세상 왕들을 다스리시는 주권자이신 예수 그리스도로부터; 은혜와 평강이 너희
에게 있을지어다. 6 우리를 사랑하사, 그의 피로써 우리를 우리의 죄로부터 자유하게 하시고, 우리를 그
의 나라로 삼으시고, 또 우리를 그의 아버지 하나님을 섬기는 제사장으로 만드신 이에게–영광과 능력
이 영원 무궁토록 있을지어다. 아멘.

7 Look, he is coming with the clouds, and every eye will see him, even those
who pierced him; and all the peoples of the earth will mourn because of him.
So shall it be! Amen. 8 "I am the Alpha and the Omega," says the Lord God,
"who is, and who was, and who is to come, the Almighty."

7 볼지어다, 그가 구름과 함께 오시리라, 모든 사람의 눈이 그를 보겠고, 그를 창으로 찌른 자들도 볼 것
이요; 이 땅에 있는 모든 족속이 그로 인하여 통곡하리라. 이 일이 진정 이렇게 이루어지리라! 아멘. 8
"나는 알파요 오메가라," 주 하나님이 말씀하시되, "이제도 있고, 전에도 있었고, 장차 올 자요, 전능한
자라." 하시더라.

9 I, John, your brother and companion in the suffering and kingdom and
patient endurance that are ours in Jesus, was on the island of Patmos because
of the word of God and the testimony of Jesus. 10 On the Lord's Day I was in
the Spirit, and I heard behind me a loud voice like a trumpet, 11 which said:
"Write on a scroll what you see and send it to the seven churches: to Ephesus,
Smyrna, Pergamum, Thyatira, Sardis, Philadelphia and Laodicea."

9 나 요한은 너희의 형제니, 예수 안에 있는 그의 나라와, 우리의 환난과, 그리고 우리의 오래 참는 인내
에 너희와 함께 동참하는 자라, 내가 하나님의 말씀과 예수를 증거하는 증언으로 인하여 밧모라 하는 섬
에 있었더니 10 어느 주의 날에 내가 성령 가운데에서 감동되어 있을 때에, 내 뒤에서 나는 트럼펫 소리
같은 큰 음성을 들었으니 11 그 소리가 이르되: "네가 보는 것을 두루마리에 써서 일곱 교회 곧, 에페소
(에베소), 스미르나(서머나), 페르가뭄(버가모), 티아티라(두아디라), 사르디스(사데), 필라델피아(빌라델
비아), 라오디케아(라오디게아) 교회에 보내라." 하시더라.

12 I turned around to see the voice that was speaking to me. And when I
turned I saw seven golden lampstands, 13 and among the lampstands was
someone "like a son of man," dressed in a robe reaching down to his feet and
with a golden sash around his chest. 14 His head and hair were white like
wool, as white as snow, and his eyes were like blazing fire. 15 His feet were
like bronze glowing in a furnace, and his voice was like the sound of rushing
waters. 16 In his right hand he held seven stars, and out of his mouth came
a sharp double- edged sword. His face was like the sun shining in all its
brilliance.

12 이에 내가 몸을 돌이켜 나에게 말을 하던 그 음성을 알아보려고 돌아 설 때에 내가 일곱 금 촛대를
보았고, 13 그 촛대들 사이로 "사람의 아들" 같은 이가 보였는데, 그가 자기의 발에까지 끌리는 긴 옷을
입고 가슴에는 금띠를 매고 있더라. 14 그의 머리와 머리카락은 그 희기가 양털 같고, 흰 눈 같으며 그
의 눈은 타오르는 불꽃 같고, 15 그의 발은 용광로에서 빛나는 황동과 같은데, 그의 목소리는 급하게 흘
러 내리는 물 소리와도 같더라. 16 그가 오른손에 일곱 별을 쥐고 있으며 그의 입에서는 양쪽에 날을 세
운 날카로운 검이 들락날락 하며 나오고, 그 얼굴은 마치 해가 자기의 모든 광채를 더하며 힘있게 비치
는 것 같더라.

17 When I saw him, I fell at his feet as though dead. Then he placed his right
hand on me and said: "Do not be afraid. I am the First and the Last. 18 I am
the Living One; I was dead, and behold I am alive for ever and ever! And I hold
the keys of death and Hades.

17 그를 볼 때에, 내가 그의 발 앞에 엎드러져 죽은 자 같이 되었었는데, 그가 그 오른손을 내게 얹으며
말씀하시기를: "두려워하지 말라. 나는 처음이요 마지막이라. 18 내가 '살아 있는 이'니라; 내가 한 때,
죽었었으나 그러나 볼지어다! 내가 이제 세세토록 살아 있어 사망과 음부의 열쇠를 가졌노라."

19 "Write, therefore, what you have seen, what is now and what will take place
later. 20 The mystery of the seven stars that you saw in my right hand and of
the seven golden lampstands is this: The seven stars are the angels of the seven
churches, and the seven lampstands are the seven churches.

19 "그러므로, 너는 지금 네가 본 것과, 지금 있는 일과, 그리고 장차 일어날 일들을 기록하라. 20 네가
내 오른손에서 본 일곱 별과 또 일곱 금 촛대의 비밀은 이것이니: 그 일곱 별은 일곱 교회의 사자(使者)
요, 일곱 촛대는 일곱 교회니라."

제2장

1 "To the angel of the church in Ephesus write: These are the words of him
who holds the seven stars in his right hand and walks among the seven golden
lampstands: 2 I know your deeds, your hard work and your perseverance. I
know that you cannot tolerate wicked men, that you have tested those who
claim to be apostles but are not, and have found them false.

1 "에페소(에베소) 교회의 사자에게 편지하라: 이는 그 오른손에 일곱 별을 붙잡고, 일곱 금 촛대 사이를
거니시는 이의 말씀이니라: 2 내가 아노니, 너의 행위와 네가 수고한 일과 또 너의 인내함을 내가 알고
있느니라. 또 내가 아는 것은 네가 저 사악한 자들을 용납하지 아니한 것과, 스스로 사도(使徒)라 주장하
되 사도가 아닌 자들을 네가 시험하여 그의 거짓된 것을 드러낸 것이라.

3 You have persevered and have endured hardships for my name, and have not
grown weary. 4 Yet I hold this against you: You have forsaken your first love.

3 또 네가 내 이름을 위하여 그 모든 것을 참고, 힘든 것을 견디어 내었으며 그 가운데에서 연약해지지
도 아니하였도다. 4 그러나 이 점에서는 내가 너를 책망해야 할 것이 있으니: 네가 너의 처음 사랑을 버
렸느니라.

5 Remember the height from which you have fallen! Repent and do the things
you did at first. If you do not repent, I will come to you and remove your
lampstand from its place. 6 But you have this in your favor: You hate the
practices of the Nicolaitans, which I also hate.

5 그러므로 어느 높이에서부터 네가 떨어졌는지를 기억할지어다! 그리고 회개하라! 그리하여, 네가 처
음부터 해 오던 그것을 다시 행할지니라. 네가 만일 회개하지 아니하면, 내가 네게 가서 네 촛대를 그 자
리에서 옮겨 버리리라. 6 그러나 네게 칭찬할 것도 있음이니: 곧, 네가 니골라 당(黨)의 행위를 미워하였
도다. 이것은 나도 미워하는 바이니라.

7 He who has an ear, let him hear what the Spirit says to the churches. To him
who overcomes, I will give the right to eat from the tree of life, which is in the
paradise of God.

7 귀 가진 자는 성령이 교회들에게 하시는 말씀을 들을지어다. 이겨 내는 그에게는 내가 생명의 나무로
부터 열매를 따서 먹을 권리를 주리니, 곧 하나님의 낙원에 있는 나무니라."

8 "To the angel of the church in Smyrna write: These are the words of him
who is the First and the Last, who died and came to life again. 9 I know your
afflictions and your poverty-- yet you are rich! I know the slander of those
who say they are Jews and are not, but are a synagogue of Satan.

8 "스미르나(서머나) 교회의 사자에게 편지하라: 이것은 처음이요, 마지막이요, 한번 죽었다가 다시 살
아나신 이가 이르는 말이라. 9 내가 너의 고통과 너의 가난을 아노라–그러나 실상은 네가 부요(富饒)한
자니라! 또 내가 아노니, 유대인이 아니면서 자칭 유대인이라 하는 자들의 모략과 비방이라, 이들이 곧,
사탄의 회당(會黨)이니라.

10 Do not be afraid of what you are about to suffer. I tell you, the devil will
put some of you in prison to test you, and you will suffer persecution for ten
days. Be faithful, even to the point of death, and I will give you the crown of
life. 11 He who has an ear, let him hear what the Spirit says to the churches.
He who overcomes will not be hurt at all by the second death.

10 너는 네게 조만간 닥칠 그 고난을 인하여 두려워하지 말라. 내가 말하건대, 마귀가 너희 가운데 몇

사람을 감옥에 가두고 시험하리니, 너희가 열흘 동안 박해를 받으리라. 그러나 네가 죽기까지 네 믿음을
굳게 지키라. 그러면 내가 생명의 면류관을 네게 주리라. 11 귀 가진 자는 성령이 교회들에게 하시는 말
씀을 들을지어다. 이겨 내는 그는 둘째 사망으로부터 아무런 해(害)도 받지 아니하리라."

12 "To the angel of the church in Pergamum write: These are the words of him
who has the sharp, doubleedged sword. 13 I know where you live-- where
Satan has his throne. Yet you remain true to my name. You did not renounce
your faith in me, even in the days of Antipas, my faithful witness, who was put
to death in your city-- where Satan lives.

12 "페르가뭄(버가모) 교회의 사자에게 편지하라: 이것은 날카로운, 그리고 좌우에 날선 검을 가지신 이
가 네게 이르는 말이니라. 13 네가 어디에서 살고 있는지를 내가 아노니 거기는 사탄의 보좌가 있는 곳
이라. 그러나 네가 내 이름에 진실되게 머물러서 저 안디바의 날들 동안에도 내게 대한 너의 믿음을 저
버리지 아니하였으니, 이 안디바는 내 충성된 증인이요, 너희의 성읍에서 죽임을 당한 자라, 거기는 사
탄이 사는 처소니라.

14 Nevertheless, I have a few things against you: You have people there who
hold to the teaching of Balaam, who taught Balak to entice the Israelites to
sin by eating food sacrificed to idols and by committing sexual immorality. 15
Likewise you also have those who hold to the teaching of the Nicolaitans.

14 그러나 네게 몇 가지 책망할 것이 있으니: 거기 네게 발람의 가르침을 따르는 자들이 있도다. 이 발
람은 이스라엘 자손들을 미혹하도록 발락을 가르쳐, 이스라엘로 하여금 우상에게 제사 지낸 음식을 먹
도록 하고 또 성적 음란을 저지르게 한 자라. 15 이와 같이 네게도 니골라 당의 교훈을 지키는 자들이 있
음이로다.

16 Repent therefore! Otherwise, I will soon come to you and will fight against
them with the sword of my mouth. 17 He who has an ear, let him hear what
the Spirit says to the churches. To him who overcomes, I will give some of the
hidden manna. I will also give him a white stone with a new name written on
it, known only to him who receives it.

16 그러므로 회개할진저! 네가 회개하지 아니하면, 내가 네게 속히 건너가서 내 입의 검으로 그들과 싸
우리니 17 귀 가진 자는 성령이 교회들에게 하시는 말씀을 들을지어다. 이겨 내는 그에게는 내가 감추
어져 있던 만나를 주리라. 또 그에게는 자기의 새 이름이 그 위에 써있는 흰 돌을 줄 터인데, 그것을 받
는 자만이 알 수 있는 그런 이름이니라."

18 "To the angel of the church in Thyatira write: These are the words of
the Son of God, whose eyes are like blazing fire and whose feet are like
burnished bronze. 19 I know your deeds, your love and faith, your service and
perseverance, and that you are now doing more than you did at first.

18 "티아티라(두아디라) 교회의 사자에게 편지하라: 이것은 하나님의 아들의 말씀이라, 그 눈은 타오르
는 불꽃 같고, 그 발은 광을 내어 빛나는 황동과 같은 분이 말씀하신 것이니라. 19 내가 네 행위를 알고,
너의 사랑과 네 믿음을 알고, 또 너의 섬김과 너의 인내를 아노니, 네가 지금 하고 있는 일이 처음 하던
것보다 많도다.

20 Nevertheless, I have this against you: You tolerate that woman Jezebel,
who calls herself a prophetess. By her teaching she misleads my servants into
sexual immorality and the eating of food sacrificed to idols. 21 I have given
her time to repent of her immorality, but she is un-willing.

20 그러나 이것에 대해서는 내가 너를 책망하노니: 네가 그 자칭 선지자라 하는 여자 이세벨을 용납함

이라. 그 여자가 자신의 가르침으로 내 종들을 성적 음란에 빠지게 하고 우상에게 제물로 바쳐진 음식을 먹게 하였느니라. 21 내가 그녀에게 자신의 불의를 회개할 기회를 주었으나 스스로 회개하기를 원치 않았도다.

22 So I will cast her on a bed of suffering, and I will make those who commit adultery with her suffer intensely, unless they repent of her ways. 23 I will strike her children dead. Then all the churches will know that I am he who searches hearts and minds, and I will repay each of you according to your deeds.

22 그런고로, 내가 환난의 침상에 그녀를 내던질 터이요, 그녀와 더불어 간음한 자들도 극심한 고난을 겪게 할 것이니, 그녀가 가르친 그 길들을 회개하지 않으면 그들이 그리되리라. 23 또 내가 그녀의 자녀들을 죽음으로 칠 것이니, 그제서야 모든 교회들이 내가 마음들과 정신들을 찾아다니는 이신줄을 알리라. 너희의 행한 행위대로 내가 너희에게 갚으리라.

24 Now I say to the rest of you in Thyatira, to you who do not hold to her teaching and have not learned Satan's so-called deep secrets (I will not impose any other burden on you): 25 Only hold on to what you have until I come.

24 그 나머지 티아티라(두아디라) 교회 사람들에게는 내가 이런 말을 남기노라. 그 여자 이세벨의 가르침을 따르지도 않고, 소위 사탄의 깊은 비밀이라고 일컫는 것들을 받아들이지도 않았던 자들에게 내가 이르는 것은 (그 외, 다른 짐을 너희 위에 지울 것은 없노라): 25 오직 너희가 현재 가지고 있는 그것을, 내가 올 때까지 굳게 잡고 있으라 하는 것이니라.

26 To him who overcomes and does my will to the end, I will give authority over the nations-- 27 He will rule them with an iron scepter; he will dash them to pieces like pottery'-- 28 just as I have received authority from my Father. I will also give him the morning star. 29 He who has an ear, let him hear what the Spirit says to the churches.

26 (*이 모든 것을) 이겨 내는 자와, 끝까지 나의 뜻을 지키는 그에게는, 내가 나라와 민족을 다스리는 권세를 주리니, 27 그가 쇠로 만든 홀(笏)을 가지고 그들을 다스릴 것이요; 질그릇을 깨뜨려 산산조각을 내듯 그들을 내려치리니 28 내가 내 아버지로부터 권세를 받은 것처럼 그들이 또한 그렇게 행하리라. 내가 또 그에게 새벽 별을 주리라. 29 귀 가진 자는 성령이 교회들에게 하시는 말씀을 들을지어다."

제3장

1 "To the angel of the church in Sardis write: These are the words of him who holds the seven spirits of God and the seven stars. I know your deeds; you have a reputation of being alive, but you are dead. 2 Wake up! Strengthen what remains and is about to die, for I have not found your deeds complete in the sight of my God.

1 "사르디스(사데) 교회의 사자에게 편지하라: 이는 하나님의 일곱 영과 일곱 별을 붙들고 계신 이의 말씀이니라. 내가 너의 행위를 아노니; 네가 살았다 하는 평판을 지녔으나 실은 죽은 자로다. 2 깨어 나라! 그럼으로써 이제 거의 죽게 된 그 남은 것을 굳건히 세우라. 하나님의 시선으로 너를 볼 때에, 네 행위의 온전함을 찾지 못하였느니라.

3 Remember, therefore, what you have received and heard; obey it, and

repent. But if you do not wake up, I will come like a thief, and you will not
know at what time I will come to you. 4 Yet you have a few people in Sardis
who have not soiled their clothes. They will walk with me, dressed in white,
for they are worthy.

3 그러므로 네가 받은 것과 네가 들었던 것을 다시 기억하며; 그에 순종하고, 그리고 회개하라. 네가 깨
어나지 아니하면 내가 도둑같이 이르리니 어느 시각에 내가 네게 이를는지 네가 알지 못하느니라. 4 그
러나 너희 사르디스(사데) 교회에 그 옷을 더럽히지 아니한 몇 명이 있으니, 그들은 나와 함께 흰 옷을
입고 걸을 것이라, 그들이야말로 그럴 자격을 득한 자들이니라.

5 He who overcomes will, like them, be dressed in white. I will never blot out
his name from the book of life, but will acknowledge his name before my
Father and his angels. 6 He who has an ear, let him hear what the Spirit says
to the churches.

5 이겨 내는 그는, 저들처럼 흰 옷을 입을 것이요, 내가 그 이름을 생명책에서 지우지 아니하고 오히려
그 이름을 내가 아버지와, 그의 천사들 앞에서 시인하리라. 6 귀 가진 자는 성령이 교회들에게 하시는
말씀을 들을지어다."

7 "To the angel of the church in Philadelphia write: These are the words of
him who is holy and true, who holds the key of David. What he opens no one
can shut, and what he shuts no one can open. 8 I know your deeds. See, I have
placed before you an open door that no one can shut. I know that you have
little strength, yet you have kept my word and have not denied my name.

7 "필라델피아(빌라델비아) 교회의 사자에게 편지하라: 이는 거룩하고 진실하신, 그리고 다윗의 열쇠를
가지고 계신 이의 말씀이니라. 그가 한번 열면 다시 닫을 사람이 없고, 닫으면 다시 열 사람이 없는 그가
이르시되, 8 내가 너의 행위를 아노라. 보라! 내가 네 앞에 열린 문을 두었으니, 아무도 그 문을 능히 닫
을 사람이 없으리라. 네가 작은 힘을 가지고 있으면서도 내 말을 지키며 내 이름을 부인하지 않았던 것
을 내가 잘 아느니라.

9 I will make those who are of the synagogue of Satan, who claim to be Jews
though they are not, but are liars--I will make them come and fall down at
your feet and acknowledge that I have loved you. 10 Since you have kept my
command to endure patiently, I will also keep you from the hour of trial that
is going to come upon the whole world to test those who live on the earth.

9 내가 이 사탄의 회당(會黨)에 속한 자들 곧, 자칭 유대인이라 하나 유대인이 아닌, 거짓말하는 자들
을-네게로 오게 하여 네 발 밑에서 쓰러지게 하리니, 그 때에 그들이, 내가 너를 진정 사랑하는 줄을 알
리라. 10 네가 또 인내하며 견디라는 나의 명령을 잘 지켰으니, 이 땅 위에 사는 모든 자들을 시험하기
위해 온 세상에 임하는 시험의 때로부터 너를 지켜 이를 면하게 하리라.

11 I am coming soon. Hold on to what you have, so that no one will take your
crown. 12 Him who overcomes I will make a pillar in the temple of my God.
Never again will he leave it. I will write on him the name of my God and the
name of the city of my God, the new Jerusalem, which is coming down out of
heaven from my God; and I will also write on him my new name. 13 He who
has an ear, let him hear what the Spirit says to the churches.

11 내가 곧, 속히 오리라. (*그러므로) 네가 지금 가지고 있는 것을 굳게 잡아, 아무도 너의 면류관을 뺏
지 못하게 하라. 12 이겨 내는 그 자는 내 하나님 성전에 기둥이 되게 하리니 그가 결코 거기를 떠나가
지 아니하리라. 내가 그의 위에 하나님의 이름과 하나님의 도성(都城)의 이름을 쓰리니, 곧 하늘의 하나
님께로부터 내려오는 새 예루살렘이라; 내가 나의 새 이름 역시, 그의 위에 쓰리라. 13 귀 가진 자는 성

령이 교회들에게 하시는 말씀을 들을지어다."

14 "To the angel of the church in Laodicea write: These are the words of the
Amen, the faithful and true witness, the ruler of God's creation. 15 I know
your deeds, that you are neither cold nor hot. I wish you were either one or
the other! 16 So, because you are lukewarm-- neither hot nor cold--I am
about to spit you out of my mouth.

14 "라오디케아(라오디게아) 교회의 사자에게 편지하라: 이는 아멘이시요, 충성되고 참된 증인이시요,
하나님의 모든 창조(創造) 세계의 통치자(統治者) 되신 이가 하시는 말씀이니라. 15 내가 너의 행위를
아노니, 네가 차지도 아니하고 뜨겁지도 아니하니라. 내가 원하노니, 너는 뜨겁든지, 아니면 차든지 둘
중 하나를 택하라. 16 네가–뜨겁지도 아니하고 차지도 아니하여–미지근할 뿐이니, 내 입으로부터 너
를 토하여 내버리리라.

17 You say, 'I am rich; I have acquired wealth and do not need a thing.' But
you do not realize that you are wretched, pitiful, poor, blind and naked. 18 I
counsel you to buy from me gold refined in the fire, so you can become rich;
and white clothes to wear, so you can cover your shameful nakedness; and
salve to put on your eyes, so you can see.

17 네가 말하길, '나는 부자라; 내가 부(富)를 가졌으므로 더 필요한 것이 없도다.' 말하나, 그러나 네가
이미 파산한 것과, 가련한 것과, 가난한 것과, 눈 멀고, 벌거 벗은 것을 깨닫지 못하는도다. 18 내가 너에
게 충고하노니, 내게로부터 불로 연단한 금을 사서 부요하게 되고; 흰 옷을 사 입어 네 벌거벗은 수치를
가리우고, 안약을 사 눈에 바르라. 그제야 네가 볼 수 있으리라.

19 Those whom I love I rebuke and discipline. So be earnest, and repent. 20
Here I am! I stand at the door and knock. If anyone hears my voice and opens
the door, I will come in and eat with him, and he with me.

19 내가 사랑하는 자를 내가 책망하며 징계하노니, 네가 더욱 열심을 내라, 그리고 회개하라. 20 볼지
어다, 내가 여기에 와 있느니라! 내가 문 밖에 서서 두드리노니, 누구든지 내 음성을 듣고 그 문을 열면,
내가 들어가 그와 함께 먹고, 그는 나와 더불어 먹으리라.

21 To him who overcomes, I will give the right to sit with me on my throne,
just as I overcame and sat down with my Father on his throne. 22 He who has
an ear, let him hear what the Spirit says to the churches."

21 이겨 내는 그에게는, 내 보좌에 함께 앉을 권세를 주리니, 곧 내가 모든 것을 이겨 낸 후에 하나님 아
버지의 보좌에 함께 앉은 것처럼 그리하리라. 22 귀 가진 자는 성령이 교회들에게 하시는 말씀을 들을
지어다." 하시더라.

제4장

1 After this I looked, and there before me was a door standing open in heaven.
And the voice I had first heard speaking to me like a trumpet said, "Come up
here, and I will show you what must take place after this."

1 이런 일이 있은 후에 내가 보니, 내 앞에 문이 하나 있는데 그 문이 하늘을 향해 열려 있더라. 내가 처
음에 들은 그 목소리가 나팔 소리 같은 소리로 내게 말하되, "여기로 올라오라, 이 후에 반드시 일어날
일들을 내가 네게 보여주리라." 하시더라.

2 At once I was in the Spirit, and there before me was a throne in heaven with
someone sitting on it. 3 And the one who sat there had the appearance of
jasper and carnelian. A rainbow, resembling an emerald, encircled the throne.
4 Surrounding the throne were twenty-four other thrones, and seated on them
were twenty-four elders. They were dressed in white and had crowns of gold
on their heads.

2 그 즉시로 내가 성령 가운데에 있었는데, 내 앞에 하늘에 있는 보좌(寶座)가 있고, 그 보좌 위에 앉아
계신 이가 보이니라. 3 보좌에 앉으신 이가 벽옥(璧玉)과 홍옥(紅玉) 같은 모습을 가지고 계시니, 에메랄
드 같은 한 무지개가 보좌를 둘러싸고 있더라. 4 보좌를 둘러싸고 다른 스물 네개의 보좌들이 있고, 이
십 사명의 장로들이 각각 그 보좌에 앉아 있는데 그들이 각기 흰 옷을 입고 머리에는 금관(金冠)을 쓰고
앉았더라.

5 From the throne came flashes of lightning, rumblings and peals of thunder.
Before the throne, seven lamps were blazing. These are the seven spirits of
God. 6 Also before the throne there was what looked like a sea of glass, clear
as crystal. In the center, around the throne, were four living creatures, and
they were covered with eyes, in front and in back.

5 보좌로부터 번쩍이는 번개와 천둥 소리와 함께 우레 소리가 울려 퍼져 나오며, 보좌 앞에는 등불 일곱
이 타오르고 있는데 이들은 하나님의 일곱 영(靈)이라. 6 또 보좌 앞에 맑기가 수정 같은 유리 바다가 있
더라. 정(正) 중앙의 보좌 주위에 네 생명체가 있는데 전신이 눈으로 덮여 있으며 앞뒤에도 눈들이 가득
하더라.

7 The first living creature was like a lion, the second was like an ox, the third
had a face like a man, the fourth was like a flying eagle. 8 Each of the four
living creatures had six wings and was covered with eyes all around, even
under his wings. Day and night they never stop saying: "Holy, holy, holy is the
Lord God Almighty, who was, and is, and is to come."

7 그 첫째 생명체는 사자(獅子)와 같고, 그 둘째 생명체는 황소와 같고, 그 셋째 생명체는 사람의 얼굴을
가졌으며, 그 넷째 생명체는 날으는 독수리 같더라. 8 그들 생명체 넷이 각기 여섯 날개를 가졌고, 온 전
신이 눈으로 뒤덮여 있는데, 날개 아래에도 눈들이 달려 있더라. 그들이 밤이나 낮이나 쉬지 않고 이르
기를: "거룩, 거룩, 거룩하다 전능의 주 하나님, 전에도 계셨고, 이제도 계시고, 또 장차 오실 이시니이
다." 하니라.

9 Whenever the living creatures give glory, honor and thanks to him who sits
on the throne and who lives for ever and ever, 10 the twenty-four elders fall
down before him who sits on the throne, and worship him who lives for ever
and ever. They lay their crowns before the throne and say: 11 "You are worthy,
our Lord and God, to receive glory and honor and power, for you created all
things, and by your will they were created and have their being."

9 언제든 그 생명체들이 보좌에 앉아 계신, 영원 세세토록 살아 계시는 이에게 영광과 존귀와 감사를 올
려 드릴 때에는, 10 그 스물 네명의 장로들도 보좌에 앉으신 이 앞에 엎드려 그 영원 세세토록 살아 계시
는 이에게 경배를 드리니, 장로들이 자기의 쓰고 있던 관을 보좌 앞에 내어놓으며 말하는 것은: 11 "우
리 주 하나님, 영광과 존귀와 권능을 받으시기에 합당하시오니, 주께서 만물을 지으셨는지라, 주의 뜻대
로 만물이 지으심을 받아 존재하게 되었나이다." 하는 말이더라.

제5장

1 Then I saw in the right hand of him who sat on the throne a scroll with
writing on both sides and sealed with seven seals. 2 And I saw a mighty angel
proclaiming in a loud voice, "Who is worthy to break the seals and open the
scroll?" 3 But no one in heaven or on earth or under the earth could open the
scroll or even look inside it.

1 그 때에 내가 보니, 보좌에 앉으신 이의 오른손에 한 두루마리가 있는데 양면에 글이 씌어 있고 일곱
개 인(印)으로 봉(封)하여져 있더라. 2 그리고 또 내가 보매 한 장대한 천사가 큰 목소리로 외치기를, "누
가 그 봉인(封印)을 떼고 두루마리를 열기에 합당한 이뇨?" 하는데, 3 하늘에서나 땅 위에나 혹은 땅 아
래에 능히 그 두루마리를 펴서 그 속을 들여다 볼 자가 없더라.

4 I wept and wept because no one was found who was worthy to open the
scroll or look inside. 5 Then one of the elders said to me, "Do not weep! See,
the Lion of the tribe of Judah, the Root of David, has triumphed. He is able to
open the scroll and its seven seals."

4 두루마리를 펴서 그 내용을 볼 자격이 있는 자가 아무도 없기로, 내가 크게 울고 또 울었느니라. 5 그
때에 장로 중의 한 사람이 내게 말하되, "울지 말라! 유대 지파의 사자(獅子), 다윗의 뿌리가 승리하였으
니 그가 그 두루마리를 열어 일곱 봉인을 떼실 수 있으리라." 하고 말을 하니라.

6 Then I saw a Lamb, looking as if it had been slain, standing in the center of
the throne, encircled by the four living creatures and the elders. He had seven
horns and seven eyes, which are the seven spirits of God sent out into all the
earth.

6 그제야 내가 한 어린 양(羊)을 보았는데, 그가 누군가에게 살해된 것처럼 보이고, 보좌 한 가운데에 서
계시며, 네 생명체들과 장로들에게 둘러싸여 있으니라. 그에게 일곱 뿔과 일곱 눈이 있으니 이 눈들은
온 땅에 보내심을 받은 하나님의 일곱 영(靈)이더라.

7 He came and took the scroll from the right hand of him who sat on the
throne. 8 And when he had taken it, the four living creatures and the twenty-
four elders fell down before the Lamb. Each one had a harp and they were
holding golden bowls full of incense, which are the prayers of the saints.

7 그 어린 양이 나아와서 보좌에 앉으신 이의 오른손에서 두루마리를 집으시더라. 8 그 두루마리를 손
에 잡으실 때에, 네 생명체와 이십사 장로들이 그 어린 양 앞에 몸을 엎드리니라. 이들이 각자 하프를 가
지고 있으며 또 향으로 가득한 금 그릇을 가지고 있으니 이 향은 성도(聖徒)들의 기도(祈禱)라.

9 And they sang a new song: "You are worthy to take the scroll and to open
its seals, because you were slain, and with your blood you purchased men for
God from every tribe and language and people and nation. 10 You have made
them to be a kingdom and priests to serve our God, and they will reign on the
earth."

9 그들이 이런 새 노래를 부르는데: "당신께서 그 두루마리를 취하고 그 인봉을 여실 자격이 있으시니,
이는 죽임을 당하셨음이요, 당신의 피로써 모든 민족, 모든 나라들로부터 사람을 사서 하나님께 바침이
로소이다. 10 또한 당신께서 그들을 우리 하나님을 섬기는 나라와 제사장들이 되게 하셨으니 그들이 온
지구 땅을 다스릴 것이니이다." 하더라.

11 Then I looked and heard the voice of many angels, numbering thousands
upon thousands, and ten thousand times ten thousand. They encircled the
throne and the living creatures and the elders. 12 In a loud voice they sang:

"Worthy is the Lamb, who was slain, to receive power and wealth and wisdom and strength and honor and glory and praise!"

11 그 때에 내가 쳐다보니 수 많은 천사들의 목소리가 들리는데, 그 수가 수천에 수천을 더하고 수만에
수만을 더한 숫자라, 보좌와 네 생명체와 스물 네 명의 장로들을 둘러싸고 서 있더라. **12** 이 천사들이 큰
소리로 노래를 부르되: "죽임을 당한 어린 양께서는 능력과 부와 지혜와 힘과 존귀와 영광과 찬송을 영원히 받으시기에 합당하시도다!" 하더라.

13 Then I heard every creature in heaven and on earth and under the earth and on the sea, and all that is in them, singing: "To him who sits on the throne and to the Lamb be praise and honor and glory and power, for ever and
ever!" **14** The four living creatures said, "Amen," and the elders fell down and worshiped.

13 그리고 내가 들으니 하늘 위에와 지구에서와 지구의 땅 아래와 바다 위에 있고 또 그 가운데 있는 모든 살아있는 피조물들이 노래를 부르기를: "보좌에 앉아 계신 이와 어린 양에게 찬송과 존귀와 영광과
권능이 세세토록 있을지어다!" 하니, **14** 네 생명체들도 "아멘" 하고, 장로들은 엎드려 경배를 올리더라.

제6장

1 I watched as the Lamb opened the first of the seven seals. Then I heard one
of the four living creatures say in a voice like thunder, "Come!" **2** I looked, and
there before me was a white horse! Its rider held a bow, and he was given a crown, and he rode out as a conqueror bent on conquest.

1 어린 양이 일곱 봉인(封印) 중의 첫째 인(印)을 떼시는 것을 내가 보니라. 그 때에 네 생명체 중의 하나
가 천둥소리 같은 목소리로 말을 하되, "오라!" 하므로 **2** 이에 내가 쳐다보니 내 앞에 흰 말 한마리가 있
으니라! 이 흰 말 타신 이가 손에 활을 지녔고 또, 면류관을 받았는데, 그가 정복자처럼, 앞으로 말을 타고 나가며 정복에 정복을 거듭하려 하더라.

3 When the Lamb opened the second seal, I heard the second living creature
say, "Come!" **4** Then another horse came out, a fiery red one. Its rider was given power to take peace from the earth and to make men slay each other. To him was given a large sword.

3 어린 양이 둘째 인을 여실 때에 두 번째 생명체가 말하기를, "오라!" 하는 소리를 내가 들으니 **4** 그 때
에 한 다른 말이 나오는데, 불타는듯한 붉은 말이더라. 그 붉은 말 탄 자가 온 지구(地球)로부터 평화를 제(除)하여 버리며, 사람들로 하여금 서로를 죽이게 하는 능력을 받았으니, 그가 큰 칼을 받았더라.

5 When the Lamb opened the third seal, I heard the third living creature say, "Come!" I looked, and there before me was a black horse! Its rider was holding
a pair of scales in his hand. **6** Then I heard what sounded like a voice among the four living creatures, saying, "A quart of wheat for a day's wages, and three quarts of barley for a day's wages, and do not damage the oil and the wine!"

5 어린 양이 셋째 봉인을 여실 때에, 셋째 생명체가 말하기를, "오라!" 하는 말을 듣고 내가 쳐다보니, 내
앞에 한 검은 말이 나오니라! 그 검은 말 탄자가 손에 한 쌍의 저울을 가졌더라. **6** 그 때에 내가 네 생명
체들 가운데에서 이런 목소리가 울려 나오는 것을 들었는데 말하기를, "밀가루 한 콰트에 하루 품삯이

요, 보리 세 콰트에도 하루치 품삯이라, 기름과 포도주는 상하게 하지 말라." 하니라.

7 When the Lamb opened the fourth seal, I heard the voice of the fourth living creature say, "Come!" 8 I looked, and there before me was a pale horse! Its rider was named Death, and Hades was following close behind him. They were given power over a fourth of the earth to kill by sword, famine and plague, and by the wild beasts of the earth.

7 어린 양이 넷째 봉인을 여실 때에, 넷째 생명체가 "오라!" 말하는 것을 내가 듣고 8 쳐다보니, 내 앞에 한 창백한 색깔을 한 말이 있는데, 그 말 탄자의 이름은 사망(死亡)이라, 음부(陰府)가 그 말 탄 자 뒤를 바짝 따르더라. 그들이 이 지구의 사분의 일의 권세를 받았으니, 칼로 죽이고 기근(飢饉)과 역병(疫病)으로 죽이고, 이 땅의 거친 짐승으로 (*사람들을) 죽이는 권세더라.

9 When he opened the fifth seal, I saw under the altar the souls of those who had been slain because of the word of God and the testimony they had maintained. 10 They called out in a loud voice, "How long, Sovereign Lord, holy and true, until you judge the inhabitants of the earth and avenge our blood?" 11 Then each of them was given a white robe, and they were told to wait a little longer, until the number of their fellow servants and brothers who were to be killed as they had been was completed.

9 어린 양이 다섯째 인을 떼실 때에 내가 보니 하나님의 말씀과 그들이 가진 증거 때문에 죽임을 당한 이들의 영혼들이 제단 아래에 있더라. 10 그들이 큰 소리로 외쳐 이르되, "거룩하고 참되신 전능의 하나님! 주께서 온 땅에 거하는 자들을 심판하시고, 우리의 피 흘림에 대해 복수하여 주실 때까지 우리가 얼마나 더 기다려야 하겠나이까?" 하더라. 11 그들이 각기 두루마기 같이 긴 흰 옷을 받았는데, 잠시동안 더 기다리라는 말을 들으니라. 이는 그들의 동료되는 종들과 형제들도 자기들처럼 죽임을 당함으로 그 수가 온전히 찰 때까지 기다리라 하심이더라.

12 I watched as he opened the sixth seal. There was a great earthquake. The sun turned black like sackcloth made of goat hair, the whole moon turned blood red, 13 and the stars in the sky fell to earth, as late figs drop from a fig tree when shaken by a strong wind. 14 The sky receded like a scroll, rolling up, and every mountain and island was removed from its place.

12 어린 양이 여섯째 인을 여시는 것을 내가 보니, 그 때에 큰 지진이 일어나니라. 해가 검어지기를, 염소 털로 짠 천처럼 새까맣게 되고, 달도 온통 피처럼 붉게 되고, 13 또 하늘의 별들이 땅으로 떨어지는데, 마치 철 지난 무화과가 큰 바람에 흔들려 나무에서 떨어지는 것 같이 떨어지더라. 14 하늘이 뒤로 물러 나가며 마치 두루마리가 말리는듯 하고, 모든 산과 섬들도 그 자리로부터 옮기워지고 사라져 없어지더라.

15 Then the kings of the earth, the princes, the generals, the rich, the mighty, and every slave and every free man hid in caves and among the rocks of the mountains. 16 They called to the mountains and the rocks, "Fall on us and hide us from the face of him who sits on the throne and from the wrath of the Lamb! 17 For the great day of their wrath has come, and who can stand?"

15 그 때에 이 지상의 왕들과, 왕족들과, 장군들과, 부자들과, 강한 자들과, 모든 종과 또 자유한 자들이 동굴과 산의 바위 틈에 몸을 숨기고 16 산들과 바위에게 소리쳐 말하되, "우리 머리 위에 떨어져 보좌에 앉으신 이의 얼굴과 어린 양(羊)의 진노로부터 우리를 가리우라! 17 그의 진노의 큰 날이 이르렀으니, 누가 이에 능히 서리요?" 하더라.

제7장

1 After this I saw four angels standing at the four corners of the earth, holding back the four winds of the earth to prevent any wind from blowing on the land or on the sea or on any tree. 2 Then I saw another angel coming up from the east, having the seal of the living God. He called out in a loud voice to the four angels who had been given power to harm the land and the sea: 3 "Do not harm the land or the sea or the trees until we put a seal on the foreheads of the servants of our God."

1 그 후에, 네 명의 천사가 지구의 네 모퉁이에 서 있는 것을 내가 보았는데, 지구의 네 바람을 붙들고 서서, 어느 바람도 땅 위에나 바다에나 그리고 어떤 나무에나 불지 못하게 막고 있더라. 2 또 다른 천사가 동쪽으로부터 올라오는 것을 내가 보았는데, 그가 살아계신 하나님의 봉인을 가지고 있으니라. 이 동쪽에서 올라온 천사가, 온 땅과 바다를 해롭게 할 권세를 받은 네 명의 천사들을 향하여 큰 소리로 외쳐 이르기를, 3 "우리가 우리 하나님의 종들의 이마에 인(印) 치기를 마칠 때까지 땅이나 바다나 나무들을 해치지 말라." 하니라.

4 Then I heard the number of those who were sealed: 144,000 from all the tribes of Israel. 5 From the tribe of Judah 12,000 were sealed, from the tribe of Reuben 12,000, from the tribe of Gad 12,000, 6 from the tribe of Asher 12,000, from the tribe of Naphtali 12,000, from the tribe of Manasseh 12,000, 7 from the tribe of Simeon 12,000, from the tribe of Levi 12,000, from the tribe of Issachar 12,000, 8 from the tribe of Zebulun 12,000, from the tribe of Joseph 12,000, from the tribe of Benjamin 12,000.

4 내가 그 인(印)침을 받은 자들의 숫자를 들으니: 이스라엘의 모든 지파로부터 총 십사만 사천 명이라. 5 유다 지파 중에 인침을 받은 자가 일만 이천이요, 르우벤 지파 중에서 일만 이천이요, 갓 지파 중에서 일만 이천이요, 6 아셀 지파 중에서 일만 이천이요, 납달리 지파 중에서 일만 이천이요, 므낫세 지파 중에서 일만 이천이요, 7 시므온 지파 중에서 일만 이천이요, 레위 지파 중에서 일만 이천이요, 잇사갈 지파 중에서 일만 이천이요, 8 스불론 지파 중에서 일만 이천이요, 요셉 지파 중에서 일만 이천이요, 베냐민 지파 중에서 일만 이천이더라.

9 After this I looked and there before me was a great multitude that no one could count, from every nation, tribe, people and language, standing before the throne and in front of the Lamb. They were wearing white robes and were holding palm branches in their hands. 10 And they cried out in a loud voice: "Salvation belongs to our God, who sits on the throne, and to the Lamb." 11 All the angels were standing around the throne and around the elders and the four living creatures. They fell down on their faces before the throne and worshiped God, 12 saying: "Amen! Praise and glory and wisdom and thanks and honor and power and strength be to our God for ever and ever. Amen!"

9 그 후에, 아무도 그 수를 셀 수 없는 수많은 사람의 무리가 내 앞에 있는 것을 내가 보는데, 각 나라와 민족과 족속과 방언에서 나온 자들이라, 이들이 보좌 앞에와 어린 양 앞에 섰더라. 그들이 각각 흰 긴 옷을 입고, 손에는 종려나무 가지를 들고 있더라. 10 그들이 큰 소리로 외쳐 이르되: "구원하심이 보좌에 앉으신 우리 하나님과 어린 양에게 있도다." 하니 11 모든 천사들이 또한, 하나님의 보좌와 장로들과 그 네 생명체의 주위에 서 있다가 일제히 보좌 앞에 엎드려 그 얼굴을 바닥에 대고 하나님께 경배하며 12 이르되, "아멘! 찬송과 영광과 지혜와 감사와 존귀와 권능과 힘이 우리 하나님께 영원 세세토록 있을지어다. 아멘!" 하더라.

13 Then one of the elders asked me, "These in white robes--who are they, and where did they come from?" 14 I answered, "Sir, you know." And he said,

"These are they who have come out of the great tribulation; they have washed
their robes and made them white in the blood of the Lamb.

13 장로들 중 한명이 "이 흰 옷 입은 자들은 누구며 또 그들이 어디로부터 오느뇨?" 하고 묻기에 14 내
가 답하기를, "주여, 당신이 아시나이다." 하니 그가 이르되, "이들은 큰 환난에서 나오는 자들이라; 어
린 양의 피에 자신들의 옷을 씻어 희게 하였느니라."

15 Therefore, "they are before the throne of God and serve him day and night
in his temple; and he who sits on the throne will spread his tent over them.
16 Never again will they hunger; never again will they thirst. The sun will not
beat upon them, nor any scorching heat. 17 For the Lamb at the center of the
throne will be their shepherd; he will lead them to springs of living water. And
God will wipe away every tear from their eyes."

15 "그러므로, 그들이 하나님의 보좌 앞에 있어, 하나님의 성전에서 밤이건 낮이건 하나님을 섬기고; 보
좌에 앉으신 이는 그들 위에 자신의 장막을 펴 주시리라. 16 그들이 다시는 주리지도 아니하고; 목마르
지도 아니하며, 태양이나 혹은 다른 불같은 열기(熱氣)도 그들을 상(傷)하게 하지 못할 것인데, 17 보좌
가운데에 계신 어린 양이 친히 그들의 목자가 되사; 그들을 생명수 샘으로 인도하시고 또한 하나님께서
그들의 눈에서 모든 눈물을 씻어 주실 것이니라." 하니라.

제8장

1 When he opened the seventh seal, there was silence in heaven for about
half an hour. 2 And I saw the seven angels who stand before God, and to them
were given seven trumpets.

1 예수께서 일곱째 봉인을 여실 때에 하늘에 반 시간쯤 고요함이 있더라. 2 그리고 내가 보매 하나님 앞
에 일곱 천사가 서 있는데, 이들에게 일곱 나팔이 주어지니라.

3 Another angel, who had a golden censer, came and stood at the altar. He
was given much incense to offer, with the prayers of all the saints, on the
golden altar before the throne. 4 The smoke of the incense, together with the
prayers of the saints, went up before God from the angel's hand. 5 Then the
angel took the censer, filled it with fire from the altar, and hurled it on the
earth; and there came peals of thunder, rumblings, flashes of lightning and an
earthquake.

3 금으로 된 향로를 가진 또 다른 천사가 와서 제단 곁에 서니라. 그 천사가 하나님께 올려 드릴 향을 많
이 받았는데, 이는 성도들의 기도와 함께 보좌 앞의 금(金) 제단(祭壇)에 올려질 것들이더라. 4 향을 사
르는 연기가 성도들의 기도와 함께, 천사의 손으로부터 하나님 앞에 피어 올라가니라. 5 그 때에 그 천
사가 향로를 들고, 제단의 불을 향로에 담아 이를 땅에 쏟아 던지매, 우레와 천둥 소리와, 번쩍이는 번개
와 지진이 나니라.

6 Then the seven angels who had the seven trumpets prepared to sound them.
7 The first angel sounded his trumpet, and there came hail and fire mixed with
blood, and it was hurled down upon the earth. A third of the earth was burned
up, a third of the trees were burned up, and all the green grass was burned up.

6 일곱 나팔을 가진 일곱 천사가 나팔 불기를 준비하더라. 7 첫째 천사가 나팔을 부니 피가 섞인 불과
함께 우박이 나와 땅으로 거세게 부어 던져지니라. 온 지구의 삼분의 일이 불에 타 버리고, 수목의 삼분

의 일과, 모든 녹색 푸른 풀들도 다 타 버리더라.

8 The second angel sounded his trumpet, and something like a huge mountain, all ablaze, was thrown into the sea. A third of the sea turned into blood, 9
a third of the living creatures in the sea died, and a third of the ships were destroyed.

8 둘째 천사가 나팔을 부니, 큰 산처럼 보이는 것이 온통 화염에 휩싸여 바다로 던져지더라. 온 바다의 삼분의 일이 피로 변하고 9 바다에 사는 모든 생물(生物)의 삼분의 일이 죽으니, 모든 배들의 삼분의 일도 함께 파괴되더라.

10 The third angel sounded his trumpet, and a great star, blazing like a torch, fell from the sky on a third of the rivers and on the springs of water 11 the name of the star is Wormwood. A third of the waters turned bitter, and many people died from the waters that had become bitter.

10 셋째 천사가 나팔을 부니, 큰 별 하나가 횃불처럼 불이 붙어 하늘로부터 떨어지는데, 강들의 삼분의 일과 여러 샘에 떨어지니 11 이 별의 이름은 쑥이라. 물의 삼분의 일이 쓴 물이 되매 수 많은 사람들이 그 쓰게 변한 물로 인하여 죽으니라.

12 The fourth angel sounded his trumpet, and a third of the sun was struck, a third of the moon, and a third of the stars, so that a third of them turned dark. A third of the day was without light, and also a third of the night. 13 As I watched, I heard an eagle that was flying in midair call out in a loud voice: "Woe! Woe! Woe to the inhabitants of the earth, because of the trumpet blasts about to be sounded by the other three angels!"

12 넷째 천사가 나팔을 부니 해 삼분의 일이 상(傷)하게 되고, 달 삼분의 일과 별들의 삼분의 일도 상함을 받으니 그 전체의 삼분의 일이 어둡게 변하니라. 낮의 삼분의 일은 빛이 없어지고, 밤의 삼분의 일도 그러하더라. 13 내가 또 보는 가운데, 공중에 날아가는 독수리가 큰 소리로 부르짖는 소리를 내가 들으니: "화(禍)로다! 재앙(災殃)이로다! 땅에 사는 모든 자들에게 화(禍) 있을진저! 아직도 세 천사(天使)들이 불어야 할 세 나팔 소리가 남아 있음이로다" 하더라.

제9장

1 The fifth angel sounded his trumpet, and I saw a star that had fallen from the sky to the earth. The star was given the key to the shaft of the Abyss. 2
When he opened the Abyss, smoke rose from it like the smoke from a gigantic furnace. The sun and sky were darkened by the smoke from the Abyss. 3 And out of the smoke locusts came down upon the earth and were given power like that of scorpions of the earth.

1 다섯째 천사가 나팔을 불매, 하늘로부터 땅에 떨어진 별 하나를 내가 보았으니, 이 별이 땅에 있는 심연(深淵)의 기둥의 열쇠를 받았더라. 2 그가 이 심연을 열자, 큰 용광로에서 나오는 연기 같은 것이 거기로부터 올라오는데 이 심연으로부터 올라오는 연기에 해와 하늘이 어두워지더라. 3 그리고 그 연기로부터 메뚜기 떼가 땅 위로 나오는데, 그들이 땅 위에 있는 전갈과 같은 힘을 부여 받았더라.

4 They were told not to harm the grass of the earth or any plant or tree, but only those people who did not have the seal of God on their foreheads. 5 They

were not given power to kill them, but only to torture them for five months.
And the agony they suffered was like that of the sting of a scorpion when it
strikes a man. 6 During those days men will seek death, but will not find it;
they will long to die, but death will elude them.

4 그들이 이런 명(命)을 받았으니, 곧 이 지구 온 땅의 나무나, 식물이나 풀들은 해치지 말고 오직 하나
님의 인(印)을 자기 이마에 받지 아니한 사람만 해치도록 명을 받았더라. 5 그러나 이 사람들을 죽일 힘
은 받지 못하였고, 단지 다섯 달 동안을 그 인 맞지 아니한 사람들을 괴롭게 할 뿐이더라. 그들이 겪는
그 격심한 고통은 전갈이 사람을 쏠 때의 그 쏘임과 같으니 6 그 기간에는 사람들이 죽기를 구하여도 죽
지 못하고, 죽고 싶으나 죽음이 그들을 피하더라.

7 The locusts looked like horses prepared for battle. On their heads they wore
something like crowns of gold, and their faces resembled human faces. 8 Their
hair was like women's hair, and their teeth were like lions' teeth. 9 They had
breastplates like breastplates of iron, and the sound of their wings was like the
thundering of many horses and chariots rushing into battle. 10 They had tails
and stings like scorpions, and in their tails they had power to torment people
for five months.

7 그 메뚜기들은 전쟁을 위하여 준비한 말들 같은데, 그 머리에는 금으로 된 관(冠) 같은 것을 썼고 그
얼굴은 사람의 얼굴을 닮았더라. 8 또 여자 머리처럼 긴 머리칼이 있으며, 사자의 이빨을 가졌고, 9 쇠
로 만든 가슴보호대를 가슴에 받쳐 입었으며, 그 날개 소리는 수 많은 말과 전차가 일제히 전장을 향해
달려 나가는 소리 같더라. 10 또 전갈처럼 꼬리에 쏘는 침이 있어, 꼬박 다섯 달 동안 사람들을 해치고
괴롭히는 힘을 그 꼬리에 간직하고 있더라.

11 They had as king over them the angel of the Abyss, whose name in Hebrew
is Abaddon, and in Greek, Apollyon. 12 The first woe is past; two other woes
are yet to come.

11 그들 위에서 다스리는 왕이 있으니 이는 심연(深淵)의 사자(使者)라, 그 이름은 히브리어로 하면 아
바돈이요 그리스 말로 하면 아볼루온이더라. 12 첫째 재앙은 지나갔으나; 다른 재앙 둘은 아직 이르지
않으니라.

13 The sixth angel sounded his trumpet, and I heard a voice coming from the
horns of the golden altar that is before God. 14 It said to the sixth angel who
had the trumpet, "Release the four angels who are bound at the great river
Euphrates." 15 And the four angels who had been kept ready for this very hour
and day and month and year were released to kill a third of mankind.

13 여섯째 천사가 나팔을 불매, 하나님 앞에 있는 금 제단의 뿔들로부터 울려 나오는 한 목소리를 내가
들었는데, 14 이 목소리가 여섯째 나팔 가진 천사에게 말하기를, "큰 강 유프라테스 강가에 묶여 있는
네 천사들을 풀어주라." 하니라. 15 이 네 천사는 전 인류의 삼분의 일을 죽이기 위하여 준비된 자들인
데, 이 사명(使命)을 위해 정해진 바로 그 해, 그 달, 그 날, 그 시각에 비로소 풀려 놓이기 위하여 그 때까
지 특별히 지켜져 왔던 자들이더라.

16 The number of the mounted troops was two hundred million. I heard their
number. 17 The horses and riders I saw in my vision looked like this: Their
breastplates were fiery red, dark blue, and yellow as sulfur. The heads of the
horses resembled the heads of lions, and out of their mouths came fire, smoke
and sulfur. 18 A third of mankind was killed by the three plagues of fire, smoke
and sulfur that came out of their mouths. 19 The power of the horses was in
their mouths and in their tails; for their tails were like snakes, having heads
with which they inflict injury.

16 말을 탄 기병대(騎兵隊)의 수는 이억(二億)이니, 내가 그 숫자를 들었노라. 17 내가 환상 가운데서
본 말들과 그 기수(旗手)들의 모습이 이와 같으니라: 그들의 가슴 보호대는 피처럼 붉고, 검푸른 색이며
또 유황같은 누런 빛이요, 말들의 머리는 사자의 머리를 닮았는데, 그 입으로부터 화염과 연기와 유황
(硫黃)이 나오더라. 18 인류의 삼분의 일이 이 세가지 재앙 곧 그 입으로부터 나오는 불과 연기와 유황
으로 죽으니라. 19 이 말들의 힘은 입과 꼬리에 있으니; 그 꼬리는 뱀과 같은데, 거기에 머리가 있어 이
것으로 사람들을 상하게 하더라.

20 The rest of mankind that were not killed by these plagues still did not
repent of the work of their hands; they did not stop worshiping demons, and
idols of gold, silver, bronze, stone and wood--idols that cannot see or hear or
walk. 21 Nor did they repent of their murders, their magic arts, their sexual
immorality or their thefts.

20 그러나 이 세가지 재앙으로 죽지 않고 살아남은 인류의 나머지는 여전히 자기의 손으로 행하는 행위
를 회개하지 아니하고; 마귀와 귀신과 그리고, 금,은, 동으로 만든 우상이나 돌이나 나무로 만든 우상을
경배하는 것을 멈추지도 아니하니, 이 우상들은 보지도 못하고, 듣지도 못하고, 걷지도 못하는 것들이더
라. 21 또 자기들의 살인과, 마술 행위들과, 그리고 성적 타락과 음란함과, 도둑질을 부끄러워하지도 않
으니라.

제10장

1 Then I saw another mighty angel coming down from heaven. He was robed
in a cloud, with a rainbow above his head; his face was like the sun, and his
legs were like fiery pillars. 2 He was holding a little scroll, which lay open in
his hand. He planted his right foot on the sea and his left foot on the land, 3
and he gave a loud shout like the roar of a lion. When he shouted, the voices
of the seven thunders spoke. 4 And when the seven thunders spoke, I was
about to write; but I heard a voice from heaven say, "Seal up what the seven
thunders have said and do not write it down."

1 그리고 내가 또 보니, 또 다른 한 장대(壯大)한 천사가 하늘로부터 내려오는데, 구름으로 옷을 입고 머
리 위에는 무지개가 드리워져 있더라; 그의 얼굴은 해와 같고, 그의 다리는 불 타 오르는 기둥 같으며 2
그 손에 한 작은 두루마리 책을 쥐고 있는데 그 두루마리가 그의 손 안에 펴져 있더라. 그 천사가 자신의
오른 발로는 바다를 밟고 왼발로는 땅을 딛고 서서, 3 사자가 우는 소리와 같은 큰 울부짖는 소리를 내
니라. 그가 소리 내어 외칠 때에 일곱 우레가 역시 소리를 내어 말을 하니 4 일곱 우레가 말을 하기 시작
할 때에 내가 이를 글로 써놓으려 하자, 하늘로부터 소리가 나서 말하기를, “일곱 우레가 말하는 것을 인
봉(印封)하고 이는 기록하지 말라” 하니라.

5 Then the angel I had seen standing on the sea and on the land raised his
right hand to heaven. 6 And he swore by him who lives for ever and ever, who
created the heavens and all that is in them, the earth and all that is in it, and
the sea and all that is in it, and said, "There will be no more delay! 7 But in the
days when the seventh angel is about to sound his trumpet, the mystery of God
will be accomplished, just as he announced to his servants the prophets."

5 바다와 땅을 동시에 밟고 선 그 천사가 그의 오른손을 하늘로 들어 6 맹세를 하기를, 하늘을 창조하시
고 또 그 가운데 모든 것을 창조하신 이와, 땅과 그 위의 모든 것을 창조하신 이와 그리고 바다와 그 가
운데 모든 것을 창조하신 이, 곧 영영 세세토록 살아 계신 이를 가리켜 맹세하여 이르되, “이제 더 이상

지체되지 않으리라! 7 일곱째 천사가 자신의 나팔을 부는 그 날에 하나님의 모든 비밀이 응하리니, 하나님께서 그의 종 선지자들에게 선포하신 그대로 그 모든 것이 다 이루어지리라." 하더라.

8 Then the voice that I had heard from heaven spoke to me once more: "Go, take the scroll that lies open in the hand of the angel who is standing on the sea and on the land." 9 So I went to the angel and asked him to give me the little scroll. He said to me, "Take it and eat it. It will turn your stomach sour, but in your mouth it will be as sweet as honey."

8 그러자, 하늘로부터 내가 듣던 그 목소리가 다시 한번 내게 말씀하시며: "가라, 가서 저 바다와 땅을 밟고 서 있는 천사의 손에 펼쳐져 있는 그 두루마리를 취할지니라": 하기로 9 내가 천사에게 나아가 그 작은 두루마리를 내게 주십사 말을 하니, 천사가 이르되, "그걸 가져다 네가 먹어 버리라. 너의 뱃 속에서는 쓰게 변할 것이나 네 입에는 꿀 같이 달리라." 하니라.

10 I took the little scroll from the angel's hand and ate it. It tasted as sweet as honey in my mouth, but when I had eaten it, my stomach turned sour. 11 Then I was told, "You must prophesy again about many peoples, nations, languages and kings."

10 이에 내가 그 천사의 손에서 두루마리를 집어 먹었더니, 그것이 내 입에는 꿀 같이 달더니, 삼킨 후에 내 배에서는 쓰게 되니라. 11 그가 내게 말하기를, "네가 반드시 많은 백성과 나라와 방언과 왕들에게 다시 한번 예언하여야 하리라." 하더라.

제11장

1 I was given a reed like a measuring rod and was told, "Go and measure the temple of God and the altar, and count the worshipers there. 2 But exclude the outer court; do not measure it, because it has been given to the Gentiles. They will trample on the holy city for 2 months.

1 또 내가 측량 자(尺)처럼 생긴 갈대를 받았는데 내가 말을 들으니, "가서 하나님의 성전과 제단을 측량하고, 거기에서 경배하는 자들의 숫자를 세라. 2 그러나, 성전 바깥 마당은 제외할지니; 이는 측량하지 말고 그냥 두라. 왜냐하면 이는 이방인들에게 내준 바 되었은즉, 그들이 그 거룩한 도시를 마흔두 달 동안 짓밟으리라.

3 And I will give power to my two witnesses, and they will prophesy for 1,260 days, clothed in sackcloth." 4 These are the two olive trees and the two lampstands that stand before the Lord of the earth. 5 If anyone tries to harm them, fire comes from their mouths and devours their enemies. This is how anyone who wants to harm them must die. 6 These men have power to shut up the sky so that it will not rain during the time they are prophesying; and they have power to turn the waters into blood and to strike the earth with every kind of plague as often as they want.

3 그리고 내가 나의 두 증인에게 권세를 주리니 그들이 굵은 베옷을 입고 천이백육십 일을 예언하리라." 하더라. 4 그들은 이 온 땅의 주 하나님 앞에 서 있는 두 그루 감람나무와 두 자루 촛대니라. 5 누구든지 그들을 해치고자 하면, 그들의 입에서 불이 나와서 그들의 원수를 삼켜버릴 것이니, 이것이 누구든지 그들을 해하고자 하는 자들이 당할 죽임이더라. 6 이 두 증인이 하늘을 닫아 자신들이 예언을 하는 날 동안 비가 오지 못하게 하는 권능을 받았고; 또 물을 피로 변하게 하고 모든 종류의 재앙으로 지구의 온 땅

을 몇 번이든 자신들이 원하는만큼 칠 수 있는 권능(權能)을 받았더라.

7 Now when they have finished their testimony, the beast that comes up from the Abyss will attack them, and overpower and kill them. 8 Their bodies will lie in the street of the great city, which is figuratively called Sodom and Egypt, where also their Lord was crucified.

7 그들이 자기들의 증언을 마칠 때에, 저 심연으로부터 올라오는 짐승이 그들을 공격하여 그들을 제압하고 마침내는 죽일 것이라. 8 그들의 시체가 저 큰 도시의 길 위에 놓여 있을 것인즉, 그 성은 비유해서 일컬어지기를 소돔이요 이집트라 하니, 그들의 주께서 십자가에 못 박히신 곳이더라.

9 For three and a half days men from every people, tribe, language and nation will gaze on their bodies and refuse them burial. 10 The inhabitants of the earth will gloat over them and will celebrate by sending each other gifts, because these two prophets had tormented those who live on the earth.

9 (*그들이 죽자,) 사흘하고도 또 반 나절 동안을 모든 백성들과 족속과 방언과 나라 중에서 사람들이 모여 그 시체들을 쳐다보며, 장사 치르기를 거부할 것이요, 10 온 지구의 거류민들이 그들의 죽음을 고소하게 생각하고 서로 예물을 보내며 축하하리니, 이는 이 두 선지자가 지구 온 땅에 사는 자들을 괴롭게 해 온 까닭이더라.

11 But after the three and a half days a breath of life from God entered them, and they stood on their feet, and terror struck those who saw them. 12 Then they heard a loud voice from heaven saying to them, "Come up here." And they went up to heaven in a cloud, while their enemies looked on.

11 그러나, 사흘과 반 나절 후에 하나님께로부터 불어 넣어진 생명의 숨이 그들 속에 들어가 그들이 자신들의 두 발로 일어서니, 그를 보는 자들이 모두 끔찍한 두려움에 사로잡히더라. 12 이 때, 하늘로부터 큰 목소리가 울려 나오는 것을 내가 들었는데, 이 음성이 말하길, "여기로 올라오라." 하매, 그들의 대적(對敵)들이 쳐다보는 가운데 그 두 증인이 하늘로 올라가니라.

13 At that very hour there was a severe earthquake and a tenth of the city collapsed. Seven thousand people were killed in the earthquake, and the survivors were terrified and gave glory to the God of heaven. 14 The second woe has passed; the third woe is coming soon.

13 바로 그 시각에 극심한 지진이 일어나서 그 도시의 십분의 일이 무너지니라. 지진에 죽은 사람이 칠천 명이요, 살아남은 자들은 두려움에 사로잡혀 하늘의 하나님께 영광을 돌리더라. 14 둘째 재앙은 지나갔으나; 보라, 셋째 화가 또 속히 이르리라.

15 The seventh angel sounded his trumpet, and there were loud voices in heaven, which said: "The kingdom of the world has become the kingdom of our Lord and of his Christ, and he will reign for ever and ever."

15 일곱째 천사가 나팔을 불매, 하늘에 큰 목소리들이 울려 나오거늘, 그들이 이르되: "이 세상 나라가 우리 주 하나님과 그의 그리스도의 나라가 되어, 그가 영원 무궁토록 다스리시리이다." 하니라.

16 And the twenty-four elders, who were seated on their thrones before God, fell on their faces and worshiped God, 17 saying: "We give thanks to you, Lord God Almighty, the One who is and who was, because you have taken your great power and have begun to reign. 18 The nations were angry; and your wrath has come. The time has come for judging the dead, and for rewarding your servants the prophets and your saints and those who reverence your

name, both small and great-- and for destroying those who destroy the earth."

16 그리고 하나님 앞에서 각기 자기의 보좌에 앉아 있던 이십사 명의 장로(長老)들이 그들의 얼굴을 땅
에 대고 하나님을 경배하며 17 말하기를: "하나님께 감사를 올리나이다. 전능의 주 하나님, 홀로 하나이
시며 그 전에도 계셨고 지금도 스스로 계신 이시여, 주께서 큰 권세를 취하사, (*우주 만물을) 친히 다스
리기 시작하신 까닭이니이다. 18 여러 나라와 민족들이 분노하였고; 이제 당신의 진노하심이 이르렀나
이다. 죽은 자를 심판하실 때가 왔고, 그리고 또 하나님의 종, 선지자(先知者)들과 하나님의 성도들과 그
리고—그 사람이 크거나 작거나 간에—하나님의 이름을 경배하고 높이어 온 모든 사람들에게 하나님께
서 상(賞) 주실 때가 왔으니 또한 이 지구를 망하게 하고, 파괴해 온 자들을 멸(滅)하실 때이니이다." 하
더라.

19 Then God's temple in heaven was opened, and within his temple was seen the ark of his covenant. And there came flashes of lightning, rumblings, peals of thunder, an earthquake and a great hailstorm.

19 이에 하늘에 있는 하나님의 성전이 열리고 성전 안에 있던 하나님의 언약궤(言約櫃)가 보이더라. 또 번쩍이는 번개의 섬광과, 천둥 소리와 지진과 큰 우박이 따르더라.

제12장

1 A great and wondrous sign appeared in heaven: a woman clothed with the
sun, with the moon under her feet and a crown of twelve stars on her head. 2
She was pregnant and cried out in pain as she was about to give birth.

1 하늘에 크고 놀라운 이적(異蹟)이 보이니라: 한 여자가 있는데, 태양(太陽)으로 옷을 입고, 그녀의 발
아래에 달을 두고, 그 머리에는 열 두개의 별로 된 관을 썼더라. 2 이 여자가 임신하여, 아이를 낳으려 할
때에 그 고통으로 울부짖는 것이 보이더라.

3 Then another sign appeared in heaven: an enormous red dragon with seven
heads and ten horns and seven crowns on his heads. 4 His tail swept a third of
the stars out of the sky and flung them to the earth. The dragon stood in front
of the woman who was about to give birth, so that he might devour her child
the moment it was born. 5 She gave birth to a son, a male child, who will rule
all the nations with an iron scepter. And her child was snatched up to God and
to his throne.

3 연이어 하늘에 또 다른 이적이 나타나니: 한 거대한 붉은 용이 있는데 머리가 일곱이요 뿔이 열이요
그 머리에 왕관 일곱개를 썼더라. 4 그의 꼬리가 하늘로부터 모든 별 중 삼분의 일을 휩쓸어 버리며 이
를 지구 온 땅에다 내던져 버리더라. 이 용이 지금 막 아기를 낳으려는 여자 앞에 섰으니, 아기가 태어나
는 순간, 그 아이를 찢어 버리려 함이더라. 5 여자가 아들을 낳으니 남자 아이요, 이 온 땅의 민족들을 쇠
로 만든 홀(笏)을 들고 통치할 아이더라. 그 아이가 하나님과 그의 보좌 앞으로 낚아 채어져 올라가니라.

6 The woman fled into the desert to a place prepared for her by God, where
she might be taken care of for 1,260 days. 7 And there was war in heaven.
Michael and his angels fought against the dragon, and the dragon and his
angels fought back. 8 But he was not strong enough, and they lost their place
in heaven. 9 The great dragon was hurled down-- that ancient serpent called
the devil, or Satan, who leads the whole world astray. He was hurled to the
earth, and his angels with him.

6 그 여자가 광야로 도망하매 거기에 그녀를 위하여 하나님께서 예비해 놓으신 곳이 있어, 거기에서 그
녀가 천이백육십 일 동안 보호하심을 받더라. 7 그리고 하늘에 전쟁이 일어나니라. 미가엘과 그의 천사
들이 용(龍)을 대적하여 싸우는데, 용이 자기의 천사들과 합쳐 대항해 싸우더라. 8 그러나 그 용이 강하
지 못하여 (*전쟁에 지니), 하늘에 있는 그들의 자리를 잃으니라. 9 큰 용이 땅으로 내팽개쳐지는데,—이
는 저 옛날의 뱀이요, 마귀라고도 불리고 혹은 사탄이라 불리는 자라, 이 온 세상을 미혹된 길로 이끄는
자더라. 그가 땅으로 내팽개쳐져 내쫓기니, 그의 천사들도 그와 함께 내쫓기니라.

10 Then I heard a loud voice in heaven say: "Now have come the salvation and
the power and the kingdom of our God, and the authority of his Christ. For
the accuser of our brothers, who accuses them before our God day and night,
has been hurled down. 11 They overcame him by the blood of the Lamb and by
the word of their testimony; they did not love their lives so much as to shrink
from death.

10 그 때 하늘에서 나는 큰 목소리가 있어 내가 들으니 말을 하기를, "이제 우리 하나님의 구원과 능력
과 나라가 이르렀으니 곧, 그의 그리스도의 권세와 함께로다. 우리 형제들을 고발하던 자 곧, 하나님 앞
에서 밤낮을 가리지 않고 그들을 헐뜯던 자가 땅으로 내쫓겨 갔음이라. 11 그들이 어린 양의 피와 자기
들이 증언하는 어린 양의 말씀으로써 끝내 사탄을 이기어 내었으니; 그들이 죽음에 이르기까지 자기의
생명을 아끼지 아니하였음이로다.

12 Therefore rejoice, you heavens and you who dwell in them! But woe to the
earth and the sea, because the devil has gone down to you! He is filled with
fury, because he knows that his time is short." 13 When the dragon saw that
he had been hurled to the earth, he pursued the woman who had given birth
to the male child.

12 그러므로 너 하늘과, 그 가운데에 거하는 너희들은 즐거워하라! 그러나 땅과 바다는 화 있을진저, 마
귀(魔鬼)가 네게로 내려 갔음이니라! 그가 분노로 가득 차 내려 갔으니, 그의 시간이 얼마 남지 않은 줄
을 스스로 아는 까닭이니라."하시더라. 13 이에 용이 자기가 땅으로 내어 쫓긴 것을 보고는, 그 남자 아
이를 낳은 여자의 뒤를 쫓으니라.

14 The woman was given the two wings of a great eagle, so that she might fly
to the place prepared for her in the desert, where she would be taken care of
for a time, times and half a time, out of the serpent's reach.

14 이에, 한 큰 독수리의 두 날개가 그 여자에게 주어졌으니, 이는 그녀를 위해 광야에 마련된 곳으로
그녀가 날아가기 위함이라, 그녀가 한 때와 두 때와 반 때 동안 그 곳에서 보살핌을 받으니, 곧 뱀의 추
격을 피하기 위해 그리하더라.

15 Then from his mouth the serpent spewed water like a river, to overtake
the woman and sweep her away with the torrent. 16 But the earth helped the
woman by opening its mouth and swallowing the river that the dragon had
spewed out of his mouth. 17 Then the dragon was enraged at the woman and
went off to make war against the rest of her offspring--those who obey God's
commandments and hold to the testimony of Jesus.

15 뱀이 그 입으로부터 물을 강 같이 토하여 여자를 물살에 떠내려가게 하려 하되, 16 그러나 땅이 여
자를 도와 그 입을 벌려 용이 그 입으로 토한 강물을 모두 삼키어 버리니 17 용이 그 여자에게 분노하여,
그 여자의 남은 자손—곧 하나님의 계명에 순종하며 예수의 증거를 지키는 자들과 더불어 전쟁을 일으
키려고 바삐 길을 가더라.

제13장

1 And the dragon stood on the shore of the sea. And I saw a beast coming out of the sea. He had ten horns and seven heads, with ten crowns on his horns, and on each head a blasphemous name. 2 The beast I saw resembled a leopard, but had feet like those of a bear and a mouth like that of a lion. The dragon gave the beast his power and his throne and great authority.

1 그리고 그 용이 바닷가 모래 밭에 섰더라. 내가 쳐다보는 가운데 한 짐승이 바다로부터 나오니라. 그가 열 개의 뿔과 일곱 개의 머리를 가졌는데, 각각의 뿔에 열 개의 왕관이 있고, 또 그 머리들에는 불경(不敬)스러운 이름이 적혀 있더라. 2 내가 본 짐승은 표범을 닮았는데, 그러나 그 발은 곰의 발 같고, 그 입은 사자(獅子)의 입을 닮았더라. 용이 (*바다에서 나온) 그 짐승에게 자기의 능력과 자신의 보좌와 또 큰 권세를 주었더라.

3 One of the heads of the beast seemed to have had a fatal wound, but the fatal wound had been healed. The whole world was astonished and followed the beast. 4 Men worshiped the dragon because he had given authority to the beast, and they also worshiped the beast and asked, "Who is like the beast? Who can make war against him?"

3 이 짐승의 머리 하나가 상하여 곧 죽을 정도로 심한 부상을 입은 것 같더니, 그러나 그 죽게 되었던 상처가 온전히 치유되매, 온 세상이 이를 놀랍게 여기며 짐승을 따르니라. 4 사람들이 용을 경배하니, 이는 용이 그 짐승에게 권세를 주었음이라, 또 사람들이 짐승에게도 경배하며 말하되, "누가 이 짐승과 같으랴? 그 누가 이를 대적하며 전쟁을 하리요?" 하더라.

5 The beast was given a mouth to utter proud words and blasphemies and to exercise his authority for forty-two months. 6 He opened his mouth to blaspheme God, and to slander his name and his dwelling place and those who live in heaven.

5 그 짐승이 교만한 말과 신성모독을 말하는 입을 받고, 또 마흔두 달 동안 다스리고 행할 권세를 받으니라. 6 짐승이 그 입을 벌려 신성모독과 함께 하나님을 비방하되, 하나님의 이름과 하나님의 처소와 하늘에 살고 계시는 이들을 모두 함께 비방하더라.

7 He was given power to make war against the saints and to conquer them. And he was given authority over every tribe, people, language and nation. 8 All inhabitants of the earth will worship the beast--all whose names have not been written in the book of life belonging to the Lamb that was slain from the creation of the world.

7 이 짐승이 성도들과 전쟁을 일으키고 성도들을 넘어 뜨려 정복할 힘과 권세를 받았고, 또한 (*온 땅의) 모든 족속과 백성과 방언과 나라들을 다스릴 권세를 받았더라. 8 그리하여 이 세상에 살고 있는 모든 사람들이 이 짐승을 경배하니, 이들은 모두, 이 세상이 창조된 이래 지금껏 자신의 이름이 죽임을 당하신 어린 양의 생명 책에 기록되지 못한 자들이더라.

9 He who has an ear, let him hear. 10 If anyone is to go into captivity, into captivity he will go. If anyone is to be killed with the sword, with the sword he will be killed. This calls for patient endurance and faithfulness on the part of the saints.

9 누구든지 귀 가진 자는 들을지어다. 10 사로잡혀 갈 자는 사로잡혀 갈 것이요, 칼에 맞아 죽을 자는 칼에 맞아 죽을 것이니, 성도들의 한 없는 인내와 굳센 믿음이 요구되는 까닭이 여기에 있느니라.

11 Then I saw another beast, coming out of the earth. He had two horns like a

lamb, but he spoke like a dragon. 12 He exercised all the authority of the first beast on his behalf, and made the earth and its inhabitants worship the first beast, whose fatal wound had been healed.

11 그리고 또 내가 보매, 다른 짐승 하나가 땅으로부터 나오더라. 그가 어린 양 같이 두 뿔을 가졌는데, 그러나 그의 입으로는 용처럼 말을 하더라. 12 그가 첫째 짐승의 모든 권세를 다 행사하며, 온 지구와 이 땅에 사는 주민들 모두를 첫째 짐승에게 경배하게 하니 곧 그 죽게 되었던 상처가 나은 자(者)더라.

13 And he performed great and miraculous signs, even causing fire to come down from heaven to earth in full view of men. 14 Because of the signs he was given power to do on behalf of the first beast, he deceived the inhabitants of the earth. He ordered them to set up an image in honor of the beast who was wounded by the sword and yet lived. 15 He was given power to give breath to the image of the first beast, so that it could speak and cause all who refused to worship the image to be killed.

13 이 둘째 짐승이 크고 놀라운 이적들을 행하고, 심지어 모든 사람이 보는 앞에서 불이 하늘로부터 땅에 내려오게 만들기도 하더라. 14 이런 이적들로 말미암아 그가 그 첫째 짐승을 대신하여 다스릴 권세를 받아, 이 지구 온 땅의 주민들을 미혹하기 시작하니 곧, 칼에 부상을 입었다가 도로 살아난 그 짐승을 기념하기 위해 그의 형상으로 만든 우상을 만들기를 사람들에게 명하니라. 15 그가 또 능력을 받아 그 첫째 짐승의 우상(偶像)에게 숨 쉴 수 있는 생기를 불어넣어 우상이 말을 하게 만들고, 누구든지 이 짐승의 우상에게 경배하지 아니하는 자는 다 죽임을 당하게 하더라.

16 He also forced everyone, small and great, rich and poor, free and slave, to receive a mark on his right hand or on his forehead, 17 so that no one could buy or sell unless he had the mark, which is the name of the beast or the number of his name. 18 This calls for wisdom. If anyone has insight, let him calculate the number of the beast, for it is man's number. His number is 666.

16 그가 또 이 땅에 사는 모든 자들, 곧 작은 자나 큰 자나 부자나 가난한 자나 자유인이나 종들을 강제로 그 오른손에나 이마에 표를 받게 하니, 17 이는 누구든지 이 표를 받지 아니하면 무엇을 사지도 못하고 팔지도 못하게 하려 함이라, 이 표는 그 (*첫째) 짐승의 이름이기도 하고, 그 이름이 갖는 숫자이기도 하더라. 18 여기에 지혜가 필요하니, 누구든 지혜를 가진 자에게 그 짐승의 수를 계산해 보라 하라. 이는 사람의 수니, 그의 숫자는 666 이더라.

제14장

1 Then I looked, and there before me was the Lamb, standing on Mount Zion, and with him 144,000 who had his name and his Father's name writ-ten on their foreheads. 2 And I heard a sound from heaven like the roar of rushing waters and like a loud peal of thunder. The sound I heard was like that of harpists playing their harps. 3 And they sang a new song before the throne and before the four living creatures and the elders. No one could learn the song except the 144,000 who had been redeemed from the earth.

1 그리고 또 내가 쳐다보니, 내 앞에 어린 양이 계신데, 시온산 위에 섰고, 그와 함께 십사만 사천 명이 있는데 그들의 이마에는 어린 양의 이름과 그 아버지의 이름이 씌어져 있더라. 2 내가 하늘에서 나는 소리를 들으니 급하게 흘러내리는 물 소리와도 같고 큰 우렛소리와도 같은데 또 한편으로는 하프 연주하는 사람들이 하프를 타는 것과도 같더라. 3 그들이 보좌 앞에서와 그리고 네 생명체들과 장로들 앞에서

새 노래를 부르니, 이는 땅에서 구속함을 받은 십사만 사천 명을 제외하고는 능히 배울 자가 없는 그런 노래더라.

4 These are those who did not defile themselves with women, for they kept themselves pure. They follow the Lamb wherever he goes. They were purchased from among men and offered as firstfruits to God and the Lamb. 5
No lie was found in their mouths; they are blameless.

4 이 사람들은 여자와 함께하지 아니하고, 자신을 더럽히지 아니하며 순결함을 지킨 자들이니 곧, 어린 양이 가는 곳이면 어디든지 그를 따라가는 자들이라. 그들이 사람 가운데에서 값을 주고 사신 바가 되었으니, 처음 익은 열매로서 하나님과 어린 양에게 바쳐진 자들이요, 5 그 입에 거짓말이 없고; 책망 받을 것도 없는 자들이더라.

6 Then I saw another angel flying in midair, and he had the eternal gospel to proclaim to those who live on the earth-- to every nation, tribe, language
and people. 7 He said in a loud voice, "Fear God and give him glory, because the hour of his judgment has come. Worship him who made the heavens, the
earth, the sea and the springs of water." 8 A second angel followed and said, "Fallen! Fallen is Babylon the Great, which made all the nations drink the maddening wine of her adulteries."

6 그 때에 또 다른 천사 하나가 공중을 날아 가는 것을 내가 보았는데, 그가 이 지구 위에 사는 모든 자들 곧, 모든 민족과 종족과 방언들과 백성들에게 선포할 영원한 복음을 가졌더라. 7 그가 큰 목소리로 말하
여 이르되, "하나님을 경외하며 그에게 영광을 돌리라, 그의 심판의 시간이 이르렀음이라. 하늘과 땅과 바다와 물들의 근원되는 샘을 만드신 이를 경배하라." 하더라. 8 두번째 천사가 그 뒤를 따라 나오며 말
하되, "무너졌도다! 무너졌도다!, 저 큰 성 바벨론이 무너졌도다! 모든 나라들로 하여금 그의 음행의 포도주 곧, 사람을 미치게 만드는 술을 마시게 하던 자로다." 하더라.

9 A third angel followed them and said in a loud voice: "If anyone worships the beast and his image and receives his mark on the forehead or on the hand,
10 he, too, will drink of the wine of God's fury, which has been poured full strength into the cup of his wrath. He will be tormented with burning sulfur
in the presence of the holy angels and of the Lamb. 11 And the smoke of their torment rises for ever and ever. There is no rest day or night for those who worship the beast and his image, or for anyone who receives the mark of his name."

9 또 셋째 천사가 그들 뒤를 따라 나오며 큰 음성으로 말을 하되: "만일 누구든지 짐승과 그의 우상에게
경배하고 자기의 이마에나 손에 표를 받으면, 10 그 역시, 하나님의 진노의 포도주를 마시게 되리니, 그
의 진노의 잔에 가득찬 분량으로 부어진 것이니라. 그들이 거룩한 천사들 앞과 어린 양의 면전에서 불
타는 유황으로 고난을 받으리니 11 그 고난의 연기가 영원 세세토록 올라가리로다. 누구든지 짐승과 그의 우상에게 경배하거나, 또 혹은 그의 이름의 표를 받는 자들은 밤이건 낮이건 안식할 날이 없으리라." 하니라.

12 This calls for patient endurance on the part of the saints who obey God's
commandments and remain faithful to Jesus. 13 Then I heard a voice from heaven say, "Write: Blessed are the dead who die in the Lord from now on." "Yes," says the Spirit, "they will rest from their labor, for their deeds will follow them."

12 이것이 하나님의 계명을 복종하며 예수에 대한 믿음 가운데 신실하게 남아 있는 성도들에게 한 없는
인내(忍耐)를 요구하는 대목이더라. 13 그 때에 내가 또 하늘에서 말하는 목소리를 들으니, 그 음성이

말하기를, "기록하라: 이제로부터 주 하나님 안에서 죽는 자들은 복이 있느니라." 하시는데, 성령께서 말씀하시기를 "진실로 그러하도다. 그들이 이제 힘든 일을 마치고 안식하리니, 그들의 행한 행위가 그들을 따르리라." 하시더라.

14 I looked, and there before me was a white cloud, and seated on the cloud was one "like a son of man" with a crown of gold on his head and a sharp
sickle in his hand. 15 Then another angel came out of the temple and called in
a loud voice to him who was sitting on the cloud, "Take your sickle and reap,
because the time to reap has come, for the harvest of the earth is ripe." 16 So
he who was seated on the cloud swung his sickle over the earth, and the earth was harvested.

14 또 내가 보니 내 앞에 흰 구름이 있고, 그 구름 위에 "인자(人子) 곧, 사람의 아들 같은 이" 가 앉아 계신데, 금으로 만든 면류관이 그 머리에 있고, 그가 예리한 낫을 손에 가졌더라. 15 또 다른 천사가 성전
으로부터 나와 그 구름 위에 앉으신 이를 향하여 큰 목소리로 외쳐 이르되, "이제 당신의 낫을 가지고 거두어 들이소서, 추수할 때가 왔으니, 온 땅의 곡식이 다 익었나이다." 하매, 16 구름 위에 앉으신 이가
그 낫을 땅 위로 휘두르매, 지구 온 땅 위에서 수확(收穫)이 이루어지더라.

17 Another angel came out of the temple in heaven, and he too had a sharp
sickle. 18 Still another angel, who had charge of the fire, came from the altar and called in a loud voice to him who had the sharp sickle, "Take your sharp sickle and gather the clusters of grapes from the earth's vine, because its grapes are ripe."

17 또 다른 천사가 하늘에 있는 성전에서 나오는데, 그가 역시 예리한 낫을 가졌더라. 18 또 다른 천사
곧, 불을 책임지고 있는 천사가 제단으로부터 나와, 그 예리한 낫 가진 자를 향하여 큰 목소리로 불러 말하기를, "네 예리한 낫을 가지고 이 땅의 넝쿨로부터 포도송이를 모으라, 그 포도들이 다 익었느니라." 하더라.

19 The angel swung his sickle on the earth, gathered its grapes and threw
them into the great winepress of God's wrath. 20 They were trampled in the
winepress outside the city, and blood flowed out of the press, rising as high as the horses' bridles for a distance of 1,600 stadia.

19 그 천사가 낫을 온 땅 위에 휘둘러, 포도를 거두어 모으고 이를 하나님의 진노(震怒)의 큰 포도주 틀
에 던져 버리니라. 20 그들이 성 밖에 있는 포도주 틀에서 이 포도들을 밟으니, 그 틀에서부터 흘러 나온 피가 일천 육백 스타디아의 거리에 이르도록 말 머리에 있는 굴레 정도 높이까지 차 오르더라.

제15장

1 I saw in heaven another great and marvelous sign: seven angels with the seven last plagues--last, because with them God's wrath is completed.

1 내가 보니, 하늘에 또 다른 크고 놀라운 징조(徵兆)가 보이는데: 곧, 마지막 일곱 재앙을 가진 일곱 천사라, 이들을 마지막으로 하나님의 진노가 완료될 것이더라.

2 And I saw what looked like a sea of glass mixed with fire and, standing beside the sea, those who had been victorious over the beast and his image
and over the number of his name. They held harps given them by God 3 and

sang the song of Moses the servant of God and the song of the Lamb: "Great and marvelous are your deeds, Lord God Almighty. Just and true are your ways, King of the ages.

2 그 다음에 내가 보니 유리 바다 같은 것이 보이는데 마치 불과 섞여 있는듯 하고, 그 바다 옆에는 짐승
과, 그의 우상과, 또 그의 이름의 숫자를 이겨 낸 자들이 서 있더라. 이들이 하나님께서 준 하프를 각자
하나씩 들고 3 하나님의 종 모세의 노래와 또 어린 양의 노래를 부르는데: "전능의 주 하나님, 주(主)께
서 하시는 일이 위대하고 놀라우시며—만세의 왕이시여, 주(主) 하나님의 길이 의롭고 또 참되심이니이
다." 하고,

4 Who will not fear you, O Lord, and bring glory to your name? For you alone are holy. All nations will come and worship before you, for your righteous acts have been revealed."

4 "오, 주여!, 누가 주의 이름을 두려워하지 아니하며, 영화롭게 하지 아니하오리이까? 오직 주만 홀로 거룩하시나이다. 모든 민족이 주 하나님 앞에 경배하러 나아오리니, 주의 의로우신 행사들이 나타나심 이니이다." 하더라.

5 After this I looked and in heaven the temple, that is, the tabernacle of the
Testimony, was opened. 6 Out of the temple came the seven angels with the
seven plagues. They were dressed in clean, shining linen and wore golden
sashes around their chests. 7 Then one of the four living creatures gave to the
seven angels seven golden bowls filled with the wrath of God, who lives for
ever and ever. 8 And the temple was filled with smoke from the glory of God
and from his power, and no one could enter the temple until the seven plagues
of the seven angels were completed.

5 이런 일이 있은 후에 내가 보니 하늘에 성전이 보이는데, 곧 증거의 장막이라, 이 성전이 열리며 6 일
곱 재앙을 가진 일곱 천사가 이 성전으로부터 나오더라. 그들이 깨끗하고 빛난 면포 옷을 입었는데 그
가슴에는 금으로 된 장식 띠를 매고 있더라. 7 이에 네 생명체 중의 하나가 이들 일곱 천사들에게 금 대
접 일곱을 주니, 이는 영원 세세토록 살아 계신 하나님의 진노를 가득 채운 그릇들이더라. 8 그러자, 하
나님의 영광과 능력으로부터 말미암은 연기가 성전에 가득 차게 되어, 이 일곱 천사의 일곱 재앙이 온전
히 다 이루어지기 전까지는 그 누구도 성전에 들어갈 수가 없게 되더라.

제16장

1 Then I heard a loud voice from the temple saying to the seven angels, "Go, pour out the seven bowls of God's wrath on the earth."

1 그 때에 내가 성전(聖殿)으로부터 나는 큰 음성을 들었는데 일곱 천사들에게 말하기를, "가라, 가서 하나님의 진노의 일곱 대접을 온 땅 위에 쏟아 부으라." 하더라.

2 The first angel went and poured out his bowl on the land, and ugly and
painful sores broke out on the people who had the mark of the beast and
worshiped his image. 3 The second angel poured out his bowl on the sea, and
it turned into blood like that of a dead man, and every living thing in the sea
died. 4 The third angel poured out his bowl on the rivers and springs of water,
and they became blood.

2 첫째 천사가 가서 그 대접을 땅에 쏟으매, 사람들에게 더럽고 고통스러운 종기가 나는데, 오로지 짐

승의 표를 받은 자들과 그 우상에게 경배하던 자들에게만 나더라. 3 둘째 천사가 그 대접을 바다에 쏟으매, 바다가 죽은 사람의 피 같이 변하니, 바다 가운데 모든 살아 있는 것들이 다 죽으니라. 4 셋째 천사가 그 대접을 강과 물의 근원인 샘들에 쏟으매, 그 물이 역시 피로 변하더라.

5 Then I heard the angel in charge of the waters say: "You are just in these judgments, you who are and who were, the Holy One, because you have so judged; 6 for they have shed the blood of your saints and prophets, and you have given them blood to drink as they deserve." 7 And I heard the altar respond: "Yes, Lord God Almighty, true and just are your judgments."

5 그 때에 내가 들으니, (*이 세상의 모든) 물을 책임지고 있는 천사가 말을 하기를: "거룩하신 이, 지금도 살아 계시고, 그 전에도 계셨던 이시여, 주께서 이와 같이 심판을 하시니, 주께서는 이 심판 가운데에서 공의로우시나이다; 6 그들이 당신의 성도들과 선지자들의 피를 흘렸으므로, 그들에게 피를 마시게 하신 것이 그들이 자취(自取)한 일이니이다." 하더라. 7 그러자 (*하나님 앞의 그) 제단이 응답하기를: "그러하도다, 전능(全能)의 주(主) 하나님, 하나님의 심판이 참되시고 또 의로우시니이다." 하고 말하는 것을 내가 들으니라.

8 The fourth angel poured out his bowl on the sun, and the sun was given power to scorch people with fire. 9 They were seared by the intense heat and they cursed the name of God, who had control over these plagues, but they refused to repent and glorify him.

8 넷째 천사가 그 대접을 해에 쏟으매 해가 권세를 받아 불로써 사람들을 태워 버리니라. 9 사람들이 태양의 극심한 열기에 바짝 타 오르게 됨으로 이 모든 재앙들을 제어하는 것으로 보이는 하나님의 이름을 저주하기 시작하니, 그들이 회개하기를 거부하고, 하나님께 영광을 돌리지도 아니하더라.

10 The fifth angel poured out his bowl on the throne of the beast, and his kingdom was plunged into darkness. Men gnawed their tongues in agony 11 and cursed the God of heaven because of their pains and their sores, but they refused to repent of what they had done.

10 다섯째 천사가 그 대접을 짐승의 보좌에 쏟으니, 그의 왕국이 어두움 가운데 내던져지더라. 사람들이 좌절 가운데에서 자기들의 혀를 깨물고 11 그 고통과 쓰라린 종기로 말미암아 하늘의 하나님을 비방하되, 그러나 자신들이 행한 행위에 대한 회개는 여전히 거부하니라.

12 The sixth angel poured out his bowl on the great river Euphrates, and its water was dried up to prepare the way for the kings from the East. 13 Then I saw three evil spirits that looked like frogs; they came out of the mouth of the dragon, out of the mouth of the beast and out of the mouth of the false prophet. 14 They are spirits of demons performing miraculous signs, and they go out to the kings of the whole world, to gath-er them for the battle on the great day of God Almighty.

12 여섯째 천사가 자기의 대접을 큰 강 유프라테스(유브라데)에 쏟으매, 강물이 다 말라 버리고 동쪽에서 오는 왕들의 길이 준비가 되더라. 13 또 내가 보매 개구리처럼 생긴 세 사악한 영이 용의 입과, 짐승의 입과, 거짓 선지자의 입에서 나오는데 14 그들은 마귀의 영이라, 기이한 표적을 행하며 천하의 여러 왕들에게 가서, 전능의 주 하나님의 큰 날에 있을 전쟁을 위하여 그들을 모으더라.

15 "Behold, I come like a thief! Blessed is he who stays awake and keeps his clothes with him, so that he may not go naked and be shamefully exposed." 16 Then they gathered the kings together to the place that in Hebrew is called Armageddon.

15 "보라, 내가 도둑 같이 오리니, 누구든 깨어 있어 자기 옷을 지킴으로 벌거벗고 다니지 아니하며 수
치를 보이지 않는 자가 복이 있도다!" 16 그리고 그 세 영(靈)이 왕들을 한 곳에 모으는데, 히브리어로
아마겟돈이라 하는 장소로 왕들을 모으더라.

17 The seventh angel poured out his bowl into the air, and out of the temple
came a loud voice from the throne, saying, "It is done!" 18 Then there came
flashes of lightning, rumblings, peals of thunder and a severe earthquake.
No earthquake like it has ever occurred since man has been on earth, so
tremendous was the quake.

17 일곱째 천사가 그 대접을 공중에 쏟으매, 큰 목소리가 보좌로부터 나서 성전 밖까지 이르니, 말씀하
시기를, "이제 그만 되었다." 하시니 18 그 때에 번쩍거리는 번개와 천둥 소리와 우렛 소리가 나며 또 큰
지진이 생겨 나더라. 이 지진이 얼마나 큰지, 사람이 땅 위에서 산 뒤로 그같이 큰 지진이 없었더라.

19 The great city split into three parts, and the cities of the nations collapsed.
God remembered Babylon the Great and gave her the cup filled with the wine
of the fury of his wrath. 20 Every island fled away and the mountains could not
be found. 21 From the sky huge hailstones of about a hundred pounds each
fell upon men. And they cursed God on account of the plague of hail, because
the plague was so terrible.

19 저 큰 도시도 세 조각으로 갈라지고 여러 나라들의 도시들 역시 다 무너져 버리는데, 하나님께서 저
큰 성 바벨론을 기억하고 계셨던지라, 그의 진노의 포도주로 가득찬 잔을 그 곳으로 내리시니라. 20 그
러자, 모든 바다의 섬들이 사라지고, 산들도 온 데 간 데 없어지니라. 21 그리고 하늘로부터 엄청난 우
박이 쏟아지는데, 무게가 백 파운드 쯤이나 나가는 큰 우박이 사람들 위에 떨어지더라. 사람들이 하나님
을 저주하니 그 우박의 재앙으로 말미암음이요, 그 재앙이 너무 끔찍하기 때문이더라.

제17장

1 One of the seven angels who had the seven bowls came and said to me,
"Come, I will show you the punishment of the great prostitute, who sits on
many waters. 2 With her the kings of the earth committed adultery and the
inhabitants of the earth were intoxicated with the wine of her adulteries."

1 일곱 대접을 가진 일곱 천사 중 하나가 내게로 와서 말하여 이르되, "오라, 저 큰 음녀(淫女)가 받을 심
판을 네게 보여주리니, 곧 많은 물 위에 앉은 자가 그니라. 2 그녀와 더불어 이 땅의 임금들이 간음을 저
질렀으매, 지구 온 땅에 사는 주민들도 그 음행(淫行)의 포도주에 취하였음이라." 하니라.

3 Then the angel carried me away in the Spirit into a desert. There I saw a
woman sitting on a scarlet beast that was covered with blasphemous names
and had seven heads and ten horns. 4 The woman was dressed in purple and
scarlet, and was glittering with gold, precious stones and pearls. She held a
golden cup in her hand, filled with abominable things and the filth of her
adulteries.

3 그리고 그 천사가 성령 가운데에서 나를 광야로 옮겨가니라. 거기에서 내가 보매, 어떤 여자 하나가
진홍색 짐승을 올라타고 앉았는데, 그 몸에는 하나님을 모독하는 불경스러운 이름들이 가득 덮여 있고
일곱 머리와 열 뿔을 가졌더라. 4 그 여자가 자주색과 보라빛 나는 옷을 입고 또 금과 보석과 진주로 몸
을 꾸미고, 손에는 금잔(金盞)을 가졌는데 그 잔 속에는 가증한 물건과 그의 음행의 더러운 것들이 가득

하더라.

5 This title was written on her forehead: MYSTERY, BABYLON THE GREAT THE MOTHER OF PROSTITUTES AND OF THE ABOMINATIONS OF THE EARTH.
6 I saw that the woman was drunk with the blood of the saints, the blood of
those who bore testimony to Jesus. 7 When I saw her, I was greatly astonished.
Then the angel said to me: "Why are you astonished? I will explain to you the mystery of the woman and of the beast she rides, which has the seven heads and ten horns.

5 그녀의 앞 이마에 이런 칭호가 새겨져 있으니: 곧, '비밀이요, 위대한 바벨론이요, 땅의 음녀들과 가증
한 것들의 어미'라 씌여 있더라. 6 또 내가 보매 그 여자가 성도들의 피에 취해 있는데, 이 피는 예수의
증언을 감당하던 자들의 피라. 7 내가 그 여자를 바라볼 때에 크게 놀라워하니, 천사가 내게 말을 걸기
를, " 왜 그를 보고 놀랍게 여기느냐? 내가 그 여자의 비밀과 그녀가 타고 있는 짐승의 비밀을 네게 알려 주리니, 곧 일곱 머리와 열 뿔 가진 짐승의 비밀을 네게 일러 주리라." 하고,

8 The beast, which you saw, once was, now is not, and will come up out of the Abyss and go to his destruction. The inhabitants of the earth whose names have not been written in the book of life from the creation of the world will be astonished when they see the beast, because he once was, now is not, and yet will come.

8 "네가 지금 본 그 짐승은, 예전에 있었다가 지금은 없으나, 장차 저 땅의 심연으로부터 올라와 그의 멸망으로 들어갈 자니라. 이 지구의 주민들로서 이 세상이 창조된 이래 자신의 이름이 생명책에 기록되지 못한 모든 자들이 이 짐승을 볼 때에 경탄을 금치 못하리니, 이는 이 짐승이 이전에 있었던 자로서, 지금은 없으나, 이제 잠시 후면 다시 나타날 존재이기 때문이라."

9 "This calls for a mind with wisdom. The seven heads are seven hills on which
the woman sits. 10 They are also seven kings. Five have fallen, one is, the other
has not yet come; but when he does come, he must remain for a little while. 11
The beast who once was, and now is not, is an eighth king. He belongs to the seven and is going to his destruction."

9 "이 대목이 특히 지혜 있는 마음이 요구되고 있는 곳이니, 그 일곱 머리는 여자가 그 위에 올라 앉은
일곱 언덕이요, 10 또 그들은 일곱 왕이라. 다섯은 이미 멸하였고, 하나는 지금 있고, 다른 하나는 아직
이르지 아니하였으나 그러나 그가 이를 때에는 그가 반드시 잠시 동안은 남아 있으리라. 11 예전에 있
었다가 지금은 있지 않은 이 짐승이 여덟째 왕이라. 그가 이 일곱 중에 속한 자로서 그의 멸망으로 향해 달려갈 바로 그 자이니라."

12 "The ten horns you saw are ten kings who have not yet received a kingdom,
but who for one hour will receive authority as kings along with the beast. 13
They have one purpose and will give their power and authority to the beast.

12 "네가 본 열 뿔은 아직 자기 왕국을 받지 못한 열 명(名)의 왕들이니, 그들이 그 짐승과 함께, 한 시간
동안 왕으로서의 권세를 받을 것이며 13 그들이 하나의 목적을 가지고, 자기의 능력과 권세를 그 짐승 에게 넘겨주리라.

14 They will make war against the Lamb, but the Lamb will overcome them because he is Lord of lords and King of kings--and with him will be his called, chosen and faithful followers."

14 그들이 어린 양을 대적해 장차 전쟁을 일으키려니와, 그러나 어린 양이 이를 이겨 내실 것이니, 그는 만주(萬主)의 주(主)시요 만왕(萬王)의 왕(王)이신 까닭이라—그의 부르심을 받고 택하심을 받은 진실한

자들이 그와 함께하리로다." 하니라.

15 Then the angel said to me, "The waters you saw, where the prostitute sits, are peoples, multitudes, nations and languages. 16 The beast and the ten horns you saw will hate the prostitute. They will bring her to ruin and leave her naked; they will eat her flesh and burn her with fire.

15 또 천사가 내게 말하되, "음녀가 앉아 있던 그 물 곧, 네가 본 물은 백성들이요, 사람의 무리들이요, 나라와 방언들이라. 16 네가 본 짐승과 그 열 뿔이 그 음녀를 미워하여 그 여자를 멸망케 하고 벌거벗게 만들리니; 그들이 그 음녀의 살을 먹고 또 그녀를 아예 불로 살라 버리리라.

17 For God has put it into their hearts to accomplish his purpose by agreeing to give the beast their power to rule, until God's words are fulfilled. 18 The woman you saw is the great city that rules over the kings of the earth."

17 하나님께서 이런 것을 그들 마음 속에 넣어두신 것은, 이 모든 것들이 다 하나님의 뜻대로 이루어질 수 있도록 하기 위함이요, 또, 그 짐승에게 하나님의 말씀이 다 이루어질 때까지 통치하고 다스릴 권세를 주신 것은, 하나님께서 이를 그렇게 도모(圖謀)하신 결과니라. 18 네가 본 그 여자는 온 지구의 왕들을 지배하고 다스리는 큰 도성이니라." 하더라.

제18장

1 After this I saw another angel coming down from heaven. He had great authority, and the earth was illuminated by his splendor.

1 그 다음에 내가 보니, 또 다른 천사 하나가 하늘에서 내려오니라. 그가 큰 권세를 지녔으니, 그의 찬란한 광휘로 인하여 온 지구 땅이 환하여지더라.

2 With a mighty voice he shouted: "Fallen! Fallen is Babylon the Great! She has become a home for demons and a haunt for every evil spirit, a haunt for every
unclean and detestable bird. 3 For all the nations have drunk the maddening wine of her adulteries. The kings of the earth committed adultery with her, and the merchants of the earth grew rich from her excessive luxuries."

2 그가 웅장한 목소리로 외쳐 이르되: "무너졌도다! 무너졌도다, 위대한 도성 바벨론이여! 네가 귀신의 처소가 되고, 온갖 사악한 영들의 집합소요, 더럽고 가증스러운 모든 새들의 둥지가 되었도다. 3 모든
나라와 민족이 그녀의 음행의 포도주 곧, 사람을 미치게 만드는 술로 취하였으니, 온 땅의 왕들이 그녀와 더불어 음행하였고, 땅의 상인들은 그녀의 한 없는 사치함으로 부(富)하게 되었음이로다." 하더라.

4 Then I heard another voice from heaven say: "Come out of her, my people, so that you will not share in her sins, so that you will not receive any of her
plagues; 5 for her sins are piled up to heaven, and God has remembered her crimes.

4 그리고 또 내가 듣는 가운데 하늘로부터 한 다른 목소리가 나서 말하기를, "내 백성아, 그 도성(都城)으로부터 나오라, 그리하여 그녀의 죄에 참여하지 말고, 또 그녀가 받을 재앙을 함께 받지 말라; 5 그녀
의 죄악이 하늘에 닿도록 쌓여있으니, 하나님께서 그 모든 죄악들을 다 기억해 오셨음이로다.

6 Give back to her as she has given; pay her back double for what she has
done. Mix her a double portion from her own cup. 7 Give her as much torture

and grief as the glory and luxury she gave herself. In her heart she boasts, 'I
sit as queen; I am not a widow, and I will never mourn.' 8 Therefore in one
day her plagues will overtake her: death, mourning and famine. She will be
consumed by fire, for mighty is the Lord God who judges her."

6 그러므로 그녀가 준 그대로 그녀에게 돌려주고; 그녀가 행한 것의 갑절을 갚아 주라. 그리고 또한 그
녀의 잔에도 두 배나 섞어 주라. 7 그리하여 그녀로 하여금 고통과 비탄을 겪게 하되, 그녀가 스스로 취
한 영광과 사치(奢侈)만큼이나 그대로 갚아 주라. 그 음녀가 마음속으로 자만(自慢)하기를, '나는 여왕으
로 앉은 자라; 내가 과부가 아니니, 내가 슬피 울 일이 영영 없으리라.' 하였음이로다. 8 그러므로, 하루
동안에 이 모든 재앙들이 그녀를 덮치게 하되: 사망과 애통과 기근이 동시에 닥치게 할지어다. 그녀가
또한 불길에 삼키워지리니, 이 여자를 심판하시는 주 하나님은 능력이 크시고 강하시도다." 하고,

9 "When the kings of the earth who committed adultery with her and shared
her luxury see the smoke of her burning, they will weep and mourn over her.
10 Terrified at her torment, they will stand far off and cry: 'Woe! Woe, O great
city, O Babylon, city of power! In one hour your doom has come!'"

9 또, "그녀와 함께 간음(姦淫)하고 그녀의 사치에 동참하던 온 땅의 왕들이 그녀가 불타 오르는 (*화염
과) 연기를 볼 때에, 그녀를 위하여 통곡하며 울리라. 10 그리고 그녀의 고통을 보며 공포에 붙잡혀, 멀
리감치 서서 울부짖으며 말을 하리니: '화로다! 재앙이로다! 오 위대한 도성, 능력과 힘의 도시, 바빌론
이여! 단 한 시간 만에 너의 멸망이 닥쳐 왔도다!' 할 것이요,

11 "The merchants of the earth will weep and mourn over her because no one
buys their cargoes any more-- 12 cargoes of gold, silver, precious stones and
pearls; fine linen, purple, silk and scarlet cloth; every sort of citron wood, and
articles of every kind made of ivory, costly wood, bronze, iron and marble; 13
cargoes of cinnamon and spice, of incense, myrrh and frankincense, of wine
and olive oil, of fine flour and wheat; cattle and sheep; horses and carriages;
and bodies and souls of men."

11 "또, 온 지구의 상인들이 울고 그녀를 위하여 통곡할 것은, 이제 다시는 자기의 상품을 사 줄 자가 없
게 됨이라– 12 금과 은과 귀한 보석과 진주 상품이요; 고운 면포와 자주색 옷감과, 비단과 붉은 천이요;
온갖 향목과 각종 상아 세공품이요, 값진 재목과 황동과 철과 대리석으로 만든 각종 공예품이요, 13 계
피와 향료와 향과 향유와 유향과 포도주와 감람유와 고운 밀가루와 밀이요; 소떼와 양과 말과 마차요;
또 사람의 몸과 영혼들이니라" 하더라.

14 "They will say, 'The fruit you longed for is gone from you. All your riches
and splendor have vanished, never to be recovered.' 15 The merchants who
sold these things and gained their wealth from her will stand far off, terrified
at her torment. They will weep and mourn 16 and cry out: 'Woe! Woe, O great
city, dressed in fine linen, purple and scarlet, and glittering with gold, precious
stones and pearls!

14 "그들이 또한 말하기를, '네가 늘 바라고 탐하던 과실들이 영영 네게로부터 떠나가 버렸도다. 너의
모든 부(富)와 영화(榮華)가 사라져 버렸으니, 네가 다시는 회복하지 못하리로다.' 하겠고, 15 이 상품들
을 그녀에게 팔아 그로부터 부를 얻던 상인들이 그녀의 고통에 두려워 떨며, 멀리감치 떨어져 서서 애통
해 하며 16 울부짖으며 말하리니, '화(禍)로다! 재앙이로다! 오! 너, 고운 면포와, 자주와 진홍빛 천으로
옷 입고 금과 진주와 보석으로 치장해 있던 이여!

17 In one hour such great wealth has been brought to ruin!' Every sea captain,
and all who travel by ship, the sailors, and all who earn their living from the
sea, will stand far off. 18 When they see the smoke of her burning, they will

exclaim, 'Was there ever a city like this great city?' 19 They will throw dust on
their heads, and with weeping and mourning cry out: 'Woe! Woe, O great city,
where all who had ships on the sea became rich through her wealth! In one
hour she has been brought to ruin!'" 20 "Rejoice over her, O heaven! Rejoice,
saints and apostles and prophets! God has judged her for the way she treated
you."

17 한 시간만에 너의 그 엄청난 재물과 부가 멸하였도다! 모든 배의 선장과 배를 타고 전 세계를 다니며
그 생업을 바다로부터 벌어 들이는 선원들과, 또 다른 모든 이들이 다 멀리 서서, 18 그 큰 도성이 불 타
오르는 연기를 보고 외치리니, '이 위대한 큰 도성과 같은 도성이 어디 있었느냐?' 하며 19 또 자기들 머
리 위에 먼지를 뿌리며 흐느껴 울며 애통하여 외쳐 이르되, '화로다, 재앙이로다! 오, 위대한 도성(都城)
이여, 바다에 배를 가진 모든 자들이 그녀의 재물을 통하여 부자가 되게 하던 큰 도시여! 단 한 시간에
그녀가 이처럼 망하였도다' 하리라. 20 (*그리고 또 그 천사가 말하기를) "오, 하늘이여, 그녀로 인하여
기뻐하라! 사도들과 선지자들과 성도들도 기뻐하라! 하나님께서 그녀를 심판하시기를 그녀가 너희에게
행한대로 갚아 주심이라." 하더라.

21 Then a mighty angel picked up a boulder the size of a large millstone and
threw it into the sea, and said: "With such violence the great city of Babylon
will be thrown down, never to be found again. 22 The music of harpists and
musicians, flute players and trumpeters, will never be heard in you again.
No workman of any trade will ever be found in you again. The sound of a
millstone will never be heard in you again. 23 The light of a lamp will never
shine in you again. The voice of bridegroom and bride will never be heard in
you again. Your merchants were the world's great men. By your magic spell all
the nations were led astray. 24 In her was found the blood of prophets and of
the saints, and of all who have been killed on the earth."

21 그러고 나서 또 다른 장대한 천사가 나와, 큰 맷돌 크기의 둥근 돌을 들어 바다에 던져 버리며 이르
기를: "큰 성 바벨론이 이와 같이 격렬히 던져짐을 받아, 다시는 보이지 않으리라. 22 너희 가운데에서
하프 타는 자와 플루트 부는 자와 트럼펫 부는 자와 다른 음악하는 사람들의 음악 연주 소리가 결코 다
시 들리지 아니 할 것이며, 어떤 기능을 가진 세공업자든지 네 안에서는 다시 보이지 아니할 것이며, 또
너희 가운데에서 다시는 (*곡식 가는) 맷돌 소리가 들리지 아니하리라. 23 또한, 등불 불빛이 다시는 네
안에서 비치지를 아니하고, 신랑과 신부의 목소리도 다시는 네 안에서 들리지 아니하리니, 너의 상인들
은 원래 이 세상의 위대한 인물들이었으나 그러나, 네 마법의 주문으로 말미암아 온 세상이 미혹의 길을
걸었음이로다. 24 그 음녀 가운데에서 발견된 것은 선지자들과, 성도들과, 그리고 지구 온 땅 위에서 죽
임을 당한 사람들의 피니라." 하더라.

제19장

1 After this I heard what sounded like the roar of a great multitude in heaven
shouting: "Hallelujah! Salvation and glory and power belong to our God, 2 for
true and just are his judgments. He has condemned the great prostitute who
corrupted the earth by her adulteries. He has avenged on her the blood of his
servants." 3 And again they shouted: "Hallelujah! The smoke from her goes up
for ever and ever."

1 그 후에 이런 일이 있었으니 곧, 하늘에 큰 군중이 모여 함께 외치는 듯한 소리를 내가 들었는데, 이
소리가 이르되: "할렐루야 ! 구원과 영광과 능력이 우리 하나님께 속하여 있으니, 2 그의 심판이 진실되

며 또 의로우시도다. 하나님께서 저 큰 음녀를 정죄하셨으니 이는 자신의 음행으로 온 땅을 부패하게 한 자라. 하나님께서 그녀를 대적해 보복하시되, 자기 종들의 피에 대해 그 원수를 갚아 주신 것이로다." 하니라. 3 그리고 또다시 그들이 소리 높여 외치기를 "할렐루야! 그 음녀로부터 나는 연기가 영원토록 공중으로 올라가리로다." 하더라.

4 The twenty-four elders and the four living creatures fell down and worshiped God, who was seated on the throne. And they cried: "Amen, Hallelujah!"
5 Then a voice came from the throne, saying: "Praise our God, all you his servants, you who fear him, both small and great!"

4 이십사 장로들과 네 생명체들이 엎드려 보좌에 앉으신 하나님께 경배하며 외치되: "아멘, 할렐루야!"
하니 5 그 때에 보좌에서 음성이 나서 이르시되: "하나님의 종들 곧, 그를 경외하는 너희는, 작은 자나 큰 자나, 모두 다 우리 하나님을 찬양하라" 하더라.

6 Then I heard what sounded like a great multitude, like the roar of rushing waters and like loud peals of thunder, shouting: "Hallelujah! For our Lord
God Almighty reigns. 7 Let us rejoice and be glad and give him glory! For the wedding of the Lamb has come, and his bride has made herself ready. 8 Fine
linen, bright and clean, was given her to wear." (Fine linen stands for the righteous acts of the saints.)

6 또 내가 들으니, 허다한 무리의 음성과도 같고, 급히 흘러내리는 물 소리와도 같고, 또 큰 우렛소리와
도 같은 소리가 외쳐 이르되: "할렐루야! 주, 우리의 하나님 곧, 전능하신 이가 통치하시도다. 7 우리가
즐거워하고 크게 기뻐하며 그에게 영광을 돌리세! 어린 양의 결혼식이 이르렀고, 그의 아내가 자신을 준
비하였으니, 8 그 신부가 입을, 깨끗하고 고운, 빛나는 면포 옷이 주어졌음이로다." 하더라. (그 고운 면포 옷은 성도들의 의로운 행실을 나타냄이더라.)

9 Then the angel said to me, "Write: 'Blessed are those who are invited to the wedding supper of the Lamb!' "And he added, "These are the true words of
God." 10 At this I fell at his feet to worship him. But he said to me, "Do not do it! I am a fellow servant with you and with your brothers who hold to the testimony of Jesus. Worship God! For the testimony of Jesus is the spirit of prophecy."

9 그 때에 천사가 내게 말을 하기를, "기록하라: '어린 양의 혼인 잔치에 초청을 받은 자들이 복이 있도
다!' " 하고 또 덧붙이기를, "이것은 하나님의 참되신 말씀이라." 하기로 10 이에 내가 그에게 경배하려
고 그의 발 앞에 엎드리니, 그가 나에게 말하기를, "그리하지 말라! 나는 너와 그리고 예수의 증언을 붙잡고 있는 너의 형제들과 함께 종된 몸이라. 오직 하나님을 경배하라! 예수를 증거하는 증언은 예언의 영(靈)이니라." 하더라.

11 I saw heaven standing open and there before me was a white horse, whose
rider is called Faithful and True. With justice he judges and makes war. 12 His
eyes are like blazing fire, and on his head are many crowns. He has a name
written on him that no one knows but he himself. 13 He is dressed in a robe
dipped in blood, and his name is the Word of God.

11 그 때에 하늘이 열린 것을 내가 보았는데, 내 앞에 흰 말이 있으니 그 말 탄자의 이름은 성실과 진리
라, 그가 공의로 심판하며 전쟁에 임하더라. 12 그의 두 눈은 타오르는 불꽃 같고, 그 머리에는 많은 관
(冠)들을 썼고, 또 그의 몸 위에 한 이름이 씌어 있는데, 그 이름은 그 자신을 제외하고는 아는 사람이 아
무도 없더라. 13 그가 피에 담구었던 것 같은 핏빛 긴 두루마기 같은 옷을 입었는데 그의 이름은 '하나님
의 말씀' 이더라.

14 The armies of heaven were following him, riding on white horses and
dressed in fine linen, white and clean. 15 Out of his mouth comes a sharp
sword with which to strike down the nations. "He will rule them with an iron
scepter." He treads the winepress of the fury of the wrath of God Almighty. 16
On his robe and on his thigh he has this name written: KING OF KINGS, AND
LORD OF LORDS.

14 하늘의 군대들이 그를 따르는데, 백마를 타고, 희고 깨끗한 고운 면포 옷을 입고 그와 함께 나오더라.
15 그의 입으로부터 예리한 검이 나오며 그가 이 검으로 모든 나라들을 치니, "그가 철(鐵)로 된 홀(笏)
을 들고 그들을 다스릴 것이라." 란 말과 같더라. 그가 또한 친히 전능의 주 하나님의 진노의 포도주 틀
을 밟으니라. 16 그가 입은 옷과 그의 다리 위에 자기의 이름을 쓴 것이 있으니: '만왕의 왕이요, 만주의
주'라 하였더라.

17 And I saw an angel standing in the sun, who cried in a loud voice to all the
birds flying in midair, "Come, gather together for the great supper of God, 18
so that you may eat the flesh of kings, generals, and mighty men, of horses
and their riders, and the flesh of all people, free and slave, small and great."

17 또 내가 보니 한 천사가 태양 가운데에 서 있는데, 공중에 나는 모든 새를 향하여 큰 목소리로 외치
기를, "오라! 와서, 하나님의 큰 잔치에 함께 모이라. 18 그리고 왕들과 장군들과, 강하고 힘센 자들과,
말들과 그 말 탄 자들과, 그리고 종이든지 자유한 사람이든지, 큰 자든지, 작은 자이든지, 모든 사람들의
살을 너희가 먹으라." 말하더라.

19 Then I saw the beast and the kings of the earth and their armies gathered
together to make war against the rider on the horse and his army. 20 But the
beast was captured, and with him the false prophet who had performed the
miraculous signs on his behalf. With these signs he had deluded those who
had received the mark of the beast and worshiped his image. The two of them
were thrown alive into the fiery lake of burning sulfur. 21 The rest of them
were killed with the sword that came out of the mouth of the rider on the
horse, and all the birds gorged themselves on their flesh.

19 그 때에 내가 보매, 그 짐승과 온 땅의 왕들과 그들의 군대들이 다 함께 모여 그 말 탄 이와 그의 군대
와 더불어 전쟁을 일으키는데 20 그러나 그 짐승이 사로잡힌 바 되고, 그와 함께 거짓 선지자도 붙잡히
니 이 자(者)는 짐승을 대신하여 그 앞에서 이적(異蹟)을 행하던 자(者)더라. 이 둘이 산 채로, 유황이 타
는 불의 못에 던져지니라. 21 그 군대의 나머지 군사들은 그 말 탄 이의 입으로부터 나오는 검에 죽으
매, 이 땅의 모든 새가 그들의 살을 게걸스럽게 먹더라.

제20장

1 And I saw an angel coming down out of heaven, having the key to the Abyss
and holding in his hand a great chain. 2 He seized the dragon, that ancient
serpent, who is the devil, or Satan, and bound him for a thousand years. 3 He
threw him into the Abyss, and locked and sealed it over him, to keep him from
deceiving the nations anymore until the thousand years were ended. After
that, he must be set free for a short time.

1 또 내가 보매, 한 천사가 하늘로부터 내려오는데 그가 저 심연(深淵)의 열쇠를 가지고 있고, 또 그의
손에는 거대한 쇠사슬이 있더라. 2 이 천사가 용을 잡으니, 곧 옛 뱀이요, 마귀요, 사탄이라, 그를 결박

하여 천 년 동안 가두되, 3 심연으로 던져 넣고 그 위를 잠그고, 그 위에 또 인봉함으로, 천 년이 다 가도
록 다시는 나라와 민족들을 미혹하지 못하게 하더라. 그러나 (*천년이 지나 간) 그 이후에는 그가 반드시
잠깐 동안 풀려 나올 것이더라.

4 I saw thrones on which were seated those who had been given authority to
judge. And I saw the souls of those who had been beheaded because of their
testimony for Jesus and because of the word of God. They had not worshiped
the beast or his image and had not received his mark on their foreheads or
their hands. They came to life and reigned with Christ a thousand years. 5 (The
rest of the dead did not come to life until the thousand years were ended.)
This is the first resurrection.

4 내가 또 보좌들을 보았는데, 그 위에는 심판하는 권세를 받은 이들이 앉아 있더라. 그리고 내가 또 보
니, 예수를 증언함으로 인해, 그리고 하나님의 말씀으로 인해 목 베임 당해 죽은 자들의 영혼들이 보이
더라. 그들은 짐승의 우상을 경배하지도 아니하고, 또 그들의 이마와 손에 그 짐승의 표를 받지도 아니
한 자들이라. 그들이 살아나서 그리스도와 더불어 천 년 동안 온 세상을 다스리더라. 5 (그 나머지 죽은
자들은 그 천 년이 다 지나가기까지는 부활해 나오지 못하더라.) 이것이 곧, 첫째 부활이니라.

6 Blessed and holy are those who have part in the first resurrection. The
second death has no power over them, but they will be priests of God and of
Christ and will reign with him for a thousand years.

6 이 첫째 부활에 참여하는 자들이 복이 있고 거룩하도다. 두 번째 사망(死亡)이 이들 위에서는 힘을 쓰
지 못하니, 그들이 하나님과 그리스도의 제사장이 되어 천 년 동안 그리스도와 더불어 (*온 세상을) 다스
릴 것이더라.

7 When the thousand years are over, Satan will be released from his prison 8
and will go out to deceive the nations in the four corners of the earth--Gog
and Magog--to gather them for battle. In number they are like the sand on the
seashore.

7 그 천 년이 지나가매, 사탄이 옥에서 풀려나와 8 이 지구 온 땅의 네 모퉁이에 있는 나라들을 미혹하
고-이가 곧, 곡과 마곡이라-또 다른 전투를 위해 군사들을 모으니, 그 수가 바닷가의 모래처럼 많더
라.

9 They marched across the breadth of the earth and surrounded the camp of
God's people, the city he loves. But fire came down from heaven and devoured
them. 10 And the devil, who deceived them, was thrown into the lake of
burning sulfur, where the beast and the false prophet had been thrown. They
will be tormented day and night for ever and ever.

9 그들이 온 지구를 꽉 채우며 행진해 건너와서, 하나님의 백성의 진(陣)과, 하나님께서 사랑하시는 성
(城)을 포위하더라. 그러나 불이 하늘로부터 내려와 그들을 죄다 삼켜 버리니라. 10 그리고 그 마귀 곧,
사람들을 미혹케 하던 자는 유황이 불타는 연못에 던지워지니, 거기는 그 짐승과 거짓 선지자가 그 전에
던지워졌던 곳이라. 그들이 영원 세세토록 거기에서 밤낮으로 괴로움을 당할 것이더라.

11 Then I saw a great white throne and him who was seated on it. Earth and
sky fled from his presence, and there was no place for them. 12 And I saw the
dead, great and small, standing before the throne, and books were opened.
Another book was opened, which is the book of life. The dead were judged
according to what they had done as recorded in the books.

11 그 때에 내가 또, 크고 흰 보좌와 그 위에 앉으신 이를 보았는데, 땅과 하늘이 하나님의 면전으로부터

날아가 버려 그만 온 데 간 데가 없어지고 말았더라. 12 또 내가 보니 죽은 자들이, 큰 자나 작은 자나, 모든 사람이 다 그 보좌 앞에 서 있는데 책들이 그 앞에 펴져 있더라. 또 다른 한 책이 펴져 있으니 곧 생명책이라. 모든 죽은 자들이, 자기가 살아서 행한 행위를 따라 그 책에 기록된 그대로 심판을 받더라.

13 The sea gave up the dead that were in it, and death and Hades gave up the dead that were in them, and each person was judged according to what he had done. 14 Then death and Hades were thrown into the lake of fire. The lake of fire is the second death. 15 If anyone's name was not found written in the book of life, he was thrown into the lake of fire.

13 바다가 자기 가운데에 있던 죽은 자들을 내어주고, 또 사망과 음부도 자기 가운데에 있던 죽은 자들을 내어주매, 모든 사람이 각기 자기가 행한 행위대로 심판을 받더라. 14 사망과 음부도 불못에 던져지니 이 불못이 곧 둘째 사망이라. 15 누구든지 자기의 이름이 그 생명책에 기록되어 있지 않은 자는 그 불못에 던져지더라.

제21장

1 Then I saw a new heaven and a new earth, for the first heaven and the first earth had passed away, and there was no longer any sea. 2 I saw the Holy City, the new Jerusalem, coming down out of heaven from God, prepared as a bride beautifully dressed for her husband.

1 또 내가 새 하늘과 새 땅을 보았는데, 처음 하늘과 처음 땅이 다 지나가 버리고, 바다도 더 이상 있지 않더라. 2 또 내가 보매 거룩한 성, 새 예루살렘이 하나님께로부터 하늘에서 내려오니, 신부가 남편을 위하여 아름답게 옷 입고 단장한 것 같더라.

3 And I heard a loud voice from the throne saying, "Now the dwelling of God is with men, and he will live with them. They will be his people, and God himself will be with them and be their God. 4 He will wipe every tear from their eyes. There will be no more death or mourning or crying or pain, for the old order of things has passed away."

3 내가 들으니 보좌로부터 큰 음성이 나서 이르되, "이제, 하나님의 처소가 사람들과 함께 있게 되었으니, 하나님께서 사람들과 함께 계시리라. 그들은 하나님의 백성이 되고, 그는 친히 그들과 함께 계시며 그들의 하나님이 되리라. 4 그가 그들의 눈에서 모든 눈물을 닦아 주시겠고, 다시는 죽음이 없겠으며, 또 애통해 하는 것이나 슬피 우는 것이나 고통도 있지 아니하리니, 만물의 옛 질서가 다 사라져 없어진 까닭이더라" 하더라.

5 He who was seated on the throne said, "I am making everything new!" Then he said, "Write this down, for these words are trustworthy and true." 6 He said to me: "It is done. I am the Alpha and the Omega, the Beginning and the End. To him who is thirsty I will give to drink without cost from the spring of the water of life. 7 He who overcomes will inherit all this, and I will be his God and he will be my son.

5 보좌에 앉으신 이가 이르시되, "보라, 내가 만물을 새롭게 만드노라!" 하시고, 또 말씀하시되, "이를 기록하라, 이 말은 신실하고 참되니라." 하시니라. 6 또 내게 말씀하시되: "다 이루었도다. 나는 알파와 오메가요, 태초의 시작이요 마지막이라. 내가, 목 마른 자들에게 생명수 샘물로부터 값 없이 마시게 하리라. 7 이겨 내고 극복하는 자는 이 모든 것들을 상속(相續)해 받으리니, 나는 그의 하나님이 되고 그는

내 아들이 되리라.

8 But the cowardly, the unbelieving, the vile, the murderers, the sexually immoral, those who practice magic arts, the idolaters and all liars--their place will be in the fiery lake of burning sulfur. This is the second death."

8 그러나 비겁한 자들과, 믿지 아니하는 자들과, 타락한 자들과, 살인자들과, 성적으로 부도덕한 자들과, 마술을 행하는 자들과, 우상 숭배자들과 거짓말하는 모든 자들은—불과 유황으로 타는 불못이 그들의 처소가 될지라. 이것이 둘째 사망이니라." 말씀하시니라.

9 One of the seven angels who had the seven bowls full of the seven last
plagues came and said to me, "Come, I will show you the bride, the wife of the
Lamb." 10 And he carried me away in the Spirit to a mountain great and high,
and showed me the Holy City, Jerusalem, coming down out of heaven from
God. 11 It shone with the glory of God, and its brilliance was like that of a very
precious jewel, like a jasper, clear as crystal.

9 최후의 일곱 재앙을 담은 일곱 대접을 든 일곱 천사 중 하나가 나아와서 내게 말하여 이르되, "이리 오
라, 내가 신부 곧 어린 양의 아내를 네게 보이리라." 하고 10 성령 가운데에서 나를 데리고 크고 높은 산
으로 올라가 하나님께로부터 하늘에서 내려오는 거룩한 도성 예루살렘을 보여주니라. 11 그 성이 하나
님의 영광으로 찬란하게 빛이 나는데, 그 귀하고 뛰어남이 지극히 귀한 보석과도 같고 또 벽옥 같으며,
또 수정 같이 맑더라.

12 It had a great, high wall with twelve gates, and with twelve angels at the
gates. On the gates were written the names of the twelve tribes of Israel. 13
There were three gates on the east, three on the north, three on the south and
three on the west. 14 The wall of the city had twelve foundations, and on them
were the names of the twelve apostles of the Lamb.

12 그 성에 크고 높은 성곽이 있고 열두 대문이 있는데, 각각의 문에는 열두 천사가 있더라. 그 문들 위
에 이름이 씌어 있으니 이스라엘의 열두 지파의 이름이라. 13 동쪽 편에 문이 셋이 있고, 북쪽 편에도
문이 셋이 있고, 남쪽 편에도 문이 셋이 있으며, 서쪽 편에도 문이 셋이 있으니라. 14 그 성의 성곽(城郭)
에는 열두 기단(基壇)이 놓였는데 그 각각의 기초(基礎) 단(壇) 위에는 어린 양의 열두 사도의 이름들이
있더라.

15 The angel who talked with me had a measuring rod of gold to measure the
city, its gates and its walls. 16 The city was laid out like a square, as long as it
was wide. He measured the city with the rod and found it to be 12,000 stadia
in length, and as wide and high as it is long.

15 나와 함께 말하던 그 천사가 성을 측량할 수 있는, 금으로 된 막대기 자를 가졌더라. 16 그 도시가 정
사각형으로 놓였는데, 길이와 너비가 같으니라. 그 천사가 막대기 자로 그 도시를 재어 보니, 길이가 만
이천 스타디아요, 너비와 높이도 길이와 같더라.

17 He measured its wall and it was 144 cubits thick, by man's measurement,
which the angel was using. 18 The wall was made of jasper, and the city of
pure gold, as pure as glass.

17 또, 그 성벽을 측량하매 그 벽의 두께가 백사십사 규빗이니, 이는 사람에 의한 측량 결과인데, 천사
도 이를 사용하니라. 18 그 성벽은 벽옥(璧玉)으로 만들어져 있으며 도성(都城) 안은 순수한 금인데, 유
리처럼 맑고 깨끗하더라.

19 The foundations of the city walls were decorated with every kind of

precious stone. The first foundation was jasper, the second sapphire, the third chalcedony, the fourth emerald, 20 the fifth sardonyx, the sixth carnelian, the seventh chrysolite, the eighth beryl, the ninth topaz, the tenth chrysoprase, the eleventh jacinth, and the twelfth amethyst. 21 The twelve gates were twelve pearls, each gate made of a single pearl. The great street of the city was of pure gold, like transparent glass.

19 또 그 도성의 성벽의 기초는 온갖 종류의 보석으로 장식되어 있으니, 첫째 기초 돌은 벽옥(碧玉)이요, 둘째는 사파이어요, 셋째는 옥수(玉髓)요, 넷째는 에메랄드요, 20 다섯째는 붉은 줄무늬 마노(瑪瑙)요, 여섯째는 홍옥수(紅玉髓)요, 일곱째는 귀감람석(貴橄欖石)이요, 여덟째는 녹주석(綠柱石)이요, 아홉째는 황옥(黃玉)이요, 열째는 녹옥수(綠玉髓)요, 열한째는 주황색(朱黃色) 보석이요, 열두째 기초 돌은 자수정(紫水晶)이더라. 21 또, 그 열두 문은 열두 진주(珍珠)이니, 모든 문이 각기 단 한개의 진주로 되어 있더라. 그리고 도시의 큰 길은 순수한 금으로 되어 있는데, 마치 투명한 거울 같더라.

22 I did not see a temple in the city, because the Lord God Almighty and the Lamb are its temple. 23 The city does not need the sun or the moon to shine on it, for the glory of God gives it light, and the Lamb is its lamp. 24 The nations will walk by its light, and the kings of the earth will bring their splendor into it.

22 성 안에서 내가 성전(聖殿)을 보지 못하였으니 이는 전능의 주 하나님과 그리고 어린 양이 그 성전이 되시는 까닭이더라. 23 또, 그 성은 해와 달이 비칠 필요가 없으니 이는 하나님의 영광이 빛을 던져주며 어린 양(羊)께서 직접 그 등불이 되심이더라. 24 나라와 민족이 그 빛에 의하여 걸어 다니며 온 땅의 왕들이 자기들의 영광을 그리로 가지고 들어올 것이더라.

25 On no day will its gates ever be shut, for there will be no night there. 26 The glory and honor of the nations will be brought into it. 27 Nothing impure will ever enter it, nor will anyone who does what is shameful or deceitful, but only those whose names are written in the Lamb's book of life.

25 성문이 닫히는 날이 없으니, 거기에는 밤이 없음이라. 26 만국의 영광과 영예가 그 문으로 들어올 것이더라. 27 그러나 순결치 못한 것은 그 무엇이든지 그리로 들어오지를 못하니, 수치스러운 일이나 속이는 일을 저지르는 자(者)는 누구든 그리로 들어오지 못하고, 오직 어린 양의 생명책에 기록된 자들만 들어올 수가 있더라.

제22장

1 Then the angel showed me the river of the water of life, as clear as crystal, flowing from the throne of God and of the Lamb 2 down the middle of the great street of the city. On each side of the river stood the tree of life, bearing twelve crops of fruit, yielding its fruit every month. And the leaves of the tree are for the healing of the nations.

1 그 후에 그 천사가 생명의 강을 내게 보여주니라. 그 강이 수정(水晶)과 같이 맑은데, 하나님과 어린 양의 보좌로부터 흘러 나와서 2 그 도성의 가장 큰 길 가운데로 흘러 내려가더라. 강 양쪽 가에는 생명의 나무가 서 있어 열두 가지 열매를 맺되, 매달 그 열매를 맺고, 그 나무 잎들은 모든 민족을 치료하기 위하여 있는 것이더라.

3 No longer will there be any curse. The throne of God and of the Lamb will

be in the city, and his servants will serve him. **4** They will see his face, and his name will be on their foreheads. **5** There will be no more night. They will not need the light of a lamp or the light of the sun, for the Lord God will give them light. And they will reign for ever and ever.

3 누구를 저주할 일이 다시는 없으며, 하나님과 어린 양의 보좌가 그 도성 가운데에 있어서 하인들이 그를 섬기니라. **4** 그들이 그의 얼굴을 볼 터인즉, 그의 이름이 그들의 이마에 (*씌어) 있더라. **5** 더 이상 밤이 없겠고, 등불과 태양 빛이 필요가 없으니 이는 주 하나님께서 그들에게 빛을 비추어 주심이더라. 이에 그들이 세세토록 왕 노릇하며 다스리게 될 것이더라.

6 The angel said to me, "These words are trustworthy and true. The Lord, the God of the spirits of the prophets, sent his angel to show his servants the things that must soon take place." **7** "Behold, I am coming soon! Blessed is he who keeps the words of the prophecy in this book."

6 그 때에 그 천사가 내게 말하기를, "이 말이 신실하고 참되니라. 주 하나님, 곧 선지자의 영들의 하나님께서 멀지 않은 시기에, 속히 일어나고, 또 반드시 일어날 일들을 그의 종들에게 보이시려고 그의 천사를 보내셨음이로다." 하고 **7** 또, "보라, 내가 진실로 속히 오리라! 이 두루마리 책에 있는 예언의 말씀을 지키는 자가 복이 있으리로다." 하더라.

8 I, John, am the one who heard and saw these things. And when I had heard and seen them, I fell down to worship at the feet of the angel who had been showing them to me. **9** But he said to me, "Do not do it! I am a fellow servant with you and with your brothers the prophets and of all who keep the words of this book. Worship God!"

8 이것들을 보고 들은 자는 나 요한이니 내가 이를 듣고 볼 때에 이 모든 일을 내게 보이던 그 천사의 발 앞에 내가 경배를 드리려고 엎드렸느니라. **9** 그러나 그 때에 그가 내게 말하기를, "그리 하지 말라! 나는 너와 네 형제 선지자들과 또 이 두루마리 책의 말씀을 지키는 자들과 함께 된 종이라. 하나님께 경배하라!" 하더라.

10 Then he told me, "Do not seal up the words of the prophecy of this book, because the time is near. **11** Let him who does wrong continue to do wrong; let him who is vile continue to be vile; let him who does right continue to do right; and let him who is holy continue to be holy."

10 그리고 그가 또 내게 말하기를, "이 책의 예언의 말씀을 인봉(印封)하지 말라, 때가 가까운 까닭이니라. **11** 불의를 행하는 자는 계속하여 그대로 불의를 행하라 하고; 타락한 자는 계속 타락해 있으라 하고, 선한 일을 하는 자들은 계속하여 선한 일을 하게 하고; 거룩한 자는 계속 그대로 거룩하게 살게 하라."

12 "Behold, I am coming soon! My reward is with me, and I will give to everyone according to what he has done. **13** I am the Alpha and the Omega, the First and the Last, the Beginning and the End."

12 "보라, 내가 (*진정) 속히 오리라! 사람들에게 줄 상(賞)이 내게 있으니, 그 사람이 무엇을 행하였든지 그가 행한대로 내가 상(賞)을 주리라. **13** 나는 알파와 오메가요, 처음이요 마지막이요, 그 시초이며 또 그 마침이니라."

14 "Blessed are those who wash their robes, that they may have the right to the tree of life and may go through the gates into the city. **15** Outside are the dogs, those who practice magic arts, the sexually immoral, the murderers, the idolaters and everyone who loves and practices falsehood."

14 "자기의 예복 겉옷을 씻어 빠는 자들은 복이 있나니, 이는 그들이 생명의 나무에 나아가며 또 그 성

문들을 통하여 성에 들어갈 권리를 받을 것임이니라. **15** 성 바깥은 개들과, 마술 행위 하는 자들과, 음
행하는 자들과, 살인자들과, 우상 숭배자들과 그리고 거짓을 사랑하며 거짓을 행하는 자들의 차지가 되
리라." 하시더라.

16 "I, Jesus, have sent my angel to give you this testimony for the churches. I
am the Root and the Offspring of David, and the bright Morning Star." **17** The
Spirit and the bride say, "Come!" And let him who hears say, "Come!" Whoever
is thirsty, let him come; and whoever wishes, let him take the free gift of the
water of life.

16 그리고 또 말씀하시기를 "나, 예수는, 교회들을 위하여 내 사자(使者)를 보내어 이것들을 너희에게
증언하게 하였노라. 나는 다윗의 뿌리요 자손이니 곧, 밝디밝은 '새벽 별'이니라." 하시더라. **17** 또, 성
령과 신부가 말씀하시기를, "오라!" 하시는도다. 그런즉, 이 말을 듣는 모든 사람도 함께 "오라!" 할지어
다. 누구든 목 마른 자는 앞으로 나아오게 하라; 그리고 누구든 원하는 자는 다 이 생명의 물을 값 없는
선물로 받도록 하라.

18 I warn everyone who hears the words of the prophecy of this book: If
anyone adds anything to them, God will add to him the plagues described in
this book. **19** And if anyone takes words away from this book of prophecy,
God will take away from him his share in the tree of life and in the holy city,
which are described in this book.

18 내가 이 두루마리 책의 예언의 말씀을 듣는 모든 사람에게 경고하노니: 누구든지 만일 이것들 외에
그 무엇이라도 더하면, 하나님께서 이 두루마리 책에 기록된 재앙들을 그에게 더하실 것이요, **19** 만일
누구든지 이 두루마리 책의 예언에서 그 무슨 말씀이든지 제하여 버리면, 하나님께서 이 두루마리에 기
록된 그의 몫을 빼앗아 없애 버릴 것이라 곧, 생명나무와 거룩한 도성에 들어갈 그의 권리가 그로부터
없어지고 말리라.

20 He who testifies to these things says, "Yes, I am coming soon." Amen. Come,
Lord Jesus. **21** The grace of the Lord Jesus be with God's people. Amen.

20 이런 것들을 다 증언하신 이가 이르시되, "내가 진실로 속히 오리라." 하시니라. 아멘. 주 예수여, 오
시옵소서. **21** 주 예수의 은혜가 하나님의 사람들에게 있을지어다. 아멘.

에필로그

간추린 한글 성경 번역 역사

'한글 성경 읽기가 어려운 이유는 옛날 번역이라서 그렇다'는 가설에 대한 고찰;

들어가는 글에서 말씀 드린 대로 한글 성경의 간추린 성경 역사를 간단히 살펴봄으로써 '한글 성경 읽기가 어려운 이유는 옛날 번역이라서 그렇다'는 가설적 명제에 대해서 함께 생각해 보기로 하겠습니다.

앞에서 언급되었던 것처럼, 1945년의 해방 후 지금까지 한국의 그리스도인 성도들은 대한성서공회가 발간하여 배포하고 있는 구역(舊譯) 성경(1911년 출판), 또는 개역(改譯) 성경(1938년 출판)을 읽고 계시거나, 아니면 1961년에 출판된 개역한글 성경을 읽고 계시거나, 그것도 아니면 가장 최근인 1998년에 출판된 개역개정 성경, 혹은 2001년에 새로이 출간된 '성경전서 새 번역판'을 읽고 계실 것입니다. 다시 말씀드리자면 오늘날 거의 모든 한국인 그리스도인 성도님들은 위에서 언급한 네 다섯 가지 역본 중 하나를 읽고 계실 터입니다.

글을 시작함에 있어 미리 말씀드리는 내용이지만, 대한성서공회를 통하여 1911년에 신 구약 전편이 완간된 구역(舊譯) 성경, 그리고 1938년에 출판된 개역 성경, 그리고 1961년에 출판된 개역한글 성경, 그리고 1998년에 출판된 개역개정 성경 등은 지난 100여 년간, 한국의 그리스도교를 이렇듯 역동적으로 성장케 한, 하나님의 영감이 살아 숨쉬는 그런 훌륭한 성경 역본들입니다.

그러나 한편, 글머리에서 지적한 것처럼, 기존의 한글 성경 역본들은 개역이든, 개역한글이든, 개역개정이든 막론하고, 누구에게나 쉽게 술술 잘 읽히는 성경은 아니라-하는 지적을 오랫동안 받아 온 것이 사실입니다. 이 점, 앞의 글에서는 이렇게 한글 성경이 잘 읽히지 않는 이유를 "아주 예전에 번역된 옛날 역본이라 그렇다" (?)는 가설(假說)을 제시한 바 있습니다. 이런 가설의 사실 여부를 좀 더 구체적으로 살펴보려면, 우리는 한글 성경번역의 역사를 조금 깊이 살펴보아야 합니다.

오늘날 우리 대다수 그리스도인 성도들이 읽고 있는 개역성경, 개역한글 또는 개역개정 성경은 1900년과 1911년에 각각 발간된 신구약 성경 즉, 구역(舊譯) 성경을 개역(改譯) 또는 개정(改訂)한 역본입니다. 그런데 이런 한글 개역 성경 역본들의 조상 격인 최초번역본, 성경전서 곧, 구역(舊譯) 성경은 성경의 원본 언어인 히브리어나 헬라어 성경으로부터 직접 번역한 것이 아니고 KJV, RV, ASV 등 영어 역본 성경과 중국어 성경을 텍스트로 하여 번역한-이런 번역을 중역(重譯)이라 합니다.-중역 역본이란 사실을 또한 들어가는 글에서 먼저 말씀 드렸습니다.

개역한글이든, 개역개정이든, 한글로 번역된 한글 역본 성경을 이십 수년간 읽어 오면서 제가 늘 의아하게 생각한 대목이-분명 우리말 우리 글로 된 책인데도 불구하고 읽기가 사뭇 어렵다는 사실이었습니다. 신구약 66권 중에서 비교적 쉽게 읽히는 글도 물론 없지는 않지만, 그 가운데에서도 신학적 교리 부분을 담고 있다고 여겨지는 사도들의 서신서 그리고 계시록을 비롯한 각종 예언서 등은 어떻게 된 영문인지 수십 번을 거듭 읽어도 그 뜻이 100% 명료하게 와 닿지 않는 그런 답답함을 느껴 온 것이 저 같은 경우에는 상당한 기간이 됩니다. 그 뿐만이 아닙니다. 저 자신, 성경 통독을 여러 차례 시도했지만 끝까지 한 걸음에 독파한 것은 그야말로 평생에 몇 번에 불과하고 대개는 번번이 중도에서 막혀서 끝까지 가지 못하고 그만 둔 경험이 수도 없이 많습니다. 돌이켜 생각해 보건대 한글 성경 읽기가 그토록 어려웠던 이유는 아무래도 우리가 가진 성경이 술술 잘 읽히는 좋은 번역이 아닌 까닭이 아닐까하는 이런 생각을 해 보았습니다. 왜냐하면 '좋은 번역이란 쉽게 읽히는 번역이어야 한다.'라는 명제(命題)는 언제든 참이기 때문에 더욱 그렇습니다.

그럼, 한글 성경 읽기가 왜 그다지도 어려운지, 왜 한글 성경은 술술 잘 읽히워 넘어 가지 않는 건지, 그 이유는 무엇인지 하는 점을 독자 여러분과 함께 한번 생각해 보기로 하겠습니다. 제가 생각컨데, 한글 역본 성경이 어려운 이유는 무엇보다도 첫째, 이 성경 번역본이 오래 전에 나온 옛날 역본(?)이기 때문에 그렇습니다.

개역한글 성경이 이 세상에 나온 것이 1961년의 일이고 개역개정 성경이 출판된 것이 1998년의 일이니 2019년의 오늘날을 사는 그리스도인 성도 여러분은-저를 포함하여-반세기를 넘는 기간 동안, 이 두 역본의 성경을 읽어 오고 있는 셈입니다. 그러나 개역한글과 개역개정의 텍스트라 할 수 있는 그 전 버전 역본인 개역(改譯)이 나온 시점은 시간을 한참이나 거슬러 올라간 1938년도의 일이고 이 개역의 전신(前身)이라 할 수 있는 구역(舊譯) 성경전서가 발간된 시점은 신약의 경우 1900년, 구약은 1911년이니, 거의 100여 년 전인 구한말(舊韓末) 시대에 초판이 나온 번역본인 것입니다. 다시 말씀 드려 현재 우리가 읽고 있는 성경은 100여 년 전의 구한말 시대에 살던 사람들이 그 당시에 통용되던 언어 (한글이 아닌 조선어) 로 번역한 역본이기 때문에 오늘날을 사는 우리에게는 쉽게 읽히지가 않는다 우선 그렇게 말씀드릴 수 있습니다.

1900년도에 완성된 신약 (新約)과 그리고 11년 뒤인 1911년에 출간된 구약(舊約)을 포함한 1911년의 성경전서 역본을 그동안 여러 차례 개정하고 고쳤는데 무슨 소리냐 하고 물으시는 분이 있을 것 같아서 드리는 말씀입니다만, 이런 분들을 위해서는 각 시대별로 나온 개개의 역본의 특징은 무엇인가 하는 문제 즉, 개역(改譯), 개역한글, 개역개정 등 각각의 개정본은 그 전의 역본이자 최초의 완간 역본인 구역(舊譯) 성경전서에 비해 구체적으로 무엇이 개정되었으며 어떤 부분이 어떻게 달라졌나 하는 사실을 함께 살펴볼 필요가 있습니다. 왜냐하면 대한성서공회가 발표한 성경 번역역사와 성서의 변천사를 살펴보면, 우리가 지금껏 가장 오랫동안 읽어 왔던 개역한글 성경이나, 현재의 개역개정 역본은 1911년도에 출판된 구역 성경전서의 내용과 비교해 볼 때 사실상 그 주된 번안내용 즉, 각 장절의 의미 부분에 있어서는 별반 크게 달라진 것이 없는(?) 판본이기 때문에 그렇습니다.

먼저 한글 위키피디아에 실려 있는 주요 역본의 특징에 관한 설명 내용을 살펴보면 이런 점들이 더욱 분명해집니다.

옛번역(구역) (1910~11년)

대한성서공회에서 번역하여 1900년에 출간된 신약전서와 1911년에 출간된 구약전서를 합쳐 구역 성경전서라고 한다. 이 시기까지는 주로 중국 한자어에 익숙한 한국의 학자들과, 영어에 익숙한 선교사들이 나뉘어 각자 다른 방법으로 한글 성경을 번역하였다.

성경전서 개역(1938년)

1911년 번역된 구역을 개정하여 1936년에 출간된 구약성경과 1938년에 출간된 신약성경을 합쳐 성경전서 개역이라고 한다. 개정작업은 문어체 번역의 개정보다는 바뀐 한글 맞춤법을 따르는데 큰 비중을 두었다.

성경전서 개역 한글판(1961년)

성경전서 개역판의 번역을 일부 수정하고 한글 맞춤법 통일안에 맞춰 한 번 더 개정한 것이 현재의 개역한글판(1961년) 성경이다. 대부분의 개신교 교회에서 거의 모든 교단이 공인한 표준 성경이었다.

개역개정판(1998년)

1938년에 발행된 개역을 바탕으로, 문체는 그대로 두고 원전과 비교하여 몇 가지 단어상의 문제에 대한 수정을 거친 역본이다. 개역한글판 성경의 저작권 만료 기간이 도래함에 따라 2007년부터 점차 보급이 확대되고 있다.

위의 내용을–밑줄 친 부분을 연결하여 읽으면서–다시 한번 정리해 보자면 이렇게 됩니다. 대한성서공회 최초의 역본인 구역(舊譯)이 나온 것은 1900년과 1911년의 일이고, 1938년에 개역 (改譯)이 나왔지만, 이 개역 역본은 구역 역본의 본문을 한글맞춤법에 따라 고치는 데에만 주안점을 둔 개역 작업이었다는 겁니다. 1961년의 개역한글 역본 역시 한글 맞춤법 통일안에 맞추어 그 전의 개역(改譯)을 일부 개정한 것에 불과하고, 개역개정판(改譯改訂版 1998년 출간)은 1938년에 출판된 개역(改譯)을 바탕으로, 문체는 그대로 두고 원전과 비교하여 몇 가지 단어상의 문제에 대한 수정을 거친 역본이라는 것입니다. 이렇게 본다면 현재 우리가 읽고 있는 개역한글이나 개역개정 역본은 100여 년 전의 구역 역본을 1) 한글 맞춤법에 따라 수정하고, 2) 일부 단어를 현대 정서에 맞게 손 보았을 뿐 3) 번역의 주된 내용 즉, 각 장절의 의미 부분은 100년 전이나 지금이나 마찬가지인 것이 실상인 셈입니다. 상황이 이러하다면 "개역한글, 개역개정 성경이 읽기 어려운 이유는 100여 년전의 옛날 번역이기 때문에 그렇다."라고 우선 이해하는 것도 그렇게 무리한 입장은 아니라 할 것입니다.

물론, 대한성서공회의 홈 페이지 웹사이트에 실려 있는 역본별 주요 특징에는 각 개정판들이 그 전의 역본들에 비해 대폭(?) 개정되었다라고 주장하는 부분도 있습니다만, 이렇게 개정된 내용, 또는 그전 버전에 비해 변한 내용은 맞춤법이나, 일부 어휘 등에 국한되어 있고 정작 각 구절의 본문이 의미하는 바, 그 문장의 주된 의미에 관한 번안 내용은 예전의 구역 또는 개역에서 그리 크게 벗어나지 않는다 하는 것이 이 글의 문맥으로부터 직접 감지할 수 있는 부분입니다.

대한성서공회 홈페이지에 서술되어 있는 주요 역본별 특징

개역 (改譯): 1938년의 '셩경 개역'(1938)은 최초로 완성된 '개역' 성서입니다. '개역(改譯)'은 말 그대로 '번역을 개정했다'는 뜻으로 붙인 이름입니다. 1911년의 번역을 대폭적으로 개정하였습니다. '할 수 있는 대로 원문대로 축자적으로 번역한다는 원칙'을 따라서 개정하였습니다.

개역한글 (改譯한글): '성경전서 개역 한글판'(1956/1961)은 '한글맞춤법통일안'에 따른 '셩경개역' (1938)의 수정판이라고 할 수 있습니다. '셩경개역'의 번역 내용을 극히 일부 고치고, 대부분 맞춤법만을 바로잡는 수정을 하였습니다. 이로부터 한국 교회는 '개역한글판' 시대를 맞습니다.

개역개정 (改譯改訂): 1998년에 나온 '성경전서 개역 개정판'(1998)은 기존 '개역 한글판'의 대폭적 개정입니다. 일차적으로 중요한 변화는 맞춤법의 변화입니다. 맞춤법 외에도 '개역 한글판'에서 번역에 문제가 있다고 판단된 곳을 일부 고쳤습니다. 이 밖에, 문법에 맞지 아니하는 문장이나 어색한 문장을 다듬었습니다.

대폭 개정되었든, 일부만 개정되었든 상관없이 100여 년 전의 옛날 번역이 오늘날 우리에게 어려운 이유는 지금 우리가 쓰고 있는 말이 그때에 비해 너무도 많이 달라졌기 때문입니다. 개역개정이나 개역한글 성경이 어렵다고 느끼는 주체는 요즈음 시대를 사는 오늘날의 우리들입니다. 특히 1945년 해방 이후에 태어나 현재를 살아가는 우리 대부분의 성도들이 사용하고 있는 말과 글은 오늘 이 시대 2022년대에 대한민국에서 통용되고 있는 말과 글입니다.

오늘 이 시대를 사는 우리에게 우리가 현재 사용하고 있는 통용어가 있듯이 구한말 시대를 사시던 우리의 선조들에게는 1911년도에 출간된 구역 성경전서가 현대통용어(?) 로 번역된 당시의 최신 버전 성경이었을 터입니다. 십여 년 전에 인기리에 방송되었던 '상상플러스' 란 TV 프로그램을 떠 올려 보시면 이러한 언어의 역사성 내지 가역성을 잘 이해하실 수 있을 것으로 생각이 됩니다. 이 프로그램에서 우리는 10대, 20대가 쓰는 유행어나 속어를 40대나 50대 연령층에서 알아듣지 못하고, 반대로 50대, 60대가 사용하고 있는 속담, 관용구 등을 10대, 20대 연령층의 청소년들이 전혀 알아차리지 못하는 장면들을 시청할 수 있었습니다. 고작해야 30년 내지 40년 정도의 한 세대의 차이인데도 불구하고 이렇듯 세대 간에 서로를 이해하지 못할 정도로 언어관습의 차이가 있는 것이 사실이라면, 100여년의 시차를 격한 구한말 당시의 언어와 오늘 우리가 사용하는 말과 글의 차이는 상상플러스를 뛰어 넘는 그런 격세지감을 느끼기에 충분하다 할 것입니다. 이렇게 언어는 고정 불변의 것이 아니라 사회적 제도, 관습의 변화, 기술의 발전 등 전반적인 사회적 여건의 변화에 따라 신생, 성장, 사멸하는 성질이 있습니다. 이렇듯 언어가 시대를 통하여 변하는 속성—이를 언어의 역사성 (歷史性) 또는 가역성 (可逆性)이라 합니다.—을 가지고 있기 때문에 성경은 해당 시대의 통용 언어로 부단히 개역되고 개정된 버전이 나와야 하는 것입니다.

두 번째로, 개역한글 개역개정 번역본이 읽기 어려운 또 다른 이유는 이런 역본의 텍스트가 된 저본(底本 또는 원본) 자체가 현대의 우리로서는 쉽게 읽기가 어려운 옛날 문체의 1800년대 말 당시의 역본이라는 점입니다. 아시다시피 구역(舊譯) 성경전서 역본의 저본 텍스트로 사용된 본문은 1611년에 발간된 KJV(King James Version)가 아니고 1800년대 후반 (1885년)에 이르러 당시의 현대(?) 영어로 새로이 번역한 Revised Version(RV) 과 1901년의 American Standard Version (ASV), 그리고 당시 통용되던 중국어 문리역 성경이었던 것으로 알려지고 있습니다. KJV 영어 성경과 개역한글 또는 개역 개정 성경을 대조하며 읽어 보면 누구나 느끼게 되는 점입니다만, KJV와 NIV 영어 성경에는 없는 엉뚱한 어휘가 한글 성경 구절에서 불쑥 불쑥 튀어 나오는 것을 알 수 있게 됩니다. 가령 예를 들어, 로마서에 보면 '먼저는 유대인에게요 그 다음에는 헬라인에게도니라.' 하는 구절이 여러 번 나옵니다. 그런데 KJV와 NIV에서는 이 구절 본문에서 유대인과 헬라인이란 단어를 Jew와 Greek이 아니고 Jew와 Gentile 이란 단어를 사용하고 있음을 볼 수 있습니다. Greek는 헬라인, Gentile은 이방인이란 뜻이니 KJV와 NIV 영어 본문에 Gentile이라고 나와 있으면 '이방인'으로 번역해야 옳을 것을 굳이 개역한글 성경 그리고 개역개정 성경에서 헬라인으로 번역하고 있는 이유는, 간단히 말해서 우리가 가지고 있는 개역, 개역한글, 개역개정 성경이 KJV 또는 NIV(그 당시에 아직 나오지도 않았으므로) 를 텍스트로 한 것이 아니라 다른 성경 곧 Revised Version과 American Standard Version (ASV)을 텍스트로 하여 번역한 역본이기 때문에 그렇습니다.

문제는 이런 텍스트 자체가-KJV이든, RV 또는 ASV이든을 불문하고-1600년대 또는 1800년대 당시의 고어체(古語體) 영어로 되어 있기 때문에, 현대를 사는 우리에게는 그 본문 영어 읽기가 만만치가 않다는 점입니다. 다시 말해, 번역 대상 원문이 난해하고 읽기 어렵기 때문에 그 번역문 자체가-특히 오늘을 사는 우리에게-어려워진 결과가 된 것입니다. 당시에 출판된 옛날 버전의 KJV나 (1769년 판 Oxford Revision 또는 Cambridge Standard판을 포함해서입니다.) 또는 RV 1885년 판 본문을 읽어 보신 분은 알고 계시겠지만, 특히 KJV의 경우에는 ; 동사의 어미가 현재와 다르고, be 동사가 자주 생략되어 있고, 문장이 도치되어 있는 경우가 많고, 무엇보다 인칭대명사, 관계 대명사, be 동사 등 어휘자체가 현대 영어와 다른 말이고, 개별 단어의 뜻조차도 지금과는 다른 단어가 여럿 있어서, 전문적으로 이 KJV성경을 연구하는 학자들이 아니면, 그리고 KJV 성경 읽기 훈련을 상당 기간 계속 해 오던 사람이 아니면 읽기가 매우 어려운 고어체 영어로 쓰여있습니다. RV 역시-KJV 보다는 그래도 조금 덜하지만-현대 영어에만 익숙해 있는 우리에게는 읽기가 어려운 130년 전 영어라는 점은 마찬가지입니다. 이 점, 번역 원본이 쉬우면 쉬운 번역문이 나오고 원본이 어려우면 번역문도 어려울 수밖에 없는 것입니다.

다음으로, 한글 역본 성경이 읽기 어려운 세 번째 이유는 번역자의 자질, 능력 등에 관한 요소입니다. 좋은 번역은 번역자가 번역 대상이 되는 원본의 언어 (원어 또는 출발어 source language 라고도 합니다) 보다는 번역하려는 언어 (번역어 또는 도착어 target language라고 합니다) 에 보다 더 정통한 경우에 나온다는 것이 정설입니다. 즉, 정확한 번역을 위해서는 원전을 이해하기 위한 문화적인 배경 지식도 필요하지만, 옮겨오는 도착언어의 정확하고 문학적인 문장력이 필요하기 때문에 원어 실력보다 번역어 실력이 더 뛰어나야 한다는 것입니다. 그러나 구역 성경전서가 나온 1900년과 1911년 당시, 조선에서의 성경 번역 작업의 주축이 되었던 인물들의 면면들을 보면, 언더우드, 아펜젤러, 스크랜튼 등 외국선교사가 그 작업의 중심인물이요, 주축이었던 것을 알 수 있습니다. 물론, 외국인 선교사라고 해서 그들의 조선어 실력이 형편없었으리라고 일방적으로 추측, 폄하하는 것은 아닙니다. 오히려 성경 번역 역사를 읽어 보면 그 당시 성경 번역 작업을 주도했던 언더우드, 스크랜튼 등 외국선교사 분들의 조선어 배우기에 대한 뜨거운 열정에 깊은 존경심을 느끼지 않을 수 없습니다. 특히 언더우드 선교사의 경우, 살아 있는 토착 조선말을 배우기 위해 농부가 있는 시골 마을을 직접 찾아다니기도 하였고 또 장터 상인들의 말을 배우기 위해 일부러 틈을 내어 자주 장터를 찾는 등, 조선 땅을 수천리 이상 씩 여행하면서 오로지 조선어 습득을 위해 각고의 노력을 경주했던 것이 역사적으로 알려 지고 있습니다. 그리하여 조선 사람 송순용 등의 도움을 받아 조선 입국 4년만인 1889년에 언더우드 선교사 등이 조선말 영한사전, 조선어-한영문법서를 발간했다는 기록이 있는 것을 보면, 이들 선교사가 조선어를 하루라도 빨리 습득하고자 하는 노력이 얼마나 지대하였는지, 그리고 또한 그 실력이 일취월장하는 속도가 얼마나 빨랐는지 하는 것을 미루어 짐작할 수 있습니다. 그러나 외국인 선교사들의 조선어 실력이 아무리 뛰어났다고 해도, 여기에서 지적하지 않을 수 없는 대목은 당시 번역 작업을 실질적으로 주관하던 외국인 선교사들에게는 어디까지나 조선어가 '그때까지도 지속적으로 배우고 있던 다른 나라 언어'였지 모국어가 아니었다는 점입니다.

1893년 5월에 상임성서위원회가 상임성서실행위원회로 개편 조직되어 언더우드, 게일, 스크랜튼, 아펜젤러, 트롤로프 등 5명을 번역자로 한 전임번역자회가 발족한 것이 1893년 10월의 일입니다. 언더우드, 아펜젤러, 스크랜튼 선교사가 조선에 입국한 것이 1885년 이었으니 1893년에 성서 전임사역자회를 구성하고 있던 시점에서 이들 선교사들은 각각 조선 체류 8년째를 맞는 시기였다 하겠습니다. 8년이라는 기간이 조선어(朝鮮語)라는 하나의 외국 언어를 습득하는 데에 과연 얼마나 필요 충분한 기간이었는지는 확인할 길이 없지만, 분명한 사실은 그때까지만 하더라도 이들 외국선교사들의 조선어 구사 능력이 모국어 수준까지는 이르러지 못하였다는 점입니다.

따라서 신 구약 번역 과정 처음부터 조선 사람들과 같이 번역팀을 꾸려 함께 번역 작업을 할 수밖에 없었던 사정이었습니다. 대한성서공회 웹사이트의 성경 번역사를 보면 "1900년「신약젼셔」는 한국인 6명(최병헌, 조한규, 이창직, 정동명, 김명준, 홍준)과 선교사 6명(스크랜튼, 아펜젤러, 게일, 레널즈, 언더우드, 트롤로프)이 짝을 이루어 번역하였고 그 후에 송덕조가 언더우드의 동역자로 합류하였다"란 대목이 나오고 또 이어서는 " 구약의 번역이 시작되면서 1908년 이후에는 레널즈와 한국인으로 번역위원으로 임명된 이승두, 김정삼이 함께 번역하였다." 라고 기술되고 있습니다. 이로써 알 수 있는바, 신 구약 성경의 번역 작업이 외국인 선교사들에 의해 주도되긴 했지만, 처음부터 조선인들의 도움을 받아 이루어진 것은 틀림없는 사실이라 하겠습니다. 그러나 문제는1800년대 말과 1900년대 초에 번역 실무를 맡았던 선교사 번역 위원들중 외국 선교사들은 번역언어인 조선어에 완전히 정통해 있지 못하고 또한 조선인 조력자들은 저본 또는 원본 언어에 통달해 있지를 못했다하는 근본적 문제는 어찌 할 수가 없었다는 점입니다.

곧, 당시 조선 내에는 히브리어나 헬라어 또는 영어로 쓰여진 원문을 조선어로 직접 번역할 인적 자원이 없었기 때문에 조선인 번역자들은 부득이 중국어 한문 성경, 또는 일본어 성경 번역에 의존할 수밖에 없었고 또한 외국인 선교사들은 도착언어인 조선어에 완전히 정통해 있지 못한 문제 곧, 누구도 완전한 바이링구얼 (Bilingual; 두 가지 언어를 자유로이 구사하는 수준의) 실력을 갖추지 못했었다는 점은 역사적 사실인 것입니다. 대한성서공회의 성서 번역사 설명에도 이런 부분이 잘 나와 있습니다.

우리말 성서가 번역되어 나오던 초창기에는 피득(彼得 A.A.Peters)씨와 같은 러시아 태생의 유대인, 그리고 성서 언어에 해박한 지식을 가지고 있던 게일(S.Gale) 씨와 같은 이들이 번역 위원으로 활약하고 있어서 히브리어 원문을 다룰 수 있는 이들이 없지는 않았으나, 우리말 구약전서는 여러 면에서, 1901년에 미국에서 나온 「미국표준역」(American Standard Version)을 기초 본문으로 삼고 그 밖에 주로 한문 성서를 참고한 중역의 흔적이 짙다. 번역에 참여한 이들이 그 기능에 있어서 두 부류로 나누어지는 것도 이 시기의 특징이다. 즉 한 부류의 번역자들은 성서 원문이나 번역 대본이 되던 영미 계통의 번역본을 번역하던 이들로서, 선교사들이 이 역할을 맡았었다. 그리고 또 다른 부류의 번역자들은 중국어 성서나 일본어 성서를 우리말로 번역하던 이들로서 우리말을 모국어로 사용하던 우리나라 학자들이었다. 번역진들이 원문이나 중역 대본의 서양 언어를 다루던 외국인 전문가들과 한문 성서나 일본어 성서에서 번역하여 선교사들의 번역과 대조하면서 번역된 본문을 우리말로 다듬던 우리 학자들로 나누어져 있었다는 것은 성서 언어와 우리말을 함께 다룰 수 있는 번역자가 없었던 당시 사정을 반영한다.

다만, 이 부분에서 독자 여러분들의 오해를 미연에 방지하기 위하여 한 마디 드리고 싶은 말씀은; 이런 문제들을 지적하는 이유가 --- 우리의 개역 성경, 개역한글 성경, 개역개정 성경 등이 '나쁜 성경'이라고 주장하자는 것이 아니라 우리가 가진 성경들이 술술 잘 읽히워지지 않는 이유는 단지 '옛날에 이루어진 번역이기 때문에 그렇다' 하는 점을 설명드리기 위함이라는 것입니다.

이상과 같이, 한글 성경 읽기가 그리 수월치 않은 이유에 대해 나름대로 저자가 생각한 이유들을 설명 드렸습니다. 첫째로, 우리가 가지고 있는 성경의 조상 격인 첫 번역 역본인 구역(舊譯) 성경 곧, 셩경젼셔가 오늘날 우리가 보기에는 '아주 옛날 번역' 일 수 밖에 없기 때문에 그러하다는 점, 더구나 이후의 여러 차례의 개역 개정 작업 (1938년, 1961년, 그리고 1998년의 개역, 개정 작업)에서 본문내용에 대한 전면적인 개편이 이루어지지 못하였다는 사실 때문에 그러하다는 점, 다시 말해 구역(舊譯) 성경 이후의 개정 내용이 주로 맞춤법이나 단어의 현대어로의 대치만 이루어졌지 본문내용에 대한 총체적 전면적 재해석이라는 면에서는 미흡한 부분이 없지 않았기 때문에 그렇다는 것, 특히 1900년대 초에 번역 실무를 맡았던 선교사 번역위원들이 번역언어인 조선어에 완전히 정통해 있지 못하고 또한 조선인 조력자들은 저본 또는 원본 언어에 익숙하지 못했기 때문에 이런 일들이 생겨 난 것이란 하는 점 등을 간략히 설명해 드린 이유는 --- 우리가 가진 현재의 성경들이 술술 잘 읽어 내리기가 어려운 이유에 대한 저자 나름의 생각에 불과하다는 점을 거듭 강조해 두고자 합니다.

영어 성경이든, 한글 성경이든, 모든 성경 역본은 하나님의 숨결이 살아 있는, 하나님의 감동으로 제작된 성경이라는 것이 제 입장이며 이 점, 더러 '옥에 티'처럼 보이는 오역 부분이 있어도, 시대적으로 걸맞지 않은 어휘가 더러 있어도, 번역 원본, 즉 저본(底本) 자체의 고어체 영어가 어려워 번역본이 덩달아 이에 따라 어려워진 점이 있어도, 구역 성경전서 그리고 개역 성경, 개역한글 성경, 그리고 개역개정 성경등은 대한민국의 기독교를 오늘날 이만큼이나 성장케 만든 일등 공신일 뿐 아니라, 수 천만 명의 조선 사람, 한국 사람을 거듭나게 만들고 회심하게 만든, 하나님의 숨결이 살아 숨 쉬는 그런 좋은 역본임을 저 자신 굳게 믿고 있다는 점을 거듭 밝혀 두고자 합니다.

성경 오역 사례

머리글에서 잠깐 언급한 한글 성경의 오역 부분에 대해 몇 가지 사례를 들어 보고자 합니다. "좋지 못한 번역은 있어도 잘못된 번역 즉, 오역은 없다"라는 말도 있긴 합니다만, 그래도 기존의 개역한글 그리고 개역개정 중의 몇몇 구절은 좋지 못한 번역을 뛰어넘어 오역(誤譯)이라고 밖에 말할 수 없는 부분들을 여전히 가지고 있다고 생각합니다. 물론, 이런 오역 중에는 '옥의 티' 정도로 치부할 수 있는 경미한 사례가 적지 않지만, 명백히 오역이라 할 수 밖에 없는 몇몇 대목에 이르러서는 이건 아무래도 글로써 주위에 알리는 것이 좋지 않을까 그런 생각을 하게 된 것이 기실, 이 책을 펴내게 된 이유 중 하나입니다.

한편, 성경 오역사례로 인터넷에 올라와 있는 글들을 보면 착각이나 필사에서의 실수로 인해 잘못 사용된 어휘나 단어를 오역의 예로 드는 경우가 많습니다. 예를 들어 마태복음 19:24 말씀 "낙타가 바늘귀로 들어가는 것이 부자가 하나님의 나라에 들어가는 것보다 쉬우니라 하시니"라는 구절에서 '낙타는 밧줄의 오역이다'란 지적이 가장 많이 눈에 띄는 대목입니다. 설명을 들어보면 이렇습니다. "카밀로스(Kamilos)는 밧줄이고 카멜로스 (kamelos)는 약대 즉, 낙타란 뜻인데 스펠 하나가 잘못되어 이 둘을 혼동하는 결과가 초래되었다. 따라서 '낙타가 바늘귀로 들어가는 것'이 아니고 '밧줄이 바늘귀로 들어가는 것'이 원래 성경에 있던 구절이었다" 이런 내용의 글을 인터넷에서 자주 보게 되는 것입니다. 그런데, 제 생각에는 이런 단어의 오역은 그리 심각할 것도 없는, 오역답지도 않은 오역이라 생각됩니다. 왜냐하면, 밧줄이든 낙타든, 바늘귀를 통과하지 못하는 것은 마찬가지이니 그 어느 경우든, "부자가 천국에 들어가는 것은 참으로 어렵다."라는 사실을 설명하기 위해 비유로 들고 계신 예수님의 이런 비유는 훌륭히 그 역할을 다 하고 있다 여겨지는 것입니다.

이런 대수롭지 않은(?) 오역보다 훨씬 심각한 오역이 성경에 더러 있다고 생각이 됩니다. 이런 점에서, 사실 이 책을 쓰게된 직접적 동기가 되었다고나 할 그런 중요한 오역 구절 두 세가지를 함께 살펴 보는 순서를 가져 보기를 원합니다.

오역 사례 1

성경은 멋대로 해석하면 안된다(?)

개역개정판 베드로 후서 1장 20절에 가면 "성경의 모든 예언은 사사로이 풀 것이 아니니 ---" 라고 번역되어 있는 구절이 나옵니다. 같은 구절이 새 번역에서는 "아무도 성경의 모든 예언을 제멋대로 해석해서는 안 됩니다."라고 되어 있습니다. 제 개인적인 생각으로는, 이 구절만큼 우리말 성경 독자들을 현혹시켜 온 구절도 다시 없다고 생각됩니다. 단도직입으로 말씀드리자면 이 구절은 번역이 잘못된 것입니다. 왜 이게 잘못된 번역인지를 확인하기 위해 --- 먼저, 영어 성경에는 뭐라 되어 있는지 NIV 영어 성경과 KJV영어 성경, 그리고 한글 성경을 대조해 가며 살펴보도록 하겠습니다.

베드로 후서 1:20-21 (개역개정판/대한성서공회)

1: 20 먼저 알 것은 성경의 모든 예언은 사사로이 풀 것이 아니니 1:21 예언은 언제든지 사람의 뜻으로 낸 것이 아니요 오직 성령의 감동하심을 받은 사람들이 하나님께 받아 말한 것임이라

2 Peter 1:20-21 (KJV 영어 성경)

1:20 Knowing this first, that no prophecy of the scripture is of any private interpretation. 1:21 For the prophecy came not in old time by the will of man: but holy men of God spake as they were moved by the Holy Ghost.

2 Peter 1:20-21 (NIV 영어 성경)

1:20 Above all, you must understand that no prophecy of Scripture came about by the prophet's own interpretation. 1:21 For prophecy never had its origin in the will of man, but men spoke from God as they were carried along by the Holy Spirit.

위에서와 같이 베드로후서 1:20 절과 21절의 두 구절을 개역개정판 성경으로 연속해서 읽어 보면 "먼저 알 것은 성경의 모든 예언은 사사로이 풀 것이 아니니, 예언은 언제든지 사람의 뜻으로 낸 것이 아니요 오직 성령의 감동하심을 받은 사람들이 하나님께 받아 말한 것임이라" 이렇게 되어 있어서 언듯, "성경의 예언은 성령의 감동으로 씌여진 것이기 때문에, 그 예언은 개인이 사사롭게 해석하여서는 아니 된다." 문맥상 이런 뜻으로 받아들여질 수가 있습니다.

실상을 말하자면, 국내외에 있는 무수히 많은 우리 말 설교가들이 이 본문을 읽을 때에, "성경의 모든 예언은 사사로이 풀면 안 된다" 이런 식으로 풀이들을 하고 있는 것이 사실입니다. 이런 식으로 "예언은 사사로이 풀면 안 된다"라는 잘못된 번역은 비단 개역개정판에서만 발견되는 것이 아니라 다른 주요 역본들에서도 동시에 같이 발견되고 있는데, 이 점, 대한성서공회와 또 다른 출판사에서 펴낸 주요 역본들에 실려 있는 해당 구절을 함께 살펴보도록 하겠습니다.

개역한글

20 먼저 알 것은 경의 모든 예언은 사사로이 풀 것이 아니니 21 예언은 언제든지 사람의 뜻으로 낸 것이 아니요 오직 성령의 감동하심을 입은 사람들이 하나님께 받아 말한 것임이니라 (대한성서공회)

새 번역

20 여러분이 무엇보다도 먼저 알아야 할 것은 이것입니다. 아무도 성경의 모든 예언을 제멋대로 해석해서는 안 됩니다. 21 예언은 언제든지 사람의 뜻에서 나온 것이 아니라, 사람들이 성령에 이끌려서 하나님께로부터 오는 말씀을 받아서 한 것입니다. (대한성서공회)

공동 번역

20 그리고 무엇보다도 먼저 알아야 할 것은 성서의 어떤 예언도 임의로 해석해서는 안 된다는 점입니다. 21 예언은 인간의 생각에서 나온 것이 아니라 사람들이 성령에 이끌려서 하느님께로부터 말씀을 받아 전한 것입니다. (대한성서공회, 천주교협의회)

현대인의 성경

20 그러나 먼저 알아야 할 것은 성경의 예언을 자기 멋대로 해석해서는 안 된다는 점입니다. 21

예언은 결코 사람의 뜻에서 나온 것이 아니라 성령님의 감동을 받은 사람들이 하나님에게 받아 말한 것이기 때문입니다. (생명의 말씀사)

위와 같이 대부분의 역본들이 '성경의 예언은 사사로이 풀면 안 된다' (개역한글), 또는 자기 멋대로 해석해서는 안 된다' (새 번역), '어떤 예언도 임의로 해석해서는 안 된다.' (공동 번역), '성경의 예언을 자기 멋대로 해석해서는 안 된다.' (현대인의 성경) ; 이런 식으로 번역하고 있는 걸 알 수 있습니다. 문제는 이게 잘못되어도 한참 잘못된 번역 즉, 오역(誤譯)이라는 점입니다.

그럼 왜 오역인지? 왜 본서 저자가 이 구절을 오역이라 부르는지? 그럼, 어떻게 번역하는 것이 옳은지?, 먼저 영어 성경의 경우에는 본문이 어떻게 씌여 있나 하는 점을 확인을 해 보는 것이 긴요합니다. KJV 성경을 먼저 보시겠습니다.

KJV 베드로후서 1장 20절

1:20 Knowing this first, that no prophecy of the scripture is of any private interpretation.

위의 문장을 가급적 원문의 뜻을 살려 직역(直譯)해 보자면, -'먼저 이것을 알지니, 성경의 예언 중 그 어느 것도 개인의 해석에 따라 되어진 것이 아니니' 이런 정도로 번역될 수 있습니다. Knowing this first는 분사 구문으로 "먼저 이것을 알지니-" 의 뜻인데 달리 쓰자면 You should know about this first that-이런 식으로 표현할 수 있습니다. That 이하가 '우리가 먼저 알아야 할 것' 즉, 목적어로 사용되고 있는 명사절입니다. That 이 이끄는 명사절이 목적어의 역할을 하고 있는 것입니다. 이 명사절의 주어는 prophecy of the scripture 즉, '성경의 예언'입니다. 문장 앞에 부정을 나타내는 no가 위치하고 있기 때문에 이 문장에서 설명될 술어 부분은 '뭐뭐가 아니니'라고 풀이해야 합니다. 한편, Be 동사 is 다음에 나오는 private interpretation; 즉, 사사로운 해석 또는 개인의 해석이라 번역될 수 있는 이 단어가 이 문장의 보어(補語)이자 술어(述語)입니다. 그래서 이 명사절, That 이하를 풀어 보면-that no prophecy of the scripture is of any private interpretation. 즉, "성경의 어떤 예언도 사사로운 해석에 의한 것이 아니니" 이런 뜻이 되고, 문장 전체로는 "먼저 이것을 알지니, 성경의 예언 중 그 어느 것도 선지자 개인의 해석에 따라 되어진 것이 아니니" 이런 번역이 옳은 번역이 되는 것입니다.

any private interpretation 이 구절이 "예언을 기록한 선지자 쪽에서의 임의로운 해석"을 의미하는 것인지, 아니면 "성경을 읽는 독자가 임의로 해석하면 안 된다."는 것인지는 문맥을 통해 살펴보면 그 뜻을 분명히 알 수 있습니다. 이 점, 전체 문맥을 음미해 볼 때, '사사로이 해석을 가하는 주체' 가 성경을 읽는 독자(讀者)가 아니라 !! 성경을 기록한 기자(記者) 즉, 이 말씀을 하나님의 감동으로 받아 우리에게 전달하고 있는 성경의 기자, 글을 쓴 이 곧, 선지자라는 것이 너무도 분명합니다.

NIV 성경에 가면 이 부분이 아주 명확하게 나와 있습니다.

NIV 베드로 후서 1장 20절

1:20 Above all, you must understand that no prophecy of Scripture came about by the prophet's own interpretation.

NIV 해당 구절을 번역해 보겠습니다. '무엇보다도, 이것을 먼저 이해할지니 곧 성경의 예언은 선지자 개인의 임의의 해석에 따라 된 것이 아니니'

이렇게 NIV 에서는 no prophecy of Scripture came about by the prophet's own interpretation. 라고 서술하고 있어 "임의의 해석을 가하지 않은 주체가 성경을 기록한 선지

자”라는 점을 아주 분명히 밝히고 있습니다.

아주 중요한 포인트라 다시 한번 음미해보시면 좋겠습니다. NIV 영어 성경 해당 구절을 직역하면 대략 이런 뜻이 됩니다. “무엇보다도 먼저, that 이하를 이해할지니－성경의 예언은 선지자의 임의 해석으로 전해진 것이 아니니－” 뭐라고 합니까? 사사롭게 해석하지 말아야 할 사람, 즉 주어(主語)가 성경의 예언을 읽는 내가 아니고 성경의 예언을 쓴 선지자라고 되어 있습니다. ‘예언을 사사롭게 해석하면 안 될 사람’, ‘사사롭게 성경을 풀면 안 되는’ 주체, ‘성경을 임의로 해석하지 않은 사람’이 누구입니까? 성경 독자(讀者)가 아니고 예언을 쓴 사람 즉, 성경 기자(記者), 선지자입니다. 그럼 어떻게 읽어야 합니까? “성경의 모든 예언은 선지자가 임의로-사사로이-풀어서 번역해 전해 오는 것이 아니니” 이게 올바른 번역입니다.

또, 이 1장 20절 구절을 ‘성경의 모든 예언은 선지자가 임의로－사사로이－풀어서 번역해 전해 오는 것이 아니니’ 이렇게 번역해야만 그다음 절인 21절에 가서 ‘예언은 언제든지 사람의 뜻으로 낸 것이 아니요 오직 성령의 감동하심을 입은 사람들이 하나님께 받아 말한 것임이니라’ 하는 문장과 자연스럽게 문맥이 연결되는 것입니다.

그러면 NIV가 옳다는 것을 어떻게 증명할 수 있느냐? 혹시 NIV가 틀린 것 아니냐 이런 의문을 당연히 가지시리라 생각됩니다. 이럴 때에 우리는 원본 언어로 돌아가 봐야 합니다.

원본 언어인 코이네 그리스어 성경의 해당 구절입니다.

2 Peter 1:20

touto proton ginōskontes hoti pasa prophēteia graphēs idias epilyseōs ou ginetai

τοῦτο πρῶτον γινώσκοντες, ὅτι πᾶσα προφητεία γραφῆς ἰδίας ἐπιλύσεως οὐ γίνεται

토우토 프로톤 지노스콘테스 호티 파사 프로페테이아 그라페스 이디아스 에필리세오스 오우 지네타이

this first knowing that any prophecy of Scripture of its own interpretation not is

이것을 먼저 알지니 that 이하를 어떤 예언도 성경의 그 자신의 해석에 따라(된 것이) 아니니라

맨 윗 줄은 헬라어의 영어 음역표기이고 둘째 줄은 헬라어 원문, 그 다음 셋째 줄은 한글 음역, 넷째 줄은 영어 번역, 마지막 다섯째 줄은 한글 번역입니다.

헬라어 문장 τοῦτο πρῶτον γινώσκοντες, ὅτι πᾶσα προφητεία γραφῆς ἰδίας ἐπιλύσεως οὐ γίνεται을 각각 영어 어휘로 옮기면 this first knowing that any prophecy of Scripture of its own interpretation not is 이런 순서가 되고 이를 다시 영어 문법에 따라 옳은 어순으로 정리하면 이렇게 됩니다.

First, know this that any prophecy of Scripture is not of its own interpretation.

이 영어 문장을 이제 한글로 번역해 보겠습니다.

First,(먼저) know this(이것을 알지니,) that(that 이하를) any prophecy of Scripture(성경의 어떤 예언도) is not(아니니) of its own interpretation.(그것 자신의 임의 해석에 따라 된 것이)

위 각 구절을 한글 어순에 따라 정리하면 이렇게 되는 겁니다.

“먼저 이것을 알지니, 성경의 어떤 예언도 그것 자신의 임의 해석에 따라 된 것이 아니니라.”

다만, 헬라어 원문의 경우에는 any prophecy of Scripture is not of its own interpretation으로 되어 있고, 주어를 선지자인 who나 prophet이 아닌 its own으로 it를 쓰고 있음을 알 수 있습니다. 그러나, its own이란 단어 자체가 의미하는 바는 어디까지나 '성경을 기록한 선지자 자신의'라는 의미로 해석함이 옳고, 또한 전후 문맥을 음미해 볼 때에도 its own interpretation는 성경을 기록한 '기자(記者)의 해석'이라 보는 것이 당연하고, 해석을 하는 주체 즉, interpreter는 선지자 (先知者)라고 보는 것이 타당합니다.

이렇듯 문장 구조를 통해서 보면, 베드로 후서 1장 20절, 21절은

1:20 먼저 알 것은 성경의 모든 예언은 사사로이 풀 것이 아니니 1:21 예언은 언제든지 사람의 뜻으로 낸 것이 아니요 오직 성령의 감동하심을 받은 사람들이 하나님께 받아 말한 것임이라

이렇게 번역하면 오역(誤譯)이 되는 것이고, 어디까지나 아래와 같이

"1:20 성경의 모든 예언은 **선지자가 이를 임의로 해석해 놓은 것이 아니니,** 1:21 예언은 언제든지 사람의 뜻으로 낸 것이 아니요 오직 성령의 감동하심을 받은 사람들이 하나님께 받아 말한 것임이라"

이런 식으로 번역해야 이게 올바른 성경 읽기가 되는 것입니다.

또 하나, 생각해볼 점은 어떻게 이런 오역이 나오게 되었나 하는 과정상의 문제입니다. 제 생각에는 아마도 신구약 성경이 처음 번역되던 1800년대 말과 1900년대 초에 조선에서의 성경 번역 작업에 외국선교사들과 함께 동참했던 조선 사람 번역자들이 한문에 능통했던 유학자들이었기 때문에 이들이 번역 텍스트로 삼은 중국어 한문 성경 본문을 오해한 탓이 아닌가 그렇게 생각하고 있습니다. 중국어 성경에는 본문이 아래와 같이 번역되어 있습니다.

1:20 第一要緊的、該知道經上所有的豫言、沒有可隨私意解說的 .
'제일요긴적, 해지도경상소유적예언, 몰유가수사의해설적.'

위의 한문 문장을 직역해 보면 이렇습니다. "제일 요긴한 것은, 성경에 있는 예언은 개인의 뜻에 따라 해설된 것이 아니라는 것을 이해하는 것입니다."

1:21 因爲豫言從來沒有出於人意的、乃是人被聖靈感動說出 神的話來。
'인위예언종래몰유출어인의적, 내시인피성령감동설출 신적화래.'

"왜냐하면 예언은 사람의 뜻으로 말미암아 온 것이 아니고 성령의 감동을 받은 사람들에 의해 나오게 된, 하나님의 말씀이기 때문입니다."

위 문장에서 沒有可隨私意解說的 '몰유가수사의해설적'을 해석하기를 '개인이 사사롭게 해설하면 아니 된다"로 해석한 것입니다. 알다시피 중국어란 것이 표의문자라 그 뜻이 좀 두리뭉실한 경우가 많습니다. 우리 말처럼 그 어감이 정확하게 딱딱 떨어지는 것이 아니고 이렇게 해석될 수도 있고 저렇게 해석될 수도 있는 모호한 경우가 많습니다. 아마도 이런 것들이 위와 같은 오역을 낳는 데 일조를 한 것이 아닌가 저는 그렇게 짐작하고 있습니다.

그다음으로 우리가 확인해야 할 순서는 이 구절을 글 전체의 전후 문맥으로 살펴볼 때에 과연 이런 해석이 옳으냐 하는 점입니다. 무엇보다도 베드로 사도가 베드로 후서 1장에서 하고자 하는 말이 무엇인지? 하는 것부터 이해하고 보는 것이 필요합니다. 왜 뜬금없이 사도가 지금 '예언' 문제를 끄집어내어 설명하고 있는지 --? 이 문제를 살펴보려면 우리는 이 서신의 앞부분으로 돌아가 보아야 합니다.

개역개정 성경, 베드로 후서 1장16절부터 21절까지를 연속하여 읽어 보도록 하겠습니다. 1:16

우리 주 예수 그리스도의 능력과 강림하심을 너희에게 알게 한 것이 교묘히 만든 이야기를 따른
것이 아니요 우리는 그의 크신 위엄을 친히 본 자라 17 지극히 큰 영광중에서 이러한 소리가 그
에게 나기를 이는 내 사랑하는 아들이요 내 기뻐하는 자라 하실 때에 그가 하나님 아버지께 존귀
와 영광을 받으셨느니라 18 이 소리는 우리가 그와 함께 거룩한 산에 있을 때에 하늘로부터 난
것을 들은 것이라 19 또 우리에게는 더 확실한 예언이 있어 어두운 데를 비추는 등불과 같으니
날이 새어 샛별이 너희 마음에 떠오르기까지 너희가 이것을 주의하는 것이 옳으니라 20 먼저 알
것은 성경의 모든 예언은 사사로이 풀 것이 아니니 **("먼저 알 것은 성경의 모든 예언은 선지자가 임
의로 해석해 놓은 것이 아니니"의 오역)** 21 예언은 언제든지 사람의 뜻으로 낸 것이 아니요 오직
성령의 감동하심을 받은 사람들이 하나님께 받아 말한 것임이라 (개역개정)

사도는 먼저, "우리 주 예수 그리스도의 능력과 강림하심을 너희에게 알게 한 것이 교묘히 만든 이야기를 따른 것이 아니요 우리는 그의 크신 위엄을 친히 본 자라"라고 말하고 있습니다. 사도가 지금 무슨 얘길 하고 있는 중입니까? 사도는 편지 속에서 지금 한참 예수님을 증언하고 있는 중입니다. 그런데 이 대목에서 베드로 사도가 강조하기를, "예수 이야기는 우리가 지어낸 얘기가 아니고 친히 우리가 눈으로 목격한 일이라" 하는 것을 힘주어 말하고 있는 것입니다.

아시다시피 베드로 사도는 예수님에 의해 부름을 받은 이후에 한시도 예수님의 곁을 떠나지 않고 가나의 혼인 잔치에서부터 시작하여 갈릴리, 사마리아, 예루살렘까지 예수님과 동행하지 않은 곳이 없고 마지막에 이르러서는 빌라도의 법정과 그리고 대제사장 가야바의 저택에까지 그리고, 십자가에 매달려 돌아가시기 전날 마지막 만찬의 자리에까지, 그리고 부활하신 무덤에 이르기까지 시종 예수님과 동행하였던 사람입니다. 베드로 사도야말로 가히 예수님의 공생애 전 과정, 전 장면에 빠짐없이 등장하는 인물일 뿐 아니라 결정적으로, 변화산에서 예수님의 용모가 변화하시는 것을 직접 눈으로 보고, 이는 "내 사랑하는 아들이라" 하는 하나님의 음성을 귀로 직접 들은 사람입니다. 사도는 바로 이 얘기를 하고 있는 겁니다.

마태복음 17장 [개역개정]

1 엿새 후에 예수께서 베드로와 야고보와 그 형제 요한을 데리시고 따로 높은 산에 올라가셨더
니 2 그들 앞에서 변형되사 그 얼굴이 해 같이 빛나며 옷이 빛과 같이 희어졌더라 3 그 때에 모
세와 엘리야가 예수와 더불어 말하는 것이 그들에게 보이거늘 4 베드로가 예수께 여쭈어 이르되
주여 우리가 여기 있는 것이 좋사오니 만일 주께서 원하시면 내가 여기서 초막 셋을 짓되 하나는
주님을 위하여, 하나는 모세를 위하여, 하나는 엘리야를 위하여 하리이다 5 말할 때에 홀연히 빛
난 구름이 그들을 덮으며 구름 속에서 소리가 나서 이르시되 이는 내 사랑하는 아들이요 내 기뻐
하는 자니 너희는 그의 말을 들으라 하시는지라 6 제자들이 듣고 엎드려 심히 두려워하니 7 예
수께서 나아와 그들에게 손을 대시며 이르시되 일어나라 두려워하지 말라 하시니 8 제자들이 눈
을 들고 보매 오직 예수 외에는 아무도 보이지 아니하더라

사도(使徒)가 사도 되는 가장 큰 요건이 무엇입니까? 주님과 직접 동행했느냐의 여부 즉, 예수님 생전에 예수님과 함께 다니며 예수님을 육신으로 모시고 다닌 자이거나 아니면 바울처럼 부활하신 주님을 눈으로 보고 주님의 가르침을 대면하여 직접 받은 자일 것이라는 조건입니다. 베드로 사도는 서신을 통해 그리스도를 소개하면서, 자신은 '예수님의 크신 위엄을 직접 눈으로 본 자'라는 점을 강조해 말하며, 예수에 관한 자신의 증언의 참됨과 진실됨을 거듭, 부연 설명하고 있는 것입니다.

그뿐만 아니라, –즉, 눈으로 보고 귀로 들었을 뿐 아니라!!, **수 많은 성경 속 예언도 이 예수를 증거하신다** 하는 것이 다음으로 계속되는 내용입니다. 즉, 사도는 자신이 편지에서 얘기하고 있는 이

예수에 관련된 사건들이 첫째, 지어낸 이야기가 아니고 둘째, 자신이 직접 눈으로 본 사실일 뿐 아니라 셋째, 이 예수 부분은 무수히 많은 선지자들에 의해 성경에 이미 예언되어 있는 사실이다.–이런 얘기를 하고 있는 중인 것입니다.

즉, 예수에 대한 증언을 함에 있어 이런 자신의 증언에 힘을 싣기 위해 '성경 속 예언에도 있거니와'라고 말하는 맥락에서, 예언의 권위를 빌려 오기 위해 '예언'을 말하는 것이지 뜬금없이, 편지 수신인에게 대 놓고 "너희는 모든 성경 예언을 사사로이 풀지 말아라" 이런 얘기를 하고 있는 것이 절대로! 아니란 것입니다.

다시 말하자면 베드로 사도는 예수를 증거하는 자신의 증언이 참됨을 '예언의 권위를 빌려 와' 확증하고 싶어 하는 것입니다. 그래서 이런 표현까지 동원합니다. 19절; "또 우리에게는 더 확실한 예언이 있어 어두운 데를 비추는 등불과 같으니 날이 새어 샛별이 너희 마음에 떠오르기까지 너희가 이것을 주의하는 것이 옳으니라" '또 우리에게는 더 확실한 예언'이 있다 합니다. 바로 구약성경을 통해 무수히 많은 하나님의 종, 선지자들이 여러 가지 모습으로 예언해 온 그 귀한 예언들인 것입니다.

이 예언 부분에 대한 19절의 해당 구절이 NIV 영어 성경에는 And we have the word of the prophets made more certain, and you will do well to pay attention to it, as to a light shining in a dark place, until the day dawns and the morning star rises in your hearts. 로 되어 있습니다. 세 부분으로 나누어 직역해 보면 이렇게 됩니다.

And we have the word of the prophets made more certain, ; 그리고 우리에게는 이 모든 것을 더욱 분명히 해 주는 예언들이 있으니,

and you will do well to pay attention to it ; 너희가 여기에 각별한 주의를 기울이는 것이 옳으니라.

as to a light shining in a dark place, until the day dawns and the morning star rises in your hearts. ; 마치 빛이 어둠에서 빛나는 것처럼, 그리고 날이 밝아 오며 새벽별이 네 마음에 떠 오르는 것처럼. ;

베드로 사도에 의하면, 이러한 예언들은 마치, 어둠을 밝히는 빛처럼, 새벽별처럼, 우리 마음을 환히 밝혀주는 것이라 합니다. "이런 '소중한 예언'들이 바로 예수를 증언하는 것이다". 그 얘기를 사도가 지금 하고 있는 것입니다.

전체적으로 다시 한번 정리해 보겠습니다. 베드로 사도는 이 편지, 베드로 후서 1장을 통해 지금, 성도들에게 예수님의 교훈을 전달함과 동시에 여러 가지로 신앙 안에서 권면하고 있는 중입니다. 그런데, 이 예수 이야기는 베드로 사도에 의하면

첫째, 교묘히 지어낸 얘기가 아니라는 것,

둘째, 베드로 사도 자신이 직접, 눈으로 보고 귀로 들은 사실이라는 것,

셋째, 무엇보다도 선지자들의 예언이 이를 증언하고 있는바, 이 '**선지자들의 예언은 선지자들이 임의로! 개인적으로 사사롭게 풀어 써 놓은 것이 아니요**, 또 사람의 뜻으로 낸 것도 아니요 오직 성령의 감동하심을 받은 사람들이 하나님께 받아 말한 것이라!'는 것을 부연해 설명하고 있는 것입니다.

이것이 본문에 쓰여 있는 글의 뜻이자 올바른 성경 읽기가 되는 것입니다. 그런 것을 거의 지난 100여 년간 우리는 '잘못된 번역'이 지시하는 바에 따라 성경의 예언은 "사사로이 풀면 안 된다"

고 하는 마법에 걸려 있었던 것입니다.

한편, 성경의 모든 예언은 (우리가) 사사롭게, 또는 임의의 해석으로 읽으면 안 된다고 하는 이런 잘못된 번역이 설교자들과 성경 독자들 사이에서 문제 제기됨 없이 그리고, 수정 내지는 여과됨 없이 100여 년을 전해 내려오는 동안 더욱 우스꽝스러운 교리(?) 하나가 한국교회에 더 생겨나게 되었는데 그게 무언고 하면, 바로 베드로 후서 1장 20절 말씀 "성경 예언을 사사로이 풀어서는 안된다(?)" 라는 구절을 베드로 후서 3장 15절, 16절 말씀 즉, "무식한 자들과 굳세지 못한 자들이 다른 성경과 같이 그것도 억지로 풀다가 스스로 멸망에 이르느니라"라는 구절과 연합, 합성해서 만든 새로운 교리(?) 입니다. 풀이하자면 이런 겁니다. 1장 20절과 3장 16절을 문맥에 상관없이 짜깁기해서 만든 논리, 즉 "모든 성경 예언은 하나님의 감동으로 씌여진 것이기 때문에 일반 성도가 사사로이 풀면 안된다. 그러므로, 무식한 자들이 이를 억지로 풀면 멸망한다." 이런 해괴하기 짝이 없는 새로운 교리(?)가–본래부터 잘못 해석된 두 구절을 억지로 연결함으로써– 생겨나게 된 것입니다.

'아무리 강조해도 지나침이 없다'라는 숙어가 생각나서 덧붙이는 말이 되겠습니다만, 성경은 전체 문맥, 즉 전후좌우 문장의 흐름 속에서 읽어야 하는 법입니다. 이렇게 전체 문장의 속뜻과 문맥을 살피지 아니하고, 특정한 구절만 뚝 떼어 읽으면 이런 자유한 (?) 교리가 생겨나게 됩니다. 한편, "성경 예언을 사사로이 풀어서는 안 된다"라는 입장은 우리 교계에 있어서 이제 아주 고착이 되어서 바야흐로 한국 교회 안에서는 하나의 확정된 교리 즉, Doctrine이나 Dogma로 등장하고 있는건 아닌지 하는 느낌을 자주 받습니다.

그런 의미에서 다시 한번 반복하여 말씀드리거니와, 이렇게, "성경의 모든 예언은 사사로이 풀 것이 아니니 (베드로 후서 1장 19절) , 억지로 풀다가 스스로 멸망에 이르느니라 (베드로후서 3장 15절)"–라는 해괴망측한 해석은 전후좌우로 글의 전체 문맥을 자세히 살펴보지 아니하고 특정 구절에만 초점을 맞추어 성경 말씀 본래의 뜻을 왜곡하는 대표적 사례로서, 오역이 또 다른 오역과 결합하면 이렇게 어마어마한 곡해(曲解)를 낳는다는 것을 웅변해 주고 있는 것입니다. 한편, 이런 식의 짜깁기 번역이 더욱 위험한 이유는 가끔 "예언은–" 하는 앞부분 단어를 생략해 버리거나 망각해 버리는 경우가 왕왕 있어서, '예언을 사사롭게 풀지 말지니' 가 아니라 "성경은 사사로이 풀지 말지니"라는 비약이 되고, 급기야 "성경을 함부로 풀면 멸망에 이른다"라는 엄청난 오해를 빚는 경우도 드물지 않게 있다는 것입니다.

한편, '성경의 모든 예언을 사사로이 풀지 말지니'라는 것이나 , '성경의 모든 예언을 사사로이 풀지 말지니'라는 구절을 교리라는 측면에서 살펴보면 어떻습니까? '예언을 사사로이 풀면 안된다'는 입장은 성경적입니까? 교리에 부합합니까? 성경 전체를 관통하는 계시의 정신이 있고, 이를 공리화 한 것이 교리(教理)입니다. 기독교 구원론의 대표적인 교리는 '이신칭의 (以信稱義)' 즉, 믿음으로 의롭다 함을 얻고, 구원을 얻는 것입니다. 그런데, 믿음은 개인적인 회심의 결과요, 구원 역시 지극히 개인적인 체험입니다. 복음을 듣고 믿어 구원에 이르는 것은 내 영혼의 일이고 따라서 전적으로 개인적인 일, 사사로운 일인 것입니다. 사도 바울은 로마서에서 '우리 모두가 언젠가는 하나님 앞에 각자 결산을 내놓아야 한다'고 말합니다. '각자의 행위에 따라 보응받으리니–즉, 우리가 행한 대로 우리가 심판받는다'라는 것이 바울의 주장입니다. (행위 구원론을 주장하는 대목이 아닙니다.) 키에르케고르의 '신 앞에 선 단독자'라는 개념 역시, 이런 성경의 계시로부터 생겨 나왔다고 볼 수 있습니다. 자신의 신앙에 자신이 책임을 지는–이런 '신 앞에 선 단독자' 개념은 꼭 키에르케고르의 저서를 완독해야만 이해할 수 있는 그런 고도의 사변적인 철학이나 사유의 결과물도 아닙니다. 믿음과 회심, 그리고 구원이 각 개개인의 문제라는 건 성경을 관심 있게 읽는 그리스도인이라면 누구나 쉽게 이해할 수 있는 상식적이고 초보적인 대목이라 할 것입니다. 그런 점에서 '모태 신앙'이란 것은 존재하지 않습니다. 엄마가 아기를 배고 있으면서 믿고 신자가 되었다고 해서 그 태중에 있던 아이가 태어나 자라나서 저절로 믿음을 가지게 되는 것이 아닌 것입니다. 곧, 믿음이 하나님의 선물이라면 이 선물은 하나님께서 한 영혼, 한 영혼을 불러 따로 주시는 것이지, 다른 사람의 공적을 빌려 내가 대신 받을 수 있는 것이 아닙니다. 그 대신, 우리는 모두 각자가 개인적으로 하나님 앞에 자기의 신앙을 고백하고, 그 행위대로 하나님의 법에 따라 보응하는 심판을 받도록 예정되어 있는 개별적 영적 존재이자 피조물인 것입니다.

우리가 큐티를 하는 이유가 무엇입니까? 큐티는 QT; Quiet Time 즉, 지극히 개인적인 묵상 시간입니다. 우리는 큐티를 하면서, 성경 말씀을 깊이 묵상하며 오늘, 나 자신에게 주시고자 하시는 하나님의 메시지를 듣습니다. 거듭 말씀드리거니와, 신앙이나, 회심이나, 믿음이나, 큐티나, 구원이나, 영생이나, 영벌이나 이 모든 것은 나 개인에 한해 이루어지는 '개인적인 너무도 개인적인' 일이라는 점입니다. 우리는 개인 묵상의 시간을 가질 때에 교계에서 유명한 목사들이나, 나의 가족, 친구에게 주시는 묵상 내용을 전해 받는 것이 아니라, 오직 나만을 위해 들려주시는 하나님의 메시지를 듣는 것입니다. 같은 성경 본문을 읽더라도 각자에게 울리는 반향이 다 다릅니다. 구역 예배 (순 예배, 또는 셀 모임 무엇이라 부르든)에 나가 간증을 들어 보면 같은 성경 구절을 가지고 얼마나 상호간에 서로 상이한 해석들을 하는지 사뭇 놀라게 됩니다. 각자가 처해 있는 상황이 그만큼 다르기 때문에, 한 성경 구절이 각기 다른 반향을 가지고 각자의 사정에 따라 다르게 울리는 것이죠. 결론적으로 우리는 각자가 개인적으로 믿어 개인적으로 구원에 이르는 존재들이요, 그리고 마지막 날에는 각자 개인적으로 하나님 앞에서 각자의 영혼에 대해 책임을 져야 하는 천상천하에 유아독존(?)인 낱낱의 존재인 까닭에 각자가 자신에게 주시는 하나님의 말씀 역시 남의 해석이 아닌, 각자가 사사로이 풀어 읽는 본문 말씀을 영(靈)의 양식으로 취하는 것입니다. (물론, 깊이 있는 성경 공부를 위해, 우리가 다양한 설교가들과 학자들의 성경 해설과 주석, 그리고 강해를 읽는 것은 언제든 유익합니다.)

또 생각해 봅시다. 우리가 성경의 예언을 개인적으로 해석하지 않으면, 즉 사사로이 풀지 않으면 성경을 어떻게 읽어야 합니까? 본문을 제쳐 두고 오로지 주석과 해설만을 읽어야 합니까? 아니면, 설교가들, 목사들이 풀어주는 것만 받아들여야 합니까? 그렇게 하여 중세시대처럼, 가톨릭 교회 사제들이 라틴어 성경을 읽어 주면, 뜻도 모른 채 아멘으로 화답해야 합니까?

'하나님의 말씀인 성경을 누구든지 읽도록 해야 한다'라고 하는 이런 숭고한 깨달음을 실천에 옮기는 도중에 가톨릭교회로부터 순교와 순교에 버금가는 모진 핍박들을 받은 선각자들이 있습니다. 얀 후스, 존 위클리프, 윌리엄 틴데일 등을 포함하는 이들 선각자들은 이 세상의 모든 성도가 각자 자신의 언어로 하나님의 말씀인 성경을 읽어야 한다고 확신했기 때문에 그런 엄청난 핍박에도 불구하고 성경을 자국어로 번역하는 데에 일생을 바쳤었다는 사실을 우리가 특히 잊지 말아야 합니다. 아시다시피, 성경은 종교개혁이 일어나기 전까지 중세의 기나긴 세월 동안 가톨릭 교회 사제들의 전유물이었습니다. 오늘날 우리 성도들이 각자의 모국어로 된 성경을 읽을 수 있는 것은 얀 후스, 존 위클리프, 윌리엄 틴데일, 마르틴 루터 등의 선각자들의 순교와 피 흘림과 핍박을 감내함이 있었기 때문입니다. 즉 성경은 이러한 역사 속의 신앙의 선배들의 노고로 말미암아 우리를 포함한 만인에게 주어진 값진 선물인 것입니다.

지금, 이 순간에도 세계 각처에서 성경 번역 선교사님들이 수고하시는 이유도 세계 모든 사람으로 하여금 자기 언어로 성경을 읽도록 하기 위해서입니다. 왜냐하면, 하나님의 말씀은 하나님과 천사들의 언어, 즉 천국 언어가 아니라, 바로 우리 인간의 말로 기록되었기 때문에 더욱더 그렇습니다. 이런 귀중한 성경, 하나님의 말씀을 이제 손에 쥐게 되었는데- 예언은 너희가 임의로 해석하지 말라? 사사로이 풀지 말라? 아니, 그럼 성경 읽기를 사사로이 하지 않고 어떻게 하란 말입니까? 이게 도대체 무슨 말입니까?

성경의 모든 예언 말씀은 성령의 감동으로 기록되었기 때문에 사사로이 풀면 안된다는 것, 이게 목하 한국 교회에서 목회자들이 성도들에게 가르치고 있는 내용입니다. 따라서, 한글로만 성경을 보고 읽는 거의 모든 그리스도인들은—평신도이거나 목회자를 막론하고—성경 예언은 자의로 해석하면 안되는구나 하는 잘못된 생각을 갖게 되었습니다. 하나님 앞에 선 단독의 제사장인 내가 개인적으로 성경을 풀지 않으면 누가 대신 해 줍니까? 사제입니까? 신학 대학을 졸업한 전임목회자입니까? 성경은 아무나 풀 수 없는 고도로 난해한 내용입니까? 아니면 누구나가 이해할 수 있게 평이한 언어, 문장으로 씌여진 것입니까? 성경이 오늘날 통용되는 언어 즉, 우리가 일상 사용하는 보통 언어로 쓰인 이유는 누구나 쉽게 하나님의 말씀인 성경을 읽고, 은혜를 받고, 인도하심을 받아 제자로서의 삶을 살도록 하기 위함입니다.

바울은 디모데 후서에서 뭐라고 합니까?

3: 14 그러나 너는 배우고 확신한 일에 거하라 너는 네가 누구에게서 배운 것을 알며 3:15또 어려서부터 성경을 알았나니 성경은 능히 너로 하여금 그리스도 예수 안에 있는 믿음으로 말미암아 구원에 이르는 지혜가 있게 하느니라 3:16 모든 성경은 하나님의 감동으로 된 것으로 교훈과 책망과 바르게 함과 의로 교육하기에 유익하니 3:17 이는 하나님의 사람으로 온전하게 하며 모든 선한 일을 행할 능력을 갖추게 하려 함이라

바울이 "모든 성경은 하나님의 감동으로 된 것으로 교훈과 책망과 바르게 함과 의로 교육하기에 유익하니" 라고 말을 했을 때, 모든 성경이라 함은 예언도 포함하여 그렇다는 것이지, "그 중에서 예언은 빼고" 란 식으로 말하지 않았다는 것은 새삼 말할 필요도 없는 일입니다.

사도 요한은 계시록에서 뭐라 합니까?

요한계시록 22:7 보라 내가 속히 오리니 이 두루마리의 예언의 말씀을 지키는 자는 복이 있으리라 하더라

요한계시록 1:3 이 예언의 말씀을 읽는 자와 듣는 자와 그 가운데에 기록한 것을 지키는 자는 복이 있나니 때가 가까움이라

사도 요한은 계시록 여러 군데에서 "이 예언의 말씀을 읽는 자와 듣는 자와 그 가운데에 기록한 것을 지키는 자는 복이 있다" 고 같은 취지의 발언을 거듭하여 말하고 있습니다.

더구나 예언은, 요한계시록과 예언서에만 실려 있는 것이 아닙니다. 마태복음을 비롯한 사복음서와 사도행전에서 예수님도 때와 장소에 구애됨 없이 제자들에게 자주 예언의 말씀을 들려 주고 계시고, 베드로 사도도, 바울 사도도, 그리고 사도 요한도 각각 자기의 서신들을 통해 다양한 예언의 말씀들을 전하고 있는 것입니다.

이사야, 다니엘, 예레미야, 에스겔, 스가랴, 계시록 등 선지서 또는 예언서들은 오늘 이 시대 사람들 눈으로 보기에는 수 천 년 전에 쓰여진 상징 문학 내지는 묵시 문학으로 보여 질지는 몰라도, 이들 선지자들이 살아서 활동하던 당시의 사람들에게는 수 개월, 혹은 수 년내에, 그리고 멀지 않은 미래에, 반드시 이루어질 일로 믿어졌던 내용들이었습니다.

예언은 꾸며 낸 이야기, 문학 작품이 아니고 살아 계신 하나님의 역사(役事)하심이 인간 역사(歷史)속에서 이루어지는 과정인 것입니다. 바알이든 아세라 목상이든 부처든, 사람이 깎아 만든 우상 신(神)들은 예언을 하지 못합니다. 성경에는 하나님께서 이사야 선지자를 통해 신(神) 아닌 우상들에게 "너도 예언해 보라" 하시며 도발(?)하시는 장면이 나옵니다. '네가 신(神)이라면 앞으로 일어날 일을 예언해 보라' 하시는 것입니다. 간혹 가다가, "성경 말씀은 인간 역사를 통해 풀면 안된다" 라고 말하는 설교자들을 보게 됩니다. 하나님의 인간 역사의 개입을 부정하면 하나님은 창조 이후에 방관자가 되고 하나님께서는 이신론의 신에 불과한 존재로 떨어지고 마는 것입니다.

예언은, 장차 반드시 이루어지고, 인간 역사에서 일어 나고, 우리 사이에 될 일들에 관하여 하나님께서 이를 하나님의 종, 선지자를 통하여 우리에게 미리(先) 알리려고(知), 말씀하신 것입니다. 성경의 모든 말씀이-예언을 포함하여-하나님의 감동으로 말미암아 주어졌다는 사실은, 우리 믿는 그리스도인에게 있어서는, 하나님이 살아 계신 것이 사실인 것과 마찬가지로 그처럼 분명합니다. 이 점, 사도 바울은, "이런 성경을 우리 모두 (각자) 에게 주신 이유가 성도로 하여금 '온전하게 하며 모든 선한 일을 행할 능력을 갖추게 하려 함이라" 라고 말하고 있습니다.

다시 한번 강조하거니와, "성경의 모든 예언은 사사로이 풀것이 아니니" 라는 번역은 잘못된 번역 즉, 오역(誤譯)입니다. 그러므로 우리는 성경 예언을 포함한 모든 성경은 성령의 도우심 가운데 우리 성도가 자유로이, 그리고 또한! 사사로이!!, 읽을 수 있도록 우리 자신의 언어로 쓰여진 사실을 잊어서는 안되겠습니다.

결론적으로 말씀 드리면 베드로 후서 1장 20절의 '성경의 모든 예언은 사사로이 풀 것이 아니니' 라는 구절은 잘못된 번역 즉, 오역(誤譯)이고 이 구절은 다음과 같이 **"1:20 성경의 모든 예언은 선지자가 이를 임의로 해석해 놓은 것이 아니니, 1:21예언은 언제든지 사람의 뜻으로 낸 것이 아니요 오직 성령의 감동하심을 받은 사람들이 하나님께 받아 말한 것임이라"** 이렇게 해석해야 이게 옳은 번역이 되는 것입니다.

이것이 우리 성도 모두가, 성경의 모든 예언을 그리고 나아가 성경 말씀 전체를 각자가 자유로이 (그러나 또한, 반드시 성령의 도우심을 간구하며) , 사사로이 읽어야 하는 이유인 것입니다.

오역 사례 2

의에 주리면 배부를 것임이요(?)

흔히 산상수훈으로 불리워지는 마태복음 5장의 예수님의 가르침은 5장 1절에서부터 시작하여 7장 29절에 가서야 끝이 나는 아주 긴 설교 한 편입니다.

5장 1절부터 3절까지에서 "예수께서 무리를 보시고 산에 올라가 앉으시니 제자들이 나아온지라 입을 열어 가르쳐 이르시되 심령이 가난한 자는 복이 있나니 천국이 그들의 것임이요 --- " 로 시작하여 7장 29절 "이는 그 가르치시는 것이 권위 있는 자와 같고 그들의 서기관들과 같지 아니함일러라" 로 끝나는 이 유명한 설교가 곧 산에서 제자들에게 가르치신 내용 즉, 산상수훈 (山上垂訓)입니다. 특히 7장 28절과 29절에서는 "예수께서 이 말씀을 마치시매 무리들이 그의 가르치심에 놀라니, 이는 그 가르치시는 것이 권위 있는 자와 같고 그들의 서기관들과 같지 아니함일러라" 기록되어 있어 예수님의 이 산상설교는 그날 이 설교를 들었던 모든 이들에게 상당히 파격적인 내용으로 받아 들여졌음을 짐작할 수 있습니다.

그 중에서도 초입부분인 1절에서부터 12절까지는 '뭐뭐하는 자는 복이 있나니 --- 뭐뭐 함을 받을 것이요 -- ' 라는 어투가 반복되면서 총 여덟 가지의 서로 다른 복의 내용에 대해 설교하고 계시기 때문에 우리는 이를 '팔복'(八福)이라고 지칭합니다.

마태복음 5장

1 예수께서 무리를 보시고 산에 올라가 앉으시니 제자들이 나아온지라

2 입을 열어 가르쳐 이르시되

3 심령이 가난한 자는 복이 있나니 천국이 그들의 것임이요

4 애통하는 자는 복이 있나니 그들이 위로를 받을 것임이요

5 온유한 자는 복이 있나니 그들이 땅을 기업으로 받을 것임이요

6 의에 주리고 목마른 자는 복이 있나니 그들이 배부를 것임이요

7 긍휼히 여기는 자는 복이 있나니 그들이 긍휼히 여김을 받을 것임이요

8 마음이 청결한 자는 복이 있나니 그들이 하나님을 볼 것임이요

9 화평하게 하는 자는 복이 있나니 그들이 하나님의 아들이라 일컬음을 받을 것임이요

10 의를 위하여 박해를 받은 자는 복이 있나니 천국이 그들의 것임이라

11 나로 말미암아 너희를 욕하고 박해하고 거짓으로 너희를 거슬러 모든 악한 말을 할 때에는 너희에게 복이 있나니

12 기뻐하고 즐거워하라 하늘에서 너희의 상이 큼이라 너희 전에 있던 선지자들도 이같이 박해하였느니라(개역개정)

이 팔복에 관한 설교는 한국 교회의 설교자들에게는 아주 인기가 있는 주제이고, 따라서 우리 성도들은 지난 기간, 이미 너무 자주 이 설교를 접해 왔기 때문에 이제 우리는 그 제목만 보고도 설교 내용을 미리 짐작할 수 있을 정도로 이 팔복 주제는 식상해진(?) 감이 없지 않아 있습니다.

여기에서는 듣기에도 진부한 이 팔복 강해를 또 다시 펼쳐 놓고자 하는 것이 아닙니다. 다만, 그 번역 내용에 그냥 지나가기에는 종내 마음에 걸리는 오역 부분이 있기 때문에 이 부분만 잠깐 짚고 넘어 가고자 하는 것입니다. 단도직입적으로 말씀 드리면 팔복 중 네번째 복, '의에 주리고 목마른 자는 복이 있나니 그들이 배부를 것임이요' 라고 번역된 것은 잘못된 번역이란 것입니다. 먼저 영어 성경을 살펴 보겠습 니다.

New International Version (NIV 영어 성경)

Blessed are those who hunger and thirst for righteousness, for they will be filled.

NIV 영어 성경의 해당 구절을 직역해보면 "의에 주리고 목마른 자는 복이 있나니 그들이 채움을 받을 것이요" 이렇게 번역됩니다. for they will be filled 는 '그들은 충만하게 될 것이다' 또는 '그들은 가득차게 될것이다.' 혹은 '그들은 충분히 채워질 것이다.' 이렇게는 번역될 수는 있을지언정, '그들은 배부를 것이다' 라고는 도저히 번역될 수 없는 문장입니다.

우리가 구어체 영어에서 배부르다는 표현을 할 때에 "I'm full" 이런 말을 쓰기는 합니다. '배부르다' 라는 우리말 단어를 한영사전에서 조회하며 보면 'be full' 로 나오기 때문입니다. be full 은 is, am, are 등 be 동사의 원형인 be 와, 그리고 full 이라는 형용사가 결합하여 일종의 '꽉 찬 상태'를 나타내는 어휘가 되고 있는 것입니다. 결국 '배부르다' 라는 것은 동작이 아니라 어떤 상태를 나타내는 단어이기 때문에 동사가 아니고 형용사이고, 형용사이기 때문에 앞에 be 동사가 와야 비로소 주어와 보어로 이루어지는 2형식 문장을 만드는 어법에 맞는 것입니다.

반면에, '채워질 것이요' 라고 번역될 수 있는 will be filled 에서 사용된 filled 앞에 위치하는 be 동사는 수동태 문법에서 사용되는 be 동사 + pp (Past Particles 과거분사) 의 형태에 포함된 be 동사인 것입니다. 이 점, '배부르다'라는 뜻의 be full 이란 단어와 '채워지다'라는 수동태 문장 will be filled 에서 사용된 fill 이란 단어는 전자는 형용사(形容詞), 후자는 동사(動詞)로 사용되고 있어 서로 다른 품사 체계에 속하는 단어인 것입니다.

개역개정판 창세기 6장 11절 구절에 "그 때에 온 땅이 하나님 앞에 부패하여 포악함이 땅에 가득한지라" 로 번역되고 있는 부분이 KJV영어 성경에는 The earth also was corrupt before God, and the earth was filled with violence 로 되어 있고 NIV 영어 성경에는 Now the earth was corrupt in God's sight and was full of violence 로 되어 있습니다. KJV는 be + filled, NIV 는 be full 이란 표현을 쓰고 있습니다만, 개역개정에서는 이를 "포악함이 땅에 가득한지라" 로 번역하고 있지, '배부르다'라고는 번역하고 있지 않다는 점에 주목하시기 바랍니다.

한편, 의(義)에 주리다, 혹은 목마르다 하는건 비사(比辭)입니다. 비유적 표현이란 뜻입니다. 우리가 눈이 높다, 콧대가 높다, 이마가 굳다, 목이 뻣뻣하다 이런 식으로 의인화해서 말하는 것처럼, '의에 주리고 목마른 것'은 의로움을 갈망하고 열망하는 태도를 가르키는 비유적인 표현이지, 실제로 '의'가 고프다거나, '의'를 먹고 싶다라는 뜻이 아닙니다. 또 '의에 주리고 목마르다'란 것은 영적(靈的)인 문제입니다. 의로움을 애타게 사모하는 마음이기도 하고, 의로움을 갈구하는 그런 영적인 상태를 가리키기도 하는 그런 뜻의 문장입니다. 의로움을 그토록 간절히 구하는 이러한 영적 갈망에 대한 해답으로 육적(肉的)인 해결책, 즉, 배부름을 주신다 ??!!-이건 논리적 일관성에도 어긋날 뿐 아니라, 어법으로도 맞지 않는 것입니다.

NIV 외에 다른 역본도 함께 확인 해 보겠습니다..

(English Standard Version)

"Blessed are those who hunger and thirst for righteousness, for they shall be satisfied.

(New American Standard Bible)

"Blessed are those who hunger and thirst for righteousness, for they shall be satisfied.

(King James Bible)

Blessed are they which do hunger and thirst after righteousness: for they shall be filled.

(Aramaic Bible in Plain English)

Blessed are those who hunger and thirst for righteousness, for they will be satisfied.

(King James 2000 Bible)

Blessed are they who do hunger and thirst after righteousness: for they shall be filled.

(American Standard Version)

Blessed are they that hunger and thirst after righteousness: for they shall be filled.

위와 같이 여러가지 영어 역본들을 비교해 본 결과, '배부름을 얻을 것이요' 또는 '가득 채워질 것이요' 라고 번역되고 있는 이 구절을 영어로 옮기고 있는 문장은 두 가지 종류가 있는 것을 알 수 있습니다. 즉, shall be filled 와 shall be satisfied 가 바로 그것입니다. 그러나 이 둘 중 그 어느 것도 '배부르다'는 뜻은 아닙니다. '충만케 될 것이다' 또는 '채워질 것이다', 혹은 '만족케 될 것이다' 라고는 번역 될 수 있겠지만, 배부르다는 뜻은 전혀 없습니다. 그럼 왜 처음 성경을 번역하던 1900년 당시의 조선어 번역에서는 이것을 채워지다라고 번역하지 아니하고 '배부르다'고 표현하는 번역이 나왔을까요?

제가 생각하기에는 이 역시 중국어 (한문;漢文) 성경 탓인 걸로 보입니다. 성경을 처음 조선어로 번역할 때에 이 번역 실무 작업의 주축이 된 외국인 선교사들로서는 당연히 조선 사람, 그 중에서도 학문적인 소양이 있고, 문장 지식이 있는 선비, 유학자들의 도움을 받을 수 밖에 없었을 터입니다. 그리고 이들 조선의 유학자들은 헬라어, 영어 또는 라틴어 등 번역 원본이 된 저본(底本) 성경의 언어를 해독할 수 없었기 때문에 부득 중국어 성경 즉, 한문 성경을 번역 텍스트로 삼을 수 밖에 없었던 것입니다.

한문 성경에는 문제의 구절, 마태복음 5장 6절이 아래와 같이 번역되어 있습니다.

마태복음 5장 6절 (중국어 한문 성경)

飢渴慕義的人有福了, 因爲他們必得飽足。
기갈모의적인유복료, 인위타문필득포족. (주리다 굶다: 기 飢 / 목이 마르다: 갈 渴 / 배부르다: 포 飽)

위 문장은 "의에 있어 주리고 목마른 자는 복이 있나니, 그들이 필히 포족함을 얻을 것이요." 이렇게 번역될 수 있습니다. 이와 같은 본문 중에서 필득포족 부분을 번역하기를 --- 필득포족 (必得飽足) ; 즉, 반드시 배부름을 얻을것이요 --- 이렇게 생각했던 것입니다. 포족(飽足)을 '채워질 것이요' 라고는 생각치 못하고 그저 '배부르다' 로 이해하고, "의에 주리고 목마르면 배부름을 얻을 것이요" 라고 쉽게 생각했던 탓인 아닌가 생각됩니다. 물론, 조선어가 완벽하지 못했던 외국 선교사들로서는 번역 당시에 이런 오역을 미처 발견하지 못했던 것이죠.

그럼 이번에는 헬라어 원문을 살펴 보겠습니다.

Matthew 5:6 Interlinear

makarioi hoi peinōntes kai dipsōntes tēn dikaiosynēn hoti autoi chortasthēsontai
마카리오이 호이 페이논테스 카이 디프손테스 텐 디카이오시넨 호티 아우토이 코타스테손타이
μακάριοι οἱ πεινῶντες καὶ διψῶντες τὴν δικαιοσύνην; ὅτι αὐτοὶ χορτασθήσονται
Blessed [are] those hungering and thirsting for - righteousness for they will be filled
복이 있나니 그들은 주리고 목마른 자들은–의로움에 대하여 왜냐하면 채워질 것이니

맨 윗줄은 영어 음역, 그 다음 줄은 한글 음역, 셋째 줄은 헬라어 원문, 넷째 줄은 영어 번역, 그리고 마지막 다섯째 줄은 한글 번역문입니다.

'복이 있나니/ 그들은/ 주리고/ 목마른 자들은/ 의로움에 대하여/ 왜냐하면 채워질 것이니' 라는 부분을 한글 어순에 따라 정리하면, "의에 주리고 목마른 자는 복이 있나니 그들이 채움을 받을 것이요" 이렇게 번역될 수 있는 것입니다.

결론적으로, 문장 구조로만 보면, 그리고 원본 단어의 뜻을 보면, "의에 주리고 목마른 자들은

복이 있나니, 그들이 배부름을 얻을 것이요" 는 잘못된 번역 즉, 오역(誤譯)이고 **"의에 주리고 목마른 자들은 복이 있나니, 그들이 가득 채워짐을 얻을 것이요" 또는, "의에 주리고 목마른 자들은 복이 있나니, 그들이 충만케 될 것이요"** 이렇게 번역해야 이게 올바른 번역이 되는 것입니다.

그럼 무엇으로 가득 채워짐을 얻습니까? 충만케 되는 것은 무엇으로 충만하게 되는 것이며, 가득 채워진다는 것은 무엇에 의해 가득 채워진다는 겁니까? 위장이 음식으로 가득 채워져 배부른 상태에 도달하는 겁니까? 아니면, 행복감으로 충만케 되어 지극히 만족한 상태 즉, 행복에 겨운 상태에 이르는 것입니까? 둘 다, 정답이 아닙니다. 전체 문장의 앞뒤의 문맥을 살펴 보면 가득 채워진다는 것은 '의로움으로 가득 채워진다' 즉, "너를 의로움으로 가득 채워 주겠다" 이런 뜻입니다. 다시 말해, 네가 그토록 간절히 '의' 를 구한다면, 그토록 '주리고 목마를 정도로 간절히 의로움을 구한다면'-"너의 하나님, 내가, 의로움으로 너를 가득 채워 주겠다, 의로 충만케 해 주겠다" 이게 이 문장의 뜻입니다.

의로움으로 가득 채워짐을 얻는다 또는 충만케 된다라는 것은 어떤 상태를 이르는 것입니까? 의로움이란 무엇인가 하는 점을 먼저 생각해 보십시다. 예수님이 비유로 말씀하신, 예루살렘으로 올라가다가 길에서 강도를 만난 유대 사람을 도운 사마리아 사람의 비유를 예로 들어 봅시다. 이 사마리아 사람의 비유를 듣고 있는 성경 본문을 여러분이 읽고 있는 도중에, "아!! 나도 이런 의로운 행위를 함으로써, 하나님께 칭찬 받는 의로운 사람이 되고 싶다" 이런 심정을 느끼셨다면 이는 일종의 의로움에 대한 갈망일 수가 있습니다. 그러나 마태복음 5장 6절에서 예수님이 말씀하고 계시는 의로움의 수준은 이를 훨씬 뛰어넘는 본질적인 의로움입니다. 즉, 예수님이 산상수훈에서 "의에 주리고 목마른 자들은 복이 있나니" 하고 말씀하신 이 구절에서의 의로움의 수준은 흔히 인간사회에서 의롭다고 칭송받는 그런 '행위에서 오는 의로움'과는 전혀 다른 차원의 의로움을 의미한다고 보아야 합니다.

우리는 로마서를 통해 사도 바울이 설파한 의로움 즉, 믿음으로 말미암아 우리에게 주어지는 '의' 즉, 이신칭의(以信稱義) 라고 할 때의 그 의로움이 어떤 내용의 의로움인가를 잘 알고 있습니다. 그런 점에서 마태복음 5장 6절에서 예수님이 설교하고 계신 내용, "너희가 의에 대해서 주리고 목마르다면 그런 의로움으로 가득 채워질 것이요" 라고 할 때의 의로움이란 로마서에서 바울이 설명하고 있는 바로 그 의로움, 믿음으로 말미암아 값없이 주어지는 하나님의 은혜로서의 의로움, 즉, '의롭다 칭함을 받는 것' 을 의미하고 있다고 생각합니다.

곧, 만세 전(萬歲 前)에 하나님께서 정하신 비밀, 곧, 우리의 죄악 된 본성으로 말미암아 죽은 우리를 다시 살리사 화목케 하시려고 독생자 예수를 인간의 몸으로 보내시고 이 예수를 구주로 믿는 우리로 하여금 의롭다 함을 얻게 하시려고, 하나님께서 오래전에 정하신 바로 그런 '의롭다 칭하심'의 경지를 의미하는 것입니다. 예컨대 발을 헛디뎌, 지하철 선로에 떨어진 취객을 구하고 자신은 달려 들어오는 기차에 치여 죽는 죽음은 인간 사회에서는 의로운 행위에 속하고, 또 우리는 그런 행동을 한 사람을 의인으로 호칭합니다. 그러나 본문에서 말하는, 그리고 로마서에서 바울이 설파하고 있는 의로움은 이런 '행위의 차원'이 아닙니다. 즉, 세속적인 의로움이 아닙니다. 바울이 뭐라고 합니까? '의인은 없으니 하나도 없다'고 합니다. 우리 인간은 하나님께서 인정하시는 그런 의로움이 없이는 공의의 하나님께, 의로우신 하나님께 나아갈 수가 없는 존재입니다. 그런데 이런 의로움은 '행위로는 주어지지 않는다' 하는 것이 로마서에서 바울이 줄기차게 주장하는 바입니다. 이런 우리가, 이제 믿음으로 말미암아, 하나님으로부터 값없이, '의롭다 칭하심'을 받았기 때문에, 비로소 하나님과 화목하게 되어, 자녀됨을 받고, 예수 그리스도와 함께 공동의 상속자가 되고, 그리하여 마침내 하나님을 아빠 아버지라 부를 수 있는 위치에 나아갈 수 있게 된 것입니다. 이 모든 것이 하나님의 은혜 즉, 예수 그리스도를 믿는 믿음으로 말미암아 우리가 하나님으로부터 '의롭다 하심' 즉, '의(義, Righteousness) 를 받았기 때문에 가능해진 일인 까닭에 이것이 복음(福音)인 것입니다.

'이런 의로움을 마치 배고파 주리고 목마른 자처럼 그처럼 간절히 바란다면 --- 그런 사람에 대해서는 하나님께서 장차, '의'(義)로 충만(充滿)하게, 가득 채워 주실 것이다.' 이게 바로 예수님이 산상설교에서 말씀하고 계신 핵심이라고 생각합니다. 또한 고린도후서 9장 10절에서 "씨를 심는 자에게 씨와, 그리고 또한 먹을 양식을 공급해 주시는 이가 너희의 종자(種子) 창고를 넉넉하게 하시며 너희가 거둘 의(義)의 열매를 풍성하게 하시리니" 라는 구절대로 의의 열매를 풍성하게 허락하시는 것, 이것이 의에 대해 목말라하는 자에게 허락하시는 하나님의 상급이라고 저는 믿습니다.

결론을 다시 한번 말씀 드리자면, 산상 수훈 내용 중 기존의 개역 개정 번역에 나오는 구절, "의에 주리고 목마른 자들은 복이 있나니, 그들이 배부름을 얻을 것이요" 는 잘못된 번역이고, "의에 주리고 목마른 자들은 복이 있나니, 그들이 가득 채워짐을 얻을 것이요" 또는, "의에 주리고 목마른 자들은 복이 있나니, 그들이 충만케 될 것이요" 이렇게 번역해야 이게 올바른 번역이 되는 것입니다.

오역 사례 3

그리스도는 하나님께도 '주님'이 되신다(?)

히브리서는 로마서와 함께 기독교 신학의 근간이 되는 교리적 선언을 다수 담고 있는 중요한 서신서 중의 하나입니다. 이 히브리서 시작 부분인 1장 8절에서 13절까지가 저에게는 상당한 기간 동안 해석하기 어려운 본문이었던 적이 있습니다. 그러던 것이 NIV 영어 성경을 통해 영어로 성경 본문을 읽고 난 이후에 그 본문이 아연 새롭게 이해되기 시작한 또 다른 대표적인 경우이기 때문에 이 책의 지면을 빌어 소개해 드리고자 합니다. 아래의 히브리서 1장 본문 전체 중에서 밑줄 친 8절에서 13절까지의 구절을 먼저 한번 읽어 봐 주시기 바랍니다.

히브리서 1장 [개역개정] 대한성서공회

1 옛적에 선지자들을 통하여 여러 부분과 여러 모양으로 우리 조상들에게 말씀하신 하나님이

2 이 모든 날 마지막에는 아들을 통하여 우리에게 말씀하셨으니 이 아들을 만유의 상속자로 세우시고 또 그로 말미암아 모든 세계를 지으셨느니라

3 이는 하나님의 영광의 광채시요 그 본체의 형상이시라 그의 능력의 말씀으로 만물을 붙드시며 죄를 정결하게 하는 일을 하시고 높은 곳에 계신 지극히 크신 이의 우편에 앉으셨느니라

4 그가 천사보다 훨씬 뛰어남은 그들보다 더욱 아름다운 이름을 기업으로 얻으심이니

5 하나님께서 어느 때에 천사 중 누구에게 너는 내 아들이라 오늘 내가 너를 낳았다 하셨으며 또 다시 나는 그에게 아버지가 되고 그는 내게 아들이 되리라 하셨느냐

6 또 그가 맏아들을 이끌어 세상에 다시 들어오게 하실 때에 하나님의 모든 천사들은 그에게 경배할지어다 말씀하시며

7 또 천사들에 관하여는 그는 그의 천사들을 바람으로, 그의 사역자들을 불꽃으로 삼으시느니라 하셨으되

8 아들에 관하여는 하나님이여 주의 보좌는 영영하며 주의 나라의 규는 공평한 규이니이다

9 주께서 의를 사랑하시고 불법을 미워하셨으니 그러므로 하나님 곧 주의 하나님이 즐거움의 기름을 주께 부어 주를 동류들보다 뛰어나게 하셨도다 하였고

10 또 주여 태초에 주께서 땅의 기초를 두셨으며 하늘도 주의 손으로 지으신 바라

11 그것들은 멸망할 것이나 오직 주는 영존할 것이요 그것들은 다 옷과 같이 낡아지리니

12 의복처럼 갈아입을 것이요 그것들은 옷과 같이 변할 것이나 주는 여전하여 연대가 다함이 없으리라 하였으나

13 어느 때에 천사 중 누구에게 내가 네 원수로 네 발등상이 되게 하기까지 너는 내 우편에 앉아 있으라 하셨느냐

14 모든 천사들은 섬기는 영으로서 구원 받을 상속자들을 위하여 섬기라고 보내심이 아니냐

위의 본문, 히브리서 1장 1절로부터 14절까지를 왜 이해하기 어렵다고 생각하였는지 그 이유를 먼저 말씀드려 보겠습니다. 먼저, 1장 전체의 내용을 한마디로 축약하자면 “예수님은 천사들과는 완전히 다른 존재이며 곧 하나님이시다” 이렇게 됩니다.

1절: 예전에는 하나님께서 선지자들을 통하여 말씀하셨는데 2절: 이 마지막 때에는 아들(그리스도)를 통해 말씀하신다 3절: 그런데 이 아들(그리스도)는 하나님의 본체 형상이시며 하나님 오른편에 앉아 계신 분이신데 4~7절: 천사들에 관해서는 하나님께서 이러이러하게 말씀하셨으나 8절 이하 13절까지 : 그리스도 즉, 아들에 관해서는 이러이러하게 말씀하신 것이 곧 이 아들 그리스도가 천사들과는 확연하게 다른 증거니라 --- 대충, 이런 얘기를 히브리서 기자가 지금 하고 있는 중입니다. 그 가운데에서도 8절 이하 13절까지의 본문 구절은 하나님께서 아들이신 예수 그리스도에게 직접 얘기하신 대목을 인용하고 있는 장면입니다. 즉, 1장 4절 이하에서 14절까지, 아들 그리스도께서 천사와는 어떻게 다른가 하는 점을 설명하면서 특히 5절에서 7절까지는 ‘천사들에 대해서는 이러이러하게 말씀하셨으나’ 라고 설명을 하고 있는 대목이 있고, 그 다음으로 8절 이하에서는 ‘아들 되신 예수 그리스도에 대해서는 이렇게 전혀 다르게 말씀하셨다’는 점을 설명하기 위해 하나님께서 예전에 그리스도에게 직접 말씀하신 내용을 따옴표를 이용하여 인용하고 있는 장면인 것입니다.

당연히 이 따옴표 안에 들어 있는 인용문의 화자(話者), 말하는 이는 하나님이시고, 청자(聽者) 즉, 듣는 이는 예수 그리스도이십니다. 예컨대 “오늘날, 내가 너를 낳았다” 라는 문장 가운데에서 ‘나’라는 화자 곧, 1인칭 주어는 하나님이시고 ‘너’라는 청자 곧, 2인칭 인칭대명사는 예수 그리스도시라는 것을 우리 모두는 쉽게 압니다. 어려울 것이 하나도 없는 평이한 문장입니다. 우리는 인용문을 따옴표 안에 넣어 직접 인용하는 경우와 관계대명사를 이용하여 따옴표 없이 서술하는 간접화법의 차이에 대해 익히 잘 알고 있습니다. 영어든 한글이든 상관없이 전자의 경우는 인칭대명사를 2인칭으로 사용하고 (인용구가 따옴표 안에 있으므로), 후자의 경우는 3인칭 대명사를 사용하는 것이 올바른 문법인 것입니다.

그래서 우리는 1절에서부터 7절까지의 문장을 연속해 문맥을 따라 읽으면서 “아!! 하나님께서 그리스도를 향해 예전에 이런 말씀을 직접 하신 적이 있구나!! 하는 상황을 이해해 나가면서 8절 이하로 자연스럽게 넘어갑니다. 그런데 !!, 8절 이하에서 느닷없이 하나님께서 그리스도를 향하여 ‘주(主)’ 라고 부르고 계신 것을 발견하게 되는 것입니다. 심지어 다른 역본에는 ‘주님’ 이라고 부르는 경우도 있습니다.

8 아들에 관하여는 하나님이여 주의 보좌는 영영하며 주의 나라의 규는 공평한 규이니이다

9 주께서 의를 사랑하시고 불법을 미워하셨으니 그러므로 하나님 곧 주의 하나님이 즐거움의 기
름을 주께 부어 주를 동류들보다 뛰어나게 하셨도다 하였고

10 또 주여 태초에 주께서 땅의 기초를 두셨으며 하늘도 주의 손으로 지으신 바라

11 그것들은 멸망할 것이나 오직 주는 영존할 것이요 그것들은 다 옷과 같이 낡아지리니

12 의복처럼 갈아입을 것이요 그것들은 옷과 같이 변할 것이나 주는 여전하여 연대가 다함이 없
으리라 하였으나

13 어느 때에 천사 중 누구에게 내가 네 원수로 네 발등상이 되게 하기까지 너는 내 우편에 앉아
있으라 하셨느냐

제가 혼란스러움을 느낀게 바로 이 대목입니다. 아니, 이 장면에서 지금 말씀하고 계신 분은 하나님이신데 왜 갑자기 우리 성도가 말하는 내용으로 바뀐 것이지!!?? 이게 제가 제일 먼저 느꼈던 의문이었습니다. 왜냐하면, 주(主) 또는 주님이란 단어는 우리 성도들이 예수 그리스도를 향해 부르는 호칭이기 때문입니다. 하나님이 예수 그리스도를 주(主) 또는 주님이라고 부른다는 것은 상상도 할 수 없었기 때문에, 저는 이 구절을 읽으면서 말하는 주체 즉, 주어(主語)가 하나님으로부터 우리 성도로 바뀌었다고만 생각하고, 왜 말하는 화자(話者)가 갑자기 바뀐거지 하며 헷갈리기 시작한 것입니다.

한글 성경을 읽다 보면 그게 선지서든 서신서이든을 막론하고 인칭대명사 부분에서 많이 헛갈리게 됩니다. 즉, 성경 본문 중에 나오는 '그' 가 누구신지?? 하는 문제 곧, 문장 속의 "그"가 하나님을 가리키는 건지, 예수 그리스도를 가리키는 건지, 성경을 기록한 선지자를 가리키는 건지가 불분명한 경우가 많습니다. 특히 영어에서는 그 전 문장에 언급된 명사는 다음 구절에서 같은 명사를 반복 사용하는 것을 가급적 회피하려는 경향이 있어서, 이미 앞에서 나온 명사는 그 다음 문장에서는 This, That 같은 지시대명사 혹은 He, They 같은 인칭대명사로 받는 것이 상례입니다. 이런 대명사는 때로는 주어로, 때로는 목적어로 문장 속에 자리하고 있는데, 한글로 번역함에 있어 예컨대 he, 또는 they 라는 단어는 간단히 '그' 또는 '그들' 이라고 번역하면 그게 다일것 같지만 사실은 훨씬 복잡한 것이 그 가르키는 대상이 누구인지를 명확히 하기 위해서는 앞선 문장과 연결되는 글의 맥락 속에서 요점을 놓치지 않도록 특히 유의하여 글을 읽어야 하기 때문입니다.

그렇지 않아도 인칭대명사에서 헷갈려 신경을 바짝 쓰며 글을 읽고 있는 중인데 느닷없이 하나님께서 그 아들, 그리스도를 향해 "주(主)여", "주(主)께서" 이런 식으로 높여 부르는 상황에 맞닥뜨리니까 '아니 도대체 하나님이 주(主)라고 부르는 대상이 있나' ?? 이렇게 생각하고, '그건 설마 아니겠지 우리 성도가 그리스도에 대해 뭔가 말하는 장면으로 바뀐 모양이다.'라고 순간적으로 이렇게만 생각했던 것입니다.

이렇게 한글 성경이 어려워 본문 구절이 뜻하는 바에 대해 답을 못 찾을 때에는, 다른 언어로 씌여진 성경을 읽으면 답을 찾게 되는 경우가 많습니다. 그런 점에서 영어 성경에는 뭐라 되어 있는지 한번 찾아 보겠습니다.

먼저 NIV 입니다.

8 But about the Son he says, "Your throne, O God, will last for ever and ever, and righteousness will be the scepter of your kingdom.

9 You have loved righteousness and hated wickedness; therefore God, your God, has set you above your companions by anointing you with the oil of joy."

10 He also says, "In the beginning, O Lord, you laid the foundations of the earth, and the heavens are the work of your hands.

11 They will perish, but you remain; they will all wear out like a garment.

12 You will roll them up like a robe; like a garment they will be changed. But you remain the same, and your years will never end."

다음은 KJV 해당 구절입니다.

8 But unto the Son he saith, Thy throne, O God, is for ever and ever: a sceptre of righteousness is the sceptre of thy kingdom.

9 Thou hast loved righteousness, and hated iniquity; therefore God, even thy God, hath anointed thee with the oil of gladness above thy fellows.

10 And, Thou, Lord, in the beginning hast laid the foundation of the earth; and the heavens are the works of thine hands:

11 They shall perish; but thou remainest; and they all shall wax old as doth a garment;

12 And as a vesture shalt thou fold them up, and they shall be changed: but thou art the same, and thy years shall not fail.

개역개정 본문에서 주(主)로 번역되어 있는 단어를 NIV 는 You, 그리고 KJV 는 Thou 라는 2인칭 대명사를 사용하고 있는걸 알 수 있습니다. Thou 는 You 의 옛날 말로 You 와 마찬가지이니 NIV, KJV 공히 You 라는 인칭대명사를 사용하고 있는 것입니다. 이렇게 영어 본문이 말하고 있는대로, You 라는 2인칭 대명사를 글자 그대로 '너'라고 하여 NIV 해당 본문을 직역에 가깝게 번역하면 아래와 같이 됩니다.

8 이 아들에 관해서는 말씀하시기를 " 오, 너 하나님이여, 너의 보좌가 영원히 있겠고 그리고 의가 너의 나라의 홀(笏)이 되리라

9 네가 의를 사랑하고 악을 미워하였은즉; 그러므로 나 하나님, 곧 너의 하나님이 너를 너의 동료들보다 훨씬 뛰어나게 높이 세웠으니, 곧 기쁨의 기름부음을 통해 그리 하였느니

라" 하셨으며,

10 또 말씀하시기를, "오, 너 하나님아, 태초에 네가 땅의기초를 놓았고 하늘도 네 손이 지은 바라,

11 그것들은 사라져 없어질 것이나 그러나 너는 영원히 남아 있으리니 그것들이 옷과 같이 닳으며 낡아 질 것이라

12 네가 그것들을 겉옷처럼 말아 올릴 것이요 ; 그것들은 옷이 낡아짐 같이 변할 것이나 그러나 너는 영원히 같은 모습일지니, 너의 연한이 무궁 영원하여 그침이 없으리라" 하셨도다.

이렇게 2인칭 대명사인 You 또는 Thou 를 대응하는 한글 단어인 '너' 와 '네'로 바꾸면 위와 같이 금방, 문장의 뜻이 분명해지지 않습니까?

하나님께서 아들 되시는 하나님, 곧 그리스도에 대해 직접 대면하여 말씀하고 계신 장면이니 '너를 너'라고 곧이 곧대로 번역하면 이렇게 쉬운 문장이 되고, 이해하기 어려울게 하나도 없는 분명한 상황이 됩니다. 이런 것을 괜히 '너'라는 2인칭 대명사를, '주' 라는 3인칭 대명사로 바꿔 놓는 바람에 좋지 못한 번역 즉, 읽고 이해하기 어려운 번역이 된 것입니다.

영어 성경 뿐 아니라 그리스어 원문에도 영어의 You 자리에는 2인칭 대명사인 Σὺ (Sy; You), σε (se; you), σου(sou; of you/ your)를 사용하고 있는 걸 확인할 수 있습니다.

한편, 위에서 예시한 NIV 직역 번역 중에 '오 너 하나님아' 라고 번역하고 있는 구절이 혹시 낯설게 느껴질 수도 있겠습니다. 우리가 자주 접하지 못하는 그래서, 다소 생소하게 들리는 표현이기 때문입니다. 그러나 왜 이 구절은 이렇게 '너 하나님아' 라고 번역해야 하는지 그 이유를 설명드려 보겠습니다.

다시 한번 말씀드리지만 -- 히브리서 1장 1절에서부터 14절까지 전체 본문 중에서 특히 8절 이하 12절까지의 구절 가운데의 상황은 성부 하나님 아버지가 성자 하나님 예수 그리스도에게 직접 대면하여 말씀하고 계시는 장면입니다. (성부 하나님과 성자 하나님 곧 예수 그리스도 그리고 성령 하나님은 3위(位)시지만 한 몸 곧, 일체이신 삼위일체(三位一體)이신 하나님임을 우리는 믿고 있습니다. 세 위(位) 즉, 3位(위)가 따로 계신데 그 세 위(位)가 한 몸이라니 실로 기이하고 이해하기 어려운 신학적 담론임에 틀림없지만 그래도 우리 거듭난 신자들이라면 이 삼위일체 교리를 믿음으로 받아 들이고 있는 것입니다.)

하늘과 땅을 포함하여 이 세상에는 몇몇 다른 실체로서의 존재 즉, 존재론적으로 구분 가능한 몇몇 실체가 존재합니다. 하나님은 창조주로 존재하고 계시고 피조물 중에서는 사람, 천사, 동물, 식물 등이 있습니다. 하나님께서 천사를 천사라 부르시고 우리 인간을 사람이라 부르시는 것처럼 우리는 천사를 천사로, 하나님을 하나님으로 부릅니다. 하나님, 천사, 사람은 각각 그 본질적 실체가 서로 다른 존재들인 것입니다. 그래서, 너무도 당연한 얘기지만, 하나님 역시 다른 위격의 하나님을 부르실 때에는 '하나님'으로 부르십니다. 사람을 하나님이라 칭하여 부를 수 없듯이 하나님을 사람이나 천사라 부를 수는 없는 노릇이기 때문입니다. 따라서, 성부 하나님이 성자 하나님을 호칭하여 부르는 이 장면에서, 아버지 되신 하나님께서 아들 되신 하나님에 대하여 "너, 하나님아!" 라고 부르는 것은 너무도 자연스러운 장면이라 하겠습니다.

한편, 아버지 하나님께서 아들 하나님을 부르실 때, 높임말인 '당신'이나 '귀하' 등등의 높임말 단어 대신에 '너'라는 평이한 호칭으로 부르는 것도 아주 자연스러운 현상입니다. 인간 세계에 임금, 왕, 황제가 있고 세자, 태자 또는 황태자가 있지만, 아버지 임금, 아버지 황제가 아들인 세자 또는 태자를 부를 때에 '너'라고 부르지, '세자전하', '태자전하', '동궁마마'라고 부르지 않는 것처럼, 하나님 아버지께서 그리스도를 부를 때에도 '너'라고 부르면 되는 것이지 '아드님' 또는 '주님'이라고 높여 부를 필요가 하등 없는 것입니다. '주'라는 단어도 마찬가지 입니다. 주(主)라는 단어 역시 보통명사이기도 하지만 그러나 이 주(主)라는 명사는 존경심을 담아 아랫 사람이 윗사람을 상전, 또는 주 되신 이로 특별히 높여 부르는 말이기 때문에-우리 성도는 그리스도를

'주'라고 부르지만 하나님께서 그리스도를 '주'라고 부르는 것은 우리 귀에 이상하게 들리는 것입니다.

그러므로, 아래의 밑줄친 개역개정 본문과 같이,

8 아들에 관하여는 하나님이여 주의 보좌는 영영하며 주의 나라의 규는 공평한 규이니이다 9 주께서 의를 사랑하시고 불법을 미워하셨으니 그러므로 하나님 곧 주의 하나님이 즐거움의 기름을 주께 부어 주를 동류들보다 뛰어나게 하셨도다 하였고 10 또 주여 태초에 주께서 땅의 기초를 두셨으며 하늘도 주의 손으로 지으신 바라 11 그것들은 멸망할 것이나 오직 주는 영존할 것이요 그것들은 다 옷과 같이 낡아지리니 12 의복처럼 갈아입을 것이요 그것들은 옷과 같이 변할 것이나 주는 여전하여 연대가 다함이 없으리라 하였으나

이런 식으로 번역된 본문은 좋지 못한 번역이고 NIV 또는 KJV 영어 성경을 직역에 가깝게 번역한–아래에서 볼드체로 표시한–번역 즉,

8 이 아들에 관해서는 말씀하시기를 " 오, 너 하나님이여, 너의 보좌가 영원히 있겠고 그리고 의가 너의 나라의 홀(笏)이 되리라 9 네가 의를 사랑하고 악을 미워하였은즉; 그러므로 나 하나님, 곧 너의 하나님이 너를 너의 동료들보다 훨씬 뛰어나게 높이 세웠으니, 곧 기쁨의 기름부음을 통해 그리 하였느니라" 하셨으며, 10 또 말씀하시기를, "오, 너 하나님아, 태초에 네가 땅의기초를 놓았고 하늘도 네 손이 지은 바라, 11 그것들은 사라져 없어질 것이나 그러나 너는 영원히 남아 있으리니 그것들이 옷과 같이 닳으며 낡아질 것이라 12 네가 그것들을 겉옷처럼 말아 올릴 것이요 ; 그것들은 옷이 낡아짐 같이 변할 것이나 그러나 너는 영원히 같은 모습일지니, 너의 연한이 무궁 영원하여 그침이 없으리라" 하셨도다.

이런 번역이 올바른 번역이 되는 것입니다.

이상에서 몇가지 저자가 생각하는 개역개정 또는개역한글에서의 오역에 가까운(?) 좋지 못한 번역의 사례 몇가지를 샘플 삼아 살펴 보았습니다. 그러나 이 대목에서 다시 한번 거듭 말씀 드리고자 하는 부분은 이런 부분적 오역의 존재에도 불구하고 개역성경, 개역한글, 개역개정 성경 등은 오늘날 대한민국의 기독교를 이렇게나마 성장케 만든 훌륭한 성경이요, 하나님의 감동으로 제작된 탁월한 역본이라는 점입니다. 모든 성경은 하나님의 감동으로 씌여진 것이라 믿는 저자는 모든 현존하는 번역본 성경 역시 하나님의 감동으로 제작되었다는 믿음을 가지고 있습니다. 간혹 가다가 특정 번역본만 유일하게 옳고 다른 역본은 모두 잘못된 성경이라는 편협한 시각을 드러내어 이를 공론화할 뿐 아니라, 심지어 자기네들이 옹호하는 특정 역본을 제외한 다른 모든 역본들은 타락한 성경 또는 사탄의 영향을 받아 변개된 작품이다라고 주장하는 분들이 있는데 이런 특정 역본에 대한 극단적인 태도는 올바른 성경관이 아니라 하는 것이 저자의 생각입니다.

아무쪼록, 저자의 개인적인 체험 상, 성경 읽기에 다소 매끄럽지 못한 부분이 있었던 것은 위에서 사례로 든 몇 가지 이런 류의 오역이 있기 때문이 아닐까 하는 생각에서–사족삼아 저자 개인의 견해를 밝힌데 불과하다는 점을 널리 이해하여 주시면 다행이겠습니다.